원측 사상의
해석학적 연구

+『해심밀경소』「무자성상품」비판교정본

본 불교연구총서는 사단법인 불교학연구지원사업회에서 추진하는 교육불사의 일환으로 불교학의 학문적 발전을 위한 시도로 기획된 것입니다. 사단법인 불교학연구지원사업회는 불교를 연구하는 소장학자를 위해 스님들과 신도들이 뜻을 한데 모아 설립한 단체입니다.

불교연구총서 ㉓

원측 사상의 해석학적 연구

\+『해심밀경소』「무자성상품」 비판교정본

장규언 지음

씨아이알

나의 아버지

장재일 님(1937. 5. 30. ~2021. 9. 27)을 추억하며

※ 일러두기

1. 한문 1차 텍스트 및 『해심밀경소』 티벳어역 교감 · 표기 관련 부호

A. 한문 1차 텍스트 관련 부호

〈 〉 : A〈B〉 - 원문의 A를 B로 교정함.

( ) : (A) - 원문에 누락된 A를 보충함.

— : ~~A~~ - 원문의 A를 삭제함.

' : A'BC〈DE〉 - 원문의 BC를 DE로 교정함.

【 】 : 【A】 - 한문 A에 상응하는 티벳어역이 없음.

[ ] : AB[cd] - cd는 본문 AB의 협주임.(『해심밀경소』의 경우 작은 글씨로 표시함.)

B. 『해심밀경소』 티벳어역 관련 부호

P. : Peking판

N. : Narthaṅ판

C. : Cone판

- : P.N. -ni - Peking판과 Narthaṅ판에는 'ni'가 없음.

+ : C. +la - Cone판에는 'la'가 있음.

나머지 〈 〉, ( ), — , ' 등은 모두 한문 1차 텍스트 부호에 준함.

2. 본문 및 각주

1) 본문 속 한자 고유명사와 현대어로 번역하지 않은 한자 불교용어 또는 인용된 국한문 혼용문 속 노출된 한자의 경우 처음 등장 시 원칙적으로 '한글음(漢子)' 형태로 병기하였으며 이후 한글음만 표기하였다.
2) 본문에서 한자 불교용어를 우리말로 번역하거나 해석한 경우 대괄호 '[ ]' 속에 원어를 병기하였다.
3) 문장 속에 생략된 단어나 어구를 보충하고자 할 경우에도 대괄호 '[ ]'를 사용하여 삽입하였다.
4) 본문 속에서 경문을 간접 인용하는 경우 우리말 번역 뒤에 괄호 '( )'를 열어 그 속에 원문을 병기하였다.
5) 본문 '자료' 속 한자나 티벳어 문자를 교정할 경우 각주를 달아 근거를 제시하였으며, 각주 속에서 1차 자료를 교정하거나 2차 자료에 의견을 제시할 때는 '*'를 달아 그 근거를 제시하였다. 다만 본문과 각주 속 『해심밀경소』 「무자성상품(無自性相品)」 원문에 한해 "부록 1: 원측 『해심밀경소』 「무자성상품」 비판교정본"과의 중복을 피하기 위해 교정의 구체적 근거를 생략하였다.
6) 중국 인명과 지명, 중국 및 일본 종파명은 편의상 20세기 이전 전통시대 것은 우리말 한자 독음을 따라 표기하였으며(예: 현장, 장안, 일본 법상종), 20세기 이후 중국 인명과 지명의 경우 현대 중국어 발음을 따라 표기하되 우리의 언어 습관이 아직 이중적임을 고려하여 처음 등장 시에 한해 우리말 한자 독음도 병기하였다(예: 오양지엔(歐陽漸, 구양점), 둔후앙(敦煌, 돈황)).
7) 중국어권의 관례를 따라 한문 문장에 현대적 구두점을 찍었다. 다만 끊어 읽기의 경우 한국어 문장의 흐름에 맞게 부분적으로 조정하기도 하였다. 예를 들어 선행 구(예. '於~中', '~故' 등)가 후행 동사의 부사로 사용된다고 판단될 때 중국어권의 관행과 달리 쉼표를 제거하고 붙여서 표기하였다.

감사의 말

천성이 느리고 게을러 이제야 논문을 완성하게 되었다. 논문이 결실을 보기까지 많은 분들의 가르침과 도움과 배려를 입었다.

지도교수이신 이종철 선생님께서는 필자에게 불교 고전어의 숙련된 습득, 불교 문헌을 문헌학적으로 읽음에 있어 정확함과 섬세함, 불교 문헌을 철학적으로 해석함에 있어 지적 정직성과 신중함 등의 가르침을 주셨다. 또 필자가 원측을 박사학위 논문 주제로 선정한 후에는 대학원 수업을 통해 강독하고 토론할 수 있는 기회를 제공해 주셨으며, 이후에도 논문에 전념할 수 있도록 여러 면에서 배려를 해주셔서 논문의 기초를 닦을 수 있었다.

네 분의 심사위원이신 정영근, 정병삼, 조윤호, 김종명 선생님께서는 각기 다른 측면에서 논문의 부족한 점을 지적하고 건설적인 조언을 해주심으로써 뼈대만 앙상했던 심사본이 나름의 논리를 갖추고 특성이 부각될 수 있도록 하는 데 적지 않은 도움을 주셨다.

또 금강대학교 김성철 선생님께서는 2012년 5월 한국사상사학회 월례발표회 논평에서 필자의 '원측의 종성(種性) 해석' 논의와 관련하여 보충해야 할 점을 꼼꼼히 지적해 주셔서 논문의 완성도를 높이는 데 도움을 주셨다. 같은 대학의 김천학 선생님께서는 구하기 힘들었던 하다니 료타이(羽溪了諦)의 글을 보내 주셔서 논문의 구도를 잡는 데 도움을 주셨다.

필자는 2006년 1월부터 2007년 여름까지 개인 자격으로, 2011년 3월부터 2012년 2월까지는 한국학중앙연구원 한국학대학원의 "차세대 한국학자 교환(파견) 프로그램"의 지원을 받은 방문연구자이자 중앙민족대학(中央民族大學) 장학연구원

(藏學硏究院, 티벳어학과) 고급진수생(高級進修生) 신분으로 모두 두 차례에 걸쳐 베이징에 머물 기회가 있었다.

그때 운 좋게도 북경대학(北京大學) 철학과 저우쉬에농(周學農) 선생님의 승조(僧肇)『조론(肇論)』 강독과 중국불교사 강의, 리쓰룽(李四龍) 선생님의 규기(窺基)『이부종륜론술기(異部宗輪論述記)』 강독, 남아시아학과 살지(薩爾吉, gSar brje) 선생님의 티벳어 문법 강의 및 강독, 중국인민대학(中國人民大學) 장펑레이(張風雷) 선생님의 중국불교사 강의 등을 청강할 수 있어 중국불교와 티벳어 및 티벳불교에 대한 부족한 공부를 보충할 수 있었다. 특히 살지 선생님께서는 필자에게 세 학기의 수업을 들을 수 있도록 허락해 주셨으며, 두 번째 체류 기간 중에는 청변(淸辨)『중관심론(中觀心論)』 세미나에도 참석할 수 있는 기회를 제공해 주셨으며, 『해심밀경소(解深密經疏)』 티벳어역 해독상의 문제에 대한 의견을 들려주시는 등 필자의 티벳어 공부와 논문 연구에 적지 않은 도움을 주셨다.

중앙민족대학 장학연구원의 명예원장이신 왕야오(王堯) 선생님께서는 80세의 고령으로 거동이 불편하신데도 이국에서 온 낯선 학생에게 토번(吐蕃) 점령기 돈황(敦煌)의 상황과 『해심밀경소』 티벳어역의 역자 최둡(Chos grub)에 대한 고견을 진지하게 들려주셨다. 같은 장학연구원의 강추어(崗措, Gaṅ tso) 선생님께서는 왕야오 선생님과의 만남을 주선해 주셨고, 티벳어 해독상의 어려움을 해결하는 데 도움을 주셨다. 필자와 마찬가지로 장학연구원에 교환프로그램으로 와 있었던 이탈리아 학생 필리뽀(Filippo Brambilla)는 필자에게 매튜 캡스타인(Matthew Kapstein)의 저작을 비롯한 적지 않은 양의 티벳학 및 불교학 관련 영어 저술과 논문을 제공해 주어 필자의 안목을 넓혀 주었다. 미시간대학교에 유학 중인 함형석 동학은『중관심론』 세미나의 산파가 되어 필자에게 청변과 중관 사상 일반에 대해 생각해 볼 수 있는 계기를 제공해 주었다.

한국학대학원 대학원위원회의 여러 선생님들께서는 필자를 "차세대 한국학자 교환(파견) 프로그램"의 수혜자로 선정해 주셔서 시간적 여유를 가지고 좀 더 다양한 자료를 수집할 수 있는 기회를 제공해 주셨을 뿐만 아니라 경제적 부담을 느끼지 않고 논문에 전념할 수 있는 환경을 만들어 주셨다. 물론 지원금에 녹아 있는 수많은 이들의 땀방울도 잊을 수 없을 것이다.

필자는 대학원 수업에서 외부강사로 출강하신 선생님들로부터도 불교 문헌을 읽는 기초를 닦을 수 있었다. 허일범 선생님을 통해 티벳어에 입문했고, 임병권 선생님을 통해 선어록(禪語錄)을 읽는 훈련을 할 수 있었으며, 홍성기 선생님을 통해 『중론(中論)』을 서양 논리학의 관점에서 읽는 방법을 알게 되었다. 또 석사과정 중 서강대학교 종교학과 길희성 선생님의 히라카와 아키라(平川 彰) 역해(譯解) 응연(凝然) 『팔종강요(八宗綱要)』 강독에 참여할 수 있는 기회를 얻게 되어 일본어 불교 논문을 읽을 수 있는 기초를 다질 수 있었다.

한국학대학원 철학전공에 입학한 이래로 필자는 불교 외의 수업을 통해 다양한 고전과 철학적 사유를 접할 수 있었다. 김형효 선생님의 철학적 사유론 강의는 욕망을 기준으로 인간의 사유를 이해하는 철학 유형론을 보여 주셨고, 정해창 선생님의 리처드 로티(Richard Rorty)와 윌리엄 제임스(William James) 강독은 어려운 영어 철학 문헌을 읽는 훈련의 기회가 되었으며, 최진덕 선생님의 『한비자(韓非子)』와 홀(D. Hall) · 에임즈(R. Ames)의 『Anticipating China』와 『Thinking through Confucius』 강독은 중국 철학에 대한 이해를 심화시키는 계기였으며, 한형조 선생님의 정도전(鄭道傳) 『불씨잡변(佛氏雜辨)』과 이황(李滉) 『성학십도(聖學十圖)』 강독은 불교를 그 경계 및 타자의 시선에서 바라볼 수 있는 기회가 되었으며, 외부강사로 출강하신 장승구 선생님의 실학(實學) 강독은 17~18세기 한 · 중 · 일 유자(儒者)들의 비주자학적 사유를 두루 읽을 수 있는 기회였다.

필자가 학문하는 일을 즐겁게 느끼고 그것을 업으로 삼아야겠다고 결심하게 된 것은 학부 시절 서강대학교 문과대학의 여러 선생님들의 강의와 도올서원에서의 고전 수강 및 강독 경험을 통해서이다. 철학과 이한조 선생님의 현대미국철학 강독, 강영안 선생님의 『순수이성비판』 강독, 이정우 선생님의 자연철학 강의, 종교학과 김승혜 선생님의 유교사 강의와 도교 강독, 길희성 선생님의 불교사 강의, 사학과 김한규 선생님의 중국고대사 강의 등은 전문가의 깊이와 교사의 열정이 어우러진 인상적인 강의와 훈련의 기회였다. 도올서원에서 김용옥 선생님의 『노자(老子)』, 『장자(莊子)』, 『맹자(孟子)』, 『논어(論語)』, 『주역(周易)』, 『시경(詩經)』 강독 및 강의를 들으면서 시공간적으로 저 멀리 있는 고전을 이해하는 일의 어려움과 실존적 삶과의 깊은 관련 속에서 고전 읽는 일의 즐거움을 동시에 느낄 수 있었고, 또 선생님의 권유로 참여하게 된 서양고전 강독반 활동을 통해 고전의 낯선 언어를 정면으로 돌파하는 어려움과 즐거움을 함께 느낄 수 있었다. 이동철 선생님께서는 정통적, 주석학적 고전 읽기의 범례를 보여 주셨으며, 오항녕 선생님께서는 역사 속에서 고전 해석의 실례를 찾아 들려주셨다.

필자가 논문에 착수할 수 있었던 것은 불교를 공부하는 한국학대학원 선후배님들의 도움이 있었기 때문이다. 김양순 선배님은 논문에 빨리 착수할 수 있도록 여러 가지 노하우와 격려의 말씀을 전해 주셨으며, 또 강독 모임을 성사시켜 강독의 성과를 객관화하고 소화할 수 있는 기회를 제공해 주셨다. 조경철, 김양순 선배님, 김성은, 김준우 후배 등은 꾸준히 강독 모임에 참여하고 질문해 주어 계속 긴장감을 유지하며 강독을 해 나갈 수 있는 힘이 되어 주었다.

중국과 한국학중앙연구원을 나그네처럼 오가며 많은 분들의 도움과 배려를 입었다. 친구 이임찬은 진심 어린 배려와 보살핌으로 베이징에 잘 정착하여 수업을 들을 수 있도록 물심양면으로 많은 도움을 주었다. 또 친구 아오잉(敖英)은 중국어 불교 수업을 이해하고 중국어로 불교에 대해 간단하게나마 얘기할 수 있도록 배려하고 많은 도움을 주었다. 또 후배 조윤경은 북경대학도서관(北京大學圖書館) 자료를 이용할 수 있도록 도움을 주었다. 한국학대학원의 이름을 다 열거하기 어려울 정도로 많은 선후배님들 중 어떤 분들은 기약 없는 나그네의 무거운 짐을 흔쾌히 맡아 주시고, 어떤 분들은 물심양면으로 따뜻한 위로와 격려를 보내 주시는 등 논문 완성에 음으로 양으로 도움을 주셨다.

친구 조성환은 외롭고 힘든 양평 시절 필자에게 브룩 지포린(Brook Ziporyn)의 『Evil and/or/as the Good』을 함께 읽고 토론할 수 있는 인연을 만들어 주어 그 시간을 버틸 수 있는 힘을 보태어 주었다.

베이징에서 홀로 『해심밀경소』와 씨름하며 지내던 고적한 날들, 깊은 밤 로잘린 투렉(Rosalyn Tureck)이 연주하는 바흐의 〈평균율클라비어곡집〉을 자주 듣곤 했다. 그 생기 있으면서도 심오한 아름다운 연주를 들으면서 시름을 잠시 잊을 수 있었다. 추상적 상징의 언어로 말미암아 눈과 마음이 지쳤을 때는 웨이밍호(未名湖) 수면에 어린 서늘한 나무 그림자로 씻기도 했다.

장안(長安)과 낙양(洛陽)의 서라벌 사람 원측과 돈황의 경계인 최둡은 필자를 유식학(唯識學)에 입문하도록 해주었다. 이 논문이 두 분이 역사에 쌓은 공덕에 대한 조그마한 보답이 되었으면 좋겠다.

2012년 7월 30일 밤

장규언이 삼가 쓰다

이번 단행본 출간의 기회를 빌어 13년 전에 미처 감사드리지 못한 분들과 그사이 새롭게 감사해야 할 분들께 마음을 전하고자 합니다.

작고하신 아버지, 어머니, 누나들, 형, 동생 모두 필자가 하는 일을 완전히 이해하지는 못했음에도 늘 충분히 지지해 주었습니다.

학부와 대학원 시절 한문 읽는 법을 가르쳐 주신 여러 선배님과 선생님들께도 감사드립니다. 학부 때 한문고전강독 동아리 이문회(以文會)에서 조경임, 이상영, 구재회 선배님으로부터 각각 주희(朱熹)의 『대학장구(大學章句)』, 『논어집주(論語集註)』, 『맹자집주(孟子集註)』를 배웠습니다. 대학원 수업에서 안대회 선생님과 함께 이황 편 『주서백선(朱書百選)』, 이용휴(李用休)의 『탄만집(𢿘𢿘集)』, 김택영(金澤榮)의 『한사경(韓史綮)』, 이종묵 선생님과 함께 이능화(李能和)의 『조선여속고(朝鮮女

俗考)』를 읽었고, 김혁 선배님이 주도하시는 강독 모임에서 『서경(書經)』, 『사기열전(史記列傳)』, 『고문진보(古文眞寶)』 등에 있는 다양한 문장을 읽었습니다. 더불어 2015년 봄과 여름에 돈황사본 불경 읽는 법을 가르쳐 주신 옛 동료 이케다 마사노리(池田將則) 선생님께도 감사드립니다.

학업에서 큰 어려움을 겪던 시절 격려를 보내주신 분들께도 감사드립니다. 봉화의 신대원 신부님께서는 나그네를 따뜻하게 맞이해 주셨고, 영주의 김영모 선생님께서는 필자의 연구실 숙풍재(宿風齋) 문패를 정성스럽게 만들어 주셨습니다. 가라시마 세이시(辛島靜志) 선생님께서는 2014년 가을 논산을 방문한 필자를 환대하며 격려해 주셨습니다. 안성두 선생님과 정진일 선생님께서는 2016년 가을 낙담한 필자를 따뜻하게 격려해 주셨습니다. 김영진 선생님께서는 정성스러운 추천사를 동인(同仁)들에게 전해주셨고, 불이회(不二會) 홍라희 회장님과 정인숙 선생님께서는 따뜻하게 환대하며 격려해 주셨습니다.

지난 10여 년간 학문적으로나 인간적으로 고립감에서 벗어날 수 있도록 도와준 벗들에게도 감사의 마음을 전합니다. 필자와는 다른 분야의 전문가들인 김남중, 김여근, 김준홍, 김지연, 박재휘, 양태건, 이석구, 이승철, 장우석, 정재학, 정정기, 정종모, 주진홍, 최필수, 한문덕 등의 학우님들과 교유하면서 다양한 지적 자극을 느끼고 생활의 감각과 삶의 지혜를 배울 수 있었습니다. 그중에서도 옆 동네 이웃으로 지내면서 가끔 만나 일상의 즐거움과 고민, 최신 독후감과 영화 관람평 등을 공유해 온 최필수 학우님, 학생시절부터 오랫동안 학업의 고락을 나누어 온 박재휘 학우님, 방문할 때마다 사는 곳 주변을 함께 여행할 수 있도록 배려해 준 정종모 학우님, 사는 곳을 오가며 선후배 간의 정을 나누어 온 김남중 학우님, 열린 마음으로 신학대생들에게 불교 철학과 『반야심경(般若心經)』을 강의할 수 있는 귀한 자리를 만들어 준 한문덕 학우님에게 특별히 고마움을 전하고 싶습니다.

불경을 읽던 고적한 시간들에 함께하면서 경업(敬業)의 동력과 영감이 되어준 아름다운 음악과 위대한 예술가들을 만나게 해주신 분들께도 감사드립니다. BBS 〈세계음악여행〉의 강민석 선생님께서는 깊은 밤 지구별 뮤즈들의 아름다운 음악들을 들려주셨고, KBS 〈당신의 밤과 음악〉의 이미선 선생님께서는 담백한 공감의 목소리로 리히테르(Sviatoslav Richter)의 삶을 들려주셨고, KBS 〈명연주 명음반〉의 정만섭 선생님께서는 바흐 해석의 고철(高徹)한 성자 투렉의 〈평균율클라비어곡집〉 연주와 조우하게 해주셨습니다.

이번 단행본 출판 준비 과정에서 도움을 주신 분들께도 감사드립니다. 이숙표(Suzanne Lee) 선생님께서는 영문 비판교정본을 전체적으로 검수하고 개선 방향을 조언해 주셨고, 이재윤 선생은 일본어 논문 속 오탈자와 필자가 추가한 문장의 문법 오류 여부를 꼼꼼히 점검해 주었고, 김정민 선생님께서는 『해심밀경소』 교토대 사본 속 한자 해독을 통해 텍스트 교정에 결정적 도움을 주셨고, 김태수 선생님께서는 영문 비판교정본 속 문장을 교정하는 데 도움을 주셨습니다. 물론 위 자료들 속에 오류가 있다면 그것은 모두 필자에게 귀속될 것입니다. 그리고 김동규 선생님께서는 불교학의 고전 『Mélanges Chinois et Bouddhiques』의 중요 권(卷)들을 벨기에에서 직접 구해다 주셨습니다. 더불어 2023년 9월 필자를 연구원으로 위촉해 주신 당시 서강대학교 철학연구소장이셨던 이상섭 선생님께도 감사드립니다. 덕분에 로욜라도서관과 협약 도서관들의 귀중한 자료를 이용할 수 있었습니다. 마지막으로 2025년 8월 독일 라이프찌히대학 개최 제20회 세계불교학대회 기간 중 「보론3」의 요약인 필자의 발표(Tsoṅ kha pa's Critique of Woncheuk and Its Buddhist Hermeneutical Implications: Focusing on their Views on Three *Dharmacakras and Svalakṣaṇa* in the *Saṃdhinirmocanasūtra*)를 듣고 토론을 통해 모호한 논점을 명확하게 인식하도록 친절히 이끌어 주신 사이토 아키라(齋藤 明) 선생님께 감사드립니다.

이 책이 세상에 나올 수 있도록 도움을 주신 분들께도 감사드립니다. 출판을 재정적으로 지원해 주신 사단법인 불교학연구지원사업회의 이사장 법상(法常) 스님, 김종환 사무국장님, 무명의 선여인 선남자 선생님들께서는 게으른 필자를 10년 이상 기다려 주셨습니다. 그리고 도서출판 씨아이알 출판부 선생님들께서는 필자의 요구에 맞추어 여러 문자와 기호가 뒤섞인 복잡한 스타일의 문서를 교정하고 편집하여 깔끔한 책을 만들어 주셨습니다.

지난 10년 사이에 왕야오 선생님, 김양순 선배님, 김형효, 가라시마 세이시, 길희성, 한형조 선생님께서 별세하셨습니다. 고인들을 다시 한번 추모하면서 인연의 소중함을 생각합니다. 특히 길희성 선생님과의 인연은 조금 특별한 데가 있는 듯합니다. 희미한 기억으로는 학부 3학년 불교사 강의 시간에 선생님께서 원측과『해심밀경소』티벳어역의 존재를 간단히 언급하면서 '여러분들 중에 누가 티벳어를 공부해서 한번 연구해 보십시오' 라고 지나가듯 말씀하셨던 듯합니다. 당시에는 불교를 공부하려는 마음이 없어서 흘려들었는데, 중중무진(重重無盡)의 인연으로 원측을 연구하게 되었고, 그 결과물인 박사학위논문을 10여 년 전에 우편으로 강화도로 보내드렸습니다. 2023년 9월 조문 갔다가 심도학사(尋道學舍) 도서관에 그 논문이 꽂혀 있음을 발견하고 공부한 보람과 감사함을 느꼈습니다.

2025년 9월 10일

영장산(靈長山) 아래 숙풍재에서

장규언이 삼가 쓰다

서문

이 책은 2012년 7월 한국학중앙연구원 한국학대학원에 제출한 필자의 박사학위 논문 「원측(圓測) 『해심밀경소(解深密經疏)』 「무자성상품(無自性相品)」 연구」를 수정하고 보완한 것으로, 이번에 단행본으로 출판하면서 본 연구의 특징을 잘 드러내기 위해 "원측 사상의 해석학적 연구"로 제목을 바꾸었다. 그 이유를 들자면, 우선 분석 대상의 측면에서 이 책은 원래도 『해심밀경소』 「무자성상품」에 한정되지 않았지만, '본문'의 내용이 보충되고 3편의 '보론'까지 더해지면서 『해심밀경소』 여타 품(品)들, 『반야심경찬(般若心經贊)』, 『인왕경소(仁王經疏)』 등 여타 원측 저술, 후대 인용 원측설 등에서 관련 텍스트들을 더했기 때문이다. 또 관점의 측면에서 「무자성상품」의 주요 주제, 즉 '삼무성(三無性)', '종성(種性)', '공(空)-유(有) 논쟁', '료의(了義)와 불료의(不了義)' 등과 관련하여 원측이 그의 전대 및 당대 불교사상가들을 어떻게 해석했는지에 초점을 맞춤으로써 그의 사상 전체의 거시적 위상을 조명하려 시도했기 때문이다. 이를 위해 필자가 채택한 관점 또는 방법이 서유럽 현대철학의 한 조류였던 '해석학(hermeneutics)'의 통찰에 영감을 받았으므로 '해석학적'이라고 규정해 보았다. 필자는 여기서 '해석학'을 '어떤 전통에 의해 신성하게 여겨지는 텍스트들에 대한 체계적 해석'이라는 의미로 사용한다('본문' 각주26 참조). 따라서 본 연구는 원측이 불교 전통 안에 존재하는 상이한 텍스트 및 그것들과 긴밀히 연관된 사상가들, 특히 청변(淸辨), 호법(護法), 진제(眞諦), 현장(玄奘) 중 어떤 텍스트와 누구의 해석을 수용하거나 비판하면서 자기 해석을 구축했는지를 밝히는 작업이라 할 수 있다.

이 책은 크게 보았을 때 '본문', '보론', '부록', 'Appendices'로 나뉘어 있다.

우선 '본문'의 경우 원 논문을 수정하거나 보충하면서 전반적으로 재구성하였다. '결론'의 경우 서술을 보다 명료하게 하고 문장 표현을 다듬는 수정을 하였고,

'서론'의 경우 원 논문의 '기존 연구성과' 검토 부분의 대부분을 '본론' 각 장 제1절 속으로 재배치하는 데 그쳤지만, '본론'의 경우 원 논문에 없던 내용을 추가하면서 크게 제1부와 제2부로 나누었다. 원 논문 '결론'의 후반부에서 그 일단만을 제시했던 의견을 발전시킨 두 논문, 「법상종(法相宗) 규기계(窺基系) 원측상(圓測像)의 형성 과정에 대한 비판적 고찰」(『한국사상사학』 43, 한국사상사학회, 2013.4)과 「서명학파(西明學派)라는 창: 마음의 거울 또는 앎의 장애물」(『한국사상사학』 50, 2015.8)을 각각 제1부의 제1장과 제2장으로 편집해 넣었으며, 새로운 내용은 제1장 3절 끝의 『성유식론술기(成唯識論述記)』가 『성유식론』보다 최소 3년 늦게 완성되었다는 사실 지적뿐이다. 발견의 순서로 본다면 제1부가 늦지만, 정당화의 관점에서는 제2부 앞에 배치하는 게 적절하다고 판단하였다. 필자의 '현장과 원측 관계' 인식이 대다수의 기존 연구자들과 다르기 때문에 한국 불교 연구자들이나 원측에 관심 있는 일반 독자들이 혹시 가지고 있을지도 모르는 모종의 선입견을 제거하는 데 도움이 될 것이라 기대한다.

제1부에서 필자는 한편으로 일본과 한국의 원측 연구자들 다수의 선입견이 어떻게 형성되고 발전해 왔는지를 성찰하였다. 우선 제1장에서 원측과 현장 간의 막역함을 시기했던 혜소(慧沼)의 원측 인식이 극적으로 발전한 형태가 『송고승전(宋高僧傳)』의 '도청설(盜聽說)'임을 밝혔다. 이어서 제2장에서 1916년 하다니 료타이(羽溪了諦)가 창조해낸 '유식종(唯識宗)의 정계(正系) 현장-규기(窺基)-혜소의 자은학파(慈恩學派) 대 이파(異派) 신라계 서명학파(西明學派)' 개념이 '도청설'의 영향하에 형성된 일본 유식종의 '정통 현장-규기 대(對) 이단 원측'의 양분법을 무의식중에 답습하였으며, 한국 연구자들은 하다니적 의미의 '서명학파'를 '한국적 유식학파'로 긍정적으로 재해석했음을 밝혔다. 다른 한편으로 그 선입견을 구성하는 가장 중요한 전제인 '원측 대 현장의 대립' 이미지는 허상(虛像)에 가까우며, 그것을 떠받치는 정서적 동력은 규기계 사상가와 일본 연구자들의 경우 '정통과 이단'의 양분법이고 한국 연구자들의 경우 방어적 민족주의이며, 오히려 그것이 원측과 신라 유식 사상가들의 실상(實相)을 가리는 '앎의 장애물'임을 밝혔다. 더불어 하다니를 비판하며 원측을 현장 계열로 재해석한 1990년대 이후 일군의 일본 연구자들 역시 위 전제와 동전의 양면을 이루는 '현장과 규기 학설의 완전한 동일시' 관념으로부터 완전히 자유

롭지는 못한 까닭인지 '그들 스스로 현장과 동일시한 규기의 관점에서' 원측을 보려는 경향을 지녔으며, 그 결과 원측이 규기와 다르게 현장을 해석했거나(예. '본문' 자료34) 진제와 현장 사상 간의 비모순성 또는 연속성의 측면에 주목했음(예. '본문' 표2와 표3)을 간과하거나 과소평가했음을 지적하였다('본문' 각주155 참조).

제2부의 제1장과 제2장은 가능하면 학위논문의 기본틀을 유지하면서 일부 내용을 보충하거나 생략하였다. 제1장의 경우 원 논문에서 간단히 언급된 「심의식상품(心意識相品)」의 '아마라식(阿摩羅識)' 논의 부분이 '보론1'에서 보다 자세히 논의되므로 생략하였다. 제2장의 경우 원 논문의 내용을 보충한 『원측 『해심밀경소』 「무자성상품」 종성론 부분 역주: 티벳어역에 의한 텍스트 교정을 겸해』(씨아이알, 2013.5)의 '해제' 중 '본론'과 '맺음말'(pp.23-79)을 토대로 하였다. 거기에다 원측 '불성(佛性)' 해석의 연원과 지향을 요약한 '표2'와 그의 '무성유정(無性有情)' 해석이 직면한 해석학적 곤경(hermeneutical predicament)을 명시한 '표4'를 보충하였다. 특히 「원측 『법화경(法華經)』 일승(一乘) 인식의 특징과 그 교판적 의미: 진제(眞諦) 사유 계승의 한 측면」(『불교학연구』 44, 불교학연구회, 2015.9) 속의 일부 자료(특히 '각주289')를 보충하여 『법화경』 '일승'의 해석들 중 원측이 지지하지 않는 것이 다름 아닌 규기의 해석임을 확정지었고, 또 그가 현장과 진제 해석 간의 갈등을 해소하려는 맥락에서 규기 해석을 비판하고 그 대척점에 있는 진제 해석을 지지했음을 명시하기 위해 '표3'을 보충하였다. 거기서 필자는 티벳어역을 통해 '자료29' 속 "雖有三釋, 第二為正" 중의 '三'을 '二'로 교정함으로써('부록1' 각주130 참조) 비로소 '표3'에서 명시한 원측 해석을 확정지었으며, 동시에 '三'을 의심 없이 옳다고 본 전제 위에서 출발하여 그것을 오히려 정반대로 규기 해석과 동일시한 기츠카와 토모아키(橘川智昭)의 오류를 지적할 수 있었다. 이는 '털끝만큼 소소한 착오가 뜻밖에 진실로부터 천리만큼 아득히 멀어지는 오류를 불러온다(差之毫釐, 謬之千里)'는 중국어 속담에 부합하는 드문 사례라 볼 수 있을 듯하다. 다른 한편으로 '해제' 중 '승장(勝莊)의 무성유정 해석' 부분(pp.68-72)은 논지 전개상 반드시 필요하지는 않다고 판단되어 생략하였다.

반면 제3장의 경우 원측의 '공-유 논쟁'과 '중관과 유식 사상 간의 관계' 인식의 복합성을 잘 드러내기 위해 원 논문의 절을 전면적으로 재구성하였으며, 또 원 논문의 일부를 발전시킨 논문들 속 추가 내용의 일부를 역으로 원 논문 속에 보충해 넣었다. 그중 대표적인 것들만 제시하면, 우선 제3절 '1)'의 경우 「원측의 청변 차전(遮詮)의 의미론 인식의 특징」(『불교학리뷰』 28, 금강대 불교문화연구소, 2020.10)에서 추가된 내용의 일부를 보충하면서(특히 '자료41~43') 원 논문의 번역과 해석을 상당수 수정하였으며, 제5절은 위 논문의 또 다른 일부를 재편집하면서 원 논문의 단편적 자료 제시의 한계를 극복하고 논의를 확대하였으며('자료58~64') 일부 자료의 오독까지 교정했다는 점('자료65')에서 새로 추가된 절에 가깝다. 거기서 필자는 붓다의 '공함[空]'과 '존재함[有]' 설법 모두 진리(眞理)와 관련된 중생의 '비존재에 대한 집착[妄執]' 제거 기능을 수행한다는 점에서 '배제적 지칭[遮詮]'이라고 규정한 원측의 관점이 '진나(陳那) 『리문론(理門論)』의 '군더더기의 배제[止濫]' → 청변 『장진론(掌珍論)』의 '배제적 지칭'과 호법 『광백론(廣百論)』의 '배제적 지칭' 또는 '배제적 언어[遮言]' → 위 논서들의 역자 현장의 '배제적 지칭''의 사상사적 계보 위에서 성립하며 그가 진나의 의미론을 청변과 호법 간 동일성 인식의 사상적 근거로 삼았다는 사실을 새롭게 명시하였다. 또 제4절에서는 「공유 논쟁에 대한 원측의 화쟁 논리: 『대승광백론석론(大乘廣百論釋論)』「교계제자품(教誡弟子品)」을 중심으로」(『철학논집』 37, 서강대 철학연구소, 2014.5)에서 추가된 내용의 일부를 수정하여 보충하였다('자료52'와 '자료53'). 제5절 끝에 제3~5절에 걸쳐 논의된 원측의 청변과 호법 간 '공-유 논쟁' 인식과 화쟁(和諍) 논리의 핵심을 정리한 '표5'를 보충하였다. 마지막으로 제6절에서는 「제2시와 제3시 설법의 관계에 대한 원측 인식의 특징」(『불교학연구』 40, 2014.9)에서 소개한 '『해심밀경소』 티벳어역 속 신발굴자료' 및 관련 논의와 '표'들을 보충해 넣었다('자료70~72' 및 그 해석, '표6~7').

다음으로 '보론1', '보론2', '보론3'은 원 논문에서는 생각의 씨앗만 뿌려져 있었던 것을 발전시킨 독립된 논문들이며(순서대로 『선문화연구』 26(2019.6), 『철학논집』 68(2022.2), 『선문화연구』 35(2023.12)에 수록됨), 이번 출간을 앞두고 세 편 모두에서 그 사이에 발견한 크고 작은 오류들을 수정하였으며, 특히 '보론1'의 경우 본문과 일부 각주에 새로운 내용(특히 '자료4' 및 후속 서술, 각주23, 28, 32 등)을 편집해 넣고 '표1~2'를 추가하였다. '보론1'은 '본문' 본론 제2부 제1장에서 논의된 원측의 '진제 일진여

(一眞如) 또는 삼무성리(三無性理) 비판'의 의미를 '여덟 식(識)' 체계의 관점에서 밝힌 글이다. 거기서 필자는 원측이 호법-현장의 관점에서 '식'인 '진여', 즉 진제의 '능연(能緣)의 아라마식' 개념을 비판하였지만, 그의 '해성리야(解性梨耶)' 개념은 현장의 '아뢰야식(阿賴耶識) 안의 진여적 측면'으로 계승되었다고 보아 암묵적으로 긍정했음을 밝혀 '종성' 해석의 경우처럼 원측이 진제와 현장 사상 간의 단절과 연속 또는 모순성과 비모순성 양 측면을 동시에 인식하고 있었음을 확인하였다. 더불어 이를 통해 원측이 '해성리야'를 '본각(本覺)'(='능연의 아마라식')과 동일시했다고 본 기존 연구자들(聖凱, 耿晴)의 오해('각주22' 참조)를 교정하였다. '보론2'는 '본문' 본론 제2부 제2장에서 간략히 언급된 원측의 '리성(理性)과 행성(行性)' 해석의 연원과 규기 해석과의 차이를 통시적이고 구체적으로 해명하였다. 거기서 필자는 원측 해석이 큰 틀에서 '행성의 리성과의 근원적 동일성'을 강조하는 지론사(地論師)-섭론사(攝論師)의 사유와 연속적이라는 점에서 규기-혜소의 해석과 다름을 밝혔다. '보론3'은 쫑카빠(Tsoṅ kha pa)를 통해 '본문' 본론 제2부 제3장에서 논의된 원측의 '중관과 유식 사상 간의 관계' 인식의 복합성을 재확인하였다. 거기서 필자는 쫑카빠 원측 비판의 의도, 전략, 논리적 근거 등을 구체적으로 밝혀 중관 사상가의 비판 대상인 유식 사상가 원측의 정체성을 부각시켰다. 이 글은 인도-티벳 불교 전통의 지평 속에서 원측을 조명함으로써 언어와 문화를 초월하는 사상의 보편적 영향력을 보여준 점에서 의의가 있다.

다음으로 '부록'은 매우 다양한 성격의 글들을 포괄하고 있다. '부록1'은『해심밀경소』「무자성상품」의 비판교정본이다. 13년 전 학위논문에 임시교정본이 실렸으며, 그중 '종성론' 부분의 수정본은 앞서 언급한 역주 속에 실린 적이 있었다. 이번 단행본 출간을 준비하면서 전체를 다시 한번 꼼꼼히 검토하였고, 적지 않은 곳에서 오류를 수정하였다. 작업은 주로 대장경 검색을 통해 인용문 부분의 필사 오류 여부를 점검하고, 티벳어역으로부터 상상한,『해심밀경소』완성 후 채 150년이 지나지 않은 820년대 최둡(Chos grub)이 번역 시 보았을 것으로 추정된 가상의『해심밀경소』사본을 통해 현존 만속장경(卍續藏經)본과 그 저본들 중 하나인 1776년 필사 일본 교토대 사본의 오류를 교정하거나 누락 부분을 복원하는 것이었다. 그런데 티벳어역, 사본, 만속장경본 모두 상이한 성격의 부분적 결함이 있기 때문에 완전한 교정본은 사실상 존재할 수 없으며, 결국 교정자의 해석에 의해 최종적으로 선택되고 보충되어야 하는 부분을 포함할 수밖에 없다. 따라서 이 비판교정본 역시 여전히 필자의 임시 교정본일 뿐이며, 원측 저술 당시 문장이 어떠했을지 확신할 수 없는 곳('(?)' 표시 부분)이 여전히 남아 있다. 공부가 더 깊어진 훗날 혹시 인연이 되어 「무자성상품」 전체를 역주하게 된다면 지금보다 더 신뢰할 만한 교정본이 나올 수 있을 듯하다. 온전한 번역을 위해서는 텍스트의 확정과 그에 대한 명료한 이해가 필요하므로.

'부록2'는 필자가 왜 『해심밀경소』 티벳어역을 중시하는지 그 이유를 밝힌 것이며, 이 글이 발표된 12년 전만 해도 국내외 학계에서 필자처럼 원측 사상 연구에 그것을 전면적으로 활용한 경우가 없었다는 점에서 의의가 있는 글이다. 그사이 필자의 학위논문 지도교수셨던 이종철 선생님의 티벳어역에 근거한 『해심밀경소』 품별 비판교정본과 그중 「지바라밀다품(地波羅蜜多品)」에 대한 김성은 박사의 역주가 출간되었으므로 이제 원측 연구에서 『해심밀경소』 티벳어역의 활용은 필수불가결한 것이 되었다고 볼 수 있을 듯하다. '부록3'은 앞서 소개한 「제2시와 제3시 설법의 관계에 대한 원측 인식의 특징」의 '부록1'과 '부록2'를 재편집한 것이며, 『해심밀경소』 「서품(序品)」 중 '설법 주제[所詮宗]' 논의 속 '티벳어역에만 전하는 텍스트들' 중 일부와 관련 부분의 '한(漢)-장(藏) 텍스트' 간 구성 차이와 각 텍스트의 대략적 내용을 소개하였다. '부록4'는 2021년 12월 7일 동국대 WISE캠퍼스 불교학과 김영진 교수님이 담당하신 '불교인식론' 강의를 위한 온라인 특강 강의록을 약간 수정한 것이다. 사진이 많이 들어가 있고, 학부생들 눈높이에 맞추어 간략하게 결론만 쓴 글이므로 워밍업으로 읽기 좋은 자료이다.

'부록5'는 이 책에서 사용된 한자 불교용어들 중 중요한 것들과 그것의 현대 한국어 번역을 대조한 목록이다. 삼국 시대에 불교를 받아들인 이후 근래까지 한문을 읽을 수 있는 대다수 지식인들은 한문 불경의 언어가 번역어라는 점을 크게 의식하지 않고 익숙한 한역어를 구성하는 개별 한자의 가장 두드러지는 의미망을 통해 그것을 이해하면서 사용하였다. 하지만 시대가 바뀌었다. 우선 지금은 필자를 포함한 대다수 당대 독자들에게 한문은 물론 일상 언어를 구성해 왔던 많은 한자어까지도 영어 외래어로 서서히 대체되어 가는, 예를 들면 '동사무소(所)'가 '행정복지센터(center)'로 바뀌는 시대이다.

다음으로 산스끄리뜨어 원어와 그것에 대한 티벳어역, 서유럽어 번역 등을 통해 한역어의 의미를 보다 정확하고 풍부하게 이해할 수 있는 가능성이 열리게 되었다. 역경이 필요한 시대가 도래한 것이다. 물론 불교 한역어의 현대어 번역은 한편으로 한 단어가 가진 복합적 의미층을 단순화하거나 왜곡시킬 우려에서 자유롭지 못하다는 점에서 그 한계가 분명하지만, 다른 한편으로 텍스트의 의미를 보다 명확하게 전달하기 위해서는 반드시 필요한 작업이기도 하다. 예를 들어 필자는 '성문종성(聲聞種性 또는 聲聞種姓)'과 '무종성인(無種性人 또는 無種姓人)'을 그대로 사용하면서 '종성'이 지닌 '특정 부류(姓)'와 '특정 부류가 지닌 본성(性)'이라는 복합적 의미를 보존하기보다는 '종성' 대응 산스끄리뜨어 'gotra'의 여러 의미를 고려하면서 각각 '성문 부류'와 '불성이 없는 사람'으로 번역하여 의미를 구별하였다(자세한 이유는 '본문' 제2부 제2장 각주227 참조). 문제는 번역되어야 할 용어의 범위인데, 그것은 역자나 그가 속한 언중(言衆)에 따라 유동적일 수밖에 없을 것이다. 스스로 불교 전통 바깥에서 불교를 학문적으로 연구한다고 생각하는 필자는 '열반', '분별', '번뇌' 등 일상어 속에 편입된 용어를 제외하고 한역어를 가능하면 현대어로 번역하여 현대 지식의 장 속으로 편입시키고자 지향하며, 산스끄리뜨어 불경을 펼친 중국과 티벳의 역경가들 역시 그 점에서 크게 다르지 않았다고 생각한다. 필자에게 다수의 불교 한역어와 거기서 파생된 한자 조어들은 사실 서유럽 철학 언어에 대한 일본식 한자어 번역의 일부만큼 낯설게 느껴진다. 마치 칸트가 『순수이성비판』에서 사용한 독일어 'Verstand'의 맥락과 의미를 뒤늦게 알게 되어 '오성(悟性)'을 그대로 사용하기보다는 우리의 일상어에 가까운 더 자연스러운 번역어를 고심하게 되듯이, 필자 역시 불경에 대한 견문이 늘어나고 산스끄리뜨어에 대한 이해가 차츰 생겨남에 따라 생경한 한자 불교용어의 현대어 번역을 점진적으로 시도하였고, 그중 일부를 「원측 『해심밀경소』「심의식상품」 역주」 연재(『불교학리뷰』 14, 27~28, 31~32, 34, 2013.12~2023.10), 앞서 언급한 「원측의 청변 차전(遮詮)의 의미론 인식의 특징」, 「원측을 통해 본 궁극적 진리의 언어 초월성의 함축」(『선문화연구』 30, 2021.6), '보론2'와 '보론3'의 원 논문 등을 통해 선보였다. 이번 출간에 맞추어 '본문'의 장과 절 제목, 기존 연구 성과 소개, 표 등과 '부록1'을 제외한 이 책의 대부분에서 여전히 적절한 번역어가 떠오르지 않는 '행상(行相)' 등 소수를 제외한 거의 대부분의 한자 불교용어를 매우 과감하게 현대 한국어로 일관되게 번역하였다. 기존 한자술어에 익숙한 대부분의 연구자들에게는 낯설고 번잡하고 혼란스럽게 느껴질지도 모르겠다. 필자는 아마도 전통적 연구자들이 계속 한자용어를 사용하게 만든 가장 중요한 매력들 중 하나일지 모르는 뜻글자 한자가 지닌 언어의 경제를 희생하고 의미 전달의 명료성을 위해 단어 수가 늘어난 현대어 번역을 선택하였다.

마지막으로 'Appendices', 즉 외국어문 부록은 한국어를 읽을 수 없는 국외학자들의 활용을 고려하여 수록한 것이다. 필자가 직접 만났거나 글을 통해 접해본 동아시아 불교나 티벳 불교 연구자들 중 원측을 언급한 이들은 적지 않았지만, 그들 중 한국어를 읽을 수 있는 사람은 손에 꼽을 수 있을 정도이며, 또 그들 대부분은 일본어 논문을 읽고 형성된 선이해를 가지고 있었다. 그런데 필자는 이 책을 통해 확인 가능하겠지만, 일부 일본 연구자의 특정한 해석들이 원측을 오독하였다고 판단하였고, 따라서 원측에 대한 국외학자들의 오해를 교정하기 위해 지난 10여 년간 중국어와 일본어로 논문을 발표하기도 했고, 온라인 특강을 위해 중국어 강의록을 작성하기도 했다. 기왕의 논문들에 일부 오류가 있고, 강의 자료와 이번 출간에 맞추어 새롭게 시도한 「무자성상품」 전체의 영문 비판교정본은 따로 출판될 기회가 없을 듯하여 두 논문과 강의록의 오류를 수정하고 영문 비판교정본을 더하여 하나로 묶고 전체를 개괄하는 영문 서문을 붙였다. 그 바람에 책이 두꺼워져 버렸다. 독자 여러분의 넓은 양해를 구하고자 한다.

이 책의 가장 두드러지는 성과로 세 가지 정도를 꼽을 수 있을 듯하다. 첫째, 필자는 혜소의 '현장 문하(門下)로부터 원측 배제 시도'가 극적으로 발전한 형태인 『송고승전』 '도청설'이 완전한 '헛소문'임을 확인하였고, 그 헛소문의 영향하에 20세기 일본과 한국 연구자들 다수가 쌓아 올린 '서명학파' 개념은 '공중의 성' 또는 '공중의 꽃[空華]'에 불과하며 오히려 원측 인식의 장애물임을 밝혔다. 둘째, 원측이 '종성' 해석에서 진제와 현장 간의 화쟁을 지향했다는 점에 주목하였고, 더불어 그가 양자를 대립적으로만 보았을 것이라는 전제하에서 진행된, 원측 연구의 상반된 두 경향을 대표하는 하다니와 기츠카와 해석의 오류를 동시에 지적하였다(각각 '본문' 각주

213과 각주277). 셋째, 국내외 학계 최초로 『해심밀경소』 티벳어역을 통한 한문 텍스트의 교정('부록1' 외) 및 보충('본문' 자료70~72 외)에 도움을 받아 원측 사상 해석을 시도하였고, 또 운 좋게도 그 덕분에(예. '부록1' 각주130과 '본문' 자료35) 기존 해석의 오류를 수정하거나 새로운 해석을 제시할 수 있었다(예. 각각 '본문' 표3와 표4). 고인(古人) 최돕의 도움으로 뜻밖에 금인(今人)들의 오해를 교정한 셈이다.

이 책은 기본적으로 불교사상 연구자들을 위한 전문 학술 서적이지만, 원측 사상에 관심 있는 일반 독자들에게도 읽혔으면 하는 바람에서 '부록4'를 포함시켰다. 원측 사상이나 필자의 원측 해석이 낯선 독자들은 먼저 '부록4'를 통해 원측과 현장의 관계, 불교사상사에서의 원측의 위상 등에 대한 필자의 기본 관점을 이해한 후, 인문교양서 『한국철학 다시읽기』(조성환 등 14인 공저, 모시는 사람들, 2024) 속에 있는 필자의 글 「원측, 동아시아 유식 사상의 헤르메스」와 관련 동영상 강의(K-MOOC '한국불교의 논쟁')를 통해 원측의 생애, 저술, 현장과의 관계, 글쓰기와 사상 해석의 특징 등을 포괄적으로 숙지할 것을 권유드린다. 혹시 필자의 '원측과 현장 관계' 해석, 특히 원측을 '현장의 제자'로 보는 것이 결론적으로 원측 사상의 독자성 부정으로 귀결된다고 오해하는 연구자들이 있을지도 모르겠다. 그런 분들이 있다면 위 글과 강의를 통해 오해를 풀었으면 좋겠다. 더불어 원측 왜곡의 출발점이 된 비상식을 지적하고 싶다. 만약 『해심밀경소』의 저자가 『해심밀경』의 역자와 대립했다면 그는 자아 분열적 존재일 것이다. 원측 연구의 개척자 하다니가 일본 유식종의 정통 현장-규기 대 이단 원측의 양분법이 이러한 비상식으로 귀결될 수밖에 없음을 인식하지 못하고 원측을 그렇게 보았다.

필자가 『해심밀경소』를 읽기 시작한 것이 2005년 3월 대학원 박사과정 마지막 학기 수업을 앞두고 발표 준비를 할 때이므로 원측을 만난 지 꼭 20년이 되었다. 단행본 출간이 계속 지연됨에 따라 이 책은 뜻하지 않게 필자의 지난 20년 원측 연구의 핵심 성과 보고서가 된 셈이다. 70대의 고승 원측이 평생의 공부를 담아 쓴 대작 『해심밀경소』의 일부분을 겨우 20년 동안 탐색하고 작성한 중간 보고서이니 여전히 관견(管見)을 벗어나긴 어려울 것이다. 눈 밝은 독자들께서 지혜의 말씀을 전해주신다면 앞으로 더 좋은 보고서가 나올 수 있을 것이다.

차례

서론

서론

이 책은『해심밀경소』티벳어역과의 대조를 통한 한문 텍스트의 교정 및 보충에 기반하고『해심밀경소』「무자성상품」의 주요 주제들을 대상으로 하여 청변과 호법, 진제와 현장과의 관계 속에서 원측 사상의 해석학적 연원을 부분적으로 명시하고자 하는 문헌학 및 해석학적 연구이다.

1. 기존 연구의 두드러진 경향

원측(圓測, 613-696)에 대한 현대의 연구는 적지 않다. 10권에 이르는 방대한『해심밀경소(解深密經疏)』와 비록 일실되긴 했지만 20세기 초에 여러 문헌들에서 인용된 것을 집성한『성유식론소(成唯識論疏)』[1]에는 유식(唯識) 사상의 주요 주제들에 대한 인도의 여러 논사들, 진제(眞諦, Paramārtha, 499-569), 현장(玄奘, 600(또는 602)-664)[2] 등 중국 불교 사상가들의 다양한 해석들이 집대성되어 있어서 현대의 적지 않은 연구자들의 주목을 끌었다. 또『해심밀경소』는 한문으로 작성된 주석 문

1) 현재 우리나라에서도 이미 널리 유통되고 있는 이 편집본은 정확한 서지사항을 결여하고 있는데, 쟝즈치앙(張志强, 장지강)에 의하면 '후기(後記)'는 20세기 초 난징(南京, 남경)에 지나내학원(支那內學院)을 설립하여 유식학(唯識學)을 중흥시킨 오양지엔(歐陽漸, 구양점)이 쓴 것이라 한다(張志强 2003. 7).

2) 현장의 출생년에 대해서는 사료마다 기록이 일치하지 않는데 필자는 양팅푸(楊廷福, 양정복)를 따라 600년 설을 가장 상식에 부합하는 것으로 본다. 그는 현장의 생년을 600년으로 기록한『속고승전(續高僧傳)』의 저자 도선(道宣)이 현장과 동시대인이었으며 현장의 역장에 참여할 정도로 현장과 막역한 인물이었기 때문에 상식적으로 가장 신뢰할 만하다고 지적한다(楊廷福 2011. 5).

헌으로는 아주 예외적으로 티벳어로 번역되었고, 그 후 티벳 불교사상가들에 의해 인용되었으며, 또 그 티벳어역 『팍빠 공빠 삽모 팍빠 공빠 삽모 응에빠르델빼 도 갸 체르델빠(Ḥphags pa dgoṅs pa zab mo ṅes par ḥgrel paḥi mdo rgya cher ḥgrel pa)』(범어로 Ārya-gambhīra-saṃdhinirmocana-sūtra-ṭīkā, 이하 SNST로 약칭)가 티벳대장경 속에 보존되어 있기 때문에 몇몇 인도 및 티벳 불교 연구가들도 여기에 주목하였다.[3)]

기존 연구 중 본 논문의 주제와 관련하여 의미 있는 몇몇 연구의 두드러진 경향을 간략히 소개하자면 다음과 같다.

현대에 들어 학문적으로 가장 먼저 원측에 주목한 이는 일본의 하다니 료타이(羽溪了諦)였다.[4)] 그는 한편으로는 '현장-규기(窺基, 632~682)-혜소(慧沼, 650~714)'의 자은파(慈恩派)와 '원측-도증(道證, 7~8세기)-태현(太賢, 742~764 활동)'의 서명파(西明派)의 대립 구도[5)]를 상정한 뒤, 그 전제 위에서 규기와 원측 학설의 몇 가지 차이점에 대해 나열하는 데 주력하였다.[6)] 동시에 다른 한편으로 그는 유식사상가 원측의 다양한 면모에도 주목하였다. 우선 『반야심경찬(般若心經贊)』과 『인왕경소(仁王經疏)』의 예를 들면서 원측에게 있어 '유식'의 교의로써 『반야경(般若經)』 경문을 해석하고자 하는 시도가 두드러짐을 지적하고 있다.[7)] 다음으로 송복(宋復)의 「탑명(塔銘)」(1115년 작성)[8)]에서 원측이 '육국(六國)의 언어에 능통했다'고 말한 것에 대한 방증으로서 원측의 범어 및 서역어 어학 능력을 드러내는 곳을 나열하고 있다. 즉, 원측은 세친(世親, Vasubandhu)[9)]의 제자 구바(瞿婆, Gopā)의 『이십유식범본기

3) 『해심밀경소』 티벳어역과 관련 주제에 대한 기존 연구의 주요 내용에 대해서는 '부록2' 참조.

4) 羽溪了諦 1916a, 1916b, 1916c.

5) 그 구체적 내용에 대해서는 본론 '제1부 제2장' 참조.

6) 그중 이 책에서 다룰 '종성(種性)'과 '료의(了義)와 불료의(不了義)'에 대한 양 사상가의 해석 차이 언급은 본론 제2부 제2장과 제3장 각각 참조.

7) 羽溪了諦, 앞의 글 1916a. 75-76.

8) 정식 명칭은 「대주서명사고대덕원측법사불사리탑명병서(大周西明寺故大德圓測法師佛舍利塔銘并序)」.

9) 세친에 대해서는 1인이냐 2인이냐에서 출발하여 그 연대에 대해 학계에 다양한 이견이 존재한다(平川彰 1991. 94-100 참조). 필자는 『해심밀경소』를 연구하는 입장에서 일단 동아시아 전통에서 『구사론(俱舍論)』의 논주 세친과 유식논사 세친을 동일인으로 보았다는 점(대표적으로 진제(眞諦)의 「바수반두법사전(婆藪槃豆法師傳)」(T50 No. 2049)과 그의 제자 혜개(慧愷)의 「아비

(二十唯識梵本記)』를 직접 인용하고 있으며,[10] 『반야심경(般若心經)』 '오온개공(五蘊皆空)' 번역문에 대해 범본에 의거하여 교감을 시도하고 있으며,[11] 또 우전어(于闐語)를 비롯한 서역 여러 나라의 언어에도 통달했다는 점을 지적하고 있다.[12] 마지막으로, 흥미롭게도 앞서 자신이 설정한 '현장 대(對) 원측' 대립 구도와 모순되게, 송복이 「탑명」에서 원측의 주석에 대해 '심오한 불경에 날개를 달아주어 그것을 이해하고자 하는 당대인들의 눈과 귀가 되어주었다[秘典之羽翼, 時人之耳目]'라고 규정한 뒤, 그 공적에 대해 '그 결과 현장을 도와 불법이 동쪽으로 전파되어 무궁한 가르침을 크게 일으키게 하였다[所以贊佐奘公, 使佛法東流, 大興無窮之教者也.]'라고 찬양한 구절을 들면서 원측 주석의 근본 의도가 현장의 학설을 널리 전파시키고자 함에 있었음도 지적하고 있다.[13]

이상의 하다니의 개척적인 원측 연구는 두 가지 점에서 두드러진다. 한편으로 그는 현장·규기와 원측을 학설상 대립되는 것으로 설정하고 또 그 구도하에서 원측 유식설의 특징을 대략적으로 제시하면서도, 다른 한편으로 원측의 주석이 현장의

달마구사론석서(阿毘達磨俱舍釋論序)」)을 존중한다. 참고로 이종철은 『석궤론(釋軌論)』을 매개로 『구사론』의 논주 세친과 유식논사 세친의 사상적 연속성을 증명할 수 있으며 그러한 연속성이 동아시아 전통의 전승과도 잘 부합한다는 점을 들어 1인설을 지지하며 또 그 바탕 위에서 세친의 연대를 A.D. 320-400년 무렵으로 상정한 우이 하쿠쥬(宇井伯壽)의 설을 작업 가설로서 채택하고 있다(李鍾徹 2001. 61.).

10) 圓測, 『解深密經疏』 권4, 「一切法相品」 ZZ21 255a22-23: <u>瞿婆*論師『'十二〈二十〉**唯識梵本記』</u>中自有二說, ... *여기서 하다니가 어떤 근거에서 '瞿婆'가 'Gopā'이며 또 그가 세친의 제자라고 보았는지 분명하지 않다. '瞿婆' 대응 티벳어역(ZhT68.613.10) 'gu ṇa bhā ba'는 산스끄리뜨어 'Guṇabhāva'의 음사이다. 'Guṇabhāva'의 신원에 대해서도 잘 알려져 있지 않다. **상식과 대응 SNST(ZhT68.613.10-11: bstan bcos rnam par rig pa tsam du bstan pa <u>ñi śu paḥi</u> brjed byaṅ mdsad pa)에 비추어 볼 때 '十二'는 '二十'의 오기임이 분명하다.

11) 『般若心經贊』 T33 544c13-14: 或有本曰, '照見五蘊等皆空'. 雖有兩本, 後本為正. <u>撿勘梵本</u>有'等'言故. 後所說'等'準此應知.

12) 『解深密經疏』 권2, 「勝義諦相品」 ZZ21 211a23-b6: 【[所言'頌'者, 『深密』·『解節』皆說'偈'言, 舊來諸師自有兩釋. 一云, '偈'者, 梵音'伽陀', 此云'重頌', 而翻譯者為存略故, 或音訛故, 但言'偈'也. 一云, '偈'者, 此即漢語'竭'也, '盡'也, 四句成頌, 攝義同盡, 故言'偈'也. 不爾. 梵音正是'伽陀', 即應言'伽', 不應名'偈'. 雖有兩釋, 前說為正. <u>西方諸國語音不同, 中印度國名為'伽陀', 餘處名'伽他', 乃至于闐國名為'偈他'</u>, 譯家略故, 但言'偈'也.]】 작은 글씨로 되어 있는 이른바 협주(夾註) 부분이다. 이상 세 가지 특징은 모두 羽溪了諦 1916a. 80-81에 소개되어 있다.

13) 羽溪了諦, 앞의 글 1916a. 79.

학설을 전파하는 데 공로가 있음도 간과하지 않았다. 이 중 전자의 관점은 이후 조명기(趙明基),[14] 후카우라 세이분(深浦正文),[15] 박종홍(朴鍾鴻),[16] 대만의 양바이이(楊白衣, 양백의)[17]의 연구에서 그대로 계승된다.

하다니 이후 주목할 만한 연구자는 이이다 쇼타로(飯田昭太郎)[18]이다. 그는 중관(中觀)과 유식 사상의 연속성을 강조한 원측의 면모를 부각시키면서 전자에 대한 후자의 우월성을 강조한 규기와 대비하였다. 이 점은 정영근(丁永根)[19]에 의해서 재차 강조되었다. 이이다는 또한 원측의 불교사 인식과 밀접한 관련이 있는 청변(淸辨, Bhāvaviveka, Bhāviveka, Bavya, 약 490-570)과 호법(護法, Dharmapāla, 약 530-561)[20] 간의 이른바 '공(空)-유(有) 논쟁'에 대한 원측 해석에도 주목하면서 원측 인용 청변 텍스트의 콘텍스트를 드러내는 데 주력하였다.[21] 고익진(高翊晋)[22]도 원측 해석이 호법계 유식에 입각하여 법상종(法相宗)을 세운 규기와는 달리 '중관 사상과 화합하려는 방향으로 나아갔다'는 점을 그 특징으로 부각시키고 있다.[23]

2. 연구 목적

본 연구는 기본적으로 앞서 소개한 기존의 연구를 비판적으로 보완하는 것을 목적으로 한다.

---

14) 趙明基 1949.
15) 深浦正文 1954.
16) 朴鍾鴻 1962.
17) 楊白衣 1983. 양바이이는 원측 학설을 각각 진제 계통의 이른바 구유식(舊唯識)과 현장 계통의 신유식(新唯識)을 계승한 것으로 분류하여 논하고 있는데(楊白衣 1983. 148, '표' 참조), 진제 유식을 수용하는 원측의 경우에는 현장·규기와 대립하는 것으로 이해하고 있다.
18) Iida 1986.
19) 丁永根 1991.
20) 호법과 청변의 연대는 가지야마 유이치(梶山雄一)를 따랐다(Kajiyama 1968/69).
21) Hirabayashi and Iida 1977.
22) 高翊晋 1989.
23) '원측의 불교사 인식'과 '원측의 공-유 논쟁 해석' 관련 기존 연구의 구체적 내용에 대해서는 본론 제2부 제3장 '1. 기존의 주요 연구' 참조.

우선 필자는 하다니에 의해 수립된 '현장 · 규기 대 원측'의 대립 구도가 역사적 진실이 아닐 것이라는 전제하에서 출발하고자 한다.[24] 왜냐하면 이 대립 구도를 증명하는 유일한 사료는 역설적으로 하다니 자신이 불신하는, 987년 찬녕(贊寧, 919-1001) 등에 의해 완성된 『송고승전(宋高僧傳)』의 '도청설(盜聽說)' 기사인데 그 기사의 허구성은 이미 여러 학자들에 의해 이미 증명되었기 때문이다.[25] 하지만 기존의 일본과 한국 연구자들 다수는 '도청' 자체의 진실성은 의심하면서도 여러 이유에서 그 기사가 전제하고 있는 '현장 대 원측'의 대립 구도가 실제 존재했을 것이라는 전제 위에서 원측을 해석하려 하였다. 하지만 필자는 그 대립 구도 자체가 오히려 원측 이해의 장애물이 되는 측면이 있다고 판단하였으며, 따라서 본 연구는 우선 제1부에서 이 인식론적 장애물이 어떻게 형성되었는지 성찰하는 것을 목적으로 한다.

다음으로 본 연구는 제2부에서 원측이 현장을 스승으로 생각했다는 전제하에서 『해심밀경소』「무자성상품(無自性相品)」의 주요 주제들에 대한 원측의 해석학[26]적 연원과 입장을 밝히는 것을 또 하나의 목적으로 한다. 『해심밀경소』는 기본적으로 『해심밀경(解深密經)』이라는 붓다의 진리로 믿어져온 말에 대한 원측의 해석인데, 그 특징은 한마디로 말해 '붓다를 통한 붓다의 해석'이다.[27] 경문을 해석하기 위해 그와 연관되어 있는 수많은 다른 경론들을 끌어들여 분류하는 『해심밀경소』의 거대한 해석의 계열은 원측이 붓다, 용수(龍樹, Nāgārjuna)[28]나 미륵(彌勒, Meitreya), 제바(提婆, Āryadeva), 무착(無著, Asaṅga),[29] 세친, 호법, 청변 등과 같은 보살(菩薩), 현장, 진제와 같은 삼장(三藏)으로 대표되는 전통[30]을 얼마나 존중했는지를 잘 보여준

---

24) 이러한 대립 구도의 설정은 앞서 언급한 대로 하다니 자신이 원측 주석의 기본 성격이 현장의 학설을 널리 전파하는 데 있다고 보았기 때문에 자기 모순적이다.

25) 구체적인 것은 본론 제1부 제1장 참조.

26) 필자는 여기서 '해석학'이라는 말의 의미를 네이선 카츠를 따라 '어떤 전통에 의해 신성하게 여겨지는 텍스트들에 대한 체계적 해석'으로 이해한다(Katz 1984. 188).

27) 이는 물론 원측만의 특징이 아니라 고승들의 주석이 지닌 일반적 특징일 것이다.

28) 원측 저술에서는 용수에 대해서 '용맹(龍猛)'이라는 표현이 사용된다.

29) 용수, 미륵, 제바, 무착 등의 연대 역시 다양한 이설이 존재한다. 히라카와 아키라는 기존의 설들을 요약하면서 나름대로 중관학파와 유가행파의 계보를 만들고 사상가들의 연대를 임시로 배정하고 있어 참고할 만하다(平川彰 1991. 189, 193).

30) 존 파월스(Powers 1993. 13)는 『해심밀경』을 포함한 불교 해석학에 대해 "모든 합리성은 특정

다. '보살', '삼장'은 모두 사상가들에 대한 가치평가를 담은 원측의 호칭이며, 이 호칭을 부여받는 이들은 모두 원측에 의해 권위로서 존중되고 있다.[31] 따라서 필자는 원측이 어떤 특정한 주제를 다룰 때 어떤 사상가의 권위에 의존하고 있으며, 어떤 사상가에 이견을 보이며 또 외견상 상충되는 주장을 하는 사상가들을 어떻게 회통하고 있는지에 주목하면서 각 주제들에 대한 거시적 해석틀을 밝히고자 한다.

3. 연구 대상

본고는 『해심밀경소』「무자성상품」의 주요 주제들을 연구 대상으로 한다. 이 주제들은 불교사적으로 볼 때 매우 중요한 의미를 지니고 있다. 하다니 이후의 연구에서 핵심 쟁점으로 다루어졌던 '종성(種性)'은 동아시아의 불성론(佛性論)과 밀접한 관련이 있으며, '공(空)과 유(有)', '료의(了義)와 불료의(不了義)'는 인도와 동아시아에서 논쟁사를 장식하였으며 동아시아에서는 '화쟁(和諍)'과 '교판(敎判)'이라는 보편적 담론을 낳았으며, 유식 사상의 입장에서 공성(空性)을 해석하는 관점인 '삼성(三性)'과 '삼무성(三無性)'은 유식 불교 사상사의 핵심 개념이다.

그런데 이 주제들이 「무자성상품」이라는 독립된 주제를 지닌 작품 속에서 논의되고 있다는 점이 흥미롭다. 이와 관련하여 원측은 이 주제들이 『해심밀경』 전체 설법 속에서 어떤 위치를 차지하고 또 그것들 간에는 어떤 연관이 있는지를 대략적으로 밝히고 있다. 즉, 『해심밀경소』「서품(序品)」에서 원측은 『해심밀경』의 '주제[所詮宗]'를 '세 종류의 월등함[三無等]'이라 단언한 뒤, 그 세 가지를 바로 『섭대승론(攝大乘論)』에서 전형화된 '경(境)', '행(行)', '과(果)'로 배당하면서 『해심밀경』의 전체 구

한 전통에 의해 수용된 규칙, 규범, 절차 안에서만 유효하다(all rationality functions within rules, norms, and procedures accepted by a particular tradition.)"라고 말한다. 불경을 해석학적 관점에서 읽는 것이 어떤 의미를 지니는지에 대한 구미학계의 다양한 논의는 Lopez 1988에 담겨 있다.

31) 물론 진제의 경우 본론에서 다루어진 것을 예로 들면 구식설(九識說)(「심의식상품(心意識相品)」), 일진여설(一眞如說), 제3시의 설법 장소를 '비사리(毗舍離)'로 본 점('부록1'의 ZZ21 292c14 이하. 이상 「무자성상품」) 등이 부분적으로 비판되긴 하지만 전체적으로 보았을 때 매우 존중되고 있다.

조와 각 품(品)의 세부 주제에 대해 다음과 같이 말한다.

자료1

二部別顯宗者, … 【此『經』一部, 三種無等為所詮宗. 一境無等, 即是二諦及三性等, 二諦即是三乘通境; 三性等理唯菩薩境. 二行無等, 所謂止觀及十度等, 止觀即是三乘通行; 行十度唯是菩薩行門. 三果無等, 即是智 · 斷及三身果, 智 · 斷即是菩提涅槃, 此通三乘; 三身唯是菩薩所得.】32)

둘째 각 경(經)의 주제[宗]에 대해 밝혀보겠다. … 이 경(=『해심밀경』)은 '세 종류의 월등함[無等]'을 주제[所詮宗]로 한다. 첫째 '인식 대상[境]의 월등함'은 '두 차원의 진리[二諦]', '세 종류의 본질[三性]' 등을 지칭하며, [그중] '두 차원의 진리'는 삼승 수행자[三乘]의 공통된 [통찰] 대상인데 반해 '세 종류의 본질' 등은 보살만의 [통찰] 대상이다. 둘째 '수행[行]의 월등함'은 이른바 지관(止觀), 10바라밀(波羅蜜) 등을 지칭하며, [그중] 지관은 삼승 수행자의 공통된 수행이며 10바라밀을 행하는 것은 오직 보살만의 수행 방법이다. 셋째 '결과[果]의 월등함'은 '완전한 앎[智] 및 [그것을 통한 번뇌의] 단절[斷]'과 '세 가지 몸[三身]'이라는 결과를 지칭하며, [그중] '완전한 앎'과 '[번뇌의] 단절'은 [각각] 깨달음[菩提]과 열반(涅槃)을 지칭하며, 이것들은 삼승 수행자의 공통 [성취 결과]인 반면 세 가지 몸은 오직 보살만이 성취하는 것이다.

또 『해심밀경소』「승의제상품(勝義諦相品)」 주석에서 원측은 여기서 제시된 주제들이 구체적으로 『해심밀경』의 어떤 품에 해당하는지를 다음과 같이 설명한다.

자료2

釋曰: 第二正釋經文. 上來已釋教起因緣分訖, 自下第二聖教正說分. 於此分中, 有其七「品」, 攝為三段, 初有四「品」, 明所觀境 [「勝義諦相品」, 「心意識相品」, 「一切法相品」, 「無自性相品」], 次有二「品」, 辨能觀行[「分別瑜伽品」, 「地波羅蜜多品」], 後有一「品」, 顯所得果[「如來成所住〈作〉33)事品」]. … 就所觀境, 復分為二, 初有二「品」, 明真 · 俗境 [「勝義諦相品」明其真諦, 「心意識相品」明世俗諦.], 後二「品」明有 · 無性境 [謂初「品」明三性境, 後「品」明三無性

---

32) ZZ21 178a16 이하; WX34 595a15 이하.

33) '住'는 '作'의 오기이다.

境]. 就二諦中, 本末次第, 先真(後)[34]俗, 故今此中說勝義諦.[35]

해석한다. 둘째로 경문을 올바로 해석함이다. 이상으로 '[붓다] 가르침이 설해진 원인' 부분(=「서품」)의 해석이 끝났으며, 이하는 둘째 '성자(聖者)(=붓다) 가르침의 명시' 부분이다. 이 부분에는 일곱 품이 있으며, 세 부분으로 나누어진다. [그중] 처음 [부분]이 포괄하는 네 품(「승의제상품」, 「심의식상품心意識相品」, 「일체법상품一切法相品」, 「무자성상품」)은 [진리 통찰 수행의] '통찰 대상[所觀境]'을 밝히고 있으며, 중간 [부분]이 포괄하는 두 품(「분별유가품分別瑜伽品」, 「지바라밀다품地波羅蜜多品」)은 '진리 통찰 수행[能觀行]'을 밝히고 있으며, 마지막 [부분]의 한 품(「여래성소작사품如來成所作事品」)은 [진리 통찰 수행에 의해] '얻는 결과[所得果]'를 밝히고 있다. ... [네 품이 밝히고자 하는 처음의] '통찰 대상'도 다시 두 부분으로 나누어진다. [그중] 처음 두 품은 [각각] '궁극적 진리[眞諦]'와 '세상의 진리[俗諦]'라는 [통찰] 대상을 밝히고 있으며(「승의제상품」은 '궁극적 진리'를 밝히고, 「심의식상품」은 '세상의 진리'를 밝히고 있다), 나중의 두 품은 [각각 현상 관련 세 종류의] '본질이 존재함[有性]'과 [세 종류의] '자체적 본질이 없음[無性]'이라는 [통찰] 대상을 밝히고 있다(즉, 앞의 품(=「일체법상품」)은 '세 종류의 본질'이라는 [통찰] 대상을 밝히고 뒤의 품(=「무자성상품」)은 '세 종류의 자체적 본질 없음[三無性]'이라는 [통찰] 대상을 밝히고 있다). 두 차원의 진리의 경우 근본과 말단의 순서에 따른다면 '궁극적 진리[勝義諦]'를 먼저 말하고 '세상의 진리'를 뒤에 말한다. 그래서 지금 그중에서 [먼저] 궁극적 진리에 대해 설한다.

이상의 분류를 통해 우리는 「무자성상품」은 두 차원의 진리[二諦]와는 달리 보살만의 통찰 대상인 '삼무성'(=無性), 즉 '세 종류의 자체적 본질 없음'을 전체 주제로 하고 있으며, 또 세상의 진리[俗諦]와 궁극적 진리[眞諦]가 함께 통찰 대상이 되듯 '세 종류의 자체적 본질 없음'이 '삼성(=有性)', 즉 '세 종류의 본질'과 함께 논의가 되어

---

34) 대응 SNST(ZhT68.252.6-7: bden pa gñis bstan pa la yaṅ rtsa ba daṅ yan lag gi go rims kyis sṅar ni don dam pa bstan la/ deḥi ḥog tu ni kun rdsob bstan pas/(두 가지 진실을 말함에 있어서도 근본과 말단의 순서에 따라 우선 최상[의 진실]을 말하고 그 후에 세속의 진실을 말하기 때문에))에 따르더라도 '俗'을 목적어로 하는 동사 '後'가 보충되어야 자연스럽다. 이 부분을 포함한 「승의제상품」 앞부분에 대한 한문과 티벳어역 텍스트 교정에 대해서는 이종철 2012 참조.

35) ZZ21 203b20 이하; WX34 646a1 이하.

야 하는 주제임을 원측이 암시하고 있음을 알 수 있다. 「무자성상품」의 전체 주제인 보살이 진리 통찰 수행을 통해 통찰해야 할 '세 종류의 자체적 본질 없음'과 그것과 동전의 양면 같은 '세 종류의 본질'은 『반야경』의 공(空) 사상에 대한 유식사상적 재해석으로 이해되기 때문에[36] 「무자성상품」의 실제 주제는 '공성(空性)'이라 할 수 있다.

원측은 「무자성상품」 전체 경문에 대한 큰 목차에서 '공성'의 다른 이름인 '세 종류의 자체적 본질 없음', 즉 '삼무성'을 중심으로 「무자성상품」 전체가 연결될 수 있다고 본다. 그는 「무자성상품」을 크게 보아 승의생(勝義生) 보살이 세존(世尊)에게 질문을 하는 부분[菩薩請問分], 질문에 답하면서 세존이 설법하는 부분[如來正說分], 승의생이 세존의 설법에 대한 자신의 이해를 재확인하는 부분[領解受持分], 세존이 비유를 통해 앞서 자신이 행한 '삼무성' 설법의 공덕이 얼마나 대단한 것인가를 찬탄하는 부분[校量歎勝分], 세존이 재차 가르침을 올바르게 간직할 것을 당부하는 부분[依教奉行分] 등 다섯 부분으로 구성되어 있다고 본다.[37]

이 중 제1 보살청문분(菩薩請問分)에서 승의생 보살이 붓다에게 붓다가 예전에는 무한한 법문[無量門]을 통해 여러 가지 현상을 설명했다가 어느 날 『반야경』에서 그것을 전면 부정하는 듯한 '모든 현상은 자체적 본질이 없으며, 발생도 없고 소멸도 없으며, 본디 고요하며, 본성상 열반의 상태에 있다(一切法無自性 · 無生無滅 · 本來寂靜 · 自性涅槃)'라고 말한 것을 지적한 뒤, 그게 도대체 무슨 숨은 의도[密意]로 한 말인지 묻는다. 제2 여래정설분(如來正說分)에서 붓다는 크게 보아 모두 다섯 번에 걸쳐 승의생에게 대답을 하는데, 원측은 각각 (1)'삼무성과 관련지어 『반야경』 구절을 해석함[約三無性釋『經』諸句]', (2)'삼성 통찰 수행과 관련지어 삼무성을 설한 의

36) 이종철은 '三性, 三無性과 인식 주관의 대응관계(표-2)'를 통해 인식 주관을 기준으로 '三性'과 '三無性'의 의미를 다음과 같이 정리하고 있다(이종철 1999. 104):

인식 주관	인식 대상	공 사상에서 본 진의
분별심(識)	遍計所執性	相無自性
출세간후득지	依他起性	生無自性
출세간지	圓成實性	勝義無自性

37) ZZ21 259b16-20; WX34 758a5-8: 於此「品」內, 有其五分, 一菩薩請問分, 二'爾時世尊'下如來正說分, 三'爾時勝義生'下領解受持分, 四'爾時勝義生菩薩'下校量歎勝分, 五'爾時勝義生'下依教奉行分.

도를 밝힘[約三性觀辨立三無性意]', (3)'수행 단계와 관련지어 삼무성을 설한 의도를 밝힘[約位辨立三無性意]', (4)'삼무성 통찰 수행과 관련지어 일승(一乘)의 의미를 밝힘[約三無性觀辨一乘義]', (5)'삼무성의 가르침과 관련된 이해 차이를 밝힘[約無性教辨取解不同]' 등으로 그 주제를 명시한다.[38] 이 중 '(1)', '(2)', '(3)'에서 '삼무성'과 '삼성'이 논의되며, '(4)'에서 '종성'이 논의되며, '(5)'에서 '공과 유'가 논의된다. 또 제4 교량탄승분(校量歎勝分)에서 승의생은 『반야경』의 '자체적 본질 없음[無自性]'의 가르침을 듣고 그에 따라 수행하는 것이 얼마만큼의 복덕을 가져올 수 있는지 붓다에게 질문을 던지기 전에 예비적으로 붓다 일대(一代)의 설법을 세 시기로 정리하는데, 그중 제3시(時)에 대한 주석에서 '료의와 불료의'의 문제가 다양한 관점에서 집중적으로 다루어진다.[39]

위의 목차를 통해 우리는 '삼무성'이라는 전체 주제가 본고에서 다루려고 하는 개별 주제들과 어떻게 연관되는지 큰 그림을 미리 그릴 수 있다. 우선 '삼무성'은 '(1)'이 암시하듯 『반야경』의 '자체적 본질 없음'에 대한 새로운 해석으로 등장한 것이며, '(2)'가 암시하듯 「일체법상품」에서 설해진 '삼성'과의 관계 속에서 그 의미가 드러나며, '(3)'이 암시하듯 설법을 듣는 이의 수행 수준과 깊은 관련이 있음을 알 수 있다.[40] 또 '(4)'에서 다루어지는 '종성'은 결국 경전 속의 '일승'(=동일성)을 어떻게 이해할 것인가의 문제인데, 원측은 그 '일승'이 결국 '삼무성, 즉 공성을 통찰하는 수행[三無性觀]'과 관련되어 있는 것으로 이해하였다. 즉, 모든 부류의 중생은 '공성'을 깨닫는 오직 '하나의 길'을 통해 '하나의 궁극적 깨달음'을 얻을 수 있다는 점을 말한 것으로 볼 수 있다. 또 '(5)'에서 다루어지는 '공과 유'는 『반야경』의 '공'과 『해심밀경』의 '삼성과 삼무성'의 가르침을 상이한 유형의 수행자들이 서로 다르게 이해하는 것에서 생기는 문제와 관련되어 있음을 알 수 있다. 마지막으로 교량탄승분에서

---

38) ZZ21 261a22-b2; WX34 761b4-8: 前中有五, 一約三無性釋『經』諸句, 二'復次勝義生'下約三性觀辨立三無性意, 三'復次勝義生'下約位辨立三無性意, 四'復次勝義生'下約三無性觀辨一乘義, 五'復次勝義生'下約無性教辨取解不同, …

39) 이상의 구조는 '부록1'을 통해 쉽게 확인할 수 있다.

40) 본론 제2부 제1장에서 필자는 '삼무성' 해석을 소개하면서 '(2)'의 '삼성'과 '삼무성'의 관계, '(3)'의 '삼무성'의 수행론적 의미에 주목하였다.

논의되는 '료의와 불료의'는 제2시의 '공' 설법과 제3시의 '유'(='삼성'과 '삼무성') 설법의 관계를 어떻게 이해할 것인가의 문제이다. 단적으로 말해, 「무자성상품」의 주요 주제들은 '삼무성(=공성)'을 어떻게 이해할 것인가의 문제를 다루고 있다고 볼 수 있으며, 따라서 본고도 크게 보면 원측이 다양한 측면에서 '공성'을 어떻게 이해했는가를 거시적으로 밝히는 시도이기도 하다.

4. 연구 방법

본 연구는 궁극적으로는 논증을 지향하고 있지만 몇몇 주제에 대해서는 때로 설명을 동반한다. 이 주제들에 대한 기존 연구가 논의 전개의 맥락에 대한 소개 없이 자료를 인용하고 해석하여 때로 단장취의(斷章取義)의 우를 범한 경우가 적지 않았기 때문이다. 따라서 필자는 우선 가능하면 원측의 목차 또는 주제 분류에 따라 각 주제가 다루어지는 맥락에 유의하면서 논의를 전개할 것이다. 또 그 과정에서 원측이 자신의 해석학적 전통, 예를 들어 호법, 청변, 현장, 진제 등을 어떻게 인용하고 평가하는지에 주목하면서 그가 서 있는 해석학적 지평을 확인하고, 그의 해석이 지닌 몇 가지 특징에 주목할 것이다. 동시에 필요할 경우 이 주제를 다룬 다른 품과 다른 저작 속의 논의를 끌어들여 해석의 전모를 밝히려 노력할 것이다.

또 본 연구는 9세기 초 최둡(chos grub, 법성法成)[41]에 의해 완성된 SNST에 의거하여 한문 텍스트를 교정하고 보완하는 작업[42]을 기초로 하여 진행될 것이다. 특히 필자가 다루려는 「무자성상품」의 주제 중 '료의와 불료의', '공과 유', '종성' 등은 『해심밀경소』「서품」에서 한문은 아주 간략히 처리되었지만 티벳어역에는 매우 자세히 서술되어 있는 부분[43]에서도 논의되고 있다. 더구나 '종성', '료의와 불료의'의 경우 「무자성상품」에서는 언급되지 않는 새로운 설을 포함하고 있어 실제 텍스트 해석에 도움을 받았다.

---

41) 최둡에 대해서는 '부록2' 참조.

42) 그 결과는 이 책에 포함된 한문 및 티벳어역 텍스트의 교정과 보충을 통해 확인 가능하다.

43) 이 부분의 성격에 대해서는 '부록2'의 '각주16' 참조.

예를 들면, 먼저 거기에서 기존의 학계에 보고되지 않은 '무성유정(無性有情)' 에 대한 원측의 논의('자료35')를 발굴하고 해석하여 원측 '종성' 해석의 새로운 측면을 보여주었으며, 또 호법과 청변 간의 '공(空)-유(有) 논쟁' 에 대한 원측의 평가를 통해 『반야심경찬』에서 암시되었던 그 주제에 대한 원측 입장을 보다 명료하게 파악할 수 있었다.[44)]

또 티벳어역을 통해 한문 텍스트의 오류를 바로잡아 해석에 있어 결정적 근거를 마련한 예로 「무자성상품」의 '종성' 해석에서 논의되는 『법화경(法華經)』 구절 해석을 들 수 있다. 필자는 그곳의 "雖有三釋, 第二為正" 중의 '三'을 '二'로 교정함을 통해서 비로소 "진제를 지지함으로써 규기를 간접적으로 비판한" 원측의 입장을 명료하게 인식할 수 있었고, 더불어 '三'을 의심 없이 옳다고 본 전제 위에서 출발하여 원측 해석을 오히려 규기의 그것과 동일시한 기츠카와 토모아키(橘川智昭) 해석의 오류를 지적하였다. 또 「지바라밀다품(地波羅蜜多品)」에서 티벳어역에 근거하여 "同一理趣<u>同道</u>"를 "同一理趣<u>道同</u>"으로 교정함으로써 진여(眞如)가 '리성(理性)'과 '행성(行性)'을 포괄한다고 본 원측 종성 이해의 기본 관점을 명료하게 파악할 수 있었다.[45)]

44) 자세한 것은 '부록2'의 '자료9'에 대한 서술 참조.
45) 자세한 것은 각각 본론 제2부 제2장의 '표3'과 '자료24'에서 '자료26'까지에 대한 서술 참조.

본론

제1부

다수 원측 연구의 해석학적 선입견에 대한 성찰

"'친히 현장(玄奘) 삼장의 뜻을 받들어 붓을 잡고 문장을 만들어 『성유식론(成唯識論)』을 편찬한 사람'은 전승이 확고하여 오류가 없는 반면, 그분을 제외한 나머지 '붓을 잡지 않은 이'는 현장 삼장께 수시로 자문하면서도[縱時諮問] 오히려 일반적인 견해로써 판정하였기에 그 사람이 제시한 『성유식론』 본문 세부 분류와 그 상위의 핵심 목차는 모두 확정적인 것이 될 수는 없다."

– 혜소(慧沼)

제1장

도청설은 왜 생겨났는가?

원측 이해의 길에 놓여 있었던 인식론적 장애물은 크게 보면 두 가지이다. 하나는 전통적인 장애물인 『송고승전』의 '도청설'이며, 다른 하나는 '도청설'의 근대 학문 버전이라 할 수 있는 '서명학파(西明學派)' 개념이다. 그 양자를 관통하는 논리는 단순화하면 정통(正統) '현장·규기-규기계 사상가들' 대 이파(異派) '원측-신라계 유식사상가들'의 양분법이다. 순서대로 이 장애물들이 어떤 과정을 통해 형성되었으며, 그 내적 논리가 구체적으로 무엇인지 살펴보자.

1. 왜 도청설이 문제인가?

전통적으로 원측상(圓測像)을 형성하는 데 있어 가장 큰 영향을 끼친 사료는 물론 『송고승전』「원측전(圓測傳)」과 「규기전(窺基傳)」이며, 그중에서 특히 강한 인상을 남긴 것은 두 사료가 공유하고 있는 원측의 '도청설'일 것이다. 도청설은 문헌학의 비판 의식을 충분히 공유하고 있는 현대 학자들 다수가 불신하고 있지만,[46] 도청설

46) 그중 사료를 근거로 실증적 비판을 가한 이들을 소개하자면 우선 중국의 탕용통(湯用彤, 탕용동)을 들 수 있다. 그는 『송고승전』「규기전」의 원측의 『성유식론(成唯識論)』·『유가사지론(瑜伽師地論)』 도청설과 현장의 인명(因明) 전수 위로설이 억지인 이유로 다음 세 가지를 들고 있다. 첫째, 『인명입정리론(因明入正理論)』은 정관(貞觀) 21년, 『인명정리문론(因明正理門論)』은 정관 23년 이미 번역이 완료되었으며, 또 영휘(永徽) 6년(『성유식론』이 번역된 현경(顯慶) 4년으로부터 5년 전) 여재(呂才)가 『인명주해입파의도(因明注解立破義圖)』를 지어 이미 공개가 되

고 전파되어 비불교도도 그 뜻을 아는데 어찌 원측이 인명을 모르겠으며, 또 현장의 제자 중 신라 출신인 순경(順璟)이 인명에 가장 밝았음을 지적한다. 둘째, 뇌물을 주고 도청했다는 것은 유치하고 가소롭다고 하면서 『유가사지론』과 『성유식론』은 현장이 널리 전파한 경전이고 『유가사지론』은 정관 21년 태종(太宗)을 위해 대의를 강의한 적이 있음을 든다. 셋째, 심현명(沈玄明)의 「성유식론후서(成唯識論後序)」에서 규기가 『성유식론』 번역 후 소를 지었다고 하면서(T31 60a1-10: 三藏弟子基 ... 綜其綱領, 甄其品第, 兼撰『義疏』, 傳之後學.) 원측은 언급하고 있지 않음을 들고 있다. 도청설이 생겨난 이유에 대해서 규기와 원측은 학설이 달라 제자들끼리 서로 공격했는데 규기의 제자들이 『추요(樞要)』의 말(=규기 혼자만 필수(筆受)를 맡도록 한 일 - 필자 주)을 인용한 뒤에 견강부회한 것(=규기에게만 강의한 것 - 필자 주)으로 보고 있다(湯用彤 2000. 158).

츠언징푸(陳景富, 진경부)는 여기에다 몇 가지 이유를 더 추가하고 있다. 첫째, 『유가사지론』이 번역되었을 때 서명사는 아직 신축되지도 않았는데 어디서 종을 쳐서 강의를 한단 말인가 하고 반문하면서 고종이 신축을 명한 것은 현경 원년(656), 낙성은 현경 3년(658)으로 『유가론』 번역보다 11년이나 늦음을 상기시키고 있으며, 둘째, 『성유식론』은 장안에서 2백~3백 리(120여 킬로미터)나 멀리 떨어진 옥화궁(玉華宮)에서 번역되었기 때문에 만약 "도청" 후 현장의 역장 강의가 끝나기 전에 먼저 서명사로 돌아가 강의를 열려 하여도 당시의 교통 사정상 실현 불가능함을 유머 있게 지적하고 있으며, 셋째, 『유가론』이 먼저 번역되고 『성유식론』이 뒤에 번역되었는데 『속고승전』에서는 선후가 뒤바뀌었으니 조작의 흔적이 역력하다고 말하고 있다(陳景富 1995. 101).

이나바 쇼주(稻葉正就 1951. 47-48)는 보다 실증적으로 인명 전수 위로설이 억지임을 다음과 같이 지적한다: "티벳대장경 북경판(北京版) 155b-173b에 '증성도리(證成道理)'에 관한 주석*이 있는데 매우 상세하며 인명(因明)에 관한 원측의 저력을 알 수 있다. 『동역전등목록(東域傳燈目錄)』과 『제종장소록(諸宗章疏錄)』 권1에 의하면 원측의 저서 중 『인명정리문론소(因明正理門論疏)』가 있기 때문에 인명에도 상당히 정통했을 것으로 생각된다. 현장이 낙담한 자은(慈恩)에게만 인명을 가르쳤다는 등의 전설도 의심스럽다."(*稻葉正就 1972. 28-45와 觀空 1991. 38-60에 해당함.)

일본과 한국의 일부 기존 연구자들 역시 도청설에 대해 다양한 관점에서 부정적 의견을 피력하고 있지만 그 실증적 근거를 명확하게 제시하지 못하고 있어 아쉬움이 남는다(勝又俊教 1961. 9; 朴鍾鴻 1962. 63-67; 趙明基 1962. 158; 吳亨根 1976. 3 등). 댄 러스토스(Lusthaus 2002. 385)는 도청설을 전한 것이 『송고승전』이 아닌 도선의 『속고승전』이라고 하는 오해에 기반하여 도청설에 대해 반신반의하며 여러 가지 억측을 하고 있다. 존 파월스 역시 『속고승전』이 도청설을 전한 것으로 잘못 알고 있다(John Powers, "Lost in China, Found in Tibet: How Wŏnch'ŭk Became the Author of the Great Chinese Commentary," *The Journal of the International Association of Buddhist Studies* 15-1, 1991, pp.95-103; Cho 2005. 212, 각주79 참조).

위 연구자들과 달리 두 학자는 도청설을 불신하지 않았다. 우선 탕용통과 동시대를 살았던 중국의 멍원통(蒙文通, 몽문통)은 도청설을 의심 없이 받아들이고 있다. 다만 그는 도청설과 모순되어 보이는 송복(宋復) 「탑명(塔銘)」의 '현장이 『성유식론』, 『유가사지론』 등을 원측에게 비전했다'는 기록도 사실로 받아들이면서 원측과 규기를 현장 문하의 두 수레바퀴로서 서로 갈등하면서 상호 보완적인 관계에 있는 사상가로 평가하고 있는 점에서 독특하다(蒙文通 1987. 401). 한

이 반영하는 법상종 내 '정통과 이단의 양분법'은, 이어지는 제1부 제2장에서 확인 가능하듯, 상당수 연구자들에게 여전히 원측 인식의 틀로 남아 있는 듯하다. 따라서 이 장에서는 이 인식의 정당성을 재검토하기 위한 예비 작업으로 우선 7세기에서 시작되어 『송고승전』에서 정점에 달한 규기계의 원측상에 대해 비판적으로 고찰하고자 한다. 이를 위해 필자는 우선 몇 가지 사료를 통해 규기계의 원측상이 어떤 변화 과정을 거쳐 도청설에 이르게 되었는지를 추적하면서 그 내적 논리를 밝힐 것이며, 이어서 규기계의 인식이 역사적 진실에 얼마만큼 부합하는지를 점검하기 위해 현장 역장(譯場)의 학풍과 원측의 수학(修學) 형태를 방증하는 대표적인 사료들을 검토한 뒤 규기계 원측상의 자기모순을 지적할 것이며, 마지막으로 규기계 원측상의 부정적 그림자로부터 자유롭지 못하다고 생각되는 기존 연구자들의 원측 해석을 상기시키고자 한다.

2. 규기계(窺基系) 원측상(圓測像)의 형성 과정과 그 해석학적 전제

1) 『성유식론(成唯識論)』 참유(參糅)에 대한 규기(窺基) 자신의 회고

규기계의 원측상은 그 연원을 추적하면 규기의 『성유식론』 참유(參糅, 여러 사상가들의 주석을 섞어서 편집함)를 근거로 한 규기 제자들의 스승에 대한 배타적이고 우월적인 인식에서 비롯된 것으로 보인다. 잘 알려진 대로 규기는 『성유식론장중추요(成唯識論掌中樞要)』(이하 『추요』로 약칭)에서 자신이 『성유식론』의 성립에 관여하게 된 동기와 그가 맡은 역할에 대해 다음과 같이 회고하고 있다.

자료3

基夙運單舛 ... 至年十七遂預緇林. ... 不以散材之質, 遂得隨伍譯僚, 事卽操觚餐受此

편 일본의 기츠카와 토모아키는 원측이 규기와 마찬가지로 오성각별론자라는 점에서 "도청설을 학문적으로 부정할 근거도 없다"고 보았다(기츠카와 토모아키 2001b. 99).

참고로 고영섭은 도청설을 전하는 『송고승전』「원측전」을 비롯한 다양한 원측 전기의 원문과 번역을 빠짐없이 자세히 소개함으로써 전통적으로 존재했던 다양한 원측상을 연구자들에게 제공하고 있다(고영섭 1998).

『論』. 初功之際十『釋』別翻, 昉 · 尙 · 光 · 基四人同受潤飾 · 執筆 · 撿文 · 纂義, 旣爲令範, 務各有司. 數朝之後, 基求退跡, 大師固問, 基慇請曰: "(夕夢, 金容晨趨白馬, 英髦間出, 靈智肩隨, 聞五分以心祈, 攬八蘊而遐望, 雖得法門之糟粕, 然失玄源之醇粹. 今東出策賚, 並目擊玄宗, 幸復獨秀萬方穎超千古,)* 不立功於參糅, 可謂失時者也. 況群聖製作, 各馳譽於五天, 雖文具傳於貝葉, 而義不備於一本, 情見各異, 稟者無依? 況時漸人澆, 命促惠舛, 討支離而頗究, 攬初旨而難宣? 請錯綜群言, 以爲一本, 揩定眞謬, 權衡盛則." 久而遂許. 故得此『論』行焉. 大師理遣三賢, 獨授庸拙.[47]

나는 일찍이 부모를 여의고 홀로 되었으며 ... 17세가 되어 마침내 출가하였다. ... 좋은 재목이 되지는 못하였지만 마침내 역장의 일원으로 참여할 수 있었는데 [그때 내가 맡은] 일이 이 논(論)(=『성유식론』)의 문장을 만들면서 [강의를] 음미하며 듣는 것[操觚餐受, 즉 필수(筆受)[48]]이었다. 초기 작업 단계에서 [『유식삼십송(唯識三十頌)』에 대한] 10대 논사 각각의 주석을 따로 번역할 때 신방(神昉), 가상(嘉尙), 보광(普光), 나 네 사람이 함께 윤식(潤飾), 집필(執筆), 검문(撿文), 찬의(纂義)를 맡아 하다가 규범이 형성된 후에는 일에 각각 영역이 있게 되었다. 며칠 후 내가 사직하고자 하자 큰 스승(=현장)께서 진심으로 [그 까닭을] 물으시기에 [그때] 내가 " ... 지금 ... 참유(參糅)에 공을 세우지 않으면 실기한 것이라 할 수 있습니다. 하물며 [지금처럼] 뭇 성인들이 [주석을] 제작하여 저마다 오천(五天)(=인도)에 이름을 드날려 [그들의] 글이 패엽(貝葉)에 모두 갖추어져 있긴 하지만 의미는 하나의 책에 구비되어 있지 않으며 견해도 모두 다르니 이해하려는 자에게 의지처가 없으며 또 시운이 쇠락하여 사람이 경박해지며 수명이 짧아지고 지혜가 쇠퇴하여 지리한 것만 추구하여 한쪽으로 빠져들어 [『유식삼십송』] 본래의 뜻을 살펴보려 해도 밝혀내기 어렵게 된 경우라면요? 청컨대 뭇 [주석의] 말을 편집하고 종합하여 하나의 책으로 만들어 참과 거짓을 확정하며 큰 표준을 제시했으면 합니다"라고 간청하였더니 한참이 지난 후 마침내 허락하셨다. 그래서 이 논을 얻어 [세상에] 알려지게 한 것이다. [당시] 큰 스승께서는 [신방, 가상, 보광] 삼현(三賢)을 내보낸 뒤 나에게만 필수를 맡기셨다.

---

47) 沙門基 撰, 『成唯識論掌中樞要』 권상(본) T43 608b24-c14. *괄호 안은 의미가 분명하지 않아 일단 번역에서 제외했다.

48) 필수(筆受)는 역주(譯主)가 설하는 역문의 의미를 듣고 문장을 만드는 일로서 철문(綴文), 철집(綴輯)이라고도 부른다(湯用彤 2000. 81).

규기는 자신이 현장 문하에서 출가하였으며 훗날 역장에 참여하여 제일 먼저 맡은 일이 『성유식론』의 필수였음을 강조하면서 『성유식론』 편찬 당시를 회고하고 있는데, 여기에서 우리는 훗날 규기 제자들에게 의미 있게 수용된 몇 가지 모티브를 확인할 수 있다. 첫째, 규기의 의견을 현장이 수용함으로써 『성유식론』이 비로소 성립되었으며, 둘째, 『성유식론』의 편찬 목적은 10대 논사 간의 이설을 종합하여 혼란을 줄이고자 함에 있었으며, 셋째, 규기가 『성유식론』 번역 과정에서 자신만이 필수를 맡았다는 점을 스스로 언급하고 있다는 점이다.

2) 「성유식론후서(成唯識論後序)」의 『성유식론』 성립과 규기 주석에 대한 기술

앞서 규기 자신의 회고는 『성유식론술기(成唯識論述記)』(이하 『술기』로 약칭)가 어떤 방식으로 언제 성립했는지에 대해서는 구체적으로 언급하고 있지 않은데, 현재로서 그것을 전한 가장 이른 기록으로 심현명(沈玄明)의 「성유식론후서(成唯識論後序)」(이하 「후서」로 약칭)」를 들 수 있다. 심현명의 생몰년은 확실하지 않지만 현장 문하 언종(彦悰, 627-649)의 기록[49]에 그의 이름이 보인다는 점에서 규기의 선배이거나 동년배 인물로 추정된다. 그는 규기의 제자는 아니지만 규기를 무척 존경하고 있는 관료로서 『성유식론』과 규기 주석의 성립 과정에 대해 다음과 같이 서술하고 있다.

> 자료4
>
> 『唯識三十偈』者, 世親歸根之遺製也. … 後有護法 · 安慧等十大菩薩, … 咸觀『本頌』, 各裁斯釋, 名曰『成唯識論』, 或名『淨唯識論』. … 粵若大和上三藏法師玄奘, … 爰降綸旨, 溥令翻譯, 敕尚書左僕射燕國公于志寧 · 中書令高陽公許敬宗等潤色, 沙門釋神泰等證義, 沙門釋靖邁等質文, 肇自貞觀十九年終于顯慶之末, 部將六十, 卷出一千. … 粵以顯慶四年, … 糅茲十釋四千五百頌, 彙聚群分, 各遵其本, 合為一部, 勒成十卷. … 遂使文同義異, 若一師之製焉, 斯則古聖今賢, 其揆一也. 三藏弟子基, 鼎族高門, … 綜其綱領, 甄其品第, 兼撰『義疏』, 傳之後學.[50]

---

49) 彦悰 纂錄, 『集沙門不應拜俗等事』 권5, 「聖朝議拜篇第三(上)」 T52 465b10: 左威衛長史崔安都錄事沈玄明等議狀一首.

50) 沈玄明 撰, 「成唯識論後序」 T31 59b18-60a10.

『유식삼십송(唯識三十頌)』은 세친(世親)께서 돌아가기 전에 남긴 유작이다. … 훗날 호법(護法), 안혜(安慧) 등 10대 보살이 모두 『본송(本頌)』(=『유식삼십송』)을 보고 각각 그 주석을 남겼으니 [그것을 통칭하여] 『성유식론』 또는 『정유식론(淨唯識論)』이라 부른다. … 가만히 회고해 보니 대화상(大和上) 삼장법사(三藏法師) 현장(玄奘)은 … 이에 황명이 내리자 번역의 명을 반포하였는데 칙령을 내려 상서(尙書) 좌복사(左僕射) 연국공(燕國公) 우지녕(于志寧), 중서령(中書令) 고양공(高陽公) 허경종(許敬宗) 등이 윤문[潤色]을 담당하고 사문(沙門) 석신태(釋神泰) 등이 증의(證義)를 담당하고 사문 석정매(釋靖邁) 등이 질문(質文)을 담당하게 하였으니 정관(貞觀) 19년(=645년)에서 시작하여 현경(顯慶) 말년(=661년)에 마무리되었으니 [그 양이] 60부(部) 1000권(卷)에 이르렀다. … 가만히 회고해 보니 현경 4년(=659년) … 10[대 보살의] 주석 4500송(頌)을 합쳐 여러 부분으로 분류한 뒤 각각 그 『본송』에 맞추어 도합 1부 10권을 편찬하였다. … 마침내 문장과 의미의 같고 다름을 마치 한 논사가 지은 것처럼 만들었으니 그 결과 고금의 성현들은 그 규범이 통일되었다. 삼장(三藏)(=현장)의 제자 기(基)는 명문가 출신이며 … 그 강령을 요약하고 그 구성을 밝혔으며 아울러 『의소(義疏)』를 지어 후학에게 전했다.

위 기록은 『성유식론』 성립에 관해 규기의 회고에는 언급되지 않은 전승을 담고 있다. 즉, 정관(貞觀) 19년(=645년)에서 현경(顯慶) 말년(=661년)에 걸친 방대한 번역 사업 중간에 그 일부로서 1부 10권의 『성유식론』의 참유가 이루어졌음을 지적하고 있지만 『성유식론』에 누가 참여했는지는 전혀 언급하고 있지 않다. 규기를 높이 찬양하고 있는 위 기록은 뜻밖에도 그가 『성유식론』 참유에 주도적 의견을 제시했다든지 현장이 『성유식론』 역장에서 규기에게만 필수를 맡겼다든지 하는 훗날 규기 제자들에 의해 일반화된 전승 중 어느 것도 구체적으로 언급하지 않는다. 필자는 적어도 심현명에게 있어 위의 사건들은 그 진위는 차치하더라도 특별히 의미 있는 사건으로 인식되지 않았음을 반영하는 것으로 읽는다. 심현명뿐만 아니라 당대의 현장 역장의 선배 세대들도 규기 제자들과는 달리 『성유식론』 성립과 규기의 관련성에 대해 특별한 언급이 없다.[51] 다음으로 주목할 것은 훗날의 『송고승전』「규기전」

51) 이와 관련하여 남동신은 현장 역장의 선배 세대들이 규기에 대해 반감을 가졌다고 본다: "현장

의 서술과는 달리 『술기』가 필수와 동시에 완성되었다는 구체적 언급을 결여하고 있다는 점이다. 요약하면, 심현명의 기록은 현장과 규기 간의 비전을 연상시키는 어떠한 전승도 남기지 않고 있다. 마지막으로 그가 『성유식론』의 대표 주석가로서 규기만을 칭송하고 있을 뿐이며 원측은 전혀 언급하고 있지 않다는 점도 흥미롭다. 이는 실제 그 당시까지 원측의 『성유식론소(成唯識論疏)』(이하 『측소』로 약칭)가 아직 성립되지 않았기 때문일 수도 있으며,[52] 그렇지 않다면 원측의 주석이 긍정적 의미에서든 부정적 의미에서든 그에게 의미 있게 인식되지 않았다는 사실을 반영하는 것으로도 읽을 수 있겠다.

3) 혜소(慧沼)와 선주(善珠)의 규기 적통(嫡統) 의식과 원측 배척

현장과 규기 간의 비전을 강조하는 맥락에서 원측에 대한 부정적 인식이 형성된 것은 혜소의 『성유식론료의등(成唯識論了義燈)』(이하 『료의등』으로 약칭)에 이르러서야 비로소 시작된다. 혜소는 다음과 같이 10대 논사 주석의 성격과 『성유식론』 참유의 근본 동기에 대한 원측의 이해를 소개한 뒤, 그 오류를 지적하면서 동시에 현장과 규기 간의 사제 관계를 특별히 강조하고 있다.

자료5

西明云, "然諸釋中所宗各異, 護法 · 難陀等多述宗旨, 會釋違文, 火辨 · 親勝正釋『本頌』, 以標『論』意, 安惠菩薩建立比量, 斥他宗失. 由斯, 諸『本』別行, 攝義皆不周悉."者, 今意未詳. 撿『論』上下, 未見安惠偏多破斥, 准『本疏』釋, 廣頌上兩句'破我 · 法'已下云多護

역장의 선배 세대들이 기(基)에 반감을 가졌다면, 『성유식론』 번역이 그 계기가 되었을 것이다. ... 660년대 중반에 찬술된 현장전(玄奘傳)B에서는 660년 1월에 처음으로 『대반야경(大般若經)』 번역에 착수하여 663년 10월 말에 모두 600권의 대질을 완역한 사실을 특필하면서, 그 사이에 『성유식론』, 『변중변론(辯中邊論)』, 『유식이십론(唯識二十論)』, 『품류족론(品類足論)』도 번역했다고 말한 것이 전부다. 더 이해하기 어려운 것은 기가 입적하고 난 이후에 편찬된 자은전(慈恩傳)에서는 아예 『성유식론』에 대하여 일언반구도 언급하지 않았다는 사실이다."(남동신 2008. 229-230)

52) 탕용통은 앞서 언급한 도청설 비판 부분에서 이 점을 근거로 규기의 『성유식론술기』가 원측의 『성유식론소』보다 먼저 성립한 것으로 보고 있다(湯用彤 2000. 158).

法文. **親承三藏執筆綴文糅『唯識』人**, 傳定不謬, 餘非執筆, **縱時諮問**, 多意定之, 所有判文·『論』大綱紀非可爲定. 合譯意者如『樞要』說.[53)]

서명(西明)(=원측)은 "그런데 여러 주석들에서 주력으로 삼는 것이 상이한데, 호법(護法), 난타(難陀) 등은 주로 핵심 주장을 서술하여 모순적 문구를 회통하였으며, 화변(火辨)과 친승(親勝)은 주로 『본송(本頌)』(=『유식삼십송』)을 올바르게 해석하여 논(論)(=『성유식론』)의 취지를 명시하였으며, 안혜(安惠) 보살은 주로 논증식[比量]을 세워 다른 학파 주장의 오류를 비판하였다. 따라서 여러 본(=주석)이 [한 책으로 편찬되지 않고] 별도로 간행된다면 [『유식삼십송』의 전체] 의미를 포괄함에 있어 모두 온전하지 못하게 될 것이다"라고 말했는데, 지금 [내가 볼 때 서명의] 취지는 분명하지 않다. 『논』의 전후를 검토해 보아도 안혜가 비판을 주로 하였다는 점을 발견할 수 없으며, 『본소(本疏)』(=『성유식론술기』)의 해석에 비추어 보면 [오히려] 광송(廣頌) 중 두 구 '파아(破我)'와 '파법(破法)' 이하의 서술은 대개 호법의 글이다. **친히 삼장(三藏)(=현장)의 뜻을 받들어 붓을 잡고 문장을 만들어 『성유식론』을 편찬한 사람[親承三藏執筆綴文糅『唯識』人]**(=규기)은 전승이 확고하여 오류가 없는 반면, [규기를 제외한] 나머지 붓을 잡지 않은 이(=원측)는 [삼장께] **수시로 자문하면서도[縱時諮問]** [오히려] 일반적인 견해로써 판정하였기에 [그가 제시한 『성유식론』] 본문 세부 분류와 그 상위의 핵심 목차는 모두 확정적인 것이 될 수는 없다. 합역(合譯)의 취지는 『추요(樞要)』에서 설한 것과 같다.

혜소에 의하면[54)] 원측은 10대 논사 주석이 저마다 모순의 회통, 적극적 주장, 이설의 논파 등 특정한 방면에 중점이 놓여 있다는 점에서 개별 주석만으로는 『유식삼십송(唯識三十頌)』이 함축하고 있는 전체 의미를 이해하기에 부족하다고 판단했기

53) 惠沼 撰, 『成唯識論了義燈』 권1(본), T43 666b24-c4.

54) 혜소의 원측 인식이 정당한가는 깊이 탐구해 보아야 할 별개의 문제이므로 여기서는 논외로 한다. 이와 관련해서 기츠카와(橘川智昭 2000. 194)는 규기를 인용하든, 원측을 인용하든 혜소의 관심사나 논의를 위해 인용하기 때문에 원래의 문맥이나 진의를 알기가 어렵다는 점을 지적하고 있으며, 정영근(丁永根 2002. 63-64)은 원측을 논파해야 할 현실적 절박성 때문에 때로 원측의 견해를 단장취의하여 곡해한 다음 비판한 경우도 있다고 지적하고 있다. 필자는 같은 맥락에서 산일본 『성유식론소』는 『해심밀경소』, 『반야심경찬』, 『인왕경소』 해독의 보조자료 정도로 한정해서 비판적으로 취사선택하여 사용해야 한다고 생각한다.

때문에 『성유식론』 참유가 이루어졌다고 보고 있다.[55] 이에 대해 혜소는 원측의 설이 근거가 부족하다고 비판하면서 다소 맥락을 이탈하여 현장에 대한 규기와 원측의 물리적 · 해석학적 거리의 원근(遠近)에서 오류의 원천을 찾고 있다. 간단히 말해, 그는 규기는 '현장과 함께 직접 『성유식론』을 편찬한 특별한 사람[親承三藏執筆綴文糅『唯識』人]'으로 높이는 반면 원측은 '일정한 때 없이 현장에게 자문하며[縱時諮問]' 게다가 스승 현장의 의견을 그대로 따르지 않고 보통의 견해를 따라 해석을 내리는 신뢰할 수 없는 사람으로 배척하고 있다.

여기서 우리는 혜소가 물리적 거리를 해석학적 거리로 판단하고 있으며 현장과 규기의 해석학적 거리를 상징하는 사건으로 『성유식론』 참유를 들고 있음을 확인할 수 있다. 혜소의 이러한 원측 인식은 『료의등』의 원측 비판에 대한 선주(善珠, 723-797) 『유식의등증명기(唯識義燈增明記)』(이하 『증명기』로 약칭)의 다음 해석에서도 반복된다.

자료6

文'西明云'至'『中邊頌』等'者, '西明云'等者, 此『西明疏』第一卷文, 彼『疏』中述<u>三藏</u>所傳, 不陳自語. 故彼『疏』云, "<u>三藏</u>解云, '佛滅度後至三百年, 有大菩薩, 名曰<u>龍猛</u>.'" '今謂不爾'等者, 問, 即<u>三藏</u>說, 何今破? <u>雖云三藏傳, 自加臆說, 故今破耳</u>. *<u>西明</u> · <u>慈恩</u>共我一師, 何決是非, 偏破<u>西明</u>? <u>慈恩入室揉『論』文人, 西明不然, 故今破耳</u>.[56]

[『료의등』의] 문장 '西明云'에서 '中邊頌等'까지에 대해 말하자면, '西明云' 등 이것은 『서명소(西明疏)』(=『측소』) 제1권의 문장인데, 그 『소』에서 삼장(三藏)(=현장)이 전한 바를 술할 뿐 [서명] 자신의 말을 하지는 않는다. 그래서 그 『소』에서 "삼장은 '불멸 후 300년이 되어 큰 보살이 있었는데 이름은 용맹(龍猛)이었다'라고 해석한다"고 말한다. [『료의등』 문장 중] '지금 [내가 볼 때 서명이] 옳지 않다고 생각한다

---

55) 만약 혜소의 이 전승이 신뢰할 만하다고 전제한다면 규기와 달리 원측은 10대 논사들 간의 차이를 부정적 맥락에서만 이해하고 있지 않았다고 볼 수 있다.

56) 善珠 述, 『唯識義燈增明記』 권3, T65 375b2-9. 장즈치앙(張志强)은 '*' 이하 구절을 원측이 '십석(十釋)'을 '참유(參糅)'하는 것에 동의하지 않았음을 나타내는 전승으로 보고 있지만(張志强 2003. 5) 다소 지나친 해석이라 생각한다. 왜냐하면 그렇게 볼 경우 자신이 동의하지 않는 방식으로 성립된 『성유식론』에 원측이 적극적으로 주석을 단 이유를 설명하기 어렵기 때문이다.

[今謂不爾]' 등[의 평가]에 대해 말해보겠다. [서명이] 삼장에 근거하여 설했는데 왜 [『료의등』이] 지금 [『측소』를] 논파하는가? 비록 삼장이 전한 것이라고 하나 스스로 억측을 덧붙였기 때문에 지금 논파하는 것이다. 서명(西明)과 자은(慈恩)(=규기)은 모두 우리에게 한 스승인데 왜 시비를 가려 유독 서명만을 논파하는가? 자은은 [현장의] **'역장에 들어가서' 논(=『성유식론』)의 문장을 편집한 사람[入室揉『論』文人]** 이지만 서명은 그렇지 않기 때문에 지금 논파하는 것이다.

선주는 원측이 규기와 더불어 일본 법상종 내에서 스승으로 존경받고 있는데 『료의등』이 유독 원측만을 비판하고 있는 이유를 해명하기 위해 현장에 대한 원측의 해석학적 거리가 규기(=入室揉『論』文人)에 비해 매우 멀다는 점을 재차 강조하고 있다. 원측이 비록 표면적으로는 현장의 말을 직접 전하는 형식으로 주석하고 있지만 실제로는 자신의 억측을 덧붙였기 때문에 논파의 대상이 된다고 말하면서 대조적으로 『성유식론』 참유의 적극 참여를 근거로 현장에 대한 규기의 적통(嫡統) 의식을 드러내고 있다.

4) 『송고승전』「규기전」과 「원측전」의 규기 정통 확립과 원측 도청설의 성립

『성유식론』 참유를 근거로 규기의 적통을 내세우면서 원측을 배척하려는 규기계 사상가들의 인식은 잘 알려진 대로 10세기 말 편찬된 『송고승전』「규기전」과 「원측전」에서 정점에 달했다. 우선 「규기전」에서 찬녕은 『추요』의 회고를 거의 그대로 채용하면서 동시에 규기의 『성유식론』 참유와 『술기』 성립 과정의 권위를 최종적으로 확정하는 몇 가지 전승을 다음과 같이 추가하고 있다.

자료7

奘所譯『唯識論』, 初與昉 · 尚 · 光四人同受潤色 · 執筆 · 撿文 · 纂義. 數朝之後, 基求退焉, 奘問之, 對曰, "(夕夢, 金容晨趍白馬, 雖得法門之糟粕, 然失玄源之醇粹,)* 某不願立功於參糅, 若意成一『本』, 受責則有所歸." 奘遂許之, 以理遣三賢, 獨委於基, 此乃量材授任也. 時隨受撰錄所聞, 講周『疏』畢.57)

현장(玄奘)이 번역한 『성유식론』은 번역 초기에 [규기와] 신방, 가상, 보광 네 사람

> 이 같이 윤색(潤色), 집필(執筆), 검문(撿文), 찬의(纂義)를 맡아 하였지만 며칠 후에 규기[基]가 사직을 청하였다. 현장이 [그 까닭을] 묻자 [규기가] "… 제가 참유(參糅)에 공을 세우고자 하는 것이 [절대] 아니니 만약 [제] 뜻대로 하나의 책으로 만드신다면 그 책임은 제가 지겠습니다"라고 대답하였다. 현장이 마침내 그것을 허락하고 [신방, 가상, 보광] 삼현(三賢)을 내보낸 뒤 규기에게만 맡겼으니 이는 곧 재목을 알아보고 일을 맡긴 것이다. 그때 필수를 맡으면서 들은 것을 기록하였는데 강의가 끝나면서 『소(疏)』(=『술기』)가 완성되었다.

황실의 명으로 편찬된 공식 전기를 통해 찬녕은 우선 규기가 공명심에서 참유를 주장한 것이 아니라, 오히려 참유에 대한 주변의 비난에 대해 책임지려는 순수한 마음을 가지고 있었으며, 이어서 규기의 이러한 인품을 신뢰하여 현장이 규기에게 번역 보조 임무를 일임하였고, 마지막으로 『술기』가 필수 작업의 완료와 동시에 완성되었다는 점을 덧붙임으로써 규기의 참유 참여 동기의 순수성, 현장의 규기에 대한 깊은 신뢰, 현장 강의의 충실하고 온전한 기록으로서 『술기』의 절대적 권위를 최종적으로 공인하고 있다.

이어서 우리는 『성유식론』 참유를 근거로 규기를 정통으로 확립한 직후에 문제의 도청설이 등장한다는 점에 주목해야 한다. 그런 의미에서 도청설은 『료의등』과 『증명기』에서 본격화된 현장에 대한 규기와 원측의 해석학적 거리의 근본적이며 현격한 차이를 강조하는 규기계의 인식이 극단화된 형태로 볼 수 있다. 이제 현장과 규기의 사제 관계는 비전의 절대 신뢰로 발전하기에 이르렀지만, 현장과 원측의 관계는 반대로 도청을 통해서만 겨우 유지될 정도로 단절되게 된다. 물론 이 해석학적 단절은 『성유식론』에 그치지 않고 인명(因明), 『유가사지론(瑜伽師地論)』, 오성종법(五性宗法)으로 확대되어[58] 원측은 규기계의 인식을 전면적으로 수용한 찬녕에 의해

---

57) 贊寧等 撰, 『宋高僧傳』 권4, 「義解 · 唐京兆大慈恩寺窺基傳」 T50 725c17-24. 밑줄 친 부분이 추가된 부분임. *앞서 『추요』처럼 뜻이 분명하지 않아 일단 번역에서 제외했다.

58) T50 725c24-726a4: 無何, 西明寺測法師, 亦俊朗之器, 於『唯識論』講場, 得計於閽者賂之以金, 潛隱厥形, 聽尋聯綴, 亦疏通『論』旨, 猶數座方畢, 測於西明寺鳴椎集僧, 稱講此『論』. 基聞之, 慚居其後, 不勝悵怏, 奘勉之曰: "測公雖造『疏』, 未達因明." 遂為講陳那之『論』, 基大善三支, 縱横立破, 述義命『章』, 前無與比. 又云, 請奘師唯為己講『瑜伽論』, 還被測公同前盜聽先講, 奘曰: "五性宗法, 唯

현장 문하로부터 최종적으로 파문(破門)되고 만다.[59]

3. 규기계 원측상의 역사적 정당성 검토

이상 규기계의 원측상은 현장과 규기의 인간적 친밀성과 전승의 순도를 강조하는 맥락에서 원측에 대한 부정적 인식이 심화되는 방향으로 진행되었다고 볼 수 있다. 여기서 우리는 현장에 대한 규기와 원측의 물리적 또는 인간적 거리 차이가 바로 현장 불교사상 수용의 옳고 그름의 차이로 귀결된다고 하는 규기계의 선입견을 발견할 수 있는데, 이제 필자는 규기계의 이러한 인식이 과연 당대의 역사적 진실과 어느 정도까지 부합하는지를 가늠하기 위해 현장 역장의 학풍과 원측의 수학 형태를 반영하고 있는 단편적 사료들을 검토해 보려 한다.

물리적 또는 인간적 거리가 해석학적 거리와 어느 정도까지 비례하는지를 가늠하기 위해서 필자는 우선 역장을 중심으로 현장과 당대 불교사상가들이 어떤 방식으로 사상적 교섭을 하였는지를 살펴보고자 한다.

현장 사후인 688년 현장의 제자 언종이 지은 『대당대자은사삼장법사전(大唐大慈恩寺三藏法師傳)』(이하 『자은전』으로 약칭)에 의하면,[60] 현장에게 가르침을 청한 이들은 세 그룹, 즉 사내에 거주하는 100여 명의 제자, 각 주(州)에서 온 청학승(聽學僧), 제 대덕(大德)이 있었던 것으로 보인다. 이 중 사내제자(寺內弟子)는 어떤 형태로

汝流通, 他人則否."

59) 스탠리 와인스틴(Weinstein 1959/60. 147)은 도청설을 전한 찬녕의 『송고승전』에 대해 다음과 같이 평가하고 있다: "이러한 종류의 우스꽝스러움이 공식적인 송(宋)의 전기를 어수선하게 만들었으며, 따라서 그것에 선행하는 보다 양심적인 양(梁)과 당(唐)의 『고승전(高僧傳)』과는 분명 다르게 자리매김된다." 고영섭(高榮燮 1998b. 28) 역시 「원측전」이 짧은 문장으로 기술한 한 개인의 전기를 근거 없는 도청설로 온통 도배하고 있다는 점에서 고승전으로서의 품격을 잃고 있다고 지적하고 있다.

60) 慧立 本, 彦悰 箋, 『大唐大慈恩寺三藏法師傳』 권7, T50 260a17-b2: 法師還慈恩寺, 自此之後專務翻譯無棄寸陰. 每日自立程課, 若晝日有事不充, 必兼夜以續之, 過乙之後, 方乃停筆攝『經』已. 復禮佛行道, 至三更暫眠, 五更復起, 讀誦梵本朱點次第, 擬明旦所翻, 每日齋訖, 黃昏二時, 講新『經』·『論』, 及諸州聽學僧等, 恒來決疑請義 … 日夕已去, 寺內弟子百餘人, 咸請教, 誡盈廊溢廡, 皆訓答處分無遺漏者. 雖衆務輻湊, 而神氣綽然無所擁滯, 猶與諸德說西方聖賢立義·諸部異端及少年在此周遊講肆之事, 高論劇談, 竟無疲怠, 其精敏强力, 過人若斯. 우리말 번역은 장규언 2013b. 11-12 참조.

든 역경에 관여했던 인물들로 볼 수 있는데 규기는 적어도 『성유식론』 번역 때부터 그 일원이었음이 분명하며, 제 대덕은 역경에는 참여하지 않았지만 불교사상에 대한 조예가 깊은 전문가 집단으로서 서명사(西明寺)의 50대덕 중 하나로 선발되었던 원측도 그 일원이었음을 쉽게 추측할 수 있다. 여기서 특히 주목할 것은 역경이 이루어지는 동안 매일 저녁 현장이 사내 제자, 제 대덕과 함께 자신이 새로 번역한 경론, 인도의 여러 불교사상가 및 학파의 학설에 대한 공개 강의와 질의응답의 시간을 가졌다는 점이다. 원측 역시 이 저녁 강의를 통해 청변 『중관심론(中觀心論)』[61]과 같이 번역되지 않은 경론을 포함한 다양한 불교 문헌과 인도불교 사상가에 대한 현장 해석을 배웠을 뿐만 아니라, 종시자문(縱時諮問), 즉 '수시로 이루어진 자문'을 통해 개인적으로도 현장에게 배웠다.[62] 따라서 앞서 『증명기』에 인용된 『측소』의 '삼장해운(三藏解云)', 『반야심경찬(般若心經贊)』과 『해심밀경소』의 '대당삼장운(大唐三藏云)', 『인왕경소(仁王經疏)』의 '자은삼장운(慈恩三藏云)' 등도 모두 현장에게서 연원한 것으로 볼 수 있다.

다음으로 생각해 볼 문제는 현장 문하의 사상적 통일성 정도이다. 잘 알려진 대로 칙명을 받고 현장 역장에 참여한 이들 중에는 진제 계열의 이른바 구역(舊譯)에 익숙한 이들이 대부분이었는데, 그들 중 일부는 훗날 규기-혜소에 의해 정립된 해석과는 다른 생각을 가진 이들도 있었다. 예를 들어 『송고승전』에서 '삼장장사학법지신족(三藏奘師學法之神足)'으로 칭송되며[63] 현장 역 『아비달마구사론(阿毘達磨俱舍論)』에 대한 2대 주석서 중의 하나인 『구사론소(俱舍論疏)』를 지은 법보(法寶, 7세기)는 훗날 여래장(如來藏) 사상의 입장을 표방한 『일승불성구경론(一乘佛性究竟論)』[64]을 지어 오성각별론(五性各別論)에 반대 의견을 내어 혜소 『능현중변혜일론

61) 『해심밀경소』 「심의식상품」에서 인용된다. '보론1'의 '자료1' 참조.

62) 앞서 '자료5'에서는 부정적 맥락에서 언급되고 있지만 『료의등』의 '縱時諮問'이 역사적 진실을 반영하고 있다고 전제한다면, 그것은 '縱時'라는 표현의 어감을 고려할 때, 오히려 혜소 자신의 의도와 정반대로, 원측이 개인적으로 수시로 현장을 찾아와 자문을 구할 정도로 양자가 친밀한 관계였음을 증언해 준다.

63) 『宋高僧傳』 권4, 「義解 · 唐京兆大慈恩寺法寶傳」 T50 727a20.

64) 法寶 述, 『一乘佛性究竟論』 권3, 「一乘顯密章」 X55 495c13-20: 准此等文, 其理佛性, 如水清珠, 能清濁水, 水若常動, 雖珠有力, 水不得清. 眾生亦爾, 雖有理性, 能生善法, 妄心常動, 無漏不生, 若制

(能顯中邊慧日論)』[65]의 반박을 야기하였으며, 또 현장 역장에 참여했던 영윤(靈潤)도 불성론에 있어 리성과 행성의 차별성을 강조한 규기-혜소 계열[66]과 상반되는 입장을 가지고 있었다.[67] 현장 문하 중 법보와 영윤처럼 역장에 직접 참여했던 이들 사이에도 상이한 사상적 배경을 가진 이들이 있었던 점에 비추어 볼 때 원측처럼 강의에만 참여했던 이들은 사상적으로 보다 다양했을 것이다.[68] 이처럼 개방적이고

之一處, 無事不辨. 又水性清, 動即常濁, 止即自清. 衆生亦爾, 本性清淨, 若妄心恒動, 即生死輪迴, 若妄心不動, 即寂滅涅槃. 准此教理, 若有理性, 定當成佛, 既信一切衆生平等悉有理性, 豈得執一分衆生不成佛邪?

65) 룽리엔(隆蓮, 융련)은 682년 이후 저술된 것으로 보고 있다(中國佛教協會 1982. '慧沼' 條, 180).

66) 규기의 '리성'과 '행성' 해석은 제2부 제2장과 '보론2' 참조.

67) 『法華秀句』 권중(본)(日本大藏經77 104a-b; 聖凱 2006. 下 487에서 재인용): 問. 若有理性卽有行性, 草木無情有理性故, 應有行性. 答曰. 草木無情無有理性. 故『涅槃經』云, "非佛性者, 謂墻壁瓦礫無情之物." 자세한 것은 제2부 제2장과 '보론2' 참조.

68) 이와 관련해 현장 신역(新譯)의 수용에 대한 뤼츠엉(呂澂, 여징)의 지적(呂澂 1980. 185-186)은 경청할 만하다: "또 번역의 문체에 있어 현장은 각 번역가를 뛰어넘었기에 흔히 신역이라 불린다. 한문과 산스끄리뜨어에 조예가 매우 깊었기에 그의 역문은 믿을 수 있으면서 또 의미가 잘 전달된다. 그는 과거 번역가의 약점을 잘 알고 주의를 기울여 교정하고 수준을 높였기 때문에 역문의 질이 여러 번역가의 수준을 뛰어넘는다. 지금 산끄뜨리뜨어본과 티벳어본과 함께 대조해 보더라도 그의 번역은 기본적으로 모두 정확하다. 다만 다음 몇 가지 사정을 주의해야 한다. 첫째, 번역에 사용된 범본이 당시 유통 과정에서 "이송(異誦)", 즉 글자에 일정한 차이가 존재하는 현상이 있었다는 점이다. 이러한 차이는 때론 의식적으로 바꾼 것이고 때론 단계적으로 잘못 기록된 것으로 결과적으로 이해에 있어 차이가 생기게 되었다. 현장은 상이한 텍스트와 관련하여 사승(師承)에 충실하였는데, 예를 들어 『유식삼십론(唯識三十論)』(즉, 『성유식론(成唯識論)』의 해석 대상인 텍스트)의 경우 그가 번역한 것은 호법(護法) 계통으로 기타 번역가의 것과 출입이 존재한다. 때문에 그의 번역이 정확하다는 말도 곧 그 사승의 관점에서 볼 때 그렇다는 것이다. 둘째, 현장은 이전 번역가들의 상이한 설과 텍스트에 대해 물론 비판했을 것인데 **본인의 저술이 없고 다만 문하를 통해 전파되었기 때문에 그중의 일부 비판은 다소 지나치다**. 예를 들어 이전의 일부 음역(音譯)에 대해 현장은 그 유래에 주의를 기울이지 않고 오역이라고 비판했는데 실상 구역(舊譯)은 종종 방언과 속어에서 유래하여 엄격한 산스끄리뜨어(문어)의 표기와 같지 않았기 때문에 범어의 기준에 부합할 것을 요구한 것이다. 따라서 그것이 오역이라든지 번역이 생략되었다고 말하는 것은 불합리하다. 셋째, 학설에 있어서도 인도의 각 사상가들이 진후에 변화가 있으며 특히 유가행(瑜伽行)의 일파는 변화가 더욱 크다. 예를 들어 세친(世親) 한 사람만 해도 초기와 만년의 학설에 많은 출입이 있으니 한 학파에 있어서의 전후 변화는 말할 필요가 없을 것이다. 시대적 한계로 인해 구역은 구역의 의미를 보존하고 있어 후대와 같지 않음이 매우 자연스럽다. 그러므로 반드시 후대의 것을 표준으로 해야 한다고 요구하거나 심지어 번역가의 번역이 틀렸다고 비난하는 것은 지나치다. 바로 위에서 말한 여러 사정으로 인해 현장의 학설은 대개의 사람들에게 완전히는 수용될 수 없었는데 당시 역장(譯場)에 있었으나 구역의 영향

관용적인 학풍 아래에서 현장 문하의 여러 사상가들은 현장 역 경론들에 대해 다양한 주석을 남겼다.[69]

현장의 저술이 사실상 전해지지 않는 지금 우리는 누구의 해석이 현장의 진의를 전한 것인지 사료를 통해 확인할 길이 없으며 그 점에서 규기계가 종조(宗祖) 현장과의 물리적 또는 인간적 거리를 통해 현장 문하의 사상가들을 정통과 이파로 구별하는 것은 다분히 주관적인 정치 행위에 가깝다고 볼 수 있을 것이다. 더구나 『성유식론』 참유 건의와 필수를 근거로 『술기』의 정통적 권위를 세우려는 규기계의 논리는 역설적으로 앞서 도청설에서 지목되었던, 규기가 역장에 참여하기 전에 번역된 『유가사지론』, 『인명입정리론(因明入正理論)』 등에 대한 규기 주석의 권위를 떨어뜨리는 논거로도 사용될 수 있기 때문에 자해적이라고도 볼 수 있다. 어쩌면 규기계도 이 점을 의식했는지 도청의 추문에 숨어 규기를 『성유식론』뿐만 아니라 『유가사지론』과 인명의 권위자로까지 높이려 했을지도 모르겠다.

마지막으로 앞서 「규기전」('자료7')의 '『술기』가 필수 작업의 완료**와 동시에** 완성되었다[講周『疏』畢]'는 전승도 비판적으로 검토해 볼 여지가 있다. 20세기 중국의 불교학자 저우슈지아(周叔迦, 주숙가)의 규기 저술 속 인용 경론 조사에 따르면, 『술기』는 662년에 번역된 『이부종륜론(異部宗輪論)』을 인용하고 있다.[70] 따라서 『술기』는 『성유식론』이 완성된 659년보다 최소 3년 후에야 완성되었음을 확인할 수 있다.

4. 도청설의 그림자들

이상 필자는 규기계의 원측상이 역사적 진실을 반영하기보다는 자파의 스승인 규기를 정통으로 확립하려는 정치적 행위의 부산물로서 조작된 측면이 강하다는 점을 밝혔다. 이러한 관점에서 보면 법상종의 정통과 이파의 큰 틀 아래에 규기와

을 비교적 많이 받은 사람, 예를 들어 법보(法寶), 영윤(靈潤) 등은 다른 의견을 내었다. 그의 문하의 원측(圓測)(신라 계열) 역시 일부 다른 주장을 제시했다."

69) 자세한 목록은 湯用彤 2000. 155-162 참조. 다만 탕용통은 『송고승전』 「원효전」을 오독했는지 원효(元曉)도 실제로 현장 문하에서 배운 것으로 잘못 알고 있다.

70) 周叔迦 1991. 下集 774.

원측을 놓고 그들 간의 사상적 차이점에 주목한 기존의 연구는 그 선한 의도에도 불구하고 『송고승전』「규기전」과 「원측전」의 그림자로부터 자유롭지 못한 것이라 할 수 있다. 하다니, 후카우라 등의 기존 연구자들은 모두 도청설을 부정하면서도 비록 정도의 차이는 있지만 그 저변에 깔린 법상종 내의 정통과 이파의 양분법을 무비판적으로 답습하여 원측을 현장을 종조로 하는 법상종 내의 상이한 개별 사상가들 중의 한 사람으로 해석하려고 하기보다는 연구자 스스로 규범적이라 생각하는 규기(계) 유식 사상에서 그가 얼마만큼 멀어졌는가에 초점을 맞추어 보려는 경향을 보인다.[71]

반대로 양자 간의 차별성을 지나치게 강조하는 전통적 해석에 대한 반발로 등장한 최신의 견해 중 일부는 지나치게 그 동일성을 강조하려는 경향이 있다. 예를 들어 기츠카와는 원측이 법상종 교학의 초기 단계에 속하기 때문에 규기의 선구가 되었으며 교리상의 대립이 확실해진 것을 도증과 혜소 이후로 보고 있는데[72] 이러한 가설도 재고의 여지가 있다. 먼저, 원측이 규기의 선구가 되었다는 가설은 『해심밀경소』가 규기 사후에 저술되었기 때문에 역사적 사실과 부합하지 않는다.[73] 둘째, 『료의등』에 대해 원측이 응답을 했다는 기록이 있으며[74] 『해심밀경소』에서 원측이 규기

---

71) 이들 연구자들 모두 시대적 한계 때문인지 일본 법상종의 종파 의식에 대해 비판적 거리를 충분히 유지하지 못한 것으로 보인다. 자세한 것은 이어지는 제1부 제2장 참조.

72) 橘川智昭 1999. 117, 각주22: “원측의 위치는 현장계 교학의 가장 초기 단계에 속하며 기의 교학과 미세한 부분에서 해석의 차이는 있지만 근간에서는 대립이 거의 없으며 오히려 기의 선구가 되었다고 추정된다. … 그리고 교리상 대립이 확실해진 것은 아마도 도증과 혜소 이후 즈음이며 또 차이도 기본적으로 신역의 범위 안에서의 논의이며 구역과 신역의 문제는 아니었다고 본다.” 롱리엔(隆蓮) 역시 서명과 자은의 대립은 원측 생전에 뚜렷하지 않았다고 하면서 현존하는 원측의 저작 중에 규기를 반박한 흔적을 찾을 수 없다고 말한다(中國佛教協會, 앞의 글, ‘圓測’ 항목, 143).

73) 조경철은 『해심밀경소』에서 ‘낙양(洛陽)’을 ‘신도(神都)’로 부르고 있는 점을 근거로 『해심밀경소』가 적어도 684년 9월 이후에 완성되었다는 점을 지적하고 있다(조경철 2013. 175-177). 필자는 근래에 『해심밀경소』 인용 지바가라(地婆訶羅, *Divakara) 역 『대승광오온론(大乘廣五蘊論)』 번역 완성 시점에 근거하여 보다 구체적으로 685년 이후 완성되었을 가능성을 제시한 적이 있다(장규언 2023. 125-126, 案7).

74) 信叡, 『成唯識論了義燈抄』 권3, N29 46b11-14: “解云, 此『灯』家難西明矣 … 西明法師自答『灯』主云 …”
전기 자료는 혜소가 규기에게 사사했으며 아주 긴 공백 후 다시 보리류지(菩提流支)의 『대보적경』(713년 번역 완료) 역장에 참여하여 승장(勝莊)과 함께 작업했다고 기록하고 있다(『宋高僧傳』

의 해석을 부정한 사례가 있기 때문에[75] 교리상의 대립은, 비록 그 정도는 가늠할 수 없지만, 원측 생존 시에 이미 형성된 것으로 보는 것이 타당할 것이다. 원측이 '종성', '료의와 불료의', '공과 유'에 대한 해석에서 규기와 미세하지만 중요한 차이를 드러내고 있음은 이미 여러 연구자들에 의해 지적되었고(제2부 각 장의 제1절 참조), 필자에 의해서도 밝혀질 것이다(제2부 제2장 제1절 참조).

권4, 「義解 · 唐淄州慧沼傳」 T50 728c5-8: ... 自奘三藏到京, 恒窺壼奧, 後親**大乘基師**更加精博. 及菩提流志於崇福寺譯『大寶積經』, 沼預其選充證義, **新羅勝莊法師**執筆. 「義解 · 唐京兆大慈恩寺義忠傳」 T50 729c6 ... 729c11-13: 年始九歲宿殖之性志願出家, 得淄州**沼闍梨**為師. ... 沼師知是千里之駿, 學恐失時, 聞長安**基師新造『疏章』**, 門生填委聲振天下, 乃師資相將同就基之講肆. ...). 롱리엔은 어떤 사료에 근거했는지는 알 수 없지만 혜소가 규기 사후 공백기에 여러 군(郡)을 떠돌아다니면서 20여 년을 강경하였는데 이때 『료의등』을 지었다고 본다(中國佛教協會, 앞의 글, '慧沼' 항목, 180).

75) 자세한 것은 제2부 제2장 '자료29'와 관련 논의 참조.

"당시의 유식학(唯識學)의 대덕(大德)으로서는 서명(西明)이 아마도 자은(慈恩)보다는 뛰어났을 것으로 생각되지만, 서명은 성격이 고철청아(高徹淸雅)하고 권세에 기대려는 마음이 추호도 없었으며, 또 자은파(慈恩派)로부터 이단시되어 핍박을 받은 데다 … 자은은 공명심이 상당히 강한 세력가인 데다 당시 교계의 중진인 현장(玄奘)의 보호와 지지를 얻었으며…"

– 하다니 료타이(羽溪了諦)

제2장

서명학파(西明學派)는 실재했는가?

1. 왜 '서명학파'가 문제인가?

잘 알려진 대로 '서명학파' 라는 개념은 오랫동안 원측과 흔히 그의 학설을 계승한 것으로 이해되어온 도증, 태현 등을 바라보는 창이었다. 필자는 원측 연구를 시작하면서 나름의 원측상이 만들어질 때까지 오랜 시간 원측의 글만을 읽었는데, 당시의 원초적 인상은 원측은 경전 해석의 최종 권위로서 호법과 현장을 매우 존중하고 있다는 느낌이었다. 그 후 기존 연구성과를 검토하면서 필자의 생각이 기존 연구자들과 조금은 다르다고 느꼈으며,[76] 나아가 기존 연구가 무의식중에 전제하고 있

---

76) 이미 몇 차례 원측 연구사 정리가 이루어졌다. 우선 기츠카와 토모아키는 일본의 연구 성과를 주축으로 신라 유식사상가들에 대한 연구사를 요령 있게 정리하고 있으며(기츠카와 토모아키, 앞의 글 2001b. 95-162), 조은수는 일본, 한국, 구미의 주요 연구 성과를 중심으로 화엄종과 티벳불교에 대한 영향을 포함한 좀 더 넓은 안목에서 연구사를 정리하고 있으며(Cho 2005. 173-216), 최연식은 일본과 한국의 광범위한 연구 성과를 거의 총망라하여 신라 유식사상사 연구 동향을 일목요연하게 소개하고 있다(최연식 2013. 상, 311-359). 이 장은 '서명학파'를 강하게 전제하고 있는 일본과 한국의 '몇몇 전형적 견해'만을 대상으로 하여 그 역사적 한계만을 중점적으로 다루고자 한다. 여기서 언급되지 않는 기타 연구들도 비록 정도의 차이는 있지만 거의 대부분 '서명학파'를 전제로 하고 있는데 지면의 제약으로 인해 모두 다루지 못한 점에 대해 독자의 양해를 구하고자 한다.
참고로 중국의 일부 학자들도 '신라 계열의 유식사상'을 조심스럽게 상정하지만 필자가 비판 대상으로 삼고자 하는 일본과 한국의 '서명학파' 개념처럼 구체적이거나 선명하지는 않다. 예를 들어 탕용통은 『유가론기(瑜伽論記)』 독서 노트에서 둔륜(遁倫)이 '신라에서는 이러이러하게

는 듯한 '서명학파'라는 틀이 사상사적으로 과연 정당화될 수 있을지 회의를 품게 되었다. 이후 앞서 제1장에서 살펴보았듯이, 전통적인 원측상을 형성하는 데 결정적 역할을 한 『송고승전』의 원측 도청설의 논리가 법상종 내 규기계 사상가들의 '현장과의 인간적 또는 해석학적 거리의 원근(遠近)을 근거로 한 적통(嫡統) 의식'임을 확인하면서 어쩌면 '서명학파'라는 건축물을 세운 현대 일본의 연구자들이 규기와 원측을 법상종 내의 정계(正系)와 이파(異派)로 양분하여 보는 시각 자체도 무의식중에 그 논리를 답습하고 있는 것이 아닐까 하는 의심을 품게 되었다.

필자는 이하 논의에서 먼저 이러한 양분법적 시각에서 생겨난 것으로 의심되는 '서명학파'라는 개념이 누구에 의해 어떤 이유에서 생겨났으며 또 어떻게 발전하였는지를 추적하면서 그 이면의 전제들이 무엇인지 간략하게 살펴본 뒤, 이어서 그 전제들의 논리적 모순을 실증적으로 검토할 것이며, 마지막으로 그것으로 인해 가려지게 되는 모습들에 대해 떠올려 보려 한다.

2. '서명학파'라는 창과 그 위에 어른거리는 종파주의의 그림자

1) '서명학파'라는 개념의 구축자들: 하다니 료타이와 후카우라 세이분

(1) '서명학파'라는 개념의 탄생

'서명학파'라는 개념을 구성하고 있는 전제들이 무엇인지 확인하기 위해서 최초로 이 틀을 만든 사람들의 말에 귀 기울여 보자. '서명학파'라는 말의 창시자는 다름 아닌 현대 학문적 의미에서 최초로 원측을 연구한 하다니이다. 그는 100여 년 전의 연구에서 원측의 생애와 학설, 그 자신이 서명학파로 분류한 승장(勝莊), 도증, 태현의 학설까지 모두 개괄함으로써 이후 연구자들에게 큰 영향을 끼쳤다. 먼저 그는 원측과 규기(또는 기基[77]), 자은학파와 서명학파에 대해 다음과 같이 말한다.

말한다'라고 한 언급에 비추어 당시 신라에 독립적인 유식학의 일파가 있었을 것으로 추정하고 있을 뿐 그 성격에 대해서는 구체적으로 언급하고 있지 않으며(湯用彤 2000d. 276), 뤼츠잉은 규기에 이견을 가진 원측에 대해 조심스럽게 '신라 계열'이라 명명하고 있을 뿐 그 성격이나 그 계열의 다른 사상가들에 대해서는 전혀 언급하고 있지 않다(呂澂, 앞의 글 1980. 186).

당시의 유식학의 대덕(大德)으로서는 서명(西明)이 아마도 자은(慈恩)보다는 뛰어났을 것으로 생각되지만 서명은 성격이 고철청아(高徹淸雅)하고 권세에 기대려는 마음이 추호도 없었으며 또 자은파(慈恩派)로부터 이단시되어 핍박을 받은 데다 문하에 인물이 부족하여 자은파에 대항할 만한 영재가 없었기 때문에 그의 학맥은 도증(道證)을 통해 태현(太賢)에 이르게 되었다. 자은(慈恩)은 공명심이 상당히 강한 세력가인 데다가 당시 교계의 중진인 현장(玄奘)의 보호와 지지를 얻었으며, 문하에 혜소(慧沼)와 같은 준족이 출현하여 그의 교의를 전파하고 서명의 이해(異解)를 논파하였으며 더불어 혜소 문하에 지주(智周), 여리(如理), 도읍(道邑), 의충(義忠), 도헌(道巘) 등의 명장을 배출하여 사설(師說)을 전파하는 데 힘썼다.78)

하다니는 먼저 인간적 측면이나 학문적 측면에서 원측을 규기보다 높이 평가하는데 이 점은 뒤에서 확인할 수 있듯이, 후대 한국 연구자들에게 큰 영향을 끼쳤다. 다음으로 그는 법상종 내 양대 학파로 '현장의 지원을 받은' 규기계의 자은파와 그들의 핍박을 받은 서명파로 양분한 뒤 양 학파의 사상가로 각각 혜소-지주(智周, 668-723) 이하의 계보와 도증-태현의 계보를 들고 있으며, 또 이어지는 연구에서 그는 원측의 학맥을 '유식종의 이파'로 상정하고 도증, 태현에 더해 역시 신라 출신인 승장까지 그 아래에 두어 원측과 그들의 유식사상을 소개하고 평가하고 있다.79) 여기서 주목할 점은 하다니가 확실한 문헌적 근거도 없이 현장이 규기를 지원했다고 단정한 것인데 이는 흡사 제5조(祖) 홍인(弘忍, 602-675)이 제6조 혜능(惠能, 또는 慧能, 637-713)에게 의발(衣鉢)을 전수했다고 하는 남종선(南宗禪) 계통의 전승을 연

77) 와인스틴은 규기의 저작 속에서 대부분 스스로를 '基'로 칭하고 있다는 점에서 '基'가 본래 이름이었을 것이며 후대에 '窺'가 덧붙여진 것이라고 본다(Weinstein 1959. 130). 남동신은 고려 전기 법상종 금석문에서 '窺基'라고 표기한 예가 전무하며 13세기까지도 '基'라고 표기한 사실에 근거하여 '基'가 본래 이름이었을 것으로 보고 있다(남동신 2009. 177-178). 이 문제에 대한 결론을 내릴 확증은 여전히 없지만, 적어도 법상종 안에서는 '基'라는 호칭이 보다 보편적이었던 듯하다. 다만 '窺基'의 '窺'가 부정적 뉘앙스를 지니고 있다는 해석(위의 글; 남동신, 앞의 글 2008. 191-239)은 다음 기록에 비추어 볼 때 재고의 여지가 있어 보인다. 『宋高僧傳』 권4, 「義解·唐淄州慧沼傳」 T50 728c5-8: 自奘三藏到京, 恒窺壼奧, 後親大乘基師, 更加精博. 及菩提流志於崇福寺譯『大寶積經』, 沼預其選, 充證義, 新羅勝莊法師執筆.

78) 羽溪了諦, 앞의 글 1916a. 66.

79) 각각 羽溪了諦, 앞의 글 1916b. 505-547과 羽溪了諦, 앞의 글 1916c. 705-744.

상시키는 모종의 종파 의식을 전제하고 있는 듯하며, 또 '신라 출신'이라는 공통점으로 묶어 자은학파와 대립하는 '서명학파'를 상정하고 있는데, 여기에는 무의식중에 '중원 대 신라'라는 민족적 대립 구도를 깔고 있는 듯하다. 여하튼 이렇게 해서 현장-규기-혜소-지주로 이어지는 법상종의 정계 '자은학파'와 그에 대립하는 원측-도증-태현으로 이어지는 '신라계' 이파 '서명학파'라는 틀이 탄생하였다.

(2) 원측의 역사적 신원(伸寃)

그렇다면 '서명학파'는 학설상 어떤 점에서 '자은학파'와 구별되는가? 하다니는 먼저 원측의 학설 중 가장 특징적인 몇 가지를 소개하면서 그 나름의 해답을 제시하고 있다. 우선 교판론(敎判論)에 있어 점교(漸敎) 법문에 있어서는 시간의 순서가 의미가 있다고 본 규기와는 달리 삼시(三時)의 구별이 설법 시간의 순서에 따른 것은 아니라고 본 점과 또 『해심밀경』의 삼시교판을 그대로 따라 제2시 반야무상교(般若無相敎)가 미료의(未了義=不了義)로 본 규기와는 달리 그것이 미료의이면서 또한 동시에 료의(了義)일 수 있다고 본 점에 근거하여 규기와 대비되는 원측 교판론의 특징에 대해 다음과 같이 말하고 있다.

> 서명은 유식종에 입각해 있긴 하지만 일반적인 유가학도(瑜伽學徒)가 「반야경」에 대하여 취하는 편협한 태도와는 크게 그 방향을 달리하고 있었음이 분명하다. … 대체로 서명은 공유(空有)의 양 사상을 융합조화시키고자 하는 의도가 있었기 때문에 그의 현존 삼소(三疏) 중에는 누차 삼성(三性)의 공유를 논의하고 있는데 그때마다 반드시 「반야경」에 입각한 청변(清辨)의 삼성공무론(三性空無論)과 「해심밀경(解深密經)」에 입각한 호법(護法)의 삼성 중 변계소집성(偏計所執性)을 무(無)로 보고 기타 의타(依他)와 원성(圓成)의 이성(二性)을 유(有)로 보는 주장을 열거하여 양자의 사상을 조화시키고자 노력하고 있다. … 자은은 돈오(頓悟)의 기(機)와 관련해서는 삼시(三時)의 별(別)을 인정하지 않고 어떤 교상(敎相)에 의거하더라도 중도(中道)의 묘리(妙理)를 증득할 수 있다고 말하는 듯하지만 서명이 「반야경」에 대하여 발휘한 것 같은 조화적 · 포용적 · 존중적 정신은 부족한 듯하다. 서명의 「반야경」에 대한 견해는 사실 그의 교판론의 한 특색이라 부를 만하다.[80]

여기서 하다니가 이후 지속적으로 제시하는 원측 또는 서명학파 교학의 본질로서 이파(여기서는 청변으로 대표되는 중관학파)에 대한 '조화적 · 포용적 · 존중적 정신'이 처음 등장한다.[81] 다음으로 하다니는 종성론(種性論)에 있어서도 원측이 "「해심밀경」을 소의로 하는 유식학자이면서 일승가의 근본사상을 포용하여 현장자은과 같은 오성영별(五性永別)의 편견에 갇히지 않고 일승가의 일성개성설과 「해심밀경」의 오성각별설을 조화시킨 점은 그의 학설의 특색 중의 특색이라 부르지 않을 수 없다"[82]고 하면서 그의 이파(여기서는 화엄과 천태로 대표되는 일승가[83])와의 조화 경향을 재차 지적하고 있다. 이어서 주로 혜소의 『료의등』, 태현의 『성유식론학기(成唯識論學記)』(이하 『학기』로 약칭) 등에 의거하여 원측의 팔식(八識)론, 식변(識變)론, 종자(種子)론, 훈습(熏習)론에 있어 규기와의 차이에 대해 비교적 자세하게 소개하고 있는데, 그중 식분설(識分說)에 있어서 "서명 자신은 이분설(二分說)에서 사분설(四分說)까지 어느 것도 그 이치에 있어 모순됨이 없으며 단지 개합(開合)(세부적 구별과 본질로의 수렴 -필자 주)의 차이에 불과하다고 생각"[84]했다는 점에서 역시 이설에 대해 관용적 · 조화적 태도를 취하고 있음을 지적하고 있다. 더불어 하다니는 서명의 해석이 자은보다 뛰어나다고 생각되는 4-5곳[85]과 혜소마저 원측의 해석을 수용한 몇 곳[86]을 소개한 뒤 원측에 대해 다음과 같이 종합 평가를 내린다.

80) 羽溪了諦, 앞의 글, 1916b. 509-512.

81) 하지만 그는 원측에게 『해심밀경』 중심주의를 버리지 않는 이중적 측면이 있음도 간과하지 않고 있다(위의 글, 511-512): "아울러 서명은 한편으로 위에서 말한 것처럼 「반야경」을 료의교(了義教)로 보고 「해심밀경」과의 회통을 시도하고 있긴 하지만 다른 한편으론 철저하게 양교의 차이를 명확히 하여 「반야경」은 미료의교(未了義教)로 「해심밀경」은 료의교라고 판정하고 있다. 그가 「반야심경」을 해석하는 경우조차도 의연하게 「해심밀경」 중심주의를 버리지 않고 그 첫머리에서 가르침이 일어난 원인을 논하면서 삼시교판(三時教判)을 설하고 있다."

82) 위의 글, 519.

83) 위의 글, 515-516: "서명은 … 유식종(唯識宗)에 입각해 있으면서도 현장자은(玄奘慈恩)이 주장한 오성각별론(五性各別論)을 취하지 않고 오히려 천태화엄(天台華嚴)의 일승가(一乘家)와 마찬가지로 일성개성설(一性皆成說)을 내세우고 있다."

84) 위의 글, 529.

85) 위의 글, 543-546.

86) 위의 글, 546. 예를 들어 惠沼 述, 『成唯識論了義燈』 권5(말), T43 769c16: 應依本解及西明釋.

요컨대 서명의 학설은 규모가 크면서도 정치하고 주도면밀하였다. 그의 학설이 규모가 큼은 그가 경론을 해석함에 있어 종래의 이설을 모두 망라했을 뿐만 아니라 현장자은의 유식종파가 힘써 주장한 오성각별론에 고착되지 않고 오히려 화엄 · 천태의 일승개성설을 용인하고 또 반야공종에 대해서도 포용적 정신을 발휘한 점을 통해 분명히 알 수 있다. 또 그의 학설이 정치하고 주도면밀함은 그가 유식소(唯識疏)에서 자은보다도 한층 세밀한 분석과 해설을 하고 있는 점이 적지 않음을 통해 엿볼 수 있다. 실은 서명은 덕(德)에서는 자은보다 훨씬 탁월하며 학(學)에서도 자은과 비견할 수 있는 고승이었다. 때문에 우리들은 유식종의 개조로서 자은대사의 공적을 칭찬함과 동시에 저주받은 대철(大哲), 잊혀진 고승이었던 서명 대덕(大德)의 위업(偉業)을 상기해야만 한다."87)

이 결론은 『송고승전』의 도청설 이후 현장 문하로부터 파문되었던 원측에 대한 역사적인 신원(伸寃)이라는 점에서 큰 울림을 지니고 있으며 현재의 원측 연구자들에게 큰 영향을 끼쳤고 또 여전히 끼치고 있다.

(3) '서명학파' 계보 만들기

하지만 여기에는 문헌적으로 검증되지 않은 큰 선입견이 있는데 그것은 바로 현장의 학설은 규기를 통해서만 전수되었으며, 그들의 학설을 전적으로 따르지 않고 이파와의 조화를 추구했던 원측은 학설상 '근본적으로' 현장-규기와 대립했을 것이라는 가정이다. 이러한 가정은 '서명학파'의 일원으로 포함시킨 승장, 도증, 태현의 학설에 대한 그의 해석에서도 잘 드러난다.

먼저 승장부터 그는 스스로 설정한 구도 때문에 다음과 같이 곤혹스러워한다.

송복은 승장을 서명의 학도로 보지만 『동역전등록(東域傳燈錄)』의 찬자(撰者) 영초(永超)는 그를 현장의 문인(門人)으로 전하고 있다. 이것을 어떻게 판단해야 할 것인가? 유식학파(唯識學派)의 계통 연구상 실로 중한 문제이다. 우선 승장이 숭의사(崇義寺)에서 지은 『범망경보살계본술기(梵網經菩薩戒本述記)』를 일독해 보면 거기서

87) 위의 글, 547.

> 전하는 학설은 서명의 사상을 계승했다기보다는 오히려 현장 · 자은의 영향을 받은 흔적을 쉽게 발견할 수 있다. 자세히 말하자면 서명은 현장 · 자은의 학도가 적극 주장했던 오성각별론에 동의하지 않고 오히려 일승가의 일성개성설을 용인했는데 승장은 ... 그는 서명이 용인한 일성개성설을 부정하고 있음이 확실하다.[88]

원측의 제자인 승장이 스승의 특징 중의 특징으로 보이는 일승개성설에 대한 용인을 거부하고 있음[89]을 하다니는 담담히 확인하고 있다. 하지만 붓다 설법의 언어[能詮教]의 본질[體]에 관한 승장의 사문(四門), 즉 섭망귀진문(攝妄歸眞門), 섭말귀본문(攝末歸本門), 섭가종실문(攝假從實門), 법수정체문(法數定體門)은 원측의 8문에 기반한 것으로 보이[90] 그와 원측의 학설상의 연속성을 담보하려 한다. 이어서 교판론에 있어 그가 유식종의 전형적인 '삼시교판'을 따르고 있음을 확인한 뒤, 마지막으로 승장에 대해 "그의 유식교의 그 자체가 현장의 학풍을 따랐는지 서명학파에 연원한 것인지 아니면 양자의 절충조화인지는 금후 새 자료가 발견될 때까지는 해결될 수 없는 문제이다"라고 말하며 판단을 유보하고 있다.[91]

이어서 하다니는 서명의 제자 중 열렬한 태도로 사설(師說)을 변호하려 노력한 이는 오직 도증 한 사람뿐임을 먼저 상기시킨 후[92] 도증의 학설에 대해 소개한다. 그는 먼저 선주『증명기』가 소개하는 도증설[93]을 근거로 그의 반야경관이 "서명과 같이 '반야'에 대하여 조화적 · 포용적 · 존중적 정신을 품고 있었음에 틀림없다"고 재차 확인하고 있다.[94] 나아가 그는『료의등』속의 관련 구절[95]을 근거로 도증 교판

---

88) 羽溪了諦, 앞의 글, 1916c. 708-709.

89) 승장의 종성론에 대해서는 장규언 2013b. '해제', 68-72 참조.

90) 羽溪了諦, 앞의 글, 1916c. 709-710.

91) 위의 글, 711-712.

92) 위의 글, 713.

93) 善珠 述,『唯識義燈增明記』권1, T65 335a14-21: 文問『要集』叙至皆不可信者, '結集家語非正佛說'者,『要集』云, "大唐三藏依『解深密』及『金光(明)*』立有三教. 西方二說, 一清辨立四諦 · 法相 · 了義三教, 而『深密』說了義者, 結集家語, 非正佛說. 二護法等(立)**四諦·無相·了義. 依『解深密』等, 理實, 無相更無淺 · 深, 而『解深密』爲了義者, 論諸部『般若』宗明無相,『解深密經』具說三性, 簡擇顯了, 故說了義."(*『金光明經』의 약칭이므로 明을 보충하는 것이 자연스럽다. **앞서 '清辨立四諦 · 法相 · 了義三教'와의 대구를 고려한다면 동사 '立'을 보충하는 것이 자연스럽다.)

94) 羽溪了諦, 앞의 글, 1916c. 714.

론의 특징으로 '문자에 집착함을 불료의(不了義)라 하고 문자에 집착하지 않음을 료의(了義)라고 한'96) 점을 든 뒤 "료의와 불료의에 대한 이러한 해설은 실은 도증의 독특한 견해이며 서명의 경우도 아직 설하지 않았던 것인 듯하다. 특히 도증이 '불소설경개시료의(佛所說經皆是了義)' 라고 설한 것은 서명보다도 한층 넓게 그 조화적 정신을 발휘한 것이라 말하지 않을 수 없다"고 재차 '조화적 정신'을 강조하고 있다.97)

또한 하다니는 '서명학파'를 떠받치는 기둥으로서의 도증의 위상을 분명히 보여주기 위해 노력한다. 먼저 『성유식론』 해석에 있어 원측과 규기 양 학설에 대한 도증의 태도를 소개하고 있다. 그에 따르면 도증은 '서명학파'의 조술자(祖述者)로서 한편으론 사설의 부족한 점을 보충하여 약점을 보완하려 노력했다고 하면서 그 근거로 『료의등』 속에 소개되는 『성유식론』 조술 동기와 관련된 『술기』와 『측소』 간의 이설에 대한 도증의 변호98)를 들고 있다.99) 이어서 다른 한편으로 도증은 '자은학파'의 반대설을 논파하는 데 열중하였다고 평가하면서 그 근거로 먼저 혜소가 도증의 『성유식론요집(成唯識論要集)』(이하 『요집』으로 약칭)에 대해 '분파 의식이 있다[今

---

95) 『成唯識論了義燈』 권1(본), T43 660b12-27: 了·不了義, 『法苑』分四, 今『要集』云, "更加一門, 執著名字名爲不了, 不著名了. 故『自在王菩薩經』上云, "了義經者, 一切諸經皆是了義. 以依義故, 一切諸法不可說故. 菩薩如是名爲了義. 若人於一切經不能如是依義, 是名不了義. 何故名不了? 是人不了義故." 准此『經』文云, 是人不了義, 故名不了義, 不判經爲不了義. 又『經』云, "自在王菩(薩)*依如是義趣法者, 一切諸經皆是了義, 不如是依者, 一切經皆是不了義." 准此意, 能不執著, 一切經皆是所了義, 若執著者, 一切經皆是所不了義, 不得約人自不能了, 便判聖教亦爲不了." 『要集』解云, "能令生過, 或生功德, 故說了 · 不了, 此通一切大 · 小乘經." 此判不爾. *'薩'을 보충해야 한다.

96) 羽溪了諦, 앞의 글, 1916c. 714.

97) 위의 글, 716. 하지만 그는 '붓다가 설한 경은 모두 료의이다'라는 주장이 어떤 점에서 '조화적 정신'을 보여주는지 명확한 근거를 제시하지 않고 있어 도증을 자신이 설정한 '서명학파' 속에 넣으려는 견강부회처럼 보인다. 즉, '각주95'에서 확인할 수 있듯이 도증은 붓다의 설법 자체는 료의이지만 그것을 이해하지 못할 경우에 불료의가 된다고 보고 있는데 이 섬을 '조화적 정신'과 연결시키는 일은 다소 억지로 보인다.

98) 『成唯識論了義燈』 권1(말), T43 671c17 이하: 『論』'今造此『論』'下有三段文. 西明云, "如次安惠 · 難陀 · 護法." 『本疏』有'等'*. 『要集』云, "二不同者所承有異. 然彼有說皆有'等'言, 意或不違." *『成唯識論述記』 권1(본), T43 234b22-25: 次長行中明本『論』主造『論』之意, 文勢有三. 一安惠等 … 二火辨等 … 三護法等 …

99) 羽溪了諦, 앞의 글, 1916c. 718.

謂『要集』大有朋附之心]'[100]고 평가한 점을 제시하고, 나아가 규기가 원측에 직접적인 비판을 가한 것으로 전제하고서[101] 이에 대항하기 위해 '『료의등』 속에서' 도증이 규기를 비판한 것으로 판단한 세 곳을 소개하고 있다.[102] 하지만 세 가지 실례 모두 도증의 규기 해석 비판과 그에 대한 혜소의 반박만 있을 뿐 도증이 『술기』와 『측소』를 대립적으로 보았음은 명시되어 있지 않다.[103] 다음으로 서명의 학설을 드높이고 거기에 도증 자신의 견해를 세워 해석한 곳도 2~3곳[104] 더 소개한다. 하지만 하다니는 도증이 지닌 비(非)'서명학파' 적인 측면에도 주목하여 그가 사설을 버리고 타설을 취한 경우 5~6곳[105]과 혜소가 도증의 해석을 인용하고 그것을 용인하는 경우와 도증의 설에 대해 적극적으로 찬동하고 있는 사례[106]도 제시하고 있다. 마지막으로 하다니는 이른바 '서명학파' 에서의 도증의 위상에 대해 다음과 같이 결론짓고 있다.

> 이처럼 도증 학설의 타파를 자기 사명으로까지 여겼던 혜소가 저서 중에 여러 차례 그의 해석을 빌어올 뿐만 아니라 나아가 그의 해석에 찬성의 뜻을 드러내지 않을 수 없었던 점에서 본다면 도증의 학해식견(學解識見)이 결코 평범하지 않았음은 분명하다. 도증은 그 비범한 학해식견을 발휘하여 서명 해석을 조술(祖述)하고 전파시키고 이를 통해 자은과 같은 큰 적을 만나 서명학파를 드높이는 데 힘썼다. 만약 서명의 문제(門弟)에 도증이 없었다면 서명학설은 일찍이 사라져 버렸을 것이다. 실로 그는 서명학파의 큰 기둥이었다.[107]

---

100) 『成唯識論了義燈』 권6(말), T43 778a6-7.

101) 羽溪了諦, 앞의 글, 1916c. 721: "그는 사설을 드높이기 위해 자연스럽게 학설상 스승과 맞섰던 자은의 학설을 파척하기에 이르렀다."

102) 위의 글, 721-723.

103) 예를 들어 '證二空彼障隨斷'에 대한 도증 해석을 소개하는 부분(『成唯識論了義燈』 권1(말), T43 672a11 이하): 問若證二空彼障隨斷, 『本疏』中解通約餘師, 此初段文不唯安惠, 故總相說. 若據安惠, 『樞要』中有三解, 第三云, "所知障中種 · 習爲重, 現行名輕. 由二障種 · 習, 餘現行得生. 若斷種 · 習, 現行永滅." 『要集』云, "執 · 障有現 · 種, 如何習 · 種說名爲執, 現名餘障? 稍乖此文." 此意執 · 障俱有種 · 現, 不應執種·習獨得執名, 現行不名執, 但名餘障. **今謂無過**.

104) 羽溪了諦, 앞의 글, 1916c. 724-725.

105) 위의 글, 726.

106) 위의 글, 729.

마지막으로 태현에 이르러서는 하다니는 도증에게 적용했던 엄격한 기준을 버리고 매우 관대해짐으로써 자신이 구축한 '서명학파'라는 개념이 얼마나 엉성한 건축물인지 스스로 허점을 드러내고 있다. 즉, 그는 원측과 도증은 사상적 측면에서 밀접한 관련이 있지만 도증과 태현은 전자에 미치지 못함을 인정하면서 "태현은 서명 및 도증의 해석에 대해 거의 조술적인 태도를 취하지 않고 오히려 비판적인 태도를 지니고 있었다. 그래서 양사의 해석은 그에 의해 여러 차례 논파되었다. 그렇지만 그는 물론 자은학파를 자임하지도 않고 공정하게 양 파의 학설을 대하여 자은학파의 해석과 함께 서명학파의 것도 많이 인용하고 있기 때문에 설령 도증과의 역사적 관계는 분명하지 않다 하더라도 서명학파의 한 사람으로 보아도 무리는 없을 것이다"[108]라고 말하고 있다.

(4) '신라계' 법상종 이파 계보의 완성

하다니에 이어 '서명학파'의 틀을 확고히 한 이로 대표적으로 후카우라 세이분[109]을 들 수 있다. 그는 보다 명시적으로 '정계와 이파'라는 절을 따로 상정하여 하다니에서 더 나아가 둔륜(遁倫, 또는 도륜道倫, ~705~)까지 포함하여 '유식학의 이파'로서 '신라계'라는 하나의 학맥을 상정하고 그들의 학설을 분석하고 있다. 그의 분석은 하다니와 대동소이한데, 그중에서 다소 두드러지는 인식을 소개하자면 태현에 대해 "그는 본래 자은정계(慈恩正系)를 계승하지는 않았지만 그렇다고 원측·도증을 준수한 것도 아니며 그 양 파에 대한 태도가 매우 공평무사하여 엄정한 비판을 보여준다. 이 점이 그가 도증을 사사했다고는 하지만 양자에게 어떤 사상적 교섭이 있었다고 인정하지 않는 까닭이다"[110]라고 말하며 도증과의 사승 관계를 부정하고 있으며, 또 새로이 분석한 둔륜에 대해서도 "그는 본종(本宗)의 계승에서 볼 때 완전히 이파(異派)라고는 말하기 어렵지만 그렇다고 해서 순수한 정계로 볼 수도 없다"

---

107) 위의 글, 729-730.
108) 위의 글, 731-732.
109) 深浦正文 1954. 上卷 教史篇.
110) 위의 글, 264.

고 보고 있다. 또 그는 이상의 '신라계' 유식사상가들에 대해 "이들 이파의 주장은 앞서의 일승(一乘) 사상에 부응하며 대개는 조화적 태도를 보여주기에 다소 유식(唯識)의 독자적 면모가 부족하며 그 결과 세력이 넓게 세상에 뻗쳐나지 못하고 만 것으로 생각된다"111)라고 총평하고 있다.

2) 구축자들의 해석학적 경향: 종파주의의 그림자

이상 하다니와 후카우라에 의해 구축된 '서명학파' 또는 '유식학의 이파'라는 개념틀을 비판적으로 성찰해 보면, 우리는 그 안에 몇 가지 중요한 해석학적 전제들이 포함되어 있음을 발견할 수 있다. 첫째는 현장과 규기 학설의 완전한 동일시이다. 둘째는 현장과 원측에 대한 대립적 인식이다. 이 점은 앞서 승장의 학설에 대한 하다니의 당혹에서 잘 드러나 있다. 셋째는 규기와 원측, 규기와 도증이 학설상 '근본적으로' 대립했다는 인식이다. 도증에 대한 앞선 서술에서 우리는 (1) 규기와의 이견과 관련된 도증의 원측 변호를 『요집』 당시 이미 성립했을 것으로 가정하고 있는 '현장-규기'의 '자은학파'에 대한 직접적 비판으로 읽으려 하며, (2) 규기 『술기』 자체가 이미 강력한 원측 비판을 포함하고 있으며 그것에 대항한 '사설의 변호와 규기 비판**만이**' 도증 『요집』의 주요 임무였을 것이라 생각하는 하다니의 선입견을 발견할 수 있다. 넷째는 규기-혜소-지주의 '중원'의 법상종 정통파 '자은학파'는 이설에 적대적인 반면 원측과 이른바 '신라계' '서명학파'는 이설과의 조화적 정신을 추구하는 온건한 해석학적 경향을 가지고 있었을 것이라는, 모종의 민족성의 차이를 염두에 둔 듯한 양분법이다. 앞서 하다니가 사승 관계나 학설의 긍정적 계승이라는 기준을 무시하고 태현을 서명학파로 분류하는 무리를 감행한 것은 이러한 전제 때문인 것으로 보인다.

필자는 '서명학파'라는 개념의 구축자들의 이러한 인식은 일본 불교의 종파주의 전통과 모종의 관련성을 지니고 있는 것이 아닐까 생각한다. 20세기 중국의 불교사학자 탕융퉁(湯用彤, 탕용동)은 중국 불교의 '종(宗)'이라는 개념이 크게 보아 '종지

111) 위의 글, 265.

(宗旨), 종의(宗義)' 와 '교파' 로 나누어 사용되며 전자는 '어떤 사람이 주장하는 학설, 어떤 경론(經論)의 이론 체계' 를 의미하는 데 반해, 후자는 '창시자, 전수(傳授), 신도(信徒), 교의(教義), 내부 규율이 있는 종교집단' 을 의미한다고 지적하였다.[112] 또 이어지는 논의에서 그는 교파로서의 '종' 의 실례로 수당(隋唐)의 천태종(天台宗), 선종(禪宗), 삼계교(三階教), 후대의 백련교(白蓮教) 등을 들고 있으며,[113] 그 이전 단계의 '종' 에 대해서는 어떤 특정 사상가나 경론을 '종지' 로 하는 '학파' 로 파악하면서 '학파' 에서 '교파' 로의 이행의 주요 징후로 타 학파에 대한 비판 의식의 형성과 자신들만이 불설(佛說)을 올바르게 전하고 있다는 도통(道統) 의식을 들고 있다.[114] 만약 탕용통의 가설을 받아들인다면, 원측이 최종 권위로서 거론하는 '호법종(護法宗)' 이나 규기가 8종 교판에서 최고의 가르침으로 거론하는 '응리원실종(應理圓實宗)'[115] 은 '종지' 또는 그 종지를 따르는 '학파' 를 의미하며, 그들이 활약했던 7세기 현장과 그 문하는 앞서 규기와 도증, 도증과 혜소 간의 이루어졌던 것과 같은 자유로운 상호 비판과 긍정이 존재했던 '학파' 단계에 있었다고 이해하는 것이 자연스러울 것이다. 따라서 하다니와 후카우라처럼 '자은학파' 와 '서명학파' 의 대립 구도하에 규기와 원측을 대립적으로 인식하고, 원측이나 신라계 유식사상가들을 호법과 현장을 경전 해석의 권위로 존중하는 '법상종' 이라는 '학파' 내의 상이한 개별 사상가로 해석하려고 하기보다는, 연구자 스스로 규범적이라 생각하는 규기계 유식 사상에서 그들이 얼마만큼 멀어졌는가에 초점을 맞추려는 경향은 '자은종' 또는 '법상종' 의 창시자로서 현장을 두고 규기-혜소-지주의 의발 전수의 계보를 확정지은 훗날 일본 법상종의 '교파' 관념을 '학파' 시대에까지 소급해서 적용한 결과로 보인다.

---

112) 湯用彤 2000b. 372.

113) 湯用彤 2000c. 383-384.

114) 위의 글, 398-399.

115) 窺基, 『大乘百法明門論解』 권상, T44 46c14-27: 若究所宗, 總一代聖教淺深爲次, 分而爲八. 一我法俱有宗, 此宗攝二十部五部之義, 謂犢子部, 法上部, 賢胄部, 正量部, 密林山部, 或亦取經部, 根本一分之義. 二法有我無宗, 攝三部全, 謂一切有部, 雪山部, 多聞部, 更兼化地部, 末計一分之義. 三法無去來宗, 攝七全部, 謂大衆部, 雞胤部, 制多山部, 西山住部, 北山住部, 法藏部, 飮光部, 兼取化地部, 根本一分之義. 四現通假實宗, 攝說假部, 全末經部一分之義. 此上四宗唯爲小乘. 五俗妄眞實宗, 卽說出世部. 六諸法但名宗, 卽一說部. 此二通於大小乘. 七勝義俱空宗. 八應理圓實宗. 後二唯大.

3. '서명학파'라는 창의 한국적 수용
: '한국불교 사상가' 원측의 재발견

1) 민족주의 배경하의 원측 재평가와 찬양

해방 이후 한국에서 가장 먼저 원측을 재발견한 이로 조명기를 들 수 있다. 그의 연구에는 방어적 민족주의 정서가 짙게 배어 있어 원측을 '유식(唯識)에 있어 제일인자(第一人者)'로서 뛰어난 재능을 지닌 인물로 신성화하면서 동시에 그 재능과 현장에 대한 비판으로 인해 이국인 동료에게 질시와 핍박을 받은 인물로 형상화하고 있다.[116)]

1960년대에 이루어진 박종홍의 원측 연구는 민족적 울분과 함께 민족적 자존에 대한 자각으로 발전하고 있다. 그는 원측의 전기를 간략히 소개한 후 다음과 같이 자신의 속마음을 드러내고 있다.

> 더구나 그 후 현장(玄奘)과 규기(窺基)의 사상을 전승한 자은학파(慈恩學派)의 후계자들이 우리 원측(圓測)의 날로 높아가는 명성을 시기하였음인지 또는 원측의 이론을 지지 전개한 신라 출신들의 저술에 위압을 느꼈음인지 여하간 정상적인 대우라고 하기 힘든 일탈(逸脫)이 있었다고 생각되기 때문이요 그것은 다시금 우리의 철학사에까지 반영되어 우리 스스로 우리 자신의 참된 모습을 제대로 전하여 오지 못한 느낌이 없지 않기 때문이다.[117)]

박종홍은 방어적 민족주의 정서와 함께 원측을 통해 한국인의 자기 비하의 역사에 대한 반성과 민족 자존의 자각을 보여주고 있다. 그리고 이러한 자각은 원측 교학

---

116) 趙明基 1962. 158-159.

117) 朴鍾鴻 1972. 59-60. 비슷한 자각이 다른 곳(같은 글, 65-67)에서도 되풀이되고 있다: "이로 미루어 볼 때 유식에 관한 원측이나 도증(道證)의 저술이 전하지 않는 것도 이들의 흉계에 의하여 유포가 금지되었던 탓이라고 봄도 무리가 아니다. 그러나 우리는 남들의 과오를 탓하기 전에 우리 자신이 왜 우리 조상의 저술들을 아끼며 전하지 못하였던가부터가 자책을 면할 길이 없을 것이다. 그저 우리의 것이라면 무작정 무시하기가 일쑤요 남의 것이라야만 의의를 느낄 만큼 유치하여진 그 습성이 부끄럽다."

에 대한 다음과 같은 찬사로 이어진다.

> 원측의 근본적인 연구 태도는 대승(大乘) 불교의 오의(奧義) 진수를 천명함에 있었고 구태여 한 종파의 이(異)를 세우며 변호하는 데 있지 않았다. 그러기에 그 자신 유종(有宗)에 속한다고 할 유식철학(唯識哲學)을 주로 하면서도 반야(般若)의 공종(空宗)을 또한 두둔하여 반야심경소(般若心經疏)와 반야심경찬(般若心經贊)을 찬술한 것이다.118)

위는 앞선 하다니의 원측 평가에서 더 나아간 것이라 할 수 있는데, 그는 원측을 유식종 안의 조화 정신의 추구자를 넘어 제 종파를 뛰어넘는 대승불교 사상가로서 한층 더 높이 평가하려는 경향을 내비치고 있다. 이어서 원측 교학의 여러 특징들을 소개한 뒤 "유식철학(唯識哲學)에 있어서 자은종파(慈恩宗派)가 그 사상을 대표하는 것으로 되어 왔으나 여기에 이르러 우리 원측(圓測)의 위대하였음을 생각한다면 적어도 자은종(慈恩宗)에 못지않은 서명계(西明系)의 사상적 의의가 더욱 천명되어야 할 것이라고 생각한다"119)고 결론짓는다.

고익진은 원측과 규기의 차이점에만 초점을 맞추지 않고 원측의 삼성설이 규기와 마찬가지로 호법종의 전통에 서 있다는 점도 강조하고 있다.120) 하지만 그 역시 여전히 하다니 이래로 전승되어온 '서명학파'라는 틀 아래에서 원측 교학의 규기와의 차별성에 주목하면서 원측 유식 사상의 기본 방향에 대해 다음과 같이 말한다.

> 이 호법계(護法系) 유식(唯識)은 중관(中觀)사상과 더욱 날카롭게 대립하고, 원측(圓測)은 이것을 깊이 의식(意識)하고 있다. 이런 상황에서 그가 택할 유식학(唯識學)의 방향은 어떤 것일까? 우리는 두 가지 가능성을 생각할 수 있다. 하나는 대립을 화합(和合)하려는 방향이요, 다른 하나는 호법계 유식에 집착하여 그 우위성(優位性)을 더욱 강조하려는 방향이다. 이런 두 가지 가능성 속에서 원측이 택한 것은 전자였던 것으로 생각된다. ... 이 점은 호법계 유식에 입각하여 법상종(法相宗)을 세운 규기(窺基)와

118) 위의 글, 69.
119) 위의 글, 82.
120) 高翊晋 1989. 148.

의 비교를 통해 더욱 선명하게 부각된다.[121]

위의 인식 역시 이파에 배타적인 '호법계'의 '자은학파' 사상가 규기와 이파와의 조화를 추구하는 '서명학파' 사상가 원측의 대립 구도를 계승하고 있다. 나아가 고익진은 원측의 중관과 유식 사상을 화합시키려는 방향성에 대해 '화쟁(和諍)적' 성격을 띠고 있다고 지적하고 있다.[122] 마지막으로 그 역시 '자은학파'에 대립되는 '서명학파'의 틀 속에서 원측을 이해하고 있음을 확인하고, 나아가 매우 과감하게 그것이 통일신라 유식학의 '주류'였음을 덧붙이고 있다.[123]

이제 '자은학파(=慈恩宗)'에 대립하는 '서명학파(=西明系)'라는 개념은 '이파'라는 부정적 꼬리표를 떼고 '민족적 자존심'이라는 거울을 통해 '한국의 유식학파'라는 긍정적 맥락에서 재평가되면서 당당하게 부각되기 시작한다. 이러한 경향은 정영근의 '한국유식' 정체성 찾기에서 절정에 달한다. 그는 신라 유식의 세 가지 흐름으로 1)현장-규기-혜소-지주로 이어지는 중국 법상종의 흐름 속에서 활동했거나 이를 계승하고 있는 경우인 신방(神昉)과 순경(順璟 또는 順憬), 2)원측과 그의 학설을 계승하고 있는 서명유식 계열의 도증, 승장, 둔륜, 3)나름대로의 독자적인 관점에서 유식학을 이해하고 있는 경우인 원효(元曉), 경흥(憬興), 태현을 들고 있다.[124] 이어서 한국 유식의 전형적 사유 방식의 실례로 원측, 원효, 태현이 모두 유식을 절대시하지 않고 "유식에 대한 반(反)명제로서의 공관(空觀)을 이해"하고 있으며 "이러한 관점은 모든 불교의 가르침을 그 자체로서 절대적 진리로 보는 것이 아니라, 중생을 부처가 되게 하는 하나의 방편이라고 보는 사고방식"[125]임을 강조한다. 이어서

121) 위의 글, 152-153.

122) 위의 글, 161-162: "원측(圓測)은 유식가(唯識家)임에 틀림없지만 유식(唯識)사상에 무조건 국집(局執)하는 태도는 아니다. 중관(中觀)과 유식을 폭넓게 수용하여 정확한 이해에 힘쓰고, 그를 통해 사상적 대립을 지양(止揚)코자 하는 것이다. … 현존 문헌에서 살펴본 상기 몇 가지 점만 갖고도 그의 유식학(唯識學)이 '유(有)·무(無) 대립을 극복하려는 화쟁적(和諍的) 성격(性格)'을 띠고 있다는 것은 충분히 짐작된다고 할 것이다."

123) 위의 글, 165.

124) 정영근 2004. 267-268.

125) 위의 글, 278-279.

이러한 사고방식에 기반한 한국 유식의 특징으로 '특정 종파'에 얽매임이 거의 없는 '무종파성'을 들면서 신라의 유식사상가들에 대해 "일반 유식가들이 『해심밀경』의 삼시교판을 절대시하고 그것에 의거하여 유식사상이 최상의 진실한 가르침임을 증명하고 있는 것과는 대조적으로, 삼시교판을 ... 중생을 불도로 인도하기 위한 방편이었다고 해설한다. 이처럼 교판에 절대적 의미를 부여하는 것을 거부함으로써 모든 경론을 열린 시각으로 대하고자" 하였음을 지적하고 있다.126)

2) 한국 계승자들의 해석학적 경향: 한국불교 정체성 찾기

이상 대표적인 한국 연구자들의 연구 경향은 확인한 대로 민족주의 배경 아래에서 하다니가 발견한 '자은학파' 규기와 대립했던 '서명학파' 원측을 위대한 민족의 불교 사상가로 재발견하고 찬양하는 데 초점이 맞춰져 있었다. 종파주의적 선입견을 가진 일본 연구자들에게 정계에 대한 이파라는 다소 부정적 인식이 전제되었던 '서명학파'라는 개념은 배타적인 '중국 유식학파' '자은파'에 대적할 만한 뚜렷한 흐름을 가지고, 종파의 차이를 극복하려는 열린 '한국 유식학파'로 재평가되고 원측은 단순한 유식사상가가 아니라 위대한 대승사상가로 찬양되기에 이르렀다.

민족주의적 색채가 더해진 한국 연구자들의 '서명학파'라는 창의 이면에는 중국불교에 대해 한국불교의 독자성을 찾으려는 한국인들의 집단 무의식이 자리 잡고 있는 듯하다. 이 점은 앞서 신라 유식의 세 가지 흐름을 소개한 후 정영근이 내리는 다음 평가에서 잘 드러난다.

> 이상에서 볼 때 <u>신라의 유식학은 중국유식의 답습이나 아류로 취급할 수 없을 뿐만 아니라</u>, 중국의 유식학을 충분히 이해하고 소화한 바탕 위에서 이에 대한 비판적 사유를 통해 진일보한 사유체계를 확립하고 있었음을 알 수 있다.127)

이처럼 원측을 법상종 내의 유식사상가로 한정해서 보려 하기보다는 중국불교

126) 위의 글, 283-284.
127) 위의 글, 269.

와 구별되는 한국불교의 큰 흐름 속에서 이해하려는 경향은 원효를 이른바 '통(通)불교'나 '전(全)불교'의 틀 속에서 읽으려고 하는 경향에 어느 정도 영향을 받은 것으로 보인다. 잘 알려진 대로, 1930년 최남선은 식민지 상황에서 중국 및 일본불교와 구별되는 한국불교의 정체성을 모색하면서 인도(와 서역)불교를 서론적 불교(뿌리와 줄기), 중국불교를 각론적 불교(꽃), 한국불교를 최후의 결론적 불교로 이해하고 그 완성자로 원효를 지목하면서 다음과 같이 말한다.

> 효성(曉聖)을 불교의 완성자라고 함에는 그 이행과 보급에 대한 공적 이외에, 더 한층 위대한 가치 창조가 있음을 알지 않으면 안 된다. 그것은 효성의 불교가 불교적 구제의 실현인 일면에, 다시 통(通)불교, 전(全)불교, 종합, 통일 불교를 실현한 사실을 간과해서는 안 된다. –분열에서 통일로, 파벌에서 화회로, 속성분화의 절정에 달한 당시의 불교는 새로이 하나의 생명체로의 조직과 강력한 표현을 요구하였다. - 원효의 불교사에 대한 자각은 요컨대, 통불교, 전불교의 실현이니, 이 거룩한 포부를 담은 것이 『십문화쟁론』 2권이었다."[128]

위의 '통불교론'은 식민지사관에 의거하여 한국불교를 철저하게 폄하하여 중국불교의 종속적인 측면으로 보고, 한국불교는 일본불교와 같이 중국불교를 모태로 하였지만 일본불교, 특히 가마쿠라 불교와 같이 민족에 의해 소화되어 재창조된 독특한 색채를 가진 종교가 되지 못하고, 항상 '중국불교에 의존하고 그 복사의 경지를 벗어나지 못하였다'고 평가하는 에다 토시오(江田俊雄) 류의 한국불교 인식에 대한 대응 논리로 등장한 것이다.[129] 앞서 고익진이 원측에 대해 '화쟁'[130]이라는 표

128) 최남선 1930. 「朝鮮佛教 -그 東方文化史上에서의 地位-」, 『불교』 제74호; 권오민(윤문) 2014. 121에서 재인용.

129) 최병헌 2013. 54, 73.

130) 필자도 원측 연구에서 '화쟁'이라는 말을 사용하는데, 다만 그 경우 '실제적 논쟁의 화해'라는 좁은 의미로만 사용하고 있다. 예를 들어 '일승'의 의미(='종성')를 둘러싼 '삼승가'와 '일승가' 간의 논쟁(『解深密經疏』 권5, 「無自性相品」 ZZ21 268c20; WX34 776b13-14: 然此一乘, 聖教甚多, 譯者非一, 意趣深遠, 是故新·舊競興諍論.)이나 호법과 청변의 역사적인 '공-유 논쟁'(『般若心經贊』 T33 544a17-24: 親光釋曰, "千年已前, 佛法一味, 過千年後, 空有乖諍.")에 대해 원측이 화해를 시도할 경우에만 사용하고 있다. 기타 문제에 대한 원측의 해석 방식이나 원측 해석의 일반적 경향에 대해 '화쟁'이라는 말을 사용하지는 않는다.

현을 사용하고 정영근이 한국 유식의 특성을 논하면서 원측과 '원효'를 함께 논한 것은 최남선 이래로 지속된 한국불교 본질 찾기의 일환으로 원측이 재조명되고 찬양되는 분위기를 반영하고 있는 것으로 보인다.

4. '서명학파'는 사상사적으로 정당화될 수 있는가?

필자는 이제 본격적으로 많은 연구자들에게 오랫동안 원측을 보는 창이었으며, 종파주의의 그림자가 드리워져 있고 또 한국 연구자들에 의해 민족주의적 색채까지 더해진 '서명학파'라는 개념이 과연 역사적 진실을 투명하게 비추는 '크고 밝은 지혜의 거울[大圓鏡智]'이 될 수 있는지 따져보려 한다.

앞서 일본과 한국의 연구자들이 대체적으로 공유하고 있는 '서명학파'를 구성하는 해석학적 전제들을 하나씩 상기해 보자. 첫째는 '현장과 규기 학설의 완전한 동일시'인데 이는 현장이 마치 선가의 의발 전수처럼, 규기에게만 가르침을 전했다는 매우 단순한 발상이다. 하지만 앞서 언급했듯이 현장은 역장에서의 공개 강의와 질의응답을 통해서도 자신의 학설을 전파했으며 『성유식론』 이전에 번역된 수많은 경론의 경우 가장 가까이에서 현장의 강의를 들은 이는 규기가 아니었다는 점[131]을 상기할 필요가 있다. 이런 상황 때문에 규기를 제외한 현장 문하의 기타 주석가들도 현장의 말을 자기 해석의 권위로서 인용하였던 것이다. 현장의 저작이 사실상 전하지 않는 지금 그 누구도 규기의 학설만을 현장의 그것과 동일시할 수는 없을 것이다.

둘째는 '현장·호법과 원측에 대한 대립적 인식'인데, 원측 저작에 대한 개인적 독서 경험에 비추어 볼 때 이 전제도 지탱되기 어렵다. 예를 들어 『해심밀경소』 곳곳(ZZ21 173c24, 215b24, 173c24 등)에서 원측은 '대당삼장급호법종(大唐三藏及護法宗)'이라는 표현을 사용하며 자기 해석의 최종 권위로 현장과 호법을 들고 있다. 하다니 이래의 연구자들이 '종파'를 초월하려는 원측의 조화적(또는 대승적) 정신의 상징으로 '중관과 유식의 공·유 갈등의 화해 또는 화쟁'을 회자하고 있는데, 선학들 모두 그 시도 역시 어디까지나 현장이 번역한 호법의 『대승광백론석론(大乘廣百

131) 연대별 역경 목록과 주요 역할에 대해서는 남무희 2009. 94-95, '표1-2-①' 참조.

論釋論)』(이하 『광백론』으로 약칭)을 경증(經證)으로 하여 이루어지고 있다는 점[132]을 간과하고 있다. 또 이 가설을 세웠던 하다니 자신도 실상 다른 곳에서는 원측의 주석이 현장의 학설을 전파하는 데 공헌한 점도 인정해야 한다고 지나가듯 말하고 있는데,[133] 이는 원측이 자신과 대립적이었던 사상가의 학설을 적극적으로 전파했음을 인정한다는 점에서 자기 모순적이라고까지 볼 수 있다.

셋째는 규기와 원측, 규기와 도증이 학설상 '근본적으로' 대립했다는 인식인데, 이는 하다니가 『성유식론』 해석에 있어 『측소』 및 『요집』의 『술기』와의 이견을 조금도 용납하지 않으려는 『료의등』의 과격한 언설에 지나치게 의존해서 삼자의 관계를 이해하려는 데서 생겨난 듯하다. 필자의 과문인지 모르겠지만, 『술기』나 『측소』가 상대방을 직접 지명하며 비판을 했다는 보고를 들은 적이 없으며, 앞선 『성유식론』 조술 동기와 관련된 규기와의 이견에 대한 도증의 원측 변호는 '거기(=『술기』)에는 [『측소』와 달리 조술 동기의] 해석자(=안혜, 난타, 호법) [뒤에] 모두 '等'이 붙어 있지만('각주98'), 그 의미에 있어 [『측소』와] 모순되지 않는다[然彼有說皆有'等'言, 意或不違.]'로 해석하여 양자의 이설을 회통하기 위한 시도로도 읽을 수 있다. 또 하다니는 '사설의 변호와 규기 비판**만이**' 도증 『요집』의 주요 임무였을 것이라 전제하고 있는 듯한데, 이것은 혜소의 제자 선주 『증명기』가 인용하는 「요집서(要集序)」의 다음과 같은 규기 평가와 정면으로 배치된다.

자료8

『要集』六卷總寄六家語, 共演一部之文, 一者**'有說'(基法師也)**, 二者'有釋'(測法師也), 三者'有抄'(光法師也), 四者'有解'(觀法師也), 五者'有云'(範法師), 六者'未詳決'(寂法師也). 「**集序**」云, "然以慈教當時盛行, 發迹開『章』形言有六, 通途取則, 不逾于二. **且如慈恩良匠石鼓鳴山, 即以'有說'標其稱也**, 西明大師雷震啓蟄, 故以'有釋'著其名也. 若京地法匠, 光也, 阿曲宗師, 觀也, 往往得其環中, 時時擧其精義, 更有山東之範, 以鉤索得度, 汾陽之寂, 由穿〈空〉[134]鑒見知, 皆捨〈拾〉[135]其所長, 貴其所知. … "[136]

---

132) 제2부 제3장 '자료55', '자료56' 참조.

133) 羽溪了諦, 앞의 글, 1916c. 79.

134) '寂'과의 문학적 연상 작용을 고려할 때 대정신수대장경(大正新修大藏經) 교감기에서 언급한

[도증의] 『요집』(=『성유식론요집』)은 모두 여섯 주석가들에 의거하여 한 부(部)의 글을 엮었는데, 첫째는 **'유세(有說)'이며(규기 법사를 말함)**, 둘째는 '유석(有釋)'이며(원측 법사를 말함), 셋째는 '유초(有抄)'이며(보광寶光 법사를 말함), 넷째는 '유해(有解)'이며(혜관慧觀137) 법사를 말함), 다섯째는 '유운(有云)'이며 (현범玄範 법사를 말함), 여섯째는 '미상결(未詳決)'(의적義寂 법사를 말함)이다. [그래서] 『요집』의 서문에서 "그리하여(?) 자씨(慈氏=미륵彌勒)의 가르침이 당시 크게 유행하여 [성현이 남긴] 자취를 알리기 위해 주석[章]을 지어 분명하게 말한 이가 여섯 있었다. [그중] [자씨의 가르침의] 길로 나아감에 기준을 취하고자 한다면 [규기와 원측] 둘을 넘어서는 이는 없다. **우선 훌륭한 장인 자은은 [그 주석이] 돌 북으로 산을 울리는 듯하니 그런즉 '유세'라 그 이름을 명시하고,** 큰 스승 서명은 [그 주석이] 번개와 천둥으로 개구리를 깨우는 듯하니 '유석'이라 그 이름을 명시한 것이다. … 분양(汾陽) 지역의 의적은 텅 빈 거울과 같은 지혜를 통해 꿰뚫어 보았으니 … " 라고 말한 것이다.

위에서 도증은 『성유식론』 주석가 6인[六家]을 나열하면서 원측에 앞서 규기를 가장 먼저 손꼽고 있으며 양자의 주석이 지닌 특징에 대해 모두 찬사를 보내고 있다. 이를 통해 우리는 도증이 비록 부분적으로 규기설을 비판하고는 있지만, 전체적으로 보았을 때 적어도 『성유식론』 해석의 권위로 원측과 더불어 규기를 매우 존중했음을 알 수 있을 것이다. 이 가설이 맞는다면 '자은학파'에 대립되는 학파로서 상정된 '서명학파'의 일원인 도증이 스스로 자신의 스승 원측과 대척점에 있다고 생각하는 규기를 스승과 똑같이 존중하고 있었다고 볼 수밖에 없는데, 그 경우 그의 '서명학파'로서의 정체성은 도대체 어디에서 찾을 수 있단 말인가? 물론 태현138) 및 둔륜139)의 '서명학파' 배속 역시 똑같은 논리에서 정당화되기 어려울 것이다. 덧붙이

용곡대학(龍谷大學) 소장 사본에 따라 '穿'을 '空'으로 교정하는 것이 보다 자연스러워 보인다.

135) 문맥상 대정신수대장경 교감기에서 언급한 용곡대학 소장 사본에 따라 '捨'을 '拾'으로 교정하는 것이 보다 자연스러워 보인다.

136) 善珠, 『成唯識論了義燈增明記』 권1, T65 342a22 이하.

137) 기존 연구를 따라 '光'을 '普光'으로, '觀'을 '慧觀'으로, '範'을 '玄範'으로, '寂'을 '義寂'으로 상정하였다(김상현 1993. 74-101; 최연식 2003. 33-66).

138) 방인에 의하면 『학기』에 인용되는 사상가의 경우 규기가 565회로 가장 많으며 다음으로 원측이 439회, 도증이 146회이다(方仁 1995. 17).

자면, 이런 관점에서 '원측→도증→태현'의 사승 관계를 전하는 기록(1333년 찬술된[140] 조원(照遠, 1223-1311)의 『범망경고적기술적초(梵網經古迹記述迹抄)』), 즉 "태현에 대해 어떤 이들은 '현장의 3천 문도 중 72인의 뛰어난 자가 있었는데 그 일원인 <u>원측법사의 제자 도증의 제자가 바로 태현이다</u>'라고 말한다(太賢者, 有人云, "<u>玄奘</u>三千門徒, 七十人達者, 隨<u>一圓測法師門弟道證之弟子, 今太賢也</u>.")"[141]는 전승은 사실을 기록한 것이라기보다는 사마천(司馬遷) 『사기(史記)』「공자세가(孔子世家)」의 서술을 모방하여 태현 『범망경술기』 해석의 원천을 현장에게까지 소급함으로써 그 권위를 높이려는 의도에서 후대에 만들어진 계보로 보는 것이 타당할 것이다. 설령 이 계보가 사실이라 하더라도 하다니가 상정하는 '서명학파'적 의미의 사승 관계, 즉 학설의 배타적 전승을 담보하는 관계로 볼 수는 없을 것이다.[142]

넷째는 태현의 '서명학파' 귀속에서 슬쩍 내비치는, 규기-혜소-지주의 '중원의' 법상종 정통파 '자은학파'는 이설에 적대적인 반면 원측과 이른바 '신라계' '서명학파'는 이설과의 조화적 정신을 추구하는 온건한 해석학적 경향을 가지고 있었을 것이라는, 모종의 민족성의 차이를 염두에 둔 듯한 양분법인데, 이것은 비규기계 법상종 사상가들[143] 중에 우연히 신라 출신이 많은 점을 확대 해석한 일반화의 오류라

---

139) 에다 토시오의 조사에 따르면 『유가론기』에 인용된 불교 사상가 중 실명으로 인용되는 저작의 경우 규기가 최다이다(江田俊雄 1977. 198).

140) 남무희, 앞의 글, 215, 각주22 참조.

141) 照遠 撰, 『梵網經古迹記述迹抄』 권1(상)(『大日本大藏經』 권20, 「大乘律章疏」 제3, 233上). 비슷한 것으로 宗覺 正直 編輯, 『菩薩戒本宗要纂註』 권상(『大日本大藏經』 권21, 「大乘律章之餘」 2의 다음 기록을 들 수 있다: 太賢法師『義記』「序」: 太賢者, 要主之名, 諸僧史之中未見載傳記, 以故不識姓氏如何. 本朝高德相傳曰, "玄奘三藏有三千徒, 學通玄關七十餘人, 其隨一有西明圓測, <u>測之徒有道證法師</u>, <u>太賢也者, 證之古弟</u>."(두 텍스트 모두 金煐泰 1980. 195에서 재인용)

142) 방인 역시 '원측→도증→태현'의 전승론을 수립하려는 신현숙의 입장에 비판적 태도를 취하면서 다음과 같이 의미 있는 지적을 하고 있다: "그러나 태현이 도증(道證)으로부터 직접 수학(受學)하였다고 하더라도 그것이 곧 태현을 서명학파(西明學派)로 간주할 수 있는 필요충분조건은 되지 못한다. 그것은 <u>인적(人的) 계보(系譜)가 학적(學的) 계보와 동일시될 수는 없기 때문이다</u>. 태현은 도증이나 원측(圓測), 혹은 규기(窺基) 등 누구의 견해이든지를 막론하고 자신의 주체적인 판단(判斷)에 따라 찬성(贊成), 또는 반대(反對)하고 있다."(方仁, 앞의 글, 1995. 25)

143) 여기서 필자가 사용하는 '비규기계'는 결코 '규기계'의 "주류"에 대해 "비주류"를 의미하는 것이 아님을 밝혀둔다. '규기→혜소→지주'의 계보가 "사설만의 배타적 전승"을 특징으로 한다는 점에서 '규기계'로 묶을 수 있는 반면, 원측을 비롯한 기타 현장의 영향 아래에 있었던 유식사상

볼 수 있을 것이다. 비규기계 사상가들이 모두 신라인은 아니었으며, 또 설령 대승불교 방편 사상이 초학파적 보편성으로 해석될 여지가 있다고 인정하더라도, '이설과의 조화'가 곧 어떠한 특정 사상가의 해석학적 권위도 고집하지 않는 '무학파성'을 의미하는 것은 아닐 것이다. 앞서 고익진이 강조했듯이 원측도 호법-현장의 입장에서 삼성설에 관한 진제 해석의 오류를 직설적으로 지적하고 있으며, 때로 호법의 비공비유(非空非有)의 중도(中道)의 관점에 서서 청변을 공집(空執)에 빠진 사상가로 비판하며,[144] 비록 많은 경우 자기 판단을 유보하긴 하지만 때로 이설들 중 특정한 해석이 '정설[正義]'이라든지 '더 뛰어나다[勝]'든지 판단을 내려 자신의 입장을 분명하게 제시한다. 원측은 분명 현장을 따라 호법의 해석을 핵심 입장으로 삼는 '호법학파[護法宗]'의 사상가로 자임하고 있다.

이상의 검증을 통해 우리는 '서명학파'라는 거울이 진실[實相]을 온전히 비추는 '크고 밝은 지혜의 거울'이 될 수 없음을 알 수 있을 것이다.

5. '서명학파'라는 거울이 비추지 못한 풍경들

앞서 살펴본 대로 하다니와 후카우라의 호법·현장과의 해석학적 거리를 전제로 하는 '이파' 원측이든 한국 연구자들의 현장·규기에 대적하는 '한국 유식사상가' 원측이든 대부분 '서명학파'라는 창에 비친 원측만을 보려는 경향이 강했다. 이제 그 창으로 들어오지 못한 원측과 신라 유식사상가들의 모습들은 어떤 것이 있을지 가볍게 떠올려 보려 한다.

첫째는 법상종 사상가 또는 신유식(新唯識) 사상가 원측이다. 먼저 필자를 포함한 최근의 일부 연구[145]는 원측이 큰 틀에서 진제의 이른바 '구유식(舊唯識)'과 단절하고 현장의 이른바 '신유식'을 수용하고 있다는 점을 조명하고 있으며 같은 맥락에

가들은 그렇지 않았기 때문에 임의적으로 '비규기계'라고 명명했을 뿐이다. 더불어 필자가 여기서 사용하는 '법상종' 역시 '현장의 영향 아래에 있었던 동아시아 유식사상가 그룹 일반 또는 그들의 유식사상'을 지칭함을 밝혀둔다.

144) '자료53', '자료55', '자료56' 참조.

145) 橘川智昭, 앞의 글 1999. 95-117(기츠카와 토모아키 2001a. 169-207); 吉村 誠 2013.

서 규기와의 공통성도 지적하고 있다[146].

둘째는 법상종 내의 일군의 '비규기계' 사상가들과 그 일원으로서의 원측이다. 잘 알려진 대로 현장 문하에는 일군의 '비규기계' 사상가들이 존재하였다. 일본 천태종 승려 안연(安然, 841?-915?)이 지은 『교시쟁론(教示諍論)』은 현장 문하에 '규기-혜소-지주'의 규기계[新]와 그들과 다르게 현장의 학설[三藏之旨]을 이해하고 있었던 의적, 현륭(玄隆), 원홍(圓弘), 신방, 태현, 영윤(靈潤), 법보(法寶) 등의 전통적인 사상가 그룹[舊] 간에 갈등이 있었음을 전하고 있다.[147] 그중 본래 섭론사(攝論師)였지만 훗날 현장의 역장에 참여했던 영윤과 법보가 불성론에 있어 규기-혜소 계열과 다른 입장을 견지하고 있었다는 점[148]은 잘 알려져 있으며, 현륭 안에도 구유식적 요소가 있음이 이미 지적되었다.[149] 원홍 역시 진제 역 『유식론(唯識論)』(현장 역 『유식이십론(唯識二十論)』의 이역) 및 『섭대승론(攝大乘論)』을 인용하고 있음이 확인되었다.[150] 또 의적의 경우 『법화경』을 방편설로 한정하려는 규기 해석을 비판했음이 이미 확인되었고,[151] 그가 때로 진제의 설을 경증으로 사용하고 있다는 점도 이미

---

146) 조윤호는 원측 '교체론(教體論)'을 고찰해 본 결과 "논지 전개에 중심을 이루는 경론이 대동소이하기 때문에 두 사람의 사상적 기반은 상당 부분 일치하며 이것은 현장을 중심으로 형성된 당시 불교계에 공유되고 있던 것으로 추측된다"는 결론을 도출하고 있다(조윤호 2010. 188).

147) 安然, 『教示諍論』 T75 365c2-16: 大唐貞觀, 玄奘法師往天竺國詣正法藏, 一十七年在彼學習, 一十六年於此飜譯, 門人三千, 入室四人, 玄奘相逢十師檀越, 玄感居士得百卷, 釋基糅百卷折得十卷, 十支大『論』以爲扶疎, 基子惠紹, 紹子智周, 相傳其門, 光揚其道. **三藏門人義寂**法師, 作『義林章』一十二卷, 以破基師『法苑林章』. 遁倫法師作『瑜伽疏』, 所立義理多違基義. 玄隆 · 圓弘 · 補〈神〉昉 · 秦〈泰/太〉賢並作『章』 · 『疏』, 共稱**稟受三藏之旨**, 而多違背基師之義. 靈潤法師作『章』, 略出新譯『經』 · 『論』與舊『經』 · 『論』相違義理一十四門. 補〈神〉秦〈泰〉法師作『章』, 對破靈潤之『章』. 寶法師作『佛性論』, 破新宗義, 崇後法師, 亦作決擇多破周釋. 然而學『唯識』者, 多依基師破之, 諸師以爲舊義, 新 · 舊之諍從此而起.

148) 제2부 제2장과 '보론2' 참조.

149) 김성철 2014. 251-292.

150) 김천학 2014. 192-193, 195-196.

151) 最澄, 『守護國界章』 권하(하), 「彈謗法者謗法華詞章」 T74 240b16-c22: 又法相宗沙門義寂云, "問. 『法華』 · 『勝鬘』皆說一乘, 二『經』所說有何差別? 答. **章主**云, "(1)『法華』多爲引攝不定, 顯一爲眞實, 說二爲方便; 『勝鬘』理周遍備諸機, 辨四爲眞實, 明一爲方便. 故云, '若如來隨彼意欲而方便說, 唯有一乘, 無有二乘.' 此文意顯說一乘者隨他意語, 彼宜聞故, 是方便說, 非爲眞實. 定性二乘及無性乘不成佛故. (2)又『法華』一乘, 唯依攝入 · 體用狹故, 是方便說; 『勝鬘』一乘, 出生 · 攝入二皆周備, 故是眞實. (3)又『法華』一乘, 唯依有性爲依, 故是方便; 『勝鬘』一乘, 亦談無性爲依, 故是眞實.

확인되었으며,[152] ‘『반야경』도 ‘삼성’을 설하고 있기 때문에 ‘료의’로도 볼 수 있다’고 말한 원측의 입장과 유사한 교판론을 견지하고 있었음도 새롭게 확인되었다.[153]

---

(4)又『法華』唯談不定性; 『勝鬘』亦說決定種性. 隨所化機, 可宜聞故. (5)又『法華』中多以智慧爲一乘體, 雖說化城, 喩二乘滅, 說大涅槃, 方爲實所, 而不分明說眞涅槃. 由二乘者所得涅槃雖非眞滅, 不如菩提彼全不得故, 以智慧爲一乘體, 令彼欣求. 『勝鬘經』中, 乃以眞理爲一乘體, 攝入 · 出生二俱盡故, 雖說佛果涅槃菩提, 俱是一乘. (6)『勝鬘』了義師子吼, 法華隱密是方便說.” 問. 『勝鬘』若以四乘爲實, 何故彼說二乘涅槃名向涅槃界, 四智究竟得蘇息處, 是佛有餘不了義說? 若『法華經』不說出生, 何故『經』云‘於一佛乘分別說三’? 又『法華經』若唯說有性, 何故三草二木俱得須潤? 又若『法華經』唯說智慧, 何故『經』云, ‘諸佛兩足尊, 知法常無性, 佛種從緣起, 是故說一乘, 是法住法位, 世間相常住, 於道場知已, 導師方便說’? 又『法華論』釋「壽量品」云, ‘伽耶得道是化佛成道, 來久是報佛, 不如三界見於三界是法身, 是則具足說於三身.’ 又彼「品」中亦說涅槃無上之義. 文既如是, 由何證知, 『法華』偏說智慧, 是不了說? 今詳二『經』, 文雖廣略, 義無顯 · 密, 密則俱應是密, 顯則俱應是顯, 據何教理成此異論? 應當善尋, 勿輒爲定. [已上人語]
의적은 『법화경』과 『승만경』의 일승을 진실(=현료)과 방편(=밀의)으로 구별하는 것 자체가 옳지 않다는 것을 말함으로써(밑줄 참조) 『법화경』을 방편설로만 보려는 규기를 간접적으로 비판한다(최연식, 앞의 글, 2003, 52).

152) 박광연 2013. 115-116. ‘불퇴전’을 해설하면서 진제의 ‘삼시교판’에 대한 전승을 소개하고 있다.

153) 원측이, 아래에서 의적 역시 주목한, ‘『무성섭론』 속에 인용된 삼성을 설하는 『반야경』 구절을 경증으로 삼아 제2시 『반야경』도 료의라고 본 점’은 일찍이 여러 학자들의 주목을 끌었다. 이를 포함한 원측 교판론의 중층적 특징에 대해서는 제2부 제3장 제6절 참조.
『守護國界章』 권상(상), 「彈謗法者淺狹三時教章」 T74 137b7 이하: 彈曰: 彼『魏本』經文無‘在昔第二時中’句, 直有‘此第二轉法輪’句, 『魏本』云‘爲住大乘衆生’, 『唐本』‘唯爲發趣修大乘’者, 其新 · 古兩本都無**十六會共 · 不共般若**文, 有人師執**攝十六會般若**者, 是爲不正義. 故『義林』云, “說般若爲**第二人**言非聖教, 何固執爲無辜招殃? 『解深密』中, 雖分三教, 而不指屬部黨差別, 何得凡情輒爲妄指? 設西方有如是傳, 檢之無據, 何得爲證? (A)(1)眞諦三藏, 出自印度, 博通諸部, 善解教本, 制三法輪, 作如是言, “第一法論〈輪〉*, 佛在鹿苑, 爲五比丘說四諦法. 第二法輪, 成道**七年**, 在舍衛國**施慧江邊**, 去給孤獨三里許處, 爲諸菩薩說**諸法空 · 『般若』等『經』**. 第三法輪, 成道三十八年, 在毘舍離國鬼王法堂, 對眞藏菩薩說『解節經』等.” (2)(a)『大般若』中四處十六會都無一會在於**施慧江邊**說者, (b)又『大般若』十六分中無有在**於第七年**說. 以七年前尼衆未有, 而『般若經』會會皆有列尼衆故. 又『智度論』釋『大品經』「畢定品」文, ‘須菩提聞說『法華』, 方起畢定 · 不畢定疑.’ 故知, 『大品經』等亦在『法華』後說. 亦不可言第七年者. 據最初說, 擧初亦攝後時所說, 第五年時說『十萬頌大般若』等, 何故不擧? (c)然『般若經』部黨衆多, 非但**八部十六分**也. 闍那崛多傳說, “外國有八部『般若』, 有『大般若』, 各十萬頌.” 故知, 八部外別有『**大般若**』. 『**般若燈**』中品品多引『般若經』文, 證**諸法空**, 彼所引文, 對極勇猛菩薩而說, 非善現等, **十六分**中無有一會對彼說者, 所引『經』文亦復不同. 故知, 十六外別有**一向說空『般若經』**. (B)『**大般若經**』說**中道理**, 非一向空. **諸法相『論』**皆引『般若』文, 釋十散動分別 · 對治, 先說實有, 對治無執. 又「**辯大乘品**」中廣說六度 · 過百等持等, 乃至三無漏根 · 諸陀羅尼, 皆建立法相, 非爲遣故說. 『**辨中邊**』云, “故說一切法非空 · 非不空, 有無及有故, 是則契中道.” 『釋論』云, “是則契中道者, 謂一切法非一向空, 亦非一向不空, 如是理趣妙契中道, 亦善符順『般若』等『經』說‘一切法非空 · 非有’.” 又『**無性攝論**』處處引彼『大般若經』, **建立三性**, 對彼慈氏而說,

원측 역시 '종성' 해석에서 진제 계열의 해석을 일부 수용하고 있으며,[154] 부분적으로 진제 역 경론이나 진제의 설을 현장 역의 경론과 함께 경증으로 사용하고 있다는 점[155]에서 규기-혜소 계열과는 분명한 차이를 보인다. 진제의 영향이 남아 있는 것

所說義趣不異『深密』所說道理. 由此故知, 『般若經』中, 有說一向空, 第二法輪攝; 有說非空·有, 第三法輪攝. 如是理·教, 文雖分明, 而人多執一向說空第二教攝, 此則惡習難改, 薄媚聖言耳. *'論'은 '輪'의 오기이다.

위에서 의적은 먼저 『반야경』이 제2시의 수행자[第二人]에게만 설해졌다는 말이 붓다의 가르침[聖教]이 아니며 경전적 근거도 없다고 주장한다. 이어서 이를 뒷받침하기 위해 먼저 그 잘못된 주장의 경증으로 흔히 인용되는, 제2시 『반야경』 등의 설법은 '성도 후 7년' '시혜강변에서' '뭇 현상의 공함만을 설한 것'이라는 진제 전승을 인용한 뒤((A)(1)), 곧바로 그 전승이 『대반야경』 및 『대지도론』과 모순됨을 지적하고((A)(2)(a)-(b)), 더불어 이에 대한 보충 설명으로서 8부(部) 16분(分)의 『반야경』 외에 『반야등론』에서 '뭇 현상의 공함'을 증명하기 위해 인용되는 것처럼 오로지 공만을 설하는[一向說空] 『대반야경』 구절이 있음을 지적한다((A)(2)(c)). 비판 후 의적은 『대반야경』이 오로지 공만을 설한 것이 아니라 비공·비유의 중도를 설하고 있다고 주장하며 그 주장에 대한 일종의 경증으로서 현장 역 『대반야바라밀다경(大般若波羅蜜多經)』 「변대승품(辯大乘品)」, 법상을 설한 여러 논서들[諸法相論], 『변중변론』, **『무성섭론』 등의 『반야경』 구절 인용**의 실례 등을 든 뒤, 마지막으로 『반야경』 중에 오로지 공만을 설하는 일부 가르침은 제2법륜에 포함되고 비공·비유의 중도를 설하는 일부 가르침은 제3법륜에 포함된다고 결론 내리고 있다((B)).

cf. 이 부분에 대한 기존 해석은 위 『무성섭론』의 『반야경』 인용이 지니는 교판적 의미를 간과하고 있으며, 오히려 설법 장소를 기준으로 의적을 원측이나 현장과 구별하는 데 역점을 두고 있다(Moro 2003. 1030-1028; 최연식, 앞의 글 2003. 53-54).

154) 제2부 제2장 참조.

155) 대표적으로 호법의 선취공(善趣空)과 악취공(惡趣空)을 소개하면서 그 경증으로 현장 역 『유가사지론(瑜伽師地論)』, 『광백론』, 『현양성교론(顯揚聖教論)』 등의 구절과 함께 진제 역 『불성론(佛性論)』 구절을 인용하고 있으며('부록1'의 ZZ21 279b16 이하) 종성을 논하는 곳에서는 진제의 『구식장(九識章)』을 경증으로 인용하고 있다(장규언, 앞의 글 2013b, 127-128; '부록2' 자료 8). 원측과 규기의 차이가 미미하다거나 원측의 진제 인용은 현장 해석의 보조 역할에 불과하다고 보는 기츠카와나 요시무라와는 달리, 필자는 앞서 말한 대로 원측을 기본적으로 '현장 계열의 유식사상가'로 보면서도 '진제 사유를 계승한 측면'도 분명 존재한다는 점에서 규기와는 다르다고 본다. 그 일례로 원측이 『법화경』 구절 해석에 있어 삼승 간의 차이를 강조하는 규기의 설에 반대하고 있음을 확인하였으며, 또 규기와 달리 원측의 행성(行性) 개념은 응고 우유[酪, dadhi]와 버터[酥]의 비유에서 잘 드러나듯이 현실적 차이의 원인보다는 리성(理性)과의 근원적 동일성에 초점이 맞추어져 있다(제2부 제2장과 '보론2' 참조).

cf. 橘川智昭, 앞의 글, 1999. 117, 각주22: "원측의 위치는 현장계 교학의 가장 초기 단계에 속하며 기의 교학과 미세한 부분에서 해석의 차이는 있지만 근간에서는 대립이 거의 없으며 오히려 기의 선구가 되었다고 추정된다."

요시무라는 원측의 진제 인용에 대해 다음과 같이 해석한다(요시무라 마코토 2014. 27): "청변

으로 추측되는 일군의 비규기계 사상가들과 원측을 동시에 조명하는 일도 새로운 과제로 등장한 듯하다.

셋째는 동아시아 유식사상가 원측이다. 불교 주석가 원측은 한국인이기도 하지만 동시에 동아시아의 고승(高僧)이었다. 그의 불교 교학 학습과 저술은 모두 고대 동아시아 지식인의 유일한 공통 문어였던 한문을 통해 이루어졌으며, 그의 학설은 바로 이러한 기반 위에서 동아시아 전체로 전파될 수 있었다. 그의 저술이 당대(當代)와 그 후대까지 중원,[156] 돈황(敦煌),[157] 신라와 고려,[158] 일본[159] 등지에서 널리

과 호법, 진제와 현장을 대비하는 서술은 단순히 결론으로서의 정의(正義)만을 주장하는 것이 아니라 이의(異議)가 생겨난 경위와 이유를 밝히기 위해서 원측이 선택한 방법이 아닐까 한다. 그것은 처음에 섭론학을 배우고, 나중에 유식학파로 전향한 원측다운 서술이며, 그의 저술의 특징으로 볼 수 있다."

기무라 쿠니카즈(木村邦和)는 『해심밀경소』의 진제설 인용에 대해 다음과 같이 평가하고 있다. 우선 a) 진제학설은 원측에 의해 어느 정도 평가되고 있지만 b) 그 평가는 신역유식(新譯唯識)과 동일한 설인 경우와 신역유식 가운데 해당하는 설이 없는 경우이다. c) 따라서 신역유식과 다를 경우에는 배척된다. d) 다만 원측이 양 학설의 차이가 중요치 않다고 평가할 경우에는 차이가 그대로 인정된다. e) b), c)를 보면 원측은 진제의 학설을 신역유식의 체계를 구축하기 위한 보충설로 사용하고 있다. f) a), d)를 보면 원측이 신역으로부터 유리되어 있다고 생각된다. g) 그러나 그것은 원측이 인생의 전반생을 구역유식(舊譯唯識) 연구에 바치고 이미 그 분야에서 저명한 학승이 되어 있었을 때, 현장의 귀국으로 인해 신역유식을 배운 후 나머지 반생을 보내게 되었다는 시대적인 배경과 관련이 있을 것이다. 이 점에서 보면 구역의 학설을 많이 인용한 탓에 신역가로부터 비판을 받았다고 할 수 있다. e) 그러나 원측 자신의 의식은 신역유식을 중시하고, 그 가운데서 자신의 학문체계를 구축하려 했던 것이다(木村邦和, 1981, 「眞諦三藏の學說に對する西明寺圓測の評價 -解深密經疏の場合-」, 『印度學佛教學研究』 30-1, 373-376과 「西明寺圓測における眞諦三藏の學說に對する評價(一)」, 『長岡短期大學研究紀要』 5; 기츠카와 토모아키, 앞의 글 2001. 102-103에서 재인용). 큰 틀에서 필자도 기무라의 의견에 동의하지만 f)의 진제를 인용하거나 현장과 다름에도 그의 해석을 인정하는 경우 "신역으로부터 멀어졌다"는 해석은 앞서 말한 이유에서 동의하기 어렵다.

이상 근래의 일본 학자들은 원측이 규기와 다르게 현장을 해석했을 가능성에 큰 관심이 없거나 실제로 확인되는 해석 차이에 대해 과소평가하며, 또 그의 진제 인용이 지닌 사상사적 의의(=현장과 진제 양자 간의 비모순성 또는 연속성 인식)를 간과하는 경향이 있다. 그 이유는 아마도 그들이 "진제와 현장을 대립적으로만 인식하는" 전제하에서 또 "스스로 학설상 현장과 동일시한 규기"의 해석틀 안에서 원측을 보려는 선입견을 가졌기 때문인 듯하다. 이 점에서 그들도 하다니 이래의 "현장과 규기 학설의 완전한 동일시" 관념으로부터 여전히 자유롭지는 못한 듯하다.

156) 『송고승전』 이후 백여 년이 지나 성립한 탑명(1115년)은 『측소』와 『해심밀경소』를 비롯한 7부의 저술을 언급하고 있는데, 불과 25년 전의 『의천록』(1090년)과 거의 일치한다는 점에서 당시의 유통본을 지칭할 가능성이 높아 보인다('표1: 원측 저술 목록' 참조).

읽혔고, 또 역사적 우연에 의해 티벳어로 번역된 『해심밀경소』가 티벳 불교사에서 잊혀지지 않고 쫑카빠(Tsoṅ Kha pa, 1357-1419)에 의해 경증으로 인용되면서 지금까지 전승되어 오며, 『송고승전』의 파문에도 불구하고 일본에서 3부(部)의 저작이 불완전하게나마 전승되어 온 것은 그가 한국인이기 때문이라기보다는 그의 인격 및 저술이 지닌 모종의 개인적 매력[160] 때문일 것이다. 이 점은 원효도 마찬가지일 것이다. 규기가 널리 읽힌 것도 그가 현장의 고제(高弟)이기 때문만도 제자 혜소의 힘 때문만도 아닐 것이며 아마도 그의 저작이 지닌 매력 때문일 것이다. 규기 역시 중국인이기 이전에 비규기계 사상가들의 강한 반발을 이기고 자신의 학설을 전파시킨 뛰어난 학승이었다. 하다니의 원측 편애와 근거 없는 규기 비난 때문인지 태현, 둔륜, 경흥[161] 등이 의지했던 규기 역시 한국 연구자들의 관심에서 멀어져 있었고, 이로 인해 규기를 존중했던 이들 신라 유식사상가들의 유식사상도 충분히 규명되지 못하고 있다.[162]

157) 중원(中原)에는 전해지지 않았거나 고일(古逸)된 돈황 출토 논소(論疏) 중 현재 3점이 전하는, 755년경 장안(長安)으로 유학 가서 서명사에서 수학한 담광(曇曠)과 동시대인으로 추정되는 안법사(晏法師)의 『대승백법론의장(大乘百法論義章)』의 맨 앞 '변논종체(辯論宗體)'는 『해심밀경소』「서품」의 관련 부분을 그대로 채용하고 있음이 이미 지적되었으며(上山大峻 1990. 386 이하), 9세기 초 『해심밀경소』가 티벳어로 번역된 것도 당시 돈황 지역에서 원측이 널리 읽힌 상황과 깊은 관련이 있을 것으로 추측되고 있다(稻葉正就, 앞의 글 1951. 45).

158) 『송고승전』 이후에 성립한 『의천록』도 당시 『측소』와 『해심밀경소』를 비롯한 7부의 저술이 여전히 유통되고 있었음을 전하고 있다('표1: 원측 저술 목록' 참조).

159) 김천학의 정창원(正倉院)의 필사 횟수 조사에 의하면, 731년에서 774년까지 『측소』는 모두 30회, 『인명론소』는 17회, 『해심밀경소』는 13회나 필사되었다(김천학 2010. 90).

160) 필자에게 『해심밀경소』는 건조하긴 하지만 유식 사상의 개념 학습에 유용한 입문서였다.

161) 695년 전후로 성립된 것으로 추정되는 경흥(憬興)의 『무량수경연의술문찬(無量壽經連義述文贊)』도 현장 역의 유식 논서들, 원측의 『반야심경찬』, 규기의 『묘법연화경현찬(妙法蓮華經玄贊)』, 『설무칭경소(說無垢稱經疏)』를 함께 인용하고 있다(김양순 2008. 9, 64-67).

162) 김상현은 일찍이 이 점을 지적하고 있다: "신라 법상학을 원측(圓測)으로부터 비롯되는 서명학파(西明學派) 위주로 파악해 온 종래의 연구 경향은, 신라 법상학의 종합적이고 균형 있는 고찰에 한 제약이 되기도 했다."(김상현 1993. 74)

6. '서명학파'라는 창: 마음의 거울 또는 앎의 장애물

이상 대부분의 연구자들에게 오랫동안 원측을 바라보는 창이 되어 주던 '서명학파' 라는 개념이 누구에 의해 어떻게 창조되었고 어떤 변화 과정을 거쳤는지를 거칠게 추적해 본 뒤, 그 개념을 구성하는 전제들이 얼마나 엉성한지를 실증적으로 검토해 보았으며, 마지막으로 그 개념틀 때문에 연구자들의 마음에 보이지 않게 된 풍경들이 어떤 것일지 가볍게 떠올려 보았다. '서명학파' 라는 창은 비록 좁고 작긴 했지만, 원측을 역사적으로 신원한 밝고 선명한 거울이었다. 하지만 그 속에는 원측을 현장 문하로부터 파문한 사람들의 오래된 이분법의 그림자가 어른거리고 있었다. 그것은 또한 식민지사관과 중화주의에 짓눌린 한국인들의 상처와 민족적 자존심을 비추는 거울이었고 동시에 그 때문에 원측 및 신라 유식사상가들과의 진실된 대면을 막고 주저하게 만드는 앎의 장애물이기도 했다. 이제는 역사의 강물 속으로 조용히 흘려보내도 좋지 않을까?

〈표1〉 원측 저술 목록

	평조록 (914, 일)	의천록 (1090, 고려)	영초록 (1094, 일)	탑명 (1115, 송)	장준록 (1176, 일)	비 고
『반야심경소(般若心經疏)』 1권	○	○	○	○	○	현존/제 목록에는 없지만 현존하는 『반야심경찬(般若心經贊)』과 동본으로 추정[163]
『인왕경소(仁王經疏)』 6권	○	○	○	○	○	현존/제 목록 '3권' 으로 기록
『무량의경소(無量義經疏)』 3권	○		○	○		일부 현존 /연소(憐昭) 기(記) 『무량의경소』가 이 책의 일부를 필사한 것으로 추정[164]
『아미타경소(阿彌陀經疏)』 1권			○			일실

	평조록 (914, 일)	의천록 (1090, 고려)	영초록 (1094, 일)	탑명 (1115, 송)	장준록 (1176, 일)	비 고
『해심밀경소(解深密經疏)』 10권	○	○*	○	○	○	제8권 앞부분, 제10권 전체 결락/ *'7권'으로 기재
『광백론소(廣百論疏)』 10권		○				일실
『성유식론소(成唯識論疏)』 10권	○	○	○	○	○	일실
『성유식론별장(成唯識論別章)』 3권		○				일실
『이십유식론소(二十唯識論疏)』 2권	○		○		○	일실
『육십이견장(六十二見章)』 1권	○		○			일실
『백법론소(百法論疏)』 1권	○	○	○			일실
『관소연연론소(觀所緣緣論疏)』 2권	○		○	○		일실
『인명정리문론소(因明正理門論疏)』 2권[165]			○		○	일실
『금강반야경소(金剛般若經疏)』				○		일실
『유가론소(瑜伽論疏)』[166]						일실/ 『불전소초목록(佛典疏鈔目錄)』
『무량수경소(無量壽經疏)』 3권						일실/ 문웅(文雄) 『연문유취경적록(蓮門類聚經籍錄)』
『미륵상생경약찬(彌勒上生經略贊)』 2권						일실/ 『고산사성교목록(高山寺聖教目錄)』
『구사론석송초(俱舍論釋頌鈔)』 3권						일실/ 『불전소초목록』

약호:

평조록: 평조(平祚, ?-914-?) 『법상종장소(法相宗章疏)』

의천록: 의천(義天, 1055-1101) 『신편제종교장총록(新編諸宗教藏總錄)』

영초록: 영초(永超, 1014-1095) 『동역전등목록(東域傳燈目錄)』

탑명: 송복(宋復, ?-1115-?) 「대주서명사고대덕원측법사불사리탑명병서(大周西明寺故大德圓測法師佛舍利塔銘并序)」

장준록: 장준(藏俊) 『주진법상종장소(注進法相宗章疏)』

---

163) 湯用彤, 앞의 글, 2000a. 159. 『한국불교찬술문헌목록』도 양자를 일단 구별한 뒤 같은 책이 아닐까 추정하고 있다(東國大學校佛教文化研究所 1972. 10). 앞서 정창원 고문서에 '般若心經贊'이라는 제명이 보이지 않는 반면 11회나 필사된 '般若心經疏'는 공교롭게도 그 권수가 1권 또는 2권인 점을 볼 때(김천학, 앞의 글, 2010. 87) 필자도 그럴 개연성이 충분하다고 본다.

164) 기츠카와 토모아키 2010. 69-109.

165) 이 책과 『대인명론소(大因明論疏)』를 별개의 저술로 보는 경우도 있으나(東國大學校佛教文化研究所, 앞의 글, 13), 이는 후자가 전자의 별명[外題]인 점을 알지 못해 생긴 실수로 보인다(藏俊撰, 『注進法相宗章疏』 T55 1143a23-24: 『大因明論記』二卷(亦外題云『**理門疏**』永徽三年六月日大乘光對面三藏記) **同『理門論述記』**一卷 泰法師 **同『疏』**二卷 圓測).

166) 이하 4부는 아래 『장준록』 이후 목록에만 등장하기 때문인지 탕용통은 저술 목록에서 그것들을 배제하고 있다(湯用彤, 앞의 글, 2000a. 159).

제2부

원측의 불교 해석학: 청변, 호법, 진제, 현장 수용과 비판을 중심으로

"또 승의생(勝義生)이여! 중생 세계의 중생 무리들이 '상상의 대상이 본질인 현상[遍計所執性]'만을 자체적 본질[自性]이라고 한정해서 보기 때문에, 또 그들이 '의타적 발생이 본질인 현상[依他起自性]'과 '완성된 실재[圓成實自性]'만을 각각 자체적 본질이라고 한정해서 보기 때문에 내가 그 셋 각각과 관련하여 순서대로 '세 종류의 자체적 본질 없음[三無自性]' 각각을 설한 것은 아니다. 오히려 중생들이 '의타적 발생이 본질인 현상'과 '완성된 실재'와 관련하여 '상상의 대상이 본질인 현상'을 혹처럼 쓸데없이 더하기 때문에 내가 '세 종류의 자체적 본질 없음' 모두를 포괄적으로 설한 것이다."

– 『해심밀경(解深密經)』

제1장

'삼무성(三無性)'에 대한 이해

1. 기존의 주요 연구

원측의 '삼성(三性)과 삼무성(三無性)' 해석에 대한 기존 연구를 간단히 소개하면 다음과 같다. 다수의 연구는 해당 주제에 대한 원측 해석을 포괄적으로 소개하는 데 주력하였다. 고익진[167]은 원측의 '진제설에 대한 비판'에 주목하면서 간략하게 다루고 있으며, 정영근[168]과 탕아메이(唐阿美, 당아미)[169]는 박사학위 논문의 일부분으로 그 개략적 내용을 소개하고 있으며, 기츠카와[170]의 보다 자세한 논의가 있다. 한편 원측의 '삼무성과 삼성' 해석과 밀접한 관련이 있는 '진제 구식설(九識說) 비판'에 주목한 연구도 있다. 이종철[171]은 진제 구식설을 소개하고 비판하는 『해심밀경소』「심의식상품」 관련 텍스트를 비교적 상세하게 해설하고 있으며, 안성두[172]는 원측의 삼성설(三性說)을 이해하는 맥락 속에서 같은 부분을 다루고 있다.

이 장에서는 이상 연구들의 토대 위에서 거기서 충분히 명시하지 못한 측면, 즉 진제의 '세 종류의 본질[三性]과 세 종류의 자체적 본질 없음[三無性] 간의 관계' 인

167) 高翊晋 1989.
168) 丁永根 1994.
169) 唐阿美 1999.
170) 橘川智昭 2006.
171) 이종철 2010.
172) 안성두 2011.

식에 대한 원측 해석의 사상사적 근거와 진제 '하나의 자체적 본질 없음의 진리[一無性理]' 또는 '하나의 진여[一眞如]' 개념 비판의 수행론적 함축까지 포괄하여 그의 '세 종류의 자체적 본질 없음' 해석의 특징을 조명하고자 한다.

2. 『해심밀경소』에서 '삼무성'이 논의되는 맥락

앞서 『해심밀경』 전체 주제에서 '(세 종류의) 본질이 있음[有性]'과 '(세 종류의) 자체적 본질이 없음[無性]'이 함께 거론된 것에서 암시되었듯이 '세 종류의 자체적 본질 없음'은 '세 종류의 본질'과 불가분의 관계에 있는 현상을 이해하는 관점이다. 우선 직전의 목차 '(1)' '삼무성과 관련하여 『반야경』 구절을 해석함[約三無性釋『經』諸句]'에 비추어 볼 때 원측은 『해심밀경』 「무자성상품」에서 보살의 진리 통찰 수행 대상으로 제시된 '세 종류의 자체적 본질 없음'을 공 사상의 핵심을 간명하게 표현한 『반야경』의 유명한 구절 '모든 현상은 자체적 본질이 없으며, 발생도 없고 소멸도 없으며, 본디 고요하며, 본성상 열반의 상태에 있다(一切法無自性 · 無生無滅 · 本來寂靜 · 自性涅槃)'[173]에 대한 새로운 해석틀로 이해하고 있음을 알 수 있다. 즉, 원측은 『해심밀경』의 '세 종류의 자체적 본질 없음'은 『반야경』에서는 단순히 '공함[空]'이라고 한 것을 다시 셋으로 나누어 그 말의 숨은 의미를 밝히기 위해 설해졌다고 이해한 것이다.[174] 다음으로 '(2)' '삼성 통찰 수행과 관련하여 삼무성을 설한 의도를 밝힘[約三性觀辨立三無性意]'은 「일체법상품」에서 설해진 '세 종류의 본질'과 관련하여 붓다가 '세 종류의 자체적 본질 없음'이라는 가르침을 설한 의도를 스스로 밝혔음을 명시하고 있다. '(3)' '수행 단계와 관련하여 삼무성을 설한 의도를 밝힘[約位辨立三無性意]'은 '세 종류의 자체적 본질 없음'(=공성)이 상이한 수준의 수행자들을 위해 수행론적 목적을 가지고 설해졌다는 점을 명시하고 있다. 필자는 앞으로 이 세

---

173) 이 구절은 여러 『반야경』에 변형된 형태로 산재하기 때문에 특별히 인용을 밝히지 않았다.

174) 이 점은 『仁王經疏』, 권상(본), 「序品」 T33 360b28 이하에서 좀더 뚜렷이 제시된다: 問. 若爾如何第二無相名為不了? 解云. 據實, 具說三種無自性性, 理無淺 · 深. 以隱密相言'一切法無自性等', 而不分別配三無性. 『深密經』等廣顯三種無自性性, 是故第三法輪門中加'無自性性'四字, 意顯別有三無性理. 由是名為了不了義, 非理淺深名了不了.

가지 점을 염두에 두면서 원측의 '세 종류의 자체적 본질 없음' 이해에 접근하고자 한다.

3. 진제와 현장 해석에 대한 원측의 기본 관점

'세 종류의 자체적 본질 없음'이 『반야경』의 부정 어법 '공함[空]'(='비존재함[無]')에 대한 해석틀이라고 한다면, 『해심밀경』의 '세 종류의 자체적 본질 없음'이 부정하고자 하는 것이 구체적으로 무엇인지가 매우 중요한 문제가 될 것이며, 또 '세 종류의 본질'과 관련하여 '세 종류의 자체적 본질 없음'을 명시할 수 있다면 '세 종류의 본질'과 '세 종류의 자체적 본질 없음'의 관계를 어떻게 보아야 하는지도 관건이 될 것이다. 이와 관련하여 『인왕경소』「서품(序品)」의 '설법 주제[所詮宗]' 논의에서 원측은 다음과 같이 자신의 관점을 매우 간결하고 명료하게 제시한다.

자료9

問. 此無相輪, 三性中遣何等此〈性〉, 三無性中依何無性?

解云, 西方諸師分成兩釋. 一者清辨, 其〈具〉[175]遣三性, 以立為空, 即說空理以為無相, 具如『掌珍』. 二者護法但遣所執以為無相, 如『深密』等. 三無性中, 清辨 · 護法皆依三種無自性亦以為無相.

由斯真諦 · 慈恩三藏各依一宗. 真諦三藏, 如其次第, 具遣三性, 立三無性, 一遣分別性, 立分別無相性, 二遣依他, 立依他無生性, 三遣真實性, 立真實無性性. 於一真如, 遣三性故, 立三無性, 具如『三無性論』. 是故真諦大同清辨. 而差別者, 清辨菩薩立而無當; 真諦師意存三無性非安立諦. 二慈恩三藏但遣所執, 不遣二性. 情有理無, 理有情無, 二義別故. 又三無性, 如其次第即說三性為三無性. 故『三十唯識』言, "即依此三性, 立彼三無性." 具如『成唯識』 · 『深密經』等.

是故清辨 · 護法二菩薩各依自宗以釋此『經』.[176]

묻는다. 이 '언어적 특징 없음[無相]'이라는 진리의 수레바퀴[法輪]는 세 종류의 본

175) 대정장본 교감기의 지적대로 '此'와 '其'는 각각 '性'과 '具'의 오기인 듯하다.

176) 『仁王經疏』 권상(본), 「序品」 T33 360b5-21.

질[三性] 중 어떤 [것이] 본질[인 현상] 등을 부정하는가? [또] 세 종류의 자체적 본질 없음[三無性] 중 어떤 자체적 본질 없음과 관련되어 있는가?

해석한다. 서쪽(=인도)의 제 논사들은 [이에 대해] 두 가지 해석으로 갈린다.

첫째, 청변(清辨)은 세 종류의 본질 모두를 부정하며 [그것들이 없다는 점이] 공성[空]이라고 주장하였으므로 '공성의 진리[空理]'를 '언어적 특징 없음'으로 본 셈이다. 자세한 것은 『대승장진론(大乘掌珍論)』에 있는 대로이다. 둘째, 호법(護法)은 '상상의 대상이 본질인 것(=현상)[所執性=遍計所執性]'만을 부정하며 [그것이 없음을] '언어적 특징 없음'으로 이해하였다. 예를 들어 『해심밀경』 등에서와 같이. '세 종류의 자체적 본질 없음'의 경우 청변과 호법 모두 '세 종류의 자체적 본질 없음' [모두]를 '언어적 특징 없음'으로 이해하였다.

따라서 진제삼장(眞諦三藏)과 자은삼장(慈恩三藏)(=현장玄奘)은 각각 [청변과 호법] 각각의 핵심 주장에 의거한 셈이다. [먼저] 진제삼장은 순서대로 '세 종류의 본질'을 [하나씩] 모두 부정하여 '세 종류의 자체적 본질 없음'을 말하였다. [즉,] 첫째, '분별이 본질인 것[分別性]'을 부정하여 '분별 대상인 자체적 특징 없음[分別無相性]'을 말하였으며, 둘째, '의타성이 본질인 것[依他性]'을 부정하여 '의타성이 본질인 것의 발생 없음[依他無生性]'을 말하였으며, 셋째, '실재인 본질[眞實性]'을 부정하여 '실재인 자체적 본질 없음[眞實無性性]'을 말하였다. [즉,] '하나의 진여(眞如)'의 관점에서 '세 종류의 본질'을 부정함으로써 '세 종류의 자체적 본질 없음'을 말한 것이며, 자세한 것은 『삼무성론(三無性論)』에서와 같다. 이 점에서 진제는 청변과 크게 보아 같다. 하지만 [양자 간의] 차이는 청변 보살은 ['공하다'고] 말하지만 [그 말이] 지칭하는 별개의 현상[當]은 없다고 보는 반면, 진제 논사의 의도는 '말할 수 없는 진리[非安立諦]'인 '세 종류의 자체적 본질 없음'을 긍정하려는 점에 있다. 둘째, 자은삼장은 오직 '상상의 대상이 본질인 현상'만을 부정할 뿐이며, ['의타적 발생이 본질인 현상'과 '완성된 실재'] 두 종류의 본질은 부정하지 않는다. ['상상의 대상이 본질인 현상'은] 잘못된 생각으로 보면[情] 있지만 진리의 관점에서는[理] 없는 반면, [두 종류의 본질은] 진리의 관점에서는 있지만 잘못된 생각으로 보면 없다는 점에서 양자가 구별되기 때문이다. 또 [그는] '세 종류의 자체적 본질 없음'의 경우 순서대로 '세 종류의 본질' [각각]을 '세 종류의 자체적 본질 없음'이라 말한다. 그래서 『유식삼십송(三十唯識)』에서 "이 '세 종류의 본질'에 대해서 저 '세 종류의 자체적 본질 없음'

이라고 말한다네"라고 한 것이다. 자세한 것은 『성유식론(成唯識論)』, 『해심밀경』 등에서와 같다.

따라서 청변과 호법 두 보살은 각각 자신의 핵심 주장에 의거하여 이 경을 해석한다.

위 서술 중 앞으로의 논의를 위해 주목해야 할 점을 지적해 보면, 우선 청변과 진제의 유사성과 차이에 대한 원측의 관점이다. 즉, 원측은 진제가 붓다가 '세 종류의 본질' 하나하나를 부정하고 나서 그 각각에 대응하는 '세 종류의 자체적 본질 없음'을 설했다고 보았으며, 또 그 부정의 인식론적 근거로 제시된 듯한 '하나의 진여[一眞如]'가 '세 종류의 본질'을 모두 부정하는 원리인 청변의 '공성의 진리[空理]'와 매우 유사하다고 보았다. 하지만 청변의 '공성의 진리'가 '입이무당(立而無當)', 즉 부정의 말이 지칭하는 별개의 현상까지 부정하는 순수한 부정의 논리임에 반해, 진제의 '하나의 진여'는 비록 언어로 표현할 수는 없지만[非安立] 모종의 존재성을 지닌다는 점에서 양자는 다르다고 지적한다. 다음으로 원측은 호법을 계승한 현장의 경우 '공함'(='비존재함')이 부정하고자 하는 것이 다만 '상상의 대상이 본질인 것(=현상)[遍計所執性]'일 뿐이라고 본 점, '세 종류의 본질'과 관련하여 '세 종류의 자체적 본질 없음'이 설해졌다는 점에서 양자는 불가분의 관계에 있다는 점, 호법과 현장 모두 『해심밀경』을 자기 주장의 근거로 삼고 있음을 지적한다.

4. 『해심밀경소』 「무자성상품」의 '삼무성' 해석의 특징

위 '자료9'에서 보았듯이, 원측은 청변과의 접점을 통해 진제의 '세 종류의 본질과 세 종류의 자체적 본질 없음' 이해의 연원과 경계를 소묘하면서도 그것을 호법·현장의 해석과 대비하였다. 따라서 후자의 경증으로 스스로 제시한 『해심밀경』에 주석하는 원측이 여기 「무자성상품」에서도 호법과 현장의 관점을 기본으로 하여 '세 종류의 자체적 본질 없음'의 의미를 명시하였을 것이라는 점은 충분히 예측 가능하다. 필자는 앞으로 원측이 '세 종류의 자체적 본질 없음'을 해석하면서 어떤 맥락에서 진제를 비판하고, 그와 대비되는 호법·현장 계열의 해석을 수용하는지에 주목하면서 그의 해석의 특징을 조명하려 한다.

1) '삼성(三性)과 삼무성의 관계'에 대한 해석

먼저 살펴볼 것은 ''세 종류의 본질'과 '세 종류의 자체적 본질 없음' 간의 관계' 해석이다.

「무자성상품」에서 '세 종류의 본질'과 '세 종류의 자체적 본질 없음'의 관계에 대해 가장 먼저 언급되는 곳은 경문 "승의생아! 마땅히 알라. 나는 '세 종류의 자체적 본질 없음'이라는 숨은 의미를 염두에 두고 모든 현상에는 자체적 본질이 없다고 설하였다(勝義生! 當知, 我依三種無自性性密意說言'一切諸法皆無自性'.)"라는 구절에 대한 원측 주석이다.

자료10

謂世尊言'一切諸法無自性'者, 我【今具】依三無自性說'一切法皆無自性', 一切諸法即是三性, 即(依)三性立三無性, 故諸『經』言'一切諸法皆無自性'. 是故『成唯識 · 三十頌』云: 即依此三性 立彼三無性/ 故佛密意說 一切法無性//[177]

즉 '[승의생 네가 언급한 과거] 세존(=나)이 '모든 현상에는 자체적 본질이 없다'라고 말한 것이 바로 내가 지금 '세 종류의 자체적 본질 없음' **모두와 관련하여** '모든 현상에는 자체적 본질이 없다'고 말하는 경우에 해당한다'는 의미이다. [다시 말해, 여기서] '모든 현상'은 곧 '세 종류의 본질'이며, [붓다께서 이] '세 종류의 본질'과 관련하여 '세 종류의 자체적 본질 없음'을 설했기 때문에 여러 경에서 '모든 현상에는 자체적 본질이 없다'라고 말한 것이다. 그래서 『성유식론』 속 『유식삼십송』 [제23송(頌)]에서 "이 세 종류의 본질과 관련하여 저 세 종류의 자체적 본질 없음을 설했다네. 그래서 붓다께서 숨은 의미를 염두에 두고 '모든 현상에는 자체적 본질이 없다'라고 설하셨다네"[178]라고 한 것이다.

---

177) ZZ21 261b8-12; WX34 761b13-18. 世尊言'一切諸法無自性' 관련 『해심밀경』 경문(권2, 「無自性相品」 T16 693c16-19 ... 693c27-29)은 다음과 같다. **爾時勝義生菩薩摩訶薩白佛言, "世尊! 我曾獨在靜處, 心生如是尋思: '世尊以無量門曾說'諸蘊所有自相·生相·滅相·永斷·遍知'. ... 世尊復說 '一切諸法皆無自性·無生無滅·本來寂靜·自性涅槃.'"**

178) 『유식삼십송』 제23송의 산스끄리뜨어와 그에 대한 번역(이종철, 앞의 글 1999. 107)은 다음과

여기서 원측은 위 '자료9'의『유식삼십송』에서 명시된 '세 종류의 본질'과 '세 종류의 자체적 본질 없음' 간의 관계를 적용하여『반야경』의 '모든 현상에는 자체적 본질이 없다(一切法皆無自性)'는 말을 '세 종류의 본질과 관련하여 세 종류의 자체적 본질이 없다'는 의미로 읽고 있다. 흥미로운 점은 그가 '자체적 본질이 없다'는 부정의 말이 '세 종류의 자체적 본질 없음' 각각이 아니라 그 "모두와 관련하여[具依]" 설해졌음을 지적한 사실이다. 이 언급을 '자료9' 속 현장의 입장, 즉 '상상의 대상이 본질인 현상'만의 '부정'과 '의타적 발생이 본질인 현상' 및 '완성된 실재' 양자의 '긍정'과 연계시켜 읽으면, '세 종류의 자체적 본질 없음'은 세 종류의 현상 각각의 개별적 '부정'이 아니라 모든 현상에 일반적으로 적용되는, '부정'과 '긍정'을 포괄하는 규정임을 암시한다. 하지만 '자료9'에 따르면 진제는 이와 달리 '세 종류의 본질' 각각의 부정을 통해서 '세 종류의 자체적 본질 없음'이 개별적으로 성립한다고 보았으며, 또 전자는 '말할 수 있는 진리[安立諦]'로, 전자의 부정 후에 성립하는 후자는 '말할 수 없는 진리[非安立諦]'로 구별한다.179) 요약하면, 원측이 이해한『해심밀경』속 붓다 또는 호법-현장은『반야경』의 '자체적 본질 없음'을 모든 현상이 지닌 '존재함'과 '비존재함' 양 측면을 포괄적으로 규정한 말로 이해한 반면, 진제는 그것을 '세 종류의 본질'로 포괄되는 현상 각각을 개별적으로 부정함으로써 현상의 '비존재함'의 측면만을 명시하는 언어로 읽고 있다.

『인왕경소』에서는 원측이 이 상반된 관점에 대해 어느 쪽을 지지하는지 명시하지 않았는데,「무자성상품」"**由此因緣名為勝義無自性性.**"180) 주석에서는 현장 쪽을 확실히 지지한다. 거기서 원측은 '자료9'에서도 인용한『삼무성론』의 ''하나의 진여'의 관점에서 '세 종류의 자체적 본질 없음'을 설했다[於一真如立三無性]'는 주장

갈다: trividhasya svabhāvasya trividhāṃ niḥsvabhāvatāṃ/ sandhāya sarvadharmāṇāṃ deśitā niḥsvabhāvatā// 23// "세 가지 유형의 본질(三性)이 바로 [각각 그에 대응하는] 세 가지 유형의 무본질(三無性)"이라는 속뜻을 담고 [『반야경』에서] '모든 현상들에는 본질이 없다(一切諸法無自性)'고 설했다"(k.23).

179) 이 점은「무자성상품」후반부에서도 확인된다. ZZ21 294a16 이하; WX34 828a7 이하: **第三顯理淺 · 深者, 西方諸師, 自有兩說. … 二護法等宗, 但遣所執, 不遣二性. 然彼宗中, 自有兩釋. 一真諦三藏云, "具遣三性, 立三無性, 如次應知安 · 非安立."**

180) ZZ21 262c3; WX34 764a15.

은 ‘세 종류의 본질’과 관련하여 ‘세 종류의 자체적 본질 없음’을 설한 『해심밀경』과 다름을 지적하고, 그 차이를 설명하고 평가한다.

자료11

問. 此『經』意, 即依三性立三無性, 體即三性, 何故『三無性論』於一真如立三無性? 故『三無性論』第一卷云, “約此三性說三無性, 由三無性應知是一三無性通有及無無性理. 約分別者, 由相無性說名無性, 依他起者, 由生無性說名無性, 真實性者, 由真實無性故說無性.” 具如彼說.

解云, 此有兩釋.

一真諦三藏云, “於一真如遣三性故說為三種無自性性, 於中圓成實性安立諦攝; 三無性者皆非安立.” 如『三(無)性論』.

二大唐三藏云, “如『顯揚』等, 即依三性立三無性.” 以此為正. 所以者何? 世親菩薩『三十唯識』作此頌言, “即依此三性 立彼三無性/ 故佛密意說 一切法無性//” 護法釋云, “於有及無總說無性, 故名密意.” 又『顯揚論』無著所造, 與『攝大乘』等同顯一義. 又『瑜伽論』廣引此『經』及〈明〉三無〈自〉性通有及無. 故知, 『三無性論』譯家謬也. 所以者何? 『三十唯識』·『三無性論』世親所造, 如何二『論』有此差別? 又彼世親依彌勒宗及無著等. 故知, 同一無性者, 真諦謬耳. 或可, 今勘真諦『三無性論』, 即無著所造『顯揚論』「無自性品」, 然彼真諦譯為別本.181)

묻는다. 이 경(=『해심밀경』)의 취지는 ‘세 종류의 본질’과 관련하여 ‘세 종류의 자체적 본질 없음’을 설한 것이며, [바로 그 점에서 ‘세 종류의 자체적 본질 없음’의] 본질이 바로 ‘세 종류의 본질’인데 어떤 까닭에 『삼무성론』에서는 ‘하나의 진여’의 관점에서 ‘세 종류의 자체적 본질 없음’을 설한 것인가? 이런 취지에서 『삼무성론』 제1권에서 “다음으로 이 ‘세 종류의 본질’과 관련하여 ‘세 종류의 자체적 본질 없음’을 설한 것이므로, [모든 현상은] ‘세 종류의 자체적 본질 없음’[으로 귀결되는 것]인 점에서 ‘하나의 자체적 본질 없음의 진리[一無性理]’[가 성립하는 것]임을 마땅히 알아야 한다. ‘분별이 본질인 것[分別性]’은 [자체적] 특징[相=自相]이 없다는 점에서 ‘자체적 본질 없음’이라고 하며, ‘의타성이 본질인 것[依他性]’은 [사실은] 발생함

181) ZZ21 262c9-263a3; WX34 764b3-765a3.

[生](=존재함)이 없다는 점에서 '자체적 본질 없음'이라고 하며, '실재인 본질[眞實性]'은 ''[현상의] 실재'가 [바로] '자체적 본질 없음[眞實無性]''이라는 점에서 '자체적 본질 없음'이라고 한다"라고 한 것이리라. 구체적인 것은 거기서 설하는 대로이다.

[물음에 대해] 해석한다. 이것에 대해 두 가지 해석이 있다.

첫째로 진제삼장의 해석은 다음과 같다. "'하나의 진여'의 관점에서 '세 종류의 본질'을 부정하기 위하여 '세 종류의 자체적 본질 없음'을 설한 것이다. 이 중에 '완성된 실재[圓成實性]'는 '말할 수 있는 진리[安立諦]'에 속하지만, '세 종류의 자체적 본질 없음'은 모두 말해질 수 없다." [자세한 것은] 『삼무성론』에서와 같다. 둘째로 대당삼장(大唐三藏)(=현장玄奘)의 해석은 다음과 같다. "『현양성교론(顯揚聖教論)』 등에서처럼 곧 '세 종류의 본질'과 관련하여 '세 종류의 자체적 본질 없음'을 설하였다." [나는] 이것을 정설로 삼는다. 왜 그런가? 세친(世親) 보살의 『유식삼십송』의 [제23] 게송에서 "이 세 종류의 본질과 관련하여 저 세 종류의 자체적 본질 없음을 설했다네. 그래서 붓다께서 숨은 의미를 염두에 두고 '모든 현상에는 자체적 본질이 없다'라고 설하셨다네"라고 하였으며, [이 게송에 대해] 호법은 "'존재함[有]'과 '비존재함[無]'을 포괄하여 '자체적 본질이 없다'고 설하셨기에 '숨은 의미'라 한 것이다"라고 해석하였다. 또 『현양성교론』은 무착(無著)이 지은 것이므로 『섭대승론(攝大乘論)』과 동일한 주장을 명시하며, 또 『유가사지론(瑜伽師地論)』은 이 경(=『해심밀경』)을 두루 인용하여 '세 종류의 본질'이 '존재함'과 '비존재함'을 모두 포괄함을 밝혔다. 따라서 『삼무성론』[의 '하나의 자체적 본질 없음']은 번역자(=진제)의 오류이다. 왜 그런가? 『유식삼십송』과 『삼무성론』이 [모두] 세친이 지은 것이라면 어떻게 두 논서에 이러한 차이가 있을 수 있겠는가? 또 그 세친도 [『유가사지론』을 지은] 미륵(彌勒)의 핵심 주장과 무착 등을 따르고 있다. 따라서 '하나의 자체적 본질 없음[同一無性]'[의 설]은 진제의 오류일 뿐임을 알 수 있다. 또는 지금 진제[가 번역한] 『삼무성론』을 검토해 보면 [그 내용은] 곧 무착이 지은 『현양성교론』 「무자성품(無自性品)」에 해당하므로 진제가 [그 부분을 자기 식으로 번역하여] 별도의 책으로 만들었을 수도 있다.

진제는 '세 종류의 자체적 본질 없음'은 '하나의 진여' 또는 '하나의 자체적 본질 없음의 진리[一無性理]'의 관점에서 설해진 것으로 보았는데, 원측은 이런 의미의

'하나의 진여'는 번역자 진제의 오류라고 본다. 하지만 원측이 인용한 부분만으로는 '하나의 진여'(='하나의 자체적 본질 없음의 진리')가 구체적으로 무엇을 의미하고, 왜 '세 종류의 본질'의 부정을 통해 '세 종류의 자체적 본질 없음'이 성립하는지 명료하게 파악할 수 없다. 논의의 진전을 위해 원측이 인용한 『삼무성론』 전후의 생략 부분을 검토해 보자.

자료12

次約此三性說三無性. 由三無性, 應知是一無性理. 約分別者, 由相無性說名無性. (何以故? 如所顯現是相實無, 是故分別性以無相為性.) 約依他性者, 由生無性說名無性. (何以故? 此生由緣力成, 不由自成. 緣力即是分別性, 分別性體既無, 以無緣力故生不得立, 是故依他性以無生為性.) 約真實性者, 由真實無性故說無性. (何以故? 此理是真實故, 一切諸法由此理故同一無性, 是故真實性以無性為性.)182)

다음으로 이 '세 종류의 본질'과 관련하여 '세 종류의 자체적 본질 없음'을 설한 것이므로, [모든 현상은] '세 종류의 자체적 본질 없음'[으로 귀결되는 것]인 점에서 '하나의 자체적 본질 없음의 진리[一無性理]'임을 마땅히 알아야 한다. '분별이 본질인 것[分別性]'은 [자체적] 특징[相=自相]이 없다는 점에서 '자체적 본질 없음'이라고 한다. (왜 그런가? [식(識)의 대상으로] 나타난 것과 같은 그러한(=자체적 특징으로 상상된) 특징은 실제로는[實, *tattvataḥ] 없으며, 이 점에서 '분별이 본질인 것'은 [자체적] 특징이 없음을 본질로 한다.) '의타성이 본질인 것[依他性]'은 발생함[生]이 없다는 점에서 '자체적 본질 없음'이라고 한다. (왜 그런가? 이 ['의타성이 본질인 현상'의] 발생은 '원인의 힘'으로 말미암으며, 자신으로 말미암아 이루어지지 않는다. [이때] '원인의 힘[緣力]'은 '분별이 본질인 것'을 지칭하는데, '분별이 본질인 것'은 본질적으로[體, *svabhāvataḥ] 이미 존재하지 않으며, [이 '분별이 본질인 것'인] 원인의 힘이 없기 때문에 발생도 성립할 수 없으며, 이 점에서 '의타성이 본질인 현상'은 발생이 없음을 본질로 한다.) '실재인 본질[眞實性]'은 '[현상의] 실재'가 [바로] '자체적 본질 없음[眞實無性]''이라는 점에서 '자체적 본질 없음'이라고 한다. (왜 그런가? 이 ['자체적 본질 없음'의] 진리가 [바로] 실재이기 때문이며 모든 현상은 이

182) 『三無性論』 권상, T31 867b23 이하. 괄호 안이 생략된 부분이다.

['자체적 본질 없음'의] 진리의 관점에서 볼 때 '하나의 자체적 본질 없음'으로 같으며, 이 점에서 '실재인 본질'은 '자체적 본질 없음'을 본질로 한다.)

진제는 '원인의 힘[緣力]'을 '의타성이 본질인 것[依他性]'이 의존하는 '타자[他]'인 '분별이 본질인 것'으로 규정한 뒤, 그 '분별이 본질인 현상'이 실재의 관점에서 보면[實] 없기 때문에 '의타성이 본질인 현상'마저도 발생함이 없다는 논리에 따라 '의타성이 본질인 현상'의 존재를 부정한다.183) 그리고 이 양자가 존재하지 않는다는 사실이 곧 '실재인 본질[眞實性]'이므로, 양자에 의해 포괄되는 모든 현상은 결국 '하나의 자체적 본질 없음의 진리'의 관점에서 동일함을 밝히고 있다. 즉, 진제는 현상은 모두 실제로는 존재하지 않으며 다만 '분별 작용[能分別]'과 그 '분별 대상[所分別]'으로 우리에게 나타난 것일 뿐이며, '분별 작용'인 '의타성이 본질인 현상'과 '분별 대상'인 '분별이 본질인 현상' 양자가 모두 없다는 사실이 '실재인 본질[眞實性]' 또는 '현상의 본모습[法如如]'이라고 인식함으로써184) '세 종류의 자체적 본질 없음'을 '분별이 본질인 현상'뿐만 아니라 '의타성이 본질인 현상'까지 모든 현상의 존재성을 전면적으로 부정하는 말로 이해한다.

반면 '자료9'에서 호법의 설을 지지하며 인용한『성유식론』의 취지대로 원측은 '세 종류의 본질'과 '세 종류의 자체적 본질 없음'은 공히『반야경』의 '자체적 본질 없음[無自性]'(=空)이라는 말의 숨은 의미[密意=不了義]의 명시[了義]이며, 또『해심밀경』의 '세 종류의 본질'은 '존재함[有]'과 '비존재함[無]' 양 측면을 포괄한다고 본다.

---

183) 『전식론(轉識論)』(T31 62c11 이하)에서는 양자를 '능분별(能分別)'과 '소분별(所分別)'의 관계로 보고 있다: '起種種分別等'者, 一一識中皆具能 · 所, 能分別即是識, 所分別即是境, **能即依他性, 所即分別性**, 故云'起種種分別及所分別'也. 由如此義, 離識之外無別境.

184) 이 점은『삼무성론』의 다른 곳(권상, T31 867b23 이하)에서도 언급하고 있다: 答曰. 一切諸法不出三性, 一分別性, 二依他性, 三真實性. 分別性者, 謂名言所顯諸法自性, 即似塵識分. 依他性者, 謂依因依緣顯法自性, 即亂識分. 依因內根緣內塵起故. 真實性者, 謂法如如. '法'者, 即是分別 · 依他兩性, '如如'者, 即是兩性無所有. 分別性以無體 · 相故無所有, 依他性以無生故無所有, 此二無所有皆無變異故言'如如', 故呼此**如如**為**真實性**.('현상'은 '분별이 본질인 것'과 '의타성이 본질인 것' 두 종류의 본질을 지칭하며, '[현상의] 본모습'은 그 두 종류의 본질이 존재하지 않음을 지칭한다. '분별이 본질인 것'은 본질[體]과 특징[相]이 없기 때문에 존재하지 않으며, '의타성이 본질인 것'은 발생함[生]이 없기 때문에 존재하지 않으며, 이 두 종류의 비존재성[無所有]은 모두 변화가 없기 때문에 '본모습[如如]'이라 하며, 따라서 이 '본모습'을 '실재인 본질'이라 부른다.)

그렇다면 '세 종류의 자체적 본질 없음'이 '세 종류의 본질'과 관련하여 설해졌다는 말과 '세 종류의 본질' 역시 '비존재'의 측면을 포괄하고 있다는 말은 구체적으로 무엇을 의미하는가? 이어지는 『해심밀경』 경문은 이와 관련하여 다음과 같이 의미 있는 대답을 전한다.

자료13

復次勝義生! 非由有情界中諸有情類別觀遍計所執為自性故, 亦非由彼別觀依他起自性及圓成實自性為自性故, 我立三種無自性性.[185)]

然由有情, 於依他起自性及圓成實自性上, 增益遍計所執自性故, 我立三種無自性性.[186)]

또 승의생이여! 중생 세계의 중생 무리들이 '상상의 대상이 본질인 현상[遍計所執性]'만을 자체적 본질이라고 한정해서 보기 때문에, 또 그들이 '의타적 발생이 본질인 현상[依他起自性]'과 '완성된 실재[圓成實自性]'만을 [각각] 자체적 본질이라고 한정해서 보기 때문에 내가 [그 셋 각각과 관련하여 순서대로] '세 종류의 자체적 본질 없음' [각각]을 설한 것은 아니다.

오히려 중생들이 '의타적 발생이 본질인 현상'과 '완성된 실재'와 관련하여 '상상의 대상이 본질인 현상'을 [혹처럼] 쓸데없이 더하기 때문에 내가 '세 종류의 자체적 본질 없음' [모두]를 [포괄적으로] 설한 것이다.

원측은 첫 번째 경문이 앞서 『인왕경소』에서 진제의 관점을 묘사하는 구절 '如其次第, 遣三性故, 立三無性.'('자료9')을 통해 명시된, '세 종류의 본질' 각각의 부정을 통해 '세 종류의 자체적 본질 없음'이 성립했다고 보는 관점의 잘못을 지적한 것[非]으로 본다.[187)] 두 번째 경문에서는 결국 '의타적 발생이 본질인 것(=현상)[依他起性]'과 '완성된 실재[圓成實性]'와 관련하여 잘못 상정된 '상상의 대상이 본질인 현상'을 부정하기 위해 '세 종류의 자체적 본질 없음'을 설했다고 명시한다. 이에 대한 주석

185) ZZ21 265a22-24; WX34 769b4-6.

186) ZZ21 265b13; WX34 769b21-770a1.

187) ZZ21 265b3 이하; WX34 769b9 이하: 此中意云, 謂諸有情, 非由別觀三種自性, 如其次第遣三性故, 立三無性.

에서 원측은 '세 종류의 본질'과 관련하여 '세 종류의 자체적 본질 없음'이 설해졌다는 말의 의미를 다음과 같이 좀 더 구체적으로 설명한다.

자료14

此意說云, 於二性上遍計所執相非由自相安立為相故, 立相無自性性, 於依他起上無自然生增益故, 立生無自性性. 於圓成實上無此所執性故, 立勝義無自性性, 非謂別觀三種自性為自性故, 故說三種無自性性.[188]

['의타적 발생이 본질인 현상'과 '완성된 실재'] 두 종류의 본질과 관련하여 [혹처럼 쓸데없이 더해진] '상상의 대상이 본질인 현상'은 자체적 특징[自相]을 특징[相]으로 삼은 것이 아니라는 점에서 '특징 관련 자체적 본질이 없다[相無自性性]'고 설하며, '의타적 발생이 본질인 현상'의 관점에서 보면 자체적으로 발생함[自然生]은 없는데 ['상상의 대상이 본질인 현상'이 자체적으로 발생한 존재로서 혹처럼] 쓸데없이 더해졌기[增益] 때문에 [그 존재를 부정하기 위해] '발생 관련 자체적 본질이 없다[生無自性性]'고 설한 것이며, '완성된 실재'의 관점에서 보면 이 '상상의 대상이 본질인 현상[所執性=遍計所執性]'이 없다는 점에서 '궁극적 진리인 자체적 본질 없음[勝義無自性性]'이라고 설한 것일 뿐 ['상상의 대상이 본질인 현상', '의타적 발생이 본질인 현상', '완성된 실재'] '세 종류의 본질' 각각을 자체적 본질로 보았기 때문에 [그 각각에 대해서] '세 가지 자체적 본질 없음'을 설한 것은 아니다.

여기서 우리는 진제와 대비되는 "'세 종류의 본질'과 '세 종류의 자체적 본질 없음'의 관계"에 대한 원측의 기본 관점을 좀 더 구체적으로 읽어낼 수 있다. 즉, '상상의 대상이 본질인 현상'은 '의타적 발생이 본질인 현상'과 '완성된 실재'에 대한 오해로 말미암아 쓸데없이 부가된 것이며, 그 두 종류의 현상에 대한 올바른 이해를 위해 결국 '세 종류의 자체적 본질 없음'이 설해졌다는 말은 '상상의 대상이 본질인 현상'의 '비존재함[無]'(=공함[空])은 단순한 부정을 위한 부정이 아니라 동시에 나머지 두 종류의 현상이 '존재함[有]'을 함축하고 있다. 다시 말해, '의타적 발생이 본질인 현상'과 '완성된 실재'는 거기에 덧붙여진 잉여적인 '상상의 대상이 본질인 현상'의 '부

---

188) ZZ21 265b15-19; WX34 770a3-7.

정'(無=空)을 통해 그 진실(='세 종류의 자체적 본질 없음')이 명료하게 드러난다고 볼 수 있다. 바로 여기서 앞서 언급한『해심밀경』의 '세 종류의 본질'이 '존재함'과 '비존재함'을 포괄한다는 말의 의미를 짐작할 수 있을 것이다. 단적으로 말해, 원측은 이때의 '비존재함'은 '존재함'을 전제로 하여 그것에 대한 오해를 교정하기 위해 설해진 부정의 언어일 뿐이라는 점에서 '존재함'을 부정한 위에 성립하는 '절대 무'와 같은 존재론적 위상으로 이해되어서는 안 됨을 암시하고 있다.

2) 수행의 관점에서 '의타기성(依他起性)'의 중요성 명시

『해심밀경』을 근거로 하여 진제를 비판하는 원측의 의도를 파악하기 위해 다음으로 살펴볼 것은 '의타적 발생이 본질인 현상' 해석이다.

이를 위해 먼저 주목해야 할 것은 "'의타적 발생이 본질인 현상'은 '발생 관련 자체적 본질 없음[生無自性性]'을 지칭하지만, [동시에] 조건적으로 발생하는 현상[緣生法]이라는 점에서 승의무자성성(勝義無自性性)'을 가리키기도 한다(謂諸法由生無自性性故, 說名無自性性, 即緣生法, 亦名勝義無自性性.)"[189]라는 경문의 주석이다. 거기서 원측은 '조건적으로 발생하는 현상'은 곧 "'완성된 실재', 즉 '궁극적 진리'가 없음[勝義無]"을 본질[自性]로 하는 것이기 때문에 '승의무자성(勝義無自性)'이라 할 수 있다고 해석하는데,[190] 그 이유에 대해 이어지는 경문은 다음과 같이 말한다.

자료15

於諸法中, 若是清淨所緣境界, 我顯示彼以為勝義無自性性, 依他起相非是清淨所緣境界.[191]

현상들 가운데 번뇌 초월적인 청정한 인식 대상에 대해 나는 그것이 '승의무자성'이라고 명시하였는데, '의타적 발생이 본질인 현상'은 청정한 인식 대상(=궁극적 진리

189) ZZ21 262a11-12; WX34 763a11-12.

190) ZZ21 262a14-18; WX34 763a14-15: 後'即緣生法等'者, 依第二性立第三無性, 謂依他起上無圓成實, 故緣生法非但說名生無自性性, 亦名勝義無自性性. 故『顯揚』云, "依他起性由異相故亦得建立為勝義無性. 何以故? 由無勝義性故."

191) ZZ21 262a21-22; WX34 763b3-4.

[勝義])이 아니[기 때문이]다.

이 경문에 대해 원측은 '조건적으로 발생하는 현상', 즉 '의타적 발생이 본질인 현상'은 '진여에 대한 번뇌 초월적인 청정한 앎[真如淨智]'의 인식 대상인 '번뇌 초월적인 청정한 궁극적 진리[清淨勝義]'가 아니기 때문에 '승의무자성'이라 한다고 좀 더 구체적으로 설명한다.[192] 이 경우 '승의무자성(勝義無自性)'을 '[청정(清淨)]승의(勝義)'를 인식 대상으로 하지 않는 것'으로 이해한 셈이다.[193] 여기서 '의타적 발생이 본질인 현상'은 일종의 결여의 관계를 통해 '한 측면의 '궁극적 진리인 자체적 본질 없음[一分勝義無自性性]''과 연결되는 것으로 보인다. 즉, '의타적 발생이 본질인 현상'은 모종의 '부정'을 통해 '궁극적 진리', 즉 '완성된 실재'로 인식될 수 있음을 암시한다.

'완성된 실재'와 관련하여 설해진 '또 다른 측면의 궁극적 진리인 자체적 본질 없음[一分勝義無自性性]'에 대해 이어지는 경문은 "모든 현상이 지닌 '현상에 자체적 존재 없음[法無我性, *dharmanairātmya]'을 '궁극적 진리[勝義]'라 하고 또 '자체적 본질 없음[無自性性]'이라 한다(一切諸法法無我性, 名為勝義, 亦得名為無自性性.)"[194] 라고 말한다. 이에 대해 원측은『현양성교론』에 근거하여 '현상에 자체적 존재 없음'이 '궁극적 진리'이며, ''현상들의 자체적 본질 없음'의 지칭 대상인 진리[諸法無性所顯理]'임을 지적한다.[195]

이어서 원측은 진제가 번역한『삼무성론』의 '실재인 자체적 본질 없음[眞實無性]'이『현양성교론』의 '완성된 실재'와 같지 않음을 다음과 같이 지적한다.

자료16

依『三無性論』, 與此不同. 故彼云, "約真實性由真實無性故說無性者, 此真實性, 更無別

---

192) ZZ21 262a24-b2; WX34 763b5-8: 初釋所(緣)無清淨勝義, 後明依他無彼清淨勝義. 此釋真如淨智所緣名為清淨勝義. 故『顯揚』云, "當知! 勝義即是清淨之所緣性. 何以故? 由緣此境得心清淨故."

193) 산스끄리뜨 원어 'paramārtha-niḥsvabhāvatva'를 유재석(有財釋)으로 보는 독법이라 할 수 있다.

194) ZZ21 262b12-13; WX34 763b18-764a1.

195) ZZ21 262b15-19; WX34 764a2-7: 謂法無我性有其二義, 一名勝義, 二名無自性性. 是諸法中勝義諦故, 諸法無性所顯理故. 故『顯揚』云, "謂圓成實勝義無性. 由此自性體是勝義, 又是諸法無性性故." 又復彼云, "由此自性即是勝義, 亦是無性. 由無戲論我 · 法性故."

性, 還即前兩性之無是眞實性. 眞實是無相·無生故, 一切有為法不出此分別·依他兩性, 此三〈二〉性既眞實無相·無生, 由此理故一切諸法同一無性. 此一無性眞實是無, 眞實是有, 【眞實無,】 此分別·依他二有, 【眞實有,】 此分別·依他二無, 故不可說無, 不可說有, 乃至廣說.”

解云, 通遣依他, 故不同此.[196]

『삼무성론』에 의하면 이(=『현양성교론』)와 같지 않다. 그래서 거기서 다음과 같이 말한다. “‘‘실재인 본질[眞實性]’의 경우 ‘‘[현상의] 실재’가 [바로] ‘자체적 본질 없음[眞實無性]’’이라는 점에서 ‘자체적 본질이 없다’라고 한다’는 말은 이 ‘실재인 본질’에 대해 말한다면, [앞의 두 종류의 본질 외] 다시 별도의 본질(=현상[法])은 없으며, 또 앞의 두 종류의 본질(=‘분별이 본질인 것’과 ‘의타성이 본질인 것’)이 없다는 사실이 바로 ‘실재인 본질’이다. 왜냐하면 [현상의] ‘실재’가 ‘[자체적] 특징 없음과 발생 없음’이기 때문이다. 모든 조건적 현상[有爲法]은 이 ‘분별이 본질인 것’과 ‘의타성이 본질인 것’ 두 종류가 본질인 것을 벗어나지 않는데, 이 두 종류가 본질인 것은 ‘실재’의 관점에서 볼 때 이미 [각각] 특징이 없고 발생이 없으며, 이 진리의 관점

196) ZZ21 262b19-c2; WX34 764a7-14. 위 구문을 해석함에 있어 대응 SNST(ZhT68.661.12-662.4)를 참조하였다. 티벳어역 자체도 많은 결락이 있어 한문 원문을 통해 보충하였다: /ṅo bo ñid med pa rnam pa gsum bstan paḥi bstan bcos las ni ḥdi daṅ mi mthun te(/) deḥi phyir de ñid las/ de kho na ñid kyi dbaṅ du byas nas de kho na ñid (ṅo bo ñid)* med paḥi phyir ṅo bo ñid med pa ṣes bśad pa ni de kho na ñid ḥdi la ṅo bo ñid gṣan med kyi/ sṅa maḥi ṅo bo ñid (gñis kyi med pa de kho na ñid)** yin te/ de kho na ñid mtshan ñid med pa daṅ/ skye ba med paḥi phyir ḥdus byas kyi chos thams cad ni kun du rtog pa daṅ gṣan gyi dbaṅ gi ṅo bo ñid las gud na med do/ /ṅo bo ñid (gñis)*** ḥdis de kho na ñid (du)**** mtshan ñid med pa daṅ skye ba med paḥi rigs pa deḥi phyir chos tham cad ni ṅo bo ñid med pa ñid du mtshuṅs so/ /ṅo bo ñid med pa ḥdi gcig (de)***** kho na ñid du med pa yaṅ yin la/ de kho na ñid du yod pa yaṅ yin du zin kyaṅ de kho na ñid la ni kun du rtog pa daṅ/ gṣan gyi dbaṅ ḥdi gñis yod ces bya ba daṅ de kho na ñid la kun du rtog pa daṅ/ gṣan gyi dbaṅ ḥdi gñis med ces bya ba med paḥi phyir yod ces byar yaṅ mi ruṅ la/ med ces byar yaṅ mi ruṅ ṅo ṣes bya ba nas rgya cher bśad paḥi bar du ḥbyuṅ te/ gṣan gyi dbaṅ yaṅ bsdus paḥi phyir ḥdi daṅ mi mthun no/(*P. N.을 따라 ‘ṅo bo ñid’를 보충하였다. **P. N.에 따라 ‘gñis kyi med pa de kho na ñid’를 보충하였다. 참고로 N.은 ‘gñis kyis med pa de kho na ñid’로 되어 있다. ***‘此二性’ 대응 번역이므로 ‘gñis’를 보충하는 것이 옳다. ****문맥상 ‘眞實’이 ‘mtshan ñid med pa daṅ skye ba med pa’를 수식하는 부사어이기 때문에 P. N.을 따라 ‘du’를 보충하는 것이 자연스럽다. *****‘眞實’ 대응 번역어의 일관성을 고려할 때 ‘de’를 보충하는 것이 옳다.)

(=두 종류 현상의 '실재인 본질'과의 동일시)에서 볼 때 모든 현상은 '하나의 자체적 본질 없음[一無性]'으로 같다. [그런데] 이 '하나의 자체적 본질 없음'에는 '실재'가 동반되지 않기도 하고 동반되기도 한다. ['하나의 자체적 본질 없음'에] '실재'가 동반되지 않을 때는[197] 이 '분별이 본질인 것'과 '의타성이 본질인 것' 둘이 존재하며, [반대로] '실재'가 동반될 때는 이 '분별이 본질인 것'과 '의타성이 본질인 것' 둘이 존재하지 않는다. 그래서 [다섯 가지 인식 대상처럼 실체적으로][198] 있다고도 [토끼의 뿔처럼 전혀] 없다고도 말할 수 없다.[199] ..."

해석한다. '의타적 발생이 본질인 현상'까지 통틀어 부정하기 때문에 이것(=『현양성교론』)과 같지 않다.

위 문장의 복잡한 이중 부정의 논리는 차치하고, 『현양성교론』과의 대조 속에서 원측이 명시하려는 것은 아마도 '하나의 자체적 본질 없음의 진리' 또는 '하나의 진여'의 두 측면, 즉 '실재'가 동반되는 '존재함'의 측면과 그것과 무관한 '비존재함'의 측면 그 어떤 경우라도 '의타성이 본질인 현상[依他性]'과 '실재인 본질[眞實性]'은 상호 모순적으로 성립한다고 본 진제의 관점일 것이다. 왜냐하면 이 관점은 자신이

---

197) 대응 SNST(ZhT68.661.12)에는 '眞實無'와 '眞實有' 대응 번역어가 없으며, '此分別依他' 앞에 각각 'de kho na ñid la('실재인 본질'의 관점에서 보면)'가 보충되어 있다: de kho na ñid la ni kun du rtog pa daṅ/ gṣan gyi dbaṅ ḥdi gñis yod ces bya ba daṅ de kho na ñid la kun du rtog pa daṅ/ gṣan gyi dbaṅ ḥdi gñis med ces bya ba med paḥi phyir yod ces byar yaṅ mi ruṅ la/ med ces byar yaṅ mi ruṅ ṅo ṣes bya ba nas rgya cher bśad paḥi bar du ḥbyuṅ te/

198) 원측의 인용에서는 생략된 『삼무성론』 원문 '如五塵'에 의거하여 보충하였다. 이어지는 '如兎角'도 마찬가지이다. 眞諦 譯, 『三無性論』 권상, T31 867c13 이하: 釋曰. 約真實性由真實無性故說無性者, 此真實性, 更無別法, 還即前兩性之無是真實性. 真實是無相 · 無生故. 一切有為法不出此分別 · 依他兩性, 此二性既真實無相 · 無生, 由此理故一切諸法同一無性. 此一無性真實是無, 真實是有, 真實無, 此分別 · 依他二有, 真實有, 此分別·依他二無, 故不可說有, 亦不可說無. 不可說有**如五塵**, 不可說無如免角, 即是非有性, 非無性, 故名無性性, 亦以無性為性, 名無性性, 即是非安立諦. 若是三性並是安立, 前兩性是安立世諦. 體實是無, 安立為有故. 真實性即是安立真諦, 對遣二有安立二無, 名為真諦, 還尋此性離有離無, 故非安立, 三無性皆非安立也. 此即第三相分, 明三種體相也.

199) 이 난해한 구절을 해석하면서 이와타 타이쇼우(岩田諦靜 2004. 375)의 다음 해설을 참조했음을 밝혀 둔다: "이 一無性은 眞實無이며 眞實有이다. 眞實性의 無란 分別 · 依他兩性이 有한 때이며 眞實性의 有란 分別 · 依他兩性이 無한 때이다. 따라서 眞實性의 無性은 有라고도 無라고도 설해질 수 없다. 그 '있음'(존재)은 五塵(五境) 같이 있음이며 '없음'(비존재)은 兎角 같이 없음이기 때문에 그것은 非有性이자 非無性이라 한다. 이 非有性과 非無性이 眞實性의 無性性이라고 설해진다."

표준으로 삼는 현장 역 『현양성교론』의 사유에 비추어 볼 때 낯설기 때문이다. 다시 말해 원측은 진제의 『삼무성론』이 '의타성이 본질인 현상'을 '하나의 진여'의 관점에서 '의타성이 본질인 것의 발생 없음[依他無生]'의 부정 논리를 통해 궁극적으로 부정되어야 할 대상으로 본 점에서 앞서 『현양성교론』에서 '의타적 발생이 본질인 현상'이 현상으로서 존재하면서 동시에 결여의 관계로 '승의무자성(勝義無自性)'과 연결되어 있다고 본, 즉 '존재함'과 '비존재함' 양 측면을 지닌다는 입장과 분명히 다르다고 인식하고 있다. 진제는 '자료12'와 '자료16'에서 본대로 '의타성이 본질인 현상'을 궁극적으로 '분별이 본질인 현상'과 함께 제거되어야 할 분별 작용[能分別]으로만 인식할 뿐 수행으로 연결되는 긍정적 계기에 대해서는 언급하고 있지 않은데, 그것은 아마도 그가 '의타성이 본질인 현상'을 '산란한 식[亂識]', 즉 번뇌 영향하의 마음으로 보았기 때문일 것이다.[200]

반면 경문 "'상상의 대상이 본질인 특징[遍計所執自性相]'으로 말미암아 저 중생들이 '의타적 발생이 본질인 것'과 '완성된 실재'에 대해 말을 한다(由遍計所執自性相故, 彼諸有情, 於依他起自性及圓成實自性中, 隨起言說.)"[201]에 대한 주석에서 원측은 '의타적 발생이 본질인 현상'이 수행의 관점에서 어떤 성격을 지니는지 명시한다.

---

200) 진제 역 『중변분별론(中邊分別論)』 「상품(相品)」(T31 451b19-24)에서는 '의타적 발생이 본질인 현상'을 지칭하는 산스끄리뜨 본의 'abhūtaparikalpatva'를 '亂識虛妄性'으로 옮기면서 '亂識'을 '分別(識)'의 다른 이름으로 사용하고 있다(cf. 현장 역 『변중변론(辯中邊論)』(T31 464c18)은 산스끄리뜨 본*에 충실하게 '虛妄分別性'으로 옮겼다). 더불어 산스끄리뜨 본과 현장역 본에는 없는 '亂識虛妄性'에 대한 간략한 해설을 덧붙이고 있다: (게송) 산란한 식(識)의 비존재성은 이 의미에서 성립한다. [산란한 식은] 실재적 존재[實有]도 실제 비존재[實無]도 아니기 때문이다. 그것(=亂識)을 소멸했기 때문에 해탈이다. (해석) '산란한 식의 비존재성은 이 의미에서 성립한다'는 말의 의미는 다음과 같다. 즉, 모든 세상[의 진리]는 오직 산란한 식일 뿐인데 <u>이 산란한 식을 왜 비존재라고 하는가? [산란한 식의] 인식 대상이 실재하지 않기 때문이며 [또] [산란한 식의] 본질이 산란하기 때문이다.</u>(亂識虛妄性 由此義得成/ 非實有無故　滅彼故解脫// '亂識虛妄性由此義得成'者, 謂一切世間但唯亂識, <u>此亂識云何名虛妄? 由境不實故, 由體散亂故.</u> '非實有'者, 謂顯<u>現似</u>四物. … '非實無'故者, 謂非<u>一切永無</u>.)
*대응 산스끄리뜨 본(Nagao 1964. 19): abhūtaparikalpatvaṃ siddham asya bhavaty ataḥ/ na tathā sarvathā 'bhāvāt/
예아위에(葉阿月 1975. 29)도 진제는 일관되게 '의타성이 본질인 현상'은 '亂識'이라고 보고 있지만 현장은 '의타적 발생이 본질인 현상'을 '亂'으로 보지 않았음을 지적한다.

201) ZZ21 265b20-21; WX34 770a8-9.

즉, '완성된 실재'와 더불어 '의타적 발생이 본질인 현상'은 '궁극적 관점에서 보면[理實] 언어 초월적이지만[離言], '상상의 대상이 본질인 특징' 때문에 그것에 대해 말을 하게 된다'고 지적한다.[202] 여기서 원측은 '의타적 발생이 본질인 현상'에는 궁극적 차원의 '언어 초월성[離言]'과 현실적 차원의 '언어성[名言]'의 두 측면이 있음을 지적한다. 또 '의타적 발생이 본질인 현상'과 '번뇌 영향하의 현상[雜染]'을 구분하는 곳에서는 '언어 초월성'의 측면이 수행의 기반이 되는 다섯 능력[五根]을 성숙시키는 번뇌 초월적으로 청정한 측면과 연결되는 반면, '언어성'의 측면이 윤회를 낳는 '번뇌 영향하의 현상'으로 이어짐을 암시하고 있어[203] '의타적 발생이 본질인 현상'의 이 양면성이 수행과 깊이 연관되어 있음을 보여준다.

이와 같이 '의타적 발생이 본질인 현상'이 '번뇌 초월적인 청정함'과 '번뇌 영향하에 있음', '윤회적 삶'과 '해탈'이라는 두 가지 상반된 가능성으로 열려 있는 관건적 현상이기 때문에 붓다는 '세 종류의 자체적 본질 없음' 중 가장 먼저 '발생 관련 자체적 본질 없음[生無自性性]'을 설법하였으며, 그것을 오해한 중생들을 올바로 이해시키기 위해 재차 '특징 관련 자체적 본질 없음[相無自性性]'과 '궁극적 진리인 자체적 본질 없음[勝義無自性性]'을 설했다고 『해심밀경』은 말한다.[204] 이에 대해 원측은 먼저 설해진 '발생 관련 자체적 본질 없음'이 소승(小乘) 수행자에게 설해진 '자아에 자체적 존재 없음[人無我, *pudgalanairātmya]'이며[205] 그 설법에 대한 집착에서 생긴, 자아를 구성하는 '현상들에 대한 집착[法執]'을 깨기 위해 결국 '특징 관련 자체적 본질 없음'과 '궁극적 진리인 자체적 본질 없음'이 설해졌다고 부연 설명한다.[206] 그래서

---

202) ZZ21 265c4-5; WX34 770a16-17: 理實, 二性皆離名言, 而由遍計所執相故於二相中有言說起.

203) ZZ21 266a9-10; WX34 771a8-10: 問. 依他·雜染有何差別? 答. 總·別有異, 或可, 寬·狹不同. 依他是寬. 從緣生者皆依他故, 三雜染中不攝長養五根等故.

204) ZZ21 266b20 이하; WX34 772a8 이하: 復次勝義生! 若諸有情, 從本已來, 未種善根, 未清淨障, 未成熟相續, 未多修勝解, 未能積集福德·智慧二種資糧. 我為彼故依生無自性性宣說諸法. 彼聞是已, 能於一切緣生行中隨分解了, 無常無恒, 是不安隱, 變壞法已, ... 彼雖如是種諸善根, 乃至積集福德·智慧二種資糧, 然於生無自性性中未能如實了知相無自性性及二種勝義無自性性. ... 如來為彼更說法要, 謂相無自性性及勝義無自性性.

205) ZZ21 267a1-3; WX34 773a1-3: 謂諸有情從本已來未悟諸法緣生道理, 妄執無因·自然而生. 是故世尊依生無自性性說'一切法皆從因生, 不由自然'.

206) ZZ21 267b4-9; WX34 773b10-15: 謂諸有情聞說'諸法從緣而生, 不從自在天等所生', 由斯解了

이어지는 경문은 마지막으로 '특징 관련 자체적 본질 없음'과 '궁극적 진리인 자체적 본질 없음'에 대한 확신[信解]을 통한 '발생 관련 자체적 본질 없음'에 대한 완전한 이해[通達]만이 궁극적으로 해탈을 가져올 수 있음을 지적한다.207) 요약하면, 원측은 『해심밀경』을 따라 『반야경』의 '공성'에 대한 새로운 이해인 '세 종류의 자체적 본질 없음'의 법문은 붓다가 수행의 관점에서 '의타적 발생이 본질인 현상'에 대한 올바른 이해를 위해 설한 것이며, 그것이 궁극적으로 목표로 하는 것은 해탈임을 말하고 있다.

5. 원측의 눈에 비친 진제 '일진여(一眞如)'의 존재론적 위상

'의타적 발생이 본질인 현상'을 부정한 기초 위에서 성립하는 진제의 '하나의 진여'를 원측은 존재론적으로 과연 어떻게 이해했을까? 이 물음에 답하기 위해 '세 종류의 본질'과의 관계 속에서 그 존재론적 위상을 확인해 보자. 원측은 「일체법상품」에서 ''세 종류의 본질'과 여러 종류의 식(識) 간의 대응 관계'에 대한 진제의 견해를 소개하면서 그가 부정하려는 두 종류의 본질과 긍정하려는 '실재인 본질'이 어떤 식을 지칭하는지 다음과 같이 밝히고 있다.

자료17

然此三相 ... 諸說不同. 且依真諦三藏說云, "第八賴耶名依他起〈性〉*, 眼等七識為分別性, 依他無生·分別無相為真實性."208)

그런데 이 세 종류의 특징(=遍計所執相, 依他起相, 圓成實相)의 ... 관련하여 해석들

無常等義, 積集福·智二資糧等, 而未能了**諸有為行皆如幻等非實有性**, 便執**諸法定有實性**, 此多不了**相無性性**, 或復不了如上所說二種勝義無自性性.

207) ZZ21 267c4 ~ 268a18; WX34 774a16 ~ 775a18: 彼聞如是所說法已, 於生無自性性中, 能正**信解**相無自性性及勝義無自性性, 簡擇思惟, 如實**通達**, 於依他起自性能不執著遍計所執自性相. 由言說不熏習智故, 由言說不隨覺智故, 由言說離隨眠智故, 能滅依他起相. 於現法中, 智力所持, 能永斷滅當來世因, 能遍**解脫**煩惱·業·生三種雜染.

208) 『解深密經疏』 권4, 「一切法相品」 ZZ21 254b18 이하; WX34 748a5 이하. *대응 SNST(ZhT68.607.18 이하: gṣan gyi dbaṅ gi ṅo bo ñid)에 따라 '起'를 '性'으로 교정하는 것이 자연스럽다.

이 상이하다. 먼저 진제 삼장은 다음과 같이 주장한다. "제8아뢰야식(阿賴耶識)을 '의타적 발생이 본질인 것'이라고 부르며, 시각[眼識] 등 일곱 가지 식(識)을 '분별이 본질인 것'이라고 보며, '의타성이 본질인 것의 발생 없음'과 '분별 대상인 [자체적] 특징 없음'을 '실재인 본질'로 본다."

원측에 의하면 진제는 제8아뢰야식(阿賴耶識)을 '의타성이 본질인 현상'으로, 나머지 일곱 식을 '분별이 본질인 것'으로, 그리고 여덟 종류의 식에 귀속되지 않는 '의타성이 본질인 현상의 발생 없음[依他無生]'과 '분별이 본질인 현상인 자체적 특징 없음[分別無相]'을 '실재인 본질[眞實性]'로 보고 있다. 여기서 여덟 종류의 식 바깥에 별개로 상정된 '실재인 본질'은 『삼무성론』에 따른다면 '산란한 식'인 제8식의 부정을 통해 성립하는 '궁극적이며 오직 하나뿐인 청정한 식[究竟唯一淨識]', 즉 '아마라식(阿摩羅識, *amalavijñāna)'이다.[209]

원측은 「심의식상품」에서 이 '아마라식'을 '제8아뢰야식이 지닌 번뇌 초월적 측면[淨分]'으로 재해석함으로써 진제의 '하나의 진여'에 대해 간접적으로 비판한다.[210] 이러한 비판은 「일체법상품」에서 소개되는 '세 종류의 본질'에 관한 여러 관점 중 원측이 수용한 두 관점, 즉 '소집(所執) · 연생(緣生) · 불변문(不變門)'과 '소집(所執) · 잡염(雜染) · 부도문(不倒門)'에 기반한 것으로 보인다. 그중에서도 전자, 즉 '의타적 발생이 본질인 현상'인 아뢰야식은 '번뇌 영향하의 의타적 발생이 본질인 현상[染分依他](=결함 동반적인 조건적 현상[有漏有爲])'과 '번뇌 초월적인 청정한 의타적 발생이 본질인 현상[淨分依他](=결함 초월적인 조건적 현상[無漏有爲])을 포괄하며, '완성된 실재'는 '모든 현상이 지닌 진리와 일치된 본모습인 진여[一切諸法平

---

209) 『三無性論』 권상, T31 871c28-872a15: 三識如如者, 謂一切諸行但唯是識, 此識二義故稱如如, 一攝無倒, 二無變異. 攝無倒者, 謂十二入等一切諸法但唯是識, 離亂識外無別餘法故, 一切諸法皆為識攝, 此義決定故稱攝無倒, 無倒故如如. 無倒如如, 未是無相如如也. 無變異者, 明此亂識即是分別 · 依他似塵 · 識所顯, 由分別性永無故, 依他性亦不有, 此二無所有即是阿摩羅識, 唯有此識獨無變異, 故稱如如. 前稱如如但遣十二入, 小乘所辨一切諸法唯十二入非是顛倒, 今大乘義破諸入並皆是無, 唯是亂識所作故. 十二入則為顛倒, 唯一亂識則非顛倒, 故稱如如, 此識體猶變異, 次以分別 · 依他遣此亂識. 唯阿摩羅識, 是無顛倒, 是無變異, 是真如如也. 前唯識義中亦應作此識說, 先以唯一亂識遣於外境, 次阿摩羅識遣於亂識故, 究竟唯一淨識也.

210) 원측의 진제 '아마라식' 비판의 구체적 내용에 대해서는 '보론1' 참조.

等眞如]’를 의미한다는 관점에 기반한 것으로 보인다.[211] 이처럼 ‘의타적 발생이 본질인 현상’에 ‘번뇌에 지배됨[染汚]’과 ‘번뇌 초월적인 청정함[淸淨]’의 가능성이 공존해 있다고 보는 원측은 ‘의타적 발생이 본질인 현상’ 바깥에 따로 설정된 순수한 마음을 낯설게 바라보고 있다.

6. 요약

지금까지 필자는 원측의 ‘‘세 종류의 본질’과 ‘세 종류의 자체적 본질 없음’의 관계’ 해석을 그가 부분적으로 비판한 진제의 관점과 대비하면서 그 해석의 특징을 밝혔다. 그는『해심밀경』의 주석가답게 ‘세 종류의 자체적 본질 없음’과 ‘세 종류의 본질’을 이해함에 있어 기본적으로 호법 · 현장의 관점을 지지하고 있으며 그것과 대비되는 진제의 사유에 대해서는 비판적인 입장을 취하고 있다.[212] 또 청변과의 유사성을 지적하면서 진제의 사유가 현상이 지닌 ‘존재함[有]’과 ‘비존재함[無]’ 양 측면의 포괄적 명시보다는 ‘존재함’의 부정, 즉 ‘비존재함’으로 기울어져 있다는 점을 암시하고 있으며, 또 청변과의 차이점을 부각시키면서 말할 수 없는 ‘하나의 진여’를 순수한 부정의 논리 이상의 모종의 존재성을 지닌 어떤 것으로 이해하였다.

이러한 구도하에서 이루어진 원측의 ‘‘세 종류의 본질’과 ‘세 종류의 자체적 본질 없음’의 관계’ 해석의 특징을 지적하면 다음과 같다. 첫째, 그는『해심밀경』의 ‘‘세 종류의 본질’이 ‘존재함’과 ‘비존재함’을 포괄한다’라는 말의 의미와 관련하여 ‘세 종류의 자체적 본질 없음’은 단순한 부정을 위한 부정이 아니라 동시에 ‘의타적 발

211) 『解深密經疏』 권4, 「一切法相品」 ZZ21 254c4-11; WX34 748a16-b5: 今述諸教所說三性, 總有二門. 一所執 · 雜染 · 不倒門, 謂妄所執實我 · 實法都無所有, 但隨妄情而施設故, 說之為有, 如是皆名遍計所執. 一切雜染諸有漏法從緣生者名依他起. 依因託緣而得生故. 一切有為無漏道諦及諸無為名圓成實. 二種皆是不顛倒故. 二所執 · 緣生 · 不變門, 謂妄所執實我 · 法等隨情有故, 名所執性. 有漏 · 無漏一切有為皆依他起. 一切諸法平等真如不變異故, 名圓成實. 두 관점 모두 ‘완성된 실재’를 ‘인식 작용을 가진 진여’, 즉 ‘보론1’에서 명시된 진제적 의미의 ‘아마라식’으로 보지는 않는다.

212) 고익진(高翊晋 1989. 148) 역시 이 점을 강조하고 있다: “ … 원측(圓測)의 이러한 진제(眞諦) 비판은 현장(玄奘) 전래의 호법계(護法系) 유식(唯識)을 선양하는 것을 의미한다. 진제를 파(破)할 때 현장과 호법의 학해(學解)가 함께 제시되는 일이 허다한 것이다.”

생이 본질인 현상'과 '완성된 실재' 두 종류의 현상이 '존재함'을 함축한다고 보았다. 둘째, 그는 '의타적 발생이 본질인 현상'이 '언어 초월성[離言]'과 '언어성[名言]', '번뇌에 지배됨[雜染]'과 '번뇌 초월적인 청정함[淸淨]'의 상반된 두 측면을 지니고 있다는 점에서 괴로움의 현실의 원인을 분석하는 관점[流轉門]에서든 그 원인을 제거하여 해탈로 나아가는 관점[還滅門]에서든 수행적으로 결정적인 중요성을 지니고 있으며, 그 맥락에서 '의타적 발생이 본질인 현상'에 대한 올바른 이해를 위해 결국 '세 종류의 자체적 본질 없음'이 설해졌다고 보았다. 셋째, 그는 이러한 '세 종류의 본질'과 '세 종류의 자체적 본질 없음'의 이해에서 낯선 사유로 등장한 '하나의 진여'에 대해 자신이 근거하는 '여덟 식 체계' 바깥의 현상으로 인식하여 배제하려 하였다.

이때 가섭(迦葉) 바라문이 붓다께 물었다. "세존이시여! 해탈(解脫)과 해탈 간에 차이가 있습니까 없습니까?"

붓다께서 말씀하셨다. "해탈과 해탈 간에 차이가 없으며 수행의 길[道]과 수행의 길 간에 차이가 없지만, 승(乘)과 승 간에는 차이가 있다. 비유하자면 왕성(王城)으로 난 길에 코끼리 수레를 탄 자도 있고 마차를 탄 자도 있고 나귀 수레를 탄 자 등도 있지만, 차례대로 그 길로 나아가서 결국 하나의 성에 똑같이 도달하는 것과 같다."

–『출생보리심경(出生菩提心經)』

제2장

'종성(種性)'에 대한 이해

1. 기존의 주요 연구

원측의 '종성' 해석에 대한 연구는 원측 연구사에서 가장 중요한 위치를 점하고 있었다. 왜냐하면 앞서 언급한 원측 연구의 개척자 하다니가 원측 종성론을 주요한 근거로 법상종 내에서 그의 위상을 정립했기 때문이다. 그는 '자은파'와 '서명파'의 대립 구도를 상정한 뒤 '종성' 이해에 있어서도 규기와 원측을 대립적으로 이해하고 있었다. 즉, 이른바 '종성론'을 오성각별설(五性各別說)과 일성개성설(一性皆成說)로 양분한 뒤 규기를 「규기전」의 전승에 따라 '오성각별설'을 지지하는 이로 보는 반면 원측을 그에 정반대되는 '일성개성설'을 지지하는 이로 분류하고 있다. 그 근거로 하다니는 『해심밀경소』「무자성상품」 주석 중 원측이 현장 진영의 입장을 소개한 뒤 만약 무성유정(無性有情)에게 열반의 원인이 없으며 정성이승(定性二乘)이 결코 성불하지 않는다면 앞서 인용한 그와 상반되는 주장을 하는 경전들과 어떻게 회통할 것인가 자문한 뒤 그에 대해 답하는 부분을 제시하고 있다.213) 이어서 하다니는

213) 羽溪了諦 1916b. 514-515: "그는 현장(玄奘)의 오성각별론(五性各別論)을 소개한 뒤 만약 무성유정(無性有情)에게 열반의 원인이 없으며 정성이승(定性二乘)이 결코 성불하지 않는다면 앞서 인용한 유성불(有佛性)의 증문(證文)은 어떻게 그것과 회통할 것인가 묻고 그것에 대해 답하면서 『열반경』의 "善男子! 我者即是如來藏義. 又一切衆生悉有佛性, 常住無有變易.", 『보성론』의 "問. 云何得知一切衆生有如來藏? 答. 依一切諸佛平等法性身知一切衆生皆有如來藏."을 인용한 뒤 이어서 "如此等文皆是真如法身佛性, 此即五性皆有佛性. 又涅槃云'譬如有人, 乃至定當得故'

원측의 종성론에 대해 다음과 같이 평가한다.

> 서명은 일성개성설의 설명에 아주 힘을 기울였지만 현장의 오성각별설에 대해서는 다만 경증(經證)만을 들고 있고 어떤 설명이나 의견도 덧붙이지 않고 있다. 따라서 유식종(唯識宗)의 입각해 있으면서도 현장자은(玄奘慈恩)이 주장한 오성각별설을 취하지 않고 오히려 천태화엄(天台華嚴)의 일승가(一乘家)와 마찬가지로 일성개성설을 내세우고 있다. 이처럼 중요한 문제에 대해 서명이 자은과 반대 의견을 가지고 있었다면 그가 자은학도(慈恩學徒)로부터 이단자로서 비난받게 되는 것은 당연하다 하지 않을 수 없다.[214]

하다니가 여기서 설정한 현장·규기와 원측의 대립 구도는 제1부 제2장에서 살펴본 대로 원측의 학맥을 '유식종의 이파(異派)'로 상정하고 그 일원으로 스스로 규정한 승장의 '종성' 해석에 대한 평가에도 적용되었다.[215] 요약하면, 하다니의 개척적인 연구는 원측을 현장·규기와 학설상 대립한 인물로 설정하고 또 그 구도 하에서 그를 일성개성론자로 확정 지은 점에서 특징적이다. 하다니의 관점을 계승하여

者, 如此等教皆是行性. 定當得故, 約不定姓少分而說."이라고 설하여 오성(五性)은 모두 불성(佛性)을 가지고 있으며 모두 성불할 수 있음을 증명하였다. 또 『법화경』의 "十方佛土中, 唯有一乘法, 無二亦無三, 除佛方便說"을 인용한 뒤 이른바 二三은 第二第三의 의미이며 無二亦無三은 연각(緣覺)도 성문(聲聞)도 없다고 하는 의미로 해석하는 것이 정당하다고 설하며 재차 『법화경』의 "世間無有二乘而得滅度, 唯一佛乘得滅度耳.", 『승만경』의 "聲聞·緣覺乘皆入大乘者, 即是佛乘.", 『열반경』의 "如來·聲聞·緣覺同一佛性, 同一無漏." 등을 인용하여 이승종성(二乘種性)도 성불할 수 있다고 증명하려 하고 있다."(인용 한문의 구두점은 필자가 찍었음)
하다니는 직전의 진제 진영 경증의 협주에 등장하는 리성(理性)과 행성(行性)의 의미를 간과한 결과 이곳이 '리성'과 '행성'의 구도 안에서 양자를 회통시켜 나가는 부분임을 간파하지 못하고 있다. 즉, 『열반경』과 『보성론』 인용 부분은 '리성'의 입장에서 일체중생의 성불이 가능함을 말한 것이고, 뒤에 인용되는 『열반경』의 '반드시 성불을 얻을 것이다[定當得]'는 '행성'을 염두에 두고 말한 것이라 명시한 점을 간과하고 있다. 또 『법화경』의 '無二亦無三'과 관련된 해석도 그 경문에 대한 다양한 해석들 간의 차이를 무시하고 상반된 두 주장의 경증들을 동일한 주장, 즉 모든 중생은 성불할 수 있음에 대한 경증으로 오독하고 있다. 기츠카와 역시 이런 점들을 지적하였으며(橘川智昭, 앞의 글 1999. 97), 그의 구분에 따른다면 위 텍스트들은 'Ⅳ'에 해당한다(다음 절의 '각주241' 참조). 필자의 위 텍스트 분류와 한국어 번역에 대해서는 각각 '부록1' ZZ21 270c13 이하와 장규언, 앞의 글 2013b. 117-123 참조.

214) 羽溪了諦 1916b. 515-516.

215) 羽溪了諦 1916c. 708-709.

원측을 '일성개성론자'나 전형적인 오성각별론자가 아닌 '일성개성론의 취지를 수용한 사상가'로 보는 입장은 조명기,[216] 박종홍[217] 등을 거쳐 이후 수많은 연구자들[218]에게 지속적으로 수용된다.

---

216) 趙明基 1962. 178: "무성유정(無性有情) 정성이승(定性二乘)을 열거한 것은 근기미숙시(根機未熟時)에 약(約)하여 설한 것이고 결정적으로 성불 못한다는 의의는 아니라고 회통하여 도리어 화엄(華嚴) 천태(天台) 등의 일승가(一乘家)에 찬동하여 일성개성설(一性皆成說)을 고취한 것은 주목할 만한 것이다. 이와 같이 법사는 해심밀경(解深密經)을 소의로 하는 유식학자이면서도 일체중생(一切衆生)이 모두 불과를 득하고 삼승(三乘)은 일승(一乘)에 귀(歸)할 것이라고 하는 일승가(一乘家)의 근본사상을 섭입(攝入) 포용하여 이것을 해심밀경의 오성각별설(五性各別說)과 조화한 것이 원측법사의 학설에 있어서 특색 중의 특색이라고 할 수 있는 것이다."
조명기는 원측이 종성론에 있어 비록 오성각별설과 조화를 추구했다고 하지만 구역의 입장에서 신역을 회통하는 부분 중 하나의 경증만을 들고 있을 뿐이며 또 어떤 맥락에서 양자가 조화를 이루고 있는지 밝히지 않고 있다.

217) 朴鍾鴻 1972. 80-82: "원측을 헐뜯는 말류들이 마치 오성종법(五性宗法)은 규기(窺基)만이 유통할 수 있고 원측(圓測)은 알지 못한 것처럼 만들어 전하려 한 어리석음을 웃지 않을 수 없다. 원측은 오성종별(五性種別)을 모른 것이 아니라 그 의의를 살리면서 지양하려고 한 것이다. 그리하여 원측은 열반경(涅槃經), 보성론(寶性論) 등을 인용하여 일체중생(一切衆生)이 모두 여래장(如來藏)을 가지고 있으며 오종성(五種姓)이 한결같이 불성(佛性)을 가지고 있음을 밝힌다. … 원측은 다시 나아가 해심밀(解深密)은 법화(法華)나 승만(勝鬘)이 각거일의(各據一義)인 데 대하여 일부의(一部義)를 구유(俱有)한* 것인 만큼 최료의(最了義)라고 하여 새로운 견해를 피력하였다. 즉 해심밀을 자은종(慈恩宗)에 있어서와 같이 오종성(五種姓) 영별(永別)에 있어서 보지 않고 일승적(一乘的) 견지가 있음을 살려서 본 것이다. … 그리하여 원측은 성불하지 못한다는 사상을 잠시 무성일변(無性一邊)에 의하여 설하는 것, 혹은 보살의 비원(悲願)을 나타내는 것이라고 보고, 심밀경(深密經)이나 유가(瑜伽) 등에서 정불성(定不成)이라고 함은 근미숙시(根未熟時)에 약(約)하여 나누어 설한 것이요 결정불성불(決定不成佛)이 아니라는 탁견을 결론적으로 단정한 것이다."(*'일부의를 구유하다'는 『해심밀경』의 '今此一部義俱有'를 토만 달아 읽은 것인데 뜻이 통하지 않는 비문이다. '각주237'에서 확인 가능하듯, '部'와 '義' 사이에 '二'가 보충되어야 온전한 의미의 문장이 된다.)
박종홍은 매우 통찰력 있게 원측이 『해심밀경』을 '일승적' 취지를 담고 있는 경전으로 해석한 점을 높이 평가한다. 하지만 아쉽게도 경증으로 구역의 입장에서 신역을 회통하는 논의의 일부만을 들고 있으며 그 '일승'이 구체적으로 무엇을 의미하는지는 말하고 있지 않다.

218) 대표적으로 오형근(吳亨根 1976. 3)은 원측이 "법화경(法華經)·열반경(涅槃經)·승만경(勝鬘經) 등 대승사상(大乘思想)을 도입하여 일승적(一乘的)인 오성종법(五性種法)을" 세웠다고 말한다. 정영근(丁永根 1994, 2002)은 원측이 '오성각별'이든 '일성개성'이든 붓다의 설법 모두가 여러 근기의 중생들 모두에게 구원론적으로 의미를 지니고 있다고 보았다는 점에서 그를 일성개성론자로 보고 있다. 원측이 소개한 진제 진영의 일성개성론과는 다른 의미로 '일성개성론'을 사용하고 있다.
고영섭(高榮燮 1998a. 98-99) 역시 박종홍을 따라 원측을 일성개성론자로 보고 있다.

하지만 근래에는 원측을 오성각별론자로 보는 견해가 대두하게 된다.

먼저 정병조(鄭炳朝)[219]는 원측이 『해심밀경소』에서 오성각별을 확실히 수용하고 있다고 하면서도 오성각별은 중생의 근기가 아직 성숙하지 않았을 때에 설한 방편설이고, 일체개성(一切皆成)은 부정종성(不定種性)을 유도하기 위한 방편으로서 부분적인 일체중생[少分一切]에게 설해졌다고 보았기 때문에 양 교설을 방편적으로 대등하게 인정했다고 보는 등 다소 모호한 입장을 취한다.

일본의 기츠카와 토모아키[220]는 둔륜의 『유가론기(瑜伽論記)』에 인용된 원측설[221] 가운데 오성각별을 명확히 주장하고 있는 부분을 제시하면서 원측이 일체개

탕아메이는 몇 가지 단편적 자료를 근거로 원측이 "현장(玄奘) · 자은(慈恩)의 주장을 반대하면서도 무성종성을 설한 경전을 들어 그들을 전면적으로 부정하지는 않았고, 구역(舊譯)인 진제(眞諦)의 '일성개성설(一性皆成說)'에 동조하여 구역의 주장을 존중하였다"고 주장한다. 하지만 어떤 맥락에서 양측의 입장을 다 존중했는지는 역시 말하고 있지 않다(唐阿美 1997. 143).

219) 鄭炳朝 1998. 정병조의 논문에는 각주를 통한 문헌적 전거 제시가 없어 아쉬움이 있다.

220) 橘川智昭, 앞의 글 1999.

221) 釋遁倫 集撰, 『瑜伽論記』 권9(하), 「成熟品」 T42 520c20 이하: 測云, "有人依『涅槃經』說'一切衆生皆有佛性'等文證, 謗新翻『經』·『論』非是正說, 此卽不可. 所以者何? 舊『善戒經』及『地持論』皆同說'無種姓人可以人天而成熟之'. 又舊『大莊嚴論』第一云, "次分別無姓位, 偈曰: 一向行惡行 普斷諸白法/ 無有解脫分 少善亦無因// 釋曰. 無般涅槃法者, 是無姓位, 此略有二種, 一者時邊般涅槃法, 二者畢竟無般涅槃法. 時邊般涅槃法者, 有四種人, 一者一向行惡行, 二者普斷諸善法, 三者無解脫分善根, 四者善不具足. 畢竟無涅槃法者, 無因故彼無般涅槃性, 此謂但求生死不樂涅槃人." 如此等文皆同此『論』說無種姓, 何獨謗新翻耶?"(원측은 다음과 같이 말한다. "어떤 이들은 『열반경』에서 '모든 중생에게 불성이 있다'고 하는 등의 경문의 근거에 의거하여 [현장이] 새로 번역한 경론은 정설이 아니라고 비방하는데 이는 옳지 않다. 왜 그런가? [『유가사지론』의] 구역(舊譯)인 『보살선계경(菩薩善戒經)』과 『보살지지경(菩薩地持經)』에서 모두 "불성이 없는 이들은 사람과 천신[의 승(乘)으로써] 성숙시켜 줄 수 있다"라고 말하기 때문이다. 또 구역인 『대승장엄경론(大乘莊嚴經論)』 제1권에서는 다음과 같이 말한다. "다음으로 불성이 없는 상태를 구분하여 게송으로 읊는다. 첫째는 오로지 악행을 행함이며, 둘째는 뭇 선한 것을 완전히 단절함이며, 셋째는 해탈의 구성요소인 선함의 뿌리가 없음이며, 넷째는 좋은 것[의 원인이] 적거나 그 원인이 없음이라네. [게송을] 해석한다. 열반의 특성이 없는 것이 곧 불성이 없는 상태인데, 여기에는 대략 두 종류가 있으니 첫째는 완전한 열반의 특성이 일시적으로[時邊] 없음이며 둘째는 완전한 열반의 특성이 전혀[畢竟] 없음이다. 완전한 열반의 특성이 일시적으로[時邊] 없는 이에도 네 부류의 사람이 있으니, 첫째는 오로지 악행을 행하는 이며, 둘째는 뭇 좋은 것을 완전히 단절한 이며, 셋째는 해탈의 구성요소인 선함의 뿌리가 없는 이며, 넷째는 좋은 것[의 원인이] 온전히 갖추어져 있지 못한 이다. 완전한 열반의 특성이 전혀[畢竟] 없는 이는 원인이 없기 때문에 완전한 열반 가능성이 없으며 이와 같은 이를 다만 윤회적 삶만을 좇고 열반을 추구하지 않는 사람이라 한

성론자로 알려진 것에 대해 『해심밀경소』와 선행 연구에 대한 재검토가 필요하다고 보고 『유가론기』와 『해심밀경소』의 내용을 대비하고 규기의 『묘법연화경현찬(妙法蓮華經玄贊)』, 『대승법원의림장(大乘法苑義林章)』 등의 전통적인 법상 교학에서 일승(一乘)을 이해하는 방법을 참조하면서 『해심밀경소』를 새롭게 해독하여 하다니와 정반대로 원측을 오성각별론자로 자리매김하였다. 또 그는 더 나아가 원측도 불성(佛性)을 이념적 차원에서 무성유정을 포함한 모든 중생에게 있는 리불성(理佛性)과 중생의 근기에 따라 차별적으로 존재하는 행불성(行佛性)으로 나누어서 보고 있으며 그 해석틀은 친광(親光, *Bandhuprabha 또는 Prabhamitra)의 『불지경론(佛地經論)』과 규기의 『성유식론장중추요』, 『묘법연화경현찬』 등에서 이미 설해지고 있음을 지적하면서[222] 규기와 근본적으로 차이가 없으며 오히려 원측이 규기의 이론적 선구가 되는 것으로 이해하고 있다.[223]

이에 반해 요시무라[224]는 원측을 오성각별론자로 전제하면서 그 안의 특징에 주목했는데, 원측이 부정종성에 주목하여 부정종성설 속에 종래의 불성사상을 비판적으로 포괄한 반면 규기는 무성유정의 성불 불가능성을 역설해서 일체개성론자와 첨예하게 대립하였다고 보아 양 사상가 간의 차이를 부각시켰다.

필자는 이하에서 원측의 종성 해석의 근본 의도가 '오성각별론자'와 '일체개성론자' 간의 갈등 조정, 즉 화쟁(和諍)에 있다는 점에 주목하면서 하다니로 대표되는 전통적인 견해와 그에 대한 비판을 중심으로 하는 기츠카와로 대표되는 최근의 견해 모두를 비판적으로 보완하고자 한다.

다." 이와 같은 등의 경문이 모두 이 논(=『유가지사론』)과 같이 불성이 없는 부류에 대해 설하는데 왜 유독 신역(新譯)만을 비방하는가?")

222) 기츠카와 토모아키, 앞의 글 2001b.

223) 橘川智昭, 앞의 글 1999. 117, 미주22.

224) 吉村誠 2000. 요시무라는 현존하는 문헌에서 그 주제가 다루어지는 분량을 기준으로 차이를 논하고 있는데다 설득력 있는 경전적 전거 제시가 부족하여 아쉬움이 남는다.

2. 원측 '종성' 해석의 기본 구조

원측이 종성의 주제를 본격적으로 논의하고 있는 곳은 잘 알려진 「무자성상품」 외에도 「무자성상품」의 경문을 재차 인용하면서 재해석하고 있는 「지바라밀다품」이 있는데 필자는 앞으로 원측 종성론의 대강을 파악하기 위해 두 품의 논의 순서를 따라가면서 원측 종성론의 기본 구조를 밝히고자 한다.

1) 「무자성상품」에서 종성이 논의되는 맥락: 일승(一乘)과 삼승(三乘)

먼저 「무자성상품」에서 종성(種性, gotra)이라는 주제는 앞서 언급한 붓다가 승의생(勝義生)에게 대답하는 네 번째 주제인 '삼무성 통찰 수행과 관련지어 일승(一乘)의 의미를 밝힘[約三無性觀辨一乘義]'225) 속에서 다루어진다. 이 전체 주제 속에서 원측은 붓다의 대답을 다음과 같이 크게 세 부분(A, B, C)으로 나눈 뒤 제1부분을 다시 세 부분(A-1, A-2, A-3)으로 나눈다.

자료18

復次<u>勝義生</u>! 諸聲聞乘種姓有情, 亦由此道此行跡故, 證得無上安隱涅槃, 諸獨覺乘種姓有情, 諸如來乘種姓有情, 亦由此道此行跡故, 證得無上安隱涅槃.226)

A-1: 또 승의생아! 뭇 성문승(聲聞乘) 부류[種姓]227)의 중생도 이 길[道]과 이 발자취

---

225) ZZ21 268a24-b2; WX34 775b6-8: 釋曰. 此下第四約三無性(觀)辨一乘義義.

226) ZZ21 268a20-23; WX34 775b2-5.

227) 산스끄리뜨 원어 'gotra'에는 '가문', '집단' 등의 뜻과 동시에 그 구성원의 공통된 '본성'이라는 의미가 있는데 대응 한자 번역어 '性' 또는 '姓'도 그 중의적 느낌을 잘 담아내고 있다. 루엑(Ruegg 1976. 342) 역시 'gotra'의 중층적 의미와 연관된 두 가지 맥락의 비유를 소개하고 있는데 하나는 사회생물학적 비유(socio-biological metaphor)로서 이 경우의 'gotra'는 'kula', 'vamśa'(='種姓') 등의 의미이며 둘째는 생물학 또는 식물학적 비유로서 이때의 'gotra'는 'bīja'(='種子')와 동의어이다. 이 점을 의식하면서 대부분 '부류'로 번역했지만 동사 '無'와 '有'의 목적어로 쓰이는 경우에는 'bīja'의 의미를 염두에 두면서 번역해 보았다. 예를 들어 '(般)涅槃性'(산스끄리뜨 원어는 '(pari)nirvāṇa-gotra'*)은 '(완전한) 열반 가능성'으로, 넓은 의미의 불성을 의미하는 '種性' 또는 '性'은 '불성'(예를 들어 '無性'의 산스끄리뜨 원어는 'agotra'*임. 『보성론(寶性論)』에서도 'gotra'가 '佛性'이나 '性'으로 번역된 적이 있음(小川一乘 1974. 51-52 참조))으로, 특정 부류의 불성을 의미하는 '種性'이나 '性'(예: '聲聞種性', '菩薩性)은 그대로 '종성'으로

[行迹]를 통해 위없는 평온한 열반을 얻으며 뭇 독각승(獨覺乘) 부류의 중생과 뭇 여래승(如來乘) 부류의 중생도 이 길과 이 발자취를 통해 위없는 평온한 열반을 얻는다.

一切聲聞 · 獨覺 · 菩薩皆共此一妙清淨道, 皆同此究竟清淨, 更無第二乘, 依此故密意說言'唯有一乘'.[228)]

A-2: 성문, 독각, 보살 모두 심오하고 번뇌 초월적으로 청정한 이 하나의 길[一妙清淨道]을 같이 하며 이 궁극적인 청정함[究竟清淨]을 같이 할 뿐 다시 제2의 승(乘)은 없으며 이에 의거하여 숨은 의도로 오직 일승(一乘)만이 있을 뿐이라고 설한 것이다.

非於一切有情界中無有種種有情性, 或鈍根性, 或中根性, 或利根性有情差別.[229)]

A-3: 모든 중생의 세계에 여러 종류의 중생의 부류, 즉 혹자는 열등한 수행 능력을 지닌 부류이고 혹자는 중간 정도의 수행 능력을 지닌 부류이고 혹자는 뛰어난 수행 능력을 지닌 부류인 등 중생 간의 차이가 없는 것이 아니다.

善男子! 若有一向趣寂聲聞種性補特伽羅, 雖蒙諸佛施設種種勇猛加行方便化導, 終不能令當坐道場證得阿耨多羅三藐三菩提.[230)]

번역해 보았다. 또 '理性'(='理佛性')과 '行性'(='行佛性')**은 '이상의 불성'과 '수행의 불성'으로 번역해 보았는데 둘은 중국 불교의 전문술어여서 대응 산스끄리뜨어를 확인할 길이 없지만 이때의 '性' 또는 '佛性'이 'gotra'를 염두에 두고 사용되었다고 보아도 큰 무리가 없을 것이다. 그런데 대응 티벳어역은 'don gyi rigs과 spyod paḥi rigs'이 아니라 'don gyi ṅo bo ñid'***와 'spyod paḥi ṅo bo ñid'(ZhT68.758.13)인데 이는 최둡이 이런 번역어 관례에 무지한 상태에서 '性'을 기계적으로 'ṅo bo ñid'로 번역한 데서 비롯된 것으로 보인다.

*『대승장엄경론』의 산스끄리뜨어본(Lévi 1907. Tome Ⅰ, 3.11) 참조

**혜소가 '理性'과 '行性'을 각각 '理佛性'과 '行佛性'으로 치환한 용례(慧沼 撰, 『能顯中邊慧日論』 T45 436c11-13 … 440c11-15) 참조: 若不信一切眾生悉有<u>行佛性</u>者, 名信不具足. 又若許悉有<u>行性</u>, 違彼所執見道已前無無漏故. … 若論<u>理性</u>, 無二不生, 如涅槃第二十六, 斷善闡提亦皆具故. 彼經云, "若菩提心是佛性者, 一闡提輩則不得名一闡提也. 菩提之心亦不得名為無常." 此意以菩提心非<u>理佛性</u>, 若是理性闡提不斷, 處處誠說, 不勞廣引.

***「지바라밀다품」의 핵심 구절 一乘約**理 · 行**說(뒷부분 '각주248' 참조) 대응 SNST(ZhT69. 236.2-3: dgcig tu gsuṅs pa ni <u>don daṅ spyod paḥi</u> dbaṅ du mdsad nas gsuṅs pa yin pa)와 '行性' 대응 티벳어역 'spyod paḥi ṅo bo ñid'에 준해 이렇게 추정할 수 있음.)

228) ZZ21 268b19-20; WX34 776a7-8.

229) ZZ21 273a1-2; WX34 785a1-2.

230) ZZ21 273a22-24; WX34 785b4-6.

B: 훌륭한 가문의 아들이여! 만약 오로지 고요함만 추구하는 성문의 부류에 속한 사람이 있다면 [그는] 비록 뭇 붓다의 여러 가지 용맹한 실천의 방편을 통한 교화를 입는다 해도 [붓다께서] 끝내 [그로 하여금 붓다들이 계시는] 도량에 앉아 위없는 올바르고 평등하고 완전한 깨달음을 얻게 만들 수는 없다.

若回向菩提聲聞種性補特伽羅, 我亦異門說為菩薩. 何以故? 彼既解脫煩惱障已, 若蒙諸佛等覺悟時, 於所知障, 其心亦可當得解脫.[231]

C: 깨달음을 되돌리는 성문의 부류에 속한 사람의 경우 나는 다시 다른 관점에서 보살이라고 부른다. 왜 그런가? 그는 이미 번뇌의 장애[煩惱障]를 벗어났기에 만약 뭇 붓다의 평등한 깨달음을 만나게 될 때 앎의 대상의 장애[所知障]에 대해서도 그 마음이 해탈을 얻을 수 있을 것이기 때문이다.

원측은 'A'의 큰 주제는 "'성자(聖者)의 길'과 관련지어 '일승'의 의미를 밝힘[約聖道辨一乘義]"이며, 그 요지는 세 부류[三種姓]에 대해 여래께서 방편으로 '일승(一乘)'이라고 설했지만 실제로는 '삼승(三乘)'이 모두 있으며 '삼승' 각각이 남김 없는 궁극적 열반[無餘依究竟涅槃]을 얻음으로 명시한 후, 경증으로서 『승만경(勝鬘經)』을 든다.[232] 이어서 이 단락 안의 'A-1', 'A-2', 'A-3'의 주제에 대해 '삼승' 각각이 자신들의 남김 없는 열반[無餘涅槃]을 얻음, '성자의 길'을 염두에 두고 붓다께서 방편상 '일승'이라고 설함, 실상 '삼승'에 차이가 있음을 밝힘으로 각각 규정한다.[233] 요약하면, 원측은 'A'를 붓다가 승의생에게 '일승'이 '방편'이고 '삼승'이 '실제'이므로 '삼승' 간에는 현실적으로 차이가 존재함을 강조한 말로 해석한 셈이다.

'B' 고요함만을 지향하는 성문[一向趣寂聲聞]은 결코 성불할 수 없다는 말은 부류가 확정된[定性] 성문과 독각의 이승(二乘) 수행자들은 오직 자신들의 남김 없는 열

231) ZZ21 273c2-14; WX34 786a14-b8.

232) ZZ21 268b3-5; WX34 775b8-11: 總釋意云, 第一段中, 約三種姓如來方便說為一乘, 就實正理, 具有三乘, 各證無餘究竟涅槃. 『勝鬘經』意亦同此說.

233) ZZ21 268b12-18; WX34 775b18-776a6: 就初段中復分為三, 初明三乘各證自乘無餘涅槃, 次約聖道(明)方便說一, 後明理實三乘差別, 此即第一. 謂三乘種姓各以無性妙清淨道證無餘依妙涅槃界. 然彼聖道【能通】義故, 名之為'道', 即彼聖道諸聖遊履, 亦名'行跡'. 由此道 · 跡, 離諸煩惱 · 有漏苦身, 證得常住 · 寂滅之樂, 是故說為'安隱涅槃'.

반만을 얻을 뿐 그 이후 결코 성불할 수 없다는 의미이며[234] 이런 취지의 말의 예로서 『유가사지론(瑜伽師地論)』의 "이승 수행자가 체험하는 남김 없는 열반의 경지에서는 오직 진여(眞如)의 번뇌 초월적으로 청정한 진리 영역[法界]만이 있을 뿐이다(二乘所證無餘涅槃唯有真如清淨法界.)"라는 구절을 들고 있다. 『유가사지론』의 이 구절은 부류가 확정된 이승 수행자에게는 흔히 모든 중생에게 갖추어져 있다고 말해지는 순수한 가능성으로의 불성(=真如清淨法界)만 있을 뿐 실질적인 불성은 없음을 함축하고 있는데 이는 결국 '이상의 불성' 차원에서의 성불 가능성 긍정과 '수행의 불성' 차원에서의 부정을 의미한다고 볼 수 있다.

'C' 깨달음을 되돌리는 성문[廻向菩提聲聞]은 반드시 성불한다는 말의 함축은 부류가 미정인[不定] 깨달음을 되돌리는 성문은 반드시 성불할 수 있음이다.[235] 원측은 이 취지의 붓다의 말로서 다음과 같이 『법화경』의 두 구절을 인용한다.

> 자료19
>
> 是故『法華』「方便品」說, "為二乘種姓理實決定得成佛果."* 若依此說, 方便說三, 就實為一. 故『法華』云, "十方佛土中 唯有一乘法/ 無二亦無三 除佛方便說//"[236]
>
> 그래서 『법화경(法華經)』「방편품(方便品)」에서 "[성문과 보살의] 이승(二乘)의 부류는 실제로 반드시 성불의 결과를 얻을 것이다"라고 한다. 만약 이 설에 의거한다면 [붓다께서] 방편상 '삼승'을 설했지만 실제는 '일승'이다[方便說三, 就實爲一]. 그래서 『법화경』에서 "시방의 붓다의 땅에 오직 '일승'인 진리가 있을 뿐 둘도 셋도 없다네[唯有一乘法, 無二亦無三]. 붓다께서 방편으로 설하신 경우를 제외하고는"이라고 설한 것이다.

여기서 우리가 주목해야 할 것은 원측이 부류가 미정인 성문에게 설해지는 '일승'의 의미를 방편[方便]이 아니라 실제[實]로 보고 있다는 점이다. 그가 붓다의 유일

---

234) ZZ21 268b5-7; WX34 775b11-13: 第二段意, <u>定性二乘唯證二乘無餘涅槃, 必無後時得成佛義</u>. 故『瑜伽』云, "二乘所證無餘涅槃唯有真如清淨法界."

235) ZZ21 268b7 이하; WX34 775b13 이하: 第三段意, 不定種姓迴向聲聞必當成佛.

236) ZZ21 268b7 이하; WX34 775b13 이하. *첫 인용문은 다음(鳩摩羅什 譯, 『妙法蓮華經』 권1, 「方便品」 T9 8a15-16)을 축약한 것이다: <u>聲聞若菩薩</u> 聞我所說法/ 乃至於一偈 皆成佛無疑/

한 승(乘)을 지향하고 있기에 '일승'의 의미가 단순한 이상 차원의 긍정만이 아니라 수행론적으로 실질적 의미를 지닌다는 의미로 읽을 수 있겠다.

이처럼 경문 전체에 단락을 지어 각 단락의 주제에 대해 명시한 후에 원측은 '일승'과 '삼승' 관련하여 『해심밀경』이 어떤 입장에서 설해졌는지를 얘기한다. 즉, 『승만경』에서 붓다는 방편으로 '일승'이라고 설하지만 실질적으로는 '삼승' 간의 차이를 강조한 반면[方便說一, 就實爲三], 『법화경』에서는 방편적으로 '삼승' 간의 차이를 설하지만 실질적으로는 '일승'임을 강조했는데[方便說三, 就實爲一], 여기 『해심밀경』에서 붓다는 '일승'과 '삼승' 두 가지 측면을 모두 포괄하여 말했으며 그 점에서 『해심밀경』이 '최상의 명시적 진리[最了義]'라고 말한다.[237] 필자는 이 말이 원측 '종성' 이해의 해석학적 지평(hermeneutical horizon)이라고 생각한다. 『해심밀경』을 주석하는 불교사상가 원측은 여기서 결국 '일승'을 강조하는 붓다의 말과 '삼승'을 강조하는 붓다의 말 모두를 진리로 받아들이고 있음을 스스로 고백하고 있으며, 이는 「지바라밀다품」에서 시도되는 '삼승가'와 '일승가' 간의 화쟁(和諍)에 의해 재차 확인될 것이다.

2) '일승(一乘)'의 의미에 대한 논쟁 소개 및 해석

(1) '일승'을 읽는 관점: 리일(理一)과 도일(道一) · 과일(果一), 법신(法身)과 수용신(受用身)

이상의 큰 맥락 속에서 경전 속에서 설해지는 '일승'의 의미가 무엇인지에 대해 논의되는데 원측은 'A-2'의 세 부류가 모두 공유하는 '일묘청정도(一妙清淨道)'와 '구경청정(究竟清淨)' 주석에서 '일(一)'의 의미에 세 가지 차원이 있음을 말한다.

---

237) ZZ21 268b11-12; WX34 775b17-18: 『法華』 · 『勝鬘』各據一義, 今此一部(二)義俱有, 故『解深密』是最了義. 【[義如『別章』.]】

자료20

又云, '一'言自有三種, 一道一故名'一', 二果一故名'一', 三理一故名'一'. 今依此文, 有其二種, '妙清淨道'即是道一, '究竟清淨'即是果一. 依此二一, 更無第二, 故深密意說'唯有一乘', 而不同下**第四卷中約理無別故說一乘**.[238]

또 [경문의 취지에 대해] 다음과 같이 말할 수 있다. '하나[一]'라는 말에는 본디 세 종류[의 의미]가 있는데. 첫째, 수행의 길이 하나[道一]이기 때문에 '하나'라고 하며, 둘째, 수행 결과가 하나[果一]이기 때문에 '하나'라고 하며, 셋째, 수행 이상이 하나[理一]이기 때문에 '하나'라고 한다. 지금 이 문장의 경우 [셋 중] 두 종류[의 의미]를 함축하는데, [그중] '심오하고 번뇌 초월적으로 청정한 길[妙清淨道]'은 곧 '길이 하나임'이며, '궁극적인 청정함[究竟清淨]'은 곧 '결과가 하나임'이다. 이 두 종류의 '하나'를 염두에 두고 다시 제2[의 승(乘)은] 없으며, 그 이유에서 심오한 숨은 의도를 지니고서 '오직 일승(一乘)만이 있을 뿐이다'라고 말한 것이며, [그런데 이 두 종류의 '하나'(=道一과 果一)는] 뒤의 [『해심밀경』] 제4권(=「지바라밀다품」)에서 '수행 이상에 차이가 없는[理無別] 까닭에 일승(一乘)이라 설했다'고 말한 부분[에서의 '차이 없음'(='하나')]과 같지 않다.

위에서 원측은 '일승'의 '일'은 '심오한 자체적 본질 없음을 통찰하는 하나의 길[一妙無性道]'인 '수행 방법의 동일성[道一]'과 그 결과로서 얻는 '궁극적인 청정함[究竟清淨]'인 '수행 결과의 동일성[果一]'을 의미하며, 제4권, 즉 「지바라밀다품」의 '수행 이상[理]에 차이가 없는 하나', 즉 '수행 이상의 동일성[理一]'과는 다르다고 말한다. 요약하면, 원측은 '일승'을 각자의 승을 지향하고 있는 세 부류가 공유하는 '수행 방법 및 결과의 동일성'을 의미하는 '일승'과 「지바라밀다품」의 '법계(法界)'나 '리취(理趣)'로 표현되고 '진여(眞如)'로 이해된 '수행 이상의 동일성'을 의미하는 '일승'[239]으

238) ZZ21 268c8-12; WX34 776b2-6.

239) 『해심밀경』 제4권, 즉 「지바라밀다품」의 '리무별(理無別)'은 그곳의 경문 '同一法界'와 '同一理趣'를 지칭하는 것으로 보이는데, 그 '법계(法界)'와 '리취(理趣)'를 원측은 '진여(眞如)'로 이해하고 있다(『解深密經疏』 권9, 「地波羅蜜多品」 ZZ21 399b8 이하; WX35 87b2 이하: 佛告觀自在菩薩曰, "善男子! 如我於彼聲聞乘中, 言宣說種種諸法自性, 所謂五蘊, 或內六處, 或外六處, 如是等類, 於大乘中, 即說彼法同一法界同一理趣, 故我不說乘差別性." 釋曰. … 佛告觀自在曰, 如我於彼聲聞乘中說宣蘊等, 由此理趣, 諸乘差別, 而我於此大乘教中說同一性**眞如**同故.). 그런데 이 '진여(眞

로 크게 구분하고 있다. 이러한 구분은 '일승'의 본질[體性]이 무엇인가에 대한 후속 논의에서 '세 종류의 몸[三身]'의 관점에서 좀 더 구체화된다.

자료21

論體性者, 若受用身, 四智心品所攝蘊等以為體性; 若就法身, 真如為體.240)

[일승의] 본질에 대해 논하자면, 향유의 몸[受用身]의 경우 네 가지 앎[四智] 부류로 분류 가능한 더미[蘊] 등을 본질로 하며, 진리의 몸[法身]의 경우 진여(眞如)를 본질로 한다.

원측의 사유의 결을 따라갈 때 '수행 이상의 동일성'은 '진여(眞如)'를 본질로 하는 '진리의 몸[法身]'을 지칭하며, 위 글 직전에 '진리의 몸'이 어떤 의미에서 '일승'인지를 해설하는 『법화론(法華論)』 문장('자료30')에서 확인 가능하듯이 여래와 성문이 이념적으로 같음을 환기시킨 말이라면, '수행 방법의 동일성'과 '수행 결과의 동일성'은 '자료30'의 『승만경』과 『법화경』 인용문에서 명시되듯이 성문과 연각 모두 궁극적으로는 '네 가지 앎[四智]'을 향유하는 붓다의 몸을 동일한 목표로 하여 수행해야 함을 강조한 말로 이해할 수 있겠다. 여기서 원측은 '일승'의 의미를 '수행 방법 및 결과의 동일성'과 '수행 이상의 동일성' 두 차원으로 나눈 뒤, 이후 이 관점을 통해 진제와 현장 진영 간에 '일승'의 의미를 둘러싸고 벌어지는 논쟁을 해석하고 교통정리한다.

(2) 원측에 의한 논쟁의 소개와 해석

원측에 의해 소개된 논쟁의 개요와 그 논쟁에 대한 교통정리는 대략 다음과 같다.241)

如)'는, 뒤에서 자세히 논하겠지만 결론부터 말한다면, 단순히 '리일(理一)'만을 지칭하는 것이 아니라 '도일(道一)'과 '과일(果一)'까지 포괄하는 동일성이다. 따라서 원측의 말에 모순이 존재한다. 굳이 일관되게 해석한다면 여기서 다르다고 하는 '리무별(理無別)'의 '리(理)'는 '리일'의 측면만을 의미하는 '법계'(='리취'='진여')로 읽을 수 있겠다.

240) ZZ21 268c17-18; WX34 776b11-12.

241) 기츠카와(橘川智昭, 앞의 글 1999. 97, 106-110, 112)는 필자와 상당히 유사한 방식으로 종성론

(가) 먼저 진제 등 일부 논사들이 모든 중생은 불성을 가지고 있으며[一切衆生皆有佛性], 무성유정도 성불할 수 있다[無姓[242]有情亦得成佛]고 주장하면서 경증으로

의 구성을 이해하고 있다. 일단 그 요지를 소개하면 필자의 '(라)'까지에 해당하는 전체 논의를 "Ⅰ. 일체개성(一切皆成)의 증문(證文): 一眞諦等 ~ 令發心故. Ⅱ. 오성각별(五性各別)의 증문에 대한 해석: 准此等文 ~ 假說二乘. Ⅲ. 오성각별의 증문: 二者大唐 ~ 必不成佛. Ⅳ. 일체개성의 증문에 대한 해석: 若爾如何 ~ 非無差別."(ZZ21 269c22)로 세분하고 있다. 그 뒤에 원측의 해석학적 지평이 'Ⅳ. 일체개성의 증문에 대한 해석'에 놓여 있다고 보고 그 점을 증명하기 위해 'Ⅰ. 일체개성의 증문'과 'Ⅱ. 오성각별의 증문에 대한 해석'과의 연관 관계를 화살표를 통해 구체적으로 적시하고 있다. 마지막으로 각 부분의 실제 내용을 "Ⅰ. 일체개성의 증문 Ⅱ. 오성각별의 증문에 의한 무성유정(無性有情)·정성이승(定性二乘) 성불의 부정 Ⅲ. 오성각별의 증문 Ⅳ. 일체개성의 증문에 의한 개성설(皆成說) 비판(Ⅰ·Ⅱ의 재해석)"으로 요약하면서 Ⅰ~Ⅳ는 단순히 두 주장을 병렬한 것이 아니며 처음부터 오성각별을 통해 정리해 나가려는 의도에 의해 지어졌을 가능성이 높다고 보고 있다.

필자가 기츠카와에 동의하지 않는 부분은 다음과 같다. 우선 인용된 'Ⅱ'의 마지막(위의 글, 109 끝) '是故二乘定得成佛.'(ZZ21 269c22)까지를 필자는 원측이 진제 진영의 입장에 서서 『유가사지론』의 '남김 없는 열반'이 삼매의 즐거움에 머물러 있는 상태에 대한 은유적 표현일 뿐이라고 회통하여 이승 수행자는 '남김 없는 열반'에 머물지 않고 붓다의 궁극적 열반으로 나아갈 수 있다고 주장하는 곳으로 읽으며, 다음의 '由此, 諸經實說一乘, 假說二乘'(ZZ21 269c23)은 원측이 '(가)'에서 든 진제 진영의 경증을 신역 경전과 회통시킨 후에 의미 있게 수용한 진제 진영의 기본 입장을 요약한 것으로 본다. 같은 맥락에서 'Ⅳ'의 마지막 구절 '是故三乘非無差別'(ZZ21 271c16) 역시 원측이 현장 진영의 입장에 서서 진제 진영의 경증을 회통하고 나아가 재해석한 후에 내린 결론으로 본다. 물론 ''부류가 확정된 이승 수행자'도 성불할 수 없다'는 주장으로 대표되는 부분적인 개성설(皆成說) 비판도 포함되어 있지만, 뒤에서 보게 될 '(다)'의 현장 진영 경증 중의 진제 역 『섭대승론』 및 『섭대승론석』 인용, '(라)'의 『열반경』 구절에 대한 '이상의 불성[理性]'과 '수행의 불성[行性]'을 통한 불성 이해, 『법화경』 구절에 대한 해석 속 진제 역 『섭대승론석』 인용, 『법화경』의 열반 재해석 속의 진제 『구식장(九識章)』 인용 등에서 잘 드러나듯이 중심은 회통에 있다고 보아야 한다. 그렇게 읽어야만 Ⅳ 이후 '(마)'의 '실제[實]'와 '은유적 표현[假]'을 기준으로 '삼승(三乘)'과 '일승(一乘)' 간의 관계를 정리하는 관점과 논리적으로 자연스럽게 연결되며 또 「지바라밀다품」의 '삼승가(三乘家)'와 '일승가(一乘家)' 간의 화쟁과도 일맥상통할 수 있다.

정영근(丁永根, 앞의 글 2002. 166) 역시 기츠카와의 해석에 대해 필자와 비슷한 취지로 비판한다: "또한 ④의 논의도 일체개성론을 부정적으로 비판하고 오성각별설을 정설로 확립하기 위한 논의라고 보기보다는, 평면적으로 볼 때 모순대립하는 것으로 보이는 경론들이 내적으로 연관될 수 있음을 설명하는 것으로 이해하는 것이 보다 타당하다고 생각한다. … 기츠카와의 이해는 원측의 논지전개의 구조를 미괄식으로 이해하는 데서 오는 속단이라고 할 수 있다."

필자의 「무자성상품」 속 종성론 관련 텍스트 분류와 해석에 대해서는 장규언, 앞의 글 2013b. 81-169(특히 90-149; '부록1', ZZ21 268c20 이하 '라. 일승에 관한 신구 간의 논쟁 소개 및 정리') 참조.

242) 『해심밀경소』에서는 '種性'을 의미하는 '姓'과 '性'이 동음자로서 통용되기 때문에 따로 교정하

『열반경(涅槃經)』 등 여러 경전을 인용한다.[243] 그 뒤 다시 무성유정은 결코 없으며[決定無有無性有情], 확정된 부류의 성문과 독각이 결코 성불할 수 없다고 하는 경우도 없다[無定性聲聞 · 獨覺必不成佛]고 주장하며 다시 경증으로 진제 역 『섭대승론석(攝大乘論釋)』 등을 인용한다.

(나) 다음으로 진제 진영에서 자신들이 경증으로 제시한 붓다의 말과 표면적으로 모순되어 보이는 일부 신역 경론의 말을 회통시키고 나서 원측은 '뭇 경에서 실상 붓다의 완전한 깨달음에 이르는 '일승'을 설하지만 은유적으로(=방편적으로) 성문과 독각의 '이승(二乘)'도 함께 설하고 있음[諸經實說一乘, 假說二乘.]'을 진제 진영의 결론적 입장으로 제시한다.

(다) 이어서 원측은 현장 진영의 입장을 소개한다. 현장 등은 성불과 관련하여 다섯 부류가 있는데(有五姓), 그중 무성유정에게는 열반 가능성이 없으며[無姓有情無涅槃性] 부류가 확정된 성문과 독각은 결코 성불할 수 없다[定性二乘必不成佛]고 주장하며 경증으로서 『선계경(善戒經)』 등과 『유가사지론』, 『대승장엄경론(大乘莊嚴經論)』 등의 유식 논서들을 제시한다.

(라) 이어서 현장 진영의 관점에서 진제 진영에서 제시한 경증에 대해 회통을 시도한 뒤 마지막에 '세 부류 간에 차이가 없는 것이 아님[三乘非無差別]'을 현장 진영의 결론적 입장으로 제시한다.

(마) 이어서 원측은 앞서 경문들 목차에서 제시한 것과 유사하게 은유적 표현(=방편)[假]과 실제[實]를 기준으로 '삼승'과 '일승' 간의 관계를 정리하는데, 먼저 "실제로는 '일승'을 설하며 은유적으로 '삼승'을 설함(實說一乘, 假說三乘)"의 예로서 『법화경』, 『승만경』, 『열반경』의 관련 구절들을 인용한다. 이와 대비되는 "실제로는 '삼승'을 설하며 은유적으로 '일승'을 설함(實說三乘, 假說一乘)"의 경우 바로 이 주석이 행해지고 있는 『해심밀경』 권2의 경문과 권4의 「지바라밀다품」의 경문, 『출생보리심

지 않았다.

243) 각 경전의 인용 뒤 협주에서 리성(理性), 행성(行性) 등의 용어로 그 인용문에서 말하는 불성(佛性)이 무엇을 지칭하는지를 규정하는 말이 있다(위의 글, 91-92). 이 부분은 대응 티벳어역이 없기 때문에 최듭보다 후대에 편집된 부분으로 추정할 수 있다. 누군가가 원측의 해석학적 지평을 빌어와서 진제 진영의 경증을 해석한 곳으로 이해할 수 있겠다.

경(出生菩提心經)』의 관련 구절들이 인용된다.

(바) 마지막으로 원측은 '일승'이 설해진 여러 가지 의도[意趣]를 현장이 번역한 『현양성교론(顯揚聖教論)』, 『섭대승론(攝大乘論)』, 세친 석 『섭대승론석(攝大乘論釋)』 등을 인용하면서 각각 여섯 가지와 열 가지로 종합 정리하고 있다.

논쟁을 소개하고 해석하는 원측의 관점을 정확하게 이해하기 위해서 특히 주의를 기울여야 하는 부분은 '(나)', '(라)', '(마)'이다. '(나)'와 '(라)'의 회통 부분은 원측이 자신의 관점에서 각각 '(가)'와 '(다)'의 입장을 재해석한 부분으로서 그 결론, 즉 "뭇 경에서 실상 붓다의 완전한 깨달음에 이르는 '일승'을 설하지만 방편적으로 성문과 독각의 '이승'도 함께 설하고 있음"과 "세 부류 간에 차이가 없는 것이 아님"을 통해 양 진영의 기본 입장을 정리하고 있으며, '(마)'는 '(나)'와 '(라)'를 재차 요약하면서 관련 경전을 인용하며 그 의미를 부연 설명하고 있다. '(나)', '(라)', '(마)'를 통해 우리는 원측이 '(가)'와 '(다)' 중 어느 한편의 주장을 일방적으로 지지하기 위해서가 아니라 각 진영의 궁극적 취지를 이해하고 그들 간의 갈등을 화해시키기 위해[244] 이 논쟁을 소개하고 있음을 구조적으로 쉽게 가늠할 수 있다. 더불어 논쟁을 최종 정리하는 '(바)'가 모두 현장이 번역한 신역 경전을 인용하는 방식으로 논의를 전개한다는 점에서 원측이 '일승'을 이해함에 있어 궁극적으로는 현장의 해석을 권위로 받아들이고 있음을 알 수 있다.

(3) 원측의 '리성(理性)'과 '행성(行性)' 해석과 진제 사유와의 연관성

윗부분 중 우리가 이후 논의를 위해 먼저 언급할 곳은 '(라)'의 신역 경전의 관점에서 행해진 구역 경전과의 회통 부분이다. '(나)'에 비해 월등하게 많은 분량을 차지하는 이 부분에서[245] 원측은 현장 이전에 이미 중국 불교에서 불성을 이해하는 해

244) 이 점은 원측이 '(다)'에서 진제 역 『섭대승론』 및 『섭대승론석』을 '(라)'에서 진제 역 『섭대승론석』과 『구식장』을 경증으로 인용하고 있는 사실을 통해서도 확인할 수 있을 것이다(각각 장규언, 앞의 글 2013b의 '(3).나.f'(113-114), '(4).가.c-3'(120-121), '(4).다.d'(127-128) 참조). 또 '(4).나'(123-124)와 '(6)'의 협주(141-142, 144-145) 속 진제 역 『섭대승론』 및 세친 석 『섭대승론석』 구절 비판이 사상 비판이라기보다는 텍스트 비평에 가깝다는 점(모두 '不可依'라는 표현을 씀)도 같은 맥락에서 이해할 수 있을 것이다.

석틀로 정착되었으며 규기도 수용한 적이 있는 '리성(理性=理佛性)', 즉 '이상의 불성'과 '행성(行性=行佛性)', 즉 '수행의 불성'이라는 개념틀을[246] 채용하고 있다. 진제 진영에서 '일승'을 증명하기 위해 인용했던 『열반경』과 『보성론』 구절에 대해 원측은 다음과 같이 해석한다.

자료22

若爾, 如何說為一乘? 前所引教如何會釋?

解云, 如『涅槃』云, "善男子! 我者即是如來藏義. 又一切眾生悉有佛性, 常住無有變易." 又『寶性論』第一卷云, "問. 云何得知一切眾生有如來藏? 答. 依一切諸佛平等法性身知一切眾生皆有如來藏." <u>如此等文皆是真如法身佛性, 此即五性皆有佛性</u>. 又『涅槃』云'譬如有人, 乃至定當得故'者, <u>如此等教皆是行性. 定當得故, 約不定姓少分而說</u>.*[247]

만약 그렇다면 왜 '일승'이라고 설하는가? 앞에서 인용한 가르침은 어떻게 해석할 것인가?

해석한다. 예를 들어 『열반경』에서 "훌륭한 가문의 아들이여! '참 나[我]'라는 것은 곧 여래장(如來藏)을 의미하며, 또 중생들은 모두 불성이 있으며, [여래는] 영원하고

---

245) 필자는 이 부분을 '원측이 이해한 현장'의 관점에서 이루어진 일승가 경증의 포용적 재해석으로 본다. 그 증거로 자신의 주장의 권위로서 진제의 『구식장』을 경증으로 인용한 후 진제 역시 같은 생각을 가지고 있었음을 내세우는 경우를 들 수 있다(ZZ21 271b14: 准知<u>真諦</u>亦說十信為所到處.). 반면 규기가 진제를 긍정적 맥락에서 인용하는 경우는 발견하지 못했으며, 또 뒤에서 다룰 『법화경』 구절 해석에서는 반대로 그를 정면으로 비판하였다('각주289'와 '표3' 참조).

246) 중국 불성론에 있어 '理性'과 '行性'의 개념사에 대해서는 셩카이(聖凱, 성개)의 논의(聖凱 2006)가 비교적 자세하다.

247) ZZ21 270c13 이하; WX34 780b6 이하. 첫번째 『열반경』 인용문의 전후 문맥에 대해서는 장규언, 앞의 글 2013b. 91-92 참조. *대응 SNST(ZhT68.758.13-15)를 참조하여 '少分而'를 부사어로 보았다: spyod paḥi ṅo bo ñid yin pas ṅes par thob par ḥgyur baḥi phyir te/ rigs ma ṅes pa las brtsams nas <u>phyogs gcig</u> bstan pa yin no(수행의 불성으로 인해 반드시 얻게 될 것이기 때문이며 미정인 부류를 염두에 두고 <u>일부분을</u> 설한 것이다.). 만약 『불지경론』에 근거하여 한 말이라면 '少分'이 '不定性'을 수식하는 말로 읽는 것이 보다 자연스러울 것이다(親光菩薩等 造, 玄奘 譯, 『佛地經論』 권2, T26 298a25-28: 雖餘『經』中宣說'一切有情之類皆有佛性皆當作佛', 然就真如法身佛性, 或就<u>少分一切有情</u>方便而說, 為令不定種性有情, 決定速趣無上正等菩提果故.). 하지만 한문 문법에서 한정사 '少分'이 수식하는 말 뒤에 오는 경우는 드물며 또 '行性'의 일부분이라 했을 때 문맥상 '行性' 중 '果一'을 지칭하는 것으로 읽을 수 있기 때문에 큰 무리는 없다고 본다.

변화가 없다"라고 말한다. 또 『보성론』 제1권은 "묻는다. 어떻게 모든 중생에게 여래장이 있음을 알 수 있는가? 답한다. [그들이 지닌] 모든 붓다와 평등한 현상의 본성인 몸[法性身=法身]을 염두에 두고/ 모든 중생에게 여래장이 있음을 알 수 있다네//"라고 한다. 이와 같은 문장 등[의 '불성'이라든지 '여래장']은 모두 '진여(眞如)', 즉 '진리의 몸인 불성'이며, 이는 곧 다섯 부류가 모두 가진 불성이다. 또 『열반경』에서 "비유하자면 어떤 이가 … 반드시 [버터를] 얻게 될 것이기 때문이다"라고 말한 것 등 이 같은 가르침[이 말하는 불성]은 모두 수행의 불성[行性]이며, [수행의 불성은 장차] 반드시 얻게 될 것이라는 점에 근거하여 [붓다께서] 부류가 미정[인 중생]에게 부분적으로 설한 것이다.

첫번째 『열반경』과 『보성론』 구절을 해석하면서 '진여(眞如)', 즉 '진리의 몸인 불성[法身佛性]'은 무성유정을 포함한 모든 중생에게 있는 것으로 이해하고 있는데, 이는 물론 바로 앞서 언급한 '수행 이상의 동일성[理一]'을 지칭한다고 볼 수 있다. 이어서 두번째 『열반경』 구절을 해석하면서 '수행의 불성' 개념을 제시하는데, 원측은 「지바라밀다품」에서 '수행의 불성'을 앞서 '자료18' 경문 속의 '이 길[此道]'·'이 행적[此行迹]'과 '위없는 평온한 열반[無上安隱涅槃]'과 연결시켜 이해하고 있으며248) 그 구절을 각각 '심오한 자체적 본질 없음을 통찰하는 하나의 길[一妙無性道]'과 '궁극적인 청정함[究竟清淨]'의 동의어로 볼 수 있기 때문에 그에게 '수행의 불성'

---

248) 『解深密經疏卷』 권9, 「地波羅蜜多品」 ZZ21 399c1-11; WX35 88a1-11: 釋曰. 第二共興諍論. 謂說一乘, 定知三者是方便說, 聞說三乘, 定執三乘, 違於一乘. 論其實義, 說有三乘, 不違一乘, **三乘雖異, 而同一如**, 故三或一, 互不相違. 故前第二卷云, "復次勝義生! 諸聲聞種性有情, 亦由**此道**此行跡故, 證得**無上安隱涅槃**, 緣覺·菩薩, 皆共**此道**, 更無第二, 我依此故密意說言唯有一乘. 非於一切有情界中無有種種有情性, 或鈍或鈍*根性, 或中根性, 或利根性有情差別. 善男子! 若一向趣聲聞, 雖蒙諸佛施設種種導, 終不能令當坐道場證大菩提." 具說如彼. 故如〈知〉**一乘約理·**行說**. (*만속장경본 교감기의 지적대로 '或鈍'은 중복되므로 연자로 보인다. **대응 SNST(ZhT69.236.2-3: /deḥi phyir gcig tu gsuṅs pa ni don daṅ spyod paḥi dbaṅ du mdsad nas gsuṅs pa yin par rig par byaḥo/ /)에 비추어 볼 때 '如'는 '知'의 오기임이 분명하다.)
「지바라밀다품」의 종성론을 다룰 때 다시 언급되겠지만 원측은 '삼승(三乘) 수행자 간 현실적 차이가 있지만 하나의 진여(眞如)로서 같다[三乘雖異, 而同一如]'고 주장하면서 그 경증으로 이곳 「무자성상품」의 경문을 인용한 뒤 그 경문의 '하나'가 '이상의 불성'과 '수행의 불성'에 의해 설한 것이라 해석한다. 그렇다면 이 경우의 '진여'는 단순히 '이상의 불성'만을 의미하는 것이 아니라 '수행의 불성'까지 포괄하고 있다고 봐야 하며 여기에 원측 '진여' 개념의 중의성이 있다.

은 '수행 방법의 동일성[道一]'과 '수행 결과의 동일성[果一]'을 의미한다고 볼 수 있다.

원측이 사용하는 '이상의 불성'과 '수행의 불성'의 의미를 좀 더 명료하게 인식하기 위해 우리는 중국 불교에서 이 개념이 어떻게 사용되고 있는지를 추적해 보아야 한다. '행성(行性)'이라는 말의 가장 이른 용례는 정영사(淨影寺) 혜원(慧遠, 523-592)의 『대승의장(大乘義章)』「불성의(佛性義)」에 보인다.[249] 거기서는 '성체(性體)'(=진여眞如)와 '행성(行性)'(=망견범부妄見凡夫, 실견성자實見聖者, 여래如來의 본성)의 관계를 곡물의 본성[穀性]과 씨앗[種], 낟알[穀], 새싹[牙], 줄기[莖] 등의 곡물의 변화 과정 중의 각 단계에 비유하고 있다.[250] 여기에서 우리는 '수행의 불성'이 지닌 "성체(性體)(='이상의 불성')와의 본질적 동일성"과 "현실적 차이"의 이중적 측면을 어렵지 않게 발견할 수 있다. '수행 방법의 동일성'과 '수행 결과의 동일성'으로 이해된 원측의 '수행의 불성' 개념은 그중에서도 "'이상의 불성'과의 궁극적 동일성"의 측면이 강조되고 있음이 분명하다.[251] 이에 비해 규기는 '수행의 불성'을 현실적 성불을 가능하게 하는 원천으로 이해하여 그것을 결여한 중생을 무성유정으로 이해하고 있으며, 동시에 중생 부류의 우열이 생기게 되는 선천적 원천으로 이해하고 있다.[252] 따라서 규기의 '수행의 불성' 이해는 '이상의 불성'과의 본질적 동일성보다는 현실적 차이에 더 주목하고 있음을 알 수 있다.

---

249) 岡本一平 2006. 72.

250) 遠法師 撰, 『大乘義章』 권1, 「佛性義 · 辨體」 T44 475b13-18: 言行性者, 行別有三, 一**妄見凡夫**起顚倒見, 二**實見聖人**離妄相心, 三者**如來**無戲論習. 三行雖殊, 性體不二, 其猶種 · 穀 · 牙 · 莖等異, 穀性無別. 就行辨性, 故云行性. 故彼『**論**』言, "不見實者說言凡夫, 聖人及佛能見衆生如來藏中**眞如**無差別." 이 텍스트에 대한 보다 자세한 분석은 '보론2'의 자료4 참조.

251) 이 점은 뒤의 「지바라밀다품」에서 '진여'가 '이상의 불성'만이 아니라 '수행의 불성'까지 포괄하고 있음을 설하는 부분에서 재차 확인된다. 앞서 '각주67'에서도 언급했듯이, 현장 역장에 참여했던 영윤(靈潤)도 불성론에 있어 '이상의 불성'과 '수행의 불성'의 차별성보다는 양자의 불가분리성을 강조하고 있다. 보다 자세한 논의는 '보론2' 자료10 참조.

252) 沙門基 撰, 『妙法蓮華經玄贊』 권1(본), T34 656a25-b6: 然性有二, 一理性, 『勝鬘』所說如來藏是, 二行性, 『楞伽』所說如來藏是. 前皆有之, 後性或無, 談有藏無, 說皆作佛. 依『善戒經』 · 『地持論』中唯說有二, 一有種姓, 二無種姓. 彼『經』 · 『論』云, "性種姓者, 無始法爾, 六處殊勝, 展轉相續." 此依**行性**有種姓也. 無種姓人, 無種性故, 雖復發心懃行精進, 終不能得無上菩提, 但以人 · 天善根而成就之, 卽無性也. 此被有性非被於無, 此依**行性**以說有 · 無, 已下多依行性而說. 理性遍有故, 依有非無勝 · 劣異故.

그렇다면 원측의 '이상의 불성'과 '수행의 불성' 이해의 해석학적 연원은 어디에서 찾을 수 있을까? 앞서 살펴본 대로 원측은 '이상의 불성'과 '수행의 불성'을 각각 '수행 이상의 동일성'과 '수행 방법 및 결과의 동일성'의 해석학적 틀 안에서 이해하고 있는데 이 사유 구조의 연원과 관련하여 진제의 삼종불성(三種佛性)과 원측이 소개하는 그것에 대한 진제 자신의 해석에 주목할 필요가 있다.

자료23

三種佛性者, 應得因中具有三性, 一住自性性, 二引出性, 三至得性. 記曰, 住自性者, 謂道前凡夫位, 引出性者, 從發心以上, 窮有學聖位, 至得性者, 無學聖位.[253)]

세 가지 불성이란 장차 얻게 될 것의 원인[應得因] 안에 갖추고 있는 세 가지 불성이니 첫째는 본질로서 확립된 불성[住自性性]이며, 둘째는 이끌어 내는 불성[引出性]이며, 셋째는 [결과] 성취에 이르는 불성[至得性]이다. [이에 대해] 분명하게 말한다면, '본질로서 확립된 불성'은 수행의 길 이전 범부의 단계[의 불성]을 말하며, '이끌어 내는 불성'은 보리심을 발한 후 유학(有學) 단계까지[의 불성]을 말하며, '[결과] 성취에 이르는 불성'은 무학(無學) 단계[의 불성]을 말한다.

依『解節經』, 但說恒常乃至法性法界法住.[254)] 真諦解曰, "於道前位中, 先來本有, 故名為恒. 非佛出世方始有故. 道中 · 後位, 此理無滅, 故稱為常. 佛出世後, 理無盡故. 法性者, 即自性住佛性. 約道前位, 能為菩提以〈心〉[255)]作根本, 眾生由此得發心故. 法界者, 即引出佛性. 約道中位, 界名〈能〉[256)]為諸行根本, 引出萬行故. 法住者, 即至得果佛性.

253) 『佛性論』 권2, 「顯體分 · 三因品」 T31 794a21-24.

254) 眞諦 譯, 『佛說解節經』 「一味品」 T16 714b18-19: 此法恒常, 若佛出世, 若不出世, 法性 · 法界 · 法住皆悉常住.

255) 문맥과 대응 SNST(ZhT68.496.15-16: lam gyi mdun rol gyi gnas skabs na byaṅ chub kyi sems kyi gsi byed pas)에 비추어 볼 때 '以'는 '心'의 오기임이 분명하다.

256) 한문 문법과 대응 SNST(ZhT68.496.18-19: lam gyi gans skabs bar ma rnams su dbyiṅs ni spyod pa rnams kyi bsi byed de/)에 비추어 보면, 앞서 '能為菩提以〈心〉作根本' 대응 SNST(ZhT68.496.15-16: lam gyi mdun rol gyi gnas skabs na byaṅ chub kyi sems kyi gsi byed pas)와 동일한 문장 구조를 가지고 있고 거기서 '能'을 'byed pa'로 번역했다는 점에 비추어 볼 때 여기서 '名'은 '能'의 오기일 가능성이 높으며, 또 문맥과 한문의 대구를 고려할 때 '界' 역시 연자로 보인다.

約道後位至涅槃, 法體常住故."257)

『해절경(解節經)』의 경우 [『해심밀경』과 달리] 다만 '恒常 ~ 法性法界法住' 라고만 설한다. 진제는 다음과 같이 해석한다. "수행의 길 이전 단계부터 본래 있기 때문에 '恒' 이라고 한다. 붓다가 세상에 출현한 후에야 비로소 있는 것이 아니기 때문이다. 수행의 길 도중과 최후 단계에서도 이 '리(理)' 는 소멸됨이 없기 때문에 '常' 이라고 한다. 붓다가 세상에 출현한 후에도 '리' 는 다함이 없기 때문이다. '法性' 이란 '본질로서 확립된 불성[自性住佛性]' 이다. 수행의 길 이전 단계에서 보리심(菩提心)의 근원[根]이 된다는 점에서 중생은 이것을 통해 발심할 수 있기 때문이다. '法界' 란 '이끌어내는 불성[引出佛性]' 을 말한다. 수행의 길 도중에 수행들의 근원이 되어 온갖 수행을 이끌어내기 때문이다. '法住' 란 '결과 성취에 이르는 불성[至得果佛性]' 이다. 수행의 길 최후 단계에서 열반에 이르기까지 본질로서[法體, *svabhāvataḥ] 늘 있기 때문이다.

진제는 『불성론(佛性論)』에서 불성을 수행 이전[道前], 수행 도중[道中], 수행의 최후 단계[道後] 등 세 가지 계기를 관통하면서 중생을 궁극적인 열반으로 이끄는 힘으로 이해하고 있는 듯하다. 진제 역 『해절경(解節經)』에 대한 그 자신의 해설은 그 의미를 좀 더 부연 설명하고 있는데, 여기서 우리는 '세 단계 모두에 '리(理)' 가 관통하며 영원히 존재한다' 는 진제의 말에 주목할 필요가 있다. 근원적 동일성의 원리인 이 '리' 는 원측의 '리일(理一)' 의 '리(理)', 혜원의 '성체(性體)' 와 동일한 사유 속에 놓인 언어인 것으로 보인다. 또 진제의 '도전(道前)', '도중(道中)', '도후(道後)' 의 세 가지 불성이 각각 '리일(理一)', '도일(道一)', '과일(果一)' 로 개념사적으로 전승되었을 가능성이 높아 보인다. 그렇게 볼 경우 '수행 도중' 과 '수행의 최후 단계' 의 불성을 계승한 원측의 '수행의 불성' 개념은 수행자 또는 수행 단계 간의 현실적 차이를 넘어서는 '리' 의 근원적 동일성을 강조하는 진제의 사유를 계승한 것으로 볼 수 있을 것이다.

---

257) 『解深密經疏』 권3, 「勝義諦相品」 ZZ21 238b17-24; WX34 715b15-716a4. 주석 대상인 현장 역 『해심밀경』 경문(ZZ21 238b13-14: 唯有常常時, 恒恒時, 如來出世, 若不出世, 諸法法性安立·法界安住.)과 진제 역 『해절경』 경문의 차이를 설명하는 부분이다.

3) 「지바라밀다품」에서의 일승가(一乘家)와 삼승가(三乘家) 간의 화쟁(和諍)

(1) 동일리취(同一理趣)의 입장에서 본 「무자성상품」 '일승'의 의미

앞서 「무자성상품」 각 경문의 주제 제시 중 '『해심밀경』이 '일승'과 '삼승'을 설하고 있기 때문에 '최상의 명시적 진리'이다'라는 말에서 이미 확인되었고 또 '일승'을 둘러싼 진제와 현장 진영 간의 대립을 회통해 보려는 시도에서도 암시되었듯이, 원측은 삼승가(三乘家)와 일승가(一乘家)를 모두 포용하려는 의도를 가지고 있었다. 「지바라밀다품」에서 양 진영 간의 화쟁 시도는 구체화되는데, 이는 앞서 언급한 「무자성상품」 경문을 재차 인용하여 재해석하는 방식으로 이루어진다.

먼저 원측이 주목한 경문은 관자재보살(觀自在菩薩)이 붓다에게 『법화경』의 '성문승이든 아니면 대승이든 오직 일승(一乘)일 뿐이다(若聲聞乘, 若復大乘, 唯是一乘)'라는 과거 설법의 의미를 묻자 그것에 대해 붓다가 답하는 부분이다. 거기서 '소승과 대승이 모두 '일승'일 뿐이다'라는 말의 의미에 대해 붓다는 소승 수행자에게는 상이한 현상의 자체적 본질[自性]들에 대해 말했지만 대승의 관점에서 보면 그 모든 것이 '하나의 법계(法界)와 하나의 리취(理趣)로서 같다'고 대답한다.[258] 이 붓다의 대답에 대해 원측은 다음과 같이 해석한다.

자료24

佛告觀自在菩薩曰, "善男子! 如我於彼聲聞乘中, 言宣說種種諸法自性, 所謂五蘊, 或內六處, 或外六處, 如是等類, 於大乘中, 即說彼法同一法界同一理趣, 故我不說乘差別性."

---

258) 玄奘 譯, 『解深密經』 권4, 「地波羅蜜多品」 T16 708a13-18: 觀自在菩薩復白佛言, "世尊! 如世尊說, '若聲聞乘, 若復大乘, 唯是一乘.' 此何密意?" 佛告觀自在菩薩曰, "善男子! 如我於彼聲聞乘中, 言宣說種種諸法自性, 所謂五蘊, 或內六處, 或外六處, 如是等類, 於大乘中, 即說彼法同一法界同一理趣, 故我不說乘差別性."(관자재보살께서 다시 붓다께 아뢰었다. "세존이시여! 예를 들어 세존께서 '성문승(聲聞乘)이든 아니면 대승이든 오직 일승(一乘)일 뿐이다'라고 말씀하신 적이 있는데 이는 무슨 숨은 의도[로 하신 말씀]입니까?" 붓다께서 관자재보살께 말씀하셨다. "좋은 가문의 아들이여! 내가 저 성문승[의 가르침]에서는 여러 가지 현상, 즉 다섯 더미[蘊], 내적인 여섯 인식 영역[處], 혹은 외적인 여섯 인식 영역 등 그런 부류의 자체적 본질을 설한 반면, 대승[의 가르침]에서는 그 현상들이 하나의 법계(法界)와 하나의 리취(理趣)를 같이한다고 설했기 때문에 나는 '승(乘)이 다르다'고 설하지는 않았다.")

釋曰. … 佛告觀自在曰, "如我於彼聲聞乘中說宣蘊等, 由此理趣, 諸乘差別, 而我於此大乘教中, 說同一性真如同故, 【或前第二卷】說同一理趣'同道〈道同〉[259]故, 說為一乘, 非無諸乘有差別."[260]

… 해석한다. … [위 경문의 의미는 다음과 같다.] 붓다께서 관자재보살에게 다음과 같이 말한 것이다. "내가 저 성문의 부류에 대해 '더미' 등을 설한 것과 같은 그 취지에 따르면 부류들 간 차이가 다르지만, 내가 이 대승의 가르침에서 '하나의 본질인 진여[同一性真如]'가 같음을 설하기 위해서, 혹은 앞의 [『해심밀경』] 제2권(=「무자성상품」)에서처럼 '하나의 리취(理趣)를 향한 길[道]'이 같음을 설하기 위해서 '일승'이라 설한 것이지, 부류들 간에 [현실적으로] 존재하는 차이가 없음[을 설하기 위해 '일승'을 설한 것]은 아니다."

원측은 경문의 '동일법계(同一法界)'와 '동일리취(同一理趣)'의 의미를 각각 '하나의 본질인 진여[同一性眞如]가 같음'과 '하나의 리취[同一理趣]를 향한 길[道]이 같음'으로 읽고 있다. 여기서 '법계'를 의미하는 '하나의 본질인 진여'가 '이상의 불성'을 의미함은 분명하지만, 문제가 되는 것은 '동일리취도동(同一理趣道同)'이라는 표현이다. 현존 『해심밀경』 권2, 즉 「무자성상품」에도 '동일리취도동'이라는 구절은 없으며, 대신 '도동(道同)'으로 이해될 수 있는 구절로 원측 자신이 '도일(道一)'로 해석한 '일묘청정도(一妙淸淨道)'('자료18'의 'A-2')라는 표현이 있다. 그런데 앞서 살펴본 대로 원측은 자신이 각각 '도일'과 '과일(果一)'로 해석한 '일묘청정도'와 '구경청정(究竟淸淨)'을 이곳(=권4)에서 설하는 '리무별(理無別)', 즉 '동일리취(同一理趣)'와 분명히 구별하고 있는 반면,[261] 여기서는 '동일리취' 안에 '도(道)'를 포함한 것으로 이해하고 있다.

그렇다면 여기 「지바라밀다품」의 '동일리취'의 '리취(理趣)'는 무엇을 의미하는가? 이 부분의 논의를 요약한 뒷부분의 이른바 '결송(結頌)'에 대한 주석에서 원측은

259) '同一理趣同道'는 앞의 '同一性真如同'과의 대구, 대응 SNST(ZhT69.234.3-4: tshul gcig paḥi lam mtshuṅs pa(하나의 理趣의 길이 같다))에 의거해 볼 때 '同一理趣道同'의 오기로 보인다.
260) ZZ21 399b8-17; WX35 87b2-11. 경문의 한국어 번역은 위 '각주258'의 밑줄 부분 참조.
261) '자료20' 참조.

다음과 같이 '리취'를 '진여(眞如)'로 읽고 있다.

자료25

宣說諸法種種性 復說皆同一理趣/ 謂於下乘或上乘 故我說乘無異性// 釋曰. … 謂於下聲聞及上如來同一理趣, 故我不說有其異性. **眞如**同故.[262)]

현상들의 여러 종류의 자체적 본질[性=自性]을 설한 뒤에 또 '하나의 리취(理趣)로서 모두 같다'고 설했기에/ 열등한 승(乘)에 대해서든 우월한 승에 대해서든 그 때문에 난 승 간에 차이가 없다고 설한다네/ 해석한다. … 말하자면 열등한 성문과 우월한 여래가 '하나의 리취'를 같이한다는 점에서 내가 [그들 간에] 다름이 있다고 설하지 않은 것이다. 진여(眞如)가 같기 때문이다.

'리취'가 '진여'를 의미한다면『법화경』의 '일승'은 '이상의 불성'의 동일성만을 의미한다고 이해해야 하겠지만, '동일리취도(同一理趣道)'라는 표현을 고려할 때 그렇게 단순하게 읽을 수는 없을 것이다. 원측은 여기서의 '일승'을 해석하면서 왜 권 2, 즉 「무자성상품」 경문 '**此道**, **此行迹**, **一妙淸淨道**'('자료18'의 'A-1'과 'A-2')를 연상시키는 '도(道)의 같음[道同=道一]'의 관점을 다시 불러왔는지 다음과 같이 나름대로 답을 제시한다.

자료26

論其實義, 說有三乘, 不違一乘. **三乘雖異, 而同一如**, 故三或一, 互不相違. 故前第二卷云, "復次勝義生! 諸聲聞種性有情亦由**此道** · 此行跡故, 證得無上安隱涅槃, 緣覺 · 菩薩皆共**此道**, 更無第二, 我依此故密意說言'唯有一乘'. 非於一切有情界中無有種種有情性, 或鈍或鈍*根性, 或中根性, 或利根性有情差別. 善男子! 若一向趣聲聞, 雖蒙諸佛施設種種導, 終不能令當坐道場證大菩提." 具說如彼. 故如〈知〉**一乘約**理** · **行**說.[263)]

그 진실된 의미를 논하자면, '삼승(三乘)'이 있다고 설하더라도 일승(一乘)과 모순되지 않는다. **삼승 간에 비록 차이가 있지만 '하나의 진여(眞如)'를 같이하기** 때문에 '삼[승]'이[라 설하든] '일[승]'이[라 설하든] 서로 모순되지 않는다. 그래서 앞의 [『해

262) ZZ21 400a8-12; WX35 88b14-18.
263) ZZ21 399c2-11; WX35 88a2-11. *, **의 교감 근거는 '각주248' 참조.

심밀경』] 제2권(=「무자성상품」)에서 "(A-1)264) 또 승의생아! 뭇 성문승 부류[種姓]의 중생도 **이 길**[此道]과 이 행적[此行迹]을 통해 위없는 평온한 열반을 경험하며 (A-2) 뭇 독각승 부류의 중생과 뭇 보살도 **이 길**을 같이할 뿐 다시 제2는 없으며 이에 의거하여 숨은 의도로 오직 '일승'만이 있을 뿐이라고 설한 것이다. (A-3) 모든 중생의 세계에 여러 종류의 중생의 부류, 즉 혹자는 열등한 능력의 부류이고 혹자는 중간 정도 능력의 부류이고 혹자는 뛰어난 능력의 부류인 등 중생 간의 차이가 없는 것이 아니다. (B) 훌륭한 가문의 아들이여! 만약 오로지 고요함만 추구하는 성문은 비록 뭇 붓다의 여러 가지 교화를 입는다 해도 [붓다께서] 끝내 [그로 하여금 붓다들이 계시는] 도량에 앉아 대승의 깨달음을 얻게 만들 수는 없다"라고 설한 것이다. 구체적인 설은 거기서와 같다. 그러므로 '일승'은 [삼승 간] '이상의 불성[理性]'과 '수행의 불성[行性]' [의 동일성]을 염두에 두고 설해졌음을 알 수 있다.

원측은 '삼승'과 '일승'이 모순되지 않는 이유는 '삼승'이 '하나의 진여'[一眞如]를 공유하고 있기 때문임을 주장하면서 그 경증으로서 익숙한 「무자성상품」 경문('A-1~3')을 인용한 뒤, 그 경문에서 말하는 '일승'이 '이상의 불성'과 '수행의 불성'의 차원에서 설해졌다고 말한다. 그렇다면 '진여', 곧 '리취(理趣)의 같음[同一理趣]'은 단순한 '이상의 불성'의 동일성에 대한 긍정만이 아니라 '수행의 불성', 즉 수행의 방법 및 결과의 동일성까지 함축하는 말로 읽어야 한다. 그런 의미에서 '리취'라는 번역어는 절묘하다. '理'의 정태적 '원리'와 '趣'의 동태적 '지향'이 하나의 단어 속에 중첩되어265) '진여'의 본질을 잘 표현하고 있다고 볼 수 있겠다.

원측은 여기서 '이상의 불성'과 '수행의 불성'의 관점에서 앞선 「무자성상품」의 경문('자료18')을 재해석했다고 볼 수 있는데 우리는 여기서 인용된 각 경문의 '일승'(=동일성)과 '삼승'(=차이)의 의미에 대하여 「무자성상품」의 해석을 환기하면서 그 숨은 의미를 가늠해 볼 수 있다.

먼저 인용된 'A' 전체의 주제는 앞서 밝힌 대로 "'삼승' 각각이 남김 없는 궁극적

---

264) 논의의 편의를 위에 경문의 단락 번호를 재차 붙여 보았다. 이하 같음.

265) '理趣' 대응 티벳어역 'tshul'도 보편적 '원리', '도리'(rigs pa)와 함께 구체적 '방법'(thabs)의 뜻 모두를 가진 단어이다(張怡蓀 1993. 下 2278 'tshul' 항목).

열반을 얻음"이며 그중 'A-1'은 "'삼승' 각각이 제 승(乘)의 남김 없는 열반을 얻음", 'A-2'는 "'성자의 길'을 염두에 두고 붓다께서 방편상 '일승'이라고 설함", 'A-3'은 "실상 '삼승'에 차이가 있음을 밝힘"이 그 주제이다. 이렇게 본다면 'A-2'의 '일승'은 비록 방편으로 설한 것이지만 'A-1'의 '삼승' 수행자도 결국 '하나의 수행의 길'을 통해 '남김 없는 궁극적 열반'을 얻음을 말한 것이며, '이상의 불성'은 물론 '수행의 불성'의 차원에서도 동일함을 환기시키는 말로 읽을 수 있다. 반면 'A-3'의 '차이'(=삼승)는 그럼에도 여전히 존재하는 성문, 연각, 보살 '삼승'(보다 구체적으로 소승과 대승 '이승') 간의 현실적 차이를 환기시킨 말로 들을 수 있다.

뒤이은 'B'의 주제에 대해 원측은 앞서 "이승 수행자들은 오직 자신들의 남김 없는 열반만을 얻을 뿐 그 이후 결코 성불할 수 없음"으로 보았고 이 주제와 상통하는 말로『유가사지론』의 "이승 수행자가 체험하는 남김 없는 열반의 경지에서는 오직 진여의 번뇌 초월적으로 청정한 진리 영역만이 있을 뿐이다"라는 구절을 들었다. 이렇게 본다면 'B'는 소승에 안주해 있는 성문과 연각에게는 순수한 가능성으로서 불성, 즉 '이상의 불성'은 있지만 수행의 결과로서 얻는 붓다의 완전한 깨달음, 즉 '수행의 불성'은 없기 때문에 '붓다의 하나의 궁극적인 열반'을 얻을 수 없다는 의미로 읽을 수 있다.

'A-1', 'A-2', 'A-3', 'B'에 대한 원측의 재해석을 요약해 보면 다음과 같다. 즉, 현실적으로 상이한 '삼승 수행자'('A-3')가 이미 공유하고 있거나 공유할 가능성이 있는 '일승'은 '이상의 불성'의 수행 이상 차원의 동일성('B')과 '수행의 불성'의 실제 수행 차원의 동일성('A-1'과 'A-2') 두 가지 의미를 함축하고 있으며, 성문과 연각이 만약 '일승'을 단순히 전자의 의미로만 이해하여 자신의 현실에 안주할 경우 그는 '하나의 궁극적인 열반'을 얻을 수 없다는 뜻이다. 따라서 인용되지 않는 'C'의 깨달음을 되돌리는 부류가 미정인 성문은 '일승'이 지닌 후자의 의미까지 읽어내는 존재임을 더불어 추측해 볼 수 있다.

(2) '삼승가'와 '일승가'가 처한 위험 경고와 양자 간의 화쟁

'A-3'에서 말하는 '삼승'의 차이를 확정적인 것으로 이해하는 이들이나 'B'의 궁극적 깨달음으로 나아가지 않고 현실에 안주해 있는 성문과 연각의 경우처럼 '일승'이 함축하고 있는 이중적 의미를 잘 읽어내지 못한 이들은 결국 '쓸데없이 더함[增益]'과 '애써 부정함[損減]'의 양 극단에 빠지게 되는데 원측은 그들의 오류에 대해 다음과 같이 지적한다.

자료27

於中或有如言於義妄起分別, 一類增益, 一類損減. 釋曰. … 謂如來說三乘教門, 如文執義, 聞說三乘, 定執義[266] **三乘一向各異**, 說名**增益**. 不許**不定' 佛成〈成佛〉**[267]**義**故. 或聞一乘總皆成佛, 定[268]唯一乘, 名為**損減**. 損減**寂靜不成佛**故.[269]

"[나의 앞의 가르침]에 대해 혹 누군가는 말 그대로를 따라 의미에 집착하여 잘못 분별을 일으키는데 일부는 '쓸데없이 더함'[의 극단에 빠졌고] 일부는 '애써 부정함'[의 극단에 빠졌다.]" 해석한다. … 말하자면 여래께서 '삼승'이라는 가르침을 설하므로 문자 그대로를 따라 의미에 집착하여 '삼승'[이 있다]고 설하는 것을 듣고 '삼승' 각각이 전적으로 다르다고만 굳게 집착함을 '쓸데없이 더함'이라고 한다. 왜냐하면 [본래 없는 '확정된 부류인 삼승 수행자'가 있는 것처럼 집착하기 때문에 예를 들어 깨달음을 되돌린 성문이 보살로 변화하여 성불하는 경우처럼] 성불이 미정이라는 취지를 인정하지 않기 때문이다. 또 '일승'을 통해 모두 성불하게 된다[고 설하는 것]을 듣고서 오직 '일승'[만이 있을] 뿐이라고 단정함을 '애써 부정함'이라고 한다. 왜냐하면 [전적으로] 고요함[에 머물러 있는 부류]는 성불할 수 없다[는 엄존하는 현실을 없다]고 애써 부정하기 때문이다.

원측은 '삼승'이 전적으로 다르다고 고집함이 사실은 없는 삼승 간의 확정적 차

266) 만속장경본 교감기의 지적대로 '義'는 연자로 보인다.

267) 한문 문법과 대응 SNST(ZhT69.234.15-16: saṅs rgyas su grub par ma ṅes paḥi don ni mi ḥdod paḥi phyir ro)에 비추어 볼 때, '佛成'은 '成佛'의 오기임이 분명하다.

268) 앞 구절 '定執三乘一向各異' 대응 SNST(ZhT69.234.14-15)에서 '執'을 'ṣes zer ba'로 번역했다는 점을 염두에 두고 이 구절 대응 SNST(ZhT69.234.16-18: gal te theg pa gcig gis thams cad saṅs rgyas su ḥgrub par ḥgyur ro ṣes thos na theg pa ni gcig kho na ṣes zer ba ni skur pa ḥdebs pa ṣes bya ste/)를 보면 '定'을 '執'과 유사한 의미를 지닌 동사로 보았음을 알 수 있다.

269) ZZ21 399b18-23; WX35 87b12-17.

이를 있다고 보므로 '쓸데없이 더함'이라고 불렀는데, 그 견해는 삼승가 중 '삼승' 간의 차이는 사실 확정적인 것이 아닌데 마치 그런 것처럼 생각하는 경향을 가진 신역 유식 진영의 일부 극단적인 사상가를 염두에 둔 듯하다. 반면 '일승'이라는 점에서 모두가 성불한다는 말을 듣고 오직 '일승'만이 있을 뿐이라고 고집하는 이들은 고요함만을 지향하는 이는 성불하지 못한다는 엄연히 존재하는 현실을 없다고 부정하므로 '애써 부정함'이라 부르는데 이는 아마도 일승가 중 소승에 안주해 있는 확정된 부류[定性]도 성불할 수 있다고 보는 극단적 낙관론자[270]를 지목한 듯하다.

이어서 원측은 각각 '쓸데없이 더함'과 '애써 부정함'의 오류에 빠질 위험을 안고 있는 삼승가와 일승가의 '일승'과 '삼승'에 대한 오해를 교정하고 그들 간을 화쟁시키기 위해 붓다가 설한 '일승'과 '삼승'의 상관성에 대해 설명한다.

자료28

又於諸乘差別道理, 謂互相違, 如是展轉, 遞興諍論. 釋曰. … **<u>謂說一乘, 定知三者是方便說</u>**<u>, 聞說三乘, 定執三乘, 違於一乘</u>.[271]

"또 [그들끼리] 승(乘)들 간 차이가 있다는 진리와 관련하여 서로 모순된다고 생각하여 그같이 발전하여 번갈아 논쟁을 일으킨다." 해석한다. ... 즉 **<u>'일승'이라 설하면 [그것을 듣고]</u>**[272] **<u>'삼[승]'이 방편으로 설한 것임을 반드시 알아야 하는데</u>**<u>, '삼승'이라 설함을 듣고 '삼승'에 굳게 집착하면 '일승'[을 설한 취지]와 어긋나게 된다</u>.

원측은 '삼승'의 차이가 '일승'의 동일성을 그 존재론·수행론적 기반으로 하여 설

270) 이와 관련하여 균정(均正)의 『大乘四論玄義』 권2(卍續藏74, 16a)가 전하는 다음의 기록은 흥미롭다: <u>開善</u>云, "實無二乘者, 而諸『經』說者, 皆是迹中爲物引接故." 此釋不成語也. <u>眞諦三藏責開善云, "彼國中無有人言無實二乘者, 汝自輒言無有實行二乘."</u> 故三藏師引『夫人經』云, "三種意生身, 卽是聲聞意 · 辟支佛意 · 菩薩意, 生於變易生死中."(聖凱 2006. 474-475에서 재인용)
위에 따른다면 성실사(成實師)인 개선사(開善寺) 지장(智藏)이 대표적으로 '애써 부정함'의 극단에 빠진 이로 묘사되고 있으며, 진제가 그를 꾸짖으며 대승과 소승 이승(二乘) 간에 차이가 없는 것이 아님을 지적하고 있다.

271) ZZ21 399b24 이하; WX35 87b18 이하.

272) [ ] 안은 대응 SNST(ZhT69.235.1-2: ḥdi ltar theg pa gcig tu gsuṅs par <u>thos na</u> ṅes par gsum du gsuṅs pa thabs kyis bstan pa yin par śes par byaḥo/)에 근거하여 보충한 것이다.

해졌기 때문에 '삼승'은 '일승에 기반해 있고 일승에게로 열려 있는 삼승'이라는 점에서 '일승'과 모순되지 않는다고 본다.

이제 위의 해석학적 지평 위에서 「무자성상품」의 '(마)'를 재해석해 보자. 거기서 먼저 진제 진영의 입장으로 보이는 "실제로는 '일승'을 설하며 은유적으로 '삼승'을 설함(實說一乘, 假說三乘)"의 관점과 그것을 대변하는 『법화경』, 『승만경』, 『열반경』의 관련 구절들이 인용되며[273] 현장 진영의 입장으로 보이는 "실제로는 '삼승'을 설하며 은유적으로 '일승'을 설함(實說三乘, 假說一乘)"의 관점과 그것을 대변하는 「무자성상품」의 "성문, 독각, 보살 모두 심오하고 번뇌 초월적으로 청정한 이 하나의 길을 같이한다(一切聲聞 · 獨覺 · 菩薩皆共此一妙清淨道.)" 등과 「지바라밀다품」의 "예를 들어 세존께서 '성문승(聲聞乘)이든 아니면 대승이든 오직 일승(一乘)일 뿐이다'라고 말씀하신 적이 있는데 이는 무슨 숨은 의도로 하신 말씀입니까(如世尊說, 若聲聞乘, 若復大乘, 唯是一乘, 此何密意?)?" 등,[274] 『출생보리심경』의 관련 구절들이 인용된다.[275] 「지바라밀다품」에서 설한 '삼승'과 '일승'의 상관성을 고려할 때 두 경

---

273) ZZ21 271c17-22; WX34 782b11-16: 有處, 實說一乘, 假說三乘. 如『法華經』云, "十方佛土中 唯有一乘法/ 無二亦無三 除佛方便說//" 又云, "唯此一事實, 餘二則非真." 又『勝鬘』云, "聲聞 · 緣覺皆入大乘." 又『涅槃經』第二十五云, "一切衆生皆歸一道, 一道者謂大乘也. 諸佛 · 菩薩為衆生故分之為三等."

274) 두 품의 익숙한 경문은 앞선 논의에서는 원측이 '일승'의 의미를 논하면서 재해석한 구절이었는데, 여기서는 '삼승'을 강조한 구절로 읽고 있다. '실제로는 '일승'을 설하며 은유적으로 '삼승'을 설함(實說一乘, 假說三乘)'의 관점을 대변하는 『법화경』, 『승만경』, 『열반경』 등의 관련 구절에 비해 상대적으로 '삼승'에 강조점이 있다는 의미에서 그렇게 볼 수 있을 것이다. 같은 말이 맥락에 따라 상이하게 읽혔음을 알 수 있다.

275) ZZ21 271c23-272a5; WX34 782b16-783a5: 有處, 實說三乘, 假說一乘. 如即此『經』第二卷云, "一切聲聞 · 獨覺 · 菩薩皆共此一妙清淨道等". 又第四卷云, "如世尊說, 若聲聞乘, 若復大乘, 唯是一乘, 此何密意等?". 又『出生菩薩〈提〉心經』(云), "爾時迦葉波羅門白佛言, "世尊! 解脫解脫有差別不?" 佛言, "解脫於解脫無有差別, 道於道無有差別, 乘於乘而有差別. 譬如王路, 有象輦者, 有馬輦者, 有驢輦者等, 次第行於彼路, 同至一城."" 如是等教誠證非一.
이러한 관점을 이해시키기 위해 원측은 『출생보리심경』의 '왕성으로 난 길에 코끼리 수레를 탄 자도 있고 마차를 탄 자도 있고 나귀 수레를 탄 자 등도 있지만 차례대로 그 길로 나아가서 하나의 성에 똑같이 도달하는 것과 같다'는 비유를 인용한다. 탄 수레[乘]는 현실적으로 각기 다르지만 똑같은 왕성으로 난 길[王路]을 따라 똑같은 왕성[一城]에 도착한다는 의미로서 삼승(三乘) 모두 자신의 방식으로 수행하지만 궁극적으로는 하나의 수행의 길[道一]을 통해 하나의 궁극적인 깨달음[果一]을 얻는다는 의미로 읽을 수 있겠다.

우 모두 '일승'의 동일성과 '삼승'의 차이 중 어느 한쪽을 완전히 부정하지도 그렇다고 어느 한쪽에 완전히 함몰되어 있지 않은 관점임을 짐작할 수 있다. 따라서 여기서의 '실(實)'은 강조점을 의미하며, 전자는 '삼승 수행자' 간의 현실적인 차이에도 수행 이상과 수행 방법 및 결과의 관점에서 궁극적으로 '일승'임을 강조한 반면, 후자는 동일한 관점에서 궁극적으로 '일승'이긴 하지만 현실적으로 '삼승 수행자' 간의 차이는 여전히 존재함을 강조한 것으로 해석 가능할 듯하다. 결국 붓다가 설법 대상의 수행 능력과 설법 당시의 상황에 따라 '삼승' 수행자 간 수행 방법 및 결과의 궁극적 동일성과 현실적 차이 중 어느 쪽을 강조하느냐에 따라 '일승'이라고도 '삼승'이라고도 말할 수 있다고 본 셈이다. 『법화경』 등의 '일승'이 전자라면 『해심밀경』 등의 '삼승'이 후자일 것이다. 결국 원측은 '삼승' 수행자 간 "수행 방법 및 결과의 궁극적 동일성"과 "현실적 차이"를 기준으로 붓다의 '일승'과 '삼승' 설법을 이해함으로써 그중 어느 한쪽을 강조하는 일승가와 삼승가 간 해석의 갈등을 화해시킨 뒤 그들이 빠질지 모르는 극단의 위험까지도 경고하고 있다.

이상의 논의를 통해 우리는 원측 '종성' 해석의 기본 구조를 대략 다음과 같이 소묘해 볼 수 있을 것이다. 우선 원측은 『해심밀경』의 주석가로서 『해심밀경』이 '일승'과 '삼승' 모두를 붓다의 진리로 보고 있기 때문에 '최상의 명시적 진리'라는 해석학적 지평 위에서 출발한다. 그 위에 붓다가 말한 '일승'과 '삼승'이 모순되지 않음을 증명하기 위해 '수행 이상(=이상의 불성)의 동일성'과 '수행 방법 및 결과(=수행의 불성)의 동일성'의 관점을 정립하였으며, 나아가 '일승'을 삼승 수행자 간 '수행 이상의 동일성'으로만 이해한 규기와는 달리 그들 간 ''수행 이상'과 '수행 방법 및 결과' 양 차원의 동일성'을 긍정하는 말로 이해하였다. 마지막으로 이 바탕 위에서 원측은 진제와 현장 진영 간 일견 모순되어 보이는 주장들이 사실은 그렇지 않음을 보여줌으로써 양자 간의 갈등 조정을 시도하며, 아울러 '일승'이 잘못 이해되었을 때 일부 극단적인 삼승가처럼 '삼승' 간의 현실적 차이가 확정적인 것으로 존재한다고 생각하는 '쓸데없이 더함'의 무거운 현실주의와 일부 극단적인 일승가처럼 '삼승' 간의 현실적 차이를 무시하는 '애써 부정함'의 들뜬 안일주의의 양극단에 빠질 수 있음을 경고하고 있다.

〈표2〉 원측 '불성(佛性)' 해석의 연원, 구조, 특징

<table>
<tr><th colspan="2" rowspan="2"></th><th colspan="3">'불성'의 여러 측면</th></tr>
<tr><th>수행 이상</th><th>수행 방법</th><th>수행 결과</th></tr>
<tr><td rowspan="2">혜원</td><td>'불성'의 구분</td><td>이상의 불성[理性]</td><td colspan="2">수행의 불성[行性]</td></tr>
<tr><td>동일성의 근거</td><td colspan="3">진여(眞如) = 본질[性體]</td></tr>
<tr><td rowspan="2">진제</td><td>'불성'의 구분</td><td>수행 이전의[道前]
'본질로서 확립된 불성'
[自性住佛性]</td><td>수행 도중의[道中]
'이끌어내는 불성'
[引出佛性]</td><td>수행의 길 최후의[道後]
'결과 성취에 이르는 불성'[至得果佛性]</td></tr>
<tr><td>동일성의 근거</td><td colspan="3">영원히 존재하는 '리(理)'</td></tr>
<tr><td rowspan="4">원측</td><td>'불성'의 구분</td><td>이상의 불성[理性]</td><td colspan="2">수행의 불성[行性]</td></tr>
<tr><td>동일성의 근거</td><td colspan="3">진여(眞如)</td></tr>
<tr><td>'일승'의 의미</td><td>수행 이상의
동일성[理一]</td><td>수행 방법의 동일성
[道一]</td><td>수행 결과의 동일성
[果一]</td></tr>
<tr><td>의도와 수행론적 함축</td><td colspan="3">'진여'의 동일성에 근거하여 수행 능력[根]에서 '현실적 차이'를 지닌 삼승 수행자 간 '수행 이상·방법·결과의 궁극적 동일성'을 강조함으로써 각각 '동일성'과 '차이' 중 어느 한 측면을 강조하는 일승가(一乘家)와 삼승가(三乘家) 간 해석의 갈등을 상보적 관점에서 화쟁(和諍)하고, 그들 각각이 빠질지 모르는 '현실적 차이'를 '애써 부정함[損減]'과 '궁극적 동일성'을 무시하고 '확정적 차이'라는 허구적 규정을 '쓸데없이 더함[增益]'의 위험을 경고하려 하였음</td></tr>
</table>

3. 원측 종성 해석의 몇 가지 특징

화쟁가로서 원측은 일승가와 삼승가 중 어느 한쪽으로도 경도되지 않았지만 '(바)'에서 현장이 번역한 유식 논서들을 근거로 '일승'이 설해진 의도를 정리하고 있으며 '(마)'에서 현장이 번역한 신역의 해석학적 입장에서 구역의 경론들을 재해석하여 회통시키는 데 큰 공을 기울이고 있다는 점에서 기본적으로 현장을 권위로서 수용하고 있다는 점은 부인하기 어려울 것이다.[276] 이제 필자는 '(가)'와 '(다)'에

서 제시된 부분 주장이나 관련 경증에 대해 원측이 구체적으로 어떤 입장을 지니고 있었는지에 초점을 맞추어 원측 '종성' 해석의 특징을 밝히고자 한다. 이를 위해 살펴볼 것은 '(가)' 속 『법화경』 '일승'과 '(다)' 속 '무성유정'에 대한 해석이다.

1) 『법화경(法華經)』 '일승' 해석에서 규기와의 차이

(1) 『법화경』 '唯有一乘法 無二亦無三'에 대한 원측 해석

앞서 'C'에 대한 주석을 위시하여 『해심밀경소』 곳곳에서 '일승'의 의미를 명시하기 위해 자주 인용되는 것이 『법화경』의 익숙한 구절 "**十方佛土中, 唯有一乘法, 無二亦無三, 除佛方便說.**"이다. 특히 '(라)'에서 이 구절을 해석함에 있어 원측의 입장이 명료하게 드러나기 때문에 그곳을 중심으로 논의를 전개해 보겠다. 관련 구절에 대한 원측의 주석277)은 다음과 같다.

---

276) 다만 현장이 '리성'과 '행성'을 어떻게 이해했는지는 아직 확인되지 않았다. '리성'과 '행성'이 법상종만의 전유물이 아니고 혜원, 영윤 등에서 확인할 수 있듯이 다양한 해석 가능성이 열려 있다는 점에서 필자는 원측의 '리성'과 '행성' 해석이 규기와 다르다는 점에서 현장과 모순되었다고 단정하는 것은 너무 성급한 판단이라고 생각한다.

277) 기츠카와(橘川智昭, 앞의 글 1999. 105-106)는 원측의 해석이 『대승법원의림장』의 규기의 설과 완전히 같다는 전제 하에 이 『법화경』 구절에 대해 서술하는 데 상당히 혼란스럽다: "『해심밀경소』에서는 『법화경』의 '十方佛土中 唯有一乘法 無二亦無三 除佛方便說'의 '無二亦無三'에 대해 "〈제1해석〉 (라십羅什 역석譯) 無二. … 성문(聲聞)과 연각(緣覺)이 없으며, 無三 … 성문 · 연각 · 오로지 육도(六度)만을 행하는 보살(菩薩)이 없다. 〈제2해석〉 無二 … 제2연각이 없으며, 無三 … 제3성문이 없다. 〈제3해석〉 無二 … 여래(如來)의 보불일승(報佛一乘)만이 있을 뿐 성문 · 연각의 이승(二乘)은 없으며, 無三 … 여래의 법신일승(法身一乘)만이 있을 뿐 성문 · 연각 · 불(佛)의 삼승(三乘)은 없다"의 세 해석이 열거되며 그중 제2의 해석이 올바른 해석으로 간주된다. … '**勝鬘經云, 聲聞緣覺皆入大乘者, 卽是佛乘. 涅槃經云, 如來聲聞緣覺, 同一佛性, 同一無漏**'가 인용된 점도 문제점으로 들 수 있다. 『해심밀경소』 원문을 보면 이 『승만경』, 『열반경』의 증문(證文)은 제3의 해석 뒤에 나오는데 마지막 『열반경』 인용문 직후에 '**前破二皈一是破小入大, 後破三皈一是泯事歸理.**'라고 하는 이승 및 삼승의 부정으로 결론짓고 있기에 그 때문에 이 경론들은 제2의 해석이 아니라 제3의 해석의 증문으로 볼 수 있다. 제2의 해석의 증문은 '**雖有三釋第二爲正**'이라 말한 뒤의 이승의 부정만을 드러내는 경론 부분이며 …"(밑줄은 필자가 그음)
기츠카와는 현존 한문본의 '**雖有三釋**'의 '三'을 아무런 의심 없이 옳다고 받아들이는 전제하에서 '**第二爲正**'을 이해하기 위해서 불가피하게 단락을 위와 같이 구분했는데 수많은 자기 모순을 안고 있다. 우선 기츠카와의 이해대로라면 '**今者**' 이전*의 '**一云**'이 마땅히 제3의 해석이 되어야 하는데 그에 관해서는 아무런 언급이 없다. 더 결정적인 모순은 '**前破二皈一是破小入大**'와 '**後破**

자료29

又『法華經』云‘十方佛土中 唯有一乘法/ 無二亦無三 除佛方便說//’者, 釋此『經』文, 諸說不同. …

今者正判‘無二’ · ‘無三’, 約佛三身以顯此義. 所言‘無二’, 唯有如來報佛一乘, 無彼聲聞 · 緣覺二乘. 『勝鬘經』云, “聲聞 · 緣覺乘皆入大乘’者, 即是佛乘.” 『法華經』云, “唯此一事實, 餘二則非真.” 所言‘無三’, 唯有如來法身一乘, 而無聲聞 · 緣覺及佛三乘. 『攝大乘』云, “菩薩未入二地, 生如是想, 謂三乘人三行差別, 迷一乘理.” 『法華經』云, “尚無二乘, 何況有三?” 『涅槃』云, “如來 · 聲聞 · 緣覺同一佛性, 同一無漏.”

前破二皈一, 是破小入大, 後破三皈一, 是泯事歸理. 雖有三〈二〉釋, 第二為正. 故『法華論』末云, “第二「方便品」示現破二明一.”【[或有本云‘破三明一’, 然諸本中多云‘破二明一’.]】又『華嚴經』第十二 · 十八 · 第六十等皆云, “無二乘之名.” 又『法華經』第三卷云, “世間無有二乘而得滅度, 唯一佛乘得滅度耳.” 又云, “唯有一佛乘, 息處故說二.”278)

또 『법화경』에서 “시방의 붓다의 땅에 오직 ‘일승(一乘)’인 진리가 있을 뿐 둘도 셋도 없다네. 붓다께서 방편으로 설하신 경우를 제외하고는”이라고 설했는데, 이 경문을 해석함에 있어 여러 설들이 같지 않다. …

당대에[今者] ‘둘이 없음’과 ‘셋이 없음’ [중 어느 하나를] 옳다고 판정하는 [이들은] 붓다의 세 가지 몸을 기준으로 이 [『법화경』의 ‘無二亦無三’의] 의미를 밝힌다. [‘둘이 없음’이 정설이라고 보는 이에게] ‘둘이 없다’는 말은 오직 여래의 향유의 붓다[報

三皈一是泯事歸理’를 모두 제3의 해석으로 보아야 한다는 점이다. 그러나 이런 독법은 ‘破二皈一’의 입장에서 ‘破三皈一’을 비판한 규기 자신의 인식(‘각주289’의 ‘不是破三會三以歸於一’)과 정면으로 배치된다.

*‘今者’ 이전의 해석을 소개하면 다음과 같다(ZZ21 270c21-271a2; WX34 780b16-782a2): 구마라십(鳩摩羅什) 등은 “‘둘이 없다’는 말은 성문(聲聞)과 연각(緣覺)이 없음을 의미하며, ‘셋이 없다’는 말은 성문, 연각, 보살 가운데 육바라밀을 행하는 홀로 선한 보살이 없음을 의미한다”고 말한다. 어떤 사람은 “‘둘이 없다’는 말은 제2 연각이 없음이며, ‘셋이 없다’는 말은 제3 성문승이 없음을 의미한다”라고 말한다. 또 다른 사람은 “앞의 두 해석은 오직 원인으로서의 승(乘)을 내세웠지만 [나는] 불승(佛乘)에 최상의 결과가 있음을 여전히 주목하기 때문에 [두 해석에 대해] 논파하지 않는다”고 말한다(羅什等云. “言‘無二’者, 無聲聞 · 緣覺, ‘無三’者, 無聲聞 · 緣覺及大乘中偏行六度【獨善】菩薩.” 復有人云, “言‘無二’者, 謂無第二, 即是緣覺, 言‘無三’者, 謂無第三, 聲聞乘也.” 一云, “此前兩解唯(立)因乘, 仍見佛乘有極果性, ’不故〈故不〉破焉.”)

278) ZZ21 270c20-271a16; WX34 780b14-781a16.

佛=受用身]라는 '일승'만이 있을 뿐 저 성문과 연각의 '이승(二乘)'은 없다는 의미이다. [그래서] 『승만경』에서 "성문과 연각이 모두 들어가는 대승이 곧 불승(佛乘)이다"라고 말한다. [또] 『법화경』에서 "[붓다의 완전한 앎][279] 오직 이 하나가 진실이며 나머지 둘은 진실이 아니라네"라고 말한다. ['셋이 없음'이 정설이라고 보는 이에게] '셋이 없다'는 말은 오직 여래의 진리의 몸[法身]이라는 '일승'만이 있을 뿐 성문과 연각과 붓다의 '삼승(三乘)'은 없다는 의미이다. 그래서 [진제 역] 『섭대승론』(=『섭대승론석』)에서 "보살이 아직 [보살의] 제2단계에 들어가지 못했을 때는 다음과 같이 ''삼승'을 행하는 사람에게는 세 가지 수행의 차이가 있다'라고 생각하는데 [그것은] '일승'의 진리에 어두운 것이다"라고 말한다. 또 『법화경』에서 "[온 세계에][280] 오히려 '이승(二乘)'도 없는데 하물며 '삼[승]'이 있겠는가?"라고 설한다. [또] 『열반경』에서 "여래, 성문, 연각은 불성을 같이하며 [번뇌라는] 결함이 없는 경지를 같이한다"라고 말한다.

['둘이 없음'을 정설로 보는] 앞[의 해석]은 [성문과 연각] 이[승]을 논파하여 [불승인] 일[승]으로 귀속시킨 것이니, 소(小)(=소승)를 논파하여 [보살의] 대(大)(=대승)로 들어가게 한 것이며, ['셋이 없음'이 정설이라고 보는] 뒤[의 해석]은 [성문, 연각, 여래의] 삼[승]을 논파하여 일[승]으로 귀속시킨 것이니, [차별적인] 사(事)를 없애서 [동일한] 리(理)에 귀속시킨 것이다. 비록 두 해석이 있지만 둘째 해석이 올바르다. 그래서 『법화론(法華論)』의 끝에서 "제2 「방편품(方便品)」은 [소승과 대승] 이[승]을 논파하여 일[승]을 밝혔음을 명시하였다"라고 말한 것이다(어떤 본에서는 '삼[승]을 논파하여 일[승]을 밝힌다'라고 되어 있지만 여러 본[281]에서 대개 '이[승]을 논파하여 일[승]을 밝힌다'라고 되어 있다.). 또 『화엄경』 제12, 18, 60권 등에서 모두 "[소승과 대승이라는] '이승(二乘)'의 이름은 없다"라고 말한 것이다. 또 『법화경』 제3권에서 "세상에 [소승과 대승] '이승'으로써 열반을 얻는 경우는 없으며 오직 하나의 '불승'이 열반을 얻을

---

279) 다음의 『妙法蓮華經』 권1, 「方便品」 원문(T9 8a19-22)을 참조하여 주어를 보충하였다: 但以假名字 引導於衆生/ 說佛智慧故 諸佛出於世// 唯此一事實 餘二則非眞/ 終不以小乘 濟度於衆生//

280) 『妙法蓮華經』 권1, 「方便品」 T9 7b18-23: 舍利弗! 我今亦復如是, 知諸衆生有種種欲深心所著, 隨其本性, 以種種因緣譬喩言辭方便力而爲說法. 舍利弗! 如此皆爲得一佛乘一切種智故, 舍利弗! 十方世界中尙無二乘, 何況有三?

281) 늑나마제(勒那摩提) 번역본도 마찬가지이다. 婆藪般豆菩薩 造, 勒那摩提 · 僧朗等 譯, 『妙法蓮華經優波提舍』 「譬喩品」 T26 19c15: 第二「方便品」有五分示現破二明一.

뿐이다”라고 말한 것이다. 또 “오직 하나의 ‘불승’만이 있을 뿐이며 의지처[息處]라는 점에서 [소승과 대승] ‘둘[二]’이라고 설한 것이다”라고 말한 것이다.

여기서 원측이 지지하는 제2의 입장, 즉 ‘파삼귀일(破三皈一)’이 경증으로 진제(眞諦) 역 세친(世親) 『섭대승론석(攝大乘論釋)』을 인용하고 있다는 점에서[282] 진제의 해석과 모종의 관련이 있어 보인다. 이 입장을 원측은 ‘민사귀리(泯事歸理)’라고 해석하는데 이는 ‘삼승’과 ‘일승’을 ‘사(事)’와 ‘리(理)’의 관계로 읽는 독법이다. 이 부분이 현장 진영의 입장에 서서 진제 진영의 경증을 회통하는 맥락에서 논의되고 있기 때문에 ‘파삼귀일’과 ‘민사귀리’는 원측의 입장 (또는 원측에 의해 이해된 현장의 입장)에서 진제의 입장을 포용할 수 있는 하나의 해석틀로 볼 수 있겠다. 그렇다면 성문, 연각, 보살의 현실적 차이[事]를 뛰어넘는 동일성으로서 ‘리(理)’는 무엇을 지칭하는가? 동일한 『법화경』 구절을 경증으로 인용하는 다음 구절은 이에 대한 의미 있는 답을 제공한다.

자료30

然一乘者, 唯一佛乘. 故『勝鬘經』云, “聲聞 · 緣覺皆入大乘, 大乘即佛乘也.” 又『法華經』云, “十方佛土中 唯有一乘法/ 無二亦無三” 或可, 法身以明一乘. 故『法華論』云, “以如來法身與聲聞法身法身無異故與授記.”

그런데 ‘일승’은 오직 하나의 불승[唯一佛乘]일 뿐이다. 그래서 『승만경』에서 “성문과 연각 모두 대승에 들어가며 [이때] 대승이란 곧 불승이다”라고 말한 것이다. 또 『법화경』에서 “시방의 붓다의 땅에 오직 일승인 진리가 있을 뿐 둘도 셋도 없다네”라고 말한 것이다. 또는 진리의 몸[法身]에 근거하여 ‘일승’이라고 명시한 것이라 볼 수도 있다. 그래서 『법화론』에서 “여래의 진리의 몸과 성문의 진리의 몸이 다름이 없기 때문에 [성불의] 약속을 [성문에게] 주신[授記] 것이다”라고 말한 것이다.[283]

---

282) 世親菩薩 釋, 眞諦 譯, 『攝大乘論釋』 권10, 「釋入因果修差別勝相 · 對治章」 T31 221b5 … b9-10 … b21-24: 論曰. 有十種無明猶在爲障. 釋曰. … 二依身業等於諸衆生起邪行無明. … 依身業等於諸衆生起邪行無明, 是二地障. 菩薩未入二地, 生如此想, 謂三乘人有三行差別, 迷一乘理, 故稱無明.

283) ZZ21 268c12-16; WX34 776b6-10. 앞서 ‘일승의 본질[體性]’을 논한 ‘자료21’ 직전 문장이다.

원측은 '일승(一乘)' 은 '유일한 불승(佛乘)' 을 의미하며 『법화경』의 이 구절의 '일승' 은 바로 이 '유일한 불승' 을 지칭한다고 읽고 있기 때문에 '리' 는 '유일한 불승' 으로 볼 수 있을 것이다. 그리고 그때의 '유일한 불승' 은 단순한 이념적 동일성만 의미하는 협의의 진리의 몸[284]과는 다른 의미로 해석되고 있다. 또 앞서 '자료19' 에서 원측이 '깨달음을 되돌리는 성문, 즉 대승으로 나아가려 하거나 이미 나아가고 있는 부류에게 성불에 대한 확신을 주는 맥락에서 설해졌기 때문에 '일승' 이 실제적 의미를 지닌다' 는 주장의 경증으로 동일한 『법화경』 구절을 인용하고 있음은 이미 지적한 대로이다.[285]

따라서 원측은 이 구절의 '일승' 을 앞서 『법화론』의 단순한 이념적 동일성을 상기시키는 말이 아니라 수행적으로 실질적 의미를 지닌 '동일성' 으로 이해하고 있었다고 자연스럽게 짐작할 수 있는데, 이 점은 「무자성상품」 뒷부분에 있는, 경문('자료18' 의 'A-1' 과 'A-2') 내용을 요약한 결송(結頌) '거기에서 해탈은 평등하고 차이가 없다네(於中解脫等無差)'[286]에 대한 주석을 통해서 구체적으로 확인할 수 있다. 거기서 원측은 '평등' 을 '하나의 진여[一眞如]' 의 한 측면인 상이한 '삼승 수행자가 얻게 될 해탈의 몸[解脫身=無餘涅槃]의 평등' 으로 이해하고 있다.[287] 요약하면, 원측

---

284) 여기서의 '法身' 이 단순한 이념적 동일성만을 의미한다는 것은 인용된 『법화론』의 전후 문맥을 볼 때 분명하다.(婆藪槃豆 釋, 菩提留支 · 曇林等 譯, 『妙法蓮華經憂波提舍』 권하, 「方便品」 T26 8c25-9a3: 問曰. 彼聲聞等, 爲實成佛故與授記, 爲不成佛與授記耶? 若實成佛, 菩薩何故於無量劫修集無量種種功德? 若不成佛云何與之虛妄授記? 答曰. 彼聲聞等得授記者, 得決定心, 非謂聲聞成就法性如來, **依彼三種平等說一乘法**. 以佛法身聲聞法身平等無異故與授記, 非卽具足修行功德. 是故菩薩功德具足, 諸聲聞人功德未足.)

285) 같은 취지의 인용으로 다음을 들 수 있다. 『解深密經疏』 권5, 「無自性相品」 ZZ21 265a6-7; WX34 769a6-7: 為對治不定種性故, 令捨聲聞下劣意樂, 記'大聲聞當得作佛', 又說'一乘更無第二'.([붓다께서는] 미정인 부류[의 장애]를 제거하기 위해 성문으로 하여금 [그들의] 소소한 소망을 버리게 하려고 위대한 성문은 성불할 수 있다고 약속하셨으며 [붓다의] 일승만 있을 뿐 다시 제2의 [승]은 없다고 말씀하셨다.)

286) 『解深密經疏』 권5, 「無自性相品」 ZZ21 284a5-6; WX34 807b14-15: 微妙難思無漏界 於中解脫等無差/ 一切義成離惑苦 二種異說謂常樂//

287) ZZ21 284a9-19; WX34 807b18-808a10: '於中解脫等無差' 者, 顯涅槃果等無差別. 於一真如有二身義, 一解脫身, 謂依真如斷煩惱障, 證得解脫, 名解脫身, 二者法身,* 謂佛法身力 · 無畏等功德所依, 故名法身. 於中法身唯如來有, 解脫身者三乘無別, 故言'解脫等無差'. 故下第五卷中說云, "善男子! 由解脫身故說一切聲聞 · 獨覺與諸如來平等平等; 由法身故說有差別. 如來法身有差別故, 無量

은『법화경』구절의 '일승'을 상이한 삼승 수행자가 그 차이를 넘어 공유하게 될 '해탈의 몸[288](=無餘涅槃)의 평등'으로 읽었다고 이해할 수 있으며 그 점에서 앞서「지바라밀다품」의 '진여'로 이해된 '하나의 리취[同一理趣]'가 단순히 '이상의 불성'만을 의미하지 않으며 '수행 방법 및 결과의 동일성'을 함축하는 '수행의 불성'까지 모두 포괄하고 있다고 보는 사유와 상통한다고 볼 수 있다.

(2) '無二亦無三'에 대한 규기 해석

'민사귀리'를 지지하는 원측의 입장이 '종성' 해석에 있어 어떤 지향을 함축하고 있는지 알기 위해서 우리는 여기서 그가 지지하지 않는 제1의 입장에 주목할 필요가 있다. 원측은 제1의 설이 구체적으로 누구의 것인지 명시하지 않았지만,『묘법연화경현찬』에서 제2의 입장 '파삼귀일' 해석을 정면으로 비판했다는 점에서 규기의 해석임이 확실하다.[289] 규기는『대승법원의림장』「제승의림(諸乘義林)」에서 동일한『법화경』구절을 다음과 같이 해석한다.

자료31

問.『經』自說言, "十方佛土中 唯有一乘法/ 無二亦無三 除佛方便說//" 即是破二破三而明一乘, 何故乃言三五乘別? 答. 依梵本說『經』頌, 應言'無第二第三', 數三乘中獨覺爲第二, 聲聞爲第三. 爲引不定任持所餘故,「方便」言'無第二第三', 非眞破也.『法花』自

功德最勝差別." 若依『瑜伽』, 三乘無餘涅槃無有上 · 中 · 下品差別.** 故『瑜伽論』第八十云, "非此無餘涅槃界中可得安立上中下品 · 高下 · 勝劣, '此是如來, 是聲聞等'." 廣說如彼.

*여기서의 '法身'은 단순한 이념적 동일성을 상기하는 말이 아니라 붓다만의 특수한 능력을 의미하기 때문에 독서 시 주의가 필요하다. **이 구절은『해심밀경』경문(ZZ21 268a20-23; WX34 775b2-5: 復次勝義生! 諸聲聞乘種姓有情, 亦由此道此行跡故, 證得無上安隱涅槃, 諸獨覺乘種姓有情, 諸如來乘種姓有情, 亦由此道此行跡故, 證得無上安隱涅槃.)에 대한 원측의 주제 명시 '明三乘各證自乘無餘涅槃'과 자연스럽게 연결된다.

288) 여기서 '해탈의 몸'은 '진여(眞如)'의 한 측면이며 삼승의 차이를 기반으로 한 평등한 무여열반이라는 점에서 뒤에서 확인하게 될 규기가 이해하는 이승의 차이를 부정한 위에 성립하는 보살승의 '향유의 붓다[報佛]', 즉 '향유의 몸[受用身]'과는 구별해야 할 듯하다.

289)『妙法蓮華經玄贊』권4(본), T34 724a1-2: 二乘無故, 既言'餘二則非是真.' 故知不是破三會三以歸於一. 이하에서 간략히 소개될 규기 '『법화경』일승 설법' 해석 특징의 자세한 내용은 장규언 2015. 57-64 참조.

言, "唯此一事實 餘二卽非眞/ 終不以小乘 濟度於衆生//" 若破三者, 何故乃言餘二非眞 不以小濟? 亦應言不以大乘濟度. 『經』旣但言'餘二非眞' 不以小濟, 明知大乘非所破也. 彼『經』又言, "尙無二乘, 何況有三?" 二謂第二, 三謂第三, 非謂二乘三乘名爲二三.

묻는다. [『법화경』] 경 자체에서 "시방의 붓다의 땅에 오직 일승인 진리가 있을 뿐 둘도 셋도 없다네. 붓다께서 방편으로 설하신 경우를 제외하고는"이라고 설하니 [이는] 곧 [소승과 대승의] 이[승의 차이]를 논파하고 삼[승의 차이]를 논파하여 일승만[이 있을 뿐임]을 밝힌 것인데 무슨 까닭에 삼[승]과 오[승]의 차이를 말하는가?

답한다. 산스끄리뜨어본에서 경의 게송을 설한 것에 따르면 마땅히 '제2와 제3도 없다' 고 말해야 하며 [이때] 삼승 중 독각을 제2로 놓고 성문을 제3으로 놓는다. [일부] 미정[인 부류]를 인도하기 위해 또 나머지 [미정인 부류]를 뒷받침하기 위해[290] 방편으로 '제2와 제3이 없다' 고 말한 것일 뿐 실제로 [성문, 연각, 보살의 삼승을] 논파한 것은 아니다. 『법화경』 자체에서 "[붓다의 완전한 앎] 오직 이 하나가 진실이며 나머지 둘은 진실이 아니라네.[291] [그래서] 끝내 소승을 통해서는 중생을 제도하지 못한다네"라고 말한다. 만약 [성문, 연각, 보살의 삼승]을 논파했다면 무슨 까닭에 다만 나머지 둘은 진실이 아니며 소승을 통해서는 제도하지 못한다고만 말했겠는가? 마땅히 대승을 통해서도 제도하지 못한다고도 말해야 할 것이다. 경에서 기왕에 다만 나머지 둘은 진실이 아니며 소승을 통해서는 제도하지 못한다고만 말했다면 [이를 통해] [보살의] 대승은 논파되는 바가 아님을 알 수 있다. 저 경(=법화경)에서 또 "[시방 세계에] 이승마저도 아직 없는데 하물며 삼승이 있겠는가?"[292]라고 말하는데 [여기서] '二'는 제2[의 독각]을 '三'은 제3[의 성문]을 말할 뿐 [소승과 대승의] 이승과 [성문, 연각, 보살의] 삼승을 각각 '二'와 '三'이라 했다는 의미는 아니다.

---

290) '爲引不定任持所餘'는 「제승의림」 속 규기 자신의 다음 해설(T45 265c20 이하)을 참조하여 번역하였다: 第四彰廢立者, 何故立一? 有決定性爲二乘故, 有無種姓爲五乘故. 此有十義, 如『攝大乘』第十卷云, "爲引攝一類, 及任持所餘/ 由不定種姓 諸佛說一乘// 法無我解脫 等故姓不同/ 得二意樂化 究竟說一乘// 此中十因, 一爲引攝一類不定種姓, 令依大乘般涅槃故. 二爲任持所餘不定種姓菩薩, 恐於大乘精進, 且壞退依聲聞般涅槃故. 『法花經』云, "新發意菩薩, 聞是法已, 疑網皆除." 此中唯說第六住前, 位可退故.

291) 원측이 소개한 제1설 역시 이 구절을 경증으로 내세우고 있다.

292) 『妙法蓮華經』 권1, 「方便品」 T9 7b22-23: 舍利弗! 十方世界中, 尙無二乘, 何況有三? 앞서 '자료 29'에서 확인 가능하듯, 원측은 동일한 구절을 정반대로 민사귀리(泯事歸理) 해석의 경증으로 사용하고 있다.

위 인용문은 『법화경』의 문제의 구절에 대한 가상의 논적(=일승가)의 해석에 대해 규기가 반론을 펴는 형식을 띠고 있다. 여기서 우리는 규기가 산스끄리뜨어본에 의거하여 경문의 '二'와 '三'은 '第二'와 '第三'으로 읽어야 옳다고 텍스트 비평을 한 뒤[293] 그 '第二'와 '第三'을 각각 성문과 독각에 배당하여 한정함으로써 대승, 즉 보살승(菩薩乘)까지 부정하려는 독법에 분명하게 반대하고 있음을 확인할 수 있다.[294] 위 텍스트의 성문 및 독각과 차별적인 '삼승' 중의 하나로서의 보살을 향유의 몸[報佛=受用身]으로 볼 수 있고, 경증이 『법화경』의 "오직 이 하나가 진실이며 나머지 둘은 진실이 아니라네(唯此一事實, 餘二卽非眞)"로 동일하다는 점에서 제1의 입장이 규기 해석임을 재차 확인할 수 있다.

「제승의림」 속의 다른 곳에서도 우리는 『법화경』의 이 구절에 대한 규기의 해석학적 경향을 좀 더 분명히 확인할 수 있다. 규기는 『법화경』의 '일승'의 의미에 대해 『승만경』의 관련 구절들과 연계하여 다음과 같이 부연 설명한다.

자료32

第一明增減者, 或說一乘. 『法花經』云, "十方佛土中, 唯有一乘法." 『勝鬘經』云, "摩訶衍者, 出生一切聲聞·緣覺世間 · 出世間善法." 乃至又云, "聲聞·緣覺乘皆入大乘, 大乘者卽是佛乘, 是故三乘卽是一乘." 又言, "若如來隨彼所欲而方便說, 卽是大乘, 無有二乘, 二乘者入於一乘, 一乘者卽第一義乘等."[295]

첫째, [승(乘)의 종류의] 들고 남[增減]에 대해 말하자면, 일부에서는 '일승(一乘)'을 설한다. [예를 들면] 『법화경』에서 "시방의 붓다의 땅에 오직 '일승'이라는 진리가

---

293) 현존 산스끄리뜨어본(Wogihara and Tsuchida 1958. 43, 9-10번째 줄: Ekaṃ hi yānaṃ dvitiyaṃ na vidyate tṛtiyaṃ hi naivāsti kadā-ci loke//)을 기준으로 보았을 때 규기의 텍스트 비평은 정당한 것처럼 보인다. 하지만 가라시마 세이시는 이때 '제2(dvitiya), 제3(tṛtyam)이 없다'는 표현은 문맥상 단지 '유일한(eka)'을 강조하기 위한 수사일 뿐이며, 가령 '제2'와 '제3'이 구체적인 것을 지칭하는 것이라면 그것에 대비되어 긍정되는 것은 '유일한(eka)'이 아니라 '제1의(prathama)'가 되어야 함을 지적하고 있다(辛嶋靜志 1993. 161과 188, 각주4).

294) 동일한 논의를 『妙法蓮華經玄贊』 권4(본)의 다음 구절(T43 715b5-9)에서도 볼 수 있다: 從勝至劣數, 佛乘第一, 獨覺第二, 聲聞第三, **無第二獨覺, 無第三聲聞**, 非無三乘之中大乘體極. 勘梵本云, '無第二 · 第三', 今翻之略故云'無二亦無三'也.

295) 『大乘法苑義林章』 권1(말), 「諸乘義林」 T45 264b5 이하.

> 있을 뿐 둘도 셋도 없다네"라고 설하며, 『승만경』에서 "대승이 모든 성문과 연각, 세상적 및 세상 초월적인 선한 것들을 낳는다"라고 말하며, 또 "성문승(聲聞乘)과 연각승(緣覺乘) 모두 대승으로 들어가는데, [이때의] 대승은 곧 불승(佛乘)이며, 이 때문에 [성문승과 연각승이 불승으로 통합되어 하나가 된다는 점에서] '삼승(三乘)'이 곧 '일승'이다"라고 말하며, 또 "만약 여래께서 저들 [중생]이 바라는 바에 따라 방편으로 ['이승'을] 설한다 해도 [그것이 지향하는 것이] 바로 대승이며, [성문과 연각] '이승(二乘)'은 [실제로는] 없다. [왜냐하면] '이승'은 '일승'으로 귀결되는데, [이때의] '일승'이 곧 '최상의 승[第一義乘]'이[기 때문이]다"라고 말하는 등의 경우이다.

위의 『승만경』 인용문 중 첫 번째('勝鬘經云' 이하)와 두 번째('乃至又云' 이하)는 성문·연각의 소승이 그 근원[出生]이자 귀속[入]인 대승의 불승(佛乘)으로 통합되는 것을 '일승'의 의미로 읽고 있다. 세 번째 인용문('又言' 이하)의 경우 "규기의 인용문" 그대로의 의미는 성문과 연각의 '이승'은 붓다의 방편설일 뿐으로 그 실제는 없으며 대승이라는 오직 하나뿐인 최상의 승(乘)으로 통합된다고 요약할 수 있겠는데, 이러한 해석은 앞의 두 인용문의 논지의 반복이라 볼 수 있다.

하지만 문제는 "大乘無有二乘, 二乘者入於一乘" 두 구절의 '二'가 한역 『승만경』의 일부 판본에는 '三'으로 되어 있다는 점이다.296) 여기서 텍스트 해독의 문제가 생겨난다. 이 구절에 대해 규기는 앞선 『법화경』의 '無二亦無三'의 경우와는 달리 아무런 텍스트 비평을 가하지 않고 있는데다 잔존하는 『승만경』 산스끄리뜨어본에도 이 구절 대응 부분은 결락되어 있기 때문에 원문이 어떤 모습이었는지는 짐작하기 어렵다. 하지만 일반적으로 티벳어역이 산스끄리뜨어 원본을 비교적 충실하게 재현하고 있다고 평가된다는 점을 믿는다면 우리는 『승만경』 티벳어역을 참조할 필요가 있다. 세 번째 인용문 대응 티벳어역은 다음과 같다.

296) 明本, 宮內廳本, 知恩院本, 四天王寺會本에는 모두 '二'로 되어 있지만(雲井昭善 1976. 201), 고려대장경본은 '三'으로 되어 있다(求那跋陀羅 譯, 『勝鬘師子吼一乘大方便方廣經』「一乘章」 T12 221a16-18: 若如來隨彼所欲而方便說, 即是大乘無有三乘, 三乘者入於一乘, 一乘者即第一義乘.).

자료33

/bcom ldan ḥdas mos pa ji lta bdag la de bṣin gśegs pas/ theg pa gñis po thabs kyi bsgrub pas bsgrubs pa de dag kyaṅ/ theg pa chen po bdag ñid kyi slad du lags so/ /bcom ldan ḥdas **theg pa ḥdi gñis** kyi miṅ ni ma mchis te/ bcom ldan ḥdas yaṅ dag par na/ ḥdi la theg pa gcig gsuṅs pa ni theg pa yaṅ dag pa lags te/ **theg pa gsum** yaṅ dag par ḥduḥo/[297)]

"세존이시여! 설령 여래께서 [중생의] 뜻에 맞추어 스스로 방편행을 통해 [소승과 대승] 이승(二乘)[의 수행]을 행하신다 해도 그것들은 대승 그 자체를 위해 존재하는 것입니다. 세존이시여! 이 **'이승'**의 이름은 없습니다. 세존이시여! 실상 그것에 대해 '일승(一乘)'이 올바른 승(乘)이며 **'삼승(三乘)'**은 실상 [일승에] 포섭됩니다."

위 티벳어역은 '삼승의 부정'이 '이승의 부정'의 연속선상에서 논의되고 있으며 그런 맥락에서 양자의 부정 간에 의미 있는 차이를 상정하고 있지는 않다.[298)] 이와

---

297) P24.276a2-4. 이 단락에 대한 다카사키 지키도의 번역(高崎直道 1975. 104)은 고려대장경본에 근거해서인지 밑줄 부분을 '三乘'으로 번역하고 있다: "세존이시여! 설령 여래께서 (중생의) 뜻에 맞추어 방편적으로 (성문과 독각의) 二乘을 행한다 해도 그것은 모두 대승 그 자체를 위한 (방편)이십니다. (따라서) 세존이시여! (궁극적으로) 三乘이라는 이름은 없습니다. 세존이시여! 정확히는 거기에 (세존이라는) 一乘만이 올바른 乘이며 그 속에 三乘이 모두 포섭됩니다."

298) 앞서 원측이 지지하는 '破二皈一'의 경증이 하나같이 "명시적으로" '二乘'의 부정을 말하고 있지만 실은 그 연속선상에서 '三乘'의 부정까지도 암시하고 있는 점도 이와 같은 맥락에서 이해할 수 있을 것이다. 장규언, 앞의 글 2013b. 122, 각주 114 참조. 같은 맥락에서 '자료29'에서 원측이 제2설 지지의 근거로 제시한 문장, 즉 『법화론』의 "제2 「방편품」은 '이승을 논파하여 일승을 밝혔음'을 명시하였다" 속 '이승을 논파하여 일승을 밝혔음[破二明一]'도 그가 위와 같은 맥락에서 해석했음을 짐작할 수 있다. 다시 말해, 원측은 '파이명일'을 '성문과 연각의 이승만의 부정'이 아니라 '소승과 대승의 이승, 즉 성문, 연각, 보살의 삼승까지의 부정'으로 읽었다. 이 점에서 주목해야 할 전승은 앞서 '비규기계' 법상종 사상가 중 하나로 언급한 의적(義寂)('각주147')이 소개한 '파이명일'에 대한 세 가지 해석이다(義寂, 『法華經論述記』, 「方便品」 ZZ46 793c1-7: '破二明一'者, 三說不同. 一云, '破二'者, 謂破二乘執, '明一'者, 即是菩薩乘. 第二說, '破二'者, 謂大小之二類, 二乘合為一類, 菩薩乘為一類, 破此二執, 故言破二也. '明一'者, 謂十種無上. 第三說, 二乘合為一類, 二菩薩合為一類, 謂三**乘中菩薩乘**及以**雲雨所對治菩薩**, 合為一類, 破此二故, 言'破二'. '明一'者, 謂十種無上. 지금까지 살펴본 대로 제1설은 규기 해석이 확실하다. 원측이 『해심밀경소』 「지바라밀다품」 주석에서 제10 운우지(雲雨地)를 포함하여 제11 불지(佛地) 이전 보살에게는 여전히 제거해야 할 미세한 장애가 남아 있다고 본 점(『解深密經疏』 권9, 「地波羅蜜多品」 ZZ21 366a6-8; WX35 20b6-8: 釋曰. 第十一別解**佛地**. 謂一剎那金剛三摩地為無間道, **雙斷微細二**

〈표3〉 원측의 '『법화경』 일승(一乘) 설법'에 대한 당대 해석 정리 및 평가

<table>
<tr><td colspan="2">해석 대상인 『법화경』 게송</td><td colspan="2">十方佛土中, 唯有一乘法, 無二亦無三, 除佛方便說</td></tr>
<tr><td rowspan="5">원측의 당대 해석 정리</td><td>원측 당대의 상이한 두 해석</td><td>제1설: 규기(窺基) 해석</td><td>제2설: 진제(眞諦) 해석</td></tr>
<tr><td>두 해석 간의 차이</td><td>唯有一乘: 唯有如來報佛一乘
*無二: 無第二獨覺乘
*無三: 無第三聲聞乘 (*각주294)</td><td>唯有一乘: 唯有如來法身一乘
無三: 無聲聞緣覺及佛三乘
(= 無二: 無大 · 小二乘)</td></tr>
<tr><td>해석학적 입장</td><td>破二皈一
= 破小入大</td><td>破三皈一
= 泯事歸理</td></tr>
<tr><td>경전적 근거</td><td>1. 『勝鬘經』云, "聲聞 · 緣覺乘皆入大乘者, 即是佛乘."

2. 『法華經』云, "唯此一事實, 餘二則非真."</td><td>1. 『攝大乘』云, "菩薩未入二地, 生如是想, 謂三乘人三行差別, 迷一乘理."
2. 『法華經』云, "尚無二乘, 何況有三?"
3. 『涅槃』云, "如來 · 聲聞 · 緣覺同一佛性, 同一無漏."</td></tr>
<tr style="display:none"></tr>
<tr><td colspan="2">두 해석 간의 갈등을 증명하는 보조 자료</td><td colspan="2">窺基, 『妙法蓮華經玄贊』 권4(본), T34 724a1-29(*각주289):
二乘無故, 既言'餘二則非是真.' 故知不是破三會三以歸於一.</td></tr>
<tr><td colspan="2">원측의 당대 해석 평가</td><td>간접적 비판</td><td>명시적 지지:
雖有二釋, 第二為正</td></tr>
</table>

대조적으로 규기는 '일승'의 부정 대상은 어디까지나 성문과 연각의 '이승'이어야만 하지 제3의 보살까지 포함되어서는 안 된다는 강한 해석학적 선이해, 즉 앞선 원측의 표현을 빌어 말한다면 '파이귀일(破二皈一)'과 '파소입대(破小入大)'의 입장을 지니고 있었던 것으로 보인다.

(3) 규기와의 대비 속에서 드러나는 원측 해석의 특징

규기의 해석은 '二'와 '三'을 '이승'과 '삼승'으로 이해할 경우 보살승까지 부정하

障種子, 斷煩惱障, 故名為無差, 斷所知障, 故說名無礙.)에서 제3설이 그의 해석에 가깝지 않을까 추측된다. 이 「지바라밀다품」 텍스트의 수행론적 맥락에 대해서는 장규언 2015. 50, 각주39와 각주40 참조.

게 될지 모른다는 깊은 염려가 반영된 듯하며 '삼승' 간의 차이가 엄연하다는 현실 인식하에 이승, 즉 소승에 대한 보살승, 즉 대승의 우위를 끝까지 옹호하려 한다. 반면 원측은 소승이든 대승(=보살승=여래승)이든 모두 '붓다의 '남김 없는 궁극적 열반[無餘依究竟涅槃]'' 이라는 하나의 수행적 목표를 향해 나아가고(=道一) 또 그것을 얻게 될 것이라는 점(=果一)을 강조하는 것으로 보인다. 이 점은 원측이 현장의 말을 빌어 이승과 여래승의 해탈이 본질적으로 동일함을 강조하는 곳에서 확인할 수 있다.

자료34

問. 二種解脫若無別者, 『入大乘論』如何會釋? 彼云, "如來解脫(勝)[299]於二乘. 斷習氣故." 大唐三藏會釋『經』·『論』云, "據實, 如來二乘解脫, 體無差別. 同斷煩惱所〈能〉[300]證滅故. 斷諸習氣, 不證滅故, 而差別者, 二乘解脫, 習氣未盡, 如來解脫, 斷習氣之所顯示. 由斯, 『經』·『論』各擧一義, 互不相違."[301]

묻는다. 두 가지 해탈에 만약 차이가 없다면 『입대승론(入大乘論)』[의 다음 구절은] 어떻게 해석할 것인가? 거기서는 "여래(如來)의 해탈은 이승(二乘)보다 뛰어나다. 왜냐하면 습기(習氣)를 단절했기 때문이다"라고 말한다.

대당삼장(大唐三藏)(=현장)은 경(經)(=『해심밀경』)과 논(論)(=『입대승론』)을 다음과 같이 회통시켰다. "실상, 여래와 이승의 해탈은 본질은 차이가 없다." [둘 다] 똑같이 번뇌를 단절하여 [번뇌의] 소멸을 경험한다는 점에서 그러하다. [하지만 이승의 해탈은 번뇌의] 습기들을 단절하긴 했지만 아직 [그것의 완전한] 소멸을 경험하지 못

299) 현존 『入大乘論』을 요약 인용하고 있기 때문에 정확한 단어를 상정하기는 어렵지만 대응 SNST(ZZ69.255.16: de las de bṣin gśegs paḥi rnam par grol ba ni theg pa gñis pa las khyad par du ḥphags pa yin te)에 비추어 볼 때 '於二乘' 앞에 '勝' 정도의 서술어를 보충하는 것이 옳다. 堅意菩薩 造, 道泰等 譯, 『入大乘論』 권상, T32 37b17-20: 汝言解脫無異, 如是觀察, 解脫不同. 聲聞解脫, 名愛盡解脫, 非一切解脫, 但爲鈍根少智衆生, 假分別說, 大乘解脫, 斷煩惱習, 一切都盡, 爲利根菩薩, 廣分別說.

300) 문맥과 대응 SNST(ZZ69.255.20-21: ñon moṅs pa spaṅs par mtshuṅs kyaṅ ḥgog pa mṅon du byed paḥi phyir daṅ)에 비추어 볼 때 '所'는 '能'으로 교정해야 옳다.

301) 『解深密經疏』 권9, 「如來成所作事品」 ZZ21 402b23-c5; WX35 93b17-94a5. 규기 해석을 계승한 혜소는 바로 위 『입대승론』 구절을 근거로 보살승과 소승의 해탈을 각각 '진해탈(眞解脫)'과 '가해탈(假解脫)'로 구별하면서 소승과 대승 수행자 간 해탈에 차이가 없음을 강조한 원측 해석이 틀렸다고 말한다. 자세한 것은 장규언, 앞의 글 2015. 63 참조.

> 한 점에서 [양자 간의] 차이는 이승의 해탈은 습기가 아직 완전히 소멸하지 못한 상태임에 반해 여래의 해탈은 습기의 [완전한] 단절에 의해 실현된다. 그러므로 경과 논은 각각 [양자의 동일성과 차이 중] 어느 하나의 의미를 강조했을 뿐이라는 점에서 서로 모순되지 않는다.

원측의 입장은 소승과 대승 간의 차이가 본질적이지 않다는 수행론적 함축을 가지고 있음을 확인할 수 있는데, 이는 그가 '부류가 확정된 보살[定性菩薩]'만을 보살로 본 것이 아니라 '삼승' 내의 '미정인 부류[不定性]', 즉 여래의 해탈을 지향하는 소승과 대승 수행자 모두를 보살로 본 점과 깊은 관련이 있는 것으로 보인다.[302] 이 지점에서 원측은 규기와 입장이 미묘하게 갈리는데 원측이 볼 때 적어도 이 구절을 해석하고 있는 순간의 규기는 '쓸데없이 더함[增益]'의 극단에 기울 위험이 있다고 판단한 듯하다.

2) '무성유정(無性有情)'에 대한 이해

(1) 『해심밀경소』 티벳어역 속 신발굴자료에 보이는 무성유정 이해

현장 진영에서 말하는 '무성유정의 성불 불가능' 주장에 대해 원측이 어떤 입장을 지녔는지는 현존 한문본을 통해서는 확인하기 어렵다. 앞서 '(가)'에서 원측은 진제 진영의 '무성유정의 성불 가능성' 주장의 핵심 경증으로 『법화경』 등과 함께 『능가경』의 '두 종류의 일천제(一闡提, icchantika)'를 인용하였다. 따라서 일승가의 여타 경증들과 마찬가지로 그 구절에 대해 현장 진영에서 마땅히 자기 관점의 재해석을 제시했으리라 추측 가능한데, '(라)'에서는 기대와 달리 그 부분을 찾아보기 어렵다. 그런데 뜻밖에도 「서품」 중 '가르침들의 대상[諸教所爲]' 논의 속 한문본에서는 간략하고 티벳어역에서는 상세한 부분에 그와 관련하여 다음과 같은 의미 있는 문답이 보인다.

---

302) 『解深密經疏』 권1, 「序品」 ZZ21 178c14 이하; WX34 596b7 이하: 解云, 不定不離三乘, 【乘乘之內】菩薩性攝, 故不別說.(해석한다. <u>미정인 부류는</u> '삼승'과 별개[의 부류]가 아니며 <u>['삼승'의] 각 승 내부에 존재하는 '보살 부류'에 포함되기 때문에</u> 따로 설하지 않는다.)

자료35

만약 [앞서 『유가사지론』에서처럼] 삼승(三乘)[이 추구하는 깨달음]의 종자(種子)를 온전히 갖추지 못한 자를 불성이 없는 자라고 말한다면 『능가경』에서 설한 '불성이 없는 자'는 어떻게 해석할 것인가? 즉 『사권능가(四卷楞伽)』에서 "대혜(大慧)가 붓다께 물었다. "세존이시여! 여기서 왜 결코 열반에 들지 않습니까?" 붓다께서 말씀하셨다. "대혜여! 일천제에는 두 종류가 있으니, 곧 '보살일천제(菩薩一闡提)'와 '모든 선함의 뿌리를 태워 없애버린 일천제[焚燒一切善根一闡提]'이다. 보살일천제는 [붓다의 눈으로 보았을 때] 모든 현상이 본래 열반의 상태에 있음을 알고 나서 결코 열반에 들지 않지만, 모든 선함의 뿌리를 태워 없애버린 일천제는 그렇지 않다(=열반에 든다). 대혜여! 모든 선함의 뿌리를 태워 없애버린 자는 다시 여래의 신통력으로 말미암아 어느 때인가 선함의 뿌리가 생겨난다. 왜 그런가? 말하자면 여래께서는 어떤 중생도 버리시지 않기 때문이다. 이 때문에 보살일천제는 열반에 들지 않느니라""라고 설한다.

불성이 없는 자에도 두 종류가 있으니, 곧 '일시적인 자[時邊]'와 '절대적인 자[畢竟]'이다. 그래서 『대승장엄경론』에서 "'열반의 특성이 없는 자'303)에 둘이 있으니, 곧 [열반의 특성 없음이] '일시적인 자'와 '절대적인 자'이다"라고 말한 것이다. 『능가경』은 첫째 의미(=時邊)를 염두에 두고 설한 것인 반면, [앞서] 『유가사지론』은 둘째 의미(=畢竟)를 염두에 두고 설한 것이기에 의미상 모순이 없다. 또 『능가경』의 주장은 다음과 같다. '불성이 없는 자'도 두 종류로 나누어지는데, 첫째는 '모든 선함의 뿌리를 태워 없애버린 자'인데 그가 곧 '[열반의 특성 없음이] 일시적인 자'이며, 둘째는 '[열반의 특성 없음이] 절대적인 자'인데 [『대승장엄경론』과 달리] 보살의 자비를 가지고 있다. 그래서 [그는 비록 절대 열반에 들지 않지만 지혜와 자비로 인해 자발적으로 열반에 들지 않는 자이기 때문에] 『대승장엄경론』에서 설한 '절대적으로 불성이 없[어 열반에 들 수 없]는 자'와는 같지 않다.304)

---

303) 실뱅 레비 교정본(Lévi 1907. Tome I, 3.11, 13)에 의하면 '無涅槃法者' 대응 산스끄리뜨어는 'aparinirvāṇa-dharmaḥ'인데 이 경우의 'dharma'는 '如來十八不共法'의 '法'의 경우처럼 '특성'을 의미한다. '畢竟無涅槃法者'를 마리오 다마토(d'Amato 2003. 125)는 'those who for ever (or "absolutely") lack the qualities associated with parinirvāṇa'로, 사쿠마 히데노리(佐久間秀範, Sakuma 2007. 90)는 'he who does not have the quality for parinirvāṇa in perpetuity'로 번역하고 있다.

여기서 현장 진영의 관점에서 이루어진 원측 자신의 『능가경』 구절 재해석이 제시되었다고 볼 수 있다. 원측이 볼 때 무성유정에는 세 가지 종류가 있다. 첫째는 '불성이 일시적으로 없는 자[時邊無種性者]'(『능가경』의 '모든 선함의 뿌리를 태워 없애 버린 일천제')이며, 『장엄론』의 '열반의 특성이 일시적으로 없는 자[時邊無涅槃法者]'에 해당하며, 둘째는 '불성이 전혀 없는 자[畢竟無種性者]'이며, 『장엄론』의 '열반의 특성이 전혀 없는 자[畢竟無涅槃法者]'에 해당하며, 셋째는 자비심과 지혜로 말미암아 열반에 들지 않는 '보살 일천제'(『능가경』의 '보살 일천제')이다.305)

---

304) '설법 대상[所爲]'에 대한 논의 중 오종성(五種性)을 소개하는 부분(『解深密經疏』 권1, 「序品」 ZZ21 178c14 이하; WX34 596b7 이하; H1 133b17 이하) 다음(='或可攝在苦集教中' 직후)에 한문은 생략되어 있지만 티벳어역은 '종성'에 관한 문답이 보존되어 있는데 그중 하나이다. 티벳어 텍스트와 복원 한문은 장규언, 앞의 글 2013b. '부록1' 참조.

305) 이러한 분류는 기본적으로 규기의 이른바 '세 종류의 일천제'와 일치한다. 『成唯識論掌中樞要』 권상(본), T43 610c23 이하: 然第五性合有三種, 一名'一闡底迦', 二名'阿闡底迦', 三名'阿顛底迦'. '一闡底迦'是樂欲義. 樂生死故. '阿闡底迦'是不樂欲義. 不樂涅槃故. 此二通不斷善根人. 不信·愚癡所覆蔽故. 亦通大悲菩薩. 大智·大悲所熏習故. '阿顛底迦'名爲'畢竟'. 畢竟無涅槃性故. 此無性人亦得前二名也. 前二久久當會成佛, 後必不成. 『楞伽』但說具前二名'有性闡提', 『莊嚴』通說有性·無性二種闡提. 『瑜伽』*·『楞伽』二種斷善果必當成. 因現未成斷善根故. 『楞伽』大悲因現定成, 果必不成. 以衆生界無盡時故. 無種性者, 現·當畢竟二俱不成. 合『經』及『論』, 闡提有三, 一斷善根, 二大悲, 三無性.(그런데 다섯 번째 부류에는 모두 세 부류가 있으니, 첫째는 '일천저가(一闡底迦)'라 하며 둘째는 '아천저가(阿闡底迦)'라 하며 셋째는 '아전저가(阿顛底迦)'라 한다. 첫째, '일천저가'는 좋아하고 탐한다는 뜻이다. 왜냐하면 [그는] 나고 죽는 [윤회를] 좋아하기 때문이다. 둘째, '아천저가'는 좋아한다든지 탐한다든지 하지 않는다는 뜻이다. 왜냐하면 [그는] 열반을 좋아하지 않기 때문이다. 이 둘은 모두 선함의 뿌리를 단절하지 않은 사람에 포함된다. 왜냐하면 [그들은 아직 '진리에 대한] 불신'이나 '무지'에 의해 ['앎[智]'의 능력이] 가려져 있지 않기 때문이다. 또 대비(大悲)보살에도 포함된다. 왜냐하면 [그들은] '대지(大智)'와 '대비'에 의해 영향받기 때문이다. [셋째,] '아전저가'는 '필경(畢竟)'이라 한다. 왜냐하면 [그들은] 열반 가능성이 전혀[畢竟] 없기 때문이다. 이렇게 [열반] 가능성이 없는 사람도 역시 앞의 두 이름(='일천저가'와 '아천저가')을 얻는다. 앞의 두 [부류]는 오랜 후에는 마땅히 성불하게 될 것이지만, 뒤[의 한 부류]는 결코 성불하지 못한다. 『능가경』에서는 다만 앞의 둘만을 통틀어 '[열반] 가능성이 있는 일천제[有性闡提]'라고 한 반면, 『장엄론』에서는 [열반] 가능성이 있는 일천제와 [열반] 가능성이 없는 일천제[無性闡提]를 통틀어서 설하였다. 『유가론』*과 『능가경』의 두 부류의 '선함[의 뿌리]를 단절한 자'는 결과적으로 반드시 성불할 것이다. 왜냐하면 [열반의] 원인이 현재 미완성임으로 말미암아 선함의 뿌리를 단절한 상태에 있기 때문이다. 『능가경』의 '대비[의 보살 일천제]'는 [열반의] 원인이 현재에도 확실히 완성되어 있지만 결과적으로 성불하지 않을 것이다. 왜냐하면 중생의 세계가 다할 때란 없기 때문이다. '[열반] 가능성이 [전혀] 없는 자'는 현재[의 열반의 원인이]든 미래[의 성불의 결과]든 완전히 둘 다를 완성하지 못한다. [결론적으로] 경(=『능가경』)과 논(=『유

여기서 우리는 원측의 해석학적 곤경(hermeneutical predicament)을 발견할 수 있다. 즉 그도 유식 논서들에서 말하는 '무성유정의 성불 불가능', 특히 유식학파 전통에서 미륵(彌勒, Maitreya) 보살의 설법에 근거한 것으로 믿어온 『대승장엄경론』의 '열반 가능성이 전혀 없는 자'(=영원히 구원받을 수 없는 자)의 존재를 적극적으로 부정하지 않고 암묵적으로 인정하고 있음을 알 수 있다. 하지만 동시에 주목해야 할 것은 외견상 이와 모순되어 보이며 또 그 논서들보다 좀 더 높은 권위를 지니고 있다고 받아들여지는 『능가경』에서 강조하는 모든 중생을 구원하려는 '자비'를 지

〈표4〉 원측의 무성유정 분류와 그 해석학적 곤경

<table>
<tr><th colspan="2" rowspan="2">세 종류의 무성유정</th><th colspan="2">해석의 근거</th><th rowspan="2">해석학적 곤경</th></tr>
<tr><th>『능가경』의
'일천제'</th><th>『장엄론』의
'열반의 특성이 없는 자'</th></tr>
<tr><td colspan="2">일시적으로
불성이 없는 자</td><td>모든 선함의 뿌리를
태워 없애버린 일천제</td><td>열반의 특성이
일시적으로 없는 자</td><td rowspan="3">미륵의 『장엄론』에 따라 '구원 불가능한 존재'를 암묵적으로 인정하면서도 붓다의 『능가경』에 따라 그 존재와 모순적인 '보살 일천제'도 동시에 인정해야 함</td></tr>
<tr><td rowspan="2">절대적으로
불성이 없
는 자</td><td></td><td></td><td>열반의 특성이
전혀 없는 자</td></tr>
<tr><td>+ 자비</td><td>보살 일천제</td><td></td></tr>
</table>

가론』, 『장엄론』)을 통틀어 볼 때 일천제에는 세 부류가 있으니, 첫째는 선함의 뿌리를 끊은 일천제이며, 둘째는 대비의 일천제이며, 셋째는 [열반] 가능성이 [전혀] 없는 일천제이다.) (*다만 규기는 원측과는 달리 『유가론』의 무성유정을 '시변무열반법자時邊無涅槃法者'로 보고 있다.) 이처럼 규기도 유식 논서들에서 주장하는 '무성유정의 성불 불가능'을 증명하기 위해 세 가지 일천제라는 새로운 해석틀을 고안하고 있지만, 정작 진제 진영에서 핵심 경증으로 제시하고 있는 『능가경』의 일천제 성불론을 의미 있게 반박하지는 못하고 있다. 설령 열반 가능성이 전혀 없는 부류가 있다고 하더라도 붓다가 그들을 포기해 버리고 손 놓고 있다는 것을 경전을 통해 증명하지 못하는 이상 그들의 존재 자체가 구원론적으로 큰 의미를 지니는 것은 아니다. 사실 원측이 소개한 현장 진영의 '무성유정 성불 불가능' 주장의 경증들('다') 중 『대보살장경(大菩薩藏經)』은 무성유정에 절망하여 구원의 손길을 거두는 붓다의 한 모습을 보여주는 반면, 『승만경』과 『보살지지경』 구절은 무성유정을 내버려 두지 않고 어떤 방식으로든 그들의 잠재력을 성숙시키려 노력하는 붓다의 또 다른 모습을 보여준다. 자세한 것은 필자의 역주(장규언, 앞의 글 2013b. 113-117)와 관련 논문(장규언 2017. 269-271) 참조.

닌 '보살 일천제'의 존재를 긍정한다는 사실이다.

(2) 『해심밀경』의 설법 대상[所爲]인 무성유정

무성유정에 대해 부정과 긍정, 절망과 희망이 교차하는 원측의 다면적 관점은 『해심밀경』의 설법 대상을 논하는 부분에서도 재차 확인할 수 있다. 우선 「서품」에서 '『해심밀경』의 가르침에 도움을 받는 특정 수행 능력[機]을 지닌 중생'에 대해 다음과 같이 세 가지 해석을 소개한다.

자료36

別明此教所被機者, 於五種性, 但為菩薩及不定性說此『契經』. 故下『經』云, "阿陀邪〈那〉306)識甚深細 一切種子如暴流/ 我於凡愚不開演 恐彼分別執為我//" 又解, 此『經』通為四性, 唯除無性. 故下『經』云, "為欲發趣一切乘者故, 說第三了義大乘." 【所以者何? 諸部『波若』但為菩薩說諸空義, 此『經』宗明一切諸法有 · 無道理, 故三乘者皆得勝利.】 **或可**, 此『經』通為五性. 通說人 · 天 · 一切乘故. 【五性義中, 當更分別.】307)

이 가르침에 의해 [도움을] 받는 특정 수행 능력[을 지닌 중생]에 대해 구체적으로 말해 보겠다. [하나의 해석에 의하면,] 다섯 부류 중 '보살'과 '미정인 부류'만을 위해 이 『계경(契經)』을 설하였다. 그래서 이 경(=『해심밀경』)의 뒷부분(=「심의식상품」)에서 "아타나식(阿陀那識)은 너무도 심오하고 미세하며 모든 종자(種子)는 폭류와 같나니/ 내가 어리석은 자에게 밝혀 설하지 않는 것은 저들이 [그것을] 분별하여 불변의 자아[我]로 여길까 두려워서라네//"라고 설한 것이다. 또 다른 해석에 의하면, 이 경은 불성이 없는 부류를 제외한 네 부류 모두에게 [설해졌다]. 그래서 이 경의 뒷부분(=「무자성상품」)에서 "[('부류가 확정된 삼승 수행자[定性三乘]'와 '부류가 미정인 승 수행자[不定性乘]'를 포함한]308) 모든 승(乘)을 지향하는 자를 위해 제3의 '명

306) 경도대학(京都大學) 소장 사본(25b10)에는 '那'로 올바르게 되어 있다.

307) 『解深密經疏』 권1, 「序品」 ZZ21 179a1 이하; WX34 596b18 이하.

308) '此經通為~了義大乘' 대응 SNST(ZhT68.82.14-18)는 다음과 같다: mdo sde ḥdi ni rigs rnam pa bṣiḥi ched du gsuṅs pas rigs med pa ma gtogs te/ <u>hog nas mdo las rigs ṅes paḥi theg pa pa gsum daṅ/ rigs ma ṅes paḥi theg pa pa ḥbaḥ ṣig bstan paḥi phyir ro</u>/ <u>gṣan yaṅ</u> theg pa thams cad la gṣol ba dag gi phyir/ gsum pa ṅes paḥi don gyi mdo ḥdi <u>gsuṅs pa</u> ḥam/ 이를 한문으로

시적 진리인 대승[了義大乘]'을 설하였다"라고 설한 것이다. 왜 그런가? 여러 종류의 『반야경』은 다만 보살만을 위해 여러 측면의 '공성[空]'의 의미를 설하였지만, 이 경의 핵심 주장은 모든 현상의 '존재함[有]'과 '비존재함[無]' [양 측면]의 진리를 밝히는 것이기 때문에 삼승(三乘) 모두 [이 경을 통해] 큰 이익을 얻을 수 있다. 또는[或] 이 경은 다섯 부류 모두에게 [설해졌다]고 할 수도 있다[可]. 사람, 천신, 모든 종류의 승에 대해 포괄적으로 설하기 때문이다.309) 다섯 부류[五性]의 의미[를 밝힌 곳]에서 재차 분석할 것이다. [비록 세 가지 설이 있지만 두 번째 설이 정설이다.]310)

『해심밀경』 자체가 다양한 구도적 관심을 가진 보살 질문자에 대해 붓다가 답하는 형식으로 구성되어 있기 때문에 각 품마다 그 주제가 다르며, 따라서 설법 대상도 다른데 원측은 『해심밀경』이 사람과 천신의 현실을 논하고 있기 때문에 '或可'라는 접속사를 사용하여 무성유정311)에게도 설해진 것으로 볼 수도 있다고 다소 조심스럽게 의견을 개진한다. 하지만 「심의식상품(心意識相品)」에서는 『해심밀경』 역시 무성유정에게도 설해졌다는 점을 다음 문답을 통해 매우 분명하게 말한다.

자료37

問. 豈不頌言'我於凡愚不開演', 如何此云'哀愍世間及天 · 人等'? 答. 說教所為, 有其多

환원해 본다면 '下『經』唯說定性三乘及不定性乘故. 又云, "為欲發 …"' 정도가 될 수 있는데, '一切乘'을 '부류가 확정된 삼승 수행자'와 '부류가 미정인 승 수행자'로 구체적으로 명시하고 있다.

309) 이 구 대응 SNST(ZhT68.82.20)는 한문과 표현이 약간 다르다: theg pa pa thams cad la rnam par phye ba myoṅ baḥi phyir ro/(모든 승에 대한 분석을 맛볼 수 있기 때문이다.).

310) 현존 한문본에는 없지만 대응 SNST(ZhT68.82.20-21: /de ltar rnam pa gsum du bśad pa yod kyaṅ gñis pa ni yaṅ dag pa yin no// //)에 의거하여 번역해 보았다. 일반적으로 '或可'라는 표현으로 마지막 해석을 소개하고 나서는 앞서 소개한 해석들에 대해 우열을 논하지 않는데 이 부분은 다소 예외적이다. 다만 제2설[又解 이하], 즉 『해심밀경』이 불성 없는 부류를 제외한 네 부류를 대상으로 설해진 것이라 보는 견해는 앞서 '자료1'에서 『해심밀경』의 주제들이 삼승 수행자의 통찰 · 수행 · 성취 대상임을 명시한 것과 대략 일맥상통한다. 티벳어역의 선택을 수용한다면 제2설이 원칙이고 '或可' 이하는 해석의 여지를 열어 두는 것으로 이해할 수 있겠다. 승장의 경우에도 유사한 사유(정正과 겸兼)를 발견할 수 있다(장규언, 앞의 글 2013b. 71-72).

311) 여기서 원측은 무성유정에 대해 '사람과 천신'이라고 포괄적으로 말하지 '일천제'라고 구체적으로 지목하지는 않는다. 여기서의 무성유정이 '시변무열반법자(時邊無涅槃法者)'에만 한정되는지 아니면 '필경무열반법자(畢竟無涅槃法者)'까지 포함하는지는 분명하지 않다. 정황상 전자일 가능성이 높으나 대비심의 관점에서 볼 때 후자일 가능성도 완전히 배제할 수 없다.

義. 若為令離惡脩善, 通為有性·無性故說, 若為(令)[312]趣無上正等菩提, 但為菩薩種姓·不定者說.[313]

묻는다. 어찌 [앞선 「심의식상품」의 마지막처럼] 게송에서 '나는 어리석은 자에게는 밝혀 설하지 않는다네'라고 말하지 않고 왜 여기 [이 경문]에서는 '세상, 천신, 인간 등을 불쌍히 여긴다'라고 말하는가? 답한다. 가르침을 설하는 목적[所爲][314]에는 많은 의미가 있기 때문이다. 만약 악을 떠나서 선을 닦도록 만들려는 목적이라면 불성이 있는 [중생]과 없는 [중생]에게 모두 [가르침을] 설하며, 만약 위없는 올바르고 평등한 깨달음으로 나아가게 만들려는 목적이라면 다만 보살의 부류와 [부류가] 미정인 자에게만 [가르침을] 설한다.

원측은 붓다는 설법 대상에 따라 설법 목적을 달리하는데 『해심밀경』 역시 붓다가 악의 늪에 빠져 있는 이를 선으로 인도하기 위해 무성유정에게도 설했다고 보았다.

이상의 논의를 통해 우리는 원측이 유식 논서에서 말하는 구원받을 수 없는 중생의 존재를 암묵적으로 인정하면서도 또 다른 한편으론 무성유정을 구원의 가능성에 대해 열려 있는 존재로 보는 다면적 관점을 지니고 있었음을 확인할 수 있다. 그런데 이 관점은 사실 원측이 소개한 현장 진영 '무성유정 성불 불가능' 주장의 경증들('(다)') 속에 보이는 '무성유정 성불 가능성'에 대한 붓다의 다면적 인식과 연결되어 있으며,[315] 그 점에서 그 경증을 제시한 현장의 '무성유정' 인식의 다면성이 암시된다.

(3) 현장(玄奘)의 해석학적 곤경

필자는 무성유정에 대한 원측의 다면적 해석은 결국 그 뿌리가 현장의 고민과 곤

312) 앞 구절과의 대구, 대응 SNST(ZhT68. 508.20-21: gal te bla na med pa yaṅ dag par rdsogs paḥi byaṅ chub la gzud par mdsad na ni), 한문 문법 등에 비추어 볼 때 사역동사 '令'을 보충하는 것이 자연스럽다.

313) 『解深密經疏』 권3, 「心意識相品」 ZZ21 240a21-24; WX34 719a13-16.

314) 대응 SNST(ZhT68.508.17 이하: smras pa/ bstan pa gsuṅs paḥi dgoṅs pa ni don maṅ ste/)를 보면 최둡은 '所爲'를 '목적', '의도'로 이해하고 있다.

315) 원측이 소개하는 현장 진영 '무성유정 성불 불가능' 주장의 경증들 속 '붓다의 무성유정 인식'과 그 관련 '원측 해석' 양자의 다면성에 대해서는 장규언, 앞의 글 2017. 267-273 참조.

경에 닿아 있는 것이 아닐까 추측해 본다. 먼저 앞선 『해심밀경소』「무자성상품」 주석에서 원측이 소개한 대로, 현장은 무성유정의 성불 불가능을 역설하면서 그 경증으로 『유가사지론』의 부분적인 이역본인 『선계경』 및 『지지경』과 유식 논서들을 들고 있는데, 필자가 볼 때 그중 "영원히 구원받을 수 없는 중생의 존재"를 "명시"한 것은 문제의 『대승장엄경론』의 "畢竟無涅槃法者"[316]와 『불지경론』의 "畢竟無有滅度之期"[317]뿐이다.[318] 이 중 특히 『대승장엄경론』의 '필경무열반법자(畢竟無涅槃法者)'는 앞서 '자료35'에서 논의되었듯이 『능가경』의 두 종류의 일천제와 모순되기

---

316) 『장엄론』의 '畢竟無涅槃法者' 서술 부분(無著菩薩 造, 波羅頗蜜多羅 譯, 『大乘莊嚴經論』 권1, 「種性品」 T31 595a21-29: 次分別無性位, 偈曰: 一向行惡行　普斷諸白法/ 無有解脫分 善少亦無因// 釋曰. 無般涅槃法者, 是無性位, 此略有二種, 一者時邊般涅槃法, 二者畢竟無涅槃法. 時邊般涅槃法者有四種人, 一者一向行惡行, 二者普斷諸善法, 三者無解脫分善根, 四者善根不具足. 畢竟無涅槃法者, 無因故, 彼無般涅槃性, 此謂但求生死不樂涅槃人.)과 관련하여 뤼츠엉은 '畢竟無涅槃法者'에 대한 부연구인 '此謂但求生死不樂涅槃人'이 『능가경』의 '본원(本願)'의 의미와 완전히 어긋난다*는 점과 산스끄리뜨어본에 없다는 점**을 들어 역자 명우(明友)***가 덧붙인 것으로 보고 있다(呂澂 1991a. 432-433).

*"種姓義" 원문의 柄鑿(433)은 枘鑿(예착, '상충한다'는 의미)의 오기이다. **Lévi 1907. Tome Ⅰ, 3.11, 13: atyantāparinirvāṇa-dharmā tu hetu-hīno yasya parinirvāṇa-gotram eva nāsti. *** 같은 논문에서 뤼츠엉은 이 '명우'(=바라바밀다라波羅頗蜜多羅)를 『불지경론』과의 사상적 연속성을 고려하여 다소 경솔하게 친광(親光)으로 단정했는데 훗날에는 그를 계현(戒賢)의 제자일 것으로만 조심스럽게 추정하고 있다(呂澂 1991b. 2240).

317) ZZ21 270c9-10; WX34 780b3-4: 依『佛地論』, 有五種姓, 義如常說, 乃至彼云, "第五種姓無有【出世】功德因故, 畢竟無有滅度之期." 원측 인용문 후속 『불지론』 문장은 무성유정을 붓다의 인도를 받더라도 성불할 수 없는 존재로 명시한다(『佛地經論』 권2, T26 298a-b: 諸佛但可為彼方便示現神通, 說離惡趣生善趣法, 彼雖依教勤修善因得生人趣, 乃至非想非非想處, 必還退下墮諸惡趣, 諸佛方便復為現通說法教化, 彼復修善得生善趣, 後還退墮受諸苦惱, 諸佛方便復更拔濟, 如是展轉窮未來際, 不能令其畢竟滅度).

이 부분은 텍스트적으로 논란이 되고 있다. 뤼츠엉은 계현(Śīlabhadra)의 『불지경』 주석(『Buddhabhūmi- vyākhyāna』 티벳어역)에 이 부분이 보이지 않는다는 점을 들어 친광 자신의 설로 보았다(呂澂 1991a. 432-433). 이와 달리 사쿠마(Sakuma 2007. 86)는 『불지경론』과 계현의 『불지경』 주석을 면밀히 대조해 보면 현장이 번역 시에 계현의 주석을 주 자료로 사용했지만 거기에는 없는 구절들도 덧붙였는데 '오종성론'에 관한 절은 그중 하나이며, 따라서 이 구절은 원 산스끄리뜨어본에도 없었던 것으로 추측한다.

318) 나머지 유식 논서들에서 소개하는 무성유정에 대한 언급들은 그 논서의 원래 문맥으로 보았을 때 명시적으로 영원히 구원받을 수 없는 존재를 말한 것이라 확정짓기는 어렵다. 다만 『대승장엄경론』의 '畢竟無涅槃法者'와 『불지경론』의 '畢竟無有滅度之期'와 함께 소개되기 때문에 현장에 의해 그 구절들이 그 틀 속에서 이해되고 있음을 짐작할 수 있다.

때문에 유식 사상가들에게 계속 논란이 되었던 듯하며[319] 현장도 예외는 아니었던 듯하다. 둔륜의 『유가론기』에는 이와 관련된 다음과 같은 흥미로운 기록이 보인다.

자료38

三藏云, “『十卷楞伽』第二卷辨五種姓, 三乘定姓爲前三人, 四不定姓, 五闡提. 闡提有二, 一菩薩闡提, 畢竟無成佛義, 二斷善闡提, 若遇勝緣, 必得成佛. 余在西方時, 已有『楞伽』梵本, 本文亦同. 西方大德評此義云, “『楞伽』不說第五無姓有情, 但說有佛種子二種闡提, 一是斷善根, 遇緣還續究竟作佛, 二是菩薩, 大悲能爲衆生故不取正覺, 顯此希奇故偏別說.” 卽『大集經』云, ‘菩薩發心, 誓度衆生, 衆生未盡, 我不作佛, 衆生若盡, 我用方息須入涅槃.’ 又『智論』云, ‘有諸菩薩因圓滿, 不取正覺, 如文殊等.’ 『大莊嚴論』第二卷云, ‘無佛性人謂常無性.’ 余欲來之時諸大德論無姓人文, ‘若至本國, 必不生信, 願於所將種論之內略去‘無佛姓’之語.’ 戒賢乃云, ‘彌離車人解何物而輒爲彼損?’”’[320]

---

319) 다마토(d’Amato 2003. 132-134)는 무성유정론이 같은 『장엄론』 안의 여래장(如來藏) 사상(9.37, 13.19, 11.13)과 긴장 관계에 있음을 지적하고 그 해결책으로 ‘畢竟’의 원어 ‘atyantam’을 “absolutely”가 아닌 “for ever”로 읽어 “어떤 중생은 선함의 뿌리의 조건적 결여로 인해 단지 늘상 그 부류에 머물러 있을 뿐이다(some beings simply always remain in this category due to a conditional lack in roots of virtue.)”라고 이해할 것을 제안한다(밑줄은 필자가 그음).

320) 釋遁倫 集撰, 『瑜伽論記』(宋藏遺眞本) 권11, H14 63b17-c13. 이 단락의 기사는 적지 않은 결락을 포함하고 있는 완전하지 못한 문장으로서 문법적으로 의미적으로 모호한 부분이 적지 않지만 필자는 최대한 의미가 통하는 방향으로 구두점을 찍고 문장을 보충하여 번역해 보았다. 다만 요지는 대체로 분명한 편이다.

cf. 대정장본(T42 615a-b)의 경우 ‘若至本國’ 이하가 구문상 매끄럽지 못하므로 송장유진본에 따라 ‘若至~人文,’ 부분을 아래와 같이 교정 가능할 듯하다: 三藏云, “『八〈十〉卷楞伽』第二卷辨五種性, 三乘定性爲前三人, 四不定性, 五一闡提. 闡提有二, 一菩薩闡提, 畢竟無成佛義, 二斷善闡提, 若遇勝緣, 必得成佛. 餘〈余〉在西方時, 已者〈有〉『楞伽』梵本, 本文亦同. 西方大德許此義云, “『楞伽』不說第五無性有情, 但說有佛種中二種闡提, 一是斷善根, 遇緣還續究竟作佛, 二是菩薩, 大悲純爲衆生故不取正覺, 顯此希奇故偏別說.” 卽『大集經』云, ‘菩薩發心, 誓度衆生, 衆生未盡, 我法不作佛, 衆生若盡, 我用方息須入涅槃.’ 又『智論』云, ‘有諸菩薩因圓滿, 不取正覺, 如文殊等.’ 『大莊嚴』第二卷云, ‘無佛性人謂常無性.’ ’ ‘若至本國, 必不生信, 願於所將種論之語.” 戒賢人欲來之時諸大德論無性人文, 〈余欲來之時諸大德論無性人文, ‘若至本國, 必不生信, 願於所將種論內略去‘無佛姓’之語.’ 戒賢〉呵云, ‘彌離車人解何物而輒爲彼損?’” 최종남(崔鍾南 1994. 100)은 대정장본과 송장유진본(「성문지(聲聞地)」 부분)을 한역 및 산스끄리뜨어 사본과 대조해 본 결과 전자보다 후자가 많은 부분에서 정확하다는 점을 지적하고 있다.

사쿠마 히데노리(Sakuma, 앞의 글 2007. 87)는 대정장본과 『법화수구(法華秀句)』에 의거하여 삭제를 요청한 이를 ‘서방대덕(西方大德)’으로 보고 있다. 문장상으로 충분히 그렇게 읽을 수 있

[대당(大唐)]삼장(三藏)께서 다음과 같이 말씀하셨다. "『10권능가』 제2권에서 다섯 부류를 구별하였는데, [성문, 연각, 보살 등의] 삼승의 확정된 부류[三乘定姓]가 앞의 [차례대로] 세 [부류의] 사람이며 넷째는 미정인 부류[不定姓]이며 다섯째는 일천제이다. 일천제에는 둘이 있으니 첫째는 보살일천제[菩薩闡提]로서 끝내 성불함이 없으며 둘째는 선함[의 뿌리]를 단절한 일천제[斷善闡提]로서 훌륭한 조건을 만나면 반드시 성불할 수 있다. 내가 서쪽 [인도]에 있을 때 [거기에] 이미 『능가경』 산스끄리뜨어본이 있었는데 그 본의 글도 [『10권능가』와] 같았다. 서쪽 [인도]의 대덕(大德)들이 이 [『능가경』 구절의] 의미에 대해 다음과 같이 평하였다. "『능가경』은 다섯 번째 불성이 없는 중생을 설하지 않으며 다만 붓다의 종자를 지닌 두 종류의 일천제가 있다고 설할 뿐이며 [그중] 선함의 뿌리를 단절한 [일천제]는 조건을 만나면 재차 [수행을] 계속하여 궁극적으로 성불하는 반면 보살 [일천제]는 대비심으로 인해 중생을 위해 [의도적으로] 올바른 깨달음을 성취하지 않을 수 있으니 그것이 희기함을 드러내기 위해 [일천제의 부류 안에서] 별도로 설한 것이다." 즉 『대집경(大集經)』에서 "보살이 발심하여 '중생을 구제함에 중생이 다하지 않으면 나는 성불하지 않을 것이며, 중생이 다한다면 나는 그때서야 비로소 열반에 들 것이다' 라고 서원한다"라고 말하고 또 『대지도론』에서 "어떤 보살들은 [성불의] 원인이 완전한데도 올바른 깨달음을 성취하지 않으니 예를 들어 문수보살(文殊菩薩) 등의 경우가 그렇다"라고 말한다. [그런데] 『대승장엄경론』 제2권에서는 '불성이 없는 이를 영원히 불성이 없다고 한다' 라고 하는데 내가 귀국하려 할 때 대덕들이 [『장엄론』의 이] '불성이 없다'

으나 '本國'이 중국인에게 일반적으로 1인칭 대명사로 이해되며 '願' 역시 1인칭 화자의 바람을 나타내는 조동사로 사용된다는 점을 감안한다면 필자의 독법이 보다 자연스러울 것이다. 뤼츠엉 역시 필자와 같은 취지로 읽고 있다(呂澂, 앞의 글 1980. 부록 "慈恩宗 -唐代佛學六宗學說略述之一-" 344-345). 사쿠마는 이러한 독법과 앞서 말한 계현이 『불지경』 주석에서 '오종성론'에 대해 전혀 언급하고 있지 않은 점에 근거하여 이 전승이 실상을 반영한다기보다는 계현이 영원히 성불할 수 없는 존재를 재확인한 사실이 '오종성론'이 계현이나 날란다 학자들에게 유가행파 사상의 중요 부분으로 인정되었음을 암시하는 것이라고 본 후대 중국인들의 관점을 반영하고 있는 것으로 추측하고 있다. 그래서 '오종성론'이 날란다 학자들 간에 논의가 되었지만 유가행파를 대표하는 사상으로 생각되지는 않았다고 추정하는 것이 보다 자연스럽다고 결론짓고 있다. 앞서의 논의까지 통틀어 보면 뤼츠엉과 사쿠마의 무성유정 성불 불가론에 대한 관점은 상이하다. 뤼츠엉은 현장은 해석학적 곤경에 빠져 망설이고 있는데 계현, 친광 등에 떠밀려 할 수 없이 수용했다고 보는 반면, 사쿠마는 실상은 그렇지 않은데 중국 쪽의 관념이 투영되어 그렇게 전승된 것으로 보고 있다.

는 문구에 대해 논의하기에 [내가 그것에 대해 이견을 품고 스승 계현(戒賢)께] '만약 고국에 도착하면 반드시 [이 말을] 믿지 않을 것이니 원컨대 전파하고자 하는 '종성' 논의[種論](?) 속에서 '불성이 없다'는 말은 생략하고 싶습니다' [라고 말씀드렸더니] 계현께서 '변방의 비천한 사람들이 뭘 안다고 제멋대로 빼버리려 하느냐?' 라고 [꾸짖으며] 말씀하셨다."

이 회고를 통해 현장 역시 『대승장엄경론』의 '영원히 불성이 없는' 존재, 즉 '열반의 특성이 전혀 없는 자[畢竟無涅槃法者]'가 『능가경』의 영원히 열반하지 않는 보살 일천제의 대비심에 위배된다고 느꼈고, 더구나 도생(道生, 355-434) 이후 확립된 중국 불교의 일천제 성불론[321]과도 정면 배치된다고 판단하여 마음으로 받아들이기 어려웠음을 쉽게 짐작할 수 있다. 원측의 전승대로라면 현장은 결국 스승 계현(戒賢, Śīlabhadra, 529-645)의 뜻에 따라 영원히 구원받을 수 없는 존재를 인정하였지만 그것이 『능가경』의 정신에 위배된다는 것은 경 속의 붓다의 말을 진리로 받아들이는 학승에게 영원히 남는 곤경이었을 것이다. 원측이 소개한 논쟁에서 진제 진영의 핵심 경증인 『능가경』의 일천제 성불론에 대한 현장의 회통, 즉 자기 관점의 재해석이 없었다는 점은 이 곤경을 단적으로 보여주는 것이라 볼 수 있다. 이러한 해석학적 곤경은 고승들의 글쓰기 방식이 자기 주장에 대한 객관적이고 논리적인 증명보다는 그들 스스로 진리로 인정한 경론 간의 표면적 불일치를 어떻게든 일관되게 이해해 보려는 주석학적 보완에 중점에 놓여 있기 때문일 것이다. 현장과 달리 나름의 재해석을 시도한 규기[322]와 원측 모두 이 해석학적 곤경으로부터 자유롭지 못했음은 앞서 살펴본 대로이다.

4. 요약

하다니가 원측을 현장 · 규기와 대립적으로 본 기본 관점에서 출발하여 그의 '종

321) 일천제 성불론을 포함한 중국 불성론에 대해 체계적으로 연구한 이로 라이용하이(賴永海, 뢰영해)를 들 수 있다. 그의 연구(賴永海 1999)는 관련된 자료를 망라하고 있어 유용하다.

322) 규기의 '세 종류 일천제'에 대한 필자의 앞선 논의('각주305') 참조.

성' 해석을 전형적인 오성각별론이 아니라는 점에서 그 대척점에 있는 일성개성론으로 이해한 이래로 그동안의 연구는 그 둘 중 원측의 궁극적 입장은 무엇이었는지에 천착해 온 편이다. 기존의 연구가 상반된 두 해석 모두와 연관된 원측 '종성' 해석의 다양한 측면을 조명했다는 점에서 많은 의의가 있다. 하지만 원측이 어떤 맥락에서 '종성'을 논의했는지는 의외로 주목하지 않았다.

지금까지 필자는 원측을 「탑명」에서 정의하는 '현장의 제자'라는 전통적 평가를 중시하고 또 주석 대상인 『해심밀경』 경문에 포함된 '종성' 관련 서술들을 해석의 전제로 삼아 논의를 전개한 『해심밀경소』의 문헌적 성격에 주목하면서 원측 '종성' 해석의 기본 구조와 몇 가지 특징을 살펴보았다.

원측은 『해심밀경』의 주석가로서 '『해심밀경』은 '일승'과 '삼승' 모두를 설한다는 점에서 '명시적 진리'이다'라는 말을 '해석학적 지평'으로 삼아, 그 기반 위에서 붓다가 말한 '일승'과 '삼승'이 모순되지 않음을 증명하기 위해 '수행 이상의 동일성'과 '수행 방법 및 결과의 동일성'의 관점을 정립하여 '일승'을 이념과 수행 양 차원의 동일성을 긍정하는 말로 이해하였으며, 이 해석의 바탕 위에서 진제와 현장 진영 간 일견 모순되어 보이는 주장들이 사실은 그렇지 않음을 보여줌으로써 양자 간의 갈등 조정, 즉 화쟁(和諍)을 시도하였다. 간단히 말해, 삼승 수행자들은 각자의 능력과 지향에 부합하는 수행을 하지만 궁극적으로는 동일한 '성불의 이상'을 가지고 '심오한 자체적 본질 없음의 통찰'이라는 동일한 수행 방법을 통해 '궁극적 열반'이라는 동일한 결과를 성취할 수 있으며, 따라서 그들 간의 궁극적 동일성을 강조하는 진제 진영과 현실적 차이를 강조하는 현장 진영은 모순적이라기 보다는 상보적임을 역설하였다.

아울러 '종성' 관련 몇몇 주제와 관련하여 규기 및 현장과의 연관성을 부분적으로 다루면서 원측이 그 양자와 어떤 점에서 같고, 또 규기와 어떤 점에서 다른지를 밝혀 원측 '종성' 해석의 특징을 상대적으로 부각시키려 노력하였다. 먼저 원측과 규기의 '『법화경』 '일승' 설법' 해석을 대비함으로써 그들이 소승과 대승 간의 현실적 차이 인식에서 각각 온건주의자와 강경주의자의 면모를 지니고 있다는 점을 밝혔으며, 아울러 티벳어역을 통한 한문 텍스트 교정('자료29'의 雖有三〈二〉釋, 第二為正)과 원측이 지지한 '파삼귀일(破三皈一)'과 규기 해석 간의 모순 관계 확인('각주289'의 故知不是破三會三以歸於一)을 통해 원측과 규기 양자의 해석을 동일시한 기츠카와 해석이 오류이며, 이 해석을 부분적 근거로 하여 그가 도출한 '원측은 큰 틀에서 규기와 같은 오성각별론자이다'라는 결론도 재고의 여지가 있음을 밝혔다.[323] 또 무성유정 해석과 관련하여 기존에 보고되지 않았던 티벳어역에만 수록된 무성유정에 대한 원측의 입장을 담은 자료('자료35') 해석을 통해 규기와 공유하고 있는 '해석학적 곤경'을 부각시켰으며, 더불어 『해심밀경』의 설법 대상인 무성유정을 어떻게 이해하였는지 살펴보았으며, 마지막으로 원측 무성유정 해석이 지닌 다면성 또는 모호성이 현장의 '해석학적 곤경'과 같은 맥락에서 이해될 수 있음을 밝혔다.

지금까지 살펴본 대로 '종성' 해석은 기본적으로 삼승가와 일승가 간의 화쟁에 그 근본 의도가 있었음이 분명하다. 그런데 하다니 이래의 기존 연구는 대부분 그의 의도를 파악하지 못한 상태에서 그를 양 진영 중 어느 하나로만 귀속시켜 이해하려 했기 때문에 원측 '종성' 해석의 다면성을 온전하게 읽어낼 수 없었다. 따라서 필자는 원측을 어느 한 진영에 귀속시키려는 시도는 그의 해석의 전모를 왜곡할 우려에서 자유롭지 못하다고 생각한다. 다만 원측의 본의와 무관하게 불교사상사적 관점에서 그가 일승가와 삼승가 중 어느 쪽에 더 가까웠는지를 객관적으로 평가해 볼 수는 있을 것이다. 앞서 살펴본 대로, 그는 한편으로 삼승 수행자 간의 현실적 차이를 인정하면서도 규기와는 달리 그 차이를 절대적으로 보지 않았다. 하지만 다른 한편으로 현장, 규기 등과 마찬가지로 『대승장엄경론』의 영원히 구제받을 수 없는 존재가 『능가경』 속 보살 일천제의 대비심과 어긋남을 알면서도 그 존재를 적극적으로 부인하지 않았다. 또 그는 논쟁 소개와 해석 과정에서 현장 역 경전들의 입장에서 진

323) 정영근(丁永根 2002. 173) 역시 『송고승전』의 도청설의 기저에 놓인 정서와 상황에 근거하여 이 점을 지적하고 있다: "이 기록을 사실 그대로 믿고 받아들일 수는 없지만 적어도 원측이 자은종파의 사람들로부터 심한 견제와 질시를 받았다는 점과 그들이 오성각별설을 통해서 원측과 차별화하고 있다는 점이다. 만약 오성각별설을 비롯한 법상유식의 이론들에 대해서 원측의 유식학이 크게 다를 것이 없이 완전히 같고 다만 이론의 완성도에 있어서만 차이가 있었다고 하면 도청설까지 지어낼 정도로 질시를 받지 않았을 것이다. 원측과의 관계에서 적어도 오성각별설을 자은종 특유의 학설로 자임하는 것으로 볼 때 이 점에서 원측이 그들과 같은 입장에 서 있지는 않았을 것이 분명하다."

제 진영 주장의 경증들을 재해석하는 데 큰 공을 기울였고, 그 결론 부분에서도 『현양성교론』, 세친 『섭대승론석』 등 현장 역 유식 논서들을 근거로 '일승'이 설해진 의도를 정리하였다. 이 세 측면만을 고려하여 판단한다면, 현재로서는[324] 그를 '삼승가와 일승가 간의 화쟁에 기반한 또는 그것을 지향하는 온건한 의미의 오성각별론자'[325]에 가깝다고 볼 수 있을 듯하다. 아울러 원측이 현장 역 경론에 의지하면서도 규기와 같은 강경한 오성각별론자와는 입장이 갈린다는 점에서 필자는 원측의 눈에 비친 현장도 온건한 의미의 오성각별론자일 가능성이 높다고 본다. 왜냐하면 그렇지 않고 강경론자로 이해된 현장 안에 진제를 포용하려 할 경우 자기 모순에 빠지기 때문이다.

324) 원측 '종성' 해석 관련 미결 과제 중의 하나로 성종성(性種性)과 습종성(習種性)에 대한 입장을 들 수 있다. 『해심밀경소』에서는 3가지 설만을 나열하고 어떠한 평가도 내리지 않고 있다(ZZ21 273a3과 WX34 785a3 이하). '종자(種子)의 본유(本有)와 신훈(新熏)' 논의(護法等菩薩 造, 玄奘 譯, 『成唯識論』 권2, T31 8a21 이하)에 대한 원측 『성유식론소』의 해석을 전하는 단편적 자료들이 있긴 하지만 그것만으로는 해석의 전모를 파악하기는 어렵다.

325) 또한 반대로 원측이 진제 진영에서 말하는 삼승 수행자 간의 현실적 차이를 넘어서는 '이념적·수행적 동일성'을 긍정했고 '무성유정의 성불 불가능'을 적극적으로 주장하지 않았다는 점에서 '온건한 의미의 일성개성론자'로 해석될 여지도 충분하다고 본다. 그의 '화쟁'이 목표로 하는 것이 바로 양자가 병립 가능함을 증명하는 데 있었다는 점을 여기서 확인할 수 있을 것이다.

"가만히 생각해 보면, '진성(眞性)'은 깊디 깊어 뭇 형상[象]을 초월하면서도 형상을 이루며, 붓다의 '원음(圓音)'은 비밀스러워서 여러 종류의 말[言]을 펼치면서도 말하지 아니하는데, 이는 곧 '원음'은 말과 맞닿아 있으면서도 말이 없으며, '진성'은 형상이 아니면서도 형상을 통해 드러난다는 의미이다. 형상이 아니면서도 형상을 통해 드러나기에 '진성'의 진리[理]는 비록 고요하지만 말할 수 있으며, 말과 맞닿아 있으면서도 말이 없기에 '원음'의 말은 비록 펼쳐지더라도 말함이 없다. 말함이 없기 때문에 유마(維摩) 거사께서는 사방 한 장(丈) 방 안에서 '둘이 없음[不二]'에 대해 침묵하셨고, 얘기할 수 있기에 미륵(彌勒) 보살께서는 청정한 궁전에서 '세 종류의 본질[三性]'을 명시하셨다."

– 원측(圓測)

제3장

'공(空)과 유(有)', '료의(了義)와 불료의(不了義)'에 대한 이해

1. 기존의 주요 연구

'공(空)과 유(有)', '료의(了義)와 불료의(不了義)' 두 주제에 대한 원측 해석은 중관과 유식 사상의 관계에 대한 그의 인식을 잘 보여준다. 그리고 이 인식은 용수, 제바, 청변, 무착, 세친, 친광, 진나(陳那, Dignāga), 호법 등 인도 불교 전통에 대한 그의 해석학적 태도를 잘 보여주며, 나아가 그것을 통해 그 전통을 계승한 그 전대 및 당대 동아시아 불교 사상가들과 그의 관계를 간접적으로 보여준다는 점에서 불교사상사에서의 그의 위치를 가늠해 볼 수 있는 하나의 척도가 될 수 있을 듯하다.

두 주제 중 먼저 원측의 청변과 호법 간 '공(空)-유(有) 논쟁' 인식에 대한 기존 주요 연구를 소개하면 다음과 같다.

우선 원측이 '공-유 논쟁'을 소개하고 해석하는 데 있어 핵심 경증(經證)으로 사용한 호법『광백론』「교계제자품(教誡弟子品)」(이하 「교계제자품」으로 약칭) 속 관련 부분[326]에 대한 주석적 연구를 수행한 이로 제이 히라바야시와 이이다 쇼타로[327]를 꼽을 수 있다. 그들은『해심밀경소』「서품」에서 제2시『반야경』과 제3시『해심밀경』설법 간에 깊고 얕음의 차이가 있는가에 대한 문답 부분('자료50')과 그 이후 대응 한

326) T30 247b15 이하.

327) Hirabayashi and Iida, *op. cit.*, 341-360.

문 없이 티벳어역만 전하는 부분에 보존된, 「교계제자품」을 발췌 인용하는 형식으로 소개되는 청변과 호법 간 논쟁에 최초로 주목하였다. 특히 그들은 대론(對論) 중 '청변'으로 배정된 논자[328]가 설하는 주장과 관련하여 대응하는 청변 『마디야마까흐르다야까리까(Madhyamakahṛdayakārikā, 中觀心論)』 제5장 「요가짜라따뜨와위니쉬짜야(Yogācāratattvaviniścaya)」 속 산스끄리뜨어 게송과 그 영역(英譯), 게송에 대한, 청변 자주(自註)로 여겨져 온 『따르까즈왈라(Tarkajvālā, 思擇焰)』 속 주석의 영역을 병기하여 논쟁의 맥락을 깊이 이해하기 위한 참고 자료를 제공하였다. 다음으로 존 키이넌[329]은 「교계제자품」 영문 역주를 통해 청변과 호법 간의 대론을 분명하게 구별하여 배정한 뒤, 각주를 통해 관련 구절에 대한 전거를 제시하고 있어 논쟁의 흐름을 읽고 사상적 배경을 이해하기 위한 참고 자료를 제공하였다. 다만 그의 대론 배정은 SNST와 『인왕경소』의 관련 텍스트 속 원측의 그것과 정반대인 경우도 있기 때문에 참고 시 큰 주의를 요한다. 폴 후어나어트[330]는 키이넌과 달리 SNST를 참조하여 「교계제자품」 중 『백론(百論, Catuḥśataka)』 게송(15.23) 주석 부분(T30 247b15-249c14)에 대한 정치한 영문 역주를 시도하여 논쟁의 맥락을 이해하는 데 큰 도움을 주고 있다.

다음으로 '공-유 논쟁'을 바라보는 원측의 화쟁적 관점에 주목한 이로 고익진을 들 수 있다. 그는 『반야심경찬』의 '오온개공(五蘊皆空)' 주석을 중심으로 하여 규기의 『반야심경유찬(般若心經幽贊)』과 대비하면서 원측의 입장을 '유(有)'와 '무(無)'를 통합한 '유식적(唯識的) 공관(空觀)'으로 명명하고, 그의 입장이 중관 사상과 대립적인 '호법계(護法系) 유식'에 입각하여 법상종(法相宗)을 세운 규기와는 달리 중관 사상과 화합하려는 방향으로 나아갔다는 점을 그 특징으로 부각시키고 있다.[331]

328) 「교계제자품」 원문에는 대론자 배정이 없지만, 『해심밀경소』(티벳어역에만 보존된 부분)와 『인왕경소』에서 원측은 해당 부분을 인용하면서 대론자를 명시하고 있다. 자세한 것은 본장 제4절 참조.

329) Keenan 1997.

330) Hoornaert 2004. 후어나어트도 키이넌의 역주에 많은 오류가 있음과 원측을 참조하지 않았음을 지적하고 있다(*ibid.*, 122). 다만 그도 『인왕경소』의 관련 텍스트의 존재는 몰랐던 듯하다.

331) 高翊晋, 앞의 글 1989. 152-153, 162. 구체적인 것은 제1부 제2장 3절 '각주121' 연관 인용문과 '각주122' 인용문 참조.

다음으로 원측의 '료의와 불료의' 해석에 대한 기존 주요 연구를 살펴보자.

기존 연구자들이 이 주제의 해석과 관련하여 가장 주목한 부분은 '『반야경』이 '료의'이며 '삼성(三性)'을 설했다'고 본 점, 제2시와 제3시 가르침 간에 우열을 두지 않은 점, 삼시교판에 있어 시간의 순서가 중요하지 않다고 본 점 등이다.

먼저 『반야경』을 료의로 본 점에 가장 먼저 주목한 이도 하다니였다. 그는 원측이 제2시의 반야무상교(般若無相教)를 '미료의(未了義)'면서 동시에 '료의'로 볼 수도 있다고 한 점[332]과 또 원측 『인왕경소』가 '유식(唯識)'의 교의로써 『반야경』 경문을 해석하고자 하는 시도가 두드러진다는 점을 지적하면서 그 실례로 이른바 '삼성색(三性色)'을 매개로 한 『인왕경』 경문 '不住' 해석 시도(각주 인용문 속 제2해석=『섭대승론』으로 대표되는 유식학파의 입장)[333]에 주목하였다.[334]

하다니에 이어 우리가 눈여겨보아야 할 연구자는 이나바이다. 그는 원측이 『반야경』이 '삼무성(三無性)'을 설하고 있다는 점에 근거하여 제2시와 제3시 설법 간의 우열을 두지 않았음을 지적하고, 원측과 반대로 규기는 제2시를 비난했다는 점을 대비시키고 있다.[335]

이나바에 이어 이이다는 원측과 규기의 대비를 좀 더 구체화하여 이나바가 대장경 위치만 언급한 『성유식론술기』 제1권 속 자료[336]를 영역하여 소개하였다.[337] 거기에서 그는 명시하지 않았지만 규기가 제2시의 『반야경』은 그 설법 대상이 '공집(空執)'에 빠지고 마는 운명을 지닌 '중간 정도 수행 능력의 중생[中根]'이라는 점에서 제3시의 『해심밀경』에 비해 낮고 불완전하다고 본 것으로 이해한 듯하다. 이어

---

332) 羽溪了諦, 앞의 글 1916b. 509.

333) T33 381b17-c3: 經. 不住色(至)不住非非色. 釋曰. ... 然釋此文, 諸說不同. ... 一云, 言'不住'者, 謂內證智不執著故, 名為不住. <u>如『攝大乘』, 色有三種, 一分別色, 即是遍計所執, 二種類色, 是依他起, 三法性色, 是圓成實</u>. <u>由三無性, 遣三性色, 故言不住色, 乃至不住非非色</u>.

334) 羽溪了諦, 앞의 글 1916a. 75-76.

335) 稻葉正就, 앞의 글 1951. 46-47.

336) 沙門基 撰, 『成唯識論述記』 권1(본), T43 229c13 이하: 辨說教時會者, 如來設教隨機所宜, 機有三品不同, 教遂三時亦異. ... 次於<u>鷲嶺</u>說諸法空, 所謂『摩訶般若經』等, 令<u>**中根**</u>品捨小趣大. **彼**聞世尊密義意趣說無破有, **便撥二諦性 · 相皆空爲無上理**.

337) Iida 1986. *op. cit.*, 12-13.

서 그는 『해심밀경소』「무자성상품」 주석에서 원측이 제2법륜과 제3법륜이 모두 '무상(無相)'을 설하고 있으며 리(理) 자체에 깊음과 얕음의 차이가 없다는 점에서 모두 료의이며, "실상 반야도 삼성을 설하고 있기 때문에 마땅히 료의이다"라고 파격적으로 주장한 점에 주목하였다. 그리고 그 주장의 경증으로 원측이 제시한, 무성(無性) 『섭대승론석(攝大乘論釋)』 속 『반야경』 구절까지의 문장[338]을 모두 영역해서 소개한 뒤,[339] 『반야경』 연구자로서 '삼성'을 설하는 『반야경』의 구절[340]에 주목한 원측의 안목을 높이 평가하였다.[341] 그는 또 '「무자성상품」의 삼성설을 통한 『반야경』 주석'이 앞서 하다니가 소개한 『인왕경소』 주석 부분과 연속선상에 있음을 지적하였다. 더불어 삼성설로써 『반야경』을 주석하는 것이 전적으로 원측만의 독자적인 것은 아니며 진나도 삼성설의 관점에서 『반야경』을 요약한 적이 있음도 환기시켰다.[342]

정영근 역시 이이다처럼 원측이 제2시와 제3시의 가르침 간에 근원적 차이가 없다고 본 점에 주목하였으며, 더 나아가 규기 『대승법원의림장』의 '言非顯了, 所詮不究竟, 名不了義, 言若顯了, 所詮究竟理, 名了義經.'[343]에 근거해서 규기가 '료의'와 '불

338) ZZ21 294b4-15; WX34 828a18-b12. 구체적인 것은 '자료73' 참조.

339) Iida 1986. *op. cit.*, 13-14.

340) 이 중 원측이 인용한 무성 『섭대승론석』 제1권과 축약하여 인용한 제4권 속 『반야경』 구절 둘 모두 한역되지 않은 『반야경』의 일부인 「미륵장(彌勒章)」 또는 「미륵청문장(彌勒請問章, Byams pas ṣus paḥi leḥu)」 속에 포함되어 있다. 「미륵청문장」에 대해서는 나가오 가진의 논의가 비교적 상세하다(長尾雅人 1982. 「序論」 중 '六 「彌勒所問品」について'(33-41). 나가오 가진과 다케무라 마키오(竹村牧男 1995. 52)는 삼성설(三性說)의 현실적인 기원으로 『해심밀경』과 『대승아비달마경(大乘阿毘達磨經)』만을 들고 「미륵청문장」은 포함시키지 않는다.

341) Iida 1986. *op. cit.*, 14: "규기와 원측의 제2법륜과 제3법륜에 관한 분석을 살펴본 후 나는 규기와 비교했을 때 그 주제에 대한 원측의 전면적이고 공평무사한 논의(the thorough and fair treatment)에 반한 상태이다. 『반야경』에 삼성(三性, 실재의 세 가지 측면)의 교설이 등장한다는 점은 보기 드물고 신비롭긴 하지만 앞서 언급한 규기의 스승 현장에 의해 번역된 무성(無性, Asvabhāva)의 저작 속에 등장한다는 점은 자명하다. 그 번역은 현장의 초기 작품에 속하는 것으로 647년 5월 1일에서 649년 6월 17일 사이에 이루어졌다. ... 원측은 이 중요한 구절과 그 중요성에 주목했고 자신의 법륜을 돌리는 데 있어 조심스레 이용하였다. 이 일은 1300년 더 이전에 일어났다."

342) Iida 1980. 267-268.

343) 『大乘法苑義林章』 T45 245c-246a.

료의'는 각각 그 가르침의 주제[所詮] 자체의 깊음과 얕음의 차이와 연관되어 있다고 인식했음을 밝혀 원측 교판론의 특징을 대비적으로 드러내었다.[344]

마지막으로 삼시교판에 있어 시간의 순서가 중요하지 않다는 점에 대해 하다니는 『해심밀경』에서 논의되는 법상종의 이른바 '삼시교판'과 관련하여 욱아(旭雅)의 『유식명소잡기(唯識名所雜記)』 권1에 인용된, 지금은 일실된 원측 『성유식론소』 권1의 '주제의 깊고 얕음, 자세함과 간략함[의 차이]에 의거하여 설한 것이지 시간[의 순서]에 의거하여 삼시를 설한 것은 아니다(約義深淺廣略義說, 非約年歲月日說三時.)'라는 구절을 인용하여 원측의 입장을 제시하였다. 동시에 『성유식론술기』의 관련 문장[345]을 인용하며 규기는 이와 달리 점교(漸教)의 법문에 있어서는 시간의 순서가 의미있다고 보았음을 지적하였다.[346]

이 두 주제에 대한 기존 연구는 원측 해석의 주요 특징을 잘 보여주고 있지만 그 전모를 보여주기에는 여전히 미진한 점이 있다.

첫째 주제와 관련하여 우선 제이와 이이다 및 키이넌의 연구는 청변과 호법 간의 입장 차이에 대한 미시적 해설을 제공하고 있어 유익하긴 하지만, 전자의 경우 아쉽게도 「교계제자품」 인용 전후에 보이는 원측의 거시적 인식에 대해서는 깊은 주의를 기울이고 있지 않다.[347] 물론 이이다도 동일한 자료가 『인왕경소』 「서품」 속 '설법 주제' 논의에서는 『해심밀경소』와 조금 다른 맥락에서 인용되며 그에 따라 대론 배정 역시 다르다는 점[348]을 인지하고는 있었지만[349] 그 차이가 함축하는 원측 청

344) 丁永根 1991. 468: "규기는 "말이 분명하게 표현되어 있지 않고 내용이 최상이 아닌 것을 불료의(不了義)라고 하고, 말이 분명히 표현되어 있고 내용이 최상의 도리인 것을 료의(了義)라고 한다"고 다시 해설하고 있다. 이 설명에 명백히 드러난 바와 같이, 규기는 언어 표현상의 은(隱)·현(顯)의 차이를 곧바로 내용상의 차이라고 보고 있다. 그러므로 규기는 ... 료의·불료의를 ... 결국 교설 내용의 심천우열(深淺優劣)을 구분하는 의미로 사용하고 있다고 할 수 있다."

345) 『成唯識論述記』 권1(본), T43 230a6-10: **此約機·理, 漸教法門**以辨三時, 若大由小起, 卽**有三時年月前後**, 『解深密經』說唯識是也. 若**頓教門**, 大不由小起, 卽**無三時前後次第**, 卽『**花嚴**』中說**唯心**是, 初成道竟最第一說, 此約多分.

346) 羽溪了諦, 앞의 글, 1916b, 507-508.

347) 후자의 경우 『해심밀경소』 티벳어역에 해당 부분이 인용되어 있다는 사실조차 인지하지 못하고 있다. 그가 만약 전자의 논문이나 『해심밀경소』 티벳어역을 읽었다면 대론 배정에 있어 오류를 범하지는 않았을 것이다.

변 인식의 복합성에 주목하지는 않았다. 다음으로 고익진의 연구는 비록 원측 해석의 화쟁적 경향을 잘 지적하고 있긴 하지만, 『반야심경찬』의 몇몇 언급만을 근거로 하여 스스로 '호법계의 정통 사상가'로 인식한 규기와의 차별성에만 초점을 맞추고 있다는 인상을 지울 수가 없다. 또 원측을 '호법계 유식과 대립한 사상가'로 본 점은, 뒤('자료56', '자료57')에서 확인 가능하듯이, 『인왕경소』에서 그가 「교계제자품」의 호법을 '유집(有執)과 공집(空執)을 모두 제거하려 한 비공비유(非空非有)의 중도(中道)의 사상가'로 평가함과 동시에 그의 입장을 '정설'로 지지한 점에서 적어도 원측의 자기 인식과는 정반대이다.

둘째 주제와 관련하여 하다니 이래 연구자들은 규기와의 대비 속에서 두드러지는 원측 교판론의 주요 특징들을 잘 지적하고 있다. 그중에서도 삼성과 삼무성을 매개로 한 원측의 '제2시 『반야경』과 제3시 『해심밀경』 설법 간의 관계' 인식이 필자에게도 가장 두드러지고 인상적이었던 점이었다. 하지만 기존 연구는 원측 '삼시교판' 해석이 함축하는 불교사 인식과 관련하여 그 특징들이 지니는 사상사적 의미에 대해서 충분히 조명하지는 못한 점에서 아쉬움이 있다.

더불어 두 주제 모두에 대한 기존 연구는 전체적으로 보았을 때 중관과 유식 사상 간의 연속과 단절 두 측면 중 전자를 강조한 원측 인식에 주목하였음을 지적하고 싶다. 따라서 필자는 이하에서 기존 연구가 충분히 주목하지 못한 측면들을 명시하려 노력할 것이다.

2. '공과 유', '료의와 불료의' 논의의 맥락

현장이 활약했던 장안(長安)을 중심으로 하는 불교계에서 이른바 '공과 유', 즉 '공함과 존재함'은 상당히 보편적이고 의미 있는 주제로 수용된 듯하다. 예를 들면, 우선 당시 고종(高宗, 650-683)이 현장의 공덕을 칭송하며 쓴 「술성기(述聖記)」에서 ''공함과 존재함'에 관한 섬세하고 미묘한 가르침[空有之精微]'이라는 표현이 등장

348) 『仁王經疏』 上卷(本), 「序品」 T33 360c5 이하. '자료55' 참조.
349) Iida 1980. *op. cit.*, 268.

한다.[350] 또 당시 조정 관료로서 인명(因明) 논서에 대한 주석으로 이름을 날린 여재(呂才, 600-665)[351]도 「인명주해입파의도(因明註解立破義圖)」에서 현장이 번역한 『인명입정리론(因明入正理論)』(이하 '『입리론』'으로 약칭함)과 『인명정리문론(因明正理門論)』(이하 '『리문론』'으로 약칭함)의 주제에 대해 언급하면서 역시 ''공함'과 '존재함' 간의 미세한 접점(또는 차이)[空有之際]'이라는 표현을 사용한다.[352]

현장의 학설을 매우 존중했던 원측도 이 '공함과 존재함'이라는 주제가 지니는 중요성에 주목하고 그 의미를 밝히려 했음은 현존 저술인 『반야심경찬』, 『해심밀경소』, 『인왕경소』 곳곳에 잘 드러나 있다. 하지만 각 저술과 품 속에서 '공함과 존재함'이 다루어지는 맥락에는 약간의 차이가 존재하는데, 크게 보았을 때 청변과 호법 해석 간의 차이에 주목한 곳들과 반대로 양자 간의 동일성을 강조한 곳으로 나누어 볼 수 있다.

전자의 경우, 먼저 현존 저술 중 가장 이른 『반야심경찬』의 '오온개공' 주석에서는 ''세 종류의 본질[三性]'과 '공함[空]'의 대한 양자의 해석 차이가 중점적으로 논의된다. 이어서 『해심밀경소』「서품」에서는 제2시 '언어적 특징 없음[無相]'과 제3시 '명시적 진리[了義]' 설법 간의 깊고 얕음의 차이를 논하는 맥락에서 청변과 호법 간의 '공-유 논쟁' 과정이 비교적 자세히 소개되고 평가되며, 훗날 『인왕경소』「서품」에서는 '언어적 특징 없음' 설법도 사실 '세 종류의 자체적 본질 없음[三無性]'의 의미를 함축하고 있음을 강조하는 맥락에서 동일한 논쟁 과정이 소개되면서 재해석된다. 마지막으로 『해심밀경소』「무자성상품」에서는 '세 종류의 자체적 본질 없음'에 대한 '잘못된 이해(=악취공惡取空)' 및 '올바른 이해(=선취공善取空)'와 관련하여 청변과 호법 간 이해 차이가 소개된다.

후자의 경우, 『해심밀경소』「승의제상품」에서 '궁극적 진리[勝義諦]'의 다섯 가지 특징[相] 중의 하나인 '불가언설(不可言說)'을 해석하면서 ''공하다'라는 말의 의

350) 慧立本, 彦悰箋, 『大唐大慈恩寺三藏法師傳』 권7, T50 257b1-3: 蓋眞如聖敎者, 諸法之玄宗, 衆『經』之軌躅也, 綜括宏遠, 奧旨遐深, 極空有之精微, 體生滅之機要. …

351) 沈劍英 2001. 157.

352) 『大唐大慈恩寺三藏法師傳』 권8, T50 262c17-20: 此『因明論』者, 卽是三藏所獲梵本之內之一部也. 理則包括於三乘, 事乃牢籠於百法, 硏機空有之際, 發揮內外之宗.

미'와 관련하여 양자 해석 간의 동일성이 강조된다.

원측의 청변과 호법 간 차이와 동일성 인식은 '료의와 불료의', 즉 '명시적 진리와 비명시적 진리[不了義]'에 대한 그의 이해와 연결되어 있다. 이 주제는 앞서 언급한 『해심밀경소』「서품」의 티벳어역만 전하는 텍스트들 중 '공-유 논쟁' 소개 부분('자료50', '자료51') 직전과 「무자성상품」의 제4 '교량탄승분(校量歎勝分)'에서 집중적으로 논의되고 있다.

이하에서 필자는 이상의 텍스트들을 근거로 두 주제에 대한 원측 해석의 연원과 특징을 밝히려 노력할 것이다.

첫째, '공함과 존재함'에 대한 청변과 호법 간 해석 차이에 대한 원측의 인식을 조명하고자 한다. 이를 위해 양 사상가의 ''세 종류의 본질'과 '공함'의 관계'와 '잘못 이해된 공성[惡取空]과 잘 이해된 공성[善取空]' 해석 차이에 대한 인식을 차례대로 조명할 것이다.

둘째, '공-유 논쟁' 속 양 사상가의 관계에 대한 원측의 인식을 조명할 것이다.

셋째, 진나의 '차전(遮詮)', 즉 '배제적 지칭'의 의미론을 매개로 한 양 사상가의 ''공하다'라는 말의 의미' 해석의 동일성에 주목한 원측의 인식을 음미할 것이다.

넷째, '명시적 진리와 비명시적 진리'와 관련하여 원측 '삼시교판' 해석의 전제, '명시적 진리와 비명시적 진리' 판단의 기준, 중관과 유식 사상의 관계를 중심으로 한 불교사에 대한 인식 등을 차례대로 소개하면서 원측의 '제2시와 제3시 설법의 관계' 인식의 다양한 측면을 밝히고자 한다.

3. 청변(淸辨)과 호법(護法) 간 '공과 유' 해석 차이에 대한 인식

1) 청변과 호법 간 '삼성(三性)과 공(空)의 관계' 해석 차이에 대한 인식

『반야심경찬』에서 청변과 호법의 입장 차이를 설명하기 위해 원측은 두 가지 관점에서 접근한다. 하나는 '세 종류의 본질'과 '공함'의 관계에 대한 해석이며, 다른 하나는 ''공(空)하다'라는 말의 의미'에 대한 이해이다.

(1) '공' 설법의 부정 대상 관련 해석 차이에 대한 인식

먼저 원측은 ''공하다' 라는 말' 의 부정 대상이 무엇인지와 관련하여 유식학파의 해석틀이라 할 수 있는 '세 종류의 본질' 을 도입하여 양자의 기본 입장을 명시한다. 먼저 '오온개공' 주석에서 원측은 ''공하다' 라는 말' 의 의미에 대한 두 가지 관점[觀門]을 소개하면서 각 관점을 대표하는 사상가로 청변과 호법을 들고 있다.

우선 원측은 청변의 입장을 '모든 현상에 대해 '언어적 특징[相]' 을 부정하여 공성을 통찰하는 관점[歷法遣相觀空門]' 으로 제시하고, 그 핵심 주장으로 『반야경』 구절을 원용한 '모든 현상은 공(空)하며 발생도 없고 소멸도 없으며 본래 고요하며 본성적으로 열반의 상태에 있음[一切法皆悉是空·無生無滅·本來寂靜·自性涅槃]' 을 명시한 뒤, 이 주장의 경증으로 『반야경』 등 여러 불경들과 논서들 속 문장들을 인용하는데, 그중 하나로 청변 『대승장진론(大乘掌珍論)』(이하 '『장진론』' 으로 약칭)의 다음 논증식이 제시된다.353)

*조건적 현상의 부정

주장[宗]: 실재의 관점에서 보면[眞性, tattvataḥ], 조건적 현상[有爲=有爲法]은 공하다.[眞性有爲空]

이유[因]: 조건적으로 발생하기 때문에.[緣生故]

예[喩]: 마술과 같이.[如幻]

*비조건적 현상의 부정

주장[宗]: [실재의 관점에서 보면,] 비조건적 현상[無爲=無爲法]은 실재성이 없다.[無

353) 『般若心經贊』 T33 544a28-b8: 一者清辨依諸『般若』及龍猛宗立一觀門, 謂歷法遣相觀空門, 立'一切法皆悉是空·無生無滅·本來寂靜·自性涅槃. 故『般若經』曰, "一切有爲法 如夢幻泡影/ 如露亦如電 應作如是觀//" 又『思益經』云, "以心分別, 諸法皆邪; 不以心分別, 諸法皆正." 又『中論』曰, "**若有所不空 應當有空/ 不空尙不得 何況得於空**//" 又『中論』曰, "**諸佛或說我 或時說非我/ 諸法實相中 非我非非我//**" 如是等文誠證非一. 是故清辨『掌珍論』曰, "眞性有爲空 如幻緣生故/ 無爲無有實 不起似空華//"(『장진론』 원문의 출처는 清辯菩薩 造, 玄奘 譯, 『大乘掌珍論』 권상, T30 268b21-22.)
이 게송의 추정 산스끄리뜨어 문장(de La Vallée Poussin 1932. 70, 각주1)은 다음과 같다: tattvataḥ saṃskṛtaṃ śūnyam māyāvat pratyayodbhavāt/ asaṃskṛtam asadbhūtam anutpannāt khapuṣpavat//

爲無有實]

이유[因]: 발생하지 않기 때문에.[不起(故)354)]

예[喩]: 공중의 꽃과 같이.[如空花]

이 논증식에서 우리가 주목해야 할 것은 '실재의 관점에서 보면[眞性, tattvataḥ]'이라는 구절이다. 이와 관련하여 청변은 이어지는 해석에서 '세상의 진리[世俗諦]'에 속한 조건적 현상[有爲法]과 구별하기 위해서 '유위(有爲)' 앞에 별도로 '진성(眞性)'이라는 말을 붙였으며, '진성'이 지칭하는 것은 '궁극적 진리[勝義諦]'임을 명시한 뒤, '궁극적 진리의 관점에서 보면[就勝義諦] 조건적 현상이 공하다'고 주장한다는 점을 재차 강조하고 있다.355) 또 함께 인용된 『중론(中論)』 문장은 '공하지 않음[非空]'(=존재함[有])과 '공함[空]'(=비존재함[無]), '자체적 존재[我]'와 '자체적 존재 없음[無我]' 등 대립 개념이 실재하지 않는다는 진실을 통찰 가능하게 하는 것이 '모든 현상의 진실의 관점[諸法實相中]'임을 명시한다.356) 이 논리에 따르면 조건적 현상과 비조건적 현상[無爲法]도 대립적 개념이기 때문에357) 마찬가지로 공한 것으로

---

354) 원문에는 '故'가 없지만 문맥상 생략된 것으로 볼 수 있겠다.

355) 『大乘掌珍論』 권상, T30 268c8-13: 此中世間同許有者, 自亦許為世俗有故, 世俗現量生起因緣亦許有故, 眼等有為世俗諦攝. 牧牛人等皆共了知眼等有為是實有故, 勿違如是自宗所許現量 · 共知, 故以真性簡別立宗. 真義自體說名真性, 即勝義諦. 就勝義諦立有為空, 非就世俗.(이 가운데 세상에서 모두 존재하고 인정하는 것은 스스로도 세상적 존재[世俗有]라고 인정하기 때문에 [또] 세상의 직접 지각[世俗現量]은 발생의 원인과 조건이 존재한다고 역시 인정하기 때문에 눈 등의 '조건적 현상[有爲=有爲法]'은 세상의 진리[世俗諦]에 속한다. 소치는 사람 등이 모두 눈 등의 '조건적 현상'이 실제로 존재한다고 공통으로 인식하기 때문에 이와 같이 자신의 주장에서 허용하는 직접 지각과 공통 인식에 위배되지 않도록 하기 위해서 '진성(眞性)'[이라는 말]을 통해 [세상의 진리와] 구별하여 주장[宗]을 세웠다. '진의자체(眞義自體)'를 '진성'이라 한 것이므로 ['진성'은] '궁극적 진리[勝義諦]'를 지칭한다. 궁극적 진리 차원에서[就] '조건적 현상이 공(空)하다'고 주장한 것이지 세상의 진리 차원에서 그렇다는 것은 아니다.)

356) 각주353, 볼드 부분. 若有所不空 應當有空/ 不空尙不得, 何況得於空//(만약 '공하지 않음'이 있다면 마땅히 '공함'도 있어야 할 것이다. '공하지 않음'도 오히려 인식되지(=존재하지) 않는데 어찌 하물며 '공함'을 인식할 수 있겠는가?) 諸佛或說我 或時說非我/ 諸法實相中 非我非非我//(붓다들께서 때로는 '자체적 존재'라고 말씀하시고 때로는 '자체적 존재가 없다[非我=無我]'라고 말씀하신다. 모든 현상의 진실의 관점에서 보면 '자체적 존재'도 없고 '자체적 존재 없음'도 없다.)

357) 『大乘掌珍論』 권하, T30 273c 이하: 非有爲故說名無爲, 翻對有爲是無爲義, 卽是虛空 · 擇 · 非擇滅及眞如性, 謂前所除法處一分.

귀결된다. 요약하면, 청변은 '궁극적 진리(=眞性) 또는 모든 현상의 진실[諸法實相]의 관점에서는' 언어적 분별인 '조건적 현상'과 '비조건적 현상'이 공함[空](=없음[無])을 밝힌 셈이다.

다음으로 모든 현상[一切法]을 '조건적 현상'과 '비조건적 현상'이 아닌 유식학파의 '세 종류의 본질'에 따라 분류했을 때 청변은 이에 대해 어떤 입장을 취했을까? 원측이 볼 때 청변은 '세 종류의 본질'을 모두 부정하는데 그 논리는 '색즉시공(色卽是空), 공즉시색(空卽是色)' 주석에서 다음과 같이 명시된다.

자료39

'色不異空空不異色色即是空空即是色'者 … 今依三性以釋四句, …. 即依此文, 西方諸師自有兩釋.

一<u>清辨</u>等曰, "色有三種, 謂所執等. <u>空能遣性, 體非三性.</u> 今言 '色即是空'者, 遍計所執本來無故, 說之為空. <u>據實, 此空亦非[358]是空</u>. 故『中論』曰, "若有不空法, 則應當有空法, 實無不空法, 何得有空法?" <u>後二性空準此應知. 為除有執說'彼空'言</u>. <u>依他起性, 猶如幻等, 從緣故空. 圓成實性, 以不起故, 如似空華, 自體亦空</u>."[359]

이제 '色不異空, 空不異色, 色即是空, 空即是色'에 대해 말해 보겠다. … 이제 '세 종류의 본질'을 통해 [이] 네 문장을 해석해 보겠다. 이 문장과 관련하여 서쪽[의 인도] 논사들 간에는 본래 두 해석이 있었다.

[그 둘 중] 우선 청변 등 [중관 학파]의 해석은 다음과 같다. "'물질[色]'에는 세 종류, 즉 '상상의 대상이 본질인 것[所執=所執性]' 등이 있는데, <u>'공함[空]'은 [그 세 종류의] '자체적 본질'을 부정하는 작용일[能遣性] 뿐 그 본질[體]이 '세 종류의 본질'은 아니</u>다. 이제 '色即是空'에 대해 말해보겠다. '상상의 대상이 본질인 현상[遍計所執=遍計所執性]'은 원래 없는 것이기 때문에 그것을 '공하다'고 설하는 것인데, <u>사실은 ['공하다'는 말의 지칭 대상인] 이 '공함' 역시 공하다.</u> 왜냐하면 『중론』에서 "공하지 않은 현상이 있다면 당연히 공한 현상도 있어야 한다. 실제로 공하지 않은 현상[不空

358) 이어지는 『중론』 인용문이 '잘못 이해된 공성[惡取空]'을 경계하는 말이기 때문에 문맥상 '非'는 삭제되어야 옳다.

359) 『般若心經贊』 T33 545a14-15.

> 法]이 없는데, 어떻게 공한 현상이 있을 수 있겠는가?"라고 했기 때문이다. [세 종류의 본질 중] 뒤의 두 본질(='의타적 발생이 본질인 현상'과 '완성된 실재', 즉 공하지 않은 현상)의 공함(=無)을 이것(='상상의 대상이 본질인 현상', 즉 공한 현상의 비존재함[無])에 준해서 알 수 있을 것이다. ['의타적 발생이 본질인 물질'과 '완성된 실재인 물질'이] '있다'는 집착을 제거하기 위해서 '그것이 공하다'는 말을 설한 것이다. '의타적 발생이 본질인 현상'은 마술 등과 같이 원인으로 말미암[아 생겨나]기 때문에 공하다.[360] '완성된 실재'는 생겨나는 것이 아니기 때문에 마치 공중의 꽃과 같이 그 자체가 공하다.

원측에 따르면, 청변은 '색(色)'을 '세 종류의 본질'의 관점에서 '세 종류의 물질'로 규정한 뒤, '공(空)'을 그 '세 종류를 본질로 하는 물질(=현상)'의 '비존재함[無]'으로 읽고 있다. 즉, '상상의 대상이 본질인 현상'은 본래 없기 때문에 공(空)(=비존재[無])하다. 그리고 '의타적 발생이 본질인 현상'과 '완성된 실재'는 각각 앞서 『장진론』에서 명시한 '조건적 현상'과 '비조건적 현상'이 비존재하는 이유 때문에 존재하지 않는다.[361] 또 청변은 '공하다'는 말이 지칭하는 '공함'이라는 별개의 현상 역시 없음을 강조한다[此空亦是空]. 이어서 『중론』을 인용하여 '공한 현상'(='상상의 대상이 본질인 현상')이 없다면 그 반대 개념인 '공하지 않은 현상'도 성립할 수 없다는 논리를 재차 제시한 뒤, 유식학파의 '의타적 발생이 본질인 현상'과 '완성된 실재'의

360) 유식학파의 '因緣故有'('각주364' 볼드 부분)와 정반대의 해석이다. 궁극적 진리의 관점에서 언어적 존재[假有, prajñapti-sat]조차도 인정하지 않으려는 청변의 의도를 읽을 수 있다.

361) 이와 동일한 논리가 다른 곳에서도 반복되고 있다. 『般若心經贊』 T33 544c7-10: 依此諸空, 分成兩釋. 依清辨宗, 自有二解. 一曰, ... 一曰, 三中遣前二性, 非圓成實. 故『中論』曰, "因緣所生法 是即說為空/" 一曰, 三性五蘊皆空. 故『掌珍』曰, "無為無有實 不起似空華/" 準此應知圓成亦遣.(이 [세 종류 현상의 '자아'와 '현상' 두 측면의] '공성'들*과 관련하여 두 해석이 갈린다. [그중 하나인] 청변 학파(=중관학파)에 따르더라도 본디 두 해석이 있다. 한 해석은 ... 다른 한 해석은 세 종류의 본질을 지닌 다섯 더미 모두가 공하다고 말한다. 그래서 『장진론』에서 "비조건적 현상은 실재성이 없다. [애초에] 발생(=존재)하지 않음이 마치 공중의 꽃과 같다"라고 말한 것이다. 이에 비추어 볼 때 '완성된 실재'[인 다섯 더미]도 부정함을 알 수 있을 것이다.) *직전 문장(T33 544b23-c7: 言'五蘊'者 ... 如是五蘊有其三種, 一者遍計所執五蘊 ... 二者依他起性五蘊 ... 三者圓成實性五蘊 ... 於此三種五蘊之內一一皆有生·法二空. 言'皆空'者, 顯所證理, 即前二空)에 비추어 볼 때 '공성들[諸空]'은 '세 종류의 다섯 더미[三種五蘊]'의 '자아의 공성[生空]'과 '현상의 공성[法空]'을 지칭하는 듯하다.

긍정은 존재[有](=공하지 않은 현상[不空法])에 대한 집착임을 밝히고 있다.362)

이처럼 '공함'이라는 말의 기능을 '세 종류의 본질'의 부정에 한정하려는 입장을 명시한 것이 바로 "'공함'은 세 종류 현상의 '자체적 본질'을 부정하는 작용일 뿐 그 본질이 '세 종류의 본질'은 아니다(空能遣性, 體非三性)"라는 말이다. 이 말은 '자료 39' 직전에 소개된 ''세 종류 현상의 공함' 각각이 '세 종류의 본질'을 본질로 한다(一所執性空, 二依他性空, 三圓成實空, 如其次第三性為體)'고 본 유식학파의 입장에 대한 비판을 함축하는 듯하다.363) 요약하면, 청변은 '공함'을 '세 종류의 본질' 간의 차이를 구분함 없이 모든 현상을 총괄적으로 부정하는 논리로 읽음으로써 '공함'이 '세 종류 현상' 그 어느 것의 긍정과 논리적으로 연결될 가능성을 차단하려는 듯하다.

다음으로 호법에 대해 원측은 '식(識)은 긍정하고 인식 대상[境]은 부정하여 공성을 명시하는 관점[在識遮境辨空觀門]'에 서 있다고 규정한 뒤, 그 핵심 주장을 '모든 현상은 '존재하는 것[有]'과 '비존재하는 것[無]' 두 가지로 분류됨'으로 명시한다. 즉, 호법은 '세 종류의 현상'에 '존재함[有]'과 '비존재함[無]'을 대입하여 모든 현상이 일괄적으로 공한 것은 아님을 밝힌다. 즉, "'상상의 대상이 본질인 현상'은 잘못된 생각으로 보면[情=妄情] 있지만 진리의 관점에서 보면[理] 없으며, '의타적 발생이 본질인 현상'은 원인과 조건 때문에 존재하며, '완성된 실재'는 진리의 관점에서 볼 때 있으며 없는 것이 아니다(遍計所執情有理無. 依他起性因緣故有. 圓成實性理有非無.)"라고 주장한다. 이 입장에서 보면 『반야경』에서 말하는 '모든 현상에는 자체적 본질이 없다[一切法無自性]'는 말은 현상(=유식학파의 '세 종류의 본질') 모두가 공한 것이 아니라 '상상의 대상이 본질인 현상[遍計所執法]'에는 자체적 본질[自性, svabhāva]이 없다(=공하다)는 의미로 해석할 수 있다.364)

---

362) 뒤에서 살펴볼 『해심밀경소』「무자성상품」 주석에서 소개되는 '궁극적 진리의 관점에서 보면 공하지 않은 현상은 없다[依勝義, 無法不空]'라는 청변의 주장('자료45')도 이와 같은 논리이다.

363) 『般若心經贊』 T33 545a18-27: 空有二種, 一者生空, 二者法空. 所說生空有其四種. 一者 … 是故『瑜伽』「菩薩地」 … 二者 … 三者 … 『成唯識』第六卷 … 四者 … 雖有四種, 依三性理攝以為三. 一所執性空, 二依他性空, 三圓成實空, 如其次第三性為體. '공함'을 '무엇인가를 부정하는 언어 작용'에만 한정하는 청변의 논리는 뒤에서 다룰 '차전(遮詮)의 의미론'과 관련이 있다.

364) 『般若心經贊』 T33 544b9-12: 二者護法依『深密』等及彌勒宗立一觀門, 謂在識遮境辨空觀門, 立一切法通有及無, 遍計所執情有*理無, 依他起性**因緣故有**, 圓成實性理有非無. 故『深密』說, "依所

원측은 '세 종류의 본질'의 '존재함'과 '비존재함'의 논리를 뒷받침하기 위해 『변중변론(辯中邊論)』을 인용하여 '세 종류의 본질'과 관련된 다양한 철학적 함축을 간결하게 요약하고 있다. 인용된 『변중변론』「변상품(辨相品)」의 '존재와 비존재의 특징[有無相]'을 설한 게송은 '세 종류 현상'의 '존재함[有]'과 '비존재함[無]' 규정 및 그것들 간의 관계, 존재하는 현상들 중 '조건적 현상[有爲法]'과 '비조건적 현상[無爲法]' 간의 관계, 중도(中道)의 의미에 대해 다음과 같이 노래한다.

자료40

虛妄分別有　於此二都無/ 此中唯有空　於彼亦有此//

故說一切法　非空非不空/ 有無及有故　是則契中道//365)

비존재의 분별[虛妄分別366)]은 존재하네. 이것(=비존재의 분별)과 관련하여 [인식

執故, 說一切法皆無自性." *'情有' 해석은 '遍計所執'에 대한 원측 자신의 해설(각주211: … 妄所執實我·實法都無所有, 但隨妄情而施設故, 說之為有, 如是皆名遍計所執. … 謂妄所執實我·法等, 隨情有故, 名所執性.)을 참조하였다.

365) 世親菩薩 造, 玄奘 譯, 『辯中邊論』 권상, 「辯相品」 T31 464b16-17, 464b25-26. 두 게송의 해석은 산스끄리뜨어본(Nagao 1964. 17, 18; 葉阿月 1975. 1, 4)과 현장 역 『변중변론』의 해당 게송에 대한 『세친석(世親釋)』(T31 464b27-c7)을 참조하였다. (산스끄리뜨어본) abhūtaparikalpo 'sti dvayam tatra na vidyate/ śūnyatā vidiyate tv atra tasyām api sa vidyate// na śūnyaṃ api cāśūnyaṃ tasmāt sarvam vidhīyate/ satvād asatvāt satvāc ca madhyamā pratipac ca sā// (세친석) 論曰. '虛妄分別有'者, 謂有所取·能取分別. '於此二都無'者, 謂即於此虛妄分別永無所取·能取二性. '此中唯有空'者, 謂虛妄分別中, 但有離所取及能取空性. '於彼亦有此'者, 謂即於彼二空性中, 亦但有此虛妄分別. 若於此非有, 由彼觀為空, 所餘非無故, 如實知為有. 若如是者則能無倒顯示空相. … 論曰. '一切法'者, 謂諸有為及無為法, 虛妄分別名有為, 二取空性名無為. 依前理故說 '此一切法非空·非不空', 由有空性·虛妄分別故說 '非空', 由無所取·能取性故說 '非不空'. '有故'者, 謂有空性·虛妄分別故. '無故'者, 謂無所取·能取二性故. '及有故'者, 謂虛妄分別中有空性故, 及空性中有虛妄分別故. '是則契中道'者, 謂一切法非一向空, 亦非一向不空, 如是理趣妙契中道, 亦善符順『般若』等『經』說 '一切法非空·非有'.

366) '虛妄分別'을 '비존재의 분별'로 번역한 것은 게송에 대한 『세친석』(Nagao 1964. *op. cit.*, 17; 葉阿月, 앞의 글 1975. 1: tatrābhūtaparikalpo grāhya-grāhaka-vikalpaḥ)에 근거해서이다. 『변중변론』(『辯中邊論』 권상, 「辯相品」 T31 464b18)은 게송에 대해 '虛妄分別이 있다는 말은 能取와 所取의 분별이 있음을 말한다('虛妄分別有'者, 謂有所取·能取分別)'고 해석하기 때문에 虛妄分別은 '能取와 所取의 분별'로 이해 가능하지만 虛妄과 分別 간에 어떤 관계가 성립하는지는 명시하지 않고 있다. 하지만 진제 역 『중변분별론』(T31 451a18)에서는 '여기에서 虛妄分別이란 能執과 所執을 분별함을 말한다.(此中'虛妄分別'者, 謂分別能執·所執)'라고 해석하기 때문

주체[能取]와 인식 대상[所取] 둘 다 존재하지 않는다네. 이것(=비존재의 분별)과 관련하여 오직 ['인식 주체'와 '인식 대상'이 없다는 진실인] 공성(空性)만이 있을 뿐이며, 저것(=공성)과 관련하여 이것(=비존재의 분별)도 존재한다네.

그래서 [붓다께서] '모든 현상은 공한 것도 아니고 공하지 않은 것도 아니다'라고 말씀하셨다네. ['공성'과 '비존재의 분별'이] 있기 때문에, ['인식 주체'와 '인식 대상' 둘이] 없기 때문에, 또 ['비존재의 분별'과 관련하여 '공성'이, '공성'과 관련하여 '비존재의 분별'이] 있기 때문에 중도(中道)에 부합한다네.

이 게송과 그 세친 주석에 따르면, '비존재의 분별[虛妄分別, abhūtaparikalpa]'(=法)은 존재하지만[有], 그 분별 대상인 '인식 주체[能取]'와 '인식 대상[所取]'은 존재하지 않으며[無], 전자와 관련하여 후자가 없다는 진실인 공성(空性, śūnyatā)은 존재한다[有]. 그리고 '비존재의 분별'과 '공성'은 각각 '조건적 현상'과 '비조건적 현상'으로서 '모든 현상[一切法]'을 포괄하는데, 그 양자가 각각 조건적 현상이 '존재함[有]'과 '인식 주체', '인식 대상' 등 불변의 현상이 '비존재함[無]'을 의미하므로, 결국 모든 현상은 '절대적으로 공한 것[一向空]'도 '절대적으로 공하지 않은 것[一向不空]'도 아니며 그 점에서 중도(中道)에 부합한다.367)

원측의 논리에 따라 위 삼자를 '세 종류의 본질'로 분류한다면 다음과 같을 것이다. '비존재의 분별'은 '조건적 현상[有爲法]', '공성'은 '비조건적 현상[無爲法]'을 지칭한다고 본다면,368) 전자는 '의타적 발생이 본질인 현상', 후자는 '완성된 실재'로 각각 볼 수 있으며, '인식 주체[能取]'와 '인식 대상[所取]'은 존재하지 않는 '상상의 대상이 본질인 현상'으로 볼 수 있다. 결론적으로 앞서 원측이 명시한 호법의 입장,

---

에 虛妄分別은 '能執(=能取)과 所執(=所取)을 분별함'이며, 이 경우 虛妄은 分別의 목적어이며 구체적으로 能執과 所執이다. 스테판 어네커(Anacker 1984. 211)가 이 구절을 "In this passage, "the construction of that which was not" is the discrimination between the object apprehended and the subject apprehendor."로 해석한 것과 이어지는 『세친석』에서 게송의 '無'를 '所取能取의 無'로 해석한 것('無故'者, 謂無所取 · 能取二性故.)도 '虛妄'을 '비존재'로 이해한 예가 될 수 있겠다.

367) '각주365' 속 게송에 대한 주 참조.

368) '각주365' 속 게송에 대한 주 참조.

즉 ‘‘식’은 긍정하고 ‘인식 대상’은 부정하여 ‘공성’을 명시하는 관점’과 위 『변중변론』의 논리에 따라 ‘세 종류의 본질’의 관계를 정리하면 다음과 같다. 즉, ‘의타적 발생이 본질인 현상’, 즉 ‘식(識)’ 또는 ‘비존재의 분별[虛妄分別]’은 그와 관련하여 억측된 ‘상상의 대상이 본질인 현상’, 즉 ‘인식 대상[境=所取]’(과 그것에 동반되는 ‘인식 주체[能取]’)의 부정을 통해 그 진실인 ‘완성된 실재’, 즉 ‘공성[空]’이 드러난다.

요약하면, 호법은 청변과 달리 ‘공함’을 ‘세 종류의 본질’ 중 ‘상상의 대상이 본질인 현상’만의 부정으로 해석하며, ‘의타적 발생이 본질인 현상’과 ‘완성된 실재’는 적극적으로 긍정한다.[369] 이 입장은 후속 논의에서 원측이 소개한 호법이 ‘‘의타적 발생이 본질인 현상’과 관련하여 ‘상상의 대상이 본질인 현상’은 없지만 ‘완성된 실재’는 있다는 점[於依他上所執性無, 及於依他圓成性有]’을 진리로서 확신하는 것을 ‘잘 이해된 공성[善取空]’으로 해석한 사실을 통해 재차 확인될 것이다.[370] 그리고 이 관점에 따르면, ‘상상의 대상이 본질인 현상’의 ‘비존재함’ 또는 ‘공함’, 즉 ‘특징 관련 자체적 본질 없음[相無自性性]’이 ‘의타적 발생이 본질인 현상’과 ‘완성된 실재’가 존재함과 그 각각의 비존재 측면의 본성인 ‘발생 관련 자체적 본질 없음[生無自性性]’과 ‘궁극적 진리인 자체적 본질 없음[勝義無自性性]’을 논리적으로 함축한다. 간단히 말해, 원측이 이해한 호법은 청변과 달리 ‘공함’이라는 말이 ‘자체적 본질’의 ‘부정’뿐만 아니라 ‘인과적 현상’의 ‘긍정’까지 함축한다고 보았다.

(2) ‘공(空)하다’라는 말의 의미 해석 차이에 대한 인식

다음으로 ‘세 종류의 본질’ 이해와 밀접한 관련이 있는 ‘공함[空]’이라는 말의 의미론을 고찰해 보자. ‘현상이 공하다’는 말의 지칭 대상이 과연 있는 것인지 없는 것인지, 있다면 과연 무엇이고 없다면 무슨 의도로 설해졌는지 우리는 물음을 던질 수 있다. 이와 관련하여 우선 이 주제와 관련된 원측 자신의 해석과 청변과 호법 해석

---

369) 앞서 ‘각주361’에 이어지는 텍스트(『般若心經贊』 T33 544c11)에서도 이 점을 확인 가능하다: … 依護法宗, 三種蘊中, 但遣所執, 以辨空性.(호법 학파에 의하면 세 종류의 ‘더미’ 중 ‘상상의 대상이 본질인 더미[所執蘊=遍計所執性蘊]’만을 부정함으로써 공성(空性)을 명시한다.)

370) 자세한 것은 ‘자료47’ 참조.

간의 차이에 대한 그의 인식을 차례대로 살펴보자.

① '표전(表詮)'과 '차전(遮詮)' 구분과 '차전' 정의

원측 자신은 '언어'와 '지칭 대상'의 관계를 어떻게 보았을까? 『반야심경』의 유명한 '네 문장[四句](=色不異空, 空不異色, 色卽是空, 空卽是色)' 주석에서 원측은 다음과 같이 이 문제에 대한 불교 전통 내 상반된 해석들을 소개하면서 자기 관점을 간략히 명시한다.

자료41

釋此四句分別成兩解. 一外道小乘, 多依表門以說四句. 言'有 · 無'等有所詮故. 二依大乘, '有 · 無'等言皆是遮詮. 一切諸法不可說故.371)

[色不異空, 空不異色, 色卽是空, 空卽是色] 이 네 문장의 의미와 관련하여 두 가지로 해석이 갈린다. 그중 하나인 비불교도[外道]와 소승[의 이해]에 따르면, 붓다]는 대개 '설명적 지칭'의 관점[表門=表詮門]에서 네 문장을 설하셨다. 왜냐하면 [그들이 볼 때] '유(有)', '무(無)' 등[의 말]에는 지칭 대상[所詮]이 있기 때문이다. 다른 하나인 대승[의 이해]에 따르면, '유', '무' 등의 말은 모두 배제적 지칭[遮詮]372)이다. 왜냐하면 [그들이 볼 때] 모든 현상은 말할 수 없기 때문이다.

여기서 원측은 우선 『반야심경』의 '色'(=有), '空'(=無) 등의 말(=능전能詮, *abhidhāna)은 현상을 설명[表]하기 위해 설해졌기 때문에 지칭 대상[소전所詮, *abhidheya]을 가진다는 입장과 반대로 현상은 말해질 수 없다는 점에서 그 말은 단지 배제적 지칭[遮詮]일 뿐이라는 입장을 대별하고 있다. 전자를 비불교도와 소승에 귀속하고, 후

371) 『般若心經贊』 T33 545b20-22.

372) '표전(表詮)'과 '차전(遮詮)'은 이 용어들이 등장하는 『해심밀경소』「승의제상품」 해당 부분(ZZ21 216c13; WX34 672b1) 대응 티벳어역(ZhT68.342.8-9) 'brjod pa ston pa'와 'brjod pa dgag pa'에 근거하고, 또 가능하면 일상 언어에 가까워지려는 의도에서 각각 '설명적 지칭'과 '배제적 지칭'으로 번역해 보았다. 더불어 이와 연관하여 동사로 쓰이는 '차(遮)'(또는 '차지遮止', '지止', '견차遣遮', '견遣')는 언어학적 맥락에서는 '배제하다'로, 존재론적 맥락에서는 '부정하다'로 탄력적으로 번역해 보았다. 또 '전(詮)'(또는 '전표詮表', '표表')은 동사일 경우 '지칭하다'로, (동)명사일 경우 '지칭 (작용)'으로, 이에 대응하는 '소전(所詮)'은 '지칭 대상' 또는 '지칭 내용'으로 번역해 보았다.

자를 대승의 입장으로 명시한 점에서 원측은 후자를 지지하고 있음이 암시된다. 이어서 그 맥락에서 진리를 설하는 경전 언어의 본질이 '배제적 지칭', 즉 '차전'인 이유로 제시된 '현상의 말해질 수 없음[不可說]'에 대해 다음과 같이 보다 상세하게 설명한다.

자료42

然一切法皆有二相, 謂即自 · 共. 自相唯是現量智得, 非假智 · 言所可得故. 若假智 · 言所詮 · 得者, 謂即共相. 且如說青莖 · 葉等相, 其相各異唯現量得. 由斯, 假智及諸名言但能詮表青上共相. 而說青時, 遮黃等故名為說青, 非正表青, 故說遮詮.373)

그런데 모든 현상에는 공히 두 가지 특징, 즉 '개별적 특징[自相, sva-lakṣaṇa]'과 '공통적 특징[共相, sāmānya-lakṣaṇa]'이 있는데, 그중 '개별적 특징'은 오직 직접 지각인 앎[現量智, pratyakṣa-jñāna]이 인식할 뿐이며, 언어 매개적 앎[假智, *prajñapti-jñāna]과 말[言]의 인식 대상[所可得=所得]이 아니기 때문이다. [반대로] 언어 매개적 앎과 말에 의해 지칭되며[所詮] 또 인식되는[所得] 것이 바로 '공통적 특징'이다. 자, 예를 들어, 푸른 줄기, 푸른 잎 등의 특징을 말하는 경우 그 특징들의 개별적 차이는 오직 직접 지각만이 인식할 수 있다. 그러므로 언어 매개적 앎과 말들은 다만 '푸른색'이라는, ['푸른 줄기', '푸른 잎' 등의 개별적 특징을 포괄하는] 상위 범주인 '공통적 특징'을 지칭할 수 있을 뿐이다. 그리고 '푸른색'[이라는 '공통적 특징'을] 말할 때, [푸른색을 제외한 여타] 노란색 등을 배제하기 때문에 '푸른색'이라고 말할 수 있으며, [그렇게 말할 때] '푸른색'을 직접적으로 지칭하는 것은 아니기 때문에 '배제적 지칭'이라 한다.

원측은 왜 현상은 직접적으로 말해질 수 없는지를 설명하면서 인식론적 관점에서 현상이 지닌 '개별적 특징[自相]'과 '공통적 특징[共相]'을 구분한 뒤, 전자는 언어의 매개 없는 '직접 지각[現量]'의 대상374)으로, 후자는 '언어[言]'와 '언어 매개적 앎[假智]'의 대상으로 규정하고 있다. 이어서 후자의 인식 과정에서 사용되는 '말' 또는

373) 『般若心經贊』 T33 545b23-28.

374) 동일한 논의를 하고 있는 『해심밀경소』('자료58')에서는 '自相'에 대해 '不可言說'을 명시하고 있다.

'말을 통한 앎'의 본질이 배제(=부정)를 통한 간접적 지칭[非正表]인 '차전', 즉 '배제적 지칭' 임을 명시하고 있다.

'자료41'과 '자료42'를 종합해 보면, 원측은 '배제적 지칭'을 '타자의 배제'라는 부정의 방식을 통해 현상의 한 측면(=부분)인 '공통적 특징'을 지칭하는 것으로 정의하고 있으며, 이 맥락에서 붓다가 사용하는 『반야심경』의 '유', '무' 등의 말도 지칭 대상인 어떤 개별 현상에 대한 설명적 지칭이 아니라, 부정의 방식으로 그 개별 현상들의 '공통적 특징'인 '공성'을 명시하기 위한 배제적 지칭으로 이해하고 있었던 듯하다.

② 청변과 호법 간 '차전' 해석 차이 인식

그렇다면 원측은 대승의 대표인 중관학파와 유식학파 간 '배제적 지칭' 해석에 어떤 차이가 있었다고 보았을까? '자료42' 직후에 원측은 다음과 같이 이 물음에 대답한다.

자료43

就遮詮中自有兩說.

一清辨宗, 其〈眞〉375)性道理, 不可以名名, 不可以相相, 破而無執, 立而無當.

二護法宗, 實有世俗 · 勝義道理皆離名言. 於中真性對世俗故, 說真性言, 非無所詮. …
是故護法破清辨曰: "若依'真性'說'**諸法空**', **便成相符極成之失**." **於清辨宗遣依他性護法不許**, 故有差別.

由斯道理, 內宗所說'有 · 無'等言皆是遮詮, 遠離一 · 異戲論等失.376)

'배제적 지칭'과 관련하여 본래 두 가지 설이 있다.

그 하나인 청변 학파[의 설에 따르면], 실재[眞性, *tattva]인 진리[道理, *yukti]는 이름[名]으로 이름 붙일 수 없고 개념[相]으로써 개념화할 수 없으므로, [진리에 대한 잘못된 견해를 제거하기 위해] 논파하되 [그 '논파되는 특성'을 별개의 현상으로] 집

375) 문맥상 '其'는 '眞'의 오기로 보인다.
376) 『般若心經贊』 T33 545b28-c7.

착함이 없으며, [또 같은 목적을 위해] 주장하지만 [그 주장의] '지칭 대상'이 [별개의 현상으로는] 존재하지 않는다[破而無執, 立而無當].

다른 하나인 호법 학파[의 설에 따르면], 궁극적 진리에 대한 세상의 말[實有世俗][377]과 궁극적 진리[勝義道理] 자체는 모두 말을 초월해 있다. [하지만] 이와 관련하여 '실재'(=궁극적 진리[勝義道理])는 세상의 진리 차원의 존재[世俗=世俗有][의 비실재성[妄有]]에 대립된다는 점에서 [세상의 진리 차원의 존재의 실재성을 부정함을 통해] '실재'에 대해 말할 경우 지칭 내용[所詮]이 없는 것이 아니다. [예를 들면 실재하지 않는 '영원한 존재[常]'를 부정하기 위해 '무상함[無常]'을 말한 경우, 그 말이 '실재[眞]'에 관한 지칭 내용을 가지듯이.][378] … 그래서[是故] 호법보살은 다음과 같이 논파하였다. "만약 [청변 그대가] **'실재(=궁극적 진리)의 관점에서[眞性, tattvataḥ]' [라는 한정구]에 의지하여 '모든 현상이 공하다'고 설한다면** [우리도 '실재'인 '승의승의(勝義勝義)의 관점'을 인정한다는 점에서[379] 피차 공인하는 사실을 주장하는] **상부극성(相符極成)의 오류에 빠지고 만다**." [위에 비추어 보면,] **청변 학파의 '의타적 발생이 본질인 현상' 부정을 호법은 인정할 수 없다는 점에서** [양자 간에] 차이가 있다.

이상의 이치에 비추어 보면, [청변 학파든 호법 학파든] '우리 학파[內宗]'에서 말하

---

377) '실유세속'이라는 표현 자체는 『성유식론』이나 『광백론』에서 발견되지 않는다. 문맥상 본질적으로 말해질 수 없는 궁극적 진리에 대한 말이며, '앎의 대상의 장애를 극복하는 청정한 앎[所知障淨智]'을 발생시키는 데 도움을 준다고 해석한 『유가사지론』의 '승의세속(勝義世俗)'과 의미적으로 가장 가까운 듯하다. 彌勒菩薩 說, 玄奘 譯, 『瑜伽師地論』 권64, 「攝決擇分 · 聞所成慧地」 T30 653c 이하: 復次應知, 眞義略有六種, 謂世間所成眞實, 乃至**所知障淨智**所行眞實, 安立眞實, 非安立眞實. … 云何安立眞實? … 以略安立三種世俗, 一世間世俗, 二道理世俗, 三證得世俗. … 又復安立略有四種, 謂如前說三種世俗, 及與安立**勝義世俗**. 卽**勝義諦**由此諦義不可安立. 內所證故. 但爲**隨順發生此智是故假立**.

378) 다음 『광백론』 문장을 참조하여 대괄호 주석을 보충하였다. 『大乘廣百論釋論』 권10, 「敎誡弟子品」 T30 243c23-26: 我'空'亦然, 對世俗有, **遣彼妄有, 故立眞空**. 又所立空專爲遣執, 不必對有方立於空. 如爲遣常說'無常'敎, 雖常非有而立無常.

379) 『成唯識論』 권9, T31 48a19-21: 然勝義諦, 略有四種. 一世間勝義, 謂蘊 · 處·界等, 二道理勝義, 謂苦等四諦, 三證得勝義, 謂二空真如, 四勝義勝義, 謂一真法界. 모로 시게키(師 茂樹 2004. 306)의 조사에 따르면, 선주(善珠) 『유식분량결(唯識分量決)』 인용 '원측 『성유식론소(成唯識論疏)』'와 태현(太賢) 『성유식론학기(成唯識論學記)』 인용 '원측설[測云]'에서 청변 논증식의 '진성(眞性)'이 우리가 인정하는 '승의승의(勝義勝義)'와 같다는 점에서 '상부극성(相符極成)'의 오류에 빠진다는 비판이 이루어진다.

는 '유', '무' 등의 말은 모두 '배제적 지칭'이어서 '같음[一]'과 '다름[異]'의 말장난 등 [이 초래하는 비존재에 대한 집착]의 오류로부터 완전히 자유롭다.

위 총평은 청변과 호법 의미론 간의 동이(同異)를 함께 언급하고 있다.

우선 같은 측면(밑줄 부분)의 경우, 청변과 호법은 '실재[眞性, tattva]', 즉 궁극적 진리가 언어의 한계를 초월해 있지만['不可以名名, 不可以相相'과 '離名言'], 동시에 '배제적 지칭', 즉 부정의 언어를 통해 지칭될 수 있다고 본 점에서 일치한다. 하지만 청변은 그 '배제적 지칭'은 궁극적 진리에 대한 잘못된 견해를 제거하기 위해서만 사용되어야 함을 역설하는 반면, 호법은 그 부정의 언어를 통해서 궁극적 진리의 한 측면[所詮], 예컨대 '무상함'을 지칭할 수 있다고 주장한다는 점에서 양자 간에 미묘한 '강조점의 차이'가 존재한다. 그러나 원측은 비록 작은 차이가 있지만 청변도 '세상의 진리 차원에서는' 궁극적 진리에 대한 잘못된 견해를 제거하기 위해 '공함[空]'과 '존재함[不空=有]'을 말하는 일을 긍정하였다고 보았으므로(若清辨等依龍猛宗說空·有者, **依世俗諦有**空·**不空**. '자료45'), '공하다'는 부정의 언어의 의미 해석에서 양자 간의 근본적 차이가 없다고 보아 '우리 학파[內宗]'로 인식한 듯하다. 이 인식은 앞서 '자료41'의 '대승이 '유', '무' 등의 말을 모두 배제적 지칭으로 보았다'는 평가와 일치한다.

한편 양자의 차이에 대한 인식(볼드 부분)은 '의타적 발생이 본질인 현상[依他起性] 부정' 비판으로 집약된다. 먼저 주목할 곳은 "청변이 진나가 정립한 논증식의 일반적 규칙을 어기고 '궁극적 진리의 관점에서[眞性]'라는 한정구를 사용할 경우('각주353'), 양자가 모두 인정하는 주장을 내세움으로써 결국 논증 자체가 성립하지 못한다"는 형식 비판이다. 하지만 이 비판은 내용적으로 '是故'라는 접속사가 보여주듯이 직전에 제시된 호법의 '배제적 지칭'의 의미론과 논리적으로 연계되어 있다.

호법 인용 후의 평가에 근거해 유추해 보면, 원측이 이해한 호법은, 청변의 '궁극적 진리의 관점에서'라는 문구가 함축하는 언어 초월성의 강조가 '궁극적 진리에 대한 세상의 말', 즉 '실유세속(實有世俗)'과 그 성립 기반인 '의타적 발생이 본질인 현상'까지 부정하는 공집(空執)의 위험에 빠질 것을 우려하고 있는 듯하다.[380] 이 점은 원측이 훗날 『해심밀경소』에서 호법의 '잘못 이해된 공성' 해석을 소개하며 인용하는 『광백론』의 "성자께서 공의 가르침을 설한 것은 무슨 의도가 있어서인가? 모든 종류의 비존재에 대한 집착[一切虛妄有執]을 제거하기 위해서이다. 만약 그렇다면 마땅히 모든 현상이 존재함[諸法有]도 설해야 할 것이다. 왜냐하면 모든 현상이 공하다고 잘못 집착함을 제거하기 위해서이다"라는 말('자료49')에서 명시된다. 이러한 맥락에서 원측은 호법이 청변의 '의타적 발생이 본질인 현상' 부정을 수용할 수

380) '진리를 지칭하는 말'과 그 성립 기반인 '의타적 발생이 본질인 현상'을 긍정하려는 원측의 의도는 앞서 논의된 '공 설법'의 부정 대상과 관련하여 청변과 용수의 입장을 구별한 곳에서도 드러난다. 그는 『반야심경찬』(T33 544c8-9; '각주361'의 말줄임표 부분)에서 용수 『중론』의 입장을 다음과 같이 명시하였다: "한 해석은 세 종류의 본질[三性]을 지닌 [다섯 더미] 중 앞의 두 종류의 본질을 지닌[二性](='상상의 대상이 본질인 현상'과 '의타적 발생이 본질인 현상'인)[다섯 더미]는 부정하되, '완성된 실재[圓成實=圓成實性]'[인 다섯 더미]는 [부정하지] 않는다. 그래서 『중론』에서 "원인과 조건에서 생긴 현상[의 '자체적 본질이 없다[無自性]'는 본성] 그것을 바로 '공성[空]'이라고 한다*"라고 말한 것이다(一曰, 三中遣前二性, 非圓成實. 故『中論』曰, "因緣所生法是即說為空/")." *『중론』 원문 및 청목 주석(龍樹菩薩 造, 靑目 釋, 鳩摩羅什 譯, 『中論』 권4, 「觀四諦品」 T30 33b10-18: 諸法有定性, 則無因·果等諸事, 如偈說: 衆因緣生法 我說即是無/ 亦爲是假名 亦是中道義//(18) ... 衆因緣生法, 我說即是空. 何以故? 衆緣具足和合而物生, 是物屬衆因緣故無自性, 無自性故空. 空亦復空, 但爲引導衆生故, 以假名說. 離有·無二邊故名爲中道.)과 대응 산스끄리뜨어본 및 티벳어역(葉少勇 2011. 427: (산스끄리뜨어본) yaḥ pratītyasamutpādaḥ śūnyatāṃ tāṃ pracakṣmahe/ (티벳어역) rten cing ḥbrel ḥbyuṅ gaṅ yin pa/ de ni stoṅ pa ñid du bśad// (우리들은 [여러 원인에] 의지하여 생겨나는 것 그것[의 본성]이 공성이라고 주장하며))을 참조하여 원측이 약간 바꾸어 인용한 『중론』 게송 '因緣所生法 是即說為空'을 위와 같이 해석해 보았다.

원측은 아마도 '모든 현상이 여러 원인들[衆緣=衆因緣]에 의존하여 존재한다[屬]는 점에서 불변의 본질[定性=自性]이 없으며, 바로 불변의 본질이 없다는 점에서 공(空)하다'라고 해설한 청목(靑目, Piṅgala)에 근거하여, 용수가 '불변의 본질'이 있다고 오해하는 중생들의 '존재 관련 극단적 견해[有邊]'를 교정하기 위해 원인과 결과 등으로 이루어진 조건적 현상[因果等諸事=衆因緣生法=物], 즉 '의타적 발생이 본질인 현상'의 성립[生] 근거가 다름아닌 '불변의 본질 없음'과 '원인 의존성', 즉 '공성' 또는 '완성된 실재'임을 '말[假名]을 통해 설하는[說]' 사상가로 해석했던 듯하다. 간단히 말해, 원측은 용수를 한편으로 '불변의 본질'을 지닌 것으로 이해된 '의타적 발생이 본질인 현상'을 부정하면서도, 다른 한편으로 구원의 기능 측면에서 '진리를 깨닫게 하는 말'과 그 성립 기반인 '의타적 발생이 본질인 현상'을 일시적으로 긍정한 사상가로 본 듯하다. 잘 알려진 대로, 용수는 『위그라하위야와르따니(Vigrahavyāvartanī)』 제22게송 주석에서 궁극적 진리를 표현하는 '자체적 본질 없음[無自性, niḥsvabhāva]'이라는 말 자체는 실제 대상이 없는 언어적 존재[prajñapti-sat]일 뿐이지만, 수레나 항아리가 용도가 있듯이, '사물에 자체적 본질이 없다'는 사실을 주장하는 기능을 수행함을 지적하고 있다(Eckel 1978. 325).

없었음을 확인한다.

2) 청변과 호법 간 '선취공(善取空)'과 '악취공(惡取空)' 해석 차이에 대한 인식

(1) '악취공'에 빠지게 되는 이유

『해심밀경소』「무자성상품」에서 '잘 이해된 공성[善取空]'과 '잘못 이해된 공성[惡取空]'은 앞서 언급한 대로 제5의 주제인 "'자체적 본질 없음'의 가르침과 관련된 이해의 다름[約無性教辨取解不同]", 즉 "붓다의 숨은 의도를 지닌 가르침에 대한 이해의 차이[密意教意解差別]"[381]에서 논의된다. 붓다의 '세 종류의 자체적 본질 없음'의 가르침 이해와 관련하여 중생은 수행 능력의 차이에 따라 여러 부류로 나누어진다. 원측은 그중 '[붓다 진리에 대한] 확신은 생겼지만 말 그대로 집착하는 사람[生信隨言執著人]'이 가지는 '공성'에 대한 '잘못된 견해[見, *dṛṣṭi]'를 '잘못 이해된 공성'으로 보았다. 즉 그는 '모든 현상에는 결코 자체적 본질이 없다'는 말을 곧이곧대로 듣고 '모든 현상의 본질[性]과 특징[相]이 전혀 없다'고 부정하는 자이다.[382]

경문에서는 이와 관련하여 그가 "이 때문에 모든 현상에 대해 '없다는 견해[無見]'와 '특징마저 없다는 견해[無相見]'를 가지게 된다(由此因緣, 於一切法, 獲得無見及無相見)"[383]고 특징짓는데, 원측은 이 두 종류의 잘못된 견해에 대해 다음과 같이 자세히 해설한다.

> 자료44
>
> 由此執著為因緣故, 於一切法, 獲得二見, 一者無見, 二無相見. 然此二見自有兩釋.
>
> 一云, 無見者, 撥無依他及圓成實, 無相見者, 撥無所執【如名言相】.

---

381) ZZ21 274c4; WX34 789a7: 釋曰. 自下第五釋密意教意解差別.

382) ZZ21 277c13-21; WX34 795a15-b7: 言'而復安住自見取中'者, 更不進求了義大乘, 恒執如言不了教故. 故『雜集論』第十二云, "復次何緣一分眾生於方廣分廣大甚深雖生信解, 而不得出離耶? 答. 由深安住自見取故, 常堅執著如言義故. 由深安住自見取者, 更不進求了義經故, 常堅執著如言義者, 恒堅封執不了義經故, 如聞'一切法畢竟無自性'言故, 便撥一切諸法性 · 相皆無所有, 如是於餘不了義經, 堅執如言 · 義亦爾. 是故雖信大乘, 而不得出離. 以大乘經由種種意說故."

383) ZZ21 278b4; WX34 796b1.

一云, 無見者, 即『大法鏡經』二十八不不正見中第一相見, 無相見者, 即次三見, 謂損減施設見 · 損減分別見 · 損減真實見. 故『雜集論』第十二卷釋彼『經』云, "言'相見'者, 謂聞大乘經中所說'一切諸法皆無自性 · 無生無滅 · 本來寂靜 · 自性涅槃等'言, 不善密意, 但隨此言義, 便生勝解, 謂佛所說'一切諸法定無自性 · 定無生等', 執著如是'無性'等相, 是名相見. 執著如是無性相時, 便謗三性, 於此三性起誹謗行, 即次三見, 謂損減施設見 · 損減分別見 · 損減真實見." 廣如彼釋. 彼與此『經』名差別者, 彼據執著'無性'等相, 名為相見; 此就行解執有為無, 名為無見. 彼據損減三性理故, 名損減見; 此據撥無三性相故, 名無相見.[384]

이러한 집착을 원인으로 하기 때문에 모든 현상에 대해 두 종류의 잘못된 견해를 가지게 되는데, 하나는 '없다는 견해[無見]'이며, 다른 하나는 '특징마저 없다는 견해[無相見]'이다. 그런데 이 두 종류의 잘못된 견해에 대해서도 본디 두 가지 해석이 있다.

일부에서는 다음과 같이 말한다. '없다는 견해'는 '의타적 발생이 본질인 것(=현상)[依他起=依他起性]'과 '완성된 실재[圓成實=圓成實性]'가 없다고 부정하는 것이며, '특징마저 없다는 견해'는 상상의 대상인, 말과 그대로 일치하는 특징이 없다고 부정하는 것이다.

또 다른 일부에서는 다음과 같이 말한다. '없다는 견해'는 곧 『대법경경(大法鏡經)』의 '스물여덟 종류의 옳지 못한 견해[不正見]' 가운데 첫째 '표현 관련 잘못된 견해[相見]'이며, '특징마저 없다는 견해'는 다음 세 종류의 잘못된 견해, 즉 '['상상의 대상이 본질인 현상'의 특징인] '말해진 것'을 애써 부정하는 견해[損減施設見]', '['의타적 발생이 본질인 현상'의 특징인] '[비존재의] 분별[分別=虛妄分別]'을 애써 부정하는 견해[損減分別見]', '['완성된 실재'의 특징인] '실재'를 애써 부정하는 견해[損減真實見]'를 말한다. 그래서 『대승아비달마잡집론(大乘阿毘達磨雜集論)』 제12권

384) ZZ21 278b8-23; WX34 796b5-797a2. 위 문장 중 '손감시설견(損減施設見)', '손감분별견(損減分別見)', '손감진실견(損減眞實見)'의 번역 및 관련 대괄호 주석은 원측 인용에서는 생략된, 다음 『잡집론』 속 해설(安慧菩薩 糅, 玄奘 譯, 『大乘阿毘達磨雜集論』 권12, 「決擇分·法品」 T31 751a24-b8)을 참조하여 시도하였다: 相見者, ... 彼執著如是無性等相時, 便謗三自性, 謂遍計所執自性, 依他起自性, 圓成實自性. 遍計所執自性者, 謂諸愚夫, 於**色等相**周遍計度起增益執, 謂此是色乃至此是涅槃, 此所執義無實無體, 唯有**名言之所施設**. 依他起自性者, 謂即此**色等**唯是**虛妄分別**自體, 又因果性或異不異. 圓成實自性者, 謂一切法**眞如實性**. 於此三性, 起誹謗行, 即次三見, 謂損減施設見, 損減分別見, 損減眞實見.

> 에서 이 경(=『대법경경』)을 다음과 같이 해석한 것이다. "'표현 관련 잘못된 견해'의 경우 대승경전에서 설하는 '모든 현상은 자체적 본질이 없으며, 생겨남도 없고 소멸함도 없으며, 본래 고요하며, 본성적으로 열반의 상태에 있다' 등의 말을 듣고 [그 말의] 숨은 의미에 밝지 못해서 그 말의 의미를 그대로 좇아 자기 이해[勝解]를 구축하여 붓다께서 설한 '모든 현상은 자체적 본질이 전혀 없으며, 생함도 결코 없다' 등의 말을 생각하면서 이러한 '자체적 본질 없음' 등의 표현[相]에 집착하는 것을 '표현 관련 잘못된 견해'라고 한다. 이와 같은 '자체적 본질 없음' 등의 표현에 집착할 때 '세 종류의 본질[三性]'을 비방하게 되는데, 이 세 종류의 본질에 대해 비방의 행상(行相)[385]을 일으키는 것이 다음 세 종류의 잘못된 견해, 즉 ''말해진 것'을 애써 부정하는 견해[損減施設見]', ''분별'을 애써 부정하는 견해[損減分別見]', ''실재'를 애써 부정하는 견해[損減眞實見]'이다." 자세한 것은 거기서의 해석과 같다. 그 논서(=『잡집론』)와 이 경(=『해심밀경』) 간 ['見'의] 이름이 다른 이유는 거기서는 '자체적 본질 없음' 등의 '표현'에 집착한다는 점에서 '표현 관련 잘못된 견해'라 했지만, 여기서는 '[인식 주체의] 대상에 대한 이해[行解]'[386]와 관련하여 존재하는 것을 없다고 집착한다는 점에서 '없다는 견해[無見]'라 하였으며, 또 거기서는 [존재하는] '세 종류의 본질'을 없다고 '애써 부정하는[損減] 논리'라는 점에서 '애써 부정하는 견해[損減見]'라 했지만, 여기서는 '세 종류의 본질'이 지닌 '특징[相]'을 없다고 부정하는 점에 의거하여 '특징마저 없다는 잘못된 견해[無相見]'라고 했기 때문이다.

위의 두 견해 중 원측이 중점적으로 해설하는 제2의 견해에 따르면, '없다는 견해[無見]'는 '인식 주체[見分]의 대상에 대한 이해[行解]'는 분명히 존재하는데 그것을 없다고 집착하는 것이며, 붓다가 '공(空)하다'고 한 말의 표현[相]에 집착한다는 점에서 '표현 관련 잘못된 견해[相見]'라 부를 수 있다. 한편 '특징마저 없다는 견해[無相見]'는 '세 종류의 현상'이 지닌 특징[相]을 부정하는 것이며, 엄연히 존재하는 '세 종

---

385) 대응 SNST(ZhT68.805.21-806.1: skur paḥi rnam pa)에 의거하여 '行'을 '行相'으로 번역해 보았다.

386) 「승의제상품」 주석(ZZ21 210c18-19; WX34 660b6-7)에 따르면 '行解'는 인식 주체[見分]의 인식 대상[相分]에 대한 지각 작용[能緣]이다(言'行相'者, 行謂見分能緣行解, 相即相分有為 · 無為.). 이 텍스트의 대응 SNST(ZhT68.300.16-17: ḥdu byed ni ḥdi lta ste/ lta baḥi rnam pa dmigs par byed paḥi śes paḥo/)는 '行解'를 '앎'으로 번역하였다.

류의 본질'을 없다고 부정한다는 점에서 '애써 부정하는 견해[損減見]'이다.

여기서 우리는 논쟁을 소개하는 원측의 기본 입장을 이해하기 위해 경문의 '아무것도 없다는 견해'와 '현상의 본질적 특징이 없다는 견해'가 부정하려 하는 것이 '인식 대상을 떠올리는 인식 작용[能緣相分行解]'과 ''세 종류의 본질'이 지닌 특징'이라는 것에 주목할 필요가 있다. 전자는 흔히 '유식(唯識)'의 '식', 즉 '인식 대상을 떠올리는 마음'으로, 후자는 붓다가 다름아닌 원측의 해석 대상인 『해심밀경』 등의 설법을 통해 설법 대상을 열반으로 인도하기 위한 목적으로 설하는 현상의 '본질적 특징', 즉 '체상(體相)' 또는 '자체상(自體相)'으로 이해 가능할 듯하다. 예를 들어 『해심밀경』 「승의제상품(勝義諦相品)」은 붓다가 '승의제(勝義諦)', 즉 '궁극적 진리'의 다섯 가지 '상(相)', 곧 '특징'을 설한 부분인데, 원측은 이때의 '특징'을 '본질적 특징'으로 해석한다(ZZ21 203b14: 相謂<u>體相</u>, … '離言'等五皆是真如<u>自體相</u>故, …). 이후의 경문이 이 둘의 부정이 결국 '잘못 이해된 공성'으로 이어진다고 말하기 때문에 '인식 작용'(='각주364' '재식(在識)'의 '식(識)'='자료40'의 '비존재의 분별[虛妄分別]')과 '본질적 특징'이 호법을 따라 원측이 끝까지 긍정하고자 하는 것이며, 그 관점에서 원측은 호법의 입장에서 '잘못 이해된 공성'과 '잘 이해된 공성'에 대한 호법과 청변 간 이해 차이를 설명할 것임을 짐작할 수 있다.

경문은 이 두 가지 잘못된 견해로 인해 '상상의 대상이 본질인 현상'뿐만 아니라 '의타적 발생이 본질인 현상'과 '완성된 실재'와 관련된 본질적 특징들, 즉 '세 가지 특징[三相]' 전체를 부정하게 된다고 말하는데 이를 원측은 여러 경에서 설한 '잘못 이해된 공성'이라 규정한다.387) 이후 여러 경을 인용하면서 '잘못 이해된 공성'의 다양한 함축을 소개하는데, 그 가운데 『해심밀경』에서 설하는 ''세 가지 특징' 전체를 부정하는 '잘못 이해된 공성''에 대한 청변과 호법 간의 상이한 해석을 소개한다.

---

387) ZZ21 279a3-5; WX34 797b12-14: 是故說彼誹撥三相. 釋曰. 第五總結. 可知. <u>此『經』所說'誹撥三相'即諸『經』等'惡取空'也</u>.

(2) '악취공'에 대한 청변과 호법의 이해

먼저 청변이 이해한 '잘못 이해된 공성'에 대해 원측은 다음과 같이 요점을 소개한다.

> 자료45
>
> 若清辨等依龍猛宗說空 · 有者, 依世俗諦有空 · 不空; 依勝義無法不空, 若執著空, 名惡趣空.388)
>
> 청변 등의 경우 용맹(龍猛=용수龍樹)의 핵심 주장에 의거하여 '공함[空]'과 '존재함[有]'을 설한 이들인데, [그들에 따르면] 세상의 진리 차원에서는 '공함'(='비존재함[無]')과 '공하지 않음[不空]'(='존재함[有]')[의 구분]이 있으나, 궁극적 진리 차원에서는 공하지 않은 현상은 없다. 만약 [그 세상의 진리 차원에서 말해진] '공함'에 집착한다면 '잘못 이해된 공성'이라 한다.

청변의 논리는 세상의 진리[世俗諦]와 궁극적 진리[勝義] 두 차원에서 '공함'과 '존재함'을 논하고 있는 점이 특징적이다. 원측 인용 청변 『반야등론석(般若燈論釋)』에 의하면, 이 말은 세상의 진리 차원의 '공함'과 '존재함'이라는 말은 집에 사람이 살면 집이 '비어 있지 않다[不空]'고 하고, 사람이 살지 않으면 집이 '비어 있다[空]'고 하는 경우처럼 현상 자체[法體]와 관련된 구분을 위해 쓰이지만, 궁극적 진리 차원에서 보면 공하지 않은 것은 하나도 없다는 뜻이다.389) 즉, 우리가 세상에서 쓰는 '공함'과 '존재함'이라는 말은 모두 주어인 현상의 일시적인 특성을 지칭하는 도구인데, 궁극적 진리의 입장에서 보면 그 '공함'과 '존재함'이라는 말이 지칭하는 별개의 '공한 현상'이나 '존재'(='공하지 않은 현상')는 모두 없다는 의미이다.

이러한 사실을 이해하지 못하고 '공함'이라는 말에 집착하는 경우가 '잘못 이해된 공성'인데, 원측은 청변이 비판하는 '잘못 이해된 공성'에 대해 다음과 같이 소개한다.

---

388) ZZ21 279a17-19; WX34 798a8-10.

389) ZZ21 279a19-b3; WX34 798a10-b13: 故『般若燈論』第八卷云, "論者言, "若第一義中有陰等者, 除此有物立於空法, 而第一義中實無一法是不空者, 如偈曰: 若一法不空 觀此故有空/ 無一法不空 何處空可得// 釋曰. 空 · 不空者, 於世諦中依止法體如是分別. 此義云何? 如有舍宅有人住故, 名舍不空, 人不住故, 則名舍空. 今第一義中無一法不空, 何處得有空法可得?""

자료46

解云, 所取空者, 如『瑜伽』師所立空理以為真理, 名惡取空. 故『般若燈』云, "復次『十七地論』者言, "如所分別體無故, 分別體空, 此諸法空真實是有. 云何真實? 不觀作者." 論者意〈言〉, "汝此見者, 名著空見." 外人言, "何故名我以為著空?" 論者言, "由一切法無體故空, 空非實法, 不應執著."" 廣說如彼.[390]

해석한다. [청변 등 중관 사상가들에게] '[잘못] 이해된 공성'이란 『유가사지론』의 논사들[瑜伽師]처럼 [자신들이] 주장한 '공성의 진리[空理]'를 '진리(眞理)'라고 보는 것이며, [그것을] '잘못 이해된 공성[惡取空]'이라 한다. 그래서 『반야등론』에서 다음과 같이 말한 것이다. "또 『십칠지론』의 사상가들[十七地論者](=유가사瑜伽師)이 "분별 대상으로 상상된 것과 그대로 일치하는 본질이 없기 때문에 [그 대상에 대한] 분별 자체도 공하지만, 이 '현상들의 공성[諸法空]' [자체]는 '실재[眞實, *tattva]'로서 존재한다. 왜 실재인가? [불변의] 행위자[作者]를 [거기에서] 인식할 수 없기 때문이다"라고 말하자, [이에 대해] 논자(論者)는 "그대의 그러한 견해를 '공성에 집착하는 잘못된 견해[著空見]'라고 한다"고 말한다. [또] 상대편[外人[391]]이 "왜 내가 공성에 집착한다고 하는가"라고 말하자, 논자는 "모든 현상은 자체적 본질이 없기 때문에 공하며, [이때의] '공함'은 '실체적 현상[實法]'이 아니며 [따라서] 집착해서는 안 된다"고 말한다." 자세한 것은 거기서와 같다.

원측은 청변의 비판 대상인 '잘못 이해된 공성'을 '유가사(瑜伽師)(=십칠지론자十七地論者)가 자신들이 주장한 '공성의 진리[空理]'를 진리(眞理)로 생각하는 경우'로 명시한다. 이어서 그 주장의 경증으로 『반야등론』에서 ''현상의 공성[法空]'이 '실재[眞實, *tattva]'로서 존재한다'라는 유가사의 주장에 대해 '모든 현상에는 자체적 본질[體, *svabhāva]이 없기 때문에 공하며, 공은 실체적 현상[實法, *dravya]이 아니므로 집착해서는 안 된다'라고 논자(論者)(=중관사상가)가 반박하는 경우를 들고 있다. 다시 말해, 청변은 유가사가 '공성의 진리'를 '진리'로 해석한 것이 공성(空性)이라는 '현상의 본성[法性]'을 '실체적 현상[實法]'으로 오해했다는 점에서 비판하였다.

---

390) ZZ21 279b10-16; WX34 798a21-b12.

391) 대응 SNST(ZhT68.808.5: rgol ba na re)에 근거하여 번역해 보았다.

여기서 원측은 청변에 대해 따로 비평을 하지 않기 때문에 그도 '유가사들이 '현상의 공성'을 실체적으로 이해한 것'이 바로 '잘못 이해된 공성'이라 한 청변의 판단에 동의한 것으로 볼 수 있다.392)

다음으로 원측은 호법이 이해하는 '잘못 이해된 공성'이 무엇인지 다음과 같이 말한다.

자료47

若護法等依彌勒宗說空 · 有者, 善取空者, 謂於依他所執性無, 即於此無我性有, 如是有 · 無總說為空. 惡取空者, 於依他上所執性無及於依他圓成性有俱不信受, 而**作此執**, '**一切諸法都無所有**', 是惡取空.393)

호법 등의 경우 미륵(彌勒)의 핵심 주장에 의거하여 '공함'과 '존재함'을 설한 이들이며, [그들이 볼 때] '잘 이해된 공성'은 '의타적 발생이 본질인 현상'과 관련하여 '상상의 대상이 본질인 현상'은 없으며, 즉 이것(='의타적 발생이 본질인 현상')과 관련하여 자체적 존재 없음[無我性, *nairātmyatā](='완성된 실재')이 있다고 보는 경우처럼 '존재함'과 '비존재함[無]'을 포괄하여 '공함'이라고 설하는 것을 의미한다. [반면] '잘못 이해된 공성'의 경우에 '의타적 발생이 본질인 현상'과 관련하여 '상상의 대상이 본질인 현상'이 없다는 사실과 '의타적 발생이 본질인 현상'과 관련하여 '완성된 실재'가 있다는 사실을 모두 진리로 확신하여 받아들이지 않고 오히려 '**모든 현상은 전혀 존재함이 없다'고 집착하는 것**이 '잘못 이해된 공성'이다.

청변과는 달리 호법에게 '공함[空]'은 단순히 부정에만 기울어진 말이 아니라 "'의타적 발생이 본질인 현상'과 관련하여 '상상의 대상이 본질인 현상'이 없음[無]과 동시에 그것과 관련하여 '자체적 존재(='상상의 대상이 본질인 현상') 없음[無我性]'이라는 진실은 있음[有]"을 모두 함축하는, 즉 '존재함[有]'과 '비존재함[無]'을 포괄하는 말이다. 따라서 '잘못 이해된 공성'은 그 진실에 대한 확신이 없음으로 말미

392) 이 점은 『인왕경소』 「서품」 속 '설법 주제' 논의에서 소개되는 '공-유 논쟁'에서 청변을 '유가학도(瑜伽學徒)'의 '존재에 대한 집착[有執]'을 논파한 이로 이해한 곳('자료55')에서 재차 확인할 수 있다.

393) ZZ21 279b16-20; WX34 798b13-17.

암아 그것을 받아들이지 않고 '세 종류의 본질' 모두를 부정하는 경우를 지칭한다. 여기서 우리는 호법이 비판하는 '잘못 이해된 공성'이 '자료44'의 '없다는 견해[無見]'와 '특징마저 없다는 견해[無相見]'와 동의어임을 알 수 있다.

(3) 호법의 입장에서 본 '공(空)'과 '유(有)'의 의미

『해심밀경』 경문의 '잘못 이해된 공성'이 결국 청변이 비판하는 유가사의 '존재에 대한 집착[有執]'보다는 '세 종류의 본질'을 모두 부정하는 '공함에 대한 집착[空執]'과 연관성이 더 깊기 때문에 이후의 '잘못 이해된 공성'과 '잘 이해된 공성' 논의는 모두 호법의 입장을 대변하는 유식 경론들 속 논의들을 발췌하여 나열하는 방식으로 진행된다. 그 속에서 우리는 '공함'과 '존재함'의 관계에 대한 몇 가지 의미 있는 관점을 발견할 수 있다. 인용 구절 속에는 각각 중관과 유식 사상을 대변하는 대론자 간의 논쟁이 부분적으로 포함되어 있는데, 그중 대표적인 한 곳을 통해 양자 간의 핵심 쟁점을 살펴보고자 한다.

> 자료48
>
> 又『瑜伽』七十五云, "復次於大乘中, 或有一類, 惡取空故, 作如是言, "由世俗故, 一切皆有, 由勝義故, 一切皆無." 應告彼言, "長老! 何者世俗? 何者勝義?" 如是問已, 彼若答言, "若一切法皆無自性, 是名勝義, 若於諸法無自性中自性可得, 是名世俗. 何以故? 無所有中建立世俗 · 假設 · 名言而起說故." 應告彼曰, "【汝何所欲?】 名言 · 世俗為從因有自性可得, 為唯名言 · 世俗說有? 若名言 · 世俗從因有者, 名言 · 世俗從因而生而非是有, 不應道理. 若唯名言 · 世俗說有, 名言 · 世俗無事而有, 不應道理."[394]
>
> 또 『유가사지론』 제75권에서 다음과 같이 말한다. "또 대승 중의 어떤 부류는 공성을 잘못 이해함으로 말미암아 "세상[의 진리] 차원에서는 모든 [현상]은 있지만, 궁극적 진리 차원에서는 모든 현상은 없다"라고 말하는데, 응당 그에게 "장로(長老)여! 무엇이 세상[의 진리]이며 무엇이 궁극[적 진리]인가"라고 물어야 할 것이다. 이렇게 물은 뒤에 그가 만약 "'모든 현상에 자체적 본질[自性]이 없음'을 '궁극적 진리'라고

394) ZZ21 280a4 이하; WX34 799b13 이하.

하고, '현상들의 자체적 본질 없음과 관련하여 인식 가능한 본질[自性可得]'을 세상[의 진리]라고 한다. 왜 그런가? '존재하지 않는 것[無所有]'에 대하여 세상의 언어 관행[世俗], 표현[假設], 말[名言]을 제시하여 말하기 때문이다"*라고 대답한다면, 응당 그에게 "너의 의도는 무엇인가? 말과 세상의 언어 관행을 원인으로 하여서[緣] 인식 가능한 본질이 있는 것인가? 아니면 단지 말과 세상의 언어 관행으로서만 [인식 가능한 본질이] 있다고 설하는가?[395] 만약 말과 세상의 언어 관행을 원인으로 하여 [인식 가능한 본질이] 있다고 한다면, 말과 세상의 언어 관행을 원인으로 하여 생겨난 후에는 존재하지 않게 되므로 이치에 어긋나게 된다. 만약 단지 말과 세상의 언어 관행으로서만 있다고 설한다면, 말과 세상의 언어 관행은 그 어떤 사물[事] 없이 존재하게 되므로 이치에 어긋나게 된다**"라고 알려주어야 할 것이다."

여기서 우리는 장로(長老)로 불리는 한 부류[一類]의 중관 사상가들에게 공격적인 질문을 던지는 유식 사상가를 발견할 수 있다. 유식 진영에서 이해한 중관 사상가(*)는 세상의 진리는 방편적으로 세운 언어일 뿐이며 '궁극적으로 존재하지 않는 대상[無所有]'에 대해 말하는 것이라고 말한다. 반면 이를 비판하는 유식 진영(**)은 말이 아무런 '사물[事, *vastu]'의 기반이 없이 일어날 수는 없다는 암묵적 전제를 깔고 있는 것으로 보인다. 그렇다면 호법은 결국 말이 가능하려면 그것이 지칭하는 모종의 존재의 기반이 있어야 한다고 보며, 그 입장에서 말에 대응하는 대상은 궁극적으로 존재하지 않는다고 보는 중관 사상가들을 비판하게 된다. 요약하면, 이러한 입장은 결국 '공함'의 부정도 '존재함'의 긍정을 기반으로 하여 말해진다는 점을 전제한다고 볼 수 있을 것이다.

또 원측은 『대승광백론석론』 안에서 붓다의 '공함'과 '존재함' 설법의 목적과 그 궁극적 성격에 대한 호법의 다음 관점에 주목한다.

자료49

又『廣百』第六卷云, "... 聖說空教有何意耶? 為遣一切虛妄有執. 若爾, 亦應說'諸法有'.

---

395) 이 선택의문문 번역은 대응 SNST(ZhT68.812.20-813.1: ci ṅo bo ñid du dmigs pa de mṅon par brjod pa daṅ/ kun rdsob kyi rgyu las byuṅ ba yin par ḥdod dam/ ḥon te mṅon par brjod pa daṅ kun rdsob tsam ṣig yin par ḥdod/)을 참조하여 시도해 보았다.

為遣妄執諸法空故. 實爾, 若有執諸法空, 如來亦說'諸法是有'. 既為遣執說有說空, 諸法真理為空為有? 諸法真理非有非空, 分別 · 戲論皆不能及. 何緣聖說非虛妄耶? 為除邪執故非虛妄. 空 · 有二教俱能除執, 何故如來多說空教? 以諸有情多分執有空說空, 生死多分從有生執, 是故如來為除有執, 滅生死苦, 多說空教. 若空若有皆是教門, 何故前說空為真理? 方便假說, 亦不相違. 又此'空'言, 是遮非表, 非唯空有, 亦復空空, 遮〈遍〉遣執心, 令契諸法非有非空究竟真理, 諸法真理實非空性. 空為門故, 假說為空, 真理非空. 空為門者, 真理非有, 應有為門? 隨機說門, 有亦無過. 然**其門義順在於空**, 有有有等皆順執心, 空空空等皆違妄執. 故有智者, 開〈聞〉說空言, 應離一切有 · 無等執, 悟法真理非有非無, 勿起有 · 無分別 · 戲論."396)

또 『대승광백론석론』 제6권에서는 다음과 같이 말한다. "... 성자께서 '공함[空]'의 가르침을 설한 것은 무슨 의도가 있어서인가? '모든 종류의 비존재에 대한 집착[一切虛妄有執]'을 제거하기 위해서이다. 만약 그렇다면 마땅히 '모든 현상이 존재함'도 설해야 할 것이다. 왜냐하면 '모든 현상이 공하다'고 보는 잘못된 집착을 제거하기 위해서이다. 사실은[實爾] 만약 '모든 현상이 공하다[諸法空]'고 집착한다면 여래께서도 '모든 현상이 존재한다[諸法是有]'고 설할 것이다.* 기왕에 집착을 제거하기 위해 '존재한다'고도 설하고 '공하다'라고도 설했다면, 모든 현상의 '진리(眞理)'는 '공함'인가? 아니면 '존재함'인가? 모든 현상의 진리는 '존재함'도 아니요 '공함'도 아니며, 분별(分別)과 말장난[戲論]이 모두 미칠 수 없다. 무슨 까닭에 성자의 말씀은 거짓이 아닌가? 잘못된 집착을 제거하기 때문에 거짓이 아니다. '공함'과 '존재함'의 두 종류의 가르침 모두 집착을 제거할 수 있는데 무슨 까닭에 여래께서는 대개의 경우[多] '공함'의 가르침을 설하시는가? 중생들은 대개의 경우[多分] '존재'에 집착하며, 윤회적 삶[生死]은 대개의 경우 '존재'에 대한 집착으로부터 생겨나므로, 이런 이유에서 여래께서 [중생으로 하여금] '존재에 대한 집착[有執]'을 제거함으로써 윤회적 삶의 괴로움을 소멸시키도록 만들기 위해 대개의 경우 '공함'의 가르침을 설하신 것이다. 만약 '공함'이든 '존재함'이든 모두 가르침의 방법[門]이라면 무슨 까닭에 앞에서 '공함'[의 가르침만]을 '진리'라고 설하는가? ['공함'의 가르침을 '진리'라고 해도] 방편으로 설한 것이기에 역시 서로 모순되지 않는다. 또 이 '공함'이라는 말은 '배제적 지칭[遮=遮詮]'이지 '설명적 지칭[表=表詮]'이 아닌 점에서 '존재

396) ZZ21 280b9 이하; WX34 800b6 이하.

함'을 공하게 만들[空有] 뿐 아니라 다시 ['공함'이라는 말의 지칭 대상으로 상상된 그] '공함'도 공하게 만들기[空空] 때문에 [중생으로 하여금 '존재함'과 '공함'에] 집착하는 마음 모두를 제거하여 '모든 현상이 [불변의 존재로서] 있는 것도 아니며 [전혀] 없는 것도 아니다[非有非空]'라는 궁극적인 진리를 깨닫도록 해주지만, 모든 현상의 '진리'는 실상 '공함'[空性]은 아니다. '공함'[의 가르침]이 [깨달음의] 방법이 되는 까닭에 '공함'이라 설한 것일 뿐이며 '진리'가 '공함'은 아니다. ['진리'가 '공함'이 아니며] '공함'이 [깨달음의] 방법이 되는 것이라면, '진리'가 '존재함'도 아닌 점에서 '존재함'도 [깨달음의] 방법이 되어야 하는 모순에 빠진다. [중생의] 수행 능력[機]에 따라 [깨달음의] 방법을 설했기 때문에 '존재함'[이 깨달음의 방법이 된다 해도] 역시 오류가 없다. 하지만 **그 ['존재함'이라는] 방법이 설해진 의도는 [깨달음을 목적으로 한다는 점에서] '공함'[이라는 방법]과 [그 의도가] 일치하기 때문에** '[불변의] 존재가 존재한다고 말할 경우[有有]' 그때의 '존재한다' 등[의 말]은 [중생으로 하여금] 모두 집착하는 마음을 강화시키지만, '공함이 공하다고 말할 경우[空空]' 그때의 '공하다' 등[의 말]은 [그들로 하여금] 모두 비존재에 대한 집착으로부터 벗어나게 만든다.** 그러므로 지혜 있는 자는 '공하다'고 설하는 말을 듣고 모든 '존재', '비존재'(=공함) 등에 대한 집착을 제거하고 현상의 '진리'는 '존재함'도 아니고 '비존재함'(=공함)도 아님을 깨달아야 하며, '존재'와 '비존재'(=공함) 관련 분별과 말장난이 일어나지 않게 해야 한다."

여기에서 우리는 앞서 '자료42'와 '자료43'에서도 논의된 '공함'과 '존재함'이라는 말의 의미론의 핵심을 재차 확인할 수 있다. 즉, 호법은 먼저 붓다가 설한 '공함'과 '존재함' 모두 배제적 지칭[遮詮]임을 명시한다. 이어서 '공함'이든 '존재함'이든 그 자체가 '진리(眞理)'가 아니라 어디까지나 깨달음으로 인도하기 위한 임시적인 방법[門]일 뿐이라는 점(*)을 강조한다. 다음으로 '존재함'을 설한다 해도 어디까지나 '공함', 즉 '공성'의 취지를 전제로 하여 설한 것이기 때문에 '존재함'이 지칭하는, '공성'의 부정 대상인 '자체적 본질'을 지닌 별개의 '불변의 존재[有]'가 '존재한다[有]'고 보면 '존재에 대한 집착[有執]'에 빠진다는 점(**)을 경고한다. 마지막으로 '존재함[有]'과 '비존재함[無]'(=공함[空]) 설법이 모두 구원의 방편이라는 사실의 깨달음을 통해서만 '모든 현상은 존재한다'고 보는 '존재 관련 극단주의[有邊]'와 '모든 현상은 공하다' 고 보는 '비존재 관련 극단주의[無邊]' 를 모두 벗어난 중도(中道)의 경지에 도달할 수 있다고 말한다.

4. 『해심밀경소』·『인왕경소』「서품(序品)」의 '공-유 논쟁' 인식

이상으로 청변과 호법 간 '공함과 존재함' 해석의 대략적 차이에 대한 원측의 인식을 명시하였다. 이제 그 차이가 보다 구체화되고 또 첨예하게 드러나는 양자 간의 실제 논쟁에 대한 원측 인식을 살펴보자.

1) 『해심밀경소』의 '공-유 논쟁' 인식

(1) 청변과 호법 간 쟁점 인식

먼저 『해심밀경소』「서품」 속 '설법 주제[所詮宗]' 논의에서는 『광백론』의 '공-유 논쟁' 을 본격적으로 소개하기 전에 문답을 통해 관련된 해석학적 문제와 그것에 대한 양 사상가의 견해를 다음과 같이 명시한다.

자료50

問. 諸『般若』宗明無相, 此『經』了義, 淺·深何異? 清辨解云, 『深密』等『經』辨有所得淺而非深; 諸部『般若』顯無所得為最甚深. 護法等說, 二時所說無相之理理無淺·深. 而說『深密』為了義者, 約三性義決判諸『經』有·(無)397)道理顯了說故, 名為了義, 非無相中

---

397) 문맥과 대응 SNST(ZhT68.65.3-66.2) 중 밑줄 부분(yod pa daṅ/ **med pa**ḥi rigs pa)에 비추어 볼 때 '無' 가 보충되어야 한다. '자료50' 대응 티벳어역은 한문과 꼭 일치하지 않으며 내용도 보다 상세하다. 한국어 번역문 중 대괄호 속 내용의 일부는 이것(볼드 부분)에 근거한 것이다. /chos kyi ḥkhor lo rnam pa gsum la zab pa daṅ/ mi zab pa ltar yod dam ṣe na/ bśad pa rnam pa gñis te/ daṅ po ni slob dpon bha bya la sogs pas ḥdi skad du bden pa bṣiḥi chos kyi ḥkhor lo daṅ po ni ñan thos kyi gsuṅ rab yin te/ sems can stoṅ pa ḥbaḥ ṣig ston ciṅ chos stoṅ pa ñid ston pa ma yin paḥi phyir zab pa ma yin no/ /**gñis pa mtshan ma daṅ bcas paḥi theg pa chen po** ḥdi lta ste/ ḥphags pa dgoṅs pa ṅes par ḥgrel pa la sogs pa las **ṅo bo ñid gsum la sogs pa ston ciṅ** dmigs pa daṅ bcas paḥi phyir/ śin tu zab pa ma yin no/ /**gsum pa mtshan ma med paḥi theg pa chen po** ḥdi lta ste/ śes rab kyi pha rol tu phyin pa rnams las chos rnams stoṅ pa ñid du ston ciṅ dmigs pa med paḥi phyir/ śin tu zab pa yin no ṣeḥo/

有淺·深故說了義也.398)

묻는다. 여러 종류의[諸=諸部] 『반야경』의 주제[宗]도 '언어적 특징 없음[無相]'을 밝히는 것인데 이 경(=『해심밀경』)만이 '명시적 진리[了義]'라면 [『반야경』과 『해심밀경』 양자 간에] 깊고 얕음과 관련하여 어떤 차이가 있는 것인가? [이 문제와 관련하여] 청변 등은 [다음과 같이] 해석한다. [제2의 '언어적 특징을 포함하는 대승[有相大乘]'(이라는 진리의 수레바퀴)를 설한] 『해심밀경』 등은 ['세 종류의 본질[三性]' 등을 설하여] '인식되는 것[有所得]'(=존재[有])을 분석하기 때문에 [『반야경』에 비해]

/gñis pa ni slob dpon chos skyoṅ la sogs pas mdo sde la brten nas/ ḥdi skad du daṅ po ni ḥphags paḥi bden pa bṣi bstan to/ /deḥi ḥog tu mtshan ñid med pa bstan to/ /tha mar ni ṅes paḥi don bstan te/ bden pa bṣiḥi chos kyi ḥkhor loḥi don ni sṅar bśad pa bṣin no/ /chos kyi ḥkhor lo phyi ma gñis ni mtshan ñid med pa ston pas don la zab mi zab ces bstan du med do// gsuṅ rab rnam pa gñis la (ṅes pa daṅ)* ṅes pa ma yin pa ṣes brjod pa yaṅ ṅo bo ñid med pa yaṅ rnam pa gsum yod pa daṅ/ **med pa**ḥi rigs pa gsal bar rab tu phye nas bstan paḥi phyir ni ṅes paḥi don ces brjod la/ gsaṅ baḥi rnam pas chos thams cad ṅo bo ñid med pa la sogs par bstan paḥi phyir ni ma ṅes paḥi don ṣes bśad de/ don la zab pa daṅ/ zab pa ma yin (pa yod)** paḥi phyir ṅes pa daṅ ma ṅes pa ṣes brjod pa ni ma yin no ṣeḥo/(*문맥에 맞게 보충한 것임. **'淺'에 상응하는 온전한 말이 되기 위해서 'pa'가 보충되고 또 앞의 'don la'와 일치하기 위해서는 'yod'가 보충되는 것이 자연스럽다.)

(세 가지 진리의 수레바퀴에 깊음과 얕음 같은 것이 있는가? [거기에 대해] 두 가지 설이 있다. 첫째, 청변 등은 다음과 같이 말한다. 제1의 '네 가지 진실이라는 진리의 수레바퀴[四諦法輪]'는 성문의 가르침이며, 오직 자아의 공성[生空]만을 설했을 뿐 현상의 공성[法空]은 설하지 않았기 때문에 깊지 못한 반면, 제2의 '언어적 특징을 포함하는 대승[有相大乘]'(이라는 진리의 수레바퀴)는 『해심밀경』 등에서 세 종류의 본질[三性] 등을 설한 것이며, 인식되는 것(=존재하는 것)이 있기[有所得] 때문에 심오하지는 못하다. 제3의 '언어적 특징을 초월한 대승[無相大乘]'(이라는 진리의 수레바퀴)는 여러 종류의 『반야경』에서 공성을 설한 것이며, 인식되는 것이 없기[無所得] 때문에 매우 심오하다. 둘째, 호법 등은 다음과 같이 말한다. 『계경(契經)』에 의거하여 최초에는 '네 가지 진실'을 설했으며, 그 후 '언어적 특징 없음[無相]'을 설했으며, 마지막에 '명시적 진리[了義]'를 설했다. '네 가지 진실이라는 진리의 수레바퀴'의 의미는 앞서 말한 대로이며, 뒤의 두 진리의 수레바퀴는 '언어적 특징 없음'을 설했기 때문에 [그 '언어적 특징 없음'의] 진리와 관련하여 깊음과 얕음[의 차이]를 말함이 없다. [뒤의] 두 종류의 가르침에 대해 '명시적 진리'와 '비명시적 진리'라고 [구별지어] 말한 이유는 또 [똑같이] '자체적 본질 없음[無自性]'이라 [설했다] 해도(?) [제3시는] '세 종류의 본질'과 관련하여 '존재함[有]'과 '비존재함[無]'의 진리를 명시적으로 말했기 때문에 '명시적 진리'라 한 반면, [제2시는] 의미를 숨기는 방식[隱密相]으로써 '모든 현상은 자체적 본질이 없다' 등을 설했기 때문에 '비명시적 진리'라 한 것일 뿐 [두 설법에서 설해진] 진리에 깊음과 얕음[의 차이]가 있기 때문에 '명시적 진리'와 '비명시적 진리'라 말한 것은 아니다.)

398) 『解深密經疏』 권1, 「序品」 ZZ21 178a9-15; WX34 595a8-14.

얕으며 깊지 못하다. [이에 반해 제3의 '언어적 특징을 초월한 대승[無相大乘]'(이라는 진리의 수레바퀴)를 설한] 여러 종류의 『반야경』은 '인식되지 않음[無所得]'(=공성[空])을 명시하므로 [붓다의 가르침들 중] 가장 심오하다. [청변과 달리] 호법 등은 [다음과 같이] 설한다. [뒤의] 두 때(=제2시와 제3시)에 설한 '언어적 특징 없음'의 진리[理, *yukti]의 경우 그 진리 자체에 얕고 깊음[의 차이]는 없다. 하지만 『해심밀경』만을 '명시적 진리'라 말한 이유는 '세 종류의 본질'의 의미와 관련지어 여러 경들 속 '존재함[有]'과 '비존재함[無](=공함)'의 진리를 분석해서 명료하게 설하기 때문에 '명시적 진리'라 한 것이지, '언어적 특징 없음'[의 진리]와 관련하여 얕고 깊음[의 차이]가 있기 때문에 '명시적 진리'라 말한 것은 아니다.

위에서 호법과 비교했을 때 두드러지는 청변의 특징은 제2시의 『해심밀경』과 제3시의 『반야경』 간 우열에 대한 인식이 매우 분명하다는 점이다. 원측에 의하면 청변은 『해심밀경』의 '세 종류의 본질' 등이 공함[空](=비존재[無所得])을 명시하지 않았기 때문에 『반야경』보다 수준이 낮은 가르침이라고 이해하고, 무소득(無所得), 즉 궁극적 진리 차원에서 현상은 '인식되지(=존재하지) 않는다'는 관점에서 '세 종류의 본질' 등을 부정함을 '언어적 특징 없음[無相]'의 의미로 읽었다. 이어지는 문답[399]에서 그는 호법과의 논쟁 속에서 청변이 '인식되지 않음' 또는 '공성'의 관점에서 부정하고자 하는 것을 '의타적 발생이 본질인 현상'으로 지목한다.

자료51

/ṅo bo ñid rnam pa gsum las ṅo bo ñid gaṅ btsal baḥi phyir/ mtshan ñid med pa ṣes bya ṣe na/ bśad pa rnam pa gñis yod de/ slob dpon chos skyoṅ gi bśad pa daṅ sbyar na ni kun brtags pa ḥbaḥ ṣig btsal pas so/ /slob dpon bha byas bśad pa daṅ sbyar na ni/ gṣan gyi dbaṅ gi ṅo bo ñid ḥbaḥ ṣig btsal baḥi phyir te/ bstan bcos śin tu rgyas pa brgya pa las ḥbyuṅ ba bṣin no/[400]

'세 종류의 본질' 중 어떤 것이 본질인 것[性](=현상)을 부정하기 때문에 '언어적 특

399) 티벳어만 남아 있는 부분이며 이후 『광백론』 인용과 후속하는 공유 논쟁에 대한 평가 모두 마찬가지이다. 이 부분의 '한-장 텍스트' 간의 대응 관계와 차이에 대해서는 '부록3'의 '2' 참조.

400) ZhT68.66.2-7.

징 없음[無相]'이라 하는가? [그것에 대해] 두 가지 설이 있는데 호법의 핵심 주장에 따르면 '상상의 대상이 본질인 것[所執性=遍計所執性]'만을 부정하기 때문이며 청변의 핵심 주장에 의하면 '의타적 현상이 본질인 것[依他性=依他起性]'만을 부정하기 때문이다. [자세한 것은] 『광백론』에서와 같다.

결국 이어서 인용하는 『광백론』의 내용은 『반야경』의 '언어적 특징 없음'과 『해심밀경』의 '명시적 진리' 간에 설법 주제[宗] 또는 진리[理]의 차이가 없다는 입장에서 '세 종류의 본질' 가운데 '상상의 대상이 본질인 현상'의 부정만을 '언어적 특징 없음'이라고 이해하는 호법과 '언어적 특징 없음'의 취지에 부합하기 위해서는 '의타적 발생이 본질인 현상' 마저도 부정해야 한다고 보는 청변 간의 대론임을 미루어 짐작할 수 있다. 그중 먼저 양자의 '언어적 특징 없음' 이해의 차이를 뚜렷하게 보여주는 한 대론을 소개하고자 한다.

자료52

/slob dpon bha byas gal te tshigs tu smras pa/ gal te gṣan gyi dbaṅ gi ṅo bo ñid yod pa yin na/ ciḥi phyir mdo sde las chos thams cad mi stoṅ pa gaṅ yaṅ med do ṣes gsuṅs so/ /gṣan yaṅ mdo sde las gzugs la sogs paḥi chos rnams ni ran bṣin gyis med do ṣes bya ba daṅ/ chos thams cad kyi ṅo bo ñid skye ba gaṅ yaṅ med pas/ sṅon yod pa daṅ/ sṅon med pa ṣes bya baḥi miṅ yaṅ mi dmigs paḥi phyir ro ṣes gsuṅs so ṣe na/[401]

청변이 만약 [다음과 같이] 말한다면, 즉 "만약 '의타적 발생이 본질인 현상'이 있다

401) ZhT68.68.14-18. 대응 『광백론』 텍스트(T30 247c23-27): 若有依他, 何緣『經』說'一切法性無不皆空'? 又『契經』言, "(佛告善現,)* "色等諸法自性皆無."" 復有『經』言, "(佛告大慧,) "一切法性皆無有生. 先有先無不可生故.**"" *괄호 안은 원측의 인용에서 생략된 부분임. 이하 같음. **후어나어트는 '先有先無不可生故' 대응 티벳어역이 한문과 불일치하며, 이 『광백론』 텍스트를 재차 인용한 『해심밀경소』 「분별유가품(分別瑜伽品)」 해당 부분(X21 339a2-5; WX34 917b8-12: 清辨引『經』復作此難, "若有依他 ... 先有先無不可生故."") 대응 티벳어역(ZhT68.1218.8-9: chos thams cad kyi dṅos po ni skye ba med **de/ sṅar** yod paḥam **sṅar** med pa yaṅ **skye bar mi rung baḥi** phyir ro ... 볼드 부분이 '자료52'와 불일치함)이 한문과 일치함을 지적하였다(Hoornaert, *op. cit.*, 137, 각주45). 최듭이 본 사본에는 '先有先無不可生故'가 다르게 필사되어 있었던 듯하다. 앞부분 '一切法性無不皆空'의 경우도 '性' 대응 티벳어역이 없다는 점에서 마찬가지인 듯하다.

면 왜 경에서 '공하지 않은 그 어떤 현상도 없다'고 설했으며, 또『계경(契經)』에서 '물질 등 모든 현상은 자체적 본질[ran bṣin, 自性, *svabhāva]이 없다'고 설했으며, 또 '모든 현상의 자체적 본질[ṅo bo ñid, 性, *svabhāva]은 생겨남조차도 없기에 '본래 있음[先有]'과 '본래 없음[先無]'이라는 이름도 얻을 수 없기 때문이다'라고 설했는가?"라고.

slob dpon chos skyoṅ gis bśad pa ḥdi la yaṅ dgoṅs pa yin te/ dgoṅs pa de yaṅ ji lta bu ṣig ce na/ ḥdi lta ste/ mdo sde ḥdi rnams las kun tu brtags paḥi raṅ gi ṅo bo ñid ḥjig par mdsad kyi/ thams cad med do ṣes gsuṅs pa ni ma yin no/ /dgoṅs pa ḥdi lta bu yod par ji ltar śes śe na/ mdo sde gṣan las gsal bar gsuṅs paḥi phyir ro/ /ḥdi lta ste/ bcom ldan ḥdas kyis ḥdi skad du gsuṅs te/ ṅas mtshuṅs par ldan paḥi ran bṣin la dgoṅs nas/ chos thams cad ran bṣin med do ṣes bśad de/ gal te la la ṣig sgra ji bṣin du mṅon par ṣen nas/ kun nas ñon moṅs pa daṅ/ rnam par byaṅ baḥi chos ran bṣin gis med do ṣes zer na/ stoṅ pa ñid ñes par bzuṅ ba de ni log par lta ba ṣes bya ba〈byaḥo〉[402] ṣes gsuṅs te/ de la mtshuṅs par ldan paḥi ran bṣin ṣes bya ba ni ḥjig rten pa rnams kyi kun tu brtags pa rjod〈brjod〉[403] par byed pa daṅ/ brjod par bya baḥi mtshuṅs par ldan paḥi ran bṣin '(yin) no〈la〉[404]/ **kun nas ñon moṅs pa daṅ rnam par byaṅ baḥi chos rnams ni gṣan gyi dbaṅ gi ṅo bo ñid yin te**/ deḥi phyir ḥphags pa rnams la dgoṅs pa ḥdi lta bu yod par śes so/ /gṣan yaṅ śes rab kyi pha rol tu phyin paḥi mdo las/ bcom ldan ḥdas ñid kyis yod pa daṅ med paḥi don gsal bar bcad de/ kun tu brtags paḥi ṅo bo ñid ni thams cad du med pa ṣes byaḥo/ /rgyu daṅ rkyen gis bskyed pa rnams ni yod do ṣes brjod do ṣes gsuṅs so/ /gṣan yaṅ mdo sde gṣan dag las kun tu brtags paḥi raṅ bṣin gyis ma skyes paḥo/ /gṣan gyi dbaṅ gi ṅo bo ñid kyis bsdus paḥi chos rnams ni rgyu daṅ rkyen gis skyes paḥo ṣes gsuṅs pa daṅ/ gṣan yaṅ mdo sde maṅ po las chos rnams ni ṅo bo ñid med pa/ skye ba daṅ ḥgag pa la sogs pa med kyaṅ thams cad

402) 종조사가 필요하기 때문에 P. N.을 따라 'byaḥo'로 교정하는 것이 옳다.

403) 번역어의 일관성을 고려할 때 'brjod'로 교정하는 것이 자연스럽다.

404) 문맥상 'ran bṣin'을 목적어로 하는 동사 'yin'이 보충되어야 하며 뒤 구문과 병렬 관계에 있기 때문에 종조사 'no'를 준종조사 'la'로 교정하는 것이 자연스럽다.

du rab tu dbye bar byaḥi/ sgra ji bṣin du mṅon par ṣen nas/ ṅes paḥi don yin no ṣes bzuṅ du mi ruṅ ste/ **kun rdsob kyi bden pa tsam du yaṅ chos rnams med do ṣes stoṅ pa ñid du ñes par bzuṅ nas/** log par lta ba che po bsgrub par mi byaḥo ṣes gsuṅs so ṣeḥo/405)

호법은 [다음과 같이] 말한다. [그대가 인용한 경의] 이 말에도 숨은 의도가 있다. 숨은 의도는 어떤 것인가? 즉, 뭇 경에서 '상상의 대상인 자체적 본질[遍計所執自性]'[의 존재]를 논파하지만 '모든 것이 없다'고 말하는 것은 아니다. 이러한 숨은 의도가 있음을 어떻게 아는가? 다른 경에서 분명하게 설했기 때문이다. 즉, 세존(世尊)께서 다음과 같이 설하셨다. "나는 오직 '일치를 수반하는 자체적 본질[相應自性, mtshuṅs par ldan paḥi ran bṣin]'을 염두에 두고 '모든 현상은 자체적 본질이 없다'고 설한다. 만약 어떤 이가 말 그대로 집착하여 번뇌 영향하의 현상과 번뇌 초월적인 청정한 현상이 그 자체로 없다고 생각한다면 [그의] 그 '잘못 이해된 공성[惡取空]'을 잘못된 견해라 부른다." 여기서 '일치를 수반하는 자체적 본질'이란 곧 세상의 '상상의 대상[遍計所執]'인 지칭[能詮]과 지칭 대상[所詮] 간의 일치를 수반하는 자체적 본질이며, **'번뇌 영향하의 현상과 번뇌 초월적인 청정한 현상'이 곧 '의타적 발생이 본질인 현상'이다**. 따라서 여러 경[의 말]에는 이러한 숨은 의도가 있음을 알 수 있다. 또 『반야경』에서 "세존께서 '있음[有]'과 '없음[無]'의 의미를 명시하면서 '상

---

405) ZhT68.68.8-69.13. 대응 『광백론』 텍스트(T30 247c27-248a15): 此有密意. 密意如何? 謂此諸『經』唯破遍計所執自性*, 非一切無. (若一切無, 便成邪見.) 云何知有此密意耶? 餘『契經』中顯了說故. 謂薄伽梵說如是言, "我唯依於相應自性*說一切法自性皆無, 若有如言而生執著, 謂染·淨法自性皆無, 彼惡取空名爲邪見." 相應自性, 卽是世間遍計所執, (由心轉變, 似外諸塵, 依此諸塵, 起諸倒執, 因此倒執, 計有自·他)能詮·所詮相應自性, **染淨諸法, 卽是依他**, 故知諸『經』有此密意. 又『到彼岸般若經』中, "佛自分明判有·無義, 遍計所執(·所集·所增·所取常恒無變易法, 如是)一切, 皆名爲無, 因緣所生, 皆說爲有." 又『餘經』說, "遍計所執自性無生, 依他起性所攝諸法從因緣生." (又『慧度經』作如是說, "行慧度者, 善知色性, 善知色生, 善知色如乃至廣說.") 又諸『經』說, "諸法無性·無生滅等皆應分別, 不可如言執爲了義. **勿世俗諦諸法亦無, 便惡取空**, 成大邪見." *후어나어트의 지적(Hoornaert, *op. cit.*, 137, 각주46)대로, '상상의 대상인 자체적 본질[遍計所執自性]'을 '일치를 수반하는 자체적 본질[相應自性, mtshuṅs par ldan paḥi ran bṣin]'로 보는 해석은 『해심밀경』(권2, 「一切法相品」 T16 693b21-22)의 '**언어적 특징과 이름 간의 일치 관계**를 근거로 하여 상상의 대상인 특징을 알 수 있다(**相·名相應**以爲緣故, 遍計所執相而可了知.)' 또는 (Lamotte 1935. 63) '다름아닌 **언어적 특징과 일치하는 이름**에 의지하여 상상의 대상인 특징을 완전히 알 수 있다(**tshan ma daṅ ḥbrel baḥi miṅ** la brten nas ni kun brtags paḥi mtshan ñid rab tu śes so)'는 서술을 계승한 듯하다.

상의 대상이 본질인 현상'은 모두 없다고 하며, '원인과 조건에 의해 생겨난 것[因緣所生]'은 있다고 설하신다"라고 설하였다. 또 다른 경에서 "'상상의 대상이 본질인 것'은 생겨나지 않은 것이며, '의타적 발생이 본질인 현상'에 속하는 현상들은 원인과 조건에 의해 생겨난 것이다"라고 설하며, 또 다른 경에서 "'모든 현상은 자체적 본질이 없으며 생겨남도 없으며 소멸함 등도 없[다'라고 말하]더라도 모두 마땅히 [그 말의 숨은 의도를] 분석해야지 말 그대로 집착하여 '명시적 진리'라고 여겨서는 안 된다. **세상의 진리[世俗諦] 차원에서도 현상들이 없다고 주장하는 '잘못 이해된 공성'으로 말미암아** 크게 잘못된 견해를 갖게 되어서는 안 된다"라고 설하였다.

먼저 청변은 '모든 현상은 공하다'는 어떤 경의 말에 비추어 볼 때 '의타적 발생이 본질인 현상' 역시 공해야 한다고 반문한다. 이에 대해 호법은 다른 경의 말에 의거하여 원인과 조건에 의해 생겨난 번뇌 영향하의 현상과 번뇌 초월적인 청정한 현상인 '의타적 발생이 본질인 현상'은 '세상의 진리[世俗諦]' 차원에서 존재하며, 만약 청변처럼 이마저도 부정한다면 경전의 '공함'(=비존재함)을 그 말의 숨은 의도와 무관하게 문자 그대로 받아들여 '모든 현상은 없다'고 이해하는 '잘못 이해된 공성'의 오류에 빠진다고 경고하고 있다.

여기서 우리는 호법이 '세상의 진리 차원에서' '의타적 발생이 본질인 현상'의 존재를 긍정하고 있으며, 청변이 그것마저도 부정하는 것을 '잘못 이해된 공성'으로 규정한 사실에 주목할 필요가 있다. 이 비판의 함축을 이해하기 위해서 먼저 청변의 '의타적 발생이 본질인 현상' 부정이 근거하고 있는 관점을 확인해 보자. 앞서 원측의 청변과 호법 '잘못 이해된 공성' 인식('자료45'와 '자료47')에 따르면, 청변은 '세상의 진리 차원에서는' '공한 것'과 구별되는 '공하지 않은 것'의 존재를 인정하였지만, '궁극적 진리 차원에서는' 모든 현상이 공하다고 보았다. 따라서 그의 '의타적 발생이 본질인 현상' 부정의 관점은 '궁극적 진리[勝義諦=勝義]'임을 확인할 수 있다. 하지만 호법은 청변과 달리 '의타적 발생이 본질인 현상'마저 부정하는 것을 '잘못 이해된 공성'으로 보았다.

이상을 통해 청변은 궁극적 진리의 관점에서 '의타적 발생이 본질인 현상'의 존재를 부정한 반면, 호법은 세상의 진리 차원에서 '의타적 발생이 본질인 현상'의 존재를 긍정하고 있음을 분명히 확인할 수 있다. 이 점은 다음의 마지막 대론을 통해 좀 더 분명해진다.

자료53

/slob dpon bha byas yaṅ smras pa/ yaṅ dag pa ma yin paḥi rtog pa ḥdi su ṣig bzlog par nus te/ yaṅ dag paḥi lta ba thob par gyur paḥi tshe raṅ ñid kyis bsal bar ḥgyur ro ṣeḥo/[406]

청변은 또 [다음과 같이] 말했다. 이 잘못된 분별[妄分別]을 누가 다시 [구태여] 부정할 수 있단 말인가? 올바른 통찰을 얻을 때 저절로 제거된다.

/slob dpon chos skyoṅ gis bśad pa/ gal te rkyen las ḥbyuṅ baḥi sems daṅ sems las byuṅ baḥi chos de dag kyaṅ kun brtags (pa)[407] daṅ ḥdra bar thams cad ran bṣin gyis stoṅ pa yin na/ ḥo na ni nam mkhaḥi me tog ḥdra bas/ ji ltar srid pa gsum gyi sems can ḥchi ṣiṅ skye śiḥi〈baḥi〉[408] ḥkhor ba byed par nus/ de lta bas na gṣan gyi dbaṅ gi ṅo bo ñid raṅ gi ṅo bo ñid med pa ma yin no/ /bstan bcos mdsad paḥi daṅ poḥi dgoṅs pa yaṅ ṅes par de ḥdraḥo/ /gal te de lta ma yin na ciḥi phyir yaṅ dag pa ma yin pa rnam par rtog paḥi ḥchiṅ ba dag ni stoṅ pa ñid mṅon par rtogs pas rab tu sel te〈to〉[409] ṣes bśad/ rus sbal gyi spus ḥchiṅ baḥi bya ba byed pa daṅ/ ri boṅ gi rwa mṅon sum du rtogs pa daṅ/ yoṅs su bsal bar byed nus par sus mthoṅ ste/ 'de nas〈des na〉[410] sems daṅ sems las byuṅ baḥi chos ni yod la(/) sems las logs śig na yul yod par yoṅs su bzuṅ ba de dag ni med par śes par bya ste/ ṣib tu bśad pa ni de ñid las ḥbyuṅ ba bṣin no ṣeḥo/[411]

---

406) ZhT68.72.4-6. 대응『광백론』텍스트(T30 248c6-7): 此妄分別誰復能遮? 得正見時自當能遣. cf. Hirabayashi and Iida, *op. cit.*, 354: Who would [waste time] by refuting this wrong view? [No one,] but when the correct view is attained, it will be clear by itself.

407) P. N.에 따라 'pa'를 보충하는 것이 자연스럽다.

408) P. N.에 따라 'baḥi'로 교정하는 것이 옳다.

409) P. N.에 따라 'to'로 교정하는 것이 옳다.

410) 아래『광백론』속의 '由是'에 상응하는 번역으로 볼 수 있기 때문에 P. N.에 따라 'de nas'를 'des na'로 교정하는 것이 옳다.

호법은 [다음과 같이] 말한다. 만약 원인으로 말미암아 생겨난 마음[心]과 심리 현상[心所]이 '상상의 대상이 본질인 현상'처럼 모두 본질적으로 공하다면 공중의 꽃과 같을 것인데 어떻게 세 종류 윤회 생존[三有] 속 중생[含識]의 윤회적 삶을 지어낼 수 있단 말인가? 따라서 '의타적 발생이 본질인 현상'은 본질[體實]이 없는 것이 아니다. 논(論=『백론百論』)을 지은 이(=제바提婆, Āryadeva)의 본의도 확실히 그럴 것이다. 만약 그렇지 않다면 왜 [『백론』 게송에서] '비존재의 분별의 속박은 공성(空性)을 깨달아 제거할 수 있다[妄分別縛證空能除]'라고 말하겠는가? 거북의 털[처럼 없는 것]이 [우리에게] 속박을 만듦과 [그것이] 토끼의 뿔[처럼 실은 없는 것]임을 깨달음과 [깨달음을 통해 속박을] 제거함을 누가 본다는 말인가? 이를 통해 마음과 심리 현상은 있으며, 마음 외에 분별의 인식 대상으로 상상된 것들은 없음을 알 수 있을 것이다." 자세한 것은 거기(=『광백론』)에 설해진 대로이다.

우선 청변은 잘못된 분별이 올바른 통찰[正見]을 얻을 때 저절로 제거될 것이라는 점을 강조한다. 여기서 '잘못된 분별[妄分別, yaṅ dag pa ma yin paḥi rtog pa]'은 앞서 『변중변론』에서 긍정적 맥락에서 '의타적 발생이 본질인 현상'의 동의어로 등장한 '비존재의 분별[虛妄分別, abhūta-parikalpa]'('자료40')에 대한 청변의 부정적 인식을 반영하는 표현으로 보인다. 다시 말해, 청변은 올바른 통찰을 얻은 '궁극적 진리'의 경지에 도달하면 결국 '의타적 발생이 본질인 현상'은 제거될 것임을 강조하고 있다.

---

411) ZhT68.72.4-19. 대응 『광백론』 원문(T30 249a5-10): 若從緣生心及心法, 同遍計執皆自性空, 便似空花, 何能繫縛三有含識生死輪迴? 是故依他非無體實. 『論』者本意決定應然. 若不爾者, 何緣故說'妄分別縛證空能除?'* 誰睹龜毛能計能縛? 誰見免角能證能除?** 由是應知, 有心·心法, 但無心外所執諸塵.
*직전 문장(T30 246a15-28): 若一切法本性皆空, 證見此空有何勝德? 爲敘此難, 故說頌曰: 若法本性空　見空有何德/ 論曰. 非於離我諸行法中證見我空少有勝德, 諸法亦爾. 若本性空, 證見此空何所饒益? 若無所益? 何用劬勞修能證空無量加行? 爲釋此難, 復說頌曰: 虛妄分別縛　證空見能除// 論曰. 諸法諸行, 雖空無我, 而諸愚夫虛妄分別執一·異等, 由此虛妄分別勢力, 生長貪等煩惱隨眠, 隨緣發生諸善惡業, 沒三有海, 相續輪迴, 三苦所煎, 不能自出, 勤修加行, 證無我空, 漸次斷除虛妄分別, 隨其所應, 證三菩提, 自利利他功德無盡. **'誰睹龜毛能計能縛? 誰見免角能證能除?'와 대응 SNST (ZhT68.72.14-16: rus sbal gyi spus ḥchiṅ baḥi bya ba byed pa daṅ/ ri boṅ gi rwa mṅon sum du rtogs pa daṅ/ yoṅs su bsal bar byed nus par sus mthoṅ ste/) 간에 문장이 정확히 일치하지는 않는다.

반면 호법은 '윤회적 삶'의 원인이면서 동시에 '공성'을 깨달아 '비존재의 분별'의 속박을 벗어나는 주체이기도 한 '의타적 발생이 본질인 현상'인 '마음'과 '심리 현상'이 수행의 관점에서 반드시 필요함을 반어법적으로 역설하고 있다. 하지만 앞서 '자료49'의 '진리(眞理)'의 관점에서 이루어진 '존재에 대한 집착[有執]' 비판을 고려하면, 호법이 단지 '구원의 방편'의 관점에서 중생으로 하여금 '윤회적 삶'과 '해탈'을 지적으로 이해시키기 위해 전자의 원인이자 동시에 후자의 극복 대상인 '마음과 심리 현상'(='비존재의 분별')의 존재를 일시적으로 긍정했음을 알 수 있다.

요약하면, 원측은 '자료50'에서 예시하였듯이 『반야경』의 '공성'의 입장에 선 청변의 '언어적 특징 없음' 이해는 인식론적 맥락에서 또는 '궁극적 진리의 관점에서' '의타적 발생이 본질인 현상'(='잘못된 분별[妄分別]')의 실재성을 근본적으로 부정하는 것[無]에 초점이 맞추어져 있는 반면, 『해심밀경』의 '세 종류의 본질'이 포괄하는 '존재함'의 측면을 중시한 호법은 수행론적 맥락에서 또는 '구원의 방편으로' '의타적 발생이 본질인 현상'(='비존재의 분별[虛妄分別]')이 존재함[有]을 일시적으로 긍정하려 한다는 점에서 양 사상가 간 강조점의 차이가 존재함을 명시하였다.

(2) '공-유 논쟁'의 불교사상사적 의미 평가

이어서 원측은 이 논쟁이 불교사에서 어떤 의의를 지니는지에 대해 다음과 같이 말한다.

자료54

/sde snod gsum pa dag gis bśad pa las ḥbyuṅ ba/ chos kyi ḥkhor lo rnam pa gsum po de yaṅ/ saṅs rgyas mya ṅan las ḥdas paḥi ḥog tu lo brgya lhag tsam lon pa na/ ñi śuḥi slob dpon rnams so so nas raṅ gi rig pas chos kyi ḥkhor lo daṅ poḥi rnam par bśad pa byas so/ /de nas saṅs rgyas mya ṅan las ḥdas pa nas lo ñis brgya lon paḥi ḥog tu byaṅ chub sems dpaḥ klu sgrub kyis mdo sde śes rab kyi pha rol tu phyin pa la brten nas/ bstan bcos rnams mdsad de/ ḥdi lta ste/ śes rab kyi pha rol tu phyin paḥi ḥgrel pa daṅ/ dbu ma la sogs paḥo/ /<u>de dag las rnam par brtags paḥi ṅo bo ñid spaṅs pas mtshan ñid med paḥi tshul rab tu bstan to</u>/ /de nas ḥphags paḥi lha la sogs pas gṣuṅ de yaṅ dag par blaṅs te/ gcig nas gcis tu brgyud ciṅ spel to/ /saṅs rgyas mya ṅan las ḥdas pa nas lo dgu brgya lon pa na byaṅ chub sems dpaḥ byams pas mdo sde dgoṅs pa zab mo ṅes par ḥgrel pa la sogs pa la brten nas/ bstan bcos rnams mdsad de(/) ḥdi lta ste/ rnal ḥbyor spyod paḥi sa daṅ dbus daṅ mthaḥ rnam par ḥbyed pa la sogs paḥo/ slob dpon thogs med daṅ dyig gñen gyis gṣuṅ de yaṅ dag par blaṅs nas rab tu spel te/ deḥi tshe saṅs rgyas kyi chos ro gcig pas stoṅ pa daṅ yod par smra bas de dag la rtsod par gyur pa med do/ /deḥi phyir slob dpon ñe baḥi ḥod na re/ lo stoṅ gi mdun rol du ni saṅs rgyas kyi chos ro gcig go/ /de tshun chad nas ni dran pa daṅ śes rab khad kyis ḥgags pas stoṅ pa daṅ yod paḥi rtsod par smra ba rnams ḥjig rten na rgyas par gyur to ṣes bśad do **ṣeḥo**/

/ḥdir byaṅ chub sems dpaḥ rnams kyis rtsod par gyur pa rnam par bśad pa yaṅ/ de bṣin gśegs paḥi gsuṅ rab śin tu zab pas de dag phan tshun brag ca lta buḥi tshul du saṅs rgyas kyi chos rab tu bstan pa yin par bstan paḥi phyir ro/ /[412] mu stegs graṅs can kyaṅ de bṣin gśegs pas rnam par grol baḥi byaṅ chub sems dpaḥ yin no ṣes bstan pa yin no/ /skyes bu chen po gñis naṅ gi chos kyi gaṅ zag śes rab daṅ dbaṅ po śin tu rno ba raṅ gis ḥphags paḥi gsuṅ rab daṅ 'ḥgrel par⟨ḥbral ba r⟩[413] mi mdsad pa daṅ lta ci smos te(/) de lta bas na de dag gis de ltar bśad pa yaṅ/ bstan pa rgya cher spel baḥi phyir yin par rig par byaḥo/[414]

삼장(三藏)들은 다음과 같이 해석한다. “그 세 가지 진리의 수레바퀴[法輪]의 경우에도 [그에 대한 다양한 해석이 존재하는데, 우선] 불멸 100여 년에 이르러 스무 명의 논사들이 각각 자신의 지혜로써 제1의 진리의 수레바퀴를 해석하였다. 그 후 불멸 200년 후에 용맹(=용수) 보살이 『반야경』에 의거하여 여러 논서를 지었으니 곧 『대지도론(大智度論)』, 『중론』 등이다. 거기에서는 ‘상상의 대상이 본질인 것[遍計所執

412) 문장의 흐름상 ‘ḥdir’ 이하 여기까지의 이유구에 연결되는 문장을 앞부분에서 찾을 수 없기 때문에 결국 이어지는 문장(붓다께서 상키야 학파도 해탈보살이라고 했다는 말)에 대한 선행의 이유구로밖에 볼 수 없다. 따라서 종결조사 ‘ro’와 찍쉐(/)는 삭제되는 것이 자연스럽다.

413) 문맥상 ‘ḥgrel par’는 ‘ḥbral bar’의 오기로 보인다.

414) ZhT68.72.19-74.5.

性]'을 부정함으로 '언어적 특징 없음'의 취지를 명시하였다. 그 후 제바(提婆, 또는 성천聖天) 등이 그 핵심 주장을 올바르게 수용해 하나씩 계승하고 발전시켰다. 불멸 900년 후에 이르러 미륵 보살이 『해심밀경』 등에 의거하여 여러 논서를 지었으니 곧 『유가사지론』, 『변중변론』 등이다. 무착 보살과 세친 보살은 그 핵심 주장을 올바르게 수용하여 펼쳤다. 이때 붓다의 진리는 한 맛이었기 때문에 비록 '공함[空]'과 '존재함[有]'을 설했지만 그들 간에 논쟁은 없었다. 그래서 친광(親光) 보살은 "1000년 전에는 붓다의 진리는 한 맛이었는데 그 이래로 기억과 지혜가 점차 쇠퇴하여 '공함'과 '존재함'의 논쟁이 세상에서 유행하게 되었다"라고 말한 것이다."

자, [지금까지 내가] 여러 보살이 이론(異論)을 말하는 것 역시 여래 가르침의 심오함으로 말미암아 그들 서로가 메아리와 같은 방식으로 붓다의 진리를 드러내는 것임을 밝힌 [것과 같은] 이유에서[415] 외도(外道)인 상키야 학파[數論]에 대해서도 여래께서는 '해탈보살'이라고 말한 것이다. [청변과 호법] 두 '위대한 인물[skyes bu chen po]'(=보살)은 우리 [붓다의] 진리에 대하여 지혜와 능력이 가장 뛰어난 자로서 스스로 성자(聖者)(=붓다)의 가르침과 멀어지도록 하지는 않을 것임은 물론일 것이다. 따라서 그들이 이렇게 [논쟁을 벌이며] 말하는 것도 [붓다의] 가르침을 크게 펼치기 위함임을 알아야 할 것이다.

위 서술을 통해 우리는 그의 청변 인식의 한 단면을 읽어낼 수 있다. 우선 그는 청변이 계승하고 있는 용수의 '공함[空]' 주장과 호법이 계승하고 있는 미륵의 '존재함[有]' 주장이 단절이 아니라 '언어적 특징 없음[無相]'이라는 핵심 주장을 밝힘에 있어 사상사적으로 연속적이라고 인식하고 있다. 즉, 중관과 유식 사상을 모순적으로만 보지 않고 통합적으로 이해하고 있는 셈이다.[416] 다음으로 이런 사상사적 흐름 속에서 청변이 제2시의 『반야경』에서 설한 '언어적 특징 없음'의 본래 의미는 '상상의 대상이 본질인 현상'의 부정이라는 인식 위에서 제3시의 『해심밀경』에 의거하여

415) 대응 SNST에 대한 히라바야시와 이이다의 번역(Hirabayashi and Iida, *op. cit.*, 355: Here, I [Wŏnch'uk] have made an exposition in the manner of a chorus of distant echoes on the controversy among those Bodhisattvas who have voiced [the abstruse points] of the *Buddha-dharma*.)을 참조하였다.

416) 이 점에서 SNST의 이 구절이 중관 사상의 입장에서 유식 사상을 포용하려는 티벳의 사상가들에게 의미 있게 읽혔다. 자세한 것은 '부록2'의 '각주52' 참조.

지은 유식 논서들, 특히 『유가사지론』이 주장하는 '의타적 발생이 본질인 현상'(=이어지는 '자료55'의 '유가학도(瑜伽學徒)'의 집착 대상인 '존재[有]')과 '완성된 실재'(='자료46'의 '유가사' 또는 '십칠지론자'에 의해 '진리(眞理)'로 이해된 '공성의 진리[空理]')가 그 '언어적 특징 없음'의 정신에 위배된다고 생각하여 그것을 부정하려 했다고 인식하였다. 마지막으로 붓다 가르침의 상이한 측면을 강조하며 벌이는 논쟁 자체가 사실은 붓다의 가르침을 더 잘 드러내는 긍정적 기능을 수행하며, 청변의 '공함' 주장도 그 점에서 호법의 '존재함' 주장과 마찬가지로 공헌을 하고 있다고 평가하고 있다. 여기에 우리는 호법의 '존재함' 주장이 청변의 '공함' 주장이 빠질지도 모르는 '공함에 대한 집착[空執]'을 제거하는 것과 마찬가지로, 청변의 '공함' 주장도 호법의 '존재함' 주장이 빠질지도 모르는 '존재에 대한 집착[有執]'을 제거하는 순기능을 하기 때문에 양자 간의 논쟁이 붓다의 가르침의 '공함'과 '존재함' 양 측면을 더 잘 드러낸다고 원측이 인식하였음을 알 수 있다.

2) 『인왕경소』의 '공-유 논쟁' 인식

이상 '자료50~54'에 이르는 『해심밀경소』 속 『광백론』 인용과 그 전후 문장에는 청변과 호법의 관계에 대한 원측의 대략적인 인식이 잘 드러나 있다. 여기서는 호법과 더불어 청변이 논쟁에서 수행하는 긍정적 역할에 주목하였다. 하지만 『인왕경소』 「서품」 '설법 주제[所詮宗]' 논의에서는 동일한 역할을 수행하는 청변이 동시에 호법의 비판 대상으로 등장하며, 이를 통해 호법에게 새로운 역할을 부여한다. 거기서 원측은 동일한 『광백론』 속 논쟁을 인용하기 전에 먼저 그 구조에 대해 다음과 같이 소개한다.

자료55

問. 若爾如何第二無相名為不了? 解云. 據實, 具說三種無自性性, 理無淺 · 深. 以隱密相言'一切法無自性等', 而不分別配三無性. 『深密經』等廣顯三種無自性性, 是故第三法輪門中加'無自性性'四字, 意顯別有三無性理. 由是名為了·不了義, 非理淺·深名了·不了. 若廣分別, 如『廣百論』第十卷中有三師釋, 一瑜伽學徒立依他有, 二清辨菩薩說依他空,

三護法菩薩雙破兩執.417)

묻는다. 만약 그렇다면 왜 제2 '언어적 특징 없음'[이라는 진리의 수레바퀴]를 '비명시적 진리'라 하는가?

해석한다. 실상 ['제2의 진리의 수레바퀴'도] '세 종류의 자체적 본질 없음'을 모두 설하기 때문에 [설해진] 진리 자체에 얕고 깊음[의 차이]는 없다. [다만 '제2의 진리의 수레바퀴'는 '세 종류의 자체적 본질 없음' 각각의] 특징[相]을 숨기는 방식으로 '모든 현상은 자체적 본질이 없다' 등을 말했을 뿐 ['세 종류의 현상'을] 하나씩 구별하여 '세 종류의 자체적 본질 없음[三無性]' [각각]과 연관시키지 않았다. [하지만] 『해심밀경』 등은 '세 종류의 자체적 본질 없음'을 자세히 명시하였으며, 이런 취지에서 '제3의 진리의 수레바퀴'라는 법문 대응 '무자성성(無自性性)' 네 자를 더하였는데, [그] 취지는 ['모든 현상은 자체적 본질이 없다'는 일반적 진리와] 별개로 '세 종류의 자체적 본질 없음'이라는 ['세 종류의 현상' 각각과 관련된 '세 종류의 자체적 본질 없음' 각각의] 진리가 있음을 밝히는 것이다. 이 이유에서 [제2시와 제3시의 진리의 수레바퀴를 각각] '명시적 진리'와 '비명시적 진리'라고 한 것이지 [설해진] 진리 자체의 얕음과 깊음[의 차이]를 [각각] '명시적 진리'와 '비명시적 진리'라고 한 것은 아니다. 자세한 분석은 『광백론』 제10권에서와 같은데, [거기에] 세 논사의 해석이 있다. 즉, 먼저 유가학도(瑜伽學徒)가 '의타적 발생이 본질인 현상[依他起性]'이 '존재함[有]'을 주장하고, 다음으로 청변 보살이 '의타적 발생이 본질인 현상'이 '공함[空]'을 주장하고, 마지막으로 호법보살이 [유가학도와 청변 보살] 양측의 ['존재'와 '공함'에 대한] 집착을 모두 논파한다.

여기서는 앞서 『해심밀경소』의 도입부('자료51')와 달리 제2시와 제3시 설법에서 말해진 진리 자체에 깊음과 얕음의 차이가 없다는 주장에 대한 경증으로서 『광백론』이 인용되고 있다는 점에 주목할 필요가 있다. 결국 『광백론』의 저자 호법이 '공함'과 '존재함' 설법의 주제가 근원적으로 동일함을 증명하는 임무를 떠안게 되며, 이 경우 청변은 '존재함' 설법의 부정적 수용 형태인 유가학도(瑜伽學徒)의 '존재에 대한 집착[有執]'을 제거하기 위해 '공함'을 주장하는 배역을 맡게 될 수밖에 없다. 여

417) 『仁王經疏』 권상(본), 「序品」 T33 360b28-c7.

기서는 앞서 '자료51'과 달리 청변 대론의 상대자가 호법 대신 '유가학도'[418]로 바뀌었지만 ''존재에 대한 집착'을 논파하는' 그의 역할은 동일하다고 볼 수 있다.

『인왕경소』는 이 구도하에서 논쟁 과정을 소개하기 때문에 청변의 대론 부분[419] 소개 후, 앞서 『해심밀경소』의 『광백론』 인용 마지막의 호법 '의타적 발생이 본질인 현상' 긍정 부분('자료53')을 건너뛰고, 유가학도와 청변 모두를 비판하는 호법의 입장을 다음과 같이 요약하면서 『광백론』 인용을 닫는다.

자료56

第三護法菩薩雙破空 · 有兩執, 建立中道, 依他起性非空非有. 故彼復云, "如是等類隨見不同分隔聖言, 合〈令〉[420]成多分, 互興諍論, 各執一邊, 既不能除惡見塵垢, 詎能契當諸佛世尊所說大乘清淨妙旨? 未會真理, 隨已執情, 自是非他, 深可怖畏, 應捨執著空 · 有兩邊領悟大乘不二中道." 廣說如彼.[421]

마지막으로 호법보살은 '존재'에 대한 집착과 '공함'에 대한 집착 두 가지를 모두 논파하고 중도를 세웠는데, [그 요지는] '의타적 발생이 본질인 현상'은 '[전혀 없다는 의미의] 공한 것도 아니며 [불변한다는 의미의] 있는 것도 아니다[非空非有]'. 그래서 그는 재차 [다음과 같이] 말한 것이다. "이상과 같은 부류들이 [각자의] 견해가 같지 않음으로 말미암아 성자의 말을 쪼개어 여러 부분으로 갈라놓아 서로 논쟁을 일으켜 어느 한편 관련 극단주의를 각자 고집하여 이미 잘못된 견해의 때를 제거할 수도 없게 되었으니 어찌 불세존들께서 설하신 대승의 번뇌 초월적으로 청정하며 심오한 취지에 합치할 수 있겠는가? 진리를 깨닫지 못한 채 자신의 집착과 잘못된 견

418) 이때의 '유가학도'가 앞서 『반야등론』에서('자료44') '논자(論者)'가 비판하는 '유가사(瑜伽師)'와 연관되어 있음은 쉽게 짐작할 수 있다.

419) T33 361a16-17: 次清辨云, 此妄分別誰復能遮? 得正見時自當除*遣. *대정장본 『광백론』(T30 248c6-7: 此妄分別誰復能遮? 得正見時自當能遣)에는 '能'으로 되어 있다.

420) 문맥과 대정장본 『광백론』(『大乘廣百論釋論』 권10, 「教誡弟子品」 T30 249b14-18: 如是等類隨見不同分隔聖言, 令成多分, 互興諍論, 各執一邊, 既不能除惡見塵垢, 誰*能契當諸佛世尊所說大乘清淨妙旨? 未會真理, 隨已執情, 自是非他, 深可怖畏, 應捨執著空 · 有兩邊領悟大乘不二中道.)에 비추어 볼 때 '合'은 '令'의 오기임이 분명하다. *원측 인용과 달리 '거(詎)'가 아니라 '수(誰)'로 되어 있지만 각각 '어찌'와 '누가'를 뜻하는 반어 의문사이므로 각 단어가 포함된 문장은 의미상 차이는 없다.

421) T33 361a18-24.

해에 따라 스스로를 옳다 여기고 다른 이들을 비난함이 심히 두려울 정도이니 마땅히 '공함'과 '존재' 양자 관련 극단주의에 대한 집착을 버리고 대승의 불이중도(不二中道)를 깨달아야 할 것이다." 자세한 것은 거기에 설해진 대로이다.

여기서 원측은 '의타적 발생이 본질인 현상'이 '비존재함'(='공함')을 주장하는 청변과 그것이 '존재함'을 주장하는 유가학도 각각의 부정적 유산인 '공함에 대한 집착'과 '존재에 대한 집착'을 모두 제거한[非空非有] 중도(中道)의 사상가로 호법을 자리매김한다. 이어서 호법을 이렇게 이해할 경우 『성유식론』의 취지와 모순되지 않느냐는 비판을 의식한 듯 다음과 같이 자신의 관점을 해명한다.

자료57

問. 護法宗如『成唯識』不遣依他, 如何此中說依他起非空非有?

解云. 護法正言如『成唯識』不遣依他, 而今欲成聖天『論』意故立中道, 而不相違. 一云, 護法正宗立中道義, 而『成唯識』述『瑜伽』宗, 故亦不違.[422)]

묻는다. 호법의 핵심 주장은 『성유식론』에서처럼 '의타적 발생이 본질인 현상'을 부정하지 않는 것인데 어찌 여기서는 '의타적 발생이 본질인 현상'이 공한 것도 아니고 존재하는 것도 아니라고 설하는가?

해석한다. 호법의 정설은 『성유식론』에서처럼 '의타적 발생이 본질인 현상'을 부정하지 않는 것이지만 지금은 성천(聖天)의 논서(=『백론』)의 취지를 증명하고자 하여 중도를 주장한 것일 뿐이므로 [그의 정설과] 모순되지 않는다. 어떤 이는 호법의 정설은 중도의 주장을 세우는 것이며, 『성유식론』은 『유가사지론』의 핵심 주장을 서술한 것일 뿐이라는 점에서 역시 [양자는] 모순되지 않는다고 말한다.

여기서 원측은 두 가지 해석을 소개한다. 그 하나는 호법은 『성유식론』의 저자로서 '의타적 발생이 본질인 현상'이 '존재함'을 주장하면서도, 중관 논사 성천(聖天=提婆)의 『백론』에 대한 주석가로서 '비공비유(非空非有)'의 '중도(中道)'를 주장했는데, 그 양자는 모순되는 것이 아니라는 해석이다. 다른 하나는 호법의 정설은 '중도'

---

422) T33 361a24-28.

이지만, 『성유식론』은 『유가사지론』의 핵심 주장을 서술하기 위해 방편적으로 '의타적 발생이 본질인 현상'이 '존재함'을 주장했다는 해석이다. 두 해석 모두 호법이 '의타적 발생이 본질인 현상'이 '존재함'과 '비공비유'의 '중도'를 모순적으로 이해하지 않았다고 본 점에서 같다. 그리고 이 관점은 앞서 원측이 '잘 이해된 공성'과 관련하여 경증으로 인용한 『광백론』('자료49')에서 붓다가 설한 '공함'과 '존재함'이라는 말 모두가 배제적 지칭[遮詮]이며, 어디까지나 진리를 드러내기 위한 방법[門]일 뿐이라는 점을 자각함으로써 '존재 관련 극단주의'와 '비존재 관련 극단주의' 모두로부터 벗어날 것을 역설한 곳에서 이미 명시되었다.

5. 청변과 호법 간 '공(空)의 의미' 해석의 동일성 인식

이상 '공-유 논쟁' 해석에서 청변과 호법 간의 차이에 대한 원측의 명료한 인식이 잘 드러났다. 하지만 그는 양 사상가 간의 동일성도 간과하지 않았다. 이 인식이 가장 잘 드러난 곳은 '차전(遮詮)', 즉 '배제적 지칭' 해석이다.

1) '차전(遮詮)'의 해석학적 계보 제시: 진나(陳那)-청변(清辨)-호법(護法)-현장(玄奘)

원측은 앞서 『반야심경찬』('자료41~42')에서는 궁극적 진리인 '공성'을 말하는 언어의 본질, 즉 '배제적 지칭[遮詮]'에 대한 자기 이해가 근거하고 있는 문헌을 구체적으로 밝히지 않았지만, 후대에 완성된 『해심밀경소』에서는 그것을 명시하고 있다. 『해심밀경』「승의제상품」은 궁극적 진리인 '승의제(勝義諦)'의 특징들 중 하나로 '불가언설(不可言說)'을 들고 있는데, 원측은 그 주석에서 '불가언설'의 의미에 대한 불교 전통의 네 가지 해석423)을 소개하고 있으며, 다음은 그중 하나이다.

423) 원측이 네 해석을 모두 소개한 뒤 넷의 우열과 시비를 가리고 있지 않기 때문에 이 제2해석도 원측에 의해 수용된 관점으로 보아도 무방할 것이다.

자료58

二現量境故名不可說. 如『理門論』[424], 一切諸法皆有二相, 一者自相, 現量所得, 不可言說; 二共相, 比量所得, 即可言說. 由斯道理, 諸聖言量比量所攝. 諸法自相不可說也.[425]

둘째 직접 지각의 대상이기 때문에 [붓다께서 궁극적 진리의 특징들 중의 하나로] '말할 수 없다'라고 하신 것이다. 『리문론』에 따른다면, 모든 현상은 두 가지 특징을 지니고 있는데, 그중 하나인 개별적 특징은 직접 지각에 의해 인식되며, 말할 수 없지만, 다른 하나인 공통적 특징은 추론[比量, anumāna]에 의해 인식되며, [추론에] 근거하여[即] 말할 수 있다. 이 원리에 따르면, 성자들의 말이라는 인식 수단[諸聖言量]은 추론에 포함된다. [하지만] 모든 현상의 개별적 특징은 말할 수 없다.

여기서 원측의 '배제적 지칭' 이해가 진나의 『리문론』에 근거하였으며, 앞서 '자료42'의 '언어 매개적 앎[假智]'이 '추론에 의한 앎[比量智]'과 등치되며, 그가 '말' 역시 이 추론에 근거한다고 인식하였음을 확인할 수 있다. 더불어 원측은 『리문론』의 논리에 근거하여[由斯道理] 성자(=붓다)의 말[聖言量]도 '말'인 이상 '추론'에 귀속됨을 유추하고 있다.[426] 여기서는 '말의 본질이 추론이다'라는 진나의 말에 의지하여, 앞서 『반

424) 『리문론』에서 위 텍스트와 정확히 일치하는 부분은 발견되지 않으므로, '一切諸法 ~ 即可言說' 부분은 다음 텍스트(『因明正理門論本』 T16 3b10-12: 爲自開悟唯有現量及與比量. 彼聲喩等攝在此中, 故唯二量, 由此能了自 · 共相故, 非離此二別有所量.)에 근거한 원측의 해설적 인용으로, '由斯道理' 이하는 위 텍스트, 『리문론술기』('자료61' 셋째줄의 '自相離言說' 등) 등에 근거한 원측의 보충적 해설로 볼 수 있을 듯하다. 위 텍스트의 내용 중 이량(二量) 부분은 진나 만년의 저작 『쁘라마나삼웃짜야(Pramāṇasamuccaya)』 제1장 「직접 지각(Pratyakṣa)」의 제2게송과 그 자주(自註) 『쁘라마나삼웃짜야으릇띠(Pramāṇasamuccaya-vṛtti)』의 해설(Hattori 1968. 24)과 일치한다.

425) 『解深密經疏』 권2, 「勝義諦相品」 ZZ21 216c10-13; WX34 672a15-b1.

426) 성언량(聖言量)을 포함한 '말에 근거한 앎'이 '타자의 배제(anyāpoha)'의 과정을 통해 이루어지기 때문에 '추론'에 귀속된다는 점은 『쁘라마나삼웃짜야』 제5장 「타자의 배제(Anyāpoha)」의 제1게송과 『으릇띠』의 해설(Hattori 2000. 139)과 일치한다. 까말라실라(Kamalaśīla)의 『따뜨와삼그라하빤지까(Tattvasaṃgrahapañjika)』에 인용된 제1게송(*ibid.*, 139, 각주3)과 그 한국어 번역(함형석 2013. 139)은 다음과 같다: na pramāṇāntaraṃ śābdam anumānāt tathā hi saḥ/ kṛtakatvādivat svārtham anyāpohena bhāṣate// 언어를 통한 인식은 비량과 다른 것이 아니다. 그것(언어)은 마치 [자주 사용되는 비량의 인因] '만들어졌기 때문에'와 같이 자신의 지시 대상(svārtham)을 [자신과는] 다른 것들을 배제함으로서(anyāpohena) 지시한다(bhāṣate).

야심경찬』에 이어, 붓다 언어의 본질도 '배제적 지칭' 임을 재확인하고 있는 셈이다.

더불어 위 해석은 '궁극적 진리를 말하는 붓다의 말'의 역설과 본질을 함축하고 있다. 원측은 '궁극적 진리'는 직접 지각의 대상(='자료65'의 '성자들의 선정 체험 대상[諸聖賢內智所證]')일 뿐이며, 말해질 수 없다는 점에서 붓다가 '말할 수 없다'고 말했다고 해석한다. 즉, '공성'과 같은 '궁극적 진리'는 본질적으로 말해질 수 없지만, 동시에 그것은 역설적으로 '말할 수 없다'라는 부정의 방식으로 '말해질 수 없다'(=언어를 초월한다)는 그 어떤 측면(=부분)427)이 붓다에 의해 말해졌다고 본 것이다. 원측은 여기서 '진리 자체'와 '진리에 대한 말'은 비대칭적이며, 그 사이에는 절대적 간극이 있지만, 그 말이 진리의 어떤 측면을 알려준다는 점에서 '지칭 내용[所詮]'이 없이 무의미한 것은 아님을 암시하고 있다.

이어서 원측은 붓다가 현상들에 대해 설한 말의 본질이 '설명적 지칭[表詮]'인지 아니면 '배제적 지칭[遮詮]'인지에 대한 불교 전통 내의 상이한 견해에 대해 논의를 전개하고 있다. 여기서는 『반야심경찬』과는 달리 자기 해석의 문헌적 근거를 구체적으로 제시하기 때문에 그의 해석학적 계보와 '배제적 지칭' 논의의 구체적 맥락을 확인할 수 있다. 이후 논의의 편의를 위해 해당 텍스트 전체를 내용에 따라 기호와 숫자를 붙여 단락을 나누어 소개하면 다음과 같다.

자료59

問. 說諸法言, 為是表詮? 為遮詮耶?

(X)**大唐三藏**總相判云, "(a)**諸部**皆云, '說諸法言多是表詮, 但比量中異法喻言唯是遮詮.' 大乘亦爾. 故(1)『入理論』同法喻云, "謂若所作, 見彼無常, 譬如瓶等." 異法喻云, "謂若是常, 見非所作, 如虛空等. 此中'常'言表非無常; '非所作'言表無所作." 故知異喻皆是遮詮. 又(2)『掌珍論』第一卷云, "為遮異品立異法喻, 異品無故, 遮義已成." 又(3)第二云, "又遮詮言遮止為勝, 遮所遮已, 功能即盡, 無能更表所詮差別."

427) 진나는 위 '각주426' 제1게송의 『으룻띠』(Hattori 2000. *op. cit.*, 139)에서 말이 타자의 배제를 통해 '사물의 일부'와 관계를 맺음을 명시한다: "말이 어떤 사물에 적용될 때, [그 말은] 불가분의 관계(avinābhāva)를 통해 그 [사물의] **일부(aṃśa)**와 연관되며, 그래서 다른 [사물들]의 배제를 통해 [그 사물의] 그 [부분만]을 지칭한다."

(b)今依大乘, 一切言說皆是遮詮. (1)故『理門論』云, "喻有二種, 同法 · 異法, 前是遮詮, 後唯止濫." 具說如彼." (W)解云, 此簡二喻差別, 前是同喻, 後是異喻. 諸法自相不可言說, 若詮共相, 要遮餘法, 如說青言, 遮非青等. 又(2)『廣百論』第九卷云, "我諸所說皆是遮言.[標宗.] 遮謂遮他生 · 滅等執, 無生非滅, 唯為遮生; 無滅非生, 但為遮滅.[正釋.] 非斷 · 常等類此應知.[類釋.] 雖涅槃時生滅斷滅, 此方便說, 是假非真, 如說'天中有常樂'等是隨俗說, 非稱實言.[釋通伏難.] 應以前說諸句文詞隨其所應破諸妄執. '我'等皆妄, 誰復為真? 謂畢竟空心言路絕, 分別戲論皆不能行, 唯諸聖賢內智所證.[示正道理.]"428)

묻는다. 현상들에 대해 설한 말은 설명적 지칭[表詮]인가? 아니면 배제적 지칭[遮詮]인가?

대당삼장(大唐三藏)(=현장)은 [현상의] 특징을 총괄하여 다음과 같이 판단하였다. "여러 부파에서 공히 다음과 같이 말한다. '[붓다께서] 현상들에 대해 설한 말은 대개 '설명적 지칭'이지만, 다만 추론[比量] 중 '주장에 반하는 특성의 예[異法喻]'로 제시된 말의 경우는 '배제적 지칭'일 뿐이다.' [주장에 반하는 특성의 예를 배제적 지칭으로 본 점에서] 대승도 [여러 부파와] 마찬가지이다. 그래서 『입리론』에서 "...429)" 라고 한 것이다. 그러므로 '주장에 반하는 특성의 예'는 모두 '배제적 지칭'임을 알 수 있다. 또 『장진론』 제1권에서는 "..."라고 하였으며, 또 제2권에서는 "..."라고 한 것이다.

지금 대승에 따르면 [주장에 반하는 특성의 예만이 아니라] 모든 말이 다 배제적 지칭이다. 그래서 『리문론』에서 "예[喻]에는 두 종류, [즉] 주장과 연관된 특성의 예[同法=同法喻]와 주장에 반하는 특성의 예[異法=異法喻]가 있다. 전자[의 기능]은 배제적 지칭[遮詮]이며, 후자[의 기능]은 군더더기의 배제[止濫]에 제한된다[唯]"라고 말한 것이다. 자세한 설명은 거기에서와 같다." [내가 『리문론』의 이 말에 대해] 해설한다. 이 [『리문론』 구절]은 [주장과 연관된 특성의 예와 주장에 반하는 특성의 예] 두 예의 차이를 구별한 것이며, '전자'(=遮詮)[의 기능을 수행하는 것]은 주장과 연관된 특성의 예[同喻]이며, '후자'(=止濫)[의 기능을 수행하는 것]은 주장에 반하는 특성의 예이다. 모든 현상의 개별적 특징은 말할 수 없지만, 만약 [그것들의] 공통적 특

428) 『解深密經疏』 권2, 「勝義諦相品」 ZZ21 216c13-217a8; WX34 672b1-673a2.

429) 『리문론』 텍스트를 제외하고, 여기에 직접 인용된 텍스트들은 뒤에서 인용 전후 문장과 함께 별도로 논의될 것이므로 번역은 모두 생략하였다.

징을 지칭하는 경우에도 반드시 [그 공통적 특징을 제외한] 여타 특성[餘法]을 배제해야 한다. 예를 들어, '푸른색'[이라는 공통적 특징]을 말할 때는 '푸른색이 아닌 것 등'을 배제하는 것처럼. 또 『광백론』 제9권에서 "…"라고 말한 것이다."

형식적으로 보았을 때, 원측은 대부분의 지면을 '(X)현장[大唐三藏]의 말'을 인용하는 방식으로 논의를 전개하는 데 할애하고, '(b)대승' 입장의 문헌적 근거로 제시된 『리문론』에 대한 '(W)자신의 보충 설명[解云]'만을 간략히 덧붙이고 있을 뿐이다.430) 내용적으로 보았을 때, '(X)현장의 말'은 다시 '(a)소승의 설[諸部皆云]'과 '(b)대승의 설[今依大乘]'로 대별된다. 이 중 필자는 두 부분에 주목하였다. 하나는 (a)소승의 설 중 "다만 추론 중 '주장에 반하는 특성의 예', 즉 이법유(異法喩, vaidharmya-dṛṣṭānta)로 제시된 말의 경우는 '배제적 지칭'일 뿐이다(比量中異法喩言唯是遮詮)"라는 구절에 대한 보충 설명으로서 대승 역시 그 점에서 같은 입장이라고 덧붙이고, 그것을 증명하기 위해 '(1)『입리론』'과 '(2)·(3)『장진론』'을 함께 인용하는 곳이다. 다른 하나는 (b)대승의 설이 '주장에 반하는 특성의 예' 뿐만 아니라 모든 말을 '배제적 치칭'으로 본다는 점을 명시한 후, 그 경증으로 '(1)『리문론』'과 '(2)『광백론』'을 함께 인용하는 곳이다.

텍스트를 이런 구조로 파악하는 것에 동의할 수 있다면, 우리는 '(현장-)원측 해석'이 '(X)-(a)-(2)·(3)'이 잘 보여주듯이 '주장에 반하는 특성의 예'의 본질을 '배제적 지칭', 즉 '차전'으로 보는 점에서 청변이 긍정되며, 그 긍정이 '(X)-(b)-(1)'의 『리

430) 대응 SNST(ZhT68.342.9-10 … 20-21: slob dpon hyan tsaṅ gis mtshan ñid spyir bsdus te bśad pa **las** … deḥi phyir mi mtshuṅs paḥi dpe rnam ni brjod pa dgag par bya ba yin par rig par byaḥo **ṣes ḥbyuṅ ṅo**/)를 보면 최둡은 '故知異喩皆是遮詮'까지를 『입리론』 인용이자 현장의 말로 보았다. 하지만 아래 '각주433'에서 확인 가능하듯, 현존 『입리론』과 문맥을 볼 때 인용은 '表無所作'까지로 한정하고, '故知異喩皆是遮詮'은 인용 직전의 결론을 반복하는 보충 문구로 보는 것이 자연스러운 듯하다. 남는 문제는 앞의 '大乘亦爾' 이하 서술, 이 보충 문구, 이어지는 『장진론』 인용, '今依大乘' 이하 서술 등의 화자가 현장인지, 아니면 원측 자신인지이다. 현장 자신의 저작이 사실상 없는 상태에서 문헌학적으로 귀속 근거를 찾는 일은 매우 지난한 일이 될 것이다. 다만 여기에 인용된 『입리론』, 『장진론』, 『리문론』 등이 모두 현장의 번역이라는 점에서 '諸部皆云 ~ 具說如彼'와 '故『理門論』 ~ 內智所證' 부분은 크게 보아 '원측에 의해 선택된 현장의 해설'로 볼 수 있을 듯하다. 이러한 맥락에서 필자는 이 부분에 함축된 해석을 가설적으로 '(현장-)원측의 해석'으로 부르려 한다.

문론』에서 '주장에 반하는 특성의 예'의 본질을 '군더더기의 배제', 즉 '지람(止濫)'으로 본 진나의 의미론과 모종의 관련이 있음을 암시함을 간파할 수 있다. 또 협의의 '배제적 지칭'과 '군더더기의 배제'를 모두 포괄하는 진나의 광의의 '배제적 지칭'의 의미론이 '(X)-(b)-(2)' 앞의 '又'가 암시하듯이 호법에게 계승된다는 점에서, '배제적 지칭'이 본질인 청변의 '주장에 반하는 특성의 예'가 호법의 '배제적 지칭'의 의미론 속에 포섭될 가능성도 짐작할 수 있을 것이다. 이러한 독법의 기초 위에서 필자는 이하에서 위 인용 텍스트 해석과 그것을 둘러싼 콘텍스트를 중심으로 진나의 협의의 '배제적 지칭'과 '군더더기의 배제'의 의미론과 그 구도 아래서 논의되고 있는 청변의 '배제적 지칭'의 의미론을 살펴본 뒤, '(X)-(b)-(2)'의 『광백론』 텍스트와 그 전후 문맥을 분석함으로써 진나-청변과 연속성의 맥락에 놓인 호법의 의미론을 명시할 것이다. 그리고 마지막으로 앞서 언급한 『반야심경찬』의 청변과 호법 '배제적 지칭' 해석 총평('자료43')에서도 명시된, ''공하다는 말'의 의미' 해석과 관련된 원측의 양 사상가 간 동일성 인식의 논리적 근거와 그 불교사상사적 함축을 음미할 것이다.

2) 진나의 '차전(遮詮)'과 '지람(止濫)'의 의미론

'(A)-(b)-(1)'의 『리문론』 텍스트에서 진나는 예를 먼저 '주장과 연관된 특성의 예[同法喩, sādharmya-dṛṣṭānta]'와 '주장에 반하는 특성의 예'로 나눈 뒤, 이어서 양자의 본질(또는 기능)을 구분하여 명시하고 있다. 먼저 전후 텍스트 사이의 생략된 부분을 포함하여 전체 텍스트를 소개하면 다음과 같다.

자료60

<u>喩有二種, 同法, 異法.</u> 同法者, 謂立'聲無常. 勤勇無間所發性故. 以諸勤勇無間所發皆見無常, 猶如瓶等.' 異法者, 謂'諸有常住見非勤勇無間所發. 如虛空等.'

<u>前是遮詮, 後唯止濫.</u> 由合及離比度義故, 由是雖對不立實有太虛空等, 而得顯示無有宗處無因義成.431)

<u>예[喩]에는 두 종류, [즉] 주장과 연관된 특성의 예[同法=同法喩]와 주장에 반하는 특</u>

431) 『因明正理門論本』 T16 2c5-11.

성의 예[異法=異法喩]가 있다. 주장과 연관된 특성의 예는 다음과 같이 주장[立]하는 경우이다. "소리는 무상하다. 왜냐하면 의지적 노력[勤勇] 직후에 생겨나는 것이기 때문이다. 의지적 노력 직후에 생겨나는 것은 모두 무상한 것으로 [우리에게] 나타나는[見=現](=경험되는)432) 법이니, 예를 들면 '항아리' 등과 같다." 주장에 반하는 특성의 예는 다음과 같은 경우이다. "[소리는 무상하다. 왜냐하면 의지적 노력 직후에 생겨나는 것이기 때문이다. 반대로] 모든 영원한 것은 의지적 노력 직후에 생겨나는 것이 아닌 것으로 [우리에게] 나타나는 법이니, 예를 들면 '허공' 등과 같다."433)

전자[의 기능]은 배제적 지칭[遮詮]이며, 후자[의 기능]은 군더더기의 배제[止濫]에 제한된다[唯]. 연관[合, anvaya]과 부정[離, vyatireka]을 통해 의미[義, don]를 추론[比度]하기 때문에, 따라서 비록 ['허공'처럼 주장에 반하는 특성의 예가] 실체적 존재[實有, *dravyasat]인 '허공' 등을 주장하지 않는 [우리의 입장]에 반하더라도, [주장에 반하는 특성의 예만으로 충분히]434) '[논증 대상인] 주장 내용[宗=所證](=무상함)이 없는 곳에 [그 주장 내용의] 원인[因=能證](=의지적 노력 직후에 생겨난 것으로 경험되는 것)도 없다'는 주장이 성립함을 보여줄 수 있다.

---

432) 이 텍스트 대응 『쁘라마나삼웃짜야으룻띠』 티벳어역에서 '見'은 '~r mthoṅ(~으로 보이다)'으로 번역되고 있으며, 가츠라 쇼류(桂 紹隆 1981. 63-65)는 이에 근거하여 '경험된다'로 의역하고 있다. re ṣig chos mthun pas ni sgra mi rtag ste/ rtsol ba las byuṅ baḥi phyir ro// gaṅ rtsol ba las byuṅ ba de ni mi rtag par mthoṅ ste/ dper na bum pa bṣin ṣes bya ba daṅ/ chos mi mthun pas rtag pa ni rtsol ba las byuṅ ba ma yin par mthoṅ ste/ nam mkhaḥ bṣin ṣes bya ba lta buḥo/ sṅa ma ni **ma yin par dgag pa yin** la/ phyi ma ni **med par dgag pa** yin par brjod do/ *rjes su ḥgro ba daṅ ldog pa dag gis don rjes su dpog paḥi phyir ro//de ltar na rtag pa khas ma blaṅs kyaṅ chos mi mthun paḥi dpe grub pa yin no//(*은 『쁘라마나삼웃짜야띠까(Pramāṇasamuccaya-Ṭīkā)』의 상응 부분)

433) 이 '주장과 연관된 특성의 예'와 '주장에 반하는 특성의 예'의 정의 부분은 '(A)-(a)-(1)' 『입리론』 인용 텍스트(*의 밑줄 부분)와 내용상 대동소이하기 때문에 '자료59'의 '(A)-(b)-(1)인용'에서는 생략한 듯하다. *『因明入正理論』 T16 11b13-18: 喩有二種, 一者同法, 二者異法. 同法者, 若於是處顯因同品決定有性, 謂若所作, 見彼無常, 譬如甁等. 異法者, 若於是處說所立無, 因遍非有, 謂若是常, 見非所作, 如虛空等. 此中'常'言, 表非無常, '非所作'言, 表無所作, 如有非有說名非有.

434) 뜻찌의 영역(Tucci 1930. 37: Therefore even if the opponent does not admit the existence [of a negative instance such as the] ether, as a real substance, still the heterogeneous example [is sufficient to] show that, were the *probandum* absent, the absence of the reason would be necessarily proved.)을 참조하여 보충하였다.

여기서 진나는 우선 '주장과 연관된 특성의 예'와 '주장에 반하는 특성의 예'가 수행하는 기능을 각각 '배제적 지칭'과 '군더더기의 배제'로 구별하고, 이어서 양자가 각각 '연관[合, anvaya](원인(=의지적 노력의 산물)이 있으면 반드시 주장 내용(=무상함)이 있는 관계)'과 '부정[離, vyatireka](원인이 없으면 반드시 주장 내용이 없는 관계)[435]의 방식으로 의미를 전달한다고 명시하고, 마지막으로 '주장에 반하는 특성의 예'는 '허공'처럼 그 대상이 실재하지 않더라도 논증식에서 주장 내용의 원인[因=能證]을 부정하는 방식으로 주장 내용[宗=所證]을 부정함, 즉 '부정'의 방식으로 의미(여기서는 '무상함')를 전달하는 기능을 수행함을 부연 설명하고 있다.

그렇다면 '주장과 연관된 특성의 예'가 '연관'의 방식으로 '배제적 지칭'의 기능을 수행하며, '주장에 반하는 특성의 예'가 '부정'의 방식으로 '군더더기의 배제'의 기능을 수행하는 의미론적 과정은 구체적으로 어떻게 이루어지며, 두 지칭 작용 간의 근본적 차이는 무엇일까? 『리문론』의 역자 현장의 역장(譯場) 강의에 근거해서 성립한 것으로 추정되는 신태(神泰, 645~658 활동)의 『리문론술기(理門論述記)』는 이에 대해 보다 구체적인 설명을 제공한다.

자료61

論'前是遮詮, 復〈後〉[436]唯止濫'者, 此簡二喩差別, 前者同喩也, 復〈後〉[437]者異喩也. 諸法有二相, 一自相, 唯眼等五識等得, 非散心意等得也; 二共相, 卽散心意識等約〈得〉[438]也. 名言但詮共相, 不能詮表諸法因〈自〉[439]相. 以自相離言說故. 詮共相, 要遣遮餘法, 方詮顯此法, 如言靑, 遮非靑黃等, 方能顯彼靑之共相. … 一切名言, 欲最〈詮〉[440]其法, 要遮餘詮此, 無有不**遮而詮**法也. 然有名言但遮餘法, 更**無別詮**, 如言無靑, 更不別顯無靑體也.

---

435) 'anvaya'와 'vyatireka'의 의미에 대해서는 이종철 1996. 260, 266-269 참조.

436) 문맥상 '復'는 '後'의 오기(誤記)로 보인다. 이어지는 각주에서 확인할 수 있듯이, 현존본 『리문론술기』는 텍스트적 오류가 적지 않다. 시각적 간결함을 위해 위와 같이 텍스트를 본문에 노출시키고 각주를 통해 교정 노트를 전하는 방식을 취했다.

437) 문맥상 '復'는 '後'의 오기로 보인다.

438) 문맥상 '約'은 '得'의 오기로 보인다.

439) 문맥상 '因'은 '自'의 오기로 보인다.

440) 문맥상 '最'은 '詮'의 오기로 보인다.

今同喩云'諸是勤勇無間所發', 遮非勤勇無間所支〈發〉[441], 顯勤勇無間所支〈發〉[442]皆是無常. 遮是常住, 詮顯無常生滅之法, 故云'前是其[443]遮, 復是詮'也.

其異法喩云'諸常住'者, 但遮無常故云'常住', 不欲更別詮常住. 卽'非所作'但欲遮其所作, 不別詮顯非作法體. 此意 … 但是止濫而已, 不欲詮顯法體, 故言'復〈後〉[444]唯止濫'也.[445]

『리문론』의 '전자[의 기능]은 배제적 지칭이며, 후자[의 기능]은 군더더기의 배제에 제한된다'라는 이 구절은 [주장과 연관된 특성의 예와 주장에 반하는 특성의 예] 양자의 특성을 구별한 것이므로, 전자는 주장과 연관된 특성의 예, 후자는 주장에 반하는 특성의 예를 지칭한다. 모든 현상에는 두 가지 특징이 있다. 그중 하나인 개별적 특징[自相]은 오직 시각 등 다섯 식(識) 등 만이 인식할 수 있을 뿐, 산란한 마음인 사유[意=意識] 등이 인식할 수는 없다. 다른 하나인 공통적 특징이 바로 산란한 마음인 사유 등이 인식하는 것이다. 말은 다만 공통적 특징만을 지칭할 뿐이며, 현상들의 개별적 특징을 지칭할 수는 없다. 왜냐하면 [현상의] 개별적 특징은 말을 초월해 있기 때문이다. [또 말을 통해] 공통적 특징을 지칭하려는 경우에는 반드시 [지칭 대상인 해당 특징을 제외한] 여타 특성[餘法, *anyadharma]을 배제[遣遮, *apoha]해야만 비로소 [지칭 대상인] 해당 특성[此法]을 지칭할 수 있다. 예를 들어 '푸른색'을 말하려 할 때는 '푸른색'이 아닌 '노란색' 등을 배제해야만 비로소 그 '푸른색'이라는 공통적 특징을 지칭할 수 있는 경우와 같다. … 모든 말은 해당 특성을 지칭하려 할 때 반드시 여타 [특성]을 배제하여 해당 [특성]을 지칭하며, [여타의 것을] 배제함 없이 [해당] 특성을 지칭하는 경우는 존재하지 않는다. 하지만 [주의할 점은] 말은 단지 여타 특성을 배제할 뿐이며, 재차 별도의 [대상에 대한] 지칭 행위[詮]를 하지는 않는다. 예를 들어 '푸른색'이라고 말할 때 ['푸른색'을 제외한 여타의 것을 배제할 뿐이며,] 재차 '푸른색이 아님'이라는 실체[體, *dravya]를 별도로 지칭하지는 않는 것과 같다.

441) 문맥상 '支'는 '發' 또는 '起'의 오기로 보인다.
442) 문맥상 '支'는 '發' 또는 '起'의 오기로 보인다.
443) 문법으로 보나 한문의 일반적 대구 관습으로 보나 '其'는 연자(衍字)로 보인다.
444) 문맥상 '復'는 '後'의 오기로 보인다.
445) 『理門論述記』 T44 90a12-29.

지금 주장과 연관된 특성의 예 중 '의지적 노력 직후에 생겨난 것은 모두'라는 말은 의지적 노력 직후에 생겨난 것이 아닌 경우를 배제[遮]하면서, [그 말을 통해] '의지적 노력 직후에 생겨난 것이 모두 무상하다'는 사실을 지칭[詮]한다. 그 '영원함'을 배제하여 [소리가] 무상하고 생멸하는 현상임을 밝혔기 때문에 '앞에서 배제하고 [뒤에서] 재차 지칭한다'라고 말한 것이다.

주장에 반하는 특성의 예 중 '모든 영원한 것'이라는 말의 경우, 다만 무상함을 배제하기 위해 '영원하다'라고 말했을 뿐이지, 다시 별도로 영원한 것을 지칭하려는 것이 아니다. 다시 말해 [앞서 『입리론』에서 주장에 반하는 특성의 예로 제시된] '만들어진 것이 아니다'[라는 말]도 다만 그 만들어진 경우를 배제하려는 것일 뿐이지, 만들어진 것이 아닌 어떤 실체[法體, *dravya]를 별도로 지칭하는 것이 아니다. ['모든 영원한 것'이라는] 이 [주장에 반하는 특성의 예]의 의도는 ... 군더더기를 배제하고자 할 뿐이지, 어떤 실체를 지칭하려고 하지 않기 때문에 [주장에 반하는 특성의 예와 관련하여] '후자[의 기능]은 군더더기의 배제에 제한된다'라고 말한 것이다.

'자료42' 및 '자료58'과 중복된 부분을 제외하고, '주장과 연관된 특성의 예'와 '주장에 반하는 특성의 예'의 차이와 관련하여 주목을 끄는 해설은 모든 말의 본질이 '배제를 통한 지칭[遮而詮]'이라는 것과 '그때의 지칭이 비록 배제를 통해 무엇을 지칭하더라도 그 대상은 실체적 사물[體=法體]이 아니다'라는 언급이다. 전자는 '주장과 연관된 특성의 예'의 말이 배제의 과정을 통해서 결국 어떤 의미를 지칭함을 강조하는 반면, 후자는 '주장에 반하는 특성의 예'의 부정의 언어는 '군더더기 또는 여타 특성의 배제'에 그 기능이 제한되고, 그 배제 대상으로 상상된 '별개의 실체적 사물'을 결코 지칭하지 않음을 강조한다. 결국 협의의 '배제적 지칭'과 '군더더기의 배제'는 말의 본질인 광의의 '배제적 지칭'이 지닌 주장적 기능과 배제적 기능[446]을 지

446) 이 점에서 '차전(遮詮)', 즉 협의의 '배제적 지칭'과 '지람(止濫)', 즉 '군더더기의 배제'를 대응 티벳어역 'ma yin par dgag pa(~은 아니라고 부정함)'와 'med par dgag pa(~은 없다고 부정함)'('각주432' 볼드 부분 참조)에 근거하여 각각 인도 문법학 전통에서 성립한 두 종류의 부정법인 'paryudāsa-pratiṣedha'와 'prasajya-pratiṣedha'의 진나식 표현으로 본다. 江島惠教 1980. 117; 桂紹隆, 앞의 글, 63-65; Yao 2009. 391-392 참조. 두 종류 부정법 간의 차이에 대해서는 마티랄의 해설(B. K. 마티랄 1993. 270-274; Matilal 2005. 128-130) 참조.

적한 말로 보인다.

3) 청변의 '차전'의 의미론

이제 '자료59' '(A)-(a)-(2) · (3)'의 『장진론』 인용 텍스트를 중심으로 청변의 '배제적 지칭'의 의미론에 대해 살펴보자. 먼저 제1권(=上卷) 인용문과 후속 문장에서 청변은 논증식에서 제시하는 '주장에 반하는 특성의 예'의 성격에 대해 다음과 같이 말한다.

> 자료62
>
> 爲遮異品立異法喩, 異品無故, 遮義已成, 是故不說. 於辯釋時, 假說異品建立比量, 亦無有過.447)
>
> 주장에 반하는 특성[異品]을 배제하기 위하여 주장에 반하는 특성의 예[異法喩]를 세우는 법인데, [나의 논증식에서는 주장과 연관된 특성의 예만으로] 주장에 반하는 특성이 없[음이 이미 추론되었]기 때문에 배제의 목적[義, *artha]은 이미 성취되었다. 따라서 [주장에 반하는 특성의 예를 별도로] 말하지 않는 것이다. 변론하고 해명할 때 임시로 주장에 반하는 특성을 설하여 추론[比量]을 구성한다 하더라도 오류는 없다.

여기서 청변은 앞서 논증식('각주353')에서 볼 수 있듯이 '마치 공중의 꽃과 같이[似空華]'라는 '주장과 연관된 특성의 예'만 있지 '주장에 반하는 특성의 예'가 없는448) 이유를 해명하고 있다. 그는 '주장에 반하는 특성의 예'의 본질이 주장에 반하는 특성[異品](='실재성이 있음[有實]')을 배제하는 것[遮](='실재성이 없음[無有實]')임을 명시하고 있으며, 자신의 논증식의 경우 그 목적이 '주장과 연관된 특성의 예'만으로 이미 성취되었기 때문에 '주장에 반하는 특성의 예'가 불필요하다는 것이다. 그리고 자신의 입장('실재성의 없음')을 변론하기 위해, 주장에 반하는 특성(='실재성이 있음')이 스스로 부정되기 위해 추론식[比量](=논증식)의 형식을 빌어 임시로 설정된

447) 『大乘掌珍論』 권상, T30 268c28-269a1.

448) '주장에 반하는 특성의 예'가 없는 것이 청변 논증식의 특징 중 하나이다(Iida 1973. 71).

것일 뿐이기 때문에 비록 그 특성의 주체[有法, dharmin](='비조건적 현상[無爲]')가 존재하지 않는다 하더라도[449] 오류가 없다고 말한다. 앞서 논증식은 '실재(=궁극적 진리)의 관점에서[眞性]',[450] 즉 '자신의 입장에서는' 존재하지 않는다고 보는 대상의 실재성을 부정하기 위해, 임시로 그 대상을 주장 명제의 주체로 정립하고 '자신의 입장에서는' 사실상 '주장에 반하는 특성의 예'의 기능을 실행하는 '주장과 연관된 특성의 예'를 통해 그 특성을 부정하는 청변 논증식의 특징을 보여준다. 원측은 이를 '자료60'에서 소리의 무상함을 증명하기 위해 진나가 제시하는 실재하지 않는 '허공'이라는 '주장에 반하는 특성의 예'가 수행하는 기능과 유사하다고 본 듯하다.

다음으로 제2권(=下卷) 인용문은 '주장에 반하는 특성의 예'의 기능인 '배제적 지칭'의 본질과 특성을 다음과 같이 명시하고 있다.

자료63

又遮詮言遮止爲勝, 遮所遮已, 功能卽盡, 無能更表所遮差別.[451]

또 배제적 지칭으로 하는 말은 배제함이 핵심이며, 배제 대상을 배제한 후에는 [말의] 기능이 즉시 소멸하며, 재차 특수한[差別, viśeṣa*] 배제 대상[所遮]을 지칭[表]하는 일은 없다.

위에서 강조된 별도의 '특수한 배제 대상[所遮差別]'을 별도로 지칭하지 않는 '배제적 지칭'의 특성은 '자료59'와 '자료61'에서 '주장에 반하는 특성의 예'가 수행하는 '군더더기의 배제'의 지칭 작용이 별개의 실체를 지칭하지 않음을 거듭 강조하는

449) 불교 논리학에서 주장 명제 속 주체가 존재하지 않으면 그 주체의 특성에 관한 논쟁이 소멸한다는 점에서 논증 자체가 성립하지 않는 것을 논증의 의지처가 성립하지 않는 오류인 '소의불성(所依不成, āśrayāsiddha)'이라고 한다. 틸레만스의 지적대로(Tillemans 1999. 171), 이것은 주장 명제 속 주체가 없더라도 논증식을 세워야 하는 (청변과 같은) 중관 사상가들에게 문제가 되었다.

450) 청변뿐만 아니라 짠드라끼르띠 같은 중관 논사도 '소의불성'의 오류를 피하기 위해 도입한 전략이 바로 이러한 한정구이다(함형석 2019. 141-142). '각주353'을 예로 들면, 청변은 자신이 논증식을 위해 상대방이 주장하는 '비조건적 현상의 존재'를 불가피하게 인정하지만, 그것은 '내가 생각하는 궁극적 진리의 관점에서 볼 때 사실은 실재하지 않는 비조건적 현상'일 뿐이라고 한정하는 셈이다.

451) 『大乘掌珍論』 권하, T30 275b13-14.

점과 정확히 일치한다. 여기서 우리는 청변이 말하는 '배제적 지칭'이 진나의 '군더더기의 배제'와 의미적으로 일치함[452]을 쉽게 간파할 수 있다.

청변은 『장진론』의 다른 곳에서 '배제적 지칭'의 구체적 예로 앞서 논증식의 앞부분 '**眞性有爲空, 如幻緣生故**' 속의 '空'을 들면서, '배제적 지칭'의 특성과 그 실행 의도를 비교적 자세히 설명하고 있다.

자료64

復有餘師懷聰叡慢作是難言, "若諸有爲就勝義諦猶如幻等空無自性, 卽是非有, 執非有故便爲無見. …" 此'非有'言, 是遮詮義. 汝執此言表彰爲勝; 我說此言遮止爲勝. 此'非有'言唯遮有性, 功能斯盡, 無有勢力更詮餘義. 如世間說'非白絹'言, 不可卽執此言詮黑, … '非白絹'言唯遮白絹, 功能斯盡, 更無餘力詮表黑絹 · 赤絹 · 黃絹. 今此『論』中就勝義諦於有爲境**避常見邊**, 且遮有性; 如是餘處**避斷見邊**, 遮於無性, 雙避二邊遮有·無性.[453]

452) 청변은 『반야등론석(般若燈論釋, Prajñāpradīpa)』(티벳어역)에서 『중론(Mūlamadhya makakārikā)』 제1장 제1송 '네 입장(catuṣkoṭi)의 부정' 중 제1구 '스스로 [발생하지] 않는다(na svata)'를 주석하면서, "이 부정은 'med par dgag pa'(prasajya-pratiṣedha)를 의미한다고 보아야 한다. 왜냐하면 [이 구는] 부정이 중심이기 때문이며, … (dbag las ma yin ṣes bya baḥi dgag pa ḥdi ni **med par dgag pa**ḥi don du blta bar bya ste/ dgag pa gtso che baḥi phyir daṅ …)"라고 명시한다(텍스트는 Kajiyama 1973. 168로부터의 재인용). 루엑(Ruegg 2010. 41, 65)은 청변과 월칭(月稱, Candrakīrti)이 모두 이 '네 입장의 부정'을 'prasajya-pratiṣedha'로 본 점에서 일치하며, 적어도 청변 이후로 중관학파에서 기타 유형의 부정도 'prasajya-pratiṣedha'로 보려는 주장이 강조되었음을 지적한다.

453) 『大乘掌珍論』 권상, T30 270c6-17. 드 라 발레 뿌쌩의 프랑스어역(de La Vallée Poussin, *op. cit.*, 85) 'il y en a d'autres qui se croient fort intelligents et qui objectent: 《 … '(스스로 매우 총명하다고 생각하며 다음과 같이 반론을 펼치는 또 다른 이들이 있다)를 참조하여 '懷聰叡'을 '자신이 총명하다고 생각한다'로 이해하였다. 다만 그는 '慢'에 대한 번역을 생략하였다. 에지마(江島惠教, 앞의 글, 1980. 95)는 『따르까즈왈라』 제3장 26절의 관련 구절에 대한 보충 설명 속에서 위 인용문 중 '此'非有'言, 是遮詮義 ~ 雙避二邊遮有 · 無性' 단락을 인용하고 있으며, 더불어 일부 용어의 산스끄리뜨어 원어를 상정하고 있어 문맥을 이해하는 데 큰 도움을 준다. 다만 그가 '遮詮'을 'pratiṣedha'로 단정한 점은, 의미적으로는 타당하더라도, 한역어의 관습으로 볼 때 언어학적으로는 다소 무리한 가설이라고 생각한다. 단음절 언어(monosyllabic language)인 중국어는 기본적으로 하나의 단어가 하나의 의미를 함축한다고 전제하기 때문에 유사한 두 단어가 아닌, '遮'와 '詮'처럼 상이한 의미를 지닌 두 단어의 조합에 대응하는 산스끄리뜨어 원어는, 만약에 그것이 존재했다면, 복합어였을 가능성이 높아 보인다. 물론 만약 위 텍스트의 '遮詮'에 대한 서술(밑줄) '唯**遮**有性 … 更**詮**餘義'가 산스끄리뜨어 구문을 반영하는 직역이라고 한다면, '遮詮'은 위 번역문 등에 근거하여 현장이 '부사어 遮(止)'와 '동사 詮'을, 이에 대비되는 개념인 '表

다시 또 다른 논사가 [스스로] 총명하다는 생각을 품고서 교만하게 다음과 같이 비난할 것이다. "만약 [당신의 주장처럼] 모든 조건적 현상이 궁극적 진리의 관점에서 볼 때[就勝義諦] '마술' 등과 같이 공하며 자체적 본질이 없다[空無自性]라고 한다면, [조건적 현상이] 바로 '비존재[非有]'가 되고 말며, [조건적 현상의] '비존재'를 주장한다는 점에서 [당신의 주장은 조건적 현상마저] '없다는 잘못된 견해[無見]'가 되는 셈이다."

… [우리가 사용하는] 이 '비존재함'이라는 말은 배제적 지칭을 지향한다[義, artha*]. 당신이 [우리를 반박하기 위해] 주장하는 이 ['비존재함'이라는] 말은 [말의 기능들 중] **설명[表彰]**이 두드러지는 데[勝] 반해, 우리가 [주장에서] 말한 이 ['비존재함'이라는] 말은 **배제[遮止]**가 두드러진다. [그래서 우리가 말한] 이 '비존재함'이라는 말은 [그 기능이] ''존재'라는 본질[有性]'을 부정하는 데 제한되며, [그것으로] 그 기능은 즉시[斯=則] 끝나며, 재차 여타 지칭 대상[義]을 지칭하는 작용[勢力]은 없다. 예를 들어, 세상에서 '흰 비단이 아니다'라고 말한다고 해서, 이 말이 검은 비단을 지칭한다고 주장해서는 안 된다. … '흰 비단이 아니다'라는 말은 흰 비단을 배제하는 데 제한되며, [그것으로] 그 기능은 즉시 끝나며, 재차 [흰 비단을 제외한 여타] 검은 비단, 붉은 비단, 노란 비단 [등]을 지칭하는[詮表] 여타 작용은 없다. 지금 이 논(=『장진론』)에서는 '궁극적 진리의 관점에서' 조건적 현상이라는 인식 대상과 관련하여 **영속주의[常見]의 극단을 피하게 하려고** 먼저 ''존재'라는 본질[有性]'을 부정하였고, 이와 마찬가지로 '[이 논의] 다른 곳에서는' [궁극적 진리의 관점에서 조건적 현상이라는 인식 대상과 관련하여] **허무주의[斷見]의 극단을 피하게 하려고** [오히려] ''비존재'라는 본질[無性]'을 부정하였다.

여기서 청변은 '설명[表彰]'과 대비시켜 '배제[遮止]'의 언어인 '비존재함[非有]'(='각주353' 논증식의 '空')은 그 기능이 ''존재'라는 본질'을 부정하는 데 제한되며, '비존재'라는 어떤 실체를 별도로 지칭하지는 않음을 명시하고 있다. 더불어 '배제적 지칭'의 부정의 언어가 '조건적 현상'과 관련하여 '존재함'을 실체로 오해한 영속주의[常見]와 '비존재함'을 실체로 오해한 허무주의[斷見]로부터 모두 벗어나게 하려는 구원론적 의도를 지니고 있음을 덧붙이고 있다.454)

詮'은 '부사어 表(彰)'와 '동사 詮'을 결합해서 만든 신조어일 가능성도 있다.

454) 이 점 역시 에지마에 의해 지적되고 있다(위와 같은 곳).

이 중 눈길을 끄는 것은 '허무주의'로부터 벗어나게 하려고 '다른 곳'에서 ''비존재'라는 본질[無性]'을 부정했다는 청변의 서술인데, 여기서 '다른 곳'은 문맥상 '각주353'의 '비조건적 현상'을 부정하는 논증식, 즉 '無爲無有實 不起似空華'를 지칭한다고 볼 수 있을 것이다. 그럴 경우 청변이 부정하려는 ''비존재'라는 본질'과 의미적으로 등치될 수 있는 것은 무엇일까? '자료63'의 '주장에 반하는 특성의 예'가 수행하는 '배제적 지칭'의 지칭 내용을 실체화한 '특수한 배제 대상[所遮差別]'과 위 인용문에서 가상의 논적이 조건적 현상마저 '없다는 잘못된 견해[無見](=斷見)'에 기반하여 상상해낸 '비존재'를 들 수 있겠다.

4) 청변과 호법의 '차전'의 의미론 간의 동일성 인식

이제 '자료59'가 보여주는 원측 청변 인식의 콘텍스트를 본격적으로 살펴보자. 이를 위해서는 호법과의 관계 속에서 청변을 바라보는 그의 거시적 시각을 살펴볼 필요가 있다. 원측의 관점을 대변하는 것이 바로 '(X)-(b)-(2)'의 『광백론』 텍스트이다. 인용 텍스트의 문맥을 이해하기 위해서 그 직전의 논의('〔 〕' 안)까지 포함하여 소개해 보면 다음과 같다.

자료65

〔有爲 · 無爲攝一切法, 此二空故諸法皆空. 空中都無分別戱論, ... 故『契經』言, "一切諸法從本皆空, 空卽無性, 由無性故卽是般若波羅蜜多. 其中都無少法可說, 爲生爲滅, 爲斷爲常, 爲一爲異, 爲來爲去. 天帝當知! ..." 若說'常空', 應墮斷滅. 遮'常有'故, 不墮此邊. 執'常不空', 應墮斷滅. 常無因 · 果名斷滅故.〕 我諸所說皆是遮言.[標宗.] 遮謂遮他生 · 滅等執. 無生非滅, 唯爲遮生; 無滅非生, 但爲遮滅.[正釋.] 非斷 · 常等類此應知.[類釋.] 雖涅槃時生死斷滅, 此方便說, 是假非眞, 如說'天中有常樂'等是隨俗說, 非稱實言.[釋通伏難.] 應以前說諸句文詞隨其所應破諸妄執. '我'等皆妄, 誰復爲眞? 謂畢竟空心言路絶, 分別戱論皆不能行, 唯諸聖賢內智所證.[示正道理.] 是故智者應正勤修證此眞空, 捨彼妄執.455)

〔조건적 현상과 비조건적 현상이 모든 현상을 포괄하는데, 이 두 [현상]이 공하기 때

455) 『大乘廣百論釋論』 권9, 「破有爲相品」 T30 242b23-28 ... 242c1-11.

문에 모든 현상은 공하다. 공성의 관점에서 보면[中] 분별의 말장난은 결코 존재하지 않으며, ... 그래서 『계경(契經)』에서 다음과 같이 말한 것이다. "모든 현상은 본래의 관점에서 보면[從本] 공하며, 공하기 때문에 자체적 본질이 없으며, 자체적 본질이 없다는 점에서 완전한 앎[般若波羅蜜多, prajñā-pāramitā]이다. 그 경지에서는(=본래의 관점에서 보면) 발생[生]과 소멸[滅], 영멸[斷]과 영속[常], 같음[一]과 다름[異], 옴[來]과 감[去]이라고 말할 그 어떤 현상[少法]도 존재하지 않는다. 제석천[天帝]이여! 다음과 같이 알아야 한다. ..." *만약 [누군가] '항상 공하다'고 설한다면 허무주의[斷滅]의 오류에 빠지겠지만 [그렇지 않고 우리는] '항상 존재한다'[는 잘못된 생각]을 부정[遮]하기 때문에 이 극단에 떨어지지는 않는다. [만약 누군가] '항상 공하지 않다'고 주장하더라도 [그 역시] 허무주의의 오류에 빠진다. 왜냐하면 항상 원인과 결과가 없다[고 보]는 것이 허무주의이기 때문이다.]

[그러므로] 우리가 하는 말은 모두 배제적 언어[遮言]이다.(주장의 명시[標宗]) 배제란 다른 이들의 발생, 소멸 등에 대한 집착을 배제한다는 의미이다. 소멸이 아닌 발생에 대해서만 '없다'고 말하는 것[無]은 발생[에 대한 집착]을 배제하기 위해서이며, [반대로] 발생이 아닌 소멸에 대해서만 '없다'고 말하는 것은 소멸[에 대한 집착]을 배제하기 위해서이다.([주장 이유에 대한] 직접적 해설[正釋]) 영멸과 영속[, 같음과 다름, 옴과 감] 등의 부정[의 목적]도 이것(=발생과 소멸의 부정)에 비추어 알 수 있을 것이다.(유추[類釋]) 비록 열반할 때 윤회적 삶도 영멸[한다고 말]하더라도, 이것은 방편으로서 설한 것이며 [다른 목적을 가진] 언어적 표현일 뿐이지 실제로 그런 것은 아니다. 예를 들면 '천상에는 영원한 즐거움이 있다' 등의 말은 세상의 언어에 따라 설한 것이지, 실재와 일치하는 말[稱實言]은 아닌 것과 같다.(해설을 통해 [상대방의] 비난을 제압함[釋通伏難]) 따라서 이전에 설한 문장과 말들은 그 상황에 맞추어 '비존재에 대한 집착[妄執=虛妄有執]'들을 논파한 것이다. '나' 등은 모두 '비존재[妄=虛妄]'인데 누가 다시 '실재[眞=眞實]'라고 하는가? 즉 궁극적인 공성[畢竟空]은 마음의 말로 갈 수 있는 길이 끊어져 있으므로 분별의 말장난이 모두 미칠 수 없으며, 오직 성현들의 [언어를 초월한] 내적 앎[內智](=선정)의 체험 대상[所證]일 뿐이다.(올바른 진리의 명시[示正道理]) 그러므로 지혜로운 자는 부지런히 이 '실재'인 공성을 체험하고 저 '비존재에 대한 집착'을 버리도록 노력해야 한다.

위 인용문의 핵심 메시지는 다음 몇 가지로 정리해 볼 수 있다. 첫째, 궁극적 진리인 공성[(畢竟)空]은 '영멸[斷]과 영속[常]' 등의 언어적 분별[分別戱論]을 통해 접근할 수 없으며, 오직 선정 체험(=직접 지각)을 통해 접근할 수 있다. 둘째, 언어적 분별은 중생에게 그 언어가 지칭하는 대상을 실체화하는 '비존재에 대한 집착[妄執]'을 만들어낸다. 셋째, '궁극적 진리에 대한 말[諸句文詞]'은 분별로 말미암은 집착을 제거하기 위해서 설해지기 때문에 본질적으로 '배제적 언어[遮言]', 즉 '배제적 지칭'이다. 진나의 '주장에 반하는 특성의 예'의 '군더더기의 배제'와 청변의 '배제적 지칭'처럼 여기 호법의 '배제적 언어[遮言]'도 '배제적 지칭'이 본질인 말이 지니는 두 기능 중 '비존재에 대한 배제 기능'을 강조하고 있다.

한 가지 흥미로운 것은 원측 인용 텍스트 직전에 나오는, '비존재에 대한 집착'을 일으키는 분별의 대표로 제시된 '항상 공하다'는 말과 '항상 공하지 않다'는 말이 똑같이 '영원한 것에 대한 집착'으로 인해 '원인과 결과'라는 현상 세계의 인과 관계를 부정하며, 그 결과 '허무주의'라는 '비존재에 대한 집착'을 낳는다는 경고이다('*' 표시 부분). 이 말은 '영속주의'의 집착이 현실의 인과 관계를 부정한다는 점에서 '허무주의'와 연결되어 있다는 통찰을 담고 있다. 호법은 둘 다 현실적으로 존재하는 인과 관계를 부정한다는 점에서 똑같이 '비존재에 대한 집착'으로 본 것이다.

여기서 우리는 청변과 호법이 만나는 지점을 확인할 수 있다. '자료62~64'를 통해 확인 가능하듯이, 원측이 본 청변은 '공성'을 ''비존재'라는 본질[無性]'(=항상 공하지 않는 존재)로 이해하는 사람들이 있었고, 그들이 지닌 오해 때문에 생기는 '조건적 현상'의 인과 관계를 부정하는 '허무주의의 극단[斷見邊]'으로 해방시켜주기 위해 논증식을 세워 그 실재성을 부정하였기 때문이다. 이러한 인식은 앞서 살펴본 원측의 청변의 '잘못 이해된 공성' 해석과 맥을 같이한다. 우리는 원측이 청변이 비판하는 '잘못 이해된 공성'의 예로 유가사(瑜伽師)가 '자신들이 주장하는 '공성의 진리[空理]'를 진리(眞理)로 생각하는[所立空理以為真理]' 경우로 명시한 뒤, 청변이 논자(論者)의 입을 빌어 그들의 공성 이해에 대해 "모든 현상은 자체적 본질이 없다는 점에서 공하지만, 이때의 '공함'은 실체적 현상[實法]이 아니며 따라서 집착해서는 안 된다"고 비판하는 모습을 그가 긍정했음을 이미 확인하였다.[456]

지금까지 ''공하다는 말'의 의미'와 관련된 '배제적 지칭' 해석을 통해 원측의 청변과 호법 간 동일성 인식의 논리적 근거를 살펴보았다. 그 결과 우리는 원측이 청변의 유가사 비판과 호법의 허무주의 비판을 '비존재에 대한 집착' 제거라는 구원론적 의도의 관점에서 동일하게 인식하였으며, 그 사상사적 연결고리는 '진나의 '군더더기의 배제[止濫]'-청변의 '배제적 지칭[遮詮]'-호법의 '배제적 지칭[遮詮]' 또는 '배제적 언어[遮言]'' 임을 확인할 수 있었다. 다시 말해, 원측은 청변과 호법 모두 진나의 '배제적 지칭'의 의미론을 수용하여 ''공하다는 말'의 의미'에 관한 붓다의 말을 해석하였으며, 그 점에서 양 사상가는 동일한 해석학적 지평 위에 서 있다고 보았다.

〈표5〉 원측의 '공-유' 논쟁 인식과 화쟁 논리

<table>
<tr><th></th><th colspan="2">청변(淸辨)</th><th colspan="2">호법(護法)</th></tr>
<tr><td>해석학적 권위
= 영감의 원천</td><td colspan="2">『반야경(般若經)』의
'인식 대상이 없음[無所得]' 설법</td><td colspan="2">『해심밀경(解深密經)』의
'세 종류의 현상[三性]' 설법</td></tr>
<tr><td rowspan="3">'세 종류의
현상' 관련
'공함[空]'(=비
존재함[無]) 과
'존재함[有]'
규정
(=잘 이해된
공성[善取空])</td><td colspan="3">상상의 대상이 본질인 현상[遍計所執性]</td><td>공함(g1)</td></tr>
<tr><td>의타적 발생이
본질인 현상[依他起性]
= 조건적 현상[有爲法]
= 잘못된 분별[妄分別]</td><td>궁극적
으로
공함
(g2)</td><td>의타적 발생이 본질인 현상
= 비존재의 분별[虛妄分別]
= 말의 기반인 '사물[事]'
= 윤회와 해탈의 주체
마음[心]과 심리 현상[心法]</td><td>일시적
으로
존재함
(j1)</td></tr>
<tr><td>완성된 실재[圓成實性]
= 비조건적 현상[無爲法]
= '실체적 현상[實法]' 으로
이해된 '공성의 진리[空理]'</td><td>공함
(g3)</td><td>완성된 실재
= 공성(空性)
= 현상의 본성[法性]</td><td>궁극적
으로
존재함
(j2)</td></tr>
<tr><td rowspan="2">비판 대상
사상가
또는
사상 경향
(=잘못 이해된
공성[惡取空])</td><td colspan="2" rowspan="2">g2: 호법(『해심밀경소』)과
유가학도(瑜伽學徒)(『인왕경소』)
/영속주의[常見]
g3: 유가사(瑜伽師)
/허무주의[斷見]</td><td colspan="2">g1: 비존재에 대한 집착[妄執]
= 분별의 말장난[分別戱論]
(1)영속주의
= 존재 관련 극단주의[有邊]
(2)허무주의
= 비존재 관련 극단주의[無邊]</td></tr>
<tr><td colspan="2">j1~2: 청변/허무주의[斷滅]</td></tr>
</table>

456) '자료46'과 관련 논의 참조.

<table>
<tr><th></th><th>청변(淸辨)</th><th>호법(護法)</th></tr>
<tr><td>'공-유 논쟁' 중 상호 인식</td><td>'의타적 발생이 본질인 현상'에 '자체적 본질[體]'이 있다고 본 점에서 호법 당신은 영속주의자!</td><td>'의타적 발생이 본질인 현상' 마저 없다고 본 점에서 청변 당신은 허무주의자!</td></tr>
<tr><td rowspan="2">관점</td><td rowspan="2">g1~3: 궁극적 진리[勝義諦]
= 실재[眞性]</td><td>j1: 세상의 진리[世俗諦]</td></tr>
<tr><td>g1 + j1~2: 중도(中道)/공함에 대한 집착[空執](=허무주의=g2)과 존재에 대한 집착[有執](=영속주의)
모두 부정[非空非有]
= (궁극적 진리인) 공성[(畢竟)空]</td></tr>
<tr><td>강조점</td><td>궁극적 진리의 언어 초월성</td><td>붓다 설법의 구원론적 기능</td></tr>
<tr><td rowspan="3">원측의 화쟁</td><td colspan="2">중관과 유식 학파 모두에게 주는 메시지:
청변 g2와 g3의 영속주의와 허무주의 비판이 모두 바로 양자의 공통 인식인 g1의 의도이며, 그 관점에서 볼 때 청변이 g2와 g3의 비판 대상으로 각각 '유가학도'와 '유가사'를 지목한 것도 호법에 의해 묵인될 수 있음</td></tr>
<tr><td>중관 학파에게 주는 메시지:
다만 청변 g2의 영속주의 비판은 허무주의로 빠질 위험이 있으며, 그 위험에서 벗어나기 위해 호법 j1~2를 수용해야 함(=g2의 비판 대상에 호법 포함 부동의)</td><td>유식 학파에게 주는 메시지:
호법은 청변 g2와 g3의 영속주의와 허무주의 비판이 각각 자신의 g1이 지향하는 '존재에 대한 집착과 공함에 대한 집착 제거'에 도움이 됨을 인정할 수 있음</td></tr>
<tr><td colspan="2">종합 평가:
청변과 호법이 각각 '공함'과 '존재함'을 강조하며 논쟁한 것이 그중 어느 한 편의 극단주의에 빠진 중생으로 하여금 붓다의 '공함'과 '존재함' 설법이 모두 구원을 위한 방편으로 설해진 것임을 깨닫게 하는 데 공헌하였음</td></tr>
<tr><td>원측 화쟁의 근본 입장</td><td colspan="2">호법 해석을 지지하며, 그 범위 내에서 청변 해석을 최대한 포용하지만, 그중 일부(=g2)가 허무주의로 흐를 가능성을 경계함</td></tr>
<tr><td rowspan="2">원측 화쟁의 의미론적 근거와 사상사적 계보</td><td colspan="2">붓다의 '공함'과 '존재함' 설법 모두 '배제적 지칭[遮詮]', 즉 진리(眞理)와 관련된 중생의 '비존재에 대한 집착'을 제거하여 그들을 깨달음으로 인도하기 위한 임시적인 방법[門]일 뿐임</td></tr>
<tr><td colspan="2">진나(陳那) 『리문론(理門論)』의 '군더더기의 배제[止濫]'
→ 청변 『장진론(掌珍論)』의 '배제적 지칭[遮詮]'과 호법 『광백론(廣百論)』의 '배제적 지칭' 또는 '배제적 언어[遮言]'
→ 위 세 논서의 역자 현장(玄奘)의 '배제적 지칭'</td></tr>
</table>

*약호. g: 공함, j: 존재함

6. '료의와 불료의'에 대한 인식

이제 원측의 '공-유 논쟁' 인식의 해석학적 지평을 확인할 때가 되었다. 앞서 『해심밀경소』 속 '공-유 논쟁' 평가('자료50')에서 보았듯이 원측은 호법을 따라 제2시 '언어적 특징 없음'과 제3시 '명시적 진리' 설법의 주제 또는 진리가 같다고 보았다. 그 해석 근거를 확인하기 위해 이제부터 '명시적 진리와 비명시적 진리'에 대한 원측 인식을 검토해 보려 한다.

1) 해석학적 전제: 『해심밀경』「무자성상품」의 '삼시교판'

잘 알려진 대로, 『해심밀경』의 주석가 원측의 교판은 『해심밀경』「무자성상품」에서 정형화된, 아래의 '삼시교판'의 설법을 해석학적 전제로 삼고 있다.

자료66

爾時勝義生菩薩復白佛言, "(1)世尊初於一時在婆羅痆斯仙人墮處施鹿林中, 唯為發趣聲聞乘者, 以四諦相轉正法輪. 雖是甚奇, 甚爲希有, 一切世間諸天 · 人等先無有能如法轉者, 而於彼時所轉法輪有上, 有容, **是未了義**, 是諸諍論安足處所. (2)世尊在昔第二時中, 惟爲發趣脩大乘者, 依**一切法皆無自性 · 無生無滅 · 本來寂靜 · 自性涅槃, 以隱密相轉正法輪**. 雖更甚奇, 甚為希有, 而於彼時所轉法輪亦是有上, 有所容受, **猶未了義**, 是諸諍論安足處所. (3)世尊於今第三時中, 普為發趣一切乘者, 依**一切法皆無自性 · 無生無滅 · 本來寂靜 · 自性涅槃無自性性, 以顯了相轉正法輪**. 第一甚奇, 最為希有, 于今世尊所轉法輪無上, 無容, **是真了義**, 非諸諍論安足處所."457)

그때 승의생 보살이 다시 붓다께 말했다. "(1)세존께서는 [깨달음을 얻은 후] 최초로 바라날사(婆羅痆斯) 선인(仙人)들이 내려와 머문 곳인 시록림(施鹿林)에서 성문승(聲聞乘)을 지향하는 자들만을 위해 '네 가지 진실' 관련 특징[四諦相]을 통해 올바른 진리의 수레바퀴를 굴리셨습니다. [그것은] 비록 놀라웠고, 귀하였으며, 온 세상의 천신들, 사람들 등 중 [그] 진리[의 수레바퀴]처럼 굴릴 수 있었던 자는 일찍이 없었지만, 그때 굴린 진리의 수레바퀴는 '위가 있었으며[有上]', '여지가 있었으며[有容]',

457) T16 697a23-b9.

'**비명시적이었으며**[未了義]', '논쟁들의 온상이 되었습니다[諸諍論安足處所]'. (2)세존께서는 옛날 두 번째로 대승(大乘) 수행을 지향하는 자들만을 위해 '**모든 현상은 자체적 본질이 없으며, 생겨남도 없고 소멸함도 없으며, 본래 고요하며, 본성적으로 열반의 상태에 있다(一切法皆無自性·無生無滅·本來寂靜·自性涅槃)' [라는 말]과 관련하여 [의미를] 숨기는 방식[隱密相]을 통해 올바른 진리의 수레바퀴를 굴리셨습니다**. [그것은] 비록 [최초의 것보다] 더욱 놀라웠고, 귀하였지만, 그때 굴린 진리의 수레바퀴도 [최초의 것처럼] '위가 있었으며', '여지가 있었으며', '**비명시적이었으며**', '논쟁들의 온상이 되었습니다'. (3)세존께서는 지금 세 번째로 모든 종류의 승(乘)을 지향하는 자들을 위해 '**모든 현상은 자체적 본질이 없으며, 생겨남도 없고 소멸함도 없으며, 본래 고요하며, 본성적으로 열반의 상태에 있다' [라는 말]과 관련하여 [의미를] 명시하는 방식[顯了相]을 통해 올바른 진리의 수레바퀴를 굴리셨습니다**. [그것은] 제일 놀랍고, 최고로 귀하며, 지금 세존께서 굴린 진리의 수레바퀴는 [앞의 둘과 달리] '위가 없으며[無上]', '여지가 없으며[無容]', '**실재인 명시적 진리**[眞了義]이며', '논쟁들의 온상이 되지 않습니다[非諸諍論安足處所]'."

여기서 우리가 주목할 것은 설법 대상과 설법 주제이다. 원측은 우선 제1시는 성문(聲聞), 제2시는 대승 수행자, 제3시는 성문과 대승 수행자를 포괄한 모든 승을 추구하는 수행자에게 설해졌다고 명시한 후, 그중 제1시의 '네 가지 진실[四諦]'과 제2시의 숨은 의미를 지닌[以隱密相] '공성[空=一切法皆無自性 · 無生無滅 · 本來寂靜 · 自性涅槃]'의 가르침은 논쟁을 야기하는 '비명시적 진리[未了義=不了義]'로, 제3시의 명시적인[以顯了相] '공성'의 가르침은 논쟁을 종식시키는 '실재인 명시적 진리[眞了義=了義]'로 양자를 명확하게 구별하고 있다. 위의 「무자성상품」 경문에 따라 제2시와 제3시 설법의 관계를 정리해 보면, 양자는 (1)그 주제는 '공성'으로 같지만 (2)그것을 이해하는 수행자의 지향의 차이로 말미암아 각기 다른 방식으로 설해진 가르침이며 (3)논쟁의 야기와 종식이라는 관점에서 볼 때 '결과적으로' 양자 간에는 '비명시적 진리'와 '명시적 진리'의 우열이 존재한다.

2) '료의'와 '불료의'의 차이에 대한 인식

하지만 『해심밀경』 경문만으로 쉽게 파악하기 어려운 점은 '명시적 진리'와 '비명시적 진리'가 가르침 자체의 성격인지, 아니면 설법 방식의 성격인지, 아니면 설법 대상의 수용 측면의 성격인가이다. 이 문제에 대한 원측의 대답을 들어보자. 우선 『해심밀경소』 「서품」 첫머리에서 원측은 제2시를 『반야경』의 ''언어적 특징 없음'이라는 진리의 수레바퀴[無相法輪]'로 제3시를 『해심밀경』의 '명시적 진리인 대승[了義大乘]'으로 명시한 것 외에는 「무자성상품」 경문을 거의 그대로 반복하고 있다.[458] 하지만 『반야심경찬』 「서품(序品)」 속 '가르침이 행해진 계기[教起因緣]' 논의에서 원측은 이와 관련된 자기 견해를 보다 구체적으로 보여준다.

자료67

然則應物有時, 隨機接引, 所以如來說三法輪. 未入法者令趣入故, 波羅奈國施鹿林中, 創開生死 · 涅槃因 · 果, 此則第一四諦法輪, 能除**我執**. 為已入者迴趣大乘, 鷲峰山等十六會中, 說諸『般若』, 此是第二無相法輪, 由斯漸斷**有性法執**. 而於**空執**猶未能遣, 是故第三蓮華藏等淨 · 穢土中, 說『深密』等了義大乘, 具顯**空 · 有兩種道理**, 雙除**有 · 無二種偏執**. 此即教之興也.[459]

그렇다면 대상에 반응함에는 때가 있으며, [또] 수행 능력에 따라 [중생을] 인도하시기 때문에 여래께서 세 가지 진리의 수레바퀴를 설하셨다. 진리를 깨닫지 못한 자들이 깨달음으로 나아가게 하기 위해 [여래께서] 바라내국(波羅奈國)의 시록림(施鹿林)에서 윤회적 삶[生死]과 열반(涅槃) [각각]의 원인과 결과를 처음으로 선포하셨으니, 이것이 바로 최초의 [성자가 알아야 할] '네 가지 진실[四諦]'이라는 진리의 수레바퀴이며, [이를 통해] **'자아에 대한 집착[我執]'**을 제거할 수 있었다. [다음으로] 이

458) 『解深密經疏』 권1, 「序品」 X21 171c3-9; WX34 582a14-b2: 佛法甚源豈不斯矣, 但以接引多方, 入理非一. 是故法王說三法輪, 初爲發起〈趣〉*聲聞乘者, 波羅奈國施鹿林中, 創開生死 · 涅槃因果, 此卽第一四諦法輪. 次爲**發趣**菩薩乘者, 鷲峯山等十六會中, 說諸『般若』, 此卽第二**無相**法輪. 後爲**發趣**一切乘者, 蓮華藏等淨 · 穢土中, 說『深密』等, 此卽第三**了義大乘**. 是卽如來教興之意也. *대응 티벳어역(ZhT68, 4.20 이하: gṣol ba)과 이어지는 제2시와 제3시의 관련 구절과의 대구를 고려할 때 '起'는 '趣'의 오기로 보인다.

459) 『般若心經贊』 T33 542c-543a.

미 깨달은 자가 재차 대승(大乘)의 길로 나아가도록 하기 위해 취봉산(鷲峯山) 등 열여섯 곳의 설법 모임에서 여러 종류의 『반야경』을 설하셨으니, 이것이 바로 두 번째의 '언어적 특징 없음[無相]'이라는 진리의 수레바퀴이며, 이를 통해 [그들은] 점차 [현상에] **자체적 본질[性=自性, svabhāva]이 있다는 '현상에 대한 집착[法執]'**을 단절할 수 있었다. 하지만 **[현상마저도 없고] '공하다는 집착[空執]'**은 여전히 버리지 못했기 때문에 연화장세계(蓮華藏世界) 등의 정토(淨土) 및 [중생의] 예토(穢土)에서 『해심밀경』 등 '명시적 진리인 대승[了義大乘]'을 설하였으며, [이를 통해 **현상의 자체적 본질이] '공함[空]'과 [현상이 원인과 결과로서] '존재함[有]'이라는 두 측면의 진리**를 [그들에게] 완전히 명시하여 **'존재[有]'와 '비존재[無]'에 경도된 집착**을 [그들에게서] 동시에 제거하셨다. 이상이 바로 [붓다] 가르침이 일어남[의 원인]이다.

위에 따르면 제2시 ''언어적 특징 없음'이라는 진리의 수레바퀴'는 '자체적 본질을 지닌 현상에 대한 집착[有性法執]' 또는 '존재에 대한 집착[有執]'을 제거함으로써 그것에 의해 망각된 '공함의 진리'를 밝히고, 제3시 '명시적 진리인 대승'은 '공함에 대한 집착[空執]' 또는 '비존재에 대한 집착[無執]'을 제거함으로써 그것으로 말미암아 망각된 '존재함의 진리'를 밝히려는 의도에서 설해진 것이다. 또 위에서 우리는 제3시 설법이 '존재함[有]의 진리'와 '공함[空]'(='비존재함[無]')의 진리'를 모두 밝혔다는 점에서 '공함의 진리'만을 밝힌, 그래서 "결과적으로" '공함에 대한 집착'이라는 부정적 유산을 남기게 되는 제2시 설법보다 완전한 가르침이라는 암묵적 인식도 읽을 수 있을 것이다. 요약하면, 붓다가 '진리[道理]'의 '존재함'과 '공함'의 두 측면을 온전히 드러내려는 '하나의 의도'를 가지고 '존재에 대한 집착'과 '공함에 대한 집착'에 빠져 있는 "상이한 청중의 수행적 지향에 맞추어" 각각 제2시와 제3시의 가르침을 설했다고 본 점에서 원측은 '명시적 진리'와 '비명시적 진리'의 차이가 설법 청중의 수용의 성격과 관련되어 있다고 이해한다. 하지만 동시에, 물론 이와 맞물려 있긴 하지만, 제3시 설법이 제2시 설법의 '공함의 진리'와 함께 제1시 설법에서 명시되었지만[隱空說有] 제2시 설법에서 명시되지 않았던[隱有說空][460] '존재함의 진리'

---

460) '자료68' 밑줄 부분 참조.

까지 드러내었음을 강조한 점에서 양자의 차이를 청중과 연관된 '붓다의 설법 방식'에서 찾고 있기도 하다.

이제 남는 문제는 '가르침의 주제'와 '명시적 진리·비명시적 진리'의 관계이다. 제2시와 제3시 설법의 주제가 '공함(=一切法無自性…)'으로 같다는 앞서 「무자성상품」 경문을 상기한다면, 제2시 설법이 드러내려는 '비존재함의 진리'와 제3시의 가르침이 더불어 밝히려는 '존재함의 진리'는 '공함'으로 같아야 하지 않는가? 같다면 양자 간에 우열을 상정할 수 있는가? 이에 대해 원측은 「무자성상품」 삼시교판 경문 주석에서 다음과 같이 답한다.

자료68

後明了 · 不了者, 且依此『經』, 於三輪中, 初二不了, 第三為了. 所以者何? 如上所說, 第一法輪隱空說有, 第二法輪隱有說空, 第三法輪具足顯示空 · 有道理, 故名了義, **非謂所詮有淺 · 深**故名了 · 不了. 所以者何? 第二 · 第三**所辨無相理無淺 · 深**, 而具分別顯故名了; 不具足說隱故不了.461)

다음으로 '명시적 진리'와 '비명시적 진리'에 대해 논하겠다. 먼저 이 경(=『해심밀경』)에 따르면, 세 가지 진리의 수레바퀴 중 앞의 둘은 '비명시적 진리'이고 세 번째는 '명시적 진리'이다. 왜 그런가? 앞서 설한 대로 제1의 진리의 수레바퀴는 '공함[의 진리]'는 숨기고 '존재함[의 진리]'를 설한 것인 반면 제2의 진리의 수레바퀴는 '존재함[의 진리]'를 숨기고 '공함[의 진리]'를 설한 것인데, 제3의 진리의 수레바퀴는 '공함의 진리'와 '존재함의 진리'를 모두 완전히 명시했기 때문에 '명시적 진리'라 한 것일 뿐, 설법 주제[所詮] [자체]에 얕음과 깊음[의 차이]가 있기 때문에 [그 설법 주제의 깊음과 얕음에 대해 각각] '명시적 진리'와 '비명시적 진리'라 한 것은 아니다. 왜 그런가? **제2[의 진리의 수레바퀴]와 제3[의 진리의 수레바퀴]가 명시하고자 하는 "'언어적 특징 없음[無相]'의 진리" [자체]에는 얕음과 깊음[의 차이]가 없으며** 다만 [제3의 진리의 수레바퀴는] 완전히 분석하여 명시했기 때문에 '명시적 진리'라 하고, [제2의 진리의 수레바퀴는] 완전히 설명하지는 않고 ['존재함의 진리'를] 숨겼기 때문에 '비명시적 진리'라고 했을 뿐이다.

---

461) ZZ21 293b1-6; WX34 826a15-b3.

여기서 원측은 양자의 차이는 가르침 자체의 성격이라기보다는 '붓다 설법 방식'의 '명시성[顯]'과 '암시성[隱]'의 차이일 뿐임을 재차 확인한 뒤, 나아가 양자의 '설법 주제[所詮]'는 모두 ''언어적 특징 없음'의 진리[無相理]'임을 구체적으로 명시하며 아울러 앞서 '자료67'과 마찬가지로 그 ''언어적 특징 없음'의 진리'는 '존재함'과 '공함'(='비존재함')의 두 측면을 포괄함을 재차 확인한다. 여기서 그는 제3시 『해심밀경』이 '비존재함의 진리'와 함께 밝히고자 하는 '존재함의 진리' 역시 제2시 『반야경』에서 충분히 명시되지 못한 '언어적 특징 없음'이 함축하는 '존재함'의 측면임을 암시한다. 「무자성상품」 경문 '普為發趣一切乘者' 주석에서 이 '언어적 특징 없음'의 '존재함'의 측면을 '세 종류의 본질[三性]'로 명시하고 있으며,[462] 또 앞서 '자료53'에서 '언어적 특징 없음'의 '비존재함'의 측면을 '세 종류의 본질'과 관련지어 셋으로 나누어 인식한 것이 '세 종류의 자체적 본질 없음[三無性]'이라 한 점(以隱密相言'一切法無自性等', 而不分別配三無性. 『深密經』等廣顯三種無自性性, 是故第三法輪門中加'無自性性'四字, 意顯別有三無性理.)에 비추어 볼 때, 원측에게 있어 '언어적 특징 없음'과 '세 종류의 본질' 및 '세 종류의 자체적 본질 없음'은 사실상 동일한 '주제'로 인식된 듯하다.

3) 제2시와 제3시 간의 차이와 동일성 인식의 근거

위에서 우리는 제2시와 제3시 설법 주제가 '언어적 특징 없음(='공함'='세 종류의 본질)'으로 동일하다는 원측의 인식을 확인할 수 있었다. 하지만 현존 한문본에서 이러한 인식의 해석학적 근거를 구체적으로 발견하기는 어렵다. 그런 점에서 『해심밀경소』 「서품」 중 티벳어역에만 전하는 텍스트들 중 일부는 중관과 유식 사상의 관계를 포함한 불교사에 대한 그의 인식을 명시한 점에서 주목할 만하다.

---

462) ZZ21 292a15-18; WX34 824a5-9: '普為發趣一切乘'者, 說教所(爲). 今此法輪是了義教, 如是分別二空 · 三性等義, 是故三乘各證自果. 故『顯揚論』第六卷云, "方便者, 謂了知知〈如〉是三種自性, 能作一切聲聞 · 獨覺 · 無上正等菩提方便."

(1) '무상'은 '료의'의 관점에서만 올바르게 이해될 수 있다

먼저 최둡 이후에 편집된 것으로 보이는 한문 텍스트463)에 보존된 논의 시작 부분부터 소개하면 다음과 같다.

자료69

約時辨宗, (諸部一一雖別, 而依時說,)464) 有其三種. 一四諦法輪, 如四『阿笈摩』, 雖有諸部, 四諦為宗. ... 二**無相大乘**, 如諸『般若』, **遣所執性**, **無相**為宗. 三**了義大乘**, 如此『經』等, 用**三性**等為所詮宗. 三種法輪, 至第二卷當廣分別.465)

[설법] 시간을 기준으로 [설법] 주제를 논하겠다. (경전에 따라 각각 [그 주제가] 비록 다르지만, 시간을 기준으로 설한다면) 세 가지가 있다. 첫 번째 '네 가지 진실[四諦]'이라는 진리의 수레바퀴는 4아함(阿含)을 지칭하며, [4아함 속에] 비록 여러 경들이 있지만 [모두] '네 가지 진실'을 주제로 한다. 두 번째 **'언어적 특징 없음[無相]'이라는 대승**'은 여러 종류의 『반야경』을 지칭하며, **'상상의 대상이 본질인 현상[所執性]'을 부정하며**, **'언어적 특징 없음'**을 주제로 한다(=둘째는 '언어적 특징 없음'을 주제로 하는 것으로, 곧 여러 종류의 『반야경』이다).466) 세 번째 **'명시적 진리인 대승[了義大乘]'**은 이 경(=『해심밀경』) 등을 지칭하며, **'세 종류의 본질[三性]' 등**을 설법 주제[所詮宗]로 한다(=셋째는 '명시적 진리'를 주제로 하는 것으로 곧 이 경 등이다). 세 가지

---

463) 이어지는 '자료69'의 '세 가지 진리의 수레바퀴에 대해서는 제2권(=「무자성상품」)에서 자세히 논할 것이다(三種法輪, 至第二卷當廣分別.)'라는 문장이 이를 잘 보여준다. SNST가 보여주듯이 최둡이 본 사본에는 본래 이 주제에 대한 자세한 논의가 있었다고 본다면, 이 문장은 최둡 이후에 이 부분을 간략하게 편집하면서 자세한 것은 「무자성상품」을 참고할 것을 권고하는 말로 읽을 수 있을 듯하다.

464) 대응 SNST(ZhT68.57.19-58.4: de la dus kyi dbaṅ du mdsad nas rnam par bśad paḥi gsuṅ ṣes bya ba ni sde rnams kyi rjes su so soḥi gsuṅ tha dad mod kyi/ dus la brten te brjod na rnam pa gsum las med de/ daṅ po ni bden pa bṣiḥi chos kyi ḥkhor lo ste/ ji ltar luṅ rnam pa bṣi la sogs pa sde maṅ po yod kyaṅ bden pa bṣi gsuṅ du gyur pa lta buḥo/ /gñis pa ni mtshan ma med paḥi gsuṅ ste/ ḥphags pa śes rab kyi pha rol tu phyin pa la sogs pa lta buḥo/ /gsum pa ni **ṅes paḥi don gyi gsuṅ ste**/ mdo ḥdi ñid la sogs paḥo/)의 밑줄 부분에 의거하여 한문을 보충해 보았다. '二無相大乘' 이하 부분이 현존 한문과 티벳어역이 부분적으로 불일치한다. (볼드 부분 대응 한문이 없다)

465) ZZ21 178a4-9; WX34 595a3-8.

466) 괄호 안은 티벳어역에 따른 번역이며, 이어지는 제3시 부분도 마찬가지이다.

진리의 수레바퀴에 대해서는 [『해심밀경』의] 제2권(=「무자성상품」)에서 자세히 논할 것이다.

위의 현존 한문본은 '세 가지 진리의 수레바퀴'에 대한 논의를 「무자성상품」으로 미루고 있지만 흥미롭게도 티벳어역은 거기서 언급되지 않은 논의를 포함한 자세한 설명을 보존하고 있다. 티벳어역은 먼저 앞서의 「무자성상품」 경문('자료66')을 인용하여 '세 가지 진리의 수레바퀴'를 대략적으로 설명한 뒤, 이어서 『아비달마구사론(阿毘達磨俱舍論)』을 근거로 제1시 설법에 대한 대표적 해석으로 설일체유부(說一切有部)와 경량부(經量部)의 설을 소개한다.[467] 이어서 관심의 초점이 되는 '제2 '언어적 특징 없음'과 제3 '명시적 진리' 설법 간의 차이'에 대해 현장 역 『유가사지론석(瑜伽師地論釋)』을 인용하여 다음과 같이 설명한다.

자료70

bam po gsum pa/ /de la gñis pa mtshan ñid med pa daṅ/ gsum pa ṅes paḥi don ces⟨ṣes⟩[468] bya ba ḥdi gñis kyi mtshan ñid tha dad pa yaṅ rnal ḥbyor spyod paḥi saḥi ḥgrel pa las ji skad du ḥbyuṅ ba bṣin te/ de las ji skad du saṅs rgyas mya ṅan las ḥdas paḥi ḥog tu bdud kyi las cher gyos/ sde pa rnams kyis ḥdsin pa rnams so so nas rab tu laṅs te/ phal cher gyos⟨yod⟩[469] pa ñid du lta ba la mṅon par ṣen pas byaṅ chub sems dpaḥ klu sgrub sa rab tu dgaḥ ba brñes pas theg pa chen po mtshan ma med pa stoṅ pa ñid kyi gsuṅ rab **la brten nas** bstan bcos dbu ma la sogs pa mdsad de/ yaṅ dag pa ñid kyi don rgya cher bstan nas yod par lta ba de dag rab tu bsal to/ /ḥphags paḥi lha la sogs pa bstan bcos kyi mkhan po chen por grags pa rnams kyis bstan bcos śin tu rgyas pa brgya pa la sogs pa byas nas don chen po rgya cher bstan te/ des na sems can rnams stoṅ pa ñid du lta ba la mṅon par ṣen pas/ byaṅ chub sems dpaḥ thogs med sa daṅ po brñes pas chos kyi ḥod kyi tiṅ ṅe ḥdsin mṅon par rtogs pa rdsu ḥphrul chen po daṅ ldan pa/ ḥphags pa

467) 현존 한문본과 티벳어역 간의 구성상의 차이에 대해서는 '부록3'의 '2' 참조.

468) P. N.을 따라 'ces'를 'ṣes'로 교정하는 것이 옳다.

469) '有見'에 대한 번역어이므로 'gyos'를 'yod'로 교정하는 것이 자연스럽다.

byams paḥi ṣal mṅon sum du mthoṅ ba/ rnal ḥbyor spyod paḥi sa bśad par gsol te/ ḥdir rig pa mthar ma gtugs pa ci yaṅ med do/ /dṅos po mi zad pa ci yaṅ med do/ /tshig ḥbru rnam par ma bśad pa ci yaṅ med do/ /don ma brjod pa ci yaṅ med do/ /the tshom ma bsal ba ci yaṅ med do/ /so soḥi ḥdsin pa rnam par ma gṣig pa ci yaṅ med do/ /spyod pa rnams ma spyad pa ci yaṅ med do/ ḥbras bu mṅon sum mi byed pa ci yaṅ med do〈de〉[470]/ /byaṅ chub sems dpaḥ daṅ/ theg pa gṣan rnams kyi phyir rgya cher bśad paḥi bar duḥo ṣes ḥbyuṅ ste/[471]

(於中第二無相·第三了義是二差別相如『瑜伽釋』說. 彼云, "佛涅槃後, 魔事紛起, 部興各執, 多著有見, 龍猛菩薩證極喜地, **依**大乘無相空教造『中論』等, 究暢眞要, 除彼有見, 聖提婆等諸大論師造『百論』等, 弘闡大義. 由是衆生復著空見, 無著菩薩位登初地, 證法光定, 得大神通, 事大慈尊, 請說此『論』, 理無不窮, 事無不盡, 文無不釋, 義無不詮, 疑無不遣, 執無不破, 行無不修, 果無不證, 乃至爲菩薩及餘乘弘闡.")[472]

이 가운데 제2의 '언어적 특징 없음'과 제3의 '명시적 진리' [설법] 그 둘 간의 차이는 『유가사지론석』에 있는 대로이다. 거기서 다음과 같이 말한다. "붓다께서 열반에 드신 후에 마(魔)의 소행이 횡행하여 여러 학파들이 집착을 각자 일으켰는데, 대개 '[현상의 자체적 본질이] 존재한다는 잘못된 견해[有見]'에 집착하였기 때문에 용맹 보살께서 극희지(極喜地)를 얻으시고 대승의 ''언어적 특징 없음', 즉 '[자체적 본질이] 공함'[無相空]'의 가르침에 의거하여 『중론』 등을 지어 올바른 진리를 자세히 펼쳐 저들의 '존재한다는 잘못된 견해'를 제거하였으며, 성제바(聖提婆) 보살 등 여러

470) P. N.을 따라 'do'를 'de'로 교정하는 것이 자연스럽다.

471) ZhT68.62.12-63.12.

472) 대응 SNST와 『유가론석』 관련 텍스트(最勝子等 造, 玄奘 譯, 『瑜伽師地論釋』「本地分 · 五識相應地」 T30 883c12-22: 佛涅槃後, 魔事紛起, 部執競興, 多著有見, 龍猛菩薩證極喜地, '**採集〈依〉***大乘無相空教造『中論』等, 究暢眞要, 除彼有見, 聖提婆等諸大論師造『百論』等, 弘闡大義. 由是衆生復著空見, 無著菩薩位登初地, 證法光定, 得大神通, 事大慈尊, 請說此『論』, 理無不窮, 事無不盡, 文無不釋, 義無不詮, 疑無不遣, 執無不破, 行無不修, 果無不證, 正爲菩薩, 令於諸乘境行果等, 皆得善巧, 勤修大行, 證大菩提, 廣爲有情, 常無倒說, 兼爲餘乘, 令依自法, 修自分行, 得自果證. 如是略說此『論』所因.)에 의거하여 한문을 시험적으로 복원해 보았다. 『유가론석』을 거의 그대로 옮기고 있지만('採集'과 'la brten nas'만 불일치), '正爲菩薩 이하 부분은 그 내용을 요약 인용하는 형식(밑줄 참조)을 취하고 있다(*문장의 흐름상 최둡과 쫑카빠**의 'la brten nas'에 따라 '採集'을 '依'로 교정하는 하는 것이 자연스럽다(**'부록3' '1'의 'A'의 『꾼쉬깐델』 인용문 참조)).

훌륭하신 논사들께서 『백론(百論)』 등을 지어 [“‘언어적 특징 없음’, 즉 ‘자체적 본질이 공함’” 의] 대의를 널리 천명하셨다. 이로 말미암아 중생들은 다시 ‘[현상마저] 공하다는 잘못된 견해[空見]’에 집착하였기 때문에 무착 보살께서 초지(初地)에 계시면서 법광정(法光定)을 얻으셨으며 큰 신통을 얻은 위대하신 자존(慈尊=미륵)을 모시고 이 논(=『유가사지론』)을 설해주기를 청하셨으니 [『유가사지론』은] 전체 진리[理]도 무궁하고 구체적 사물[事]도 무궁하며, 말[文]도 풀이되지 않음이 없고 [그] 의미[義]도 해석되지 않음이 없기 때문에 [그것에 의지하면] 의심도 제거되지 않음이 없고 집착도 깨어지지 않음이 없으며, 수행도 닦여지지 않음이 없으며 결과도 얻어지지 않음이 없으니 … 보살과 여타 승(乘)의 수행자를 위해 널리 천명하셨다.”

위 서술은 인도 대승불교 사상가와 연계하여 제2시와 제3시 설법의 차이를 설명하고 있다. 즉, 원측은 용수와 제바는 붓다를 대신하여 제2시 『반야경』의 “‘언어적 특징 없음’, 즉 ‘자체적 본질이 공함’” 의 대의를 펼쳤으며, 무착 또는 미륵 역시 붓다를 대신하여 보살과 여타 수행자를 포함한 모든 종류의 수행자를 대상으로 완전한 가르침을 펼쳐 보였다고 불교사를 읽고 있다. 그런데 흥미롭게도 원측은 ‘결과적으로’ 중생들에게 ‘공함에 대한 집착을 불러일으켰다’는 점에서 용수와 제바의 ‘언어적 특징 없음’ 이해를 부정적으로 평가한 듯한 인상을 준다. 이 점은 이어지는 논의에서 자신이 지지하는 ‘언어적 특징 없음’ 이해가 무엇인지 확인하는 곳에서 분명해진다.

자료71

de ltar ḥgrel pa de las gṣuṅ rnam pa gñis bśad zin mod kyi/ gṣuṅ rnam pa gñis po dag re re la yaṅ bśad pa rnam pa gsum yod de/ de la mtshan ñid med paḥi gṣuṅ la slob dpon gsum gyis ḥdi skad du bstan te/ kha cig ni ṅo bo ñid rnam pa gsum las ṅo bo ñid (med pa)473)* rnam pa gsum ṣib tu bśad dgos so ṣes zer te/ bha bya la sogs paḥo/ /deḥi phyir bstan bcos lag na rin po che tshig leḥur byas pa las/

473) ‘자료9’ 중 다음 텍스트(一者清辨其〈具〉遣三性, 以立為空, 即說空理以為無相, 具如『掌珍』. 二者護法但遣所執, 以為無相. 如『深密』等. 三無性中, 清辨 · 護法皆依三種無自性亦以為無相.)에 비추어 볼 때 ‘med pa’를 보충하는 게 자연스러워 보인다.

yaṅ dag ṅo bo ñid du ḥdus byas stoṅ/ /sgyu ma ji bṣin rkyen las skyes paḥi phyir/ /ḥdus ma byas kyaṅ yaṅ dag yod ma yin/ / /ma byuṅ nam mkhaḥi med tog rab tu ḥdra/ /ṣes ḥbyuṅ ṅo/ /kha cig ni ṅo bo ñid rnam pa gñis yoṅs su btsal bar zad kyi/ yoṅs su grub paḥi ṅo bo ñid ni mi btsal te/ deḥi phyir mdo sde dag la brtags paḥi btsal ba yin gyi/ chos yoṅs su btsal bar bya ba ni ma yin no ṣeḥo/ /kha cig ni rnam pa gsum la kun brtags pa ñi tshe btsal bar bya yin te/ ji ltar mdo ḥdi las ḥog nas ṅo bo ñid med pa rnam pa gsum bstan pas/ kun brtags yoṅs su btsal ba gsuṅs pa lta buḥo ṣeḥo/ /de ltar rnam pa gsum du bśad pa yod mod kyi/ **slob dpon hyan tsaṅ gi dgoṅs pa** ni rnam par bśad pa phyi ma yin par dgoṅs so/[474)]

이상 저 석(釋)(=『유가사지론석』)에서 ['언어적 특징 없음'과 '명시적 진리'] 두 주제만을 설했는데, 두 주제 각각과 관련하여서 세 가지 설이 있다. 그중 '언어적 특징 없음'이라는 주제에 대해서도 세 논사의 설이 있다. (1)일부에서는 '세 종류의 본질[三性]'과 관련하여 반드시 '세 종류의 자체적 본질 없음[三無性]'을 상세히 설명하는데, 청변 등의 경우이다. 그래서 『대승장진론』의 게송에서 "실재의 관점에서 보면[眞性] 조건적 현상은 공하며, [그 이유는] 마술과 같이 원인에 의해 생겨났기 때문이라네. [실재의 관점에서 보면] 비조건적 현상은 실재성이 없으며, [그 이유는 본래부터] 생겨나지 않음이 공중의 꽃과 같기 [때문]이라네"라고 하였다. (2)일부에서는 다만 ['상상의 대상이 본질인 것[遍計所執性]'과 '의타적 발생이 본질인 것[依他起性]'] 두 종류가 본질[인 현상]만을 부정할 뿐, '완성된 실재[圓成實性]'는 부정하지 않는다. 따라서 『계경(契經)』에 대한 집착의 부정일 뿐 현상[chos=dharma?] [자체]를 완전히 부정하는 것은 아니다. (3)일부는 세 가지 [본질] 중에서 '상상의 대상이 본질인 현상'을 일시적으로 부정하는데, 이 경(=『해심밀경』)의 뒷부분(=「무자성상품」)에서 '세 종류의 자체적 본질 없음'을 밝힘으로써 '상상의 대상이 본질인 현상'을 논파하는 경우이다. 비록 세 가지 설이 있지만 **현장의 뜻**은 최후의 설에 있다.

여기서 원측은 '세 종류의 본질'과 '세 종류의 자체적 본질 없음'과 관련하여 '언어적 특징 없음'을 이해하는 세 가지 방식을 소개한 뒤, "'세 종류의 자체적 본질 없음' 명시를 통한 '상상의 대상이 본질인 현상' 부정"을 '언어적 특징 없음'으로 이해

474) ZhT68.63.12-64.6.

한 『해심밀경』 「무자성상품」의 입장이 자신이 권위로 삼는 현장의 정설임을 명시한다. 더불어 그는 자신이 간접적으로 부정하는, 청변의 “‘세 종류의 자체적 본질 없음’의 상세한 해설을 통한 ‘세 종류의 본질’ 전체 부정”이 ‘자료70’에서 언급한, 결과적으로 ‘공함에 대한 집착’을 불러일으킨 용수와 제바의 불완전한 ‘언어적 특징 없음’ 이해와 사상사적으로 연결되어 있음을 암시하고 있다. 요약하면, 원측은 현장의 권위를 빌어 『해심밀경』을 신봉하는 유가행 사상가들의 ‘언어적 특징 없음(=『반야경』)’ 이해, 즉 ‘세 종류의 자체적 본질 없음’의 관점에서 ‘상상의 대상이 본질인 현상’만의 부정이 올바르며, 용수와 제바의 영향을 받은 것으로 암시된, 청변의 ‘세 종류의 자체적 본질 없음’의 상세한 해설을 통한 ‘세 종류의 본질’의 전면적 부정보다 더 온전하다는 믿음을 가졌던 것으로 보인다.

(2) 제2시와 제3시의 설법 주제는 ‘궁극적 관점에서’ 동일하다

이어서 원측은 동일한 ‘세 종류의 본질’과 ‘세 종류의 자체적 본질 없음’을 준거로 하여 이번에는 미륵의 ‘명시적 진리’에 대한 세 가지 이해 방식을 소개한다.

자료72

/byaṅ chub sems dpaḥ byams paḥi ṅes paḥi don la yaṅ bśad pa rnam pa gsum yod de/ de la daṅ po ni slob dpon yaṅ dag bden pa na re/ ṅo bo ñid rnam pa gsum rab tu btsal nas/ ṅo bo ñid med pa gsum rnam par gṣag go/ /ḥdi lta ste/ kun tu rtog paḥi ṅo bo ñid btsal nas/ kun tu rtog paḥi mtshan ñid med par rnam par gṣag go/ /gṣan kyi dbaṅ gi ṅo bo ñid yoṅs su btsal nas/ gṣan gyi dbaṅ gi ṅo bo ñid skye ba med pa rnam par gṣag go/ /yoṅs su grub paḥi ṅo bo ñid btsal nas/ yoṅs su grub paḥi ṅo bo ñid/ ṅo bo ñid med par rnam par gṣag go ṣes bśad de/ slob dpon bha bya daṅ/ bye brag yod pa yaṅ ṅo bo ñid rnam pa gsum ni bden pa rnam par gṣag paḥi sgo yin la/ ṅo bo ñid med pa rnam pa gsum gyi don ni rnam par gṣag pa ma yin pas/ slob dpon bha bya ltar yoṅs su btsal nas/ rnam par (mi)[475] gṣag pa ni ma yin no/ /gñis pa ni ṅo bo ñid rnam pa gñis btsal bar zad kyi/ yoṅs su grub paḥi ṅo bo ñid ni ma btsal te/ rgyu daṅ rkyen las skyes pa dag ni stoṅ pa ñid yin paḥi phyir ro ṣeḥo/ /gsum pa ni kun brtags pa btsal bar zad kyi/ ṅo bo ñid rnam pa gñis btsal ba ni ma yin te/ rnal ḥbyor spyod paḥi sa la sogs pa lta buḥo ṣeḥo/ /de ltar rnam pa gsum du bśad pa yod kyaṅ/ /bśad pa phyi ma yaṅ dag pa ma[476] yin te/ mdo sde ḥdi ñid la yi ge daṅ mthun ṣiṅ don ḥgal ba med paḥi phyir ro/[477]

미륵의 '명시적 진리'와 관련해서도 세 가지 설이 있다. (1) 첫째, 진제삼장은 '세 종류의 본질' 모두를 부정함으로써 '세 종류의 자체적 본질 없음'을 설명했[다고 보았]는데, 즉 '분별이 본질인 것[分別性]'을 부정함으로써 '분별 대상인 자체적 특징 없음[分別無相性]'을 설명했으며, 둘째, '의타성이 본질인 것[依他性]'을 부정함으로써 '의타성이 본질인 것의 발생 없음[依他無生性]'을 설명했으며, 셋째, '실재인 본질[真實性]'을 부정함으로써 '실재인 자체적 본질 없음[眞實無性性]'을 설명했다. 하지만 청변과 다른 점은 '세 종류의 본질'은 [부정의 방식을 통해] 말할 수 있는 법문인 반면 '세 종류의 자체적 본질 없음'이라는 실재[三無性義]는 말할 수 있는 것이 아닌 점에서 청변처럼 [세 종류의 본질을] 모두 부정하는 방식으로 [그 어느 것에 대해서도] 말하지 않는 것은 아니다. (2) 둘째[478]는 ['상상의 대상이 본질인 현상'과 '의타적 발생이 본질인 현상'] 두 가지가 본질[인 현상]만을 부정할 뿐, '완성된 실재'는 부정하지 않는다. 원인과 조건에 의해 생겨난 것들[의 '자체적 본질이 없다[無自性]'는 본성]이 바로 공성(空性)이기 때문이다. (3) 셋째[479]는 '상상의 대상이 본질인 현상'만을

475) '자료9' 중 다음 텍스트(真諦三藏, 如其次第, 具遣三性, 立三無性, 一遣分別性, 立分別無相性, 二遣依他, 立依他無生性, 三遣真實性, 立真實無性性. 於一真如, 遣三性故, 立三無性, 具如『三無性論』. 是故真諦大同清辨. 而差別者, 清辨菩薩立而無當; 真諦師意存三無性非安立諦.)에 비추어 볼 때 P. N.에 따라 'mi'를 보충하는 것이 옳다.

476) 지금까지 살펴본 대로 원측은 '상상의 대상이 본질인 것'만을 부정하는 호법학파의 입장을 정설로 삼기 때문에 'ma'는 삭제되어야 옳다.

477) ZhT68.64.6-65.3.

478) 제2설은 앞서 언급한 『반야심경찬』 텍스트('각주361'과 '각주380') 중 다음(依此諸空, 分成兩釋. 依清辨宗, 自有二解. 一曰, 三中遣前二性, 非圓成實. 故『中論』曰, "因緣所生法, 是即說為空." 一曰, 三性五蘊皆空. 故『掌珍』曰, "無為無有實, 不起似空華." 準此應知圓成亦遣.)과 일치한다. 앞서 '각주380'에서 언급한 대로 원측이 '공성' 해석과 관련하여 '용수'와 '청변'을 구분하였음을 여기서 재차 확인할 수 있다.

479) 제3설은 '자료47' 중 다음 텍스트(若護法等依彌勒宗說空 · 有者, ... 惡取空者, 於依他上所執性無及於依他圓成性有俱不信受, 而作此執, '一切諸法都無所有', 是惡取空.)와 일치한다.

부정하며 [‘의타적 발생이 본질인 현상’과 ‘완성된 실재’] 두 가지가 본질[인 현상]을 부정하지 않는데 『유가사지론』 등의 경우이다. 이처럼 세 가지 설이 있지만 마지막 설이 올바르다. 이 경(=『해심밀경』)에 있는 문장과 일치하며 의미에 모순이 없기 때문이다.

위에서 원측이 지지하는 ‘명시적 진리’에 대한 제3설은 ‘세 종류의 본질’과 ‘세 종류의 자체적 본질 없음’의 관계 인식을 기준으로 볼 때 사실 앞서 ‘언어적 특징 없음’에 대한 제3설과 그 내용이 같다. 다만 ‘의타적 발생이 본질인 현상’과 ‘완성된 실재’의 긍정(=‘존재함’의 측면)과 ‘상상의 대상이 본질인 현상’의 부정(=‘비존재함’의 측면) 중 특정한 한 면만을 각각 부각시켜 말한 차이만 있을 뿐이다. 여기서 원측은 ‘상상의 대상이 본질인 현상’의 부정(=‘비존재함’)이, ‘언어적 특징 없음’에 대한 제1설 청변과 ‘명시적 진리’에 대한 제1설 (청변의 사유와 닮은) 진제(眞諦)의 이해와는 달리, 동시에 ‘의타적 발생이 본질인 현상’과 ‘완성된 실재’의 긍정을 함축한다고 인식한다. 앞서 ‘자료14’에서도 『해심밀경』의 ‘상상의 대상이 본질인 현상’의 부정(=‘언어적 특징 없음’)이 ‘의타적 발생이 본질인 현상’과 ‘완성된 실재’의 본성을 명시하기 위해 설해졌다고 보았듯이, 여기서도 ‘언어적 특징 없음’은 청변과 진제가 이해하듯 ‘세 종류의 본질’ 전체의 부정이 아니라 ‘의타적 발생이 본질인 현상’과 ‘완성된 실재’의 긍정을 함축하고 있음을 명시하였다. 즉, 『반야경』의 ‘언어적 특징 없음’ 설법은 실은 『해심밀경』의 ‘세 종류의 본질’이 지닌 ‘비존재함’ 측면의 본성(=‘세 종류의 자체적 본질 없음’)의 명시라는 점에서 양자의 ‘설법 주제’는 사실상 동일하며 상호 우열을 논할 수 없다고 인식하였던 듯하다.

요약하면, 원측은 호법과 현장을 따라[480] 『해심밀경』에 설해진 ‘세 종류의 본질’(=‘존재함’)과 ‘세 종류의 자체적 본질 없음’(=‘비존재함’=‘공함’)이라는 ‘명시적 진리’의 관점에서 올바로 이해되었을 때 제2시 ‘언어적 특징 없음’의 진리[理]는 실상 제3시 ‘명시적 진리’와 차이가 없다고 보았다.

---

480) ‘자료50’ 중 다음 텍스트(**護法**等說, **二時所說無相之理, 理無淺 · 深**. 而說『深密』為了義者, 約三性義決判諸『經』有 · (無)道理顯了說故, 名為了義, **非無相中有淺 · 深故說了義**也.) 참조.

(3) 제2시 『반야경』도 '궁극적 관점'에서 볼 때는 '료의'일 수 있다

우리는 여기서 다음과 같은 질문을 던질 수 있다. 만약 제2시와 제3시 설법의 주제가 '언어적 특징 없음'과 '세 종류의 본질'로 동일하다면 제2시 설법도 '명시적 진리'로 볼 여지가 있지 않을까? 「무자성상품」의 삼시교판('자료66'), 『반야심경찬』 속 '가르침이 행해진 계기' 인식('자료67'), 위 「서품」 속 '자료70~72'의 인식 등을 종합해 보면 제2시 '언어적 특징 없음'의 가르침은 '주제에서' 제3시 '세 종류의 본질'의 가르침과 동일하게 인식되면서도, '청중의 수행 능력에 따른 설법 방식의 암시성'과 '설법의 부정적 유산(=공함에 대한 집착)'으로 말미암아 여전히 '비명시적 진리'로 인식되고 있다.

그런데 흥미롭게도 원측은 「무자성상품」 삼시교판 경문 주석에서 제2시 설법과 관련하여 '명시적 진리와 비명시적 진리'에 대한 새로운 판단 기준을 제시하고 있어 주목할 만하다. 이와 관련하여 먼저 앞서 이이다가 주목한 '『반야경』도 '세 종류의 본질'을 설하고 있기 때문에 '명시적 진리'이다'라는 다소 파격적 주장을 담고 있는 부분을 살펴보자.

자료73

於中第二 · 第三法輪所說無相理無淺 · 深, 若依此理, 皆是了義, 而今第三為了義者, 具顯三種自性等故. 據實, 『般若』【亦說三性,】 應是了義, 從多分說, 故言不了. 故無性『攝論』第一卷云, "又如『大般若波羅蜜多經』中說, ""慈氏! 於汝意云何? 諸遍計所執中非實有性爲色非色?" "不也. 世尊!" "諸依他起中唯有名 · 想 · 施設 · 言說性爲色非色?" "不也. 世尊!" "諸圓成實中彼空 · 無我性爲色非色?" "不也. 世尊!" "慈氏! 由此門故應如是知, **諸遍計所執性**決定非有, **諸依他起性**唯有名 · 想 · 施設 · 言說, **諸圓成實**空 · 無我性是眞實有. ..." 又第四卷引『大般若』, "於五蘊中, 乃至佛法具有三性." 廣如彼說.[481)]

---

481) ZZ21 294b4-15; WX34 828a18-b12. 원측이 인용한 『무성석』 제1권(無性菩薩 釋, 玄奘 譯, 『攝大乘論釋』 권1, 「總標綱要分」 T31 382c2-9. '我依此故密意說言, "彼無二數, 謂是色等."'는 또 다른 복잡한 논의를 포함하므로 논지 전개의 간결성을 위해 인용에서 생략하였음)과 축약적으로 인용한 제4권(권4, 「所知相分」 T31 399b28-c13: 佛告慈氏, "若於彼彼行相事中, 遍計爲色爲受爲想爲行爲識, 乃至爲一切佛法, 依止名 · 想 · 施設 · 言說, 遍計以爲諸色自性, 乃至一切佛法自性, 是名**遍計所執**色, 乃至**遍計所執**一切佛法. 若復於彼行相事中, 唯有分別法性安立, 分別爲緣起諸戲論

· 假立 · 名 · 想 · 施設 · 言說, 謂之爲色, 乃至謂爲一切佛法, 是名**分別**色, 乃至**分別**一切佛法. 若諸如來出現於世, 若不出世, 法性安立, 法界安立. 由彼遍計所執色故, 此分別色於常常時於恒恒時是眞如性 · 無自性性 · 法無我性 · 實際之性, 是名**法性**色, 乃至由彼遍計所執一切佛法故, 此分別一切佛法於常常時於恒恒時, 乃至是名**法性**一切佛法.") 속 『대반야경』 한역 문장에 각각 대응하는 「미륵장」 산스뜨리뜨어 텍스트(순서대로 Conze and Iida 1968. 238-239, '47~50, 56~57, 60'과 238, '39~41': (47) Bhagavān āha: tat kiṃ manyase Maitreya yā **parikalpite rūpe'dravyatā** rūpaṃ vā tan na vāiti? (48) āha: no hīdaṃ Bhagavan. (49) (Bhagavān āha:) yā punas **tatra nāmasaṃjñāprajñaptivyahāra-mātratā** rūpam ity api nu tad rūpaṃ? (50) āha: no hīdaṃ Bhagavan. … (56) (Bhagavān āha:) … tat kiṃ manyase Maitreya yā **dharmatā-rūpasya** nairātmya-prabhāvitā-api nu tad rūpaṃ? (57) āha: no hīdaṃ Bhagavan. … (60) (Bhagavān āha:) **tad anena Maitreya paryāyeṇa-evaṃ veditavyaṃ** yad dharmatā-rūpam api na rūpaṃ na arūpaṃ, yan na rūpaṃ na-arūpaṃ tad advayam, **idaṃ ca saṃdhāya-uktaṃ mayā'dvayasyaiṣā gaṇanā kṛta yad idaṃ rūpam iti**… yāvad buddhadharmeṣu peyālaṃ karttavyaṃ. (39) Bhagavān āha: yā Matreya tasmin saṃskāranimitte vastuni rūpam iti nāma-saṃketa-prajñapti-vyavahāran niśritya rūpasvabhāvatayā parikalpanā-idam **parikalpitaṃ** rūpam… …yāvat ime **parikalpitā** buddhadharmāḥ. (40) yā punas tasya saṃskāranimittasya vastuno vikalpamātra-dharmatāyām avasthānatā vikalpapratītya-abhilapanatā tatra-idaṃ nāmasaṃjñāsaṃketaprajñaptivyavahāro rupam iti…yāvad buddhadharmā iti. idaṃ **vikalpitaṃ** rūpam…ime **vikalpitā** buddhadharmāḥ. (41) yā utpādād vā tathāgatānām anutpādād vā sthitaiveyaṃ dharmāṇāṃ dharmatā dharmasthitithā dharmadhātur yat tena parikalpita-rūpeṇa tasya vikalpitarūpasya nityam nityakālaṃ dhruvaṃ dhruvakālaṃ niḥsvabhāvatā dharma-nairātmyan tathatā bhūtakoṭir idaṃ **dharmatā**-rūpam…ime yāvad buddhadharmā.)와 그 영역(Conze 1975. 648-649), 제4권 문장의 프랑스어역(Lamotte 1973. 91, 각주4) 등을 참조하여 제1권 텍스트를 위와 같이 번역하였다.

여기서 확인 가능하듯이 「미륵장」과 『무성석』 제1권 텍스트가 정확히 일치하지는 않는다. 필자는 그 이유가 현장이 번역 과정에서 「미륵장」을 직접 참조하면서 편집을 시도했기 때문이라고 추측한다. 즉, (「미륵장」에서는 제1권 텍스트 앞에 등장하며 또 그것과 거의 일치하는) 『무성석』 제4권 텍스트의 용어 '변계소집(遍計所執, parikalpita)', '분별(分別, vikalpita)', '법성(法性, dharmatā)'이 순서대로 여타 유식 논서의 관용어 '변계소집성(遍計所執性)', '의타기성(依他起性)', '원성실성(圓成實性)'을 지칭함*을 전제한 후, 『무성석』의 독자들에게 제4권에 앞서 제1권에서 미리 그 등치를 각인시키기 위해 우선 「미륵장」에 없는('中'에 대응하는 'tatra'만 있음) 문구 '**諸依他起**'를 관련 문장 앞에 보충해 넣고, 이어서 「미륵장」의 'dharmatā-rūpasya'를 '**諸圓成實中**'으로 바꾸었을 뿐만 아니라, 마지막으로 그 등치를 재차 강조하기 위해 뒷부분에서 「미륵장」에는 없는(위 '(60)' 볼드 부분은 '慈氏! 由此門故應如是知, 我依此故密意說言, "彼無二數, 謂是色等."'에만 대응함) 정리 문장, 즉 '**諸遍計所執性決定非有, 諸依他起性唯有名 · 想 · 施設 · 言說, 諸圓成實空 · 無我性是眞實有**'까지 덧붙인 듯하다(*나가오(長尾雅人, 앞의 글 1982. 37)가 지적했듯이 양자의 등치는 『변중변론』(『辯中邊論』 권중, T31 470a23-28)에서 확인된다: 如何攝在三自性中? 頌曰: 此**所執分別　法性**義在彼/ 論曰. 此蘊等十各有三義. 且色蘊中有三義者. 一所執義色, 謂色之遍計所執性. 二分別義色, 謂色之依他起性. 此中分別以為色故. 三法性義色, 謂色之

이 가운데 제2와 제3의 진리의 수레바퀴를 통해 설하는 '언어적 특징 없음[無相]'의 진리 자체에 깊고 얕음[의 차이]가 없으며, 이 이치에 따른다면 [제2와 제3의 진리의 수레바퀴] 모두 '명시적 진리[了義]'인데, 지금 제3[의 진리의 수레바퀴만]을 '명시적 진리'라 하는 것은 '세 종류의 본질' 등을 모두 밝히고 있기 때문이다. 실상, 『반야경』도 '세 종류의 본질'을 설하고 있기 때문에 마땅히 '명시적 진리'라고 해야 하지만 다수의 경우[多分]를 따라 '비명시적 진리'라고 할 뿐이다. 그래서 『섭대승론(攝大乘論)』(=『무성석』) 제1권에서 다음과 같이 말한 것이다. "또 『대반야바라밀다경(大般若波羅蜜多經)』에서 다음과 같이 설하는 것과 같다. "'미륵[慈氏]이여! 네 생각에는 어떠하냐? '상상의 대상인 현상들[諸遍計所執]'과 관련된 '실체적 존재 없음[非實有性, adravyatā]'은 물질인가? 아니면 물질이 아닌가?' '[물질이] 아닙니다. 세존이시여!' ''의타적으로 발생한 현상들[諸依他起]'과 관련된 '이름[名, nāman], 개념[想, saṃjñā], 표현[施設, prajñapti], 말[言說, vyavahāra]로만 존재함[唯有名 · 想 · 施設 · 言說性, nāmasaṃjñāprajñaptivyahāra-mātratā]'은 물질인가? 아니면 물질이 아닌가?' '[물질이] 아닙니다. 세존이시여!' ''완성된 실재'들과 관련된 '공성'[空]과 '자체적 존재 없음'[無我性]은 물질인가? 아니면 물질이 아닌가?' '[물질이] 아닙니다.

圓成實性. 산스끄리뜨어 텍스트(Nagao 1964. 44): katham antarbhūtāḥ/**parikalpa-vikalpâ**rtha-**dharmmatâ**rthena teṣu te// Ⅲ.16 trividhaṃ rūpaṃ parikalpitaṃ rūpaṃ yo rūpasya parikalpitaḥ svabhāvaḥ/ vikalpitaṃ rūpaṃ yo rūpasya paratantraḥ(/) svabhāvas tatra hi rūpa-vikalpaḥ kriyate/ dharmmatā-rūpam yo rūpasya parisniṣpannaḥ svabhāvaḥ/). 이 가설 하에서 '諸遍計所執中非實有性'은 대응 산스끄리뜨어 '**yā parikalpite rūpe' dravyatā** rūpaṃ vā **tan** na vāiti?(**상상된 물질과 관련된 실체 없음이** 물질인가 그렇지 않은가?)'*에 따라 '상상의 대상인 현상들과 관련된 실체적 존재 없음'으로, '諸依他起中唯有名 · 想 · 施設 · 言說性'은 대응 산스끄리뜨어 'tatra nāmasaṃjñāprajñaptivyahāra-mātratā(그것과 관련된 이름, 개념, 표현, 말일 뿐임)'에 따라 '의타적으로 발생한 현상들과 관련된 이름, 개념, 표현, 말로만 존재함'으로 번역하였다(*이 구문은 직전의 '변계소집색' 규정(Conze and Iida, *op. cit.*, 238, '43': Bhagavān āha: yan Maitreya parikalpitaṃ rūpam idam **adravyaṃ** darṣṭavyaṃ.(세존께서 말씀하셨다. "미륵아! 상상의 대상인 물질 이것은 **실체가 없다**고 보아야 한다."))을 전제로 다시 질문한 부분이다. 콘제 번역(Conze, *op. cit.*, 649: What do you think, Maitreya, is form, etc. the nonsubstantiality of **form**, etc. or is it not?)은 두 번째 'form' 앞에 'parikalpite'에 대응하는 'what is imagined'를 누락한 듯하다).
한편 제1권 텍스트에서 '遍計所執', '依他起', '圓成實' 앞에 모두 '諸'를 붙인 이유도 제4권 텍스트의 '변계소집', '분별', '법성' 세 종류 각각이 '물질[色, rūpa]'에서 '모든 붓다의 특성[一切佛法, buddhadharma]'까지 수많은 현상들을 포괄한다는 서술(밑줄 부분)을 염두에 두었기 때문인 듯하다.

세존이시여!' '미륵이여! 이 관점[門]을 통해 다음과 같이 알아야 할 것이다. 즉, '**상상의 대상이 본질인 현상**'은 결코 존재하는 것이 아니며, '**의타적 발생이 본질인 현상**'은 이름, 개념, 표현, 말로만 존재하며, '**완성된 실재**'인 '공성'과 '자체적 존재 없음'은 실재로서 존재한다. …"" 또 제4권에서는 『대반야경』의 "다섯 더미[五蘊]에서 붓다의 특성[佛法]에 이르기까지 모두 '세 종류의 본질'이 있다"라는 구절을 인용하고 있다. 자세한 것은 거기서 설한 대로이다.

여기서 '명시적 진리'의 기준으로 새롭게 제시된 것은 제3시 『해심밀경』의 '설법 주제'인 '세 종류의 본질' 등(='세 종류의 본질'과 '세 종류의 자체적 본질 없음')'이다. 원측은 무성 『섭대승론석』이 인용하는, 드물게 발견되는 『반야경』 속의 '세 종류의 본질'(遍計所執性, 依他起性, 圓成實空無我性)을 경증으로 삼아 '실상[據實]' 제2시 『반야경』도 '세 종류의 본질'을 설하고 있기 때문에 '명시적 진리'라고 단언하고 있다. 원측의 이러한 관점은, 앞서 하다니가 언급한 『인왕경소』 속 『섭대승론』의 '삼종색(三種色)'에서 확인할 수 있듯이, 『반야경』의 '공하다'는 말의 숨은 주어를 '세 종류의 본질'로 이해하고 있는 유식사상가들에 근거하고 있다.482) 여기서 원측은 "세 종류의 본질'과 '세 종류의 자체적 본질 없음'이라는 설법 주제'를 근거로 『반야경』마저도 '명시적 진리'로 단정하면서 제2시 설법을 '비명시적 진리'로 명시한 경문의 해석학적 전제를 깨버리는 듯한 인상을 준다. 다만 원측도 이 파격의 위험성을 의식했는지 '다수의 경우[多分]'라는 조건을 달아 '다수의 『반야경』'에서는 '명시적으로' '세 종류의 본질'을 설하지 않기 때문에 『반야경』을 '비명시적 진리'라고 부른다고 해명하고 있다.

이어서 원측은 『반야경』을 '명시적 진리'로 볼 수 있는 또 다른 근거로 『반야경』 자체가 '설법 청중'에 따라서 '명시적 진리'와 '비명시적 진리'로 구분될 수 있음을 다음과 같이 말한다.

482) 원측은 『반야심경찬』 '오온개공' 주석에서도 『중변분별론』의 '삼종색(三種色)'을 인용하고 있다(T33 544c3: 『中邊』曰, "蘊有三種, 一所執蘊, 二種類蘊, 三法性蘊.").

자료74

又解, 『般若』自有二種, 一深, 二淺, 深即了義, 淺即不了. 故『智度論』第一百云, "... 復次『般若』有二種, 一者共聲聞說, 二者但為十方住第十地大菩薩說, 非九地所聞, ... 『般若』總相是一, 而深 · 淺有異." 具說如彼. 准知『波若』有了 · 不了.[483]

또 다음과 같이 해석할 수 있다. 즉, 『반야경』 자체에 두 종류, 즉 심오한 것과 보통의 것이 있는데, 심오한 것이 '명시적 진리'이며 보통의 것이 '비명시적 진리'이다. 그래서 『대지도론』 제100권에서 "... 또 『반야경』에는 두 종류가 있으니, 첫째는 성문과 함께하며 설한 것이며, 둘째는 오직 온 세상에 있는 제10지(地) 경지의 큰 보살들에게만 설해지고 [나머지] 아홉 지 [경지의 보살들]은 들을 수 없는 것이다 ... 『반야경』은 일반적인 특징은[總相] 동일하지만 [설법 대상에 따라] 심오한 것과 보통의 것이라는 차이가 있다"라고 말한다. ... [이에] 비추어 『반야경』에도 '명시적 진리'와 '비명시적 진리'[의 차이]가 있음을 알 수 있다.

원측은 중관 논서 『대지도론』을 경증으로 삼아 『반야경』의 가르침 자체는 청중의 수행 능력과 무관한 보편적 특징[總相]을 지니고 있지만, 수용의 측면에서 볼 때 우열[深淺]이 엄연히 존재함을 인정하고 있다. 즉, '언어적 특징 없음'을 올바르게 이해할 수 있는 제10지(地) 보살에게만 설해지는 『반야경』의 가르침은 '심오한 가르침'(='명시적 진리')으로, 그보다 낮은 경지의 수행자들에게도 더불어 설해지는 『반야경』의 가르침은 '심오하지 못한 가르침'(='비명시적 진리')으로 구분하고 있다. 이에 따른다면 제10지 보살은 『해심밀경』과 같은 명료한 설명 없이도 『반야경』의 '언어적 특징 없음'의 가르침을 곧바로 진리로서 직관할 수 있는 수행자이며, 그의 마음속에서는 '언어적 특징 없음'이 곧 '명시적 진리'이기 때문에 논리적으로는 제3시의 설법이 불필요할 것이다. 삼시 설법이 '물리적 시간의 순서에 따른 것이 아님[不約年月時節前後]'을 원측이 강조한 것도[484] 이러한 맥락에서 이해할 수도 있을 것이다.

---

483) ZZ21 294b15-c1; WX34 828b12-829a4.

484) ZZ21 293a18-20; WX34 826a8-11: 今解諸說, 四諦者為第一教, 說無相者為第二教, 若約三性 · 三無性等具顯有 · 無'盡理〈理盡〉說者為第三教, 不約年月 · 時節前後辨三時教.(지금 제 설을 해석해 보면 '네 가지 진실[四諦]'이 제1[시]의 가르침이 되며, '언어적 특징 없음[無相]'을 설한 것이 제2[시]의 가르침이 되며, '세 종류의 본질[三性]', '세 종류의 자체적 본질 없음[三無性]' 등에 의

요약하면, 원측은 제2시 '언어적 특징 없음'이 '명시적 진리'가 될 수 있는 근거로 '세 종류의 본질'이라는 '설법 주제'와 수행자의 '높은 경지'를 들고 있는데, 필자가 볼 때 두 경우 모두 일종의 '관점의 전환'을 전제로 하고 있는 듯하다. 이와 관련해서 주목해야 할 것은 '**據實**'이라는 표현이다. 원측의 언어 습관에서 '**據實**' 또는 '**理實**'은 인식론적 맥락에서 '궁극적 견지에서 보면' 정도의 어감을 지니고 있으며, 수사학적 맥락에서 결론적 판단을 내릴 경우에만 사용하는 무게 있는 표현이다.[485] 특히 전자와 관련하여 자신의 주장과 얼핏 상충되어 보이는 이 설을 '자신의 궁극의 관점'에서 재해석하여 동일하게 인식할 때 '**據實**'이 사용되는 경우가 보인다.[486] 위 경우에도 원측은 「무자성상품」 '삼시교판' 경문에서 '암시적으로 공을 설한' 비명시적 가르침으로 규정한 『반야경』도 "실상 궁극의 관점에서 보면" '명시적으로 '세 종류의 본질'을 설하고' 있기 때문에 '명시적 진리'라고 재해석하고 있는 듯하다.

4) 중관과 유식 사상을 보는 해석학적 지평

그렇다면 원측 자신이 서 있는 '궁극의 관점'은 무엇인가? 이와 관련하여 『해심밀경소』의 맨 처음에 등장하는, 대작의 웅혼한 서곡을 연상시키는 다음 서술은 주목할 만하다.

거하여 '존재함[有]의 진리'와 '비존재함[無]의 진리'를 모두 남김없이 설명한 것이 제3[시]의 가르침이 될 뿐이며, 연월과 때의 전후를 기준으로 삼시의 가르침을 구별한 것은 아니다.)

485) '**據實**'과 '**理實**' 모두 'yaṅ dag paḥi don du na'(진리의 관점에서 보면)로 번역된다. 예를 들어 「서품」 '붓다 가르침의 본질[教體]' 논의(ZZ21 173b20-c1; WX34 586a6-12: 所以如是諸教異者, 三藏解云. **據實**, 皆用名等爲體, 而諸聖教, 各據一義, 故不相違. 所以者何? 以假從實, 用聲爲體. 離聲無別名句等故. 以體從用, 名等爲體. 能詮諸法自性差別, 二所依故. 假實相藉, 合說爲體. 隨闕一種, 說不成故. 生解究竟必由文義. 是故諸說互不相違.)와 「무자성상품」 경문 '由遍計所執自性相故, 彼諸有情, 於依他起自性及圓成實自性中, 隨起言說.' 주석(ZZ21 265c4-5; WX34 770a16-17: **理實**, 二性皆離名言, 而由遍計所執相故, 於二相中, 有言說起.)

486) 예를 들어 용수도 유식사상가들과 마찬가지로 8식을 믿었다는 점을 강조하면서 '**據實**'을 사용한다(「심의식상품」 ZZ21 240c9-15; WX34 720a16-b1: 問. 若爾, 如何『大品經』等唯說六識? 護法會釋, 如『成唯識』第五卷說, "然有『經』中說六識者, 應知彼是隨轉理門, 或隨所依六根說六, 而識類別實有八種." 問. 豈不龍猛唯立六耶? 解云. **據實**, 龍猛等信有七·八. 位在極喜大菩薩故. 而彼『論』中說六識者, 述『大品經』等意, 故不相違.) 이 텍스트의 한국어 역주는 장규언 2013a. 159-160 참조.

자료75

竊以, 眞性甚深, 超衆象而爲象; 圓音秘密, 布群言而不言, 斯乃卽言而言亡, 非象而象著. (非象而象著),[487] 理雖寂而可談; 卽言而言亡, 言雖弘而無說. (無說)故嘿不二於丈室; 可談故辨三性於淨宮. 是故慈氏菩薩說**眞·俗**而並存; 龍猛大士談空·有而雙遣. 然則, 存不違遣, 唯識之義彌彰; 遣不違存, 無相之旨恒立. 亦空亦有, 順成二諦之宗, 非有非空, 契會中道之理. 故知! 迷謬者說空而執有; 悟解者辨有而達空.[488]

가만히 생각해 보면, '진성(眞性)'은 깊디깊어 뭇 형상[象]을 초월하면서도 형상을 이루며, [붓다의] '원음(圓音)'은 비밀스러워서 여러 종류의 말[言]을 펼치면서도 말하지 아니하는데, 이는 곧 ['원음'은] 말과 맞닿아 있으면서도 말이 없으며, ['진성'은] 형상이 아니면서도 형상을 통해 드러난다는 의미이다. 형상이 아니면서도 형상을 통해 드러나기에 ['진성'의] 진리[理]는 비록 고요하지만 말할 수 있으며, 말과 맞닿아 있으면서도 말이 없기에 ['원음'의] 말은 비록 선포되더라도 말함이 없다. 말함이 없기 때문에 [유마 거사께서는][489] 사방 한 장(丈) 방안에서 '둘이 없음[不二]'에 대해 침묵하셨고, 얘기할 수 있기에 [미륵 보살께서는] 청정한 궁전(=도솔천)에서 '세 종류의 본질[三性]'을 명시하셨다. 그러므로 자씨(慈氏=미륵) 보살께서는 **'궁극적 진리[眞諦]'와 '세상의 진리[俗諦]'**를 말씀하시면서 [현상이 '자체적 본질 없이 공함

487) 대응 SNST는 비록 부분적으로 구두가 자연스럽지 못하지만 충실한 직역이기 때문에 밑줄 부분을 근거로 한문 '非象而象著'를 보충할 수 있다(이어지는 '無說'도 마찬가지임). ZhT68.3.20-4.12: yaṅ dag paḥi ṅo bo ñid ni śin tu zab ciṅ gzugs kyi dṅos po rnam pa sna tshogs las yoṅs su ḥdas kyaṅ/ gzugs kyi dṅos por snaṅ la(/) yoṅs su rdsogs paḥi gsuṅ gsaṅ ba skye dguḥi rjes su gsuṅ bar mdsad kyaṅ gsuṅ ba mi mṅaḥ ste/ de ni ḥdi skad du/ (tshig tu brjod kyaṅ)* tshig las rab tu dben ṣiṅ **gzugs ma yin pa yaṅ** gzugs su ston te/ gzugs ma yin par⟨pa⟩** yaṅ gzugs su ston paḥi tshul ni rab tu ṣi ba yin mod kyi/ tshig tu brjod pa yaṅ yod do ṣes stan to/ /tshig tu brjod kyaṅ tshig las rab tu dben la/ bstan pa rgya cher gsuṅs kyaṅ tshig med do/ tshig med paḥi phyir dri ma med par grags paḥi gnas su caṅ mi smra bar gyur pa daṅ/ (tshig tu brjod pa yaṅ yod paḥi phyir)*** gṣal med khaṅ yoṅs su dag par ṅo bo ñid gsum rnam par phye ba yin te/ deḥi phyir ḥphags pa byams pa las don dam pa daṅ/ kun rdsob gñi ga yod par rnam par gṣag la/ skyes bu chen po klu sgrub kyis ni stoṅ pa daṅ/ yod pa gñis ka yaṅ yoṅs su gsal⟨bsal⟩**** ba yin no/ *'卽言' 대응 번역을 보충하는 것이 자연스럽다. **'非象而'에 대한 번역어(직전의 볼드 부분)의 일관성 측면에서 'par'를 'pa'로 교정하는 것이 자연스럽다. ***'可談' 대응 번역을 보충하는 것이 자연스럽다. ****P. N.을 따라 'gsal'을 'bsal'로 교정하는 것이 옳다.)

488) ZZ21 171b19-c3; WX34 582a6-14.

489) 대응 SNST(ZhT68.4.7: dri ma med par grags pa)에 의거 보충했음.

[自性空]'과 현상이 '원인과 조건에 의존하여 존재함[緣生有]'을]490) 함께 긍정한 반면, 용맹(龍猛)(=용수) 대사(大士)께서는 [현상이 '자체적 본질' 없이] '공함[空]'과 [현상이 원인과 조건에 의존하여] '존재함[有]'을 말하면서 [현상이 '자체적 본질로서 존재함[實有=自性有]'과 현상 자체가 '공함'을] 모두 부정하셨다. 그렇다면 [자씨 보살의 현상이 '자체적 본질 없이 공함'과 현상이 '원인과 조건에 의존하여 존재함'] 긍정[存]이 [용맹 대사의 현상이 '자체적 본질로서 존재함'과 현상 자체가 '공함'] 부정[遣]과 모순되지 않는다는 점에서 유식(唯識)의 의미는 더욱 명료해지며, [용맹 대사의 현상이 '자체적 본질로서 존재함'과 현상 자체가 '공함'] 부정이 [자씨 보살의 현상이 '자체적 본질 없이 공함'과 현상이 '원인과 조건에 의존하여 존재함'] 긍정과 모순되지 않는다는 점에서 '언어적 특징 없음[無相]'의 의미는 항상 성립한다. ['궁극적 진리' 차원에서 자체적 본질은] 공하며[亦空] ['세상의 진리' 차원에서 현상은 원인과 조건에 의존하여] 존재한다[亦有]는 점에서 ['궁극적 진리'와 '세상의 진리'] **'두 차원의 진리[二諦]'**라는 핵심 주장에 부합하며, [자체적 본질은] 존재하지 않으며[非有] [현상 자체는] 공하지 않다[非空]는 점에서 ['존재에 대한 집착'과 '공함에 대한 집착' 양극단을 벗어난] 중도(中道)의 진리에 부합한다. 그러므로 알라! 미혹한 자는 [현상이 '자체적 본질' 없이] '공함[空]'을 말하면서도491) [그 '공함'이 별개의 '공한 현상'으로서] '존재한다[有]'고 집착하지만, 깨달은 자는 [현상이 원인과 조건에 의존하여] '존재함'을 밝게 알아 [그 원인과 조건에 의존하여 존재하는 현상의 본성이 바로] '공성[空]'492)임을 완전히 깨닫는다.

위에 따르면 '진성(眞性)'과 '원음(圓音)'으로 표현되는 붓다의 진리는 '침묵'과 '말'의 두 가지 방식으로 전달되는데, 원측은 그중 유마(維摩) 거사의 침묵의 설법을 계승한 중관 사상가 용수와 '세 종류의 본질'을 설한 미륵을, 앞서 '언어적 특징 없

490) [ ] 안은 앞서 소개한 원측의 '언어적 특징 없음'과 '명시적 진리' 설법 인식과 '두 차원의 진리' 및 '세 종류의 본질'을 중심으로 '아비다르마-중관-유식'에 이르는 불교 해석학사를 다룬 기존 논의(이종철, 앞의 글 1999.; 齋藤 明 2010.)를 참조하여 보충하였다.

491) 대응 SNST(ZhT68.4.18: 'stoṅ par bśad pa thos na'('공하다'고 설하는 것을 들으면서))에 의해 보충하여 번역하였다.

492) 대응 SNST(ZhT68.4.19-20: yod pa ñid stoṅ pa ñid du rtogs so('존재함[有]' 자체를 '공성[空]'으로 이해한다))에 의해 보충하고 번역하였다.

음'과 '명시적 진리' 해석(각각 '자료71'와 '자료72') 중의 제3설 지지에서 암시되었듯이, 근원적으로 동일한 진리를 설한 이로 이해하고 있다. 즉, '조건적 현상[緣生法]의 긍정[有]'과 '자체적 본질[自性]의 부정[無]'을 동시에 얘기함으로써 한편으로는 침묵에 현혹되어 조건적 현상마저 없다고 보는 입장도 부정하고[非空] 다른 한편으로는 말에 현혹되어 자체적 본질에 집착하는 입장도 부정하는[非有] 것이 용수의 중도(中道)이며, 그 한 측면인 '언어적 특징(=자체적 본질) 없음'의 논리가 동시에 그 또 다른 측면인 '조건적 현상의 긍정'을 함축한다는 점에서 유식성[唯識=唯識性, vijñaptimātratā], 즉 '마음과 무관한 자체적 본질은 없으며 그것에 떠오른 조건적 현상만이 있을 뿐이라는 진실'의 의미를 보다 잘 명시한다고 본다. 또 그는 '중도'의 부정의 언어와 달리, '궁극적 진리[勝義諦=眞諦] 차원에서' 말해질 수 없는 '완성된 실재'를 긍정하면서 동시에 '세상의 진리[世俗諦=俗諦] 차원에서' '의타적 발생이 본질인 현상'을 긍정하는 언어가 미륵의 두 차원의 진리[二諦]이며, 그 논리가 '조건적 현상(='의타적 발생이 본질인 현상')이 자체적 본질(='상상의 대상이 본질인 현상')이 없이 공함'이 '궁극적 진실'(='완성된 실재')임을 함축한다는 점에서 '언어적 특징(=자체적 본질) 없음'의 진리를 확고하게 뒷받침한다고 본다. 원측의 양자 간 연속성과 동일성 인식의 논리를 좀 더 구체적으로 확인하기 위해 표로 정리해 보면 다음과 같다.

〈표6〉 '이제'와 '삼성'의 관점에서 통일적으로 이해된 중관과 유식 사상의 상호 관계

		붓다 진리(眞性=圓音)의 두 측면	
		침묵(超衆象=不言=言亡=非象=理寂=無說)	말(爲象=布群言=卽言=象著=言弘=可談)
상징적 사건		유마 거사의 침묵	미륵 보살의 삼성 설법
미륵의 해석	이제	'진제(眞諦)의 관점에서' 공(空=自性空=空性) 긍정[存]*	'속제(俗諦)의 관점에서' 유(有=緣生有=緣生法) 긍정[存]
	삼성	원성실성 긍정[亦空] ↓ **‖변계소집성 부정 =실유(實有)의 부정〈非有〉*‖	의타기성 긍정[亦有] ↓ ‖악취공(惡取空)의 부정〈非空〉‖
용맹의 해석	이제	'진제의 관점에서' 유(有=實有)의 부정〈遣〉=〈非有〉	'속제의 관점'에서 공(空=惡取空) 부정〈遣〉=〈非空〉

<table>
<tr><th colspan="2" rowspan="2"></th><th colspan="2">붓다 진리(眞性=圓音)의 두 측면</th></tr>
<tr><th>침묵(超衆象=不言=言亡=非象=理寂=無說)</th><th>말(爲象=布群言=卽言=象著=言弘=可談)</th></tr>
<tr><td></td><td>삼성</td><td>변계소집성 부정
↓
‖원성실성 긍정‖</td><td>‖의타기성(有=緣生有) 긍정‖</td></tr>
<tr><td rowspan="2">동일성의 지평</td><td>'유식'과 '무상'</td><td colspan="2">'유식'은 '언어적 특징 없음[無相]'(=변계소집성의 부정)을 통해 명시되는 '존재함[有]'(=의타기성)의 '진실'(=원성실성=유식성唯識性)이다.</td></tr>
<tr><td>'이제'와 '중도'</td><td colspan="2">붓다는 '진제' 차원에서 자체적 본질이 '공함'의 진리를 밝혀[亦空] '존재에 대한 집착[有性法執=有執=有見]'을 제거하였고[非有]
또 '속제' 차원에서 조건적 현상이 '존재함'의 진리를 밝혀[亦有] '공함에 대한 집착[空執=無執=空見=惡取空]'을 제거함[非無]으로써
모든 중생으로 하여금 '존재함'과 '공함' 양자 관련 극단주의로부터 벗어나서 '중도'를 깨닫게 하고자 하였다.</td></tr>
</table>

*[ ]: 긍정의 관점, 〈 〉: 부정의 관점
**‖ ‖: 명시되지는 않았지만 실질적으로 함축하고 있는 의미

앞에서 명시했듯이, 원측은 미륵의 '두 차원의 진리'의 관점에서 용수가 말한 '언어적 특징 없음'(=공성)이 "일상적 진리 차원에서' 인식되는 조건적 현상인 '의타적 발생이 본질인 현상'(=현상[法])은 '궁극적 진리 차원에서' 보면 '상상의 대상이 본질인 현상'이 없는 상태인 '완성된 실재'(=유식성唯識性)'가 그 진실(='현상의 본성[法性])임을 의미한다'고 재해석하고 있으며, 이에 근거하여 '언어적 특징 없음'은 "실상" '세 종류의 본질'을 설했다고 본 것이다. 따라서 그는 문제의 『반야경』이 '세 종류의 본질'을 설하고 있기 때문에 '명시적 진리'라는 말을, 그것을 '비명시적 진리'로 단정한 「무자성상품」 경문과 모순 없이 이해하기 위해, '"궁극적 진리 차원에서" 『반야경』 역시 '세 종류의 본질'을 설하고 있다'고 읽은 것이다. 또 이러한 관점에서 볼 때 '자료74'의 제10지 보살은 '궁극적 진리의 경지'에 도달한 존재로 이해할 수 있을 것이다. 나아가 이러한 관점 또는 경지에서 보면, 위 문장의 미륵과 용수가 그렇게 인식했듯이, 제2시와 제3시 설법 간의 차이는 "사실상" 없어지고 만다. '자료71'과 '자료72'에 각각 보이는 "명시적 진리'의 관점에서 올바르게 이해한 '언어적 특징 없음'"과 '명시적 진리'가 "사실상" 같다는 인식도 이런 맥락에서 이해할 수 있을 것이다.

짐작 가능하듯이, 위와 같은 중관과 유식 사상 간의 동일성 또는 비모순성, 나아

가 상보성 인식이 '공-유 논쟁' 속 청변과 호법 간 비모순성 또는 상보성 인식으로 이어진 것이다. 이 점을 재차 확인할 수 있는 곳은 『해심밀경소』「서품」 속 '붓다 가르침의 본질[教體]' 논의에서 붓다의 '설법(說法)' 여부에 대한 불교사상가들의 해석을 소개하는 곳이다. 거기서 원측은 호법을 미륵의 '두 차원의 진리'를 계승한 사상가로 이해하고, 그 관점에서 청변을 포용할 수 있음을 보여준다.

자료76

kun rdsob kyi dbaṅ du mdsad paḥi phyir ni saṅs rgyas kyis bśad do/ /ṣes bstan pa yin la/ don dam pa la brten nas ni ma bśad do ṣes brjod pa yin te/ deḥi phyir bstan bcos śin tu rgyas pa brgya pa las don dam paḥi tshul la ni/ rnam par rtog paḥi spros pa thams cad chad paḥi phyir/ de bṣin gśegs pa rnams chos gaṅ yaṅ brjod du yod paḥam/ chos gaṅ yaṅ cuṅ zad dmigs su yod pa ma yin yaṅ kun rdsob kyi rjes su rnam par gṣag pas ñes pa med do ṣes bśad do/[493]

解云. (由世俗故言說法, 依勝義故言'不說'. 故『廣百論』云, "勝義理中, 一切分別戲論絶故, 非諸如來有法可說, 或可, 有法少有所得. 而隨順世間施設故無有過.")[494]

해석한다. 세상[의 진리] 차원에서 보았기 때문에 '[붓다는] 설했다'고 하며, 궁극[적 진리] 차원에서 보았기 때문에 '[붓다는] 설하지 않았다'고 말한다. 그래서 『광백론』에서 "궁극적 진리[勝義理] 차원에서는 모든 분별(分別)의 말장난[戲論]이 끊어져 있기 때문에 여래들에게 설할 만한 무엇이 있다던지 조금이라도 인식될 만한 무엇이 있는 것은 아니다. 하지만 [실재하지 않는 '인식 주체[能見]'와 '인식 대상[所見]'을 있다고 보는 어리석은 자들의 지독한 교만[增上慢]으로 말미암은 잘못된 견해[見]를

493) ZhT68.29.2-8. 직전의 질문 부분(ZZ21 174a3 이하: 問. 若正教佛自說者, ...)부터 '依土差別者'(175a16) 직전까지 한(漢)-장(藏) 텍스트 간 구성이 불일치한다. 위 텍스트는 최둡 당시에는 '解云(ZZ21 174a8)'과 '不說(174a9)' 사이에 존재했었지만 모종의 이유에서 후대 사본에서는 생략되었으리라 추정되는 한문 텍스트의 티벳어역이다.

494) 괄호 안은 위의 티벳어 텍스트에 근거한 한문본 복원이다. 인용된 『광백론』 전후 문장(『大乘廣百論釋論』 권5, 「破時品」 T34 213c24-214a2)은 다음과 같다: 勝義理中二俱不許, 一切分別戲論絶故, 非諸如來有法可說, 亦無有法少有所得. 故『契經』言, "如來昔在燃燈佛所, 無有少法可說可取." 若爾, 精進則爲唐捐, 應棄如來甘露聖教? 爲欲方便除倒見執, 施設二事, 俱無有過. 旣言一切所見 · 能見皆無所有, 云何無過? **雖無眞實所見 · 能見, 而諸愚夫顚倒謂有, 爲欲除彼增上慢見,** 隨順世間施設無過. 볼드 부분을 참조하여 대괄호 속 번역문을 보충하였다.

제거하기 위해] 세상[의 관습]에 따라 [그 양자가 없다고] 말하는 것은 잘못이 없다" 라고 말한 것이다.

원측이 본 호법은 '궁극적 진리 차원에서는' '말할 수 있는 것'과 '인식될 수 있는 것[所得]'(=존재하는 것)이 아무것도 없다고 보면서도, '세상의 진리의 차원에서' 궁극적 진리에 대한 잘못된 견해[見]를 교정하기 위해 사용하는 말의 의의를 인정하고 있다. 위 주제가 그 일부로 포함된 '본질과 영상[本影]' 관련 '붓다 가르침의 본질' 논의에서 그는 미리 궁극적 진리 차원에서 침묵을 긍정한 점에서 양 사상가가 만날 수 있음을 다음과 같이 암시하였다.

자료77

四本 · 影俱無者, 清辨菩薩依勝義諦立 '一切法其性皆空'. 或可, 護法【就勝義諦】作如是說, '【如來聖教】本 · 影俱無'. 勝義諦中無言等故.495)

['붓다 가르침의 본질'을 '본질과 영상의 유무[本影有無]'와 관련지어 논하는 관점 중] 넷째 [붓다의 가르침에는 여래가 직접 설한 소리[音聲], 이름[名], 문장[句], 음소[文]인] 본질(本質)과 [그것들이 청중의 마음[識]으로 변화한 형태인] 영상(影像)이 모두 없다[고 주장하]는 경우는 다음과 같다. 청변 보살은 궁극적 진리 차원에서 '[소리, 이름, 문장, 음소, 마음 등] 모든 현상은 그 자체적 본질이 모두 공하다'고 주장한다. 또는 호법 [보살] 역시 궁극적 진리 차원에서 이와 마찬가지로 '여래, 즉 성자(聖者)의 가르침에는 본질[本]과 영상[影]이 모두 없다'고 설했다고도 할 수 있다. 왜냐하면 궁극적 진리 차원에서는 말 등이 없기 때문이다.

위에서 확인할 수 있듯이 원측은 호법 역시 청변과 마찬가지로 궁극적 진리 차원에서 붓다가 그 어떤 형태로든 말하지 않았다고 보면서 그 침묵의 의미를 중시하였다고 인식하였으며, 그 관점에서 호법 속에 청변을 포용할 수 있다고 이해한 듯하다.

---

495) 『解深密經疏』 권1, 「序品」 ZZ21 173c21-24; WX34 586b14-17. 직전 텍스트(173c3 이하: 本影有無者, 如來聖教四法爲體, 所謂**音聲 · 名 · 句 · 文身**. 如是四法, **如來自說名爲本質**, **聞者識變名之爲影**. 如是本影有無差別, 總約諸宗有其四句. 一有本無影, ...)를 참조하여 대괄호 속 번역문을 보충하였다.

5) 요약과 원측 해석의 불교 사상사적 의의

이상 원측 '삼시교판' 해석의 핵심이라고 판단되는 제2시와 제3시 설법 간의 동일성과 차이에 대한 원측 인식의 특징적인 면을 간략하게 살펴보았다. 첫째, 『해심밀경』의 주석가 원측은 「무자성상품」의 삼시교판의 해석학적 전제에 따라 '언어적 특징 없음'과 '명시적 진리' 설법은 '공성'이라는 (1)설법 주제[所詮]를 공유하지만, (2)상이한 청중의 수행적 지향과 능력에 따라 각기 다른 방식으로 설해진 가르침이며, 또 (3)논쟁의 야기와 종식이라는 관점에서 양자 간에는 '결과적으로' 우열이 존재한다고 인식했음을 밝혔다. 둘째, 위의 해석학적 전제가 함축하고 있는 의미를 보다 구체적으로 밝혀 제2시 '비명시적 진리'와 제3시 '명시적 진리' 설법 간의 차이는 설법 주체 측면의 중생의 능력에 따른 '설법 방식의 차이'와 설법 수용 측면의 '설법 효과의 차이'(=부정적 유산의 유무)를 의미함을 지적하였다. 셋째, 양자 간 차이와 동일성에 대한 원측 인식이 기반하고 있는 교리적 또는 불교사관적 근거를 조명하여 원측이 스스로 '공성'을 진정으로 이해하고 있다고 자부하는 유식 사상의 '명시적 진리'의 입장에서 제2시 '언어적 특징 없음' 설법을 제3시 '세 종류의 본질' 설법과의 관계 속에서 '명시적 진리'로 재해석함으로써 양자를 통합적으로 인식하려 했음을 지적하였다. 마지막으로 이 인식의 연장선상에서 "제2시 『반야경』이 '세 종류의 본질'을 설하고 있기 때문에 '명시적 진리'이다"라는 원측의 일면 파격적인 주장도 '궁극적 진리[勝義]의 관점'에서 볼 때 '언어적 특징 없음'은 '존재함'과 '비존재함' 두 측면을 포괄하여 이루어진 '세 종류의 본질' 설명으로 이해 가능하다는 의미를 함축하고 있음을 밝혔다. 이상 '명시적 진리와 비명시적 진리'에 대한 원측 해석은 대략 다음과 같이 정리해 볼 수 있을 것이다.

〈표7〉 '료의'와 '불료의' 인식의 기준과 근거

<table>
<tr><th rowspan="2"></th><th colspan="3">설법의 구성요소</th><th colspan="2">설법의 결과</th><th rowspan="2">종합 판단
(a.관점 b.인식 c.의미
d.사상사적 근거)</th></tr>
<tr><th>설법
주제
[所詮宗]</th><th>설법 대상
[所爲]</th><th>설법
방식
[隱/顯]</th><th>설법 효과</th><th>부정적
유산</th></tr>
<tr><td>(1) 제1시
『아함경』</td><td>4제</td><td>성문을
지향하는
자[發趣聲
聞乘者]</td><td>의미를
숨기고
[說有
隱空]</td><td>아집 제거
[能除
我執]</td><td>법집
(法執)</td><td>미료의
(= 불료의)
(b.사제 = 불료의
c.1.설법 방식의 측면에서 '무'를 숨기고
2.수용의 측면에서 '결과적으로' 법집 유발
d.대승의 소승 인식 = '자료70'의 아비다르마 논사 비판)</td></tr>
<tr><td rowspan="2">(2) 제2시
『반야경』</td><td rowspan="2">공[一切
法皆無
自性...]=
무상
(無相)</td><td>대승
수행자
[發趣修大
乘者=發
趣菩薩乘
者]=제9
지 보살
이하</td><td rowspan="2">의미를
숨기고
[說空
隱有]</td><td>법집
점진적
제거
[漸斷有性
法執]</td><td>공집
(空執)</td><td>A. 미료의
(b.공 = 불료의
c.1.설법 방식의 측면에서 '유'를 숨기고
2.수용의 측면에서 '결과적으로' 공집 유발
d.'유식 사상'의 '중관 사상'에 대한 우월적 · 단절적 인식 ='자료70'의 용수, 제바와 '자료71'의 청변에 대한 부정적 인식)</td></tr>
<tr><td>제10지
보살</td><td></td><td></td><td>B. 료의
(a.최상의 지혜를 갖춘 청중의 관점에서
b.무상 = 료의
d.중관학파의 관점 일부 수용 -『대지도론』 인용)</td></tr>
</table>

	설법의 구성요소			설법의 결과		종합 판단 (a.관점 b.인식 c.의미 d.사상사적 근거)
	설법 주제 [所詮宗]	설법 대상 [所爲]	설법 방식 [隱/顯]	설법 효과	부정적 유산	
(2) 제2시 『반야경』	삼성		숨김 없이 명료 하게 [顯]			C. 료의 (a.**궁극적 진리의 관점[據實]** b.무상 = 삼성(= 료의) c.'삼성'(= 유)과 관련하여 올바르게 이해된 '무상'(= 무): '무상'은 곧 '변계소집성'의 부정을 통해 명시되는 '의타기성'의 진실(= '원성실성') d.'유식 사상'의 '중관 사상'에 대한 통합적 · 연속적 인식 ='자료71', '자료72'의 제3설 =호법과 현장의 설)
(3) 제3시 『해심밀경』	공 (=무상)= 료의=공 과 유의 진리[空 · 有兩種道理] =삼성과 삼무성 三性等]	모든 승을 지향하는 자[發趣一切乘者] (=소승+ 대승)	숨김 없이 명료 하게 [顯]	'유집' (아집+법집)과 '공집' (=무집) 모두 제거 [雙除有 · 無二種偏執] = '공'(=무)과 '유'의 진리 모두 밝힘[具顯空 · 有兩種道理]		료의 (a.**궁극적 진리의 관점** b.료의 = 무상 c.'무상'(= 무)과 관련하여 올바르게 이해된 '삼성'(= 유): '료의'는 '변계소집성'의 부정(= 무)을 통해 명시되는 현상(= '의타기성')의 진실(= '원성실성') d.'유식 사상'의 '중관 사상'에 대한 통합적 · 연속적 인식 ='자료71', '자료72'의 제3설 =호법과 현장의 설)

원측의 '명시적 진리와 비명시적 진리' 인식은 '자료71'과 '자료72'의 제3설 공인을 통해 잘 드러나듯이 제3시의 관점에서 제2시를 포괄함으로써 양자 간의 연속성과 궁극적 동일성을 강조하려는 경향이 우선 두드러진다. 이 점은 ''상상의 대상이 본질인 현상'의 부정'을 '언어적 특징 없음'으로 이해하는 용맹(=용수), 성천의 '공

함' 해석과 미륵, 무착, 세친의 '존재함' 해석 간에 아무런 모순이 없었으며, 청변과 호법 간의 '공-유 논쟁'이 붓다 가르침의 '비존재함'과 '존재함' 두 측면을 번갈아 지적하여 진리를 온전하게 밝히는 데 공헌하고 있다고 보는 그의 불교사관('자료54') 과도 연결된다. 또 원측을 티벳에 본격적으로 알린 쫑카빠(Tsoṅ Kha pa, 1357-1419)가 그의 저작 『꾼쉬깐델(Kun gṣiḥi dkaḥ ḥgrel)』에서 『해심밀경소』 티벳어역 속 '자료70'과 위 사관을 담은 '자료54' 속 삼장(三藏)들의 불교사 해석을 경증으로 수용한 이유도 크게 보면 같은 맥락이라 볼 수 있을 것이다.496)

하지만 동시에 '자료70'의 용수의 『중론』과 제바의 『백론』이 '결과적으로' 일부 중생들에게 '공함에 대한 집착'을 불러일으켰다는 인식497)과 이와 대비되는 『유가사지론』 완벽함 찬탄, '자료71'의 간접적인 청변 비판, '자료67'의 제2시 설법의 부정적 유산으로 '공함에 대한 집착' 명시 등을 통해 부분적으로 암시되듯이 원측의 마음속에는 제3시 '명시적 진리' 설법이 제1시 설법이 유발하게 되는 '존재에 대한 집착'과 제2시 설법이 쉽게 빠질 수 있는 '비존재에 대한 집착'이라는 양 극단을 모두 극복했다는 점에서 제2시 '언어적 특징 없음' 설법보다 더 높은 가르침이라는 우열 의식이 여전히 존재하는 듯하다. 이것은 어쩌면 논쟁의 종식이라는 관점에서 제3시 설법을 완전한 가르침으로 인식한 『해심밀경』을 최고의 해석학적 권위로 인정하는 유식 사상가 원측의 운명에 기인한 것인지도 모르겠다.

이처럼 원측 '삼시교판' 해석에는 '궁극적 진리의 관점에 서서' 제2시 설법을 제3시 설법과 동일시하여 양자를 연속적으로 이해하려는 논리와 함께, 역시 '학파적 관점에서' 제3시 설법을 제2시 설법보다 높은 가르침으로 보아 양자의 우열을 가리려는 경향이 혼재해 있다. 이 점에서 하다니 이래의 기존 연구자들이 원측의 '명시적 진리와 비명시적 진리' 인식의 양면성에 충분히 주목하지 못하고 원측과 규기를 지나치게 단순하게 대비한 점은 수정의 여지가 있어 보인다. 더불어 이와 같은 제2시

496) '부록3' '1'의 'A'와 'B' 각각 참조.

497) '부록3' '1'의 'A'에서 확인 가능하듯이, 쫑카빠는 『꾼쉬깐델』에서 이 부분 이하를 생략하고 직전의 '아비다르마 논사의 '존재에 대한 집착'을 깨기 위해 용수가 등장했다'는 부분만 경증으로 인용하는 기지를 발휘하고 있다.

설법에 대한 중층적 인식이 청변과 호법 간 '공-유 논쟁' 해석에서 청변에 대한 양가적 인식과도 연결되었음은 쉽게 짐작 가능하다.

7. 요약과 원측 해석의 연원 확인

이상 필자는 원측의 '공함과 존재함', '명시적 진리와 비명시적 진리' 해석을 살펴보았다.

'공함과 존재함'의 주제와 관련하여 우선 청변과 호법의 '잘못 이해된 공성'과 '잘 이해된 공성' 개념을 어떻게 이해했는지 살펴보았다. 그 결과 원측이 '공함'과 '존재함'을 이해함에 있어 기본적으로는 호법의 관점에 근거하였으며, 동시에 '존재에 대한 집착'을 깨는 청변의 역할에 대해 긍정적으로 평가했음을 밝혔다. 즉 호법을 따라 붓다의 '공함'과 '존재함' 설법 둘 다 '궁극적 진리'에 대한 잘못된 견해를 제거하여 깨달음으로 인도하는 도구라고 인식하였으며, 그 전제하에서 호법의 사유 안에 '공함' 설법의 취지를 강조한 청변의 부정의 논리를 포용하려 하였다. 하지만 동시에 청변의 '궁극적 진리의 언어 초월성' 강조가 '공함'이라는 부정의 언어의 성립 기반인 '의타적 발생이 본질인 현상'마저 부정하게 될 위험이 있음을 인식하고 그와 비판적 거리를 유지하였다.

이어서 '공함' 설법 언어의 본질과 관련하여 청변과 호법 간 동일성 인식의 논리적 근거를 살펴보았다. 그 결과 원측이 청변과 호법 모두 진나의 '배제적 지칭[遮詮]'의 의미론을 수용하여 ''공하다는 말'의 의미'에 관한 붓다의 말이 '군더더기(=궁극적 진리에 대한 잘못한 견해)를 배제함[止濫]'을 본질로 한다고 해석하였으며, 또 그 점에서 양 사상가는 동일한 해석학적 지평 위에 서 있었다고 인식했음을 명시하였다. 더불어 원측 자신의 '배제적 지칭' 해석이 '진나 『리문론』→청변 『장진론』과 호법 『광백론』→세 저작의 역자 현장'의 전통 속에 놓여 있음도 간접적으로 확인하였다.

다음으로 '공함과 존재함' 해석과 긴밀히 연동되어 있는 '명시적 진리와 비명시적 진리' 해석을 살펴보았다. 그 결과 원측은 제2시 『반야경』도 '세 종류의 본질'을 설하고 있다는 점을 근거로 제2시 '비명시적 진리'와 제3시 '명시적 진리' 설법이 주제가 동일하며, 다만 청중의 수용 능력에 따라 방편적으로 각각 암시[隱]와 명시[顯]의 방식으로 다르게 설해졌다고 보았음을 밝혔다.

마지막으로 '공함과 존재함' 해석의 불교사상사적 근거를 명시하였다. 그 결과 원측이 '두 차원의 진리[二諦]'와 '중도(中道)'의 관점에서 중관과 유식 사상 각각의 핵심 주장인 '언어적 특징 없음[無相]'과 '유식성[唯識]'이 비모순적이며 또 상보적으로 붓다 진리의 '침묵'과 '말' 두 측면을 포괄적으로 명시한다는 점에서 양 사상이 근원적으로 동일하다고 보았으며, 그 인식의 연속선상에서 그가 지지하는 호법의 '궁극적 진리'와 '세상의 진리'의 관점 아래 청변을 비판적으로 포용하였음을 확인하였다.

여기서 우리는 원측 해석의 연원이 어디에 있는지 질문을 던져볼 수 있을 것이다. '궁극적 진리' 차원의 '침묵'과 '세상의 진리' 차원의 '말' 양자를 모두 포괄하고자 하는 호법의 사유가 그의 저작을 번역하여 소개한 현장에 의해서도 수용되었을 것이라 쉽게 짐작 가능하다. 운좋게도 드물게 남아 있는 현장의 공문(公文) 속에서 바로 이 점을 확인할 수 있다. 이 장의 첫머리에서 언급한 「술성기」에 사례하며 고종에게 올린 「사술성기계(謝述聖記啓)」에서 현장은 그가 '공함[空]'과 '존재함[有]'에 대해 잘 이해했다고 찬양하면서 자신의 관점을 다음과 같이 확인한다.

> 자료78
>
> 復製「述聖之記」 ... 明實相之門, 則有而不有, 談虛寂之境, 則空應皆空.[498]
>
> 또 [황제께서] 지으신 「술성기(述聖記)」는 ... 실상(實相)의 관점을 명시한다면 [현상은] '존재하는 것[有]'이면서도 '비존재하는 것[不有]'이며, 허적(虛寂)의 경지에 대해 논한다면 '공함[空]'도 응당 모두 공합니다.

'공함과 존재함'에 대한 이상의 평가는 호법의 해석학적 지평 위에서 청변을 포용하는 원측의 입장과 완전히 동일하다고 볼 수 있다. '실상(實相)의 관점에서 현상

498) 慧立 · 彦悰/道宣, 『大慈恩寺三藏法師傳/釋迦方誌』, 孫毓棠 · 謝方/范祥雍 2000. '附錄', 236.

이 존재하기도[有] 하고 존재하지 않기도[不有](=공하기도[空]) 하다'라는 말은 '세상의 진리'의 차원에서 '세 종류 현상'의 진실[實相]을 명시함을 지칭하며, '허적(虛寂)의 경지에서 보면 '공함[空]' 역시 공하다'라는 말은 '궁극적 진리'의 관점[境]에서 볼 때 현상의 진실을 명시하기 위해 사용된 '공함'이라는 부정의 언어는 단지 '궁극적 진리'로 인도하기 위한 도구일 뿐이며 그 자체가 별개의 현상을 지칭하는 것은 아니라는 의미로 읽을 수 있겠다. 따라서 전자와 후자를 포괄하여 보면, '궁극적 진리 차원에서는' '말할 수 있는 것'이 아무것도 없다고 보면서도, '세상의 진리의 차원에서' 궁극적 진리에 대한 잘못된 견해를 교정하기 위해 사용하는 말의 의의를 인정한 호법의 관점('자료76')을 시적으로 표현한 것으로 볼 수 있으며, 후자만 놓고 보면 앞서 '파이무집(破而無執), 즉 '진리에 대한 잘못된 견해를 제거하기 위해 논파하되 그 '논파되는 특성'을 별개의 현상으로 집착함이 없음'과 입이무당(立而無當)', 즉 '같은 목적을 위해 주장하지만 그 주장의 '지칭 대상'이 별개의 현상으로는 존재하지 않음'을 강조하는 청변의 관점('자료43') 또는 호법에 의해 포용된, 붓다의 '침묵'을 중시하면서 궁극적 진리의 언어 초월성을 강조한 청변의 관점('자료77')으로 읽을 수 있을 것이다.

결론

결론

지금까지 필자는 우선 제1부에서 원측에 대한 주류적 해석학적 선이해(hermneutical preunderstanding)의 형성 과정과 그 역사적 한계를 성찰하였으며, 이어서 제2부에서 대승불교 전통 속 상반된 해석 갈등의 쟁점 명시, 특정 해석 지지 또는 비판, 때로는 양자 간의 화쟁 등을 통한 원측의 자기 사상의 거시적 언어 구성 과정을 살펴보았다.

그 핵심 내용을 정리하면, 제1부에서는 한편으로 일본과 한국의 다수 원측 연구자들의 선입견이 어떻게 형성되고 발전해 왔는지를 성찰하였다. 그 결과 원측과 현장(玄奘) 간의 막역함을 시기했던 혜소(慧沼)의 원측 인식이 극적으로 발전한 형태가 『송고승전』의 '도청설' 임을 밝혔다. 이어서 제2장에서 한편으로 개념사를 통시적으로 살펴봄으로써 1916년 하다니 료타이(羽溪了諦)가 창조해 낸 '유식종(唯識宗)의 정계(正系) 현장-규기(窺基)-혜소의 자은학파(慈恩學派) 대 이파(異派) 신라계 서명학파(西明學派)' 개념이 '도청설' 의 영향하에 형성된 일본 유식종의 '정통 현장-규기 대(對) 이단 원측' 의 양분법을 무의식중에 답습하였으며, 한국 연구자들은 하다니적 의미의 '서명학파' 를 '한국적 유식학파' 로 긍정적으로 재해석했음을 밝혔다. 다른 한편으로 사료에 근거한 실증적 비판을 통해 '서명학파' 개념을 구성하는 가장 중요한 전제인 '원측 대 현장의 대립' 이미지는 허상(虛像)에 가까우며, 그것을 떠받치는 정서적 동력은 규기계 사상가와 일본 연구자들의 경우 '정통과 이단' 의 양분법이고 한국 연구자들의 경우 방어적 민족주의이며, 오히려 그것이 원측과 신라 유식 사상가들의 실상(實相)을 가리는 '앎의 장애물' 임을 밝혔다. 더불어 하다니를 비판하며 원측을 현장 계열로 재해석한 1990년대 이후 일군의 일본 연구자들 역시 위 전제와 동전의 양면을 이루는 '현장과 규기 학설의 완전한 동일시' 관념으로 말미암아 원측이 규기와 다르게 현장을 해석했거나(예. '자료34') 진제(眞諦)와 현장 사상 간의 비모순성 또는 연속성의 측면에 주목했음(예. '표2'와 '표3')을 간과하거나 그 사상사적 의미를 과소평가했음을 지적하였다('각주155' 참조).

제2부에서는 청변(清辨)과 호법(護法), 진제와 현장과의 관계 속에서 원측 사상의 해석학적 연원을 부분적으로 해명하기 위해 『해심밀경』「무자성상품」의 주제들 중 '세 종류의 자체적 본질 없음[三無性]', '종성(種性)', '공함[空]과 존재함[有]', '명시적 진리[了義]와 비명시적 진리[不了義]' 등에 대한 원측 해석의 대강과 그 속에서 발견되는 몇 가지 특징을 소개하였다. 크게 보아 원측 사상은 호법·현장의 해석[499]을 정설로 수용한 바탕 위에서 구축되었음이 분명하게 드러났다. '세 종류의 자체적 본질 없음', '공함과 존재함', '명시적 진리와 비명시적 진리'에 대한 이해는 그 점을 확실히 뒷받침하고 있으며, 또 '종성'의 경우에도 현장 해석을 자세히 소개하는 데 공을 들였으며, 그가 번역한 논서들(『섭대승론』, 『장엄론』 등)에서 최종 해석의 근거를 끌어왔다.

그렇더라도 원측이 호법·현장의 해석을 정설로 받아들인다고 해서 흔히 그들과 대비되는 것으로 이해되어 온 청변과 진제를 비판적 관점에서만 바라본 것은 아니다. 청변의 경우, 비록 호법이 '유가학도(瑜伽學徒)'의 '존재에 대한 집착[有執]'과 청변의 '공함에 대한 집착[空執]'을 모두 제거하려 했다고 말할 때 그가 부분적으로 비판되긴 하지만, 전체적으로 보았을 때 중관과 유식 사상이 근원적으로 동일하다는 인식하에서 그가 호법과 더불어 상호 보완적으로 붓다의 진리를 드러내는 데 큰 역할을 수행했음을 평가하면서 '공성'의 올바른 이해를 위해서 그의 말에 귀 기울여야 함을 역설하고 있다. 진제의 경우, 비록 '세 종류의 자체적 본질 없음' 이해와 관련하여 '하나의 자체적 본질 없음의 진리[一無性理]' 개념이 부정되긴 하지만, '종성' 이해에서는 그의 '일승(一乘)' 해석을 해석학적 지평으로 수용하였다.

---

499) 『해심밀경소』 곳곳(X21 173c24, 215b24, 173c24 등)에서 원측은 '대당삼장급호법종(大唐三藏及護法宗)'이라는 표현을 사용한다.

하지만 청변의 입장이든 진제의 입장이든 그 어느 것도 호법 또는 현장의 해석을 기준으로 비판되고 또 그들의 해석과 모순되지 않는 범위 내에서 수용되고 있음을 우리는 또한 놓치지 말아야 한다. 청변이 경계하는 '잘못 이해된 공성[惡取空]' 이 호법이 말하려는 '잘 이해된 공성[善取空]' 과 모순되지 않음은 매우 분명하며, 진제의 사유를 계승한 것으로 보이는 이념적 · 수행적 동일성을 의미하는 '하나의 진여(眞如)' 가 현장의 사유 속에 포용될 수 있다고 원측은 이해하였다.

이러한 해석이 타당하다면 우리는 원측과 규기의 학설상의 대립도 '비(非)호법계 유식(唯識) 사상' 대 '호법계 유식 사상' 의 구도 속에서 읽어서는 안 될 것이다. 현장의 저술이 사실상 전하지 않는 지금 우리는 그가 자신이 번역한 경론을 어떻게 해석했는지 확인할 길이 없으며, 그러므로 '유일한 현장 해석' 은 사실상 존재할 수 없다. 앞서 언급한 일군의 비규기계 사상가들이 모두 규기계 사상가들의 해석에 맞서 자신들이 오히려 '현장의 취지를 계승하고 있다[稟受三藏之旨]' 고 자임했음('각주 147')은 이 사실을 증명해 준다. 안타깝게도 하다니, 후카우라 세이분(深浦正文)부터 기츠카와 토모아키(橘川智昭) 등 90년대 이후 연구자들까지 다수 일본 연구자 모두 규기 『술기』, 혜소 『료의등』, 지주(智周) 『성유식론연비(成唯識論演祕)』 세 주석을 정통으로 삼은 일본 유식종의 해석 전통을 무의식적으로 답습한, '유일한 현장 해석' 을 전제로 하는 '현장과 규기 해석의 완전한 동일시' 관념으로부터 자유롭지 못했던 듯하다. 그래서 전자는 '규기 해석과의 차이' 를 근거로 원측을 '비호법계 또는 비현장계 사상가' 로, 반대로 후자는 '규기 해석과의 유사성' 을 근거로 그를 '호법계 또는 현장계 사상가' 로 읽었다. 하지만 원측을 '비호법계 유식 사상가' 로 읽든 '규기적 의미의 현장계 사상가' 로 읽든 모두 그 선한 의도와 무관하게 얄궂게도 자신들만이 현장을 계승한다고 자임하면서 원측 해석을 배척하려 한 규기계 사상가들의 눈으로 원측을 보게 되는 운명을 피하기 어려웠으며, 때로는 그것으로 말미암아 원측을 오독하였다. 예를 들어, 전자는 현장 역 논서에 근거하여 규기와 다르게 해석하는 원측(예. '자료73')을 간과했고, 후자는 현장과 진제 해석 간의 비모순성을 증명하기 위해 진제를 지지하고 규기를 비판하는 원측(예. '표3')에 눈감았다.

따라서 필자는 원측과 규기 양자 간 해석의 갈등은 기본적으로 현장 및 그가 전한 인도 사상가들에 대한 이해 차이에서 말미암은 것으로 본다. 왜냐하면 원측이 권위로서 인용하는 경론(經論)의 다수는 현장이 번역한 것이기 때문이다. 예를 들면, 이미 언급되었듯이 원측이 '『반야경(般若經)』도 '세 종류의 본질[三性]'을 설하기 때문에 '명시적 진리'이다'라는 파격적 주장의 경증으로 인용한 『반야경』 문장은 규기가 역경에 참여하기 훨씬 전에 현장이 번역한 무성(無性)의 『섭대승론석(攝大乘論釋)』에 나오는 구절이며, 호법을 '비공비유(非空非有)의 중도(中道)의 사상가'로 규정한 것 역시 현장이 번역한 『광백론(廣百論)』 문장의 해석을 통해서 이루어지고 있다. 비록 원측이 전한 현장 해석의 신뢰성을 가늠할 길이 없지만, 지금까지 다룬 주제에 한정해 볼 때 '공함과 존재함' 관련 실상지문(實相之門)과 허적지경(虛寂之境)의 관점에서 확인되었듯이 원측에게 현장의 해석학적 권위는 확고했을 것이라고 짐작할 수 있다. 따라서 그의 저술활동이 현장의 뜻을 전파한 것에 의의가 있다고 본 송복(宋復) 「탑명(塔銘)」의 기록이 단순한 의례적 찬사만은 아닐 것이라 추측해 볼 수 있다.500)

마지막으로 원측의 해석학적 권위가 현장과 그가 번역한 경론에 있었다 하더라도 현장 및 그가 소개한 인도 사상가들에 대한 이해 자체는 당연히 현장 귀국 이전에 이미 완성된 섭론학(攝論學)을 위시한 당대 중국 불교 사상의 수학을 기반으로 하여 이루어진 것임을 지적하고 싶다. 예를 들어 '수행의 불성[行性]'이 지닌 '이상의 불성[理性]'과의 근원적 동일성과 수행자들 간 현실적 차이의 원인 두 측면 중 전자를 강조한 원측 해석이 지론사(地論師)로부터 연원하며 진제 사유와 연속성이 있음이 이미 지적되었다('보론2'에서 더 자세히 논의될 예정임). 앞서 청변의 '잘못 이해된 공성' 개념의 경증으로 원측이 제시한 '논자(論者)의 유가사(瑜伽師) 비판'도 현장 이전에

---

500) 고익진(高翊晋, 앞의 글 1989. 148) 역시 「탑명」 평가의 의미를 깊이 새기고 있다: "여기서 우리는 규기(窺基)가 아직 학술 활동을 하기 전에 원측(圓測)이 현장(玄奘) 전래의 새로운 유식(唯識) 사상 선양에 끼친 학적인 기여를 생각하지 않을 수가 없다. 원측사리탑명(圓測舍利塔銘)에 "원측은 현장을 도와 무궁(無窮)한 교(敎)가 크게 일어나게 하였다"고 새겨져 있는데, 이것은 당시의 진정한 사실을 전해 주는 말로 받아들여진다." 다만 그는 원측의 학술 활동 시기를 규기 활동 이전으로 제약하고 있지만 『해심밀경소』와 『인왕경소』의 저술 연대를 감안할 때 만년까지 지속되었다고 보는 것이 타당할 것이다.

번역된 『반야등론석(般若燈論釋)』에 등장하였다('자료46'). 같은 이유에서 앞서 언급한 기존 연구자들도 규기와 차별적인 원측 해석의 연원을 현장 이전 시대의 진제, 섭론사(攝論師) 등에서 찾으려 시도하였다.

다만 여러 가지 비학문적 정서 또는 해석학적 선입견 때문에 원측을 '현장과 대립한 사상가'로 본 점은 결국 그를 자신과 대립한 사상가가 번역한 경전을 위해 주석을 쓴 '자아 분열적 존재'로 인식한 점에서 비상식적 오류라고 밖에 볼 수 없을 듯하다. 그 비상식의 가장 유치한 버전이 『송고승전』의 '도청설'인데, 원측 연구의 개척자 하다니가 창조한 '서명학파' 개념이 그 '헛소문'의 영향력에서 벗어나지 못한, 거칠게 말해 '도청설'의 근대 학문적 버전인 점, 심지어 하다니와 정반대로 원측을 현장 계열의 사상가로 본 기츠카와가 원측 '종성' 해석의 규기와의 유사성의 원인으로 '도청'을 지목한 듯한 사실('각주46') 등에 비추어 보면, '도청설'이라는 비상식이 만들어낸 원측 왜곡의 폐해는 지속적이고도 깊다고 평가할 수 있을 것이다. 필자는 이 책에서 '도청'이 왜 '헛소문'이고 어떤 경위에서 생겨났는지를 밝힌 후, 그 가짜 뉴스의 그림자로부터 완전히 벗어나서 원측이 인용한 인도와 중국 대승불교 사상가들의 거시적 지평 속에서 그의 사상을 조명하려 시도하였다.

보론1

원측 진제(眞諦)『구식장(九識章)』과 구식설(九識說) 인식의 특징

– '해성리야(解性梨耶)'와 '능연(能緣)의 아마라식(阿摩羅識)' 해석을 중심으로

서론: '인(引)' 자(字) 해석을 둘러싼『구식장(九識章)』에 대한 상반된 인식

잘 알려져 있듯이, 원측은 유학 초기인 628년 무렵[1] 당시 장안(長安)에서 이름을 떨쳤던 섭론사(攝論師) 법상(法常, 567-645)과 승변(僧辯, 568-642)을 찾아가 진제(眞諦 Paramārtha, 499-569) 계통의 유식 사상을 학습하였으며, 현장(玄奘, 600 또는 602-664)이 인도에서 전해온 새로운 계통의 유식 사상을 수용한 후 저술된『해심밀경소(解深密經疏)』[2]와 만년인 대주(大周) 시기 완성된『인왕경소(仁王經疏)』에서도 자주 일문(逸文)[3]을 포함한 진제의 역서와 강의록을 자기 해석의 근거로 제시하고 있다. 이 점에 비추어 원측에게 진제의 위상은 높다고 볼 수 있을 것이다.

원측의 진제 인식과 관련하여 본 보론은 진제 일문인『구식장(九識章)』에 주목하고자 한다. 이 문헌은 진제 유식 사상의 가장 두드러지는 특징들 중 하나인 이른바

1) 츠언징푸(陳景富)는 현장이 원측보다 1~2년 앞서 두 섭론사에게 공부하였기 때문에 두 사람을 동문의 선후배로 보고 있다. 陳景富 1995. 99.

2) 규기(窺基, 632-682) 사후인 684년 9월 이후에 완성된 것으로 보인다. '본문' 각주73 참조.

3) 후나야마 토오루(船山徹)는 원측이 인용한 경론 문장이 기본적으로 현존 대장경 텍스트와 일치한다는 사실에 근거하여 그가 전한 진제 일문의 신뢰성도 비교적 높게 평가하고 있다. 후나야마 토오루 2013. 78-114.

구식설(九識說)을 언급한 문장을 포함하기 때문에 일찍부터 동아시아 유식 사상 연구자들의 주목을 받았을 뿐만 아니라, 원측이 이 문헌을 인용하여 진제의 구식설을 소개하며, 그 과정에서 적극적 비판과 암묵적 긍정이 병행된다는 점에서 그의 진제 인식의 복합성을 암시하고 있어 여전히 깊이 음미해 볼 가치가 있다.

그 문장 중 무엇보다 먼저 기존 연구자들의 흥미를 끌었던 점은 원측이 진제 구식설을 소개하면서 그 근거로 『구식장』과 『결정장론(決定藏論)』「구식품(九識品)」을 함께 제시하고 있다는 사실이었다. 논의의 편의를 위해 우선 현존 속장경(續藏經)본 『해심밀경소』「심의식상품(心意識相品)」 속 관련 텍스트의 골격만을 제시하면 다음과 같다(**교정 전** 텍스트).

> 二真諦三藏, 依『決定藏論』, 立九識義, 如「九識品」說. 言九識者, 眼等六識 … 第七阿陀那 … 第八阿梨耶識, … 第九阿摩羅識, 【此云'無垢識',】 真如為體. 於一真如, 有其二義, 一所緣境, 名為真如及實際等, 二能緣義, 名無垢識, 亦名本覺. 具如『九識章』**引**『決定藏論』「九識品」中說.[4]
>
> 둘째로 진제삼장(眞諦三藏)은 『결정장론』에 의거하여 아홉 식(識)을 주장하였는데 그 「구식품」에서 설한 대로이다. 아홉 식에 대해 말하자면, … 제9아마라식(阿摩羅識)은 이곳(=중국)에서는 '무구식(無垢識)'이라 하며 진여(眞如)를 본질로 한다. 그런데 이 하나의 진여에 두 가지 의미가 있는데, 하나는 인식 대상[所緣境]이며 '진여', '실제(實際)' 등이라 부르고, 다른 하나는 인식 작용[能緣]을 의미하며 '무구식(無垢識)'이라 부르고 '본각(本覺)'으로도 부른다. 자세한 것은 『구식장』**이 인용하는** 『결정장론』「구식품」에서 설한 대로이다.

여기서 원측은 먼저 진제가 『결정장론』「구식품」에 근거하여 구식설을 주장했다고 언급하고, 이어서 「구식품」에 근거하여 육식(六識), 아타나식(阿陀那識), 아뢰야식(阿賴耶識), (인식 작용[能緣識]과 인식 대상[所緣境] 두 의미를 망라한) 아마라식의 의미를 차례대로 소개하며, 마지막으로 그가 근거한 문헌을 재차 제시하고 자세한 내용은 독자의 독서에 맡기고 있다.

---

4) 圓測, 『解深密經疏』 권3, 「心意識相品」 ZZ21 240b20-c6; WX34 719b18-720a11.

여기서 주목할 점은 마지막 부분에서 그가 『결정장론』「구식품」 외에 『구식장』을 새롭게 언급하고 있으며, 양 문헌 간에 모종의 관련이 있음을 암시하고 있다는 사실이다. 이 전승을 둘러싸고 몇몇 학자들은 『결정장론』「구식품」이 어떤 문헌인지, 양 문헌 간에 어떤 연관성이 있는지, 『구식장』은 진제 자신의 저작(=인도 불교사상)인지 아니면 후대 섭론사의 창작(=중국 불교사상)인지 등에 대한 견해를 피력하였으며, 그 과정에서 자연스럽게 유식사상가 진제의 정체성 문제, 즉 여래장(如來藏) 사상에 대한 그의 입장도 언급하였다.[5)]

그중 음미할 만한 것은 인슌(印順, 인순)의 주장이다. 그는 『결정장론』「구식품」을 현존 진제 역 『결정장론』「심지품(心地品)」의 별명으로 판단한 반면, 『구식장』은 후대 섭론사가 창작한 것으로 보았다. 왜냐하면 "진제가 제9아마라식을 설한 것은 『결정장론』「구식품」에 근거한 것이다. [그런데][6)] 원측이 근거한 『구식장』에서 아마라식을 능연의 의미에 따라 본각이라 부른 것은 사실 『결정장론』과 부합하지 않는다. 아마라식을 본각으로 본 점은 분명 『기신론(起信論)』에 부합하려는 흔적이 보인다"라고 해석하였기 때문이다. 즉, 그는 원측 전승의 두 종류의 아마라식 중 인식 작

5) 印順 1995. 59-78; 聖凱 2006; 大竹 晋 2012. 121-154; 후나야마 토오루 2015. 77-98. 그중 셩카이(聖凱)의 연구는 진제와 섭론사와 관련된 방대한 한문 텍스트를 망라하고 있어 자료집으로 활용 가능하며, 후나야마의 연구는 대만의 인슌, 일본의 우이 하쿠주(宇井伯壽), 요시무라 마코토(吉村誠), 오오타케 스스무 등의 핵심 주장과 일본 연구자들 간의 쟁점을 소개하고 있어 유용하다. 한편 유럽학자들 중 뽈 드미에빌(Paul Demiéville)은 ''제8식'만을 주장한 현장 역 『섭대승론』과 달리 진제 역은 '암마라식(菴摩羅識)'을 주장하였다'는 전승(湛然 述, 『法華玄義釋籤』 권18, T33 942c17-24: 初文云'『地論』有南·北二道'者, … 又『攝大乘』前 · 後二譯亦如『地論』二計不同, 舊譯即立菴摩羅識, 唐三藏譯但立第八.)을 소개한 뒤(Demiéville 1929. 39), 담연(湛然, 711-782)이 언급한 차이는 두 종류 번역본 『섭대승론』 간이 아니라 현장 역 『유가사지론』과 진제 역 『결정장론』에 보임을 지적하였고(*ibid*, 39, 각주1), 이어서 진제가 아니라 섭론학파가 '아마라식'을 인용하였다고 평가하였다(*ibid*, 40). 루엑(Ruegg 1969. 440)은 드미에빌(*ibid*, 41-42)이 소개한 『삼무성론(三無性論)』의 '산란한 식[亂識]'인 '의타성이 본질인 것[依他性]'의 제거 후 남는 '궁극적이고 유일한 청정한 식[究竟唯一淨識]'인 '아마라식'(아래 '각주14' 참조)을 섭론학파의 가르침으로 보며, 그것이 '청정한 식'은 '본식(本識, mūlavijñāna)'으로 불리는 '아리야(阿梨耶, ālaya)'의 한 부분 또는 측면일 뿐이라고 보는 진제 역 『섭대승론』의 가르침과 유리되어 있음을 지적하였다. 둘 다 『섭대승론』을 기준으로 『결정장론』과 『삼무성론』의 '아마라식'을 진제와 구분하여 섭론사의 사상으로 귀속시켰다고 평가할 수 있을 듯하다.

6) [ ]는 필자의 보충이다.

용인 아마라식은 『기신론』의 영향을 받은 후대 섭론사의 인식을 반영한 것으로 보고 있다. 반면 오오타케 스스무(大竹晋)는 두 종류의 아마라식 모두 진제 역저(譯著) 속의 사상과 관련이 있으며,[7] 그 점에서 『구식장』은 분명 진제의 저작이라고 보았다.

하지만 여기에 얼핏 보기에 사소한 판본 상의 문제가 존재한다. 그것은 바로 위 인용문 마지막 부분의 '인(引)' 자(字)이다(**볼드** 부분). 인슌은 『결정장론』「구식품」이 『결정장론』「심지품」을 지칭한다는 전제하에 바로 이 '인' 자를 합리적으로 이해하기 위해서 양 문헌의 사상을 분리함으로써 '인식 작용인 아마라식'을 긍정하는 후대 섭론사와 그들이 의거하는 『구식장』으로부터 진제와 그의 『결정장론』「구식품」을 구출하려 하였다. 반면 오오타케는 바로 이 '인' 자를 근거로 『구식장』과 진제 역저의 사상적 연관성을 증명하려 하였다. 그런데 흥미롭게도 『해심밀경소』 티벳어역의 '인' 자에 대응하는 단어는 뜻밖에도 병렬조사 'daṅ'이다.[8] 만약 번역자 최둡(Chos grub, 法成)이 본 사본에 오류가 없고 그가 글자를 오독하는 기초적인 실수를 범하지 않았다고 한다면 속장경 본의 '인' 자는 '급(及)' 자의 오사(誤寫)일 가능성이 매우 높다.[9] 만약 이 가설이 성립한다면, 원측은 『결정장론』「구식품」과 『구식장』

---

7) 그중 '『구식장』의 '인식 작용인 아마라식''과 '기타 진제 역저'와의 사상적 관련성에 대한 설명은 충분하지 않다. 특히 그가 가장 먼저 주목한 텍스트(T33 380b28-c1)인 원측 『인왕경소』「이제품(二諦品)」에 소개된 '解云, 本覺反照自體第九識, 即『智度論』第一義悉檀.'은, 원측 주석 속 '解云'의 일반적 용례에 비추어 볼 때, 『본기(本記)』(=진제의 『인왕경』 주석)의 말이라기보다는 직전의 '三義, 能知 · 可知更無別體'에 대한 '원측의 보충 해설'로 보는 것이 자연스럽다. 역시 『본기』의 설로 소개되는 조금 앞 텍스트(T33 380b16: 眾生 · 我 · 人是能依, 四德佛果, 是出世依處. <u>解云, 佛果四德, 即是能化菩薩所依止處. 是故『經』云: '菩薩化生</u>.')와 「교화품(教化品)」 텍스트(T33 393a2-8: '然此頌文, 諸說不同. 若依『**本記**』, 頌初二句, 明佛三業, 具足五義. 一世尊者, 威德具足, 二導師者, 智慧具足, 三金剛體者, 法身具足, 四心行寂滅者, 解脫具足, 五轉法輪者, 化他具足. <u>解云, 五中**金剛體**者, 歎法身德. 餘之三句, 歎受用身. **轉法輪**者, 讚其化身. 三身別相, 具如『別章』</u>.')도 이와 유사한 유형으로 볼 수 있다. 더구나 『인왕경소』에만 한정하더라도 다른 사상가의 해설일 경우 '解云' 앞에 사상가를 명시한 점을 볼 때(T33 360a9: 所以如是諸教異者, 三**藏解云**, ... ; T33 399a11-16: 故『智論』五十一「縛脫品」云, " ..." 具說如彼. <u>**真諦**</u>**解云**, ...), '解云'은 원측 자신의 보충 해설일 가능성이 더 높아 보인다.

8) ZhT68.512.7-9: ṣib tu rnam par śes pa dgu bstan pa <u>daṅ</u>/ bstan bcos rnam par ṅes paḥi mdsod kyi naṅ nas rnam par śes pa dgu bstan paḥi leḥu ḥbyuṅ ba bṣin no ṣeḥo/

9) 이하 이 부분의 텍스트 교정의 근거는 이종철 2010. 143-170; 장규언 2013b. 125-167 참조.

양 문헌 모두에 근거하여 진제의 두 종류의 아마라식을 소개했다고 보는 것이 자연스러울 것이다.10)

이하에서 필자는 이 가설을 전제로 하여 원측 진제 구식설 인용과 해석의 거시적 맥락을 해명하고자 한다. 이를 위해 원측 저작과 진제 인식에 있어 원측과 일치한다고 판단되는 섭론사의 단편적 전승을 근거로 하여, 먼저 그가 진제『결정장론』「구식품」과『구식장』의 문헌적 성격과 양 문헌 간의 관계를 어떻게 인식하였는지 가늠해 보고자 한다. 이어서 그가 비판하지 않는 진제 '해성리야(解性梨耶)'와 문제의 '인식작용인 아마라식' 해석을 중심으로 그의 진제 구식설 인식의 특징을 살펴보고자 한다.11)

본론: 원측의 진제(眞諦)『구식장(九識章)』과 구식설 인식

1. 원측의 진제『구식장』인식

1)『결정장론』「구식품」 인식

원측이『구식장』을 어떤 문헌으로 인식했을지 가늠하기 위해서는 앞서 언급한『구식장』을 인용하는『해심밀경소』「심의식상품」 관련 텍스트의 전체 구조를 파악할 필요가 있다. 논의의 편의를 위해 전후 맥락을 포함하여 관련 텍스트 전체를 단락을 나누어 소개하면 다음과 같다.

속장경 본『해심밀경소』에 적지 않은 오사가 존재함은 이미 많은 보고가 이루어졌다. 안성두 2009. 207-246; 이종철, 앞의 글, 2013, 17-77; 장규언 2013b. 7-60; 장규언 2013a. 81-169; 이종철 2015. 15-74; '부록1' 참조.

10) 후나야마는 여러 관련 문헌을 근거로 원래의 글자가 '引'이었을 것이라고 추측하는데(후나야마 토오루, 앞의 글, 2015. 92-95), '及'이 아니고 반드시 '引'이어야 하는 유력한 증거를 제시했다고 보기는 어려울 듯하다.

11) 앞서 기존 연구자들 간 쟁점이 되었던 문제들은 매우 복잡하고 방대한 주제이며, 진제의 전체 사상에 대해 일천한 필자 자신의 해석 제시는 현재로서는 능력 밖의 일이다. 다만 본고는 진제에 대한 '역사적 진실'보다는 원측의 진제 '인식'에 초점을 맞추어 진제를 읽는 하나의 독법을 제시하고자 한다. 진제의 '식' 해석에 대한 원측의 기본 입장은 이어지는 '자료1'의 '(B)(3)(b)' 참조.

자료1

(*이하는 경문 汝應諦聽, 吾當為汝說**心**·**意**·**識**秘密之義에 대한 주석의 일부임)

此'心·意·識', 即是八識, 故今先辨八識差別, 後方正釋心·意·識義. 八識差別, 略辨六義. 一種數多少, 二釋名字, …

言種數者, 諸聲聞藏, … 今依**大乘**, 自有兩釋.

(A) 一**龍猛等**, 但說六識. 是故清辨菩薩所造『中觀心論』「入真甘露品」云, "離六識外無別阿賴耶識. 眼等六識所不攝故. 猶如空華." 故知彼宗唯立六識.

(B) 二**彌勒宗**, 依『金光明』等具立八識. 然依此宗, 西方諸師, 有其三說.

(1) 一菩提留支, …

(2) (a) 二真諦三藏, 依『決定藏論』, 立九識義, 如「九識品」說.

(b) 言九識者, 眼等六識, ...

(c) 第七阿陀那, 【此云執持.】 ...

(d) 第八阿梨耶識, 自有三種. (ⅰ) 一解性梨耶, 有成佛義. (ⅱ) 二果報梨耶, 緣十八界 ... (ⅲ) 三染汙阿梨耶, 緣真如境, 起四種謗, 即是法執, 而非人執. (e) 第九阿摩羅識, 【此云無垢識.】 真如為體. 於一真如, 有其二義, 一所緣境, 名為真如及實際等, 二能緣義, 名無垢識, 亦名本覺.

(f) 具如『九識章』引〈及〉『決定藏論』「九識品」中說.

(3) 三大唐三藏, 依『楞伽』等及護法宗唯立八識, 不說第九.

(a) 破清辨云, "所立量中便有自教相違之失. 『楞伽』等『經』皆說第八阿賴耶故." …

(b) 真諦師說九種識中, 後之三識, 皆有多失.

(가) 且如第七有二種失. 一阿陀那者, ...

(나) [(B)(2)(d)(ⅲ) 비판] 第八賴耶, 能起法執, 或云緣十八界, 皆不應理. ... [(B)(2)(d)(ⅱ) 비판] 又新翻『辨中邊論』云 ... 故知第八不緣心等.

(다) 又真諦云'阿摩羅識反照自體', 無教可憑, 復違『如來功德莊嚴經』. 彼云, "如來無垢識 是淨無漏界/ 解脫一切障 圓鏡智相應//" 准『經』可知, 無垢識者, 即是淨分第八識也. 又『決定藏論』, 即是『瑜伽』, 彼『論』本無「九識品」也.[12]

12) 『解深密經疏』 권3, 「心意識相品」 ZZ21 240b7-c6; WX34 719b5-720a11. 이 텍스트에 대한 한

위 '(B)(2)(f)'에서 단 한 번 『구식장』이 언급되고 있으며, 앞서 말한 대로 그것이 『결정장론』「구식품」과 깊은 관련이 있음이 암시된다. 따라서 『구식장』의 문헌적 성격을 이해하기 위해서 먼저 원측이 『결정장론』「구식품」을 도대체 어떤 문헌으로 보았을지 가늠해 보아야 한다. 필자는 이 문제와 관련하여 '(B)(3)(b)(다)'가 모종의 실마리를 제공해 줄 수 있다고 본다. 먼저 마지막 문장 "또 『결정장론』은 『유가사지론(瑜伽師地論)』을 지칭하는데 [현장이 번역한] 그 논(=『유가사지론』)에는 본래부터 「구식품」이 없다(又『決定藏論』, 即是『瑜伽』, 彼『論』本無「九識品」也.)"라는 원측의 판단에 주목해 보자. 잘 알려진 대로, 현존 『결정장론』에는 「심지품」만 있으며 그 내용이 현장 역 『유가사지론』「섭결택분(攝決擇分)·오식상응지(五識相應地)·의지(意地)」의 앞부분에 대응한다. 그래서 많은 연구자들이 매우 자연스럽게 『결정장론』「구식품」을 『결정장론』「심지품」으로 보고 있다. 하지만 앞서 인순이 지적한 대로 현존 『결정장론』에서 '인식 작용인 아마라식'에 해당하는 서술을 찾기 어렵다. 따라서 만약 '인식 작용인 아마라식'을 서술하는 『결정장론』「구식품」 텍스트를 원측이 직접 보았을 가능성을 부정하지 않는다면, 우리는 현존 『결정장론』「심지품」 외의 내용을 포함하는, 『유가사지론』(진제는 『십칠지론(十七地論)』이라 부름)의 일부를 구성했던 텍스트의 존재를 조심스럽게 상정해 볼 수 있을 것이다.

그렇다면 그 텍스트는 단행본으로 번역되었을까? 그렇지 않았다면 어떤 형식을 띠고 있었을까? 여러 역경 목록에서 그 이름조차 찾을 수 없다는 점에서 번역 가능성은 희박해 보인다. 그렇다면 어떤 형식으로 존재했을까? 이와 관련하여 힌트를 얻을 수 있는 것은 '(A)'의 '청변(清辨)『중관심론(中觀心論)』「입진감로품(入真甘露品)」'의 텍스트 언급이다. 청변 『중관심론』은 번역된 적이 없지만 원측은 그 내용을 인용하여 '여섯 식만이 존재한다'는 청변 주장의 문헌적 근거로 제시하였다. 그런데 흥미롭게도 인용된 『중관심론』 텍스트는 현존 티벳어역과 비교했을 때 직접 인용이 아닌 의미를 취한 간접 인용에 가깝다.[13] 그렇다면 이 전승은 결국 누군가의('본문'

국어 번역은 장규언, 앞의 글, 2013b, 146-165 참조.

13) 현존 『중관심론』에서 원측 인용문에 정확히 대응하는 부분을 확인할 수 없지만, 제5장 「입유가행진실결택(入瑜伽行眞實決擇)」 속(특히 제41송)에 내용상 아뢰야식을 언급하고 그것에 대해

각주60에 비추어 볼 때 아마도 현장의) 강의로부터 온 것으로 이해할 수 있으며, 같은 논리에서 『결정장론』「구식품」의 '인식 작용인 아마라식' 서술 부분 역시 진제 강의록의 형식으로 원측에게 전승되었을 것으로 추정 가능하다. 이와 관련하여 주목할 것은 섭론사의 아마라식 이해를 엿볼 수 있는 돈황(敦煌) 문헌 속 영윤(靈潤) 『섭대승론장(攝大乘論章)』(S.2435)의 다음 전승이다.

자료2

第九**攝八九二識分別**者, 於中有二, 第一**明八九二識體相** ... 言**八九二識體**者, 此之二識, 或名八識, 或名九識. ... 言離八者, 於中有二, 第一從麤辨細, 二從細起麤. 言從麤辨細者, 生起識中隨根分六, 陀那第七, 梨耶第八. 言從細起麤者, 梨耶為第一, 陀那為第二, 生起分六. 以之為八, 如眾名章說. **言離九者**, 前之三**識生滅門中分之為八**, 以緣境不同故, **識真如門合之為一, 以內照同故**. 以識真如通前為九. 故『無相論』「無相品」云, "分別性永無, 依他性亦不有, 此二無所有, 即是阿摩羅識, 故究竟唯一淨識也." 又**外國傳**云, "『十七地論』「菩薩品」中廣辨阿摩羅識以為九識."[14]

여기서 영윤은 아홉 식의 본질[體]을 논하면서 먼저 『기신론』의 생멸문(生滅門)과 진여문(眞如門)의 관점에서 식을 크게 여덟 식과 제9식으로 나눈다. 이어서 '내조(內照)'를 특징으로 하는 제9식이 바로 스승 진제의 아마라식을 지칭함을 말하기 위해 『무상론(無相論)』「무상품(無相品)」의 아마라식 해석(현존 『삼무성론(三無性論)』 문장과 일치함)을 인용하고 있다. 흥미로운 점은 『무상론』 텍스트와 함께 "『십칠지론』「보살품」에서 아마라식을 제9식으로 보는 것에 대해 자세히 설명하고 있다(『十七地論』

부정하는 내용이 있음이 지적되었다. 이종철, 앞의 글, 2010, 152 참조.

14) 靈潤, 『攝大乘論章』 권1, T85 1016c8 이하. 이 중 『무상론』은 『삼무성론』과 연관된 텍스트이며, 위 인용문은 현존 『삼무성론』에서 확인할 수 있다(『三無性論』 권상(出『無相論』) T31 871c28-872a15: 三識如如者, 謂一切諸行但唯是識, 此識二義故稱如如, 一攝無倒, 二無變異. ... 無變異者, 明此亂識即是分別·依他似塵·識所顯. 由分別性永無故, 依他性亦不有, 此二無所有即是阿摩羅識, 唯有此識, 獨無變異, 故稱如如. ... **阿摩羅識遣於亂識故, 究竟唯一淨識**也.) 셩카이는 『기신론』의 틀로 아마라식을 해석하는 것을 진제 사유와 구별하지만(聖凱, 앞의 글, 399), '자료7'에서 확인 가능하듯이, 원측이 '內照'를 본질로 하는 아마라식을 진제 사유로 보고 비판한다는 점에서 원측의 진제 인식에 한정해서 의미 있는 텍스트로 음미해도 무방할 것이다.

「菩薩品」中廣辨阿摩羅識以為九識)"는 '외국의 전승[外國傳]'을 인용하고 있다는 사실이다. 그렇다면 여기서 『십칠지론』「보살품」이 지칭하는 텍스트는 무엇이며, '외국의 전승'은 어디에서 유래한 것일까? 필자는 어느 섭론사에 의해 '인식 작용인 아마라식'을 설한 것으로 이해된 『십칠지론』「보살품」은 적어도 내용상 『결정장론』「구식품」과 모종의 관련이 있는 텍스트일 가능성이 있으며, 섭론사라면 『십칠지론』의 내용을 전하는 '외국의 전승'은 결국 진제에서 유래한다고 인식했을 것으로 추측한다.

이상의 추론들이 성립될 수 있다면, 적어도 원측은 『결정장론』「구식품」을 현존 『유가사지론』에 없는 내용이 포함된 『십칠지론』 일부 텍스트에 대한 진제 자신의 번역으로 이해하였으며, 그것은 강의록의 형태로 전승되었을 것으로 추정된다.

2) 『구식장』 인식

그렇다면 원측은 『구식장』을 어떻게 보았을까? 저자 문제와 관련하여 원측은 다른 곳에서 『구식장』을 진제의 직설로 이해하고 있다.15) 『구식장』의 문헌적 성격과 관련해서는 '~장(章)'이라는 형식에 주목할 필요가 있다. 진제와 동시대 사상가로 볼 수 있는 정영사(淨影寺) 혜원(慧遠, 523-592)이 남긴 『대승의장(大乘義章)』이나 규기(窺基, 632-682)가 남긴 『대승법원의림장(大乘法苑義林章)』에 비추어 볼 때, '~장'은 주제별로 묶은 강의록에 대한 통칭으로 보인다.16) 따라서 원측에세 『구식징』은 구식에 대한 진제 자신의 강의록으로 인식되었을 가능성이 높다.

남는 문제는 양 문헌 간의 관계를 어떻게 볼 것인가이다. 이 문제와 관련하여 필자는 원측이 전하는 진제 일문 중에 현존하지 않는 번역 텍스트에 대한 주석도 있다는 사실에 주목하였다. 예를 들면, 『해심밀경소』「무자성상품(無自性相品)」 주석은 일승(一乘)의 의미와 이른바 삼시(三時) 설법을 해석하면서 진제의 강의록인 『진제기(眞諦記)』와 (『해심밀경』「승의제상품(勝義諦相品)」 대응 부분만의 이역(異譯)인) 『해절경

15) 『解深密經疏』 권4, 「無自性相品」 ZZ21 271b9-14; WX34 781b15-782a2: 眞諦三藏『九識章』云, "問. …" 准知眞諦亦說 …"

16) 9세기 초 돈황 지역에서 활약한 최둡 역시 『구식장』을 'rnam par śes pa dgu bstan pa(아홉 식을 해설한 것)'으로 번역한 점에서 유사한 인식을 보여 준다. 앞서 '각주8' 참조.

(解節經)』에 대한 진제 자신의 주석인 『해절경소(解節經疏)』 중 관련 텍스트를 직접 인용하고 있다.[17] 여기서 흥미로운 점은 일승과 삼시 설법을 설하는 「무자성상품」 경문 대응 『해절경』 번역은 현존하지 않지만, 그 주제에 대한 진제의 해석은 원측에게 전승되어 자기 해석의 권위로서 채용되고 있다는 사실이다. 따라서 여러 원인으로 인해 정식으로 번역되지 않은 텍스트라 하더라도 진제는 강의의 형식을 통해 그 내용을 전달하였으며, 그 과정에서 진제 자신이 그 주제에 대해 해설하였고 그것이 필기[記]의 형태로 후대 섭론사에게 전승되었을 가능성을 부인하기는 어려울 것이다.

위 가설이 성립될 수 있다면, 원측은 『결정장론』 「구식품」을 강의록 형태로 전승된, 현존 현장 역 『유가사지론』에 없는 내용, 예컨대 '인식 작용인 아마라식'에 대한 서술을 포함한 『십칠지론』 일부 텍스트에 대한 진제 자신의 번역으로, 또 『구식장』을 그 과정에서 이루어진 「구식품」 해설을 포함한, 구식에 관한 진제 자신의 포괄적 강의로 인식했다고 볼 수 있다. 이 맥락에서 앞서 '자료1' 중 '(B)(3)(b)(다)'의 "『결정장론』은 『유가사지론』을 지칭하는데 그 논에는 본래부터 「구식품」이 없다"라는 평가는 기본적으로 당시 원측에게 전승된 『결정장론』 「구식품」 텍스트와 현장 역 『유가사지론』 텍스트 간의 대조를 통해 이루어진 텍스트 비판(text critic)으로 읽을 수 있다.

2. 원측의 진제 구식설 인식

1) 팔식설(八識說)의 구도 속에서 본 진제의 사상사적 위치

다음으로 원측 진제 인식의 복합성이 잘 드러난다고 판단되는 '해성리야'와 '인식 작용인 아마라식' 해석에 초점을 맞추어 그가 진제의 구식설을 어떻게 보았는지 살펴보려 한다.

이를 위해 먼저 '자료1'로 돌아가서 구식설이 소개되는 맥락을 살펴볼 필요가 있

17) 『解深密經疏』 권5, 「無自性相品」 ZZ21 292a6 이하: 『**眞諦記**』云, "次說 ... "; ZZ21 292b5 이하: 『**眞諦記**』云, "次須*說 ..."; ZZ21 292b11 이하: 第一時處諸說同異者, 依**眞諦三藏**『**解節經疏**』云, "復次..." *'부록1'의 '각주332' 참조.

다. ‘자료1’의 도입부에서 확인할 수 있듯이, 이 논의는 『해심밀경』 경문의 ‘심(心)·의(意)·식(識)’이 지칭하는 것이 유식 논서에서 말하는 ‘여덟 식[八識]’임을 확정한 뒤, 그 ‘여덟 식’과 관련된 ‘여섯 측면의 의미[六義] 분석’ 중 ‘수에 따른 종류의 구별[種數多少=種數]’의 범주 아래 다양한 식설(識說)이 소개되는 맥락 속에 놓여 있다. 거기서 원측은 대승 안에 (A) 여섯 식만을 주장하는 중관학파[龍猛, 清辨]와 (B) 여덟 식을 주장하는 유식학파[彌勒]의 입장을 대별한 뒤, 다시 여덟 식을 주장하는 유식학파 안에 존재하는 세 가지 상이한 해석, 즉 (1) 보리유지(菩提留支 또는 菩提流支, ?-527)의 식설, (2) 진제의 구식설, (3) 현장[大唐三藏]의 팔식설(八識說)을 순서대로 소개한 뒤, 현장과 그가 의지하는 호법의 주장[護法宗]의 표준에 따라 (a) 청변의 육식설(六識說)을 논파하고 (b) ‘스승 진제[真諦師]’의 구식설 중 (가) 제7식, (나) 제8식, (다) 제9식 해석 중의 부분적인 오류를 지적하고 있다.

진제 인식과 관련하여 필자가 우선 눈여겨본 점은 ‘(B)’에서 유식학파 팔식설의 대표적 경증으로 중국 유식종에서 중시하는 경론으로 흔히 거론되는 ‘육경십일론(六經十一論)’에 포함되지 않는 『금광명경(金光明經)』을 든 사실이다.[18] 현존 『금광명경』에서 여덟 식을 명시적으로 언급한 부분을 발견하기는 어렵지만, 흥미롭게도 『해심밀경소』 「승의제상품(勝義諦相品)」 주석이 그중 ‘마술[幻化]의 비유’ 부분[19]에 대한 진제 자신의 아래 해석을 포함하고 있어 수복할 만하다.

자료3

若依真諦『金光明記』, 幻師, 即是阿賴耶識無始已來能造虛妄, 幻弟子者, 喻七識也. 微細妄法賴耶所造, 中即陀那, 麤者六識所造.[20]

진제의 『금광명기(金光明記)』에 따르면, 마술사[幻師]는 아뢰야식을 지칭하며, [아

18) 이 점은 『인왕경소』에서도 재차 확인된다. 圓測, 『仁王經疏』 권중(본), 「教化品」 T33 400b25 이하: 經. 眾生後(至)異木石. 釋曰. … 言眾生識者, … 然諸教立識不定. 有處但說六識, 不說七八, 如諸『般若』. 或說八識, 如『金光明』等.

19) 眞諦 譯, 寶貴 合, 『合部金光明經』 권4, 「依空滿願品」 T16 381a3-6: 梵王! 譬如幻師善巧幻術, 及幻弟子, 於四衢道, 取諸土·沙·草·木·葉等, 聚在一處, 作種種幻術, 使人睹見象衆·馬衆·車衆·軍衆·七寶之聚·種種倉庫. …

20) 『解深密經疏』 권2, 「勝義諦相品」 ZZ21 208b22 이하; WX34 656a4 이하.

뢰야식은] 시작점을 알 수 없는 어느 때부터 비존재[虛妄]를 만들어 내며, 마술사의 제자[幻弟子]는 나머지 일곱 식(識)을 비유한 것이다. [자세히 말한다면,] 미세한 비존재의 현상은 아뢰야식이 만들어낸 것이고, 중간 정도의 비존재의 현상은 [제7][21] 아타나식이 만들어내며, 거친 비존재의 현상은 나머지 여섯 식이 만들어 낸다.

여기서 진제가 마술의 비유 중 마술사와 그의 제자를 비존재의 세계를 만들어 내는 아뢰야식과 아타나식 · 육식으로 각각 이해하고 있었음이 명시되며, 그 점에서 『금광명경』이 여덟 식을 설했다고 하는 원측의 견해는 진제의 해석에 근거한 것으로 볼 수 있다. 이 점은 앞서 원측이 팔식설을 견지하는 유식학파의 큰 그룹((B)) 안에 이견을 가진 사상가((B)(2))로서 진제의 사상사적 위치를 설정한 것과 무관하지 않을 것이다.

2) 진제 해성리야(解性梨耶)의 수행론적 함축

다음으로 주목한 점은 '자료1' 중 '(B)(3)(b)(나)'에서 제8아뢰야식에 대한 진제의 세 해석 중 '(B)(2)(d)(ⅰ)' 해성리야에 대한 원측 비판은 없다는 사실이다. 이를 암묵적 긍정으로 해석할 수 있다면,[22] 원측은 진제의 해성리야를 어떻게 이해했을까? '(B)(2)(d)'의 해성리야에 대한 지극히 짧은 해설 "解性梨耶有成佛義."는 너무 함축적이기 때문에 그 의미를 이해하기 위해서는 진제 자신과 섭론사의 해석으로 시야를 확장할 필요가 있다.

---

21) 진제의 식 체계에서 '阿陀那識'은 제7식에 속한다. 위의 '자료1' 중 '(B)(2)(c)' 참조.

22) 이종철, 앞의 글, 2010, 157. '자료1'의 전체 구조에 유의하지 않음으로 말미암아 원측의 진제 '해성리야' 해석을 오독하는 경우들이 있다. 예를 들어 셩카이는 '해성(解性)'에는 『기신론』의 '본각(本覺)'의 의미는 결코 없으며 마땅히 '시각(始覺)'과 '구경각(究竟覺)'이어야 함을 강조한 뒤, 지론사(地論師), 길장(吉藏), 원측 등이 '여래장연기(如來藏緣起)'의 방식으로 '아려야식연기(阿黎耶識緣起)'의 문제를 해결하려 시도하였으며, '불성(佛性)', '본각'으로써 '해성'을 해석하는 것은 수당 불교계의 보편적인 관점이었다고 말한다(聖凱, 앞의 글, 350). 이는 원측 역시 '해성'을 『기신론』의 '본각'으로 오해했다는 비판이다. 경칭(耿晴)도 '해성'을 『기신론』의 '본각'으로 읽어서는 안 됨을 주장하는 가운데 원측이 '해성리야'에 대해 '有成佛義'라고만 언급하고 추가로 해석하지 않은 이유가 '해성=본각=제9아마라식'의 전제 하에서 이어서 바로 '아마라식'이 무엇인지 설명했기 때문이라고 보았다(耿晴 2009. 각주5).

먼저 진제 자신의 해석을 살펴보자. 잘 알려진 대로, 해성리야는 어원적으로 보았을 때 진제가 아리야식(=진제 역 아려야식阿黎耶識)의 본질[性]을 해(解)로 해석한 것에서 유래한 것이다. 그 말의 의미와 수행론적 함축을 이해하기 위해 그 전후 문장을 살펴보자.

자료4

論曰. 此初說應知依止立名阿黎耶識. 世尊於何處說此識及說此識名阿黎耶? 如佛世尊『阿毘達磨略本偈』中說: **此界**無始時　一切法依止/ … // …

釋曰. 今欲引『阿含』證阿黎耶識體及名. 『阿含』謂『大乘阿毘達磨』, 此中佛世尊說偈. 此即**此阿黎耶識界**, **以解爲性**. 一體類義, 一切衆生不出此體類, 由此體類衆生不異. 二因義, 一切聖人法四念處等緣此界生故. 三生義, 一切聖人所得法身由信樂此界法門故得成就. 四眞實義, 在世間不破, 出世間亦不盡. 五藏義, 若應此法, 自性善故成內; 若外此法, 雖復相應, 則成[穀-禾+卵]故.

約**此界**佛世尊說, "比丘! 衆生初際不可了達, 無明爲蓋, 貪 · 愛所縛, 或流, 或接, 有時泥黎耶 … 有時天道. 比丘! 汝等如此長時受苦, 增益貪 · 愛, 恒受血 · 滴." 由此證故知無始時. 如『經』言, "世尊! **此識界**是依, 是持, 是處(…)無爲恒伽沙等數諸佛功德. 世尊! (…)有爲諸法是依, 是持, 是處." 故言'一切法依止'.

復次, '此界無始時'者, 卽是顯因. 若不立因, 可言'有始'.23)

---

23) 世親菩薩 釋, 眞諦 譯, 『攝大乘論釋』 권1, 「釋依止勝相 · 衆名品 · 衆名章」 T31 156c9-157a7. 번역시에 다른 곳에 보이는 진제 자신의 관련 논의를 참조하였다. 1. 『攝大乘論釋』 권15, 「釋智差別勝相」 T31 264b7-17:論曰. 復次諸佛法界恒時應見有五業. 釋曰. 此中應明法身業, 而言 '**諸佛法界**'者, 欲顯法身含**法界*五義**故, 轉名法界. 五義者, 一**性義**. 以無二我爲性, 一切衆生不過此性故. 二**因義**, 一切聖人四念處等法緣此生長故. 三**藏義**. 一切虛妄法所隱覆, 非凡夫 · 二乘所能緣故. 四**眞實義**. 過世間法. 世間法或自然壞, 或由對治壞, 離此二壞故. 五**甚深義**. 若與此相應, 自性成淨善故; 若外不相應, 自性成[穀-禾+卵]故. 由法身含**法界**五義諸菩薩應見法身恒與五業相應, 無時暫離. 2. 『佛性論』 권2, 「辯相分 · 自體相品」 T31 796b1-28: 復次**佛性**一切種相有十義應知, 言十相者, 一自體相, 二 … 一自體相者, 有二種, 一者別相, 二者通相. 別相有三種, 何者為三? 一者**如意功德性**, … 所言如意功德相者, 謂**如來藏**, 有五種. 何等為五? 一**如來藏, 自性**是其藏義. 一切諸法不出如來自性無我為相故, 故說一切諸法為如來藏. 二者**正法藏**, **因**是其藏義. 以一切聖人四念處等正法皆取此性作境, 未生得生, 已生得滿, 是故說名為正法藏. 三者**法身藏**, **至得**是其藏義. 此一切聖人信樂正性, 信樂願聞, 由此信樂心故令諸聖人得於四德及過恒沙數等一切如來功德, 故說此性名法身藏. 四者**出世藏**, **真實**是其藏義. 世有三失, 一者對治, 可滅盡故名為世, 此法則無對治故名出世, 二不靜

논한다. 이 [『대승아비달마경(大乘阿毘達磨經)』에서] 처음 설한 '앎의 대상의 의지처[應知依止]'를 '아려야식(阿黎耶識)'이라 부른다. [그렇다면] 세존께서는 어떤 곳에서 이 식을 설하셨으며 또 이 식을 '아려야'라고 설하셨는가? 예를 들면 붓다 세존께서 『아비달마약본게(阿毘達磨略本偈)』에서 다음과 같이 설한 경우이다. "**이 기반[界]**은 시작[始]의 때가 없으며, 모든 현상의 의지처[依止]이며 …" …

해석한다. 지금 [이 문장은] 『아함경』을 인용하여 아려야식의 본질[體]과 명칭[名]을 증명하려 한 것이다. 『아함경』은 『대승아비달마경』을 지칭하며, 여기에서 붓다 세존께서 [아려야식에 대해] 게송을 설하셨다. [게송의 '이 기반[此界]'의] '이[此]'는 **'이 아려야식 기반[此阿黎耶識界]'**을 의미하며, **'해(解)'를 본질[性]로 한다.** [이 아려야식 기반에는 다섯 가지 의미가 있다.] 첫째는 본성의 범위[體類=性=自性]를 의미하는데, 모든 중생이 [자아와 현상 '둘 관련 자체적 존재 없음[二無我]'이라는] 이 [아려야식 기반이라는] 본성 바깥에 있지 않으며, 이 본성의 범위의 측면에서 중생들 간 차이가 없다. 둘째는 원인[因]을 의미하는데, 모든 성인(聖人)들의 특성[法]인 네 종류 집중 대상[四念處] 등이 이 [아려야식] 기반을 원인으로 하여 생겨나기 때문이다. 셋째는 발생[生]을 의미하는데, 모든 성인들이 성취하는 진리의 몸[法身]은 이

住故名為世, 由虛妄心果報念念滅不住故, 此法不爾故名出世, 三由有倒見故, 心在世間, 則恒倒見, 如人在三界, 心中決不得見苦法忍等, 以其虛妄故名為世, 此法能出世間, 故名真實, 為出世藏. 五者 **自性清淨藏**, 以**祕密**是其藏義. 若一切法**隨順此性**, 則名為內, 是正非邪, 則為清淨; 若**諸法違逆此理**, 則名為外, 是邪非正, 名為染濁, 故言自性清淨藏. 故『勝鬘經』言, "世尊佛性者, 是如來藏, 是正法藏, 是法身藏, 是出世藏, 是自性清淨藏." '1'의 경우 '해성리야' 대응 명칭이 '법계(法界)'이며, 제1의 의미를 '이무아(二無我)'로 구체적으로 명시하였으며, 제3의 의미의 경우 명칭이 '장의(藏義)'이고 내용이 '법계'가 범부와 소승에게는 알려질 수 없음을 지칭하여 표면적으로 '생의'와 다르지만 사실은 반대 경우를 통해 '법계'에 대한 확신[信]이 성불의 결정적 원인임을 설명한 것으로 볼 수 있으며, 나머지 넷은 명칭만 다르고 내용은 같다. '2'의 경우 대응 명칭이 '여래장(如來藏)'이며, 다섯 모두 명칭은 다르지만 내용은 대동소이하고 또 보다 상세하다.

*'此界'와 '此阿黎耶識界'의 '界'를 위 '자료4' 인용 경전 속 문구 '是依, 是持, 是處'와의 의미 연관, 대응 산스끄리뜨어 'dhātu'의 여러 의미 중 '층(layer)', '기저(stratum)'(Monier-Williams 1899. 513), 'dhātu'의 티벳어역 'dbyiṅs'의 여러 의미 중 '근원(ḥbyuṅ gnas)'(張怡孫 1999. 223) 등을 종합적으로 고려하여 '기반'이라고 번역하였다. 뒤 '자료8' 속 『여래공덕장엄경』의 '無漏界'의 '界'도 위와 같은 의미 맥락에서 마찬가지로 '기반'이라고 번역하였다. 하지만 위 『섭론석』('1') 속 '法界'의 경우 그것이 번뇌 영향하의 현상을 제외하고 오직 번뇌 초월적으로 청정한 현상들만의 근원이 된다는 점을 고려하여 '界'의 보다 일반적 의미인 '영역'을 취해 '진리 영역'으로 번역해 보았다.

[아려야식] 기반에 관한 법문을 진리로 확신하고 좋아함을 통해 성취할 수 있다. 넷째는 실재[眞實]를 의미하는데, [이 아려야식 기반은] 세상적 차원에 있을 때 소멸되지[破=自然壞] 않으며 세상 초월적 차원에서도 제거되지[盡=由對治壞] 않는다. 다섯째는 [지극한 심오함[甚深=祕密]의] 함장[藏]을 의미하는데, [모든 현상[一切法=諸法]은] 이 [아려야식 기반이라는] 진리[法=性=理]에 부합[應=隨順]하면 [아려야식 기반의] 본성적 선함[自性善]으로 말미암아 ['올바른 통찰[正=正見]'과 '번뇌 초월적 청정함[淸淨]'이라는] 핵심[內]이 되는 반면 이 진리로부터 유리[外=違逆]되면 재차 [여타의 것들과] 부합하더라도 ['잘못된 견해[邪=邪見]'와 '번뇌에 지배됨[染濁]'이라는] 껍데기가 되기 때문이다.

이 [아려야식] **기반**에 대해 붓다 세존께서 다음과 같이 설하셨다. "비구여! 중생의 처음[初際]은 알 수 없으며 무지[無明]에 가리워지고 탐욕[貪]과 애착[愛]에 속박되어 떠돌기도 하고 안착하기도 하는데 [그곳이] 때로는 지옥[泥黎耶, niraya]이기도 하고 ... 천신[天]의 길이기도 하다. 비구여! 너희들은 이렇게 긴 시간 동안 괴로움을 겪으면서 탐욕과 애착을 강화시키므로 늘 피와 정액[滴]을 받[아 다시 태어나]게 된 것이다." 이 [경의] 근거를 통해 [이 아려야식 기반이] 처음의 때가 없음을 알 수 있다. [또] 예를 들어 [어떤] 경에서 다음과 같이 말한다. "세존이시여! **이 식 기반[此識界]**이 비조건적 현상[無爲=無爲法]인 강가 강만큼 많은 수의 모든 붓다 능력[功德]의 의지처이며[依] 지지점이며[持] 거주처입니다[處]. 세존이시여! [또 이 식 기반이] 조건적인 모든 현상[有爲諸法]의 의지처이며 지지점이며 거주처입니다." 그래서 [『대승아비달마경』에서 붓다께서 이 아려야식 기반에 대해] '모든 현상의 의지처[一切法依止]'라고 말씀하신 것이다.

또 다른 해석에 의하면[復次], '이 기반은 시작의 때가 없다[此界無始時]'라고 한 것은 [이 아려야식 기반이] '원인[因]'임을 명시한 것이다. 만약 원인을 설정하지 않을 경우 '시작이 있다'고 말할 수 있을 것이다.

위 '자료4'와 진제 자신의 관련 논의(각주23의 '1'과 '2')에 근거하여 '진리 영역[法界]' 및 '여래장(如來藏)'과 등치되는 '해성리야'의 특성들을 요약하면 다음과 같다. 첫째, '무시시(無始時)'가 명시하듯이 그 '처음[初際]'을 알 수 없는, '무지[無明]', '탐욕[貪]', '애착[愛]' 등 윤회적 삶의 '원인[因]' 또는 '불변의 시작점[始]'과 상반된 특성을 지닌 어떤 '원인'이며, 둘째, 제1 체류의(體類義)와 제5 장의(藏義)가 명시하듯이 '자아와 현상의 자체적 존재 없음 또는 공성[二無我=二空]'이라는 '현상의 본성[自性]' 또는 '본래부터 번뇌 초월적으로 청정함[自性清淨]'이라는 '본성[性]'이나 '진리[理]'이며, 셋째, 제2 인의(因義)가 명시하듯이 성인의 수행에 동반되는 특성들[聖人法]의 발생 원인이며, 넷째, 제3 생의(生義)가 명시하듯이 수행의 최종 목표인 붓다의 진리의 몸[法身]을 성취하게 만드는 원인이며, 다섯째, 제4 진실의(眞實義)가 명시하듯이 세상적 차원[世間]과 세상 초월적 차원[出世間]을 관통하여 소멸하지 않는 실재[眞實, *tattva]이며, 여섯째, '일체법의지(一切法依止)'가 명시하듯이 비조건적 현상[無爲法]인 붓다의 능력[功德]뿐 아니라 조건적 현상[有爲法]의 일부인 중생의 윤회적 삶까지 포함한 모든 현상의 의지처[依止]이다(후자의 측면은 '無始時'에 대한 제1해석에서 명시됨). 간단히 말해, 넓은 의미의 '해성리야'는 윤회적 삶과 성불 양자의 '의지처'로서의 '원인'이다(전자의 경우 '각주23'의 '1'의 제3 '장의'에서 '모든 종류의 비존재에 의해 은폐되어 범부와 소승 수행자는 인식할 수 없기 때문임[一切虛妄法所隱覆, 非凡夫·二乘所能緣故]'으로 그 이유가 명시됨).

그중 성불만의 의지처인 좁은 의미의 '해성리야'는 '불성(佛性)'의 동의어로 볼 수 있다. 왜냐하면 그 다섯 가지 의미가 진제 자신의 '삼종불성(三種佛性)'('본문' 자료23 및 표2)의 수행론적 함축과 일치하기 때문이다. 즉, '체류의'와 '장의'는 수행 이전의[道前] 순수한 가능성 차원의 불성, 즉 '본질로서 확립된 불성[自性住佛性]'과, '인의'는 수행의 길 도중에[道中] 수행들의 근원이 되는 '이끌어내는 불성[引出佛性]'과, '생의'는 수행의 길 최후 단계의[道後] '결과 성취에 이르는 불성[至得果佛性]'과, '진실의'는 위 세 단계를 관통하며 본질로서 늘 존재하는 '리(理)'와 등치될 수 있을 듯하다.

한편 다섯 가지 중 '인의'와 '생의'의 수행론적 함축은 이곳을 제외하고 진제 자신이 해성리야를 언급한 유일한 사례인 다음 서술에서 보다 구체화된다.

자료5

出世轉依亦爾, 由本識功能漸減, 聞熏習等次第漸增, 捨凡夫依, 作聖人依. 聖人依者, <u>聞</u>

熏習與**解性**和合, 以此爲依, 一切聖道皆依此生.[24]

세상 초월적 차원의 의지처의 변화[出世間轉依] 역시 [세상적 차원의 의지처의 변화[世間轉依]와] 마찬가지여서 본식(本識)(=아뢰야식)의 힘이 점차 소멸하고 문훈습(聞熏習) 등이 점차 늘어남으로써[由] 범부의 의지처 단계를 벗어나서 성인의 의지처가 된다. 성인의 의지처가 된다는 말은 [성인은] 문훈습이 **해성리야**와 결합할 때 이것을 의지처로 삼으므로 모든 성인의 수행의 길이 이것을 의지처로 하여 생겨남을 의미한다.

여기서 진제는 문훈습(聞熏習)이 성숙하여 일정한 단계가 되었을 때 해성리야와 결합하며, 그 문훈습과 결합된 해성리야가 성불로 인도하는 수행법[聖道]이 생겨나는 의지처[依], 즉 기반임을 명시하고 있다. 이 서술에서 해성리야의 의미 해명을 위해 설명되어야 할 것은 문훈습과 해성리야의 관계인데, '자료5' 직전에서 진제는 문훈습을 십신(十信) 이전의 범부보살(凡夫菩薩)이 수행을 통해 얻은 것이며, 그 본성은 세상적 현상[世間法]이지만, '진리의 몸을 완성시키는 원인[法身至得因]'이기 때문에 진리의 몸[法身]으로 귀속시킬 수 있다고 말한다.[25] 따라서 문훈습은 수행의 어느 시점에서 생겨난 뒤 성숙하다가 일정한 단계에 이르러 수행자 내부에 있는 성불의 기반인 해성리야를 활성화시키며, 이 활성화된 해성리야에 기반을 두어 성불을 가능케 하는 성자들의 수행의 길이 생겨난다고 볼 수 있을 것이다.[26]

하지만 진제가 문훈습의 근원이 무엇이며, 그것과 결합 후에 해성리야가 어떻게

---

24) 眞諦 譯, 『攝大乘論釋』 권3, 「釋引證品 · 出世間淨章」 T31 174c1 이하. 주석 대상인 『섭대승론』 문장은 다음과 같다. 論曰. 猶如世間離欲時, 不靜地熏習滅, 靜地熏習增, 世間轉依義得成, 出世轉依亦爾.

25) T31 174c5-9: 菩薩有二種, 一在凡位, 二在聖位, 從初發心訖十信以還, 並是凡位, 從十解以上悉屬聖位, 初修觀者卽是凡夫菩薩. 若初修觀菩薩所得聞熏習, 說名世間法, 雖是世間法, 而爲法身至得因故, 屬法身攝.

26) 참고로 진제와 동시대 사상가 정영사 혜원도 이와 유사하게 문훈습이 아뢰야식 속의 해성리야(='眞心' 또는 '佛性眞心')를 훈습하여 정종자(淨種子)를 만들어 낸다고 해석한다. 遠法師, 『大乘義章』 권3(말), 「八識義十門分別」 T44 534c23 이하: 問曰, 此我何由可盡? 由六識中, **聞無我教**, 修無我解, 熏於本識, 成無我種, **本中眞心**, 受彼熏已, 熏於本中無明令薄, … 於六識中所修善行, 熏於本識, **於本識中佛性眞心**, 名爲**解性**, **解性**受彼**淨法熏**, **成淨種子**, 淨種成已, 熏於無明, 無明轉薄, 無明薄故, 變起六識, 於六識中, 起善轉勝, 如是展轉乃至究竟.

변화하며, 성불 시에는 어떤 형태로 존재한다고 보았는지 확인할 길은 없다. 필자는 이러한 문제들에 대한 해답의 실마리를 진제 이후 섭론사의 해성리야 해석에서 찾아보고자 한다. 진제 사후 30여 년 후이며 원측이 법상과 승변을 만나기 26년 전인 602년 성립한[27] 길장(吉藏, 549-623)의 『중관론소(中觀論疏)』는 다음과 같은 흥미로운 전승을 포함하고 있다.

자료6

計去 · 來者, 乃復無窮, 略明七. … 七者攝大乘師, 明六道衆生皆從本識來, 以本識中有六道種子故生六道也. 從清淨法界流出十二部經, 起一念聞熏習, 附著本識, 此是反去之始. 聞熏習漸增, 本識漸減, **解若**都成則本識都滅. 用本識中**解性**成於報佛, **解性**不可朽滅.[28]

27) 呂澂 1979. 313.

28) 釋吉藏, 『中觀論疏』 권4(본), 「去來品」 T42 54a9-27. 비록 '해성리야'라는 말을 사용하지는 않지만, 위 섭론사 주장의 근거로 추정 가능한 『섭론석』의 서술(『攝大乘論釋』 권3, 「釋引證品 · 出世間淨章」 T31 173c24-174a8)이 존재한다: 論曰. 是聞熏習若下 · 中 · 上品應知是法身種子. 釋曰. 何法名法身? 轉依名法身. 轉依相云何? 成熟修習十地及波羅蜜出離轉依功德爲相. 由聞熏習 · **四法**得成, 一**信樂大乘**是大淨種子, 二般若波羅蜜是大我種子, 三虛空器三昧是大樂種子, 四大悲是大常種子, **常 · 樂 · 我 · 淨**是法身**四德**. 此**聞熏習**及**四法**爲**四德種子**, **四德圓**時, 本識都盡. **聞熏習**及**四法**既爲**四德種子**故, 能對治本識. … **聞熏習**但是**四德道種子**, **四德道**能成顯**四德**, **四德本來是有**, 不從種子生, 從因作名, 故稱種子. 여기서 '영원함[常]', '즐거움[樂]', '참 나[我]'*, '번뇌 초월적 청정함[淨]' 등 '진리의 몸[法身]'의 '네 가지 능력[四德]'은 (1) 본래 존재하지만[本來是有], (2) '문훈습'과 그것으로부터 생겨난, 대승을 진리로 확신함[信樂大乘](='자료4'의 '인의')을 포함한 '네 가지 특성[四法]' 또는 '네 가지 능력에 이르는 수행의 길[四德道]' 양자를 '원인[因=種子]'으로 하여 '본식(本識)'을 제거함[對治]으로써 비로소 '완성[圓]'되거나 '구현[顯]'된다는 점에서 '자료4~6'의 '해성리야'를 지칭한다고 볼 수 있을 듯하다.(*『열반경』의 '사덕' 중 '아'는 번뇌에 의해 가려진 '실재[義, artha]'인 '여래장如來藏' 또는 '불성佛性'을 의미한다. 曇無讖 譯 『大般涅槃經』 권7, 「如來性品」 T12 407b7-11: "世尊! 二十五有有我不耶?" 佛言, "善男子! 我者即是**如來藏義**, 一切衆生悉有**佛性**, 即是我**義**. 如是我**義**從本已來常爲無量煩惱所覆, 是故衆生不能得見." 이 텍스트 앞부분의 한국어 번역은 장규언 2013b. 94-95 참조)
한편 '문훈습'의 근원을 '번뇌 초월적으로 청정한 진리 영역[清淨法界]'으로 명시한 서술은 『섭론』(無著菩薩 造, 眞諦 譯, 『攝大乘論』 권상, 「依止勝相 · 引證品」 T31 117a7-8: 若無熏習, 此出世心從何因生? 汝今應答. **最清淨法界**所流正聞熏習爲種子故.)에 근거한 듯하다. 또 '문훈습'이 위 '각주25'에서도 언급된 '진리의 몸[法身]'의 '원인[因]'인 점('자료4'의 '생의'에 대응함)에서 그 본질[體]이 '본식'과 대조적으로 '세상 초월적 현상[出世法]'임을 명시하는 『섭론석』의 서술(T31 174a18-23)도 존재한다: 論曰. 此聞熏習非阿梨耶識, 屬法身及解脫身攝. 如是如是從下 · 中 · 上次第漸增, 如是如是果報識次第漸減. 釋曰. 聞熏習**體是出世法**, 聞熏習**因** · 果屬**法身**及解脫身攝;

> 감과 옴에 대한 잘못된 생각 역시 무수히 많지만 대략적으로 일곱 가지 주장이 있다. ... 일곱 번째는 섭대승사(攝大乘師)인데 그 주장은 다음과 같다. 육도(六道) 중생은 모두 본식(本識)에서 유래한 것이다. 왜냐하면 본식 안에 육도 종자가 있어 육도에 태어나기 때문이다. [하지만 본식 안의] 번뇌 초월적으로 청정한 진리 영역[清淨法界]으로부터 열두 종류 경전[十二部經][의 가르침]이 흘러나오게 되면 한 찰나에 문훈습이 발생하여 본식에 부착하게 되는데 이것이 되돌아감의 출발이다. 문훈습은 점차 늘어나는 반면 본식[의 육도종자]는 점차 줄어들다가 해야(解若)가 완성되면 본식이 완전히 소멸한다. 본식 안의 해성(解性)이 향유의 붓다[報佛]를 성취하기 때문에 해성은 소멸할 수 없다.

위 섭론사[攝大乘師]의 이해에 따르면, 해성리야[解若29)]는 문훈습의 근원이 되는 '번뇌 초월적으로 청정한 진리 영역[清淨法界]' 임이 암시되며, 아뢰야식의 육도 종자가 완전히 소멸한 후에야 비로소 완성[圓] 또는 구현[顯]되며, 성불 후에도 소멸

本識體是世間法, 因是集諦, 果是苦諦, 故此兩法自性相違. 由此義故聞熏習漸增; 本識漸減. 첫 번째 자료인 『섭론석』 속 '문훈습'을 통해 구현될 '진리의 몸'이 본래 지닌 잠재적 '네 가지 능력'을 '해성리야'로 볼 수 있다면, 두번째 자료인 『섭론』 속 '세상 초월적 현상'을 본질로 하는 '문훈습' 그것의 근원이 되는 '번뇌 초월적으로 청정한 진리 영역'은 '네 가지 능력' 중 '번뇌 초월적 청정함'의 잠재적 형태로 볼 수 있으며, 그 점에서 '해성리야'와 등치될 수 있을 듯하다.

깅칭(耿晴, 앞의 글)은 『섭론서』의 관련 자료('文獻1'과 '文獻2'. 각각 본 보론의 '자료4'의 '오의' 서술까지의 부분과 '자료5'에 해당함)에 근거하여 '해성리야'가 (1)아뢰야식이 본래 지닌 모종의 속성 또는 요소이며, (2)외래적인 문훈습이 그것과 결합하여 성인의 의지처가 된다는 점을 확인하고, 또 돈황문헌 『섭대승강소(攝大乘講疏)』(T85 No.2805)('文獻6')에 근거하여 (3)무상법(無常法)이라고 규정한 뒤, 이 특성들에 비추어 볼 때 『성유식론』 권2(T31 9a7-17: 由此應信, 有諸有情無始時來有**無漏種**, 不由熏習法爾成就, 後勝進位熏令增長, **無漏法**起以此為因, **無漏**起時復熏成種. ...諸聖教中雖說內種定有熏習, 而不定說一切種子皆熏故生. 寧全撥無本有種子? 然**本有種**亦由熏習令其增盛, 方能得果, 故說內種定有熏習. **其聞熏**習非唯有漏, 聞正法時亦熏**本有無漏種子**, 令漸增盛展轉, 乃至生**出世心**, 故亦說此名聞熏習. 밑줄과 볼드는 필자의 표시임)의 아뢰야식 중의 '본유무루종자(本有無漏種子)'에 해당한다고 주장한다. 그의 지적대로 '해성리야'가 호법의 '본유무루종자'의 작용, 즉 '번뇌의 결함이 없는 현상[無漏法]'의 '발생 원인[起因]이 됨'과 문훈습과 결합 후 성장하여 마지막에 '세상 초월적 마음[出世心]'을 '발생시킴[生]'(각각 '자료4'의 '인의'와 '생의'에 해당함)을 포함하고 있음은 분명한 듯하다. 다만 (3)의 규정은 재고의 여지가 보인다. '무상함'이 만약 '생겨났다가 소멸함'을 의미한다면 제1 '체류의', 제4 '진실의', 제5 '장의'와 모순적이며, 또 위 '자료6'의 '해성리야가 향유의 몸의 형태로 소멸하지 않는다'는 서술과도 모순되기 때문이다. '생멸의 변화와 연관됨'과 '생멸의 변화 자체'는 구분되어야 할 듯하다.

29) '解性梨耶'의 줄임말로 보았다. '耶'가 유사한 음을 지닌 '若'로 호환된 듯하다.

하지 않고 향유의 몸[報身]의 형태로 존재한다. 이 해석은 해성리야가 본격적 수행의 출발인 문훈습의 근원일 뿐만 아니라, 문훈습과 결합된 모습으로 성불할 때까지 지속적인 영향력을 행사함을 암시하고 있다.

이상의 자료들을 종합해 볼 때, 해성리야는 첫째. 수행의 출발점인 '문훈습'의 근원이 된다는 점에서 성불의 잠재적 기반 또는 원인이며, 둘째, 수행의 어느 시점에서 문훈습에 의해 활성화됨으로써 깨달음을 가능하게 하는 번뇌 초월적 수행을 발생시키는 현실적 기반 또는 원인이 되며, 셋째, 그것을 진리로 확신함을 통해서만 진리의 몸을 성취할 수 있다는 점에서 궁극적 깨달음의 결정적 원인이 되며, 넷째 깨달음 이후에도 향유의 몸의 형태로 지속된다. 이러한 해석 전통의 연속선상에서 원측이 해성리야를 이해했다고 보면, "解性梨耶有成佛義."는 "해성리야는 성불이라는 지향[義, artha]을 가지고 있다"라고 해석 가능하며, 그 점에서 해성리야는 성불에 관여하는 아뢰야식의 여러 측면으로 이해 가능할 듯하다.

3) 진제 아마라식(阿摩羅識) 비판과 재해석

(1) '능연의 아마라식' 비판

마지막으로 주목한 것은 '자료1' 중 '(B)(3)(b)(다)'에서 '본각(本覺)', 즉 '본래적 깨달음'으로 이해된 '인식 작용[能緣]인 아마라식'을 부정하는 반면, '진여(眞如)'와 '실제(實際)'로 불리는 '인식 대상[所緣]인 아마라식'에 대해서는 아무런 언급이 없다는 사실이다. 이러한 상반된 해석 태도가 무엇을 함축하는지 해명하기 위해 먼저 '인식 작용인 아마라식' 비판 부분을 음미해 보자. 앞서 언급한 마지막 텍스트 비판 부분을 제외하고 소개하면 다음과 같다.

> 又真諦云'阿摩羅識反照自體', 無教可憑, 復違『如來功德莊嚴經』. 彼云, "如來無垢識是淨無漏界/ 解脫一切障 圓鏡智相應//" 准『經』可知, 無垢識者, 即是淨分第八識也.
>
> 또 진제가 '아마라식(阿摩羅識)이 자신을 되비춘다(=자신을 인식 대상으로 한다[30])'고 말했는데 [그 주장이] 근거할 만한 [붓다의] 가르침은 없으며 또 『여래공덕장엄

30) 괄호 안은 대응 SNST(ZhT68.514.9 이하: bdag ñid la dmigs par byed do)에 근거하여 보충하였다.

경(如來功德莊嚴經)』과도 모순된다. 거기에서 "여래의 무구식은 청정하고 [번뇌라는] 결함이 없는 것의 기반[界]이며 모든 장애를 초월했으며 [아뢰야식의 의지처의 변화를 통해 얻어지는] (대)원경지와 연관된다네"라고 말했기 때문에 [이] 경에 비추어 본다면 무구식은 바로 청정한 부분의 제8식임을 알 수 있다.

원측은 여기서 먼저 '그 자신인 진여를 되비추는[反照] 아마라식'은 경전적 근거가 전혀 없기 때문에 성립할 수 없다고 말한다. 대신 경전에서 말하는 아마라식의 다른 표현인 '무구식(無垢識)'은 아뢰야식이 의지처의 변화, 즉 전의(轉依)를 통해 변화한 대원경지(大圓鏡智)와 연관된다는 점에서 청정한 부분의 제8식으로 이해하고 있으며, 이는 현장의 해석에 따른 것으로 보인다.31)

그렇다면 위 인용문 속에서 부정되는 아마라식은 구체적으로 무엇을 지칭할까? 원측은 『인왕경소』에서 같은 『구식장』에 근거하여 "아마라식은 진여인 본래적 깨달음을 본질로 하며, [번뇌의] 속박에 있을 때는 '여래장'이라 하고 속박을 벗어났을 때 '진리의 몸'이라고 부른다(阿摩羅識, 真如本覺為性, 在纏名如來藏, 出纏名法身)"32)

---

31) 『仁王經疏』 권중(본), 「教化品」 T33 400b29-c1: 二慈恩三藏但立八識, 無第九識, 而言阿摩羅者, 第八識中淨分第八. 원측이 '아마라식'을 '청정한 부분의 제8식'으로 본 이유는 동일한 『여래공덕장엄경』 게송을 근거로 한 논의인 '자료8'에서 명시될 것이다.

32) 『仁王經疏』 권중(본), 「教化品」 T33 400b25-29: 言衆生識者, 總標諸識, 自有兩釋. 一真諦三藏, 總立九識. 一阿摩羅識, 真如本覺為性, 在纏名如來藏, 出纏名法身, 阿摩羅識, 此云無垢識, 如『九識章』. 餘之八識大同諸師. '진여'와 '본래적 깨달음'의 동일시와 관련하여 법장(法藏, 643-712)의 다음 전승에 주목할 필요가 있다. 沙門法藏 述, 『華嚴一乘教義分齊章』 권2, T45 485b14-487c7: 問. 云何一心約就諸教得有如是差別義耶? 答. 此有二義, 一約法通收, 二約機分齊. ... 第二明種性差別者, ... 若依三乘教, 種性差別略有三說. ... 二約終教, 即就真如性中立種性故, 則遍一切衆生皆悉有性. ... 問. 夫論種性必是有為, 如何此教約真如為種性耶? 答. 以真如隨緣與染和合成本識時, 即彼**真中有本覺無漏**內熏衆生, 為返流因, 得為有種性, 梁『攝論』說為**黎耶中解性**, 『起信論』中說**'黎耶二義中本覺'**是也. 又彼『論』中'**如來藏**具足無漏, 常熏衆生, 為淨法因'. 위에 따르면, 진제 역 『섭론석』과 『기신론』을 연관시켜 이해하는 사상가들이 『섭론석』의 '해성리야[黎耶中解性]'를 『기신론』의 '아려야식의 두 측면 중 본래적 깨달음[黎耶二義中本覺]' 및 '여래장(如來藏)'과 동일시하여 '진여에 속하는 본래적 깨달음의 결함 없음[真中有本覺無漏]'으로 해석하였으며, 또 '해성리야'와 동일시된 '본래적 깨달음'은 '진여'가 아려야식과 결합했을 때[真如隨緣與染和合成本識時]의 상태로 보았다. 이 전승이 역사적 진실에 가깝다면, 원측의 '인식 작용인 아마라식' 비판은 앞서 '자료2'의 영윤처럼 『기신론』의 '본래적 깨달음'과 '여래장'의 틀로 '아마라식'과 '해성리야'를 해석하는 일부 섭론사를 향해 있었다고 볼 수 있을 듯하다.

라고 해설하고 있다. 이 두 문헌의 설명을 종합하면, 원측이 부정하고자 하는 아마라식, 즉 '인식 작용인 아마라식'은 모종의 인식 작용을 가진 진여이며, 그렇게 이해된 아마라식은 '여래장'이나 '본래적 깨달음[本覺]'으로 불릴 수 있다고 본다. 이러한 인식은 다음 자료를 통해 보다 뚜렷하게 드러난다.

자료7

測云, "問. 菩提名覺, 二種無爲體非是覺, 云何名菩提? 解云. 如『攝大乘論』第十殊勝具足三身智殊勝, 此亦如是智·斷二種皆名爲智. 所以爾者? 以**眞如**中具足一切恒沙功德性, 隨順**能生修生智**等諸功德門, 故名覺也, **非緣照故名之爲覺**. 眞諦三藏云, "有**本覺**智能緣**平等理**, 卽是『金光明經』唯有如·唯有如智者爲法身." 今三藏云, "此說不然. **人·法二空所顯眞如**非是**識體**, 云何能照? ... ""33)

[『유가사지론』 본문 '두 종류의 단절과 두 종류의 앎을 '보리'라 한다(二斷二智, 是名菩提)'라는 구절과 관련하여] ... 원측은 다음과 같이 말했다. "묻는다. 보통 '보리'를 '각(覺)'으로 의역하는데, [본문의] 두 종류의 비조건적 현상[無爲](=斷과 智)은 그 본질이 '깨달음[覺]'이 아닌데 왜 [여기서는 그것들을] '보리'라 한 것인가? 해설한다. 『섭대승론』의 [대승의] 열 번째 뛰어남인 '세 종류의 몸[三身]이 지닌 앎[智]의 완성의 뛰어남'[이 두 종류 장애의 '단절'을 포괄하는 것]처럼 여기(=『유가사지론』)서도 그와 마찬가지로 '앎'과 '[번뇌의] 단절[斷]' 둘 모두를 [포괄하여] '앎'이라 부른 것이다. 왜 그런가? 진여(眞如)가 강가 강의 모래알만큼 무수한 모든 [붓다] 능력[功德]의 본질[性]을 구비하고 있어서 거기에서 자연스럽게 선정 숙련을 통해 얻을 앎[修生智] 등 모든 능력을 낳는 방법[門]이 생겨나기 때문에 '깨달음'이라 한 것이지 [진여 자체가 어떤 것을] 인식 대상으로 하여 비춘다[緣照]는 점에서 '깨달음'이라 한 것은

---

33) 釋遁倫, 『瑜伽論記』 권10(상), 「菩提品」 T42 522c26-523a13. 관련 텍스트는 다음과 같다. 1. 『瑜伽師地論』 권38, 「本地分·菩薩地·初持瑜伽處·菩提品」 T30 498c20-23: 云何菩提? 謂略說**二斷·二智, 是名菩提**. 二斷者, 一煩惱障斷, 二所知障斷. 二智者, 一煩惱障斷故, 畢竟離垢一切煩惱不隨縛智, 二所知障斷故, 於一切所知無礙無障智. 2. 世親菩薩 造, 玄奘 譯, 『攝大乘論釋』 권1, 「總標綱要分」 T31 323a19-24: '無住涅槃說名彼果斷體'者*, 謂三學果故名彼果, 彼果卽斷名彼果斷, 此性名爲彼果斷體, 卽是煩惱·所知二障斷義. '三種佛身說名彼果智體'者*, 彼三學果故名彼果, 彼果卽智名彼果智, 此性名爲彼果智體.(*無著菩薩 造, 玄奘 譯, 『攝大乘論本』 권상, T31 133a2-3 ... 133a13-15: 九者彼果斷殊勝殊勝語, 十者彼果智殊勝殊勝語. ... 無住涅槃說名彼果斷體. 三種佛身, 一自性身, 二受用身, 三變化身, 說名彼果智體.)

> 아니다. [이와 관련하여] 진제(眞諦) 삼장께서는 다음과 같이 말씀하셨다. "본래적 깨달음인 앎[本覺智]이 있어 평등함이라는 진리[理]를 인식 대상으로 한다. 『금광명경』의 "[모든 번뇌 등의 장애를 제거하고 모든 좋은 특징을 구비하기 위해서] 오직 '진여[如]'가 있고 오직 '진여인 앎[如智]'이 있는데 [이것들을] '진리의 몸[法身]'이라 한다."라는 구절이 바로 이것을 의미한다." [하지만 이에 대해] 지금의 [현장玄奘] 삼장께서는 다음과 같이 말씀하셨다. "그 설은 옳지 않다. 자아의 공성[人空]과 [자아를 포함한 모든] 현상의 공성[法空]을 의미하는 '진여'는 [무엇에 대한] 인식[識]을 본질로 하지 않는데 어떻게 [무엇을] 인식 대상으로 하여 비춘단 말인가? …"

여기서 원측은 현장의 견해에 따라 공성(空性)을 의미하는 진여는 '앎[智]을 발생시킬 수 있는 가능성'으로 한정하는 반면, 진여를 '어떤 인식 작용을 가지거나 식을 본질로 하는 것', 즉 '진여인 앎[如智]'이나 '본래적 깨달음인 앎[本覺智]'으로 이해하려는 진제의 입장을 비판한다. 원측의 의도를 이해하기 위해 진제가 인용하는 『금광명경』 텍스트의 전후 문맥을 보면, '진여인 앎'[如如智]은 '진여'[如如=法如如]와 함께 번뇌의 장애를 제거하고 좋은 특성 또는 현상[善法]을 갖추기 위해 반드시 필요한 무분별지(無分別智)로 이해되고 있다.[34] '본래적 깨달음인 앎'과 등치된 '진여인 앎'은 앞서 『구식장』의 그 자신인 '진여'를 인식 대상으로 하는 '인식 작용인 아마라식'으로 이해 가능하다. 문제는 '진여'와 '진여인 앎'의 관계이다. 원측이 볼 때 진제는 '反照自體'가 암시하듯이 '진여인 앎'을 '진여'와 같다고 보며, 그 점에서 결국 '진여

---

34) 『合部金光明經』 권4, 「三身分別品」 T16 362c18-363a11: 善男子! 菩薩摩訶薩皆應當知. 何者爲三? 一者化身, 二者應身, 三者法身, 如是三身攝受阿耨多羅三藐三菩提. … 善男子! 云何菩薩摩訶薩了別法身? 爲欲滅除一切諸煩惱等障, 爲欲具足一切諸善法故, 惟有**如如 · 如如智**, 是名法身. 前二種身是假名有, 是第三身名爲眞有. 爲前二身而作本故. 何以故? **離法如如**, **離無分別智**, 一切諸佛無有別法. 何以故? 一切諸佛智慧具足故, 一切煩惱究竟滅盡故, 得清淨佛地故, 是故法如如 · 如如智攝一切佛法故.
'무분별지'와 '여지'가 '境智無差別'을 의미하며, 그 점에서 아마라식으로 이해될 수 있는 예가 『전식론』에서도 확인된다(『轉識論』 T31 63c2-5: 若智者, 不更緣此境, 二不顯現, 是時行者名入唯識. 何以故? 由修觀熟亂執盡. 是名無所得非心非境, 是智名出世**無分別智**, 即是境 · 智無差別, 名**如如智**.; 안성두 2015. 131-132). 다만 '경지무차별의 무분별지'가 원측이 비판하는 '능연의 아마라식'의 의미를 함축하는지 여부는 별도로 해명되어야 할 주제인 듯하다. 현존 진제 저작 속의 아마라식의 여러 의미에 대해서는 위의 글과 Radich 2009. 45-100 참조.

가 지닌 인식 작용'으로 보고 있다. 하지만 원측은 현장을 따라 이 관점은 '공성', 즉 '비조건적 현상[無爲法]인 진여'가 '조건적 현상[有爲法]인 인식 작용[識=緣照]'을 가진다는 점에서 논리적 모순을 가지고 있다고 보았다.[35]

원측은 이러한 모순을 피하기 위해서 깨달음을 가능하게 하는 '앎'은 진여 자체와 구별되어야 한다고 생각했으며, 결국 조건적 현상인 아뢰야식 안에서 그 자리를 찾으려 하면서 '아마라식'을 '청정한 부분의 제8식'으로 재해석하게 된다.

(2) '아마라식'의 재해석: '대원경지'를 본질로 하는 '무구식'

그렇다면 원측이 청정한 부분의 제8식으로 이해된 아마라식은 어떤 수행론적 의미를 지니고 있는가? 이에 대한 해답의 실마리는 '자료1'의 '(B)(3)(b)(다)'에서 경증으로 인용된 『여래공덕장엄경』 텍스트를 재차 인용하는 부분에서 찾아보려 한다. 「심의식상품」 주석 후반부에서 원측은 『성유식론(成唯識論)』을 인용하여 아뢰야식의 별명인 '무구식'의 의미를 소개한 뒤 다음과 같이 부연 설명한다.

> 자료8
>
> "或名無垢識. <u>最極清淨諸無漏法所依止故.</u>" 解云, 梵音阿末羅識, 【此云無垢識,】 即妙覺位大圓鏡智相應心體, 名無垢識. <u>最極清淨諸智 · 定等無漏道法為依止故</u>. 故『如來功德莊嚴經』云, "如來無垢識 是淨無漏界/ 解脫一切鄣 圓鏡智相應//"[36]

---

35) 잘 알려진 진제 계열의 법보(法寶, 7세기)와 현장 계열의 혜소(慧沼, 650-714) 간의 불성 논쟁에서 『기신론』을 인용하여 진여 자체가 '세상적 및 세상 초월적인 모든 좋은 현상의 원인과 결과를 만들어 내는(能生一切世·出世善因·果)' 작용을 가진다는 법보에 대해 혜소가 '진여에 어찌 작용이 있겠는가? 만약 작용이 있다면 행위 지향[行, saṃskāra][의 결과인 조건적 현상(saṃskṛta)]들과 같아지기 때문이다(眞如豈有作用? 若有作用, 同諸行故.)'라고 반박하는 장면은 위 비판의 의미를 보다 명시적으로 보여 준다. 林鎭國 2012. 30 참조.

36) 『解深密經疏』 권3, 「心意識相品」 ZZ21 246c24-247a5; WX34 732b10-15. '자료7'의 문맥에 대해서는 장규언 2022. 95-96 참조. 관련 『성유식론』 텍스트는 다음과 같다. 1. 『成唯識論』 권3, T31 13c8-24: 然**第八識**雖諸有情皆悉成就, 而隨義別立種種名. ... <u>或名無垢識. 最極清淨諸無漏法所依止故</u>. **此名唯在如來地有**. 菩薩 · 二乘及異生位持有漏種可受熏習, 未得**善淨第八識**故. 如『契經』說: 如來無垢識 是淨無漏界/ 解脫一切障 圓鏡智相應// 2. 『成唯識論』 권10, T31 56b7-15: **大圓鏡智相應心品**, 有義, 菩薩金剛喻定現在前時即初現起. 異熟識種與極微細所知障種俱時捨故. 若圓鏡智爾時未起, 便無<u>**能持淨種**識</u>故. 有義, 此品解脫道時初成佛故乃得初起. 異熟識種金剛喻定現在前時猶未頓捨. 與無間道不相違故, 非障有漏 · 劣無漏法但與佛果定相違故, 金剛喻定無所熏識, 無

[『성유식론』에서 '제8식'에 대해 다음과 같이 말한다.] "또 '무구식'이라고도 한다. 지극히 번뇌 초월적으로 청정한 [번뇌라는] 결함이 없는 현상들[諸無漏法]의 의지처[所依止]가 되기 때문이다." 해설한다. 산스끄리뜨어로 아말라식(阿末羅識, amalavijñāna)은 여기(=중국)에서는 '무구식'으로 의역하며 묘각(妙覺)의 경지에서 대원경지와 연관되는 마음을 본질로 하기 때문에 '무구식'이라 한다. 지극히 청정한 앎[智], 선정[定] 등 [번뇌라는] 결함이 없는 수행의 길에 동반되는 현상들[諸無漏道法]이 [그것을] 의지처로 하기 때문이다. 그래서 『여래공덕장엄경』에서 "여래의 무구식은 청정하고 [번뇌라는] 결함이 없는 것의 기반[界]이며 모든 장애를 초월했으며 [아뢰야식의 의지처의 변화를 통해 얻어지는] (대)원경지와 연관된다네"라고 한 것이다.

위 해설에서 우선 주목할 점은 원측이 앞서 '자료1' 중 '(B)(3)(b)(다)'의 『여래공덕장엄경』 인용문을 통해 암시되었던 무구식[37]의 본질을 묘각(妙覺)의 경지의 '대원경지와 연관된 마음'으로 명시한 사실이다. 위 자료 속 '解云' 이하 원측 해설의 근거인 『성유식론』 속 관련 텍스트('각주36')에 따르면, '무구식', 즉 대원경지는 여래의 경지[如來地]에서, 즉 처음 성불 후 열반 때까지[從初成佛盡未來際] '번뇌 초월적으로 청정한 결함 없는 종자의 **지속적 의지처**[**持**無漏**種**令不失=**能持**淨**種**]'로서 작용한다.

그렇다면 이러한 의미의 아마라식, 즉 대원경지가 구체적으로 지칭하는 것은 무엇일까? 이와 관련하여 필자는 『반야심경찬(般若心經贊)』 '아뇩다라삼막삼보리(阿耨多羅三藐三菩提)' 주석에 주목하였다. 거기서 원측은 '보리(菩提)'에 대한 포괄적 해석을 제시하면서 먼저 그것을 "궁극적 진리 차원의 앎[眞智]과 세상의 진리 차원의 앎[俗智] 두 차원에서 현상의 공성[法空]와 자아의 공성[人空]을 모두 경험함(真·俗

漏不增應成佛故. 由斯此品從初成佛盡未來際相續不斷. **持無漏種**令不失故.

37) '아마라식'이 아뢰야식의 별명으로 이해될 경우 진제가 긍정하는 '인식 작용인 아마라식'과 구별하기 위해 '무구식'으로 부르려 한다. '자료8' 직전 『성유식론』에서 제시된 아뢰야식의 또 다른 별명인 '앎의 대상의 의지처[所知依, *jñeyāśraya]' 해설에서도 원측은 아뢰야식이 '앎의 대상' 중의 하나인 '번뇌 초월적으로 청정한 조건적 현상들[清淨諸有為法]' 또는 '번뇌 초월적으로 청정한 의타적 발생이 본질인 현상[淨分依他]'을 '이끌어 낸다[能引]'는 점에서 그것들의 '의지처[依]'가 됨을 강조하였다. 자세한 내용은 위의 글, 92-94 참조.

智雙證二空)"으로 정의[釋名]한다. 이어서 "궁극적 진실[實]에 입각하여 본질을 명시하면 [보리는] 네 가지 앎[四智]을 본질로 한다(就實出體, 四智為性.)"라고 규정한 뒤, 그 근거로서 『성유식론』의 "보리는 곧 네 가지 앎과 연관된 심리 현상[心品]을 본질로 한다(菩提即是四智相應心品為體.)"는 구절을 인용한다.[38] 이 인용문 전후 『성유식론』 문장을 보면 무구식의 의미가 보다 구체적으로 드러난다.

자료9

轉依義別略有四種. ... 四所轉得, 此復有二. 一所顯得, 謂大涅槃. ... 二所生得, 謂大菩提. 此雖本來有能生種, 而所知障礙故不生, 由聖道力斷彼障故, 令從種起, 名得菩提, 起已相續窮未來際. 此即四智相應心品.[39]

의지처의 변화[轉依]의 의미는 대략 넷으로 나눌 수 있다. ... 넷째는 변화된 것을 통한 획득인데, 여기에도 두 종류가 있다. 하나는 발현됨을 통해 얻는 것이며 대열반(大涅槃)을 말한다. ... 다른 하나는 발생됨을 통해 얻는 것이며 대보리(大菩提)를 말한다. 이것(=대보리)은 비록 본래부터 [무엇인가를] 발생시키는 종자[種](=잠재력)를 지니고 있지만 앎의 대상의 장애[所知障礙] 때문에 [그 무엇인가를] 발생시키지 못하다가 성자의 수행의 길의 힘[聖道力]에 의해 그 장애(=앎의 대상의 장애)를 끊어냄을 통해 종자 상태로부터 발생하게 만들 때 '보리를 얻었다'고 하며 일단 생긴 이후에는 끝까지 지속된다. 이것(=대보리)이 곧 네 가지 앎과 연관된 심리 현상이다.

위 서술에 따라 추론한다면, 무구식의 본질이기도 한 대원경지(와 연관된 심리 현상)은 앎의 대상의 장애를 끊은 후에(=묘각위에서) 성취되는 대보리이며, 성취 후에도 열반할 때까지 지속된다. 흥미로운 점은 대보리는 성취 이전에도 '무엇인가'를 발생시킬 수 있는 힘[能生種]을 지니고 있다는 서술이다. 그렇다면 대보리와 대원경지로 이해된 무구식이 성취 이전부터 발생시키고자 하는 것은 무엇일까? 문맥으로

38) 沙門測, 『般若心經贊』 T33 550a11 이하: 此菩提義, 略以三門分別, 一釋名字, 二出體性, 三諸門分別. 第一釋名, 梵音菩提, 此翻名覺. 覺有三種, 謂三乘智, 而今且說'無上菩提', 即真·俗智雙證二空, 故名為覺. 第二出體有其二種. 一就實出體, 四智為性. 故『成唯識』第十卷曰: "菩提即是四智相應心品為體." ...

39) 護法等 造, 玄奘 譯, 『成唯識論』 권10, T31 54c23 ... 55b2-3 ... 56a7-11.

볼 때 '자료8'의 '앎, 선정 등 번뇌라는 결함이 없는 수행의 길에 동반되는 현상들[諸無漏道法]'을 지칭하는 것으로 보이며, 그런 점에서 '자료8'에서 무구식은 '지극히 번뇌 초월적으로 청정한 번뇌라는 결함이 없는 현상들[諸無漏法]의 의지처[所依止]'로 이해되고 있다.

(3) '무구식'의 인식 대상 '진여'의 수행론적 의미와 '해성리야'와의 관계

마지막으로 해명되어야 할 것은 '무구식', 즉 '대원경지'의 인식 대상에 대한 해석이다. '자료8'에 선행하는 『해심밀경소』와 '자료9'에 이어지는 『반야심경찬』은 모두 '대원경지와 연관된 심리 현상'의 '인식 대상'으로 '모든 현상[一切法]'과 함께 '진여'를 명시하고 있다.[40] '자료9'에 확인할 수 있듯이 무구식이 초기의 잠재적 힘의 상태에서 대보리의 완성에 이르는 여정을 거친다는 점에서 그 인식 대상인 '진여'도 여러 수행의 층위를 지닐 수 있을 것이다. 이와 관련하여 주목할 부분은 『반야심경찬』의 '구경열반(究竟涅槃)' 주석에서 소개된 '열반(涅槃)'에 대한 포괄적 해설이다. 거기서 원측은 『성유식론』을 근거로 네 가지 열반의 본질을 "진여의 장애 초월(真如離障)"로 명시하고 있다.[41] 이어지는 논의에서 네 가지 열반을 구체적으로 소개하면서 어떤 점에서 그러한지 다음과 같이 말하고 있다.

---

40) 『解深密經疏』 권3, 「心意識相品」 ZZ21 242a4 이하; WX34 722b14 이하: 無漏第八, 依『唯識論』*第十, 有兩師義. 故彼云: "大圓鏡智相應心品, 有義, 但緣**真如**為境 ... 有義, 此品緣一切法"; 『般若心經贊』 T33 550b23 이하: 四所緣差別者, 大圓鏡智如『佛地論』自有兩釋. 一曰緣**如**, 一曰通緣一切諸法 ... *원측이 의거한 『성유식론』 제10권의 관련 텍스트(T31 56c5 이하: 大圓鏡智相應心品, ... 如阿賴耶亦緣俗故, 緣**真如**故是**無分別**, 緣**餘境**故**後得智**攝. 其體是一, 隨用分二. <u>了俗由證真</u>, 故說為後得.)에 따르면, '진여'와 '진여 외 여타 현상'은 각각 '무분별지(無分別智)'와 '후득지(後得智)'의 인식 대상인 점에서 구분되지만, '후득지'도 '진여'의 경험[證]에 근거한 '세상적 현상[俗, saṃvṛti]'**에 대한 식별[了]이라는 점에서 '무분별지'든 '후득지'든 '대원경지'의 인식 대상은 포괄적으로 '진여'라고 볼 수 있을 것이다(**드 라 발레 뿌쌩(de La Vallée Poussin 1929. 689)은 이 문장의 '俗'을 'saṃvṛti'로 명시하고 '다양한 다르마들(la variété des Dharmas)'이라 부연 설명한다).

41) 『般若心經贊』 T33 549a19 이하: 四'究竟涅槃'者, 證得涅槃果. 涅槃略以四門分別, 一釋名字, 二出體性, 三種數多少, ... 第二出體, 諸說不同. ... 今三藏曰: "四種涅槃用**如**為體." 故『成唯識』第十卷曰, "四種涅槃皆依**真如離障**建立."

자료10

第三種數分別者, … 開為四者, 自性清淨 · 有餘 · 無餘及無住處. 如『成唯識』第十卷說, "涅槃義別略有四種. 一**本來自性清淨涅槃**, 雖有客染, 而本性淨具無數量微妙功德, 唯真聖者自內所證. 其性本寂, 故名涅槃. 二有餘依涅槃, 謂**即真如**出煩惱障. 雖有微苦所依未滅, 而障永寂, 故名涅槃. 三無餘涅槃, 謂**即真如**出生死苦, 煩惱既盡, 餘依亦滅, 衆苦永寂, 故名涅槃. 四無住處涅槃, 謂**即真如**出所知障, 大悲 · 般若常所輔翼, 由斯不住生死涅槃, 利樂有情, 窮未來際, 用而常寂, 故名涅槃. 一切有情皆有初一, 二乘無學容有前三, 唯我世尊可言具四."[42]

셋째 종류에 따른 수를 논하겠다. … 자세하게 넷으로 나눈다면 본성적으로 번뇌 초월적으로 청정함의 열반[自性清淨涅槃], 남김 있는 열반[有餘涅槃], 남김 없는 열반[無餘涅槃], 머묾 없는 열반[無住處涅槃]이다. 『성유식론』 제10권에서 다음과 같이 말한 대로이다. "열반은 의미를 구분하면 대략 네 종류가 있다. 첫째, **본성적으로 번뇌 초월적으로 청정함의 열반[本來自性清淨涅槃]**은 비록 손님과 같은 번뇌에 지배됨[客染]이 있지만 본성의 청정함이 무한하고 미묘한 능력[功德]을 갖추고 있으며, [이것은] 오직 참된 성자(聖者)만이 스스로 체험할 뿐이다. 그 본성이 본래 고요하다는 점에서 열반이라고 한다. 둘째, 의지처 존속의 열반[有餘依涅槃]은 **진여에 기반을 두어**[即真如] 번뇌의 장애[煩惱障]를 벗어남을 의미한다. 비록 미세한 괴로움의 의지처[所依]가 소멸하지는 않았지만, [번뇌의] 장애는 영원히 잠들었다는 점에서 열반이라고 한다. 셋째, 남김 없는 열반은 **진여에 기반을 두어** 윤회적 삶의 괴로움을 벗어남을 의미한다. 번뇌가 이미 다했고 남아 있는 의지처[餘依](=신체)마저 소멸하여 뭇 괴로움이 영원히 잠들었다는 점에서 열반이라고 한다. 넷째, 머묾 없는 열반은 **진여에 기반을 두어** 앎의 대상의 장애[所知障]를 벗어남을 의미한다. 대비(大悲)와 완전한 앎[般若]이 늘 지지해 주며, 이로 말미암아 윤회적 삶과 열반 [그 어느 것]에도 머물지 않고 끝까지 중생을 이롭고 즐겁게 하는데, 그 활동 중에도 늘 고요하다는 점에서 열반이라고 한다. 모든 중생은 처음 것을 가지며, [성문과 연각의] 이승 수행자의 무학(無學)(=아라한[阿羅漢])은 앞의 셋을 모두 가질 수 있지만, 오직 우리 세존께서만 넷 [모두]를 갖추고 있다."

42) 『般若心經贊』 T33 549b12-25.

위 서술에 따른다면, 성불의 근원적 기반인 진여는 '본성적으로 번뇌 초월적으로 청정함의 열반'이며, 이 진여에 근거하여 수행의 각 단계별로 '번뇌의 장애', '윤회적 삶의 괴로움', '앎의 대상의 장애'를 벗어나 붓다의 궁극적인 '머묾 없는 열반'을 성취할 수 있다.

〈표1〉 대원경지의 본질, 특성, 4종 열반과의 대응

	본질	인식 대상	수행 단계에 따른 작용	『성유식론』 4종 열반과의 대응
대원경지 = 무구식	무분별지(無分別智) (=궁극적 차원의 앎[眞智]) 및 후득지(後得智) (=세상적 차원의 앎[俗智]) = 현상과 자아의 공성을 경험함 [證二空]	진여(眞如) 및 모든 현상 [一切法]	잠재적 차원 (=불지佛地 이전까지): 본래부터 지닌 발생의 잠재력 [本來有能生種]	본성적으로 번뇌 초월적으로 청정함의 열반 [自性淸淨涅槃]
			실현된 차원 (=묘각위妙覺位부터 열반 때까지): 지극히 번뇌 초월적으로 청정한 모든 현상들의 의지처 [最極淸淨諸智定等無漏道法依止]	머묾 없는 열반 [無住處涅槃]

여기서 우리는 자연스럽게 '진여'가 수행에서 앞서 '해성리야'와 유사한 기능을 수행하고 있음을 알 수 있다. 먼저 진여가 '무한하고 미묘한 능력을 갖추고 있다'는 서술은 '자료7'의 '진여가 강가 강의 모래알만큼 무수한 모든 붓다 능력의 본질을 구비하고 있어서 거기에서 자연스럽게 선정 숙련을 통해 얻을 앎[智] 등 모든 능력을 낳는 방법이 생겨난다'라는 해석과 함께 진여가 붓다가 성취하는 능력들의 근본 원인임을 잘 보여준다.

다음으로 '의지처 존속의 열반은 진여에 기반을 두어 번뇌의 장애를 벗어남을 의미한다'라는 서술은 '자료4'의 해성리야에 대한 '모든 성인들의 특성이 이 아려야식 기반(=해성리야)을 원인으로 하여 생겨난다'와 '자료5'의 문훈습과 결합된 해성리야에 대한 '모든 성인의 수행의 길이 이것을 의지처로 하여 생겨난다'라는 서술의 의미, 즉 '성인의 특성들[聖人法]의 발생 원인이 됨'과 내용상 일치한다.

다음으로 '머묾 없는 열반은 진여에 기반을 두어 앎의 대상의 장애를 벗어남을 의미한다' 라는 서술은 '자료9'의 '성자의 수행의 길의 힘에 의해 앎의 대상의 장애를 끊어냄으로써 대보리를 성취한다' 라는 해석과 함께 진여인 현상의 공성[法空]을 깨달음으로써 앎의 대상의 장애를 제거하고 궁극적 깨달음을 얻는다는 점에서 진여가 '열반'의 결정적 원인이기도 함을 암시한다. 이러한 함축을 지닌 진여는 '자료4'에서 제시된 해성리야의 다섯 의미 중 '생의', 즉 "모든 성인들이 얻고자 하는 진리의

〈표2〉 해성리야의 여러 측면 및 『성유식론』 네 가지 열반과의 대응

<table>
<tr><th>해성리야의 특성</th><th colspan="2">해성리야의 다섯 측면[五義]</th><th colspan="3">『성유식론』의 네 가지 열반</th></tr>
<tr><td rowspan="2">성불의 잠재적 기반</td><td>본성[體類]: 자아와 현상의 공성[二無我]</td><td rowspan="4">실재[眞實]: 세상적 차원[世間]과 세상 초월적 차원[出世間]을 관통하여 소멸하지 않는 실재</td><td rowspan="2">본성적으로 번뇌 초월적으로 청정함의 열반 [自性清淨涅槃]: 본성의 고요함[性本寂] 무한하고 미묘한 능력을 갖추고 있음 [具無量數微妙功德]</td><td rowspan="2">잠재적 차원</td><td rowspan="4">진여의 장애 초월 [眞如離障]</td></tr>
<tr><td>심오함[藏]: 본성적으로 번뇌 초월적으로 청정함[自性清淨]</td></tr>
<tr><td>수행의 현실적 원인</td><td>원인[因]: 성인의 특성들[聖人法]의 발생 원인</td><td>의지처 존속의 열반 [有餘依涅槃]: 번뇌의 장애 초월 [出煩惱障]
남김 없는 열반[無餘涅槃]: 뭇 괴로움의 영원한 소멸[衆苦永寂]</td><td rowspan="2">실현된 차원</td></tr>
<tr><td>궁극적 깨달음의 결정적 원인</td><td>발생[生]: 진리의 몸[法身]의 성취 원인</td><td>머묾 없는 열반 [無住處涅槃]: 앎의 대상의 장애 초월 [出所知障]</td></tr>
</table>

몸은 이 아려야식 기반(=해성리야)에 관한 설법을 진리로 확신하고 좋아함으로써 성취된다"라는 해석과 연결 가능할 듯하다.

이상의 독법이 성립할 수 있다면, 네 가지 열반의 본질인 '진여'는 수행론적 맥락에서 해성리야와 그 의미가 중첩된다고 볼 수 있다.

이상 진제 '해성리야'와 '인식 작용인 아마라식'에 대한 원측의 해석을 요약하면 다음과 같다. 즉, 그는 현장과 호법의 '여덟 식' 체계의 표준에 따라 한편으로 진제가 제9식으로 상정한 '인식 작용인 아마라식'이 비조건적 현상인 '진여'가 조건적 현상인 '인식 작용'을 지니는 모순을 안고 있다는 점에서 부정하고, 대신 '진여'를 인식 대상으로 하는 '대원경지'를 '청정한 부분의 제8식'으로 상정한다. 하지만 '해성리야'의 경우 수행 이전부터 궁극적 열반 때까지 각 단계에서 성불에 관여하는, '대원경지'의 인식 대상 '진여'와 수행론적 의미와 작용이 일치한다고 인식하여 암묵적으로 긍정한 듯하다.

결론

이상 필자는 진제 『구식장』과 거기에 설해진 '인식 작용인 아마라식'이 진제 사유에 귀속되는지 여부에 대한 기존 연구가 유식사상가 진제의 정체성 해석과 관련되어 있음에 주목하면서, 원측이 『구식장』과 그 속의 구식설을 어떻게 인식했는지를 고찰하였으며, 이를 통해 원측 안에 있는 진제 사유의 한 측면을 밝히려 시도하였다. 이를 위해 먼저 원측이 『결정장론』「구식품」과 『구식장』을 어떤 성격의 문헌으로 인식했을는지 가늠해 보았고, 이어서 그 문헌 속에서 핵심 개념으로 제시된 '해성리야'와 '인식 작용인 아마라식'이 진제와 섭론사에게 어떻게 이해되었는지 살펴보았으며, 마지막으로 원측이 어떤 관점에서 전자를 암묵적으로 긍정하고 후자를 명시적으로 비판했는지 살펴보았다.

고찰 결과 우선 원측은 『결정장론』「구식품」과 『구식장』 모두를 진제의 역저로 인식했던 듯하며, 그래서 그 문헌 속의 '인식 작용인 아마라식'도 진제의 사유로 읽고 있다. 그리고 이 인식 위에서 현장과 호법의 표준에 따라 그것을 적극적으로 비판하여 자신의 식 체계에서 배제하였다. 하지만 그의 '해성리야'는 '아뢰야식 안의 진여'의 의미로 해석하여 자신의 체계 속에 통합하려 하고 있다.

원측은 '자료1' 중 '(B)(3)(b)'가 잘 보여주듯이 때로는 현장과 호법의 해석 표준에 따라 진제 사유를 비판하기도 하지만, '해성리야'의 경우가 잘 보여주듯이 때로는 그 표준 안에 진제의 사유를 포용하기도 하며, '자료3'이 보여주듯이 때로는 그 표준과 무관하게 진제의 해석을 수용하기도 하는 여러 해석학적 태도를 보여준다. 이 점에서 보면 원측은 진제와 현장 간의 '식' 해석 차이를 분명히 인식하고 있었지만, 그들 사유 간의 연속성의 측면에도 주목한 점에서 특징적이다.[43] 물론 이러한 해석 경향은 『결정장론』「구식품」과 『구식장』 인식에서 암시되듯이 섭론사 전통 속에서 수학한 그의 사상적 이력과 무관하지 않을 것이다.

43) 원측은 종성(種性)과 관련된 일승(一乘) 해석에서도 진제와 현장 사유 간의 연속성에 주목하였다. '본문' 본론 제2부 제2장 참조.

보론2

원측(圓測)의 리성(理性)과 행성(行性) 해석의 연원과 특징

– 지론사(地論師)와 섭론사(攝論師)와의 연속성에 주목하여

1. 리성(理性)과 행성(行性) 범주 등장의 불교사상사적 의의

서양 철학적 개념을 빌린다면, 불교의 '불성(佛性, *buddhadhātu)'은 '인간을 포함한 세계의 진실'이라는 의미의 존재론적 실재(reality)와 '그 진실로 돌아가려는 인간의 초월 지향'이라는 의미의 인간론적 본성(nature)을 동시에 의미한다. 동아시아 불교 사상가들은 전자를 '리불성(理佛性)'으로, 후자를 '행불성(行佛性)'으로 구분한 뒤,(그들을 각각 '리성'과 '행성'으로 약칭함.) 이 범주를 통해 초월을 지향하는 인간, 즉 수행자의 다양한 현실과 미래의 경험을 설명하려 시도하였다.

하지만 그들의 설명은 일치하지 않았으며, 때로는 상호 논쟁으로 발전하기도 하였다. 그중 가장 두드러지는 쟁점 중 하나는 리성과 행성의 관계를 어떻게 볼 것인지 그리고 그와 연관하여 행성을 존재론적으로 어떻게 규정할 것인가이다. 다시 말해, 어떤 사상가들은 세계의 일부인 우리 인간, 즉 중생(衆生) 모두에게 진여(眞如, *tathatā), 즉 내재적 진실이라는 이상[理性]이 있다면, 그 이상 실현을 가능하게 만드는 수행의 잠재력[行性]을 지닐 것이며, 따라서 언젠가는 모두 성불 가능하다고 보았다. 반면 또 다른 사상가들은 비록 우리 모두 이상을 가지고 있음을 인정하더라도, 어떤 존재는 수행의 잠재력이 아예 없기 때문에 끝내 성불할 수 없다고 보았다. 전자는 리성이 행성을 수반하며, 행성을 서로 다른 중생들을 성불이라는 하나의 이상을 향해 나아가게 만드는 동일성의 원리로 본 반면, 후자는 리성이 행성을 수반하지 않는 특정한 존재를 상정하며, 행성을 성불 가능한 중생과 그렇지 못한 중생을 나누는 차별성의 원리로 이해하고 있다.

중국불교사에서 전자를 대표하는 사상가 그룹은 지론사(地論師)와 섭론사(攝論師)이며, 후자를 대표하는 사상가는 섭론사 전통에서 공부했던 법보(法寶, 7세기)를 강하게 비판한 혜소이다. 본고가 주목한 사상가는 장안(長安)과 낙양(洛陽)에서 활약한 신라승 원측이다. 당 유학 초기 섭론사에서 수학하였고, 또 훗날 현장(玄奘, 600 또는 602-664) 계열의 유식학을 수용한 그의 사상적 이력을 고려할 때, 그의 해석은 두 진영 간의 논쟁을 해석학적 배경으로 하여 성립했을 것으로 추정해 볼 수 있다. 기존 연구는 그의 리성과 행성 해석이 전자 그룹과 유사한 점이 있다는 견해[1]와 정반대로 혜소의 스승 규기(窺基, 632-682)의 해석과 일치한다는 주장[2]으로 엇갈린다. 그 이유 중 하나는 두 연구 모두 『해심밀경소(解深密經疏)』의 리성과 행성에 대한 아주 단편적 언급만을 근거로 논의를 전개했기 때문으로 보인다.

본고가 주목한 것은 『인왕경소(仁王經疏)』의 같은 주제에 대한 보다 상세하고 명시적인 언급이다. 그런데 거기서 원측이 사용하는 술어들의 의미를 이해하기 위해서는 개념사적 계보 또는 해석학적 배경을 추적할 필요가 있다. 여기서 중요한 위치를 차지하는 사상가 그룹은 리성과 행성을 상관 범주(correlative category)로 최초로 정착시킨 지론사와 그들과 사상적 연속성을 지니며, 청년 원측에게 큰 영향을 끼친 섭론사이다. 이하에서 필자는 원측의 리성과 행성 해석의 연원과 특징을 해명하기 위해, 먼저 최초로 리성과 행성을 연관시켜 이해를 시도했다고 알려진 지론사들 중 가장 광범위하고 온전한 형태의 저술이 보존되어 있는 정영(淨影) 혜원(慧遠, 523-592)과 젊은 원측이 수학했던 섭론사 전통을 계승한 것으로 추정되는 법보와 영윤(靈潤)의 해석을 대략적으로 살펴본 뒤, 이어서 지론사와 섭론사 전통 간의 연속성의 측면에서[3] 원측의 리성과 행성 해석의 특징을 밝히고자 한다.

---

1) 장규언 2013b. 34-39; '본문' 본론 제2부 제2장 참조.

2) 기츠카와 토모아키 2001. 169-207.

3) 중국 불성론의 통시적 맥락에서 리성과 행성 개념을 가장 포괄적이고 체계적으로 다룬 저작으로 리아오밍후어의 연구(廖明活 2008)를 꼽을 수 있다. 본고는 해당 주제 해석에서 드러나는 혜원, 법보, 영윤 등과 원측의 거시적 사유 구조의 유사성 또는 연속성의 측면에만 초점을 맞춘 논

2. 원측 해석학의 배경: 지론사(地論師)와 섭론사(攝論師)의 리성과 행성 해석

1) 지론사 정영(淨影) 혜원(慧遠)의 리성과 행성 해석

잘 알려진 대로, 이 범주를 최초로 사용한 동아시아 사상가 그룹은 지론사들이었다. 전통적으로 길장(吉藏, 549-623)에게 귀속되어온『대승현론(大乘玄論)』은 지론사들이 어떤 맥락에서 리성과 행성을 상관 범주로 사용했는지 다음과 같이 전하고 있다.

> 자료1
>
> 地論師云, "佛性有二種, 一是理性, 二是行性, 理非物造故言本有; 行藉修成故言始有. …"[4]
>
> [불성을 '본래 있는 것'과 '비로소 있는 것'으로 구별하는 관점[本有始有門]과 관련하여] 지론사들은 다음과 같이 말한다. "불성은 두 종류, 즉 이상의 불성[理性]과 수행의 불성[行性]으로 구분되는데, 이상의 불성은 어떤 사물로부터 만들어진 것이 아니라는 점에서 '본래 있다[本有]'고 할 수 있으며, 수행의 불성은 수행에 의지하여 완성된다는 점에서 '비로소 있다[始有]'고 할 수 있다. …"

위 전승에 따르면, 지론사들은 불성을 외적 조건과 무관하게 존재하는 차원과 수행을 통해 완성되는 차원으로 구분하는 맥락에서 '이상의 불성[理性]'과 '수행의 불성[行性]'을 대비시켜 사용한 것으로 보인다. 위 서술의 숨은 맥락을 이해하기 위해서는 지론사들이 각 불성의 의미, 본질, 특징 등과 양자의 관계를 어떻게 이해했는지 살펴볼 필요가 있다. 필자는 이를 위해 불성에 관한 포괄적인 논의를 남긴 지론사 정영 혜원에 주목하였다.

문이다. 그들 간 또는 원측과 혜소 간 해석의 미시적 동이(同異)는 별고를 필요로 하는 매우 복잡한 주제이므로 차후 연구를 기약해 본다.

4) 吉藏,『大乘玄論』권3,「佛性義 · 本有始有門」T45 39b15-17.

(1) 리성 해석

먼저 혜원이 이상의 불성을 언급하는 맥락을 살펴보자. 그는 『대승의장(大乘義章)』「불성의(佛性義)」에서 불성의 본질적 특징[體狀]을 분류하는 여러 방식 중 넷으로 나누는 방식의 예로 『열반경(涅槃經)』에서 성불 불가능한 중생의 대표로 언급되는 일천제(一闡提)와 선함의 뿌리를 지닌 사람[善根人] 두 중생 중 어느 한 부류만 가진 불성, 둘 다 없는 불성, 둘 다 가진 불성을 차례대로 언급한 부분을 인용한다. 이어서 마지막 '둘 다 가진[俱有] 불성'을 '이상의 불성'이라고 명명한다.[5] 그리고 이 이상의 불성이 무엇을 의미하는지 다음과 같이 명시한다.

> 자료2
>
> 言理性者, 廢緣談實. 實之處無緣, 以無緣故, 眞體一味, 非因非果, 與『涅槃』中'非因·果性'其一也. 四中 … 第四理性, 二人俱有.[6]
>
> '이상의 불성'이란 [불성과 관련하여 가변적] 조건[緣]은 염두에 두지 않고 [불변의] 실재[實, tattva*]만을 부각시켜 말한 것이다. 실재는 조건의 한정이 없으며, 그 조건의 한정이 없다는 점에서 실재라는 본질[眞體]은 한 맛이며, 또한 원인도 결과도 아니며, 그 점에서 『열반경』의 '원인도 결과도 아닌 불성'과 동일하다. [『열반경』의] 네 종류의 불성 중 … 넷째 ['원인도 결과도 아닌 것'이 바로 '이상의 불성'이고, 이] 이상의 불성이 바로 [『열반경』에서 말하는 일천제와 선함의 뿌리를 가진 사람] '둘 다 가진 [불성]'이다.

여기서 혜원은 이상의 불성이 불성의 두 측면, 즉 '조건[緣]'과 '실재[實]' 중 후자의 측면만을 적시한 언급으로 보았으며, 조건의 차이를 초월하는 그것의 특성을 강

---

5) 慧遠, 『大乘義章』 권1, 「佛性義」 T44 472b16-17 … 472c3-4 … 473b10-14: 第二次辨性之體狀 … 或立爲一, 乃至衆多. 或說爲四, 如『涅槃』說, "一闡提人有, 善根人無; 二善根人有, 闡提人無; 三二人俱有〈無〉*; 四二人俱無〈有〉*." 是義云何? 佛性有四, 一不善陰, 二善五陰, 三佛果陰, 四是理性. *현존 북본(北本) 『열반경』**을 기준으로 했을 때는 '二人俱有', '二人俱無' 순이지만, 이어지는 혜원 자신의 해설에 부합하려면 순서를 바꾸어 주는 것이 자연스럽다. **曇無讖 譯, 『大般涅槃經』 권36 「迦葉菩薩品」 T12 574c4-7: 善男子! 或有佛性, 一闡提有, 善根人無; 或有佛性, 善根人有, 一闡提無; 或有佛性, 二人俱有; 或有佛性, 二人俱無.

6) 『大乘義章』 권1, 「佛性義」 T44 473b25-29.

조하기 위해 '한 맛'의 비유를 끌어온다. 더불어 같은 맥락에서 그것이 원인과 결과의 차이를 초월함을 강조하기 위해 『열반경』의 다섯 가지 불성 중 제5 '원인도 결과도 아닌 불성[非因·果性]'과 동일하다고 지적한다. 이러한 의미의 이상의 불성은 『열반경』의 해설에 따르면 원인과 결과의 가변성을 초월하여 영원불변[常恒無變]하며,7) 이어지는 혜원의 해설에 따르면 그 범위가 원인인 번뇌 영향하의 더러움[染]과 결과인 번뇌 제거 후의 청정함[淨] 모두에 걸쳐 있는 '여실한 현상의 본성[如實法性]'이자 '본질[體]'이다.8)

수행자의 원인과 결과라는 조건의 차이 외에 이상의 불성이 초월하는 것은 인간의 마음과 외부 세계의 차이이다. 혜원은 불성을 그 적용 범위에 따라 내적 측면과 외적 측면으로 나누면서 다음과 같이 말한다.

자료3

言內外者, 義別兩門, 一隨相以分, ... 言隨相者, 衆生爲內, 山河大地非情物等以之爲外. 若當說彼因·果之性, 局在衆生, 得言是內; 若說**理性**, 性通內·外, 雖復約彼內·外相辨, 而體平等, 非內非外.9)

[불성의] 내적인 측면과 외적인 측면을 논한다면 의미의 차이에 따라 두 관점, 즉 외적 특징[相]에 따른 구분과 ... 으로 분류할 수 있다. 외적 특징에 따라 논한다면, 중생은 [불성의] 내적 측면으로 볼 수 있고 산하, 대지, 무생물 등은 [불성의] 외적 측면으로 볼 수 있다. 만약 [불성 중] 원인의 불성[因性]과 결과의 불성[果性]을 논한다면, 그것은 중생에게 한정되어 존재하기 때문에 내적 측면이라 할 수 있다. 이상의 불성을 논한다면, 그 본성이 내적인 측면과 외적인 측면 모두와 연관되어 있으며, 비록 그 내적 및 외적 측면의 규정을 통해 그 특징이 성립하지만, 그 본질[體]은 [내적 및 외적 측면을 초월하여] 평등하며 내적인 측면에도 외적인 측면에도 국한되지 않는다.

---

7) 曇無讖 譯, 『大般涅槃經』 권27, 「師子吼菩薩品」 T12 524a5-15: 善男子! 佛性者, 有因, 有因因, 有果, 有果果. 有因者, 卽十二因緣. 因因者, 卽是智慧. 有果者, 卽是阿耨多羅三藐三菩提. 果果者, 卽是無上大般涅槃. ... 非因非果, 名爲佛性. 非因·果故常恒無變.

8) 『大乘義章』 권1, 「佛性義」 T44 473c18-20: 非因·果者, **如實法性**旨通染·淨, 而非因·果. 故『經』說言, "非因非果, 名爲佛性." 癡緣談實, 就**體**指也.

9) 『大乘義章』 권1, 「佛性義」 T44 476b9-14.

위 설명에서 혜원은 '원인의 불성[因性]'과 '결과의 불성[果性]'이 수행의 가변적 조건에 놓여 있는 중생에게만 존재하는 데 반해, 이상의 불성은 수행자의 마음뿐만 아니라 그를 둘러싼 물리적 세계 전체를 관통하는 보편적[平等] 본질[體]임을 명시한다.

(2) 행성 해석

다음으로 수행의 불성을 언급하는 맥락을 살펴보자. 혜원은 『보성론(寶性論)』의 열 가지 불성 분류를 언급한 뒤,[10] 그 열 가지 불성의 의미를 차례대로 해설하면서 그 논의 어떤 문장이 해당 불성을 언급한 것인지를 지적한다. 그중 여섯 번째 '수행의 불성'에 대해 그는 다음과 같이 말한다.

> 자료4
>
> 言行性者, 行別有三, 一妄見凡夫起顚倒見, 二實見聖人離妄相心, 三者如來無戱論習. 三行雖殊, **性體**不二, 其猶種穀 · 牙 · 莖等異, **穀性**無別. 就行辨性, 故云行性. 故彼『論』言, "不見實者說言凡夫; 聖人及佛能見衆生如來藏中**眞如**無差別."[11]
>
> [불성의 열 가지 의미 중] '수행의 불성'에 대해 말해보겠다. 수행의 단계는 셋으로 구별될 수 있다. 즉, 첫째는 비존재에 근거한 잘못된 견해[妄見]를 지닌 범부가 [실재와] 정반대의 잘못된 견해[顚倒見]를 가지는 단계이고, 둘째는 실재에 대한 통찰[實見]을 지닌 성인(聖人)이 비존재적 언어적 특징에 속박된 마음[妄相心]을 초월하는 단계이고, 셋째는 여래, 즉 말장난을 유발할 [그 어떤] 씨앗[戱論習=戱論習氣]도 없는 단계이다. 세 단계의 수행 간에 비록 차이가 있지만, 그것들의 **본질[性體]**이 다르지[二=異] 않음은 마치 낟알, 새싹, 줄기 등의 차이가 있더라도 그것들이 **곡식의 본성**에서 차이가 없는 것과 같다. [이처럼] 수행의 관점에서 불성을 논하기 때문에 '수행의 불성'이라 한 것이다. 그래서 그 『논』(=『보성론』)에서 "실재[實]를 보지 못한 자를 범부라 하는 반면, 성인과 붓다는 중생의 여래장(如來藏) 속 **진여(眞如)**에 차이

10) 『大乘義章』 권1, 「佛性義」 T44 474c18-22: 如『寶性論』說性爲十. 一者體性, 二者因性, 三者果性, 四者業性, 五相應性, 六**行性**, 七時差別性, 八返處性, 九不變性, 十無差別性. 彼『論』偈言: 體及因果業 相應及與行/ 時差別遍處 不變無差別//

11) 『大乘義章』 권1, 「佛性義 · 辨體」 T44 475b13-18.

가 없음을 볼 수 있다"라고 말한 것이다.

위 해설에서 혜원은 범부, 성인, 여래가 성취한 수행의 단계에 차이가 있지만, 그들이 모두 동일한 '본질[性體]'을 공유하고 있음을 지적하면서, 그 차이와 동일성의 관계를 곡식의 성장 단계의 차이와 그 차이를 관통하는 곡식의 본성의 동일성에 비유한다. 더불어 그는 수행의 불성을 '수행의 관점에서 본 불성', 즉 '수행에 관여된 불성'을 의미한다고 지적하는데, 이 언급은 앞서 길장이 전한 지론사의 '수행을 통해 완성되는 불성'을 상기시킨다. 여기서 우리는 수행의 불성에 '수행 단계와 연관된 차이'와 '본질과 연관된 동일성'의 두 측면이 공존함을 읽어낼 수 있다.

(3) 리성과 행성의 관계 해석

앞서 '자료4'에서 흥미로운 점은 혜원이 수행 단계의 차이를 초월하는 동일한 '본질'을 『보성론』의 언어를 빌려 '실재[實]' 또는 '진여(眞如)'라 부른 사실이다. 그 점에서 보면, '이상의 불성'과 '수행의 불성'은 지칭 대상이 같다고 볼 수 있으며, 후자는 전자가 지닌 중생의 수행에 관여되는 측면을 부각시켜 말한 것임을 암시한다. 수행의 불성은 상이한 수행 단계의 수행자와 연관됨으로써 차이의 측면을 지니지만, 그 본질이 '실재'라는 점에서 차이[差別]를 초월하는 동일성의 측면도 동시에 지니고 있다. 따라서 수행의 불성이 지닌 차이의 측면이 강조될 때 이상의 불성과 수행의 불성 양자의 차이가 부각될 것이며,[12] 반대로 그것이 지닌 차이를 관통하는 '본질'의 동일성이 강조될 때는 이상의 불성과 수행의 불성이 수반 관계에 있음이 암시될 것이다.

2) 섭론사 법보(法寶)와 영윤(靈潤)의 리성과 행성 해석

혜원에 의해 이상의 불성과 수행의 불성이 상관 범주로서 정립되었으며, 그의 후대에 등장한 섭론사들은 그 토대 위에서 양자의 관계에 대한 보다 깊은 논의를 전개하였다. 그중 법보의 경우 이상의 불성을 보다 다양한 측면에서 분석하며, 수행의

12) 慧遠, 『涅槃義記』 권9, T37 869a 이하: 理性一味, 上 · 下義齊; 行性差別, 前 · 後不等.

불성의 일부 측면을 의미하는 '실질의 불성[事性]'을 논하는 부분이 주목할 만하다. 영윤의 경우 이상의 불성과 수행의 불성의 수반 관계를 부정하는 혜소의 주장을 염두에 두고 이상의 불성과 수행의 불성의 의미와 양자의 관계를 설명한 부분이 흥미를 끈다.

(1) 법보의 리성(理性)과 사성(事性) 해석

법보는 '수행의 불성'이라는 용어를 직접 사용하지 않았지만 그것에 대응하는 개념으로 '실질의 불성[事性]'이라는 표현을 사용하였다. 그는 '이상[理]'과 '실질[事]'의 상관 범주를 통해 '佛性'의 '性'의 의미를 해설하면서 이상의 불성과 실질의 불성을 다음과 같이 구분한다.

> 자료5
>
> 決定必得有二種, 一理, 二事. 由有**理**故, 決定必得當來佛也; 由有心故, **修習事性**, 成堪任持, 決定必得當來佛也.13)
>
> ['佛性'의 '性'의 둘째 의미인] '반드시 [깨달음을] 얻게 됨[決定必得]'에도 두 측면, 즉 이상과 실질이 있다. **[깨달음의] 이상[理]**이 있기 때문에 반드시 미래의 붓다를 성취할 것이며, [깨달음을 향해 수행하려는] 마음[心=菩提心]이 있기 때문에 **실질의 불성[事性]**을 발현시키려 노력하여 그것을 완성시키는 일을 지속할 수 있으며, 그 결과 반드시 미래의 붓다의 경지를 성취할 것이다.

여기서 법보는 깨달음을 추구하는 수행자에게 깨달음의 이상, 즉 이상의 불성과 깨달음을 추구하는 마음에 근거하여 발현시키려 노력해야 할 실질의 불성의 두 측면이 있음을 지적한다. 이어서 수행 원인의 측면에서 이상의 불성과 실질의 불성이 실질적으로 무엇을 지칭하며, 또 이상의 불성이 어떤 점에서 수행과 연관되는지 다음과 같이 명시한다.

---

13) 法寶, 『究竟論』 권3, 「佛性同異章」 ZZ95 374d; 廖明活 2008. 125, '재인용'.

자료6

因中說果有二, 一理, 二事. 理因性者, 一切衆生皆有應得因也. 事因性者, 謂未得阿耨菩提, 善 · 不善等, 遇種種緣, 修習三乘相應善等. …

理因性者, 二十七答師子吼菩薩問云, "佛性者, 第一義空, …" 此出佛性體也. 從初發心乃至阿耨菩提皆因第一義空, 方得有故. … 准此故知, 第一義空名爲佛性從當果立. 雖唯除非情, 皆名佛性, 根本理爲因故. 若無理性, 卽無行果.14)

['佛性'의 '性'의 셋째 의미인] '원인의 관점에서 결과를 말함[因中說果]'에도 두 측면, 즉 이상과 실질이 있다. 이상의 원인적 불성[理因性]은 모든 중생이 가진 '미래에 얻을 것(=깨달음)의 원인[應得因]'을 의미한다. 실질의 원인적 불성[事因性]은 최상의 깨달음을 얻지 못해 [깨달음과 관련된] 좋은 특성, 좋지 못한 특성 등이 혼재한 상태에서 [깨달음을 위한] 여러 가지 조건을 갖추게 되어 [성문, 연각, 보살의] 삼승 수행자[의 깨달음]이 수반하는 좋은 특성 등을 완성하려 노력함을 의미한다. …

이상의 원인적 불성에 대해 말해보겠다. [『열반경』] 제27권에서 [붓다께서] 사자후(師子吼) 보살의 물음에 답하셨다. "불성이란 최상의 공성[第一義空]을 의미하며, …" 이 말은 불성의 본질[性體]을 적시한 것이다. 왜냐하면 처음 깨달음을 추구하려는 마음을 내면서부터 최상의 깨달음에 이르기까지 [수행은] 모두 **[이] '최상의 공성'을 원인으로 하여**야 존재할 수 있기 때문이다. 이상에 비추어 '최상의 공성'을 '불성'이라 한 말은 미래의 결과의 관점에서 이루어진 것임을 알 수 있다. 비록 비생명의 경우만은 배제했지만, [모든 단계의 수행을] 모두 불성이라 하는 이유는 **[성불의] 근본인 '이상[의 불성]'이 원인이 되기** 때문이다. 만약 '이상의 불성'이 없다면 수행의 결과도 없을 것이다.

위 설명에 따르면, 이상의 불성의 원인적 측면은 '모든 중생'이 지닌 '미래 성불의 원인[應得因]', 보다 구체적으로는 『열반경』의 '최상의 공성[第一義空]'을 지칭하는 반면, 실질의 불성의 원인적 측면은 최상의 깨달음을 완성하기 위한 '삼승 수행자'의 구체적 수행[修習]을 지칭한다. 이어서 법보는 이상의 불성이 수행의 출발점에서 완성까지 전 단계에 걸쳐 관여하며, 그것 없이는 깨달음도 불가능하다는 점에

14) 『究竟論』 권3, 「佛性同異章」 ZZ95 374d; 위의 글, 125, 295, '재인용'.

서 성불의 '근본(根本)' 원인임을 강조하고 있다. 앞서 혜원이 수행의 불성이 지닌 수행 단계의 차이를 관통하는 '본질'의 동일성이 강조할 때 암시되었고 이제 법보가 명시했듯이, 이상의 불성은 성불의 근본 원인으로서 수행의 전 과정에 관여한다는 점에서 수행의 불성에 통일성을 부여하는 '본질'이다. 법보는 여기서 그 본질을 '공성'으로 명시하였다.

(2) 법보의 리심(理心) 해석

법보는 '근본 원인'과 더불어 '수행과 연관된 이상의 불성'의 다른 측면을 해명하기 위해 『열반경』의 '본질적 원인[正因]'과 '조건적 원인[緣因]'의 대비를 끌어온다. 그는 앞서 '자료5'에서 원인 측면에서 나누었던 '理'와 '心'을 통합하여 수행과 연관된 이상의 불성을 '리심(理心)', 즉 '이상의 마음'이라 부른 뒤, 그것이 지칭하는 것이 무엇인지 다음과 같이 말한다.

> 자료7
>
> 諸『經』·『論』中或說理心正因本性. … 本性正因者, 一切六趣·三乘身土皆以**眞如本識**爲本性正因也.15)
>
> 여러 경과 논에서 때로 이상의 마음[理心]에 대해 '본질적 원인인 내재적 본성[正因本性]'이라 말한다. '내재적 본성인 본질적 원인'이라 말한 것은 여섯 종류 [윤회적 삶의] 귀착지[六趣]와 [열반을 추구하는] 삼승 수행자의 몸[身]과 [그들의] 경험 세계[土]가 모두 '**진여인 근원적 마음**[眞如本識]'을 '내재적 본성인 본질적 원인'으로 하여 존재하기 때문이다.

여기서 법보는 '이상의 마음', 즉 수행과 연관된 이상의 불성이 삼승 수행자들의 존재와 경험 세계의 '본질적 원인[正因]'이자 '내재적 본성[本性]'인 '진여인 근원적 마음[眞如本識]'이라고 명시한다. 이어서 그는 왜 이상의 불성이 열반의 '본질적 원인'인지 설명하기 위해 '이상의 마음'을 다시 '이상적 측면[理]'과 '인식적 측면[心]'으로 구분한 뒤, 전자는 '진리의 몸[法身]'과 '열반(涅槃)', 후자는 '과보의 붓다[報佛]'

---

15) 法寶, 『權實論』 권중, 「破法爾五性章」; 위의 글, 130-131, '재인용'.

와 '변화의 붓다[化佛]'의 원인임을 암시한다.16)

이어서 법보는 『열반경』의 '본질적 원인'과 '조건적 원인'의 대비를 염두에 두면서 '이상의 마음'에 '본질적 원인'과 '내재적 본성'의 측면 외에 또 다른 측면이 있음을 다음과 같이 말한다.

자료8

理心爲其本性, 亦曰正因. … 迷·悟之業爲其客性, 亦曰緣因. 一切衆生理心平等, 正因同也; 迷·悟有別, 緣因異也. 正因同故皆應證得阿耨菩提, 緣因異故分其五性. 夫賴因生果, 緣·正相資, 堪任圓滿. … **正因本性**, 一切衆生法爾平等; **緣因客性**, 熏習不同. 正因平等, 悉應證得阿耨菩提; 緣因不同, 前後有異, 悉應證得阿耨菩提. 不可以正因分其五性有無·前後不同; 由緣因異三乘種別.17)

이상의 마음은 그 [열반의] '내재적 본성[本性]'이라는 점에서는 [『열반경』에서 말하는] '본질적 원인'이라 할 수도 있으며 … ['이상의 마음'과 관련된] '미혹'과 '깨달음'이라는 '작용[業]'은 그 [열반의] '외래적 본성[客性]'이라는 점에서는 [『열반경』에서 말하는] '조건적 원인'이라 할 수도 있다. 모든 중생은 '이상의 마음'에 있어 평등하다는 점에서 [열반의] '본질적 원인'은 같은 반면, '미혹'과 '깨달음'의 ['작용'에] 차이가 있다는 점에서 '조건적 원인'은 다르다. [중생은] '본질적 원인'이 같기 때문에 모두 최상의 깨달음을 장차 경험하게 될 것이지만, '조건적 원인'이 다르기 때문에 그들을 다섯 부류[性=種性, *gotra]로 구분한다. 원인에 의지하여 결과를 만들어 내는 과정에서 '조건적 원인'과 '본질적 원인'이 '상호 의존[相資]'함으로써 [열반의] 완성을 성취할 수 있다. … **본질적 원인인 내재적 본성[正因本性]**으로 말미암아 모든 중생이 본래 평등하며, **조건적 원인인 외래적 본성[緣因客性]**으로 말미암아 [그들 간의] 수행의 잠재력[熏習, *vāsanā]이 같지 않다. '본질적 원인'이 평등하므로 [중생이] 모두 최상의 깨달음을 장차 경험할 것이며, '조건적 원인'이 같지 않으므로 [수행 단계상] 전과 후에 차이가 존재하겠지만 [종국에는] 모두 최상의 깨달음을 장차 경험할 것이다. '본질적 원인'을 근거로 다섯 부류 간의 [열반의] 유무나 [수행 단계

16) 『權實論』 권상, 「略述綱要章」; 위의 글, 132-133, '재인용': 夫生死·涅槃理心爲本. … 迷卽理名如來藏性, 心名二種生死; 悟卽理名法身·涅槃, 心名報佛·化佛.

17) 『權實論』 권상, 「略述綱要章」; 위의 글, 132-133, '재인용'.

상] 전과 후의 차이를 나누는 것은 옳지 않으며, 다만 '조건적 원인'이 다르기 때문에 [성문, 연각, 보살 등] 삼승 수행자의 부류가 다른 것일 뿐이다.

여기서 법보는 '이상의 마음'에 모든 중생의 평등한 성불의 '본질적 원인인 내재적 본성[正因本性]' 외에 중생의 깨달음과 미혹함의 차이를 만들어 내는 '외래적 본성[客性]'의 차원도 함께 있으며, 그것이 바로 『열반경』의 '조건적 원인'의 의미임을 지적한다. 더불어 '조건적 원인'이 만들어 내는 열반의 유무나 수행 단계상 전후의 차이는 불변적이 아니라 임시적임을 강조한다. 이 주장은 수행의 불성 속에 열반[三身]의 본질적 원인[正=正因]으로서 본래부터 존재하는 불성[性種性=本性住種性]인 '번뇌 초월적 잠재력[無漏種子]'을 상정하고 그 유무에 따라 중생의 성불 가능 여부를 규정하는 혜소[18]와 대비된다.

이상 법보의 '이상의 불성', '실질의 불성', '이상의 마음' 해석을 종합해 보면 다음과 같다. 우선 '자료5'의 '이상의 불성'과 '실질의 불성'이 각각 혜원의 '이상의 불성'과 '수행의 불성'과 의미적으로 대응하는 듯하다. 다음으로 '자료6-8'에서 설명된 '이상의 마음'은 '이상[理]'이라는 단어가 암시하듯 '수행에 관여하는 현실적인 이상의 불성'이라 할 수 있을 듯한데, 그것이 지닌 '본질적 원인'과 '조건적 원인' 두

---

18) 慧沼,『能顯中邊慧日論』권4,「明佛性不同」T45 439a25-b1 ...「有無差別」440c16-19: 行性者, 通有漏 · 無漏一切萬行. 若望三身, **無漏**為**正**生 · 了, 有漏為緣, 疏名生 · 了, 無漏正名佛性, 有漏假名, 非正佛性.『善戒經』所明**性種性**及習種性*,『楞伽經』云, "阿梨耶識, 名空如來藏; 具足**熏習無漏法**故, 名不空如來藏." ... 若論行性, 復有二種, 謂有漏 · **無漏**. 此二種性有 · 無不定. 若有漏性, 一切有情種子定有; 現行之者或成 · 不成. 若**無漏**者, 據現行說, 凡夫不成; 若據**種子**, 有成 · 不成.
*'性種性'과 '習種性'은 현존 구나발마(求那跋摩) 역『보살선계경』에는 없으며, 그 이역본(異譯本)인『보살지지경』에 나오는 용어이다(曇無讖 譯,『菩薩地持經』권1「初方便處種性品」T30 888b2-7: 云何爲種性? 略說有二, 一者性種性, 二者習種性. **性種性**者, 是菩薩六入殊勝, 展轉相續無始法爾, 是名性種性. 習種性者, 若從先來修善所得, 是名習種性. 又種性名爲種子, 名爲界, 名爲性.).『지지경』대응『유가사지론』문장(彌勒菩薩 說, 玄奘 譯,『瑜伽師地論』권35「本地分 · 菩薩地 · 初持瑜伽處 · 種性品」T30 478c12-17: 云何種姓? 謂略有二種, 一本性住種姓, 二習所成種姓. **本性住種姓**者, 謂諸菩薩六處殊勝有如是相, 從無始世展轉傳來法爾所得, 是名本性住種姓. 習所成種姓者, 謂先串習善根所得, 是名習所成種姓.)을 통해 '성종성' 대응 현장 역어 '本性住種姓(prakṛtistha-gotra)'을 확인할 수 있다.
이 주제를 포함한 혜소 불성 사상에 대한 포괄적 논의는 위의 글, 148-188 참조.

측면은 각각 혜원의 '이상의 불성'과 '수행의 불성'의 작용과 대응한다는 점에서 '이상의 불성'과 '수행의 불성'(='실질의 불성')은 그 경계가 중첩되어 있다. 마지막으로 이러한 '이상의 마음'의 두 측면이 '상호 의존[相資]'함으로써 열반을 성취한다고 명시하였는데, 이는 '이상의 불성'과 '수행의 불성'이 '수반 관계'에 있음을 함축한다.

(3) 영윤의 리성과 행성 해석

법보와 달리 영윤은 이상의 불성과 수행의 불성 간의 상호 관계에 대해 보다 명시적으로 말한다. 그는 '성불 불가능한 존재가 바로 수행의 불성이 없는 존재이다'라는 주장에 직접적으로 반박하면서 수행의 불성에 대해 다음과 같이 말한다.

자료9

又人復言, "一分有情無佛性者, 無有行性, 若論理性, 平等皆有." 此義云何?

答曰. 如此說者, 有二過失. 一自違汝『論』. 汝『論』文中無此決定故. 二違諸『經』·『論』. 『華嚴經』云, "佛子! <u>如來智慧·無相智慧·無礙智慧具足在於衆生身中</u>, 但愚癡衆生顚倒相[19]覆, 不知不見, 不生信心. …" 依此『經』文, 正說**衆生心中具足智慧**, 名爲佛性, 豈唯理乎?[20]

또 어떤 사람은 "일부 중생에게 불성이 없는 것은 수행의 불성이 없음을 의미하며, 이상의 불성이라면 [모든 중생이] 평등하게 모두 가지고 있다"라고도 말한다. 이 말의 의미는 무엇인가?

답한다. 그렇게 말할 경우 두 가지 오류가 있다. 하나는 그대들이 의지하는 논서에 스스로 위배된다. 왜냐하면 그대들이 의지하는 논서의 문장 속에 이런 말이 없음은 분명하기 때문이다. 둘째 여러 경전과 논서에 위배된다. 『화엄경』에서 말한다. "불자여! <u>여래의 앎, 언어적 특징이 없는 앎, 장애가 없는 앎이 중생의 몸속에 완전히 갖추어져 있다</u>. 다만 어리석은 중생은 [이 실재와] 정반대의 잘못된 생각[相=想]에 사로잡혀 [이 실재를] 알지도 보지도 못하며, [이 실재에 대한] 확신을 가지지 못한다. …" 이상의 경문에 비추어 보면, **중생의 마음속에 온전히 갖추어진 앎**을 바로 불성

19) 대정장(大正藏) 본 『화엄경』(佛馱跋陀羅 譯, 『大方廣佛華嚴經』 권35, 「寶王如來性起品」 T9 624a13-15)에 비추어 볼 때 여기서 '相'은 '想'의 오기(誤記) 또는 차자(借字)로 볼 수 있을 듯하다.

20) 最澄, 『法華秀句』 권중(본), 『日本大藏經』 42 164-165; 廖明活, 앞의 글, 287, '재인용'.

이라 한 셈이니, 어찌 [중생에게] 오직 이상의 불성만 있을 뿐이겠는가?

여기서 영윤은 '중생의 마음속에 온전히 갖추어진 앎[智慧]'이 바로 수행의 불성임을 암시하고 있다. 그는 일부 중생에게는 '이상의 불성만 있고 수행의 불성은 없다'는 주장을 비판하면서 수행의 불성이 구체적으로 무엇인지 적시한다.

자료10

復次汝言'但有理性, 無行性'者, 此義不然. 何以故? 夫行性者, 是理性業; 理性者, 是如來藏, 十種佛性中是體性也; 夫行性者, 十種佛性中是業性也. 業性有二, 一者厭生死苦, 二者樂求涅槃. ... 依前『經』·『論』明理·行二性雖復義別, 不得定異, 但(有)[21]理性, 卽有行性.[22]

또 그대가 '[일부 중생에게는] 단지 이상의 불성만 있을 뿐 수행의 불성은 없다'라고 하였는데 그 주장은 옳지 않다. 왜 그런가? 수행의 불성은 이상의 불성의 작용[業]이며, 이상의 불성은 여래장이며, [『보성론』의] 열 가지 불성 중 본질의 불성[體性]이다. 수행의 불성은 열 가지 불성 중 작용의 불성[業性]이다. 작용의 불성에는 두 작용이 있는데, 하나는 나고 죽는 윤회의 괴로움에 염증을 느끼게 만드는 것이고, 다른 하나는 열반을 기꺼이 추구하게 만드는 것이다. ... 이상의 경전과 논서에 따르면, 이상의 불성과 수행의 불성이 비록 그 의미는 구별되더라도 완전히 다른 것일 수 없으며, 이상의 불성이 있는 한 수행의 불성도 있음이 분명하다.

여기서 영윤은 수행의 불성을, 윤회를 싫어하여 열반을 추구하게 만드는 작용으로 명시한다. 더불어 이상의 불성과 수행의 불성이 의미상 구별되더라도 완전히 다르지 않으며, 양자가 본질[體]과 작용[業]으로서 일종의 수반 관계에 있음을 강조하고 있다. 여기서 우리는 이상의 불성이 수행의 불성을 함축한다고 보는 인식을 읽을 수 있으며, 그 점에서 법보의 사유와 유사성을 지닌다고 볼 수 있다.

---

21) 한문 문법과 앞 구절(但有理性, 無行性)과의 상관 관계를 볼 때 '有'를 보충하는 것이 자연스럽다.
22) 『法華秀句』 권중(본), 『日本大藏經』 42 164-165; 위의 글, 288, '재인용'.

3. 원측의 리성과 행성 해석

1) 『인왕경소(仁王經疏)』에서 리성과 행성이 논의되는 맥락

앞서 언급한 대로, 『해심밀경소』에서와 달리 원측은 만년의 저작 『인왕경소』에서 이상의 불성과 수행의 불성 각각의 본질과 특징, 양자의 관계 등에 대해 보다 명시적인 해석을 제시한다. 그가 주석 대상으로 삼는 구마라십(鳩摩羅什) 역 『인왕반야바라밀호국경(仁王般若波羅蜜護國經)』「이제품(二諦品)」에는 파사닉왕(波斯匿王)이 붓다에게 '어떻게 모든 붓다와 보살이 언어[文字]를 떠나지 않으면서도 여러 종류의 진리를 구현하는 일[法相]을 행할 수 있는가' 라고 질문하자, 붓다가 왕에게 붓다의 열두 종류의 가르침을 구성하는 언어도 모두 '진여[如]' 이며, 따라서 왕이 그 점을 망각하고 언어 자체에 집착하면 공성[空]을 실천할 수 없을 것이라고 경고하는 장면이 등장한다.[23] 원측은 우선 왕의 질문의 의도를 '모든 현상의 진여[如如], 즉 실재의 경지에는 언어가 존재하지 않는데, 붓다들은 왜 언어에 의존하는지' 로 파악한다.[24] 이어서 위의 붓다 대답의 주제는 '모든 붓다의 가르침의 본질인 공성[教體空]을 밝힘' 이며, 경문의 '진여' 는 '공성' 을 의미함을 지적한다.[25]

붓다의 이어지는 권고 '대왕이시여! 실재의 언어[如如文字]로써 모든 종류의 붓다의 [완전한] 앎의 모체[智母]를 닦으십시오.(大王! 如如文字修諸佛智母.)[26]' 이하의 주제를 원측은 바로 앞 설법[上說法], 즉 붓다 가르침을 구성하는 언어의 본질인 공성과 관련하여 '앎의 모체[諸智母]인 공성을 닦는 모든 종류의 수행' 으로 규정한

---

23) 鳩摩羅什 譯, 『仁王般若波羅蜜護國經』 권상, 「二諦品」 T8 829a4-b14: 波斯匿王 ... 白佛言, "云何十方諸如來 · 一切菩薩不離文字而行諸法相?" "大王! 法輪者, 法本如, 重誦如, 受記如, 不誦偈如, 無問而自說如, 戒經如, 譬喩如, 法界如, 本事如, 方廣如, 未曾有如, 論議如, 是名 · 味 · 句音聲果文字記句一切如. 若取文字者, 不行空也."

24) 圓測, 『仁王經疏』 권중(말), 「二諦品」 T33 405a9-12: 經. 白佛言(至)而行諸法相. 釋曰. ... 此問意云, <u>若一切法如如中無文字, 云何諸佛依於文字</u>行諸法相?

25) 『仁王經疏』 권중(말), 「二諦品」 T33 405a13 이하: 經. 大王(至)論議如. 釋曰. 第二如來正答. 文別有二, 初<u>明說空</u>, 即是利他, 後明修空, 是自利空. 前中有三, 初別明十二部空, 次'是名味'下總辨教空, 後'若取者'顯不行空. ... <u>如是十二皆云'如'者, **如是空義**</u>. 經. 是名味句(至)一切如. 釋曰. ... 此即第二<u>總辨**教體空**</u>.

26) 『仁王般若波羅蜜護國經』 卷上 「二諦品」 T8 829b15.

다.[27] 이어서 그는 이 경문 이하 각 경문의 주제를 미리 제시하면서, '원인 단계[因位]'의 앎의 모체를 밝힌 두 부분 중 이 경문은 "수행의 불성[修性]이라는 앎의 모체를 밝힌 것"으로, 이어지는 '모든 중생의 본성이 본래적 앎의 모체입니다(一切衆生性根本智母.)'라는 경문은 "이상의 불성[理性]이라는 앎의 모체를 밝힌 것"으로 규정한다.[28] 이어서 수행의 불성과 이상의 불성이 모두 붓다의 완전한 앎[佛智]을 만들어 내기 때문에 '앎의 모체'로 불린다는 점을 명시한다.[29] 요약하면, 이 주제 제시에서 원측은 붓다의 깨달음의 모체인 공성을 깨닫는 수행 과정에서 수행의 불성과 이상의 불성이 모두 그 원인이 됨을 간략하게 명시한다.

2) 행성의 본질과 특징 명시

이어서 원측은 첫 경문 '대왕이시여! 진실의 언어로써 모든 종류의 붓다의 [완전한] 앎의 모체를 닦으십시오(大王! 如如文字修諸佛智母.)'에 대해 해설하면서 수행의 불성의 본질과 특징을 다음과 같이 간략하게 언급한다.

> 자료11
>
> 此即第一明修性智母, 謂從地前, 至金剛位, 依教空修習, 生**受用身**一切智果, 即是**生因**, 若望**法身**, 即謂**了因**. … '修諸佛智母'者, 謂諸位中所修諸行能生諸佛智, 故言'諸佛智母.[30]
>
> [경문의] 이 구절은 우선 수행의 불성이라는 앎의 모체를 밝힌 부분이다. 부연하면, [10]지(地) 이전 단계부터 금강유정(金剛喩定)의 단계까지 [붓다] 가르침[의 언어의 본질]인 공성과 관련하여 수행한 결과 **향유의 몸[受用身]**, 즉 '일체에 대한 앎'이라는 결과를 산출한다는 점에서 [수행의 불성은 '일체에 대한 앎'의] **발생 원인[生因]**이며, '**진리의 몸**'에 대해서는 **인식 원인[了因]**이다. … '모든 종류의 붓다의 앎의 모

27) 『仁王經疏』 권중(말), 「二諦品」 T33 405a13-406a8: 經. 大王(至)論議如. 釋曰. 第二如來正答. 文別有二, 初明說空, … 後明修空, … 後**'大王'下**依上說法修**諸智母**.

28) 『仁王經疏』 권중(말), 「二諦品」 T33 406a9-13: 自下第二修諸智母. 就廣辨修, 文別有二, 初明因位智母, … 就因位中, 文別有二, 初明**修性**智母, 後'一切'下明**理性**智母.

29) 『仁王經疏』 권중(말), 「二諦品」 T33 406a14: 如是二性, 能生佛智, 故言'智母'

30) 『仁王經疏』 권중(말), 「二諦品」 T33 406a15-19.

체를 닦는다' 라는 구절에 대해 해설하면, 모든 단계에서 닦아야 할 모든 종류의 수행이 모든 붓다의 앎을 발생시킨다는 점에서 [그 수행을] '모든 종류의 붓다의 앎의 모체' 라고 한 것이다.

원측에 따르면, 수행의 불성의 본질은 보살의 10지 이전 단계부터 금강유정까지 모든 단계[諸位]를 통해 이루어지는, 붓다 가르침의 언어의 본질인 공성이라는 진리와 관련된 모든 종류의 수행[諸行]이며, 그 특징은 '일체에 대한 앎[一切智]' 을 의미하는 '향유의 몸[受用身]' 의 '발생 원인[生因]' 이자, '진리의 몸[法身]' 의 '인식 원인[了因]' 이다.

이 서술의 의미는 무엇일까? 우선 그는 모든 종류의 수행이 결국 공성에 대한 완전한 앎을 가져온다는 점에서 수행의 불성을 '향유의 몸' 의 '발생 원인' 으로 본 듯하다. 하지만 수행의 불성이 '진리의 몸' 의 '인식 원인' 이라는 말의 의미는 원측의 주석을 통해 확인하기는 어렵다. 이 말을 이해하기 위해서는 원측 당대 및 전대에 '발생 원인' 과 '인식 원인' 이 상관 범주로 사용된 용례를 통해 그 의미를 파악할 필요가 있다. 이 점에서 원측 역시 그 전통 속에서 수학했던 어느 섭론사의 다음 서술은 '인식 원인' 이 무엇을 의미하는지에 대한 가능한 해석 근거를 제시한다.

자료12

問曰. 前說依他但是有為, 非無為者, 何故『般若論』云, "於實為了因"? 實即實相真如, 無為由了因得, 應是依他, 云何無為非依他性?

答曰. 夫是依他必從種子生因而生, **真如本有, 非生因生**, 故非依他. 而彼**真如**藉緣而顯, 說有**了因**. 『攝大乘』云, "四德本來是有, 不從種子生, 從因作名, 故名種子."31)

31) 『攝大乘義章』 권4, T85 1045b14-21. 인용된 『반야론』 전후 텍스트를 참조하여 '於實為了因' 번역의 대괄호 주석을 보충하였다. 天親菩薩 造, 菩提流支 譯, 『金剛般若波羅蜜經論』 권상, T25 784c27-785a22: 論曰. 此說勝福 · 德譬喩校量. 示現何義? 法雖不可取不可說, 而不空故. 偈言: 受持法及說 不空於福德/ 福不趣菩提 二能趣菩提// 何故說言 '世尊! 是福 · 德聚即非福 · 德聚' 者? 偈言'福不趣菩提, 二能趣菩提' 故. 此義云何? 彼福 · 德不趣大菩提, 二能趣大菩提故. 何者爲二? 一者受持, 二者演說, 如『經』'受持乃至四句偈等爲他人說' 故. ... 云何此二能得大菩提? 如『經』'何以故? 須菩提! 一切諸佛阿耨多羅三藐三菩提法皆從此經出, 一切諸佛如來皆從此經生'*故. 云何說一切諸佛菩提法皆從此經出? 云何說一切諸佛如來皆從此經生? 偈言: **於實名了因　亦爲餘生因**/ ... 此義

묻는다. 앞에서 '의타적 발생이 본질인 현상[依他起性]'은 다만 조건적 현상[有爲]일 뿐이며, 비조건적 현상[無爲]은 아니라고 했는데, 왜 『반야론(般若論)』에서는 "[『금강경』 설법을 진리로 간직하고[受持] 타인을 위해 자세히 설명하는[演說] 일이] 실재[實]에 대해 인식 원인[了因]이 된다"라고 말했는가? 여기서 '실재'는 진실인 진여[實相眞如]를 지칭하며, [이 '실재'라는] 비조건적 현상이 인식 원인으로 말미암아 성취하는 것이라면 당연히 '의타적 발생이 본질인 현상'이어야 할 것인데, 왜 [이 '실재'라는] 비조건적 현상은 '의타적 발생이 본질인 현상'이 아닌가?

답한다. '의타적 발생이 본질인 현상'은 반드시 종자(種子)라는 발생 원인[生因]으로 말미암아 생겨나지만, **진여[眞如]**는 본래부터 존재하며, **발생 원인**이 발생시킨 것이 아니라는 점에서 '의타적 발생이 본질인 현상'이 아니다. 부연하자면 이 **진여**가

云何? **菩提**者名爲**法身**, 彼體實**無爲**, 是故於彼法身, 此二能作**了因**, 不能作生因. 餘者**受報**相好莊嚴佛 · **化身**相好佛, 於此爲**生因**, 以能作菩提因, 是故名因. *菩提流支 譯, 『金剛般若波羅蜜經』 T8 753b28-c5: 佛言, "須菩提! 若善男子 · 善女人以滿三千大千世界七寶持用布施, 若復**於此經中受持**乃至四句偈等**爲他人說**, 其福勝彼無量不可數. 何以故? 須菩提! 一切諸佛阿耨多羅三藐三**菩提法**皆從此經出, 一切諸**佛如來**皆從此經生." 짐작 가능하듯이 '자료12'와 원측의 '료인'과 '생인' 규정이 모두 위 보리류지 역 『금강경』 및 세친 『반야론』 텍스트에서 연원한 듯하다.

한역 논서에서 '생인'과 '료인'이 상관 범주로 사용된 최초 용례는 472년 완성된 길가야(吉迦夜) 역 『방편심론(方便心論)』이다.* 거기에서 '생인'과 '료인'은 여덟 가지 '논쟁 방법[論法]' 중 하나인 '원인 인식[知因]'의 대상인 두 종류의 원인이며, 구체적으로는 '직접 지각[現見]', '추론을 통한 앎[比知]', '예를 통한 앎[喩知]', '경서에 의지함[隨經書]' 등 네 가지 지적 활동[事]을 지칭한다(T32 23c5-8 ... 23c10-11 ... 25a26-27 ... 25b25: 如此八種深妙論法我當略說. 爲開諸論門, 爲斷戲論故, 一曰譬喩, 二隨所執, 三曰語善, 四曰言失, 五曰知因, 六應時語, 七似因非因, 八隨語難. ... 知因者, 能知二因, 一生因, 二了因. ... 問曰. 何名知因? 答曰. 知因有四, 一現見, 二比知, 三喩知, 四隨經書. ... 如是四事名之爲因, 能通達者名爲知因.). 질롱(Gillon 2008. 24)은 양자를 각각 '정당한 인식 수단(means of knowledge; pramāṇa)'이 되는 '발생 원인(reason for arising; kāraṇa-hetu)'과 '인식 원인(reason for understanding; jñāpaka-hetu)'으로 이해하고 있다. 『방편심론』에서 '두 종류의 원인'과 '네 가지 지적 활동' 간의 구체적 대응 관계를 명시하지 않았고, 또 『방편심론』과 보리류지의 '생인'과 '료인' 해석 간의 논리적 연결 고리는 명료하지 않지만, '경서에 의지함'과 '붓다의 설법을 진리로 간직하고[受持] 타인을 위해 자세히 설명하는[演說] 일' 간의 연관성은 존재하는 듯하다.

*동국대 개최 제6회 국제다르마끼르띠학술대회(International Dharmkīrti Conference)에서 관련 주제 발표("Some logical and textual puzzles in the first chapter of the *Tarka-Śāstra*, or 如實論 (Rú Shí Lùn)", 2022.8.26) 후 필자의 개인 질문에 답하면서 이 사실을 친절하게 알려주신 브렌던 질롱(Brendan Gillon) 교수님과 대회 발표를 들을 수 있도록 배려해 주신 동국대 불교학부 우제선 교수님께 이 지면을 빌려 감사의 마음을 전합니다.

조건에 의지하여 구현[顯]되었을 때 **인식 원인**을 지닌다고 말할 수 있다. [그래서 진제] 『섭대승론석(攝大乘論釋)』에서 "[진리의 몸이 지닌 상(常), 낙(樂), 아(我), 정(淨) 등] 네 가지 능력은 본래부터 존재하며 [발생 원인을 의미하는] '종자'로부터 생겨난 것이 아니다. [문훈습(聞熏習) 등이 이 네 가지 능력의 '종자'라고 한 것은 전자가 후자의 구현] 원인이라는 점에서 이름 지어 '종자'라고 불렀을 뿐이다"[32]라고 말한 것이다.

여기서 어느 섭론사는 조건적 현상의 '종자(種子)', 즉 직접 원인을 '발생 원인'으로 이해하고 있으며, '실재[實=眞如]'나 '진실[實相]'과 같은 비조건적 현상은 본래부터 존재하기[本有] 때문에 무엇으로부터 생겨나는 것이 아니며, 다만 어떤 조건에 성숙했을 때 구현되며[顯], 그 구현의 원인을 '인식 원인'이라 부른다고 설명한다. 그의 설명에 따르면, '인식 원인'은 '실재' 또는 '진실'을 인식함으로써 그 '실재'가 구현되도록 만드는 어떤 지적 활동('각주31'에 따르면, 구체적으로는 『금강경』 설법을 진리로 간직하고[受持] 타인을 위해 자세히 설명하는[演說] 일)을 지칭한다. 만약 원측이 위 섭론사의 '인식 원인' 해석을 공유하고 있었다면, '진리의 몸'이라는 '실재'를 인식하게 만듦으로써 그 '실재'를 구현시키는 지적 활동을 수행의 불성의 한 측면으로 볼 수 있을 듯하다.

요약하면, 원측이 이해한 '수행의 불성'은 보살 수행 이전부터 금강유정에 이르기까지의 수행의 전 과정을 통해 붓다 가르침의 언어의 본질인 '공성'을 완전히 이해하기 위해 이루어지는 모든 종류의 수행을 지칭하며, 그것은 붓다의 '일체에 대한 앎'을 발생시키는 원인이자, 모든 중생이 본래부터 가진 '진여', 즉 '이상의 불성'을 인식하게 만듦으로써 그것을 구현하는 원인이다.

3) 리성의 본질과 특징 명시

앞서 주제 제시에서 예고한 대로, 이어지는 '모든 중생의 본성[眾生性]이 본래적

---

32) 世親菩薩 釋, 眞諦 譯『攝大乘論釋』권3, 「釋引證品 · 出世間淨章」 T31 173c27-174a2 ... a7-8: 由聞熏習四法得成. 一信樂大乘, 是大淨種子, 二般若波羅蜜, 是大我種子, 三虛空器三昧, 是大樂種子, 四大悲, 是大常種子. 常 · 樂 · 我 · 淨是法身四德. 此聞熏習及四法爲四德種子. ... 四德本來是有, 不從種子生. 從因作名, 故稱種子.

앎[根本智]의 모체입니다(一切衆生性根本智母.)' 라는 경문 주석에서 원측은 '이상의 불성' 에 대해 다음과 같이 간략하게 그 본질과 특징을 명시한다.

자료13

釋曰. 自下第二明**理性**智母. **謂諸因位真如佛性**能顯**法身本覺智果**, 故言'性根本智母'. 即是**正因**, 若望**受用**, 即是**依因**.[33]

해석한다. 이하는 둘째 **이상의 불성**이라는 [붓다의] 앎의 모체를 밝힌 것이다. 즉, **모든 원인 단계의 '진여인 불성[真如佛性]'이 진리의 몸, 즉 본래적 깨달음인 앎[本覺智]이라는 결과**를 구현할 수 있으므로 '[모든 중생의] 본성이 본래적 앎의 모체이다' 라고 말한 것이다. [이 진여인 불성이] 바로 [진리의 몸의] **본질적 원인[正因]**이며, [한편] **향유의 몸**에 대해서는 **조건적 원인[依因]**이다.

위 설명에 따르면, 이상의 불성의 본질은 원인 단계의 '진여인 불성[真如佛性]' 이며, 그 특징은 붓다가 획득하는 '진리의 몸인 본래적 깨달음[本覺智]' 을 구현시키는 본질적 원인[正因]이자, '향유의 몸' 의 조건적 원인[依因]이다. 여기서 '진여인 불성' 이 경문의 '모든 중생의 본성[一切衆生性]' 을 지칭함은 분명하지만, 그 구체적 내용은 명시되어 있지 않다. 또 어떤 맥락에서 그것이 진리의 몸의 '본질적 원인[正因]' 이며, 향유의 몸의 '조건적 원인[依因]' 인지도 실마리를 잡기 어렵다. 이러한 의문에 대한 보충적 설명[逐難重釋]은 몇 구절 뒤의 경문 '왜냐하면 삼승의 완전한 앎[般若, prajñā]은 발생한 적도 소멸한 적도 없이 본래부터 영원하며, 모든 중생이 이것을 깨달음의 본성[覺性]으로 삼기 때문입니다(三乘般若不生 · 不滅 · 自性常住, 一切衆生以此爲覺性故.[34])' 에 대한 주석에서 부분적으로 이루어진다.

자료14

釋曰. 自下 ... 逐難重釋. 謂前文云, "修諸佛智母." 或云, "性根本智母." 其相難解, 故今重釋. ~~文別有三, 初釋理性, 後菩薩下, 重釋~~,[35] 文別有二, 初釋理性, 後... 此即初也.

---

33) 『仁王經疏』 권중(말), 「二諦品」 T33 406a21-23.

34) 『仁王般若波羅蜜護國經』 권상, 「二諦品」 T8 829b17-19.

35) '文別~重釋' 이 구는 아래 구와 일부 중복되므로 연문(衍文)임이 분명하다.

謂前所說‘性根本智母’者, 即三乘身中理性般若, 不生不滅, 自性常住, 是故一切衆生以此為佛性. 即以此文, 一切衆生皆有真如佛性. 或可, 三乘菩薩〈提〉[36]皆名為覺, 用此實相般若為三乘覺性.[37]

해석한다. 이하는 셋째 난해한 곳을 하나씩 거듭해서 해석한 것이다. 즉, 앞 경문에서는 '모든 종류의 **붓다**의 앎의 모체를 닮는다'라고 하였지만, [이어지는 경문처럼] 다른 경우에는 '[모든 **중생**의] 본성이 본래적 앎의 모체이다'라고도 하여 그 실상을 이해하기 힘들기 때문에 지금 여기서 거듭 해석한 것이다. 관련된 경문은 두 부분으로 나뉘는데, [이] 앞부분은 이상의 불성을 [거듭] 해석한 것이고, [이어지는] 뒷부분은 … 이 구절은 앞부분 [이상의 불성을 해석한 것]에 해당한다.

부연하면, 앞에서 말한 '[모든 중생의] 본성인 본래적 앎의 모체'는 삼승 수행자의 몸속에 있는 '이상의 불성인 완전한 앎[理性般若]'을 지칭하며, [그것은] 발생한 적도 소멸한 적도 없으며 본래부터 영원하기 때문에 모든 중생이 이것을 불성으로 삼는다. 이 경문에 근거한다면, 모든 중생은 '진여인 불성'을 가지고 있다. 또는 [모든 중생이] 삼승 수행자의 깨달음[三乘菩提] 모두를 깨달음[覺]으로 보며, [공성의 진리인] 이 '진실인 완전한 앎[實相般若]'을 삼승 수행자의 깨달음의 본성으로 삼는다고 볼 수도 있다.

여기서 원측은 수행의 불성을 밝힌 경문('자료11'의 주석 대상)에서는 불성이 붓다와 관련된 것처럼 말하고, 반대로 이상의 불성을 밝힌 경문('자료13'의 주석 대상)에서는 불성을 '중생의 본성'이라고 말하여, 불성의 실상이 잘 드러나지 않았다고 말한 뒤, 바로 이 경문이 이상의 불성에 관련된 의문[難]을 해소시켜 준 것이라고 말한다. 이어서 곧바로 '중생의 본성'의 본질이 삼승 수행자의 몸속에 있는 '이상의 불성인 완전한 앎[理性般若]'이며, 그 특징은 발생, 소멸 등 변화의 조건과 무관하게 본래부터 영원하며, 바로 그 본래성의 관점에서 볼 때 모든 중생은 이상의 불성을 가지고 있다고 해석한다. 이 해석에 따르면, 이상의 불성은 모든 중생이 본래 갖추고 있는 '진여'이며, '진리의 몸'은 타자로부터 발생한 것이 아니라 본래부터 있던 '진여'가

36) 문맥과 이어지는 '三乘覺性'의 '三乘覺'과의 연관성을 고려할 때 '薩'은 '提'의 오기로 보인다.
37) 『仁王經疏』 권중(말), 「二諦品」 T33 406b3-11.

구현되었다는 점에서 후자는 전자의 '본질적 원인'이다.

흥미로운 점은 그가 모든 중생이 삼승 수행자의 깨달음을 추구하면서 그 원인이 되는 '진실인 완전한 앎[實相般若]'을 깨달음의 본성으로 삼을 수도 있다고 본 사실이다. '진실인 완전한 앎'이라는 이 '광의의' 이상의 불성은 삼승 수행자의 통찰 대상인 공성의 진리[所觀空理]이며,[38] 그들이 그것을 통찰함으로써 결국 붓다의 '일체에 대한 앎'을 성취한다는 점에서 이상의 불성은 '향유의 몸'의 '조건적 원인'이라 할 수 있다.

4. 요약: 원측의 리성과 행성 해석의 특징

이상 원측의 이상의 불성과 수행의 불성 해석을 요약하면 다음과 같다.

첫째, 이상의 불성과 수행의 불성은 모두 붓다가 되기 위한 원인이다.

둘째, 이상의 불성의 본질은 모든 중생의 본래적 '실재' 또는 '진실'(='진여')과 삼승 수행자의 깨달음의 대상인 '공성의 진리' 둘로 나누어지며, 전자는 '진리의 몸'인 '본래적 깨달음'의 '본질적 원인'이며, 후자는 '향유의 몸'의 '조건적 원인'이다.

셋째, 수행의 불성의 본질은 보살 수행 이전부터 금강유정에 이르는 '공성'을 깨달으려는 모든 종류의 수행이며, '향유의 몸'인 '일체에 대한 앎'의 '발생 원인'이자, '진리의 몸'을 인식함으로써 그것을 구현하게 만드는 '인식 원인'이다.

이상의 불성과 수행의 불성이라는 상관 범주의 해석사의 관점에서 볼 때 원측 해석은 다음과 같은 특징이 두드러진다. 첫째, '자료12'의 '인식 원인[了因]' 해석에서 잘 드러나듯, 이상의 불성은 수행의 불성의 구현 작용을 통해 구현되는 대상이라는 점에서 양자를 일종의 수반 관계로 보았다. 둘째, '자료14'의 모든 중생이 삼승 수행자의 통찰 대상인 '공성'을 깨달음의 본성으로 삼을 가능성을 열어두는 해석에서 잘 드러나듯, 이상의 불성의 범위를 본래적 '실재' 또는 '진실'에만 한정하지 않고, 수행

---

38) 『仁王經疏』 권상(본), 「序品」 T33 360a21-24: 言所詮宗者, 諸說不同, 略作三釋. 一云, 此『經』三**種般若**以為宗旨, 謂所觀空理, 即是**實相**, 能證之智, 即是**觀照**, 能詮聖教以為**文字**. 是故「觀空品」中說三般若.

의 불성의 영역인 '공성' 통찰로 확대한 점에서 양자는 그 경계가 중첩 가능함을 보여준다. 셋째, '자료11'과 '자료13에서 확인 가능하듯, 이상의 불성과 수행의 불성이 함께 작용함으로써만 붓다 경험 세계의 두 측면, 즉 본질 구현(='진리의 몸[法身]')과 인식 향유(='향유의 몸[報身]')가 완성된다는 점에서 양자를 상보적 관계로 보았다. 이상의 세 특징 모두 혜원이 암시하고 법보가 명시한, 이상의 불성과 수행의 불성은 깊이 연계되어 있으며, 그 점에서 수행의 불성이 수행자들의 차이를 통합하는 동일성의 원리로 작용함을 강조하는 사유를 원측이 계승했음을 보여준다.

보론3

쫑카빠의 원측 비판과 그 불교 해석학적 함축

–『해심밀경』 '삼시교판(三時教判)'과 '자상(自相)' 해석을 중심으로

서론: 쫑카빠의 원측 인식에 대한 기존 연구 경향

원측은 한국 철학사에서 언어와 문화의 차이를 초월하는 사상의 보편적 수용과 영향을 보여주는 역사적 상징으로 기록될 수 있는 사상가이다. 잘 알려진 대로,『해심밀경소(解深密經疏)』는 한역(漢譯) 불경에 대한 주석서로서는 드물게 티벳어로 번역되었을 뿐만 아니라, 번역 후에도 티벳 불교사에서 잊히지 않고 전승되어 오다가 티벳 불교를 대표하는 사상가 쫑카빠(Tsoṅ Kha pa, 1357-1419)의『꾼쉬깐델(Kun gṣiḥi dkaḥ ḥgrel)』(1392년 완성)과『렉쉐닝뽀(Legs bśad sñiṅ po)』(1407-8년 사이 완성)[1]에서 인용되었고,[2] 그의 영향력 때문에 그 이후로도 그를 계승한 겔룩빠 사상가들 사이에서 지속적으로 읽혔으며, 그 결과 티벳어 대장경 속에 포함되어 지금까지 거의 결락 없이 온전하게 전승되어 오고 있다. 원측 당대와 후대에 걸쳐 동아시아 지역에서 이루어진 원측 저작의 독서[3]는 어떤 형태로든 사승(師承) 관계를 통

---

1) 『꾼쉬깐델』과『렉쉐닝뽀』의 완성 시기에 대해서는 스팔험의 연구(Sparham 1993. 'Introduction', 14) 참조.

2) 국내외 연구자들이『해심밀경소』 티벳어역의 역자, 성립 시기, 티벳에서의 유통 과정, 티벳 불교 사상가들의 언급 등에 대해 이미 조사하고 논의하였다('부록2' 중 '각주1-3' 참조).

3) 중원(12세기까지), 돈황(8세기), 신라(7-8세기), 고려(11세기까지), 일본(12세기까지) 등지에서 원측 저술이 읽혔음을 문헌을 통해 확인할 수 있다(본문 각주138-139, 각주156-159, 각주161, 표1: 원측 저술 목록 참조).

한 전파에 기반했을 것으로 추정 가능하지만, 그 관계를 상정할 수 없는 티벳에서 『해심밀경소』 티벳어역(『팍빠 공빠 삽모 응에빠르 델빼 도 갸체르 델빠(Ḥphags pa dgoṅs pa zab mo ṅes par ḥgrel paḥi mdo rgya cher ḥgrel pa)』. 산스끄리뜨어로 Ārya-gambhīra-saṃdhi-nirmocana-sūtra-ṭīkā, 이하 'SNST'로 약칭)이 인용된 것은 오로지 그 저작이 지닌 사상적 매력 때문이었을 것이다.

사상적 측면에서 티벳 불교 사상가들이 SNST를 어떻게 수용했는지에 대한 기존 연구를 일별해 보면 다음과 같다. 우선 연구자들의 다수가 주목한 것은 '중관 사상가 용수(龍樹, Nāgārjuna)와 유식사상가 무착(無著, Asaṅga) 간에 모순이 없었다'는 그의 불교사 인식을 담은 SNST 속 문장(편의상 '텍스트B'로 약칭)[4]이었다. 그들은 이 인식이 쫑카빠의 스승들 중 하나인 렘다와숀누로괴(Red mdaḥ ba gṣon nu blo gros, 1349-1412. 이하 '렘다와'로 약칭),[5] 쫑카빠, 겔룩빠 사상가들의 중관과 유식 사상의 연속성 측면 인식에 영향을 끼쳤음에 주목하였다.[6]

다른 한편 이 인식을 담고 있는 '텍스트B'의 직전 문장(편의상 '텍스트A'로 약칭)[7]이 『꾼쉬깐델』에서 '익명으로 선택적으로' 인용되었음에 주목한 연구도 있다.[8]

---

4) 『해심밀경소』「서품(序品)」 중 대응 한문이 없고 티벳어역만 보존된 부분 속 이 텍스트에 대해서는 문맥 소개와 티벳어 교정 및 그것에 기반한 한국어 번역이 이루어졌다('부록3' 중 '1'의 'B' 참조).

5) 사꺄(Sa skya)에서 사사한 렘다와는 쫑카빠가 『꾼쉬깐델』에서 존경을 표현한 사까 학파의 두 스승 중 하나이며, 훗날 『렉쉐셀첑(Legs bśad gser phreng)』에서 정립한, 『반야경(般若經)』 해석의 기초가 된 승원불교 체계의 주 길잡이가 되어주었다고 한다(Sparham, *op. cit.*, 'Introduction', 14).

6) 렘다와는 이 인식을 그대로 인용하며(Kapstein 2000. 80-81), 쫑카빠는 『꾼쉬깐델』에서 자기 주장의 근거로서 인용하였고(Sparham, *op. cit.*, 48-49), 겔룩빠 사상가들은 이 인식을 염두에 두면서 중관학파의 입장에서 무착을 포용하려 시도하였다고 한다(Powers 1993. 87-88, 각주15).

7) '부록3' 중 '1'의 'A'.

8) 『꾼쉬깐델』 속 '텍스트A'의 전체 내용 및 쫑카빠의 선택적 인용 방식에 대해서는 '부록3' 중 '1'의 'A' 참조. 쫑카빠의 익명 인용 이유는, 비록 실명으로 인용한 '텍스트B'와 상반된 불교사 인식을 담은 후반부를 의도적으로 생략하고 '텍스트A' 전반부만 인용하더라도, 만약 그것이 SNST의 인용임을 명시했다면 그의 논적이 의도적으로 생략된 '텍스트A' 후반부의 중관 사상 비판을 함축하는 불교사 인식을 들어서 쫑카빠를 논박할 수도 있기 때문이지 않을까 생각한다. 이 추정은 서울대에서 개최한 제19회 세계불교학대회 중 필자의 발표(Two Opposing Aspects of Woncheuk's View on the Relationship Between the Second and Third Dharma-cakras in *Saṃdhinirmocana-sūtra* -With Some Newly Identified Materials in *Ḥphags pa dgoṅs pa zab*

쫑카빠가 선택적으로 인용한 이유는 '텍스트A' 중 그의 인용에서 배제된 뒷부분에서 원측이 중관 사상이 자칫 사람들로 하여금 '공성(空性)'을 오해하여 '아무것도 존재하지 않는다'고 생각하는 이른바 '공집(空執)'에 빠지게 만들 위험이 있으며, 그 점에서 유식 사상에 비해 불완전하며, 유식 사상을 통해 그 허무주의를 제거할 필요가 있음을 강조하였기 때문이었다.[9)]

본고가 해명하고자 하는 것은 중관 사상가 쫑카빠의 선택적 원측 수용 또는 비판의 논리와 그것을 통해 간접적으로 드러나는 유식사상가 원측의 정체성이다. 쫑카빠 후기의 원숙한 사상을 담은 『렉쉐닝뽀』 속 원측 언급만을 별도로 모아 논의한[10)] 홉킨스(Jeffrey Hopkins)는 짠드라끼르띠(Candrakīrti, 약 600-650) 계통의 중관 사상을 계승하고자 하는 쫑까빠가 원측을 언급한 이유는 그의 해박한 학식에 대한 존경과 동시에 비록 시간적으로 멀리 떨어져 있지만 영향력을 지니고 있는 학자의 견해를 교정하고자 하는 소망 때문이었으리라 추측하고 있다.[11)] 간단히 말해, 쫑카빠에게 원측은, '텍스트A'와 '텍스트B'의 상반된 인식에서도 잘 드러나듯이, 불교 사상가들에 의해 중관 사상과 연속적이면서도 단절적인 지적 전통으로 이해된 유식 사상에 다가서도록 이끄는 박학한 '길잡이'인 동시에, 자신이 계승하고자 하는 중관 사상이 극복해야 할 '비판 대상'으로 인식되었던 듯하다. 필자는 이하에서 『렉쉐닝

---

mo ries par ḥgrel paḥi mdo rgya cher ḥgrel pa) 때(2022년 8월 16일) 청중 한 분이 던진 질문에 답하면서 처음으로 떠올리고 말한 적이 있다. 더 많은 검증이 필요한 임시 가설이다.

9) 쫑카빠의 '텍스트A'의 선택적 수용과 의도적 배제의 사상사적 함축에 대해서는 '본문' 본론 제2부 제3장 '6'의 '5)' 참조.

10) 홉킨스는 먼저 『렉쉐닝뽀』 '서문'과 '유식 부분' 역주 및 연구에서 쫑카빠가 원측을 언급하는 방식과 그 내용에 대해 간략하게 소개하였고(Hopkins 1999. 'Context', 45-46), 훗날 『렉쉐닝뽀』 속 원측 언급 부분만 따로 모아 겔룩빠 사상가들의 관련 논의까지 포함하여 자세히 논하고 있다(Hopkins 2005. 463-491, 'Appendix: Wonch'uk's Influence in Tibet'). 본 보론은 홉킨스가 제공한 상세한 자료들과 구미의 중관 사상 연구자들이 인용하는 『렉쉐닝뽀』 '중관 부분' 및 쫑카빠의 기타 저작 속 관련 텍스트에 근거하고, 동시에 홉킨스가 미처 다루지 못했던, 쫑카빠가 비판을 위해 언급한 원측 텍스트의 콘텍스트를 조사하여 그 비판의 사상사적 의미를 드러내려는 시도이다. 본 연구는 홉킨스의 『렉쉐닝뽀』 주석 문헌들까지 활용한 광범위하고 치밀한 선행 연구가 없었다면 시도조차 하기 어려웠을 정도로 그것에 크게 기대고 있음을 고백하며, 동시에 본 보론에서 그중 '옥의 티'를 언급한 점에 대해 홉킨스 선생에게 넓은 양해를 구하고자 한다.

11) Hopkins 1999. *op. cit.*, 45.

뽀』 속 원측 비판을 음미함으로써 쫑카빠의 '텍스트A' 중 전반부의 선택적 인용과 후반부의 의도적 회피의 논리와 의도를 살펴보고자 한다.

『렉쉐닝뽀』에서 논의된 원측의 해석들 중 가장 중요한 비판 대상은 두 가지이다. 하나는 불교 사상사의 거시적 관점에서 이루어진 『해심밀경(解深密經)』「무자성상품(無自性相品)」의 이른바 '삼시교판(三時教判)'과 관련된 원측의 해석이며, 다른 하나는 중관 사상의 유식 사상 비판의 핵심 개념인 '자상(自相, svalakṣaṇa)'에 대한 원측의 해석이다. 전자가 쫑카빠의 거시적 불교사 인식과 연관된다면, 후자는 그 인식을 떠받치는 미시적 개념 해석에 근거한다는 점에서 양자 간에는 논리적 연관성이 존재한다. 즉, 본론에서 확인 가능하듯이, 전자를 다루면서 그는 『해심밀경』의 권위를 인정하면서도 그 속의 『반야경』 평가가 원측에게서 부분적으로 확인되는 '중관 사상에 대한 부정적 인식'으로 귀결됨을 막기 위해 온 힘을 기울인다. 하지만 후자를 다루면서 그 부정적 인식이 바로 원측과 같은 유식 사상가들의 『해심밀경』 '자상' 개념 오해에서 비롯되었음을 지적하고, 중관 사상의 입장에서 그것이 왜 오류인지 적극적으로 명시한다. 그의 이러한 해석학적 태도에 유의하면서 이하에서 필자는 순서대로 각 주제에 대한 쫑카빠의 원측 해석 비판의 내용과 논리를 구체적으로 소개하며, 그 과정에서 비판의 맥락에서 언급된 원측 텍스트의 콘텍스트를 밝히며, 마지막으로 쫑카빠의 원측 해석 비판이 지닌 불교 해석학적 함축을 음미해 보려 한다.

본론: 쫑카빠의 원측 비판

1. 쫑카빠의 원측 '삼시교판(三時教判)' 해석 비판

1) 쫑카빠의 원측 '여지가 있음[有容]' 해석의 선택적 수용과 의도적 배제

먼저 쫑카빠의 원측 '삼시교판' 해석 비판을 살펴보자. 잘 알려진 대로, 『해심밀경』에서 붓다는 자신의 가르침을 크게 세 시기로 구분한 뒤, 지금 설하고 있는 제3시 『해심밀경』 설법이 최고의 가르침임을 주장한다. 그중 이후 논의에서 쫑카빠와 원측 간 쟁점이 되는 것은 제2시와 제3시 설법의 관계에 대한 『해심밀경』의 해석학적 전제들이다. 즉, (1)양자는 그 주제는 공성[**一切法皆無自性 · 無生無滅 · 本來寂靜 · 自性涅槃**]으로 같지만, (2)그것을 이해하는 수행자의 지향, 즉 '대승 지향[**發趣修大乘**]'과 '일체승 지향[**發趣一切乘**]'의 차이로 인해 각기 다른 방식, 즉 '숨은 의도를 지닌 방식[**隱密相**]'과 '명시하는 방식[**顯了相**]'으로 설해졌으며, (3)논쟁[**諍論**]의 야기와 종식이라는 관점에서 볼 때 '결과적으로' 양자 간에는 '비명시적인 것[**未了義**]'과 '실재인 명시적 진리[**眞了義**]'라는 우열이 존재한다는 인식이다.12)

짐작 가능하듯이, 쫑카빠가 위 전제들 중 가장 명시적인 비판을 가한 것은 중관사상가들이 최고의 가르침으로 인식하는 제2시의 공성 설법이 '논쟁의 여지가 있어' 불완전하다고 보는 세 번째 전제('(3)')이다. 제1시 설법의 네 가지 특성, 즉 (a)'위가 있음[**有上**]', (b)'여지가 있음[**有容**]', (c)'비명시적임[**未了義**]', (d)'논쟁의 온상이 됨[**諸諍論安足處所**]'에 대한 원측 해석에 대해서부터 그의 비판은 시작된다. 원측은 이 네 가지를 경문과 달리 '비명시적임', '위가 있음', '여지가 있음', '논쟁의 온상이 됨' 순으로 조정한 뒤, 각 특성에 대해 해설하면서 '여지가 있음'을 두 종류, 즉 '더 뛰어난 가르침의 여지가 있음[**有容勝教**]'과 '타인에 의한 논파의 여지가 있음[**有容他破**]'으로 나눈다.13)

쫑카빠는 먼저 네 가지 특성의 순서를 『해심밀경』에 따라 원래대로 재조정한 뒤 원측[wen tsheg. '웬첵'으로 음사함]의 해설을 약간 윤문하여 소개하고,14) 이어서

---

12) 玄奘 譯, 『解深密經』 권2, 「無自性相品」 T16 697a23-b9: 爾時勝義生菩薩復白佛言, "(1)世尊初於一時在婆羅痆斯仙人墮處施鹿林中, 惟爲*發趣聲聞乘者*, 以*四諦相*轉正法輪, 雖是甚奇甚爲希有, 一切世間諸天 · 人等先無有能如法轉者, 而於彼時所轉法輪, (a)有上, (b)有容, (c)是**未了義**, (d)是諸諍論安足處所. (2)世尊在昔第二時中惟爲發趣修大乘者, 依**一切法皆無自性 · 無生無滅 · 本來寂靜 · 自性涅槃**, **以隱密相轉正法輪**, 雖更甚奇, 甚爲希有, 而於彼時所轉法輪, 亦是(a)有上, (b)有所容受, 猶(c)未了義, (d)是諸諍論安足處所. (3)世尊於今第三時中普爲發趣一切乘者, 依**一切法皆無自性 · 無生無滅 · 本來寂靜 · 自性涅槃無自性性**, **以顯了相轉正法輪**, 第一甚奇, 最爲希有, 于今世尊所轉法輪, (A)無上, (B)無容, (C)是眞了義, (D)非諸諍論安足處所." 이후 논의의 편의를 위해 숫자와 알파벳 대 · 소문자를 붙여 내용을 구분하였다.

13) 圓測, 『解深密經疏』 권5, 「無自性相品」 X21 291b6-9; WX34 822b3-6: 釋曰. 此即第二顯不了義. 謂此法輪, *隱空說有*, 是**不了義**. *具顯生死 · 涅槃因果及說人空, 而未能顯法空道理*, 是故此教**有上**勝教, **有容勝教, 有容他破**, 是二十部**諍論依處**.

14) 홉킨스의 비판교정본(Hopkins 1999. *op. cit.*, 387: de la bla na mchis pa ni ḥdi goṅ na khyad par can gyi bstan pa yod paḥo// skabs mchis pa ni ḥdi las skabs khyad par can gyi bstan pa

그 네 가지 특성을 자신의 새로운 말로 다음과 같이 표현한다.

자료1

mdoḥi don ni daṅ po ni bla na ste ḥdi goṅ na ṅes don gṣan yod paḥo/ gñis pa ni/ ḥdiḥi don ji ltar bstan pa ltar khas blaṅs pa la rgol ba gṣan gyi skyon gyi skabs mchis paḥo// ḥdi la *rgya nag gi ḥgrel pa* las rgol ba daṅ bcas pa ṣes kyaṅ bsgyur bas don de ltar ro// gsum pa ni ḥdiḥi don gṣan du draṅ dgos paḥo// bṣi pa ni don ḥdi ltar yin ston pas gsal por ma phye bas don la mi mthun par rtsod paḥo//[15]

첫째, ['위가 있음']은 이보다 더 높은 여타 명시적 진리가 있음을 의미한다. 둘째, ['여지가 있음']은 그 의미가 가르쳐진 방식에 따라 주장되었을 때 여타 논쟁자들에게 오류[라는 평가]의 여지를 제공함을 의미한다. 이것은 [진제(眞諦)의] 중국어 주석(rgya nag gi ḥgrel pa)에서도 '有難(rgol ba daṅ bcas pa, '논쟁을 동반한다')'이라고 번역되었으며,[16] 따라서 그 의미는 그러하[며 원측이 설명하는 것과는 같지 않]

---

yod paḥo// stoṅ pa ñid mi ston ṣiṅ yod par ston pas draṅ baḥi don no// **rtsod pa daṅ bcas pa** ni gṣan gyis gṣig par bya ba daṅ ñan thos sde pa rnams kyi rtsod pa smra baḥi gnas su gyur paḥo// ṣes wen tsheg gis bśad do//")(여기서 "위가 있음"은 이 이상의 특별함을 갖춘 가르침이 있음[*有上勝教]을 의미한다. "여지가 있음"은 이것보다 더 특별함을 갖춘 가르침의 여지가 있음[*有容勝教]을 의미한다. '공성'은 명시하지 않고 '존재'를 명시하기[*隱空說有] 때문에 "해석되어야 할 의미"(=비명시적임[不了義])이다. "**논쟁을 동반함**"은 타인에 의해 논파됨[*有容他破]과 성문 학파들이 논쟁을 벌이는 온상이 됨[*二十部諍論依處]을 의미한다.) 위 '각주13'의 원측 해설과 다른 부분은 '有容'의 두 가지 의미 중 '有容他破'를 사실상 '諍論依處'와 동일시한 점이다. 이것은 이어지는 '자료1'에서 '有容'의 두 의미 중 '有容勝教'를 배제하기 위한 사전 작업으로서 '有容他破'를 의미적으로 '諍論依處'에 귀속시킴으로써 '有容勝教'와의 의미 연관성을 제거하려는 시도로 보인다. 이를 통해 '有容勝教'가 원인이 되어 '有容他破'의 결과가 있다는 독법을 봉쇄함으로써 '有容勝教' 부정의 부담을 덜 수 있다고 쫑카빠는 생각한 듯하다. 또 한 가지 흥미로운 점은 네 번째 특성의 경문 표현 '諍論依處' 대신 '논쟁을 동반함[rtsod pa daṅ bcas pa]'을 표제어로 내세운 점이다. 이어지는 '자료1'에서 명시하듯이 이 표현은 진제 『해절경(解節經)』 번역어 '有難'(아래 '각주16')에서 취한 것이며, '有容'이 실질적으로 '有容他破'만을 의미함을 단언하기 위한 사전 작업으로 볼 수 있을 듯하다. 여기서 쫑카빠는 자기주장을 뒷받침하기 위해 진제의 도움을 받고 있다.

15) Hopkins, *ibid.*, 387-388.

16) 『解深密經疏』 권5, 「無自性相品」 X21 292a9-11; WX34 822b6-8: 『真諦記』云, "初說小乘見四諦, 非無相故**不了**, 更有大乘故**有上**, 為大乘破故**有難***, 既與世間義異故, 與彼**鬥諍**." *'有難' 대응 티벳어역(ZhT68 887.6-7: /theg pa chen po dag gi⟨gis⟩** sṅon phyin paḥi phyir rgol ba daṅ bcas paḥo") **P. N.에 따라 'gi'를 'gis'로 교정하는 것이 옳다.

다. 셋째, [‘비명시적임’]은 그 의미가 다르게 해석되어야 함을 의미한다. 넷째, [‘논쟁의 온상이 됨’]은 스승 [붓다]께서 [‘세 종류의 본질[三性]’ 중 어떤 것들은 ‘자체적 특징[自相]’에 근거하여 존재하고 어떤 것들은 그렇지 않은지에 관한] 존재론적 위상[don ḥdi ltar yin][17]을 명료하게 구별하지 않았기 때문에 그 의미에 대한 논쟁이 있다는 의미이다.

위에서 확인 가능하듯이, 쫑카빠는 (b)‘여지가 있음’에 대한 원측 해설 중 후자 ‘타인에 의한 논파의 여지가 있음’만을 수용하고, 전자 ‘더 뛰어난 가르침의 여지가 있음’은 배제한다. 더불어 자신의 해석이 더 올바르고 원측이 틀렸음을 증명하기 위해 원측 자신이 인용하는, 진제(眞諦 Paramārtha, 499-569)의 『해절경(解節經)』 주석(『진제기眞諦記』)을 역이용하여 반박하는 적극성을 보인다.[18]

---

17) 홉킨스의 영역(Hopkins 1999. *op. cit.*, 122: Since the Teacher [Buddha] did not clearly differentiate the status [of what from among the three natures exists by way of its own character and what does not], there is controversy disagreeing about the meaning.)을 참조하여 ‘don ḥdi ltar yin’을 번역하고 대괄호([ ]) 안을 보충하였다.

18) 이 진제 인용에 대해 홉킨스는 쫑카빠가 “원측이 인용한 **진제의 설명은 훌륭하지 못하다고 거부하고 인용조차 하지 않거나 싫어하는** 이유조차 설명하지 않는다(passes off Paramārtha’s explanation, cited by Wonch’uk, as not good and thus does not even cite it or explain his disdain)”고 평가한다(Hopkins 2005. *op. cit.*, 477). 하지만 ‘각주14’와 ‘자료1’에서 볼 수 있듯이 쫑카빠는 『해절경』 번역어를 전략적으로 선택하였으며, 『진제기』에 대해 ‘중국어 주석’이라는 별명을 직접 거론하였으며, 또 나아가 그 속 진제 해석을 자신이 동의하지 않는 원측 해석의 반증(反證)으로도 사용하였다. 그의 평가는 이어지는 관련 주제에 대한 자신의 해설(Hopkins, *ibid.*, 479, 각주c), 즉 “하지만 그(‘쫑카빠’를 지칭함-필자 주)는 진제 번역이 의미를 해명한다는 점을 인정하여 [진제의] ‘중국어 주석에서도 ‘논쟁을 동반한다’고 번역되었으며, 따라서 그 의미는 그러하[며 원측이 설명하는 것과는 같지 않]다’라고 말한다(he agrees, however, that Paramārtha’s version communicates the **meaning**, and thus he says, “This is even translated as ‘susceptible to dispute’ in the Chinese commentary [by Paramārtha]; hence the **meaning** is such [and not as Wonch’uk explains it]””(‘볼드’는 홉킨스의 표시)와도 모순된다. 『진제기』라는 실명을 거론하지 않고, 진제 해석 전체를 인용하지 않은 사실이 반드시 그에 대한 거부나 비판을 의미하지는 않을 것이다. 홉킨스의 순간적 착오 또는 다소 덜 신중한 판단으로 보인다.

2) 쫑카빠 해석학적 전략의 의도

그렇다면 이러한 쫑카빠의 해석학적 전략이 의도하는 것은 무엇일까?

하나의 의도는 제2시 설법의 네 가지 특성에 대한 원측 해석과 깊이 연동되어 있다. 즉, 쫑카빠는 제2시 『반야경(般若經)』 설법이 지닌 네 가지 특성이 모두 제3시 『해심밀경』 설법과의 대비 속에서[比第三] 내려진 평가임을 지적하는 원측을 염두에 두고 있었다.[19] 만약 여기에서 '여지가 있음'을 '더 뛰어난 가르침의 여지가 있음'의 의미까지도 함축하는 말로 인정할 경우, 그 논리의 연장선상에서 자신이 최고의 가르침으로 생각하는 『반야경』보다 '더 뛰어난 가르침'이 있음을 인정할 수밖에 없을 것이다.

'여지가 있음'의 의미에서 '더 뛰어난 가르침의 여지가 있음'을 배제하려는 쫑카빠의 의도는 제3시 설법의 네 가지 특성 중 (B)'여지가 없음[無容]'에 대한 원측 해석 비판에서 재차 명시된다. 쫑카빠는 제3시 설법과 관련된 『해심밀경』 문장을 인용하고, 이어서 그 문장을 해설하는 과정에서 '여지가 없음'에 대해 다음과 같이 말한다.

자료2

ḥkhor lo gsum pa la … ḥkhor lo deḥi che ba ni bla na ma mchis pa sogs kyis ston te/ḥdi mchog tu rmad du byuṅ ṣiṅ de las lhag pa gṣan med pas bla na ma mchis padaṅ/ **phyis** mchog tu ḥgyur baḥi skabs daṅ **gṣig pa**ḥi skabs med pas skabs ma mchis pa daṅ/ yod med rdsogs par bstan pas *ṅes paḥi don* daṅ/ rtsod pa smra baḥi gṣḥignas min paḥo/

ṣes **wen tsheg** gis bśad pa ni skabs med paḥi sṅa ma ma gtogs pa sṅar bdag gis bla na yod pa sogs kyi don bśad pa las bzlog pa daṅ don ḥdraḥo//[20]

---

19) 『解深密經疏』 권5, 「無自性相品」 X21 291c20-292a5; WX34 823b5-14: 釋曰. 第二顯未了義. 謂諸『般若』說無相等, 而不分別三無自性及三自性有 · 無之義, 故『深密經』及此『經』文皆說無為〈相〉*為不了義. … 准此等文, 故知『般若』是不了義. 由斯義故, 對四諦輪, 雖是甚深, 亦是希有, 而比第三, 有上, 有容, 是未了義, 由未了故, 猶有諍論. *문맥과 대응 티벳어역(ZhT68, 890.16-17: mtshan ñid med pa la sogs par bśad pa gaṅ yin pa de ni ṅes paḥi don ma yin pa ṣes bstan to/)에 비추어 볼 때 '爲'는 '相'으로 교정해야 옳다.

20) Hopkins 1999. *op. cit.*, 388-389.

[앞서 인용한 『해심밀경』의] 제3시 법륜과 관련하여, … 이 [진리의] 수레바퀴의 위대함은 "위가 없다" 등의 말을 통해 설명된다. ["위가 없다" 등의 의미에 대해 원측은 다음과 같이 말한다.]

[세존께서 굴리신 진리의 수레바퀴] 이것은 가장 희귀하며 [그것을] 넘어서는 여타의 것이 없기 때문에 "위가 없으며", [또] '**차후의** 넘어섬[**phyis** mchog tu ḥgyur ba]의 여지와 **논파**[**gṣig pa**]의 여지가 없다'는 점에서 "여지가 없으며", [또 세 종류의 현상 중 어느 것이] 존재함[有]과 [어느 것이] 비존재함[無]을 온전히 명시했기 때문에 "명시적 진리[了義, *nītārtha]"이며, "논쟁의 온상이 되지 않는다."

[이상] 원측의 설명은 '여지가 없다[無容]'에 대한 전자[의 설명](=차후의 넘어섬의 여지가 없음)을 제외하고, [나머지 세 가지 특성의 경우, 제1시 법륜과 관련된] '위가 있음' 등에 대한 나의 앞선 해설(=자료1)의 정반대의 것과 의미가 유사하다.

위 해석에서 두 가지 점이 두드러진다. 하나는 '여지가 없음'의 의미에서 '차후의[phyis] 넘어섬의 여지가 없음', 즉 '차후의 더 뛰어난 것의 여지가 없음[無容後勝]'('자료3'의 원측 용어)의 배제이다. 그 이유는 만약 이 의미를 수용할 경우, 제2시 설법의 특성인 '여지가 있음'을 '더 뛰어난 가르침의 여지가 있음[有容勝教]'으로 이해할 수밖에 없고('각주13' 참조), 그 경우 제3시 『해심밀경』 설법이 제2시 『반야경』 설법보다 우월한 가르침임을 불가피하게 인정할 수밖에 없기 때문이다.

다른 하나는 '여지가 없음'의 또 다른 의미를 '**차후의** 논파의 여지가 없음[無容後破]'('자료3'의 원측 용어)이 아니라 단순히 '논파[gṣig pa]의 여지가 없음'으로 읽은 것이다. 홉킨스가 지적했듯이, 앞서 언급한 '텍스트A' 인용의 경우처럼 여기에도 쫑카빠의 SNST 텍스트에 대한 의도적 생략이 발견된다.21) 쫑카빠 인용 텍스트에 대응하는 『해심밀경소』 한문 텍스트와 SNST 텍스트를 병기하면 다음과 같다.

21) Hopkins 2005. *op. cit.*, 479, 각주a. 홉킨스에 의하면, 이 점은 궁탕꾄촉땐빼된메(Guṅ thaṅ dkon mchog bstan paḥi sgron me, 1762-1823)의 『렉쉐닝뽀』 주석(『draṅ ṅes rnam ḥbyed kyi dkaḥ ḥgrel rsom ḥphro legs bśad sñiṅ poḥi yaṅ sñiṅ』)에서 이미 지적되었다.

자료3

釋曰. 此第二釋顯了之相. 所轉法輪最上希有, 更無過勝, 故名**無上**. 無容後勝, 無容**後**破, 故名**無容**. 具顯有 · 無, 故是**了義**, **非諸諍論所依之處**.[22)]

de mchog tu rmad du byuṅ ṣiṅ de las lhag paḥi mchog gṣan med paḥi phyir bla na ma med pa ṣes byaḥo/ /phyis mchog tu ḥgyur baḥi skabs med ciṅ **phyis** gṣig paḥi skabs med paḥi phyir skabs med pa ṣes byaḥo/ yod pa daṅ med pa yoṅs su rdsogs par bstan paḥi phyir *ṅes paḥi don* yin ṣiṅ/ rtsod par smra ba rnams kyi gṣiḥi gnas ma yin paḥo//[23)]

… [또] 차후의 넘어섬[後勝]의 여지가 없으며, **차후의** 논파[**後**破]의 여지가 없기 때문에 "여지가 없다"라고 한 것이다. [또 세 종류의 현상 중 어느 것이] 존재함[有]과 [어느 것이] 비존재함[無]을 모두 명시했기 때문에 "[실재인] 명시적 진리[(眞)了義, *(tattva)nītārtha]"이며, [따라서, ṣiṅ] "논쟁들의 온상이 되지 않는다[非諸諍論所依之處=非諸諍論安足處所]."

위 두 텍스트와 비교했을 때, 자료2 속 쫑카빠 인용 원측 텍스트는 제3시의 네 가지 특성들 중 두 번째 '여지가 없음'의 두 번째 의미, 즉 '차후의 논파의 여지가 없음[無容**後**破, **phyis** gṣig paḥi skabs med pa]'에서 '차후의[後, phyis]'를 생략하였음을 확인할 수 있나.

그렇다면 생략의 의도는 무엇일까? 이것은 자료1에 보이는 해석학적 전략의 또 다른 의도와 관련되어 있다. 즉, 『반야경』 설법의 '비명시적임'의 원인을 설법 자체의 불완전함이 아닌 다른 것에서 찾으려는 시도이다. (B)'여지가 없음'을 '차후의 **더 높은 가르침에 의한** 논파의 여지가 없음'이 아니라 타인에 의한 '논파의 여지가 없음'으로 한정할 경우, 네 번째 특성 (D)'논쟁들의 온상이 되지 않음'과 사실상 동일한 내용을 지칭한다고 볼 수 있다. 그 경우 제2시 『반야경』에도 적용되는 '타인에 의한 논파의 여지가 있음'이라는 부족함의 원인을 '설법 자체'가 아니라 논쟁을 벌이는 '수용자 측의 지적 능력'에서 찾을 수 있을 것이다. 자료1의 '여지가 있음'에 대한 해

22) 『解深密經疏』 권5, 「無自性相品」 X21 292b2-4; WX34 824a17-b1.

23) ZhT68 893.10-14.

석 "여타 **논쟁자들**에게 오류[라는 평가]의 여지를 제공함[**rgol ba** gṣan gyi skyon gyi skabs mchis pa]"은 이 점을 잘 보여준다.

3) 쫑카빠의 원측 『해심밀경』 지상주의 경향 비판

이처럼 『반야경』 설법 자체가 불완전하다고 해석될 여지를 막으려 노력했던 쫑카빠는 같은 입장에서 원측이 제3시 설법을 '궁극적 진리'로 해석하려는 경향을 비판한다. 그는 다음과 같이 원측의 삼시설법 명명법 또는 본질 규정을 소개하면서 평가한다.

> 자료4
>
> … ḥkhor lo daṅ po la bden bṣiḥi chos ḥkhor daṅ gñis pa la mtshan ñid med pa daṅ/ gsum pa la don dam rnam par ṅes paḥi ḥkhor lo ṣes ***rgya nag gi ḥgrel chen*** las btags la/ <u>mdo ḥdi ñid kyi tshig daṅ bstun na gsum pa la legs par rnam par phye baḥi ḥkhor lo</u> ṣes byaḥo//[24)]
>
> … 제1시의 [진리의] 수레바퀴에 대해 ''네 가지 진실'이라는 진리의 수레바퀴[bden bṣiḥi chos ḥkhor, ***四諦法輪**]'로, 제2시[의 진리의 수레바퀴]에 대해 ''언어적 특징 없음'[이라는 진리의] 수레바퀴[mtshan ñid med paḥi ḥkhor lo, ***無相法輪**]'로, 제3시[의 진리의 수레바퀴]에 대해 ''**궁극적 진리**인 명시적인 것'[이라는 진리의] 수레바퀴[**don dam** rnam par ṅes paḥi ḥkhor lo, ***勝義了義法輪**]'로 [원측의] 『중국대소』에서 지칭하는데, <u>이 『경』(=『해심밀경』) 자체의 말에 따른다면 [제3시의 경우] '훌륭한 구별[을 지닌] [진리의] 수레바퀴[legs par rnam par phye baḥi(=ba daṅ ldaṅ paḥi chos kyi)[25)] ḥkhor lo]'라고 말해야 할 것이다</u>.

---

24) Hopkins 1999. *op. cit.*, 389.

25) 대응 『해심밀경』 티벳어역(Lamotte 1935. Chapitre Ⅶ, 30, 85: /bcom ldan ḥdas kyis chos rnams kyi ṅo bo ñid ma mchis pa ñid las brtsams/ skye ba ma mchis pa daṅ/ ḥgag pa ma mchis pa daṅ/ gzod ma nas ṣi ba daṅ/ raṅ bṣin gyis yoṅs su mya ṅan las ḥdas pa ñid las brtsams nas/ theg pa thams cad la yaṅ dag par ṣugs pa rnams la **<u>legs par rnam par phye ba</u>** <u>daṅ ldaṅ pa</u>/ śin tu ṅo mtshar rmad du byuṅ ba<u>ḥi chos kyi ḥkhor lo</u> gsum pa bskor te/ bcom ldan ḥdas kyi chos kyi ḥkhor lo bskor ba ḥdi ni bla na ma mchis pa/ skabs ma mchis pa/ *ṅes paḥi don* lags te/ rtsod paḥi gṣiḥi gnas su gyur pa ma lags so/)에 근거하여 괄호 안을

여기서 쫑카빠는 원측의 제3시 본질 규정인 '궁극적 진리인 명시적인 것'을 거부하고 대신 『해심밀경』 자체의 명명법인 '훌륭한 구별을 지닌 진리의 수레바퀴[legs par rnam par phye ba daṅ ldaṅ paḥi chos kyi ḥkhor lo, *顯了法輪[26]]'를 선택한다.

쫑카빠는 『해심밀경』을 근거로 원측이 제3시 '명시적 의미 또는 진리[了義, nītārtha]'를 '궁극적 진리[勝義, don dam, *paramārtha]'와 동일시하는 것을 비판했지만, 사실 원측은 『해심밀경소』에서 앞서 언급한 『해심밀경』의 ('실재[眞, *tattva]'가 추가된) '실재인 명시적 진리[眞了義]'라는 문구('각주12'의 '(C)')를 주석에 앞서 그 대상으로 그대로 제시했을 뿐이다. 하지만 쫑카빠는 원측 자신이 '명시적 진리'의 동의어로 '실재'를 붙인 것으로 오해한 뒤,[27] 그 '실재'가 '궁극적 진리'를 의미한다고 보고 그 해석의 근거를 『해심밀경』에서 찾을 수 없다고 부정한다. 하지만 사실은 『해심밀경』「무자성상품」 마지막 부분에서 붓다는 승의생 보살에게 『해심밀경』의 가르침이 '궁극적 진리인 명시적 의미[勝義了義, don dam paḥi ṅes paḥi don, *paramārthanītārtha]'라고 선언한다.[28] 따라서 원측이 설령 『해심밀경』 설법을 '궁

보충하고 그것에 근거하여 번역하였다.

26) 위 '각주12' 참조.

27) 경문 제시가 아닌 원측 자신의 해설일 경우 제3시 법륜에 대해 모두 아무런 수식어 없이 '了義'라고만 말한다(1. 『解深密經疏』 권1, 「序品」 X21 171c3-9; WX34 582a14-b2: 佛法甚源豈不斯矣, 但*以接引多方, 入理非一. 是故法王說三法輪*, 初爲發起〈趣〉*聲聞乘者, 波羅奈國施鹿林中, ***創開生死 · 涅槃因果***, 此卽第一*四諦法輪*. 次爲**發趣**菩薩乘者, 鷲峯山等十六會中, 說諸『般若』, 此卽第二無相法輪. 後爲**發趣**一切乘者, 蓮華藏等淨 · 穢土中, 說『深密』等, 此卽第三**了義**大乘. 是卽如來教興之意也. *대응 티벳어역(ZhT68, 4.20 이하: gṣol ba)과 이어지는 제2시와 제3시의 관련 구절과의 대구를 고려할 때 '起'는 '趣'의 오기로 보인다. 2. 『解深密經疏』 권5, 「無自性相品」 X21 287c2 이하 … 291b15 … 292a11: 自下第四校量嘆勝分. *於*中有二, 初菩薩請問, … 前中有二, 初明三轉勝 · 劣不同, … 前中三輪, 即分為三, 此即第一四諦法輪. … 自下第二無相法輪. … 自下第三**了義**大乘."). 쫑카빠가 근거했을 것으로 추정되는 『해심밀경』 티벳어역에는 현장 역의 '眞了義'의 '眞'의 대응 번역어가 없이 'ṅes paḥi don'으로 되어 있다('각주25'의 이탤릭체 부분). 그는 이 번역을 근거로 원측이 『해심밀경』 경문에 없는 '眞'을 추가한 것으로 오해한 듯하다. 하지만 쫑카빠 인용 SNST와 현존 SNST 모두 'ṅes paḥi don'으로 되어 있는 점('자료2'와 '자료3'의 이탤릭체 부분)에서 쫑카빠의 의도적 오독으로 볼 수도 있을 듯하다. 티벳 전승 본과 현장 역 간의 차이를 원측 비판을 위해 활용했다고 보아도 무방할 것이다.

28) 『解深密經』 권2, 「無自性相品」 T16 697b27-c1: 爾時勝義生菩薩復白佛言, "世尊! *於是解深密法*門中, 當何名此教? 我當云何奉持?" 佛告勝義生菩薩曰, "善男子! 此名**勝義了義**之教,* 於此**勝義了義**之教汝當奉持." *대응 티벳어역(Lamotte, *op. cit.*, Chapitre Ⅶ, 33, 87: **don dam paḥi ṅes**

극적 진리'나 '실재'로 보았더라도, 그것은 『해심밀경』 경문에 따른 자연스러운 인식이며, 그 인식이 제2시 '『반야경』 설법 자체'에 대한 부정적 인식으로 이어지지 않는데도,[29] 쫑카빠는 여전히 그렇게 흐를 가능성을 경계하고 있는 듯하다.

이상 쫑카빠의 원측 '삼시교판' 해석 비판에서 가장 두드러지는 점을 살펴보았다. 지금까지 살펴본 대로, 쫑카빠는 우선 『해심밀경』 경문에서 제시한 제1시와 제2시 설법의 네 가지 공통점 중 '여지가 있음[有容]'에 대한 원측의 해석에 민감하게 반응하였다. 즉, 원측이 제시한 '여지가 있음'의 두 가지 의미 중 '타인에 의한 논파의 여지가 있음[有容他破]'만을 수용하고, '더 뛰어난 가르침의 여지가 있음[有容勝教]'은 의도적으로 배제하였다. 그리고 그 과정에서 원측 인용 속 '여지가 있음' 대응 진제 번역어 '有難'을 자기 주장의 근거로 적극 활용하였다. 다음으로 제3시 설법의 특성인 '여지가 없음[無容]'의 의미에서도 '차후의 더 뛰어난 것의 여지가 없음[無容後勝]'을 의도적으로 배제하는 한편, 원측 텍스트 인용에서 '차후의 논파의 여지가 없음[無容後破]'에서 '차후의[後]'를 의도적으로 생략하였다. 마지막으로 제3시 설법과 관련하여 『해심밀경』 경문의 본질 규정 '실재인 명시적 진리[眞了義]'를 원측 자신의 해석으로 의도적으로 오독한 뒤 그 해석을 비판하였다. 쫑카빠의 이러한 의도적 배제·생략·오독은 모두 『해심밀경』 '삼시교판' 설법에서 제2시 『반야경』 설법이 최고의 가르침이 아니며 제3시 『해심밀경』보다 열등하다고 해석될 여지를 논리적으로 차단하려는 의도에서 비롯된 듯하다.

---

paḥi don bstan pa).

29) 원측이 '『반야경』도 삼성(三性)을 설하고 있기 때문에 료의(了義)로 볼 수 있다'고 인식했음은 잘 알려져 있다. 이 인식을 포함하여 제2시와 제3시 설법 간 연속과 단절 두 측면 모두에 주목한 원측의 면모에 대해서는 '본문' 본론 제2부 제3장 참조.

2. 쫑카빠의 원측 '자상(自相)' 해석 비판

1) 두 가지 '자체적 특징[自相]' 해석에 대한 쫑카빠의 상반된 태도

(1) '자체적 특징'은 '개별적 특징[別相]'으로 이해되어서는 안 된다

거시적 불교사 인식과 관련된 해석 비판에서 이제 그 비판의 논리적 근거인, 유식 사상을 떠받치는 미시적 개념 해석 비판으로 논의의 방향을 전환해 보자. 쫑카빠가 비판한 것은 다름 아닌 원측의 '자체적 특징[自相, raṅ gi mtshan ñid, svalakṣaṇa]' 해석이다. 『해심밀경』「무자성상품」 첫머리에는 승의생(勝義生, Paramārthasamudgata) 보살이 본격적인 질문에 앞서 붓다에게 붓다 자신의 과거 설법 내용을 환기하는 장면이 나온다. 거기서 그는 "세존께서는 무한한 관점에서 더미[蘊, skandha]들이 지닌 '자체적 특징[自相]', '발생의 특징[生相]', '소멸의 특징[滅相]', '영원한 단절[永斷][의 특징]', '철저한 인식[遍知][의 특징]'에 대해 말씀하신 적이 있습니다(世尊以無量門曾說諸蘊所有自相 · 生相 · 滅相 · 永斷 · 遍知.[30])"라고 말하는데, 원측은 더미들의 '자체적 특징'에 대해 다음과 같이 해석한다.

자료5

'所有自相'即是別相, 如說色是質礙, 如是〈說〉[31]識是了別. '生相 · 滅相'即是通相. 色等皆有生 · 滅相故. '永斷 · 遍知'即苦 · 集相. 永斷集諦苦 · 煩惱故, 遍知苦諦生死果故.[32]

[경문의 '더미들이] 지닌 자체적 특징'은 '개별적 특징[別相]'을 지칭한다. 예를 들면 '물질[色]' [더미의 자체적 특징]은 '불가침투성[質礙]'이라고 말하고, '식(識)' [더미의 자체적 특징]은 '식별함[了別]'이라고 말하는 것과 같다. [이에 비해] '발생의 특징[生相]'과 '소멸의 특징[滅相]'은 '공통적 특징[通相]'이다. 왜냐하면 '물질'[, '식' 더미] 등은 모두 '발생의 특징'과 '소멸의 특징'을 지니고 있기 때문이다. '영원한 단절[永斷]'과 '철저한 인식[遍知]'[의 특징]은 [각각] '괴로움에 관한 진실[苦諦]'과 '집적

---

30) 『解深密經』 권2, 「無自性相品」 T16 693c17-18.

31) 직전의 '如說色是質礙'와의 대구와 '如說色是~了別' 대응 티벳어역(ZhT68 645.19-20: ji skad du gzugs ni thogs pa daṅ bcas paḥi ses bya ba nas/ rnam par śes pa ni rnam par rig paḥo ses bya baḥi bar du bśad pa lta buḥo)에 비추어 볼 때 '是'는 '說'로 교정해야 옳다.

32) 『解深密經疏』 권4, 「無自性相品」 X21 259c23 이하; WX34 758b17 이하.

에 관한 진실[集諦]'과 관련된 특징이다. 왜냐하면 ['영원한 단절'의 특징은 윤회적 삶의 원인들의] '집적에 관한 진실'[의 통찰 대상인] '괴로움[苦]'과 '번뇌(煩惱)'를 영원히 단절함을 의미하기 때문이며, '철저한 인식'의 특징은 '괴로움에 관한 진실'[의 통찰 대상인] '윤회적 삶[生死]'이라는 결과에 대해 철저히 인식함을 뜻하기 때문이다.

위에서 원측은 '자체적 특징'을 '물질'이 지닌 '불가침투성'이나 '식'이 지닌 '식별함'과 같은 어떤 현상을 여타 현상들과 구분 지어주는 '개별적 특징[別相]'으로 이해하고, 그것을 '발생', '소멸' 등과 같은 모든 현상이 지닌 '공통적 특징[通相]'과 대비시킨다.

쫑카빠는 위 원측의 '자체적 특징' 해석에 대해 다음과 같이 비판한다.

자료6

ḥdir raṅ gi mtshan ñid ces pa rgya ***nag gi ḥgrel chen*** sogs las thun moṅ ma yin paḥi mtshan ñid la bśad pa ni rigs pa ma yin te/ mdo ñid las kun brtags kyi skabs su raṅ gi mtshan ñid kyis grub pa la gsal bar gsuṅs paḥi phyir daṅ/ … 33)

[원측의] 『중국대소』(rgya nag gi ḥgrel chen)(=SNST) 등에서 여기 [『해심밀경』 구절 속]의 '자체적 특징[自相, raṅ gi mtshan ñid]'을 [여타 것과의] '차별적 특징[thun moṅ ma yin paḥi mtshan ñid, *別相]'(=개별적 특징)과 관련지어 말한 것은 이치에 맞지 않는다. 왜냐하면 [『해심밀경』] 경전 자체에서 '상상의 대상인 특징[kun brtags, *遍計所執相]'[을 언급하는 곳]에서 '자체적 특징에 의해 성립하는 것[raṅ gi mtshan ñid kyis grub pa, *由自相安立]'에 대해 분명히 말하기 때문이며, …

여기서 쫑카빠는 '자체적 특징'을 '차별적 특징', 즉 '개별적 특징'으로 이해해서는 안 되는 이유로 『해심밀경』 경문 자체의 '상상의 대상인 특징[遍計所執相]'과 관련된 '자체적 특징' 언급과 위배됨을 암시한다. 그의 의도를 파악하기 위해 「무자성상품」 해당 경문을 살펴보자.

---

33) Hopkins 1999. *op. cit.*, 370.

자료7

'善男子! 云何諸法相無自性性? 謂諸遍計所執相. 何以故? 此由假 · 名安立為相, **非由自相安立為相**. 是故說名相無自性性.'[34)]

고귀한 가문의 자손이여! 무엇이 현상들 중 '특징 관련 자체적 본질이 없는 것[相無自性性]'인가? 바로 '상상의 대상인 특징'이다. 왜 그런가? [상상의 대상인 특징] 그것은 '말[假, brda]'과 '이름[名, miṅ]'을 통해 특징으로 성립된 것이지, '자체적 특징[自相, raṅ gi mtshan]'을 통해 특징으로 성립된 것이 아니기 때문이다.[35)] 그러므로 ['상상의 대상인 특징'에 대해] '특징 관련 자체적 본질이 없는 것'이라 말하는 것이다.

위 경문에서 붓다는 '상상의 대상인 특징[遍計所執相]'으로 규정되는 현상들, 즉 '상상의 대상이 본질인 현상[遍計所執性(法), *parikalpitasvabhāva(dharma)]'에 대해 '특징 관련 자체적 본질이 없는 것[相無自性性, *lakṣaṇaniḥsvabhāvatā]'이라 부르는 이유로 그런 부류의 현상들은 '자체적 본질[自性]'의 다른 이름인 '자체적 특징'이 아니라 단지 '말과 이름'에 근거하여 성립한 것이라는 사실을 제시한다.

그렇다면 쫑카빠는 왜 이 말을 근거로 원측의 '자체적 특징' 해석을 비판했을까? 쫑카빠는 현상들의 '성립 근거[由 … 安立]'를 (원측이 부여한 '개별적 특징'의 의미는 배제된, 그 자신이 이해한) '자체적 특징'과 '말과 이름'으로 존재론적으로 크게 구별한 전제 위에서 이 말을 후자가 근거가 되어 '상상의 대상이 본실인 현상'이 성립함을 주장하는 것으로 이해한 듯하다. 이 '자료7'의 전제를 '자료5'의 주석 대상이 되는『해심밀경』경문의 '더미들'과 그것들이 지닌 '자체적 특징'에 적용시켜 보자. 여기서 관건은 '더미들'의 존재론적 위상이다. 만약 그것들을 '상상의 대상이 본질인 현상'으로 볼 경우 그 '성립 근거'인 '자체적 특징'은 '말과 이름'이 되어야 할 것이다. 이 관점에서 보면, 원측이 언급한 '물질', '식' 등 현상들은 '상상의 대상이 본질

---

34) 『解深密經』권2,「無自性相品」T16 694a15-18.

35) 대응 티벳어역(Lamotte, *op. cit.*, Chapitre Ⅶ, 4, 67-68: /don dam yaṅ dag ḥphags de la chos rnams kyi mtshan ñid ṅo bo ñid med pa ñid gaṅ ṣe na/ kun brtags paḥi mtshan ñid gaṅ yin paḥo/ de ciḥi phyir ṣe na/ ḥdi ltar de ni **miṅ daṅ brdar** rnam par bṣag paḥi mtshan ñid yin gyi/ **raṅ gi mtshan ñid** kyis rnam par gnas pa ni ma yin pas deḥi phyir de ni mtshan ñid ṅo bo ñid med pa ñid ces byaḥo/)에 근거하여 대괄호([ ]) 안을 보충하였다.

인 현상'이며, 그것들의 '성립 근거'인 '불가침투성', '식별함' 등 '개별적 특징'은 결국 '말과 이름'이 될 수밖에 없을 것이다. 하지만 이러한 논리적 귀결은 '자체적 특징'을 '개별적 특징'으로 읽은 원측 해석(제1해석)이 의도했던 것이라 볼 수 없다. 왜냐하면 다음 절에서 살펴볼 그의 또 다른 해석(제2해석. '자료8')도 제1해석과 마찬가지로 '말과 이름'을 '상상의 대상이 본질인 현상'의 '성립 근거'로 본다는 점에서 자기 모순적이기 때문이다. 간단히 말해, 쫑카빠는 '더미들'을 '상상의 대상이 본질인 현상'으로 전제한 후 '자료7'의 논리를 적용하여 원측이 '자체적 특징'을 '말과 이름'이 아니라 '개별적 특징'으로 해석하는 것은 이치에 맞지 않음을 지적한 듯하다.

(2) '개별적 특징'과의 동일시 비판의 함축: '의타적 발생이 본질인 현상'의 성립 근거인 '자체적 특징' 긍정에 대한 우려

여기서 우리는 원측에게 '더미들'과 그 '성립 근거'인 '자체적 특징'은 '상상의 대상이 본질인 현상'과는 다른 존재론적 위상을 지녔으리라 짐작할 수 있다. 이 추론을 간접적으로 검증하기 위해 쫑카빠가 비판하지 않고 암묵적으로 동의한, '자체적 특징'에 대한 원측의 또 다른 해석(제2의 해석)을 살펴보자. 원측은 '자료5' 직후에 '제2해석'을 제시하며, 동시에 그 해석이 「무자성상품」의 뒷부분 경문에 근거했음을 명시한다. '제2해석'과 관련 경문을 제시하면 다음과 같다.

자료8

或可'<u>所有自相'者, 即是自相</u>〈<u>性</u>〉[36] · <u>差別相</u>. 如是二相, 遍於生滅 · 永斷 · 遍知, 如下'領解'中說.*

또는[或] <u>[경문의 '더미들이] 지닌 자체적 특징'은 '본질[自性, *svabhāva]인 특징'과 '특성[差別, *viśeṣa]인 특징'을 지칭한다고 볼 수도 있다[可]</u>. 이 두 가지 특징은 [더미들이 지닌 나머지 특징인] 발생과 소멸, [괴로움과 번뇌의] 영원한 단절, [윤회적 삶의 결과에 대한] 철저한 인식 등에 보편적으로 적용되며, [「무자성상품」의] 뒷부

36) '自性'과 '差別'이 함께 쓰이는 개념인 점과 대응 티벳어역(ZhT68 646.5-10: raṅ gi <u>ṅo bo</u> daṅ bye brag gi mtshan ñid)에 비추어 볼 때 '相'은 '性'으로 교정해야 옳다.

분 [세존 설법 후 승의생 보살의] '깨달음[領解]' 부분에서 설하는 대로이다.

*若於分別所行遍計所執相所依行相中, 假 · 名安立, 以為色蘊, 或自性相, 或差別相, 假 · 名安立, 為色蘊生, 為色蘊滅, 及為色蘊永斷 · 遍知, 或自性相, 或差別相, 是名遍計所執相.[37)]

[세존이시여!] 만약 '분별(分別)의 작용 대상[所行, *gocara]', 즉 '상상의 대상인 특징[遍計所執相]의 의지처'인 행상(行相, ḥdu byed kyi mtshan ma, *ākāra)에 대해 말과 이름[假名, miṅ daṅ brda[38)]]으로 규정하여[安立, rnam par bṣag pa] '물질 더미'의 '본질인 특징'이나 '특성인 특징'이라 말한 것, [또] 말과 이름으로 규정하여 '물질 더미'의 '발생', '물질 더미'의 '소멸', '물질 더미'와 관련된 '영원한 단절'과 '철저한 인식' 등의 '본질인 특징'이나 '특성인 특징'이라 말한 것, 이것을 '상상의 대상인 특징'이라 부릅니다.

위에 따르면 '자체적 특징'은 '본질인 특징[自性相, *svabhāvalakṣaṇa]'과 '특성인 특징[差別相, *viśeṣalakṣaṇa]' 둘을 지칭하며, 그 본질은 '분별(分別)의 작용 대상[所行, *gocara]'이나 '상상의 대상인 특징들의 의지처'인 행상(行相, *ākāra)에 대해 말과 이름[假名]으로 '본질인 특징'이나 '특성인 특징'으로 규정한 것, 즉 '상상의 대상인 특징'이다. 살펴본 대로 위 '제2해석'은 '본질인 특징'과 '특성인 특징'으로 이해된 '자체적 특징'이 말과 이름에 근거하여 분별되거나 상상된 대상이라는 점에서 '상상의 대상인 특징'임을 명시하였다.

그렇다면 원측 스스로 위의 제2해석과 구별한 '제1해석'의 '개별적 특징'은 존재론적으로 어떤 위상을 지닌다고 봐야 할까? 이에 대한 해답의 실마리는 '자료5'의 후반부 "'영원한 단절'과 '철저한 인식'[의 특징]은 [각각] '괴로움에 관한 진실'과 '[괴

37) 『解深密經』 권2, 「無自性相品」 T16 696b15-19.

38) 대응 티벳어역(Lamotte, *op. cit.*, Chapitre Ⅶ, 25, 81: /rnam par rtog paḥi spyod yul kun brtags paḥi mtshan ñid kyi gnas ḥdu byed kyi mtshan ma la/ gzugs kyi phuṅ po ṣes ṅo bo ñid kyi mtshan ñid dam/ bye brag gi mtshan ñid du **miṅ daṅ brda**r rnam par bṣag pa daṅ/ gzugs kyi phuṅ po skye ḥo ṣes ḥam/ ḥgag go ṣes ḥam/ gzugs kyi phuṅ po spaṅ ba daṅ/ yoṅs su śes pa ṣes ṅo bo ñid kyi mtshan ñid dam/ bye brag gi mtshan ñid du miṅ daṅ brdar rnam par bṣag pa gaṅ lags pa de ni kun brtags paḥi mtshan ñid lags te/)을 참조하여 '假名安立'을 번역하였다.

로움의 원인들의] 집적에 관한 진실'과 관련된 특징이다('永斷 · 遍知' 即苦 · 集相.)"라는 말에서 찾을 수 있다. 즉, 원측은 '개별적 특징'으로 이해된 '자체적 특징'은 붓다가 '네 가지 진실[四諦]'을 설하면서 제시하는 현상들과 관련되어 있음을 암시한다.

그렇다면 원측은 '네 가지 진실' 설법의 의도를 어떻게 인식하였을까? 앞서 언급한 『해심밀경』 '삼시교판'에서 명시된, 제1시 설법의 주제가 바로 '네 가지 진실이라는 특징[四諦相]'이며 청중은 성문의 길을 지향하는 자들[發趣聲聞乘者][39]이라는 해석학적 전제하에서, 원측은 그 설법의 의미를 다음과 같이 해명한다. 먼저 『해심밀경소』「서품」 첫머리에서 '네 가지 진실'은 붓다[法王]께서 중생을 인도하여[接引] 진리를 깨닫게 하는[入理] 다양한 방법 중의 하나로 설한 것이며, 그 주제는 '윤회적 삶과 열반 각각의 원인과 결과의 명시[創開生死 · 涅槃因果]'라고 해설한다(以接引多方, 入理非一, 是故法王說三法輪, 創開生死 · 涅槃因果, 此卽第一四諦法輪.).[40] 다시 말해, 원측은 먼저 「서품」에서 제1시 설법은 붓다가 성문 수행자들로 하여금 왜 그들이 윤회적 삶을 살게 되었으며, 어떻게 해야 그것을 초월한 열반에 도달할 수 있는지를 이해시키기 위한 '방편[方]'으로서 설해진 '네 가지 진실'임을 명시하였다. 그리고 여기 「무자상성품」 첫 부분 경문 주석('자료5')에서는 그 진실을 이해하기 위해서는 '윤회적 삶'과 '열반'을 구성하는 '물질', '식' 등과 같은 개별 현상들이 지닌, '불가침투성', '식별' 등 '개별적 특징'으로 이해된 '자체적 특징'의 존재성이 일시적으로 긍정되어야 함을 암시한다. 이 인식은 「무자성상품」 후반부 '삼시교판' 경문 중 제1시 설법('각주12'의 (1))에 대한 주석에서 명시된다. 거기서 원측은 '존재[有]'와 '공성[空]'의 관점에서 제1시 설법의 핵심적 특징을 '은공설유(隱空說有)', 즉 '모든 현상의 본성인 공성보다는 개별 현상의 존재를 명시함'으로 규정한다. 이어서 그 이유로 붓다가 (앞서 「서품」 주석에서도 언급한) '윤회적 삶과 열반 각각의 원인과 결과의 명시'와 함께, 비록 공성의 온전한 의미인 '현상이 자체적 본질 없이 공함[法空, *dharmaśūnyatā]'을 명시하지 못했지만, '자아가 자체적 본질 없이 공함[人空, *pudgalaśūnyatā]'을 온전히 설명했음을 든다[具顯生死 · 涅槃因果及說人空, 而未能

39) '각주12'의 '(1)'의 이탤릭체 부분.
40) '각주27'의 이탤릭체 부분.

顯法空道理].[41] 이 설명에 따르면, 원측은 붓다가 구원론적 의도에서 '자아'를 구성하는 '더미' 등의 현상들과 그것들 간의 인과 관계에 대한 설명을 통해 '현상의 공성'의 일부 의미를 명시했다고 이해한 듯하다.

이 맥락에서 등장하는 '자체적 특징'을 지닌 '더미' 등의 개별 현상은 앞서 '자료 5'에서 원인과 조건에 따라 발생하고 소멸함을 '공통적 특징'으로 한다고 규정된 점

〈표1〉 원측의 『해심밀경』 '諸蘊所有自相 · 生相 · 滅相 · 永斷 · 遍知' 해석

	自相	生相 · 滅相	永斷	遍知	삼성(三性) 귀속	삼시법륜 관련 해석학적 지평
제1해석: 쫑카빠에 의해 거부된 해석	개별적 특징 [別相]	공통적 특징 [通相]	괴로움의 원인들의 집적이라는 특징 [集相]	괴로움이라는 특징 [苦相]	방편적으로 긍정되는 의타적 발생이 본질인 현상 [依他起性]	제1시 설법: '모든 현상의 본성인 공성보다는 개별 현상의 존재를 명시함[隱空說有]' / 붓다가 '네 가지 진실'을 깨닫게 하기 위해 현상들의 '개별적 특징'인 '자체적 특징'을 일시적으로 긍정함.
제2해석: 쫑카빠에 의해 묵인된 해석	본질인 특징 [自性相] 특성인 특징 [差別相]				궁극적으로 부정되는 상상의 대상이 본질인 현상 [遍計所執性]	제2시 설법: '개별 현상의 존재보다는 모든 현상의 본성인 공성을 명시함[隱有說空]' / 붓다가 공성의 관점에서 일부 청중에 의해 '자체적 본질'로 잘못 이해된 '자체적 특징'을 부정함.

41) '각주13'의 이탤릭체 부분.

에서 원측에게 '의타적 발생이 본질인 현상' 으로 이해되었다고 볼 수 있다. 하지만 쫑카빠는, '자료8' 의 제2해석의 묵인에서 암시되듯이, 그 자신 '상상의 대상인 특징' 으로 이해한 '자체적 특징' 이 원측에 의해 제1시 설법 속에 언급되는 현상들의 '성립 근거' 로서 긍정되는 것에 우려를 느낀 듯하다. 그래서 그는 '붓다가 제2시 『반야경』 설법을 통해 '자체적 본질' 로 이해된 개별 현상의 '자체적 특징' 을 공성의 관점에서 부정하였다' 는 입장을 견지하기 위해 자기 입장에 부합하는 원측의 '제2해석', 즉 '자체적 특징' 을 '상상의 대상인 특징' 으로 보는 독법만을 수용하는 반면, 그의 '제1 해석', 즉 그것을 '의타적 발생이 본질인 현상' 이 지닌 '개별적 특징' 으로 보는 독법은 적극적으로 비판했다고 볼 수 있다.

사실 그는 원측이 '부정' 이나 '배제' 를 의미하는 '차(遮)' 나 '견(遣)' 대신 '암시' 나 '내포' 를 의미하는 '은(隱)' 을 선택하여 만든 '은공(隱空)' 이라는 말이 함축하듯이 제1시 설법 역시 '공성' 을 전제로 하고 있으며, 또 같은 맥락에서 제2시 '공성' 설법 역시 '의타적 발생이 본질인 현상' 의 '존재' 에 대한 긍정을 함축한다고 보아 '은유설공(隱有說空)', 즉 '개별 현상의 존재보다는 모든 현상의 본성인 공성을 명시함' 이라고 규정했음[42]을 잘 알고 있었다.[43] '숨김' 은 '존재' 를 전제로 하는 것이다. 그런데도 그가 원측을 비판하는 의도는 무엇일까? 결국 쫑카빠의 해석학적 전략은 '자체적 특징' 을 '개별적 특징', 즉 구원론적으로 긍정적 맥락에서 사용되는, '의타적 발생이 본질인 현상' 과 연관된 '지칭 대상' 이나 '말의 의미' 로 이해할 가능성을 차단하고 공성의 관점에서 궁극적으로 부정해야 할 대상으로 한정하려는 의도를 지닌 듯하다.

---

42) 『解深密經疏』 권5, 「無自性相品」 X21 291b22 이하; WX34 823a1 이하: 然初法輪隱空說有; 今此第二隱有說空, 故作此言: '以隱密相轉正法輪'

43) Hopkins 1999. *op. cit.*, 388: ḥkhor lo gñis pa la … **stoṅ pa ñid smos paḥi rnam pas** ṣes paḥi don … ***rgya nag gi ḥgrel chen*** las/ mi mṅon paḥi rnam pas ṣes kyaṅ ḥbyuṅ la deḥi don yod pa mkhyud pa la bśad do//)([앞서 인용한 『해심밀경』의] 제2시의 [진리의] 수레바퀴와 관련하여, … '**공성에 대해 말하는 측면에서(또는 '방식으로')**' 라는 말의 의미를 … [원측의] 『중국대소』에는 ['공성에 대해 말하는 측면에서' 대신에] '비(非)명시적 방식으로[mi mṅon paḥi rnam pas]' 라는 말도 등장하며, [원측은] 그 의미를 '존재를 드러내지 않음 [또는 숨김]' 으로 설명한다.*) *바로 위 '각주42' 에서 원측이 『해심밀경』 경문의 '以隱密相轉正法輪' 을 '隱有說空' 으로 해석한 것을 지칭한다.

2) 쫑카빠의 '자체적 특징' 재해석: '의타적 발생이 본질인 현상[依他起性]'의 성립 근거

그렇다면 '말의 지칭 대상' 또는 '말의 의미'로 이해 가능한 '개별적 특징'과 구별되는, '자체적 본질'로 이해된 '자체적 특징'을 쫑카빠는 존재론적으로 어떻게 보았을까? 이를 파악하기 위해서는 먼저 그가 '자체적 특징'을 어떤 맥락에서 어떤 의미로 이해하고 있었는지를 추적해 볼 필요가 있다. 이 물음에 대한 대답은 앞서 『해심밀경』 '삼시교판'에서도 언급된 『반야경』의 '모든 현상은 자체적 본질이 없으며, 발생도 소멸도 없으며, 본래 고요하며, 본성적으로 열반의 상태에 있다(**一切諸法皆無自性 · 無生無滅 · 本來寂靜 · 自性涅槃**)'라는 설법에 대한 경전들 간의 상이한 해석을 논의하는 부분에서 암시된다. 거기서 쫑카빠는 『해심밀경』 「무자성상품」의 앞부분에서는 『반야경』의 '자체적 본질 없음[無自性性]' 설법이 세 종류의 현상[三性] 모두를 염두에 두고 설해졌다고 말한 반면,[44] 뒷부분에서는 그중 '의타적 발생이 본질인 현상'을 염두에 두고서 『반야경』의 '발생도 소멸도 없음[無生無滅]' 등 설법이 이루어졌다는 언급이 없는[45] 이유와 관련된 논의를 다음과 같이 소개하고 평가한다.

자료9

ḥo na ḥdir ṅo bo ñid med paḥi gṣi gsum ga la mdsad nas skye ba sogs med paḥi gṣi ṅo bo ñid med pa bar pa la mi mdsad pa daṅ/ kun las btus las kyaṅ/ … gsan gyi dbaṅ la skye ba ṅo bo ñid med pa daṅ … ma skyes pa ma ḥgags pa gzod ma nas ṣi ba raṅ bṣin gyis mya ṅan las ḥdas pa ṣes ḥbyuṅ baḥi dgoṅs pa gaṅ yin ṣe

---

44) 『解深密經』 권2, 「無自性相品」 T16 694a13-27: **勝義生當知! 我依三種無自性性**密意, 說言'一切諸法皆**無自性**', 所謂相無自性性, 生無自性性, 勝義無自性性. 善男子! 云何諸法相無自性性? 謂諸法**遍計所執相**. … 云何諸法生無自性性? 謂諸法**依他起相**. … 云何諸法勝義無自性性? 謂諸法由生無自性性故, 說名無自性性, 卽緣生法, 亦名勝義無自性性. … 復有諸法**圓成實相**, 亦名勝義無自性性.")

45) 『解深密經』 권2, 「無自性相品」 T16 694b7-17: **勝義生當知! 我依**相無自性性密意, 說言'一切諸法**無生 · 無滅 · 本來寂靜 · 自性涅槃**.' 何以故? 若法***自相都無所有***, 則無有生; 若無有生, 則無有滅; 若無生無滅, 則本來寂靜; 若本來寂靜, 則自性涅槃. … 善男子! 我亦依法無我性所顯勝義無自性性密意, 說言'一切諸法**無生 · 無滅 · 本來寂靜 · 自性涅槃**.'

na/ ji ltar ṅo bo ñid med pa de ltar ma skyes so// ji ltar ma skyes pa de ltar ma ḥgags so// ji ltar ma skyes pa daṅ ma ḥgags pa …

ṣes mtshan ñid gsum gaḥi dbaṅ du byas nas ma skyes pa sogs su bśad paḥi don ci yin ṣe na/ ḥdi la ***rgya nag gi ḥgrel chen*** las/ mdo las gṣan dbaṅ skye ba med pa sogs kyi dgoṅs gṣir ma gsuṅs pa ni rten ciṅ ḥbrel par ḥbyuṅ baḥi don med pa min par bstan paḥi phyir yin la/ ***kun las btus*** las bśad pa ni bdag ñid kyis skye ba daṅ rgyu med las skye ba med paḥi dbaṅ du byas par bśad do// /**gṣan dbaṅ la raṅ gi mtshan ñid kyis skye ba daṅ ḥgag pa yod pas** skye ḥgag med par gsuṅs pa gṣan dbaṅ la dgoṅs pa min la …[46)]

여기 [『해심밀경』 구절]에서 [『반야경』의] '자체적 본질 없음' [설법의] 근거[gṣi]로서 '세 종류[의 현상]' 모두에 대해 말씀하시고 나서, [『반야경』의] '발생 없음' 등 [설법의] 근거로서 [세 종류 중] '제2의 본질인 것'(=의타적 발생이 본질인 것)에 대해서는 말씀하지 않으셨다. 그런데 『대승아비달마잡집론(大乘阿毘達磨雜集論)』(이하 '『집론』'으로 약칭)에서는 [이와 관련하여] 다음과 같이 말한다. "… [모든 현상 중] … '의타적 발생이 본질인 것'의 경우 '발생 관련 자체적 본질 없다[生無性]'는 점에 근거[하여 성립]하며, … '모든 현상은 발생도 소멸도 없으며, 본래 고요하며, 본성적으로 열반의 상태에 있다'라고도 말했는데, 이 말은 어떤 숨은 의도를 가지고 설한 것인가? '자체적 본질이 없음'[의 설법이 세 종류 현상 모두를 염두에 둔 것]처럼 '발생이 없음'도 그러하며, '발생이 없음'의 경우처럼 '소멸이 없음'도 그러하며, …"

위와 같이 [『집론』에서 『해심밀경』과 달리 '붓다께서] '세 종류의 특징' 모두를 염두에 두고 '발생 없음' 등을 설했다'는 말의 의미는 무엇인가? 이와 관련하여 **[원측의] 『중국대소』**에서는 다음과 같이 설명한다. "『경』(=『해심밀경』)에서 [『반야경』의] '발생 없음' 등 [설법의] 근거[dgoṅs gṣi]로서 [세 종류 중] '의타적 발생이 본질인 것'에 대해서는 말씀하지 않으신 것은 '조건에 의지하여 발생한 대상[rten ciṅ ḥbrel par ḥbyuṅ baḥi don]이 없는 것이 아님'을 밝히기 위한 것인데 반해, ['의타적 발생이 본질인 것'을 포함하여 언급한] 『**집론**』의 설명은 [비록 '의타적 발생이 본질인 것'이라도] '자체적 발생[bdag ñid kyis skye ba]'과 '원인 없는 발생[rgyu med las

46) Hopkins 1999. *op. cit.*, 381-382.

skye ba]'의 의미는 없다는 점에 근거[하여 '발생 없음' 등을 말씀]하신 것이다."

[원측의 해석을 평가하자면,] **'의타적 발생이 본질인 것'의 경우 '자체적 특징'이 발생함과 소멸함이 존재하기 때문에**[gṣan dbaṅ la raṅ gi mtshan ñid kyis skye ba daṅ hgag pa yod pas] [『반야경』 설법 중] '발생도 소멸도 없다'는 말은 '의타적 발생이 본질인 것'을 염두에 둔 것이 아니며, …

여기서 쫑카빠는 『집론』을 인용[47]한 뒤, 이어서 SNST를 요약적으로 인용하여 『해심밀경』과 『집론』 양 문헌의 '의타적 발생이 본질인 현상' 서술이 다른 이유를 설명하고, 마지막으로 원측 해석에 대해 간략한 평가를 내린다. 이후 논의의 편의를 위해 SNST의 요약적 인용 부분 전후 텍스트를 소개하면 다음과 같다.

자료10

所以如是諸教異者, (1)此所遣〈謂能作〉(?)性唯所執性,[48] 故『廣百論』等唯約遍計所執

47) 대응 『집론』 한역 텍스트는 다음과 같다. 無著菩薩 造, 玄奘 譯, 『大乘阿毘達磨集論』 권6, 「決擇分 · 法品」 T31 687c29-688a8: 如『方廣分』說, "一切諸法皆無自性", 依何密意說? 謂無自然性故, 無自體性故, 無住自體故, 無如愚夫所取相 · 性故. 復次於遍計所執自性, 由相無性故, **於依他起自性, 由生無性故**, 於圓成實自性, 由勝義無性故. **又於彼說言, "一切諸法無生無滅 · 本來寂靜 · 自性涅槃." 依何密意說? 如無自性無生亦爾, 如無生無滅亦爾**, 如無生無滅本來寂靜亦爾, 如本來寂靜自性涅槃亦爾." 밑줄 부분이 쫑카빠 인용 부분이며, 볼드 부분은 필자가 그중 선택적으로 인용한 부분이다.
『집론』 텍스트를 그 안에 포함하며, 또 원측이 '자료10' 직전('각주51'의 '(4)')에서 그 일부를 직접 인용하는 『잡집론』 텍스트는 다음과 같다. 安慧菩薩 糅, 玄奘 譯, 『大乘阿毘達磨雜集論』 권12, 「決擇分 · 法品」 T31 752a8-22: 復次一切法者卽三自性, 謂遍計所執自性, 依他起自性, 圓成實自性. 遍計所執自性定無自相, 自相無故名相無性, 相無性故名爲無性. 依他起自性**待衆緣故非自然生**, 無自然生性故名生無性, 生無性故名爲無性. 圓成實自性淸淨所緣故, 於依他起中無遍計所執相所顯自體故, 勝義爲自體故, 無性所顯故, 名勝義無性. 勝義無性故名爲無性. 由此道理, 是故如來說一切法皆無自性, 非一切種性 · 相俱無說爲無性. 又彼說言, '一切諸法無生無滅 · 本來寂靜 · 自性涅槃,' 此依何密意說? 如無自性無生亦爾, 如無生無滅亦爾, 如無生無滅本來寂靜亦爾, 如本來寂靜自性涅槃亦爾. 밑줄 부분이 『집론』과 일치하기 때문에 최듑과 쫑카빠는 '자료10' 직전에 『잡집론』이 인용되어 있음을 확인하고도 각각 '자료10'과 '자료9'에 『집론』으로 다르게 언급되는 것을 크게 의식하지 않았던 듯하다.

48) '所遣性' 대응 티벳어역은 'byed pa ñid'이다. 두 단어는 의미가 불일치하며, 각각 매우 낯선 한문 용어와 티벳어역이며, 그중 후자는 의미가 분명하지 않다. 다만 '所遣性'이라는 말은 아래 '각주51'의 '依三無性諸說不同'이라는 맥락을 고려할 때 "['세 종류의 자체적 본질이 없는 것[三無

說'一切法皆無自性無生滅等'. (2)欲顯因緣生義不〈非〉[49]無, 是故此『經』通依三無性說'一切法皆無自性', 但約初·後二種無性說'無生等'句. (3)然依他起, 雖依他起, 而無自然·無因生義, 故『雜集[50]』等具約三性說'一切法皆無自性·無生滅'等. 三無性義具如『別章』.[51]

/bstan pa 'rnam pa〈rnams〉[52] de ltar tha dad par gyur pa yaṅ (1)byed pa ñid ces bya ba ḥdi ni kun brtags paḥi ṅo bo ñid deḥi phyir bstan bcos śin tu rgyas pa brgya pa la sogs pa las/ kun brtags paḥi ṅo bo ñid la brten nas chos thams cad ṅo bo ñid med pa daṅ skye ba med pa daṅ/ ḥgag pa med pa ṣes bya ba la sogs par **bstan pa ni〈yin no/〉**[53] (2)**rten ciṅ ḥbrel bar ḥbyuṅ baḥi don dam〈med〉**[54] **pa ma**

性]' 중] 부정되는 자체적 본질은" 정도를 의미하는 듯하다.

49) '不無'라는 이중 부정의 형태가 매우 낯설다. 대응 티벳어역(ZhT68 675.4-5: rten ciṅ ḥbrel par ḥbyuṅ baḥi don med pa ma yin par rab tu bstan pa yin te/)에 비추어 볼 때 '不'은 '非'로 교정하는 것이 자연스러워 보인다.

50) 대응 티벳어역(bstan bcos chos mṅon pa kun las btus pa)에 비추어 볼 때 최둡이 본 사본에는 '雜集'이 아니라 '集論'으로 되어 있었을 가능성이 높다. '자료9'에서 보듯 쫑카빠가 인용한 SNST 역시 '集論'으로 되어 있다. 어느 시점에 어떤 이유 또는 단순 필사 오류로 말미암아 '雜集'이 '集論'으로 기록된 사본이 최둡에게 전승되었던 듯하다.

51) 『解深密經疏』 권5, 「無自性相品」 X21 264c2-8; WX34 768a13-b2. 원측은 '자료9' 전반부 쫑카빠 윤문의 토대가 되는 질문과 함께 그 대답으로 대승[菩薩藏]의 '자체적 본질 없음[無性]'에 대한 네 가지 해석을 소개한 뒤, 여기 '자료10'에서 각 해석의 경증(經證)으로 소개된 경전들 간 강조점의 차이를 논한다. 『解深密經疏』 권5, 「無自性相品」 X21 264a8 이하; WX34 767a8 이하: 問. 『經』所說'不生'等言如何唯依初·後無性? 答. 汎論無性自有二種, 一者大·小二藏共說無性, 二唯菩薩藏所說無性. … 然不共門說無性等, 依三無性諸經〈說〉*不同. (1)自有聖教 … 如『廣百論』 … (2)自有聖教 … 如『瑜伽』. (3)自有聖教 … 如**此**『**經**』及『深密經』說.)** (4)自有聖教 … 如『**雜集論**』***. *문맥과 대응 티벳어역(ZhT68, 672.3-5: /thun moṅ ma yin paḥi sgo nas ṅo bo ñid med pa la sogs pa bstan pa de yaṅ bstan pa rnams las ṅo bo ñid med par ston pa so so nas mi mthun pas)에 비추어 볼 때, '經'은 '說'의 오기로 보인다. **'(2)'와 '(3)' 부분은 티벳어역에만 존재하며, 필자가 임시로 한문을 복원해 보았다(티벳어역과 복원 한문 텍스트의 구체적 내용은 '부록1' ZZ21 264a21 이하 참조). 현존 만속장경 본은 후대에 축약된 형태인 듯하다. ***대응 티벳어역(ZhT68, 673.13-14: /*bstan bcos chos mṅon pa sna tshogs kun las btus pa* las ji skad du …).

52) P. N.에 따라 'rnam pa'를 'rnams'으로 교정하는 것이 옳다.

53) 한문 문맥상 여기서 문장을 종결하는 것이 자연스러우며, 따라서 강조의 주격조사 'ni' 대신 서술어+종조사 'yin no'로 교정하는 것이 자연스럽다. 최둡 번역대로라면 "'상상의 대상이 본질인 것'을 염두에 두고 "모든 현상은 자체적 본질이 없으며 발생도 없고 소멸도 없으며 ..."라고 말한 『광백론』 등의 가르침이 조건에 의지해 발생한 대상이 비존재가 아님을 의미한다"라고 읽어야 하는데, 이는 창조적(?) 오독으로 보인다. 최둡을 신뢰한 홉킨스도 이런 독법을 따르고 있다

yin par rab tu bstan pa yin te/ deḥi phyir mdo ḥdi yaṅ spyir ṅo bo ñid med pa gsum las dgoṅs nas ni chos thams cad ṅo bo ñid med pa ṣes bstan la/ ṅo bo ñid med pa daṅ po daṅ tha ma la dgoṅs nas skye ba med pa la sogs par bstan pa yin no/ (3)/gṣan gyi dbaṅ gi bdag ñid ni gṣan la brten nas skye ba yaṅ **bdag ñid kyis skye ba** daṅ/ rgyu med pa las skye ba**ḥi don med pas** deḥi phyir bstan bcos chos mṅon pa kun las btus pa la sogs pa las **ṅo bo ñid rnam pa gsum las btsams nas chos thams cad** ṅo bo ñid med pa daṅ **skye ba med pa** daṅ/ ḥgag pa med pa la sogs pa **ṣes bstan pa yin te**/ ṅo bo ñid med pa gsum gyi don ṣib tu ni mtshan ñid brtan〈bstan〉[55] pa dag las ḥbyuṅ ba bṣin du rig par byaḥo/[56]

이상과 같이 [성자의] 가르침들이 상이한 이유를 설명해 보겠다. (1)'형성자'라 불리는 이것이[此所謂能作性, byed pa ñid ces bya ba ḥdi ni](?) 오직 '상상의 대상이 본질인 것[所執性=遍計所執性]'일 뿐이라는 점에 착안했기 때문에 [제1의 주장처럼] 『대승광백론석론(大乘廣百論釋論)』 등에서 오직 '상상의 대상이 본질인 것[遍計所執=遍計所執性]'만을 염두에 두고 '모든 현상들은 자체적 본질이 없으며, 발생과 소멸이 없으며 …'라고 설한 것이[라고 설명한 것이]다. (2)[한편,] **'원인과 조건[에 의존하여] 발생한 대상[因緣生義]'이 없는 것이 아님을 명시하려는 의도에서** [제3의 주장

(Hopkins 1999. *op. cit.*, 102; Hopkins 2005. *op. cit.*, 470: The teaching, in dependence upon imputational natures, in treatises such as the *Very Extensive One Hundred Stanzas* and so forth (*bstan bcos shin tu rgyas pa brgya pa la sogs pa*) that all phenomena are natureless, unproduced, unceasing, and so forth **indicates** that dependently arisen objects are not nonexistent. Therefore, these sūtras also, thinking of the three natures in general, teach that all phenomena are natureless and, thinking of the first and last natures, teach [that all phenomena] are unproduced, and so forth.) SNST 독자들에게 최둡 번역에 부분적 오류가 있음이 충분히 인지되지 못한 듯하다. SNST에 근거하여 만속장경 본 『해심밀경소』 중 통째로 결락된 제8권 첫 부분 품명 주석과 제10권 전체를 한문으로 복원한 이나바 쇼주(稻葉正就)는 최둡 번역의 특징을 논하면서(Inaba 1977. 107-110) 그의 번역에 때로 텍스트의 의미를 오독하거나 인용문이 끝나는 곳을 잘못 판단하는 소수의 오류가 있음을 지적하였다. 필자도 『해심밀경소』「무자성상품」 '종성론(種性論) 부분' 역주에서 최둡 번역의 오류를 몇 군데 지적한 적이 있으며(구체적으로 장규언 2013b. 107, '각주74'; 129, '각주142'; 137, '각주163' 등), '부록1'에서는 「무자성상품」의 여타 부분에서도 적지 않은 오역을 확인할 수 있을 것이다.

54) '無'의 대응 번역어이므로 P. N.에 따라 'dam'은 'med'로 교정하는 것이 옳다.

55) P. N.에 따라 'brtan'은 'bstan'으로 교정하는 것이 옳다.

56) ZhT68 674.21-675.14.

처럼] 이 『경』(=『해심밀경』)에서 '세 종류의 자체적 본질이 없는 것' 모두를 염두에 두고 '모든 현상들은 자체적 본질이 없다'고 설하면서도, [제2 '발생 관련 자체적 본질이 없는 것[生無自性性]'(='의타적 발생이 본질인 현상')은 제외하고] '제1과 제3 두 종류의 자체적 본질이 없는 것'[만]을 염두에 두고 '[모든 현상은] 발생과 소멸이 없으며 …'라고 설한 것이[라고 설명한 것이]다. (3)그런데 '의타적 발생이 본질인 것[依他起=依他起性]'의 경우, 비록(?) 타자에 의지하여 발생할지언정, [그 발생에는] '**자체적 발생**[自然生, bdag ñid kyis skye ba]'과 '원인 없는 발생[無因生]' **의 의미는 없다는 점에 착안했기 때문에** [제4의 주장처럼] 『잡집론』 등에서 [『해심밀경』 등과 달리 '**발생 관련 자체적 본질이 없는 것**'(=**의타적 발생이 본질인 현상**)**을** 포함한] '세 종류의 자체적 본질이 없는 것'(=세 종류의 현상) 모두를 **염두에 두고** '**모든 현상들은** 자체적 본질이 없으며, **발생**과 소멸**이 없으며** …'**라고 설한 것**[이라고 설명한 것이]다. '세 종류의 자체적 본질 없음'의 의미의 구체적 내용은 [나의] 독립된 강의록에 있는 대로이[니 참조하길 바란]다.

'자료9'에서 먼저 쫑카빠는, 비록 SNST를 명시하지는 않았지만, '자료10' 직전의 원측 설명('각주51') 속 질문(밑줄 부분)과 이어지는 대답 속에 등장하는 『잡집론』('(4)') 속에 포함된 『집론』 텍스트('각주47'의 밑줄 부분)를 참조하여 질문을 구성했다고 추론할 수 있다. 그다음 SNST를 명시하면서 '자료10'의 『반야경』 공성 설법에 대한 각 해석을 대표하는 경론들 간의 강조점 차이 설명 중 (2)『해심밀경』과 (3)『집론』 해석의 핵심(밑줄 부분)을 명시한다. 쫑카빠가 원측 설명의 핵심을 잘 요약했듯이, 양 문헌은 '의타적 발생이 본질인 현상'이 지닌 두 측면 중 '존재의 측면'과 '공성의 측면'을 각각 강조하는 맥락에서 전자는 '조건에 의지하여 발생한 대상[rten ciṅ ḥbrel par ḥbyuṅ baḥi don, 因緣生義]이 존재함'을 명시하려는 반면, 후자는 그 현상이 '**자체적으로 발생하는 것[bdag ñid kyis skye ba, 自然生]**이 아님'을 지적한다. 다시 말해, 쫑카빠는 원측을 따라 붓다께서는 원인과 조건에 의존하여 성립하는, 즉 '발생하고 소멸하는' 현상마저도 부정하는 허무주의의 위험을 막고 '의타적 발생이 본질인 현상'의 존재성을 긍정하기 위해 『해심밀경』에서는 '의타적 발생이 본질인 현상'에 대해서는 '발생도 소멸도 없다'라는 설법을 하지 않았다고 파악한다. 반면, 『집론』의 저자 무착은 그 '의타적 발생이 본질인 현상' 역시 '여러 조건들에 의존해서 발생한다는 점에서[待衆緣故]', 즉 '발생 관련 자체적 본질이 없다는 점에서' '자체적으로 발생하는 것이 아님[非自然生]'을 강조하였다[57]고 해석한다.

원측의 '자체적 특징' 해석 비판의 해석학적 입장이 드러나는 곳은 마지막 SNST 평가 부분이다. 거기서 쫑카빠는 원측의 '의타적 발생이 본질인 현상' 이해에 문제가 있음을 지적한다. 즉, "'의타적 발생이 본질인 것'인 경우에는 **'자체적 특징'이 발생하고** 소멸한다(gṣan dbaṅ la **raṅ gi mtshan ñid kyis skye ba** daṅ ḥgag pa yod pa)"라는 평가는 홉킨스의 말처럼 그 현상의 성립 근거가 '자체적 특징'임을 원측이 간과했음을 지적한 것이다.[58] 앞서 원측을 따라 수용한 『해심밀경』 해석에서 살펴본 대로 쫑카빠는 '의타적 발생이 본질인 현상'이 원인과 조건에 의해 성립함을 부정하지 않았다. 그러나 '원인과 조건'과 구별되는 그 '성립 근거'가 '자체적 특징'임을 명시한 뒤, 바로 그 점 때문에 "[『반야경』 설법 중] '발생도 소멸도 없다'는 말은 '의타적 발생이 본질인 것'을 염두에 둔 것이 아니다"라고 단언한다. 다시 말해, 쫑카빠는 '의타적 발생이 본질인 현상'은 그 '성립 근거'인 '자체적 특징'이 발생하고 소멸하며, 그때의 발생과 소멸은 '조건적 현상[有爲法]'의 그것과는 달라서 '발생 관련 자체적 본질이 없다'는 붓다의 공성 설법을 통해서는 그 의미를 해명할 수 없는 낯선 존재론적 위상을 지닌 것으로 본 듯하다.

그렇다면 이 맥락 속 '자체적 특징'의 존재론적 위상은 어떤 것일까? 그에 대한 해답은 쫑카빠가 자신의 평가 직전에 SNST 인용을 통해 제시한, 무착이 '의타적 발생이 본질인 현상'의 '공성의 측면'을 강조하는 맥락에서 부정한 것, 즉 '자체적으로 발생하는 것'에서 찾을 수 있을 듯하다. 공교롭게도 동일한 티벳어 문장 구조를 지닌 '자체적 특징이 발생한다[raṅ gi mtshan ñid kyis skye ba]'와 '자체적으로 발생한다[bdag ñid kyis skye ba]' 두 구(句) 속의 '자체적 특징[raṅ gi mtshan ñid]'과 '자체[bdag ñid]'는 모두 '발생 관련 자체적 본질이 없음'의 '자체적 본질'을 지칭한다고 해석 가능할 것이다. 왜냐하면 쫑카빠가 원측 비판을 위해 언급한 '자료7'은 부정 대

57) '각주47'의 『잡집론』 텍스트 속 볼드 부분 참조.

58) Hopkins 2005. *op. cit.*, 407.

상인 '**자체적 특징**'이 '**자체적 본질**'을 의미한다고 명시하였으며, 또 그가 의지했던 '자료10'의 '(3)'은 (『잡집론』 속) 『집론』이 다름 아닌 '**자체**가 발생하는' 일은 결코 없음을 명시하기 위해 붓다가 '의타적 발생이 본질인 현상'(=발생 관련 **자체적 본질**이 없는 것)에 대해 "발생이 없다"라고 말했다고 인식하기 때문이다(볼드 부분). 이 해석이 성립 가능하다면, 쫑카빠의 관점에서 부정의 대상으로 상정된, '의타적 발생이 본질인 현상'의 '성립 근거'인 '자체적 특징'은 '자체' 또는 '자체적 본질'과 등치될 수 있으며, 따라서 그 말들이 암시하듯 '모종의 불변의 존재성'을 함축한다고 볼 수 있다.

요약하면, 쫑카빠는 원측의 『해심밀경』 해석을 따라 '의타적 발생이 본질인 현상'의 인과적 존재성을 부정하지 않았지만, 그 존재성의 '성립 근거'로 상정된, 모종의 불변의 존재성을 함축하는 '자체적 특징'을 긍정하지는 않았다. 여기에서 원측과 쫑카빠의 '자체적 특징' 해석의 차이가 재차 확인된다. 원측에게 '의타적 발생이 본질인 현상'이 지닌 '자체적 특징'은 앞서 '개별적 특징'과의 동일시에서 보듯 '지칭대상'이나 '말의 의미'로서 기능하며, 그 언어 규약적 맥락에서 임시적으로 그 존재성이 긍정된다. 하지만 쫑카빠에게 '의타적 발생이 본질인 현상'의 '성립 근거'인 '자체적 특징'은 '발생', '소멸' 등 조건적 현상들의 공통적 특징이 적용될 수 없는, 즉 공성 설법에 의해 그 존재성이 부정되어야 할 모종의 존재론적 위상을 지닌 것처럼 인식된 듯하다. 단적으로 말해, 원측은 각 현상이 지닌 '자체적 특징'을 '네 가지 진실'(=윤회적 삶과 해탈 각각의 원인과 결과)과 '자아의 공성' 이해를 위해 일시적으로 긍정해야 할 '언어적 존재[假有, prajñaptisat]'로 본 반면, 쫑카빠는 '의타적 발생이 본질인 현상'이 비록 '언어적 존재'라도 그 '성립 근거'인 '자체적 특징'은 모종의 불변의 존재성을 함축한다고 보았다.

3) 쫑카빠 '자체적 특징' 비판의 해석학적 지평

그렇다면 쫑카빠는 어떠한 사상사적 또는 해석학적 지평에서 원측에 의해 '의타적 발생이 본질인 현상'의 '성립 근거'로서 상정되었다고 스스로 재해석한 '자체적 특징' 개념을 비판했을까? 먼저 '자체적 특징' 개념 비판과 관련하여 그가 자신을 사상사적으로 어떻게 자리매김하였는지 살펴보자. 『렉쉐닝뽀』 '중관 부분'에서 그는 『해심밀경』을 신봉하는 유가행파와 청변(淸辨 Bhā(va)viveka, 약 500-570)을 한 그룹으로 묶어 그들의 '자체적 특징' 개념을 다음과 같이 비판한다.

자료11

raṅ gi lugs ni dgoṅs ḥgrel las gsuṅs pa ltar raṅ gi mtshan ñid kyis grub pa ḥdod na ni ṅes par raṅ rgyud bya dgos te/ raṅ sde dṅos por smra ba rnams daṅ legs ldan la sogs pa bṣin no/[59)]

나 자신의 입장은 『해심밀경』에서 말한 것처럼 '[현상들이] 자체적 특징에 의해 성립한 것이다[raṅ gi mtshan ñid kyis grub pa, 由自相安立]'라고 주장하게 되면 반드시 자립[raṅ rgyud] [논증]이 세워져야 하는데, [붓다를 따르는] 우리 내부에서 '사물[dṅos po]'[의 존재]를 주장하는 자들과 청변[legs ldan] 등이 그 예이다.

여기서 쫑카빠는 『해심밀경』이 현상들의 '성립 근거'로서 '자체적 특징'을 제시했다고 명시한다. 하지만 『해심밀경』 경문 자체에서 '자체적 특징에 의해 성립한다[由自相安立]'는 표현은 앞서 '자료7'에서 '상상의 대상이 본질인 현상'이 '특징 관련 자체적 본질이 없음[相無自性性]'을 언급하는 맥락에서 단 한 번 언급될 뿐이며, '자체적 본질'을 의미하는 이때의 '자체적 특징'은 짐작 가능하듯이 붓다에 의해 '전혀 존재하지 않는다[都無所有]'고 부정된다.[60)] 따라서 여기서 쫑카빠가 부정의 대상으로 언급한 '자체적 특징'은 앞서 '자료5'의 주석 대상 경문 속 '더미들', 즉 현상들이 지닌 '자체적 특징[諸蘊所有自相]'을 지칭한다고 볼 수밖에 없다. 그렇게 볼 경우, 여기서 그는 앞서 원측에 의해 '개별적 특징'으로 이해된 '자체적 특징'을 그 해석과 달리 '사물[dṅos po, *vastu]'로 인식하고 있음을 명시한 셈이다.

그렇다면 '사물'로 이해된 '자체적 특징'의 존재론적 위상은 어떻게 인식하였을까? 그는 다른 저작(『짜와쉐랍끼까내첸뽀개(rtsa ba śes rab kyi dkaḥ gnas chen po brgyad)』)에서 '두 차원의 진리[二諦]'의 관점에서 다음과 같이 명시한다.

---

59) Tillemans 2003. 121, 각주36.

60) '각주45'의 이탤릭체 부분.

자료12

spyir raṅ mtshañ don dam du grub par ḥdod na/ dṅos smra bar ḥgyur la/ don dam du ma grub kyaṅ tha sñad du grub par ḥdod pa dbu ma raṅ rgyud pa daṅ/ tha sñad du ḥaṅ ma grub pa slop dpon gñis kyi bśad paḥo//[61]

일반적으로 [어떤 이가] '자체적 특징'이 '궁극적 진리의 관점에서[don dam du, *paramārthataḥ]' 성립한다고 주장할 경우 [그는] '사물'[의 존재]를 주장하는 자가 되는 반면, [어떤 이가 '자체적 특징'이] 궁극적 진리의 관점에서는 성립하지 않지만 '언어적으로[tha sñad du, *saṃvṛtitaḥ]' 성립한다고 주장할 경우 [그는] 자립논증파 중관 사상가[dbu ma raṅ rgyud pa, *Svātantrika-Mādhyamika]이며, ['자체적 특징' 이] 언어적으로도 성립하지 않는다는 것이 [붓다빨리따Buddhapālita와 짠드라끼르띠][62] 두 스승의 주장이다.

여기서 쫑카파는 비판 대상인 유가행파 사상가들이 그 자신 '사물'로 이해한 '자체적 특징'을 두 차원의 진리 중 어느 관점에서 긍정했는지 명시하지 않았다. 하지만 앞서 쫑카빠도 권위로 인정한 『해심밀경』의 '삼시교판'에서 제3시 『해심밀경』이 『반야경』의 공성의 진리를 명시적으로 말했다는 점에서 그도 그들이 '언어적 차원에서[tha sñad du, *saṃvṛtitaḥ]' '자체적 특징'의 존재성을 긍정했다고 보았을 것이다. 쫑카빠 인식에서 더 주목할 점은 그가 자기 사상의 영감의 원천인 붓다빨리따와 짠드라끼르띠 두 스승을 따라 '자체적 특징'이 언어적 차원에서도 성립하지 않는다고 본 사실이다. 여기에서 원측과 같은 유가행파 사상가들의 '자체적 특징' 해석을 비판하는 쫑카빠의 해석학적 지평이 드러난 셈이다. 즉, '의타적 발생이 본질인 현상의 성립 근거'로 쫑카빠에 의해 재해석된 『해심밀경』의 '자체적 특징'은 귀류논증파 중관 사상 계승을 자임하는 쫑카빠에게는 '언어적 차원에서도' 그 존재성을 인정할 수 없는 부정의 대상으로 등장한다.

그렇다면 쫑카빠는 유가행파 사상가들이 '자체적 특징'을 어떤 점에서 '사물'로 인식했다고 보았을까? 『렉쉐닝뽀』는 귀류논증파 중관 사상가를 제외한 여타 불교

61) Tillemans 2003. *op. cit.*, 114, 각주1.

62) 틸레만스의 영역(Tillemans, *ibid.*, 93)에 근거하여 대괄호([ ]) 안을 보충하였다.

사상가들이 어떤 과정을 통해 '자체적 특징'을 '사물'로 정립했는지에 대해 다음과 같이 나름의 논리를 제공한다.

자료13

ḥdi la thog mar grub mthaḥ smra baḥi lugs brjod par bya ste/ gaṅ zag ḥdis las ḥdi byas so// ḥbras bu ḥdi myoṅ ṅo ṣes paḥi tha sñad btags pa la raṅ gi phuṅ po ḥdi ñid gaṅ zag yin nam ḥon te de dag las don gṣan ṣes gaṅ zag gi tha sñad btags pa deḥi don btsal te/ don gcig paḥi don tha dad la sogs paḥi phyogs gaṅ ruṅ ṣig rñed nas gaṅ zag de ḥjog sa byuṅ na las gsog pa po la sogs par ḥjog nus la/ ma rñed na ḥjog mi nus pas gaṅ zag gi tha sñad btag pa tsam gyis mi tshim par deḥi tha sñad gaṅ la btags paḥi btags gṣi de ji ltar yin dpyad ciṅ btsal nas ḥjog na gaṅ zag raṅ gi mtshan ñid kyis grub par ḥjog pa yin te/ raṅ sde bye brag tu smra ba nas dbu ma raṅ rgyud paḥi bar thams cad kyis de bṣin du ḥdod do//[63)]

여기서 우선 이론[grub mthaḥ]을 주장하는 이들의 [주장] 방법[lugs]이 말해져야 한다. [그들은] "이 '자아[gaṅ zag, *pudgala]'가 이 행위를 행하며, 이 결과를 경험한다"라고 말하는 경우의 ['자아'로] 명명(命名)된 말[tha sñad btags pa]과 관련하여 '[우리들] 자신을 구성하는 더미[phuṅ po, *skandha] 그 자체가 '자아'인가, 아니면 그것들(=더미들)과 별개의 지칭 대상[don, *artha]인가'라는 식으로 이 '자아'로 명명된 말의 지칭 대상을 탐구해서[btsal] [더미와] 동일한 지칭 대상이거나(?) 다른 지칭 대상인 것 등으로 성립 가능한 어떤 부분[phyogs]을 발견한[rñed] 후 그 '자아'[라는 말]을 '상정할 터전[ḥjog sa]'이 생겨나면 ['자아'를] '행위의 집적자' 등으로 상정할 수 있다. 하지만 [그들은 그 부분을] 발견하지 못하면 ['자아'를] 상정할 수 없다는 점에서 '자아'는 명명된 말일 뿐이라는 사실[gaṅ zag gi tha sñad btag pa tsam]에 만족하지 못하고 그 ['자아'라는] 말과 관련하여 ['자아'라는] 명명 행위의 명명 기반[btags paḥi btags gṣi] 그것이 ['자아'라는 말의 지칭 내용] 그대로인지 분석하고 [dpyad] 탐구한 후 [그 '명명 기반'의 존재를] 상정할 경우, '자아'를 '자체적 특징에 의해 성립한다[raṅ gi mtshan ñid kyis grub pa, *由自相安立]'고 상정하는 것이다. [붓다를 따르는] 우리 내부에서 비바사사(毘婆沙師)[bye brag tu smra ba, *Vaibhāṣika]

63) Eckel 2003. 200, 각주33.

부터 자립논증파 중관 사상가[dbu ma raṅ rgyud pa, *Svātantrika-Mādhyamika]까지 모두가 그렇게 주장한다.

여기서 쫑카빠는 '자체적 특징'을 '명명 행위의 명명 기반[btags paḥi btags gṣi]'으로 이해한다. 그에 의하면, '이론을 주장하는 이들[grub mthaḥ smra ba]'은 예를 들면 '자아'는 명명된 말일 뿐이라는 사실에 만족하지 못하고[tha sñad btag pa tsam gyis mi tshim pa][64] 언어적 탐구를 지속하여 그 '자아'라는 말에 대응하는 '존재'로서 '자체적 특징'을 상정한다[ḥjog]. '자료11-12' 속 쫑카빠의 불교 사상사에서의 자기 인식과 결합시켜 보면, '자체적 특징'을 '실재적'으로 본 『아비달마대비바사론(阿毘達磨大毘婆沙論)』의 사상가들과 같은 그룹부터 '언어적'으로 본 유가행파와 청변 등 자립논증파 중관 사상가에 이르기까지 '이론을 주장하는' 불교 사상가들이 모두 공유하는 이 '명명의 기반'의 존재성은 그가 따르는 귀류논증 중관학파 입장에서는 궁극적 진리의 관점에서 부정되어야 할 대상이다. 『렉쉐닝뽀』의 다른 곳에서 쫑카빠는 그 이유로 현상이 '언어 상정의 기반[sgra ḥjug paḥi ḥjug gṣi]'(=명명의 기반)인 '자체적 특징'이 없이 성립한다는 사실이 다름 아닌 '현상에 자체적 존재 없음[chos kyi bdag med, *dharmanairātmya, 法無我]', 즉 '현상의 공성'의 의미라는 점을 든다.[65] 이 논리에 따라 쫑카빠는 '의타적 발생이 본질인 현상의 성립 근거'로 스스로

---

64) 엑켈(Eckel, *ibid.*, 89)에 의하면, '~일 뿐임에 만족하지 못함(tsam gyis mi tshim pa)'이라는 표현은 다르마끼르띠(Dharmakīrti) 이후 인도 문헌에서 공통적으로 '언어적 진리'를 정의하는 세 부분의 공식, 즉 '언어적 진리'는 "**분석 없이 충족되며(avicāramanohara)**", "의존적으로 발생하며(pratītyasamutpanna)", "실제로 작용할 수 있다(arthakriyāsamartha)"와 관련되어 있다. 따라서 이 말은 '언어적 진리'를 "분석 없이" 수용하지 않고 대신 "자체적 특징에 의해 성립하는" 어떤 것을 발견할 때까지 분석을 고집하는 자립논증 중관학파의 행태에 대한 쫑카빠의 서술이며, 이런 식의 분석을 고집함으로써 그들은 '언어적 진리'의 가장 기초적이고 널리 공인된 특징들 중 하나를 부정하게 되는 셈이라는 비판을 함축한다고 한다. 물론 '자료13'의 마지막 문장에서 알 수 있듯이 그 비판 대상에 원측과 같은 유가행파 사상가도 포함된다.

65) Tillemans 1990. vol. 1, 'Introduction', 55, 각주117: chos kyi bdag med phra moḥi mtshan gṣi ni/ … daṅ/ gzugs gzugs ṣes paḥi **sgra ḥjug paḥi ḥjug gṣi**r raṅ gi mtshan ñid kyis grub pas stoṅ paḥi stoṅ ñid lta bu/)(심오한 '현상에 자체적 존재 없음[chos kyi bdag med, *dharmanairātmya]'을 증명하는 예는 … 과 '물질'이 '물질'이라는 **말[sgra]을 '상정하는 일의 기반[ḥjug paḥi ḥjug gṣi]'**인 '자체적 특징'에 의해서 성립하는 일은 없다는 의미의 공성과 같은 것이다.)

재해석한, 원측과 같은 유가행파 사상가들이 긍정하는 '자체적 특징'이 비록 그 기원에서 언어적 탐구의 결과 '명명의 기반' 또는 '언어 상정의 기반'으로서 상정되었을지라도, '자체적 존재 없음'의 '자체적 존재[bdag=bdag ñid, *ātmya]'라는 말이 명시하듯이 그 언어에 대응하는 모종의 불변의 존재성을 함축한다고 보아 '현상의 공성'의 관점에서 궁극적으로 부정해야 할 대상으로 보았던 듯하다.

결론: 쫑카빠 원측 비판의 불교 해석학적 함축

이상 필자는 『해심밀경』의 '삼시교판'과 '자체적 특징' 두 주제에 대한 원측 해석, 그것에 대한 쫑카빠의 비판 내용과 논리, 비판의 맥락에서 언급되는 원측 텍스트의 콘텍스트 등을 살펴보았다. 그중 '삼시교판' 해석 비판은 중관과 유식 사상 간의 관계를 중심으로 한 원측의 불교사 인식에서 쫑카빠가 어떤 측면을 거부했는지를 잘 보여준다. 원측은 『해심밀경』 경문에 충실하게 제2시 『반야경』의 설법 방식의 비명시성으로 말미암아 유발되는 '논란의 여지'를 없애고 모든 수행자들에게 '논란의 여지없이' 공성을 명시한 가르침으로 제3시 『해심밀경』을 이해하는 『해심밀경』 중심주의를 견지한다. 하지만 쫑카빠는, '여지가 있음[有容, skabs mchis pa]'에 대한 원측 해석 중 '더 우월한 가르침의 여지가 있음[有容勝教, phyis mchog tu ḥgyur baḥi skabs mchis pa]' 거부에서 가장 두드러지듯이, 『반야경』의 가르침을 궁극적인 진리로 인식하는 중관 사상 일반의 해석학적 입장을 견지하기 위해 그 입장에 위배될 가능성을 함축하는 모든 종류의 원측 해석에 거리를 두려 하였다. 이를 위해 원측 인용 진제 자료를 역이용하여 원측을 논박하고, 의도적 생략을 통해 SNST를 인용하고, 원측 해석을 의도적으로 오독하는 등 적극적인 해석학적 전략을 사용하였다. 그의 이러한 해석학적 태도는 중관 사상가로서의 정체성을 유지하면서 유가행파 사상가들이 신봉하는 『해심밀경』의 교판을 어떻게 모순 없이 수용할 것인가 하는 사상적 탐구와 연결되어 있다고 볼 수 있다.

한편 '자체적 특징' 해석 비판은 귀류논증 중관학파 사상가 쫑카빠의 정체성을 선명하게 보여준다. 원측은 붓다 설법의 구원론적 의도에 주목하면서 '네 가지 진실

[四諦]'과 '자아의 공성[人空]' 이해를 위한 방편으로서 '의타적 발생이 본질인 현상'을 '언어적 존재'로서 긍정하였으며, 그 맥락에서 '자체적 특징'을 '개별적 특징[別相]'으로 해석하려 하였다. 하지만 짠드라끼르띠를 계승한 쫑카빠는 '궁극적 진리의 관점에서' '언어적 현상'마저 부정하는 해석학적 입장을 지니고 있었다. 그리고 이 입장에서 원측과 같은 유가행파 사상가들이 '의타적 발생이 본질인 현상'의 '성립근거'로 제시하였다고 스스로 재해석한 '자체적 특징'을 언어적 탐구 끝에 '명명의 기반[btags paḥi btags gṣi]'으로 상정된 '사물[dṅos po]'로 인식하였다. 그는 '사물' 또는 '명명의 기반'으로 이해된 '자체적 특징'은 '명명', 즉 '말'에 대응하는 모종의 불변의 존재성을 함축한다고 보았으며, 그것은 그 어떤 종류의 '불변의 존재'도 인정하지 않는 '현상의 공성[法空]'의 진리에 위배된다고 보아 부정하려 한 듯하다.

단적으로 말하자면, 귀류논증 중관학파 사상가 쫑카빠의 유가행파 사상가 원측 비판은 중관과 유식 사상의 연속과 단절 두 측면 중 단절적 측면을 잘 보여주는 하나의 사례로 볼 수 있다.

부록1

원측 『해심밀경소』「무자성상품」 비판교정본

- 티벳어역에 근거하여

이하는 「무자성상품」 한문본 전체의 교정본이다. 본래 2012년 여름에 제출된 학위논문에 부록으로 실렸던 임시교정본을 이번에 전면적으로 재검토하였고, 주로 『해심밀경소』 티벳어역과 대장경 검색에 의지하여 수많은 오류들을 바로잡았다. 더불어 관련 주제를 연구하는 이들이 이 교정본을 1차 자료로 편리하게 활용할 수 있도록 텍스트의 내용을 최대한 세밀하게 분류하고 중국어권에서 일반화된 현대적 구두점으로 바꾸는 데 공을 많이 들였다. 여전히 해결되지 않는 문제들(특히 '(?)' 표시 부분)이 남아 있지만, 비교적 신뢰할 만한 텍스트를 제공할 수 있게 된 점을 다행스럽게 생각한다. 연구자들에게 널리 이용될 수 있었으면 좋겠다.

일러두기

1. 티벳어역과 현존 대장경(인용문의 경우)을 대조하고 용어의 일관성, 문맥, 한문 문법, 작문 습관 등을 종합적으로 고려하여 명백한 오류로 확인된 글자나 문구를 교정하였다.
2. 현존하는 문헌의 인용문은 현존 대장경(CBETA)의 문장을 제1차 표준으로 하여 교정하였다.
3. 인용문이 대장경 원문을 그대로 인용하지 않은 경우나 원문과 부분적으로 불일치하는 경우에는 티벳어역을 제2차 표준으로 하여 교정하였다.
4. 현존하지 않는 문헌의 인용문과 원측의 직접 서술 부분은 티벳어역을 제1차 표준으로 하여 교정하였다.
5. 교정 대상 한문이 티벳어역과 불일치할 경우에도 의미상 오류가 없다면 한문을 최대한 보존하면서 반드시 필요한 부분만 티벳어역에 맞추어 보충하거나 교정하였다.
6. 오류임은 분명하지만 원 글자나 문구를 확신할 수 없는 경우에는 각주에서 교감자의 의견을 간략히 지적만 해 두었다.
7. 오류로 의심되지만 원 글자나 문구를 가늠조차 할 수 없는 경우에는 해당 문자나 문구 뒤에 '(?)' 표시를 하였다.
8. 교정 대상 한문 대응 티벳어역에 오류가 있는 경우에는 간략히 지적하였다.
9. 「무상자성상품」 전체에 대한 조감도를 제시한다는 차원에서 경문 앞에는 원측의 주제 분류를 붙였으며(숫자 '(1)', '(1)-1' 등으로 구분함), 주석 앞에는 원측의 주제 분류와 필자의 판단에 따라 적절히 단락을 지어 보았다('가', '나', 그 아래의 '1', '2' 등으로 구분함). 또 알파벳 대문자 이탤릭체(예: *A. 승의생(勝義生)의 질문*)를 삽입하여 주제 분류에 따른 품의 전체 구조를 보여주려 하였다.

解深密經疏卷四(經本第二) 解深密經無自性相品第五

0. 전체 목차

ZZ21 259b8; WX34 757b14:

將釋此「品」, 有其二義, 一解「品」名, 二釋文義.

1. 품명(品名) 해석[解品名]

ZZ21 259b9-14; WX34 757b14-758a2:

題云'無自性相品'者, 謂無自性略有三種, 一相無自性性, 二生無自性性, 三勝義無自性性. '無自性'言顯三無性, 故言'無自性'也. '相'即體相, 或謂相狀, 此三無性, 如其次第, 即用三性以為體相. 此「品」廣明三無自性體相 · 相狀, 故言'無自性相品'.[『深密經』云'成就第一義菩薩問品'者, ['人從〈從人〉[1]]立名. 譯家別故.]

2. 경문의 의미 해석[釋文義]

A. 승의생(勝義生)의 질문

(1): 보살이 물음을 청함[菩薩請問]

(1)-1: 묻는 자와 답하는 자를 나타냄[標問 · 答者]

ZZ21 259b15; WX34 758a4:

爾時勝義生菩薩摩訶薩白佛言, "世尊!

가. 「무자성상품(無自性相品)」의 전체 주제: 삼무성(三無性)의 해명[釋三無性]

ZZ21 259b16-17; WX34 758a4-5:

---

1) 문맥과 대응 SNST(ZhT68.642.8: gaṅ zag las miṅ du btags pa yin te/)에 비추어 볼 때 만속장경본(卍續藏經本) 교감기(校勘記)의 지적대로 '人從'은 '從人'의 오기임이 분명하다.

釋曰. 自下正釋文義, 就釋有情〈性〉2) · 無性境中, 上來已釋三性境訖, 自下第二釋三無性.

나. 「무자성상품」의 전체 구성

ZZ21 259b16-20; WX34 758a5-8:

於此「品」內, 有其五分, 一菩薩請問分, 二'爾時世尊'下如來正說分, 三'爾時勝義生'下領解受持分, 四'爾時勝義生菩薩'下校量歎勝分, 五'爾時勝義生'下依教奉行分.

다. 菩薩請問 관련 목차, 위 문장의 주제

ZZ21 259b21-22; WX34 758a9-10:

就請問中文別有三, 初標問 · 答者, 次'我曾'下申所問事, 後'未審'下依教發問, 此即第一標問 · 答者.

라. 勝義生 해석

ZZ21 259b23-c2; WX34 758a11-14:

【言'勝義生'者,】'勝義', 即是所證之境, 勝智之境(故)名'勝義', '生'者, 能證之智緣勝義生'名之〈故名〉為'生'3). 故(無性)4)『攝論』云, "於此證會, 故名為生, 於此所緣, 勝智生故."5) 就能 · 所證以立其號, 名'勝義生'.

---

2) 문맥과 대응 SNST(ZhT68.642.13: <u>ṅo bo ñid</u> yod pa daṅ/)에 비추어 볼 때 '情'은 '性'의 오기임이 분명하다.

3) 한문 구문상 대응 SNST(ZhT68.643.8-12: de la don dam ṣes bya ba ni thob par bya baḥi yul te/ ye śes dam paḥi yul yin pa<u>ḥi phyir</u> don dam ṣes byaḥo/ /yaṅ dag ḥphags ṣes bya ba ni thob par byed paḥi ye śes don dam pa dmigs pa las skyes pa<u>ḥi phyir</u> yaṅ dag ḥphags ṣes byaḥo/)에 따라 위와 같이 교정하는 것이 자연스럽다.

4) 무착(無著)의 『섭대승론』이 아니라 『무성석』(無性菩薩 造, 玄奘 譯, 『攝大乘論釋』 권6, 「入所知相分」, T31 416a29-b6: 論曰. 如是菩薩悟入唯識性故, 悟入所知相, 悟入此故, 入極喜地, 善達法界, 生如來家, 得一切有情平等心性, 得一切菩薩平等心性, 得一切佛平等心性, 此卽名爲菩薩見道. 釋曰. 善達法界者, 於此法界深作證故. <u>生如來家者, 謂佛法界名如來家, 於此證會, 故名爲生. 於此所緣, 勝智生故.</u>)에 나오는 구절이다. 『해심밀경소』에서는 일반적으로 아무 수식 없는 '攝論'은 현장 역 무착 조(造) 『섭대승론』을 지칭하며, '無性攝論'이 『무성석』을 지칭하므로 '攝論' 앞에 '無性'을 보충하는 것이 자연스럽다.

5) 흥미롭게도 대응 SNST(ZhT68.643.12-15: /<u>bstan bcos theg pa chen po bsdus pa las</u>/ ḥdi

(1)-2: 묻고자 하는 것을 자세히 말함[申所問事]

(1)-2-1: 자신의 의문과 생각을 말함[陳己疑思]

ZZ21 259c3; WX34 758a15:

我曾獨在靜處, 心生如是尋思.

가. 申所問事 관련 목차, 위 문장의 주제

ZZ21 259c4-5; WX34 758a16-17:

釋曰. 自下第二申所問事. 於中有二, 初陳己疑思, 後擧所問教, 此即初也.

나. 위 문장의 의미, 보리류지(菩提流支) 역 『심밀해탈경(深密解脫經)』과의 비교

ZZ21 259c6-7; WX34 758a18-b1:

謂昔我曾獨在山林閑'房靜〈靜處〉[6], 如是尋思, 世尊如何先說有性後說無性? 『深密經』云'空閑之處生覺觀心'者, 如前分別. 譯家別故.

다. 尋思에 대한 네 가지 해석 소개 및 평가

ZZ21 259c8-13; WX34 758b2-7:

汎論尋思, 有其四種. 一者三界有漏分別心 · 心所法. 二者尋 · 伺. 故『深密』云, "空閑之處生覺觀心." 三者唯尋. 故『集論』第六云, "尋思行者, 緣入出息念境." 『俱舍論』第二十二云, "尋多亂心名尋行者, 彼依息念能正入修." 或可, 通說尋 · 伺名尋思行者. 四者慧數, 如四尋思. 處處說故. 今於此中第四為勝.

(1)-2-2: 묻고자 하는 가르침을 제시함[擧所問教]

---

rtogs śiṅ khoṅ du chud paḥi phyir yaṅ dag ḥphags ṣes byaḥo ṣes bśad de/ dmigs pa ḥdi las ye śes dam pa skyes paḥi phyir/ rtogs pa daṅ rtogs par bya baḥi dbaṅ du mdsad nas don dam pa yaṅ dag ḥphags ṣes btags pa yin no/)도 만속장경본처럼 '無性'에 상응하는 말이 없으며 또 '故名爲生'까지를 『섭대승론』 인용으로 보고 있다. 이 두 가지를 근거로 미루어 보면 그가 『무성석』의 문장을 숙지하고 있지 못하고 있었던 듯하다.

6) 한문 구문상 대응 SNST(ZhT68.643.21-644.1: ḥdi ltar bdag sṅon gcig pu ri daṅ nags tshal bden pa na gnas pa tshe/)에 따라 위와 같이 교정하는 것이 자연스럽다. '房'은 '處'의 오기로 보이고, '處靜'은 '靜處'의 도치로 보인다.

(1)-2-2-1: '자체적 본질[性, *svabhāva]이 있다'는 가르침을 제시함[擧有性教]

(1)-2-2-1-1: '더미'의 법문을 설명함[辨蘊教門]

(1)-2-2-1-1-1: 다섯 가지 특징[相, *lakṣaṇa]과 관련지어 '더미'라는 성자의 가르침을 설명함[五相辨蘊聖教]

ZZ21 259c14-15; WX34 758b8-9:

世尊以無量門曾說諸蘊所有自相 · 生相 · 滅相 · 永斷 · 遍知.

가. 擧所問教 · 擧有性教 · 明蘊教 관련 목차, 위 문장의 주제

ZZ21 259c16-20; WX34 758b10-14:

釋曰. 自下第二申〈擧〉[7]所問教. 於中有二, 初擧有性教, 後'世尊復說'下顯無性教. 就前文中, 有十三門, 攝為五段, 一明蘊教, 二明諦教, 三明諸界, 四明念住, 五八聖道, 此即第一辨蘊教門. 於中有二, 初正明蘊教, 後類顯三教, 此即五相辨蘊聖教.

나. 無量門에 대한 두 가지 해석 소개

ZZ21 259c20-23; WX34 758b14-17:

'無量門'者, 此有兩釋. 一云, 蘊中所有自 · 共相等諸門非一, 故名'無量'. 一云, 可見 · 不可見 · 有色 · 無色等諸門非一, 故名'無量'.

다. 所有自相 ~ 遍知, 즉 '다섯 가지 특징'에 대한 두 가지 해석 소개

ZZ21 259c23-260a4; WX34 758b17-759a4:

'所有自相', 即是別相, 如說色是質礙, 如是〈說〉[8]識是了別. '生相 · 滅相', 即是通相. 色等皆有生 · 滅相故. '永斷 · 遍知', 即苦 · 集相. 永斷集諦苦煩惱故, 遍知苦諦生死果故.

或可, '所有自相'者, 即是自相〈性〉[9] · 差別相, 如是二相, 遍於生滅 · 永斷 · 遍知, 如

---

7) 앞서 미리 제시된 목차(ZZ21 259c16 이하: 自下第二申所問事. 於中有二, 初陳己疑思, 後擧所問教)와의 일치와 대응 SNST(ZhT68.645.2: ... ṣes bya ba la sogs pas ni gñis pa ṣu baḥi bstan pa ñid <u>smos pa ston</u> to/)를 고려하여 '申'을 '擧'로 교정하는 것이 옳다.

8) 직전의 '如說色是質礙'와의 대구와 '如說色是 ~ 了別'의 대응 SNST(ZhT68.645.19-20: ji skad du gzugs ni thogs pa daṅ bcas paḥi <u>ṣes bya ba</u> nas/ rnam par śes pa ni rnam par rig paḥo <u>ṣes bya baḥi</u> bar du bśad pa lta buḥo)에 비추어 볼 때 '是'는 '說'로 교정해야 옳다.

下‘領解’中說.

(1)-2-2-1-1-2: ‘더미’라는 법문에 준하여 나머지 세 종류 가르침을 설명함[類顯三教]

ZZ21 260a5; WX34 759a5:

如說諸蘊, 諸處·緣起·諸食亦爾.

가. 위 문장의 주제 및 의미

ZZ21 260a6-13; WX34 759a6-13:

釋曰. 此即第二類釋二〈三〉[10]門. 謂如蘊中所說五相, 十二處教·緣起·諸食應知亦爾, 謂處自相, 能見色(故)[11], 名之為眼. 眼所見故, 名之為色, 乃至能知法故, 名之為意. 意所知故, 名之為法. 緣起自相, 智所對法〈治〉別有心所覆弊為性, 名為無明, 如『瑜伽論』五十六說.[12] 乃至漸衰頓滅, 名為老死. 諸食自相, 分段而吞, 各為段食, 乃至了別執持,

---

9) ‘自性’과 ‘差別’이 함께 쓰이는 개념인 점과 대응 SNST(ZhT68.646.5-10: raṅ gi ṅo bo daṅ bye brag gi mtshan ñid)에 비추어 볼 때 ‘相’은 ‘性’으로 교정해야 옳다.

10) 앞서 미리 제시된 목차 ‘類顯三教’, 문맥, 대응 SNST(ZhT68.646.10-11: gñis pa bzlas bstan pa gsum smos paḥo/) 등에 비추어 볼 때 ‘二’는 ‘三’의 오기임이 분명하다.

11) 대응 SNST(ZhT68.646.14-15: gzugs mthoṅ bar nus paḥi phyir mig ces byaḥo/)에 비추어 볼 때 만속장경본 교감기의 지적대로 ‘故’를 보충해야 옳다.

12) 대응 SNST(ZhT68.646.17-19: /rten ciṅ ḥbrel par ḥbyuṅ baḥi raṅ gi mtshan ñid ni/ **bstan bcos rnal ḥbyor spyod paḥi sa las**/ śes pa〈paḥi mi〉* mthun paḥi phyogs sems las byuṅ baḥi chos sgrib par byed paḥi bdag ñid yin pas ma rig pa ṣes byaḥo **ṣes bya ba nas**/ khad kyis ñams śiṅ cig car ḥjig pas rgya śi ṣes byaḥo **ṣes bśad paḥi bar** dag go/ *‘所對治’에 대한 번역이므로 P. N.을 따라 위와 같이 교정하는 것이 옳다. ‘śes paḥi ~ yin pa’ 부분의 번역은 한문의 직역이 아닌 『유가론』 티벳어역(TD10129 「rnal ḥbyor spyod paḥi sa rnam par gtan la dbab pa bsdu ba」)의 관련 부분(sems tzam 8, zhi, 4038, 83b6-7: de la ma rig pa ni śes paḥi mi mthun paḥi phyogs sems las byung baḥi chos sgrib par byed paḥi bdag ñid yin par blta bar byaḥi//)에서 취한 듯하다.)와 대정장본(大正藏本) 『유가론』(彌勒菩薩 說, 玄奘 譯, 『瑜伽師地論』 권56, 「攝決擇分·五識身相應地意地」, T30 611c20-21: 復次當知! 無明智所對治別有心所覆蔽爲性.)에 비추어 볼 때 ‘法’은 ‘治’의 오기임이 분명하다. 티벳어역은 ‘緣起自相’ 다음에 바로 ‘如瑜伽論五十六說’이 나오고 ‘名為老死’까지를 모두 『유가론』의 간접 인용으로 읽고 있다. 하지만 현존본 『유가론』 제56권에서 ‘漸衰頓滅, 名為老死.’를 확인할 수 없기 때문에 오독을 피하기 위해서 ‘如瑜伽論五十六說’을 현존 한문본처럼 배치하는 것이 보다 자연스럽다.

名為識食. 生滅二相 · 永斷 · 遍知准上應知.

나. 「승의제상품(勝義諦相品)」의 여섯 특징에 의한 현상 분석[六相分別]과의 차이에 관한 문답

ZZ21 260a13-17; WX34 759a13-17:

問. 如何「勝義諦品」以六相分別蘊等, 具說四諦, 於此「品」中但說苦 · 集, 而非滅 · 道?

解云, 前「品」欲辨現觀有差別故, 具說四諦, 今此「品」中(為明)有性 · 無性二教(有)差別(故)13), 是故此中略而不說. 由得蘊故, 滅'及依證〈作證故〉14).

(1)-2-2-1-2: '네 가지 진실'이라는 가르침을 밝힘[辨四諦教]

ZZ21 260a18; WX34 759a18:

以無量門曾說諸諦所有自相 · 遍知 · 永斷 · 作證 · 修習.

가. 위 문장의 주제 및 의미

ZZ21 260a19-22; WX34 759b1-4:

釋曰. 第二辨四諦教, 有其五句. '所有自相'自有兩說, 准上應知. 謂逼迫名(苦)15), 召集名集, 滅盡名滅, 能通名道. '遍知'等四別顯四諦, 遍知苦諦, 永斷集諦, 作證滅諦, 修習道諦.

(1)-2-2-1-3: '기반들'이라는 가르침의 문을 밝힘[辨諸界門]

ZZ21 260a23-24; WX34 759b5-6:

---

13) 직전의 '欲辨現觀有差別故'와의 대구와 대응 SNST(ZhT68.647.8-12: leḥu sṅa ma las mṅon par rtogs paḥi bye brag rab tu dbye bar bṣed paḥi phyir ni bden pa bṣi tshaṅ par gsuṅs la(/) leḥu ḥdi las ni ṅo bo ñid yod pa daṅ ṅo bo ñid med paḥi bstan pa rnam pa gñis kyi bye brag ston par mdsad pas deḥi phyir ḥdir ni mdor bsdus nas ma gsuṅs te/)를 고려하여 '為明'과 '故'를, 짝수자구를 선호하는 원측 작문 습관을 고려하여 '有'를 보충하는 것이 자연스럽다.

14) 직전의 '由得蘊故'와의 대구와 대응 SNST(ZhT68.647.12: phuṅ po thob paḥi phyir ḥgod pa mṅon sum du byed pas so/)를 고려하여 위와 같이 교정하는 것이 자연스럽다.

15) 문맥과 대응 SNST(ZhT68.647.17: gnod ciṅ ñam ṅa bas na sdug bsṅal lo/)에 비추어 볼 때, 만속장경본 교감기의 지적대로 '苦'가 누락된 것으로 보인다.

以無量門曾說諸界所有自相 · 種種界性 · 非一界性 · 永斷 · 遍知.

가. 위 주제와 문장의 의미

ZZ21 260b1-4; WX34 759b7-10:

釋曰. 第三辨諸界門. '所有自相' 准上應知. 次之二句, 謂十八界展轉異相, 名'種種界', 即十八界無量有情所依差別, 名'非一界', 如『瑜伽論』五十六說. 【若依八十三, 與上相反, 如初卷『記』. '永斷' · '遍知' 准上】應知.

(1)-2-2-1-4: '집중' 등의 가르침을 밝힘[辨念住等教]

(1)-2-2-1-4-1: '집중'을 해석함[釋念住]

ZZ21 260b5-6; WX34 759b11-12:

以無量門曾說念住所有自相 · 能治所治及以修習未生令生 · 生已堅住 · 不忘信〈倍〉[16]修增長廣大.

가. 辨念住教 관련 목차, 위 문장의 주제

ZZ21 260b7-8; WX34 759b13-14:

釋曰. 第四辨念住(等)[17]教. 於中有二, 初釋念住, 後類(釋)[18]五門.

나. 이 구절에 대한 해석

ZZ21 260b8-12; WX34 759b14-18:

前中五句. '所有自相' 自有二釋, 准蘊應知. 此四念住, 以慧為體, 住身等境, 應言'慧住', 而言'念住', 與念相應住身等境, 故名'念住', 此六釋中, 鄰近釋也. 後四句者, 一能治四倒, 二未生令生, 三生已堅住, 四不忘倍修增長廣大, 如初卷說.

---

16) 대정장본『해심밀경(解深密經)』(T16 693c24)에 따라 '信'을 '倍'로 교정해야 옳다.

17) 문맥(念住에 이어 正斷, 神足, 根, 力, 覺支 등 다섯 가지 법문도 함께 논의함)과 대응 SNST(ZhT68. 646.16: bṣi pa dran pa ñe bar gṣag pa la sogs pa bstan pa rnam par ḥbyed paḥo/)에 비추어 볼 때 '等'을 보충해야 옳다.

18) 한문 문법(동사 결여), 후속 경문의 목차(此即第二類釋五門), 대응 SNST(ZhT68. 646.17-18: zlas sgo gṣan lṅa po dag bstan paḥo/)에 비추어 볼 때 '釋'을 보충해야 옳다.

(1)-2-2-1-4-2: 유추하여 다섯 문을 해석함[二類釋五門]

ZZ21 260b13; WX34 760a1:

如說念住, 正斷 · 神足 · 根 · 力 · 覺支亦復如是.

가. 위 문장의 주제 및 의미

ZZ21 260b14-16; WX34 760a2-4:

釋曰. 此即第二類釋五門, 謂如念住有其五句, 四正斷門 · 四種神足 · 五根 · 五力 · 七等覺支皆有五句, 准上應知.

(1)-2-2-1-5: '팔정도'[라는 가르침을 밝힘][八支聖道]

ZZ21 260b17-18; WX34 760a5-6:

以無量門曾說八支聖道所有自相 · 能治所治及以修習未生令生 · 生已堅住 · 不忘倍修增長廣大.

가. 이 구절에 대한 해석

ZZ21 260b19-20; WX34 760a7-8:

釋曰. 第五八'聖道支〈支聖道〉[19]有其五句, 准上應知. 此後七門, 即是三十七品觀, 義如『別章』.

(1)-2-2-2: 고유한 본질이 없다는 가르침을 밝혀 말함[顯無性教]

ZZ21 260b21-22; WX34 760a9-10:

世尊復說, "一切諸法皆無自性 · 無生無滅 · 本來寂靜 · 自性涅槃."

가. 위 문장의 주제 및 의미

ZZ21 260b23-c4; WX34 760a11-16:

釋曰. 第二顯無性教. 謂依下『經』三時法輪, 於第一時, 說四諦教, 於第二時, 說無相

---

19) 위『해심밀경』경문과 대응 SNST(ZhT68.649.18: lṅa pa hphags paḥi lam yan lag brgyad pa* bstan pa ste/ *'pa'는 삭제되어야 옳다)에 따라 '聖道支'를 '支聖道'로 교정하는 것이 옳다.

教, 第三時中, 說了義教, (謂)說一切法皆無自性 · 無生(無)滅 · 本來寂靜 · 自性涅槃(故), 無自性性,[20] 而今此中, 約第二時對第一時, 以為發問所依, 前說有相, 後說無相, 此'無相'言, 違前有相, 故以無相為問所依.

나. 삼시 설법의 주제에 대한 『무량의경』 서술과의 차이 해명

ZZ21 260c4-12; WX34 760a16-b6:

問. 若准此『經』, 初唯說有, 後但說無, 『無量義經』前 · 後兩時皆說空 · 有, 故彼『經』云, "善男子! 我起樹王, 詣波羅奈鹿野園中, 為阿若拘鄰等五人轉四諦法輪時, 亦說諸法本來寂靜, 中間於此及以處處, 為諸比丘并眾菩薩辨演宣說十二因緣 · 六波羅蜜, 亦說諸法本來空寂." 具說如彼, 即此二『經』如何會釋?

解云, 如『智度論』, 諸佛說法有其二事, 一者秘密, 二者顯示, 『無量義經』依秘密門; 今依此『經』是顯示門, 各據一邊, 互不相違.

(1)-3: 가르침에 의거하여 질문을 시작함[依教發問]

(1)-3-1: 자신의 의문을 말함[陳己疑情]

ZZ21 260c13-14; WX34 760b7-8:

未審, 世尊依何密意作如是說, "一切諸法皆無自性 · 無生無滅 · 本來寂靜 · 自性涅槃"?

가. 依教發問 관련 목차, 위 문장의 주제

ZZ21 260c15-16; WX34 760b9-10:

釋曰. 第三依教發問. 於中有三, 初陳己疑情, 次請願解釋, 後申所釋『經』, 此即初也.

---

20) '說一切法~無自性性' 구는 현존 한문만으로는 문법적으로나 의미적으로나 불완전하기 때문에 대응 SNST(ZhT68.650.8-10: <u>hdi ltar</u> chos thams cad ni ṅo bo ñid med pa daṅ/ skye ba med pa <u>daṅ</u>/ ḥgag pa <u>med da</u> daṅ/ gzod ma nas ṣi ba (daṅ)*/ ran bṣin gyis yoṅs su mya ṅan las ḥdas pa ṣes gsuṅs pa<u>s</u> ṅo bo ñid med pa yin no/ *누락된 'daṅ'을 보충하였음)에 의거하여 위와 같이 누락 추정 글자를 보충해 보았다.

나. 위 문장의 의미

ZZ21 260c17-21; WX34 760b10-15:

謂佛先說, '蘊 · 處 · 界等十三法門皆無〈有〉[21]自性', 後復說言, '一切諸法皆無自性 · 無生滅等', 前說有性, 後說無性, 二教相違, 未審, 世尊依何密意作如是說無自性等?[若依(『深)密』經[22], 有其五節, 一一切法本來無證〈體〉, 二一切法本來不生, 三一切法本來無〈不〉[23]滅, 四一切法本來寂靜, 五一切法本來自性涅槃.]

(1)-3-2: 해석을 요청함[請願解釋]

ZZ21 260c22; WX34 760b16:

我今請問如來斯義, 唯願如來哀愍解釋.

가. 위 문장의 주제

ZZ21 260c23; WX34 760b17:

釋曰. 此即第二諸〈請〉[24]願解釋.

(1)-3-3: 해석되어야 할 가르침을 구체적으로 지적함[申所釋教]

ZZ21 260c24-261a1; WX34 760b18-761a1:

說 "一切法皆無自性 · 無生無滅 · 本來寂靜 · 自性涅槃 所有密意."

---

21) 문맥과 대응 SNST(ZhT68.651.21-652.1: ṅo bo ñid yod par)에 비추어 볼 때 '無'는 '有'로 교정해야 옳다.

22) 대응 SNST(ZhT68.652.5-6: dgoṅs pa zab mo rnam par dgrol baḥi mdo las ni)에 따라 위와 같이 교정하는 것이 자연스럽다. 『해심밀경소』에서 보리류지(菩提流支) 역 『심밀해탈경(深密解脫經)』의 약칭은 반드시 '深'을 포함하며, 짝수자구를 선호하는 원측의 작문 습관에 따라 '經'을 생략하는 것이 보다 자연스럽다.

23) 대정장본 『심밀해탈경』(菩提流支 譯, 『深密解脫經』 권2, 「聖者成就第一義菩薩問品」 T16 670b25-28: 世尊復說, 一切法本來無體, 一切法本來不生, 一切法本來不滅, 一切法本來寂靜, 一切法本來自性涅槃. 世尊! 是故我問如來此義, 如來何意作如是說?)과 대응 SNST(ZhT68.652.6-8: chos thams cad gzod ma nas ṅo bo ñid med pa daṅ/ chos thams cad gzod ma nas ma skye ba daṅ/ chos thams cad gzod ma nas ma ḥgags pa daṅ/)에 따라 '證'과 '無'를 각각 '體'와 '不'로 교정하는 것이 자연스럽다.

24) 앞부분의 목차(ZZ21 260c15 이하: 釋曰. 第三依教發問. 於中有三, 初 ... , 次請願解釋, 後 ...)에 비추어 볼 때 '諸'는 '請'의 오기임이 분명하다.

가. 위 문장의 주제

ZZ21 260c2; WX34 761a2:

釋曰. 第三申所釋教.

(2): 여래께서 올바르게 설함[如來正說]

(2)-1: 질문을 칭찬하고 설하겠다고 응낙함[讚問許說]

(2)-1-1: 질문이 이익을 준다고 칭찬함[讚問有益]

(2)-1-1-1: 설법하는 자를 밝힘[辨能說者]

ZZ21 260c3; WX34 761a3:

爾時世尊告勝義生菩薩曰.

가. 如來正說 · 讚問許說 · 讚問有益 관련 목차, 위 문장의 주제

ZZ21 260c4-7; WX34 761a4-7:

釋曰. 自下第二如來正說. 於中有二, 初讚問許說, 後'勝義生當知'下依問正說. 前中有二, 初讚問有益, 後敕聽許說. 前中有四, 一辨能說者, 二讚問應理, 三讚問深義, 四讚問有益, 此即初也.

(2)-1-1-2: 질문이 진리에 부합함을 칭찬함[讚問應理]

ZZ21 260c8; WX34 761a8:

"善哉善哉! 勝義生! 汝所尋思甚為如理.

가. 위 문장의 주제

ZZ21 261a9; WX34 761a9:

釋曰. 此即第二讚問應理.

(2)-1-1-3: 심오한 의미를 질문한다고 칭찬함[讚問深義]

ZZ21 261a10; WX34 761a10:

善哉! 善哉! 善男子! 汝今乃能請問如來如是深義.

가. 위 문장의 주제 및 善哉善哉 해석

ZZ21 261a11-12; WX34 761a11-12:

釋曰. 此即第三讚問深義. 此上二種文·義俱善, 是故重言'善哉善哉'.

(2)-1-1-4: 질문이 이익을 준다고 칭찬함[讚問有益]

ZZ21 261a13-14; WX34 761a13-14:

汝今為欲利益安樂無量眾生, 哀愍世間及諸天·人·阿素洛等, 為令獲得義利安樂, 故發斯問.

가. 위 문장의 주제

ZZ21 261a15; WX34 761a15:

釋曰. 此即第四讚問有益. 准(上)[25]應知.

(2)-1-2: 경청할 것을 권하며 설법을 허락함[敕聽許說]

ZZ21 261a16-17; WX34 761a16-17:

汝應諦聽, 吾當為汝解釋所說'一切諸法皆無自性·無生無滅·本來寂靜·自性涅槃'所有密意."

가. 위 문장의 주제

ZZ21 261a18; WX34 761a18:

釋曰. 此即第二敕聽許說.

---

25) 문맥과 대응 SNST(ZhT68.653: gon ma bṣin du rig par byaḥo/)에 비추어 볼 때 '上'을 보충해야 자연스럽다.

B. 세존(世尊)의 대답

B-1. 산문

B-1-1. 세존의 첫 번째 대답

(2)-2: 질문에 대해 올바르게 설함[依問正說]

(2)-2-1: 산문으로 자세히 해석함[長行廣釋]

(2)-2-1-1: 삼무성과 관련지어 경의 구절들을 해석함[約三無性釋經諸句]

(2)-2-1-1-1: 삼무성과 관련지어 여러 경 속의 一切法皆無自性을 해석함[約三無性釋諸經中說一切法皆無自性]

(2)-2-1-1-1-1: 법문을 명시하여 간략히 설함[標章略說][26]

(2)-2-1-1-1-1-1: 삼무성과 관련지어 경의 숨은 뜻을 드러냄[依三無性顯經密意]

ZZ21 261a19-20; WX34 761b1-2:

勝義生! 當知, 我依三種無自性性密意說言'一切諸法皆無自性'.

가. 依問正說 · 長行廣釋 · 約三無性釋經諸句 · 約三無性釋諸經中說一切法皆無自性 · 標章略說 관련 목차, 위 문장의 주제

ZZ21 261a21-b7; WX34 761b3-13:

釋曰. 此下第二依問正說. 於中有二, 初長行廣釋, 後舉頌重說. 前中有五, 一約三無性釋『經』諸句, 二'復次勝義生'下約三性觀辨立三無性意, 三'復次勝義生'下約位辨立三無性意, 四'復次勝義生'下約三無性觀辨一乘義, 五'復次勝義生'下約無性教辨取解不同, 此即第一約三無性釋『經』諸句. 於中有二, 初約三無性釋諸『經』中說'一切法皆無自性', 後'勝義生當知'下約初 · 後無性釋'一切法無生滅等'. 前中有三, 初標章略說, 次'善男子'下問答廣釋, 後'善男子'下釋已總結. 前中有二, 初依三無性顯『經』密意, 後依數列三無性名, 此即初也.

---

26) 대응 SNST(ZhT68.655.8: sgo bstan nas mdor bśad pa daṅ/)를 참고하여 번역해 보았다.

나. 위 문장의 의미와 一切諸法皆無自性에 대한 부연 설명

ZZ21 261b8-12; WX34 761b13-18:

謂世尊言'一切諸法無自性'者, 我【今具】依三無自性說'一切法皆無自性', 一切諸法即是三性, 即(依)[27]三性立三無性, 故諸『經』言'一切諸法皆無自性'. 是故『成唯識 · 三十頌』云: 即依此三性 立彼三無性/ 故佛密意說 一切法無性//

(2)-2-1-1-1-1-2: 수에 맞추어 이름을 열거함[依數列名]

ZZ21 261b13; WX34 762a1:

所謂相無自性性, 生無自性性, 勝義無自性性

가. 위 문장의 주제 및 의미

ZZ21 261b14; WX34 762a2:

釋曰. 此即第二依數列名, 謂即三種相無自性等.

(2)-2-1-1-1-2: 문답을 통해 자세히 해석함[問答廣釋]

(2)-2-1-1-1-2-1: 현상에 대해 올바르게 설함[依法正說]

(2)-2-1-1-1-2-1-1: 상무자성성을 설함[*釋相無性[28]]

(2)-2-1-1-1-2-1-1-1: 물음[問]

ZZ21 261b15; WX34 762a3:

善男子! 云何諸法相無自性性?

가. 問答廣釋 · 依法正說 · 釋相無性 관련 목차, 위 문장의 주제

ZZ21 261b16-19; WX34 762a4-7:

---

27) '即' 대응 SNST(ZhT68.655.15: la brten nas), 이어지는 『유식삼십송(唯識三十頌)』의 인용문 속의 '即依'와의 용어의 일관성, 짝수자구를 선호하는 원측 작문의 특성 등을 종합적으로 고려할 때 '即' 뒤에 '依'를 보충하는 것이 자연스러워 보인다.

28) 이 구절 관련 목차(... 三種無性即分為三, 此即初也)에서는 명시하지 않았지만 뒤 경문들에 대한 주제 명시(ZZ21 261c13 이하 ... ZZ21 262a8 이하: 自下第二釋生無性 ... 此下第三釋勝義無性)를 염두에 두고 필자가 보충해 넣었다.

釋曰. 此下第二問答廣釋. 於中有二, 初依法正說, 後擧喩重釋. 前(依)法(正)[29]說中, 三種無性即分為三, 此即初也. 於中有五, 一問, 二答, 三徵, 四釋, 五結, 此即問也.

(2)-2-1-1-1-2-1-1-2: 질문에 대해 올바르게 답함[依問正答]

ZZ21 261b20; WX34 762a8:

謂諸遍計所執相.

가. 위 문장의 주제 및 의미

ZZ21 261b21-22; WX34 762a9-10:

釋曰. 此即第二依問正答. 謂三性中遍計所執以為自性.

(2)-2-1-1-1-2-1-1-3: 반문[徵]

ZZ21 261b23; WX34 762a11:

何以故?

가. 위 문장의 주제 및 의미

ZZ21 261b24; WX34 762a12:

釋曰. 第三徵也. 以何義故說所執相名相無性?

(2)-2-1-1-1-2-1-1-4: 반문에 답하면서 특정하여 [상무자성의 의미를] 해석함 [依徵別釋]

ZZ21 261c1; WX34 762a13:

此由假名安立為相, 非由自相安立為相.

가. 위 문장의 주제 및 의미

ZZ21 261c2-9; WX34 762a14-b3:

釋曰. 第四依徵別釋. '此由假名安立為相'者, 此釋'相'言, 謂依名言所立相故. '非由自

---

29) '法說'만으로는 온전한 한문구가 성립할 수 없기 때문에 대응 SNST(ZhT68.656.9-10: /chos bṣin du yaṅ dag par bśad pa yaṅ)에 따라 '依'와 '正'을 보충하는 것이 자연스럽다.

相安立為相'者, 釋'無性'言. 總解意云, 遍計所執情有之相以理無故, 說為'無性', 由此即說彼所執相以為自〈無〉[30]性. 故『顯揚』云, "謂所執性體相無, 故名無自性性." 又『三無性』云, "如所顯現是相實無, 故分別性無相為性." 『瑜伽』七十三云, "云何相無自性性? 謂一切法世俗言說自性."

(2)-2-1-1-1-2-1-1-5: 글을 마무리 지음[結文]

ZZ21 261c10; WX34 762b4:

是故說名相無自性性.

가. 위 문장의 주제

ZZ21 261c11; WX34 762b5:

釋曰. 此即第五結文. 可知.

(2)-2-1-1-1-2-1-2: 생무자성성을 해석함[釋生無性]

(2)-2-1-1-1-2-1-2-1: 물음[問]

ZZ21 261c12; WX34 762b6:

云何諸法生無自性性?

가. 위 문장의 주제

ZZ21 261c13-14; WX34 762b7-8:

釋曰. 自下第二釋生無性. 文有五段, 准上可知, 此即問也.

(2)-2-1-1-1-2-1-2-2: 질문에 대해 올바르게 답함[依問正答]

ZZ21 261c15; WX34 762b9:

謂諸依他起相.

---

30) 문맥과 대응 SNST(ZhT68.657.7-8: des na kun brtags paḥi mtshan ñid de la ṅo bo ñid **med paḥo** ṣes byaḥo)에 비추어 볼 때 '自'는 '無'의 오기임이 분명하다.

가. 위 문장의 주제 및 의미

ZZ21 261c16-17; WX34 762b10-11:

釋曰. 此即第二依問正答. 謂三性中依他起性以為自性.

(2)-2-1-1-1-2-1-2-3: 반문[徵]

ZZ21 261c18; WX34 762b12:

何以故?

가. 위 문장의 주제 및 의미

ZZ21 261c19; WX34 762b13:

釋曰. 第三徵也. 以何義故說依他起名生無性?

(2)-2-1-1-1-2-1-2-4: 반문에 답하면서 특정하여 [생무자성의 의미를] 해석함[依徵別釋]

ZZ21 261c20; WX34 762b14:

此由依他緣力故有, 非自然有.

가. 위 문장의 주제 및 의미

ZZ21 261c21-262a4; WX34 762b15-763a4:

釋曰. 此即第四依徵別釋. 此'由依他緣力故有'者, 此釋'生'言. 謂由依他緣力故有, 故說為生. '非自然有'者, 釋'無性'也. 總解意云, 依他諸法依〈之〉[31]因緣故, 說之為生, 而非【自然】[32]自在天等【邪因】所生, 說名無生. 故『顯揚』云, "依他起性緣力所生, 非自然生故

---

31) 한문 문장의 자연스러움('依'의 중복)과 '總解 ~ 為生' 대응 SNST(ZhT68.658.9-10: de ni ḥdi skad du chos gṣan rnams la rten pa<u>hi</u> rgyu daṅ rkyen gyi phyir skye ba ṣes bśad kyi)를 고려하여 '依'를 '之'로 교정하는 것이 자연스럽다. 비록 최둡은 '동사 '依' + 목적어 '他諸法之因緣'' 구조를 '관형구(동사 '依' + 목적어 '他諸法' + 한정사 '之') + 명사 '因緣'' 구조로 오독하였지만, SNST를 통해 그가 본 사본에는 '依他諸法之因緣故'로 되어 있었으리라 추측 가능하다.

32) 대응 SNST(ZhT68.658.10-11: <u>dbaṅ phyug la sogs pa las byuṅ ba ma yin pas</u> skye ba med pa ṣes byaḥo ṣes bstan par ḥgyur te/)에 비추어 볼 때 최둡이 본 사본에는 '自然'과 '邪因'이 없었던 듯하다. 경증으로 제시된 『현양론』과 『유가론』 속 부사어 '自然'과 호응하기 위해 후대에 보충

無生." 又『三無性』云, "依他性者, 由緣力生, 不由自生, 是故依他無生為性." 依『瑜伽』七十三云, "云何生無自性性? 謂一切行眾緣所生緣力故有, 非自然有."

(2)-2-1-1-1-2-1-2-5: 글을 마무리 지음[結文]

ZZ21 262a5; WX34 763a5:

是故說名生無自性性.

가. 위 문장의 주제

ZZ21 262a6; WX34 763a6:

釋曰. 第五結文. 可知.

(2)-2-1-1-1-2-1-3: 승의무자성성을 해석함[釋勝義無性]

(2)-2-1-1-1-2-1-3-1: 의타기성과 관련지어 승의무자성성을 해석함[約依他起解勝義無性]

(2)-2-1-1-1-2-1-3-1-1: 질문[問]

ZZ21 262a7; WX34 763a7:

云何諸法勝義無自性性?

가. 釋勝義無性 · 約依他起解勝義無性 관련 목차, 위 문장의 주제

ZZ21 262a8-10; WX34 763a8-10:

釋曰. 此下第三釋勝義無性. 於中有二, 初約依他起解勝義無性, 後'復有'下約圓成實解勝義無性. 前中有五, 准上應知, 此即問也.

(2)-2-1-1-1-2-1-3-1-2: 질문에 대해 올바르게 답함[依問正答]

ZZ21 262a11-12; WX34 763a11-12:

謂諸法由生無自性性故, 說名無自性性, 即緣生法亦名勝義無自性性.

된 듯하다.

가. 위 문장의 주제 및 의미

ZZ21 262a13-18; WX34 763a13-18:

釋曰. 第二依問正答. 文有兩節, 初將釋第三牒前第二, 釋義如前, 後'即緣生法等'者, 依第二性立第三無性, 謂依他起上無圓成實, 故緣生法非但說名生無自性性, 亦名勝義無自性性. 故『顯揚』云, "依他起性由異相故亦得建立為勝義無性. 何以故? 由無勝義性故."

(2)-2-1-1-1-2-1-3-1-3: 반문[徵]

ZZ21 262a19; WX34 763b1:

何以故?

가. 위 구절의 주제 및 의미

ZZ21 262a20; WX34 763b2:

釋曰. 第三徵也. 何故緣生亦名勝義無自性性?

(2)-2-1-1-1-2-1-3-1-4: 반문에 답하면서 특정하여 [의타기성과 관련된 승의무자성의 의미를] 해석함[依徵別釋]

ZZ21 262a21-22; WX34 763b3-4:

於諸法中, 若是清淨所緣境界, 我顯示彼以為勝義無自性性, 依他起相非是清淨所緣境界.

가. 위 문장의 주제 및 의미

ZZ21 262a23-b2; WX34 763b5-8:

釋曰. 第四依徵別釋. 文有二節, 初釋所(緣)[33]無清淨勝義, 後明依他無彼清淨勝義. 此釋真如淨智所緣名為清淨勝義. 故『顯揚』云, "當知! 勝義即是清淨之所緣性. 何以故? 由緣此境得心清淨故."

33) 대응 SNST(ZhT68.660.2-3: yul la don dam pa rnam par dag pa med par bstan pa daṅ)에 비추어 볼 때 '所' 다음에 '緣'을 보충하는 것이 옳다.

(2)-2-1-1-1-2-1-3-1-5: 글을 마무리 지음[結文]

ZZ21 262b3; WX34 763b9:

是故亦說名為勝義無自性性.

가. 위 문장의 주제

ZZ21 262b4; WX34 763b10:

釋曰. 第五結文. 可知.

(2)-2-1-1-1-2-1-3-2: 원성실성과 관련지어 승의무자성성을 해석함[約圓成實釋勝義無性]

(2)-2-1-1-1-2-1-3-2-1: 명시함[標]

ZZ21 262b5; WX34 763b11:

復有諸法圓成(實)[34]相, 亦名勝義無自性性.

가. 約圓成實釋勝義無性 관련 목차, 위 문장의 주제 및 의미

ZZ21 262b6-8; WX34 763b12-14:

釋曰. 此下第二約圓成實釋三〈勝義〉[35]無性. 於中有四, 一標, 二徵, 三釋, 四結, 此即標也. 謂三性中圓成實性以為自性.

(2)-2-1-1-1-2-1-3-2-2: 이유를 반문[徵所由]

ZZ21 262b9; WX34 763b15:

何以故?

가. 위 문장의 주제 및 의미

ZZ21 262b10-11; WX34 763b16-17:

釋曰. 第二徵所由也. 何以復說圓成實性名為勝義, 亦名無性?

---

34) 대정장본 『해심밀경』(T16 694a26)에 따라 '實'을 보충해야 옳다.

35) 앞의 목차 명칭과의 일관성을 위해 대응 SNST(ZhT68.660.12-13: gñis pa yoṅs su grub pa las brtsams nas <u>don dam pa</u> ṅo bo ñid med pa bstan paḥo/)에 따라 '三'을 '勝義'로 교정하는 것이 자연스럽다.

(2)-2-1-1-1-2-1-3-2-3: 반문에 답하면서 [의타기성과 관련된 승의무자성의 의미를] 정확히 해석함[依徵正釋]

ZZ21 262b12-13; WX34 763b18-764a1:

一切諸法法無我性名為勝義, 亦得名為無自性性. 是一切法勝義諦故, 無自性性之所顯故.

가. 위 문장의 주제 및 구성

ZZ21 262b14; WX34 764a2:

釋曰. 第三依徵正釋. 文有二節, 初標, 後釋.

나. 『현양론』에 근거하여 法無我性의 두 가지 의미를 제시함

ZZ21 262b15-19; WX34 764a2-7:

謂法無我性有其二義, 一名勝義, 二名無自性性. 是諸法中勝義諦故, 諸法無性所顯理故. 故『顯揚』云, "謂圓成實勝義無性. 由此自性體是勝義, 又是諸法無性性故." 又復彼云, "由此自性即是勝義, 亦是無性. 由無戲論我 · 法性故."

다. 『三無性論』의 眞實性이 『顯揚聖教論』의 圓成實性과 다른 점

ZZ21 262b19-c2; WX34 764a7-14:

依『三無性論』, 與此不同. 故彼云, "約真實性由真實無性故說無性者, 此真實性, 更無別性[36], 還即前兩性之無, 是真實性. 真實是無相 · 無生故, 一切有為法, 不出此分別 · 依

---

36) 대정장본 『삼무성론』(眞諦 譯, 『三無性論』 권상, T31 867c13-27: 釋曰. 約真實性由真實無性故說無性者, 此真實性更無別法, 還即前兩性之無, 是真實性. 真實是無相無生故. 一切有為法, 不出此分別依他兩性. 此二性既真實無相無生, 由此理故, 一切諸法同一無性. 此一無性, 真實是無, 真實是有, 真實無, 此分別依他二有, 真實有, 此分別依他二無, 故不可說有, 亦不可說無. 不可說有如五塵, 不可說無如免角, 即是非有性非無性, 故名無性性, 亦以無性為性, 名無性性, 即是非安立諦. 若是三性並是安立, 前兩性是安立世諦. 體實是無, 安立為有故. 真實性即是安立真諦, 對遣二有安立二無, 名為真諦, 還尋此性離有離無, 故非安立, 三無性皆非安立也. 此即第三相分, 明三種體相也.)에는 '性' 대신 '法'으로 되어 있으나(밑줄 부분), 대응 SNST(ZhT68.661.15: de kho na ñid ḥdi la ṅo bo ñid gsan med kyi)에 비추어 볼 때 최둡이 본 사본에는 『해심밀경소』처럼 '性'으로 되어 있었던 듯하다.

他兩性. 此三〈二〉[37]性既真實無相 · 無生, 由此理故一切諸法同一無性. 此一無性, 真實是無, 真實是有, 【真實無,】 此分別 · 依他二有, 【真實有,】 此分別 · 依他二無, 故不可說無, 不可說有, 乃至廣說.[38]" 解云, 通遣[39]依他, 故不同此.

(2)-2-1-1-1-2-1-3-2-4: 글을 마무리 지음[結文]

ZZ21 262c3; WX34 764a15:

由此因緣名為勝義無自性性.

가. 위 문장의 주제

ZZ21 262c4; WX34 764a16:

釋曰. 此即第四結文. 可知.

나. 『解深密經』의 두 종류의 승의무자성성과 관련된 문답

ZZ21 262c4-9; WX34 764a16-b3:

問. 若依此『經』, 勝義無性自有二種, 一依他起, 二圓成實, 如何『三十唯識』說後非前?

解云, 據實, 具有二義. 故此『經』文及『顯揚論』皆作是說, '依他起性無勝義故, 亦得說為勝義無性.' 而諸『論』中不明前者, 『成唯識』第九卷中護法釋云, "而濫第二, 故此不說."

---

37) 『해심밀경소』의 '三'은 대정장본 『삼무성론』(밑줄 부분)에 비춰 보나 문맥으로 보나 '二'로 교정되어야 옳다.

38) 대응 SNST(ZhT68.661.12: de kho na ñid la ni kun du rtog pa daṅ/ gṣan gyi dbaṅ ḥdi gñis yod ces bya ba daṅ de kho na ñid la kun du rtog pa daṅ/ gṣan gyi dbaṅ ḥdi gñis med ces bya ba med paḥi phyir yod ces byar yaṅ mi ruṅ la/ med ces byar yaṅ mi ruṅ ṅo ṣes bya ba nas rgya cher bśad paḥi bar du ḥbyuṅ te/)에는 '眞實無'와 '眞實有' 대응 번역어가 없으며, '此分別 · 依他' 앞에 각각 'de kho na ñid la ni'(眞實性의 관점에서는)가 보충되어 있다.

39) '通遣依他, 故不同此' 대응 SNST(ZhT68.662.4: gṣan gyi dbaṅ yaṅ bsdus paḥi phyir ḥdi daṅ mi mthun no)에 비추어 볼 때 '遣'은 'bsdus pa'(포함하다)의 의미를 지닌 다른 글자의 오기인 듯하다. 앞서 『현양론』의 인용문들이 '의타기성(依他起性)'과 구별되는 '원성실성(圓成實性)'의 특징들을 경증으로 제시하고 있기 때문에 문맥상으로도 배제의 '遣'보다는 포섭을 나타내는 단어가 적절해 보인다. 다만 이때의 '의타기성'의 포함은 『현양론』의 입장에서 이해된 '의타기성'의 부정으로 읽을 수 있기 때문에 '遣'으로 읽어도 무방하겠지만, 최둡이 본 사본에는 '遣'으로 되어 있지 않았을 가능성이 높아 보인다.

다. 三性과 三無性의 관계에 대한 진제와 현장의 상반된 해석 소개, 진제 해석의 근거인 『삼무성론』 인용 텍스트 자체가 역자(=진제)의 오역임을 지적함

ZZ21 262c9-263a3; WX34 764b3-765a3:

問. 此『經』意, 即依三性立三無性, 體即三性, 何故『三無性論』於一真如立三無性? 故『三無性論』第一卷云, "約此三性說三無性, 由三無性應知是一無性理. 約分別者, 由相無性說名無性, 依他起者, 由生無性說名無性, 真實性者, 由真實無性故說無性." 具如彼說.

解云, 此有兩釋.

一真諦三藏云, "於一真如遣三性故, 說為三種無自性性, 於中圓成實性安立諦攝; 三無性者皆非安立." 如『三(無)[40]性論』.

二大唐三藏云, "如『顯揚』等, 即依三性立三無性." 以此為正. 所以者何? 世親菩薩『三十唯識』作此頌言, "即依此三性 立彼三無性/ 故佛密意說 一切法無性//" 護法釋云, "於有及無總說無性, 故名密意." 又『顯揚論』無著所造, 與『攝大乘』等同顯一義. 又『瑜伽論』廣引此『經』及〈明〉[41]三無〈自〉性通有及無.

故知, 『三無性論』譯家謬也. 所以者何? 『三十唯識』·『三無性論』世親所造, 如何二『論』有此差別? 又彼世親依彌勒宗及無著等. 故知, 同一無性者, 真諦謬耳. 或可, 今勘真諦『三無性論』, 即無著所造『顯揚論』「無自性品」, 然彼真諦譯為別本. 【[須勘「目錄」及『顯揚』未了(?)]】

(2)-2-1-1-1-2-2: 비유를 들어 거듭 해석함[擧喩重釋]

(2)-2-1-1-1-2-2-1: 상무자성성을 해석함[釋相無自性性]

ZZ21 263a4; WX34 765a4:

善男子! 譬如空華, 相無自性性當知亦爾.

---

40) 상식과 대응 SNST(ZhT68.663.5 이하: bstan bcos ṅo bo ñid med pa gsum bstan pa las ḥbyuṅ ba bṣin no)에 비추어 볼 때 '三性論'은 '三無性論'으로 교정되어야 옳다.

41) 대응 SNST(ZhT68.664.1-2: mdo ḥdi ñid rgya cher khoṅs su ston ciṅ ṅo bo ñid gsum gyis yod pa daṅ med pa ñid du yaṅ ston pas)에 따라 '及'과 '無'를 각각 '明'(또는 '顯')과 '自'로 교정하는 것이 자연스럽다.

가. 舉喩重釋 관련 목차, 위 문장의 주제 및 의미

ZZ21 263a5-9; WX34 765a5-9:

釋曰. 自下第二舉喩重釋. 釋三無性, 即分為三, 此即第一釋相無自性性. '譬如空華', 由眩翳故, 於虛空中似華相現, 據實, 空中本來無華, 遍計所執亦復如是, 即用所執為初無性, 故言'相無自性性當知亦爾'.

(2)-2-1-1-1-2-2-2: 생무자성성과 일분승의무자성성을 해석함[釋生無性及一分勝義無性]

ZZ21 263a10-11; WX34 765a10-11:

譬如幻像, 生無自性性當知亦爾, 一分勝義無自性性當知亦爾.

가. 위 문장의 주제 및 의미

ZZ21 263a12-15; WX34 765a12-15:

釋曰. 第二釋生無性及一分勝義無性. 如『阿毗達摩經』說, '幻等八喩顯依他起', 今此第二生無自性性及一分勝義無自性性皆用依他以為自性, 故如幻像當知亦爾.

나. 마술[幻] 등 비유의 두 가지 의미

ZZ21 263a15-18; WX34 765a15-18:

問. 『大般若』等即用幻等喩其空義, 如何此『經』喩依他起? 解云, 幻等自有二義, 一非有似有, 二無實像等. 是故二『經』各據一義, 故不相違.

(2)-2-1-1-1-2-2-3: 일분승의무자성성을 해석함[釋一分勝義無自性]

ZZ21 263a19-20; WX34 765b1-2:

譬如虛空, 唯是眾色無性所顯, 遍一切處, 一分勝義無自性性當知亦爾. 法無我性之所顯故, 遍一切故.

가. 위 문장의 주제 및 의미

ZZ21 263a21;-24 WX34 765b3-6:

釋曰. 此即第三釋一分勝義無自性. 譬如虛空, 有其二義, 一無色所顯, 二遍一切處, 真如勝義無自性性當知亦爾. 一法無我性之所顯故, 二遍一切法故. 故『佛地經』十虛空喻喻淨法界, 此亦如是.

나. 논서들 간 '허공(虛空)의 비유'의 지칭 대상이 다른 이유 설명

ZZ21 263a24-b4; WX34 765b6-10:

問. 『對法』·『瑜伽』喻〈唯〉[42]色無處說為虛空; 依『佛地論』及『成唯識』五蘊無處說為虛空, 如何會釋? 解云, 『瑜伽』及『對法』等隨轉理門, 同薩婆多; 『唯識』等『論』真實理門, 各據一義, 故不相違.

(2)-2-1-1-1-2-3: 해석 후의 결론[釋已總結]

ZZ21 263b5-6; WX34 765b11-12:

善男子! 我依如是三種無自性性密意說言'一切諸法皆無自性'.

가. 위 문장의 주제

ZZ21 263b7; WX34 765b13:

釋曰. 此即第三釋已總結.

(2)-2-1-1-2: 상무자성과 승의무자성과 관련지어 '一切法無生' 등의 구절을 해석함[約初後無性釋一切法無生等句]

(2)-2-1-1-2-1: 상무자성과 관련지어 '無生' 등의 구절을 해석함[約相無自性性釋無生等句]

(2)-2-1-1-2-1-1: 진리의 관점에서 핵심 주장을 명시함[以理標宗]

ZZ21 263b8-9; WX34 765b14-15:

---

42) 문맥과 대응 SNST(ZhT68.666.7-11: /chos mṅon paḥi mdo daṅ/ bstan bcos rnal ḥbyor spyod paḥi sa las ni gzugs ~~med pa tsam daṅ~~/* gnas med pa **tsam** la nam mkhaḥ ṣes bstan la(/) saṅs rgyas kyi saḥi ḥgrel pa daṅ/ bstan bcos rnam par rig par tsam du grub pa las ni **phuṅ po gnas med pa** la nam mkhaḥ ṣes bstan pa ste(/) ji tlar śes par bya ṣe na/*이어지는 '五蘊無處' 대응 번역이 'phuṅ po gnas med pa'인 점에 비추어 볼 때 연문으로 보인다.)에 비추어 볼 때 '喻'는 '唯'의 오기로 보인다.

<u>勝義生</u>! 當知, 我依相無自性性密意說言'一切諸法無性[43]**無生 · 無滅 · 本來寂靜 · 自性涅槃'.**

가. 約初後無性釋一切法無生等句 · 約相無自性性釋無生等句 관련 목차, 위 문장의 주제 및 의미

ZZ21 263b10-15; WX34 765b16-766a3:

釋曰. 自下第二約初後無性釋'一切法無生等'句. 於中有二, 初約相無自性性釋'無生等'句, 後'善男子'下約勝義無自性性釋'無生等'句. 前中有四, 一標, 二徵, 三釋, 四結, 此即第一以理標宗. 謂諸『經』說'一切諸法無生等'言, 【三無性中,】 約相無性說'無生等'.

(2)-2-1-1-2-1-2: 불교 외 여타 사상가가 반문[外人反徵]

ZZ21 263b16; WX34 766a4:

何以故?

가. 위 문장의 주제

ZZ21 263b17; WX34 766a5:

釋曰. 此即第二外人反徵.

(2)-2-1-1-2-1-3: 해명함[釋]

ZZ21 263b18-20; WX34 766a6-8:

若諸自相都無所有, 則無有生, 若無有生, 則無有滅, 若無生無滅, 則本來寂靜, 若本來寂靜, 則自性涅槃. 於中都無少分所有更可令其般涅槃故.

가. 위 문장의 주제 및 구성

ZZ21 263b21-22; WX34 766a9-10:

釋曰. 此第三釋. 文有四節, 一釋無生, 二釋無滅, 三釋本來寂靜, 四釋自性涅槃, 如『經』可知, 故不繁釋.

---

43) 대정장본 『해심밀경』(T16 694b8-9)에 따라 '無性'을 삭제해야 옳다.

(2)-2-1-1-2-1-3: 글을 마무리 지음[結文]

ZZ21 263b23-24; WX34 766a11-12:

是故我依相無自性性密意說言'一切諸法無生 · 無滅 · 本來寂靜 · 自性涅槃'.

가. 위 문장의 주제

ZZ21 263c1; WX34 766a13:

釋曰. 此即第四結文. 可知.

(2)-2-1-1-2-2: 승의무자성과 관련지어 無生 등의 구절을 해석함[約勝義無自性性釋無生等句]

(2)-2-1-1-2-2-1: 명시함[標]

ZZ21 263c2-3; WX34 766a14-15:

善男子! 我亦依法無我性所顯勝義無自性性密意說言'一切諸法無生 · 無滅 · 本來寂靜 · 自性涅槃'.

가. 約勝義無自性性釋無生等句 관련 목차, 위 문장의 주제 및 의미

ZZ21 263c4-8; WX34 766a16-b2:

釋曰. 自下第二約勝義無自性性釋'無生等'句. 於中有四, 一標, 二徵, 三釋, 四結, 此即初也. 謂圓成實實[44]勝義諦中有其四義, 一者無生, 二者無滅, 三本來寂靜, 四自性涅槃. 故諸『經』中亦依圓成勝義無性說'無生等'.

(2)-2-1-1-2-2-2: 불교 외 여타 사상가가 반문[外人反徵]

ZZ21 263c9; WX34 766b3:

何以故?

---

44) 대응 SNST(ZhT68.668.16: yoṅs su grub pa don dam paḥi bden pa)에 비추어 볼 때 '實'은 연자(衍字)임이 분명하다.

가. 위 문장의 주제 및 의미

ZZ21 263c10-11; WX34 766b4-5:

釋曰. 第二外人反徵. 謂外反徵, "雖說四義, 未辨其因, 依何因故名'無生等'?"

(2)-2-1-1-2-2-3: 반문에 대해 올바르게 해명함[依徵正釋]

(2)-2-1-1-2-2-3-1: 세 가지 원인을 모두 명시하여 반문에 답함[總標三因以答徵詰]

ZZ21 263c12-13; WX34 766b6-7:

法無我性所顯勝義無自性性於常常時於恒恒時諸法法性安住 · 無為 · 一切雜染不相應故.

가. 依徵正釋 관련 목차, 위 문장의 주제

ZZ21 263c14-15; WX34 766b8-9:

釋曰. 自下第三依徵正釋. 文別有二, 初總標三因以答徵詰, 後擧三因釋'無生等', 此即初也.

나. 위 문장의 구성과 의미

ZZ21 263c16-22; WX34 766b9-16:

文有二節. 初出勝義無性體有其二種, 一者依他, 二圓成實, 今於此中取後非前. 後'於常常時等'者正明三因. 一於常常時於恒恒時諸法法性安住故無為, 二無為故無生 · 無滅, 此即安住故, 及無為故, 二因成立無生 · 無滅二義也. '一切雜染不相應故'者以第三因成立『經』中'本來寂靜'及'自性涅槃'二義也.【以一'故'字含有三義故, 成三因也.】

(2)-2-1-1-2-2-3-2: 거듭해서 세 가지 원인을 해석하여 '無生' 등을 해석함[重釋三因釋無生等]

(2)-2-1-1-2-2-3-2-1: 세 원인 중 앞의 두 가지 원인을 통해 '無生無滅'을 해석함[以二因釋無生等]

ZZ21 263c23-24; WX34 766b17-18:

於常常時於恒恒時諸法法性安住故無為, 由無為故無生 · 無滅.

가. 重釋三因釋無生等 관련 목차, 위 문장의 주제 및 의미

ZZ21 264a1-5; WX34 767a1-5:

釋曰. 自下第二重釋三因釋'無生等'. 於中有二, 初以二因釋'無生等', 後一切雜染不相應因釋成'本來寂靜'及'自性涅槃', 此即初也. 謂法無我勝義諦理於常常時於恒恒時諸法法性安住故, 得成無為也, 由無為故, 無生·無滅二義得成也.

(2)-2-1-1-2-2-3-2-2: '어떠한 번뇌도 동반하지 않는다'는 세 번째 원인 때문에 '本來寂靜'과 '自性涅槃' 두 가지 의미가 성립함[一切雜染不相應因成立二義]

ZZ21 264a6; WX34 767a6:

一切雜染不相應故, 本來寂靜, 自性涅槃.

가. 위 문장의 주제 및 의미

ZZ21 264a7-8; WX34 767a7-8:

釋曰. 此即第二一切雜染不相應因成立二義, 一者本來寂靜, 二者自性涅槃.

나. 無性의 두 가지 의미 해설과 『해심밀경』 속 무성이 그중 제2의 의미(=소승 경전과 공유하지 않는[不共] 대승 경전만의 의미)를 지님을 명시함

ZZ21 264a8-20; WX34 767a8-b2:

問. 『經』所說'不生'等言如何唯依初·後無性?

答. 汎論無性, 自有二種, 一者大·小二藏共說無性, 二唯菩薩藏所說無性.

言共說者, 如『世親攝論』第五卷說, "說'一切法無自性'意今當顯示. '自然無'者, 由一切法無離衆緣自然有性, 是名一種無自性意. '自體無'者, 由法滅已不復更生故無自性, 此復一種無自性意. '自性不堅住'者, 由法纔生一剎那後無力能住故無自性, 如是諸法無自性理與聲聞共."

言不共者, 即彼『論』云, "'如執取不有故許無自性'者, 此無自性不共聲聞, 以如愚夫所取遍計所執自性不如是有, 由此意故, 依大乘理說'一切法皆無自性'." 『集論』·『雜集』及『(無)45)性論』意亦同此.

雖有二說, 今此『經』中依不共門說'無性'等.

다. 三無性 중 무엇과 관련지어 『반야경(般若經)』 구절이 설해졌는지에 대한 여러 견해 소개

ZZ21 264a21-c2; WX34 767b3-768a13:

然不共門說無性等, 依三無性諸經〈說〉[46]不同.

1) 제1설: 『광백론』

自有聖教依初無性說一切法皆無自性 · 無生滅等. 如『廣百論』第十卷云, "佛自決判, "我依遍計所執自性, 於餘『經』中說'一切法皆無自性 · 無生無滅 · 本來寂靜 · 自(性)[47]涅槃.'"" 又『瑜伽論』第七十四 · 『莊嚴』第五 · 無性 · 世親『攝論』第五並同此說. 梁本『攝論』通依三種無自性性說'無自性'等, 與此不同.

2) 제2설: 『유가론』

#대응 한문 결락 추정 부분(ZhT68.672.18-673.7):

/gsuṅ rab kha cig las[48] ṅo bo ñid med pa rnam pa gsum las brtsams nas chos thams cad ṅo bo ñid med pa ñid du ston la/ ṅo bo ñid med pa daṅ po las brtsams nas ni skye ba med pa la sogs pa ñid du ston pa yaṅ yod de/ *bstan bcos rnal ḥbyor spyod paḥi sa* las ji skad du/ bcom ldan ḥdas kyis ci las[49] dgoṅs nas chos thams cad ṅo bo ñid med pa ṣes gsuṅs śe na smras pa/ gdul[50] baḥi dbaṅ gis de daṅ der ṅo bo ñid med pa rnam pa gsum las dgoṅs nas gsuṅs so/ /gṣan yaṅ *de ñid* las[51] bcom ldan ḥdas kyis ci las dgoṅs nas chos thams cad skye ba med pa daṅ/ ḥgag

---

45) 대응 SNST(ZhT68.671.21: ṅo bo ñid med par bstan pa las)에 비추어 볼 때 '無'를 보충하는 것이 옳다. 문맥상 '無性論'은 '無性『攝大乘論釋』', 줄여서 '無性『攝論』'을 지칭하는 듯한데, 최듑은 그 점을 인지하지 못했던 것으로 보인다.

46) 문맥과 대응 SNST(ZhT68.672.3-5: /thun moṅ ma yin paḥi sgo nas ṅo bo ñid med pa la sogs pa bstan pa de yaṅ bstan pa rnams las ṅo bo ñid med par ston pa so so nas mi mthun pas)에 비추어 볼 때, '經'은 '說'의 오기로 보인다.

47) 만속장경본 교감기의 지적대로 '性'를 보충하는 것이 옳다.

48) P. N. + ṅo bo ñid

49) P. N. la

50) P. N. ḥdul

51) P. N. la

pa med pa daṅ/ gzod[52] ma nas ṣi ba daṅ/ raṅ bṣin gyis yoṅs su mya ṅan las ḥdas pa ṣes gsuṅs(/) smras pa/ mtshan ñid ṅo bo ñid med pa las dgoṅs nas gsuṅs so bstan pa lta buḥo/

추정 한문 복원:

(自有聖教依三無性說一切法皆無自性, 依初無性說無生等. 如『瑜伽』第七十三云, "問. 世尊依何密意說一切法皆無自性? 答. <u>由依彼彼所化勢力故</u>, 說三種無自性性" 又即彼云, "問. 世尊依何密意說一切法無生無滅 · 本來寂靜 · 自性涅槃? 答. 依相無自性性說如是言.")

3) 제3설: 『해심밀경』, 『심밀해탈경』

#대응 한문 결락 추정 부분(ZhT68.673.7-11):

/gsuṅ rab kha cig las ni ṅo bo ñid med pa rnam pa gsum las brtsams nas ni/ chos thams cad ṅo bo ñid med par ston la(/) daṅ po daṅ[53] tha ma gñis la brten nas ni skye ba med pa la sogs par ston pa yaṅ yod de/ /*mdo ḥdi ñid* daṅ *dgoṅs pa zab mo rnam par dgrol baḥi mdo* las bstan pa lta buḥo/

추정 한문 복원:

(自有聖教依三無性說一切法皆無自性, 依初 · 後二無性說無生等. 如此『經』及『深密經』說.)

4) 제4설: 『잡집론』

自有聖教依三無性說一切法皆無自性 · 無生滅等, 如『雜集論』第十二說. 彼云, "'一切法'者卽三自性, 謂遍計所執自性, 依他起自性, 圓成實自性. 遍計所執自性定無自相, 自相無故名相無性, 相無性故名爲無性. 依他起自性待衆緣故非自然生, 無自然生性故名生無性, 生無性故名爲無性. 圓成實自性淸淨所緣故, 於依他起中無遍計所執相所顯自體故, 勝義爲自體. 又無性所顯故, 名勝義無性. 勝義無性, 故名爲無性. 由此道理, 是故如來說'一切法皆無自性,' 非一切種性 · 相俱無說爲無性. 又彼說言, '一切諸法無生無滅 · 本來寂靜 · 自性涅槃,' 此依何密意說? 如無自性, 無性〈生〉[54]亦爾, 如無生, 無滅亦爾, (如)[55]

52) P. N. gdod

53) P. N. -daṅ.

無生無滅, 本來寂靜亦爾, 如本來寂靜, 自性涅槃亦爾." 又即彼云, "相秘密者, 謂於三自性說一切法皆無自性 · 無生無滅等." 『梁論』第六亦同『雜集』.

라. 상이한 견해가 생긴 이유 설명

ZZ21 264c2-8; WX34 768a13-b2:

所以如是諸教異者, 此所遣〈謂能作〉(?)性唯所執性,56) 故『廣百論』等唯約遍計所執說'一切法皆無自性 · 無生滅等'.

欲顯因緣生義不〈非〉57)無, 是故此『經』通依三無性說'一切法皆無自性', 但約初 · 後二種無性說'無生等'句.

然依他起, 雖依他起, 而無自然 · 無因生義, 故『雜集58)』等具約三性說'一切法皆無自性 · 無生滅等'. 三無性義具如『別章』.

---

54) 대정장본 『잡집론』(安慧菩薩 糅, 玄奘 譯, 『大乘阿毘達磨雜集論』 권12, 「決擇分 · 法品」 T31 752a8-22: 復次一切法者卽三自性, 謂遍計所執自性, 依他起自性, 圓成實自性. 遍計所執自性定無自相, 自相無故名相無性, 相無性故名爲無性. 依他起自性待衆緣故非自然生, 無自然生性故名生無性, 生無性故名爲無性. 圓成實自性淸淨所緣故, 於依他起中無遍計所執相所顯自體故, 勝義爲自體故, 無性所顯故, 名勝義無性. 勝義無性, 故名爲無性. 由此道理, 是故如來說一切法皆無自性, 非一切種性 · 相俱無說爲無性. 又彼說言, 一切諸法無生無滅 · 本來寂靜 · 自性涅槃, 此依何密意說? 如無自性, 無生亦爾, 如無生, 無滅亦爾, **如**無生無滅, 本來寂靜亦爾, 如本來寂靜, 自性涅槃亦爾.)에 따라 '性'을 '生'으로 교정하는 것이 옳다.

55) 대정장본 『잡집론』(각주54 볼드 부분)에 비추어 볼 때 만속장경본 교감기의 지적대로 '如'를 보충하는 것이 옳다.

56) 대응 SNST(ZhT68.674.21-675.1: bstan pa 'rnam pa〈rnams〉* de ltar thad dad par gyur pa yaṅ **byed pa ñid** ces bya ba ni kun brtags paḥi ṅo bo ñid deḥi phyir ... *'諸'에 상응하는 번역어이므로 P. N.을 따라 'rnam pa'를 'rnams'으로 교정하는 것이 옳다.)의 '所遣性'과 불일치한다.

57) '不無'라는 이중 부정의 형태가 매우 낯설다. 대응 SNST(ZhT68.675.4-5: rten ciṅ ḥbrel par ḥbyuṅ baḥi don med pa <u>ma yin par</u> rab tu bstan pa yin te/)에 비추어 볼 때 '不'은 '非'로 교정하는 것이 자연스러워 보인다. 참고로 최듭은 '欲顯因緣生義不〈非〉無' 구의 주어를 직전의 '『廣百論』等 ~ 無生滅等'으로 오독하였다. 자세한 것은 '보론3'의 '자료10'과 '각주53' 참조.

58) 대응 SNST(ZhT68.675.9-10: deḥi phyir <u>bstan bcos chos mṅon pa kun las btus pa</u> la sogs pa las)에 따르면, 최듭이 본 사본에는 '雜集'이 아니라 '集論'으로 되어 있을 가능성이 높다. 쫑카빠가 본 SNST 역시 '集論'(kun las btus)으로 되어 있다('보론3'의 '자료9' 참조). 최듭은 '잡집'이 '집론'의 주석인 점 때문에 앞에서 '잡집' 인용을 확인하였으면서도(ZZ21 264a21 이하: 如『雜集論』第十二說. 彼云, ...; ZhT68.673.13-14: /<u>bstan bcos chos mṅon pa</u> **sna tshogs** <u>kun las btus pa</u> las ji skad du …) 여기 해설 부분에서 '집론'으로 명칭이 변경된 것을 자연스럽게 받아들인 듯하다.

(2)-2-1-1-2-2-4: 글을 마무리 지음[結文]

ZZ21 264c9-10; WX34 768b3-4:

是故我依法無我性所顯勝義無自性性密意說言'一切諸法無生無滅 · 本來寂靜 · 自性涅槃'.

가. 위 문장의 주제

ZZ21 264c11; WX34 768b5:

釋曰. 第四結文. 可知.

나. 『잡집론』의 四秘密을 통한 위 경문의 密意 해석

ZZ21 264c11-265a21; WX34 768b5-769b3:

問. 如上所說諸'密意'言, 四秘密中依何密意?

解云, 依『雜集』說, 有四秘密, 故彼『論』云, "一令入祕密, 二相祕密, 三對治祕密, 四轉變祕密, 如是四種於大乘中略攝如來一切所說祕密道理. 令入祕密者, 謂於聲聞乘說色等諸法皆有自性. 爲令無怖畏漸入聖教故. 相祕密者, 謂於三自性說'一切法皆無自性 · 無生無滅'等. 對治祕密者, 謂爲調伏諸過失者, 如來宣說種種密教, 如爲對治八種障故說最上乘. 一者輕佛, 二者輕法, 三(者)[59]懈怠, 四者少善生喜足故[60], 五者貪行, 六者慢行, 七者惡作, 八者不定性. [61]為對治輕佛障故, 說'往昔毗婆尸佛即我身是'. 為對治輕法障故, 說

---

59) 만속장경본 교감기의 지적대로 '者'를 보충하는 것이 자연스러워 보인다.

60) 대정장본 『잡집론』(T31 752b10-c1: 復次有四種祕密, 由此祕密故, 於方廣分中一切如來所有祕密應隨決了. 何等爲四? 謂令入祕密, 相祕密, 對治祕密, 轉變祕密, 如是四種於大乘中略攝如來一切所說祕密道理. 令入祕密者, 謂於聲聞乘說色等諸法皆有自性. 爲令無怖畏漸入聖教故. 相祕密者, 謂於三自性, 說一切法皆無自性無生無滅等. 對治祕密者, 謂爲調伏諸過失者, 如來宣說種種密教, 如爲對治八種障故說最上乘. 何等爲八? 謂輕佛法 · 懈怠 · 少善生喜足 · 貪 · 慢行 · 惡作 · 不定性差別. **廣說指事隨其所應如四意趣說.** 轉變祕密者, 謂經所說隱密名言, 如說於不堅堅覺深住於顚倒, 極煩惱所惱, 得最上菩提. 此中密意者, 謂於不散動, 起堅固勝覺. 所以者何? 堅有二義, 一貞實, 二散動, 由此散動, 令心剛逸, 故亦名堅. 深住於顚倒者, 謂翻常樂我淨四倒爲無常等, 故名顚倒. 於此不退, 故名深住. 極煩惱所惱者, 謂於長時精勤苦行, 極爲勞倦所逼惱故. 得最上菩提者, 若具如上所說三事, 定速當證無上菩提.)에 비추어 볼 때 '故'는 연자로 보인다.

61) 이하 '為對治輕佛障故 ~ 一乘更無第二' 부분 대응 『잡집론』 원문(廣說指事隨其所應如四意趣說. 각주60, 볼드 부분)은 8종 장애에 대한 자세한 설명은 앞부분을 참조하라고 권유한다. 원측은

'於無量恒沙佛所修行大乘乃得生解'. 為對治懈怠障故, 說'有眾生願生安樂國, 一切得往生, 稱念無垢月光佛名, 決定當得無上菩提'. 為對治少善喜足障故, 於施等行, 或時稱讚, 或時毀呰. 為對治貪行障故, 稱讚佛土富 · 樂 · 莊嚴. 為對治慢行障故, 稱讚諸佛或有增勝. 為對治悔行障故, 或有眾生於佛 · 菩薩起不饒益, 說彼有情, "雖行輕毀, 亦得生天." 為對治不定種性故, 令捨聲聞下劣意樂, 記'大聲聞當得作佛', 又說'一乘更無第二'. 轉變祕密者, 謂『經』所說隱密名言, 如說"'於覺不堅〈於不堅堅覺〉[62], 善〈深〉[63]住於顚倒, 極煩惱所惱, 得最上菩提.' 此中密意者, 謂於不散動, 起堅固勝覺. 所以者何? 堅有二義, 一眞〈貞〉[64]實, 二散動, 由此散動, 令心剛逸, 故亦名堅. 深住於顚倒者, 謂翻常樂我淨四倒爲無常等, 故名顚倒. 於此不退, 故名深住. 極煩惱所惱者, 謂於長時精勤苦行, 極爲勞倦所逼惱故. 得最上菩提者, 若具如上所說三事, 定速當證無上菩提." 今此『經』中明密意者, 如世尊說'以無量門曾說蘊等十三法門皆有自相', 即當四中令入秘密, 世尊復'說一切諸法皆無自性無生滅等', 即是四中相秘密也. 無性 · 世親『攝論』第五約三自性說相秘密, 『雜集』十二 · 『莊嚴』第六依三無性說'無生等'名相秘密, 即彼『雜集』及『莊嚴論』順此『經』文.

이를 직전에 등장하는 관련 텍스트(T31 752a23-b10: 復次有四種意趣. 由此意趣故「方廣分」中一切如來所有意趣應隨決了. 何等爲四? 謂平等意趣, 別時意趣, 別義意趣, 衆生意樂意趣. (1)平等意趣者, 如說, "我於爾時曾名勝觀如來應正等覺." 與彼法身無差別故. (3)別時意趣者, 如說, "若有願生極樂世界, 皆得往生, 若暫得聞無垢月光如來名者, 卽於阿耨多羅三藐三菩提決不退轉." 如是等言意在別時故. (2)別義意趣者, 如說, "一切諸法皆無自性." 如是等言不可如文便取義故. 衆生意樂意趣者, 謂於一善根或時稱讚, 爲令歡喜勇猛修故, 或時毀呰, (4)**爲遮得少善生喜足故**. (5)**爲貪行者**稱讚佛土富樂莊嚴. (6)**爲慢行者**稱讚諸佛或有增勝. (7)**爲恒悔惱障修善者**, 說如是言, "於佛 · 菩薩雖行輕毀, 然彼衆生亦生天趣." (8)**為對治不定種性故**, 令捨聲聞下劣意樂, 記'大聲聞當得作佛', 又說'一乘更無第二'.)를 간략하게 재구성하고 편집하여 대체하였다. 필자가 붙인 숫자를 통해 『잡집론』 원문과 원측 편집문 간의 대응 관계를 알 수 있을 것이다.

62) 대응 SNST(ZhT68.677.18: sñiṅ po med pa la sñiṅ por śes), 뒤에 이어지는 해설 '此中密意者, 謂於不散動, 起堅固勝覺. 所以者何? 堅有二義, 一貞實, 二散動, 由此散動, 令心剛逸, 故亦名堅.'에 비추어 볼 때 '於覺不堅'은 『잡집론』 원문대로 '於不堅堅覺'으로 교정하는 것이 옳다.

63) 대정장본 『잡집론』과 대응 SNST(ZhT68.677.19: śin tu gnas)에 비추어 볼 때 '善'은 '深'의 오기로 보인다.

64) 대정장본 『잡집론』과 대응 SNST(ZhT68.678.1: phra ba)에 비추어 볼 때 '眞'은 '貞'의 오기로 보인다.

B-1-2. 세존의 두 번째 대답

(2)-2-1-2: 삼성의 법문과 관련지어 삼무성을 설한 의도를 밝힘[約三性門辨立三無性意]

(2)-2-1-2-1: 정반대의 잘못된 해석 환기[反釋]

ZZ21 265a22-24; WX34 769b4-6:

復次勝義生! 非由有情界中諸有情類別觀遍計所執為自性故, 亦非由彼別觀依他起自性及圓成實自性為自性故, 我立三種無自性性.

가. 約三性門辨立三無性意 관련 목차, 위 문장의 주제

ZZ21 265b1-2; WX34 769b7-8:

釋曰. 自下第三約三性門(辨)65)立三無性意. 於中有二, 初反釋, 後'然由'下順解, 此即初也.

나. 觀의 의미, 위 문장의 의미에 대한 두 가지 해석 소개 및 평가

ZZ21 265b2-11; WX34 769b8-17:

'觀' 謂觀待, 或觀察義.

此中意云, 謂諸有情, 非由別觀三種自性, 如其次第遣三性故, 立三無性. 所以者何? 非唯相無自性性遣遍計所執, 餘二亦遣所執性故. 不遣依他及圓成實, 立後二種無自性性. 依他 · 圓成不可遣故.

又解, 此中立三意者, 為除有情所執過患立三無性, 非彼有情於三性中一一別執有三自性, 為除彼故立三無性, 但諸有情不了依他及圓成實, 於二性上起增益執, 由此建立三種三66)無性.

---

65) 목차 '約三性門立三無性意' 대응 SNST(ZhT68.679.10-12: ṅo bo ñid rnam pa gsum gyi rnal ḥbyor las btsams nas ṅo bo ñid med pa rnam pa gsum rnam par bṣag paḥi dgoṅs pa bstan pa), 짝수자구를 선호하는 원측 작문 습관, 앞선 전체 목차 '約三性觀辨立三無性意' 및 그 대응 SNST(ZhT68.654.13-14: ṅo bo ñid rnam pa gsum gyi rnal ḥbyor las btsams nas ṅo bo ñid med pa rnam pa gsum rnam par bṣag paḥi dgoṅs pa bstan pa) 등을 고려하여 '辨' 정도의 글자를 보충하는 것이 자연스럽다.

66) '三'은 연자임이 분명하다.

於二說中後說為勝. 順文相故. 依『深密經』, 不違此『經』.

(2)-2-1-2-2: 올바른 이해[順解]

(2)-2-1-2-2-1: 명시함[標]

ZZ21 265b12-13; WX34 769b21-770a1:

然由有情, 於依他起自性及圓成實自性上, 增益遍計所執自性故, 我立三種無自性性.

가. 順解 관련 목차, 위 문장의 주제

ZZ21 265b14-15; WX34 770a2-3:

釋曰. 此下第二順解. 於中有二, 先標, 後釋, 此即標也.

나. 위 문장의 의미

ZZ21 265b15-19; WX34 770a3-7:

此意說云, 於二性上遍計所執相非由自相安立為相故, 立相無自性性, 於依他起上無自然生增益故, 立生無自性性. 於圓成實上無此所執性故, 立勝義無自性性, 非謂別觀三種自性為自性故, 故說三種無自性性.

(2)-2-1-2-2-2: 해석함[釋]

(2)-2-1-2-2-2-1: 집착 대상인 상으로 말미암아 집착이 생김[由所執相能生執著]

(2)-2-1-2-2-2-1-1: 집착 대상인 상으로 말미암아 말이 생김[由所執相能起言說]

ZZ21 265b20-21; WX34 770a8-9:

由遍計所執自性相故, 彼諸有情於依他起自性及圓成實自性中隨起言說.

가. 위 문장의 주제 및 의미

ZZ21 265b22-c1; WX34 770a10-13:

釋曰. 此即釋也. 總說意云, 由所執相能起言說, 由言說故成三種因, 由三因故起諸執著, 由執著故生依他起三種雜染流轉六趣生死過失. 是故此中約所執相立三無性.

나. 釋 · 由所執相能生執著 관련 목차, 위 문장의 주제

ZZ21 265c1-4; WX34 770a13-16:

於中有二, 初由所執相能生執著, 後'如如'下由執著故生流轉法. 前中有二, 初由所執相能起言說, 後'如如'(下)[67]由言說故能生執著, 此即初也.

다. 依他起性과 圓成實性의 두 가지 측면: 離言과 言說

ZZ21 265c4-5; WX34 770a16-17:

理實, 二性皆離名言, 而由遍計所執相故於二相中有言說起.

(2)-2-1-2-2-2-1-2: 말로 말미암아 집착이 생김[由言說故能生執著]

(2)-2-1-2-2-2-1-2-1: 말로 말미암아 세 가지 원인이 만들어짐[由言說故成三種因]

ZZ21 265c6-7; WX34 770a18-b1:

如如隨起言說如是如是. 由言說熏習心故, 由言說隨覺故, 由言說隨眠故.

가. 由言說故能生執著 관련 목차, 위 문장의 주제

ZZ21 265c8-10; WX34 770b2-4:

釋曰. 此即第二由言說故能生執著. 於中有二, 初由言說故成三種因, 後由三因故能生執著, 此即初也.

나. 위 문장의 의미

ZZ21 265c10-16; WX34 770b4-10:

言'如如'者, 顯所說法, 所說非一, 故曰'如如'. 隨彼如如, 起諸言說, 是故重言'如是如是'. 由諸言說成三種因. 一'由言說熏習心故'此明三熏習中名言熏習. 二'由言說隨覺故'此解名言隨覺分別, 如人 · 天等解言說者. 三'由言說隨眠故'此不解名言隨眠分別, 如牛 · 羊等不解言說, 但由隨眠而起分別. 此即顯由起言說故成三種因.

(2)-2-1-2-2-2-1-2-2: 세 가지 원인으로 말미암아 집착이 생김을 밝힘[明由三因

67) 문맥과 대응 SNST(ZhT68.681.20: ji lta ji ltar ṣes bya ba <u>man chad</u> kyis)에 따라 '下'를 보충하는 것이 자연스럽다.

故能執著]

ZZ21 265c17-18; WX34 770b11-12:

於依他起自性及圓成實自性中執著遍計所執自性相.

가. 위 문장의 주제 및 의미

ZZ21 265c19-21; WX34 770b13-15:

釋曰. 此(第二)明由三因故能(生)[68]執著. 於三因中前之一因顯執因緣; 後之二因顯增上緣, 由此三因, 於二性中執著遍計所執自性.

(2)-2-1-2-2-2-2: 집착으로 말미암아 윤회의 현상이 생김[由執著故生流轉法]

(2)-2-1-2-2-2-2-1: 앞서 언급한 집착을 환기시켜 그것이 윤회의 원인임을 밝힘[牒前能執顯流轉因]

ZZ21 265c22-23; WX34 770b16-17:

如如執著如是如是, 於依他起自性及圓成實自性上執著遍計所執自性.

가. 由執著故生流轉法 관련 목차, 위 문장의 주제

ZZ21 265c24-266a2; WX34 770b18-771a2:

釋曰. 此下第二由執著故生流轉法. 於中有二, 初牒前能執顯流轉因, 後正明能執生流轉果, 此即初也.

나. 위 문장의 의미

ZZ21 266a2-5; WX34 771a2-5:

言'如如'者, 顯所執境, 所執非一, 故曰'如如'. 隨彼如如, 起諸執著, 是故重言'如如是是〈'如是如是'〉[69]. 由此執著, 於二性中執著遍計所執自性, 以此執著為流轉因.

---

68) 앞서 제시한 목차와 대응 SNST(ZhT68.683.7-8: <u>gñis pa</u> rgyu rnam pa gsum gyi dbaṅ gis mṅon par ṣen pa <u>skye ba</u>r bstan pa ste/)에 따라 위와 같이 보충하는 것이 자연스럽다.

69) 주석 대상인 위 『해심밀경』 경문(如如執著<u>如是如是</u>)과 대응 SNST(ZhT68.683.21-684.1: /ji lta ji ltar gyur pa de dag gi rjes su mṅon par ṣen pa rnam skye bas deḥi phyir tshig zlos bur <u>de lta de ltar</u> ṣes bya ba gsuṅs te/)에 따라 '如是如是'로 수정해야 한다.

(2)-2-1-2-2-2-2-2: 윤회라는 결과로 이어짐을 밝힘[顯流轉果]

(2)-2-1-2-2-2-2-2-1: 의타적 발생이 본질인 현상이 생김[生依他起]

ZZ21 266a6; WX34 771a6:

由此因緣生當來世依他起自性.

가. 顯流轉果 관련 목차, 위 문장의 주제

ZZ21 266a7-8; WX34 771a7-8:

釋曰. 此下第二顯流轉果. 於中有二, 初生依他起, 後生三雜染, 此即初也.

나. 依他와 雜染의 구분

ZZ21 266a9-10; WX34 771a8-10:

問. 依他 · 雜染有何差別? 答. 總 · 別有異, 或可, 寬 · 狹不同. 依他是寬. 從緣生者皆依他故, 三雜染中不攝長養五根等故.

(2)-2-1-2-2-2-2-2-2: 세 가지 번뇌 영향하의 현상이 생김[生三雜染]

(2)-2-1-2-2-2-2-2-2-1: 세 가지 번뇌 영향하의 현상으로 말미암아 윤회하게 됨[由三雜染流轉生死]

ZZ21 266a11-13; WX34 771a11-13:

由此因緣, 或為煩惱雜染所染, 或為業(雜)[70]染所染, 或為生雜染所染, 於生死中, 長時馳騁, 長時流轉, 無有休息.

가. 生三雜染 관련 목차, 위 문장의 주제

ZZ21 266a14-15; WX34 771a14-15:

釋曰. 此下第二生三雜染. 於中有二, 初由三雜染流轉生死, 後由三雜染流轉六趣, 此即初也.

70) 대정장본 『해심밀경』(T16 694c10)에 따라 '雜'을 보충하는 것이 옳다.

나. 위 문장의 의미

ZZ21 266a16-18; WX34 771a15-18:

謂由此執為因緣故, 生三雜染. 三雜染者, 謂或〈惑〉[71] · 業 · 生, 所緣 · 相應 · 二縛所縛, 故名雜深〈染〉[72]. 由此雜染, 分段 · 變易二生死中, 馳騁流轉, 無有休息. [二種生死義如『別章』.]

(2)-2-1-2-2-2-2-2-2-2: 세 가지 번뇌 영향하의 현상으로 말미암아 육취로 윤회하게 됨[由三雜染流轉六趣]

ZZ21 266a19-20; WX34 771b1-2:

或在那落迦, 或在傍生, 或在餓鬼, 或在天上, 或在阿素洛, 或在人中, 受諸苦惱

가. 위 문장의 주제

ZZ21 266a21; WX34 771b3:

釋曰. 此即第二由三雜染流轉六趣.

나. 아비달마논서 속 六趣에 대한 다양한 정의 소개

ZZ21 266a21-b19; WX34 771b3-772a7:

言'那落迦', 依『順正理』二十一云, "'迦'是樂名, '那'者言無, '落'是與義, 無樂相與, 名'那落迦'. 或復, '落迦'是救濟義, '那'名不可, 不可救濟, 名'那落迦'." 依『大婆沙』百七十二云, "'捺落'名人, '迦'名為惡, 惡人生處, 名'捺落迦'." 依『毗曇論』第八卷云, "不可樂故名'地獄'."

言'傍生'者, 【『毗曇論』云】[73], "身橫行故名'畜生'." 『順正理』云, "彼趣多分身橫住故, 或彼趣中容有少分傍行者(故)[74]." 『婆沙論』云, "其形傍故行亦傍, 以行傍故形亦傍, 故名

---

71) '或'은 '惑'의 오기임이 분명하다.

72) '深'은 '染'의 오기임이 분명하다.

73) 대응 SNST(ZhT68.686.1-2: /dud ḥgo ṣes bya ba ni/ btud de ḥgro baḥi phyir/ dud ḥgro ṣes bya ste/)의 경우 '毗曇論云' 대응 부분이 없으며 원측 자신의 해설로 읽고 있다.

74) 대정장본 『순정리론』(尊者衆賢 造, 玄奘 譯, 『阿毘達磨順正理論』 권21, 「辯緣起品」 T29 461a19-20: 言'傍生'者, 彼趣多分身橫住故, 或彼趣中容有少分傍行者故.)과 대응 SNST(ZhT68.

'傍生'. 有說, 遍諸處故名'傍生', 謂此遍於五趣有故."

言'餓鬼'者, 『毗曇論』云, "從他悕求故名'餓鬼'." 『順正理』云, "多懷法〈怯〉[75]劣, 其形瘦悴, 身心輕躁, 故名'餓鬼'." 『婆沙論』云, "飢渴增故, 名為'餓鬼'. 有說, 被驅役故名'鬼'. 恒為諸天處處驅役常馳走故."

所言'天'者, 『毗曇論』云, "光明故名'天'." 『順正理』云, "天謂尊高, 神用自在, 眾所祈告, 故名為'天'." 『婆沙論』云, "光明增故名'天'. 以彼自然身光恒照晝夜等故."

'阿素洛'者, 『(順)[76]正理』云, "'素洛'名天, 是自在義, '阿'是非義, 顯彼非天, 自在減天, 名'阿素洛'." 『婆沙論』云, "'素洛'是天, 彼非天故, 名'阿素洛'. 復次, '素洛'名端政, 彼非端政, 名'阿素洛'."

所言'人'者, 『毗曇論』云, "意寂靜故名'人'." 『順正理』云, "多思慮故名'人'." 『婆沙論』云, "能寂靜故名'人'. 以五趣中能寂靜意無如人者." 廣釋如彼『正理』·『婆沙』, 具如『別章』.

B-1-3. 세존의 세 번째 대답

(2)-2-1-3: 수행 단계와 관련지어 삼무성을 세운 뜻을 밝힘[約位辨立三無性意]

(2)-2-1-3-1: 다섯 수행 단계와 관련지어 생무자성을 설함[約五位說生無自性性]

(2)-2-1-3-1-1: 설법 대상을 밝힘[明說教所為]

ZZ21 266b20-22; WX34 772a8-10:

復次<u>勝義生</u>! 若諸有情, 從本已來, 未種善根, 未清淨障, 未成熟相續, 未多修勝解, 未能積集福德·智慧二種資糧.

686.4-5: yaṅ na ḥgro ba der dud de ḥgro ba kha cig kyaṅ yod pa<u>ḥi phyir ro</u>)에 따라 '故'를 보충하는 것이 자연스럽다.

75) 대정장본 『순정리론』(T29 461a23-24: 又多怯劣, 其形瘦悴, 身心輕躁, 故名'餓鬼'.)과 대응 SNST(ZhT68.686.12-13: <u>hjigs śiṅ skrag pa</u> daṅ/ maṅ du ldan pa daṅ/)에 비추어 볼 때 '法'은 '怯'의 오기임이 분명하다.

76) 짝수자구를 선호하는 원측 작문 습관에 비추어 볼 때 전후의 다른 구처럼 '順'을 보충하는 것이 자연스럽다.

가. 約位辨立三無性意 관련 목차, 『성유식론(成唯識論)』 오위(五位)와 『해심밀경』 '오위' 간 대응 관계, 約五位說生無自性性 관련 목차, 위 문장의 주제

ZZ21 266b23-c12; WX34 772a11-b6:

釋曰. 自下第三約位辨立三無性意. 於中有二, 初約五位說生無自性性, 後'彼雖如是'下約加行等位說後二種無自性性.

夫論觀門, 有其五位, 如『成唯識』第九卷說, "何謂悟入唯識五位? 一資糧位, 謂修大乘順解脫分." 解云, 始從十信至十迴向. "二加行位, 謂修大乘順決擇分." 解云, 在十迴向第十終〈淨〉[77]心. "三通達位, 謂諸菩薩所住見道. 四修習位, 謂諸菩薩所住修道. 五究竟位, 謂住無上正等菩提." 今依此『經』, 分為兩段. 初約五位辨生無自性性, 即當『唯識』初資糧位及十信前種解脫分善根位也. 後約加行等位辨立後二無性, 即當『唯識』中間三位. 除無學位. 非所為故. 此即初也.[78]

於中有三, 初明說教所為, 次'我為彼'下對機正說, 後'彼聞'下辨教勝利, 此即初也.

나. 『해심밀경』 '오위'와 여타 문헌 속 '사십심(四十心)' 간 대응 관계

ZZ21 266c12-c20; WX34 772b6-14:

然彼所為有其五位, 一種善根位, 謂十信前種解脫分善根位也. 種解脫分善根之法如『優婆塞戒經』中說. 二清淨位, 謂即十信, 謂能隨分淨罪業故. 故『深密經』第二卷云, "未清淨罪業者, 清淨罪業." 『緣起經』云, "內法異生不共無明已永斷故, 不造罪業也." 三成熟相續位, 謂即十解能令信等'相續成就〈成熟相續〉[79]. 故『深密』云, "依彼成熟善根力故." 四

---

77) 문맥과 대응 SNST(ZhT68.730.7-8: sems yoṅs su sbyoṅ ba)에 비추어 볼 때 '終'은 '淨'의 오기로 보인다. 티벳어 'yoṅs su sbyoṅ ba'가 '정화'를 의미하는 산스끄리뜨어 'parikarman' (Monier-Williams 1899. 2180)에 대응하는 경우가 있으며, 또 티벳어 'sbyoṅ ba'에 '정화하다'의 뜻은 있어도 '終'에 대응하는 의미는 발견되지 않는다(張怡孫 1999. 2026-2027).

78) '此即初也'는 원측의 일반적인 목차 제시 방식에 비추어 볼 때 연문처럼 보이나, 대응 SNST(ZhT68.731.1: /ḥdi ni daṅ po ste/)가 있다는 점에서 최둡이 본 사본에도 존재했던 듯하다. 이 구는 상위 목차 제시 후 삽입된 『성유식론』 '오위'와 『해심밀경』 '오위' 간 관계에 보충 설명과 하위 목차 제시('於中有三' 이하)의 자연스러운 연결을 위해 들어간 문구로 보인다.

79) 문법과 대응 SNST(ZhT68.731.17-19: śes pa bcuḥi gaṅ zag mṅon par yid ches pa la sogs pa rgyud yoṅs su smin par byed pa gaṅ yin paḥo)에 비추어 볼 때 '相續成就'를 '成熟相續'으로 교정하는 것이 자연스럽다.

多修勝解位, 謂即十行, 決定勝解多現前故. 五積集福 · 智資糧位, 即十迴向, 具足福 · 智二資糧故.

다. 위 문장의 의미

ZZ21 266c21-23; WX34 772a14-b17:

此中意說, 未種善根令種善根, 乃至未具資糧令得具足故, 為此等故說生無性. 又解, 此文辨資糧位五事差別, 非立五位配四十心. 五事差別如前分別.

(2)-2-1-3-1-2: 근기에 따라 꼭 맞게 설했음을 밝힘[對機正說]

ZZ21 266c24; WX34 772a18:

我為彼故依生無自性性宣說諸法.

가. 위 문장의 주제 및 의미

ZZ21 267a1-3; WX34 773a1-3:

釋曰. 此即第二對機正說. 謂諸有情從本已來未悟諸法緣生道理, 妄執無因 · 自然而生. 是故世尊依生無自性性說'一切法皆從因生, 不由自然'.

(2)-2-1-3-1-3: 가르침을 들음이 주는 큰 이익[聞教勝利]

(2)-2-1-3-1-3-1: 무상의 이해라는 이익[解了無常利]

ZZ21 267a4-5; WX34 773a4-5:

彼聞是已, 能於一切緣生行中隨分解了, 無常無恒, 是不安隱, 變壞法已.

가. 聞教勝利 관련 목차, 위 문장의 주제

ZZ21 267a6-8; WX34 773a6-8:

釋曰. 此即第三聞教勝利, 四種勝利即分為四, 一解了無常利, 二怖畏 · 厭患利, 三止惡 · 修善利, 四五事具足利, 此即初也.

나. 위 문장의 의미

ZZ21 267a8-12; WX34 773a8-12:

謂世尊說, '從無明緣行, 乃至老死, 不從自在天等所生', 由斯有情隨分解了, 一切諸法無常 · 無恒, 是無常故即不安穩, 非如涅槃離生 · 滅故即是安住; 又諸有為前滅後生 · 漸次衰壞變壞之法.

(2)-2-1-3-1-3-2: 공포와 근심이라는 이익[怖畏 · 厭患利]

ZZ21 267a13; WX34 773a13:

於一切行, 心生怖畏, 深起厭患.

가. 위 문장의 주제

ZZ21 267a14; WX34 773a14:

釋曰. 此即第二怖畏 · 厭患利. 如文可知.

(2)-2-1-3-1-3-3: 악을 막고 선을 닦음이라는 이익[止惡 · 修善利]

ZZ21 267a15-16; WX34 773a15-16:

心生怖畏, 深厭患已, 遮止諸惡, 於諸惡法能不造作; 於諸善法能勤修習.

가. 위 문장의 주제

ZZ21 267a17; WX34 773a17:

釋曰. 此即第三止惡 · 修善利. 如文可知.

(2)-2-1-3-1-3-4: 다섯 가지 것의 구비라는 이익[五事具足利]

ZZ21 267a18-20; WX34 773a18-b2:

修習善因故, 未種善根能種善根, 未清淨障能令清淨, 未熟相續令成熟, 由此因緣, 多修勝解, 亦多積集福德 · 智慧二種資糧.

가. 위 문장의 주제

ZZ21 267a21; WX34 773b3:

釋曰. 此即第四五事具足利. 釋五事相, 准上應知.

(2)-2-1-3-2: 가행위 등과 관련지어 뒤의 두 가지 무자성성을 설법했음을 밝힘[約加行等位說後二種無自性性]

(2)-2-1-3-2-1: 가르침이 설해진 대상을 밝힘[明說教所為]

(2)-2-1-3-2-1-1: 두 가지 무성을 이해하지 못함을 밝힘[明未了二種無性]

ZZ21 267a22-24; WX34 773b4-6:

彼雖如是種諸善根, 乃至積集福德 · 智慧二種資糧, 然於生無自性性中未能如實了知相無自性性及二種勝義無自性性.

가. 約加行等位說後二種無自性性 · 明說教所為 관련 목차, 위 문장의 주제 및 구성

ZZ21 267b1-4; WX34 773b7-10:

釋曰. 此下第二約加行等位說後二種無自性性. 於中有三, 初明說教所為, 次'如來為彼'下對機正說, 後'彼聞已'下辨教勝利, 此即初也.[80] 於中有二, 初明未了二種無性, 後辨不了無性之性〈失〉[81], (此即初也)[82].

나. 위 문장의 의미

ZZ21 267b4-9; WX34 773b10-15:

謂諸有情聞說'諸法從緣而生, 不從自在天等所生', 由斯解了無常等義, 積集福 · 智二資糧等, 而未能了諸有為行皆如幻等非實有性, 便執諸法定有實性, 此多不了相無性性, 或復不了如上所說二種勝義無自性性.

(2)-2-1-3-2-1-2: 무성을 이해하지 못함이 초래하는 문제점을 밝힘[辨不了無性之失]

---

80) '此即初也'는 일반적으로 목차 제시의 마지막 구로 사용된다는 점에서 연문처럼 보인다. 하지만 SNST(ZhT68.734.17-18: ... ḥdi ni daṅ poḥo/)에 비추어 볼 때 최듭이 본 사본에도 이 구가 존재했던 듯하다. 이 구로 말미암아 이어지는 구 '於中'이 '初中'을 지칭함을 알 수 있다. 흥미롭게도 최듭이 본 사본에는 '初中'으로 되어 있었던 듯하다(ZhT68.734.18: /<u>daṅ po</u> yaṅ rnam pa gñis su dbye ste/).

81) 뒤 경문의 목차 '第二明不了(無性)<u>失</u>'과 대응 SNST(ZhT68.734.19-20: ṅo bo ñid med pa mi śes paḥi <u>ñes dmigs</u> bstan pa)에 비추어 볼 때 '性'은 '失'의 오기로 보인다.

82) 원측 목차 제시의 관례와 대응 SNST(ZhT68.734.20: ... ḥdi ni daṅ poḥo/)에 따라 '此即初也'를 보충해야 옳다.

ZZ21 267b10-12; WX34 773b16-18:

於一切行, 未能正厭, 未正離欲, 未正解脫, 未遍解脫煩惱雜染, 未遍解脫諸業雜染, 未遍解脫諸生雜染.

가. 위 문장의 주제 및 의미

ZZ21 267b13-16; WX34 774a1-4:

釋曰. 此即第二明不了(無性)[83]失. 謂未能了相無自性業〈等〉[84]故, 於一切行未能正厭等. 言'正厭', 是加行道. '正離欲'者, 是無間道. '正解脫'等, 是解脫道及勝進道. 煩惱·業·生三種雜染如『攝大乘』及『唯識』等.

(2)-2-1-3-2-2: 근기에 따라 올바르게 설했음을 밝힘[對機正說]

(2)-2-1-3-2-2-1: 올바르게 가르침을 설함[正說教]

ZZ21 267b17-18; WX34 774a5-6:

如來為彼更說法要, 謂相無自性性及勝義無自性性.

가. 對機正說 관련 목차, 위 문장의 주제 및 의미.

ZZ21 267b19-21; WX34 774a7-9:

釋曰. 此下第二對機正說. 於中有二, 初正說教, 後明說教之意, 此即初也. 謂十迴向終〈修〉[85]加行位等, 宜聞此教, 故為說之.

(2)-2-1-3-2-2-2: 가르침을 설한 의도를 밝힘[明說教之意]

ZZ21 267b22-24; WX34 774a10-12:

為欲令其於一切行能正厭故, 正離欲故, 正解脫故, 超過一切煩惱雜染故, 超過

---

83) 앞서 제시한 전체 목차(ZZ21 267b1 이하: 釋曰. 此下第二約加行等位說後二種無自性性 於中有三, 初… 次… 後… 中有二, 初… 辨不了無性之性〈失〉)와의 일관성과 대응 SNST(ZhT68.735.13: ṅo bo ñid med pa mi śes paḥi ñes dmigs bstan paḥo)를 고려할 때 '無性'을 보충하는 것이 자연스럽다.

84) 대응 SNST(ZhT68.735.13-14: mtshan ñid ṅo bo ñid med pa la sogs pa)에 비추어 볼 때 '業'은 '等'의 오기임이 분명하다.

85) 대응 SNST(ZhT68.736.6-7: ḥdi ltar yoṅs su bsṅo ba bcu la gnas pa dag sbyor ba la sogs pa bsgom* pa rnams bstan pa *P. N. sgom)에 비추어 볼 때 '終'은 '修'의 오기임이 분명하다.

一切業雜染故, 超過一切生雜染故.

가. 위 문장의 주제 및 의미

ZZ21 267c1-3; WX34 774a13-15:

釋曰. 此第二明說教之意, 為欲令其加行等位速能成辦加行等道, 及令超過三種雜染, 是故更說二種無性.

(2)-2-1-3-2-3: 가르침이 주는 큰 이익을 밝힘[辨教勝利]

(2)-2-1-3-2-3-1: 가행위에서 얻게 될 큰 이익을 밝힘[加行位中所得勝利]

ZZ21 267c4-5; WX34 774a16-17:

彼聞如是所說法已, 於生無自性性中, 能正信解相無自性性及勝義無自性性, 簡擇思惟, 如實通達.

가. 辨教勝利 관련 목차, 위 문장의 주제

ZZ21 267c6-8; WX34 774a18-b2:

釋曰. 此下第三辨教勝利. 於中有二, 初明加行位中所得勝利, 後'於依他起'下辨地上二地所得勝利, 此即初也, 此中正明於加行位所得勝利.[86]

나. 가행위(加行位)에 대한 상이한 해석 소개 및 평가, 위 문장의 의미, 『성유식론』에 따른 경문 '簡擇思惟'와 '如實通達' 해석

ZZ21 267c9-18; WX34 774b2-12:

然加行位諸說不同. 有說, 即屬第二僧祇, 極歡喜地近方便故, 如未至定, 即屬初禪. 有說, 正在第十迴向, (故屬)[87]第一僧祇. 未入地故. 雖有兩說, <u>護法</u>菩薩存第二解, 如『成

---

86) 이 구는 직전의 '初明加行位中所得勝利'와 중복되므로 연문처럼 보이지만, 대응 SNST(ZhT68.737.4: sbyor ba la gnas pas ḥthob paḥi phan yon bstan paḥo/)에 비추어 볼 때, 최둡이 본 사본에는 '此中正'과 '於'를 제외한 '明加行位所得勝利' 정도로 되어 있었던 듯하다.

87) 대응 SNST(ZhT68.737.5-10: kha cig na re ... /kha cig na re yoṅs su bsṅo ba bcu (pa)* la gnas pa yin pa<u>s</u> bskal pa graṅs med pa daṅ po<u>r gtogs te</u>/ da duṅ sa la ma ṣugs paḥi phyir ro ṣeḥo/ *'<u>第</u>十'에 대한 번역이므로 'pa'를 보충해야 한다.)와 짝수자구를 선호하는 원측 작문 습관을 고려해 볼 때 '故屬'을 보충하는 것이 옳다.

唯識』第九卷說, "近見道故, 立加行名."

於此位中聞後二種無性教故, 作四尋思 · 四如實觀, 存能緣識, 遣所取空, 即是相自性性, 即彼無性所顯勝義名為勝義無自性性. 若廣分別, 如『成唯識』第九卷說.

故今說云, 於二無性, 簡擇思惟, 即四尋思; 如實通達, 即四如實智也. 又解, '簡擇思惟'者, 四尋思位, '如實通達'者, 初地已上通達位也.

(2)-2-1-3-2-3-2: 통달위와 수습위에서 얻게 될 큰 이익을 밝힘[辨地上二位所得勝利]

(2)-2-1-3-2-3-2-1: 소집상을 버림[遣所執相]

ZZ21 267c19; WX34 774b13:

於依他起自性能不執著遍計所執自性相.

가. 辨地上二位所得勝利 관련 목차, 위 문장의 주제 및 의미

ZZ21 267c20-24; WX34 774b14-18:

釋曰. 此下第二辨地上二位所得勝利. 有六勝利, 即分為六, 一遣所執相, 二不起三因, 三滅依他起, 四斷當苦因, 五能引三道, 六離三雜染, 此即初也. 謂地上二位聞前所說二無性故, 能不執著遍計所執.

(2)-2-1-3-2-3-2-2: 윤회의 세 가지 원인을 일으키지 않음[不起三因]

ZZ21 268a1-2; WX34 775a1-2:

由言說不熏習智故, 由言說不隨覺智故, 由言說離隨眠智故.

가. 위 문장의 주제 및 의미, 두 종류의 三智 정의 소개

ZZ21 268a3-8; WX34 775a3-8:

釋曰. 此即第二不起三因, 謂不執故, 三因不成, 因不成故, 生三種智. 言三智者, 一言說不熏習智, 二言說不隨覺智, 三言說離隨眠智. 然此三智自有二說. 一(云),[88] 從境得名, 謂後所得智緣三境生, 立三智名. 一云, 從因得名, 謂即二種無自性智從三種因之所生故,

88) 온전한 문장을 위해 대응 SNST(ZhT68.739.3: kha cig na re)에 따라 '云'을 보충하는 것이 자연스럽다.

立三種名.

(2)-2-1-3-2-3-2-3: 의타기를 소멸시킴[滅依他起]

ZZ21 268a9; WX34 775a9:

能滅依他起相.

가. 위 문장의 주제 및 의미

ZZ21 268a10-11; WX34 775a10-11:

釋曰. 此即第三滅依他起. 謂不起三因, 成三種智, 由三智故能滅依他也.

(2)-2-1-3-2-3-2-4: 미래 고의 원인을 끊음[斷當苦因]

ZZ21 268a12; WX34 775a12:

於現法中, 智力所持, 能永斷滅當來世因.

가. 위 문장의 주제 및 의미

ZZ21 268a13-15; WX34 775a13-15:

釋曰. 此即第四斷當苦因. 由前三智滅依他故, 於現身〈法〉[89]中有方便智, 以方便智所攝持故, 彼根本智能永斷除當來世因.

(2)-2-1-3-2-3-2-5: 세 가지 길로 인도함[引三道]

ZZ21 268a16; WX34 775a16:

由此因緣, 於一切行, 能正厭患, 能正離欲, 能正解脫.

가. 위 문장의 주제 및 의미

ZZ21 268a17; WX34 775a17:

釋曰. 此即第五引三道, 所謂加行 · 無間 · 解脫也.

89) 위 『해심밀경』 경문(於現法中)과의 대응과 대응 SNST(ZhT68.739.14: mthoṅ baḥi <u>chos</u>)에 비추어 볼 때 '身'은 '法'으로 교정하는 것이 자연스러워 보인다.

(2)-2-1-3-2-3-2-6: 세 가지 번뇌 영향하의 현상으로부터 해탈함[離三雜染]

ZZ21 268a18; WX34 775a18:

能遍解脫煩惱 · 業 · 生三種雜染.

가. 위 문장의 주제

ZZ21 268a19; WX34 775b1:

釋曰. 此即第六離三雜染. 如文可知.

B-1-4. 세존의 네 번째 대답

(2)-2-1-4: 삼무성의 관행과 관련지어 일승의 의미를 밝힘[約三無性觀辨一乘義]

(2)-2-1-4-1: 성자의 길과 관련지어 일승의 의미를 밝힘[約聖道辨一乘義]

(2)-2-1-4-1-1: 삼승 각각이 자기 승이 추구하는 남김 없는 열반을 얻음을 명시함[明三乘各證自乘無餘涅槃]

ZZ21 268a20-23; WX34 775b2-5:

復次勝義生! 諸聲聞乘種性有情, 亦由此道此行跡故, 證得無上安隱涅槃, 諸獨覺乘種性有情, 諸如來乘種性有情, 亦由此道此行跡故, 證得無上安隱涅槃.

가. 約三無性觀辨一乘義 관련 목차

ZZ21 268a24-b2; WX34 775b6-8:

釋曰. 此下第四約三無性(觀)[90]辨一乘義義[91]. 於中有三, 初約聖道辨一乘義, 次'善男子'下明趣寂聲聞定不成佛, 後'若迴向'下明迴向聲聞定得成佛.

나. 約三無性觀辨一乘義 관련 세부 주제 해설

ZZ21 268b3-12; WX34 775b8-18:

---

90) 앞서 전체 목차(ZZ21 261a22-b2; WX34 761b4-8: 前中有五, 一約三無性釋『經』諸句, 二'復次勝義生'下約三性觀辨立三無性意, 三'復次勝義生'下約位辨立三無性意, 四'復次勝義生'下約三無性觀辨一乘義, 五'復次勝義生'下約無性教辨取解不同.)와 대응 SNST(ZhT68.740.10-11: ṅo bo ñid med pa rnam pa gsum gyi rnal ḥbyor)에 비추어 볼 때 '觀'을 보충하는 것이 옳다.

91) 만속장경본 교감기의 지적대로 '義'는 연자이다.

總釋意云, 第一段中, 約三種姓如來方便說為一乘, 就實正理, 具有三乘, 各證無餘究竟涅槃. 『勝鬘經』意亦同此說. 第二段意, 定性二乘唯證二乘無餘涅槃, 必無後時得成佛義. 故『瑜伽』云, "二乘所證無餘涅槃唯有真如清淨法界." 第三段意, 不定種姓迴向聲聞必當成佛. 是故『法華』「方便品」說, "為二乘種姓理實決定得成佛果." 若依此說, 方便說三, 就實為一. 故『法華』云, "十方佛土中 唯有一乘法/ 無二亦無三 除佛方便說//" 『法華』·『勝鬘』各據一義, 今此一部(二)[92]義俱有, 故『解深密』是最了義.【[義如『別章』.]】

다. (2)-2-1-4-1 관련 목차, 위 문장의 주제

ZZ21 268b12-14; WX34 775b18-776a2:

就初段中復分為三, 初明三乘各證自乘無餘涅槃, 次約聖道(明)[93]方便說一, 後明理實三乘差別, 此即第一.

라. 위 문장의 의미

ZZ21 268b15-18; WX34 776a2-6:

謂三乘種姓各以無性妙清淨道證無餘依妙涅槃界. 然彼聖道【能通】義故, 名之為'道',[94] 即彼聖道諸聖遊履, 亦名'行跡'. 由此道·跡離諸煩惱·有漏苦身, 證得常住·寂滅之樂, 是故說為'安隱涅槃'.

(2)-2-1-4-1-2: 방편으로 일승이라 설함[方便說一]

ZZ21 268b19-20; WX34 776a7-8:

一切聲聞·獨覺·菩薩皆共此一妙清淨道, 皆同此究竟清淨, 更無第二乘, 依此故密意說言'唯有一乘'.

---

92) 문맥과 대응 SNST(ZhT68.741.18-19: don gñis daṅ ldan paḥi phyir)를 고려하여 '二'를 보충하는 것이 옳다.

93) 한문 문법과 대응 SNST(ZhT68.742.2-3: ḥphags paḥi lam las brtsams nas thabs kyis gcig tu gsuṅs par bstan pa)를 고려하여 서술어 '明'을 보충하는 것이 자연스럽다.

94) 대응 SNST(ZhT68.742.6-7)는 'de yaṅ ḥphags paḥi lam gyi don yin paḥi phyir lam ṣes byaḥo'(그것은 또 聖道의 의미이기 때문에 道라고 한다.)로서 '能通'에 대한 번역어 없이 간략히 처리하고 있다. 중국어에 대한 훈고적 주석이 티벳인에게 무의미하기 때문에 생략한 것으로 보인다(Inaba 1977. 109-110 참조).

가. 위 문장의 주제 및 의미

ZZ21 268b21-c8; WX34 776a9-b2:

釋曰. 此即第二方便說一. 言'聲聞'者, 諸佛聖教, 聲為上首, 從師 · 友所, 聞此教聲, 展轉修證, 永出世間, 小行小果, 故名'聲聞'. 言'獨覺'者, 常樂寂靜, 不欲雜居, 修加行滿, 無師 · 友教, 自然獨悟, 永出世間, 中行中果, 故名'獨覺'. 或'觀待〈待觀〉[95]緣而悟聖果, 亦名緣覺. 言菩薩者, 悕求大覺, 悲愍有情, 或求菩提, 志願堅猛, 長時修證, 永出世間, 大行大果, 故名菩薩. 具如『瑜伽釋論』廣解. 總說意云, 謂彼三乘皆其〈共〉[96]此一妙(清淨)[97]無性道, 即說此道名'究竟淨', 唯有此道, 更無第二, 故約一道說為'一乘'. 故『深密』云, "唯有一清淨道, 更無第二." 而不別說'究竟清淨'. 故知, '究竟清淨'即是('一)[98]妙清淨道'也.

나. 위 문장 속 一의 의미: 道一과 果一

ZZ21 268c8-12; WX34 776b2-6:

又云, '一'言自有三種, 一道一故名'一', 二果一故名'一', 三理一故名'一'. 今依此文, 有其二種, '妙清淨道'即是道一, '究竟清淨'即是果一. 依此二一, 更無第二, 故深密意說'唯有一乘',[99] 而不同下第四卷中約理無別故說一乘.

---

95) 문맥과 대응 SNST(ZhT68.743.5: rten ciṅ ḥbrel par ḥbyuṅ baḥi rtog pa la ltos nas)를 고려하여 '觀待'는 '待觀'으로 교정하는 것이 옳다.

96) 위『해심밀경』경문(一切聲聞 · 獨覺 · 菩薩皆共此一妙清淨道, ...)과 대응 SNST(각주97, 볼드 부분)를 고려할 때 만속장경본 교감기의 지적대로 '其'는 '共'의 오기임이 분명하다.

97) 이어지는 '即說此道名究竟淨'과의 의미적 호응과 대응 SNST(ZhT68.743.11-14:/de ni ḥdi skad du ḥdi ltar theg pa gsum po de dag śin tu rnam par dag pa ṅo bo ñid med paḥi lam ḥdir gcig **thun moṅ du gyur pa**s lam ḥdi ñid la mthar phyin paḥi rnam par dag pa ṣes bya ste/)를 고려하여 '清淨'을 보충하는 것이 자연스럽다.

98) 위『해심밀경』경문(一切聲聞 · 獨覺 · 菩薩皆共此一妙清淨道, ...)과 대응 SNST(ZhT68.743. 20-21: śin tu rnam par dag paḥi lam gcig la bya bar mṅon no)에 비추어 볼 때 '一'을 보충하는 것이 자연스러워 보인다.

99) '依此~一乘' 부분 대응 SNST(ZhT68.744.5-7: gcig pa ñid rnam pa gñis po de las gṣan gñis pa gaṅ yaṅ med paḥi phyir de las dgoṅs nas theg pa gcig kho naḥo ṣes gsuṅs pa yin gyis〈gyi〉* *P. N.에 따라 gyi로 교정하는 것이 옳다.)는 한문과 문장이 약간 다르다. 티벳어역에 따라 만약 한문을 재구성한다면 '離此二一更無第二, 故依此密意說唯有一乘' 정도가 될 수 있을 것이다. 티벳어역이 만속장경본보다 자연스러워 보인다.

다. 一乘의 의미와 본질

ZZ21 268c12-19; WX34 776b6-13:

然一乘者, 唯一佛乘. 故『勝鬘經』云, "聲聞 · 緣覺皆入大乘, 大乘即佛乘也." 又『法華經』云, "十方佛土中 唯有一乘法/ 無二亦無三" 或可, 法身以明一乘. 故『法華論』云, "以如來法身與聲聞法身~~法身~~[100]無異故與授記." 後當分別. 此即六中帶數釋也.

論體性者, 若受用身, 四智心品所攝蘊等以為體性; 若就法身, 真如為體. 【總相出體.】於一乘門, 教 · 理 · 行 · 果以為一乘.

라. 일승에 관한 신구 간의 논쟁 소개 및 정리

1) 논쟁의 원인: 경전의 다양성, 역자의 불일치, 주제의 심원함

ZZ21 268c20; WX34 776b13-14:

然此一乘, 聖教甚多, 譯者非一, 意趣深遠, 是故新 · 舊競興諍論.

2) 신구의 주장 소개와 회통

(1) 진제 진영의 주요 주장 소개

A. 전체 주장: 모든 중생은 불성이 있다.

ZZ21 268c21-22; WX34 776b14-16:

一<u>真諦</u>等一類諸師依『法華』等諸『經』及『論』皆作此說, "一切衆生皆有佛性".

B. 경증(1)

ZZ21 268c22-269a17; WX34 776b16-777a17:

a. 『열반경』

故『涅槃經』第七卷云, ""二十五有有我不耶?" 佛言, "善男子! 我者即是如來藏義, 一

---

100) 대정장본 『법화론』(大乘論師婆藪槃豆 釋, 菩提留支共沙門曇林等 譯, 『妙法蓮華經憂波提舍』 권하, 「方便品」 T26 8c25-9a3: 問曰. 彼聲聞等, 爲實成佛故與授記, 爲不成佛與授記耶? 若實成佛, 菩薩何故於無量劫修集無量種種功德? 若不成佛云何與之虛妄授記? 答曰. 彼聲聞等得授記者, 得決定心, 非謂聲聞成就法性如來, 依彼三種平等說一乘法. <u>以佛法身聲聞**法身**平等無異故與授記</u>, 非卽具足修行功德. 是故菩薩功德具足, 諸聲聞人功德未足.)에 따라 중복된 '法身'을 삭제하는 것이 옳다. 티벳어역(ZhT68.744.16-17)도 이와 일치한다.

切衆生悉有佛性, 即是我義."" 又第二十五〈九〉[101]云, "衆生 · 佛性不一不異, 諸佛平等, 猶如虛空, 一切衆生同共有之."【[此說理性.]】 又第二十七云, "'師子吼'者, 名決定說'一切衆生悉有佛性'." 又云, "譬如有人家有乳 · 酪, 有人問言, '汝有蘇耶?' 答言, '我有酪, 實非蘇, 以巧方便定當得故, 故言'有蘇'.' 衆生亦爾, 悉皆有心, 凡有心者定當得成阿耨多羅三藐三菩提. 以是義故, 我常宣說'一切衆生悉有佛性'."【[此說行性.]】 又三十三〈二〉[102]云, "一切衆生同有佛性, 皆同一乘, 同一解脫, 一因一果, 同一甘露, 一切當得常 · 樂 · 我 · 淨, 是名一味."【[通說理 · 行.]】

b.『법화경』,『승만경』,『수천자소문경』,『능가경』

又『法華經』云, "十方佛土中 唯有一乘法/ 無二亦無三 除佛方便說//" 又云, "唯此一事實 餘二則非真/"

又『勝鬘經』(云)[103], "聲聞 · 緣覺皆入大乘." 又『須真天子所問經』云, "文殊師利言, "一切皆得審當作佛, 卿莫疑也. 所以者何? 一切當得如來覺故."" 廣說如彼.

又『入楞伽』第二明五乘性云, "闡提二種, 一者焚燒一切善根, 二者憐愍一切衆生作盡願, 二中從〈後〉[104]一定不成佛." 具說如彼.『四卷楞伽』第一卷說, 言雖有異, 意同前本.

C. 부분 주장(1): 무성유정 역시 성불할 수 있다.

ZZ21 269a18; WX34 777a17-18:

准此等『經』, 無姓有情亦得成佛.

---

101) 대정장본『열반경』(曇無讖 譯,『大般涅槃經』권29,「師子吼菩薩品」T12 539a9-13: 佛言, "善男子! 衆生 · 佛性不一不二, 諸佛平等, 猶如虛空, 一切衆生同共有之. 若有能修八聖道者, 當知是人則得明見. 善男子! 雪山有草名曰忍辱, 牛若食之則成醍醐. 衆生佛性亦復如是.")의 경우 제25권이 아닌 제29권에 등장하므로 '五'는 '九'의 오기로 보인다.

102) 대정장본『열반경』(『大般涅槃經』권32,「師子吼菩薩品」T12 559a21-23: 三者一味, 一切衆生同有佛性, 皆同一乘, 同一解脫, 一因一果, 同一甘露, 一切當得常 · 樂 · 我 · 淨, 是名一味.)의 경우 제33권이 아닌 제32권에 등장하므로 '三'는 '二'의 오기로 보인다.

103) 인용을 나타내는 서술어 '云'이 보충되는 것이 자연스럽다.

104) 문맥과 대응 SNST(ZhT68.747.4-5: rnam pa gñis las phyi ma gcig ṅes par mṅon par rdsogs par ḥtshaṅ mi rgya ste/)에 비추어 볼 때 '從'은 '後'의 오기임이 분명하다.

D. 경증(2)

ZZ21 269a18-b11; WX34 777a18-b17:

a. 진제 역 세친 『섭대승론석』

又梁『攝論』第十五云, "五救濟乘為業." 乃至彼云, "未定根 · 性聲聞, 能安立彼為修行大乘故. 釋曰. 乃至若得信等五根, 不名定根. 以未得聖故. 若得未知欲知等三根, 則名定根. 以得聖故. 若至頂位, 不名定性. 以不勉105)四惡道故. 若至忍位, 名為定性. 以免四惡道故.【若依小乘解,】未得定根 · 性, 則可轉小為大, 若得定根 · 性, 則不可轉. 如此聲聞無有改小為大義, 云何得說一乘? 今依大乘解, 未專修菩薩道, 悉名未定根 · 性故, 一切聲聞皆有可轉為大義. 安立如此大 · 小乘人令修行大乘."

b. 『대지도론』, 『법화론』

『智度論』八十四云, "有四種道, 人 · 天道並三乘道為四. 菩薩法應引導衆生著大道中, 若爾〈不〉106)任入大道者, 著三〈二〉乘中, 若不任入涅槃者, 著人 · 天福樂中, 作涅槃因緣."

---

105) 대정장본 진제 역 『세친석』(世親菩薩 釋, 眞諦 譯, 『攝大乘論釋』 권15, 「釋智差別勝相」 T31 264b7 … 264c22-265a16: 論曰. 復次諸佛法界, 恒時應見有五業, … 論曰. 五救濟乘爲業, 諸菩薩欲偏行別乘, 及未定根 · 性聲聞, 能安立彼爲修行大乘故. 釋曰. 此明眞實教力. 乘有人 · 法, 人有大乘, 人有小乘人, 法有方便乘, 法有正乘法, 轉方便乘修治正乘故, 名救濟乘. 摩訶般若經說, 乘有三義, 一性義, 二行義, 三果義, 二空所顯三無性眞如名性, 由此性修十度十地名行, 由修此行究竟證得常樂我淨四德名果. 又中邊論說乘有五義. 一出離爲體, 謂眞如. 二福慧爲因, 能引出故. 三衆生爲攝, 如根 · 性攝令至果故. 四無上菩提爲果, 行究竟至此果故. 五三惑爲障, 除此三惑前四義成故. 諸菩薩在十信位中, 修大行未堅固, 多厭怖生死, 慈悲衆生心猶劣薄, 喜欲捨大乘本願修小乘道, 故言欲偏行別乘. 小乘說聲聞, 若得信等五根, 不名定根. 以未得聖故. 若得未知欲知等三根, 則名定根. 以得聖故. 若至頂位, 不名定性. 以不**免**四惡道故. 若至忍位, 名爲定性. 以**免**四惡道故. 若依小乘解, 未得定根 · 性, 則可轉小爲大, 若得定根 · 性, 則不可轉. 如此聲聞無有改小爲大義, 云何得說一乘? 今依大乘解, 未專修菩薩道, 悉名未定根 · 性故, 一切聲聞皆有可轉爲大義, 安立如此大 · 小乘人令修行大乘.)에는 '勉'이 '免'으로 되어 있다. 만속장경본 교감기의 지적대로 두 글자는 음이 같아 통용되므로 따로 교정하지 않는다.

106) 대정장본 『지도론』(龍樹菩薩 造, 鳩摩羅什 譯, 『大智度論』 권48, 「釋三慧品」 T25 649a6-12: 道有四種, 一者人 · 天中受福樂道, 所謂種福德, 并三乘道爲四. 菩薩法應引導衆生著大道中, 若不任入大道者, 著二乘中, 若不任入涅槃者著人 · 天福樂中, 作涅槃因緣. 世間福樂道, 是十善布施諸福德, 三十七品是二乘道, 三十七品及六波羅蜜是菩薩道.)과 대응 SNST(ZhT68. 748.11-13: yaṅ gaṅ theg pa chen poḥi lam la ḥjug paḥi ḥos su mi ruṅ ba de dag ni theg pa ḥog ma gñis la

又『法華論』云, "聲聞有四種, 一者決定, 二者增上慢, 三者退菩提, 四者應化聲聞. 二種聲聞如來與授記, 謂應化聲聞 · 退已還發菩提心者. 決定 · 增上二種聲聞, 根未熟故, 如來不與授記. 菩薩與授記者, 方便令發心故."

E. 부분 주장(2): 무성유정이란 결코 없으며 확정된 부류의 성문과 독각이 결코 성불할 수 없는 일도 없다.

ZZ21 269b11-12; WX34 777b17-18:

准此等文, 決定無有無性有情, 亦無定性聲聞 · 獨覺必不成佛.

(2) 진제 진영의 경증과 신역 경전 간의 회통 및 그 결과로서 수용된 진제 진영의 입장

A. 회통(1): 『해심밀경』과 『유가론』의 결코 성불할 수 없다는 말의 의미: 성불의 근기가 성숙하지 못했을 때에 한정하여 한 말임

ZZ21 269b13-17; WX34 777b18-778a5:

而『深密經』及『瑜伽』等'定不成'者, 約根未熟時分而說, 非謂決定不成佛也. 故『寶性論』第二〈三〉[107]卷云, "向說'一闡提常不入涅槃, 無涅槃性'者, 此義云何? 為欲示現謗大乘因故, 乃至依無量時故, 如是說. 以彼實有清淨性故, 不得說言'彼常畢竟無清淨心[108]'."

B. 회통(2) 『유가론』의 무여열반은 이승이 삼매의 즐거움에 머물러 있는 상태를 은유적으로 표현한 것일 뿐이며 궁극적 열반은 아님

ZZ21 269b17-c22; WX34 778a5-b16:

ḥjug par byed do)에 따라 '爾'와 '三'은 각각 '不'과 '二'로 교정해야 옳다.

107) 대정장본 『보성론』(勒那摩提 譯, 『究竟一乘寶性論』 권3, 「一切衆生有如來藏品」 T31 831b5-9: 向說'一闡提常不入涅槃, 無涅槃性'者, 此義云何? 爲欲示現謗大乘因故. 此明何義? 爲欲迴轉誹謗大乘心 · 不求大乘心故, 依無量時故, 如是說. 以彼實有清淨性故, 不得說言彼常畢竟無清淨性.)의 경우 제2권이 아닌 제3권에 등장하므로 '二'는 '三'의 오기로 보인다.

108) 대정장본 『보성론』(각주107, 볼드 부분)과 SNST(ZhT68.749.15: rnam par dag paḥi ṅo bo ñid)에 비추어 볼 때 최둡이 본 사본에는 '清淨性'으로 되어 있었을 가능성이 높다.

a. 물음

問. 依『瑜伽』第八十云, "於無餘依涅槃界中, 遠離一切發趣事業, 一切功用皆悉止息." 若如上說, 決定聲聞亦得成佛, 彼『瑜伽』文如何會釋?

b. 대답 1: 『유가론』의 無餘涅槃는 이승이 삼매의 즐거움에 머물러 있는 상태를 지칭한다.

答. 依『法華』第三卷云, "我滅度後, 復有弟子, 不聞是經, 不知不覺菩薩所行, 自於所得功德生滅度想, 入於涅槃. 我於餘國作佛, 更有異名, 是人雖生滅度之想, 入於涅槃, 而於彼土求佛智慧." 『大智(度)[109]論』第九十三亦同此說.

又『涅槃經』二十三云, "聲聞 · 獨覺八萬 · 六萬 · 四萬 · 二萬 · 一萬住處, 名為'涅槃', 無上法主聖王住處, 乃得名為'大般涅槃'."

又『楞伽』第四頌云, "譬如海浮木 當隨波浪轉/ 諸聲聞亦爾 相風所漂蕩// 離諸隨煩惱 薰習煩惱縛/ 味著三昧樂 安住無漏界// 無有究竟趣 亦復不退還/ 得諸三昧身 無量劫不覺// 譬如昏醉人 酒消然後寤/ 得佛無上體 是我真法身//" 【第二第三[110]亦同此意.】

又『法華論』云, "實無而〈謂〉[111]有增上慢人, 以有世間三摩跋提實無涅槃, 而生涅槃想, 對治此故說'化城譬喻'應知." 又云, "第四人者, 方便令入涅槃城故. '涅槃城'者, 諸禪 · 三昧城, 過彼城已, 令入大般涅槃城故."

准此等文, 『瑜伽』所說'無餘涅槃'即彼『楞伽』所說'三昧樂【定】[112]'.

---

109) 오해를 피하기 위해 누락된 '度'를 보충하는 것이 자연스럽다.

110) 만속장경본 교감기의 지적대로 '第二'는 중복이므로 연문임이 분명하다.

111) 대정장본 『법화론』(『妙法蓮華經憂波提舍』 권하, 「譬喻品」 T26 8b5-17 … 8c3-5: 何等七種增上慢心? 云何七種譬喻對治? 一者顚倒求諸功德增上慢心, 謂世間中諸煩惱染熾然增上, 而求天人勝妙境界有漏果報, 對治此故爲說火宅譬喻應知. 二者聲聞一向決定增上慢心, 自言我乘與如來乘等無差別, 如是倒取, 對治此故爲說窮子譬喻應知. 三者大乘一向決定增上慢心, 起如是意無別聲聞辟支佛乘, 如是倒取, 對治此故爲說雲雨譬喻應知. 四者實無謂有增上慢心, 以有世間三昧三摩跋提實無涅槃, 生涅槃想, 如是倒取, 對治此故爲說'化城譬喻' 應知. … 第四人者, 方便令入涅槃城故. '涅槃城'者, 所謂諸禪三昧城故, 過彼城已, 然後令入大涅槃城故.)에 따라 '而'를 '謂'로 교정해야 옳다. 참고로 '實無 ~ 涅槃想' 대응 SNST(ZhT68.751.1-3: yaṅ dag par mṅon paḥi ṅa rgyal can gyi gaṅ zag med kyaṅ ḥdi ltar ḥjig rten paḥi tiṅ ṅe ḥdsin yod pa daṅ/ yaṅ dag par mya ṅan las ḥdas paḥi ḥdu śes bkyed pas)는 비문이다. 오역과 함께 결락이 존재하는 듯하다.

c. 대답 2: 無餘는 '무한함'과 '긴 시간'에 대한 은유적 표현일 뿐 완전한 열반[般涅槃]을 지칭하지는 않는다.

離分段故, 名為'無餘', 非實無餘, 有變易故, 『勝鬘經』【說'無無餘'. 故彼『經』】云[113], "是故阿羅漢 · 辟支佛, 有餘生法不盡故有生; 有餘梵行(不)[114]成故不純; 事不究竟故當有所作; 不度彼故當有所斷, 以不斷故去涅槃界遠.[115] 乃至言'得涅槃'者, 是佛方便, 唯有如來得般涅槃."

准此應知, 八萬劫等入三昧樂假名'無餘', 無實身 · 智俱滅無餘涅槃.【[然'須陀洹'等者, 從本為名, 實是無學.]】

C. 회통(1), (2) 후의 결론: 성문과 연각의 이승도 반드시 성불할 수 있다.

ZZ21 269c22; WX34 778b16:

---

112) '三昧樂定' 대응 SNST(ZhT68.751.11: tiṅ ṅe ḥdsin gyi bde ba)는 '定' 대응 번역어가 없다.

113) 대응 SNST(ZhT68.751.14: deḥi phyir ḥphags pa phreṅ ldan maḥi mdo las)는 '說無無餘' 대응 번역 없이 바로 '때문에 『승만경』에서'로 이어진다.

114) 대정장본 『승만경』(求那跋陀羅 譯, 『勝鬘師子吼一乘大方便方廣經』 「一乘章」 T12 219c1-8: 世尊! 阿羅漢 · 辟支佛有怖畏, 是故阿羅漢 · 辟支佛, 有餘生法不盡故有生, 有餘梵行不成故不純, 事不究竟故當有所作, 不度彼故當有所斷, 以不斷故去涅槃界遠. 何以故? 唯有如來應正等覺得般涅槃. 成就一切功德故. 阿羅漢 · 辟支佛不成就一切功德. 言得涅槃者, 是佛方便, 唯有如來得般涅槃.)과 대응 SNST(ZhT68.751.16-17: tshaṅs par spyod pa lhag ma ma bsgrubs paḥi phyir)에 비추어 볼 때 '不'이 보충되어야 옳다.

115) SNST(ZhT68.751.14-20: /de lta bas na dgra bcom pa daṅ/ raṅ saṅs rgyas de dag skye baḥi chos can lhag ma daṅ bcas pa ma zad paḥi phyir skye ba daṅ bcas paḥo/ /tshaṅs par spyod pa lhag ma ma bsgrubs paḥi phyir/ dṅos po ma ḥdres pa ma yin paḥo/ /mthar phyin pa ma yin paḥi phyir bya ba daṅ bcas paḥo/ /de dag las ma ḥdas paḥi phyir spaṅ par bya ba daṅ bcas paḥo/ /ḥdi ltar ma spaṅs paḥi phyir mya ṅan las ḥdas pa daṅ mi* riṅ ba yin no ṣes gsuṅs pa daṅ/ *상응하는 한문 '去 … 遠'에 비추어 볼 때 부정사 'mi'는 삭제되어야 옳다.)는 '事'가 앞의 '不純'과 이어지는 것으로 읽고 있다. 문맥과 티벳어역 『승만경』의 관련 구절(P24.268b8-269a3: /bcom ldan ḥdas de lta lags pas dgra bcom pa daṅ/ /raṅ saṅs rgyas rnams kyaṅ skye baḥi chos kyi lhag ma daṅ bcas pa lags te/ bcom ldan ḥdas de dag gi skye ba ma bas pa yaṅ mchis so/ /bcom ldan ḥdas de dag ni/ bsten par bgyi baḥi lhag ma daṅ bcas pa lags te/ des na de dag ni dag pa ma lags/ las mthar phyin pa ma lags te/ de dag gi bgyi ba maṅ lags so/ de dag gi spaṅ bar bgyi baḥi chos gṣan yaṅ maṅ ṅu mchis te/ de dag ma spaṅs pas dgra bcom pa rnams daṅ/ raṅ saṅs rgyas rnams kyaṅ mya ṅan las ḥdas paḥi dbyiṅs daṅ riṅ ba lags so)에 비추어 볼 때 오역으로 보인다.

是故二乘定得成佛.

D. 회통 후 의미 있게 수용된 진제 진영의 주장: 여러 경에서 실제로는 일승을 설하지만 방편적으로 이승도 함께 설함.

ZZ21 269c23; WX34 778b16-17:

由此, 諸『經』實說一乘, 假說二乘.

(3) 현장 진영의 주요 주장 소개

A. 전체 주장: 무성유정에게는 열반 가능성이 없으며 확정된 부류의 이승은 결코 성불할 수 없다.

ZZ21 269c23-270a1; WX34 778b17-779a1:

二者大唐三藏依諸『經』·『論』立, "有五姓, 無姓有情無涅槃性, 定性二乘必不成佛."

B. 경증

ZZ21 270a1-c11; WX34 779a1-780b5:

a. 『선계경』, 『지지경』 『해심밀경』, 『심밀해탈경』

故『善戒經』第一卷云, "若無菩薩性, 雖復發心勤修精進, 終不能得阿耨多羅三藐三菩提." 又『地持論』第一卷云, "非種姓人, 無種性故, 雖復發心勤修精進, 必不究竟阿耨菩提."『瑜伽』第三十五亦同『地持』.

又此『經』云, "一向趣寂靜聲聞種姓補特伽羅, 雖蒙諸佛施設種種勇猛加行方便化導, 終不能令當坐道場證得阿耨多羅三藐三菩提." 又『深密解脫經』第二云, "成就第一義![116]

116) '成就 ~ 聲聞性人' 구 대응 SNST(ZhT68.753.5: don mchog mṅon par grub paḥi ñan thos ṣi baḥi rigs can kyi gaṅ zag ni …)에 비추어 보면 최둡은 '成就第一義'가 질문자의 호칭임을 전혀 인지하지 못하고 있다. 그가 『심밀해탈경』 경문(『深密解脫經』 권2, 「聖者成就第一義菩薩問品」 T16 671c20-28: 成就第一義! 寂滅聲聞性人, 一切諸佛盡力教化, 不能令其坐於道場得阿耨多羅三藐三菩提. 何以故成就第一義? 以彼自性本來狹劣, 一向少於慈悲之心, 一向怖畏一切諸苦, 以少慈悲一向捨於利益眾生. 成就第一義! 若一向畏苦, 一向離諸有為之行, 彼人遠離利益眾生, 遠離能度諸眾生業, 是故我說彼人不能證阿耨多羅三藐三菩提, 我說名為寂滅聲聞.)을 숙지하지 못했던 듯하다.

寂滅聲聞性人, 一切諸佛盡力教化, 不能令其坐於道場得無上菩提, 我說名為'寂滅聲聞'."

b.『대보살장경』,『앙굴마라경』

又『大菩薩藏經』第五卷云, "正定衆生是正法器, 如來說法若不說法, 皆得解脫. 邪定衆生非正法器, 若使如來為彼說法若不說法, 終不堪任證於解脫. 如來如實知彼有情非法器已而便棄捨."

『央掘摩羅經』第三卷云, "三聚衆生別, 即是聲聞乘, 大乘唯二聚可治 · 不可治. 所言邪定者, 謂彼一闡提, 正定, 謂如來 · 菩薩及二乘."[117]

---

117) 이상은『앙굴마라경』(求那跋陀羅 譯,『央掘魔羅經』권2, T2 529b29-c12: 爾時大目連以偈問言: 云何世間病 分別說三種/ 或有醫治差 或不得醫差// 或復有病人 雖得醫不差/ 是故諸病人 分別有三種// 爾時央掘魔羅以偈答言: 是義則不然 不應說三種/ 可治不可治 唯二無有三// 若作三分別 亦*是聲聞乘/ 若諸聲聞乘 佛說蚊蚋乘// 以彼無知故 分別有三種/ 所言邪定者 謂彼一闡提// 正定謂如來 菩薩及二乘/) 중 밑줄 부분을 재구성하여 인용한 것이다.
『앙굴마라경』의 문맥에 비추어 볼 때 '唯二'의 지칭 대상은 치유 가능한 正定聚(如來, 菩薩, 二乘)와 치유 불능의 邪定聚(一闡提)임이 분명하다. 하지만 대응 SNST(ZhT68.753. 17-754.1: gṣan yaṅ ḥphags pa sor moḥi phreṅ baḥi mdo las/ sem can rnams kyi tshogs rnam pa gsum las ñan thos kyi theg pa daṅ/ theg pa chen poḥi tshogs gñis kho na ni gsor ruṅ ba daṅ gsor mi ruṅho/ de la log pa la ṅes pa ni ḥdi lta ste/ ḥdod chen pa dag go/ /yaṅ dag pa la ṅes pa ni ḥdi lta ste/ de bṣin gśegs pa daṅ byaṅ chub sems dpaḥ daṅ theg pa gñis so ṣes gsuṅs pa daṅ/ 또『앙굴마라경』에서 "중생의 세 부류 중 성문승과 대승의 두 부류만이 [각각] 치유될 수 있고 치유될 수 없다. 여기서 나쁨으로 확정된 [부류]란 곧 일천제이며 올바름으로 확정된 [부류]란 곧 여래와 보살과 [성문과 연각의] 이승이다."라고 말한다.)는 그 지칭 대상을 聲聞乘과 大乘으로 읽고 있다. 최둡이 앞서「승의제상품(勝義諦相品)」주석에서 위 게송 전체를 번역한 적이 있는데도(ZZ21 213a7-19; WX34 665a1-13: 五可 · 不可治門, 如『央掘魔羅經』第三卷(云)**, "爾時大目揵連以偈問曰: 云何世間病 分別說三種/ 或有醫治差 或不得醫治// 或復有病人 雖得醫不差/ 是故諸病人 分別有三種// 爾時央掘魔羅以偈答言: 是義則不爾 不應說三種/ 可治不可治 唯二無有三// 若作三分別 *亦是聲聞乘/ 若諸聲聞乘 佛說蚊蜩乘// 以彼無智故 分別有三種/ 所言邪定者 謂彼一闡提// 正定謂如來 菩薩及二乘/" 釋義差別, 義如『別章』.) 이렇게 번역한 것은 그가 본 사본이 현존 한문본과 달랐거나 '聲聞乘' 뒤의 원문에 없는 '大乘'이라는 표현에 영향을 받아 착각한 것으로 보인다(*'卽' 보다는 대정장본『앙굴마라경』처럼 '亦'이 보다 자연스럽지만,「승의제상품」의 '亦是聲聞乘' 대응 SNST(ZhT68. 316.21)도 'de ni ñan thos theg pa yin'이기 때문에 최둡이 본 사본에는 지금처럼 '卽'으로 되어 있었을 가능성도 존재한다. **문장의 완결성과 대응 SNST(ZhT68 ··· 316.13, 317.2: las ~ ṣes gsuṅs pa lta buḥo)를 고려하여 동사 '云'을 보충하는 것이 자연스럽다.).

c.『선계경』,『승만경』

又『善戒經』第三卷云, “衆生調伏, 有其四種. 一者有聲聞性得聲聞道, 二緣覺性得緣覺道, 三有佛性即得佛道, 四者有人 · 天性得人 · 天樂, 是名為四.”

『勝鬘經』云, “又如大地, 持四重擔, 何等為四? 一者大海, 二者諸山, 三者草木, 四者衆生. 如是攝受正法善男子 · 善女人, 建立大地, 堪能荷負四種重任. 喻彼大地, 何等為四? 謂離善知識無聞非法衆生, 以人 · 天善根而成就[118]之. 求聲聞者, 授聲聞乘. 求緣覺者, 授緣覺乘. 求大乘者, 授以大乘.”

d.『대반야경』,『지지경』

又『大般若』五百九十三云, “若有情類, 於聲聞乘性決定者, 聞此法已, 速能證得自無漏地, 於獨覺乘性決定者, 聞此法已, 速依自乘而得出離, 於無上乘性決定者, 聞此法已, 速證無上正等菩提. 若有情類, 雖未證入正性離生而於三乘不定者, 聞此法已, 皆發無上正等覺心.”『十輪〈地〉經〈論〉[119]』第九意同『大般若』.

依『菩薩地持』第二〈三〉[120]卷云, “人成就〈熟〉[121]者, 略記〈說〉[122]四種, 有聲聞種性,

---

118) 대정장본『승만경』(『勝鬘師子吼一乘大方便方廣經』「攝受章」T12 218b7-15: 又如大地持四重擔, 何等爲四? 一者大海, 二者諸山, 三者草木, 四者衆生. 如是攝受正法善男子善女人, 建立大地, 堪能荷負四種重任. 喻彼大地, 何等爲四? 謂離善知識無聞非法衆生, 以人 · 天善根而成熟之, 求聲聞者, 授聲聞乘, 求緣覺者, 授緣覺乘, 求大乘者, 授以大乘, 是名攝受正法善男子善女人, 建立大地, 堪能荷負四種重任.)에는 ‘成熟’으로 되어 있지만 대응 SNST(ZhZ68.754.14: sgrub tu gṣug pa)에 비추어 볼 때 최둡이 본 사본에도 ‘成就’로 되어 있었던 듯하다. ‘成就’로 읽어도 의미상 무리가 없기 때문에 별도로 교정하지 않는다.

119) 대응 SNST(ZhT68.755.6: ḥphags pa sa bcuḥi mdoḥi ḥgrel pa las kyaṅ phal cher ḥdi daṅ mthun par bśad do)에 따라 ‘輪’은 ‘地’로, ‘經’은 ‘經論’ 또는 ‘論’으로 교정하는 것이 옳다.

120) 대정장본『지지경』(曇無讖 譯,『菩薩地持經』권3,「方便處成熟品」T30 900a7-8 … a16-21: 云何成熟? 略說有六種, 一者自性成熟, 二者人成熟, … 人成熟者, 略說四種, 有聲聞種性, 以聲聞乘而成熟之, 有緣覺種性, 以緣覺乘而成熟之, 有佛種性, 以無上大乘而成熟之, 無種性者, 則以善趣而成熟之, 如是四種人諸佛菩薩, 以此四事而成熟之.)의 경우 제2권이 아닌 제3권에 등장하므로 ‘二’는 ‘三’의 오기로 보인다.

121) 대정장본『지지경』(각주120, 밑줄 부분)과 ‘成就’ 대응 SNST(ZZ.68.755.8, 10, 11, 12, 13: yoṅs su smin par bya ba)를 고려할 때『지지경』인용 속 다섯 곳의 ‘就’는 모두 ‘熟’의 오기로 보인다.

122) 대정장본『지지경』(각주120, 밑줄 부분)과 대응 SNST(ZhT68.755.8-9: gaṅ zag de dag yoṅs su smin par bya ba ni mdor bsdu na rnam pa bṣi yod de/)를 고려할 때 ‘記’는 ‘說’의 오기로 보인다.

以聲聞乘而成就〈熟〉之; 有緣覺種性, 以緣覺乘而成就〈熟〉之; 有佛種性, 以無上大乘而成就〈熟〉之; 無種性者, 則以善趣而成就〈熟〉之."【『瑜伽』三十七亦同『地持』.】

e. 『유가론』, 『장엄론』

又『瑜伽論』第二卷云, "無涅槃法者, 便闕三乘菩提種子." 又『瑜伽』六十七云, "住無種性人, 是名畢竟無般涅槃法, 乃至廣說." 又五十二云, "若於通達真如所緣緣中有畢竟障種子(者)[123], 建立不般涅槃種性補特伽羅, 若不爾者, 建立為般涅槃法種性補特伽羅."

又『莊嚴論』第一卷云, "無性有二, 一時邊無般涅槃, 二畢竟無般涅槃. 時邊無般涅槃法有四, 一者一向行惡行, 二者普斷諸善法, 三者無解脫分善根, 四者善因少不具足. 畢竟無涅槃法者, (謂)[124]以無因故無般涅槃性, 但求生死, 不求涅槃人."

f. 진제 및 현장 역『섭대승론』, 진제 및 현장 역 세친『섭대승론석』, 무성『섭대승론석』

又梁朝『攝論』第十四云, "彼〈被〉[125]障因不具 一切眾生界/ 住二種定中 諸佛無自在

---

123) 대정장본『유가론』(『瑜伽師地論』 권52, 「攝決擇分 · 五識身相應地意地」 T30 589a17-28: 問. 若非習氣積集種子所生者, 何因緣故, 建立三種般涅槃法種性差別補特伽羅, 及建立不般涅槃法種性補特伽羅? 所以者何? 一切皆有眞如所緣緣故. 答. 由有障 · 無障差別故. 若於通達眞如所緣緣中有畢竟障種子**者**, 建立爲不般涅槃法種性補特伽羅, 若不爾者, 建立爲般涅槃法種性補特伽羅. 若有畢竟所知障種子布在所依, 非煩惱障種子者, 於彼一分建立聲聞種性補特伽羅, 一分建立獨覺種性補特伽羅, 若不爾者, 建立如來種性補特伽羅. 是故無過.)과 티벳어역(ZhT68.755. 18-19: gaṅ dag la de bṣin ñid la dmigs paḥi rkyen rtogs par bya ba la btan du sgrib paḥi sa bon yod pa de dag ni)에 따라 '者'를 보충하는 것이 자연스럽다.

124) 한문 문법(동사 결여), 대정장본『장엄론』(無著菩薩 造, 波羅頗蜜多羅 譯, 『大乘莊嚴經論』 권1, 「種性品」 T31 595a21-29: 次分別無性位, 偈曰: 一向行惡行　普斷諸白法/ 無有解脫分　善少亦無因// 釋曰. 無般涅槃法者, 是無性位, 此略有二種, 一者時邊般涅槃法, 二者畢竟無涅槃法. 時邊般涅槃法者有四種人, 一者一向行惡行, 二者普斷諸善法, 三者無解脫分善根, 四者善根不具足. 畢竟無涅槃法者, 無因故彼無般涅槃性. **此謂**但求生死不樂涅槃人.), 대응 SNST(ZhT68 .756.7-10: /gtan du mya ṅan las mi ḥdas baḥi chos can ni hdi ltar rgyu med paḥi phyir mya ṅan las ḥdas paḥi rigs med pa ste/ ḥkhor ba yoṅs su gñer ṣiṅ mya ṅan las ḥdas pa mi tshal baḥi gaṅ zag go ṣes bśad do/) 등에 비추어 볼 때 '謂'를 보충하는 것이 자연스럽다.

125) 대정장본 진제 역『세친석』(『攝大乘論釋』 권14, 「釋智差別勝相」 T31 261c12-20: 論曰: 被障因不具 一切衆生界/ 住二種定中　諸佛無自在// 論曰. **被**障因不具. 釋曰. 一切衆生若有業等諸障, 諸佛於此位中不能令彼般涅槃, 通慧由被障故不得自在. 若衆生無涅槃性, 名'因不具'. 諸佛於此位中

//" 天親釋曰, "眾生無涅槃性, 名'因不具'. 諸佛於此位中不能令般涅槃, 神通126)亦無自在, 諸〈謂〉貪著生死, 不信樂大乘."

又大唐『攝論』云, "有情界周遍 具障而闕因/ 二種決定轉【[造業 · 受果二種決定.]127)】諸佛無自在//" 世親『釋論』第十卷云, "若諸有情界128)無涅槃法, 名為'闕因'. 此意說, 彼無涅槃因無種姓故, 諸佛於彼無有自在." 又『大業論』亦同此意.

又無性云, "謂具煩惱 · 業 · 異熟障, 故名'具障'. 無涅槃因無種姓故, 名為'闕因'. 諸佛於上所說有情皆無自在令得涅槃." 廣說如彼.

g. 『불지경론』, 『십지경론』

依『佛地論』, 有五種姓, 義如常說, 乃至彼云, "第五種姓無有【出世】功德因故, 畢竟無有滅度之期."

又『十地論』第十一云, "邪定聚名無般涅槃性."

C. 경증 후 전체 주장의 재확인

ZZ21 270c12; WX34 780b5-6:

不能令彼般涅槃, **通慧**亦無自在. 無涅槃性, **謂**貪著生死, 不信樂大乘.)과 '彼障'과 '謂' 대응 SNST(ZhT 68.756.11과 17: sgrib daṅ bcas, ḥdi ltar)에 비추어 볼 때 '彼'와 '諸'는 각각 '被'와 '謂'의 오기임이 분명하다.

126) 대정장본 진제 역 『세친석』(각주125)에는 '通慧'로 되어 있지만, 대응 SNST(ZhT68. 756.17: rdsu ḥphrul gyis mṅaḥ dbaṅ mdsad par mi spyod)에 비추어 볼 때 최듭이 본 사본에도 만속장경본처럼 '神通'으로 되어 있었던 듯하다.

127) 협주는 현장 역 『세친석』(世親菩薩 釋, 玄奘 譯, 『攝大乘論釋』 권10, 「彼果智分」 T31 376a15-18 … 376b2-18: 有情界周遍 具障而闕因/ 二種決定轉 諸佛無自在// … 釋曰. 今當顯示若諸菩薩念佛法身由七種念應修其念. 於一切法得自在轉者, 由得神通於一切法自在而轉, 以諸如來於一切世界得無礙神通, 非如聲聞等猶有障礙故. 若諸如來於一切法自在而轉, 何故一切有情之類不得涅槃? 故今一頌顯由此因諸有情類不能證得究竟涅槃. 有情界周遍具障而闕因者, 謂諸有情有業等障, 名爲具障. 由具障故, 雖無量佛出現於世, 不能令彼得般涅槃, 諸佛於彼無有自在. **若諸有情**無涅槃法, 名爲'闕因'. 此意說, 彼無涅槃因無種性故, 諸佛於彼無有自在. 二種決定轉者, 決定有二種, 一作業決定, 二受異熟決定, 當知此中說名決定, 諸佛於此二決定中無有自在, 頑愚等身, 名異熟障決定, 當墮那落迦等, 名受異熟決定.) 중 '二種決定轉者' 이하 부분에 의거하여 보충한 것으로 보인다.

128) 대장경본 현장 역 『세친석』(각주127, 볼드 부분)에는 '界'가 없지만 대응 SNST(ZhT68. 757.1-2: sems can gyi khams na)에는 '界'에 대한 번역이 있다. 최듭이 본 사본에는 만속장경본처럼 '界'가 있었던 듯하다.

准此等文, 無性有情無涅槃因, 定性二乘必不成佛.

(4) 현장 진영의 입장에서 진제 진영 경증 회통

A. 회통(1) 리성과 행성을 통한 『열반경』, 『보성론』, 『법화경』의 일승 재해석

a. 물음

ZZ21 270c13; WX34 780b6-7:

若爾, 如何說為一乘? 前所引教如何會釋?

b. 『열반경』, 『보성론』 구절 재해석

ZZ21 270c13-20; WX34 780b7-14:

解云, 如『涅槃』云, "善男子! 我者即是如來藏義. 又一切衆生悉有佛性, 常住無有變易." 又『寶性論』第一卷云, "問. 云何得知一切衆生有如來藏? 答. 依一切諸佛平等法性身知一切衆生皆有如來藏." 如此等文皆是真如法身佛性, 此即五性皆有佛性.

又『涅槃』云'譬如有人, 乃至定當得故'者, 如此等教皆是行性. 定當得故, 約不定姓少分而說.

c. 『법화경』 구절 재해석

ZZ21 270c20-271a16; WX34 780b14-781a16:

c.-1: 재해석하고자 하는 구절 제시

又『法華經』云'十方佛土中 唯有一乘法/ 無二亦無三 除佛方便說//'者, 釋此『經』文, 諸說不同.

c.-2: 전통적인 세 가지 해석 소개

<u>羅什</u>等云. "言'無二'者, 無聲聞 · 緣覺, '無三'者, 無聲聞 · 緣覺及大乘中偏行六度【獨善】菩薩."

復有人云, "言'無二'者, 謂無第二, 即是緣覺, 言'無三'者, 謂無第三, 聲聞乘也."

一云, "此前兩解唯(立)[129]因乘, 仍見佛乘有極果性, '不故〈故不〉破焉."

c.-3: 당대의 두 가지 해석 소개

今者正判'無二'·'無三', 約佛三身以顯此義.

所言'無二', 唯有如來報佛一乘, 無彼聲聞·緣覺二乘.『勝鬘經』云, "聲聞·緣覺乘皆入大乘者, 即是佛乘."『法華經』云, "唯此一事實, 餘二則非真."

所言'無三', 唯有如來法身一乘, 而無聲聞·緣覺及佛三乘.『攝大乘』云, "菩薩未入二地, 生如是想, 謂三乘人三行差別, 迷一乘理."『法華經』云, "尚無二乘, 何況有三?"『涅槃』云, "如來·聲聞·緣覺同一佛性, 同一無漏."

c.-4: 당대의 두 가지 해석 평가

前破二皈一, 是破小入大, 後破三皈一, 是泯事歸理. 雖有三〈二〉130)釋, 第二為正. 故『法華論』末云, "第二「方便品」示現破二明一."【[或有本云'破三明一', 然諸本中多云'破二明一'.]】又『華嚴經』第十二·十八·第六十等皆云, "無二乘之名." 又『法華經』第三卷云, "世間無有二乘而得滅度, 唯一佛乘得滅度耳." 又云, "唯有一佛乘, 息處故說二."

B. 진제 역『섭대승론』구절에 대한 텍스트 비판

ZZ21 271a16-17; WX34 781a16-17:

梁『攝論』云'信等五根不名定根等'者, 大業·大唐二本『攝論』皆無此言, 故不可依.

C. 회통(2) 方便(=假)과 實, 時邊과 畢竟에 근거한 진제 진영 경증 속 열반 재해석: 소승을 대승으로 인도하기 위해 보여지는 방편적 열반과 붓다의 궁극적 열반은 다름

---

129) 한문 문법(동사 결여, 부정)과 문맥을 고려하여 대응 SNST(ZhT68.759.3-6: /kha cig na re sṅa maḥi bśad pa ḥdi gñis ni rgyuḥi theg pa rnam par gṣag pa yin gyi/ saṅs rgyas kyi theg pa la ni mthar phyin paḥi ḥbras buḥi ṅo bo ñid du ma* mthoṅ bas gṣig paḥi thugs ma thub po〈pa〉** ṣeḥo/ *P. N.을 따라 'ma'는 삭제되는 것이 옳으며 **'ma'에 걸리는 서술어이기에 'po'는 'pa'로 교정되어야 한다.)에 따라 '立'을 보충하고 '不故'를 '故不'로 교정하는 것이 옳다.

130) 문맥상으로도 대응 SNST(ZhT68.760.8: de ltar rnam pa gñis su bśad pa yod kyaṅ)에 비추어 보아도 '三'은 '二'로 교정되어야 한다. 만약 최둡이 사본의 '三'을 '二'로 오독하여 'gñis'로 오역했다고 본다면 '今者' 앞에 등장하는 세 가지 설이 상이한데도 모두 제1설로 보아야 하는 무리가 따르며, 또 사본의 '五'를 '二'로 오독했다고 가정하더라도 제2설은 제4설과 사실상 같기 때문에 유독 전자만을 옳다고 보는 이유를 설명하기도 어렵다.

ZZ21 271a17-271c16; WX34 781a17-782b10:

a. 『지도론』 구절 재해석

『智度論』云'若不任入涅槃者, 著人 · 天福樂中, 作涅槃因緣'者, 人 · 天樂〈乘〉[131]中, 自有二種, 一者畢竟無涅槃性, 但以人 · 天(乘)而成就〈熟〉之, 二者暫時無涅槃性, (以)人 · 天(乘而)成就〈熟〉(之), 作涅槃因. 雖有二種, 彼『論』且依暫時無性一邊而說. 或可, 彼顯菩薩悲 · 願欲令盡無餘涅槃, 非悉一切皆入涅槃.

b. 『법화론』 구절 재해석

『法華論』云'決定增上二種聲聞, 根未熟故, 如(來)[132]不與授記, 菩薩與授記者, 方便令發心故'者, 菩薩與授成佛之記, 為欲令彼於大乘中發信心故, 此即方便, 非實成佛.

c. 『법화경』 구절 재해석

『法華經』云'是人雖生滅度之想, 入於涅槃, 而於餘國求佛智慧'者, 依『正法華』第四卷云, "一切志在無為之想, 謂當滅度, 甫當往至他佛世界." 又第三云, "臨欲滅度, 佛在前住, 誨以要法, 發菩薩意, 不在生死, 不住滅度, 解三界空." 【第四卷文意同此也. 此文既云'臨欲滅度,】 准此應知, 住無〈有〉[133]餘依, 臨入無餘, 發菩提心, 非是已入而能發心. 釋通『智

---

131) 문맥, 한문 문법, 대응 SNST(ZhT68.761.3-8: lha daṅ miḥi theg pa yaṅ rnam pa gñis ste/ daṅ po gtan du mya ṅan las ḥdas par mi ḥgyur ba gaṅ yin pa de dag ni lha daṅ miḥi **theg pas** yoṅs su smin par mdsad do/ /gñis pa re ṣig tsam du mya ṅan las ḥdas paḥi rigs med pa gaṅ yin pa de dag ni lha daṅ miḥi **theg pas** yoṅs su smin pa**r mdsad nas**/ mya ṅan las ḥdas paḥi gyu sgrub tu gṣug par mdsad do ṣes zer te/) 등을 고려하여 '樂'은 '乘'으로, 두 번의 '就'는 '熟'으로 교정하고(밑줄 부분 참조), 또 첫 번째 '人天' 뒤에 '乘'을, 두 번째 '人天' 전후로 '以'와 '乘而'를, 두 번째 '熟' 다음에 '之'를 각각 보충하는 것이 자연스럽다(볼드 부분 참조).

132) 대정장본 『법화론』(『妙法蓮華經憂波提舍』 권하, 「方便品」 T26 9a15-20: 言聲聞人得授記者, 聲聞有四種, 一者決定, 二者增上慢, 三者退菩提, 四者應化聲聞. 二種聲聞如來與授記, 謂應化聲聞 · 退已還發菩提心者. 決定 · 增上二種聲聞, 根未熟故, 如來不與授記. 菩薩與授記者, 方便令發心故.)에 따라 '來'를 보충하는 것이 옳다.

133) 문맥과 대응 SNST(ZhT68.762.10-11: lhag ma daṅ bcas paḥi mya ṅan las ḥdas pa la gnas nas/ lhag ma med paḥi mya ṅan las ḥdas par ḥjug paḥi tshe)에 비추어 볼 때 '無餘'는 '有餘'로 교정되어야 한다.

度』准此應知.

d. 『열반경』 구절 재해석

又『涅槃』云‘八萬劫住處’等者, 三藏釋云, “預流等位, 迴心向大, 受變易生, 行菩薩行, 至十信位, 住於八萬 · 六萬劫等, 名為‘住處’.” 真諦三藏『九識章』云, “問. 『大本』云‘緣覺十千劫到.’ 到何位? 是何宗? 答. 此是客〈究〉[134]宗, 意除三界〈乘〉(人執)[135], 或迴心學大乘, 入十信信[136]法如如.” 准知, 真諦亦說十信為所到處.

e. 열반의 의미: 소승을 대승으로 인도하기 위한 방편

問. 若爾, 如何說為‘涅槃’?

答. 佛依迴心向大聲聞以火燒身示現涅槃說為‘涅槃’, 非實涅槃. 此如『瑜伽論』第八十云, “彼既如是增壽行已, 留有根身, 別作化身, 同法者前方便示現於無餘涅槃界而(般)[137]涅槃. 由此因緣皆作是念, ‘其[138]名尊者於無餘依涅槃界已般涅槃.’ 彼以所留有根實身,

---

134) 대응 SNST(ZhT68.763.2-3: ḥdi ni mthar phyin paḥi grub paḥi mthaḥ ste)에 비추어 볼 때 ‘客’은 ‘究’의 오기로 보인다.

135) 대응 SNST(ZhT68.763.3: theg pa pa gsum du ḥdsin pa gsal bar dgoṅs paḥo/)에 비추어 볼 때 ‘界’는 ‘乘’의 오기이며 ‘人執’(또는 ‘執’)*이 누락된 것으로 보인다.(*짝수자구를 선호하는 중국인들의 작문습관에 비추어 볼 때 ‘人執’이 보다 자연스러워 보인다.)

136) 대응 SNST(ZhT68.763.4-5: dad pa bcuḥi chos de bṣin ñid la ḥjug par ḥgyur ro)에 비추어 볼 때 두 번째 ‘信’은 연자로 보인다.

137) 문맥, 대정장본 『유가론』(『瑜伽師地論』 권80, 「攝決擇分 · 有餘依及無餘依二地」 T30 749a10-28: 問. 若唯住有餘依涅槃界中能發趣阿耨多羅三藐三菩提者, 云何但由一生便能證得阿耨多羅三藐三菩提耶? 所以者何? 阿羅漢等尚當無有所餘一生, 何況當有多生相續? 答. 由彼要當增諸壽行, 方能成辦. 世尊多分依此迴向菩提聲聞, 密意說言, ‘物類善男子! 若有善修四神足已, 能住一劫或餘一劫.’ 餘一劫者, 此中意說, 過於一劫. 彼雖如是增益壽行, 能發趣阿耨多羅三藐三菩提, 而所修行極成遲鈍, 樂涅槃故, 不如初心始業菩薩, 彼既如是增壽行已, 留有根身, 別作化身, 同法者前方便示現, 於無餘依般涅槃界, 而般涅槃. 由此因緣皆作是念, ‘**某**名尊者, 於無餘依般涅槃界已般涅槃.’ 彼以所留有根實身, 卽於此界贍部洲中, 隨其所樂遠離而住, 一切諸天尚不能睹, 何況其餘衆生能見? 彼於涅槃多樂住故, 於遍遊行彼彼世界, 親近供養佛菩薩中, 及於修習菩提資糧諸聖道中.), 대응 SNST(ZhT68. 763.14: yoṅs su mya ṅan las ḥdas pa) 등에 비추어 볼 때 ‘般’을 보충하는 것이 옳다.

138) 대정장본 『유가론』(각주137 볼드 부분)에는 ‘某’로 되어 있지만, 대응 SNST(ZhT68. 763.15: btsun pa miṅ ḥdi ṣes bya ba de ni)에 비추어 보면 최둡이 본 사본에는 ‘其’로 되어 있었던 듯하다.

即於此界贍部洲中, 隨其所樂, 遠離而住, 一切諸天尚不能睹, 何況其餘衆生能見?" 此意說云, 為除疑情, 同法者前示現入於無餘涅槃, 故名'涅槃', 非彼實任〈住〉[139]無餘涅槃. 或可, 諸佛 · 菩薩化入無餘, 為引攝一類, 及任持所餘, 顯彼二果非究竟. 如『首楞嚴三昧經』云, "舍利弗! 菩薩[140]如是以辟支佛乘入於涅槃, 而不永滅, 乃至廣說."

f. 『능가경』 '삼매의 즐거움[三昧樂]' 재해석

『楞伽』第二 · 第四所說'三昧樂'門者, 謂預流等迴心向大, 令身久住, 依邊際定, 資有漏業, 受變易生, 經八萬劫, 或六萬等, 至十信位, 即說彼定名'三昧樂', 而非已住無餘涅槃名為'三昧'. 由此理 · 教言'八萬劫乃至十千劫'.

g. 『열반경』 '머무름[住處]'의 의미: 붓다의 궁극적 열반에 머문다는 의미는 아님

'住處'者, 即非已入無餘涅槃而沒〈始〉[141]癈〈發〉趣. 故『瑜伽』第八十云, "問. 回向菩提聲聞為住無餘依涅槃界中能發趣阿耨多羅三藐三菩提耶? 為住有餘依涅槃界耶? 答. 唯住有餘依涅槃界中可有此事. 所以者何? 以無餘依涅槃界中, 遠離一切發趣事業, 一切功用皆悉止息." 又云, "問. 於無餘依涅槃界中所得轉依, 當言何相? 答. 無戲論相, 又善清淨法界為相." 又『解深密經』第四〈三〉[142]及『深密解脫』皆云, "於無餘依涅槃界中, 一切

---

139) 문맥과 대응 SNST(ZhT68.764.1-2: de yaṅ dag paḥi lhag ma med paḥi mya ṅan las ḥdas pa la gnas pa ni ma yin no ṣes bstan par ḥgyur ro)에 비추어 볼 때 '任'은 '住'의 오기임이 분명하다.

140) 대응 SNST(ZhT68.764.6-9: dpaḥ bar ḥgro baḥi riṅ ṅe ḥdsin gyi mdo las ji skad du/ byaṅ chub sems dpaḥ śā riḥi bu (raṅ)* saṅs rgyas kyi theg pa ltar yoṅs su mya ṅan las ḥdas pa gaṅ yin pa de ni gtan du mya ṅan las ḥdas pa ma yin no ṣes gsuṅs pa lta bu ste/ rgya cher de ñid las bstan pa bṣin no/ *'辟支佛乘'에 대한 번역어이므로 'raṅ'이 보충되어야 한다)는 '舍利弗菩薩'로 읽고 있다. 대정장본 『수능엄삼매경』(鳩摩羅什 譯, 『佛說首楞嚴三昧經』 권하, T15 642c10-14: "如是舍利弗! 我於爾時, 滿一小劫三百六十億世, 作辟支佛身, 示入涅槃, 於諸大城一一皆以辟支佛乘度脫三十六億衆生. 舍利弗! 菩薩如是以辟支佛乘入於涅槃, 而不永滅." 文殊師利說是語時, …) 전후 문맥에 비추어 볼 때 오독임이 분명하다.

141) 문맥과 대응 SNST(ZhT68.764.19-20: /gnas pa ṣes bya ba yaṅ lhag ma med paḥi mya ṅan las ḥdas par ṣugs nas gdod rtsol ba yaṅ ma yin te/)에 비추어 볼 때 '沒'과 '癈'는 각각 '始'와 '發'의 오기임이 분명하다.

142) 대정장본 『해심밀경』(『解深密經』 권3, 「分別瑜伽品」 T16 702c24-25 … 703a7-9: 世尊, "如世尊說, 於無餘依涅槃界中, 一切諸受無餘永滅." … 又二種受一切已滅, 唯現領受明觸生受, 於無餘依涅槃界中, 般涅槃時此亦永滅. 是故說言, 於無餘依涅槃界中, 一切諸受無餘永滅.)의 경우 제4권이

諸受無餘永滅.” 廣說如『經』.

D. 회통(1), (2) 후에 의미 있게 수용된 현장 진영의 주장: 삼승 간에 차이가 없는 것이 아니다.

ZZ21 271c16; WX34 782b10:

是故三乘非無差別.

(5) 은유(=방편)와 실제를 기준으로 지금까지의 삼승과 일승의 가르침 분류함

ZZ21 271c16-272a5; WX34 782b10-783a5:

辨假 · 實者, 諸教不同.

有處, 實說一乘, 假說三乘. 如『法華經』云, "十方佛土中 唯有一乘法/ 無二亦無三 除佛方便說//" 又云, "唯此一事實, 餘二則非真." 又『勝鬘』云, "聲聞 · 緣覺皆入大乘." 又『涅槃經』第二十五云, "一切衆生皆歸一道, 一道者謂大乘也. 諸佛 · 菩薩為衆生故分之為三等."

有處, 實說三乘, 假說一乘. 如即此『經』第二卷云, "一切聲聞 · 獨覺 · 菩薩皆共此一妙清淨道等". 又第四卷云, "如世尊說, 若聲聞乘, 若復大乘, 唯是一乘, 此何密意等?". 又『出生菩薩〈提〉[143]心經』(云)[144], "爾時迦葉波羅門白佛言, "世尊! 解脫解脫有差別不?" 佛言, "解脫於解脫無有差別, 道於道無有差別, 乘於乘而有差別. 譬如王路, 有象轝者, 有馬轝者, 有驢轝者等, 次第行於彼路, 同至一城."" 如是等教誠證非一.

아닌 제3권에만 두 차례 등장하므로 '四'는 '三'의 오기로 보인다.

143) 대정장본 『출생보리심경』(闍那崛多 譯, 『佛說出生菩提心經』 T17 893c1-9: 爾時迦葉婆羅門白佛言, "世尊! 解脫解脫有差別不?" 佛言, "婆羅門! 解脫於解脫無有差別, 道於道無有差別, 乘於乘而有差別, 譬如王路有象輿者, 有馬輿者, 有驢輿者, 彼等次第行於彼路, 同至一城. 婆羅門! 於汝意云何? 如是等乘有差別不?" 婆羅門言, "大德世尊! 然彼諸乘實有差別." 佛言, "如是如是婆羅門! 聲聞乘, 辟支佛乘, 阿耨多羅三藐三菩提乘有差別, 道與解脫無有差別. …")에 인용 문장이 등장하므로 '薩'은 '提'의 오기임이 분명하다.

144) 문장의 완결성과 대응 SNST(ZhT68.767.5: ses gsuṅs pa lta buḥo)를 고려하여 인용을 나타내는 서술어 '云'을 보충하는 것이 자연스럽다.

(6) 일승을 설한 상이한 의도를 밝힘

ZZ21 272a6; WX34 783a5-6:

然說一乘, 意趣不同, 故諸聖教種種有異.

A. 『현양론』의 '여섯 가지 원인[六因]'을 통한 일승의 의미 해석

ZZ21 272a7-17; WX34 783a6-16:

若依『顯揚』第二十卷, 以六因釋說一乘意. 故彼『論』云, "問. 何以故如來宣說一乘? 答. 由六因故. 一即彼諸法約無差別相故.【[故〈此〉[145]約所證一味真如無差別故.]】**二約無分別行相故.**【[此約能證平等智說, 意同此『經』'道一故說一乘', 此上一義『攝論』所無.]】**三眾生無我及法無我平等故.**【[此依二種無我故說一乘, 此即『攝論』'法等'·'無我等'合為第三.]】**四解脫平等故, 謂差別求者, 有事·虛妄分別煩惱對治·所緣法性不相違故**[146]**.**【[此當『攝論』'解脫平等'. '差別求'者, 舉能證人, 三乘不同, 名'差別求'. '有事煩惱'者, 即修所斷, '虛妄分別煩惱'者, 即見所斷, 能斷二惑見·修二道名為'對治', 所證解脫名'所緣法性'. 此意說云, 能求三乘雖有差別, 而見·修所證涅槃無差別故, 名不相違也.]】**五善能變化主〈住〉**[147]**故.**【[此即『攝論』'依變化故說為一乘'.]】**六行究竟故.**【[此同『攝

---

145) 한문 문법(주어 결여)과 전후 협주 문장과의 일관성을 고려하여 '故'를 '此'로 교정하는 것이 자연스럽다.

146) 대응 SNST(ZhT68.767.15-17: ḥdi ltar sgrub pa tha dad pa dag la <u>dṅos po</u> daṅ yaṅ dag pa ma yin pa rnam par rtog paḥi ñon moṅs pa <u>yod</u> kyaṅ gñen po daṅ dmigs par bya baḥi chos ñid mi mthun pa med pa ñid kyi phyir daṅ/)는 '有'를 '事煩惱'와 '虛妄分別煩惱' 모두를 목적어로 하는 동사로 보고 있으며, 또 '煩惱'를 이어지는 '對治' 및 '所緣法性'과 대비시켜 읽고 있다. 관련 『구사론』 텍스트(尊者世親 造, 玄奘 譯, 『阿毘達磨俱舍論』 권25, 「分別賢聖品」 T29 129c27-130a9: 見所斷惑, 計有我等非諸諦境, 有我等相. 以無事故, 與修斷別, 謂於色等所緣境中, 我見妄增, 作者受者自在而轉, 非實我性, 邊執見等隨此而生, 故並說為依無事惑. 若修所斷貪瞋慢癡, 色等境中, 唯起染著, 增背高舉, 不了行轉故, 並說為依<u>有事惑</u>. 又見斷惑, 於諦理中, 執我我所斷常見等非諦中有少我等事, 見斷貪等緣此而生, 是故皆名依<u>無事惑</u>. 修所斷惑, 於色等中, 謂好醜等, 然色等境非無少分好醜等別, 是故可名依有事惑. 又見斷惑迷諦理起, 名依無事, 修所斷惑迷麤事生, 名依有事.)와 이어지는 협주의 해설을 볼 때 최둡의 오역임이 분명하다.

147) 대정장본 『현양론』(無著菩薩 造, 玄奘 譯, 『顯揚聖教論』 권20, 「攝勝決擇品」 T31 581b20-25: 問. 何故如來宣說一乘? 答. 由六因故, 一即彼諸法約無差別相說*故, 二約無分別行相說*故, 三眾生無我及法無我平等故, 四解脫平等故, 謂差別求者, 有事·虛妄分別煩惱對治·所緣法性不相違故, 五善能變化<u>住</u>故, 六行究竟故. *원측 인용문은 '說'이 누락되어 있으며 티벳어역(ZhT68.767.11-13)도 마찬가지이다.)과 대응 SNST(ZhT68.767.17-18: śin tu legs par sprul nas <u>gnas paḥ</u>i phyir daṅ)에 비추어 볼 때 '主'는 '住'의 오기임이 분명하다.

論』'究竟(故)148)說一乘'.]】"

B. 『섭대승론』의 '열 가지 의미[十種義]'를 통한 일승 해석

ZZ21 272a17-272c24; WX34 783a16-784b18:

a. 『장엄론』의 게송 소개

依『莊嚴論』, 以十種義以釋(說)149)一乘.【其『莊嚴論』, 頌是慈氏, 釋即世親, 共成一部.150)[舊相傳云'無著菩薩造'者, 謬也.]】然彼『論』中, 先以八義釋諸『經』中佛說一乘, 後以引攝·任持二義釋諸如來說一乘意. 故彼『論』云, "如是處處『經』中, 以此八意佛說一乘, 而亦不無三乘. 問. 若爾, 復有何義, 以彼(彼)151)意而說一乘? 偈曰: 引接諸聲聞 攝住諸菩薩/ 於此二不定 諸佛說一乘//" 廣說如彼.

---

148) 문맥(이유를 나타내는 부사구 필요), 앞선 협주 속 문장 및 이어지는 현장 역『세친석』속 '究竟故'와의 일관성을 고려하여 '故'를 보충하는 것이 자연스럽다.

149) 우선 한문 문장의 자연스러움을 위해 중복되는 '以'를 삭제하고, 또 의미를 보다 명료히 하기 위해서는 대응 SNST(ZhT68.767.18-20: /bstan bcos mdo sdeḥi rgyan daṅ (sbyar na)*/ rnam pa bcuḥi phyir theg pa gcig tu gsuṅs par ston te/ *'依'에 대응하기 위해서는 sbyar na가 보충되어야 한다.)에 의거하여 '說'을 보충하는 것이 자연스럽다.

150) 대응 SNST가 없다는 점에서 최둡 이후에 삽입된 협주였던 것이 본문으로 편입된 것으로 보인다.

151) 대정장본『장엄론』(『大乘莊嚴經論』권5,「述求品」T31 615b3-615c1: 次說求一乘, 偈曰: 法無我解脫 同故性別故/ 得二意變化 究竟說一乘// 釋曰. 此中八意佛說一乘. 一者法同故, 謂聲聞等人無別法界, 由所趣同故, 故說一乘. 二者無我同故, 謂聲聞等人同無我體, 由趣者同故, 故說一乘. 三者解脫同故, 謂聲聞等人同滅惑障, 由出離同故, 故說一乘. 四者性別故, 謂不定三乘性人引入大乘, 故說一乘. 五者諸佛得同自意故, 謂諸佛得如此意如我所得, 一切衆生亦同我得, 由此意故, 故說一乘. 六者聲聞得作佛意故, 謂諸聲聞昔行大菩提聚時有定作佛性, 彼時佛加故勝攝故, 得自知作佛意, 由此人前後相續無別, 故說一乘. 七者變化故, 謂佛示現聲聞而般涅槃爲教化故, 如佛自說, 我無量無數以聲聞乘示現涅槃, 由離此方便更無方便化小根人入大乘故, 理實唯一故說一乘. 八者究竟故, 謂至佛體無復去處, 故說一乘. 如是處處經中, 以此八意佛說一乘, 而亦不無三乘. 問. 若爾, 復有何義, 以彼彼意而說一乘? 偈曰: 引接諸聲聞 攝住諸菩薩/ 於此二不定 諸佛說一乘// 釋曰. 彼彼意有二義, 一爲引接諸聲聞故, 二爲攝住諸菩薩故, 若諸聲聞於自乘性不定, 佛爲引接彼人令入大乘, 故說一乘, 若諸菩薩於自乘性不定, 佛爲攝住彼人令不退大乘故說一乘.)과 대응 산스끄리뜨어본(Lévi 1907. Tome I, 69: kiṃ arthaṃ punar tena tena abhiprāyeṇa ekayānatā buddhaiḥ deśitā)에 따라 '彼'를 보충하는 것이 옳다. 참고로 SNST(ZhT68.768.5-6: gal te de lta na dgoṅs pa ji lta bu ṣig gis theg pa gcig tu gsuṅs śe na/)에 따르면 최둡은 '復有何義'와 '以彼彼意而'를 뭉뚱그려 번역하고 있다.

b.『장엄론』 게송에 대한 무착『섭대승론』의 해석 소개

後無著菩薩造『攝大乘論』, 引『莊嚴』頌, 以明十義, 後世親 · 無性各造『釋論』, 以釋十義. 故無著菩薩『攝大乘論』云, "論曰. 若此功德圓滿相應諸佛法身, 不與聲聞 · 獨覺乘共, 以何意趣佛說一乘? 此中有二頌: 為引攝一類 及任持所餘/ 由不定種姓 諸佛說一乘// 法無我解脫 等故姓不同/ 得二意樂化 究竟說一乘//"

c. 무착『섭대승론』 게송에 대한 세친의 해석 소개

c-1. 일승을 설한 전체 의도: 미정인 부류를 대승으로 인도하기 위함

『世親說云[152]釋』曰, "此中二頌辨諸佛說一乘意趣. '為引攝一類'者, 謂為引攝不定種姓聲聞等令趣大乘, 云何當令不定種姓諸聲聞等皆由大乘而般涅槃. '及任持所餘'者, 謂為任持不定種姓諸菩薩眾令住大乘, 云何當令不定種姓諸菩薩眾不捨大乘, 勿聲聞乘而般涅槃. 為此義故佛說一乘. '由不定等'句義已說, '法' · '無我' · '解脫', 乃至廣說.[153]

c-1-1. 상응하는 진제 역『섭대승론』 및『섭대승론석』 번역에 대한 텍스트 비판

[已上二義, 【『大業』及】『無性』 · 『莊嚴論』亦同, 『梁論』意別. 故彼『論』本頌云, "未定姓聲聞 及諸餘菩薩/ 於大乘引攝 定姓說一乘//" 釋曰, "有諸聲聞等, 於大[154]乘根 · 姓未定, 攝〈欲〉[155]引令信受大乘, 攝

---

152) '說'과 '釋'이 의미가 중복되므로 SNST(ZhT68.769.1-3 … 16: **slob dpon dbyig gñen gyis mdsad paḥi ḥgrel pa** las/ ḥdir tshigs su bcad pa gñis kyis saṅs rgyas rnams theg pa gcig tu gsuṅs paḥi dgoṅs pa rnam par ḥbyed de/ … ṣes ḥbyuṅ ste/)에 따라 '說云'을 삭제하는 것이 자연스럽다.

153) '由不定 ~ 廣說' 대응 SNST(ZhT68.769.13-14: /ma ṅes pa la sogs paḥi tshig daṅ/ don gyi dbaṅ gis chos daṅ bdag med pa daṅ/ rnam par grol baḥi bar du rgya cher gsuṅs pa yin no ṣes ḥbyuṅ ste/)는 오역으로 보인다.

154) 대정장본 진제 역『세친석』(『攝大乘論釋』 권15, 「釋智差別勝相」 T31 265b22-c5: 論曰: 未定性聲聞 及諸餘菩薩/ 於大乘引攝 定性說一乘// 釋曰. 有諸聲聞等, 於小乘根 · 性未定, 欲引令信受大乘, 攝令修行大乘, *(謂未得令得, 已得令不退, 云何彼捨小乘道, 於大乘般涅槃. 佛爲此意故,) 佛說一乘, 引攝令入住大乘. 論曰. 及諸餘菩薩於大乘引攝. 釋曰. 有諸菩薩於大乘根 · 性未定, 云何安立彼於大乘, 令不捨大乘, *(於小乘般涅槃. 爲此意故,) 佛說一乘, 引攝令入住大乘. 論曰. 定性說一乘, 釋曰. 有諸菩薩, 於大乘根 · 性已定, 無退異意, 爲此菩薩故說一乘. 밑줄 부분은 원측 인용문과 다른 곳이며, *부분이 인용에서 생략된 부분이다.)에는 '小乘'으로 되어 있는 반면, 대응 SNST(ZhT68.769.21-770.2: ñan thos la sogs pa gaṅ dag theg pa chen po la dbaṅ po daṅ/

令修行大乘, 乃至佛說一乘, 引攝令入住大乘. 有諸菩薩, 於大乘根 · 姓未定, 云何安立彼於大乘, 令不捨於大乘, 乃至佛說一乘, 引攝令入住大乘. 有諸菩薩, 於大乘根 · 性已定, 無退 · 異意, 為此菩薩故說一乘." 解云, 『本論』及『釋』(皆說)[156], "佛為三人說為一乘, 前二未定, 第三已定." 諸『論』皆無, 故不可依也.]

c-2. 일승을 설한 개별적 취지 소개

c-2-1. 진리의 평등[法等]

此中復由別意趣力唯說一乘. 何別意趣? 謂'法等故'等.【[『梁論』(云)[157], "為顯論〈說〉[158]一乘意, 是故說「偈」, 前「偈」以了義說一乘, 後「偈」以秘密義說一乘."]】'法等故'者, 法謂真如, 諸聲聞等同所歸趣, 所趣平等, 故說一乘.

c-2-2. 무아의 평등[無我等]

'無我等故'者, 謂聲聞等補特伽羅我皆無有, 由無我故, 此是聲聞, 此是菩薩, 不應道理. 由此無我平等意趣故說一乘.

c-2-3. 해탈의 평등[解脫等]

'解脫等故'者, 謂聲聞等於煩惱障同得解脫, 故說一乘, 如世尊言, "解脫解脫無有差別."【[已上三義諸『論』皆同.]】

---

rigs ṅes par ma gyur pa de dag)는 '大乘'으로 되어있다.

155) 대정장본 진제 역 『세친석』(각주154)과 대응 SNST(ZhT68.769.21-770.2: ñan thos la sogs pa gaṅ dag theg pa chen po la dbaṅ po daṅ/ rigs ṅes par ma gyur pa de dag theg pa chen po la mos pa bskyed nas/ theg pa chen po sgrub tu gṣug pa<u>hi ched du</u>)에 따라 '攝'을 '欲'으로 교정해야 옳다.

156) 온전한 문장을 위해 대응 SNST(ZhT68.770.11-13: bstan bcos tshig leḥur byas pa daṅ/ ḥgrel pa <u>gñis ka las kyaṅ</u> de bṣin gśegs pa rnams gaṅ zag gsum gyi ched du theg pa gcig gsuṅs pa yin pa<u>r ston to</u>/)에 따라 '皆說' 정도를 보충하는 것이 자연스럽다.

157) 진제 역 『세친석』을 그대로 인용하므로 '云'을 보충하는 것이 자연스럽다.

158) 대정장본 진제 역 『세친석』(T31 265b20-21: 論曰. 此中說偈. 釋曰. 爲顯<u>說</u>一乘意, 是故說偈, 前偈以了義說一乘, 後偈以密義說一乘.)에 비추어 볼 때 '論'은 '說'의 오기로 보인다.

c-2-4. 부류가 같지 않음[姓不同]

'姓不同故'者, 種姓差別故, 以不定姓諸聲聞等亦當成佛, 由此意趣, 故說一乘.【[『大業』·『無性』意同此『論』, 『梁論』云, "有二乘人, 於自乘位根·性未同, 此人雖求二乘道, 未得二乘. 根·性未定故, 可轉作大乘根·性. 為化此人故說一乘." 若『莊嚴論』'引入大乘故說一乘'者, 意同『梁論』. 解云, 此意引攝不定, 即同第一'引攝一類', 與諸『論』異, 故不可依也.]】

c-2-5. 두 가지 선천적 사유 경향을 얻음[得二意樂]

'得二意樂故'者, 得二種意樂故. 一攝取平等意樂, 由此攝取一切有情言, '彼即是我, 我即是彼, 如是取已, 此既成佛, 彼亦成佛.' 由此意趣故說一乘.【[諸本大同, 然『梁論』云, "聲聞等人於一切眾生得平等意." 『無性』·『莊嚴』(云)[159], "諸佛於一切眾生得自體平等意." 『大業』·『唐本』不云'諸佛及聲聞等'也.]】 二法性平等意樂, 謂諸聲聞法華會上蒙佛授記, 得法性平等意樂. 未得法身, 由得如是平等意樂, 作如是思惟, '諸佛法性, 即我法性.'【[諸『論』皆同, 唯『莊嚴論』云, "聲聞得作佛意(故)[160], 謂諸聲聞昔行大菩提聚時, 有定作佛性, 彼時佛加故, 勝攝故, 得自知作佛意. 由此人前後相續無別, 故說一乘." 解云, 譯家不同, 不可會也.]】 復有別義, 謂彼眾中, 有諸菩薩, 與彼名同, 蒙佛授記, 由此法如平等意樂, 故說一乘.【[諸『論』皆同, 唯『莊嚴論』似無此段.]】

c-2-6. 변신함[化]

言'化故'者, 謂佛化作聲聞乘等, 如世尊言, "我憶, 往昔無量百返依聲聞乘而般涅槃." 由此意趣故說一乘. 以聲聞乘所化有情由見此故得般涅槃, 故現此化.【[諸『論』皆同, 『梁論』云, "復次佛化舍利弗等聲聞, 為其受記, 欲令已定根·性聲聞更練根性[161]為菩薩, 未得定根·性聲聞, 令直修佛道, 由佛道般涅槃." 餘本無也.]】

---

159) 인용을 나타내는 동사 '云'을 보충하는 것이 자연스럽다.

160) 대정장본 『장엄론』(『大乘莊嚴經論』 권5, 「述求品」 T31 615b14-17: 六者聲聞得作佛意故, 謂諸聲聞, 昔行大菩提聚時, 有定作佛性, 彼時佛加故, 勝攝故, 得自知作佛意, 由此人前後相續無別, 故說一乘.)에 따라 '故'를 보충하는 것이 자연스럽다.

161) 대정장본 진제 역 『세친석』(T31 266a3-9: 復次佛化作舍利弗等聲聞, 爲其授記, 欲令已定根·性聲聞更練根爲菩薩, 未定根·性聲聞, 令直修佛道, 由佛道般涅槃, 如佛言曰, "我今覺了, 過去世中已經無量無數劫依聲聞乘般涅槃." 欲顯小乘非究竟處, 令其捨小求大故, 現爲此事, 由如此義故說一乘.)에 비추어 볼 때 '性'은 연자로 보인다.

c-2-7. 궁극적임[究竟]

'究竟故'者, 唯此一乘最為究竟, 過此更無餘勝乘故. 聲聞乘等有餘勝乘, 所謂佛乘, 由此意趣諸佛世尊宣說一乘.162)【[諸『本』皆同, 『大業本』云, "此即是一乘. 以究竟無有別趣故. 然有差別, 以聲聞乘等異於佛乘." 解云, 譯家不同.]】

(2)-2-1-4-1-3: 삼승이 서로 다름을 밝힘[辨三乘差別]

(2)-2-1-4-1-3-1: 하나가 아님을 명시함[標非一]

ZZ21 273a1-2; WX34 785a1-2:

非於一切有情界中無有種種有情性, 或鈍根性, 或中根性, 或利根性有情差別.

가. 위 문장의 주제와 구성

ZZ21 273a3-4; WX34 785a3-4:

釋曰. 此即第三辨三乘差別. 文有二節, 初標非一, 後約根分三.

나. '중생이 동일하지 않음[非一]'의 의미(1): 다섯 부류가 같지 않음

ZZ21 273a4-10; WX34 785a4-10:

言非一者, 謂於一切有情數中非無五種種性差別. 言五姓者, 所謂三乘 · 不定 · 無性. 言無性者, 謂於身中無有三乘涅槃種性. 就有性中, 有其四種, 一聲聞種性, 謂於身中唯有聲聞涅槃種性, 二獨覺種性, 三菩薩種姓, 此二種姓唯同聲聞, 四不定種姓, 謂於身中具有三乘涅槃種姓, 而彼迴心定趣佛果. 由佛 · 菩薩大悲方便所攝受故.

다. 성종성(性種性)과 습종성(習種性)에 대한 인도 유식사상가들의 세 해석 소개

ZZ21 273a11-17; WX34 785a11-17:

然彼種姓自有二種, 一性種姓, 二習種姓. 釋此種姓, 西方諸師諸說不同.

一唯本非新, 如護月菩薩, 【亦名月藏,】163) 彼立唯有法爾種子, 而無新熏.

---

162) 여기까지 현장 역 『세친석』(『攝大乘論釋』 권10, 「彼果智分」) 중 '一乘에 관한 논의 부분'(T31 377c12-378a22)의 인용이다. 다만 '性'이 '姓'으로 호환되고, '謂法等故'가 '謂法等故等'으로 되어 있는 점만 다르다.

163) '亦名月藏'은 대응 SNST가 없다는 점에서 본래는 최듭보다 후대에 덧붙여진 협주 부분이었던

【164)二唯新非本, 如難陀及勝軍等, 彼立唯有新熏種子, 而無法爾.

三亦本亦新, 如護法菩薩, 具立新熏 · 法爾二種, (法爾種)165)子為性種姓, 新所熏種為習種性. 若廣分別, 如『成唯識』第二卷. 如是五姓具如『別章』.

라. '중생이 동일하지 않음[非一]'의 의미(2): 삼승과 부정성의 네 부류가 같지 않음

ZZ21 273a18; WX34 785a17-18:

或可, 此云非一種姓者, 三乘 · 不定四性非一, 故言'種種'.

마. 경문 중 '鈍根性, 中根性, 利根性'의 지칭 대상: 삼승

ZZ21 273a19-21; WX34 785a18-b3:

約根分三者, 謂諸聖者, 隨根利 · 鈍, 有上 · 中 · 下, 故立三乘. 由此道理密意說一, 非無三乘故說一乘. [『深密解脫』意亦同此.]】

(2)-2-1-4-2: 고요함만 추구하는 성문은 결코 성불할 수 없음을 밝힘[明趣寂聲聞定不成佛]

(2)-2-1-4-2-1: 명시함[標]

ZZ21 273a22-24; WX34 785b4-6:

善男子! 若有一向趣寂聲聞種性補特伽羅, 雖蒙諸佛施設種種勇猛加行方便化導, 終不能令當坐道場證得阿耨多羅三藐三菩提.

가. 明趣寂聲聞定不成佛 관련 목차, 위 문장의 주제와 의미

ZZ21 273b1-3; WX34 785b7-9:

釋曰. 此下第二明趣寂聲聞定不成佛. 於中有四, 一標, 二徵, 三釋, 四結, 此即標也.

것으로 보인다.

164) '二唯新非本 ~ 意亦同此' 대응 SNST가 결락되어 있다.

165) 문맥과 『성유식론』의 관련 문장(護法等菩薩 造, 玄奘 譯, 『成唯識論』 권2, T31 48b7-11: 何謂大乘二種種姓? 一本性住種姓, 謂無始來依附本識法爾所得無漏法因, 二習所成種姓, 謂聞法界等流法已聞所成等熏習所成. 要具大乘此二種姓, 方能漸次悟入唯識.)에 비추어 볼 때 '法爾種'이 보충되어야 옳다.

謂彼趣寂是定性故, 雖諸佛化, 定不成佛.

(2)-2-1-4-2-2: 반문[徵]

ZZ21 273b4; WX34 785b10:

何以故?

가. 위 문장의 주제

ZZ21 273b5; WX34 785b11:

釋曰. 此第二徵.

(2)-2-1-4-2-3: 해석함[釋]

(2)-2-1-4-2-3-1: 세 가지 원인 모두를 명시함[總標三因]

ZZ21 273b6-7; WX34 785b12-13:

由彼本來唯有下劣種性故, 一向慈悲薄弱故, 一向怖畏衆苦故.

가. 釋 관련 목차, 위 문장의 주제와 의미

ZZ21 273b8-16; WX34 785b14-786a4:

釋曰. 此第三釋. 於中有三, 初總標三因, 次牒前二因顯二過失, 後擧前二失釋不成佛, 此即初也. 謂彼定性二乘種性皆是本來劣種性故, 此即總因, '一向慈悲薄弱故'者, 是獨覺障, '一向怖畏衆苦故'者, 此[166] 是聲聞障. 故『無上依經』第一卷云, "有四種障, 一棄背大乘, 是闡提障; 執著我見, 是外道障; 厭畏疲極, 是聲聞障; 背利益他, 是緣覺障." 故知後二是二乘障. 理實, 二乘皆具二障, 『無上依經』具〈且〉[167]依相顯各說一障.

(2)-2-1-4-2-3-2: 두 가지 결점을 밝힘[顯二過失]

166) 한문 문법, 앞부분 '是獨覺障'과의 대구, 홀수자구(5자), 대응 SNST(ZhT68.774/19-20: /sdug bsṅal sna tshogs kyis śin tu ḥjigs paḥi phyir ṣes bya ba ni ñan thos kyi sgrib pa ste/) 등에 비추어 볼 때 '此'는 삭제되는 것이 자연스럽다.

167) 문맥과 대응 SNST(ZhT68.775.7-8: re ṣig mtshan ñid kyi dbaṅ du mdsad nas so soḥi sgib pa re re ṣig bstan pa yin no/)에 비추어 볼 때 '具'는 '且'로 교정해야 옳다.

ZZ21 273b17-18; WX34 786a5-6:

由彼一向慈悲薄弱, 是故一向棄背利益諸眾生事, 由彼一向怖畏眾苦, 是故一向棄背發起諸行所作.

가. 위 문장의 주제

ZZ21 273b19; WX34 786a7:

釋曰. 此即第二顯二過失. 如經可知.

(2)-2-1-4-2-3-3: 고요함만을 지향하는 성문은 성불할 수 없음을 밝힘[顯不成佛]

ZZ21 273b20-21; WX34 786a8-9:

我終不說, 一切〈向〉[168]棄背利益眾生事者, 一向棄背發起諸行所作(者)[169], 當坐道場能得阿耨多羅三藐三菩提.

가. 위 문장의 주제와 의미

ZZ21 273b22-23; WX34 786a10-11:

釋曰. 第二〈三〉[170]顯不成佛. 由二過故, 終不說言'得成正覺'.

(2)-2-1-4-2-3-4: 결론[總結]

ZZ21 273b24; WX34 786a12:

是故說彼名為一向趣寂聲聞.

가. 위 문장의 주제

ZZ21 273c1; WX34 786a13:

---

168) 대정장본 『해심밀경』(T16 695a29)과 대응 SNST(ZhT68.775.13-14: ṅa ni nams kyaṅ sems can la phan ḥdogs paḥi bya ba la śin tu mi phyogs pa)에 따라 '切'를 '向'으로 수정하는 것이 옳다.

169) 대정장본 『해심밀경』(T16 695b1)에 따라 누락된 '者'를 보충하는 것이 옳다.

170) 앞서 제시한 목차(ZZ21 273b8 이하: 釋曰. 此第三釋. 於中有三, 初 ... 次 ... 後舉前二失釋不成佛, ...)에 비추어 볼 때 '二'는 '三'의 오기임이 분명하다.

釋曰. 第四總結. 可知.

(2)-2-1-4-3: 회향한 성문은 반드시 성불할 수 있음을 밝힘[明回向聲聞定得成佛]

(2)-2-1-4-3-1: 명시함[標]

ZZ21 273c2-3; WX34 786a14-15:

若回向菩提聲聞種性補特伽羅, 我亦異門說為菩薩.

가. 明回向聲聞定得成佛 관련 목차, 위 문장의 주제와 의미

ZZ21 273c4-10; WX34 786a16-b4:

釋曰. 此下第三(明)[171]回向聲聞定得成佛. 於中有四, 一標, 二徵, 三釋, 四結, 此即標也. 謂回向聲聞即是『瑜伽』'五種姓'中'不定性'者, 或是漸·鈍〈頓〉[172]二菩薩中漸悟所攝. 彼定成佛故, 『法華』云'汝等所行是菩薩道', 皆依此中不定者說. 又『莊嚴論』第六卷云, "為對治不定障故, 大乘經說, '諸佛授記聲聞當得作佛', 及說'一乘更無第二.'"[173] 『雜集』十二亦同.

---

171) 앞서 언급된 목차(ZZ21 268a24 이하: 釋曰. 此下第四約三無性(觀)辨~~一乘義~~義. 於中有三, 初 … 次 … 後'若迴向'下明迴向聲聞定得成佛.)와의 일관성과 대응 SNST(ZhT68.776.3-4: ṣes bya ba ḥdi man chad ni gsum pa yoṅs su ḥgyur baḥi ñan thos ṅes par saṅs rgyas su ḥgrub par ston to/)를 고려하여 '第三' 다음에 동사 '明'을 보충하는 것이 자연스럽다. 다만 현존본이 짝수자구(12자)인 점을 고려해 보면 최둡이 본 텍스트에는 '明'이 있었으나 후대에 낭독 편의를 위해 생략했을 가능성을 상정해 볼 수는 있을 것이다.

172) 문맥과 대응 SNST(ZhT68.776.9-10: /yaṅ na rim gyis ḥjug pa daṅ cig car ḥjug paḥi byaṅ chub sems dpaḥ rnam pa gñis)에 비추어 볼 때 '鈍'은 '頓'의 오기임이 분명하다.

173) 대정장본 『장엄론』(『大乘莊嚴經論』 권6, 「弘法品」 T31 621a18-19: 爲對治不定障故, 大乘經說 '諸佛授記聲聞當得作佛' 及說一乘.)을 기준으로 볼 때 원측이 인용 시 '一乘' 뒤에 '更無第二'를 덧붙인 듯하다. 직후에 언급된 『잡집론』(『大乘阿毘達磨雜集論』 권12, 「決擇分·法品」 T31 752b8-10: 為對治不定種性故, 令捨聲聞下劣意樂, 記'大聲聞當得作佛', 又說'一乘更無第二'.)을 염두에 두었을까? 참고로 대응 SNST(ZhT68.776.16-18: theg pa chen poḥi mdo las/ saṅs rgyas rnams kyi ñan thos saṅs rgyas su ḥgyur ro ṣes luṅ bstan pa daṅ/ theg pa gcig kho na ste/ gñis pa gṣan med do ṣes gsuṅs pa yin no)에 비추어 볼 때 최둡이 본 사본에는 '一乘' 앞에 '唯有'가 있었던 듯하다.

(2)-2-1-4-3-2: 반문[徵]

ZZ21 273c11; WX34 786b5:

何以故?

가. 위 문장의 주제

ZZ21 273c12; WX34 786b6:

釋曰. 此第二徵.

(2)-2-1-4-3-3: 자세히 해석함[廣釋]

ZZ21 273c13-14; WX34 786b7-8:

彼既解脫煩惱障已, 若蒙諸佛等覺悟時, 於所知障, 其心亦可當得解脫.

가. 위 문장의 주제와 의미

ZZ21 273c15-16; WX34 786b9-10:

釋曰. 第三廣釋. 謂佛化導斷所知障, 漸次證得無住涅槃, 由斯理故決定成佛.

(2)-2-1-4-3-4: 깨달음을 되돌린 성문의 본래 이름이 성문인 이유를 결론적으로 말함[結其本名]

ZZ21 273c17-18; WX34 786b11-12:

由彼最初為自利益修行加行脫煩惱障, 是故如來施設彼為聲聞種性.

가. 위 문장의 주제

ZZ21 273c19; WX34 786b13:

釋曰. 此即第四結其本名.

나. 성문에 대한 상이한 분류 소개

ZZ21 273c19-274b5; WX34 786b13-787b11:

然說聲聞諸教不同.

1) 두 부류의 성문

有處說二, 所謂趣寂 · 回向聲聞, 如即此『經』·『深密解脫』.

2) 세 부류의 성문(1): 『능가경』

有處說三, 謂退菩提 · 寂滅聲聞及增上慢, 如『入楞伽』第七但列其名, 而不解釋.

3) 세 부류의 성문(2): 『유가론』 제73권

或有三種, 所謂變化 · 誓願 · 法性, 如『瑜伽論』第七十三. 故彼『論』云, "復次云何立聲聞乘? 謂三因緣故, 一變化故, 二誓願故, 三法性故. 變化故者, 謂隨彼彼所化勢力, 如來化作變化聲聞. 誓願故者, 謂有補特伽羅, 於聲聞乘已發誓願, 即建立彼以為聲聞. 法性故者, 謂有補特伽羅, 本性已來慈悲薄弱, 於諸苦事深生怖畏, 由此二因, 於利他事不深愛樂, 非為是事樂處生死, 彼由安住此法性故, 立為聲聞. 又覺法性故, 謂於一切安立諦中多分修習怖畏行縛〈轉〉174), 由此因緣證得圓滿. 如聲聞乘獨覺亦爾, 出無佛世, 而證正覺, 與此差別. 即上相違三因緣故應知菩薩."

4) 네 부류의 성문(1): 『법화론』

有處說四, 一者決定, 二增上慢, 三退菩提, 四者應化, 如『法華論』列名不釋175).

5) 네 부류의 성문(2): 『유가론』 제80권

或說四種, 一者變化, 二增上慢, 三迴向菩提, 四一向趣寂, 如『瑜伽』八十. 彼云, "云何名為四種聲聞? 一者變化聲聞, 【[『法華論』'應化', 『寶積論』'應聲聞'.]】 二者增上慢聲聞, 【[『寶積

174) 문맥과 대정장본 『유가론』(『瑜伽師地論』 권73, 「攝決擇分 · 菩薩地」 T30 702a8-19: 復次云何立聲聞乘? 謂三因緣故, 一變化故, 二誓願故, 三法性故. 變化故者, 謂隨彼彼所化勢力, 如來化作變化聲聞. 誓願故者, 謂有補特伽羅, 於聲聞乘, 已發誓願, 卽建立彼以爲聲聞. 法性故者, 謂有補特伽羅, 本性已來, 慈悲薄弱, 於諸苦事, 深生怖畏, 由此二因, 於利他事, 不深愛樂, 非爲是事樂處生死, 彼由安住此法性故, 立爲聲聞. 又覺法性故, 謂於一切安立諦中, 多分修習怖畏行轉, 由此因緣, 證得圓滿. 如聲聞乘獨覺亦爾, 出無佛世, 而證正覺, 與此差別. 卽上相違三因緣故, 應知菩薩.)에 비추어 볼 때 '縛'은 '轉'의 오기임이 분명하다.

175) 앞서 현장 진영의 경증(ZZ21 269a18-b11)에서 인용되었다.

論』云'我慢聲聞'.]】 三者迴向菩提聲聞,【[『法華』'退菩提',『寶積』'作菩提(願)[176]'.]】 四者一向趣寂聲聞【[『法華』'決定聲聞',『寶積』'寂滅性〈定〉'[177].]】. 變化聲聞者, 為欲化度由彼所化諸有情故, 或諸菩薩, 或諸如來化作聲聞.【[七十三但云'諸如來', 不言'菩薩'也.]】 增上慢聲聞者, 謂但由補特伽羅無我智及執著那法無我智, 計為清淨. 迴向菩提聲聞者, 謂從本來是極微劣慈悲種性, 由親近如來住故, 於廣大佛法中起大功德想, 熏修相續, 雖到究竟住無漏界, 而蒙諸佛覺悟引入方便開導, 由此因故, 便(能)發趣廣大菩提. (彼於如是廣大菩提雖能發趣,)[178] 由樂寂故, 於此加行極成遲鈍, 不如初始發心有佛種姓者. 一向趣寂聲聞者, 謂從本來是最極微劣慈悲種姓故, 一向棄背利益眾生事故, 於生死苦極怖畏故, 唯有安住涅槃意樂, 究〈畢〉[179]竟不能趣大菩提."

6) 네 부류의 성문(3):『보적론』

或說四種, 謂應聲聞, 我慢聲聞, 作菩提願聲聞, 及'定滅性〈寂滅定〉[180] 聲聞, 如『寶積論』第三. 解云, 如次即當『瑜伽』四種聲聞, 名雖有異, 義同『瑜伽』, 故不繁述.

다. 성문에 대한 다양한 분류가 있는 이유 설명

ZZ21 274b6-16; WX34 787b12-788a4:

如何諸教多少異? 據實具四, 如『瑜伽』等, 而差別者,『瑜伽』等四攝聲聞盡,『法華論』

---

176) 의미의 온전성을 위해 다음 단락의『보적론』의 네 부류(或說四種, 謂應聲聞, 我慢聲聞, 作菩提願聲聞, 及'定滅性〈寂滅定〉聲聞, 如『寶積論』第三.)에 따라 '願'을 보충해야 한다.

177) 직후에 등장하는『보적론』의 네 부류 중 '定滅性聲聞' 대응 SNST(ZhT68.780.2: ḥgog paḥi tiṅ ṅe ḥdsin gyi ñan thos)에 비추어 볼 때 '性'은 '定'의 오기임이 분명하다.

178) 의미의 온전성을 위해 대정장본『유가론』(『瑜伽師地論』권80,「攝決擇分 · 菩薩地」T30 744a28-b2: 由此因故, 便能發趣廣大菩提. 彼於如是廣大菩提雖能發趣, 由樂寂故, 於此加行極成遲鈍, 不如初始發心有佛種性者.)과 대응 SNST(ZhT68.779.11-13: /de rgyu des na byaṅ chub chen po la mṅon par gṣol bar byed pa gaṅ yin paḥo/ de ~~de~~* ltar byaṅ chub chen po la mṅon par gṣon bar byed mod kyi/ *P. N.에 따라 'de'는 삭제하는 것이 옳다.)에 따라 '能'과 '彼於如是廣大菩提雖能發趣'를 보충하는 것이 옳다.

179) 대정장『유가론』(T30 744b2-5: 一向趣寂聲聞者, 謂從本來是最極微劣慈悲種性故, 一向棄背利益衆生事故, 於生死苦極怖畏故, 唯有安住涅槃意樂, 畢竟不能趣大菩提.)에 따라 '究'를 '畢'로 교정하는 것이 자연스럽다.

180) 앞선 협주의 '寶積寂滅性〈定〉'에 비추어 볼 때 '定'은 '寂'의 오기로 보이며, 또 대응 SNST(ZhT68.780.2: ḥgog paḥi tiṅ ṅe ḥdsin gyi ñan thos)에 비추어 볼 때 '性'은 '定'의 오기로 보인다.

說'退菩薩〈提〉[181]'者, 便不攝本不退者, 故今『寶積』·『瑜伽』為勝. 或可, 『法華』'退菩提'者, 舉別顯總, 以'迴向'中是一分故, 如說思數以攝行蘊.

『楞伽』三中除'變化'者, 非實聲聞, 故略不說. 然七十三'變化'即是諸『論』'變化聲聞', '法性'即是'決定聲聞', '誓願'即當'迴向聲聞'. 於聲聞乘已誓願後, 未發大願, 名為'誓願', 亦名'迴向'. 若已發大菩提者, 即是菩薩誓願所攝, 不名'聲聞'.

'增上慢'者, 即'誓願'攝, 或可'誓願'·'法性'二攝, 故此不說.

此『經』不說'變化'·'增上', 義同前說解.

181) 문맥과 대응 SNST(ZhT68.780.9-11: /dam paḥi chos padma dkar poḥi ḥgrel pa las/ byaṅ chub las phyir ldog pa ṣes ḥbyuṅ ba ni)에 비추어 볼 때 '薩'은 '提'의 오기임이 분명하다.

解深密經疏第五(經本第二) 無自性相品第五之餘

B-1-5. 세존의 다섯 번째 대답

(2)-2-1-5: 숨은 뜻의 가르침에 대한 이해 차이를 해석함[釋密意教意解差別]

(2)-2-1-5-1: 가르침에 대한 이해 차이를 간략히 명시함[略標依教意解差別]

ZZ21 274c1-3; WX34 789a4-6:

復次勝義生! 如是於我善說 · 善制法 · 毗奈耶最極清淨意樂所說善教法中諸有情類意解種種差別可得.

가. 釋密意教意解差別 관련 목차, 위 문장의 주제

ZZ21 274c4-7; WX34 789a7-10:

釋曰. 自下第五釋密意教意解差別[182]. 於中有三, 初略標依教意解差別, 次'善男子'下廣辨依教意解不同, 後'善男子如是'已下總結依教意解差別, 此即初也.

나. 경문 善說善制法毗奈耶에 대한 세 종류의 해석 소개

ZZ21 274c7-18; WX34 789a10-b3:

釋此『經』文, 自有(三)[183]釋.

一云, '善說'即三藏中素怛纜藏, '善制法'者, 是(阿毗)[184]達摩藏, '毗奈耶'者, 即毗奈耶.

一云, '善說'即是三中素怛纜藏 · 阿毗達摩, '善制法毗奈耶'者, 即毗奈耶.

一云, '善說善制法'者, 通擧三藏. 如來善說 · 善制法故. '毗奈耶'者, 【此云調伏,】三藏

---

182) 대응 SNST(ZhT68.781.13-15: ṅo bo ñid med par ston paḥi bstan pa las btsams nas mos pa mi mthun par gyur rnam par ḥbyed do)는 현존 한문과 문세가 다르다. 앞서 전체 목차 '約無性教辨取解不同'의 대응 SNST(ZhT68.654.20-21: ṅo bo ñid med par ston 'pa poḥi〈paḥi〉* bstan pa las btsams nas mos pa mi mthun par gyur rnam par ḥbyed paḥo *P. N.을 따라 'paḥi'로 교정해야 옳다.)는 이와 똑같기 때문에 최둡이 본 사본에는 '約無性教辨取解不同'으로 되어 있었을 가능성이 매우 높다.

183) 이어지는 해석 수가 셋이고 대응 SNST(ZhT68.781.20: bśad pa gsum yod de)에 비추어 볼 때 만속장경본 교감기의 지적대로 '三'을 보충해야 옳다.

184) 대응 SNST(ZhT68.782.1: chos mṅon paḥi sde snod do)에 따라 '阿毗'를 보충하는 것이 옳다.

皆有調惡之用, 名'毗奈耶'. 又亦名'滅'. 三藏皆有滅惡之義故. 無性『攝論』云, "或一切善能滅衆惡, 名毗奈耶." 言'善說 · 善制'多〈者〉[185], 『瑜伽』八十三云, "道理所攝故, 任持勝德故, 文義巧妙故, 謂[186]文句善圓滿故, 故名'善說'. 制立一切所應學處, 故名'善制'." '法 · 毗奈耶'者, 『瑜伽』九十八云, "八聖道支會正理故, 說名為'法', 能滅一切諸煩惱故, 名'毗奈耶'."

다. 설법 의도[說法意樂]에 대한 용맹(龍猛), 친광(親光), 호법(護法)의 상이한 해석 소개와 각 해석에 따른 경문 最極清淨意樂所說 해석

ZZ21 274c19-275a20; WX34 789b3-790a11:

'最極清淨意樂所說'者, 辨能說者說法意樂. 然說法意樂諸說不同.

1) 용수: 『지도론』

若依龍猛, 說法有二, 一生死(人)[187]之說法, 必依尋 · 伺, 二法身菩薩說法, 不依尋 · 伺. 故『智度論』第十七云, "復次爾時菩薩常入禪定, 攝心不動, 不生覺觀, 亦能爲十方一切衆生以無量音聲說法而度脫之, 是名'禪波羅蜜'. 問曰. 如『經』中說, '先有覺觀 · 思惟然後能說法', 入禪定中無語 · 覺觀, 不應得說法, 汝今云何言'禪定中不生覺觀而爲衆生說法'? 答曰. 生死人[188]入禪定, 先以語 · 覺觀然後說法, 法身菩薩離生死身, 知一切諸

---

185) 문맥과 대응 SNST(ZhT68.782.13-14: legs par bcas pa ṣes bya ba ni)에 비추어 볼 때 '多'는 '者'의 오기임이 분명하다.

186) 한문 문법('...故'의 병렬)과 대응 SNST(ZhT68.782.16: tshig daṅ don zur phyin pa ste/ tshig ḥbru yoṅs su rdsogs paḥi phyir)에 비추어 볼 때 '謂'는 연자임이 분명하다.

187) 이어지는 대정장본 『지도론』(『大智度論』 권17, 「釋初品 · 禪波羅蜜」 T25 188c9-24: **復次爾時菩薩, 常入禪定, 攝心不動, 不生覺觀, 亦能爲十方一切衆生以無量音聲說法而度脫之, 是名'禪波羅蜜'. 問曰. 如『經』中說, '先有覺觀 · 思惟然後能說法', 入禪定中無語 · 覺觀, 不應得說法, 汝今云何言'常在禪定中不生覺觀而爲衆生說法'? 答曰. 生死人法入禪定, 先以語 · 覺觀然後說法, 法身菩薩離生死身, 知一切諸法常住如禪定相, 不見有亂, 法身菩薩變化無量身, 爲衆生說法, 而菩薩心無所分別, 如何*修羅琴常自出聲隨意而作無人彈者, 此亦無散心亦無攝心, 是福德報生故, 隨人意出聲, 法身菩薩亦如是, 無所分別, 亦無散心, 亦無說法相, 是無量福德 · 禪定 · 智慧因緣故, 是法身菩薩種種法音隨應而出.** *대정장본 『지도론』 교감기에 따르면 송본(宋本) 등 4본의 이본에도 '何'가 '阿'로 되어 있다.)과 '生死之說法' 대응 SNST(ZhT68.783.4: ḥkhor ba daṅ bcas paḥi gaṅ zag gyis chos ston par byed pa gaṅ yin pa de ni)에 비추어 볼 때 '人'을 보충해야 옳다.

188) 대정장본 『지도론』에는 '人' 다음에 '法'이 있지만(각주187, 볼드 부분), 대응 SNST(ZhT

法常住如禪定相, 不見有亂, 法身菩薩變化無量身, 爲衆生說法, 而菩薩心無所分別, 如阿'羅漢〈修羅〉[189]琴常自出聲隨意而作無人彈者, 此亦無散心, 亦無攝心, 是福德報生故, 隨人意出聲, 法身菩薩亦如是, 無所分別, 亦無散心, 亦無說法相, 是無量福德 · 禪定 · 智慧因緣故, 是法身菩薩種種法音隨應而出." 廣說如彼. 無有尋 · 伺說法眾中如來最勝, 故言'最極清淨意樂所說'.

2) 친광

若依親光, 八地已上皆無尋 · 伺而能說法. 彼說尋 · 伺唯有漏故. 無有尋 · 伺說法眾中如來最勝, 故言'最極清淨意樂所說'.

3) 호법

依護法宗, 金剛已還諸菩薩眾為他說法必假尋 · 伺. 於藥 · 病等未遍知故. 由此道理, 八地已上無漏尋 · 伺亦能說法. 於佛果位已究竟故, 無功用說, 不假尋 · 伺而能說法. 故『成唯識』第七卷云, "未究竟位於藥 · 病等未遍知故, 後得智中為他說法必假尋 · 伺, 非如佛地無功用說." 是故說言'最極清淨意樂所說'.

라. 위 세 가지 해석에 대한 보충 설명 (1)

ZZ21 275a20-22; WX34 790a11-13:

問. 十地菩薩依尋 · 伺說, 『智度』所說如何會釋?

答. 論者意異, 不可會釋. 如『智度』說尋 · 伺俱起; 彌勒等宗必不俱起, 如是等異, 其例非一, 故不須會.

마. 위 세 가지 해석에 대한 보충 설명 (2)

ZZ21 275a22-b2; WX34 790a13-17:

問. 依護法宗, 十地已還皆依尋 · 伺, 金剛喻定是第四定, 既無尋 · 伺, 應不說法?

68.783.18: gaṅ ḥkhor ba daṅ bcas paḥi gaṅ zag de dag ni tiṅ ṅe ḥdsin la ṣugs paḥi tshe/)에는 '法'에 상응하는 말이 없다. 문맥상 '法'이 없는 것이 자연스러워 보인다.

189) 대정장본『지도론』(각주187, 볼드 부분)과 대응 SNST(ZhT68.784.3: lha ma yin gyi pi waṅ)에 비추어 볼 때 '阿羅漢'은 '阿修羅'로 교정해야 옳다.

答. '雖無第四靜慮尋伺〈第四靜慮雖無尋 · 伺〉[190], 而由元起下地尋 · 伺, 於等覺位亦得說法, 不起滅定, 現諸威儀.' 亦唯〈若依〉[191]此釋.

바. 善教法中에 대한 해석

ZZ21 275b2-8; WX34 790a17-b5:

言'善教法中'者, 是所說教. 『瑜伽』九十四云, "由四種相應知世尊所說聖教名'善說法'. 一能趣寂靜. 能(令)[192]證得有餘依涅槃界故. 二能般涅槃. 能令證得無餘依涅槃界故. 三能趣菩提. 能令證得聲聞 · 獨覺 · 無上正等三菩提故. 四善遊〈逝〉[193]分別. 最極究竟現量所顯無上大師所開示故." 具上諸義, 故言'善教法中'.

사. 諸有情類意解種種差別可得에 대한 해석

ZZ21 275b9-11; WX34 790b5-8:

言'諸有情類意解種種差別可得'者, 此即正明意解不同. 有其四種, 一信解教 · 義, 二唯信(不解)[194]教 · 義, 三信教不信義, 四教 · 義俱不信, 故言'種種', 如後當釋.

(2)-2-1-5-2: 가르침에 대한 이해 차이를 자세히 해석함[廣釋依教意解不同]

(2)-2-1-5-2-1: 이해 대상인 가르침을 제시함[擧所依教]

(2)-2-1-5-2-1-1: 가르침의 근거인 진리를 밝힘[明教所依理]

ZZ21 275b12; WX34 790b9:

---

190) 문맥과 대응 SNST(ZhT68.785.21-786.1: smras pa/ bsam gtan bṣi pa <u>ni</u> rtog pa daṅ dpyod pa <u>med kyaṅ</u>)에 비추어 볼 때 '雖無第四靜慮尋伺'는 '第四靜慮雖無尋伺'으로 교정되어야 한다.

191) 대응 SNST(ZhT68.786.4: bśad pa ḥdi (daṅ)* sbyar na *누락된 'daṅ'이 보충되어야 한다.)에 비추어 볼 때 '亦唯'는 '若依'로 교정하는 것이 옳은 듯하다. 이 구절 이후 부분의 한문과 티벳어역 모두 결락이 존재하는 듯하다.

192) 대정장본 『유가론』(『瑜伽師地論』 권94, 「攝事分 · 契經事緣起食諦界擇攝」 T30 836b28- c4: 由四種相應知世尊所說聖教名善說法. 一能趣寂靜. 能<u>令</u>證得有餘依涅槃界故. 二能般涅槃. 能令證得無餘依涅槃界故, 三能趣菩提. 能令證得聲聞獨覺無上正等三菩提故. 四善<u>逝</u>分別. 最極究竟現量所顯無上大師所開示故.)대로 '令'을 보충해 주는 것이 옳다.

193) 대정장본 『유가론』대로 '遊'는 '逝'로 교정하는 것이 옳다.

194) 대응 SNST(ZhT68.786.20-21: bstan pa kho na la mṅon par yid ches śiṅ <u>don mi śes pa</u>)에 의거할 때 '不解'를 보충하는 것이 옳다.

善男子! 如來但依如是三種無自性性.

가. 廣釋依教意解不同 · 擧所依 관련 목차, 위 문장의 주제 및 의미

ZZ21 275b13-17; WX34 790b10-14:

釋曰. 自下第二廣釋依教意解不同. 於中有二, 初擧所依' 後教〈敎, 後〉[195]'於是『經』' 下正釋有情意解不同. 前中有二, 初明教所依理, 後'由深密意' 下明依理說教, 此即初也. 謂依[196]所說三無自性於不了義隱密相教為所依止.

(2)-2-1-5-2-1-2: 진리에 의거하여 가르침을 설함[依理說教]

ZZ21 275b18-19; WX34 790b15-16:

由深密意, 於所宣說不了義經, 以隱密相說諸法要, 謂一切法皆無自性 · 無生無滅 · 本來寂靜 · 自性涅槃.

가. 위 문장의 주제 · 구성 · 의미

ZZ21 275b20-275c4; WX34 790b17-791a7:

釋曰. 此即第二依理說教. 文有三節, 初說教之意, 次辨教隱密, 後正示密教. 言'由深密意' 者, 【說教之意,】 謂能證知三種無性甚深密意. 言'於所宣說不了義經以隱密相說諸法要' 者, 辨教隱密, 諸謂〈謂諸〉[197]聖教隱顯不同, 今於此中隱有說無, 故言'隱密'. 言'法要' 者, 要謂要略. 此中意者, 由深密意, 於不了經, 依三(無)[198]性以隱密相說'一切法無自性等' 諸法要言. 言'謂一切法皆無自性等' 者, 此即第三正示密教, 如前廣說.

---

195) 문맥상 '後教' 는 '教後' 의 오기임이 분명하다.

196) 한문 문법과 대응 SNST(ZhT68.787.12-13: ḥdi ltar ṅo bo ñid med pa rnam pa gsum ston pa draṅ baḥi don gsaṅ baḥi mtshan ñid kyi bstan pa ñid bstan paḥi gnas su gyur pas so/)에 비추어 볼 때 '所說三無自性' 이 '爲所依止' 의 주어가 되는 것이 자연스럽다. 따라서 '所說' 앞의 '依' 를 삭제하는 것이 자연스러워 보인다.

197) 한문 문법과 대응 SNST(ZhT68.788.3-4: ḥdi ltar ḥphags pa rnams kyi gsuṅ rab)에 비추어 볼 때 '諸謂' 는 '謂諸' 의 오기임이 분명하다.

198) 문맥과 대응 SNST(ZhT68.788.8: ṅo bo ñid med pa gsum gyi gsaṅ baḥi mtshan ñid las brtsam nas)에 비추어 볼 때 '無' 를 보충해야 옳다.

(2)-2-1-5-2-2: 중생의 이해가 같지 않음[有情意解不同]

(2)-2-1-5-2-2-1: 다섯 가지를 모두 갖추고 있으며 붓다 진리에 대한 확신이 있는 사람[五事具足信解人]

(2)-2-1-5-2-2-1-1: 다섯 가지를 성취함[成就五事]

ZZ21 275c5-7; WX34 791a8-10:

於是『經』中, 若諸有情已種上品善根, 已清淨諸鄣, 已成熟相續, 已多脩勝解, 已能積集上品福德 · 智慧資糧.

가. 有情意解不同 · 五事具足信解人 관련 목차, 위 문장의 주제

ZZ21 275c8-14; WX34 791a10-17:

釋曰. 自下第二正明有情意解不同. 於中有四, 一五事具足信解人, 二五事不具能信人, 三生信隨言執著人, 四五事全無不信人. 然此四人種善根等五事多少, 分成六人, 一五事具足, 二有四闕一, 三有三闕二, 四有二闕三, 五有一闕四, 六五事全無, 此即初也. 於中有二, 初明成就五事, 後'彼若'下聞教解悟, 此即初也.

(2)-2-1-5-2-2-1-2: 가르침을 듣고 이해함[聞教解了]

(2)-2-1-5-2-2-1-2-1: 가르침을 듣고 이해함[聞教解了]

ZZ21 275c15; WX34 791a18:

彼若聽聞如是法已, 於我甚深密意言說如實解了.

가. 聞教解了 관련 목차, 위 문장의 주제 및 의미

ZZ21 275c16-18; WX34 791b1-3:

釋曰. 自下第二聞教解了. 於中有二, 初明聞教解了, 後'於如是'下解了勝利, 此即初也. 謂聞法已, 於佛所說密意言說所顯法 · 義如實解了.

(2)-2-1-5-2-2-1-2-1: 이해함이 가져오는 큰 이익[解了勝利]

(2)-2-1-5-2-2-1-2-1-1: 가르침의 말과 그 의미를 이해함이 가져오는 큰 이익[解了法義勝利]

ZZ21 275c19-20; WX34 791b4-5:

於如是法深生信解, 於如是義以無倒慧如實通達, 依此通達善脩習故, 速疾能證最極究竟.

가. 解了勝利 관련 목차, 위 문장의 주제 · 구성 · 의미

ZZ21 275c21-276a1; WX34 791b6-10:

釋曰. 自下第二解了勝利. 於中有二, 初明解了法 · 義勝利, 後'亦於'下信佛勝利, 此即初也. 文有兩節, 初於法信解, 後於義信解. 就信義中, 文復三節, 初於見道如實通達, 次脩習位依此通達能善脩習, 後於究竟速疾能證菩提 · 涅槃.

(2)-2-1-5-2-2-1-2-1-2: 붓다에 대한 확신이 가져오는 큰 이익[信佛勝利]

ZZ21 276a2-3; WX34 791b11-12:

亦於我所深生淨信知是如來應正等覺於一切法現正等覺.

가. 위 문장의 주제

ZZ21 276a4; WX34 791b13:

釋曰. 自下第二信佛勝利.

(2)-2-1-5-2-2-2: 다섯 가지 모두가 구비되지는 못했지만 붓다 진리에 대한 확신이 있는 사람[五事不具能信人]

(2)-2-1-5-2-2-2-1: 다섯 가지 모두가 구비되지는 못함[五事不具]

ZZ21 276a5-6; WX34 791b14-15:

若諸有情已種上品善根, 已清淨諸鄣, 已成熟相續, 已多脩習勝解, 未能積集上品福德 · 智慧資糧.

가. 五事不具能信人 관련 목차, 위 문장의 주제 및 의미

ZZ21 276a7-9; WX34 791b16-18:

釋曰. 自下第二五事不具能信人. 於中有二, 初明不具五事, 後能生信心, 此即初也.

此明行人雖不具五, 由成四事而能生信. 四事差別如前已說.

(2)-2-1-5-2-2-2-2: 붓다 진리에 대한 확신을 가짐[能生信心]

(2)-2-1-5-2-2-2-2-1: 자기 견해에 머물지 않고 능히 붓다 진리에 대한 확신을 가짐[不住自見能生信心]

(2)-2-1-5-2-2-2-2-1-1: 자기 견해에 머물지 않음[不住自見]

ZZ21 276a10-11; WX34 792a1-2:

其性質直, 是質直類, 雖無力能思擇廢立, 而不安住自見取中.

가. 能生信心 · 不住自見能生信心 관련 목차, 위 문장의 주제

ZZ21 276a12-16; WX34 792a3-7:

釋曰. 自下第二明能生信心. 於中有三, 初明不住自見能生信心, 次'於此『經』'下由生信心故自輕而住, 後'於此『經』'下由自輕故能修福 · 智. 前中有三, 初明不住自見, 次辨聞教生信, 後顯其信相, 此即初也.

나. '性質直'의 의미

ZZ21 276a16-18; WX34 792a7-9:

'性質直'者, 謂即是信. 故『維摩』云, "直心是道場." 言'直心'者, 即是信心. 『智度論』云, "佛法海中信能入."故[199], 故知質直即是信心.

다. 위 문장의 의미

ZZ21 276a18-21; WX34 792a9-12:

此意說云, 性質直故, 雖無慧力簡擇聖教 · 是非道理, 而不安住自見所〈取〉[200]中, 更

199) 대정장본 『지도론』(『大智度論』 권1, 「序品 · 緣起義釋論」 T25 62c17-63a4: [經]如是我聞一時. [論]問曰. 諸佛經何以故初稱如是語? 答曰. 佛法大海信爲能入, 智爲能度, 如是義者卽是信, 若人心中有信清淨, 是人能入佛法, 若無信, 是人不能入佛法.)과 대응 SNST(ZhT68.791. 19-21: saṅs rgyas kyi chos kyi rgya mtshor ni dad pas hjug par nus so ṣes bstan paḥi phyir draṅ po ṣes bya ni mṅon par yid ches pa la bya bar mṅon no/)에 비추어 볼 때 '故'는 연자로 보인다.

200) 위 『해심밀경』 경문(不安住自見取中)과 대응 SNST(ZhT68.792.3: raṅ gi lta ba mchog tu ḥdsin pa la mi gnas śiṅ/)에 비추어 볼 때 '所'는 '取'로 교정하는 것이 옳다.

復進求了義經故, 如是於餘不了義經, 不如真文而生執著.

(2)-2-1-5-2-2-2-2-1-2: 가르침을 듣고 붓다 진리에 대한 확신을 가짐[聞教生信]

ZZ21 276a22-23; WX34 792a13-14:

彼若聽聞如是法已, 於我甚深秘密言說, 雖無力能如實解了, 然於此法, 能生勝解, 發清淨信.

가. 위 문장의 주제 및 의미

ZZ21 276a24-b2; WX34 792a15-17:

釋曰. 自下第二明聞教生信. 由彼不住自見取故, 彼聞法已, 雖無力能解了言說, 然於此教而〈能〉201)發信心.

(2)-2-1-5-2-2-2-2-1-3: 붓다 진리에 대한 확신의 특징을 밝힘[顯其信相]

ZZ21 276b3-5; WX34 792a18-b2:

信此經典是如來說, 是其甚深, 顯現甚深, 空性相應, 難見難悟, 不可尋思, 非諸尋思所行境界, 微細詳審聰明智者之所解了.

가. 위 문장의 주제 및 의미

ZZ21 276b6-16; WX34 792b3-13:

釋曰. 自下第三顯其信相. 謂信此『經』具六義故, 是其甚深. 一'信此經典等'者, ~~謂信此經典等者~~202), 謂信此『經』是佛說故, 是其甚深. 二'顯現甚深'者, 謂此經典分明顯現甚深義, 故名顯現甚深. 三'空性相應'者, 謂此聖教詮空性故, 與空相稱, 故名空性相應. 四'難見難悟'者, 謂此經典凡夫不能見, 二乘不能悟, 又解, 凡夫 · 二乘皆不見 · 悟, 故名難見難悟. 五'不可尋思等'者, 謂此聖教超尋思境故, 不可尋思也. 尋思即是三界有漏心 · 心所

201) 대응 SNST(ZhT68.792.11-12: ḥon kyaṅ bstan pa de la mṅon par yid ches paḥi sems skyed par byed paḥo/)에 비추어 볼 때 '而'는 '能'의 오기로 보인다.

202) 문맥(앞구와 내용 중복)과 대응 SNST(ZhT68.792.19-20: daṅ po mdo sde ḥdi dag ni ṣes bya ba la sogs pas ni mdo sde de bṣin gśegs pas gsuṅs pa yin par yid ches paḥi phyir zab pa yin no/)에 비추어 볼 때, 만속장경본 교감기의 지적대로 이 일곱 자는 연문임이 분명하다.

法, 或可, 尋思即不定中尋 · 伺二法. 六'微細等'者, 謂此聖教他〈地〉[203]上菩薩微細詳審聰明智者所解了也.

(2)-2-1-5-2-2-2-2-2: 붓다 진리에 대한 확신이 생김으로 말미암아 겸허해짐[由生信故自輕而住]

(2)-2-1-5-2-2-2-2-2-1: 붓다 설법의 의미와 관련하여 겸허해짐[於所說義自輕而住]

ZZ21 276b17-19; WX34 792ab14-15:

於此經典所說義中自輕而住, 作如是言, "諸佛菩提為最甚深, 諸法法性亦最甚深, 唯佛如來能善了達, 非是我等所能解了.

가. 由生信故自輕而住 관련 목차, 위 문장의 주제

ZZ21 276b20-22; WX34 792b16-793a1:

釋曰. 自下第二由生信故自輕而住. 於中有二, 初於所說義自輕而住, 後於能說教自輕而住, 此即初也.

나. 위 문장의 의미

ZZ21 276b22-c4; WX34 793a1-7:

於此『經』所說義中, 自輕己智不能解了, 便作是言, "諸佛所有能證菩提真 · 俗二智為最甚深, 所證諸法真 · 俗二性亦最甚深, 遠離所取 · 能取性故, 唯佛如來而能了達, 非我少智之所能知." 如『婆沙』說, "諸法性 · 相甚深 · 微妙, 唯一切智乃可窮盡." 又『勝鬘』云, "若善男子於諸深法不自了知, 仰推〈惟〉[204]世尊, '非我境界, 唯佛所知.'" 有如是等諸教非一.

(2)-2-1-5-2-2-2-2-2-2: 붓다 가르침의 말과 관련하여 겸허해짐[約能說教自輕而住]

---

203) 문맥과 대응 SNST(ZhT68.793.14: byaṅ chub sems dpaḥ sa la gnas)에 비추어 볼 때, 만속장경본 교감기의 지적대로 '他'는 '地'로 교정해야 옳다.

204) 대정장본 『승만경』(『勝鬘師子吼一乘大方便方廣經』「眞子章」 T12 222c23-25: 若善男子 · 善女人於諸深法不自了知, 仰惟世尊, '非我境界, 唯佛所知.' 是名善男子 · 善女人仰惟如來.)에 비추어 볼 때 '推'는 '惟'의 오기로 보인다.

ZZ21 276c5-6; WX34 793a8-9:

諸佛如來為彼種種勝解有情轉正法教, 諸佛如來無邊智見, 我等智見猶如牛跡."

가. 위 문장의 주제 및 의미

ZZ21 276c7-10; WX34 793a10-13:

釋曰. 此即第二約能說教自輕而住. 然諸如來隨所攝受有情意樂轉法教, 而能說智無量無邊, 我等智見比佛智見猶如牛跡等于大海. [『深密經』云, "以諸如來無邊智慧所知如海, 而我知見如牛跡水."]

(2)-2-1-5-2-2-2-2-3: 겸허함으로 말미암아 복덕과 지혜가 생김[由自輕故能生福智]

(2)-2-1-5-2-2-2-2-3-1: 겸허함으로 말미암아 완전히 알 수 없음[由自輕故未能通達]

(2)-2-1-5-2-2-2-2-3-1-1: 해석함[釋]

ZZ21 276c11-12; WX34 793a14-15:

如此經典, 雖能恭敬, 為他宣說, 書寫護持, 披閱流布, 殷重供養, 受誦溫習, 然由未能以其脩相發起加行.

가. 由自輕故能生福智 · 由自輕故未能通達 관련 목차, 위 문장의 주제

ZZ21 276c13-15; WX34 793a16-18:

釋曰. 此即第三由自輕故能生福 · 智. 於中有二, 初由自輕故未能通達, 後未通達故更脩福 · 智. 前中有二, 先釋, 後結, 此即初也.

나. 위 문장의 의미

ZZ21 276c16-17; WX34 793a18-b2:

謂彼菩薩以自輕故於此經典起恭敬等十種法行, 然由未能以其脩相發起福 · 智二種加行.

다. 十法行에 대한 여러 견해 소개

ZZ21 276c17-277b7; WX34 793b2-794b4:

十法行者, 諸教不同.

1) 『대반야경』

依『大般若』五百七十三, 但列其名, 而不解釋. 故彼『經』云, "佛告阿難, "受持此經, 有十法行. 一者書寫, 二者供養, 三者施他, 四者諦聽, 五者披讀, 六者受持, 七者廣說, 八者諷誦, 九者思惟, 十者脩習."" 『大般若』第四百及四百二十七 · 『莊嚴論』第十三 · 『勝天王』第七 · 『無上依經』第二亦但列名.

2) 『현양론』, 『장엄론』, 두 논서 간 설명이 약간 다른 이유 보충 설명

『瑜伽』七十四 · 『辨中邊論』第三 · 『顯揚』第二'如是等教廣釋〈廣釋如是等教〉[205], 雖有前後次第不同, 而義無異. 故『顯揚』云, "一於菩薩藏法, 若多若少, 尊重恭敬, 書持法行. 二若劣若勝, 諸供養具, 供養法行. 三若自書已, 由矜愍心施他法行. 四若他發意恭敬尊重, 以微妙聲宣揚闡讚, 由宗仰故諦聽法行. 五發淨信解恭敬重心披讀法行. 六為欲脩習法隨法行, 從師受已, 諷誦法行. 七現諷誦已, 為堅持故以廣妙音溫習法行. 八悲愍他故, 傳授與彼, 隨其廣 · 略開演法行. 九獨處閑靜, 極善研尋, 稱理觀察, 思惟法行. 十如所思惟修行奢摩他 · 毗鉢舍那, 為欲起入, 乃至為令諸所求義成就法行."

『莊嚴』十三與此稍異. 故彼『論』云, "一書寫, 二供養, 三流傳, 四聽受, 五轉讀, 六教他, 七習誦, 八解說, 九思擇, 十脩習."

解云, 彼『論』與『顯揚』義不同者, 於『顯揚』等第六諷誦 · 第七溫習合為習誦, 以為第七, 更加教他即為第六, 於餘教中皆無此義. 然彼『論』意, 為他略說, 名為教他; 名他廣說, 名為解說, 餘教意者, 若略若廣皆為他說, 即合為一, 故不相違.

---

205) 한문 문법상 '如是等教'를 목적어, '廣釋'을 동사로 보는 것이 자연스러우며, 대응 SNST (ZhT68.796.16: ḥdi dag gyi don rgya cher ston to)도 이렇게 읽었기 때문에 '如是等教廣釋'은 '廣釋如是等教'로 순서를 바꾸는 것이 옳다.

3)『해심밀경』

今依此『經』, 亦同『般若』俱十法行. 然此文中有其七種, 一為他宣說, 即是廣說, 二書寫護持, 即是書寫, 或可, 護持即是一行, 三者披聞, 即是披讀, 四者流布, 即是施他, 五殷重供養, 此即供養, 六者受誦, 即是諷誦, 或是受持, 七者溫習, 是即受持, 或是諷誦, 而無聽聞 · 思惟 · 脩習. 此「品」下文具有其八種, 一聞已信解, 二書寫護持, 三供養, 四流布, 五受誦, 六溫習, 七如理思惟, 八以其脩相發起加行, 而無廣說 · 披讀二種. 如下第七「地波羅蜜多品」中但云十種法行, 而不引名.

4)『지도론』

『智度論』五十六雖不具足, 略釋其相.

5)『유가론』

依『瑜伽論』, 此十法行能生三道. 故七十四云, "問. 如是十種法行, 幾是能生廣大福德道? 答. 一切. 問. 幾是加行道? 答. 一, 謂第九. 問. 幾是淨障道? 答. 一, 謂第十."

若廣分別, 如梁『攝論』第十 · 舊『中邊』第二 · 新『中邊』第三 · 『瑜伽』七十四.

(2)-2-1-5-2-2-2-2-3-1-2: 결론 지음[結]

ZZ21 277b8; WX34 794b5:

是故於我甚深密意所說言辭不能通達.

가. 위 문장의 주제 및 의미

ZZ21 277b9-10; WX34 794b6-7:

釋曰. 此第二結. 由彼未能起加行故, 於我甚深所說言辭不能通達.

(2)-2-1-5-2-2-2-2-3-2: 완전히 알지 못하기 때문에 재차 복덕과 지혜를 닦음[未通達故更修福智]

ZZ21 277b11-12; WX34 794b8-9:

由此因緣, 彼諸有情亦能增長福德 · 智慧二種資糧, 於後相續未成熟者亦能成熟

가. 위 문장의 주제 및 의미, 또 다른 분류 방식에 따른 목차

ZZ21 277b13-20; WX34 794b10-17:

釋曰. 此即第二未通達故更修福·智. 謂此菩薩未能修習二加行故, 不能通達密意言辭, 由此十行因緣力故便能修習福德·智慧二種資糧, 於後身中所未成熟皆能成熟. 今言'成熟', 於一一位所修具足, 名為成熟, 非五事相續成熟. 或可, 利他令他成熟.

又云'由此因緣等'者, 熟〈就〉[206]生信中, 文別有二, 初廣釋生信, 後總結信用, 上來廣釋生信, 此即第二總結, 可知.

(2)-2-1-5-2-2-3: 붓다 진리에 대한 확신은 생겼지만 말 그대로 집착하는 사람[生信隨言執著人]

(2)-2-1-5-2-2-3-1: 스승의 억측[師計]

(2)-2-1-5-2-2-3-1-1: 전과 대비하여 다름을 밝힘[對前辨異]

ZZ21 277b21-23; WX34 794b18-795a2:

若諸有情, 廣說乃至未能積集上品福德·智慧資糧, 性非質直, 非質直類, 雖有力能思擇廢立, 而復安住自見取中.

가. 生信隨言執著人·師計 관련 목차, 위 문장의 주제 및 구성

ZZ21 277b24-c3; WX34 795a3-6:

釋曰. 自下第三生信隨言執著人. 於中有二, 初明師計, 後辨弟子(計)[207]. 前中有二, 初對前辨異, 後明如言起執, 此即初也. 文有四即〈節〉[208], 一五事有·無, 二質·非質直, 三有力·無力, 四安立〈住〉·不安立〈住〉[209]自見取中.

206) 문맥과 대응 SNST(ZhT68.799.9-11: /gṣan yaṅ gṣi des na ṣes bya ba la sogs pa ni mṅon par yid ches pa bstan pa la rnam pa gñis (yod)* te/ *'la'에 상응하는 'yod'가 보충되어야 옳다.)에 비추어 볼 때 만속장경본 교감기의 지적대로 '熟'은 '就'의 오기임이 분명하다.

207) 의미의 명료성을 위해 대응 SNST(ZhT68.800.1: slob mas brtags pa rnam par ḥbyed paḥo/)에 따라 '計'를 보충하는 것이 옳다.

208) 대응 SNST(ZhT68.800.3-4: /mdoḥi tshig ḥdi yaṅ rnam pa bṣir phye nas bstan pa ste/)에 비추어 볼 때 '即'은 '節'의 오기로 보인다.

209) 위 『해심밀경』 경문(復安住自見取中)과 대응 SNST(ZhT68.800.6-7: raṅ gi lta ba la gnas pa daṅ mi gnas pa bstan paḥo/)에 비추어 볼 때 두 번의 '立'은 모두 '住'의 오기임이 분명하다.

나. 五事를 기준으로 중생을 분류하는 네 가지 방식 소개 및 평가

ZZ21 277c4-12; WX34 795a7-14:

言'廣說〈'若諸有情〉[210]等'者, 然釋此文自有四說.

一云, 此中唯取總闕五事. 故『深密』云, "不種善根, 乃至不能成就福 · 智." 然與第四有差別云〈者〉[211], 此中信法不信義; 第四法 · 義俱不信也.

一云, 此中總有三人, 一有初一闕四, 二有初二闕三, 三有初三闕二.

一云, 此中總有四人, 於前三中更加有初四闕一. 而與第二異者, 彼第二人其性質直; 此第三人性非質直.

一云, 此中總有五人, 於前四中更加五事俱闕. 而與第二 · 第四人異, 准前應釋.

雖有四釋, 第四為正. 順文相故.

다. '安住自見取中' 해석

ZZ21 277c13-21; WX34 795a15-b6:

言'而復安住自見取中'者, 更不進求了義大乘, 恒執如言不了教故. 故『雜集論』第十二云, "復次何緣一分眾生於方廣分廣大甚深雖生信解, 而不得出離耶? 答. 由深安住自見取故, 常堅執著如言義故. 由[212] 深安住自見取者, 更不進求了義經故, 常堅執著如言義者, 恒堅封執不了義經故, 如聞'一切法畢竟無自性'言故, 便撥一切諸法性 · 相皆無所有, 如是於餘不了義經, 堅執如言 · 義亦爾. 是故雖信大乘, 而不得出離. 以大乘經由種種意說故."

(2)-2-1-5-2-2-3-1-2: 말 그대로를 믿어 집착을 일으킴[如言起執]

---

210) 대응 SNST(ZhT68.800.7-8: de la <u>ji〈ci〉* ste sems can gaṅ dag</u> ces bya ba la sogs pas ni mdoḥi tshigs ḥdi dag la bśad pa rnam pa bṣi yod de *주석 대상 경문의 '若'에 상응하는 번역어(ZhT68.799.16) 'ci ste'와의 일관성을 고려할 때 'ji'보다는 'ci'가 자연스러워 보인다.)에 비추어 볼 때 '廣說'은 '若諸有情'으로 교정하는 것이 자연스럽다.

211) 원측의 일반적 작문 습관에 비추어 볼 때 '云'보다 '者'가 자연스럽다.

212) 대정장본『잡집론』(『大乘阿毘達磨雜集論』권12, 「決擇分 · 法品」 T31 751a7-14: 復次何緣一分衆生, 於方廣分廣大甚深, 雖生勝解, 而不得出離耶? 由深安住自見取故, 常堅執著如言義故. <u>深安住自見取者</u>, 更不進求了義經故, 常堅執著如言義者, 恒堅封執不了義經故, 如聞一切法畢竟無自性言故, 便撥一切諸法性相皆無所有. 如是於餘不了義經, 堅執如言義亦爾. 是故雖信大乘而不得出離. 以大乘經由種種意說故.)에 따라 '由'를 삭제하는 것이 옳다.

(2)-2-1-5-2-2-3-1-2-1: 말 그대로를 믿어 집착을 일으킴[如言起執]

(2)-2-1-5-2-2-3-1-2-1-1: 듣고도 이해하지 못함[聞而不了]

ZZ21 277c22-23; WX34 795b7-8:

彼若聽聞如是法已, 於我甚深密意言說不能如實解了.

가. 如言起執 · 如言執 관련 목차, 위 문장의 주제 및 의미

ZZ21 277c24-278a3; WX34 795b9-12:

釋曰. 自下第二如言起執. 於中有二, 初明如言(起)[213]執, 後'由此'已下顯執過失. 前中有二, 初聞而不了, 後信而執著, 此即初也. 謂彼菩薩聞此教已, 性非質直, 住自見故, 於我甚深密意教中不能如實解了密言.

(2)-2-1-5-2-2-3-1-2-1-2: 붓다 진리에 대해 확신하지만 붓다 말 그대로 집착함[信而執著]

(2)-2-1-5-2-2-3-1-2-1-2-1: 붓다 말에 집착한다는 사실을 명시함[正明執著]

ZZ21 278a4; WX34 795ab13:

於如是法雖生信解, 然於其義隨言執著.

가. 信而執著 관련 목차, 위 문장의 주제 및 의미

ZZ21 278a5-7; WX34 795ab14-16:

釋曰. 第二信而執著. 於中有二, 初正明執著, 後顯執著相, 此即初也. 於密意教雖生信解, 由不了故如言執著.

(2)-2-1-5-2-2-3-1-2-1-2-2: 붓다 말 집착 관련 특징을 밝힘[顯執著相]

ZZ21 278a8-9; WX34 795b17-18:

謂'一切法決定皆無自性 · 決定不生不滅 · 決定本來寂靜 · 決定自性涅槃'.

---

213) 의미의 명료성을 위해 대응 SNST(ZhT68.802.3: sgra ji bṣin du mṅon par ṣen pa <u>skye ba</u> ñid bstan pa)에 따라 '起'를 보충하는 것이 옳다.

가. 위 문장의 주제 및 의미

ZZ21 278a10-19; WX34 796a1-10:

釋曰. 此即第二顯執著相. 據實道理, 於此『經』中有其四句. 一'一(切)[214]諸法皆無自性', 准上『經』文通約三種無自性說, 即用三性以為自性. 二'無生無滅', 三'本來寂靜', 四'自性涅槃', 此之三句准上『經』文唯約二種無自性性, 謂相自性性 · 勝義無自性性. 依『廣百論』等, 四句總依初無性說, 『集論』 · 『雜集』, 四句皆通三無性說, 如前分別. 然佛密意不了教中但言'諸法皆無自性', 乃至復云'自性涅槃', 然彼安住自見取人不解如來密意趣故, 雖生信解, 如言起執, 謂'一切法決定無性', 乃至'決定自性涅槃'.

나. 이 부류의 사람에 대한 세 가지 상이한 해석 소개 및 『해심밀경』의 해석 평가

ZZ21 278a20-b3; WX34 796a10-18:

然彼執人諸教不同.

依『智度論』第十八卷, "有三邪見, 一破果不破因, 二因 · 果俱破不破一切法, 三破一切法皆無所有, 即依第三是惡取人." 廣如彼說. 依『勝鬘經』, 即說名為習諸外道.

若依【『集論』第六 · 】『雜集』十二皆言, "若諸菩薩隨言取義, 不如正理思擇法故." 廣如彼釋.

今依此『經』, 但言有情, 亦不說名菩薩 · 外道, 准義即同『集論』等說. 雖闕第五福 · 智資糧, 而具前四善根等故.

(2)-2-1-5-2-2-3-1-2-2: 집착함으로 말미암은 오류를 밝힘[顯執過失]

(2)-2-1-5-2-2-3-1-2-2-1: 집착함으로 말미암은 오류를 명시함[正顯執失]

(2)-2-1-5-2-2-3-1-2-2-1-1: 두 가지 오류를 간략히 명시함[略標二失]

ZZ21 278b4; WX34 796b1:

由此因緣於一切法獲得無見及無相見.

214) 위 경문과 대응 SNST(ZhT68.802.21: daṅ po ni chos thams cad ṅo bo ñid med pa ste/)에 비추어 볼 때 만속장경본 교감기의 지적대로 '切'를 보충하는 것이 옳다.

가. 顯執過失 · 正顯執失 관련 목차, 위 문장의 주제

ZZ21 278b5-8; WX34 796b2-5:

釋曰. 自下第二顯執過失. 於中有二, 初正顯執失, 後'雖於'下釋通伏難. 前中有五, 一略標二失, 二'由得'下辨二失相, 三外人徵詰, 四依徵廣釋, 五釋已總結, 此即初也.

나. 위 문장의 의미

ZZ21 278b8-9; WX34 796b5-6:

由此執著為因緣故, 於一切法, 獲得二見, 一者無見, 二無相見.

다. 無見과 無相見에 대한 두 가지 해석 소개, 제2해석과 위 『해심밀경』 경문 속 無見과 無相見의 의미 간 차이 설명

ZZ21 278b9-23; WX34 796b6-797a2:

然此二見自有兩釋.

一云, 無見者, 撥無依他及圓成實, 無相見者, 撥無所執【如名言相】.

一云, 無見者, 即『大法鏡經』二十八不[215]不正見中第一相見, 無相見者, 即次三見, 謂損減施設見 · 損減分別見 · 損減真實見. 故『雜集論』第十二卷釋彼『經』云, "言'相見'者, 謂聞大乘經中所說'一切諸法皆無自性 · 無生無滅 · 本來寂靜 · 自性涅槃等'言, 不善密意, 但隨此言義, 便生勝解, 謂佛所說'一切諸法定無自性 · 定無生等', 執著如是無性等相, 是名相見. 執著如是無性相時, 便謗三性, 於此三性起誹謗行, 即次三見, 謂損減施設見 · 損減分別見 · 損減真實見." 廣如彼釋.

彼與此『經』名差別者, 彼據執著無性等相, 名為相見; 此就行解執有為無, 名為無見. 彼據損減三性理故, 名損減見; 此據撥無三性相故, 名無相見.

(2)-2-1-5-2-2-3-1-2-2-1-2: 두 가지 오류 관련 특징을 해석함[釋二失相]

ZZ21 278b24-c1; WX34 797a3-4:

---

215) 문맥과 대정장본 『잡집론』(T31 751a14-18: 依此密意薄伽梵於『大法鏡經』中說如是言, "若諸菩薩隨言取義, 不如正理思擇法故, 便生二十八**不正見**. 何等名爲二十八**不正見**耶? 謂相見, 損減施設見, 損減分別見, 損減眞實見.")에 비추어 볼 때 '不'은 연자임이 분명하다.

由得無見 · 無相見故, 撥一切相皆是無相, 誹撥諸法遍計所執相 · 依他起相 · 圓成實相.

가. 위 문장의 주제

ZZ21 278c2; WX34 797a5:

釋曰. 此即第二釋二失相.

나. 위 문장에 대한 두 가지 해석 소개

ZZ21 278c2-7; WX34 797a5-10:

然釋此文亦有兩解.

一云, '由得無見 · 無相見故' 者, 雙牒二見. '撥一切相皆是無相' 者, 總顯二見所成過失, 謂撥一切三種性相皆是無相. '誹撥諸法' 者, 別顯撥三相失.

一云, '由得無見 · 無相見故' 者, 雙牒二見. '撥一切相皆是無相' 者, 別顯無見. '誹撥諸法等' 者, 別釋無相見.

(2)-2-1-5-2-2-3-1-2-2-1-3: 반문[徵]

ZZ21 278c8; WX34 797a11:

何以故?

가. 위 문장의 주제 및 의미

ZZ21 278c9-11; WX34 797a12-14:

釋曰. 此第三徵. 徵[216]【有二意, 一云, 何以先無依他 · 圓成, 後無所執? 一云, 前二性有, 可說撥無, 後所執無, 撥無何失?

(2)-2-1-5-2-2-3-1-2-2-1-4: 반문에 대해 자세히 해명함[依徵廣釋]

(2)-2-1-5-2-2-3-1-2-2-1-4-1: 삼성이 설해진 순서를 앞서 밝힘[先明三性施設次第]

---

216) 대응 SNST(68.807.5-6)는 '此第三徵. 徵' 에 상응하는 'gsum pa brtag paḥo/ /brtag pa las/' 까지만 있고 그 이하부터 '又如偈曰' (ZZ21 279b3; WX34 798b7) 대응 부분까지 모두 결락되어 있다.

ZZ21 278c12-13; WX34 797a15-16:

由有依他起相及圓成實相故, 遍計所執相方可施設.

가. 依徵廣釋 관련 목차, 위 문장의 주제와 의미

ZZ21 278c14-17; WX34 797a17-b2:

釋曰. 自下第四依徵廣釋. 於中有二, 初先信〈明〉217)三性施設次第, 後依次第以答外徵, 此即初也. 如上所說, 由諸有情於二性上增益所執故, 立三種無自性, 此亦同彼所說次第.

(2)-2-1-5-2-2-3-1-2-2-1-4-2: 앞서 제시된 순서대로 상대편의 반문에 답함[依前次第以答外徵]

ZZ21 278c18-19; WX34 797b3-4:

若於依他起相 · 圓成實相見為無相, 彼亦誹撥遍計所執相.

가. 위 문장의 주제 · 구성 · 의미

ZZ21 278c20-279a2; WX34 797b5-11:

釋曰. 此即第二依前次第以答外徵. 若依'後徵〈徵釋〉218), 文有二節, 初明依二性故, 雖無實性, 而隨執情假施設有, 後明隨情施設有故, 執彼為無, 亦成誹撥. 由斯理故『瑜伽』七十四云, "問. 若無遍計所執自性, 當有何過? 答. 於依他起自性中應無名言 · 無名言執, 此若無者, 應不可知雜染 · 清淨." 依『佛性論』, 三自性中皆有損減 · 增益二謗.

(2)-2-1-5-2-2-3-1-2-2-1-5: 결론[總結]

ZZ21 279a3; WX34 797b12:

是故說彼誹撥三相.

217) '信'은 '明'의 오기로 보인다.

218) 문맥과 앞서 미리 제시된 목차(ZZ21 278c14 이하: 釋曰. 自下第四依徵廣釋.)를 고려할 때 '後徵'을 '徵釋'으로 교정하는 것이 자연스럽다.

가. 위 문장의 주제

ZZ21 279a4-5; WX34 797b13-14:

釋曰. 第五總結. 可知. 此『經』所說'誹撥三相'即諸『經』等'惡取空'也.

나. 악취공(惡取空)에 대한 상이한 가르침 소개

ZZ21 279a5-16; WX34 797b14-798a7:

說惡取(空)[219], 聖教非一.

1)『보적경』

『寶積經』云, ""如是迦葉! 寧山子[220]起我見積若須彌, 非以空見起增上慢. 所以者何? 一切諸見以空得解[221]脫, 若起空見, 則不可除. 迦葉! 譬如醫師授藥令病擾動, 是藥在內而不出者, 於意云何, 如是病人寧得差不?" "不也. 世尊!" "是藥不出, 其病轉增, 如是迦葉! 一切諸見唯空能滅, 若起空見, 則不可除.""

2)『무상의경』

『無上依經』第一卷云, "復有增上慢人, 在正法中觀空, 生於有 · 無二見, 是真空者直向無上菩提一道淨解脫門, 如來顯了開示正說, 於中生空見, 我說不可治. 阿難! 若有人執我如須彌山大, 我不驚怪, 亦不毁呰. 增上慢人執著空見, 如一髦髮作十六分, 我不許可."

다.『해심밀경』등의 악취공에 대한 중관학파와 유식학파의 해석 소개 및 평가

1) 논의 대상 명시

ZZ21 279a17; WX34 798a7-8:

---

219) 의미 있는 구를 만들기 위해 누락된 '空'을 보충하는 것이 옳다.

220) 문맥과 대정장본『보적경』(菩提流支 譯,『大寶積經』권112,「普明菩薩會」T11 634a13-19: "如是迦葉! 寧起我見積若須彌, 非以空見起增上慢. 所以者何? 一切諸見以空得脫, 若起空見則不可除. 迦葉! 譬如醫師授藥令病擾動, 是藥在內而不出者, 於意云何, 如是病人寧得差不?" "不也. 世尊!" "是藥不出, 其病轉增, 如是迦葉! 一切諸見, 唯空能滅, 若起空見, 則不可除.")에 비추어 볼 때 만속장경본 교감기의 지적대로 '山了' 두 자는 연자로 보인다.

221) 대정장본『보적경』에 없는 '解' 자가 보충되었다.

依此等『經』, 曰〈自〉[222]有兩說.

2) 청변(清辨) 등의 악취공 이해

(1) 악취공 정의

ZZ21 279a17-19; WX34 798a8-10:

若<u>清辨</u>等依<u>龍猛</u>宗說空 · 有者, 依世俗諦有空 · 不空; 依勝義無法不空, 若執著空, 名惡趣空.

(2) 경증: 『반야등론』

ZZ21 279a19-b10; WX34 798b7:

故『般若燈論』第八卷云, "論者言, "若第一義中有陰等者, 除此有物立於空法, 而第一義中實無一法是不空者, 如偈曰: 若一法不空 觀此故有空/ 無一法不空 何處空可得// 釋曰. 空 · 不空者, 於世諦中依止法體如是分別. 此義云何? 如有舍宅有人住故, 名舍不空, 人不住故, 則名舍空. 今第一義中無一法不空, 何處得有空法可得?"" [已說善取空, 當說惡取空.] 又""如偈曰:】如來說空法 為出離諸見/ 諸有見空者 說彼不可治// 釋曰. 云何名見空者? 謂執著於空, 言有此空. 此執著空有何過失, 如來說彼空見衆生不可療治, 此義云何? 如服下藥, 動作諸病, 而復不泄, 反成重病, 如是說空法, 為捨諸惡見, 若還執空者, 說彼不可治. 以此義故, 捨空無過.""

(3) 청변 악취공 해석에 대한 원측의 보충 설명

ZZ21 279b10-16; WX34 798a21-b12:

解云, 所取空者, 如『瑜伽』師所立空理以為真理, 名惡取空. 故『般若燈』云, "復次『十七地論』者言, "如所分別體無故, 分別體空, 此諸法空, 真實是有. 云何真實? 不觀作者." 論者意〈言〉[223], "汝此見者, 名著空見." 外人言, "何故名我以為著空?" 論者言, "由一切

---

222) 만속장경본 교감기의 지적대로 '曰'은 '自'의 오기이다.

223) 대정장본 『반야등론』(分別明菩薩 釋論, 波羅頗蜜多羅 譯, 『般若燈論釋』 권8, 「觀行品」 T14 91b16-20: 復次『十七地論』者言, "如所分別體無故, 分別體空, 此諸法空, 真實是有, 云何真實? 不觀作者." 論者<u>言</u>, "汝此見者, 名著空見." 外人言, "何故名我以為著空?" 論者言, "由一切法無體故空, 空非實法, 不應執著 ... ")과 대응 SNST(ZhT68.808.6: bstan bcos mdsad pas <u>smras pa</u>)에 비추어 볼

法無體故空, 空非實法, 不應執著."" 廣說如彼.

3) 호법(護法) 등의 선취공과 악취공 이해

(1) 선취공과 악취공 정의

ZZ21 279b16-20; WX34 798b13-17:

若護法等依彌勒宗說空 · 有者, 善取空者, 謂於依他所執性無, 即於此無我性有, 如是有 · 無, 總說為空. 惡取空者, 於依他上所執性無及於依他 · 圓成性有俱不信受, 而作此執, '一切諸法都無所有', 是惡取空.

(2) 경증

A. 선취공의 경증: 『선계경』, 『유가론』 제36권, 『잡집론』, 『현양론』, 『불성론』 제1권

ZZ21 279b20-280a4; WX34 798b17-799b13:

故『善戒經』第二卷云, "有二種人, 遠離佛法, 非佛弟子, 永失佛法. 一者說色乃至涅槃有眞實性【[所執性也]】, 二者不信世流布性【[依他性也]】, 如是二人不任受持菩薩禁戒, 如其受者, (受者)[224]不得, 戒師則有罪也. 何故不得? 誹謗實法, 著非法故. 菩薩戒者, 非口所得, 心 · 口和合然後乃獲." 復言, "若有說言'大乘經中一切法空', 亦得大罪. 不能善解大乘經義, 生憍慢心, 言'我善解', 隨其自心妄想思惟, 為人廣說, 亦得大罪. 若言'一切諸法性無, 云何得有流布於世?', 亦得大罪. 何以故? 謗一切法者, 即是外道富蘭那等眞弟子也. 富蘭那謂諸法性無, 而佛法中亦有亦無. 若有人說一切法空, 當知是人不中共住 · 共語 · 論議 · 布薩 · 說戒. 若與共住, 乃至說戒, 則得大罪. 何以故? 不解空義故." 乃至彼云,

---

때 '意'는 '言'으로 교정되어야 옳다.

224) 대응 SNST(ZhT68.809.2-5: /gaṅ zag ḥdi lta bu rnam pa gñis ni byaṅ chub sems dpaḥi tshul khrims yaṅ dag par len paḥi ḥos su yaṅ mi ruṅ bas gal te sbyin par byed na tshul khrims kyaṅ ḥthob par mi ḥgyur la/ slob dpon yaṅ ñes pa daṅ bcas par ḥgyur ro/)와 대정장본 『선계경』(求那跋摩 譯, 『菩薩善戒經』 권2, 「菩薩地 · 眞實義品」 T30 969c5-14: 是故法性不可宣說, 如色受想行識乃至涅槃亦復如是. 有二種人, 遠離佛法, 非佛弟子, 永失佛法. 一者說色乃至涅槃有眞實性, 二者不信世流布性, 如是二人, 不任受持菩薩禁戒, 如其受者, **受者不得**, 師則有罪. 何故不得? 誹謗實法著非法故, 是故雖受終不得戒. 若不得戒, 云何得名? 在此法中爲佛弟子, 是故名爲遠離佛法. 菩薩戒者, 非口所得, 心口和合然後乃獲.)에 부합하도록 '不得' 앞에 '受者'를 보충하는 것이 자연스럽다.

"云何正解? 如色, 說色乃至涅槃分別無有種種相 · 性, 是名色空, 以色眞實流布於世, 是名不空. 以是義故, 說色一法亦有亦無. 解(是)[225]二故, 亦法亦空, 終不於中妄生計著, 是名眞解空義." 具說如彼.

又『瑜伽』三十六云, "云何復名善取空者? 謂由於此彼無所有, 即由彼故正觀為空, 復由於此餘實是有, 即由餘故如實知有, 如是名為悟入空性如實無倒." 『地持』第二亦同此說.

『雜集』第六云, "空相者, 謂若於是處此非有, 由此理正觀為空, 若於是處餘是有, 由此理如實知有, 是名善入空性如實者不顚倒."

『顯揚』十五云, "空自相者, 非定有 · 無. 非定有者, 謂於諸行中眾生自性及法自性畢竟無所有故, 非定無者, 謂於此中眾生無我及法無我有實性故."

『佛性論』第一云, "二諦不可說有, 不可說無. 非有非無故. 真諦不可說有 · 不可說無者, 無人 · 法故不可說有, 顯二空故不可說無. 俗諦亦爾, 分別性故不可說有, 依他性故不可說無. 復次真諦不定有 · 無, 人 · 法無不無, 二空有不有. 俗諦亦爾, 分別性故非決定無, 依他性故非決定有."【[已說善取空, 當說惡取空.]】

B. 악취공의 경증: 『유가론』 제36권과 제75권, 『불성론』 제2권, 『광백론』 제6권

ZZ21 280a4-c7; WX34 799b13-801a10:

『瑜伽』三十六云, "云何名為惡取空者? 謂有沙門惑〈或〉[226]婆羅門, 由彼故空亦不信受, 於此而空亦不信受, 如是名為惡取空者. 何以故? 由彼故空, 彼實是無, 於此而空, 此實是有, 由此道理可說為空. 若說一切都無所有, 何處'者何〈何者〉[227]何故名空? 亦不應

---

225) 대정장본 『선계경』(T30 970a21-25: 云何正解? 如色, 說色乃至涅槃, 分別無有種種相性, 是名色空, 以色眞實流布於世, 是名不空. 以是義故, 說色一法亦有亦無. 解<u>是</u>二故亦法亦空, 終不於中妄生計著, 是名眞解空義.)과 대응 SNST(ZhT68.810.10: <u>de</u> gñis śes pa ñid kyi phyir)에 비추어 볼 때 '是'를 보충하는 것이 자연스럽다.

226) '惑'은 '或'의 오기임이 분명하다.

227) 대장장본 『유가론』(『瑜伽師地論』 권36, 「本地分 · 菩薩地 · 初持瑜伽處眞實義品」 T30 488c 22-28: 云何名爲惡取空者? 謂有沙門<u>或</u>婆羅門, 由彼故空亦不信受, 於此而空亦不信受, 如是名爲惡取空者. 何以故? 由彼故空, 彼實是無, 於此而空, 此實是有, 由此道理可說爲空. 若說一切都無所有, 何處<u>何者</u>何故名空? 亦不應言由此於此即說爲空, 是故名爲惡取空者.)과 대응 SNST (ZhT68.812.8: gaṅ du <u>ci ṣig</u> gaṅ gis stoṅ par ḥgyur te)에 따라 '者何'는 '何者'로 교정하는 것이 옳다.

言由此於此即說為空. 是故名為惡取空者."

又『瑜伽』七十五云, "復次於大乘中, 或有一類, 惡取空故, 作如是言, "由世俗故, 一切皆有, 由勝義故, 一切皆無." 應告彼言, "長老! 何者世俗? 何者勝義?" 如是問已, 彼若答言, "若一切法皆無自性, 是名勝義, 若於諸法無自性中自性可得, 是名世俗. 何以故? 無所有中建立世俗 · 假設 · 名言而起說故." 應告彼曰, "【汝何所欲?】 名言 · 世俗為從因有自性可得, 為唯名言 · 世俗說有? 若名言 · 世俗從因有者, 名言 · 世俗從因而生而非是有, 不應道理. 若唯名言 · 世俗說有, 名言 · 世俗無事而有, 不應道理." 又應' 言彼〈告〉[228]言, "長老! 何緣諸可得者此無自性?" 如是問已, 彼若答言, "顛倒事故." 復應告言, "【汝何所欲?】 此顛倒事為有為無? 若言有者, 說一切法由勝義故皆無自性, 不應道理, 若言無者, 顛倒事故諸可得者此無自性, 不應道理."

『佛性』第一亦同『瑜伽』, 又彼『論』第二云, "復次增上慢人, 取空為見, 是真空解脫門, 約此空解脫門, 起於空執, 謂一切有 · 無並皆是空. 此空執者, 即無所有, 無所有故, 因 · 果 · 二諦道理並失. 執此空過故即墮耶無, 是等執者, 由空而起, 故成(此執, 非由)邪執.[229] 一切邪執, 莫不由空故能滅除, 此執既依空起, 故不可治. 因此人故佛語, "迦葉! 若人起我見, 執如須須〈彌〉[230]山大, 我亦許之. 何以故? 以可滅故. 若此增上慢人所起空執,

---

228) 이 단락이 앞의 '應告彼曰'과 이어진다는 점, '言'이 두 번 중복되고 홀수자구가 되어 자연스럽지 못한 점 등을 고려하여 대장장본 『유가론』(『瑜伽師地論』 권75, 「攝決擇分 · 菩薩地」 T30 713b2-713b18: 復次於大乘中, 或有一類惡取空故, 作如是言, "由世俗故, 一切皆有, 由勝義故, 一切皆無." 應告彼言, "長老! 何者世俗? 何者勝義?" 如是問已, 彼若答言, "若一切法皆無自性, 是名勝義, 若於諸法無自性中自性可得, 是名世俗. 何以故? 無所有中建立世俗假設名言而起說故." 應告彼曰, "汝何所欲? 名言世俗為從因有自性可得, 為唯名言世俗說有? 若名言世俗從因有者, 名言世俗從因而生, 而非是有, 不應道理. 若唯名言世俗說有, 名言世俗無事而有, 不應道理." 又應告言, "長老! 何緣諸可得者此無自性?" 如是問已, 彼若答言, "顛倒事故." 復應告言, "汝何所欲? 此顛倒事, 為有為無? 若言有者, 說一切法由勝義故皆無自性, 不應道理, 若言無者, 顛倒事故, 諸可得者此無自性, 不應道理.")대로 '又應告言'으로 교정하는 것이 자연스럽다.

229) 의미가 성립하기 위해서는 '是等執者' 이하 대응 SNST(ZhT68.814.2-3: ḥdi lta buḥi mṅon par ṣen pa dag ni stoṅ pa ñid las byuṅ baḥi phyir **de la mṅon par** (ṣen pa)* grub pa yin gyi/ logs par ṣen pa **las ma yin no**/ *此執(=空執)과 邪執을 대비하는 문맥과 이어지는 '此執起依空起'의 '此執' 대응 번역어 'mṅon par ṣen pa ḥdi'에 비추어 볼 때 'ṣen pa'가 누락된 것으로 보인다.)에 따라 위와 같이 교정하는 것이 자연스럽다. 그 자세한 이유는 '부록2'의 '자료7'과 관련 논의 참조.

230) 대정장본 『불성론』(天親菩薩 造, 真諦 譯, 『佛性論』 권2, 「辯相分 · 明因品」 T31 797b14- 23: 復

猶如髮端四分之一, 我急呵責決定不許.""

又『廣百』第六卷云, "復次諸法真理何者是耶? 謂一切法空·無我理. 若爾, 此理亦有過失. 所以者何? 如有一類, 聞空·無我, 謂法皆無, 誹撥一切因果正理, 乃至斷滅一切善根. 此自見有過, 非空·無我咎. 由惡取空妄起邪見, 行諸惡行, 空·無我理心言不倒〈測〉231), 非彼所證. 愚夫聞說'諸法皆空', 不知聖意, 便撥世俗因果亦無, 滅諸善法, 此豈是空·無我過失? 聖說空教有何意耶? 為遣一切虛妄有執. 若爾, 亦應說'諸法有'. 為遣妄執諸法空故. 實爾若有執諸法空, 如來亦說'諸法是有'. 既為遣執說有說空, 諸法真理為空為有? 諸法真理非有非空, 分別·戲論皆不能及. 何緣聖說非虛妄耶? 為除邪執故非虛妄. 空·有二教俱能除執, 何故如來多說空教? 以諸有情多分執有空說空232), 生死多分從有生執, 是故如來為除有執, 滅生死苦, 多說空教. 若空若有皆是教門, 何故前說空為真理? 方便假說, 亦不相違. 又此空言, 是遮非表, 非唯空有, 亦復空空, 遮〈遍〉233)遣執心, 令契諸法

次有增上慢人, 取空為見, 是真空實解脫門, 約此空解脫門, 起於空執, 謂一切有無, 並皆是空, 此空執者, 即無所有, 無所有故, 因果二諦道理並失, 執此空過故即墮邪無, 是等執者, 由空而起, 故成, 非由邪執. 一切邪執莫不由空故能滅除, 此執既依空起故不可治, 因此人故, 故佛語, "迦葉! 若人起我見, 執如須彌山大, 我亦許之. 何以故? 以可滅故. 若此增上慢人所起空執, 猶如髮端四分之一, 我急呵責決定不許.")에 따라 '須'를 '彌'로 교정하는 것이 옳다.

231) 대정장본 『광백론』(聖天菩薩 本, 護法菩薩 釋, 玄奘 譯, 『大乘廣百論釋論』 권6, 「破見品」 T30 219b10-c5: 復次諸法真理何者是耶? 謂一切法空·無我理. 若爾, 此理亦有過失. 所以者何? 如有一類, 聞空無我, 謂法皆無, 誹撥一切因果正理, 乃至斷滅一切善根. 此自見有過, 非空·無我咎, 由惡取空妄起邪見, 行諸惡行. 空·無我理心言不測, 非彼所證, 愚夫聞說'諸法皆空', 不知聖意, 便撥世俗因果亦無, 滅諸善法, 此豈是空·無我過失? 聖說空教有何意耶? 為遣一切虛妄有執. 若爾, 亦應說'諸法有'. 為遣妄執諸法空故. 實爾, 若有執諸法空, 如來亦說'諸法是有'. 既為遣執說有說空, 諸法真理為空為有? 諸法真理非有非空, 分別·戲論皆不能及. 何緣聖說非虛妄耶? 為除邪執故非虛妄. 空·有二教俱能除執, 何故如來多說空教? **以諸有情多分執有**, 生死多分從有生執, 是故如來為除有執, 滅生死苦, 多說空教. 若空若有皆是教門, 何故前說空為真理? 方便假說, 亦不相違. 又此空言, 是遮非表, 非唯空有, 亦復空空, 遍遣執心, 令契諸法非有非空究竟真理. 諸法真理實非空性. 空為門故, 假說為空, 真理非空. 空為門者, 真理非有, 應有為門? 隨機說門, 有亦無過 然其門義順在於空, 有有有等皆順執心, 空空空等皆違妄執. 故有智者, 聞說空言, 應離一切有·無等執, 悟法真理非有非無, 勿起有·無分別戲論.)과 대응 SNST(ZhT68.814.21-815.1: stoṅ pa ñid daṅ/ bdag med paḥi don ni sems daṅ tshig gis dpag par mi nus te)에 비추어 볼 때 '倒'는 '測'으로 교정되어야 옳다.

232) 문맥과 대정장본 『광백론』('각주231'의 볼드 부분)에 비추어 볼 때 '空說空'은 만속장경본 교감기의 지적대로 연자이다.

233) 대정장본 『광백론』('각주231'의 밑줄 부분)과 대응 SNST(ZhT68.816.7: ḥdsin paḥi sems ~~can~~* thams cad sel ciṅ *'can'은 삭제되어야 옳다.)에 비추어 볼 때 '遮'는 '遍'으로 교정하는 것이 자

非有非空究竟真理, 諸法真理實非空性. 空為門故, 假說為空, 真理非空. 空為門者, 真理非有, 應有為門? 隨機說門, 有亦無過. 然其門義順在於空, 有有有等皆順執心, 空空空等皆違妄執. 故有智者, 開〈聞〉[234]說空言, 應離一切有 · 無等執, 悟法真理非有非無, 勿起有 · 無分別 · 戲論."

(3) 악취공의 오류 양상[惡取過失相]: 『유가론』 제36권, 『광백론』 제6권

ZZ21 280c8-281a21; WX34 801a10-802a12:

辨惡趣〈取〉過失相者, 如『瑜伽論』三十六說. 故彼『論』云, "如有一類, 聞說難解大乘相應未極顯了密意趣義甚深經典, 不能如實解所說義, 起不如理虛妄分別, 由不巧便所引尋伺, 起如是見, 立如是論, 一切唯假, 是為真實, 若作是觀, 名為正觀. 彼於虛假所依處所實有唯事, 撥為非有, 是則一切虛假皆無, 何當得有一切唯假是為真實? 由此道理, 彼(於)[235] 真實及以虛假二種俱謗都無所有, 由謗真實及虛假故, 當知是名最極無者. 如是無者, 一切有智同梵行者, 不應共語, 不應共語, 不應共住. 如是無者, 能自敗壞, 亦壞世間隨彼見者. 世尊依彼密意說言, "寧如一類起我見者, 不如一類惡取空者. 何以故? 起我見者, 唯於所知境界迷惑, 不謗一切所知境界, 不由此因墮諸惡趣, 於他求法, 求苦解脫, 不為虛誑,

---

연스럽다.

234) 대정장본 『광백론』('각주231'의 밑줄 부분)과 대응 SNST(ZhT68.816.18: de lta bas na blo daṅ ldan pa dag ni stoṅ pa ṣes bya baḥi tshig thos nas yaṅ)에 비추어 볼 때 '開'는 '聞'으로 교정되어야 옳다.

235) 문맥과 대응 티벳어역(ZhT68.817.1: stoṅ pa ñid la log par bzuṅ baḥi ṅes dmigs kyi mtshan ñdi ni/)에 비추어 볼 때 이 단락을 이끄는 주제구 '辨惡趣過失相者' 속 '趣'는 '取'의 오기임이 분명하다. 한편 위 구의 경우 대정장본 『유가론』(『瑜伽師地論』 권36, 「本地分 · 菩薩地 · 初持瑜伽處眞實義品」 T30 488b28- 488c21: 如有一類, 聞說難解大乘相應, 未極顯了密意趣義甚深經典, 不能如實解所說義, 起不如理虛妄分別, 由不巧便所引尋思, 起如是見, 立如是論, "一切唯假, 是為真實, 若作是觀, 名為正觀." 彼於虛假所依處所實有唯事, 撥為非有, 是則一切虛假皆無, 何當得有一切唯假是為真實? 由此道理, 彼於真實及以虛假二種俱謗都無所有, 由謗真實及虛假故, 當知是名最極無者. 如是無者, 一切有智同梵行者, 不應共語, 不應共語, 不應共住. 如是無者, 能自敗壞, 亦壞世間隨彼見者. 世尊依彼密意說言, "寧如一類起我見者, 不如一類惡取空者. 何以故? 起我見者, 唯於所知境界迷惑, 不謗一切所知境界, 不由此因墮諸惡趣, 於他求法, 求苦解脫, 不為虛誑, 不作稽留, 於法於諦, 亦能建立, 於諸學處, 不生慢緩. 惡取空者, 亦於所知境界迷惑, 亦謗一切所知境界, 由此因故, 墮諸惡趣, 於他求法, 求苦解脫, 能為虛誑, 亦作稽留, 於法於諦, 不能建立, 於諸學處, 極生慢緩. 如是損減實有事者, 於佛所說法 · 毗奈耶, 甚為失壞.")대로 '於'를 보충하는 것이 자연스럽다.

不作稽留, 於法於諦, 亦能建立, 於諸學處, 不生慢緩. 惡取空者, 亦於所知境界迷惑, 亦謗一切所知境界, 由此因故, 墮諸惡趣, 於他求法, (求)[236]苦解脫, 能為虛誑, 亦作稽留, 於法於諦, 不能建立, 於諸學處, 極生慢緩. 如是損減實有事者, 於佛所說法 · 毗奈耶, 甚為失壞.""

『廣百論』第六卷亦同『瑜伽』. 故『論』云, "復次劣慧者前, 不應輒說空 · 無我理, 增其惡見. 所以者何? 故次頌曰: 寧彼起我執 非空無我見/ 後兼向惡趣 初唯背涅槃// 論曰. 彼謂世間諸劣慧者. 我執即是薩迦耶見, 其我所見, 亦帶我執故, 我執言亦攝彼見. 我執雖復不稱正理, 而寧起彼. 過失輕故. 實無我見, 雖稱正理, 然彼不能如實了達, 因斯誹撥諸法皆無, 過失重故, 寧彼不起? 云何此二過失輕重? 謂'一切〈初〉[237]我執唯背涅槃, 後惡取空兼向惡趣, 彼劣慧者, 惡取空時, 尚厭善根, 況諸含識? 彼由厭背善及世間, 斷滅善根, 損害含識, 非唯棄背清涼涅槃, 亦持自身之地獄火. 起我見者, 無如是事. 所以者何? 彼貪我樂, 欲我離苦, 不造眾罪, 廣脩諸福, 脫諸惡趣, 不失人 · 天, 但怖涅槃, 不證解脫. 故『契經』說, "寧起我見如妙高山, 非惡取空增上慢者." 若爾, 諸法空 · 無我理鄰近險趣, 聖不應說, 劣慧者前實不應說, 而勝慧者隨此脩行, 獲大義利, 故須為說."

(2)-2-1-5-2-2-3-1-2-2-2: 해석하여 비판을 잠재움[釋通伏難]

(2)-2-1-5-2-2-3-1-2-2-2-1: 붓다 가르침에 대한 확신은 오류가 아니라는 비판을 해소시킴[通信法不應成過難]

(2)-2-1-5-2-2-3-1-2-2-2-1-1: 해석을 통해 비판을 잠재움[正通伏難]

ZZ21 281a22; WX34 802a13:

---

236) 대정장본 『유가론』('각주235'의 밑줄 부분)대로 '求'를 보충하는 것이 자연스럽다.

237) 대정장본 『광백론』(『大乘廣百論釋論』 권6, 「破見品」 T30 219c6-25: 復次劣慧者前, 不應輒說空 · 無我理, 增其惡見. 所以者何? 故次頌曰: 寧彼起我執 非空無我見/ 後兼向惡趣 **初唯背涅槃**// 論曰. 彼謂世間諸劣慧者. 我執即是薩迦耶見, 其我所見, 亦帶我執故, 我執言亦攝彼見. 我執雖復不稱正理, 而寧起彼. 過失輕故. 實無我見, 雖稱正理, 然彼不能如實了達, 因斯誹撥諸法皆無, 過失重故, 寧彼不起? 云何此二過失輕重? **謂我**執唯背涅槃, **後惡取空**兼向惡趣, 彼劣慧者, 惡取空時, 尚厭善根, 況諸含識? 彼由厭背善及世間, 斷滅善根, 損害含識, 非唯棄背清涼涅槃, 亦持自身足地獄火. 起我見者, 無如是事. 所以者何? 彼貪我樂, 欲我離苦, 不造眾罪, 廣脩諸福, 脫諸惡趣, 不失人 · 天, 但怖涅槃, 不證解脫. 故『契經』說, "寧起我見如妙高山, 非惡取空增上慢者." 若爾, 諸法空 · 無我理鄰近險趣, 聖不應說, 劣慧者前實不應說, 而勝慧者隨此脩行, 獲大義利, 故須為說.)에는 '一切'가 없다. 대응 SNST(ZhT68.819.6-7: dań po dbag tu ḥdsin pa ni)에 비추어 볼 때 앞부분의 게송 '初唯背涅槃'과 이어지는 '後惡取空'의 '後'를 염두에 두고 삽입된 '初'의 오기로 보인다.

雖於我法起於法想, 而非義中起於義想.

가. 釋通伏難 · 通信法不應成過難 관련 목차, 위 문장의 주제 및 의미

ZZ21 281a23-b3; WX34 802a14-18:

釋曰. 自下第二釋通伏難. 通二伏難, 即分為二, 初通信法不應成過難, 後通信法應具福 · 智難. 前中有二, 初正通伏難, 後釋所由, 此即初也. 謂彼菩薩雖依我教起於教想, 非正義中起正義想, 雖能信教, 而成過失.

(2)-2-1-5-2-2-3-1-2-2-2-1-2: 붓다 가르침에 대한 확신이 오류인 이유를 해석함[釋其所由]

ZZ21 281b4-5; WX34 802b1-2:

由於我法起法想故, 及非義中起義想故, 於是法中特為是法, 於非義中特為是義.

가. 위 문장의 주제 및 의미

ZZ21 281b6-8; WX34 802b3-5:

釋曰. 此即第二釋其所由. 由於我法起法想故, 於是法中信為正法, 而於非義起義想故, 非正義中執為正義.

(2)-2-1-5-2-2-3-1-2-2-2-2: 붓다 진리에 대한 확신만 있으면 복덕과 지혜도 구비된다는 오류에 빠진다는 비판을 해소시킴[通信法應具福智難]

ZZ21 281b9-10; WX34 802b6-7:

彼雖於法起信解故, 福德增長, 然於非義起執著故, 退失智慧, 智慧退故, 退失廣大無量善法.

가. 위 문장의 주제 및 의미

ZZ21 281b11-14; WX34 802b8-11:

釋曰. 此第二通信法應具福 · 智難. 謂外難云, "此位菩薩四事具足, 聞教能信, 如何不具福 · 智資量?" 故作此通, "彼雖於法起淨信故, 福德增長, 於非義中起執著故, 退失智慧,由退智故, 失無量善."

나. 種姓菩薩의 물러남 여부에 관한 용수와 유식학파의 상이한 견해 소개

ZZ21 281b14-c19; WX34 802b11-803b4:

1) 물음

問. 種姓菩薩有退以不? 設爾何失?

若言退者, 『樂廣莊嚴經』如何會釋? 『經』云, "性地菩薩若一時煞閻浮提衆生, 雖有此罪, 不墮地獄. 若煞四天下乃至三千大千衆生, 亦不墮地獄. 何以故? 此人曠劫修行, 多供養諸佛, 功德 · 智慧善根純熟, 雖造重罪, 以福德大故, 罪即消滅, 不墮地獄." 又無性『攝大乘釋』第七卷(說)初無數劫(時)[238]云, "堅固心勝進(者)[239], 雖遇惡友, 方便破壞, 終不棄捨大菩提心, 現世當來所脩善法運運增長, 終不退減." 世親第七亦同無性.

若不退者, 『地持經』說'性地菩薩墮地獄等' 如何會釋?

2) 대답

解云. 於此義中自有兩說.

(1) 용수의 『보만론』: 불퇴

一龍樹宗種姓不退. 是故『寶鬘論』中有人問龍樹云, "『地持經』說'種姓菩薩墮阿毗地獄', 此義云何?" 龍樹答云, "雖有此言, 我不敢作如是說. 何以故? 『不增不減經』中明性地菩薩畢竟不墮地獄, 同『樂莊嚴經』, 而『地持』等說言入者, 催恐地前菩薩令其生怖速證初

238) 대응 SNST(ZhT68.822.5-11: gṣan yaṅ slob dpon ṅo bo ñid med kyis byas paḥi theg pa chen po bsdus paḥi ḥgrel pa las/ bskal pa graṅs med pa daṅ po bstan paḥi skabs nas/ … ṣes bśad de/)에 따라 '初無數劫' 전후로 각각 '說'과 '時'를 보충하는 것이 자연스럽다.

239) 대정장본 『무성석』(『攝大乘論釋』 권7, 「釋彼修差別分」 T31 425c21-29 … 426a17-19: 論曰. 復次凡經幾時修行諸地可得圓滿? 有五補特伽羅, 經三無數大劫. 謂勝解行補特伽羅, 經**初無數大劫**修行圓滿. 清淨增上意樂行補特伽羅及有相行 · 無相行補特伽羅, 於前六地及第七地經第二無數大劫修行圓滿. 即此無功用行補特伽羅, 從此已上至第十地經第三無數大劫修行圓滿. 此中有頌: 清淨增上力 **堅固心昇進/ 名菩薩初修　無數三大劫**// 釋曰 … 堅固心昇進者, 雖遇惡友, 方便破壞, 終不棄捨大菩提心, 現世當來所修善法運運增長, 終無退減.)과 대응 SNST(ZhT68. 822.7-8: sems brtan kyad par ḥgro ba yi/ /ṣes bya ba ni)에 비추어 볼 때 '者'를 보충하는 것이 자연스럽다.

地, 非謂實入阿毗地獄."【[此段引『經』如『金剛仙』說.]】

(2) 마명의 『기신론』: 불퇴

馬鳴菩薩『起信論』亦同上釋. 故彼『論』云, "如『修多羅』中或說有退墮惡趣者, 非其實退, 但為初學菩薩未入正信而懈怠者恐怖(令使)[240]勇猛故."

(3) 미륵학파(=유식학파)

二彌勒宗自有兩說.

A. 일부 문헌들 또는 사상가들: 불퇴

一云, 同龍樹宗.

B. 『유가론』 제47권과 제37권: 퇴

一云, 依『本業經』, 十住已上, 名種姓位, 於十住中, 前六名退, 第七不退, 故知種姓亦有退義. 又『瑜伽論』四十七云, "又諸菩薩勝解行位, 於菩薩修, 所作狹小, 所作有缺, 所作不定, 所得有退." 又云, "解行菩薩, 或於一時, 於大菩提, 雖以發心, 而復退捨." 『善戒經』第八 · 『地持』第九亦同此說. 又『瑜伽』三十七云, "若諸菩薩住勝解行地, 【乃至】猶往惡起〈趣〉[241], 【此盡第一無數劫邊際.】" 『善戒經』第三 · 『地持』第二亦同此說. 然『樂廣莊嚴

---

240) 대정장본 『기신론』(馬鳴菩薩 造, 真諦 譯, 『大乘起信論』 T32 581a11-13: 如『修多羅』或說有退墮惡趣者, 非其實退, 但為初學菩薩未入正位而懈怠者恐怖令使勇猛故.)대로 사역동사 '令使'를 보충하는 것이 옳다. 대응 SNST(ZhT68.823.13-14: ḥjigs pa daṅ/ nan tan brtson ḥgrus bskyed paḥi phyir ro) 역시 사역동사를 사용하고 있다.

241) 대정장본 『유가론』(『瑜伽師地論』 권37, 「本地分 · 菩薩地 · 初持瑜伽處 · 成熟品」 T30 498a11-13 ... 498b5-9: 云何能成熟補特伽羅? 謂略有六種菩薩, 住菩薩六地, 能成熟有情. 一切勝解行菩薩住勝解行地, 二者 ... 若諸菩薩住勝解行地, 名下品成熟, 住淨勝意樂地, 名中品成熟, 住墮決定到究竟地, 名上品成熟. 若時菩薩住下品成熟, 爾時便有下品欲樂下品加行, 猶往惡趣, 此盡第一無數劫邊際. 熾然, 無動, 極善清淨, 覺品善法, 當知一切皆未相應. 若時菩薩住中品成熟, 爾時便有中品欲樂中品加行, 不往惡趣, 此盡第二無數劫邊際. 熾然, 無動, 覺品善法, 已得相應, 極善清淨, 覺品善法, 未得相應. 若時菩薩住上品成熟, 爾時便有上品欲樂上品加行, 不往惡趣, 此盡第三無數劫邊際. 熾然, 無動, 極善清淨, 覺品善法, 當知一切皆悉成就. 今於此中性淳厚故, 極猛盛故, 能有上品廣大果故, 大勝利故, 名爲熾然, 不轉還故, 不退墮故, 常勝進故, 名爲無動, 菩薩地中最無上故, 當知說名極善清淨.)에 따라 '起'는 '趣'로 교정하는 것이 옳다.

經』及『攝大乘論』言‘不退’者, 從多分說, 而非盡理.

(2)-2-1-5-2-2-3-2: 제자의 억측[弟子計]

(2)-2-1-5-2-2-3-2-1: 두 가지 억측을 하나씩 해석함[別釋二計]

(2)-2-1-5-2-2-3-2-1-1: 들은 것에 의지하여 말 그대로 집착하는 사람[依聞隨言執著人]

(2)-2-1-5-2-2-3-2-1-1-1: 말 그대로 여겨 집착을 일으킴[如言起執]

ZZ21 281c20-22; WX34 803b5-7:

復有有情, 從他聽聞, 謂法為法, 非義為義, 若隨其見, 彼即於法起於法想, 於非義中起於義想, 執法為法, 非義為義.

가. 弟子計 · 別釋二計 · 依聞隨言執著人 관련 목차, 위 문장의 주제

ZZ21 281c23-282a2; WX34 803b8-11:

釋曰. 自下第二明弟子計. 於中有二, 初別釋二計, 後‘由是’緣下總結二計. 前中二計, 即分為二, 初依聞隨言執著人, 後不隨其見不信人. 前中有二, 初明如言起執, 後顯執過失, 此即初也.

나. 위 문장의 의미

ZZ21 282a3-7; WX34 803b11-16:

謂此有情從第三師聽聞所說, 隨其師見, 於法為法, 非義為義, 彼與本師無別異見. 而差別者, 其第三師聽聞佛教, 此第四人從他傳聞, 與師同計. 若准『對法』, 如前分別, 說第三師以為菩薩. 依『深密經』, 說第三師名邪見人. 故『深密』云, “復有眾生, 於彼邪見人邊聞法也.”

(2)-2-1-5-2-2-3-2-1-1-2: 집착으로 말미암은 결점[執過失]

ZZ21 282a8; WX34 803b17:

由此因緣當知同彼退失善法.

가. 위 문장의 주제와 의미

ZZ21 282a9; WX34 803b18:

釋曰. 此即第二顯執過失, 同前第三失無量善.

(2)-2-1-5-2-2-3-2-1-2: 그의 스승의 견해를 따르지는 않지만 붓다 가르침을 믿지 않는 사람[不隨其見不信人]

(2)-2-1-5-2-2-3-2-1-2-1: 붓다 가르침을 듣고도 믿지 않음[聞教不信]

(2)-2-1-5-2-2-3-2-1-2-1-1: 붓다 가르침을 듣고 두려움이 생김[聞教生怖]

ZZ21 282a10-11; WX34 804a1-2:

若有有情不隨其見, 從彼欻聞'一切諸法皆無自性 · 無生無滅 · 本來寂靜 · 自性涅槃', 便生恐怖.

가. 不隨其見不信人 · 聞教不信 관련 목차, 위 문장의 주제

ZZ21 282a12-14; WX34 804a3-5:

釋曰. 自下第二不隨其見不信人. 於中有二, 初明聞教不信, 後'由此'下顯不信失. 前中有三, 初聞教生怖, 次(因)生耶解[242], 後因解起謗, 此即初也.

나. 위 문장의 의미

ZZ21 282a14-18; WX34 804a5-9:

謂此有情從第三師聞彼所說, 而不隨其前師所見, 言'一切法決定皆無自性等' 見(?), 從彼欻聞'一切諸法無性等' 言, 心生怖畏(而云)[243], "如何諸法無自性等?", 因此於教亦生恐怖.

---

242) 대응 SNST(ZhT68.826.11-12: phyin ci log gi śes paḥi dbaṅ gis skrag pa skye bar bstan pa daṅ/)에 따른다면 '因耶解生怖畏'가 되어야 하지만 문맥상 '因怖畏生耶解'가 되어야 자연스럽다. 따라서 티벳어역이 'skrag paḥi dbaṅ gis phyin ci log gi śes pa skye bar bstan pa'로 교정되어야 옳다. 그런데 因怖畏生耶解의 경우 다음 경문의 주제 제시(ZZ21 284b4 이하: 釋曰. 此即第二因生耶解. ...)도 '因生耶解'로 되어 있기 때문에 최둡 후대 사본에서 '因怖畏生耶解'가 '因生耶解'로 축약된 것으로 추측해 볼 수 있다.

243) 한문 문법, 대응 SNST(ZhT68.826.17-18: sems la skrag pa sbyes nas/ ji ltar na chos rnams ṅo bo ñid med pa la sogs pa yin ṣes bstan pa deḥi dbaṅ gis skrab ciṅ dṅaṅ bar gyur paḥo/), 짝수자구를 선호하는 원측 작문 습관 등을 고려하여 '而云' 정도의 문구를 보충하는 것이 자연스럽다.

다. 공의 가르침을 두려워하는 세 부류의 사람 설명

ZZ21 282a18-b2; WX34 804a9-17:

有三種人於教生怖, 如『雜集論』第十二云, "復次何緣一分眾生於方廣分廣大甚深不生勝解, 反生怖畏耶? 由遠離法性故, 未種善根故, 惡友所攝故. 法性者, 謂菩薩種性, 是彼自體故, 由一分眾生無菩薩種姓故, 心性下劣, 於廣大甚深教不能勝解, 是故怖畏. 又一分眾生雖有菩薩種性, 而於大菩提未種正願等諸善根故, 於此不能勝解, 是故怖畏, 又一分眾生, 雖已種善根, 而為誹謗大乘眾生惡友所攝故, 於此不能勝解, 是故怖畏."

(2)-2-1-5-2-2-3-2-1-2-1-2: 공포로 말미암아 잘못된 이해가 생김[因生耶解]

ZZ21 282b3; WX34 804a18:

恐怖已, 作如是言, "此非佛語, 是魔所說."

가. 위 문장의 주제 및 의미

ZZ21 282b4-6; WX34 804b1-3:

釋曰. 此即第二因生耶解. 謂因其怖畏, 便生耶解, 言是~~佛教定非佛說~~, 即作是言, "(定非佛說,) 此非佛語, 是魔所說."244)

(2)-2-1-5-2-2-3-2-1-2-1-3: 잘못된 이해로 말미암아 붓다 가르침을 비방함[因解起謗]

ZZ21 282b7; WX34 804b4:

作此解已, 於是經典, 誹謗毀罵.

가. 위 문장의 주제, 붓다 가르침 비방의 원인 설명

ZZ21 282b8-17; WX34 804b5-14:

244) 대응 SNST(827.15-18: gñis pa 'phyin ci log gi śes paḥi dbaṅ gis skrag pa skye bar〈skrag paḥi dbaṅ gis phyin ci log gi śes pa skye bar〉* bstan paḥo/ /ḥdi ltar skrag paḥi dbaṅ gis phyin ci log gi śes pas hdi skad du saṅs rgyas kyi bstan pa ṅes par ma yin pas ḥdi ni saṅs rgyas kyi bkaḥ ma yin gyi/ bdud kyis smras pa yin no ses zer baḥo/ *앞서 전체 목차에서 언급한 대로 '怖畏'와 '邪解'의 선후 관계에 맞게 교정해야 한다.)에 의거하여 한문을 교정하였다.

釋曰. 此即第三因解起謗. 然慢〈謗〉[245]法緣有其二種, 或有四種. 故『大般若』五百五十九云, "具壽善現復白佛言, "彼愚癡人幾因緣故毀謗深法?" 佛言, "善現! 由二因緣, 一為耶魔之所扇惑, 二於深法不能信解. 復次善現! 由四因緣毀謗深法, 一為惡友之所誘誑, 二為不能勸修善法, 三為懷惡喜求他過, 四為嫉妒自讚毀他, 由具如是法因緣故, 彼愚癡人毀謗深法, 發起無邊極重惡業."" 又『大般若』三百七十 · 四百三十五 · 『大品經』十八 · 『智度論』六十三諦〈謗〉[246]法四緣大同前說.

(2)-2-1-5-2-2-3-2-1-2-2: 붓다 가르침 불신이 초래하는 문제점을 명시함[顯不信失]

ZZ21 282b18; WX34 804b15:

由此因緣獲大衰損, 觸大業障.

가. 위 문장의 주제 및 의미

ZZ21 282b19-20; WX34 804b16-17:

釋曰. 此即第二顯不信失. 謂由前說謗法因緣獲大衰損, 證〈觸〉[247]大業障.

(2)-2-1-5-2-2-3-2-2: 두 가지 억측을 요약함[總結二計]

(2)-2-1-5-2-2-3-2-2-1: 앞의 억측을 요약함[結前計]

ZZ21 282b21-22; WX34 804b18-805a1:

由是緣故我說, "若有於一切相起無相見, 於非義中宣說為義."

가. 總結二計 관련 목차, 위 문장의 주제와 의미

ZZ21 282b23-c2; WX34 805a2-5:

---

245) 문맥과 대응 SNST(ZhT68.827.21: chos la skur pa ḥdebs paḥi rkyen)에 비추어 볼 때 '慢'은 '謗'의 오기임이 분명하다.

246) 문맥과 대응 SNST(ZhT68.828.14: chos la skur pa ḥdebs paḥi rkyen gṣi〈bṣi〉* ḥdi ... *P. N.에 따라 'gṣi'를 'bṣi'로 교정해야 옳다.)에 비추어 볼 때 '諦'는 '謗'의 오기임이 분명하다.

247) 위 『해심밀경』 경문(觸大業障)과 대응 SNST(ZhT68.828.19: las kyi sgrib pa chen pos kyaṅ reg par ḥgyur baḥo/)에 비추어 볼 때 '證'은 '觸'의 오기임이 분명하다.

釋曰. 自下第二總結二計. 於中有二, 初結前計, 後結後計, 此即初也. 由是從他聞法起執以為緣故, 世尊自說, "於三性相起無相見, 非義之中宣說為義, 便成邪見."

(2)-2-1-5-2-2-3-2-2-2: 뒤의 억측을 요약함[結後計]

ZZ21 282c3-4; WX34 805a6-7:

是起廣大業障方便, 由彼陷墜無量衆生, 令其獲得大業障故.

가. 위 문장의 주제

ZZ21 282c5; WX34 805a8:

釋曰. 此即第二結後計也, 如文可知.

나. 如言起執 부분('(2)-2-1-5-2-2-3-1-2')에 대한 또 다른 목차 분류 방식 소개 및 평가

ZZ21 282c5-7; WX34 805a8-10:

或如言起執, 文別有二, 初廣釋如言起執, 後'由是緣故'下總結. 雖有兩釋, 後解為勝.

(2)-2-1-5-2-2-4: 자신의 견해에 함몰되어 붓다 가르침을 불신하는 사람[安住自見不信人]

(2)-2-1-5-2-2-4-1: 다섯 가지 중 어느 하나도 갖추지 못함[不具五事]

ZZ21 282c8-10; WX34 805a11-13:

善男子! 若諸有情, 未種善根, 未清淨障, 未熟相續, 【無多勝解,】 未集福德智慧資糧, 性非質直, 非質直(類, 雖)[248]有力能思擇廢立, 而常安住自見取中.

가. 安住自見不信人 관련 목차, 위 문장 주제와 구성

ZZ21 282c11-13; WX34 805a14-16:

釋曰. 自下第(四)[249]安住自見不信人. 於中有二〈三〉, 初明不具五事, 後〈次〉顯其不信, (後辨謗過失,)[250] 此即初也. 文有二節, 初明五事不具, 後辨三類差別. 准前可知.

---

248) 만속장경본 교감기의 지적대로 대정장본 『해심밀경』(T16 696a15-16)에 따라 '類'와 '雖'를 보충해야 옳다.

249) 누락된 '四'를 보충해야 옳다.

(2)-2-1-5-2-2-4-2: 믿지 않음[其不信]

(2)-2-1-5-2-2-4-2-1: 경을 듣고도 믿지 않음[聞經不信]

ZZ21 282c14-15; WX34 805a17-18:

彼若聽聞如是法已, 不能如實解我甚深密意言說, 亦於此法不生信解.

가. 其不信 관련 목차, 위 문장의 주제와 의미

ZZ21 282c16-19; WX34 805b1-4:

釋曰. 自下第二顯其不信. 於中有五, 一聞經不信, 二起二種想, 三生二種執, 四因生耶解, 五正明起謗, 此即初也. 謂由安住自見取故, 聞此密教, 不生信解.

(2)-2-1-5-2-2-4-2-2: 두 가지 잘못된 생각을 떠올림[起二種想]

ZZ21 282c20; WX34 805b5:

於是法中起非法想; 於是義中起非義想.

가. 위 문장의 주제 및 의미

ZZ21 282c21-22; WX34 805b6-7:

釋曰. 此第二釋起二種想. 由前聞教不信解故, 於法義中起二耶想.

(2)-2-1-5-2-2-4-2-3: 붓다 가르침의 말과 그 두 가지 의미에 대해 집착을 일으킴[生二種執]

ZZ21 282c23; WX34 805b8:

於是法中執為非法; 於是義中執為非義

가. 위 문장의 주제 및 의미

ZZ21 282c24; WX34 805b9:

釋曰. 此第三釋生二種執. 由前二想起二執故也.

---

250) 뒤 경문의 목차(ZZ21 282c16 이하: 釋曰. 自下第二顯其不信.; 283a15 이하: 釋曰. 此即 ... 顯謗過失.)와 대응 SNST(ZhT68.829.20-830.2: /ḥdi yaṅ rnam pa gsum ste/ dṅos po lṅa daṅ mi ldan par bstan pa daṅ/ mṅon par yid mi ches pa ñid rab tu bstan pa daṅ/ skur ba ḥdebs paḥi ñes dmigs bstan pa ste/)에 따라 위와 같이 교정하는 것이 옳다.

(2)-2-1-5-2-2-4-2-4: 붓다 가르침의 말과 그 두 가지 의미에 대한 집착 때문에 잘못된 이해가 생김[因生耶解]

ZZ21 283a1; WX34 805b10:

唱如是言, "此非佛語, 是魔所說."

가. 위 문장의 주제 및 의미

ZZ21 283a2-3; WX34 805b11-12:

釋曰. 此第四釋因生耶解. 由於法 · 義起二執故, 以因此緣起斯耶解.

(2)-2-1-5-2-2-4-2-5: 비방함[起謗]

(2)-2-1-5-2-2-4-2-5-1: 경을 비방함[謗經]

ZZ21 283a4-5; WX34 805b13-14:

作此解已, 於是經典, 誹謗毁罵, 撥為虛偽, 以無量門毁滅 · 摧伏如是經典.

가. 起謗 관련 목차, 위 문장의 주제

ZZ21 283a6-7; WX34 805b15-16:

釋曰. 此第五釋正明起謗. 於中有三, 初正明謗經, 次憎信經者, 後辨謗法緣, 此即初也.

(2)-2-1-5-2-2-4-2-5-2: 경을 믿는 사람을 증오함[憎信經人]

ZZ21 283a8; WX34 805b17:

於諸信解此經典者起怨家想.

가. 위 문장의 주제

ZZ21 283a9; WX34 805b18:

釋曰. 此第二釋憎信經人也.

(2)-2-1-5-2-2-4-2-5-3: 진리를 비방하는 원인[謗法緣]

ZZ21 283a10; WX34 806a1:

彼先為諸業障所障.

가. 위 문장의 주제 및 의미

ZZ21 283a11-12; WX34 806a2-3:

釋曰. 此即第三辨謗法緣. 謂三障中, 為業障故, 所以謗法.

(2)-2-1-5-2-2-4-3: 비방이 초래하는 문제점[謗過失]

ZZ21 283a13-14; WX34 806a4-5:

由此因緣, 復為如是業障所障, 如是業障, 初易施設, 乃至齊於百千俱胝那庾多劫無有出期.

가. 위 문장의 주제 및 의미

ZZ21 283a15-18; WX34 806a6-9:

釋曰. 此即第二〈三〉[251]顯謗過失. 謂由先世業障所障, 復為現在謗法業障之所覆障, 如是業障初造時, 雖易施設, 當受苦果, 逕於百千俱胝那庾多劫, 無有出期.

나. 俱胝那庾多 해설

ZZ21 283a18-23; WX34 806a9-14:

言'俱胝那庾多'者, 如『俱舍論』第十二卷引『經』說云, "有一無餘數始為一, 十一為十, 十十為百, 十百為千, 十千為萬, 十萬為洛叉, 十洛叉為度洛叉, 十度洛叉為俱胝, 十俱胝為末陀, 十末陀為阿庾多, 十阿庾多為大阿庾多, 十大阿庾多為那庾多, 如是展轉, 滿六十數." 具如彼說.

다. 위 문장의 의미에 대한 또 다른 해석 제시

ZZ21 283a23-b2; WX34 806a14-17:

或可, 初易施設者, 過去業障初所造故, 易可施設輕 · 重之相, 今謗法業, 受苦無窮, 難可分別其謗法失. 具如『大般若』一百八十一 · 『法華』第二等.

---

251) 앞서 소개된 목차(ZZ21 282c11 이하: 釋曰. 自下第(四)安住自見不信人. 於中有二〈三〉, 初明不具五事, 後〈次〉顯其不信, (後辨謗過失,) ...)와 대응 SNST(ZhT68.831.20: gsum pa skur pa ḥdebs paḥi ñes dmigs bstan paḥo/)에 비추어 볼 때 '二'는 '三'의 오기임이 분명하다.

라. 앞서 제시한 다섯 부류의 중생 재분류, 제3부류의 명칭이 여러 경론 간 다른 이유 설명

ZZ21 283b2-8; WX34 806a17-b5:

然上諸說有差別者, 初之二人, 教·義俱信. 第三人中及二弟子, 合有三人, 初之二人, 信教失義, 後之一人, 修〈信〉[252]義失教. 第四一人, 教·義俱失. 又四人中前之二人並是菩薩, 而差別者, 初具五事, 後具四事.

第三一人, 【依『深密經』, 五義俱無, 名為'耶見',】 若依此『經』, 具有四事, 但言'有情', 依『對法論』及『大品』名為'菩薩'. 所以如是諸教不同.

(2)-2-1-5-3: 붓다 가르침에 대한 중생들 간 이해가 다르다고 결론지음[總結意解不同]

ZZ21 283b9-11; WX34 806b6-8:

善男子! 如是於我善說善制法毗奈耶最極清淨意樂所說善教法中有如是等諸有情類意解種種差別可得."

가. 위 문장의 주제

ZZ21 283b12-13; WX34 806b9-10:

釋曰. 就意解不同, 文別有三, 初總標, 次別釋, 後總結. 上來已釋二段文訖, 此即第三總結應知.

B-2. 게송

(2)-2-2: 게송으로 재차 설함[以頌重說]

(2)-2-2-1: 게송의 취지를 포괄적으로 명시함[總標頌意]

ZZ21 283b14; WX34 806b11:

爾時世尊, 欲重宣此義, 而說頌曰:

---

252) 대응 SNST(ZhT68.833.3: don la <u>mṅon par yid ches</u> śiṅ/)에 비추어 볼 때 '修'는 '信'으로 교정되어야 옳다.

가. 以頌重說 관련 목차, 위 문장의 주제

ZZ21 283b15-16; WX34 806b12-13:

釋曰. 此下第二以頌重說. 於中有二, 初總標頌意, 後舉頌正釋, 此即初也.

(2)-2-2-2: 게송을 들어 올바르게 해석함[舉頌正釋]

(2)-2-2-2-1: 앞의 '一切諸法皆無性等'에 대해 게송으로 읊음[頌上一切諸法皆無性等]

(2)-2-2-2-1-1: 경의 네 문장(= 一切諸法皆無自性 · 無生無滅 · 本來寂靜 · 自性涅槃)을 해석하고 '一切諸法皆無性等' 설법에 숨은 의도가 있음을 밝힘[釋經四句兼顯有密意趣]

ZZ21 283b17-18; WX34 806b14-15:

一切諸法皆無性 無生無滅本來寂/

諸法自性恒涅槃 誰有智言無密意//

가. 舉頌正釋 · 頌上一切諸法皆無性等 관련 목차, 위 문장의 주제

ZZ21 283b19-c1; WX34 806b16-807a4:

釋曰. 此下第二舉頌正釋. 於中有二, 初之兩頌頌上'一切諸法皆無性等', 【反頌後】[253]說依密意教迷 · 悟不同. 後'依諸淨道'下有其三頌頌依密教說一乘義. 或可, 分為二, 初有二頌頌上'一切諸無性等'意, 後有三頌頌上'一乘'已下二'復次'文. 前中有二, 初有一頌釋『經』四句, (兼顯有)[254]密意趣, 後有一頌約三無性正顯密意.

---

253) SNST(ZhT68.834.9-12: daṅ poḥi tshigs su bcad pa gñis kyis ni goṅ du chos thams cad ṅo bo ñid med paḥo ṣes bya ba la sogs par bstan pa dag zlos śiṅ dgoṅs te gsuṅs paḥi bstan pa la rmoṅs pa daṅ/ khoṅ du chud pa mi mthuṅs par gyur pa ston to/)에 비추어 볼 때 최둡이 본 사본에는 '反頌後'가 없었던 듯하다. '反頌'은 '반어법으로 읊다'는 의미이며, '誰有智言無密意'를 염두에 둔 듯하다. 만속장경 본이 의미적으로나 구문적으로나 보다 온전한 듯하다.

254) 문맥, 대응 SNST (ZhT68.834.18-19: tshigs su bcad pa daṅ po gcig gis ni mdoḥi tshig bṣi rnam par bśad ciṅ dgoṅs pa daṅ ldan par bstan la/), 짝수자구를 선호하는 원측 작문 습관 등을 고려하여 '兼顯有' 정도를 보충하는 것이 자연스럽다.

나. 위 문장의 의미

ZZ21 283c1-3; WX34 807a4-6:

謂『經』所說'無性等'言, 非決定無自性等故, 名為無性, 但依三種無自性義, 說名無性, 若具分別, 如上廣說, 故言'誰有智言無密意'也.

(2)-2-2-2-1-2: 삼무성과 관련지어 숨은 뜻을 밝혔음을 환기시킴[約三無性正顯密意]

ZZ21 283c4-5; WX34 807a7-8:

相生勝義無自性 如是我皆已顯示/

若不知佛此密意 失壞正道不能往//

가. 위 문장의 주제 및 의미

ZZ21 283c6-12; WX34 807a9-15:

釋曰, 此即第二約三無性正顯密意. 謂'前所說無性等言不了言辭〈不了前所說'無性等'言故〉[255], 我以相 · 生 · 勝義無性顯示所說'無性等'意, 若不了知此密意者, 失正道故, 不能趣往無上菩提, 如是失壞. 如<u>無性</u>『攝論』第一卷云, "於無無因強立為有, 故名增益; 於有無因強撥為無, 故名損減, 如是增益及與損減俱說為邊, 是墜墮義, 此二轉時失壞中道."

(2)-2-2-2-2: 삼무성의 통찰 수행과 관련하여 일승의 의미를 해석했음을 환기시킴[約無性觀釋一乘義]

(2)-2-2-2-2-1: 삼승 수행자의 차이를 전제로 숨은 뜻으로 일승을 설했음을 환기시킴[約三乘人密說一乘]

ZZ21 283c13-14; WX34 807a16-17:

依諸淨道清淨者 唯依此一無第二/

故於其中立一乘 非有情性無差別//

---

255) 한문 문법과 대응 SNST(ZhT68.835.10-11: /ḥdi ltar ṅo bo ñid med pa ṣes bya ba la sogs pa <u>gsuṅs paḥi tshig khoṅ du mi chud pas</u>//)에 따라 위와 같이 교정하는 것이 자연스럽다.

가. 約無性觀釋一乘義 관련 목차, 위 문장의 주제

ZZ21 283c15-c19; WX34 807a18-b4:

釋曰. 自下第二【有三行頌】約無性觀釋一乘義. 於中有四, 初之一頌約三乘人密說一乘, 二有半頌頌定姓人唯度自身, 三有半頌頌不定姓證大涅槃, 四有一頌釋涅槃相, 此即第一.

나. 위 문장의 의미

ZZ21 283c19-20; WX34 807b4-5:

謂三乘人皆依無性無漏聖道各證涅槃, 無第二道, 故說'一乘', 非彼三乘無有差別.

(2)-2-2-2-2-2: 확정된 부류는 오직 자신만을 구제할 수 있다고 읊음[頌定性人唯度自身]

ZZ21 283c21; WX34 807b6:

衆生界中無量生 唯度一身趣寂滅/

가. 위 문장의 주제 및 의미

ZZ21 283c22-23; WX34 807b7-8:

釋曰. 此即第二頌定性人唯度自身. 謂依身中定無如來慈悲種故, 畢竟不成無上菩提, 廣說如前.

(2)-2-2-2-2-3: 미정인 부류는 대열반을 얻는다고 읊음[頌不定性證大涅槃]

ZZ21 283c24; WX34 807b9:

大悲勇猛證涅槃 不捨衆生甚難得//

가. 위 문장의 주제 및 의미

ZZ21 284a1-4; WX34 807b10-13:

釋曰. 此即第三頌不定性證大涅槃. 彼不定人身中具有佛種姓故, 勇猛精進, 證佛涅槃, 不捨衆生利益之事, 具四種智, 便能證得究竟涅槃, 比定性人甚難得也.

(2)-2-2-2-2-4: 열반의 특징[涅槃相]

ZZ21 284a5-6; WX34 807b14-15:

微妙難思無漏界 於中解脫等無差/

一切義成離惑苦 二種異說謂常樂//

가. 위 문장의 주제

ZZ21 284a7; WX34 807b16:

釋曰. 此即第四釋涅槃相.

나. 微妙難思無漏界 해석

ZZ21 284a7-8; WX34 807b16-17:

'微妙難思無漏界'者, 【謂涅槃體, 界者體也.】 謂涅槃體離諸相故, 微妙難思.

다. 於中解脫等無差 해석

ZZ21 284a9-19; WX34 807b18-808a10:

'於中解脫等無差'者, 顯涅槃果等無差別. 於一真如有二身義, 一解脫身, 謂依真如斷煩惱障, 證得解脫, 名解脫身, 二者法身, 謂佛法身力 · 無畏等功德所依, 故名法身. 於中法身唯如來有, 解脫身者三乘無別, 故言'解脫等無差'. 故下第五卷中說云, "善男子! 由解脫身故說一切聲聞 · 獨覺與諸如來平等平等; 由法身故說有差別. 如來法身有差別故, 無量功德最勝差別." 若依『瑜伽』, 三乘無餘涅槃無有上 · 中 · 下品差別. 故『瑜伽論』第八十云, "非此無餘涅槃界中可得安立上中下品 · 高下 · 勝劣, '此是如來, 是聲聞等'." 廣說如彼.

라. 一切義成離惑苦二種異說謂常樂 해석

ZZ21 284a19-b5; WX34 808a10-b2:

'一切義成等'者, 義謂義利, 謂於無餘涅槃真如體上, 一切無為功德義成, 遠離煩惱所依苦身, 不同有餘唯離煩惱. 依此涅槃二種異說, 所謂常 · 樂. 以離惑故說之為常; 離苦故說之為樂. 若依『瑜伽』, 有三義故說之為常; 有二義故名之為樂. 故八十云, "問. 何因緣故當言是常? 答. 清淨真如之所顯故, 非緣生故, 無生滅故. 問. 當言是樂, 當言非樂? 答. 由勝義樂, 當言是樂, 非由受樂說名為樂. 何以故? 一切煩惱及所生苦皆超越故." 准此『瑜伽』, 依三常義 · 二種樂義, 由此常 · 樂二種義別, 故作此言'二種異說'.

C. 승의생이 세존에게 가르침에 대한 자기 이해를 밝힘

⑶: 보살이 이해하여 간직함[菩薩領解受持]

⑶-1: 보살의 이해[菩薩領解]

⑶-1-1: 가르침의 심오함을 찬탄함[讚教甚深]

ZZ21 284b6-8; WX34 808b3-5:

爾時勝義生菩薩復白佛言, "世尊! 諸佛如來密意語言甚奇希有, 乃至微妙最微妙, 甚深最甚深, 難通達最難通達.

가. 菩薩領解受持 · 菩薩領解 관련 목차, 위 문장의 주제와 구성

ZZ21 284b9-13; WX34 808b6-10:

釋曰. 自下第三菩薩領解受持分. 於中有二, 初菩薩領解, 後'爾時世尊'下如來勸持. 前中有三, 初讚教甚深, 次'如是'下申自領解, 後'世尊譬如'下擧喻重顯, 此即第一讚教甚深. 文有二節, 初總讚歎功能希有, 後'乃至'下別讚歎也.

나. 微妙甚深難通達 해석

ZZ21 284b14-16; WX34 808b10-13:

言'微妙甚深難通達'者, 如其次第, 超過凡夫 · 二乘 · 菩薩三位別故, 或可超過聲聞 · 緣覺 · 菩薩位故, 或可超過三僧祇位菩薩境故, 說此三名.

⑶-1-2: 자기 이해[自領解]

⑶-1-2-1: 붓다가 더미 등 다섯 법문과 관련지어 삼무성을 설한 것으로 이해했음을 밝힘[領蘊等五門說三無性]

⑶-1-2-1-1: 붓다가 물질 더미와 관련지어 삼무성을 설한 것으로 이해했음을 밝힘[約色蘊說三無性]

⑶-1-2-1-1-1: 앞의 두 가지 성에 대한 이해를 밝힘[領前二性]

⑶-1-2-1-1-1-1: 다음과 같이 이해했음을 선언함[總標領解]

ZZ21 284b17; WX34 808b14:

如是我今領解世尊所說義者.

가. 自領解 · 領蘊等五門說三無性 · 約色蘊說三無性 · 領前二性 관련 목차, 위 문장의 주제

ZZ21 284b18-22; WX34 808b15-809a1:

釋曰. 自下第二自領解. 於中有二. 初領蘊等五門說三無性, 後領諦等二門說三無性. 前中有二, 初約色蘊說三無性, 後類餘蘊等. 就色蘊中復分為二, 初領前二性, 後領第三性. 前中有二, 初總標領解, 後別釋領解, 此即初也.

(3)-1-2-1-1-1-2: 자신의 이해를 하나씩 밝힘[別釋領解]

(3)-1-2-1-1-1-2-1: 소집상에 대한 이해를 밝힘[明所執相]

(3)-1-2-1-1-1-2-1-1: 의타성과 관련지어 소집성을 설한 것임을 밝힘[依依他立所執性]

ZZ21 284b23-c2; WX34 809a2-5:

若於分別所行遍計所執相所依行相中, 假名安立以為色蘊, 或自性相, 或差別相, 假名安立為色蘊生, 為色蘊滅, 及為色蘊永斷 · 遍知, 或自性(相)[256]**, 或差別相, 是名遍計所執相.**

가. 別釋領解 · 明所執相 관련 목차, 위 문장의 주제

ZZ21 284c3-6; WX34 809a6-9:

釋曰. 自下第二別釋領解. 於中有二, 初明所執相, 後明依他性. 就所就〈執〉[257]中, 文別有二, 初依依他立所執性, 後'世尊依此'下依所執性說相無性, 此即初也.

나. 위 문장의 구성

ZZ21 284c6-7; WX34 809a9-10:

---

256) 대정장본 『해심밀경』(T16 696b18)에 따라 '相'을 보충하는 것이 옳다.

257) 앞의 '明所執相'을 다시 세분한 것이므로 '就'는 '執'으로 교정되어야 옳다. 대응 SNST (ZhT68.841.19-20: /brtags paḥi mtshan ñid bstan pa yaṅ rnam pa gñis su dbye ste/)도 이를 뒷받침한다.

文有三節, 一明分別所行所依行相, 二明色蘊自性 · 差別, 三辨色蘊生滅 · 永斷 · 遍知.

다. 分別所行 해석

ZZ21 284c7-11; WX34 809a10-14:

'分別所行'者, '分別'即是能遍計度心及心所, '所行'言顯, 彼所執性實色蘊等是彼分別所行境故, 名為所行. 又解, 所行是依他假色蘊等, 即彼分別所緣緣故, 名為所行.

라. 遍計所執相所依行相中 구에 쓰인 '行相'의 의미에 대한 두 해석 소개 및 평가

ZZ21 284c11-15; WX34 809a14-18:

言'遍計所執相所依行相中'者, 所說'行相'自有兩說.

一云, 行謂見分, 能緣行解, 相即相分, 是所緣相.

一云, 行相即是有為行相, 總說依他以為行相.[258]

兩說之中後說為勝. 若依前說, 不攝〈成〉[259]依他. 見等分故.

마. 遍計所執相 해석

ZZ21 284c15-23; WX34 809a18-b8:

'安立色蘊自性 · 差別'者, 總相出體, 名為自性; 即自性上有漏 · 無漏 · 可見 · 不可見等, 名為差別. '安立色蘊生滅'等者, 未有而有, 名之為生, 已有還無, 稱之為滅, 總辨生 · 滅, 名為自性, 剎那生滅及一期等, 名為差別. 染汙色蘊, 名為永斷; 不染色蘊, 名曰遍知. 或集義邊, 名為永斷, 苦諦義邊, 名曰遍知. 如是永斷 · 遍知, 若總辨永斷, 名永斷自性; 若見脩等斷, 名永斷差別, 總者〈知〉[260]色蘊自性, 名遍知自性; 別知色蘊差別, 名遍知差別.

---

258) 대응 SNST(ZhT68.842.18-19: ḥdu byed kyi mtshan ma ṣes bya ba ni ḥdu byas kyi rnam pa ste/ thams cad kyaṅ gṣan gyi dbaṅ gi rnam paḥi mtshan ñid do ṣeḥo)에 비추어 볼 때 최둡이 본 사본은 '皆依他行相以為相' 정도로 되어있을 가능성이 있다.

259) 문맥과 대응 SNST(ZhT68.842.20-21: /bśad pa sṅa ma daṅ sbyar na ni gṣan gyi dbaṅ mi ruṅ* ste(/) lta ba la sogs paḥi rnam pa yin paḥi phyir ro/)에 비추어 볼 때 '攝'을 '成'으로 교정하는 것이 자연스럽다. *'不成'(ZZ21 174b19 이하: 解云. 護法不依彼『論』以爲定量, 故不成難.)이 'mi ruṅ'으로 번역된 용례(ZhT68.23.5 이하: slob dpon chos skyoṅ ni bstan bcos de tshad mar mi byed pas klan kar mi ruṅ ṅo/)가 있다.

260) 이어지는 '別知'와의 대구와 SNST(ZhT68.843.19: spyir śes pa)에 비추어 볼 때 '者'는 '知'로 교정하는 것이 자연스럽다.

如是安立, 名為遍計所執相.

바. 위 문장과 『해심밀경』 속 여타 부분 간 변계소집상 언급이 다른 이유 설명

ZZ21 284c24-285a14; WX34 809b9-810a5:

問. 「勝義諦品」總有六相, 謂得蘊故, 得蘊相故, 得蘊起故, 得蘊盡故, 得蘊滅故, 得蘊滅作證故, 依此「品」初但說五相, 此'領解'中說有六句, 如何前 · 後有此差別?

解曰. 前後通論, 總有十相. 「勝義諦品」說有六相, 「無性品」初更加二相, 謂永斷 · 遍知, 此'領解中復加二相, 謂自性 · 差別. 此十相中, 自性'差別及以〈及以差別〉[261]相故, 其數不定. 癈別論總, 唯有一相, 癈總論別, 唯有二相, 總別通論, 即有三相, 所以前後增 · 減不同. 今'領解'中領「品」初故, 說此六句. 或可, 「品」初亦有六相. 曾說諸蘊, 即「勝義諦品」'由得蘊故'也. 此'領解'中即有七相. 以為[262]色蘊即(是)初相故.

問. 何故第二「品」於蘊等法說滅 · 滅作證, 無永(斷)[263] · 遍知, 此「品」即說永斷 · 遍知, 而不說滅及滅作證?

解云, 永斷是集, 遍知即苦, 滅是滅諦, 作證是道, 據實, 蘊等通有四諦, 各舉一邊, 影 · 略互顯.

(3)-1-2-1-1-1-2-1-2: 붓다가 소집성과 관련지어 삼무성을 설한 것임을 밝힘[依所執性說相無性]

ZZ21 285a15; WX34 810a6:

世尊依此施設諸法相無自性性.

---

261) 문맥과 대응 SNST(ZhT68.844.14-15: raṅ gi ṅo bo ñid daṅ bye brag gi mtshan ñid kyi phyir)에 비추어 볼 때 병렬조사 '及以'는 '自性'과 '差別' 사이로 옮기는 것이 옳다.

262) 문맥, 대응 SNST(ZhT68.845.3: gzugs kyi phuṅ po ni mtshan ñid daṅ po yin paḥi phyir ro/), 짝수자구를 선호하는 원측 작문 습관 등에 비추어 볼 때 '爲'를 제거하고 '是'를 보충하는 것이 자연스럽다.

263) 의미가 성립하기 위해서는 '斷'이 보충되어야 옳다.

가. 위 문장의 주제

ZZ21 285a16; WX34 810a7:

釋曰. 此即第三〈二〉[264]依所執性說相無性. 如文可知.

(3)-1-2-1-1-1-2-2: 의타성에 대한 이해를 특별히 밝힘[別顯依他]

(3)-1-2-1-1-1-2-2-1: 소집성의 의지처가 의타성임을 밝힘[明所執所依是依他起]

ZZ21 285a17-18; WX34 810a8-9:

若即分別所行遍計所執相所依行相, 是名依他起相.

가. 別顯依他 관련 목차, 위 문장의 주제

ZZ21 285a19-20; WX34 810a10-11:

釋曰. 自下第二別顯依他. 於中有二, 初明所執所依是依他起, 後依依他起辨二無性, 此即初也.

(3)-1-2-1-1-1-2-2-2: 붓다가 의타기성과 관련지어 두 가지 무성을 설한 것임을 밝힘[依依他起辨二無性]

ZZ21 285a21-22; WX34 810a12-13:

世尊依此施設諸法生無自性性及一分勝義無自性性.

가. 위 문장의 주제

ZZ21 285a23; WX34 810a14:

釋曰. 此即第二依依他起辨(二)[265]無性.

(3)-1-2-1-1-2: 세 번째 성(=원성실성)에 대한 이해[領第三性]

264) 앞서 목차(ZZ21 284c3 이하: 釋曰. 自下第二別釋領解. 於中有二, 初明所執相, ... 文別有二, 初依依他立所執性, 後'世尊依此'下依所執性說相無性, ...)에 비추어 볼 때 '三'은 '二'의 오기임이 분명하다.

265) 앞서 목차(ZZ21 285a19 이하: 釋曰. 自下第二別顯依他. 於中有二, 初明所執所依是依他起, 後依依他起辨二無性, ...)와 대응 SNST(ZhT68.846.5: ṅo bo ñid med pa gñis bstan paḥo)에 비추어 볼 때 '二'를 보충해야 옳다.

(3)-1-2-1-1-2-1: 다음과 같이 이해했음을 선언함[總標領解]

ZZ21 285a24; WX34 810a15:

如是我今領解世尊所說義者.

가. 領第三性 관련 목차, 위 문장의 주제

ZZ21 285b1-2; WX34 810a16-17:

釋曰. 自下第二領第三性. 於中有二, 初總標領解, 後別釋領解, 此即初也.

(3)-1-2-1-1-2-2: 이해를 하나씩 밝힘[別釋領解]

(3)-1-2-1-1-2-2-1: 의타기성과 관련지어 원성실성을 설한 것임을 밝힘[依依他辨圓成實]

ZZ21 285b3-5; WX34 810a18-b2:

若即於此分別所行遍計所執相依行相中, 由遍計所執相不成實故, 即此自性無自性性法無我真如清淨所緣, 是名圓成實相.

가. 別釋領解 관련 목차, 위 문장의 주제 및 의미

ZZ21 285b6-9; WX34 810b3-6:

釋曰. 自下第二別釋領解. 於中有二, 初依依他辨圓成實, 後依圓成說一分勝義無性, 此即初也. 謂所執相所依依他起性上, 遣所執故, 無性所顯法無我性, 名圓成實.

(3)-1-2-1-1-2-2-2: 붓다가 원성실성과 관련지어 일분승의무성을 설한 것임을 밝힘[依圓成實說一分勝義無性]

ZZ21 285b10; WX34 810b7:

世尊依此施設一分勝義無自性性.

가. 위 문장의 주제

ZZ21 285b11; WX34 810b8:

釋曰. 此即第二依圓成實說一分勝義無性.

(3)-1-2-1-2: 나머지 더미 등도 물질 더미에 유추하여 해석함[類餘蘊等]

(3)-1-2-1-2-1: 나머지 더미를 물질 더미에 유추하여 해석함[類餘蘊]

ZZ21 285b12; WX34 810b9:

如於色蘊, 如是於餘蘊皆應廣說.

가. 類餘蘊等 관련 목차, 위 문장의 주제

ZZ21 285b13-15; WX34 810b10-12:

釋曰. 自下第二類餘蘊等. 於中有五, 一類餘蘊, 二類十二處, 三類十二緣〈支〉266), 四類四食, 五類六界 · 十八界, 此即初也.

(3)-1-2-1-2-2: 열두 영역도 더미들에 유추하여 해석함[類十二處]

ZZ21 285b16; WX34 810b13:

如於諸蘊, 如是於十二處一一處中皆應廣說.

가. 위 문장의 주제

ZZ21 285b17; WX34 810b14:

釋曰. 此即第二類十二處. 領解無性, 准上應知.

(3)-1-2-1-2-3: 십이연기도 더미들에 유추하여 해석함[類十二支]

ZZ21 285b18; WX34 810b15:

於十二支一一支中皆應廣說.

가. 위 문장의 주제

ZZ21 285b19; WX34 810b16:

釋曰. 此即第三類十二支. 領解無性, 准上應知.

---

266) 이어지는 경문 '於十二支一一支中皆應廣說'과 대응 SNST(ZhT68.847.10: zlas srid paḥi yan lag bcu gñis bstan pa daṅ/)에 따라 '緣'을 '支'로 교정하는 것이 자연스럽다.

(3)-1-2-1-2-4: 사식도 더미들에 유추하여 해석함[類四種食]

ZZ21 285b20; WX34 810b17:

於四種食一一食中皆應廣說.

가. 위 문장의 주제

ZZ21 285b21; WX34 810b18:

釋曰. 此即第四類四種食. 領解無性, 准上應知.

(3)-1-2-1-2-5: 여섯 요소와 열여덟 기반도 더미들에 유추하여 해석함[類六界及十八界]

ZZ21 285b22; WX34 811a1:

於六界 · 十八界一一界中皆應廣說.

가. 위 문장의 주제

ZZ21 285b23-c1; WX34 811a2-4:

釋曰. 此即第五類六界及十八界. 領解無性, (准上應知.)[267] 六界即是地 · 水 · 火 · 風及以空 · 識. 准此'領解', 「品」初所說'種種界等'通說六界.

(3)-1-2-2: 사제 등 두 가지 법문이 삼무성을 설한 것임을 밝힘[領諦等二門說三無性]

(3)-1-2-2-1: 고제와 관련지어 무성을 이해함[約苦諦領解無性]

(3)-1-2-2-1-1: 두 가지 성과 관련지어 두 가지 무성을 이해함[依二性領二無性]

(3)-1-2-2-1-1-1: 다음과 같이 이해했음을 선언함[總標領解]

ZZ21 285c2; WX34 811a5:

(如是)[268]我今領解世尊所說義者.

267) 문맥과 대응 SNST(ZhT68.848.3-4: ṅo bo ñid med pa ñid du khoṅ du chud par gyur pa yaṅ goṅ ma bṣin du rig par byaḥo/)에 비추어 볼 때 앞의 경우처럼 '准上應知'를 보충해야 옳다.

268) 만속장경본 교감기의 지적대로 대정장본 『해심밀경』(T16 696c2)에 따라 '如是'를 보충해야 옳다.

가. 領諦等二門說三無性 · 約苦諦領解無性 · 依二性領二無性 관련 목차, 위 문장의 주제

ZZ21 285c3-6; WX34 811a6-9:

釋曰. 自下(第)[269]二領諦等二門說三無性. 於中有二, 初約苦諦領解無性, 後類餘諦等領解無性. 前中有二, 初依二性領二無性, 後依圓成實領勝義無性. 前中有二, 初總標領解, 後別釋領解, 此即初也.

(3)-1-2-2-1-1-2: 이해를 하나씩 밝힘[別釋領解]

(3)-1-2-2-1-1-2-1: 소집성과 관련지어 상무자성성을 이해함[約所執性領相無自性性]

(3)-1-2-2-1-1-2-1-1: 의타기성과 관련지어 소집상을 세운 것임을 밝힘[依依他起安立所執]

ZZ21 285c7-9; WX34 811a10-12:

若於分別所行遍計所執相所依行相中, 假名安立以為苦諦, 苦諦遍知, 或自性相, 或差別相, 是名遍計所執相.

가. 別釋領解 · 約所執性領相無自性性 관련 목차, 위 문장의 주제

ZZ21 285c10-12; WX34 811a13-16:

釋曰. 自下第二別釋領解. 於中有二, 初約所執性領相無自性性, 後依依他起領生無自性性及一分勝義無自性性. 前中有二, 初依依他起安立所執, 後依所執施設無性, 此即初也.

나. 위 문장의 의미

ZZ21 285c14-17; WX34 811a16-b2:

謂於所執所依行相依他起上, 假名安立以為苦諦, 或立苦諦遍知, 是名遍計所執相. 如是二種皆有自性, 或差別相, 謂逼迫名苦, 名苦諦自性; 三 · 八苦等, 名苦差別. 知苦諦自相, 名遍知自性; 知苦差別, 遍知差別.

---

269) 앞서 소개한 목차(ZZ21 284b18 이하: 釋曰. 自下第二自領解. 於中有二. 初領蘊等五門說三無性, 後領諦等二門說三無性)에 일치하도록 '第'를 보충하는 것이 옳다.

(3)-1-2-2-1-1-2-1-2: 붓다가 소집성과 관련지어 상무성을 설한 것임을 밝힘[依所執性施設無性]

ZZ21 285c18; WX34 811b3:

世尊依此施設諸法相無自性性.

가. 위 문장의 주제 및 의미

ZZ21 285c19-20; WX34 811b4-5:

釋曰. 此即第二依所執性施設無性. 謂所執相故立相無性, 准上應知.

(3)-1-2-2-1-1-2-2: 의타기성과 관련지어 생무성과 일분승의무성을 이해함[依依他起領生無性及一分勝義無性]

(3)-1-2-2-1-1-2-2-1: 의타기성을 밝힘[辨依他起]

ZZ21 285c21-22; WX34 811b6-7:

若即分別所行遍計所執相所依行相, 是名依他起相.

가. 依依他起領生無性及一分勝義無性 관련 목차, 위 문장의 주제

ZZ21 285c23-286a1; WX34 811b8-10:

釋曰. 自下第二依依他起領生無性及一分勝義無性. 於中有二, 初辨依他起, 後依依他說無性, 此即初也.

(3)-1-2-2-1-1-2-2-2: 붓다가 의타기성과 관련지어 두 가지 무성을 설한 것임을 밝힘[依依他起說二無性]

ZZ21 286a3; WX34 811b11-12:

世尊依此施設諸法生無自性性及一分勝義無自性性.

가. 위 문장의 주제

ZZ21 286a4; WX34 811b13:

釋曰. 此即第二依依他起說二無性.

(3)-1-2-2-1-2: 원성실성과 관련지어 일분승의무성을 설한 것임을 밝힘[依圓成實施設一分勝義無性]

(3)-1-2-2-1-2-1: 다음과 같이 이해했음을 선언함[總標領解]

ZZ21 286a5; WX34 811b14:

如是我今領解世尊所說義者.

가. 依圓成實施設一分勝義無性 관련 목차, 위 문장의 주제

ZZ21 286a6-7; WX34 811b15-16:

釋曰. 自下第二依圓成實施說〈設〉[270]一分勝義無性. 於中有二, 初總標領解, 後別釋領解, 此即初也.

(3)-1-2-2-1-2-2: 이해를 하나씩 밝힘[別釋領解]

(3)-1-2-2-1-2-2-1: 원성실상을 밝힘[辨圓成實相]

ZZ21 286a8-10; WX34 811b17-812a1:

若即於此分別所行遍計所執相所行中相, 由遍計所執相不實故, 即此自性無自性性 · 法無我 · 真如清淨所緣, 是名圓成實相.

가. 正明領解 관련 목차, 위 문장의 주제

ZZ21 286a11-12; WX34 812a2-3:

釋曰. 自下第二'正明〈別釋〉[271]領解. 於中有二, 初辨圓成實相, 後施設一分勝義無性, 此即初也. 准上應知.

(3)-1-2-2-1-2-2-2: 붓다가 원성실상과 관련하여 일분승의무성을 설한 것임을 밝힘[施設無性]

---

270) 이어지는 목차(ZZ21 286a11 이하: 釋曰. 自下第二'正明〈別釋〉領解. 於中有二, 初辨圓成實相, 後施設一分勝義無性, ...)와 일치하도록 '說'을 '設'로 교정하는 것이 자연스럽다.

271) 앞서 목차(ZZ21 286a6 이하: 釋曰. 自下第二依圓成實施說〈設〉一分勝義無性. 於中有二, 初總標領解, 後別釋領解, ...)와 대응 SNST(ZhT68.851: khoṅ du chud pa ñid rnam par phye nas bstan paḥo/)에 따라 '正明'을 '別釋'으로 교정하는 것이 자연스럽다.

ZZ21 286a13; WX34 812a4:

世尊依此施設一分勝義無自性性.

가. 위 문장의 주제

ZZ21 286a14; WX34 812a5:

釋曰. 此即第二施設無性. 如文可知.

(3)-1-2-2-2: 고제 외 여타 제 등도 고제에 유추하여 해석함[類釋餘諦等]

(3)-1-2-2-2-1: 여타 제도 고제에 유추하여 해석함[類餘諦]

ZZ21 286a15; WX34 812a6:

如於苦諦, 如是於餘諦皆應廣說.

가. 類釋餘諦等 관련 목차, 위 문장의 주제

ZZ21 286a16-17; WX34 812a7-8:

釋曰. 此即第二類釋餘諦等. 於中有二, 初類餘諦, 後類道品, 此即初也.

나. 위 문장의 의미

ZZ21 286a17-22; WX34 812a8-13:

謂如苦諦具有三性, 依彼三性立三無性, 類此, 三諦皆具三性, 依彼三性立三無性, 是故總言'如於苦諦'. 於一一諦皆具三性, 廣如『中邊』及『成唯識』第八說. 然於此『經』有差別者, 依於苦諦說名遍知; 依於集諦名為永斷; 依於滅諦說名作證; 依於道諦名為修習, 如前卷說.

(3)-1-2-2-2-2: 수행의 길의 구성 요소들과 관련지어 무성을 이해함[依諸道品領解無性]

(3)-1-2-2-2-2-1: 일곱 가지 법문과 관련지어 이해를 포괄적으로 밝힘[約七門總明領解]

ZZ21 286a23-24; WX34 812a14-15:

如於聖諦, 如是於諸念住 · 正斷 · 神足 · 根 · 力 · 覺支中一一皆應廣說.

가. 依諸道品領解無性 관련 목차, 위 문장의 주제

ZZ21 286b1-4; WX34 812a16-b1:

釋曰. 自下第二依諸道品領解無性. 於中有二, 初約七門總明領解, 後'如是我今'下別約八道支明其領解, 此即第一總約七門道品(領解)[272]. 類四聖諦約三性義辨三無性, 准上應知(此亦如是)[273].

(3)-1-2-2-2-2-2: 특별히 팔정도 중 정정을 예로 들어 그의 이해를 밝힘[別約道支中第八正定明其領解]

(3)-1-2-2-2-2-2-1: 두 가지 성과 관련지어 두 가지 무성을 이해했음을 밝힘[依二性領二無性]

(3)-1-2-2-2-2-2-1-1: 다음과 같이 이해했음을 선언함[總標領解]

ZZ21 286b5; WX34 812b2:

如是我今領解世尊所說義者.

가. 別約道支中第八正定明其領解 · 依二性領二無性 관련 목차, 위 문장의 주제

ZZ21 286b6-9; WX34 812b3-6:

釋曰. 自下第二別約道支中第八正定明其領解. 於中有二, 初依二性領二無性, 後依圓成領勝義無性. 前中有二, 初總標領解, 後別釋領解, 此即初也.

(3)-1-2-2-2-2-2-1-2: 이해를 하나씩 밝힘[別釋領解]

(3)-1-2-2-2-2-2-1-2-1: 소집성과 관련지어 상무성을 이해했음을 밝힘[約所執領相無性]

(3)-1-2-2-2-2-2-1-2-1-1: 정정을 예를 들어 소집상에 대해 해설함[立所執相]

ZZ21 286b10-13; WX34 812b7-10:

---

272) 문맥과 대응 SNST(ZhT68.852.19-20: /ḥdi ni daṅ po sgo bdun po byaṅ chub kyi phyogs las brtsam nas khoṅ du chud par bstan pa ste/)에 비추어 볼 때 '領解'를 보충해야 옳다.

273) 대응 SNST(ZhT68.852.21-853.2: ji ltar ḥphags paḥi bden pa bṣi ṅo bo ñid rnam pa gsum gyi don la brten nas ṅo bo ñid med pa rnma pa gsum bstan pa bṣin du ḥdi yaṅ de bṣin du rig par byaḥo ṣes bya baḥi tha tshig go/)에 따라 위와 같이 교정하는 것이 자연스럽다.

若於分別所行遍計所執相所依行相中, 假名安立以為正定, 及為正定能治 · 所治, 若正脩未生令生, 生已堅住, 不忘倍脩, 增長廣大, 或自性相, 或差別相, 是名遍計所執相.

가. 別釋領解 · 約所執領相無性 관련 목차, 위 문장의 주제

ZZ21 286b14-16; WX34 812b11-13:

釋曰. 自下第二別釋領解. 於中有二, 初約所執領相無性, 後依依他領生無性及一分勝義無性. 前中有二, 初立所執相, 後施設(相)[274]無性, 此即初也.

나. 위 문장의 구성 및 의미

ZZ21 286b17-c2; WX34 812b14-813a5:

(依)八道支中第八正定(明領解故), 分別正定, 餘准(上)可知.[275] 故今分別第八正定, 文有二節, '若於分別等'者, 辨所執性所依依他, 後'假名安立等'者, 依依他起安立所執. 就所執中, 安立五事. 一安立正定自性 · 差別, 謂總出定體, 名定自性, 未至中間及四靜慮, 名定差別. 二安立正定能治 · 所治自性 · 差別, 謂八道支中第八正定, 名為能治, 八耶之中第八耶定, 名為所治. 自性 · 差別准上應思〈知〉[276]. 三安立正修未生令生. 四生已堅住. 五不忘位〈倍〉[277]脩, 增長廣大. 此上三〈五〉[278]門皆有自性 · 差別, 尋即可知. 如是五相安立正定, 名所執相.

(3)-1-2-2-2-2-2-1-2-1-2: 붓다가 소집상과 관련지어 상무성을 설했음을 밝힘

---

274) 문맥과 대응 SNST(ZhT68.854.1: mtshan ñid ṅo bo ñid med pa ñid ḥdogs paḥo/)에 비추어 볼 때 '相'을 보충해야 옳다.

275) 이 문장의 현존 한문본은 형식상 불완전하고 의미상 모호하다. 대응 SNST(ZhT68. 854.2-4: ḥphags paḥi lam gyi yan lag brgyad pa yaṅ dag paḥi tiṅ ṅe ḥdsin la brten nas khoṅ du chud pa bstan pa yin pas khoṅ ma bṣin du rig par byaḥo/)에 따라 위와 같이 교정하는 것이 자연스럽다.

276) 원측의 작문 습관과 대응 SNST(ZhT68.854.17-18: raṅ gi ṅo bo ñid daṅ bye brag gi mtshan ñid ni goṅ ma bṣin du rig par byaḥo/)에 비추어 볼 때 '思'는 '知'의 오기로 보인다.

277) 경문(不忘倍脩)에 따라 만속장경본 교감기의 지적대로 '位'를 '倍'로 교정해야 옳다.

278) 문맥과 대응 SNST(ZhT68.854.20-21: sgo lṅa po de dag)에 비추어 볼 때 '三'은 '五'의 오기임이 분명하다.

[立相無性]

ZZ21 286c3; WX34 813a6:

世尊依此施設諸法相無自性性.

가. 위 문장의 주제

ZZ21 286c4; WX34 813a7:

釋曰. 此即第二辨〈立〉[279]相無性. 准上應知.

(3)-1-2-2-2-2-2-1-2-2: 의타기성과 관련지어 무성을 이해했음을 밝힘[依依他起領解無性]

(3)-1-2-2-2-2-2-1-2-2-1: 의타기성을 해설함[辨依他起]

ZZ21 286c5-6; WX34 813a8-9:

若即分別所行遍計所執相所依行相, 是名依他起相.

가. 依依他起領解無性 관련 목차, 위 문장의 주제

ZZ21 286c7-8; WX34 813a10-11:

釋曰. 自下第二依依他起領解無性. 於中有二, 初辨依他起, 後依依他辨二無性, 此即初也.

(3)-1-2-2-2-2-2-1-2-2-2: 붓다가 의타기성과 관련지어 두 가지 무성을 설했음을 밝힘[依依他起辨二無性]

ZZ21 286c10; WX34 813a12-13:

世尊依此施設諸法生無自性性及一分勝義無自性性.

가. 위 문장의 주제

ZZ21 286c11; WX34 813a14:

---

279) 앞서의 목차(ZZ21 286b14 이하: 釋曰. 自下第二別釋領解. 於中有二, 初約所執領相無性, ... 前中有二, 初立所執相, 後<u>施設</u>(相)無性, ...)와 대응 SNST(ZhT68.855.4-5: gñis pa mtshan ñid ṅo bo ñid med pa ñid <u>hdogs pa</u> ste/)에 비추어 볼 때 '辨'은 '施設'의 의미를 지닌 '立'의 오기인 듯하다.

釋曰. 此即第二依依他起辨二無性. 准上可知.

(3)-1-2-2-2-2-2-2: 원성실성과 관련지어 무성을 이해했음을 밝힘[依圓成實領解無性]

(3)-1-2-2-2-2-2-2-1: 다음과 같이 이해했음을 선언함[總標領解]

ZZ21 286c12; WX34 813a15:

如是我今領解世尊所說義者.

가. 依圓成實領解無性 관련 목차, 위 문장의 주제

ZZ21 286c13-14; WX34 813a16-17:

釋曰. 自下第二依圓成實領解無性. 於中有二, 初總標領解, 後別釋領解, 此即初也.

(3)-1-2-2-2-2-2-2-2: 이해를 개별적으로 밝힘[別釋領解]

(3)-1-2-2-2-2-2-2-2-1: 원성실상을 해설함[辨圓成實]

ZZ21 286c15-17; WX34 813a18-b2:

若即於此分別所行遍計所執相所依行相中, 由遍計所執相不成實故, 即此自性法無我真如清淨所緣, 是名圓成實相.

가. 別釋領解 관련 목차, 위 문장의 주제

ZZ21 286c18-19; WX34 813b3-4:

釋曰. 自下第二別釋領解. 於中有二, 初辨圓成實, 後辨無性, 此即初也. 准上應知.

(3)-1-2-2-2-2-2-2-2-2: 붓다가 원성실성과 관련지어 무성을 설했음을 밝힘[施設無性]

ZZ21 286c20; WX34 813b5:

世尊依此施設諸法一分勝義無自性性.

가. 위 문장의 주제

ZZ21 286c21; WX34 813b6:

釋曰. 此即第二施設無性. 准上應知,

(3)-1-3: 비유를 들어 거듭 밝힘[擧喻重顯]

(3)-1-3-1: 비습박약의 비유[毗濕縛藥喻]

(3)-1-3-1-1: 비유를 듦[擧喻]

ZZ21 286c22; WX34 813b7:

世尊! 譬如毗濕縛藥, 一切散藥仙藥方中皆應安處.

가. 擧喻重顯 · 毗濕縛藥喻 관련 목차, 위 문장의 주제, 毗濕縛藥 해설

ZZ21 286c23-c2; WX34 813b8-12:

釋曰. 自下第三擧喻重顯. 於中四喻, 即為四段, 此即第一毗濕縛藥喻. 於中有二, 先喻, 後合, 此即擧喻. '毗濕縛藥' 者, 但知此藥有多功能. 【此方無名, 故不飜之. 若以此藥置諸藥中, 合諸藥草, 皆有神驗. [『深密經』云'毗舒婆藥草' 者, 譯家別也.]】

(3)-1-3-1-2: 주장이 비유와 같음을 밝힘[擧法同喻]

ZZ21 287a4-6; WX34 813b13-15:

如是世尊依此諸法皆無自性 · 無生無滅 · 本來寂靜 · 自性涅槃無自性性了義言教, 遍於一切不了義經皆應安置[280].

가. 위 문장의 주제 및 의미

ZZ21 287a7-8; WX34 813b16-17:

釋曰. 第二擧法同喻. 謂'無性等' 言安置一切不了義中, 應皆了知彼『經』密意.

(3)-1-3-2: 채색화 밑종이의 비유[彩畫地喻]

(3)-1-3-2-1: 비유[喻]

ZZ21 287a9-10; WX34 813b18-814a1:

世尊! 如彩畫地, 遍於一切彩畫事業皆同一味, 或青或黃, 或赤或白, 復能顯發

280) 만속장경본 교감기의 지적대로 대정장본 『해심밀경』(T16 697a1)에는 '處' 로 되어 있다.

彩畫事業.

가. 彩畫地喻 관련 목차, 위 문장의 주제 및 의미

ZZ21 287a11-14; WX34 814a2-5:

釋曰. 自下第二如彩畫地喻. 於中有二, 先喻, 後法, 此即初也. 謂如彩畫青 · 黃等地, 遍於一切眾像事業, 能令事業皆同青等一味地故, 復能顯發一切彩畫像事業.

(3)-1-3-2-2: 주장이 비유와 같음을 밝힘[擧法同喻]

ZZ21 287a15-17; WX34 814a6-8:

如是世尊, 依此諸法皆無自性廣說乃至自性涅槃無自性性了義言教, 遍於一切不了義經, 皆同一味, 復能顯發彼諸經中所不了義.

가. 위 문장의 주제

ZZ21 287a18; WX34 814a9:

釋曰. 第二擧法同喻. 如文可知.

(3)-1-3-3: 정제 버터가 모든 음식에 훌륭한 맛을 더해준다는 비유[熟蘇勝味喻]

(3)-1-3-3-1: 비유[喻]

ZZ21 287a19-20; WX34 814a10-11:

世尊, 譬如一切成熟珍羞諸餅果內, 投之熟蘇, 更生勝味.

가. 熟蘇勝味喻 관련 목차, 위 문장의 주제 및 의미

ZZ21 287a21-22; WX34 814a12-13:

釋曰. 自下第三熟蘇勝味喻. 於中有二, 先喻, 後法, 此即喻也.

(3)-1-3-3-2: 주장이 비유와 같음을 밝힘[擧法同喻]

ZZ21 287a23-24; WX34 814a14-15:

如是世尊, 依此諸法皆無自性廣說乃至自性涅槃無自性性了義言教, 置於一切不了義經, 生勝歡喜.

가. 위 문장의 주제

ZZ21 287b1; WX34 814a16:

釋曰. 此即擧法同喩. 尋文可知.

(3)-1-3-4: 허공이 어디에서든 한 맛이라는 비유[虛空一味喩]

(3)-1-3-4-1: 비유[喩]

ZZ21 287b2-3; WX34 814a17-18:

世尊! 譬如虛空, 遍一切處皆同一味, 不障一切所作事業.

가. 虛空一味喩 관련 목차, 위 문장의 주제

ZZ21 287b4-5; WX34 814b1-2:

釋曰. 自下第四虛空一味喩. 於中有二, 先喩, 後法, 此即喩也.

(3)-1-3-4-2: 주장이 비유와 같음을 밝힘[擧法同喩]

ZZ21 287b6-8; WX34 814b3-5:

如是世尊! 依此諸法皆無自性廣說乃至自性涅槃無自性性了義言教, 遍於一切不了義經, 皆同一味, 不障一切聲聞 · 獨覺及諸大乘所脩事業." 說是語已.

가. 위 문장의 주제 및 의미

ZZ21 287b9-11; WX34 814b6-8:

釋曰, 此即擧法同喩. 謂無性性了義言教, 遍於一切不了義經, 皆悉同此一無性味, 不障一切三乘事業.

(3)-2: 여래가 간직할 것을 권함[如來勸持]

(3)-2-1: 훌륭하다고 총평하여 칭찬함[總讚善哉]

ZZ21 287b12; WX34 814b9:

爾時世尊歎勝義生菩薩曰, "善哉! 善哉!

가. 如來勸持 관련 목차, 위 문장의 주제

ZZ21 287b13-15; WX34 814b10-12:

釋曰. 自下第二如來勸持. 於中有四, 一總讚善哉, 二讚領深義, 三讚能作喻, 四歎勝勸學, 此即第一總讚善哉.

(3)-2-2: 이해가 심오하다고 칭찬함[讚領深義]

ZZ21 287b16; WX34 814b13:

善男子! 汝今乃能善解如來所說甚深密意言義.

가. 위 문장의 주제

ZZ21 287b17; WX34 814b14:

釋曰. 此即第二讚領深義.

(3)-2-3: 비유에 능하다고 칭찬함[讚能作喻]

ZZ21 287b18-19; WX34 814b15-16:

復於此義善作譬喻, 所謂世間毗濕縛藥 · 雜彩畫池〈地〉[281] **· 熟蘇 · 虛空.**

가. 위 문장의 주제

ZZ21 287b20; WX34 814b17:

釋曰. 此即第三讚能作喻.

(3)-2-4: 인가하고 가르침을 간직할 것을 권유함[印可勸持]

ZZ21 287b21; WX34 814b18:

<u>勝義生</u>! 如是如是, 更無有異, 如是如是, 汝應受持."

가. 위 문장의 주제

ZZ21 287b22; WX34 815a1:

---

281) 문맥과 '彩畵地' 대응 SNST(ZhT68.859.11: ri mo bri baḥi <u>gsi</u>)에 비추어 볼 때 '池'는 '地'의 오기임이 분명하며, '彩畵' 앞의 '雜'은 연자로 보인다.

釋曰. 此即第四印可勸持.

D. 세존의 삼무성 설법의 공덕을 비유를 들어 찬탄함

(4): 양을 비교하고 그 대단함을 찬탄함[校量嘆勝]

(4)-1: 보살이 질문함[菩薩請問]

(4)-1-1: 세 번의 설법 간에 우열이 같지 않음[三轉勝劣不同]

(4)-1-1-1: 제1 사제법륜을 소개함[第一四諦法輪]

(4)-1-1-1-1: 사제법륜의 내용을 소개함[正明法輪]

ZZ21 287b23-c1; WX34 815a2-4:

爾時勝義生菩薩復白佛言, "世尊初於一時在婆羅痆斯仙人墮處施鹿林中, 唯為發趣聲聞乘者, 以四諦相轉正法輪.

가. 校量嘆勝 · 菩薩請問 · 三轉勝劣不同 · 第一四諦法輪 관련 목차, 위 문장의 주제

ZZ21 287c2-6; WX34 815a5-9:

釋曰. 自下第四校量嘆勝分. 於中有二, 初菩薩請問, 後'爾時'下世尊正說. 前中有二, 初明三轉勝 · 劣不同, 後'世尊若善男子'下正發問辭辨福勝 · 劣. 前中三輪, 即分為三, 此即第一四諦法輪. 於中有二, 初正明法輪, 後'雖是'下顯教是劣, 此即初也.

나. 위 문장의 구성

ZZ21 287c7-8; WX34 815a9-11:

文有五節, 一辨問 · 答者, 二明說時, 三顯說處, 四解所為, 五釋法輪.

다. 爾時等, 初於一時, 婆羅痆斯等 해석

ZZ21 287c8-9; WX34 815a11-12:

言'爾時等'者, 辨問 · 答人也.

言'初於一時'者, 說『經』時也, 謂三法輪中, 說初輪時.

라. 婆羅痆斯等 해석

ZZ21 287c10-288b8; WX34 815a12-816b5:

言‘在婆羅痆斯等’者, 說『經』處也.

1) 『심밀해탈경』

『深密經』云, “於婆羅奈城仙人集處 · 諸禽獸遊處.”

2) 진제의 『해절경』 주석

若依真諦『解節記』云, “第一時, 於婆羅奈鹿園仙人集處, 此處有三德故, 三種人恒集此處. 言三德者, 一謂林德, 樹枝蔭覆, 春則遮雨, 夏能遮熱, 冬復遮風. 二謂水德, 恒具有五, 輕, 冷, 軟, 美, 香. 三謂他德, 林外曠野一切鳥獸皆來集聚, 飲食無畏. 又此地下有大寶藏, 廣四十里, 深四十里, 有時出現, 但人不得取, 若輪王出世, 得用此寶. 而鹿園自有二義, 一謂昔時此地有無量鹿, 國王欲取鹿, 鹿王白, “日日煞一可得無量時羮.” 後日煞次一懷胎鹿, 鹿王愍念, 自代就死, 國王見之, 因相顧[282]訪, 鹿王仍為說菩薩道, 國王聞之, 即得解悟, 遂放諸鹿. [廣說鹿王代鹿母死, 如『智度論』[283]第十六說也.] 二謂轉法輪時, 有三鹿恒來佛所聽法. 三種人者, 佛未出世, 世間仙人皆集此地, 脩學仙道, 二佛未出世, 一切緣覺皆

---

282) 만속경장본의 교감자는 ‘相’과 ‘訪’ 사이 한자를 기존 한자와 다른 새로운 조합의 글자 로 해독하였고, CBETA 전자판은 이에 따라 ‘[(厂@((既-旡)-日+口))*頁]’로 해체하여 표기하였다. 필자는 문맥과 교토대본 『해심밀경소』 사본 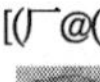에 근거하여 이 글자를 ‘顧’로 보았다. 이 구는 “[국왕이 임신한 사슴을 대신하여 죽으려는 사슴왕을 보고 심경의 변화가 생겨] 곧이어[因] [사슴왕을] 찾아갔다[顧訪](‘相’은 국왕과 사슴왕 사이에 일어난 행위임을 나타내는 허사(虛辭)임)”는 의미이다.

하지만 ‘因相顧訪, 鹿王仍為說菩薩道’ 대응 SNST(ZhT68.862.1-2: … ri dwags kyi rgyal po **de** gtoṅ⟨btaṅ⟩* ṅo/ /des kyaṅ byaṅ chub sems dpaḥi lam rnams bstan pas … *문맥상 P. N.을 따라 과거형인 ‘btaṅ’으로 교정하는 것이 자연스럽다.)와 이어지는 ‘遂放諸鹿’ 대응 SNST(ZhT68.862.2-3: śa ba gṣan rnams kyaṅ btaṅ ste/)에 비추어 볼 때, 최듭이 본 사본에는 ‘放彼鹿王. 彼仍說菩薩道’ 정도로 되어 있었던 듯하다. 최듭 이후 어느 시점에 ‘放彼鹿王’이 누락된 텍스트를 접한 누군가가 문장의 자연스러움을 위해 위와 같이 편집했을 가능성을 생각해 볼 수 있다.

283) 대응 SNST(ZhT68.862.4-5: bstan bcos bye brag tu bśad pa chen po)는 『阿毘達磨大毘婆娑論』을 지칭하지만 『비바사론』에서 이 이야기를 찾을 수 없다. 대신 『지도론』(『大智度論』 권16, 「釋初品 · 毘梨耶波羅蜜義」 T25 178b9-c20)에 보다 상세한 이야기가 등장하므로 이 경우 현존 만속장경본이 더 신뢰할 만하다.

集此地, 脩緣覺道, 三佛既出世, 與諸聲聞共集此處."

3) 『대엄경』

依『大嚴經』, 名'仙人墮處'及'施鹿林'. 彼第一云, "一生補處菩薩, 將欲下生, 有天子下閻浮提, 告辟支佛言, "仁者應捨此土. 何以故? 十二年後當有菩薩, 降神入胎." 是時波羅奈國五百辟支佛聞天語已, 從座而起, 踊在虛空, 高七多羅樹, '作入〈火化〉[284]燒身, 入於涅槃, 唯有舍利從空而下, 是故此地名'仙人墮處'. 復有過去有仁慈王, 施於群鹿無畏之處, 是故彼地亦名'仙人鹿苑'." 具說如彼.

4) 『비바사론』

依『大婆沙』百八十三云, "佛於波羅痆斯仙人論處施鹿林中, 為憍陳那等轉正法輪. 問. 何故名'波羅痆斯'? 答. 此即是河名, 去其不遠, 造立王城, 是故此城亦名'波羅痆斯'. 問. 何故名'仙人論處'? 答. 若作是說, 諸佛定於此處轉法輪者, 彼說佛是最勝仙人, 皆於此處初轉法輪, 故名'仙人論處'. 若作是說, 諸佛非定於此轉法輪者, 彼說應言'仙人住處', 謂佛出世時有佛大仙及聖弟子仙眾所住; 佛不(出)[285]世時有獨覺仙人所住; 若無獨覺時有世俗五通仙住, 以此處恒有諸仙已住·今住·當住, 故名'仙人住處'. 有說, 應言'仙人墮處'. 昔有五百仙人, 飛行空行, 至此遇退因緣, 一時墮落. 問. 何故名'施鹿林'? 答. 恒有諸

---

284) 원측『인왕경소』에서 인용한 동일한『대엄경』문장(圓測 撰,『仁王經疏』상권(본),「序品」T33 368a29-b6: 問. 佛眾會中有緣覺不? 若言有者,『大嚴經』說如何會釋? 彼第一云, "一生補處菩薩, 將欲下生, 有天子下閻浮提, 告辟支佛言, "仁者應捨此土. 何以故? 十二年後當有菩薩, 降神入胎." 是時五百辟支佛聞天語已, 從座而起, 踊在虛空, 高七多羅樹, 化火燒身, 入於涅槃."), 대정장본『대엄경』(地婆訶羅 譯,『方廣大莊嚴經』권2,「勝族品」T3 541b24-c14: 佛告諸比丘, "爾時菩薩 ... 將欲降生. ... 復有天子, 下閻浮提, 告辟支佛作如是言, "仁者! 應捨此土. 何以故? 十二年後當有菩薩降神入胎." 是時王舍城尾盤山中有辟支佛, 名曰摩燈, 聞是語已, 自見其身猶如委土, 從座而起, 踊在虛空高七多羅樹, **化火**焚身, 入於涅槃, 唯餘舍利從空而下, 是故此地名'仙人墮處'. 諸比丘是時波羅奈國五百辟支聞天語已, 亦復如是, **化火**焚身, 入於涅槃, 唯餘舍利從空而下. 復以過去有仁慈王, 施於群鹿無畏之處, 是故彼地亦名'仙人鹿苑'.), 대응 SNST(ZhT68.862.20-21: mes raṅ gi phuṅ po bsreg nas)에 따라 '作入'을 '火化'로 교정하는 것이 보다 자연스럽다.

285) 만속장경본 교감기는 '世'를 '出'의 오기로 의심하고 있으나, 문맥상 대정장본『비바사론』(五百大阿羅漢等 造, 玄奘 譯,『阿毘達磨大毘婆娑論』권183,「定蘊·不還納息」T27 917a2 5-26: 佛不出世時, 有獨覺仙所住.)에 따라 '世' 앞에 '出'을 보충하는 것이 옳다.

鹿, 遊止此林, 故名'鹿林'. 昔有國王, 名梵達多, 以此林施與群鹿故, 名'施鹿林'. 如羯蘭鐸迦長者, 於王舍城竹園中穿一池, 以施羯蘭鐸迦鳥, 令其遊戲, 因名'施羯蘭鐸迦池', 此亦如是, 故名'施鹿林'."

5) 『전법륜론』

若依世親菩薩『轉法輪論』, 有其四緣故, 依彼林而轉法輪. 故彼云, "以何義故捨於勝處多眾集處, 於波羅奈小〈少〉[286]人眾處在波吒離樹影蔭下鹿苑之中而轉法輪? 彼義今釋, 世尊往昔六十千億那由他會廣行施故, 以〈已〉[287]曾供養六十千億那由他佛, 又於彼處已有九十一億千佛, 轉於法輪, 又彼處常饒寂靜仙人, 有如是等諸功德故." 廣說如彼.

마. 唯為發趣聲聞乘 해석

ZZ21 288b8-12; WX34 816b5-9:

言'唯為發趣聲聞乘'者, 解所為人, 三乘之中, 唯為聲聞人也. 依『大婆沙』·『俱舍』·『正理』·『轉法輪論』, 為五比丘. [五比丘者, 依『四分律』, 一憍陳如, 二阿濕卑, 三摩訶男, 四婆提, 五婆敷; 『五分律』云, 憍陳如, 跋提, 婆頗, 頞鞞, 摩訶納.] 依『瑜伽論』第九十五, 為憍陳那. 今依此『經』, 通為一切聲聞乘者轉四諦法.

바. 以四諦相轉正法輪 해석

ZZ21 288b13-14; WX34 816b9-11:

言'以四諦相轉正法輪'者, 正釋法輪, 謂三周正轉十二行相法輪, 如『轉法輪經』.

286) 청중의 '수'를 대비하는 문맥과 대정장본 『전법륜론』(天親 造, 毘目智仙 譯, 『轉法輪經憂波提舍』, T26 358b7-14: 以何義故捨於彼寬博種種勝妙華樹莊嚴無量勝人多眾集處, 於波羅奈少人眾處在波吒離樹影蔭下鹿苑之中而轉法輪? 彼義今釋, 世尊往昔已於彼處六十千億那由他會廣行施故, 又於彼處**已**曾供養六十千億那由他佛, 又於彼處已有九十一億千佛, 轉於法輪, 又彼處常饒寂靜仙人, 有如是等諸大功德故.)에 따라 '小'를 '少'로 교정하는 것이 옳다.

287) 한문 문법과 다음 구 '已有九十一億千佛'과의 대응을 고려하여 대정장본 『전법륜론』(각주286, 볼드 부분)에 따라 '以'를 '已'로 교정하는 것이 자연스럽다.

사. 네 측면에서 소승과 대승 학파의 法輪 해설 소개

1) 네 가지 측면 예시(豫示)

ZZ21 288b14-15; WX34 816b11-12:

然此法轉〈輪〉[288], 略以四門分別, 一釋名字, 二出體性, 三問答解釋, 四釋十二行.

2) 정의[釋名]

ZZ21 288b16-c16; WX34 816b13-817b1:

言釋名者, 如『契經』說, 世尊轉法輪.

(1) 설일체유부: 『비바사론』

『毗婆沙』一百八十二云, "問. 何故名法輪? 答. 此輪是法所成, 法為自性, 故名法轉. 如世間輪金等所成, 金等為性, 名金等輪, 此亦如是. 有說, 此輪能淨聖慧法眼, 故名法輪. 有說, 此輪能治非法輪, 故名法輪. 非法輪者, 謂布刺桼等六師所轉八耶支輪. 問. 何故名輪? 輪是何義? 答. 動轉不住是轉〈輪〉[289]義, 捨此趣彼是輪義, 能伏怨敵義是輪義, 如是等義故名為輪. 言動轉不住者, 見道是速疾道, 不越〈起〉[290]期心道, 於動轉不住, 最為隨順故. 言捨此趣彼者, 見道中, 捨苦現觀, 趣集現觀, 乃至捨滅現觀, 趣道現觀故. 言能伏怨敵義者, 如轉輪王所有輪寶, 降伏四洲所有怨敵, 如是行者, 以見道輪降伏四諦所有煩惱, 故名法輪."

所言輪〈轉〉者, '依轉動〈能動轉〉義.[291] 令他身中聖道起故, 名之為轉, 故『婆沙』

---

288) 문맥과 대응 SNST(ZhT68.865.21-866.1: chos kyi hkhor lo de yaṅ mdor bsdu na sgo rnam pa bṣir rnam par phye nas bstan par bya ste/)에 비추어 볼 때 '轉'은 '輪'의 오기임이 분명하다.

289) 문맥, 대정장본 『비바사론』(『阿毘達磨大毘婆娑論』 권182, 「定蘊 · 不還納息」 T27 911b27-28: 問. 何故名輪? 輪是何義? 答. 動轉不住義是輪義.), 대응 SNST (ZhT68.866.16-17: gyo ṣiṅ mi gnas pa gaṅ yin pa de ni hkhor loḥi don to/) 등에 비추어 볼 때 '轉'은 '輪'의 오기임이 분명하다.

290) 대정장본 『비바사론』(T27 911c29-912a2: 問. 何故唯說見道名法輪非餘耶? 答. 前說動轉不住義是輪義. 見道是速疾道, 不起期心道, 於動轉不住, 最爲隨順故, 獨名法輪.)과 대응 SNST(ZhT68.866.21: dus kyi sems mi hbyuṅ baḥi lam yin te/)에 비추어 볼 때 '越'은 '起'의 오기인 듯하다.

291) 문맥, 한문 문법, 대응 SNST(ZhT68.867.10: /de la bskor ba ṣes bya ba ni gyo bar byed paḥi don to/) 등을 고려하여 위와 같이 교정하는 것이 자연스럽다.

(云)[292], "問. 若彼身中聖道生時, 即彼名為轉法輪者, 何故說佛轉法輪耶? 答. 依能轉因, 故作是說, 謂彼身中所有聖道, 世尊若不以言說手為其轉者, 即彼聖道無因得生, 彼聖道生, 皆由佛力, 是故說佛初轉法輪." 薩婆多宗義如上釋.

⑵ 경량부: 현장 역 『구사론』

若依經部, 有其二義, 一者聖教, 二者聖道, 由此聖教往他相續, 故名為轉. 故『俱舍』二十四云, "所有法門名法輪, '應可〈可應〉[293]正理. 云何名轉? 由此法門往他相續令解義故. 或諸聖道皆是法輪. 於所化生身中轉故. 於他相續見道生時, 已至轉初, 故名已轉."

⑶ 대승: 『유가론』

大乘亦爾, 具有二義, 如『瑜伽』說, 後當分別.

3) 본질 인식[出體]

ZZ21 288c17-289c17; WX34 817b2-819b2:

言出體者, 諸說不同.

⑴ 설일체유부: 현장 역 『구사론』, 『잡심론』, 『비바사론』, 『순정리론』

一薩婆多宗, 依『俱舍』等, 唯八聖道以為自性. 故『俱舍』二十四云, "頌曰: 所說沙門性 亦名婆羅門/ 亦名為梵輪 (真梵所轉故)[294]// 於中唯見道/ 說名為法輪// 由速等似輪/ 或具輪〈輻〉[295]等故//" 解云, 於中唯見道說名為法輪, 准此故知, 唯在見道八支為體. 『雜心』第十亦同『俱舍』, 故彼頌曰, "牟尼說見道 疾故名法輪/ 或說覺八枝 轉至於他身//"

---

292) 문법, 짝수자구를 선호하는 원측 작문 습관, 대응 SNST(ZhT68.867.12 … 20: deḥi phyir bstan bcos bye brag tu bśad pa chen po las/ … ses ḥbyuṅ ste/) 등을 고려하여 직접 인용을 나타내는 '云'을 보충하는 것이 자연스럽다.

293) 한문 문법상 대정장본 『구사론』(『阿毘達磨俱舍論』 권24, 「分別賢聖品」 T29 128c16: 是故唯應即此三轉十二行相所有法門名為法輪, 可應正理)에 따라 '應可'를 '可應'으로 교정해야 옳다.

294) 대응 SNST(ZhT68.868.17-18: /yaṅ dag tshaṅs pas bskor phyir ro/)와 대정장본 『구사론』(T29 128b18-21: 所說沙門性 亦名婆羅門/ 亦名為梵輪 真梵所轉故// 於中唯見道 說名為法輪/ 由速等似輪 或具輻等故//)에 따라 '真梵所轉故'를 보충해야 옳다.

295) 대정장본 『구사론』(각주294, 볼드 부분)과 대응 SNST(ZhT68.868.19-20: rtsibs la sogs daṅ ldan phyir ro/)에 따라 '輪'을 '輻'으로 교정해야 옳다.

解云, 上半(頌明)296)薩婆多義, 下半頌顯尊者瞿沙'所立宗義, 【通於脩位, 大唐三藏翻為妙音】〈【[大唐三藏翻為妙音.]】所立宗義, 【[通於脩位.]】〉297) 廣說如彼. 又『大婆沙』一百八十二云, "云何法輪? 答. 八聖道支. 若兼相應隨轉, 即五蘊性." 乃至彼云, "唯說見道名為法轉." 具說如彼. 然毗婆沙師三轉十二行如次顯示見等三道, 非唯見道, 是故世親約三轉十二行破薩婆多唯說見道名為法輪. 故『俱舍論』第二十四復作是言, "由此三轉如次顯示見道 · 脩道 · 無學道三, 毗婆沙師所說如是.[此叙薩婆多義.] 若爾, 三轉十二行相非唯見道, 如何可說唯於見道立法輪名?【[此是經[部](破)298)薩婆多, 或可世親自破也.]】是故唯應即此三轉十二行相所有法門名為法輪, 可應正理." 具說如彼.【[解云, 經部申自宗, 或可世親申自宗義也.]】依『順正理』第六十七救薩婆多云, "毗婆沙師本意總說一切聖道皆名法輪. 以說(三轉)299)三道攝故. 於他相續見道生時, 已至轉初, 故名已轉. 然唯見道是法輪初, 故說法輪唯是見道, 諸天神類即就最初言'轉法輪', 不依二道."

(2) 대중부: 『비바사론』

依摩訶僧祇部, 說法輪體, 語為自性. 故『婆沙』一百八十二云, "彼作是說, 一切佛語皆是法輪."

(3) 경량부: 현장 역 『구사론』

依經部宗, 如『俱舍』第二十四, 體有二種, 一教為體, 二用一切聖道為體, 所引聖教如'名'中說.

---

296) 한문 문법, 이어지는 '頌顯'와의 대구, 대응 SNST(ZhT68.869.6-7: /tshigs su bcas pa phye daṅ pos ni thams cad yod par smra baḥi don bstan to/) 등을 고려하여 '頌明' 정도를 보충하는 것이 자연스럽다.

297) '通於脩位, 大唐三藏翻為妙音'은 대응 SNST가 없기 때문에 본래 협주(夾註)이었다고 보고, 또 협주는 일반적으로 해당 단어나 구 직후에 등장하므로 위와 같이 교정하는 것이 자연스럽다.

298) 문맥상 만속장경본 교감기의 지적대로 '破'를 보충하는 것이 자연스럽다.

299) 대정장본 『순정리론』(『阿毘達磨順正理論』 권67, 「辯聖賢品」 T29 709a27-28: 昆婆沙師本意總說一切聖道皆名法輪. 以說三轉三道攝故.)과 대응 SNST(ZhT68.870.10-11: ḥdi ltar lan gsum du bzlas pa dag ni lam gsum gyis bsdus par bśad paḥi phyir ro/)에 따라 '三轉'을 보충하는 것이 자연스럽다.

(4) 대중부, 일설부, 설출세부, 계륜부, 다문부: 『이부종륜론』

若依『異部宗輪論』, 大衆部 · 一說部 · 說出世部 · 雞胤部四部同說諸如來語皆轉法輪. 依多聞部, 謂佛五音是出世教, 一無常, 二苦, 三空, 四無我, 五涅槃寂靜. 此五能引出離道故. 如來餘音是世間教. 如是等說皆用聖教以為法輪.

(5) 대승: 『해심밀경』, 『유가론』

今依大乘通用聖道及彼聖教, 為法輪體. 故此『經』云, "初二法輪是不了義, 第三法輪是了義經." 依『深密經』, 第二不了義修多羅, 第三了義修多羅, 而不說第一不了義者, 譯家略故. 准此『經』等, 皆說聖教名為法輪. 若依『瑜伽』, 通說教 · 行. 故『瑜伽』九十五云, "正見等法所成性故, 說名法輪, 如來應供是梵增語, 彼所轉故, 亦名梵輪." 然彼『瑜伽』以五種相辨轉法輪, 故今敘之. 彼云, "復次由五種相轉法輪者, 當知名為善轉法輪. 一者世尊為菩薩時, 為(得)所得(所)緣境界300), 二者為得所得方便, 三者證得自所應得, 四者得已樹他相續, 令於自證深生信解, 五者令他於他所證深生信解. 當知, 此中所緣境者, 謂四聖諦. 得方便者, 謂即依此四聖諦中三周正轉十二相智. 最初轉者, 謂昔菩薩入現觀時, 如實了知是苦聖諦, 廣說乃至是道聖諦, 於中所有現量聖智能斷見道所斷煩惱, 爾時說名生聖慧眼, 即此由依去 · 來 · 今世有差別故, 如其次第眼名智 · 明 · 覺. 第二轉者, 謂是有學以其妙慧如實通達, '我當於後猶有所作, 應當遍知未知苦諦, 應當永斷未斷集諦, 應當作證未證滅諦, 應當脩習未脩道諦', 如是亦有四種行相, 如前應知. 第三轉者, 謂是無學已得盡智 · 無生智故, 言'所應作我皆已作', 如是亦有四種行相, 如前應知. 此差別者, 謂前二轉四種行相是其有學真聖慧眼, 最後一轉是其無學真聖慧眼.【[此釋菩薩見等三道三周正轉十二相智, 謂為無上菩提之方便, 准此『瑜伽』, 以眼 · 智 · 明覺為十二行相.]】得所得者, 謂得無上正等菩提.【[此釋第三無學位中自有二義, 一三道差別以為方便, 二菩提義邊, 即無學為證自所得也.]】樹他相續令於自證生信解者, 謂如長老阿若憍陳, 從世尊所聞正法已, 最初悟解四聖諦法, 又答

300) 만속장경본 교감기는 '得'을 연자로 의심하고 있으나 대정장본 『유가론』(『瑜伽師地論』 권95, 「攝事分 · 契經事 · 緣起食諦界擇攝」 T30 843b3-4: 一者世尊爲菩薩時, 爲得所得所緣境界, 二者爲得所得方便, ...)과 대응 SNST(ZhT68.872.11-12: bcom ldan ḥdas byaṅ chub sems dpar gyur pa na gaṅ la dmigs nas brñes par bya ba brñes pa daṅ/)에 비추어 볼 때 '得'은 연자가 아니며, 오히려 '所得'과 '緣' 앞에 각각 '得'과 '所'가 보충되어야 옳다.

問言, “我已解法”, 從此已後, 如前所說究竟行相, 五皆證得阿羅漢果, 生解脫處.【[此釋如來施鹿林中轉法輪時五人得道.]】 最後令他於他所證生信解者, 謂如長老阿若憍陳起世間心, ‘我已解法’, 如來知已起世間心, 斷[301]‘阿若憍陳已解我法’, 地神知已, 舉聲轉告, 逕於剎那, 瞬息'便實〈須臾〉[302], 其聲展轉, 乃至梵世.【[此釋陳如得道後地神轉告至於梵世也.]】 當知, 世尊轉所轉法, 置於阿若憍陳身中, 次復隨轉置餘身中, 彼復隨轉置餘身中, 以是展轉隨轉義故, 說名為轉. 正見等法所成性故, 說名法輪. 如來應供, 是梵增語, 彼所轉故, 亦名梵輪.”

[准此, 『瑜伽』五相之義釋『經』宗意應可了知也.]

4) 문답을 통한 해석[問答解釋]

ZZ21 289c18-290a24; WX34 819b3-820a15:

第三問答解釋.

問. 依薩婆多, “何故唯說見道名法輪耶? 答. 見道是速疾道, 不越〈起〉[303]期心道, 於動轉不住, 最為隨順故, 獨名法輪.”[304] 解云, 十六剎那各唯〈各〉一念, 故名‘速疾’; 無餘心間, 故言‘不越〈起〉期心’.[305] 『雜心』·『俱舍』及『順正理』大同此釋. “或有說者, 見道猶如輻·轂〈轂〉·輞法, 故說為輪, 猶如車輪, 轂〈轂〉最居中, 輪〈輻〉依轂〈轂〉住, 輞攝於輪〈輻〉, 如是見道, 苦·集忍智如輻, 滅忍·滅智如轂〈轂〉, 道忍·道智如輞. 遍緣道故. 或有說者, 正見·正思惟·正勲如輻, 正語·業·命如轂〈轂〉[306], 正念·正定如輞.” 應〈廣〉[307]

---

301) ‘斷’은 대정장본『유가론』(T30 843c1)과 대응 SNST(ZhT68.874.5-6)에도 없고 문맥에도 맞지 않기 때문에 연자로 보인다.

302) 대정장본『유가론』(T30 843c2: 經於剎那, 瞚息須臾)에 따라 만속장경본 교감기의 지적대로 ‘便實’을 ‘須臾’로 교정해야 옳다.

303) 앞서 ‘名’에서 인용한『비바사론』(각주290, 밑줄 부분)과 대응 SNST(ZhT68.874.21: dus kyi sems mi ḥbyuṅ baḥi lam yin pas/)에 비추어 볼 때 ‘越’은 ‘起’의 오기인 듯하다.

304) 앞서 ‘名’에서 거의 그대로 인용한『비바사론』속 문답(각주290)을 그대로 인용하였다.

305) 문맥과 ‘解云 ~ 期心’ 대응 SNST(ZhT68.875.1-4: ḥdi ltar sems kyi skad cig ma bcu drug po dag so so nas skad cig ma re re yin paḥi phyir ni myur ba ṣes byaḥo/ /sems ~~can~~* gṣan gi bar du ma chod paḥi phyir ni dus kyi sems mi ḥbyuṅ ba ṣes bya ste/ *‘can’은 연자로 보인다.)에 비추어 볼 때 ‘唯’와 ‘越’은 각각 ‘各’과 ‘起’의 오기인 듯하다.

306) 대정장본『비바사론』(『阿毘達磨大毘婆娑論』 권182, 「定蘊·不還納息」 T27 912a16-20 … a22-23: 有說, 見道猶如輻·轂轂·輞法, 故說為輪, 猶如車輪, 轂最居中, 輻依轂住, 輞攝於輻, 如是見道, 苦·集忍智如輻, 滅忍·滅智如轂, 道忍·道智如輞. 遍緣道故. … 或有說者, 正見·正思惟·

如『婆沙』六‘復次’釋.

問. 若唯見道名法輪者, 如何三周十二行智皆名法輪? 答. 依『俱舍』等不釋此難; 『正理論』師釋通此難, 如‘體’中說.

問. “若謂聖道是法輪者, (則菩提樹下已轉法輪, 何故至婆羅痆斯方名轉法輪耶)[308]? 答. 轉法輪有二種, 一自相續中轉, 二令他相續中轉. 菩提樹下是自轉法輪. 波羅痆斯是令他轉法輪, 佛以饒益他為正事故, 依令他轉說初轉法輪.” 廣說如彼.

薩婆多師問摩訶僧祇部, “若是佛語名法輪者, 則應菩提樹邊為商人說法, 已名轉法輪, 何故後至波羅痆斯國, 乃名轉法輪耶?” 答. 依『毗婆沙』不釋此難. 若准『異部宗輪論』, 彼說‘一切佛語皆轉法輪’, 故知, 為賈客說亦是法輪, 而今所說‘鹿野苑中方轉法輪’者, 約三轉十二行相故作此說.

問. 經部 · 大乘一切聖道三轉十二行皆名法輪者, 如何不說菩提樹下名轉法輪, 而言鹿苑名轉法輪? 若一切教皆名法輪者, 如何波羅奈國見道生時名‘已轉’耶? 釋此難意, 如『俱舍論』, “十二行相所有法門, 名為法輪. 由此法門, 往他相續令解義故. 或諸聖道皆是法輪. 於所化生身中轉故, 於他相續見道生時, 已至轉初, 故名‘已轉’.” 解云, 經部諸教 · 諸道皆名法輪, 而約轉初故言已轉, 非謂餘道 · 餘教非法輪故而說‘已’言. 依大乘宗, 應准此釋, 於理無違.

正勤*如輻, 正語 · 業 · 命如轂, 正念 · 正定如輞. *‘勤’과 ‘懃’은 동자(同字)이다)에 비추어 볼 때 만속장경본 교감기의 지적대로 ‘轂’은 네 곳 모두 ‘轂’의 오기임이 분명하며, 더불어 ‘輪依轂住’와 ‘輞攝於輪’의 ‘輪’ 역시 ‘輻’의 오기임도 지적할 수 있다.

307) 대응 SNST(ZhT68.875.17-19: rgya cher ni bstan bcos bye brag tu bśad pa chen po las rnam graṅs drug gi bśad pa las ḥbyuṅ ba bṣin du rig par byaḥo/)에 비추어 볼 때 ‘應’은 ‘廣’의 오기로 보인다.

308) 의미 있는 문장이 되기 위해서는 대정장본 『비바사론』(T27 912b9-10: 若謂聖道是法輪者, 則菩提樹下已轉法輪, 何故至婆羅痆斯方名轉法輪耶?)과 대응 SNST(ZhT68.876.3-4: /gal te ḥphags paḥi lam la chos kyi ḥkhor lo ṣes bya ba ni byaṅ chub kyi śiṅ druṅ du chos kyi ḥkhor lo bskor ba yin na ciḥi phyir yul bā rā ṇa sīr byon pa la chos kyi ḥkhor lo bskor ba ṣes bstan ce na/)에 따라 위와 같이 누락된 문구를 보충해야 한다.

5) 십이행에 대한 각 학파별 해석 소개[釋十二行]

ZZ21 290b1-291b2; WX34 820a16-822a17:

第四釋十二行者, 三轉十二行相, 諸宗不同.

(1) 설일체유부: 『비바사론』

薩婆多宗, 如『毗婆沙』第七十九, 有三師說.

故彼『論』云, "如『契經』說, "佛告苾芻, "此苦聖諦我曾未聞, 於此法中如理作意, 由此便生眼 · 智 · 明 · 覺. 此苦聖諦慧應遍知我昔未聞, 乃至廣說. 此苦聖諦慧已遍知我昔未聞, 乃至廣說. 集 · 滅 · 道諦, 廣說亦爾." '此苦聖諦我昔未聞等' 顯未知當知根; '此苦聖諦慧應遍知等' 顯已知根; '此苦聖諦慧已遍知等' 顯具知根, 集 · 滅 · 道諦各顯三根, 應知亦爾.

大德法救作如是說, "我思此『經』, 擧身毛豎, 以佛所說必不違義, 定有次第, 今此『契經』越次第說, 具知根後, 復說未知當知根故, 非佛 · 獨覺及諸聲聞得有如是觀行次第, 具知根後如何復起初無漏根? 若捨此『經』, 必不應理. 佛初說故, 以五苾芻而為上首, 八萬諸天聞此所說, 皆證法故. 若欲不捨, 復違次第, 故思此『經』擧身毛豎." 然彼大德雖作是言, 而不捨『經』, 但迴文句, 彼作是說, "此『經』應言, "此苦聖諦我昔未聞, 乃至廣說, 擧〈集〉[309] · 滅 · 道諦廣說亦爾. 此苦聖諦慧應遍知, 此集聖諦慧應永斷, 此滅聖諦慧應作證, 此道聖諦慧應脩習, 昔未聞等, 廣說如前. 此苦聖諦慧已遍知, 此集聖諦慧已永斷, 此滅聖諦慧已作證, 此道聖諦慧已脩習, 昔未聞等, 廣說如前." 若作是說, 不失次第, 隨順現觀, 非如『經』說."

阿毗達摩諸論師言, "不應輒迴此『經』文句. 過去無量諸大論師利根多聞, 過於大德, 當〈尙〉[310]不敢迴此『經』文句, 況今大德而可輒迴? 但應尋求此『經』意趣. 謂說法者, 依二次第, 一依隨順說法次第如此『經』說, 二依隨順現觀次第, 如大德說." 脅尊者言, "此『經』不說三無漏根, 但說菩薩菩提樹下欲界聞 · 思所成慧力, 脩行四諦." 問. 世尊既說'我由此觀證得無上正等菩提', 豈有聞 · 思證菩提義? 答. 菩薩由此聞 · 思慧力, 伏除一切四

309) 문맥과 대장장본 『비바사론』(『阿毘達磨大毘婆沙論』 권79, 「結蘊 · 十門納息」 T27 410c 26-27: 此苦聖諦我昔未聞, 乃至廣說, 集 · 滅 · 道諦廣說亦爾.)에 비추어 볼 때 '擧'는 '集'의 오기임이 분명하다.

310) 한문 문법('尙 ... 況 ~')과 대정장본 『비바사론』(T27 411a5-7: 過去無量諸大論師利根多聞, 過於大德, 尙不敢迴此『經』文句, 況今大德而可輒迴?)에 비추어 볼 때 '當'은 '尙'의 오기임이 분명하다.

聖諦愚, 由此定當證無上覺, 故說'由此證得菩提', 如人先時濕皮覆面後得除去, 以縠覆之, 其障輕微, 可言無障, 故此非說三無漏根. 如『契經』說, "佛告苾芻, "我於四聖諦三轉十二行相生眼 · 智 · 明 · 覺."" 問. 此應有十二轉四十八行相, 何故但說三轉十二行相耶? 答. 雖觀一一諦皆有三轉十二行相, 而不過三轉十二行相, 故作是說, 如預流者, 極七反有及七處善并二法等. 此中'眼'者, 謂法智忍, '智'者謂諸法智, '明'者謂類智忍, '覺'者謂諸類智. 復次'眼'是觀見義, '智'是決斷義, '明'是照了義, '覺'是警察義."[十二轉者, 四諦中各有三轉, 故成十二轉. 四十八行相者, 如苦諦中有三轉, 一一轉各生眼 · 智 · 明 · 覺, 故成十二, 餘三諦亦爾, 合成四十八行相. 七處善及二法者, 如『婆娑』一百八云, "云何七處善? 謂如實知色, 知色集, 知色滅趣, 知色滅行, 知色味, 知色愚〈患〉311), 知色出, 如實知受 · 想 · 行 · 識七亦爾." 廣說如彼, 又彼云, "問. 若爾, 應說三十五處善或無量善, 何故說七? 答. 觀一一蘊各各有七, 不過七數, 故說有七, 如餘『經』說, "諸預流者, 極七反有", 彼有別說, "二趣二有, 應二十八, 謂人趣有七, 天趣有七, 人中有有七, 天中有有七", 然不過七, 故說七名. 又如餘『經』說, "有二法, 謂眼色乃至意法", 又如餘『經』說, "三轉法輪有十二行相", 彼不過三〈二〉312) 及十二, 故說三〈二〉 · 十二, 此亦如是." 廣說如彼. 兩'復次'解眼 · 智 · 明 · 覺, 初'復次'唯依見道, 後'復次'依後二道. 或可, 初依見道, 後通三道也.]

(2) 경량부: 현장 역 『구사론』

今依經部, 破薩婆多唯依見道名轉法輪 · 通約聖教及諸聖道俱作三轉及十二行. 故『俱舍』云, "若爾, 三轉十二行相非唯見道, 如何可說唯於見道立法輪名? 是故唯應即此三轉十二行相所有法門名為法輪, 可應正理. 如何三轉? 三周轉故. 如何具足十二行相? 三周楯〈循〉313)歷四聖諦故. 謂此名〈是〉314)苦, 此是集, 此是滅, 此是道, 此應遍知, 此應永滅

311) 대정장본 『비바사론』(『阿毘達磨大毘婆沙論』 권108, 「智蘊 · 修智納息」 T27 559b3-6: 如說七處善三義觀能於此法毘奈耶中速盡諸漏. 云何爲七? 謂如實知色 · 色集 · 色滅趣 · 色滅行 · 色味 · 色患 · 色出. 如實知受想行識七亦爾.)과 대응 SNST(ZhT68.882.14-15: /gzugs kyi mnog śes pa daṅ/ gzugs kyi ñes dmigs śes pa daṅ/ gzugs kyi ṅes par ḥbyuṅ ba śes pa daṅ/)에 비추어 볼 때 '遇'는 '患'의 오기임이 분명하다.

312) 문맥, 대정장본 『비바사론』(T27 559c25-26: 彼不過二及十二故說二 · 十二, 此亦如是.), 대응 SNST(ZhT68.883.10-12: de dag gñis daṅ bcu gñis las goṅ na med paḥi phyir gñis daṅ/ bcu gñis ṣes gsuṅs pa ltar ḥdi yaṅ de bṣin no) 등에 비추어 볼 때 이 구와 다음 구 두 곳의 '三'은 모두 '二'의 오기임이 분명하다.

313) 대정장본 『구사론』(『阿毘達磨俱舍論』 권24, 「分別賢聖品」 T29 128c18: 三周循歷四聖諦故.)에

〈斷〉[315], 此應作證, 此應脩習, 此已遍知, 此已永斷, 此已作證, 此已脩習, 乃至廣說." 解云, 經部約位辨三, 依諦辨四行[316], 十二行相同大乘釋. 問. 若爾, 如何會釋前所引『經』? 解云, 彼『經』依說次第, 眼 · 智 · 明 · 覺同『瑜伽』釋, 亦不違理.(?)

(3) 대승: 『정법륜론』

今依大乘, 同經部說. 故『轉法輪論』云, "'又復世尊' 轉幾〈幾轉〉[317]幾行轉法輪' 者, 彼義今說, 法輪三轉有十二行, 此苦聖諦, 此集聖諦, 此滅聖諦, 此苦滅道聖諦, 此第一轉. 此苦聖諦應知, 此苦集應斷, 此苦滅應證, 此苦滅道應脩, 此第二轉. 此苦聖諦已知, 此苦集已斷, 此苦滅已證, 此苦滅道已脩, 此第三轉, 此說三轉. 如是苦智 · 集智 · 滅智 · 道智, 如是苦諦, 有三轉智, 如是集諦, 如是滅諦, 如是道諦, 有三轉智. 彼如是說有十二行." 『瑜伽』九十五大同『轉法輪論』, 而差別者, 『轉法輪論』總不分別眼 · 智 · 明 · 覺; 依『瑜伽論』, 眼 · 智 · 明 · 覺約三世境總 · 別有異, 如'體' 中說. 『四分律』(說)[318]由三轉故憍陳如等得法眼淨, 而不說言得羅漢果, 應更尋求已外諸門. 具如『婆沙』一百八十二三 · 『雜心』第十 · 『俱舍』二十四 · 『順正理』第六十七等廣[319]說.

비추어 볼 때 '楯'은 '循'의 오기임이 분명하다.

314) 대정장본 『구사론』(T29 128c19: 謂此是苦, ...)과 대응 SNST(ZhT68.884.8: ḥdi lta ste/ hdi ni sdug bsṅal daṅ kun ḥbyuṅ ba daṅ ḥgog pa daṅ lam mo ṣes bya ba daṅ/)에 비추어 볼 때 '名'은 '是'의 오기로 보인다.

315) 대정장본 『구사론』(T29 128c19-20: 此應遍知, 此應永斷, ...)과 대응 SNST(ZhT68. 884.9-10: de ni yoṅs su śes par bya ba daṅ/ gtan du spaṅ bar bya ba daṅ/)에 비추어 볼 때 '滅'은 '斷'의 오기로 보인다.

316) 문맥, 앞 구 '約位辨三'과의 대구, 홀수자구(5자), 대응 SNST(ZhT68.884.14: bden pa las brtsams nas ni bṣir bstan te/) 등에 비추어 볼 때 '行'은 연자로 보인다.

317) 한문 문법('부사어+동사' 구문)과 대정장본 『전법륜론』(『轉法輪經憂波提舍』, T26 357c19: '又復世尊幾轉幾行轉法輪' 者, 彼義今說, ...)에 따라 '轉幾'를 '幾轉'으로 교정하는 것이 옳다.

318) 한문 문법(동사 결여), 홀수자구(3자), '『四分律』~羅漢果' 대응 SNST(ZhT68.886.5-7: /ḥdul ba dum bu bṣi pa las ni ... ṣes ḥbyuṅ gi/ ... skad du mi ḥbyuṅ bas ...), 이어지는 '不說'과의 대구 등을 고려할 때 '說'을 보충하는 것이 자연스럽다.

319) '廣'은 의미상 앞의 '具'와 중복되고 대응 SNST(ZhT68.886..8-11: ṣib tu ni ... la sogs pa las bstan pa bṣin du rig par byaḥo/)도 없으며 홀수자구(29자)까지 고려할 때 연자로 보인다.

(4)-1-1-1-2: 제1법륜이 불료의임을 명시함[顯不了義]

ZZ21 291b3-5; WX34 822a18-b2:

雖是甚奇, 甚爲希有, 一切世間諸天·人等先無有能如法轉者, 而於彼時所轉法輪有上, 有客〈容〉[320], 是未了義, 是諸諍論安足處所.

가. 위 문장의 주제 및 의미

ZZ21 291b6-9; WX34 822b3-6:

釋曰. 此即第二顯不了義. 謂此法輪, 隱空說有, 是不了義. 具顯生死·涅槃因果及說人空, 而未能顯法空道理, 是故此教有上勝教, 有容勝教, 有容他破, 是二十部諍論依處.

나. 제1법륜의 특성에 대한 진제 해석 소개

ZZ21 291b9-11; WX34 822b6-8:

真諦『記』云, "初說小乘見四諦, 非無相故不了, 更有大乘故有上, 為大乘破故有難, 既與世間義異故, 與彼鬥諍."

(4)-1-1-2: 제2 무상법륜을 소개함[第二無相法輪]

(4)-1-1-2-1: 제2법륜의 내용을 소개함[正明法輪]

ZZ21 291b12-14; WX34 822b9-11:

世尊在昔第二時中, 惟爲發趣脩大乘者, 依一切法皆無自性·無生無滅·本來寂靜·自性涅槃, 以隱密相轉正法輪.

가. 第二無相法輪 관련 목차, 위 문장의 주제 및 구성

ZZ21 291b15-17; WX34 822b12-14:

釋曰. 自下第二無相法輪. 於中有二, 初正明法輪, 後顯不了, 此即初也. 文有三節, 初明說時, 次辨所為, 後顯法輪.

나. 世尊在昔第二時中, 唯為發趣脩大乘者 해석

---

320) 문맥과 대정장본 『해심밀경』(T16 697a27)에 비추어 볼 때 '客'은 '容'의 오기임이 분명하다.

ZZ21 291b17-22; WX34 822b14-823a1:

言'世尊在昔第二時中'者, 明說時也, 謂三輪中第二時也. '唯為等'者, 說教所為, 謂求三乘中, 唯為發趣大乘者說. 依『深密經』, 亦同此釋. 故彼『經』云, "為住大乘衆生說於諸法無自性等." 是故『金剛般若經』云, "此經為發大乘者說, 為發最上乘者說."

다. 依一切法皆無自性無生無滅本來寂靜自性涅槃, 以隱密相轉正法輪 해석

ZZ21 291b22-c3; WX34 823a1-6:

'依一切法皆無自性等'者, 正顯第二無相法輪. 諸部『波若』宗明無相, 說'一切法皆無自性乃至自性涅槃'. 然初法輪隱空說有; 今此第二隱有說空, 故作此言, "以隱密相轉正法輪". 亦名'祕密(之相)[321]'. 故『大般若』五百七十二云, "無生無滅等即是諸佛祕密之教."

라. 여러 종류의 『반야경』에 대한 해설

ZZ21 291c4-17; WX34 823a6-b2:

然此第二無相大乘, 即大〈諸〉[322]『般若』, 此即舊說八部『般若』. 菩提留支『金剛仙論』第一云, "應世間故, 說八部『般若』. 第一部十萬偈, 第二部二萬五千偈, 第三部一萬八千偈, 此『大品』是, 第四部八千偈, 此『小品』是, 第五部四千偈, 第六部(二千)[323]五百偈, 第七部六百偈, 此『文殊般若』是, 第八部三百偈, 此『金剛般若』. 是前七部, 遣相未盡故, 但稱'般若', 此第八部, 遣相最盡, 故別立'金剛'之名也." 真諦三藏大同留支. 又云, "第一·第二此之二部, 猶在西國, 此方所無, 第五·第六此之二部, 由猶[324]在胡本, 未曾翻譯."

今大唐三藏所譯梵本三[325]十萬頌四處十八會說. 初之六會及第十五會在王舍城鷲峰

---

321) 문맥과 대응 SNST(ZhT68.888.17: gsaṅ baḥi rnam pa ṣes kyaṅ bya bas)에 따라 '之相' 정도를 보충하는 것이 자연스럽다.

322) 문맥과 대응 SNST(ZhT68.888.20-21: ... ḥdi ñid ni śes rab kyi pha rol tu phyin paḥi mdo rnams la bya ste/)에 따라 '大'를 '諸'로 교정하는 것이 옳다.

323) 대정장본 『금강선론』(『金剛仙論』 권1, T25 798a7-11: 故說八部『般若』. ... 第六部二千五百偈(天王問是) ...)에 따라 누락된 '二千'을 보충해야 옳다.

324) 짝수자구를 선호하는 원측의 작문 습관과 『금강반야의기(金剛般若義記)』의 관련 문장(T85 138a11-12: 第五部四千偈·第六部二千五百偈此之二部, 由在胡本, 未曾幡譯.)을 고려하여 의미상 중복된 '猶'를 삭제하는 것이 자연스럽다. 여기서 '由'는 '여전히'를 의미하며, '猶'와 호환되어 사용된다(漢語大詞典編纂委員會 2000. 1897, '由' 조條).

山說; 第七 · 八 · 九 · 十一 · 十二 · 十三 · 十四此之七會在室羅筏誓多林給孤獨園說; 第十會在他化自在天王宮說; 第十六會在王舍城竹林園白鷺池說.

(4)-1-1-2-2: 제2법륜이 미료의임을 명시함[顯未了義]

ZZ21 291c18-19; WX34 823b3-4:

雖更甚深[326], 甚為希有, 而於彼時所轉法輪亦是有上, 有所容受, 猶未了義, 是諸諍論安足處所.

가. 위 문장의 주제 및 의미

ZZ21 291c20-292a5; WX34 823b5-14:

釋曰. 第二顯未了義. 謂諸『般若』說無相等, 而不分別三無自性及三自性有 · 無之義, 故『深密經』及此『經』文皆說無為〈相〉[327]為不了義. 又『無量義經』云, "我先道場菩提樹下端坐六年, 得阿耨多羅三藐三菩提, 以佛眼觀一切諸法不可宣說. 所以者何? 知諸衆生性 · 欲不同, 種種說法以方便力, 四十餘年, 未顯真實, 是故衆生得道差別, 不得疾成無上菩提." 准此等文, 故知『般若』是不了義. 由斯義故, 對四諦輪, 雖是甚深, 亦是希有, 而比第三, 有上, 有容, 是未了義, 由未了故, 猶有諍論.

나. 제2법륜의 특성에 대한 진제 해석 소개

ZZ21 292a6-7; WX34 823b14-16:

真諦『記』云, "次說大乘. 異於小乘故不了. 猶有一乘故有上. 與小乘異故, 與小乘一乘[328]鬥諍. 為一乘所破故有難."

---

325) 상식과 대응 SNST(ZhT68.889.19-20: /slob dpon hyan tsaṅ gis rgya gar gyi dpe las śu log hbum bsgyur ba de yaṅ)에 비추어 볼 때 '二'는 연자로 보인다.

326) 대정장본 『해심밀경』(T16 697b2: 雖更甚奇, 甚爲希有)에 비추어 보면 '深'을 '奇'로 교정해야 할 듯하다. 하지만 이 경문에 대한 원측 주석(ZZ21 291c20 이하: '對四諦輪, 雖是甚深, 亦是希有, … ; ZhT68.891.5-6: bden pa bṣiḥi ḥkhor lo la ltos na śin tu zab pa daṅ/ ṅo mtshar rmad du byuṅ ba yin yaṅ)에 비추어 보면 원측이 본 『해심밀경』에는 만속장경본처럼 '深'으로 되어 있었을 가능성이 높아 보이며, 따라서 교정하지 않는다.

327) 문맥과 대응 SNST(ZhT68.890.16-17: mtshan ñid med pa la sogs par bśad pa gaṅ yin pa de ni ṅes paḥi don ma yin pa ṣes bstan to/)에 비추어 볼 때 '爲'는 '相'으로 교정해야 옳다.

(4)-1-1-3: 제3 료의인 대승의 가르침을 소개함[第三了義大乘]

(4)-1-1-3-1: 제3 료의인 대승의 가르침의 내용을 소개함[正明了義]

ZZ21 292a8-10; WX34 823b17-824a1:

(世尊於今)[329]第三時中, 普為發趣一切乘者, 依一切法皆無自性 · 無生無滅 · 本來寂靜 · 自性涅槃無自性性, 以顯了相轉正法輪.

가. 第三了義大乘 관련 목차, 위 문장의 주제 및 구성

ZZ21 292a11-13; WX34 824a2-4:

釋曰. 自下第三了義大乘. 於中有二, 初正明了義, 後顯了義相, 此即初也. 文有三節, 初明說時, 次辨所為, 後顯法輪.

나. 世尊於今第三時, 普為發趣一切乘者 해석

ZZ21 292a13-18; WX34 824a4-9:

言'世尊於今第三時'者, 說教時也, 於三法輪中, 說第三時. '普為發趣一切乘'者, 說教所(爲)[330]. 今此法輪是了義教, 如是分別二空 · 三性等義, 是故三乘各證自果. 故『顯揚論』第六卷云, "方便者, 謂了知知〈如〉[331]是三種自性, 能作一切聲聞 · 獨覺 · 無上正等菩提方便."

다. 依一切法皆無自性無生無滅本來寂靜自性涅槃無自性性, 以顯了相轉正法輪 해석

ZZ21 292a18-23; WX34 824a9-14:

'依一切法皆無自性等'者, 後顯法輪也. 謂'一切法無自性等'者, 如前所說'以隱密相轉

---

328) 문맥과 대응 SNST(ZhT68.891.11-13: /theg pa chuṅ ṅu dag daṅ tha dad paḥi phyir theg pa chuṅ ṅu pa dag daṅ ḥthab ciṅ rtsod par ḥgyur baḥo/)에 비추어 볼 때 '一乘'은 연문으로 보인다.

329) 『해심밀경』 원문(T16 697b4)에 따라 만속장경본 교감기가 지적한 '於今'과 함께 그 앞의 '世尊'까지 보충해야 옳다.

330) 대응 SNST(ZhT68.892.6-8: /theg pa thams cad la yaṅ dag par ṣugs pa rnams la ṣes bya ba ni bstan pa gsum paḥi dgoṅs pa bstan te/)에 비추어 볼 때 만속장경본 교감기의 지적대로 '所' 다음에 '爲'를 보충해야 옳다.

331) 한문 문법과 대정장본 『현양론』(『顯揚聖教論』 권6, 「攝淨義品」 T31 508c5-6: 方便者, 謂了知如是三種自體, 能作一切聲聞獨覺無上正等菩提方便.)에 비추어 볼 때 '知'는 '如'의 오기임이 분명하다.

正法輪', 而今第三於上諸句一一皆說無自性性, '無自性性'即是三種無自性性, 如前已說. 如是三種無自性性即是三性, 由斯道理無自性性具足顯示有性 · 無性, 故作此言'以顯了相轉正法輪'.

(4)-1-1-3-2: 제3법륜의 '명시성'과 관련된 특징 소개[釋顯了之相]

ZZ21 292a24-292b1; WX34 824a15-16:

第一甚奇, 最為希有, 于今世尊所轉法輪無上, 無容, 是真了義, 非諸諍論安足處所.

가. 위 문장의 주제 및 의미

ZZ21 292b2-4; WX34 824a17-b1:

釋曰. 此第二釋顯了之相. 所轉法輪最上希有, 更無過勝, 故名無上. 無容後勝, 無容後破, 故名無容. 具顯有 · 無, 故是了義, 非諸諍論所依之處.

나. 제3법륜의 특성에 대한 진제 해석 소개

ZZ21 292b5-8; WX34 824b1-5:

真諦『記』云, "次須說一乘. 與小乘 · 大乘同因緣因〈同〉果,[332] 故云'顯說無分別第一了義'. 是法輪最希有, 無更過此理者, 故名無上. 又小同歸故無有諍, 無諍故不可破, 不可破(故)[333]無難."

다. 세 가지 측면의 삼종법륜 해설

1) 세 가지 측면 예시

ZZ21 292b8-10; WX34 824b5-7:

---

332) 한문 문법상 '須'는 연자임이 분명하고, 문맥과 대응 SNST(ZhT68.893.15-17: ḥdis ni theg pa des theg pa chuṅ ṅu pa daṅ/ theg pa chen po pa dag daṅ rgyu rkyen mtshuṅs śiṅ ḥbras bu mtshuṅs pa ston paḥi phyir rnam par mi rtog pa don dam pa bstan pa ṣes byaḥo/)에 비추어 볼 때 '因'은 '同'의 오기임이 분명하다.

333) 한문 문법과 대응 SNST(ZhT68.893.20-21: gṣig tu med paḥi phyir rgol ba med paḥo ṣes ḥbyuṅ ṅo/)에 비추어 볼 때 만속장경본 교감기의 지적대로 '破' 다음에 '故'를 보충해야 옳다.

然上所說三種法輪, 略以三門分別, 一明時·處諸說同異, 二辨攝教分齊顯了·不了, 三辨所詮宗淺·深差別.

2) 제1의 측면: 시간과 장소에 대한 진제와 현장 해석 간 공통점과 차이[時處諸說同異]

(1) 진제 해석 소개

ZZ21 292b11-292c11; WX34 824b8-825a14:

第一時·處諸說同異者, 依真諦三藏『解節經疏』云, "復次如來三轉法輪為三種人. 一者初度聲聞, 於波羅奈鹿園仙人集處, 初轉法輪, 即第一時轉四諦法輪. 【是法輪希有, 不可思議,】 是法輪不了義, 有上, 有難, 有諍. 次如來得道已第七年, 在舍衛國給孤獨園, 即是第二時. 為度大乘行人, 顯(說)一切法無自性·無生無滅·本來寂靜·自性涅槃'顯說〈之〉相皂[334] 名轉法輪. 轉法輪者, 波羅蜜十地等. 是法輪希有, 不可思議, 一切人·天所不能轉, 是法輪不了義, 亦有上, 有難, 有諍. 去孤獨園五里有江, 人飲·浴去〈焉〉[335], 悉得智慧, 時人號云施智慧所, 故佛於此地說大乘『般若』. 江名沙羅底, 此翻為智慧如河, 此是女天所住處也. 次佛【未涅槃七年】成道後三十八年, 在毗舍離國鬼王法堂, 為真當菩薩說『解節經』等[336]·『維摩』·『法華』等, 此第三時. 世尊為度三乘行人, 為顯一切法無自性·無生無滅·本來寂靜·自性涅槃, 顯〈說〉[337]無分別相輪. 是法輪最清淨, 希有, 不可思議, 是法輪了義, 無上, 無難, 無諍. 為眾生根鈍如來次第說法輪.

---

334) 대응 SNST(ZhT68.894.16-20: dus gñis par theg pa chen po spyod paḥi gaṅ zag rnams kyi ched chos thams cad ṅo bo ñid med pa daṅ/ skye ba med pa daṅ/ ḥgag pa med da daṅ/ gzod ma nas ṣi ba daṅ/ ran bṣin gyis yoṅs su mya ṅan las ḥdas paḥo ṣes mtshan ñid rab tu bstan pa ni chos kyi ḥkhor lo bskor ba ṣes bya ste/)와 짝수자구(이 구의 경우 22자)를 선호하는 원측 작문 습관에 따라 '顯' 뒤에 '說'을 보충하고, '顯說'을 '之'로 수정하고, '皂'은 삭제하는 것이 자연스럽다.

335) 한문 문법과 대응 SNST(ZhT68.895.4: gaṅ gis der chu ḥthuṅs sam khrus byas na)에 비추어 볼 때 '去'를 '於此'의 의미를 지닌 '焉'으로 교정하는 것이 자연스럽다.

336) 대응 SNST(ZhT68.895.11-13: tshig ṅes par ḥgrel paḥi mdo daṅ/ dri ma med par grags pas bstan pa daṅ/ dam paḥi chos padma dkar poḥi mdo la sogs pa gsuṅs pa ni)에 비추어 볼 때 뒷부분의 '等'과 의미상 중복되는 앞부분의 '等'을 삭제하는 것이 자연스럽다.

337) 대응 SNST(ZhT68.895.17: ... ṣes rab tu bstan pa ni rnam par mi rtog paḥi mtshan ñid kyi ḥkhor lo bstan pa yin pas)와 짝수자구(6자)를 선호하는 원측 작문 습관에 비추어 볼 때 '顯'을 '說'로 교정하는 것이 자연스럽다.

問. 如來說法何故有此三種? 答. 為二種諦故, 一者安立諦, 二者不安立諦. 若鹿園說法, 即是安立四諦, 若祇園說法, 即是安立二諦, 若於毗舍離說法, 名不安立諦. 不定真·俗, 謂之不安立諦.[338]"

相傳說云, "真諦師說, "第一法輪, 二月八日成道, 四月八日於波羅奈初轉法輪. 又第二法輪, 為諸菩薩兼為二乘說『般若經』.""

(2) 진제 해석 보충 설명 및 오류 지적

ZZ21 292c11-13; WX34 825a14-16:

解云, 相傳第一法輪如其日月, 第二法輪兼為二乘, 餘義皆同『解節經疏』. 又『解節疏』云'第三[339]教在毗舍離', 便違『經』說在王舍城耆闍崛山.

(3) 현장 해석 소개

ZZ21 292c14-21; WX34 825a16-b6:

今依大唐三藏, 三種法輪但說處所, 不說時節·日月·年歲. 初法輪處同真諦說, 如前分別, 第二法輪依四處十六會說, 如『大般若』, 如前所說, 而真諦云'在舍衛國給孤獨'者, 於四處中但說一處. 第三法輪在兩處說, 一者淨土, 二者穢土, 如何[340]第一『記』中已說.

---

338) 이곳 문답 부분(ZZ21 292c4-8; WX34 825a7-11)의 대응 SNST(ZhT68.895. 1-896.1: sems can dbaṅ po rtul po rnams kyi ched du de bṣin gśegs pas rim gyis chos kyi ḥkhor lo gsuṅs pa yin no ṣes ḥbyuṅ ṅo/ /de bṣin gśegs pas gsuṅs pa yin na ciḥi phyir rnam pa gsum du gyur ṣe na/ ...)는 "為眾生根鈍如來次第說法輪."까지를 『해절경소(解節經疏)』의 인용으로 보고 이 부분은 원측 자신의 문답으로 보고 있다. 하지만 앞서 진제가 '安立諦'와 '非安立諦'라는 용어를 사용했다는 점(ZZ21 262c9 이하: 一真諦三藏云, "於一真如遣三性故, 說為三種無自性性, 於中圓成實性安立諦攝; 三無性者皆非安立."), '毗舍離'를 제3시 설법의 장소로 보고 있다는 점, 이어지는 '相傳說云' 이하가 진제의 해석을 재차 인용하고 있다는 점 등에 비추어 볼 때 여기까지도 『해절경소』의 인용으로 보아야 할 것 같다. 최둡의 오독으로 보인다.

339) 앞서 인용한 『해절경소』에서 제3법륜이 '毗舍離'에서 설해졌다고 했기 때문에(ZZ21 292b11 이하: 次佛 ... 在毗舍離國鬼王法堂, ... 此第三時.) '三'이 옳은 듯한데, 대응 SNST(ZhT68. 896.16-18: gṣan yaṅ tshig ṅes pa ḥgrel paḥi mdoḥi ḥgrel pa las/ gal te bstan pa gñis pa waṅs pa can du bṣugs te/ gsuṅs par gyur na ...)는 뜻밖으로 '二'로 읽고 있다. 최둡이 본 사본에 오류가 있었을 가능성도 생각해 볼 수 있다. 앞서 인용문 범위의 오독에서 보듯 최둡이 『해절경소』의 관련 내용을 숙지하지 못했던 듯하다.

340) 문법과 대응 SNST(ZhT68.897.10: sṅar khoṅ du bstan pa bṣin no)에 비추어 볼 때 '何'는 연자

真諦『記』云'毗舍離'者, 便顯穢土, 與『經』不同, 【如前分別.】 通說『法華』及『華嚴』等為第三者, 即鷲峰山及七處八會, 如『經』應知.

(4) 설법 대상의 명칭에 대한 『심밀해탈경』과 『해심밀경』 간 차이에 대한 평가

ZZ21 292c21-293a3; WX34 825b6-12:

問. 『深密解脫經』云, "第一為聲聞行人, 第二為住大乘人, 第三為住一切大乘", 今依此『經』, 第一唯為發趣聲聞乘者, 第二唯為發趣脩大乘者, 第三普為發趣一切乘者, 如是二『經』, 以何為正?

答. 今本為正. 如前所說, 理不違故. 又真諦『記』亦同此說. 故『解節記』云, "第一為聲聞人, 第二為大乘人, 第三為三乘人."

3) 제2의 측면: 붓다 가르침들의 삼시 귀속 구분[攝教分齊]과 그것들의 료의·불료의 구분[顯了不了]

ZZ21 293a4-5; WX34 825b13-14:

第二攝教分齊 · 顯了不了者, 先辨攝教分齊, 後明了 · 不了義.

(1) 붓다 가르침들이 삼시 중 어디에 속하는지 구분과 관련된 여러 해석 소개[攝教分齊]

ZZ21 293a5-17; WX34 825b14-826a8:

言攝教分齊者, 諸說不同.

A. 진제의 두 가지 모순된 해석 소개 및 평가

若依真諦『部執論記』第二卷說, 小乘三藏名初法輪, 唯小非大. 『涅槃經』名第二法輪, 通為大 · 小. 『華嚴』 · 『般若』名第三法輪, 唯大非小. 故彼『記』云, "佛教自有三種法輪, 一小乘法輪, 即是三藏教, 二大乘法輪, 說大乘與小乘異, 如『涅槃經』合明大 · 小乘義, 三一乘法輪, 明大 · 小無異, 如『華嚴』等經 · 『般若經』諸明三乘人同觀二空理 · 同脩真實智, 故知大 · 小無異也."

若依『解節疏』, 如前說, 第一說四諦法輪, 第二說大乘『般若』, 第三說謂[341]『解節』

임이 분명하다.

經342)·『維摩』·『法華』等.

解云, 真諦二『記』所自說成相違, 雖有兩說, 且依後釋. 順『經』文故. 謂四諦為初教, 諸部『般若』為第二教, 『解深密經』·『維摩』·『法華』及『華嚴』等為第三教. 且依真諦, 判教如上.

B. 가르침의 삼시 귀속에 대한 원측 자신의 평가

ZZ21 293a18-20; WX34 826a8-11:

今解諸說, 四諦者為第一教, 說無相者為第二教, 若約三性·三無性等具顯有·無'盡理〈理盡〉343)說者為第三教, 不約年月·時節前後辨三時教.

C. 반야를 제2시에 귀속시키는 이유에 대한 설명

ZZ21 293a20-24; WX34 826a11-15:

問. 准何得知諸部『般若』為第三〈二〉344)教? 解云, 如『般若』二百九十六云, "爾時無量百千天子, 空中散華, 同聲唱言, "我等今者於贍部洲見佛第二轉妙法輪."" 四百三十七·五百七·五百四十五·『大品』十九·『智度論』六十五皆同.

(2) 붓다 가르침들을 료의와 불료의로 구별함과 관련된 여러 해석 소개[顯了不了]

A. 『해심밀경』의 료의·불료의 구별에 대한 원측의 해석

ZZ21 293b1-6; WX34 826a15-b3:

後明了·不了者, 且依此『經』, 於三輪中, 初二不了, 第三為了. 所以者何? 如上所說, 第一法輪隱空說有, 第二法輪隱有說空, 第三法輪具足顯示空·有道理, 故名了義, 非謂

---

341) 한문 문법상 '說' 뒤의 '謂'는 연자처럼 보인다.

342) 대응 SNST(ZhT68.899.11: tshig ṅes par ḥgrel pa daṅ/)에 비추어 볼 때, '維摩', '法華'와 병렬적으로 '等'을 수식하는 구문으로 보아 '經'을 삭제하는 것이 자연스럽다.

343) 대응 SNST(ZhT68.900.3-4: yod pa daṅ med paḥi rigs pa ma lus śiṅ yoṅs su rdsogs par ston pa gaṅ yin pa dag)와 한문 문법('盡'이 '說'의 부사어)에 비추어 볼 때 '盡理'는 '理盡'의 오기인 듯하다.

344) 상식과 대응 SNST(ZhT68.900.7: dus gñis par bstan pa)에 비추어 볼 때 만속장경본 교감기의 지적대로 '三'은 '二'의 오기임이 분명하다.

所詮有淺·深故名了·不了. 所以者何? 第二·第三所辨無相理無淺·深, 而具分別顯故名了; 不具足說隱故不了.

B. 료의와 불료의에 대한 학파 또는 문헌 간의 상이한 견해 소개 및 평가

ZZ21 293b6-294a15; WX34 826b3-828a6

由斯道理, 了與不了, 諸說不同.

a. 소승 20부

若依小乘二十部中, 自有二說, 一大眾部·一說·說出世·雞胤·說假·制多山·小[345]西山住·北山住·法密·飲光十部同說, 如來所說皆是了義, 二薩婆多等餘十部說, 如來所說有了·不了, 非皆了義.

b. 진제『부집론기』

依真諦師『部執論記』第一卷云, "若是未熟眾生, 多宜【為說不了義經; 若已成熟眾生, 多宜為說】了義經. 然了·不了凡有四句. 一語了義不了, 如小乘『經』. 二義了語不了, 如「煞王子偈」. [如『雜集論』第十六云, "逆害於父母 王及二多聞/ 誅國及隨行 是人說清淨//" 廣釋如彼.] 三語·義俱不了, 如外道『經』. 四語·義俱了, 如大乘『經』. (非謂)了了易解為淺, 不了難解為深[346]." 又第六云, "一切經不盡是了義者, 若稱理而說, 即是了義. 不了義, 自有兩種. 一語不了而義(實)[347]了, 如「煞於[348]父母王及諸王子偈」, 語雖不了, 義實了也. 二語了而義不了, 如釋迦言, "我精進故法久住世, 餘佛懈怠故法不久住世, 迦葉佛滅後, 法[349]

---

345) 소승 20부의 일반적인 명칭에 비추어 볼 때 '小'는 연자임이 분명하다.

346) 문맥(이 논의의 결론인 '如是諸教了·不了義, 種種不同, 故不可以了·不了言判教淺·深'과도 일치)과 대응 SNST(ZhT68.902.8-10: **khoṅ du chud pa dag gis** go sla bas na zab pa yaṅ ma yin la(/) **mi rtogs pa dag gis** go dkaḥ bas na mi zab pa yaṅ ma yin no/)에 비추어 볼 때, '了了易解為淺, 不了難解為深' 전체를 부정하는 '非謂'를 구 앞에 보충해야 옳다. 다만 최둡이 본 사본에는 '**非謂了知人所**易解為深, **不了人所**難解為淺'으로 되어 있었을 가능성이 높다.

347) 대응 SNST(ZhT68.902.13: daṅ po ni tshig ma ṅes la don ni yaṅ dag par ṅes par gyur pa ste/), 이어지는 '義實了'와의 용어의 일관성, 짝수의 글자로 한 구를 구성하기를 선호하는 원측의 작문 습관 등을 종합적으로 고려해 볼 때 '實'을 보충하는 것이 자연스럽다.

348) 한문 문법과 홀수자구(11자)를 고려할 때 '於'는 연자로 보인다.

住止七日, 柯羅拘孫陀訶佛滅後, 法住世十二年, 柯那牟尼佛滅後, 法(住)[350]世六年, 我滅後, (法)[351]住世二千年." 此語甚了而義不了. 不了者, 佛意明餘佛不重說法, 故名懈怠, (於)[352]一法止作一過說, 釋迦於一切法門作無(量)[353]過重說之, 故名精進也." 廣說如彼.

c.『현양론』

若依『顯揚』第六云, "不了義教者, 謂契經 · 應頌 · 記別等中薄伽梵略標其義, 未廣分別, 應更開示教. 了義教者, 謂翻前應知. 隱密教者, 謂多分聲聞藏教; 顯了教者, 謂多分大乘藏教."『瑜伽』六十四亦同『顯揚』.

d.『대지도론』

『大智度論』第九云, "了義經者, 有一切智人佛第一, 一切諸經書中佛法第一, 一切眾生中比丘僧第一, 施得大富, 持戒得生天, 如是等是了義經. 如說法師說法有五種利, 一者大富, 二人所愛, 三者端正, 四者名聲, 五者後得涅槃, 是為未了義. 云何未了? 施得大富, 是了了可解, 說法無財施, 而言得富, 得富者, 說法人種種讚施, 破人慳心, 亦自除慳, 以是因緣得富, 是故言未了."【[『顯揚』了 · 難了相對, 此與『菩薩藏』第七淺 · 深相返也.]】

---

349) 대응 SNST(ZhT68.902.20: ... chos zla ba bdun gnas par ḥgyur to)와 장경서원(藏經書院) 판(WX34 826b)과 달리 CBETA의 전자판(ZZ21 293b21)에는 '法'이 누락되어 있다.

350) 문맥와 대응 SNST(ZhT68.903.2: ḥjig rten na chos lo drug gnas par gyur to/)에 비추어 볼 때 만속장경본 교감기의 지적대로 '住'를 보충해야 옳다.

351) 문맥와 대응 SNST(ZhT68.903.3: ḥjig rten na chos lo stoṅ gnas par gyur ro)에 비추어 볼 때 '法'을 보충해야 옳다.

352) 한문 문법(이어지는 '說'의 목적어임을 나타내는 '於' 필요함), 대응 SNST(ZhT68. 903.6-7: de dag ni chos gcig la **ñes dmigs** gcig tu yaṅ dag par ston par mdsad la/), 훌수자구(7자) 등에 비추어 볼 때 '於'를 보충해야 옳다. 참고로 최둡은 '一過'의 '過'를 '오류'를 의미하는 'ñes dmigs'으로 오역하였다(후속구의 '無量過'의 '過'의 경우에도 같음). 여기서 '過'는 '횟수'를 의미하는 양사이다(漢語大詞典編纂委員會 2000. 1231). 이 경우도 최둡이 중국어에 능숙하지 못했음을 보여주는 사례이다.

353) 문맥과 대응 SNST(ZhT68.903.7-9: bcom ldan ḥdas śākya thub pa ni chos kyi rnam graṅs thams cad la ñes dmigs tshad med pa sñed du mdsad nas bzlas te gsuṅs paḥi phyir)에 비추어 볼 때 '量'을 보충하는 것이 옳다.

e.『대보살장경』

『大菩薩藏經』第十八卷中以九對辨了 · 不了義. 一所有廣文名不了義經; 所有廣義名了義經.【[初廣文少義, 後少文廣義.]】二宣說於道, 名不了義; 宣說於果, 名為了義.【[因 · 果相對, 三乘行因名道, 彼所得果名果.]】三說世俗諦名不了義; 說勝義諦名為了義.【[二諦相對.]】四說業 · 惑染, 名不了義; 說惑 · 業盡, 名為了義.【[染 · 盡相對.]】五說可〈訶〉染法, 名不了義; 說清〈證〉[354]淨法, 名為了義.【[止惡 · 脩善相對.]】六說厭背生死 · 欣樂涅槃, 名不了義; 說生死 · 涅槃二無差別, 名為了義.【[生死 · 涅槃有別 · 無別相對門也.]】七說種種文句差別, 名不了義; 說甚深難見 · 難覺, 是名了義.【[文句淺 · 深相對門.]】八說文句廣博令心踊躍, 名不了義; 說文句及心皆同灰燼, 是名了義.【[廣 · 略相對.]】九說有我 · 有情等, 又說立有種種受 · 蘊, 無有主宰, 名不了義; 說空 · 無相等無有我等及三解脫門, 是名了義.【[我 · 法二空相對門也.]】

f.『대집경』

若依『大集』五十四, 唯有七對, 而無第一 · 第三二對, 餘門大同. 而差別者,『大集經』云, "不了義經者, 分別隨道; 了義經者, 不分別果." 此即『菩薩藏經』因 · 果相對, 然云'不分別'者, 譯家謬也. 又『大集』云, "不了義經者, 多為衆生說罪 · 福相, 令聞法者心生欣 · 戚, 了義經者, 凡所演說必令聽者心為〈得〉[355]調伏." 此即『菩薩藏』中第八廣 · 略相對, 文雖有異, 其意亦同.『菩薩藏』云'皆同灰燼', 即調伏義.

g.『열반경』

---

354) 『대보살장경』이 포함된 대정장본 『보적경』(玄奘 譯, 『大寶積經』 권52, 「菩薩藏會18 · 般若波羅蜜多品」 T11 304b19-20: 若諸經中宣說訶責染汚之法, 名不了義; 若有宣說修治清淨如是法者, 是名了義.)과 SNST(ZhT68.905.5-7: kun nas ñon moṅs paḥi chos la smod pa gaṅ yin pa de dag ni draṅ baḥi don ces byaḥo/ /rnam par byaṅ baḥi chos bsgrub par ston pa gaṅ yin pa de dag ni ṅes paḥi don ces byaḥo/), 문맥(이어지는 협주 '止惡 · 脩善'와의 의미적 대응) 등을 고려하여 '汚'와 '淸'을 각각 동사 '訶'와 '證'으로 교정하는 것이 자연스럽다. 그렇지 않을 경우 앞선 제4범주(業惑染 대 惑業盡)와 의미상 차이가 없게 될 것이다.

355) 대정장본 『대집경』(智嚴共寶雲 譯, 『大方等大集經』 권29, 「無盡意菩薩品」 T13 205b16-18: 了義經者, 多爲衆生說罪 · 福相, 令聞法者心生欣 · 慼; 了義經者, 凡所演說必令聽者心得調伏.)과 대응 SNST (ZhT68.906.13: ñan pa dag gis sems ḥdul ba ḥthob par ḥgyur ba)에 따라 '爲'를 '得'으로 교정하는 것이 자연스럽다.

依『涅槃經』第六卷中, 聲聞乘 · 無上大乘等七對釋了 · 不了, 廣如彼說.

h. 『해심밀경』

此『經』所說了 · 不了者, 隱密 · 顯了釋了 · 不了, 如前分別.

i. 결론

如是諸教了 · 不了義, 種種不同, 故不可以了 · 不了言判教淺 · 深. 後當分別.

4) 제3의 측면: 설해진 진리의 얕음과 깊음 구분[顯理淺深]

(1) 설해진 진리의 얕음과 깊음에 대한 인도와 중국 불교 사상가들 간 상이한 견해 소개

ZZ21 294a16-24; WX34 828a7-15:

第三顯理淺 · 深者, 西方諸師自有兩說.

一清辨等言, "於三輪中, 四諦為初. 『解深密』等以為第二. 說法相故. 諸部『般若』以為第三. 無所得故." 此地諸師自有兩釋, 一云, 三論〈輪〉[356] 但遣所執, 一云, 具遣三性, 如『掌珍』等.

二護法等宗但遣所執, 不遣二性. 然彼宗中自有兩釋. 一真諦三藏云, "具遣三性, 立三無性, 如次應知安 · 非安立." 二大唐三藏云, "於三性中, 但遣所執, 而非二性." 如前'善取空' 中已說.

(2) 설법 주제의 얕음과 깊음에 대한 원측 자신의 견해

A. 삼시 법륜 각각의 주제

ZZ21 294a24-b3; WX34 828a15-18:

然彼所詮有深 · 淺者,[357] 第一四諦法輪自有二義, 一者有作, 二者無作, 即是分段 · 變易二種四諦, 初轉法輪意在第一. 第二法輪唯遣所執. 第三法輪具顯三種無自性性.

---

356) 문맥과 대응 SNST(ZhT68.907.15: chos kyi hkhor ro rnam pa gsum spo dag ni)에 비추어 볼 때 만속장경 교감기의 지적대로 '論'은 '輪'의 오기임이 분명하다.

357) 대응 SNST(ZhT68.908.6: /de dag gis brjod pa la zab pa daṅ zab pa ma yin pa yod pa)는 '所詮'을 반대로 '能詮'으로 번역하고 있다. 티벳어역에 필사 오류('r bya ba'의 누락)가 있는 듯하다.

B. 제2시 법륜과 제3시 법륜은 모두 無相을 주제로 한다는 점에서 了義이다.

ZZ21 294b4-15; WX34 828a18-b12:

於中第二·第三法輪所說無相理無淺·深, 若依此理, 皆是了義, 而今第三為了義者, 具顯三種自性等故. 據實, 『般若』【亦說三性,】 應是了義, 從多分說, 故言不了. 故無性『攝論』第一卷云, "又如『大般若波羅蜜多經』中說, ""慈氏! 於汝意云何? 諸遍計所執中非實有性爲色非色?" "不也. 世尊!" "諸依他起中唯有名·想施設言說性爲色非色?" "不也. 世尊!" "諸圓成實中彼空·無我性爲色非色?" "不也. 世尊!" "慈氏! 由此門故應如是知, 諸遍計所執性決定非有, 諸依他起性唯有名·想施設言說, 諸圓成實空·無我性是眞實有. 我依此故密意說言, '彼無二數, 謂是色等.'"" 又第四卷引『大般若』, "於五蘊中, 乃至佛法具有三性." 廣如彼說.

C. 반야 자체에 깊음(=료의)과 얕음(=불료의)의 차이가 존재한다.

ZZ21 294b15-c3; WX34 828b12-829a6:

又解, 『般若』自有二種, 一深, 二淺, 深即了義, 淺即不了. 故『智度論』第一百云, "問曰, 更有何法甚深勝『般若』者, 而以『般若』, 囑累阿難, 而餘『經』囑累菩薩? 答曰, 『般若』, 非祕密法, 而『法華』等諸『經』說阿羅漢受決作佛, 大菩薩能受. 又如『佛說不可思議解脫經』, 五百阿羅漢雖在佛邊而不聞, 或時得聞而不能用. 復次『般若』有二種, 一者共聲聞說, 二者但為十方住第十地大菩薩說, 非九地所聞, 何況新發意者? 復有九地, 乃至初地所聞, 各各不同. 『般若』總相是一, 而深·淺有異." 具說如彼. 准知『波若』有了·不了. 又『智度論』第三十四四十一七十二皆說共·不共二種『般若』, 恐繁不述.

(4)-1-2: 질문을 통해 복의 대단함과 보잘것 없음을 밝힘[正發問辭辨福勝劣]

(4)-1-2-1: 보살이 질문함[菩薩請問]

(4)-1-2-1-1: 설법 듣는 사람과 관련지어 묻고자 하는 가르침을 제시함[約人擧所問教]

ZZ21 294c4-6; WX34 829a7-9:

世尊! 若善男子, 或善女人, 於此如來依一切法皆無自性無生無滅本來寂靜自

性涅槃所說甚深了義言教.

가. 正發問辭辨福勝劣 · 菩薩請問 관련 목차, 위 문장의 주제 및 의미

ZZ21 294c7-11; WX34 829a10-14:

釋曰. 自下第二正發問辭(辨)[358]福勝 · 劣. 於中有二, 初菩薩請問, 後如來正答. 前中有二, 初約人舉所問教, 後'聞已信'下正問依教起十法行生福多少, 此即初也. 為顯如上無自性性【顯了】言辭, 故作是言'所說甚深了義言教'.

(4)-1-2-1-2: 가르침에 의거하여 십법행을 행하면 얼마만큼 복이 생기는지를 물음[正問依教起十法行生福多少]

ZZ21 294c12-13; WX34 829a15-16:

聞已, 信解, 書寫, 護持, 供養, 流布, 受誦, 溫習, 如理思惟, 以其脩相發起加行, 生幾所福?" 說是語已.

가. 위 문장의 주제

ZZ21 294c14-15; WX34 829a15-16:

釋曰. 此即第二正問依教起十法行生福多少. 此十法行, 如前已釋.

(4)-1-2-2: 여래가 올바르게 설함[如來正說]

(4)-1-2-2-1: 복이 대단함을 찬탄하고 설법을 허락함[歎勝許說]

ZZ21 294c16-18; WX34 829b1-3:

爾時世尊告勝義生菩薩曰, "勝(義)[359]生! 是善男子, 或善女人, 其所生福無量無數, 難聞〈可〉[360]喻知, 吾今為汝略說少分.

358) 앞서 제시된 목차(ZZ21 287c2 이하: 釋曰. 自下第四校量嘆勝分. 於中有二, 初菩薩請問, 後… 前中有二, 初…, 後'世尊若善男子'下正發問辭辨福勝 · 劣.)와 짝수자구를 선호하는 원측 작문 습관을 고려하여 만속장경 교감기의 지적대로 '辨'을 보충하는 것이 자연스럽다.

359) 대정장본 『해심밀경』(T16 697b15)에 따라 '義'를 보충해야 옳다.

360) 대정장본 『해심밀경』(T16 697b16)에 따라 '聞'을 '可'로 교정해야 옳다.

가. 如來正說 관련 목차, 위 문장의 주제

ZZ21 294c19-20; WX34 829b4-5:

釋曰. 自下第二如來正說. 於中有二, 初歎勝許說, 後依問正說, 此即初也. 如文可知.

(4)-1-2-2-2: 여래가 올바르게 설함[如來正說]

(4)-1-2-2-2-1: 두 가지 비유를 들어 그 대단함과 보잘것없음을 구별함[舉二喻辨其勝劣]

(4)-1-2-2-2-1-1: 손톱 위에 앉은 미세한 흙의 비유[爪上少土喻]

ZZ21 294c21-22; WX34 829b6-7:

如爪上土, 比大地土, 百分不分一, 千分不及一, 百千分不及一, 數·算·計·喻·鄔波尼煞[361]曇分亦不及一.

가. 如來正說·舉二喻辨其勝劣 관련 목차, 위 문장의 주제

ZZ21 294c23-295a1; WX34 829b8-10:

釋曰. 自下第二如來正說. 於中有二, 初舉二喻辨其勝·劣, 後'如是'下舉法同喻辨福勝·劣. 就二喻中, 即分為二, 初爪上少土(喻)[362], 後牛跡少水喻, 此即初也.

나. 경론들의 양사 분류 간의 동이(同異)

ZZ21 295a2-13; WX34 829b11-830a4:

然依此『經』, 以其八分校量勝·劣, 一百分, 二千分, 三百千分, 四數分, 五算分, 六計分, 七喻分, 八鄔波尼煞曇分. 若『最無比經』及『希有經』, 皆說八分, 即同此『經』.

若依『菩薩藏經』第十二卷, 數雖同八, 然後五分皆安〈按〉[363]梵語. 故彼『經』云, "僧伕分, 迦羅分, 伽拏那分, 烏波摩分, 鄔波尼煞曇分." 於中前四, 若准諸教, 如次即配數·算·計·喻; 然准【『直本』·】『金剛般若』, 如次配為數·計·算·喻.[364]

---

361) 대정장본『해심밀경』(T16 697b21)에는 '殺'로 되어 있다.

362) 이어지는 '後牛跡少水喻'와의 대구와 대응 SNST(ZhT68.913.4: sen moḥi sa<u>ḥi dpe</u> daṅ ba laṅ gi rjes kyi dpeḥo/)를 고려하여 '喻'를 보충하는 것이 자연스럽다.

363) 대응 SNST(ZhT68.913.11: rgya gar skad <u>du ḥbyuṅ ste</u>/)에 비추어 볼 때 '安'은 '按'의 오기인 듯하다.

若依『能斷般若經』及【『直本經』·】『十輪經』第五同說十分, 謂百千後更加俱胝·那庾多分.

若依『大般若經』第一百四卷, 說十三分, 謂百千後, 更加五分, 謂俱胝分, 百俱胝分, 千俱胝分, 百千俱胝分, 百千俱胝那庾多分.

다. 각 경론에서 말하는 '우월함[勝]'의 의미

ZZ21 295a2-c13; WX34 829b11-830a4:

然釋諸分差別相者,

1) 진제의 『금강반야경』 주석

若依真諦『金剛般若經』云, "百分不及一, 千萬億分不及一, (窮於算數不及其一,)365) 乃至威力·品類·相應·譬喻所不能及." 真諦解云, "凡舉五義, 顯此勝彼劣, 一約數量故勝, 二約威力故勝, 三約品類故勝, 四約相應故勝, 五約譬喻故勝. 數量者, 窮於數量不能及一, 如『經』言, '百分不及一, 窮於算數, 不及其一也.' 二威力者, 謂隨所欲得三乘勝果, 自然成辦勝如意寶, 假設世間如意寶, 如須彌山王, 滿大千界, 無此威力, 不能得三乘果故. 三品類勝者, 品類有五種, 即五藏義, 一如來, 二正法, 三法身, 四出世法, 五自性清淨, 此五藏義即是品類義. 於一真如, 有五藏義, 初顯體性, 次顯因, 三顯果, 四顯功德, 五顯不共. 但是無分別智可〈所〉366)得故. 如此五種是品類義, 彼財施福無此五義品, 故不及也.

---

364) '然~喻' 대응 SNST(ZhT68.913.13-15: ḥphags pa śes rab kyi pha rol tu phyin pa rdo rje gcod paḥi hgrel pa las kyaṅ graṅs daṅ/ cha daṅ/ bgraṅ ba daṅ/ dpe daṅ sbyar bar bśad do/)에 비추어 볼 때 최둡이 본 사본은 '若准『金剛般若論』, 亦配為數·算·計·喻' 정도로 되어 있었던 듯하며, 이는 만속장경 본과 다른 전승인 듯하다. 하지만 『금강반야경』이든 『금강반야론』이든 어디에서도 관련 논의를 찾을 수 없으므로 이 문장이 비문인지 여부를 판단하기 힘들다.

365) 이어지는 진제 해설(數量者, 窮於數量不能及一, 如『經』言, '百分不及一, 窮於算數不及其一也'.), 대응 SNST(ZhT68.914.3: /bgraṅ ba daṅ graṅs su yaṅ ñe bar mi ḥgro ba), 대정장본 『금강반야바라밀경』(真諦 譯, 『金剛般若波羅蜜經』 T8 764b27-c3: 若復有人於後末世五百歲時, 受持讀誦教他修行正說此經, 須菩提! 此人所生福德之聚, 以我往昔承事供養諸佛如來所得功德, 比此功德百分不及一, 千萬億分不及一, 窮於算數不及其一, 乃至威力·品類·相應·譬喻所不能及.) 등에 비추어 볼 때 '窮於算數不及其一'을 보충하는 것이 자연스럽다.

366) 문맥('無分別智'를 통해서만 '自性清淨'이 성취됨을 '不空'의 의미라고 말함)과 대응 SNST (ZhT68.915.6: rnam par mi rtog paḥi ye śes kho nas brñes par bya ba yin paḥi phyir ro/)를

四相應者, 明因·果相應, 謂信樂大乘能感〈覺〉[367]真如, 布施福德不能應真, 無此相應, 故不及也. 五譬喩者, 即此真如是第一法, 更無別法與此法等, 故無可為喩." 具說如彼.

2) 보리유지 역 세친『금강반야경론』

若依菩提留支『金剛般若經』云, "百分不及一, 千分不及一, 百千分不及一, 歌羅分不及一, 數分不及一, 優波尼沙陀分不及一, 乃至算數·譬喩所不能及." 依天親『波若論』, 約四種勝校量勝·劣. 故彼「偈」言, "數力無似勝 無似因亦然/ 一切世間法 不可得為喩// 此說何義? 示(於)[368]前福德此福為勝. 云何為勝? 一者數勝, 二者力勝, 三者不相似勝, 四者因勝, 是故「偈」言'一切世間法不可得為喩'. 數勝者, 如『經』'百分不及一, 乃至算數·譬喩所不能及'故. 以數無限齊故, 攝得餘數, 應知. 力勝者, 如『經』'不及一歌羅分'故. 無似勝者, 此福德中數不相似, 此福德不可數故, 如『經』'(數)[369](?)不能及'故. 因勝者, 因果不相似, 此因果勝彼因果故, 如『經』'乃至優波尼沙陀分不及一'故. 有此法最勝無有世間法可喩此法故, 「偈」言'一切世間法不可得為喩'故, 如是此福德中彼福微少, 是故無法可喩."

3) 보리유지의『금강선론』

『金剛仙論』云, "'百分不及一等'者, 『論』云'算數[370]勝'. 此明有漏福德是有盡法, 故

고려하여 '可'를 '所'로 교정하는 것이 자연스럽다. '可'는 피동으로 사용되지 않는다.

367) 문맥, 대응 SNST(ZhT68.915.10-11: ḥdi ltar theg pa chen po la mos pa gaṅ yin pa des ni de bṣin ñid rtogs par ḥgyur la/) 및 그 「승의제상품(勝義諦相品)」의 유사구(ZZ21 207c3: 為欲自他無分別智覺真如境), 대응 SNST(ZhT68.282.6-7: bdag daṅ gṣan du rnam par mi rtog paḥi ye śes kyi de bṣin ñid kyi yul rtogs par bya baḥ ched du/) 등을 고려하여 '感'을 '覺'으로 교정하는 것이 자연스럽다.

368) 의미의 명료성을 위해 대정장본『금강경론』(天親菩薩 造, 菩提流支 譯,『金剛般若波羅蜜經論』권하, T25 794b1: 此說何等義? 示於前福德此福為勝.)처럼 비교 대상 앞에 붙는 어조사 '於'를 보충하는 것이 자연스럽다.

369) 대정장본『금강경론』(T25 794b6-8: 無似勝者, 此福德中數不相似, 以此福德不可數故, 如『經』'數不能及'故.)에 따라 누락된 '數'를 보충하는 것이 옳다. 그런데 대응 SNST(ZhT68. 916.16-17: mdo las bgraṅ bar yaṅ mi phod do ṣes gsuṅs paḥi phyir ro/)를 보면 최듭이 본 사본은 '數'가 '算'으로 되어 있었던 듯하다.

370) 대정장본『금강선론』(『金剛仙論』권9, T25 860b4: '百分不及一等'者,『論』云'算類勝'.)에는 '算類'로 되어 있고, 대정장본『금강경론』(T25 794b2: 云何為勝, 一者數勝, ...)과 대응 SNST(ZhT68.917.5-6: ... graṅs khad par du ḥphags pa ste/) 모두 '數'로 되어 있다. '算數', '算類',

亦有限; 明無漏善法是無盡之法, 故亦無限, 所以勝也. '歌羅分不及一'者, 『論』云'力勝'.【歌羅者, 西國正音, 如折一毛以為百分, 一分名'歌羅分', 此義翻為'力勝'.】以無漏善法功德勢力勝於有漏善法, 故名'力勝'也. '數分不及一'者, 『論』云'不相似勝'. 由是其數數中轉微轉細, 及至少許, 由不及一, 故名'不相似勝'也. 明此無漏善法, 若有形色者, 虛空法界所不容受, 以(有爲)[371]有盡法, 形無為·無盡法故, 假令乃至少許, 不相似, 如分芥子以為萬分, 擬須彌山, 唐失其身, 終不相類也. '優波尼沙陀分不及一'者, 『論』中義翻云'因勝'. 明因·果不相似珍寶, 有漏善法但得三界報, 因·果俱是不如, 無漏善法乃遠得佛果, 因·果俱勝, 故名因·果不相似也."

라. 양사 百分, 千分, 百千分 해설

ZZ21 295c13; WX34 831a16

今於此『經』前之三分, 如名可知

마. 양사 數分 해설

ZZ21 295c14-20; WX34 831a17-b5:

言'數分'者,【梵者'僧佉', 此云'數'也.】依『十地論』第七〈二〉[372]卷云, "'數'者, 一一為二, 二二為四, 如是等." 依功德施『般若論』云, "'數'者, 謂六十位, 過斯已往, 數不能及." 解云, 依『俱舍論』, 其數漸增有六十轉, 依『華嚴經』, 一百二十轉, 且依『俱舍』故言'六十'. 依『金剛仙論』, 前之五分皆名'數分', 故彼云'百分不及一等'者, 『論』云'算數勝'.

바. 양사 算分 해설

ZZ21 295c21-296a7; WX34 831b6-16:

言'算分'者,【梵音'伽拏那', 此云'算'也.】『十地論』云, "'算'者, 一縱十横, 如是等." 若

'數' 모두 의미상 유사하므로 별도로 교정하지는 않는다.

371) 문맥과 『금강선론』 원문(T25 860b13: 以有爲有盡法形)에 비추어 볼 때 '有爲'를 보충해야 옳다. 다만 대응 SNST(ZhT68.917.18: zag pa daṅ bcas pa ni)는 '有漏'로 읽고 있어 최둡이 본 사본에는 '有漏'로 되어 있었을 가능성도 있다.

372) 이어지는 인용문이 대정장본 『십지론』(天親菩薩 造, 菩提流支 譯, 『十地經論』 권2, 「初歡喜地」 T26 166c15-16) 제2권에 있기 때문에 '七'은 '二'의 오기로 보인다.

依『毗婆沙』第一百二十六云, “‘數’名何法? 答. 如理轉變意業及此所依諸巧便智. 此中‘數’者, 非謂所數稻 · 麻等物百千等數, 但是所有能數之法, 此能數法故說為‘數’.” 乃至彼云, “如是四蘊為數自性.” (又復彼云[373],) “‘算’名何法? 答. 如理轉變語業及此所依諸巧便智. 此中‘算’者, 非謂所算一十百千萬億等法, 但是所有能算之法, 此能算法, 故說為‘算’.” 乃至彼云, “如是五蘊為算自性.” 解云, 若准此文, 能數 · 能算巧便智等, 以為‘算 · 數’. 雖有此義, 且依前說.

사. 양사 計分 해설

ZZ21 296a8-14; WX34 831b17-832a5:

言‘計分’者, 【梵音‘迦羅’, 此云‘計’也.】 功德施云, “‘歌羅不及 · 校計不及’者, 此依歌羅微細義說, 謂受持福最微細(性)[374], 功德已多, 非前所及. 窮於校計, 終無與等, 微細尚爾, 況一切耶?” 【[‘歌羅’與‘計’, 梵音有異, 不合分, 為二種分.(?)]】 若依『雜集』, 算 · 計二分, 亦名為‘數’, 故十一云, “數有二種, 一計算數, 二決定數, 計算數者, 謂六波羅蜜多, 決定數者, 謂波羅蜜多, 數唯有六, 不增 · (不)[375]減.”

아. 양사 喩分 해설

ZZ21 296a15-18; WX34 832a6-9:

言‘喩分’者, 【梵音‘烏波摩’, 此云‘喩’也.】 功德施云, “‘譬喩不及’者, 如有童女, 稱為月面, 女面豈能合類於月? 以有光潔少分相同, 彼前福喩[376]聚即不如是, 無少相似可為譬喩.”

---

373) 대정장본 『비바사론』(『阿毘達磨大毘婆沙論』 권126, 「業蘊 · 自業納息」 660b18-c14: 數名何法? ... 如是四蘊爲數自性. 算名何法? ... 如是五蘊爲算自性.), 대응 SNST(ZhT68.919.7: gsan yaṅ de ñid las ...), 이어지는 ‘乃至彼云’과의 호응 등을 고려하여 ‘算’에 대한 또 다른 『비바사론』 인용을 이끄는 ‘又復彼云’을 보충하는 것이 자연스럽다.

374) 대정장본 『공덕시론』(功德施菩薩 造, 地婆訶羅等 譯, 『金剛般若波羅蜜經破取著不壞假名論』 권하, T25 893c3-5: ‘歌羅不及 · 校計不及’者, 此依歌羅微細義說, 謂受持福最微細性, 功德已多, 非前所及.)과 대응 SNST(ZhT68.919.20: ḥdi ltar ḥchaṅ ba daṅ ḥdsin paḥi bsod nams ni mchog tu phra baḥi ṅo bo ñid de/)에 따라 ‘性’을 보충하는 것이 자연스럽다.

375) 대정장본 『잡집론』(『大乘阿毘達磨雜集論』 권12, 「決擇分 · 法品」 T31 746c22-24: 數有二種, 一計算數, 二決定數, 計算數者, 謂六波羅蜜多, 決定數者, 謂波羅蜜多, 數唯有六, 不增 · 不減)과 홀수 자구(3자)를 고려하여 ‘不’을 보충하는 것이 자연스럽다.

376) 대정장본 『공덕시론』(T25 893c8-11: ‘譬喩不及’者, 如有童女, 稱為月面, 女面豈能合類於月? 以

자. 양사 鄔波尼煞曇分 해설

ZZ21 296a19-b2; WX34 832a10-17:

言'鄔波尼煞曇分'者, 此云'極'也, 即是'數'·'算'·'計'·'喻'是四中, 云最後(一)[377]極故, 於'數'等後說'鄔波尼煞曇分'也. 又解, '鄔波尼煞曇分'者, 但是數極, 此是西方最極大數之末數名, 似此方'載'名, 非即是'載'. 以此方數法少, 但有十五, 西方乃有六十數名. 世親『論』【云'因勝'】[378], 功德施云, "優波尼沙者, 因也, 其義云何? 此少分福於最勝果即成因性. 總前福聚亦不成因. 不能得真實果故."

(4)-1-2-2-2-1-2: 소 발자국 속에 고인 한 웅큼 물의 비유[牛跡少水喻]

ZZ21 296b3-4; WX34 832a18-b1:

或如牛跡中水, 比四大海水, 百分不及一, 廣說乃至鄔波尼煞曇分, 亦不及一.

가. 위 문장의 주제

ZZ21 296b5; WX34 832b2:

釋曰. 此即第二牛跡少水喻. 准前可知.

(4)-1-2-2-2-2: 주장이 비유와 같음을 들어 양의 대단함과 보잘것없음을 비교함[舉法同喻校量勝劣]

ZZ21 296b6-10; WX34 832b3-7:

如是於諸不了義經, 聞已, 信解, 廣說乃至以其脩相發起加行所獲功德, 比此所說了義經教, 聞已, 信解所集功德, 廣說乃至以其脩相發起加行所集功德, 百分不及一, 廣說乃至鄔波尼煞曇分亦不及一." 說是語已.

有光潔少分相同, **彼前福聚即不如是**, 無少相似可為譬喻.)과 '彼前福聚即不如是' 대응 SNST(ZhT68.920.11: /sṅa maḥi bsod nams ni de lta ma yin te/)에 따라 '喻'를 삭제하는 것이 자연스럽다.

377) 대응 SNST(ZhT68.920.14-15: ... daṅ/ dpe ṣes bya ba bṣi po dag gi naṅ na mchog tu tha mar gyur pa gcig gi mthaḥ yin paḥi phyir/)를 고려하여 '云'을 삭제하고 '極' 앞에 '一'을 보충하는 것이 자연스럽다.

378) 대응 SNST(ZhT68.920.20-921.1: /slob dpon dbyin gñen daṅ yon tan byin gyis ḥphags pa rdo rje gcod paḥi ḥgrel pa las/)에는 '云因勝' 대응 부분이 결락된 듯하다.

가. 위 문장의 주제

ZZ21 296b11-12; WX34 832b8-9:

釋曰. 此即第二舉法同喻校量勝劣. 【謂聞二經所獲功德依前二喻校量勝 · 劣. 分數差別,】 如『經』可知.

E. 세존이 재차 가르침을 올바로 간직할 것을 당부함

(5): 가르침을 받들고 간직함[依教奉持分]

(5)-1: 보살이 질문함[菩薩請問]

ZZ21 296b13-14; WX34 832b10-11:

爾時勝義生菩薩復白佛言, "世尊! 於是解深(密)[379]法門中, 當何名此教? 我當云何奉持?"

가. 教奉持分 관련 목차, 위 문장의 주제 및 구성

ZZ21 296b15-17; WX34 832b12-14:

釋曰. 自下第五依教奉持分. 於中有二, 初菩薩請問, 後如來正答, 此即初也. 請問二事, 一問教名, 二問奉持.

(5)-2: 여래가 올바르게 답함[如來正答]

(5)-2-1: 질문에 대해 답함[依問正答]

ZZ21 296b18-19; WX34 832b15-16:

佛告勝義生菩薩曰, "善男子! 此名勝義了義之教, 於此勝義了義之教汝當奉持."

가. 如來正答 관련 목차, 위 문장의 주제 및 의미

ZZ21 296b20-22; WX34 832b17-833a1:

---

379) 대정장본 『해심밀경』(T16 697b27-c1: 爾時勝義生菩薩復白佛言, "世尊! 於是解深密法門中, 當何名此教? 我當云何奉持?" 佛告勝義生菩薩曰, "善男子! 此名勝義了義之教, 於此勝義了義之教汝當奉持.)에 따라 누락된 '密'을 보충하는 것이 자연스럽다.

釋曰. 自下第二如來正答. 於中有二, 初依問正答, 後說教勝利, 此即初也. 謂說此教名為勝義了義之教, 依如是名汝當奉持.

(5)-2-2: 가르침을 설함이 가져오는 큰 이익[說教勝利]

(5)-2-2-1: 보리심을 일으키는 큰 이익[發心勝益]

ZZ21 296b23-24; WX34 833a2-3:

說此勝義了義教時, 於大會中有六百千眾生, 發阿耨多羅三藐三菩提心.

가. 說教勝利 관련 목차, 『해심밀경』의 '四種勝利'와 『유가론』의 '五勝利'의 대응 관계, 위 문장의 주제

ZZ21 296c1-12; WX34 833a4-15:

釋曰. 自下第二說教勝利. 有四勝益, 即分為四, 此即初益.

依『瑜伽論』第四十六, 有五勝利. 彼云, "諸佛菩薩為諸有情宣說正法, 當知有五大果勝利. (何等爲五?)[380] 一者, 一類有情聞正法時, 遠塵離垢, 於諸法中法眼生起. 二者, 一類有情聞正法時, 得盡諸漏. 三者, 一類有情聞正法時, 便於無上正等菩提發正願心. 四者, 一類有情聞正法時, 證得菩薩最勝法忍. 【五者, 一類有情聞】正法已, 受持讀誦, 脩習正行, 展轉方便, 令正法眼久往〈住〉[381]不滅. 如是五種, 當知名為諸佛菩薩所說正法大果勝利." 今此『經』中有四勝利, 闕後一種. 【易可知故,】 諸『經』多不說也.

四種勝利即分為四, 此即第一發心勝利.

나. 『지도론』의 '5종 보리' 소개, 경문의 阿耨多羅三藐三菩提는 '5종 보리' 중 어디에 해당하는지에 대한 세 가지 해석 소개

ZZ21 296c13-297a6; WX34 833a15-b15:

---

380) 대정장본 『유가론』(『瑜伽師地論』 권46, 「本地分 · 菩薩地 · 初持瑜伽處 · 菩薩功德品」 T30 548c2-3: 諸佛菩薩為諸有情宣說正法, 當知有五大果勝利. 何等爲五?)과 대응 SNST(ZhT68. 923.3-4: lṅa gaṅ ṣe na de dag las sems can kha cig ni ...)에 따라 '何等爲五'를 보충하는 것이 자연스럽다.

381) 문맥과 대정장본 『유가론』(T30 548c9-11: 五者, 一類有情聞正法已, 受持讀誦, 脩習正行, 展轉方便, 令正法眼久住不滅.)에 비추어 볼 때 '往'은 '住'의 오기임이 분명하다.

依『智度論』第五十三「無生品」云, "云何(是)[382]五種菩提? 答曰, 一者柔順忍, 二者無生忍, 及三種菩提.[解云, 地前 · 地上及三乘無學菩提, 以為五種也.] 復有五種菩提. 一發心菩提, 於無量生死中發心, 為阿耨多羅三藐三菩提故名為菩提, 此即因中說果. 二伏心菩提, 折諸煩惱, 降伏其心, 行諸波羅蜜. 三明菩提, 觀三世諸法, 本 · 末總相 · 別相分別籌量, (得)[383]諸法畢竟清淨, 所謂般若波羅蜜相. 四出到菩提, 於般若波羅蜜中得方便力故, 亦不著般若波羅蜜, 滅一切煩惱, 見一切十方諸佛, 得無生法忍, 出三界, 到薩婆若. 五者無上菩提, 坐道場, 斷煩惱習, 得阿耨菩提." 長耳三藏釋云, "習種已前名發心位; 次三十心名為伏心位; 始從初地至於七地名為明位; 八 · 九 · 十地名出到位; 妙覺名無上位."

今依此五, 釋『經』意者, 此云'阿耨菩提'者, 所求菩提, 言'發心'者, 發能求之心, 故言'發菩提心', 此即五中初二菩提也.

一云, 第三明菩提也. 所以者何? 『金剛仙』云, "初地菩提〈薩〉[384]發心故."

或可, 所〈能〉求其〈者〉, (依)五種能求之心, 唯在因位.(?)[385]【[勘『顯揚』.]】

---

382) 온전한 문장을 위해 대정장본 『지도론』(『大智度論』 권53, 「釋無生品」 T25 437c29-438a1: 問日. 云何是五種菩提?)과 대응 SNST(ZhT68.923.19: byaṅ chub rnam pa lṅa gaṅ ṣe na)에 따라 동사 '是'를 보충하는 것이 자연스럽다. 그렇지 않을 경우 '云何'가 '왜'로 오독될 수 있다.

383) 대정장본 『지도론』(T25 438a6-9: 三者名明菩提, 觀三世諸法, 本末總相別相分別籌量, 得諸法實相畢竟清淨, 所謂般若波羅蜜相.)에 따라 '得'을 보충하는 것이 자연스럽다. 대응 SNST(ZhT68.924.6-10: /gsum pa ni rig paḥi byaṅ chub ste/ dus gsum gyi chos rnams la **ran bṣin gyis yod paḥ** spyiḥi mtshan ñid daṅ/ bye brag gi mtshan ñid du blta ba daṅ **chos rnams** mthar rnam par dag pa ñid du rnam par ḥbyed ciṅ gṣal ba ḥdi lta ste/ śes rab kyi pha rol tu phyin pa gaṅ yin paḥo/)는 "'觀' + '三世諸法**本末**總相別相別相'"과 "'分別籌量' + '**諸法**畢竟清淨'"의 두 개의 '술-목' 구조의 문구로 보았는데 문맥상 오독이다. 최둡이 본 사본에 '得'이 없었고 또 '本末'이 '本有'로 되어 있었을 가능성을 생각해 볼 수 있다.

384) 문맥, 관련 대정장본 『금강선론』(『金剛仙論』 권2, T25 805a9-21: 發阿耨多羅三藐三菩提心者, … '菩提'言道, 此是如來果頭無上最勝正遍知, 離斷 · 常二邊, 知中道正理. 初地菩薩證會此道, 故言'發阿耨三菩提心'也.), 대응 SNST(ZhT68.925.11: sa daṅ poḥi byaṅ chub sems dpaḥ sems bskyed paḥi phyir ro)에 비추어 볼 때 '提'는 '薩'의 오기임이 분명하다.

385) 대응 SNST(ZhT68.925.12-14: /yaṅ na yoṅs su tshol ba ṣes bya ba ni yoṅs su tshol baḥi sems rnam pa lṅa po dag sbyar te/ rgyuḥi gnas skabs la gnas pa kho naḥo ṣeḥo/(또는 '추구란 다섯 종류의 추구하는 마음에 따르므로 원인의 상태에 있을 뿐이다'라고도 말한다.))에 의거하여 위와 같이 교정해 보았다. 만약 한문의 '所求'가 오기가 아니라고 가정할 경우 티벳어역의 'yoṅs su tshol ba'(能求)가 yoṅs su btsal bar bya ba(所求)의 오역으로 볼 수 있으며, 그 경우 한문과 티벳어역 모두 "혹은 '추구 대상인 보리는 다섯 종류의 추구하는 마음을 따르므로 원인의 상태에만

(5)-2-2-2: 번뇌의 결함들을 제거함과 진리의 눈의 청정함을 얻음의 두 가지 이익[離塵垢等益]

ZZ21 297a7; WX34 833b16:

三百千聲聞遠塵離垢, 於諸法中得法眼淨.

가. 위 문장의 주제 및 의미

ZZ21 297a8-9; WX34 833b17-18:

釋曰. 此即第二離塵垢等益. 謂聞此教, 得二種益, 一遠塵離垢益, 二得法眼淨益.

나. 두 가지 이익에 대한 여러 논서의 해석 소개

ZZ21 297a9-b12; WX34 833b18-834b9:

然此二益諸教不同.

1) 『비바사론』

若依『大毗婆沙』百八十二云, "如『契經』說, "佛說此法門時, 具壽憍陳那及八萬諸天遠塵離垢, 於諸法中生淨法眼." 此中'遠塵'者, 謂遠隨眼〈眠〉386). '離垢'者, 謂離纏垢. 於'諸法中'者, 謂於四聖諦中. '生淨法眼'者, 謂見四聖諦, 淨法眼生."

2) 『잡집론』

依『雜集論』第九卷云, "如『契經』言'遠塵離垢於諸法中正法眼生'者, 此依見道說. 諸法忍能遠塵; 諸法智能離垢. 由彼最初於諸諦中妙聖慧眼為自性故. 法忍能遠離塵者, 由諸法忍永斷一切煩惱塵故. 法智能離垢者, 由諸法智已斷障垢, 依得生故. 又於此忍·智兩位如其次第遍知故, 永斷故, 道得清淨故, 依此而說'遠塵離垢'." 『集論』第五同『雜集』說. 解云, '遍知故永斷故道得清淨'者, 通釋'法眼淨'也.

머물러 있을 뿐이다'라고 말한다" 정도의 의미로 이해할 수 있겠다.

386) 상식과 대정장본 『비바사론』(『阿毘達磨大毘婆娑論』 권182, 「定蘊·不還納息」 T27 913b7)에 비추어 볼 때 '眼'은 '眠'의 오기임이 분명하다.

3) 『유가론』 제83권

若依『瑜伽』八十三云, "復次'遠塵離垢'者, 塵謂已生未究竟智, 能障現觀, 有間無間, 我慢現轉. 垢謂彼品及見斷品所有麤重. 令永無故, 名'遠塵離垢'. 又復, 塵者, 所謂我慢及見所斷一切煩惱, 垢謂二品所有麤重. '於諸法中'者, 謂於自相·共相所住法中. 言'法眼'者, 謂如實現證, 唯有法慧. 言'見法'者, 謂於苦等如實見故. 言'得法'者, 謂隨證得沙門果故." 廣說如彼.

4) 『유가론』 제86권

又『瑜伽論』八十六云, "復次由二種相, 當知聖者慧眼清淨, 謂由遠塵及離垢故. 由是所斷諸煩惱纏得離繫故, 名為'遠塵'; 由彼隨眠得離繫故, 說名'離垢'. 又現觀有麤我慢, 隨入作意, 間無間轉, 若遍了知所取·能取所緣平等, 彼即斷滅, 彼即〈斷〉[387]滅故, 說名'遠塵'. 一切見道所斷煩惱隨眠斷故, 說名'離垢'." 見法·得法等十種勝利, 具說如彼.[388]

(5)-2-2-3: 해탈을 얻는 이익[得解脫益]

ZZ21 297b13; WX34 834b10:

一百五十千聲聞永盡諸漏, 心得解脫.

---

387) 의미의 명료성, 대정장본 『유가론』(『瑜伽師地論』 권86, 「攝事分·契經事·行擇攝」 T30 778c10-12: 又現觀有麤我慢, 隨入作意, 間無間轉, 若遍了知所取·能取所緣平等, 彼即斷滅, 彼<u>斷</u>滅故, 說名'遠塵'.), 대응 SNST(ZhT68.928.6: de <u>spaṅs paḥi</u> phyir) 등을 고려하여 '即'을 '斷'으로 교정하는 것이 옳다. 그렇지 않으면 '주어 彼 + 부사어 即 + 자동사 滅' 구문으로 오해될 수 있다.

388) 대정장본 『유가론』(T30 778c7-17: 復次由二種相, 當知聖者慧眼清淨, 謂由遠塵及離垢故. ... 一切見道所斷煩惱隨眠斷故, 說名'離垢'. 復次遠塵離垢, 於諸法中得法眼時, 當知即得十種勝利. 何等爲十? 一者於四聖諦已善見故, 說名<u>見法</u>, 二者隨獲一種沙門果故, 說名<u>得法</u>. 三者 ... 밑줄 부분은 원측 인용문과 글자가 다른 곳)에 따르면 '說名離垢'에서 인용문이 닫히고 이하 '十種勝利'의 구체적인 내용은 원문을 참조하라고 말하는 것으로 이해하는 것이 자연스럽다. 하지만 대응 SNST(ZhT68.928.7-9: dri ma daṅ bral ba ṣes byaḥo/ /chos mthoṅ ba daṅ chos thob pa la <u>phan yon rnam pa bcu yod par rig par byaḥo ṣes ḥbyuṅ ste</u>(/) ṣib tu de ñid las bstan pa bṣin no/)는 '十種勝利'까지를 인용으로 보고 있는데 문맥상 자연스럽지는 못하다.

가. 위 문장의 주제 및 의미

ZZ21 297b14-22; WX34 834b11-835a1:

釋曰. 此即第三得解脫益. 一[389]永盡諸漏, 得慧解脫; 永離定障, 得心解脫. 或可, 離三漏故, 名永盡諸漏; 永離貪故, 心得解脫. 依『大婆沙』九十四云, "漏盡者, 謂諸漏永盡. 問. 順諸漏法亦得永盡, 何故但說彼漏盡耶? 答. 彼以(漏)[390]盡而為上首, 應知亦說順諸〈漏〉法盡, 復次, 諸漏難斷 · 難破 · 難趣〈越〉[391], 非順漏法, 故偏說之. 復次, 諸漏過失多勝堅牢, 非順漏法, 故偏說之." 廣說如彼. 『大智度論』第三卷云, "三界中三種漏已盡無餘, 故言'諸漏盡'也." 解云, '心得解脫'如前廣說.

나. 대승의 가르침이 소승 수행자에게 이익을 주는 이유

ZZ21 297b23-c5; WX34 835a1-8:

問. 如何此甚深大乘而能證得二乘利益?

解云, 如『智度論』, 如來說教有其二種, 一者顯了, 二者祕密. 若依顯了, 唯證大果, 而有祕密, 故通大 · 小二種勝利. 故『經』說云, "佛以一音演說法, 眾生隨類各得解." 又『無量義』云, "如來一音說三法輪." 又『大界經』云, "如來一音中演說無量契經海." 又此『經』說, "普為發趣一切乘者說此了義." 故知, 聞此得三乘果, 於理無違.

(5)-2-2-4: 무생인을 얻는 이익[得無生忍益]

ZZ21 297c6; WX34 835a9:

七十五千菩薩得無生法忍.

---

389) 문맥상 '一'은 연자로 보인다. 대응 SNST도 없다.

390) 대정장본 『비바사론』(『阿毘達磨大毘婆沙論』 권94, 「智蘊 · 學支納息」 T27 487c13-15: 漏盡者, 謂諸漏永盡. 問. 順諸漏法亦得永盡, 何故但說彼漏盡耶? 答. 彼以漏盡而爲上首, 應知亦說順漏法盡.)과 대응 SNST(ZhT68.928.19-21: smras pa/ de dag zag pa zad pa gtso bor byed pas/ zag paḥi rjes su ḥbraṅ baḥi chos kyaṅ zad pa ñid brjod par rig par byaḥo/)에 따라 누락된 '漏'를 보충하고, 이어지는 '順諸法盡'의 '諸'도 '漏'로 교정해야 옳다.

391) 대정장본 『비바사론』(T27 487c15-16: 復次, 諸漏難斷 · 難破 · 難越, 非順漏法, 故偏說之.)과 대응 SNST(ZhT68.929.1: bzla bar dkaḥ ba yin la)에 비추어 볼 때 '趣'는 '越'의 오기임이 분명하다.

가. 위 문장의 주제

ZZ21 297c7; WX34 835a10:

釋曰. 此即第四得無生忍益.

나. 어떤 수행 단계에서 무생법인을 얻는지에 대한 두 가지 해석

ZZ21 297c7-298a15; WX34 835a10-836a6:

然此無生自有二種.

1) 제1해석

一者初地菩薩名得無生忍. 故『智度論』云, "有二種忍, 一者柔順忍, 二者無生忍." 解云, 柔順忍在十回向, 無生忍即【初地已上.

2) 제2해석

二者】392) 八地已上得諸法無生忍. 故『仁王經』有五種忍, 謂一伏忍, 二信忍, 三順忍, 四無生忍, 五寂靜(忍)393), 如其次第, 地前三十心是伏忍位, 初·二·三地是信忍位, 四·五·六地是順忍位, 七·八·九地是無生忍, 十地及佛地是寂靜忍. 廣說如彼. 『菩提資糧論』第三云, "得無生法忍, 位菩薩不動地." 『菩薩藏經』第二十云, "舍利子! 當授記時, 我便證得無生法忍. 舍利子! 證何等無生法忍? 所謂證得一切色法無所得忍, 證得受·想·行·識無所得忍, 證得蘊·界·處法無所得忍. 舍利子! 言得忍者, 是即名為忍受諸法都無所得. 何以故? 非於證得如是忍時, 世間之法而復現行, 非異生法, 非諸學法, 非無學法, 非獨覺法, 非菩薩法, 諸非佛法而復現行. 所以者何? 由一切法不現行故, 說名得忍. 由一

---

392) '無生忍即 ~ 故仁王經' 대응 SNST(ZhT68.930.11-13: /mi skye baḥi bzod pa ni sa brgyad pa yan chad de/ chos rnams mi skye baḥi bzod pa thob paḥi phyir ro/ /miḥi rgyal pos ṣus paḥi mdo las/)에는 결락과 오독이 존재하는 듯하다. 즉, '無生忍即'이 바로 '八地已上'으로 연결되며 그 뒤의 '得諸法無生忍故'를 이유구로 보고 있다.

393) 만속장경본 교감기의 지적대로 『인왕경』 원문(鳩摩羅什 譯, 『佛說仁王般若波羅蜜經』 권상, 「菩薩教化品」 T8 826b22-25: 佛言, "大王! 五忍是菩薩法, 伏忍上中下, 信忍上中下, 順忍上中下, 無生忍上中下, 寂滅忍上下, 名為諸佛菩薩修般若波羅蜜. ...")과 대응 SNST(ZhT68. 930.15: rab tu ṣi baḥi bzod paḥo/)에 따라 '忍'을 보충해야 자연스럽다.

切法畢竟無得, 亦無所得, 故名得忍. 又是忍者, 於一剎那盡一切相及諸所緣, 故名得忍. 又是忍者, 不忍於眼, 不壞於眼及諸所緣, 故名得忍. 不忍於耳 · 鼻 · 舌 · 身 · 意, 不壞於意. 如是忍者, 無盡境界, 如是忍者, 非趣境界, 故名得忍." 『瑜伽』七十四云, "問. 如『經』中說無生法忍, 云何建立? 答. 由三自性而得建立, 謂由遍計所執自性故立本性無生忍; 由依他起自性故立自然無生忍, 由圓成實自性故立煩惱 · 苦垢無生忍. 當知此忍無有退轉." 『顯揚』第六亦同『瑜伽』, 又『顯揚』云, "此三種忍在不退轉地." 『大集』十一 · 功德施『金剛論』意同『顯揚』. 『佛地論』第六釋云, "八地已上名不退地." 又『佛地論』有兩' 復次〈種說〉[394], 一云初地已上得無生忍, 一云八地已上得無生忍, 廣如彼說.

3) 두 가지 해석에 따른 위 문장 해석

今此所說'無生忍'者, 若依『智度』, 初地已上無生法忍, 若准『仁王』, 七 · 八 · 九地得無生忍. 若廣分別, 如『十地論』[395]第十卷說.

---

394) 대정장본 『불지론』에서 '無生法忍'과 '復次'가 같이 언급된 곳이 없으며, 게다가 직전에 원측이 '不退地'와 관련하여 언급한 『불지론』 제6권(親光菩薩等 造, 玄奘 譯, 『佛地經論』 권6, T26 321b9-c4: 經曰. 妙生菩薩復白佛言, "何等菩薩受用和合一味事智?" 佛告妙生, "證得無生法忍菩薩, … 論曰. 為顯示得大乘無生法忍菩薩, 或住功用有加行道菩薩, 未有受用和合一味事智故, 復問言, "何等菩薩受用和合一味事智?" 證得無生法忍菩薩, 謂從**初地已上菩薩**. … 有義, 初地已上菩薩復有三種. 一初發心, … 三不退轉, 謂上三地. 修道已滿, 離諸功用無加行道, 任運現前一切煩惱畢竟不起, 念念勝進無退轉故. 此中唯取**八地已上**觀一切法本來無生今亦不起, 得上品忍一向清淨, 恒起無漏任運而轉, 由得此故說名'證得無生法忍'.)에서 이어지는 '無生法忍과 보살 10지의 대응에 대한 상이한 두 해석'을 소개하고 있다. 따라서 이 맥락을 고려하여 대응 SNST(ZhT68.932.19-20: /gṣan yaṅ ḥphags pa saṅs rgyas kyi saḥi ḥgrel pa las bśad pa rnam pa gñis ḥbyuṅ ste/)에 따라 '復次'를 '種說'로 교정하는 것이 자연스럽다.

395) 대정장본 『십지론』 제10권에서 '무생법인'에 대한 자세한 논의(『十地經論』 권10, 「不動地第八」, T26 179b16 이하: 論曰. 復次彼忍於四種無生中應知, …)를 확인할 수 있다. 하지만 대응 SNST(ZhT68.933.6-7: ḥphags pa saṅs rgyas kyi saḥi ḥgrel pa las)는 뜻밖에도 '『불지론』'으로 번역되어 있다. 최듭이 본 사본에 '十'이 '佛'로 오기되었거나, 아니면 앞서 '又『佛地論』有兩' 復次〈種說〉'과 연관될 수 있는, '佛地論'으로 기록된 전승이 있었을 가능성 모두를 생각해 볼 수 있다.

부록2

『해심밀경소』 티벳어역의 사료적 가치

Ⅰ. 머리말

9세기 초[1] 최둡(Chos grub, 또는 법성法成)[2]에 의해 완성된 원측(圓測, 613-696)

---

1) 우치위(吳其昱, 오기욱)는 최둡이 번역한 경전 콜로폰의 관직명을 기준으로 번역 시기를 나누고 있는데 SNST의 경우 817년에서 821년 무렵에 번역한 것으로 보고 있다(吳其昱 1982. 402). 안성두는 『댄까르마 목록』의 성립 연대에 비추어 824년 이전에 완료되었을 것으로 추정하고 있다(안성두 2009. 216).

2) 최둡 또는 법성의 민족 성분과 출신지에 관해 지금까지 국내 학계는 우에야마 다이슌(上山大峻 1990)으로 대표되는 일본학계의 견해에 따라 그를 둔후앙(敦煌, 돈황) 지역에서 태어나 성장했으며 한문과 티벳어 모두에 능한 한족(漢族) 오법성(吳法成)으로 보는 편이다(안성두, 앞의 글, 213. 다만 안성두는 '한족'이라고 명시하고 있지는 않다). 하지만 중국 학계는 1927년 츠언인취에(陳寅恪, 진인각)를 필두로 왕야오(王堯, 왕요), 우치위 등에 이르기까지 대체로 그를 티벳인(藏族)으로 보는 견해가 우세하다(陳寅恪 2001. 287-289. 본 부록의 '부록' 참고; 王堯 1980. 50-57; 吳其昱, 앞의 글).
그중 츠언인취에는 최둡이 중국 사서(史書)에 보이지 않는다는 점과 『대승도간경수청소(大乘稻芉經隨聽疏)』 중의 第五解釋門 釋本文의 五門, 七門, 章句의 순서, 문자의 해석이 까말라쉴라(Kamalaśīla)의 『도간유경광대소(稻芉喩經廣大疏)』 부분과 정확히 일치한다는 점*을 주 근거로 그를 티벳인으로 단정하고 있다(자세한 것은 "부록" 참조. *이 점은 훗날 우에야마에 의해 확인되었다(上山大峻 1968. 148-149. 참고로 우에야마는 당시 이 글을 읽지 못한 듯하다.).
또 왕야오는 최둡이 속한 괴씨(ḥgos 管) 가문이 티벳의 전통적 명문가이며 대번역가 管 · 庫巴拉와 『靑史』(deb sṅon, 1478년 완성)의 저자 이상쩨빠(yid bzang rtse pa)라는 별명을 가진 쇤누뺄(gṣon nu dpal) 역시 이 가문 출신임을 소개한 뒤 괴 최둡의 본적지는 後藏 達那 지방 金謝村으로 지금의 시가쩨(日喀則) 지역 謝通門縣 仁欽孜區라고 확정짓고 있다. 또 松巴堪布益西班覺이 지은 『如意寶樹史』의 대번역가 명단 중에 "無分別" 이후 3대 번역가 이전에 괴 최둡이 34번째로

『해심밀경소(解深密經疏)』의 티벳어역 『팍빠 공빠 삽모 응에빠르델빠 도 갸체르델빠(Ḥphags pa dgoṅs pa zab mo ṅes par ḥgrel paḥi mdo rgya cher ḥgrel pa)』(범어로 Ārya-gambhīra-saṃdhinirmocana-sūtra-ṭīkā, 이하 SNST로 약칭)는 쫑카빠(Tsoṅ Kha Pa, 1357-1419)의 『렉쉐닝뽀(Legs bśad sñiṅ po)』와 『꾼쉬깐델(Kun gṣiḥi dkaḥ ḥgrel)』에 인용되어 있었던 이유에서 일찍부터 인도 및 티벳 불교 연구자들 사이에서 주목을 받아왔다. SNST에 대한 기존 연구를 일별해 보면 크게 사상적 연구와 문헌학적 연구로 나누어 볼 수 있다.

사상적 연구는 대개 SNST를 인용하고 평가하는 쫑카빠의 『렉쉐닝뽀』와 『꾼쉬깐델』에 대한 연구의 일부분으로 이루어지고 있으며,[3] 때로 『해심밀경(解深密經)』 이해의 참고 자료로서 활용되는 경우도 있다.[4] 인도 및 티벳 불교 연구자 중 원측 사상

실려 있으며 薩迦文殊妙慧가 지은 『本續雜集目錄』에 前弘期 번역가 · 논사 목차 속에 괴 최듑이 있음을 지적하고 있다.

중국학자 중 드물게 팡구앙창(方廣錩, 방광창)은 우에야마를 따라 최듑을 여전히 한족으로 보고 있다(方廣錩 1995).

이 문제에 관한 정확한 결론을 얻기 위해서는 최듑의 번역과 저술 속의 문장에 대한 언어학적 분석을 비롯한 좀 더 미세한 차원의 고찰이 필요할 것이다. 다만 필자는 '부록1' 일부 각주 속 오역 실례 명시 부분을 통해 확인 가능하듯이, SNST 속에 원측 인용 한문 문헌 문맥의 오독(예. 각주140)과 한문 문법의 미숙지(예. 각주352)로 말미암은 오역들이 적지 않은 사실에 비추어 그가 한족 지식인 출신 학승일 가능성은 매우 낮다고 본다.

3) 나가오 가진은 『렉쉐닝뽀』와 『꾼쉬깐델』 속에 인용되는 SNST의 주요 내용을 전체적으로 소개하고 있다(長尾雅人 1978). 로버트 썰먼, 제프리 홉킨스, 가타노 미치오는 『렉쉐닝뽀』 역주 및 연구 속에서 SNST를 언급하고 있다(Thurman 1984; Hopkins 1999, 2002, 2005; 片野道雄 1998). 출팀 깨상과 오다니 노부쵸 및 가레쓰 스팔험은 『꾼쉬깐델』 역주 및 연구 속에서 SNST를 다루고 있다(Tshul khrims skal bzaṅ Khaṅ dkar · 小谷信千代 1986; Sparham 1993). 매튜 캡스타인은 SNST가 어떤 경로를 통해 쫑카빠에게 인지되었는지를 추론하고 있다. 즉, 쫑카빠와 동시대인 렘다와(Red mdaḥ ba gṣon nu blo gros, 1349-1412)의 저작 속에서 SNST가 인용되고 있으며, 원 황제 Buyantu(1311-1320 재위)의 제사(帝師)로서 북경에 머물렀던 침 잠양(Chim Jamyang)의 저작 속에서 진제(眞諦)의 구식설(九識說)이 언급되고 있는데 그 전거는 SNST일 가능성이 높으며, 아울러 침 잠양을 통해 그의 제자로서 『꾼쉬깐델』 속에서 작은 이견을 가진 사상가로 등장하는 초기 까담빠의 학승 릭빼랠디(Rig paḥi ral gri, 13세기 말에서 14세기 초 활약)와 쫑카빠가 원측을 알게 되었을 것이라는 점을 지적하고 있다(Kapstein 2000. 80-82). 차상엽은 쫑카빠의 『꾼쉬깐델』과 SNST 속 진제의 9식설 비판 내용을 구체적으로 소개하고 해석하고 있다(차상엽 2010a. 301-332; 2010b. 209-243).

4) 존 파웰스는 『해심밀경』을 해석학의 관점에서 해석하면서 주요 전거 중의 하나로서 SNST를 이

연구에 SNST를 가장 적극적으로 활용한 이들은 제이 히라바야시(Jay Hirabayashi)와 이이다 쇼타로(飯田昭太郎)[5]이다. 청변(Bhāvaviveka, Bhāviveka, Bavya, 清辨, 약 490-570)과 호법(Dharmapāla, 護法, 약 530-561)[6] 간의 논쟁에 대한 원측의 이해에 일찍이 주목한 두 사람은 『해심밀경소』「서품(序品)」 중 '설법 주제[所詮宗]' 논의에서 『반야경(般若經)』과 『해심밀경』 간에 깊고 얕음의 차이가 있는가에 대한 문답 부분[7]과 이어지는 티벳어역만 전하는 부분 속 호법 『대승광백론석론(大乘廣百論釋論)』(이하 '『광백론』'으로 약칭)「교계제자품(教誡弟子品)」을 인용하는 형식으로 소개되는 청변과 호법 간의 논쟁[8]에 주목하여 그 주요 내용을 발췌 번역하여 소개하였다.

문헌학적 연구로는 SNST 번역의 특징 연구,[9] 『꾼쉬깐델』이 인용하는 SNST 속 진제 9식설 비판 부분에 대한 텍스트 연구[10] 등이 있으며, 티벳 불교 사상가들의 주석의 연원과 관련하여 SNST에 주목하는 경우도 있었다.[11] 또 다른 형태의 문헌학적

용하고 있으며, 티벳어역 『해심밀경』의 영역(英譯) 각주에서 번역과 해석 근거로서 SNST를 자주 활용하고 있다(각각 Powers 1993과 1995).

5) Hirabayashi and Iida 1977. 341-360.

6) 호법과 청변의 연대는 카지야마 유이치(梶山雄一)를 따랐다(Kajiyama 1968/69. 193-203; 1989. 171-176).

7) ZZ21 178a9-15; WX34 595a8-14. 본 부록의 '자료5'와 '부록3'의 '2'의 '11' 참조. 두 사람이 이 이하 부분 대응 한문이 없다는 사실을 전혀 언급하지 않은 점에서 아마도 티벳어역만 보았던 듯하다.

8) T30 247b15 이하. '부록3'의 '2'의 '13-14' 참조. 『仁王經疏』 권상(본), 「序品」 T33 360c5 이하에서도 이 부분이 똑같이 인용되고 있는데 문구의 들고남이 존재한다. (校) 폴 후어나어트(Paul Hoornaert)도 원측 인용 부분이 포함된 「교계제자품」 속 '공-유 논쟁' 텍스트 역주에서 SNST를 적극 활용한 사실을 뒤늦게 확인하였다(본문 '각주330' 참조).

9) Inaba 1977. 105-113; 안성두, 앞의 글. 국내학계의 경우 허일범이 최초로 SNST에 대한 문헌학적 기초 연구를 하였다(허일범 1991).

10) 이종철은 『꾼쉬깐델』에서 쫑카빠가 진제의 구식설을 어떻게 인용하고 또 평가하고 있는지 「심의식상품(心意識相品)」 주석 속 원측 자신의 해석과 비교해 가면서 비교적 자세히 다루고 있으며 더불어 『꾼쉬깐델』 인용 부분, SNST, 『해심밀경소』 현존 한문본 삼자의 대조를 통해 세 텍스트의 비판교정본을 제시하고 있다(이종철 2010, 113-170). 카노 카즈오는 『꾼쉬깐델』 및 캡스타인이 언급한 쫑카빠와 동시대의 티벳 사상가 문헌 속에서 진제 구식설이 어떻게 소개되고 있는지 살피고 부록에서 『꾼쉬깐델』 제3장의 일본어역 및 교정본과 『해심밀경소』 현존 한문본 텍스트를 제공하고 있다(加納和雄 2012. 345-400).

11) 에른스트 슈타인켈너는 원측의 주석 방식이 티벳의 불교 주석가들에 영향을 미쳤을 가능성이 있음을 다음과 같이 조심스럽게 추측하고 있다: "To my knowledge ... nobody so far has a clear idea of <u>when this most successful and influential technique of literary analysis originated</u>. In

연구로 SNST에 의거한 현존 한문본 『해심밀경소』 텍스트의 교정 및 보충을 들 수 있다.

잘 알려진 대로 『해심밀경소』의 현존 한문본은 많은 부분에서 오자(誤字), 탈자(脫字), 연자(衍字), 도치(倒置), 결락(缺落) 등 다양한 텍스트상의 문제가 존재한다. 티벳어역 역시 텍스트가 불안정하긴 마찬가지이지만[12] 비교적 한문 원전에 충실한 직역으로 9세기 초반에 전래된 한문 사본의 모습을 보여주고 있기 때문에[13] 한문본과 티벳어역의 끊임없는 상호대조 작업을 통해 보다 온전한 한문 교정본을 만들 수 있다. 실례를 들자면, 잘 알려진 대로 SNST에 의거하여 통째로 결락된 『해심밀경소』 제10권 전체와 제8권의 첫머리의 품명(品名) 주석의 한문 복원이 오래전에 이루어졌으며,[14] 근래에는 기타 부분의 교정도 지속적으로 이루지고 있다.[15]

---

texts from the early period of the second spread of the religion it is already present and the question is still unanswered as to whether it is a Tibetan invention or a heritage. I myself have always looked for possible Indian models, but in vain. ... But <u>in Yüan-ts'ê's text from the 7th century, translated in the early 9th century it is in use, fully developed</u>, just as we know it from the much later Tibetan texts, and throughout the whole text."(Ernst Steinkellner, "Who Is Byaṅ chub rdzu 'phrul?", *Berliner Indologische Studien*, 1989. p.235; Powers, *op. cit.*, 19, 각주40에서 재인용)

12) 오자, 탈자는 물론 오역(誤譯), 착간(錯簡), 결락(缺落) 등 다양한 형태의 문제가 존재한다. 예컨대 「무자성상품(無自性相品)」의 경우 '一切種性相'을 '모든 종류의 性과 相'으로 읽지 않고 문맥을 고려하지 않은 채 '모든 種性의 相'으로 읽어 'rigs can thams cad kyi mtshan gyi rnam pa'로 오역하는 곳(ZZ21 264a21 이하)과 『해절경소(解節經疏)』의 인용이 끝나는 곳을 오독한 부분(ZZ21 292b11)을 대표적으로 들 수 있다. 기타 오역으로 의심되는 곳도 적지 않다('부록1'의 '각주111', '각주115', '각주146', '각주153', '각주352' 등과 장규언 2013b. 81 이하 '각주26', '각주57', '각주68', '각주77', '각주128', '각주142', '각주163', '각주171' 등 참조). 또 「승의제상품(勝義諦相品)」의 착간(이종철 외 2013. 69 '각주5')과 「무자성상품」의 결락('부록1'과 장규언, 앞의 글, 2013b, 151-153의 【】 표시 부분)도 이미 보고된 바 있다. 이나바 쇼주도 일찍이 티벳어역에도 부분적 오류가 존재함을 지적한 적이 있다(Inaba, Shoju, *op. cit.*, 108). 본 부록과 '부록1' 각주 속 티벳어역 부분의 '*' 표시를 통해서도 티벳어역의 불안정성은 쉽게 확인할 수 있다.

13) 이종철, 앞의 글, 2010. 159. 현존 한문 사본 중의 하나인 일본 교토대 소장본도 그 필사 연대가 영안(永安) 5년(1776)으로 매우 늦은 판본인데(이종철, 위의 글, 145) 티벳어역으로부터 상상된 9세기 초 최듑이 본 사본을 기준으로 봤을 때 텍스트적 결함이 적지 않다.

14) 稻葉正就 1972; 觀空 1991.

15) 안성두는 티벳어역과의 대조를 통해 「일체법상품(一切法相品)」의 눈에 띄는 오·탈자에 대해 이미 지적한 바 있으며(안성두, 앞의 글), 이종철은 앞서 언급한 「심의식상품」의 9식설 논의 부분과 「승의제상품」의 맨 앞부분의 한문 및 티벳어역 교정본을 제시하고 있다(이종철, 앞의 글, 2010과 이종철 외, 앞의 글, 2013, 「해심밀경소 텍스트와 '승의제'」, 19-71). '부록1'은 「무자성

SNST는 한문 텍스트를 교정하는 일뿐만 아니라 보충하는 데에도 중요한 역할을 할 수 있다. 이미 알려진 대로 SNST로부터 상상된 9세기 초반에 전래된 한문 사본은 18세기 일본 전래 사본에 근거하여 형성된 현존 만속장경본(卍續藏經本, 韓國佛敎全書本은 이 본을 거의 그대로 옮긴 것임)과 비교해 보았을 때 편집상 차이가 존재한다. 즉, 전자에서 매우 자세히 서술되어 있는 「서품」 후반부(특히 '설법 주제', '가르침의 대상[敎所爲]' 등 논의 부분)가 후자에서는 아주 간략히 처리되어 있다.16) 그중 특히 한문은 없고 티벳어역만 보존되어 있는 부분은 「무자성상품(無自性相品)」의 료의(了義)와 불료의(不了義), 공(空)과 유(有), 종성(種性) 등의 주제를 다루고 있어 사료적 가치가 높다. 필자는 학위논문 연구 과정에서 SNST를 통한 자료 보충을 통해 「무자성상품」의 위 주제들을 보다 명료하게 이해할 수 있었으며, 더구나 종성, 료의와 불료의와 관련하여 「무자성상품」에서는 언급되지 않는 새로운 설을 포함하고 있는 자료17)를 발견하여 그중 일부를 박사학위 논문 연구에 반영한 바 있다. 그중 대표적인 것을 소개하자면 티벳어역을 통해 한문 텍스트를 교정하거나 보충하여 원측 종성론(種性論) 해석에 있어 결정적 근거를 마련할 수 있었다.18)

상품」 한문본 전체에 대한 비판교정본이다. (校) 이후 이종철은 『해심밀경소』 품별 비판교정본을 출간하였으며, 필자는 「심의식상품」 역주 연재, 『해심밀경소』 텍스트가 포함된 논문 등에서 텍스트 교정을 지속적으로 시도해 왔다.

16) 그중 '설법 주제' 논의 부분의 한-장 텍스트 간 차이에 대해서는 '부록3'의 '2'를 참조할 수 있으며, '가르침의 대상' 논의 속에 '본문' 자료35 대응 티벳어역 텍스트(장규언, 앞의 글 2013b, '부록 1')가 포함되어 있다. 이나바는 이 후반부와 관련하여 현존 한문본보다 티벳어역에 더 신뢰를 주고 있다(Inaba Shoju, *op. cit.*, 110): "티벳어역에서만 보이는 제1권의 문장은 신뢰할 만하다. 하지만 현존 한문본의 문장은 티벳어역과 비교했을 때 그저 단편적으로만 보인다. 이는 아마도 제1권의 이 부분의 텍스트는 일실된 텍스트를 복원하려는 후대 편집자의 시도를 반영하기 때문일 것이다. 만약 그렇다면 제1권은 실상 완전하지 않으며 일부가 전승 과정에서 결락된 것일 수 있다." 필자도 이나바의 지적에 동의한다.

17) 장규언, 앞의 글, 2013b, '부록1'과 '본문' 제2부 제3장 '자료54'(=본 부록 '각주52')가 대표적이다.

18) 우선 「무자성상품」의 종성론에서 논의되는 『법화경(法華經)』 구절 해석과 관련된 구절 "雖有三釋, 第二為正" 중의 '三'을 티벳어역에 의거하여 '二'로 교정함으로써('본문' 자료29) 원측의 입장을 명료하게 인식할 수 있었고 더불어 '三'을 의심 없이 옳다고 본 전제 위에서 출발한 기츠카와 토모아키(橘川智昭) 해석의 오류를 지적하였다('본문' 표2). 또 「지바라밀다품(地波羅蜜多品)」에서도 티벳어역에 근거하여 "同一理趣同道"를 "同一理趣道同"으로 교정함으로써('본문' 자료24) 진여(眞如)가 리성(理性)과 행성(行性)을 포괄한다는 원측 종성 이해의 기본 관점('본문' 자

이런 유형의 문헌학적 연구의 성과를 공유하는 차원에서 앞으로 필자는 그동안의 연구에서 발견한 SNST에 의거하여 현존 한문본『해심밀경소』 텍스트 교정 및 보충이 가능하다고 판단되는 대표적 실례들을 몇 가지 유형으로 나누어 소개하고자 한다.

II. 본론: SNST에 의한 한문 텍스트 교정 및 보충의 실례

1. 문헌학적 측면에서의 텍스트 교정 및 보충의 실례

1) 오자(誤字), 탈자(脫字), 연자(衍字), 도치(倒置) 교정의 실례

먼저 SNST에 의해 가장 단순한 형태의 오류인 오자, 탈자, 연자, 도치를 교정할 수 있다고 판단되는 대표적 실례를 소개하고자 한다. 오자, 탈자, 연자 등은 그중 일부는 만속장경본 교감기에서 이미 지적되었고 또 인용문의 경우 대장경 검색을 통해 정오(正誤)를 확인할 수 있지만 그 경우에도 티벳어역을 대조할 경우 보다 신뢰할 만한 판단을 내릴 수 있다.

자료1:

問. 翳眼眼識見毛輪不?

解云. 西方諸師自有兩釋. 一安慧宗, 眼等五眼〈識〉*亦緣毛輪 · 第二月等. 故『雜集』云, "迦末羅病損壞眼根, 見青為黃." 護法菩薩說, 眼等識緣實境起. 是現量故.[19)]

윗글은 비문증[翳眼]을 앓고 있는 사람의 시각[眼識] 등 인식 작용에 대한 안혜(安慧)와 호법의 학설을 소개하고 있는 부분으로 이 중*의 '眼'을 만속장경본의 교감기는 '根'의 오기로 추정하고 있다. 의미상으로는 '根'으로 보아도 큰 무리는 없지만 앞서 질문('眼識')과 이어지는 호법 학설 부분('眼等識')과의 용어사용의 연속성을 고려

료26)을 명료하게 파악할 수 있었다. 또 티벳어역만 보존되어 있는 곳에서 기존 학계에 보고되지 않은 무성유정(無性有情)에 대한 원측의 생각을 담은 문답(장규언, 앞의 글, 2013b, '부록1'; '본문' 자료35)을 발굴하고 해석하여 원측 종성론의 복합적 측면을 보여줄 수 있었다. 자세한 논의는 '본문' 제2부 제2장 참조).

19) 『解深密經疏』 권4, 「一切法相品」 ZZ21 255a19-22; WX34 749ab1-4.

할 때 여기서 '眼'은 '識'의 오기가 아닐까 의심하면서도 확신을 가질 수 없는데 대응 SNST(ZhT68.613.4: rnam par śes pa lṅa po)를 통해 최듭이 본 사본에는 '識'으로 되어 있었음을 확인할 수 있기 때문에 '識'으로 교정하는 것이 가능해진다.

『해심밀경소』를 읽다 보면 만속장경 교감기에서 지적되지 않았지만 문맥상 오자, 탈자, 연자, 도치 등으로 의심되는 곳을 적지 않게 만날 수 있는데 그중에서 인용문처럼 대장경을 통해 검색 가능한 부분을 제외한 문장의 경우 티벳어역을 가장 신뢰할 수 있는 전거로 활용하여 텍스트를 교정할 수 있다.

자료2:

於一切行, 未能正厭, 未正離欲, 未正解脫, 未遍解脫煩惱雜染, 未遍解脫諸業雜染, 未遍解脫諸生雜染. 釋曰. 此即第二明不了(無性)之失*. 謂未能了相無自性業〈等〉故**, 於一切行, 未能正厭等.[20]

윗글은 경문과 그 경문의 주제를 해설한 부분인데 *구에서는 문맥과 앞서의 전체 목차 '辨不了無性之失'(ZZ21 267b1 이하: 釋曰. 此下第二約加行等位說後二種無自性性. 於中有三, 初 ... 次 ... 後 ... 中有二, 初 ... 辨不了無性之性〈失〉)에 비추어 볼 때 '不了'의 목적어에 해당하는 '無性' 대응 부분이 누락된 것으로 보이며, **구에서는 '相無自性'과 '業'이 결합된 구가 매우 낯설어 보인다. 이때 대응 SNST(ZhT68.735.13와 13-14: ṅo bo ñid med pa mi śes paḥi ñes dmigs bstan paḥo와 mtshan ñid ṅo bo ñid med pa la sogs pa)에 비추어 '無性'을 보충하고 '業'을 '等'으로 교정할 수 있다.

자료3:

言'復違如是正智 · 論當生牛 · 羊等類中'者, 此後有二句明能生惡趣失,* 謂彼愚夫非但違於無二真義, 復違如是正智及論. 正智即是證無二智, 論謂言論, 即說無二聖教言論. 由此復違正智 · 論等, 當生牛等諸惡趣中也.[21]

---

20) 『解深密經疏』 권4, 「無自性相品」 ZZ21 267b10-14; WX34 773b16-774a2.

21) 『解深密經疏』 권2, 「勝義諦相品」 ZZ21 213a20-24; WX34 665a13-18.

윗글은 「승의제상품(勝義諦相品)」 경문 속 게송 '復違如是正智論 當生牛羊等類中'에 대한 주석이다. *'此後有二句明能生惡趣失'은 경문에 해당하는 게송의 후반 2구[後二句]의 주제를 명시하는 이른바 목차인데 그 구 중의 '有'는 한문 문법상 明의 주어로 명사구가 요구된다는 점과 짝수자구(이 경우 10자)를 선호하는 원측 작문 습관에 비추어 볼 때 연자로 의심된다. 이 경우 대응 SNST(ZhT68. 317.2: ... ṣes bya baḥi tshigs gñis kyis ni)를 통해 '有'가 연자임을 확정지을 수 있다.

자료4:

於中或有如言於義妄起分別, 一類增益, 一類損減. 釋曰. ... 謂如來說三乘教門, 如文執義, 聞說三乘, 定執義[22]三乘一向各異, 說名增益. 不許不定'佛成〈成佛〉義故*. 或聞一乘總皆成佛, 定唯一乘, 名為損減. 損減寂靜不成佛故.[23]

윗글은 ''삼승(三乘)'이나 '일승(一乘)'이라는 말 자체에 집착하여 증익(增益)이나 손감(損減)의 극단에 빠지게 된다'는 경문에 대한 주석 부분인데, *구의 '佛成'은 문맥이나 이어지는 구 '損減寂靜不成佛故'와의 대구를 고려할 때 '成佛'이 자연스러워 보인다. 이때 대응 SNST(ZhT69.234.15-16: saṅs rgyas su grub par ma ṅes paḥi don ni mi ḥdod paḥi phyir ro)에 의거하여 '佛成'을 '成佛'로 확정적으로 교정할 수 있다.

『해심밀경소』에서 '공(空)과 유(有)' 같은 고도로 섬세한 주제를 논하는 경우 때로 하나의 글자가 누락되었을 때 그 전체 의미가 전달되지 않을 수 있는데 이때 티벳어역이 결정적인 도움을 주는 경우가 있다.

자료5:

問. 諸『般若』宗明無相, 此『經』了義, 淺 · 深何異? 清辨解云, 『深密』等『經』辨有所得淺而非深; 諸部『般若』顯無所得為最甚深. 護法等說, 二時所說無相之理, 理無淺 · 深. 而說『深密』為了義者, 約三性義決判諸『經』有 · (無)道理顯了說故,* 名為了義, 非無相中有淺 · 深故說了義也.[24]

22) 만속장경본 교감기의 지적대로 '義'는 연자로 보인다.

23) 『解深密經疏』 권9, 「地波羅蜜多品」 ZZ21 399b18-23; WX35 87b12-17.

24) 『解深密經疏』 권1, 「序品」 ZZ21 178a9-15; WX34 595a8-14.

묻는다. 여러 종류의[諸=諸部] 『반야경(般若經)』의 주제[宗]도 '언어적 특징 없음[無相]'을 밝히는 것인데 이 경(=『해심밀경(解深密經)』)만이 '명시적 진리[了義]'라면 [『반야경』과 『해심밀경』 양자 간에] 깊고 얕음과 관련하여 어떤 차이가 있는 것인가? [이 문제와 관련하여] 청변(淸辨) 등은 [다음과 같이] 해석한다. [제2의 '언어적 특징을 포함하는 대승[有相大乘]'(이라는 진리의 수레바퀴)를 설한] 『해심밀경』 등은 ['세 종류의 본질[三性]' 등을 설하여] '인식되는 것[有所得]'(=존재[有])을 분석하기 때문에 [『반야경』에 비해] 얕으며 깊지 못하다. [이에 반해 제3의 '언어적 특징을 초월한 대승[無相大乘]'(이라는 진리의 수레바퀴)를 설한] 여러 종류의 『반야경』은 '인식되지 않음[無所得]'(=공성[空])을 명시하므로 [붓다의 가르침들 중] 가장 심오하다. [청변과 달리] 호법(護法) 등은 [다음과 같이] 설한다. [뒤의] 두 때(=제2시와 제3시)에 설한 '언어적 특징 없음'의 진리[理, *yukti]의 경우 그 진리 자체에 얕고 깊음[의 차이]는 없다. 하지만 『해심밀경』만을 '명시적 진리'라 말하는 이유는 '세 종류의 본질'의 의미와 관련지어 여러 경들 속 '존재함[有]'과 '비존재함[無](=공함)'의 진리를 분석해서 명료하게 설하기 때문에 '명시적 진리'라 하는 것이지, '언어적 특징 없음'[의 진리]와 관련하여 얕고 깊음[의 차이]가 있기 때문에 '명시적 진리'라 설한 것은 아니다.

윗글은 똑같이 '언어적 특징 없음[無相]'을 핵심 주장으로 하는 제2시 『반야경』과 제3시 『해심밀경』의 설법 간에 우열이 있는가 하는 질문에 대한 청변과 호법 등의 이해를 소개한 부분이다. *구에서 만약 현존 한문대로 『해심밀경』이 '존재함[有]'의 진리만 설했다면 그 경우 '언어적 특징 없음'을 핵심 주장으로 한다고 말할 수 없게 되는 모순에 빠지고 만다. 이 경우 티벳어역을 통해 '無'가 누락되어 있음을 확인하고[25] 보충할 수 있다.

---

25) 대응 SNST(ZhT68.65.3-66.2)는 한문과 꼭 일치하지 않으며 내용도 보다 상세하다. 한국어 번역문 중 대괄호([ ]) 속 내용의 일부는 이것(볼드 부분)에 근거한 것이다. /chos kyi ḥkhor lo rnam pa gsum la zab pa daṅ/ mi zab pa ltar yod dam ṣe na/ bśad pa rnam pa gñis te/ daṅ po ni slob dpon bha bya la sogs pas ḥdi skad du bden pa bṣiḥi chos kyi ḥkhor lo daṅ po ni ñan thos kyi gsuṅ rab yin te/ sems can stoṅ pa ḥbaḥ ṣig ston ciṅ chos stoṅ pa ñid ston pa ma yin paḥi phyir zab pa ma yin no/ **/gñis pa mtshan ma daṅ bcas paḥi theg pa chen po** ḥdi lta ste/ ḥphags pa dgoṅs pa ṅes par ḥgrel pa la sogs pa las **ṅo bo ñid gsum la sogs pa**

2) 결락(缺落) 보충의 실례

『해심밀경소』에는 비교적 긴 단락 속의 구가 상당수 결락되어 현존 한문만으로는 그 단락의 전체 의미를 파악하기 힘든 부분들도 보인다. 이 경우 티벳어역을 통해 원문을 재구성할 수 있는 가능성이 열린다.

---

ston ciṅ dmigs pa daṅ bcas paḥi phyir/ śin tu zab pa ma yin no/ /**gsum pa mtshan ma med paḥi theg pa chen po** ḥdi lta ste/ śes rab kyi pha rol tu phyin pa rnams las chos rnams stoṅ pa ñid du ston ciṅ dmigs pa med paḥi phyir/ śin tu zab pa yin no ṣeḥo/ /gñis pa ni slob dpon chos skyoṅ la sogs pas mdo sde la brten nas/ ḥdi skad du daṅ po ni ḥphags paḥi bden pa bṣi bstan to/ /deḥi ḥog tu mtshan ñid med pa bstan to/ /tha mar ni ṅes paḥi don bstan te/ bden pa bṣiḥi chos kyi ḥkhor loḥi don ni sṅar bśad pa bṣin no/ /chos kyi ḥkhor lo phyi ma gñis ni mtshan ñid med pa ston pas don la zab mi zab ces bstan du med do// gsuṅ rab rnam pa gñis la (ṅes pa daṅ)* ṅes pa ma yin pa ṣes brjod pa yaṅ ṅo bo ñid med pa yaṅ rnam pa gsum yod pa daṅ/ **med pa**ḥi rigs pa gsal bar rab tu phye nas bstan paḥi phyir ni ṅes paḥi don ces brjod la/ gsaṅ baḥi rnam pas chos thams cad ṅo bo ñid med pa la sogs par bstan paḥi phyir ni ma ṅes paḥi don ṣes bśad de/ don la zab pa daṅ/ zab pa ma yin (pa yod)** paḥi phyir ṅes pa daṅ ma ṅes pa ṣes brjod pa ni ma yin no ṣeḥo/(*문맥에 맞게 보충한 것임. **'淺'에 대응하는 온전한 말이 되기 위해서 'pa'가 보충되고 또 앞의 'don la'와 일치하기 위해서는 'yod'가 보충되는 것이 자연스럽다.)
(세 가지 진리의 수레바퀴에 깊음과 얕음 같은 것이 있는가? [거기에 대해] 두 가지 설이 있다. 첫째, 청변 등은 다음과 같이 말한다. 제1의 '네 가지 진실이라는 진리의 수레바퀴[四諦法輪]'는 성문의 가르침이며, 오직 '자아의 공성[生空]'만을 설했을 뿐 '현상의 공성[法空]'은 설하지 않았기 때문에 깊지 못한 반면, 제2의 '언어적 특징을 포함하는 대승[有相大乘]'(이라는 진리의 수레바퀴)는 『해심밀경』 등에서 '세 종류의 본질[三性]' 등을 설한 것이며, 인식되는 것(=존재하는 것)이 있기[有所得] 때문에 매우 심오하지는 못하다. 제3의 '언어적 특징을 초월한 대승[無相大乘]'(이라는 진리의 수레바퀴)는 여러 종류의 『반야경』에서 '공성'을 설한 것이며, 인식되는 것이 없기[無所得] 때문에 매우 심오하다. 둘째, 호법 등은 다음과 같이 말한다. 『계경(契經)』에 의거하여 최초에는 '네 가지 진실'을 설했으며, 그 후 '언어적 특징 없음[無相]'을 설했으며, 마지막에 '명시적 진리[了義]'를 설했다. '네 가지 진실이라는 진리의 수레바퀴'의 의미는 앞서 말한 대로이며, 뒤의 두 진리의 수레바퀴는 '언어적 특징 없음'을 설했기 때문에 [그 '언어적 특징 없음'의] 진리와 관련하여 깊음과 얕음[의 차이]를 말함이 없다. [뒤의] 두 종류의 가르침에 대해 '명시적 진리'와 '비명시적 진리'라고 [구별지어] 말하는 이유는 또 [똑같이] '자체적 본질 없음[無自性]'이라 [설했다] 해도(?) [제3시는] '세 종류의 본질'과 관련하여 '존재함[有]'과 **'비존재함[無]'**의 진리를 명시적으로 말했기 때문에 '명시적 진리'라 한 반면, [제2시는] 의도를 숨기는 방식[隱密相]으로써 '모든 현상은 자체적 본질이 없다' 등을 설했기 때문에 '비명시적 진리'라 하는 것일 뿐 [두 설법에서 설해진] 진리에 깊음과 얕음[의 차이]가 있기 때문에 '명시적 진리'와 '비명시적 진리'라 말한 것은 아니다.)
밑줄 부분이 '有道理' 대응 부분인데 'med pa(無)'가 보존되어 있다.

자료6:

彼宗法數諸說不同. 一云, 離心無別心法, (如譬喩師. 尊者<u>覺天</u>亦同彼說.)26) 若依彼說, 有十九法. 謂色中有十四, 謂五根 · 五境及四大種. 心唯是一, 無心法故. 不相應法唯有一數, 謂諸無作. 無爲有三, 謂虛空 · 擇滅 · 非擇滅. (說有心法, 亦有二說. 一云, 心外有三心法, 謂受 · 想 · 思. 如<u>室利邏多</u>. 一云, 有四心法, 謂又增觸. 若依此說, 有二十二, 或二十三.) 如是十九種法(外增三或四法故.)27)28)

윗글은 「서품」 '현상 분류의 관점에서 본 붓다 가르침의 본질[法數出體]' 논의 중 '현상 분류[法數]'에 대한 경량부(經量部) 내의 세 가지 이견을 소개하는 부분인데, 현존 한문본만으로는 제1설만 알 수 있을 뿐이며 제1설 안에서도 '若依彼說'의 '彼'가 누구를 지칭하는지 알 수 없다. 하지만 티벳어역을 참조할 경우 세 가지 이견의 전모를 파악할 수 있으며 제1설의 주창자가 비유사(譬喩師)임을 확인할 수 있다.

3) 현존 대장경 텍스트 검증 및 교정의 실례

『해심밀경소』는 전체 분량에서 인용문이 차지하는 비중이 압도적인 주석서이다. 인용문의 대부분은 현존 한문대장경을 통해 확인이 가능하기 때문에 대장경 원문과 티벳어역을 동시에 대조할 경우 현존 대장경의 도움을 받아 한문불경 인용문의 필사 오류들을 교정할 수 있다. 그런데 역으로 티벳어역으로부터 상상된 9세기

---

26) 괄호 안 부분은 대응 SNST(ZhT68.16.8-10: slob dpon dpe can lta buḥo/ /btsun pa rtogs paḥi lhas kyaṅ ḥdi daṅ mthun par bśad do/)에 의해 시험적으로 복원해 보았다. 복원시에 최듭이 한문을 충실하게 직역하고 있다는 점과 원측이 짝수자구를 매우 선호한다는 점(현장 역문의 영향으로 보임)을 최대한 고려하였다.

27) 괄호 안 부분은 대응 SNST(ZhT68.16-17.2: /sem las byuṅ ba yod par ḥdod pa yaṅ bśad pa mi mthun pa rnam pa gñis yod de/ /kha cig ni sems las logs śig na sems las byuṅ ba rnam pa gsum yod do/ ḥdi lta ste tshor ba daṅ/ ḥdu śes daṅ/ sems paḥo/ /ṣes zer te/ śi ri ra lta buḥo/ /kha cig ni rnam pa bṣi yod do/ ṣes zer te/ de yaṅ reg pa bsnan naḥo⟨paḥo⟩*/ bśad pa ḥdi daṅ sbyar na ni chos ñi śu rtsa ñis sam/ yaṅ na ñi śu rtsa gsum du ḥgyur te/ <u>ḥdi ltar sṅa ma bcu dguḥi</u> steṅ du chos gsum mam/ yaṅ na bṣi bsnan paḥi phyir ro/ *'naḥo'는 'paḥo'로 교정되어야 옳다.)에 의거하여 실험적으로 복원해 보았다.
한문은 밑줄 부분에 대응하는 '如是十九種法'만이 보존되어 있다.

28) ZZ21 173a7-10; WX34 585a5-9.

초 최둡이 본 한문사본 속 인용문을 통해 현존 대장경 텍스트 자체의 오류를 교정할 수 있는 경우도 있다. 진제(Paramārtha, 眞諦, 499-569) 역『불성론(佛性論)』인용문이 그 예이다.[29)]

자료7:

『佛性』第一亦同『瑜伽』, 又彼『論』第二[30)]云, "復次[31)]增上慢人, 取空為見, 是真空[32)]解脫門, 約此空解脫門, 起於空執, 謂一切有 · 無並皆是空. 此空執者, 即無所有, 無所有故, 因果 · 二諦道理並失. 執此空過故, 即墮耶[33)]無.[34)] <u>是等執者, 由空而起, 故成(**此執, 非由**)邪執.* 一切邪執莫不由空故能滅除, 此執既依空起, 故不可治</u>. 因此人故,[35)] 佛語迦葉, "若人起我見執, 如須須〈彌〉[36)]山大, 我亦許之. 何以故? 以可滅故. 若此增上慢人所起空執, 猶如髮端四分之一, 我急呵責決定不許.""[37)]

『불성론(佛性論)』제1권 역시『유가사지론(瑜伽師地論)』과 같으며, 또 그 논(=『불성

---

29) 이 자료는 필자가 금강대학교 불교문화연구소 김성철 교수님의 부탁을 받고 "『불성론』역주" 논평을 준비하는 과정에서 우연히 발견하였으며 2012년 10월 31일 동 연구소 HK사업단 주최로 이루어진 제3회 강독성과발표회 논평문 속에서 공개한 적이 있다. 학위논문 준비과정에서는 무심코 넘어갔던 부분이었는데 역주문(김성철 2012. 170, 주57)에서 뒤에서 다룰 문제 구절(故成邪執)이 직후의 문장(一切邪執莫不由空故能滅除)과 모순된다고 지적하고 있어 그것이 계기가 되어 티벳어역을 다시 검토하게 되었다. 다카사키 지키도와 가시와기 히로오는 그 구절에 대해 특별히 문제 제기를 하지 않았지만(高崎直道 · 柏木弘雄 2005. 152), 이듬해 출간된『불성론』한국어 역주에서는 필자의 교정 의견을 수용하였다(김성철 2013. 127 및 각주279). 최둡의 도움과 두 학자의 협업으로 현존『불성론』텍스트의 오류를 교정한 사례로 볼 수 있을 듯하다.

30) 天親菩薩 造, 真諦 譯,『佛性論』권2,「辯相分 · 明因品」T31 797b14-23: 復次<u>有</u>增上慢人, 取空為見, 是真空<u>實</u>解脫門, 約此空解脫門, 起於空執, 謂一切有 · 無並皆是空, 此空執者, 即無所有, 無所有故, 因果 · 二諦道理並失, 執此空過故即墮<u>邪</u>無, 是等執者, 由空而起, 故成邪執, 一切邪執莫不由空故能滅除. 此執既依空起故不可治, 因此人故, <u>故</u>佛語迦葉, "若人起我見, 執如須<u>彌</u>山大, 我亦許之. 何以故? 以可滅故. 若此增上慢人所起空執, 猶如髮端四分之一, 我急呵責決定不許."(밑줄 부분이『해심밀경소』인용 부분과 글자가 다른 부분)

31)『佛性論』원문에는 '有'가 있다.

32)『佛性論』원문에는 '實'이 있다.

33)『佛性論』원문에는 '耶' 대신 '邪'로 되어 있는데, '耶'와 '邪'는 동자(同字)이다.

34) '耶無' 대응 SNST(ZhT68.814.1)는 'log par lta ba', 즉 '邪見'이다.

35)『佛性論』원문에는 '故'가 중복되어 있다.

36) '須'는 '彌'로 교정되어야 옳다.

37)『解深密經疏』권5,「無自性相品」ZZ21 280a24-b9; WX34 800a15-b6.

론』) 제2권에서도 다음과 같이 말한다. "다음으로 지독히 교만한 사람[增上慢人]은 공(空)에 집착하여 [공과 관련된] 잘못된 견해[見, *dṛṣṭi]를 가지게 되어 [자신의 '공과 관련된 잘못된 견해'를 붓다가 '잘못된 집착[邪執]'인 '자체적 존재라는 잘못된 견해[我見, *ātmadṛṣṭi]'를 제거하기 위해 붓다가 설한] '진실인 공[眞空]'이라는 해탈 법문이라고 여기며[是], 이 '공'이라는 해탈 법문과 관련하여 공집(空執)을 일으켜 [붓다가 설한] 존재[有]와 비존재[無]가 모두 공하다(=없다)고 생각한다. 이처럼 공집을 가지게 되면, 존재하는 것이 없게 되며, 존재하는 것이 없기 때문에 '원인과 결과[因果]', '두 차원의 진리[二諦]'라는 진리가 모두 오류가 되며, 이[렇게 잘못 이해된] 공에 집착하는 오류 때문에 잘못된 [견해인] 허무론[耶無=邪無]에 빠지고 만다. <u>이러한 종류의 집착들(=空執, 邪無)의 경우 '공'[이라는 해탈 법문]으로 말미암아 생겨나기 때문에 이러한 집착[此執=空執]이 성립하는 것이지 잘못된 집착[邪執](=我見)으로 말미암아 [생겨나는 것은] 아니다. 모든 잘못된 집착은 '공'[이라는 해탈 법문]을 통해[由 … 故] 제거하지 못함이 없는 반면</u>[38] <u>이러한 집착(=공집)은 이미 '공'[이라는 해탈 법문]과 관련하여 [잘못된 견해를 가짐으로 말미암아] 생겨났기 때문에 치유할 수 없다.</u> 이러한 사람 때문에 붓다께서 가섭(迦葉)에게 "만약 어떤 이가 '자체적 존재라는 잘못된 견해로 말미암은 집착[我見執]'을 일으켜 [그 크기가] 수미산처럼 크다 해도 나는 그래도 괜찮다고 본다. 왜 그런가? 제거할 수 있기 때문이다. [하지만] 이 지독히 교만한 사람에 의해 생겨난 공집의 경우 [그 크기가] 머리카락 끝의 4분의 1만큼이라 해도 나는 그 즉시 [그를] 꾸짖으며 절대 용납하지 않을 것이다"라고 말씀하신 것이다."

윗글은 「무자성상품」에서 '악취공(惡取空)'에 대한 호법의 핵심 주장을 소개하면서 현장 역 유식 논서들과 함께 『불성론』을 인용하여 증상만을 가진 사람[增上慢人]이 공집(空執)에 빠지게 되는 과정을 서술한 부분이다. 그런데 현존 한문의 '是等執者~故不可治' 중 '由空而起, 故成邪執', 즉 '공(空)으로 말미암아 일어났기 때문에

---

38) '一切邪執莫不由空故能滅除' 대응 SNST(ZhT68.814.4-5: /log par ḥdsin pa thams cad ni stoṅ pa ñid <u>kyi dbaṅ gis</u> <u>bsal bar bya ba</u> yin no/(모든 '사집'은 '공'에 의해 제거되어질 대상이다))에 의거하여 번역하였다. 한문은 '莫不'의 이중 부정인데 반해 티벳어역에는 단순 긍정으로 되어 있다. 충실한 직역을 선호하는 최둡의 번역 스타일을 고려해 볼 때(특히 대응 SNST가 없는 경론의 경우) 그가 번역시 본 사본에는 긍정의 형태로 되어 있었을 가능성을 배제할 수 없다.

사집(邪執)이 된다' 라는 서술은 두 가지 문제점이 있다. 첫째, 이어지는 '모든 사집은 공을 통해 제거하지 못함이 없지만 이러한 집착(=공집)은 공에 의지해서 생겨났기 때문에 치유할 수 없다[一切邪執莫不由空故能滅除, 此執既依空起, 故不可治]'[39]라고 한 말과 의미상 자연스럽게 연결되지 못한다. 왜냐하면 만약 '사집' 이 '공'(='공집') 에서 생긴 것이라면 '공집' 이 제거되지 않는 이상 제거될 수 없다고 보는 것이 상식에 부합하기 때문이다. 둘째, 이어지는 경증(=붓다가 가섭에게 한 말)에서 '증상만에 빠진 사람' 의 '공집' 으로부터 '사집' 을 구별하면서 '아견(我見)' 으로 명시하기 때문이다.[40] 이러한 모순을 피하기 위해 현존 한문의 ''공' 으로 말미암아 생겨나기 때문에 '사집' 이 성립한다' 라는 문장 속 '사집' 을 '아견' 과 구별되는 '사무'(='공집')를 지칭한다고 읽을 경우 제거될 수 있는 '사집'(='아견집')과 제거될 수 없는 '공집' 을 대비하는 이어지는 서술 및 그 경증과 모두 모순된다. 따라서 이 구절은 무의미한 문장이다.

그런데 바로 이 구절의 대응 SNST[41](ḥdi lta buḥi mṅon par ṣen pa dag ni stoṅ

---

39) 이는 대응 SNST(위 '각주38')에 의거한 번역이다. 물론 '此執既依空起, 故不可治' 와의 대구를 고려한다면 '모든 '사집' 은 '공' 으로 말미암지 않음이 없기 때문에 제거할 수 있다' 라고 읽는 것이 자연스러워 보이지만, 그럴 경우 원천인 '공집' 을 제거하지 못하면서 부수물인 '사집' 은 제거할 수 있다는 모순에 빠지며, 똑같이 '공' 에 의해서 생겨난 '사집' 과 '공집' 중 왜 '사집' 만 제거될 수 있고 '공집' 은 제거될 수 없는지 설명하기 어렵다.

40) 이 인용문 직전의 『불성론』 문장의 흐름에 비추어 보더라도 '사집' 은 '아견' 을 지칭한다고 보는 것이 자연스럽다. 또 거기서 그 아견을 깨기 위해 붓다가 "眞空을 믿고 좋아하지 않으면 외도와 다를 바 없다"라고 경고하는데 그때의 '眞空' 이 이어지는 '空解脫門' 을 지칭하는 것으로 보인다 (T31 797b9-14: 滅生死有者, 有二種, 一墮非方便, 二墮方便中. 就墮非方便, 復有二. 一外道, 謂九十六種. 二是**佛法內人與外道同執**, 約正法起<u>邪執我見</u>故, 於正教義不能了達, 因此人故, 佛說是言, "若不信樂<u>真空</u>, 則與外道無異.")

41) ZhT68.813.13-814.11: bstan bcos saṅs rgyas kyi ran bṣin bstan pa las kyaṅ de skad du ston to/ /gṣan yaṅ bstan bcos saṅs rgyas kyi ran bṣin bstan pa las/ gṣan yaṅ gaṅ zag mṅon paḥi ṅa rgyal can dag stoṅ pa ñid lta* ba ñid du bzuṅ** ste/ ḥdi ni yaṅ dag paḥi stoṅ pa ñid rnam par thar paḥi sgo yin no ṣes stoṅ paḥi rnam par thar paḥi sgo de ñid la stoṅ pa ñid du mṅon par ṣen nas yod pa daṅ med pa thams cad ni stoṅ paḥo ṣes zer te/ stoṅ pa ñid la ṅes par ṣen pa de ni yod pa ma yin ñid du ḥgyur la/ yod pa ma yin pa ñid du ḥgyur baḥi phyir/ rgyu daṅ ḥbras bu daṅ/ bden pa gñis kyi rigs pa yaṅ ñams par ḥgyur ro/ /stoṅ pa ñid la ṅes par ṣen paḥi ñes pa ñid kyi phyir log par lta ba ñid du lhuṅ bar ḥgyur bas <u>ḥdi lta buḥi mṅon par ṣen pa dag ni stoṅ pa ñid las byuṅ baḥi phyir **de la mṅon par** (ṣen pa)*** grub pa yin gyi/ logs</u>

pa ñid las byuṅ baḥi phyir **de la mṅon par ṣen pa** grub pa yin gyi/ logs par ṣen pa **las ma yin no**/ (이런 종류의 집착들은 '공'으로 말미암아 생겨나기 때문에 그것에 대한 집착(=공집)이 성립하는 것이지 잘못된 집착으로 인해 [생겨난 것은] 아니다)) 는 쉽게 이해할 수 있다. 티벳어역에 따라 이 단락을 풀이한다면, 먼저 '아견'이라는 '사집'을 깨기 위해 붓다가 설한 것이 '공해탈문(空解脫門)'인데, 그 설법에 집착하여 마치 붓다가 이전에 설한, 세상의 진리 차원[俗諦]의 인과적 현상[因果]의 '존재[有]'와 궁극적 진리 차원[眞諦]의 자체적 존재[我]의 '비존재[無]'라는 '진리[理, *yukti]'를 모두 '없다[無所有]'고 부정하는 것이 '공집'이며, 이 '공집'은 '자체적 존재가 있다'고 보는 '사집'에서 나온 것이 아니라 그 '사집'을 깨기 위해 설해진, '자체적 존재가 없다'라는 ''공'이라는 해탈의 가르침' 자체에 대한 집착에서 생겨난다는 점에서 '공'의 설법에 의해 언제고 제거될 수 있는 '사집'과는 달리 치유 불능이라는 의미이다.

결론적으로 9세기 초 최둡이 본 『해심밀경소』 한문사본 속 『불성론』 인용문은 'de la mṅon par ṣen pa'와 'las ma yin no'에 각각 대응하는 '**此執**'과 '**非由**' 정도의 네 글자가 더 있었던 것으로 추정해 볼 수 있으며, 만약 이 단락을 의미 있는 문장으로 만들고자 한다면 티벳어역에 근거하여 이 구절을 "**是等執者, 由空而起, 故成此執, 非由邪執**" 정도로 교정해야 자연스러울 것이다. 더불어 필자는 『해심밀경소』 인용문과 기본적으로 일치하는 현존 『불성론』 텍스트도 이와 같이 교정할 것을 조심스럽게 제안한다.

---

par ṣen pa **las ma yin no**/ /log par ḥdsin pa thams cad ni stoṅ pa ñid kyi dbaṅ gis bsal bar bya ba yin no/ /mṅon par ṣen pa ḥdi ni stoṅ pa ñid las byuṅ baḥi phyir gsor mi ruṅ baḥi gaṅ zag ces bśad do ṣes gsuṅs te/ deḥi phyir bcom ldan ḥdas kyis ḥod sruṅs la bkaḥ stsal pa/ gaṅ la la ṣig bdag tu lta ba ri rab tsam du ḥdsin pa ni ṅas gnaṅ ṅo/ /de ciḥi phyir ṣe na/ ḥdi ltar bzlog tu ruṅ baḥi phyir ro/ /gaṅ zag mṅon paḥi ṅa rgyal can gaṅ stoṅ pa ñid du mṅon par ṣen pa skraḥi ñag ma gcig bṣi cha gcig tsam skyes pa yaṅ/ ṅas myur du smod ciṅ gdon mi za bar gnaṅ ṅo ṣes gsuṅs pa yin no/(*P. N. blta. **P. N. gzuṅ. ***문맥('此執(=空執)'과 '邪執'의 대비 구도)과 이어지는 '此執起依空起'의 '此執' 대응 번역어 'mṅon par ṣen pa ḥdi'에 비추어 볼 때 'ṣen pa'가 누락된 것으로 보인다.)

4) 진제(眞諦) 일문(逸文) 검증 및 교정의 실례

잘 알려진 대로 『해심밀경소』는 지금은 일실된 진제 저작의 일부를 보존하고 있어 일찍부터 학자들의 주목을 받은 바 있다.42) 하지만 인용된 진제 일문 중 일부는 텍스트적으로 불안정하기는 마찬가지이기 때문에 반드시 티벳어역을 통해 검증되고 교정되어야만 비로소 그 의미를 명료하게 인식할 수 있다.43)

> 자료8:
>
> 又『涅槃』云'八萬劫住處'等者, 三藏釋云, "預流等位, 迴心向大, 受變易生, 行菩薩行, 至十信位, 住於八萬六萬劫等, 名為'住處'." 真諦三藏『九識章』云, "問. 大本云'緣覺十千劫到.' 到何位? 是何宗? 答. 此是客<究>宗,* 意除三界<乘>(人執),** 或迴心學大乘, 入十信信法如如."*** 准知真諦亦說十信為所到處.44)

---

42) 대표적으로 오양지엔(歐陽漸, 구양점)은 『해심밀경소』에 인용된 진제 역 『해절경(解節經)』 주석을 따로 모아 자료집으로 간행한 바 있다(歐陽漸 1934).

43) 여기서는 지면 관계상 하나의 실례만을 소개하지만 필자의 조사에 의하면 상당수가 SNST를 통한 교정을 거쳐야 하는 것으로 확인되었다. 『해심밀경소』가 보존하고 있는 진제 일문의 교정 역시 진제 연구를 위해서는 반드시 선행되어야 할 과제이다.

44) 『解深密經疏』 권4, 「無自性相品」 ZZ21 271b9-14; WX34 781b15-782a2. 교정된 텍스트에 의거한 우리말 번역은 다음과 같다. "또 『열반경』의 '8만 겁 동안 머무른다'* 등의 구절에 대해 삼장들**은 "예류(預流) 등의 단계에서 마음이 대승으로 지향하여 자유로운 변화를 통해 다시 태어나서 보살의 수행을 하여 십신(十信)의 단계에 이르러 8만, 6만 등의 겁 동안 머무르는 것 등을 '머무름'이라 한다"라고 해석한다. 진제삼장(眞諦三藏)의 『구식장(九識章)』에서는 "묻는다. 『대본경(大本經)』(=남본 『대반열반경』)에서 '연각은 만겁 만에 도달한다.'*** 라고 하는데 [그는] 어떤 단계에 도달하는가? 도착지[宗]는 어디인가?**** 답한다. [그가 도달하는 단계인 십신] 이것이 최종 도착지[究宗]이며 [『대본경』에서 그렇게 설한] 의도는 삼승에 대한 집착을 제거하거나 또는 마음을 돌려 대승을 배워 십신 단계의 [통찰 대상인] 현상의 본모습[法如如]을 깨닫게 하고자 하는 것이다"라고 말한다. [이에] 비추어 진제[삼장] 역시 [보살이 추구하는] 십신이 [연각의] 도착지라고 설하고 있음을 알 수 있다."(*曇無讖 譯, 『大般涅槃經』 권23, 「光明遍照高貴德王菩薩品」 T12 502b27-c1: 聲聞 · 緣覺八萬六萬四萬二萬一萬住處, 名爲涅槃, 無上法主聖王住處, 乃得名爲大般涅槃, 以是故名大般涅槃. **대응 SNST(ZhT68.762.16: sde snod gsum pa dag)에 의거한 번역이며 복수의 인도 불교 사상가를 가리키는 듯하다. ***慧嚴等依『泥洹經』加之, 『大般涅槃經』 권19, 「光明遍照高貴德王菩薩品」 T12 734c15-22: 善男子! 何因緣故不到到, 不到者名大涅槃? 何義故到? 永斷貪欲瞋恚愚癡身口惡故, 不受一切不淨物故, 不犯四重故, 不謗方等經故, 不作一闡提故, 不作五逆罪故, 以是義故名不到到. 須陀洹者八萬劫到, 斯陀含者六萬劫到, 阿那含者四萬劫到, 阿羅漢者二萬劫到, 辟支佛者十千劫到, 以是義故名不到到. ****대응 SNST(ZhT68.763.2: grub pahi mthah ni gaṅ ṣig yin)에 의거하여 '宗'을 '도착지', '목적지'로 번역하였다.) 이 인용문 전후

윗글은 소승의 열반도 궁극적으로 대승의 십신(十信)을 지향하고 있다는 주장의 경증으로 삼장들[三藏]의 해석과 함께 진제『구식장(九識章)』을 인용하고 있는 곳이다. 이 중『구식장』 인용문은 현존 텍스트 그대로는 그 의미를 파악하기 어렵지만 티벳어역을 참조하여 텍스트를 교정할 경우 비교적 명료하게 이해할 수 있다. 즉, 먼저 *구의 '客'은 대응 SNST(ZhT68.763.2-3: ḥdi ni <u>mthar phyin paḥi grub paḥi mthaḥ</u> ste(이것이 최종 도착지이다))에 근거하여 '究'의 오기임을 추정할 수 있으며, 또 대응 SNST(ZhT68.763.3: <u>theg pa pa gsum du ḥdsin pa</u> gsal bar dgoṅs paḥo/)에 비추어 **구의 '界'는 '乘'의 오기이며 직후에 '人執'(또는 '執')[45]이 누락된 것으로 추정할 수 있으며, ***구의 중복되는 '信'은 대응 SNST(ZhT68.763.4-5: <u>dad pa bcuḥi chos de bsin ñid</u> la ḥjug par ḥgyur ro)를 통해 연자로 확정지을 수 있다.[46]

2. 원측 사상 이해와 관련된 텍스트 보완의 실례

다음으로 앞서도 언급한「서품」의 '설법 주제' 논의 중 티벳어역에만 보존되어 있는 부분의 일부 자료를 통해 거기서와 동일 주제를 다루고 있는『반야심경찬(般若心經贊)』,『인왕경소(仁王經疏)』속 관련 텍스트의 의미를 확정짓거나 한문 텍스트에서는 명시되지 않았던 의미를 명료하게 인식할 수 있다고 판단되는 실례를 소개하려 한다.

의 맥락에 대해서는 장규언, 앞의 글, 2013b, 127 참조.

45) 짝수자구를 선호하는 중국인의 작문습관을 고려할 때 '人執'이 보다 자연스러워 보인다.

46) 오오타케 스스무(大竹 晋)도 이 인용문을 소개하고 있는데 아쉽게도 티벳어역을 참조하지 않은 채 '客', '界', '信' 등 글자를 그대로 신뢰하며, 오히려 '或'을 '惑'의 오기가 아닐까 의심하고 있다(大竹 晋 2012. 125,【文4】). 하지만 '惑'의 경우에도 '或迴心學大乘'에 대응 SNST(<u>yaṅ na</u> sems bsgyur te theg pa chen po bslabs nas)에 비추어 볼 때 최둡이 본 사본에는 만속장경본처럼 '或'으로 되어 있었던 듯하다. 필자는 금강대학교 불교문화연구소 재직 당시 이 부분의 영문 교정 텍스트(장규언 앞의 글, 2013b. 'Appendix 1', 218)를 동료 이케다 마사노리(池田將則) 선생님을 통해 오오타케 선생님께 전달하고 의견을 구한 적이 있었는데, 실망스럽게도 '티벳어역이 잘못되었다'라는 한마디 답변만을 들었을 뿐이었다. 그 글을 쓰면서 SNST를 대조했더라면 필자와 의견을 같이했을 것이라 믿는다.

1) 텍스트 의미 확정의 실례

원측은 『반야심경찬』의 '照見五蘊皆空' 주석에서 청변과 호법의 이른바 '공-유 논쟁'에 대해 다음과 같이 평가한다.

> 친광(親光)은 [『불지경론(佛地經論)』에서 『불지경』의 '일미(一味)'[47]와 관련지어] "1000년 전에는 붓다의 가르침이 한 가지 맛이었으나 1000년이 지난 후에는 '공함[空]'과 '존재함[有]'으로 갈라져 서로 논쟁하게 되었다"라고 해석하셨다. 붓다께서 열반에 드신 지 1000년이 지난 뒤 남인도 경내의 건지국(健至國[48])에서 두 명의 보살이 동시에 세상에 나오게 되었으니, 한 사람은 청변(淸辨)이며, 다른 한 사람은 호법(護法)이다. [그들은] 중생으로 하여금 붓다의 진리를 깨닫도록 하기 위하여 각자 '공함'이라는 주장[空宗]과 '존재함'이라는 주장[有宗]을 세워 함께 붓다의 [설법] 취지를 구현하였다. 청변보살은 '공함[空]'을 주장하고 '존재함[有]'을 부정하여 '존재에 대한 집착[有執]'을 제거하게 하였으며, 호법보살은 '존재함'을 주장하고 '공함(=비존재함)'을 부정하여 '공함에 대한 집착[空執]'을 제거하게 하였다. 따라서 [청변이 주장한] '공함[空]'은 [호법이 주장한] '존재함[有]'과 모순되지 않는다는 점에서 '[물질[色]이] 곧 공성[空]이다[卽空=色卽是空]'라는 진리가 자연스럽게 성립하고, [호법이 주장한] '비존재가 아님[非無=有]'은 [청변이 주장한] '공함[空]'과 모순되지 않는다는 점에서 '[공성[空]이] 곧 물질[色]이다[卽色=空卽是色]'라는 주장이 자연스럽게 성립한다. ['물질'은 '궁극적 진리[眞諦]'의 관점에서 보면] '공한 것[空]'이기도 하고 ['세상의 진리[俗諦]'의 관점에서 보면] '존재하는 것[有]'이기도 하다는 점에서 [亦空亦有] 자연스럽게 [궁극적 진리와 세상의 진리] 두 차원 진리[二諦]를 완성시키며, ['물질'은 허공의 꽃[空華]처럼 완전히] '공한 것[空]'도 아니고 [자체적 본질[自性]

---

47) 『般若心經贊』 T33 544a9-16: 言諸觀者, 若夫佛法甚深, 本唯一味, 學者未悟, 乃成異說. 是故世尊『**佛地經**』說, "佛告妙生. "譬如種種大小衆流未入大海, 各別所依, 水有差別, 水有增減, 若入大海, 無別所依, 水無差別, 水無增減. 如是菩薩未證入於如來清淨法界大海, 各別所依, 智有差別, 智有增減, 若已證入如來清淨法界大海, 無別所依, 智無差別, 智無增減, 受用和合一味事智.""

48) 玄奘 譯, 辯機 撰, 『大唐西域記』 권10, T51 931b29-c1 … 931c7-8: 達羅毘荼國, 周六千餘里, 國大都城號逮志補羅, 周三十餘里. … '逮志補羅城'者, 卽達磨波羅(唐言'護法')菩薩本生之城. '健至國'은 '建志補羅(kāñcīpura)'의 번역어로 추측된다. 왜냐하면 현대 중국어를 기준으로 보더라도 '建志(jiàn-zhì)'는 '健至'와 음이 동일하며, 또 '補羅'에 해당하는 'pura'는 '성, 도시'를 뜻하는데 고전 한문에서 '國'이 '城'의 의미로 사용되는 경우는 다반사이기 때문이다.

처럼 영원히] '존재하는 것[有]'도 아니라는 점에서[非空非有] 중도(中道)에 딱 들어맞으니, 붓다 진리의 핵심이 어찌 이것이 아니랴![49]

원측은『반야심경』의 '색즉시공(色卽是空)' 처럼 청변의 '공함[空]'은 현상이라는 '존재[有]'에 대한 집착을 제거하여 그 본질이 '공성(空性)' 임을 깨우쳐 주는 가르침인 반면, '공즉시색(空卽是色)' 처럼 호법의 '존재함[有]'은 현상의 본성으로서 설해진 '공성'이 실은 현상과 별개의 것이 아니라 그 현상이라는 '존재'의 본성을 지칭하는 말임을 상기시켜 '공함[空]'에 대한 집착을 제거하는 가르침으로 이해하고 있다. 또 '亦空亦有'의 '두 차원의 진리[二諦]'와 '非空非有'의 '중도(中道)'는 모두 현상(=色)과 현상의 본성(=空)의 관계에 대한 올바른 이해를 위해 설해진 방편 설법이며, 그 의미는 사실상 동일함을 재차 확인하고 있다.

원측은 이처럼 청변과 호법이 근본적으로 동일한 주제를 설한 사상가라는 점에서 양자를 동등하게 긍정한 뒤 이러한 관점에서 역사에 실재했던 양자 간의 '공-유 논쟁'에 대해 다음과 같이 재해석한다.

> 問. 有 · 無乖諍寧順佛意? 答. 執我勝論甚違聖教, 佛自許爲解脫菩薩, 況二菩薩互相影響, 令物生解, 違佛意乎?[50]

---

49) 『般若心經贊』T33 544a17-24: 親光釋曰, "千年已前, 佛法一味, 過千年後, 空有乖諍." 佛滅沒已一千年後, 南印度界健至國中, 有二菩薩一時出世, 一者清辨, 二者護法. 爲令有情悟入佛法, 立空有宗, 共成佛意, 清辨菩薩執空撥有, 令除有執; 護法菩薩立有撥空, 令除空執. 然則空不違有, 卽空之理(自立)*, 非無不違空, 卽色之說自成, 亦空亦有, 順成二諦, 非空非有, 契會中道, 佛法大宗豈不斯矣! *한문 문법과 이어지는 '卽色之說自成'과의 대구를 고려하여 주어 '卽空之理'의 서술어 '自立' 정도가 보충되어야 온전한 문장이 된다.

50) T33 544a25-27. 본문의 구두점은『해심밀경소』「서품」의 '설법 주제' 논의 중 티벳어역에만 보존된 부분에 의거한 의미 확인 후에 이루어진 것이며 그에 따른 우리말 번역은 다음과 같다: "묻는다. '존재함[有]'과 '비존재함[無]'으로 갈라져 서로 논쟁하는 것이 어떻게 붓다의 취지에 부합한단 말인가? 답한다. 아뜨만을 주장하는 와이쉐시까 철학[勝論]이 [비록] 성자(=붓다)의 가르침에 매우 어긋나지만 붓다께서 스스로 해탈보살(解脫菩薩)이라고 인정하셨는데 하물며 [청변과 호법] 두 보살이 서로 그림자와 메아리가 되어 중생[物]으로 하여금 깨달음이 생기도록 하였으니 [어찌] 붓다의 취지에 어긋난 것이겠는가?"

윗글에서 가장 이해하기 어려운 것은 '執我勝論甚違聖教佛自許爲解脫菩薩' 이라는 구절인데 그중 '執我勝論' 과 '解脫菩薩' 을 어떻게 해석해야 할지 쉽게 실마리를 잡을 수 없다. 필자가 아는 한 현존 대장경에서 이와 유사한 구절을 찾을 수 없는데, 뜻밖에도 『해심밀경소』 앞서도 언급한 「서품」의 '설법 주제' 논의 중 티벳어역에만 보존된 부분에 청변과 호법 간의 '공-유 논쟁' 에 대한 평가가 있어 해석의 실마리를 얻을 수 있다.

거기서 원측은 그 주제가 똑같이 '언어적 특징 없음[無相]' 인 제2시와 제3시 설법 간의 차이가 무엇인지 스스로 물은 뒤 그에 대한 대답으로 호법의 『광백론』을 인용하며 청변과 호법 간의 논쟁 과정을 자세히 소개한 뒤 인용을 닫으며 자신의 평가를 덧붙인다.51) 이어서 용수(龍樹) · 제바(提婆)의 제2시 '공함[空]' 해석과 미륵(彌勒) · 무착(無著) · 세친(世親)의 제3시 '존재함[有]' 해석 간에는 아무런 갈등이 없었다고 하면서 그 경증으로 앞서 『반야심경찬』에서도 언급된 친광의 설을 인용하는 삼시법륜(三時法輪) 해석사에 대한 삼장(三藏)들의 견해를 소개한 뒤,52) 곧바로 '공-유

---

51) ZhT68.66.2-72.19. 앞서 '자료5' 의 문답 직후에 대응 SNST 없이 한문만 보존되어 있는 짧은 문답*이 있으며, 바로 그 뒤에 이 긴 문답**이 이어진다.
*ZZ21 178a15-16; WX34 595a14-15: 【問. 如何得知諸部『般若』為第二時? 解云. 此義如第二卷『經』『記』中說.】. '第二卷經記' 란 바로 「무자성상품」 주석을 의미하는데, 이를 통해 현존 한문본이 「서품」의 상세한 관련 논의 중 「무자성상품」 부분과 중복된다고 판단되는 부분을 생략하여 편집한 정황을 파악할 수 있다. 하지만 생략되었으리라 추정되는 부분 중에 「무자성상품」에서는 언급되지 않은 논의들을 포함한 자료들이 있으며 지금 필자는 그중 일부를 소개하려 한다.
**이 부분은 다음 절에서 좀 더 구체적으로 소개할 것이다.

52) ZhT68.72.19-73.18: /sde snod gsum pa dag gis **bśad pa las ḥbyuṅ ba**/ chos kyi ḥkhor lo rnam pa gsum po de yaṅ/ saṅs rgyas mya ṅan las ḥdas paḥi ḥog tu lo brgya lhag tsam lon pa na/ ñi śuḥi slob dpon rnams so so nas raṅ gi rig pas chos kyi ḥkhor lo daṅ poḥi rnam par bśad pa byas so/ /de nas saṅs rgyas mya ṅan las ḥdas pa nas lo ñis brgya lon paḥi ḥog tu byaṅ chub sems dpaḥ klu sgrub kyis mdo sde śes rab kyi pha rol tu phyin pa la brten nas/ bstan bcos rnams mdsad de/ ḥdi lta ste/ śes rab kyi pha rol tu phyin paḥi ḥgrel pa daṅ/ dbu ma la sogs paḥo/ /de dag las rnam par brtags paḥi ṅo bo ñid spaṅs pas mtshan ñid med paḥi tshul rab tu bstan to/ /de nas ḥphags paḥi lha la sogs pas gṣuṅ de yaṅ dag par blaṅs te/ gcig nas gcis tu brgyud ciṅ spel to/ /saṅs rgyas mya ṅan las ḥdas pa nas lo dgu brgya lon pa na byaṅ chub sems dpaḥ byams pas mdo sde dgoṅs pa zab mo ṅes par ḥgrel pa la sogs pa la brten nas/ bstan bcos rnams mdsad de(/) ḥdi lta ste/ rnal ḥbyor spyod paḥi sa daṅ dbus daṅ mthaḥ rnam par ḥbyed pa la sogs paḥo/ slob dpon thogs med daṅ dyig gñen gyis gṣuṅ de

논쟁'의 의의에 관해 다음과 같이 말한다.

자료9:

/ḥdir byaṅ chub sems dpaḥ rnams kyis rtsod par gyur pa rnam par bśad pa yaṅ/

---

yaṅ dag par blaṅs nas rab tu spel te/ deḥi tshe saṅs rgyas kyi chos ro gcig pas stoṅ pa daṅ yod par smra bas de dag la rtsod par gyur pa med do/ /deḥi phyir slob dpon ñe baḥi ḥod na re/ lo stoṅ gi mdun rol du ni saṅs rgyas kyi chos ro gcig go/ /de tshun chad nas ni dran pa daṅ śes rab khad kyis ḥgags pas stoṅ pa daṅ yod paḥi rtsod par smra ba rnams ḥjig rten na rgyas par gyur to ṣes bśad do **ṣeḥo**/(삼장(三藏)들은 다음과 같이 해석한다. "그 세 가지 진리의 수레바퀴[法輪] 역시 [그에 대한 다양한 해석이 존재하는데, 우선] 불멸 백여 년에 이르러 스무 명의 논사들이 각각 자신의 지혜로써 제1의 진리의 수레바퀴를 해석하였다. 그 후 불멸 200년 후에 용맹(龍猛, 또는 용수龍樹)보살이 『반야경』에 의거하여 여러 논서를 지었으니 곧 『대지도론(大智度論)』, 『중론(中論)』 등이다. 거기에서는 '상상의 대상이 본질인 것[遍計所執性]'을 부정함으로 '언어적 특징 없음'의 취지를 명시하였다. 그 후 제바(提婆, 또는 성천聖天) 등이 그 핵심 주장을 올바르게 수용해 하나씩 계승하고 발전시켰다. 불멸 900년 후에 이르러 미륵(彌勒) 보살이 『해심밀경』 등에 의거하여 여러 논서를 지었으니 곧 『유가사지론』, 『변중변론(辯中邊論)』 등이다. 무착(無著) 보살과 세친(世親) 보살은 그 핵심 주장을 올바르게 수용하여 펼쳤다. 이때 붓다의 진리는 한 맛이었기 때문에 비록 '공함[空]'과 '존재함[有]'을 설했지만 그들 간에 논쟁은 없었다. 그래서 친광(親光)보살은 "1000년 전에는 붓다의 진리는 한 맛이었는데 그 이래로 기억과 지혜가 점차 쇠퇴하여 '공함'과 '존재함'의 논쟁이 세상에서 유행하게 되었다"라고 말한 것이다.")

SNST의 이 구절이 중관의 입장에서 유식을 포용하려는 티벳 불교 사상가들에게 의미 있게 읽히고 있다는 사실은 흥미롭다.

우선 캡스타인에 의하면 이 중 친광의 마지막 말 앞에 해당하는 부분을 쫑카빠의 스승이자 월칭(Candrakīrti, 月稱, -650-) 계열의 저명한 사꺄빠 학승 렘다와 역시 주목하고 있다. 그는 월칭의 『Madhyamakāvatāra(入中論)』에 대한 주석인 『Dbu ḥjug ḥgrel chen』의 도입부(Delhi: Ngawang Topgay, 1974, pp.26-27)에서 『해심밀경』을 어떻게 이해할 것인가의 문제를 논의하면서 이 부분을 그대로 인용하고 있다고 한다(Kapstein, *op. cit.*, 80-81).

다음으로 『꾼쉬깐델』에서는 'de nas' 이하 구절(즉, 불멸 200백년 후 용수보살이 나타났다는 구절)부터 친광의 말에 해당하는 부분을 인용하고 있는데, 그 맥락은 렘다와와 크게 다르지 않다. 즉, 대승 불교의 역사를 논하면서 용수와 무착 이전에 '중관'과 '유식'이라는 이름은 비록 있었지만 경전의 깊은 뜻에 기초하여 그 학파의 주석을 쓴 이는 이들 두 사상가였다는 점을 서술한 뒤 두 스승이 어느 시대에 살았는지 붓다가 수기를 내린 적이 있느냐고 질문한 후 그에 대한 대답으로 윗부분이 인용된다(Sparham Gareth, *op. cit.*, 48-49).

참고로 홉킨스는 겔룩빠 주석의 해석학적 전제를 언급하면서 쫑카빠와 그의 추종자들은 뛰어난 불교 수행자였던 아상가는 실제로는 쁘라상기까 중관학파를 포용하였지만 쁘라상기까를 이해할 수 있는 지적 능력이 부족한 불교도들을 위해 유가행파의 관점에서 저술하였다고 생각한다는 점을 지적하고 있다(Powers, *op. cit.*, 87-88, 각주15).

de bṣin gśegs paḥi gsuṅ rab śin tu zab pas de dag phan tshun brag ca lta buḥi tshul du saṅs rgyas kyi chos rab tu bstan pa yin par bstan paḥi phyir ~~ro//~~[53] mu stegs graṅs can kyaṅ de bṣin gśegs pas rnam par grol baḥi byaṅ chub sems dpaḥ yin no ṣes bstan pa yin no/ /skyes bu chen po gñis naṅ gi chos kyi gaṅ zag śes rab daṅ dbaṅ po śin tu rno ba raṅ gis ḥphags paḥi gsuṅ rab daṅ 'ḥgrel par〈ḥbral bar〉[54] mi mdsad pa daṅ lta ci smos te(/) de lta bas na de dag gis de ltar bśad pa yaṅ/ bstan pa rgya cher spel baḥi phyir yin par rig par byaḥo/[55]

자, [지금까지 내가] 여러 보살이 이론(異論)을 말하는 것 역시 여래 가르침의 심오함으로 말미암아 그들 서로가 메아리와 같은 방식으로 붓다의 진리를 드러내는 것임을 밝힌 [것과 같은] 이유에서[56] 외도(外道)인 상키야 학파[數論]에 대해서도 여래께서는 '해탈보살'이라고 말한 것이다. [청변과 호법] 두 '위대한 인물[skyes bu chen po]'(=보살)은 우리 [붓다의] 진리에 대하여 지혜와 능력이 가장 뛰어난 자로서 스스로 성자(聖者)(=붓다)의 가르침과 멀어지도록 하지는 않을 것임은 물론일 것이다. 따라서 그들이 이렇게 [논쟁을 벌이며] 말하는 것도 [붓다의] 가르침을 크게 펼치기 위함임을 알아야 할 것이다.

『반야심경찬』 구절과 매우 유사한 윗글을 통해 '執我勝論甚違聖教佛自許爲解脫菩薩' 이 문장은 비교적 쉽게 해석할 수 있는 길이 열린다. 즉, 'rnam par grol baḥi byaṅ chub sems dpaḥ yin no(해탈보살이다)'를 통해 '解脫菩薩'이 명사구임을 확인함으로써 문장의 전체구조(주(佛)+술(自許爲)+목[주(執我勝論)+술(甚違聖教, 解脫菩薩)])를 파악할 수 있으며 그 구조 아래에서 'mu stegs graṅs can(외도인 상키야 학

53) 문장의 흐름상 'ḥdir' 이하 여기까지의 이유구에 연결되는 문장을 앞부분에서 찾을 수 없기 때문에 결국 이어지는 문장(붓다께서 상키야 학파도 해탈보살이라고 했다는 말)에 대한 선행의 이유구로 밖에 볼 수 없다. 따라서 종결조사 'ro'와 찍쉐(/)는 삭제되는 것이 자연스럽다.

54) 문맥상 'ḥgrel par'는 'ḥbral bar'의 오기로 보인다.

55) ZhT68.73.18-74.5.

56) 대응 SNST에 대한 히라바야시와 이이다의 번역(Hirabayashi and Iida, *op. cit.*, 355: Here, I [Wŏnch'uk] have made an exposition in the manner of a chorus of distant echoes on the controversy among those Bodhisattvas who have voiced [the abstruse points] of the *Buddha-dharma*.)을 참조하였다. 두 사람은 '자료5'의 문답부터 여기까지 발췌하여 영역을 제공하고 있어 참조할 만하다.

파)'에 대응하는 『반야심경찬』의 '勝論'을 와이쉐시까 학파를 의미하는 고유명사로 자연스럽게 읽을 수 있다.

2) 텍스트 의미 보완의 실례

앞서 연구사 검토에서도 잠시 언급했지만 『인왕경소』 및 『해심밀경소』「서품」의 '설법 주제' 논의에서는 똑같이 호법의 『광백론』을 통해 공유 논쟁을 소개하고 해석하고 있지만, 문제의 출발점과 인용 후의 논쟁 평가에는 미묘한 차이가 있어 주목할 만하다. 먼저 『인왕경소』「서품」에서는 『광백론』 인용의 전체 의도와 대론에 있어 청변과 호법의 역할에 대해 다음과 같이 명시한다.

> 묻는다. 만약 그렇다면 왜 제2 '언어적 특징 없음'[이라는 진리의 수레바퀴]를 '비명시적 진리'라 하는가?
>
> 해석한다. 실상 ['제2의 진리의 수레바퀴'도] '세 종류의 자체적 본질 없음'을 모두 설하기 때문에 [설해진] 진리 자체에 얕고 깊음[의 차이]는 없다. [다만 '제2의 진리의 수레바퀴'는 '세 종류의 자체적 본질 없음' 각각의] 특징[相]을 숨기는 방식으로 '모든 현상은 자체적 본질이 없다' 등을 말했을 뿐 ['세 종류의 현상'을] 하나씩 구별하여 '세 종류의 자체적 본질 없음[三無性]' [각각]과 연관시키지 않았다. [하지만] 『해심밀경』 등은 '세 종류의 자체적 본질 없음'을 자세히 명시하였으며, 이런 취지에서 '제3의 진리의 수레바퀴'라는 법문에서 '무자성성(無自性性)' 네 자를 더하였는데, [그] 취지는 ['모든 현상은 자체적 본질이 없다'는 일반적 진리와] 별개로 '세 종류의 자체적 본질 없음'이라는 ['세 종류의 현상' 각각과 관련된 '세 종류의 자체적 본질 없음' 각각의] 진리가 있음을 밝히는 것이다. 이 이유에서 [제2시와 제3시의 진리의 수레바퀴를 각각] '명시적 진리'와 '비명시적 진리'라고 한 것이지 [설해진] 진리 자체의 얕음과 깊음[의 차이]를 [각각] '명시적 진리'와 '비명시적 진리'라고 한 것은 아니다. 자세한 분석은 『광백론』 제10권에서와 같은데, [거기에] 세 논사의 해석이 있으니 첫째로 유가학도(瑜伽學徒)가 '의타적 발생이 본질인 현상[依他起性]'이 '존재함[有]'을 주장하고, 둘째로 청변보살이 '의타적 발생이 본질인 현상'이 '공함[空]'을 설하고, 셋째로 호법보살이 [유가학도와 청변보살] 양측의 ['존재'와 '공

함'에 대한] 집착을 모두 논파한다.[57]

여기서는 제2시와 제3시 법륜에서 말해진 진리 자체에 우열이 없다는 주장의 경증으로서 『광백론』이 인용되고 있으며, 청변은 '의타적 발생이 본질인 현상[依他起性]'이 '존재함[有]'을 주장하는 유가학도(瑜伽學徒)의 '존재에 대한 집착[有執]'을 제거하기 위해 제2의 '공함[空]'을 주장하는 배역을 맡게 되는 반면, 『광백론』의 저자 호법은 제2의 '공함' 주장의 부정적 유산인 '공함에 대한 집착'을 제거하는 임무를 떠안게 된다. 이어서 이와 같은 구도하에서 『광백론』을 발췌하는 형식으로 유가학도와 청변 간의 논쟁 과정을 소개한 뒤 양자의 부정적 유산을 모두 비판하는 호법의 입장을 다음과 같이 천명하면서 『광백론』 인용을 닫는다.

> 셋째로 호법보살은 '존재'에 대한 집착과 '공함'에 대한 집착 두 가지를 모두 논파하고 중도를 세웠는데, [그 요지는] '의타적 발생이 본질인 현상'은 '[공중의 꽃처럼 전혀 없다는 의미의] 공한 것도 아니며 [자체적 본질처럼 불변한다는 의미의] 있는 것도 아니다[非空非有]'. 그래서 그는 재차 [다음과 같이] 말한 것이다. "이상과 같은 부류들이 [각자의] 견해가 같지 않음으로 말미암아 성자의 말을 쪼개어 여러 부분으로 갈라놓아 서로 논쟁을 일으켜 어느 한편 관련 극단주의를 각자 고집하여 이미 잘못된 견해의 때를 제거할 수도 없게 되었으니 어찌 불세존들께서 설하신 대승의 번뇌 초월적으로 청정하며 심오한 취지에 합치할 수 있겠는가? 진리를 깨닫지 못한 채 자신의 집착과 잘못된 견해에 따라 스스로를 옳다 여기고 다른 이들을 비난함이 심히 두려울 정도이니 마땅히 '공함'과 '존재' 양자 관련 극단주의에 대한 집착을 버리고 대승의 불이중도(不二中道)를 깨달아야 할 것이다." 자세한 것은 거기에 설해진 대로이다.[58]

57) 『仁王經疏』 권상(본), 「序品」 T33 360b28-c7: 問. 若爾如何第二無相名為不了? 解云. 據實, 具說三種無自性性, 理無淺·深. 以隱密相言'一切法無自性等', 而不分別配三無性. 『深密經』等廣顯三種無自性性, 是故第三法輪門中加'無自性性'四字, 意顯別有三無性理. 由是名為了·不了義, 非理淺·深名了·不了. 若廣分別, 如『廣百論』第十卷中有三師釋, 一瑜伽學徒立依他有, 二清辨菩薩說依他空, 三護法菩薩雙破兩執.

58) T33 361a18-24: 第三護法菩薩雙破空·有兩執, 建立中道, 依他起性非空非有. 故彼復云, "如是等類隨見不同分隔聖言, 合〈令〉*成多分, 互興諍論, 各執一邊, 既不能除惡見塵垢, 詎**能契當諸佛世

여기서 원측은 '의타적 발생이 본질인 현상'이 '비존재함'(='공함')을 주장하는 청변과 그것이 '존재함'을 주장하는 유가학도 각각의 부정적 유산인 '공함에 대한 집착'과 '존재에 대한 집착'을 모두 제거한[非空非有] 중도(中道)의 사상가로 호법을 자리매김하고 있다. 이어서 호법을 이렇게 이해할 경우 『성유식론(成唯識論)』의 취지와 모순되지 않느냐는 비판을 의식한 듯 다음과 같이 자신의 관점을 해명한다.

> 묻는다. 호법의 핵심 주장은 『성유식론(成唯識論)』에서처럼 '의타적 발생이 본질인 현상'을 부정하지 않는 것인데 어찌 여기서는 '의타적 발생이 본질인 현상'이 공한 것도 아니고 존재하는 것도 아니라고 설하는가?
>
> 해석한다. 호법의 정설은 『성유식론』에서처럼 '의타적 발생이 본질인 현상'을 부정하지 않는 것이지만 지금은 성천(聖天)의 논서(=『광백론』)의 취지를 증명하고자 하여 중도를 주장한 것일 뿐이므로 [그의 정설과] 모순되지 않는다. 어떤 이는 호법의 정설은 중도의 주장을 세우는 것이며, 『성유식론』은 『유가사지론』의 핵심 주장을 서술한 것일 뿐이라는 점에서 역시 [양자는] 모순되지 않는다고 말한다.59)

여기서 원측은 두 가지 해석을 소개한다. 그 하나는 호법은 『성유식론』의 저자로서 '의타적 발생이 본질인 현상'이 '존재함'을 주장하면서도, 중관 논사 성천(聖天=提婆)의 『백론(百論)』에 대한 주석가로서 '비공비유(非空非有)'의 '중도(中道)'를 주장했는데, 그 양자는 모순되는 것이 아니라는 해석이다. 다른 하나는 호법의 정설은 '중도'이지만, 『성유식론』은 『유가사지론』의 핵심 주장을 서술하기 위해 방편적으로 '의타적 발생이 본질인 현상'이 '존재함'을 주장했다는 해석이다. 두 해석 모두 호

尊所說大乘清淨妙旨? 未會真理, 隨已執情, 自是非他, 深可怖畏, 應捨執著空 · 有兩邊領悟大乘不二中道." 廣說如彼.(*『광백론』 원문(聖天菩薩 本, 護法菩薩 釋, 玄奘 譯, 『大乘廣百論釋論』 권10, 「教誡弟子品」 T30 249b14-18)에 비추어 볼 때 '合'은 '令'의 오기로 보인다: 如是等類隨見不同分隔聖言, 令成多分, 互興諍論, 各執一邊, 既不能除惡見塵垢, 誰**能契當諸佛世尊所說大乘清淨妙旨? 未會真理, 隨已執情, 自是非他, 深可怖畏, 應捨執著空 · 有兩邊領悟大乘不二中道.) **'거(詎)'와 '수(誰)'가 다르지만 각각 '어찌'와 '누가'를 뜻하는 반어 의문사이므로 각 단어가 포함된 문장은 의미상 차이는 없다.

59) T33 361a24-28: 問. 護法宗如『成唯識』不遣依他, 如何此中說依他起非空非有? 解云. 護法正言如『成唯識』不遣依他, 而今欲成聖天『論』意故立中道, 而不相違. 一云, 護法正宗立中道義, 而『成唯識』述『瑜伽』宗, 故亦不違.

법이 '의타적 발생이 본질인 현상'이 '존재함'과 '비공비유'의 '중도'를 모순적으로 이해하지 않았다고 본 점에서 같다.

이상의 해석에 의하면 호법의 '비공비유'의 '중도'의 이중 부정 논리는 '의타적 발생이 본질인 현상'이 '존재함'을 포함하고 있다. 그리고 청변은 한편으론 유가학도의 '존재에 대한 집착'을 깨면서 호법에게 부정의 논리를 제공하는 긍정적 역할을 수행하면서도, 다른 한편으로는 '중도'에 의해 부정되어야 할 '공함에 대한 집착'에 빠질 위험이 있는 사상가로 부정된다.

그렇다면 호법은 어떤 맥락에서 청변의 '공함에 대한 집착'을 비판하며 또 끝까지 '의타적 발생이 본질인 현상'이 '존재함'을 주장하려 하는 것일까? 이에 대한 원측의 대답은 약간 다른 측면에서 동일한 『광백론』의 논의를 소개하고 해석하고 있는 『해심밀경소』「서품」 '설법 주제' 논의의 관련 부분을 통해 확인할 수 있다. 앞서 '자료5'에서 확인했듯이 똑같이 '언어적 특징 없음'을 주제로 하는 『반야경』과 『해심밀경』 간의 우열과 관련하여 청변은 『해심밀경』의 '세 종류의 본질[三性]' 등은 '공성'(=無所得)의 의미를 명시하지 못한 점에서 『반야경』보다 수준이 낮은 가르침이라고 이해하고 있다. 다시 말해, '인식 대상의 비존재[無所得]'의 관점에서 '세 종류의 본질' 등을 부정하는 것을 '언어적 특징 없음'의 의미로 읽은 것이다. 이어지는 문답에서 원측은 청변이 '인식 대상의 비존재'의 관점에서 부정하고자 하는 것이 '세 종류의 본질' 중 '의타적 발생이 본질인 현상'이라고 구체적으로 지목하면서 다음과 같이 말한다.

자료10:

/ṅo bo ñid rnam pa gsum las ṅo bo ñid gaṅ btsal baḥi phyir/ mtshan ñid med pa ṣes bya ṣe na/ bśad pa rnam pa gñis yod de/ slob dpon chos skyoṅ gi bśad pa daṅ sbyar na ni kun brtags pa ḥbaḥ ṣig btsal pas so/ /slob dpon bha byas bśad pa daṅ sbyar na ni/ gṣan gyi dbaṅ gi ṅo bo ñid ḥbaḥ ṣig btsal baḥi phyir te/ <u>bstan bcos śin tu rgyas pa brgya pa las ḥbyuṅ ba bṣin no</u>/[60]

60) ZhT68.66.2-7.

'세 종류의 본질' 중 어떤 [것을] 본질[로 하는 것]을 부정하기 때문에 '언어적 특징 없음'이라 하는가? [그것에 대해] 두 가지 설이 있는데, 호법의 핵심 주장에 따르면 '상상의 대상이 본질인 것[所執性]'만을 부정하기 때문이지만, 청변의 핵심 주장에 의하면 '의타적 발생이 본질인 것[依他起性]'만을 부정하기 때문이다. [자세한 것은] 『광백론』에서와 같다.

결국 이어서 인용하는 『광백론』의 내용은 '세 종류의 본질' 가운데 '상상의 대상이 본질인 현상[遍計所執性]'의 부정만을 '언어적 특징 없음'이라고 이해하는 호법과 '언어적 특징 없음'의 취지에 부합하기 위해서는 '의타적 발생이 본질인 현상'마저도 부정해야 한다고 보는 청변 간의 대론임을 미루어 짐작할 수 있다. 원측은 '의타적 발생이 본질인 현상'의 부정과 긍정을 번갈아 가며 청변과 호법이 주고받는 긴 논쟁을 소개한 끝에 호법의 다음과 같은 선언으로 인용을 닫는다.

자료11:

/slob dpon chos skyoṅ gis bśad pa/ gal te rkyen las ḥbyuṅ baḥi sems daṅ sems las byuṅ baḥi chos de dag kyaṅ kun brtags (pa)[61] daṅ ḥdra bar thams cad ran bṣin gyis stoṅ pa yin na/ ḥo na ni nam mkhaḥi me tog ḥdra bas/ ji ltar srid pa gsum gyi sems can ḥchi ṣiṅ skye śiḥi⟨baḥi⟩[62] ḥkhor ba byed par nus/ de lta bas na gṣan gyi dbaṅ gi ṅo bo ñid raṅ gi ṅo bo ñid med pa ma yin no/ /bstan bcos mdsad paḥi daṅ poḥi dgoṅs pa yaṅ ṅes par de ḥdraḥo/ /gal te de lta ma yin na ciḥi phyir yaṅ dag pa ma yin pa rnam par rtog paḥi ḥchiṅ ba dag ni stoṅ pa ñid mṅon par rtogs pas rab tu sel te⟨to⟩[63] ṣes bśad/ rus sbal gyi spus ḥchiṅ baḥi bya ba byed pa daṅ/ ri boṅ gi rwa mṅon sum du rtogs pa daṅ/ yoṅs su bsal bar byed nus par sus mthoṅ ste/ 'de nas⟨des na⟩[64] sems daṅ sems las byuṅ baḥi chos ni yod la(/) sems las logs śig na yul yod par yoṅs su bzuṅ ba de dag ni med par śes par bya ste/

---

61) P. N.에 따라 'pa'를 보충하는 것이 자연스럽다.

62) P. N.에 따라 'baḥi'로 교정하는 것이 옳다.

63) P. N.에 따라 'to'로 교정하는 것이 옳다.

64) 아래 『광백론』 속의 '由是' 대응 번역으로 볼 수 있기 때문에 P. N.에 따라 'de nas'를 'des na'로 교정하는 것이 옳다.

ṣib tu bśad pa ni de ñid las ḥbyuṅ ba bṣin no ṣeḥo/[65]

호법은 [다음과 같이] 말한다. 만약 원인으로 말미암아 생겨난 마음과 심리 현상이 '상상의 대상이 본질인 것' 처럼 모두 본질적으로 공하다면 '공중의 꽃' 과 같[이 존재하지 않]을 것인데 어떻게 세 종류 윤회 생존[三有] 속 중생[含識]의 윤회적 삶을 지어낼 수 있단 말인가? 따라서 '의타적 발생이 본질인 현상' 은 본질이 없는 것이 아니다. 논서(=『백론』)를 지은 이(=제바)의 본의도 확실히 그럴 것이다. 만약 그렇지 않다면 왜 [『백론』 게송에서] '비존재의 분별의 속박은 공성을 깨달아 제거할 수 있다네[妄分別縛證空能除]' 라고 말하겠는가? '거북의 털' [처럼 없는 것]이 [우리에게] 속박을 만듦과 [그것이] '토끼의 뿔' [처럼 실은 없는 것]임을 깨달음과 [그것을 통해 속박을] 제거함을 그 누가 본다는 말인가? 이를 통해 마음과 심리 현상은 있으며 마음 외에 분별의 인식 대상으로 상상된 것들은 비존재함을 알 수 있을 것이다." 자세한 것은 거기(=『광백론』)에 설해진 대로이다.[66]

『인왕경소』에서는 청변의 대론 다음 이 부분을 건너뛰고 곧바로 앞서 호법의 유가학도와 청변 양 사상가 동시 비판만 소개했지만, 여기서는 호법이 자신이 왜 '의타적 발생이 본질인 현상' 이 '존재함' 을 주장하려 하는지 그 이유를 제시하고 있다. 즉, '윤회적 삶' 의 원인이면서 동시에 '공성' 을 깨달아 '비존재의 분별[虛妄分別]' 의 속박을 벗어나는 주체이기도 한 '의타적 발생이 본질인 현상' 인 '마음' 과 '심리 현상'

65) ZhT68.72.4-19.

66) cf. 『광백론』 원문(T30 246a15-28 ... 249a5-10): 若一切法本性皆空, 證見此空有何勝德? 爲敘此難, 故說頌曰: 若法本性空　見空有何德/ 論曰. 非於離我諸行法中證見我空少有勝德, 諸法亦爾. 若本性空, 證見此空何所饒益? 若無所益? 何用劬勞修能證空無量加行? 爲釋此難, 復說頌曰: 虛妄分別縛　證空見能除// 論曰. 諸法諸行, 雖空無我, 而諸愚夫虛妄分別執一 · 異等, 由此虛妄分別勢力, 生長貪等煩惱隨眠, 隨緣發生諸善惡業, 沒三有海, 相續輪迴, 三苦所煎, 不能自出, 勤修加行, 證無我空, 漸次斷除虛妄分別, 隨其所應, 證三菩提, 自利利他功德無盡. ... 若從緣生心及心法, 同遍計執皆自性空, 便似空花, 何能繫縛三有含識生死輪迴? 是故依他非無體實. 『論』者本意決定應然. 若不爾者, 何緣故說妄分別縛證空能除? 誰睹龜毛能計能縛? 誰見免角能證能除?* 由是應知, 有心 · 心法, 但無心外所執諸塵.
*『광백론』 원문('誰睹龜毛能計能縛? 誰見免角能證能除?')과 대응 SNST(ZhT68.72.14-1 6: rus sbal gyi spus ḥchiṅ baḥi bya ba byed pa daṅ/ ri boṅ gi rwa mṅon sum du rtogs pa daṅ/ yoṅs su bsal bar byed nus par sus mthoṅ ste/) 간에 문장이 일치하지 않는다.

이 수행의 관점에서 반드시 필요함을 반어법적으로 역설하고 있다.

이상 두 텍스트의 상호 보충을 통해 우리는 원측이 호법의 관점에 서서 청변에 대해 한편으론 '존재에 대한 집착'을 깨는 그의 긍정적 역할을 인정하면서도 다른 한편으로는 수행의 근간이 되는 '의타적 발생이 본질인 현상'을 부정하는 그의 '공함에 대한 집착'을 비판하는 등 이중적 관점을 지니고 있었음을 보다 명료하게 인식할 수 있으며, 또 원측이 이해한 청변은 '의타적 발생이 본질인 현상'이 '존재함'을 주장하는 호법을 원측 자신의 이해와는 달리 유가학도와 마찬가지로 여전히 '존재에 대한 집착'에 빠져 있는 사상가로 보고 비판했음을 추측할 수 있다.

Ⅲ. 맺음말

이상 필자는 SNST를 통해 현존 한문본『해심밀경소』텍스트의 오류를 교정하거나 의미가 불명료한 부분을 명료하게 이해할 수 있다고 판단되는 대표적 실례들을 유형별로 제시해 보았다. 편의상 문헌학적 측면과 사상적 측면을 나누어 소개했지만 양자는 긴밀히 연관되어 있다. 예를 들어, '자료5'에서 확인할 수 있듯이 문헌학적으로 정확히 검증되지 못할 경우 그 텍스트가 전하는 의미를 이해하는 데 큰 장애가 생기며 때로 치명적인 실수를 하는 경우가 생길 수도 있다. 또 '자료9'에서 보았듯이 텍스트 보충을 통해서 의미가 불분명한 텍스트를 명료하게 해석할 수 있는 확실한 근거를 마련할 수도 있다. 이런 점에서 텍스트적으로 매우 불안정한 한문본『해심밀경소』를 읽으면서 1200여 년의 시간을 통과하여 보존된 SNST라는 검증 자료를 이용할 수 있다는 것은 원측 연구자 입장에서는 큰 축복이다. 또 아주 예외적이긴 하지만 '자료7'에서 확인할 수 있듯이 SNST는 때로 현존 대장경 경문의 신뢰성을 검증할 수 있는 뜻밖의 기회를 제공해 주기도 한다. 이와 같은 여러 점에 비추어 볼 때 SNST의 사료적 가치는 일반적으로 알려진 것보다 훨씬 높음을 확인할 수 있을 것이다. 앞으로 원측 연구에서 SNST에 의거한 텍스트 교정과 보충, 교정되고 보충된 텍스트에 의한 사상 연구가 본격화되었으면 하는 바람을 가져본다.

부록:

츠언인취에(陳寅恪)의 "대승도간경수청소발(大乘稻芉經隨聽疏跋)[67]" 번역

法成의 『大乘稻芉經隨聽疏』 一卷은 江杜 씨가 교정하고 모은 京師圖書館 本과 傅增湘 씨가 소장하고 있는 敦煌石室 本 각각의 불경 殘卷으로 이루어져 있다. 法成의 이름이 중국불교의 기록에 보이지 않는다는 점을 생각할 때 그 역경의 시말은 고증할 길이 없다. 돈황석실 사본 『大乘四法經論』 및 『大乘四法經論廣釋開決記』에 法成이 계축년 8월 沙州 永康寺에서 편집했다는 畢記가 있으며, 『諸星母陀羅尼經』에 法成이 甘州 修多寺에서 번역했다는 題字가 있으며, 『瑜伽師地論』 권39, 권52[68]에 法成의 제자 智慧山이 직접 쓴 大中年月이라는 기록이 있으며, 또 프랑스의 펠리오(Paul Pelliot) 씨가 法成의 저술 가운데 大蕃國人이라 자칭하는 것을 본 적이 있다고 하니 (*Journal Asiatique*, Série11, Tome 4, p.143) 이 네 사실에 근거하여 종합적으로 미루어 볼 때 <u>그는 티벳 사문이며</u> 활동연대는 唐文宗 太和 년간[69]에 해당하며 沙州와 甘州에서 역경을 했음을 알 수 있다. 그가 번역하고 지은 책으로는 지금까지 알려진 것으로 한문의 경우 돈황석실에서 발견된 『大乘稻芉經隨聽疏』, 『般若波羅蜜多心經』, 『諸星母陀羅尼經』, 『瑜伽論分門記』, 『薩婆多宗五事論』, 『釋迦如來像法滅盡之記』, 『歡如來無染着功德讚』 등이 있으며, 티벳어로는 티벳어 正藏 중의 『善惡因果經』, 義淨이 번역한 『金光明最勝王經』의 중역본(重譯本), 『觀世音菩薩神咒』 3종(베를린도서관 소장 티벳어 正藏 목록 p.123 n.5, p.124 n.1과 n.5) 등이 있다.(자세한 것은 *Journal Asiatique*, Série11, Tome 4, 『史林』 제81호, 『支那學』 제3권 제5호의 펠리오와 일본의 羽田亨石, 濱純太郎 등 제씨가 고증한 글 속에 보인다.)

내가 또 <u>北京本 티벳어 續藏의 『滿蒙漢藏四體目錄』을 검토해 보니 제41函 契經</u>

---

67) 필자가 아는 한 이 글은 현대 동아시아에서 최초로 SNST의 가치를 확인한 글이다. 국내에 잘 소개되어 있지 않고 후대 중국학자들에게 끼친 영향을 고려할 때 일독의 가치가 있어 보여 좀 더 검증해야 하는 부분이 있긴 하지만 번역해서 소개해 본다. 원문에는 단락의 구분이 없지만 필자가 이해의 편리를 위해 임의로 구분하였다.

68) 『瑜伽師地論』의 해당 권에 대한 法成의 강의록을 지칭한다.

69) 827-835년.

解 가운데 經部 『深微宗旨確釋廣大疏』[70] 1종이 보이는데 '震旦律師溫前个撰, 答哩麻悉諦譯' 으로 되어 있다. '答哩麻悉諦'[71]라는 이름은 본래 몽골어의 음역에서 유래한 것으로, 요컨대 몽골어 목록에서의 이 疏의 譯主의 이름이며 산스끄리뜨어에 의거하면 Dharma-Siddhi가 되니, 곧 티벳어의 Chos-grub이며 한문 '法成'의 의역이다. '溫前个'[72]는 '圓測' 두 글자가 와전된 번역이다. 이 책은 실은 玄奘의 제자 圓測의 『解深密經疏』의 티벳어 번역본이다. 西明疏는 法相宗의 寶笈으로 한문 원문은 현재 이미 결락이 있는 상태이니, 만약 티벳어 번역으로부터 보충한다면 천 년의 고적이 재차 완전한 책이 되는 것을 돕는 일이니 참으로 쾌거일 것이다.

『稻芉經隨聽疏』는 규모가 넓고 크며 매우 정밀하고 섬세하니 이 땅의 보통의 經疏가 미칠 수가 없다. 아마도 별도의 전거가 있었을 것으로 추측된다. 티벳어 續藏 제33函 菩提路燈品에 龍樹菩薩의 『聖稻(艸+幹)經章句』가 있으며 제34函 隨念三寶義旨 중에 龍樹菩薩의 『稻芉喩經廣大演』 120品이 있다. 法成이 당시 『稻芉經』에 疏를 지으면서 혹 이 두 책을 이미 보았을지 모르겠다. 또 제37函 十地論釋 중에 佮麻剌尸剌(Kamalaśīla)[73]의 『稻芉喩經廣大疏』가 있는데 그 책은 『隨聽疏』의 第五解釋門 釋本文에서 나누는 五門과 七門, 章句의 순서, 문자의 해석과 정확히 일치한다. 佮麻剌尸剌이 인도 어느 때의 사람인지 모르겠으며[74] 『廣大疏』가 티벳어로 번역된 연대도 확정지을 수 없다. 설령 法成보다 후대에 『隨聽疏』를 지을 때라 해도 『隨聽疏』의 解釋門 釋本文 한 단락은 역시 반드시 法成 이전 티벳에서 번역된 인도의 여러 舊注를 근거해야 하며 그래서 『廣大疏』와 동일한 근원에서 나온 것이 되어야 할 것이다. 그렇지 않다면 한문과 티벳어 두 疏가 이렇게 묘하게 일치할 수는 없을 것이다. 아울러

70) 『解深密經疏』의 티벳어 번역본의 표제인 'dgoṅs pa zab mo ṅes par ḥgrel paḥi mdo rgya cher ḥgrel pa'를 한문으로 재차 의역한 이름이다. dgoṅs pa(宗旨) zab mo(深微) ṅes par ḥgrel paḥi mdo(確釋) rgya cher ḥgrel pa(廣大疏)로 분석될 수 있다.

71) '답리마실제', 현재 중국어 발음으로 읽으면 '다리마씨디(da-li-ma-xi-di)'.

72) '온즉개', 현재 중국어 발음으로 읽으면 '원저거(wen-ze-ge)'.

73) '합마랄시랄', 현재 중국어 발음으로 읽으면 '꺼마라셔라(ge-ma-la-shi-la)'.

74) 까말라쉴라의 연대는 대략 740-796년(히라카와 아키라 1991. 189).

나는 이 때문에 지금 보이는 한문 經論에 대한 注疏 중 法成所撰集으로 되어 있는 것은 실은 모두 티벳어 문헌으로부터 번역된 것으로 추측한다. 다만 당시에 의거했던 원서가 지금은 거의 일실되어 버렸기 때문에 그 유래를 상세히 탐구하기가 쉽지 않을 뿐이다.

옛날 玄奘이 인도의 제 승려들을 위해 한문 『大乘起信論』을 산스끄리뜨어로 번역하였다. 道宣은 이 일을 기술하면서 다음과 같이 찬탄하였다. "정법으로 교화함의 인연에 있어 동과 서가 서로를 밝혀주었네."[75] 저 티벳에 있어 成公 역시 중국에 있어 慈恩과 같은데 지금 천하에 玄奘이 있다는 걸 모르는 이 없건만 法成은 이름이 묻힌 지 천 년이나 되었다가 오늘에 이르러서야 고적을 뒤지고 찾아 겨우 얻게 되었네. 똑같이 동과 서의 학술을 소통시키며 한 시대의 문화에 소명을 바친 이들인데 그 후세의 명성은 드러남과 묻혀버림이 이처럼 다르니, 아마 [어떤 이에겐] 행운이 있었던 반면 [다른 이에겐] 불운이 뒤따른 탓일까? 法成의 『隨聽疏』를 읽고 나서 그 저술의 대략을 살펴보았으며 아울러 南山律師[76]의 말을 들어 慈恩과 비교하여 그 불행을 드러내 보았다.

---

75) 道宣 撰, 『續高僧傳』 권4, 「譯經篇 · 京大慈恩寺釋玄奘傳」 T50 458b27-29: 又以『起信』一『論』文出馬鳴, 彼土諸僧思承其本, 奘乃譯唐爲梵, 通布五天, 斯則法化之緣東西互擧.

76) 道宣을 지칭함.

원문

陳寅恪 "大乘稻芉經隨聽疏跋"

法成大乘稻芉經隨聽疏一卷, 江杜君校集京師圖書館及傅增湘君所藏敦煌石室佛經各殘卷而成. 案法成之名不見於支那佛教載記, 其譯經始末無可考. 敦煌石室寫本大乘四法經論及廣釋開決記有法成癸丑年八月沙州永康寺集畢記, 諸星母陀羅尼經有法成甘州修多寺譯題字, 瑜伽師地論卷三十九, 五十二, 有法成弟子智慧山手書大中年月; 又法蘭西伯希和君曾見法成著述中自稱大藩國人(*Journal Asiatique*, Série11, Tome 4, p.143), 據此四事, 綜合堆計, 知其人爲吐藩沙門, 生當唐文宗太和之世, 譯經於沙州·甘州. 其譯著之書, 今所知者, 中文則有敦煌石室發見之大乘稻芉經隨聽疏·般若波羅蜜多心經·諸星母陀羅尼經·瑜伽論附分門記·薩婆多宗五事論·釋迦如來像法滅盡之記·歎如來無染着功德讚等. 藏文則有西藏文正藏中之善惡因果經·義淨譯金光明最勝王經重譯本及關於觀世音菩薩神咒三種(柏林圖書館所藏西藏文正藏目錄第一百二十三頁第五號·第一百二十四頁第一號及第五號)等.(詳見*Journal Asiatique*, Série11, Tome 4·史林第八卷第一號·支那學第三卷第五號伯希和及日本羽田亨石·濱純太郎諸君考證文中[77])

予又檢閱北京本西藏文續藏滿蒙漢藏四體目錄, 見第四十一函契經解中, 有經部深微宗旨確釋廣大疏一種, 震旦律師溫前个撰, 答哩麻悉諦譯. '答哩麻悉諦'之名本自蒙古文音譯而來, 蓋蒙文目錄, 此疏譯主之名, 依據梵文作Dharma-Siddhi, 卽藏文Chos-grub, 中文'法成'之意譯. '溫前个'者, '圓測'二字之訛譯. 是書實玄奘弟子圓測解深密經疏之藏文譯本. 西明疏爲法相宗寶笈, 中文原文今已殘闕, 若自藏文譯補, 俾千年古籍, 復成完書, 亦快事也.

稻芉經隨聽疏博大而精審, 非此土尋常經疏可及. 頗疑其別有依據. 西藏文續藏第三十三函菩提路燈品有龍樹菩薩聖稻(艸+幹)經章句, 第三十四函隨念三寶義旨中, 有龍樹菩薩稻芉喩經廣大演一百二十品. 法成當日爲稻芉經作疏, 或已見此二書. 又第三十七函

77) '詳見' 이하 괄호 속 부분의 三聯書店 本 구두점은 오류가 있어 필자가 임의로 교정하였다.

十地論釋中, 有伀麻剌尸剌(Kamalaçīla)稻芉喩經廣大疏, 其書與隨聽疏第五解釋門釋本文文中所分五門, 七門, 章句次第, 文字詮釋, 適相符合. 伀麻剌尸剌不知爲印度何時人, 廣大疏譯爲藏文年代亦未能確定. 卽使後於法成作隨聽疏時, 然隨聽疏解釋門釋本文一節, 亦必本諸法成以前吐藩所譯天竺舊注, 而與廣大疏同出一源, 否則中藏兩疏, 不能如是闇合也. 予因此並疑今日所見中文經論注疏凡號爲法成所撰集者, 實皆譯自藏文, 但以當時所據原書, 今多亡逸, 故不易詳究其所從出耳.

昔玄奘爲西土諸僧譯中文大乘起信論爲梵文. 道宣記述其事, 贊之曰: "法化之緣, 東西互擧." 夫成公之於吐藩, 亦猶慈恩之於震旦; 今天下莫不知有玄奘, 法成則名字湮沒者且千載, 迄至今日, 鉤索故籍, 僅乃得之. 同爲溝通東西學術, 一代文化所託命之人, 而其後世聲聞之顯晦, 殊異若此, 殆有幸有不幸歟! 讀法成隨聽疏竟, 爲考其著述槪略, 並擧南山律師之語, 持較慈恩, 以見其不幸焉.

부록3

티벳어역 『해심밀경소』에만 보존된 일부 자료들

1. 쫑카빠 『꾼쉬깐델』 인용 자료
- 중관 사상가 쫑카빠가 유식사상가 원측을 수용하는 방식

A. 용수의 불교사상사적 의의와 관련하여 익명으로 또 선택적으로 『해심밀경대소』 티벳어역을 인용

따라서 이제 [불교사를 정리해 보면] 그러한 사건은 다음과 같이 발생했다. 붓다가 열반에 든 후 비바사사(毘婆娑師, Vaibhāṣika) 등이 일곱 종류의 아비다르마를 지어 자신들의 이론을 펼침으로써 경전의 의미를 다르게 해석하여 보배(=경전)에 때를 묻혔다. 예를 들어 [『아비달마구사론(阿毘達磨俱舍論)』에서] "스승 [석가모니]께서 세상의 눈을 감으시고 [스승을] 보았던 모든 이들이 거의 죽었을 때 그를 보지 못하고 자신을 제어하지 못하는 악한 사변가들이 이 가르침을 혼란에 빠뜨려 버렸네"라고 하고 "[아비다르마] 이것은 붓다가 설한 것이다"라고 하는 경우와 [『**해심밀경대소**』(=SNST)에서] "붓다께서 열반에 드신 후 마(魔)의 소행이 횡행하게 되어 여러 학파들이 집착을 각자 일으켰는데, 대부분 '[현상의 자체적 본질[自性, svabhāva]이] 존재한다는 잘못된 견해[有見]'에 집착하였기 때문에 용수(龍樹) 보살은 극희지(極喜地)에 머문 이로서 대승의 ''언어적 특징 없음', 즉 '[자체적 본질이] 공함'[無相空]'의 가르침에 의거하여 『중론(中論)』 등을 지었다"라고 설하는 경우이다.

스팔험 교정본(Sparham, 1993. 167-168):

de ltar byas na ḥdir de dag gi don ḥdi ḥbyuṅ ste/ thub pa mya ṅan las ḥdas paḥi rjes la byed brag tu smra ba sogs kyi panḍi ta rnams kyis mṅon pa sde bdun sogs brtsams nas raṅ raṅ gi grub mthaḥ rgyas par byas te mdoḥi don gṣan du bkral nas bstan pa rin po che dri ma can du byas te/ ji skad du/ ston pa ḥjig rten mig ni zum gyur ciṅ/ /dpaṅ gyur skye bo phal cher zad pa na/ /de ñid ma mthoṅ raṅ dgar gyur pa yi/ /ṅan rtog rnams kyis bstan pa ḥdi dkrugs so// ṣes daṅ/ ḥdi ni ston pas gsuṅs so lo// ṣes ḥbyuṅ ba ltar (daṅ)[1]/ **saṅs rgyas mya ṅan las ḥdas paḥi hog tu bdud kyi las cher gyos/ sde pa rnams kyi ḥdsin pa so so nas laṅs te phal cher yod pa ñid du lta ba la mṅon par ṣen pas/ byaṅ chub sems dpaḥ klu sgrub sa rab tu dgaḥ ba brñes pas theg pa chen po mtshan ma med paḥi stoṅ pa ñid kyi gsuṅ rab la brten nas bstan bcos dbu ma la sogs mdsad** ces gsuṅs pa ltar ro//

cf. 『해심밀경소』「서품」의 '설법 주제' 논의 부분(ZhT68.62.15-19):

saṅs rgyas mya ṅan las ḥdas paḥi ḥog tu bdud kyi las cher gyos/ sde pa rnams kyis ḥdsin pa rnams so so nas <u>rab tu</u> laṅs te/ phal cher <u>gyos</u>⟨yod⟩[2] pa ñid du lta ba la mṅon par ṣen pas byaṅ chub sems dpaḥ klu sgrub sa rab tu dgaḥ ba brñes pas theg pa chen po mtshan ma med <u>pa</u> stoṅ pa ñid kyi gsuṅ rab **la brten nas** bstan bcos dbu ma la sogs pa mdsad de ...(<u>밑줄 부분</u>만 다름, 볼드 부분은 한문과 불일치하는 부분)*

*대응『유가사지론석』원문(最勝子等諸菩薩 造, 玄奘 譯,『瑜伽師地論釋』권1,「本地分 · 五識相應地」T30 883c12 이하): 佛涅槃後魔事紛起, 部執競興, 多著有見, <u>龍猛</u>菩薩證極喜地, **採集大乘無相空教**, 造『中論』等 ...

---

1) 뒷부분 역시 'ces gsuṅs pa ltar ro'로 인용 형식을 취하고 있기 때문에 병렬 접속조사 'daṅ'을 보충하는 것이 자연스럽다.

2) 문맥과『유가사지론석』의 '有見'에 비추어 볼 때 'gyos'는 'yod'의 오기로 보인다.

B. 중관과 유식 사상의 연속성을 암시하면서 『해심밀경소』 티벳어역을 경증으로 이용

[붓다가 열반에 드신 후] 오랫동안 [소승의] 열등한 이론이 크게 유행한 반면 대승은 이름조차도 없었는데 용수가 대승을 전파함으로써 [대승의] 길을 열었으며 그 후 스승 무착(無著)께서 유심(唯心)(=유식唯識)의 체계를 크게 세웠기 때문에 용수와 무착 전에 '중관(中觀)'과 '유가행(瑜伽行)'이라는 이름은 있었을지는 모르겠지만 경의 숨은 뜻을 상이한 두 이론으로 해석하여 학설을 세운 이는 바로 앞에서 말한 대로 [용수와 무착인 것으로] 보인다. [그들을 제외하고] 따로 용수, 무착 등 전에 대승의 길을 열며 [붓다] 말씀의 숨은 뜻을 해석한 논과 스승을 말해야 한다면 그러한 것은 발견되지 않는다. 이렇게 여래께서 예언하신 이 두 스승은 언제쯤 태어났는가? 성자 용수는 『문수(文殊) 근본탄트라』에서 "내가 열반에 든 후 400년에"라고 말하며, 『**해심밀경대소**』 제75권에서 다음과 같이 말한다. "[삼장들은] 다음과 같이 말했다. "그 후 불멸 200년 후에 용수 보살이 『반야경(般若經)』에 의거하여 여러 논서를 지었으니 곧 『대지도론(大智度論)』, 『중론』 등이다. 거기에서는 '상상의 대상이 본질인 것[遍計所執性]'을 부정함으로 '언어적 특징 없음'의 취지를 명시하였다. 그 후 제바(提婆, 또는 성천聖天) 등이 그 핵심 주장을 올바르게 수용해 하나씩 계승하고 발전시켰다. 불멸 900년 후에 이르러 미륵(彌勒) 보살이 『해심밀경(解深密經)』 등에 의거하여 여러 논서를 지었으니 곧 『유가사지론(瑜伽師地論)』, 『변중변론(辯中邊論)』 등이다. 무착 보살과 세친(世親) 보살은 그 핵심 주장을 올바르게 수용하여 펼쳤다. 이때 붓다의 진리는 한 맛이었기 때문에 비록 '공함[空]'과 '존재함[有]'을 설했지만 그들 간에 논쟁은 없었다. 그래서 친광(親光) 보살은 "1000년 전에는 붓다의 진리는 한 맛이었는데 그 이래로 기억과 지혜가 점차 쇠퇴하여 '공함'과 '존재함'의 논쟁이 세상에서 유행하게 되었다"라고 말한 것이다.""

스팔험 교정본(Sparham, 1993. 168-169):

de ltar dus riṅ moḥi bar du grub mthaḥ ḥog ma śin tu dar la theg chen miṅ tsam yaṅ med pa klu sgrub kyis theg chen dar bar byas te srol btod/ de rjes slob dpon thogs med kyis sems tsam paḥi lta baḥi srol rgyas par btod pa yin paḥi phyir/ klu srub daṅ thogs med kyi sṅon du dbu ma daṅ rnal ḥbyor spyod paḥi miṅ tsam yod srid kyaṅ mdoḥi dgoṅs pa grub mthaḥ gñis tha dad du bkral gnas gṣuṅ ḥdsugs pa ni/ sṅar bstan pa kho na ltar bzuṅ ste gṣan du na klu sgrub thogs med sogs kyi sṅon du theg chen gyi srol btod paḥi bkaḥi dgoṅs ḥgrel gyi bstan bcos daṅ slob dpon gaṅ yin pa bstan dgos na de yaṅ rñed pa ma yin no// de ltar de bṣin gśegs pas luṅ bstan paḥi slob dpon de gñis dus ci tsam nas byuṅ ṣe na/ ḥphags pa klu sgrub ni/ rtsa rgyud du/ ṅa ni mya ṅan ḥdas ḥog tu/ /lo ni bṣi brgya lon pa na// ṣes ḥbyuṅ la/ **dgoṅs ḥgrel gyi ḥgrel chen bam bo bdun cu rtsa lṅa las/ de nas** saṅs rgyas mya ṅan las ḥdas nas lo ñis brgya lon paḥi ḥog tu byaṅ chub sems dpaḥ klu sgrub kyis mdo sde śes rab kyi pha rol tu phyin pa la brten nas bstan bcos rnams mdsad de/ ḥdi lta ste śes rab kyi pha rol tu phyin paḥi ḥgrel pa daṅ/ dbu ma la sogs paḥo/ /de dag las rnam par brtags paḥi ṅo bo ñid spaṅs pas mtshan ñid med paḥi tshul rab tu bstan to/ /de nas ḥphags paḥi lha la sogs pas gṣuṅ de yaṅ dag par blaṅs te/ gcig nas gcis tu brgyud ciṅ spel te/ /saṅs rgyas mya ṅan las ḥdas nas lo dgu brgya lon pa na byaṅ chub sems dpaḥ byams pas mdo sde dgoṅs pa zab mo ṅes par ḥgrel pa la sogs pa la brten nas bstan bcos rnams mdsad de/ (ḥdi lta ste/)[3] rnal ḥbyor spyod paḥi sa daṅ dbus daṅ mthaḥ rnam par ḥbyed pa la sogs paḥo/ slob dpon thogs med daṅ dbyig gñen gyis gṣuṅ de yaṅ dag par blaṅs nas rab tu spel te/ deḥi tshe saṅs rgyas kyi chos ro gcig pas stoṅ pa daṅ yod par smra ba la rtsod pa med do/ /deḥi phyir slob dpon ñe baḥi ḥod na re/ lo stoṅ gi mdun rol du ni saṅs rgyas kyi chos ro gcig go/ /de tshun chad nas ni dran pa daṅ śes rab khad kyis ḥgags pas stoṅ pa daṅ yod par smra ba rnams ḥjig rten na rgyas par gyur to/ ṣes bśad do ṣeḥo// **ṣes so//**

cf. 『해심밀경소』「서품」의 '설법 주제' 논의 부분(ZhT68.72.19-74.5):

/sde snod gsum pa dag gis bśad pa las ḥbyuṅ ba/ chos kyi ḥkhor lo rnam pa gsum po de yaṅ/ saṅs rgyas mya ṅan las ḥdas paḥi ḥog tu lo brgya lhag tsam lon pa na/ ñi śuḥi slob dpon rnams so so nas raṅ gi rig pas chos kyi ḥkhor lo daṅ poḥi rnam par bśad pa byas so/ /***de nas*** saṅs rgyas mya ṅan las ḥdas pa nas lo ñis brgya lon

3) SNST를 따라 'ḥdi lta ste'를 보충해야 자연스럽다.

paḥi ḥog tu byaṅ chub sems dpaḥ klu sgrub kyis mdo sde śes rab kyi pha rol tu phyin pa la brten nas/ bstan bcos rnams mdsad de/ ḥdi lta ste/ śes rab kyi pha rol tu phyin paḥi ḥgrel pa daṅ/ dbu ma la sogs paḥo/ /de dag las rnam par brtags paḥi ṅo bo ñid spaṅs pas mtshan ñid med paḥi tshul rab tu bstan to/ /de nas ḥphags paḥi lha la sogs pas gṣuṅ de yaṅ dag par blaṅs te/ gcig nas gcis tu brgyud ciṅ spel to/ /saṅs rgyas mya ṅan las ḥdas pa nas lo dgu brgya lon pa na byaṅ chub sems dpaḥ byams pas mdo sde dgoṅs pa zab mo ṅes par ḥgrel pa la sogs pa la brten nas/ bstan bcos rnams mdsad de(/) ḥdi lta ste/ rnal ḥbyor spyod paḥi sa daṅ dbus daṅ mthaḥ rnam par ḥbyed pa la sogs paḥo/ slob dpon thogs med daṅ dyig gñen gyis gṣuṅ de yaṅ dag par blaṅs nas rab tu spel te/ deḥi tshe saṅs rgyas kyi chos ro gcig pas stoṅ pa daṅ yod par smra bas de dag la rtsod par gyur pa med do/ /deḥi phyir slob dpon ñe baḥi ḥod na re/ lo stoṅ gi mdun rol du ni saṅs rgyas kyi chos ro gcig go/ /de tshun chad nas ni dran pa daṅ śes rab khad kyis ḥgags pas stoṅ pa daṅ yod paḥi rtsod par smra ba rnams ḥjig rten na rgyas par gyur to ṣes bśad do **ṣeḥo**/ /ḥdir byaṅ chub sems dpaḥ rnams kyis rtsod par gyur pa rnam par bśad pa yaṅ/ de bṣin gśegs paḥi gsuṅ rab śin tu zab pas de dag phan tshun brag ca lta buḥi tshul du saṅs rgyas kyi chos rab tu bstan pa yin par bstan paḥi phyir ~~ro/ /~~[4] mu stegs graṅs can kyaṅ de bṣin gśegs pas rnam par grol baḥi byaṅ chub sems dpaḥ yin no ṣes bstan pa yin no/ /skyes bu chen po gñis naṅ gi chos kyi gaṅ zag śes rab daṅ dbaṅ po śin tu rno ba raṅ gis ḥphags paḥi gsuṅ rab daṅ 'ḥgrel par⟨ḥbral ba r⟩[5] mi mdsad pa daṅ lta ci smos te(/) de lta bas na de dag gis de ltar bśad pa yaṅ/ bstan pa rgya cher spel baḥi phyir yin par rig par byaḥo/[6]

(삼장(三藏)들은 다음과 같이 해석한다. "그 세가지 진리의 수레바퀴의 경우에도 [그에 대한 다양한 해석이 존재하는데, 우선] 불멸 100여 년에 이르러 스무 명의 논사들이 각

4) 문장의 흐름상 'ḥdir' 이하 여기까지의 이유구에 연결되는 문장을 앞 부분에서 찾을 수 없기 때문에 결국 이어지는 문장(붓다께서 상키야 학파도 해탈보살이라고 했다는 말)에 대한 선행의 이유구로 볼 수밖에 없다. 따라서 종결조사 'ro'와 찍쉐(/)는 삭제하는 것이 자연스럽다.

5) 문맥상 'ḥgrel par'는 'ḥbral bar'의 오기로 보인다.

6) ZhT68.73.18-74.5.

각 자신의 지혜로써 최초의 진리의 수레바퀴를 해석하였다. 그 후 불멸 200년 후 ...” 자, [지금까지 내가] 여러 보살이 이론(異論)을 말하는 것 역시 여래 가르침의 심오함으로 말미암아 그들 서로가 메아리와 같은 방식으로 붓다의 진리를 드러내는 것임을 밝힌 [것과 같은] 이유에서 외도(外道)인 상키야 학파[數論]에 대해서도 여래께서는 ‘해탈보살’이라고 말한 것이다. [청변과 호법] 두 ‘위대한 인물[skyes bu chen po]’(=보살)은 우리 [붓다의] 진리에 대하여 지혜와 능력이 가장 뛰어난 자로서 스스로 성자(聖者)(=붓다)의 가르침과 멀어지도록 하지는 않을 것임은 물론일 것이다. 따라서 그들이 이렇게 [논쟁을 벌이며] 말하는 것도 [붓다의] 가르침을 크게 펼치기 위함임을 알아야 할 것이다.)

2. 『해심밀경소』「서품」의 ‘설법 주제[所詮宗]’ 논의 중 ‘설법 시간으로 본 경들의 주제[約時辨宗]’ 부분의 한(漢)-장(藏) 텍스트의 구성

	한문본 텍스트	티벳어역 주요 내용	비 고
1	ZZ21 177c22; WX34 594b15: 所詮宗者,	ZZ68.51.7-52.10: 설법 주제[所詮宗]와 관련하여 크게 외도(外道)와 불교로 나눌 수 있고, 외도 안에서 다시 네 유형이 있음을 소개한 뒤 경증으로 『성유식론』 구절(卷第一 T31 3c13-4a6)을 발췌 인용함	한문 후대 결락 또는 편집 추정
2	ZZ21 177c22-178a2; WX34 594b15-595a1: 【略有四種. 一存妄隱真宗, 如薩婆多等雖說四諦, 不立真如. 二遣妄存真宗, 如經部師遣諸妄法, 存法性空. 三真·妄俱遣宗, 如清辨等雙遣一切有為·無為. 四真·妄俱存宗, 如護法等存立二諦·三性等義. 如是等義, 至文當說.】	대응 번역 없음	한문 후대 삽입 가능성? -근거: 眞과 妄을 기준으로 교판하는 경우를 다른 곳에서 본 적 없음

	한문본 텍스트	티벳어역 주요 내용	비 고
3	ZZ21 178a3-4; WX34 595a2-3: 或可諸宗略有三種. 一約時辨宗, 二部別顯宗, 三隨病別宗.	ZZ68.52.12-14: 한문과 달리 隨病別宗, 部別顯宗, 約時辨宗 순으로 분류함. 따라서 티벳어역도 맨 뒤로 건너뜀.	
4	ZZ21 178a4-9; WX34 595a3-8: 約時辨宗, 有其三種. 一四諦法輪, 如四『阿笈摩』, 雖有諸部, 四諦為宗.【[梵音'阿笈摩' 此翻云'傳. 故『瑜伽論』八十五云, "佛及南印度立五阿笈摩, 弟子展轉傳來于今, 故名'笈摩', 謂四阿笈摩外別立百部『阿笈摩經』. 四阿笈摩者, 一雜, 二中, 三長, 四增壹." 廣如『瑜伽』八十五釋.]】 二無相大乘, 如諸『般若』, 遣所執性, 無相為宗. 三了義大乘, 如此『經』等, 用三性等為所詮宗.	ZhT68.57.19-58.4: 대동소이하지만 협주 부분([ ] 안)이 없고 한문과 약간 다른 부분도 있음	**본문 '자료69'가 그 일부임**
5	ZZ21 178a9; WX34 595a8: 三種法輪, 至第二卷當廣分別.		이하(6-15)는 결락을 수습하기 위해 후대에 이루어진 '한문본' 편집으로 추정(이나바의 견해)
6	한문 없음	ZZ68.58.4-59.6: deḥi phyir ḥog nas mdo las so/ de nas ... 위 삼시 설법의 주제 소개('4')의 근거로서 곧바로 『해심밀경』 「무자성상품」 경문 인용	

	한문본 텍스트	티벳어역 주요 내용	비 고
7	〃	ZZ68.59.6-62.4: 위의 삼시 설법의 취지는 잘 이해하기 어렵기 때문에 먼저 제1시 '네 가지 진실[四諦]'이라는 진리의 수레바퀴에 대해 불멸 100여 년 후에 여러 부파가 일어나 각자의 해석을 하였다고 함. 그중 중국에 전해진 것은 설일체유부(說一切有部)와 경량부(經量部)이기 때문에 그 두 부파의 해석을 소개하겠다고 하면서 『구사론』(『阿毘達磨俱舍論』「分別隨眠品」 T29 104b28-c29, 105a3-5)을 경증으로 인용함	
8	〃	ZhT68.62.12-63.12: 제2시 '언어적 특징 없음[無相]'이라는 진리의 수레바퀴와 제3시 '명시적 진리[了義]'라는 진리의 수레바퀴의 차이를 설명하면서 『유가사지론석』 인용	**본문 '자료70'** (본 부록 '1'의 'A'에 『유가사지론석』 인용문의 일부가 익명으로 편집됨)
9	〃	ZhT68.63.12-64.6: 제2 '언어적 특징 없음'에 대한 세 가지 해석을 소개하고 현장의 제3설을 지지함	**본문 '자료71'**
10	〃	ZhT68.64.6-65.3: 제3 '명시적 진리'에 대한 세 가지 해석을 소개하고 제3설을 정설로 지지함	**본문 '자료72'**
11	ZZ21 178a9-15; WX34 595a8-14: 問. 諸『般若』宗明無相, 此『經』了義, 淺·深何異? 清辨解云, 『深密』等『經』辨有所得淺而非深	ZhT68.65.3-66.2: 내용은 대동소이하지만 한문본보다 좀 더 자세함	**본문 '자료50'; 부록2 '자료5'**

	한문본 텍스트	티벳어역 주요 내용	비 고
	; 諸部『般若』顯無所得為最甚深. 護法等說, 二時所說無相之理理無淺 · 深. 而說『深密』為了義者, 約三性義決判諸『經』有 · (無)道理顯了說故, 名為了義, 非無相中有淺 · 深故說了義也.		
12	ZZ21 178a15-16; WX34 595a14-15: 【問. 如何得知諸部 『般若』為第二時? 解云. 此義如第二卷經『記』中說.】	대응 번역 없음	한문 후대 삽입 추정 -근거: 문장의 흐름상 자연스럽지 못함
13	한문 없음	ZhT68.66.2-7: 세 종류의 현상 중 어떤 현상을 부정하기 때문에 '언어적 특징 없음'이라 하는지 자문하고, 호법은 '상상의 대상이 본질인 현상'만을 부정하는 것으로, 청변은 '의타적 발생이 본질인 현상[依他起性]'만을 부정하는 것으로 이해했다고 직답한 뒤 그 근거로 호법의 『대승광백론석론 (大乘廣百論釋論)』(이하 『광백론』으로 약칭)을 언급함	**본문 '자료51'; 부록2 '자료10'**
14	〃	ZhT68.66.7-72.19: 호법과 청변으로 대론자를 배당하여 『광백론』의 문장을 길게 인용함. 호법으로 시작해서 호법의 결론으로 인용이 끝남	**본문 '자료52'와 '자료53'이 그중 일부**
15	〃	ZZ68.72.19-74.5: 청변과 호법 간의 '공(空)-유(有)' 논쟁에 대한 삼장들의 해석을 소개한 뒤 원측 자신의 의견을 덧붙임	**본문 '자료54'** (본 부록 '1'의 'B'에서 확인 가능하듯이, 쫑카빠는 이 중 '삼장들'의 해석 부분만 실명으로 소개함)

*** 이 부분에 대한 기존 연구 성과와 필자의 성과:**

- 이나바(Inaba 1977): 티벳어역만 보존된 부분(아마도 6-10, 13-15)의 존재와 그 가치에 최초로 주목하였지만, 구체적으로 자료를 인용하거나 소개하지는 않았음.
- 히라바야시와 이이다: 청변과 호법 간 '공(空)-유(有)' 논쟁 관련 부분(11, 13-14, 15의 앞 부분)을 티벳어역에 의거하여 발췌 번역함(Hirabayashi and Iida 1977).
- 필자는 8-10(=본문 '자료70-72') 부분을 텍스트 교정 후 처음 공개하였으며, 더불어 8(=본문 '자료70')이 쫑카빠의 『꾼쉬깐델』에 익명으로 인용되어 있음[7]도 확인하였음(본 부록 '1'의 'A' 참조).

---

7) 지금과는 달리 대장경 본문 검색을 할 수 없었고 또 『유가사지론석』이 티벳어역으로 번역되지 않은 상황에서 『꾼쉬깐델』 역주 작업을 했던 선학들인 스팔험 및 췰팀 깨상과 오다니 모두 '자료68'의 '『유가사지론석』 인용 첫부분'을 직접 인용으로 보지 않고 앞의 『구사론』 인용에 대한 부연 설명으로 읽고 있다(Sparham 1993. 48; Tshul khrims skal bzaṅ Khaṅ dkar · 小谷信千代 1986. 41).

부록4

원측과 법상종

1. 법상종의 성립과 그 학파적 성격

1) 법상종(法相宗)의 성립

가. 출발점: 현장(玄奘 600/602-664)의 귀국과 인도 유식(唯識) 관련 경론(經論)의 번역 및 강의

"[현장]법사께서 자은사(慈恩寺)로 돌아오시고는 그 이후로 번역에 전념함에 촌음도 버리지 않으셨다. 매일 스스로 일정표를 세우고 만약 낮에 일이 마무리되지 않으면 반드시 밤까지 계속하여 을시(乙時)가 되어서야 비로소 붓을 멈추고 경을 정리하였으며 다시 예불을 드리고 수행을 하시다가 삼경(三更)이 되어서야 잠시 눈을 붙였다가 오경(五更)에 다시 일어나 산스끄리뜨어본을 독송하며 붉은 붓으로 차례를 매기고 이튿날 아침(=그날 아침)에 번역할 곳을 정하였다. 매일 공양을 마치고 황혼이시(黃昏二時)에 새로운 경론(經論)을 강의함에 여러 주(州)에서 온 청학승(聽學僧)들이 늘 와서 의문점을 해결해 주기를 바라며 올바른 뜻을 자문하였다. …

해가 지고 나서는 절 안의 제자 100여 인*이 모두 가르침을 청함에 복도를 가득 메우고 처마에까지 넘쳐났는데 [법사께서 가르침에 대해] 모두 답을 주어 결론을 내려줌에 빠뜨린 것이 없었다. 비록 많은 일이 폭주하였지만 마음은 여유로워 막힘이 없었으며 게다가 뭇 대덕(大德)**에게 인도의 성현(聖賢)***이 세운 주장, 여러 학파의 이설, 젊은 시절 이곳(=중국)에서 강사(講肆)를 두루 찾아다니던 일도 얘기하였는데 수준 높고 격렬한 논의를 함에도 결코 지쳐하거나 늘어짐이 없었으니 그 집중력과 예민함의 정도가 보통 사람을 넘어섬이 이와 같았다."

* 이 중에 규기(窺基)도 포함되어 있었을 것으로 추정됨.

** 이 중에 원측(圓測)도 포함되어 있었을 것으로 추정됨.

*** 이 중에 당연히 무착(無著 아상가Asaṅga), 세친(世親 와수반두Vasubandhu), 호법(護法 다르마빨라 Dharmapāla), 청변(淸辨 바와위웨까Bhāvaviveka) 등이 포함되었을 것으로 추정됨.

- 『大唐大慈恩寺三藏法師傳(대당대자은사삼장법사전)』(약칭 '자은전')

자세한 맥락은 장규언 2013a.19-20 참조.

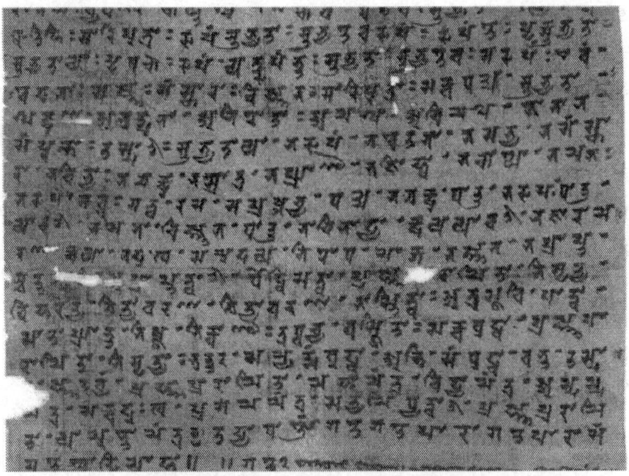

산스끄리뜨어본 실담(悉曇, 싯담siddham) 문자 『반야심경』
(Bibliothéque nationale de France 소장)

동아시아 유식학(唯識學)의 집대성자 현장(玄奘 600/602-664)에 의해 한문으로 번역된 『반야심경(般若心經)』의 산스끄리뜨어 사본들 중의 하나.

나. 형성

현장 역장(譯場)에 참여했거나 현장 강의를 들었던 고승들이 현장의 해석에 의지하여 경론에 주석을 완성하고, 그들의 제자들에 의해 현장과 그 문하의 고승들의 해석이 동아시아 전역으로 전파됨.

그중 후대까지 가장 많이 읽힌 주석들의 저자가 규기와 원측이었다는 점에서 법상종의 대표 고승으로 평가됨(흥교사 세 탑의 배치가 바로 이러한 인식을 상징적으로 보여줌).

장안(長安)의 세 탑

동아시아 유식학의 대표 사상가 현장, 원측(圓測 613-696), 규기(窺基 632-682)의 사리(舍利)를 함께 모신 부도탑(浮圖塔). 현재의 서안(西安) 남쪽 교외 흥교사(興教寺)에 안치되어 있음. 중앙이 현장탑, 오른쪽이 원측탑, 왼쪽이 규기탑. (이하 사리탑 사진들은 모두 2015년 가을 필자 촬영)

2) 법상종의 학파적 성격

가. 통시적으로 보았을 때, 보리유지(菩提流支, 보디루찌Bodhiruci, ?-527)의 역경 이후 진제(眞諦, 빠라마르타Paramārtha, 499-569)를 거쳐 하나의 전통을 형성하였던 동아시아 유식학(지론종과 섭론종)의 재해석과 집대성

- 현장이 보리유지와 진제가 이미 번역한 경론을 새롭게 번역한 사실이 이를 상징적으로 보여줌.
- 진제의 해석을 따르는 섭론사(攝論師) 중 일부가 현장 역장에 참여하거나 현장의 새로운 해석을 수용*한 사실이 섭론종과 법상종 간의 연속성의 측면을 간접

적으로 보여줌.

*대표적 예가 원측

나. 공시적으로 보았을 때, 동아시아에서 가장 인도적인 색채가 짙은 불교학파

- 범동아시아적 영향력을 행사했던 당 황실의 지지를 받는* 중국인 모범생(?)** 에 의한 7세기 초 인도에서 유행하던 유식학의 포괄적***이고 직접적인 전파

  * 원효(元曉) 등 신라승들이 현장에게 유학 가려 했던 이유 중 하나

  ** 산스끄리뜨어에 능숙한 중국인에 의한 정확한 직역

  *** 무착, 세친, 호법 외에도 안혜(安慧 스티라마띠Sthiramati), 친광(親光 반두쁘라바Bandhuprabha, 진나(陳那 디그나가Dignāga) 등의 저작도 번역함

무착(無著)과 세친(世親) 입상
운경(運慶) 작, 일본 나라 홍복사興福寺, 1212년.

사진: 日本の彫刻 6 鎌倉 美術出版社, 1952/4/15

- 특히 그가 소개한 '오성각별(五性各別)*'의 주장, 그중에서도 특히 '영원히 성불할 수 없는 무성유정(無性有情 agotrasattva)'의 인정은 당대 중국 불교의 여러 사상가들에 의해 그들이 공유하는 '모든 중생은 성불할 수 있다'는 신념에 정면

으로 위배된다고 인식되었기 때문에 강한 반발을 불러일으킴.

* 깨달음의 관점에서 볼 때, 중생(衆生 또는 유정(有情), sattva)은 자기 부류(種性, gotra)의 깨달음을 추구하는 성문(聲聞), 연각(緣覺), 보살(菩薩), 잠정적으로 이 셋 어디에도 속하지 않는 부정종성(不定種性), 깨달을 수 없는 무(종)성(無(種)性)으로 확연히 구분된다는 주장.

- '인명(因明)', 즉 불교논리학 저작을 소개함으로써 논리학 규칙에 근거하여 저술된 인도 불교 저작을 해독할 수 있는 매뉴얼을 제공함.

2. 원측과 현장의 관계를 어떻게 볼 것인가?

1) 전통적 관점1: 『송고승전(宋高僧傳)』「원측전」과 「규기전」(987년 성립)의 도청설(盜聽說)

가. 요지

a. 원측은 현장 번역 경론에 주석을 달았으며, 그중 『성유식론소(成唯識論疏)』는 널리 읽혔음.

b. 원측은 문지기를 매수하여 현장 『성유식론』과 『유가사지론(瑜伽師地論)』 역장 강의를 도청하고 그 내용을 다음날 대중에게 강의하였음.

c. 원측의 『성유식론』 강의에 속상해하는 규기에게 현장이 '인명은 원측이 능숙하지 못하다' 말하고 그에게 진나의 논리학을 강의해 주었으며, 또 원측이 『유가사지론』을 강의할 때에는 '오성(五性)의 핵심 가르침은 오직 너만이 전파할 수 있고 다른 사람은 안된다' 고 말해줌.

도청설에 대한 현대 연구자들의 평가에 대해서는 '본문' 제1부 제1장 '각주46' 참조.

나. 도청설(b와 c) 창조자들*의 해석학적 전제와 그 함축

a. 원측은 역장 강의를 직접 들을 수 있는 규기**만큼 현장과 가깝지는 않다: 원측과 현장 간의 해석학적 거리가 멂을 강조함.

* 필자는 그들을 '혜소(慧沼)-선주(善珠)의 규기 적통 의식과 원측 배척 논리'를 발전시킨 규기계 사상가들로 추측한 바 있다. 자세한 내용은 '본문' 제1부 제1장 참조.

** 이를 명시적으로 표현한 말이 선주의 "입실유논문인(入室揉論文人)", 즉 "현장 역장에 들어가 『성유식론』 번역문을 편집한 사람"('본문' 제1부 제1장 '자료4')이다.

b. 현장은 '인명'과 '오성의 주장'과 관련하여 규기 해석만의 권위를 인정한다: 두 학설을 법상종의 사상적 차별성의 핵심으로 보고, 원측의 해석이 규기에 미치지 못하거나(인명의 경우) 그와 전혀 다르다(오성의 주장의 경우)고 인식하여 배척함.

2) 전통적 관점2: 하다니 료타이가 창조한 "서명학파" 개념(20세기 가장 영향력 있었던 관점)

가. 주요한 해석학적 전제

a. 현장과 규기 학설을 완전히 동일시함: 현장이 규기의 "자은파(慈恩派)"를 지지함으로써 원측의 "서명파(西明派)"와 대립을 형성함.

b. 규기-혜소-지주(智周)의 '중원의' 법상종 정통파 '자은학파'는 이설에 적대적인 반면, 원측과 도증(道證), 태현(太賢) 등 이른바 '신라계' '서명학파'는 이설과의 조화적 정신을 추구하는 온건한 해석학적 경향을 가지고 있었을 것이라는, 모종의 민족성의 차이를 염두에 둔 듯한 양분법.

c. 학설상 현장-호법과 원측에 대한 대립적 인식: 원측을 비(非)호법계 사상가로 보아 법상종의 이단아로 보려 함.

'서명학파' 개념에 대해서는 '본문' 제1부 제2장 참조.

나. 현장과 원측 관계 인식상의 특징

a. 현장이 의식적으로 규기를 지지함으로써 간접적으로 원측을 배척하였다고 봄.

b. 현장 생전에 이미 "자은파"와 "서명파"의 대립이 존재하였다고 봄.

c. 원측을 "현장-규기"와 대립되는 사상가이며, 이파(異派)나 이설(異說)에 대해 포용성이 높은 신라 "이파"의 영수로 보아 그 사상사적 위상을 높이 평가함.

- 표면적으로 원측에 대한 찬양: 중화주의와 식민지 사관에 짓눌린 20세기 한국인의 민족 정서를 자극함.
- 사실상 일본 법상종의 정통과 이단의 양분법을 무의식적으로 답습하여 원측을 "비호법계 또는 비현장계" 사상가로 보려 함.

다. 총평

하다니의 연구는 '도청설'의 그림자를 떨쳐버리지 못했으며, 거칠게 말하자면 『송고승전』 도청설의 근대 학문 버전이라고도 할 수 있다. 그가 창조한 "서명학파"는 헛소문(도청설)에 근거하여 쌓아올린 "공중의 성"이라 할 수 있다.

3) 필자의 관점

가. 현장과 원측은 인간적으로나 학설적으로 가까웠을 것으로 추측됨

규기의 제자 혜소가 못마땅하게 여긴 원측의 행태 "종시자문(縱時諮問)", 즉 "수시로 자문하였다"는 사실이 역설적으로 원측이 현장과 막역한 사이였음을 반증함.

'종시자문'의 원래 문맥에 대해서는 '본문' 제1부 제1장의 '자료3' 참조.

나. 유일한 현장 해석은 존재할 수 없다 = 복수의 현장 해석들이 존재할 수 있다

- 현장은 저작을 남기지 않았으므로 현장 사상의 범위를 확정 짓기 어려우며, 넓은 의미로는 그가 번역한 모든 유식 논서들의 사상을 포함할 수 있음.
  원측의 해석도 규기의 해석도 모두 현장 사상으로 볼 수 있으며, 그들과 현장 사상의 경계를 짓기는 매우 어려움.
- 현장 역장은 개방적이고, 현장 문하의 학풍은 자유로운 상호 비판과 인정이 공

원측 사리탑 제자
오른편에 '신미추중수(辛未秋重修)', 왼편에 '태허경제(太虛敬題)'라고 적혀 있다. 신미년은 1931년이다.

규기 사리탑 제자
마찬가지로 오른편에 '신미추중수', 왼편에 '태허경제'라고 적혀 있다. 태허(太虛)는 20세기 중국 불교의 대표적 학승이다.

존하였음.

현장 생전은 물론 적어도 규기와 원측이 함께 있었을 때까지도 정통과 이단의 이분법에 근거한 대립 의식은 존재했다고 보기 어려움.

이 점은 원측의 제자 도증의 규기 『성유식론술기(成唯識論述記)』 찬양('본문' 제1부 제2장 '자료6')에서 가장 두드러짐.

다. 원측은 호법계 사상가를 자부하였고, 그 점에서 현장계 사상가로 볼 수 있음

원측을 비호법계 사상가로 본 것은 종파주의적 편견에 사로잡힌 하다니의 오독에서 비롯되었음.

이상 필자 관점의 구체적 근거에 대해서는 '본문' 제1부 제2장 참조.

◆ 결론

원측은 현장과 막역했으며, 현장이 전한 호법의 해석에 의지하여 유식학의 주요 주제들에 대한 해설을 시도한 현장 계열의 유식사상가들 중의 하나이다. 다만 규기와는 다르게 현장을 해석하였기 때문에 혜소를 계승한 규기계 사상가들이 '도청'의 헛소문을 지어내어 현장과 원측 간의 대립을 날조해 내고 원측을 현장 문하의 '이단아'으로 배척하였을 뿐이다.

따라서, 거칠게 말하자면, 원측을 현장과 대립한 사상가로 보는 것은 얄궂게도 그를 싫어했던 혜소의 음모에 휘말려 드는 일이다. 좀 더 거칠게 말하자면, 그것은 원측을 자신과 대립했던 이가 번역한 경전에 주석을 단 자아 분열적 존재로 보는 어처구니 없는 인식이기도 하다.

3. 원측 유식학의 특징

진제 유식과 현장 유식의 연속과 단절 두 측면 모두에 주목하였음.

1) 연속성에 주목한 예

『법화경(法華經)』 '일승(一乘)' 설법을 현실적 차이를 지닌 삼승(三乘) 수행자 간의 이상[리理]/수행의 길[도道]/수행의 종착지[과果]의 동일성을 강조한 말로 이해함.

= 진제 계통의 일승 강조와 현장의 삼승 강조는 상호 모순적이지 않음을 역설함.

'종성(種性)'(또는 種姓) 해석에서 양 진영의 차이와 함께 동일성과 연속성을 강조하면서 갈등의 화해를 시도함.

cf. 양 진영의 차이를 강조하면서 동시에 진제 진영의 해석을 비판한 규기와 대조적임.

원측 종성 해석의 기본 구조와 『법화경』 '일승' 해석에서 규기와의 차이에 대해서는 각각 '본문' 제2부 제2장 '1'과 '3'의 '1)'을 참조.

2) 불연속성 또는 차이에 주목한 예

진제의 "제9 아마라식(阿摩羅識)" 개념이 무위법(無爲法)인 '진여(眞如)'가 유위법(有爲法)인 '식(識)'처럼 인식 작용을 가지는 것은 논리적 모순이라며 비판함.

원측의 진제 '아마라식' 비판의 구체적 내용에 대해서는 '보론1' 참조.

= 이를 통해 현장 계열 유식사상가 원측의 정체성이 잘 드러남.

『기신론(起信論)』 계통의 여래장(如來藏) 사상에 대한 비판 함축.

원측의 사리탑

부록5

한자 불교용어-현대 한국어 번역 대조

여기에 포함된 한자 불교용어는 주로 원측과 그와 관련된 전대 및 당대 사상가들의 저작 속에서 그것들이 사용되는 의미들에 근거하여 그 현대 한국어 번역을 시도하였다. 그들이 사용하는 언어는 중국 불교 사상가들의 일부 조어(예: 리성(理性), 행성(行性) 등)를 제외하고는 기본적으로 대응 산스끄리뜨어의 한역어이다. 따라서 번역 시에 대응 산스끄리뜨어 원의와 그 한역, 티벳어역, 영역, 프랑스어역 등을 참조하여 그 단어의 의미를 이해하고 다양한 번역 가능성을 검토하였다. 하지만 필자를 비롯한 대다수 불교 연구자 또는 일반 독자는 산스끄리뜨어보다는 한역어에 익숙하기 때문에 그것을 구성하는 개별 한자의 의미 연상을 최대한 살려 번역하도록 노력하였다.

[ㄱ]

- 가(假): 1. 은유(prajñapti) cf. 실(實) 2. 말(saṃketa)
- 가유(假有, prajñaptisat): 언어적 존재 cf. 실유(實有, dravyasat)
- 가지(假智, *prajñapti-jñāna): 언어 매개적 앎
- 각(覺, bodhi, 또는 보리菩提): 깨달음
- 객성(客性): 외래적 본성 cf. 본성(本性)
- 견(見): 1. 잘못된 견해(dṛṣṭi) = 사견(邪見) 2. 통찰(darśana) *예: 견도(見道)

- 경(境, viṣaya): 인식 대상 cf. 근(根)
- 계(界, dhātu): 1. 인식 기반 *예: 18계(界): 열여덟 인식 기반 2. 기반 = 소의(所依), 소의지(所依止) *예: 차아리야식계(此阿黎耶識界), 무루계(無漏界) 3. 영역 *예: 법계(法界)
- 고(苦, duḥkha): 괴로움
- 공(空): 1. '공하다(śūnya)' 또는 '공함' = 무(無) cf. 유(有) 2. 공성(śūnyatā, '공성空性'의 줄임말) '1'은 동명사나 주어의 서술어, '2'는 목적어나 명사로 사용될 때 선택하였다.
- 공견(空見): 공하다는 (잘못된) 견해 = 무견(無見) cf. 유견(有見)
- 공덕(功德, guṇa, 줄여서 덕德): 능력 *예: 4덕(德)
- 공상(共相, sāmānyalakṣaṇa): 공통적 특징 cf. 자상(自相)
- 공집(空執): 공함에 대한 집착 cf. 유집(有執)
- 근(根): 1. '인식 능력(indriya)' 또는 '인식 기관' *예: 육근(六根, 여섯 인식 능력) 2. (특정한) 수행 능력(을 지닌 사람)(indriya) *예: 둔근(鈍根, mṛdvindriya, 열등한 능력의 수행자), 중근(中根, madhyendriya, 중간 정도 능력의 수행자), 리근(利根, tīkṣnendriya, 뛰어난 능력의 수행자) 3. 뿌리(mūla) *예: 선근(善根)
- 기(機): (특정한) 수행 능력(을 지닌 사람) = 근(根)

[ㄴ]

- 능연(能緣): 인식 작용 cf. 소연(所緣)
- 능전(能詮, abhidhāna): 지칭 (작용) cf. 소전(所詮)
- 능취(能取, grāhaka): '인식 주체' 또는 '인식 작용' cf. 소취(所取)

[ㄷ]

- 단(斷, vyavaccheda): (번뇌 또는 장애의) 단절
- 단견(斷見, ucchedadṛṣṭi): 허무주의
- 도(道, mārga): 수행의 길
- 도리(道理, yukti, 줄여서 리理): 진리 *예: 有無道理, 一無性理

- 도전(道前): 수행의 길 이전 단계
- 도중(道中): 수행의 길 도중
- 도후(道後): 수행의 길 최후 단계
- 동법유(同法喩, sādharmya-dṛṣṭānta, 줄여서 동유同喩): 주장과 연관된 특성의 예

[ㄹ]

- 료별(了別, vijñapti): 식별(함)
- 료의(了義, nītārtha, 또는 진료의眞了義, *(tattva)nītārtha): '(실재인) 명시적 진리' 또는 '명시적 의미' cf. 불료의(不了義)
- 료인(了因): 인식 원인 cf. 생인(生因)
- 루(漏, āsrava): ('번뇌煩惱'라는) 결함. 산스끄리뜨어 'āsrava'는 '유출(流出)'을 의미하며, 한자 '漏'는 '누수(漏水)'의 경우처럼 '결함'의 의미를 함축한다고 보아 이렇게 번역해 보았다. *예: 유루(有漏, sāsrava, 결함을 동반하는), 무루(無漏, anāsrava, 결함 없는)
- 리(離, vyatireka): 부정
- 리(理): 1. 진리(yukti) = 도리(道理) *예: 空理, 有無道理 2. 진리의 관점에서 보면(yuktitaḥ) *예: 情有理無 3. (수행) 이상 *예: 理性, 理一 = 리취(理趣)
- 리성(理性, 또는 리불성理佛性): 이상의 불성 cf. 행성(行性)
- 리성반야(理性般若): 이상의 불성인 완전한 앎 cf. 실상반야(實相般若)
- 리심(理心): 이상의 마음
- 리언(離言): 언어 초월성 cf. 명언(名言)

[ㅁ]

- 망집(妄執, 또는 허망유집虛妄有執): 비존재에 대한 집착
- 명(名, nāma): 이름
- 명언(名言): 언어성 cf. 리언(離言)
- 무(無): 1. 비존재(asat 또는 abhāva) 2. '없다(nāsti)' 또는 '비존재한다', '없음' 또는 '비존재함' = 공(空) = 비유(非有) cf. 유(有) '1'은 목적어나 명사, '2'는 동명

사나 주어의 서술어로 사용될 때 선택하였다.

- 무견(無見, abhāvadṛṣṭi): 없다는 (잘못된) 견해 cf. 무상견(無相見)
- 무명(無明, avidyā): 무지
- 무변(無邊): 비존재 관련 극단주의 cf. 유변(有邊)
- 무상견(無相見, alakṣaṇadṛṣṭi): (본질적) 특징마저 없다는 견해 cf. 무견(無見)
- 무상정등각(無上正等覺, anuttarasamyaksaṃbodhi): 위없는 올바르고 평등하고 완전한 깨달음
- 무아(無我, nairātmya): 자체적 존재 없음
- 무여열반(無餘涅槃, nirupadhiśeṣanirvāṇa): 남김 없는 열반
- 무위법(無爲法, asaṃskṛtadharma, 줄여서 무위無爲): 비조건적 현상 cf. 유위법(有爲法)
- 무자성(無自性, niḥsvabhāvatā, 줄여서 무성無性): 자체적 본질 없음 *예: 삼무자성(三無自性)
- 무주처열반(無住處涅槃): 머묾 없는 열반
- 문(文, vyañjana): 말 = 능전(能詮) cf. 의(義)
- 밀의(密意, abhiprāya): '숨은 의도' 또는 '숨은 의미'

[ㅂ]

- 반야(般若, prajñā): 완전한 앎. '진여(眞如)' 또는 '진실(眞實)'을 통찰하는 최상의 앎이라는 의미에서 이렇게 번역해 보았다.
- 반열반(般涅槃, parinirvāṇa): 완전한 열반 *예: 시변무반열반법자(時邊無般涅槃法者, 완전한 열반의 특성이 일시적으로 없는 자), 필경무반열반법자(畢竟無般涅槃法者, 완전한 열반의 특성이 전혀 없는 자)
- 번뇌장(煩惱障, kleśāvaraṇa, 또는 번뇌장애煩惱障礙): 번뇌의 장애
- 법(法, dharma): 1. 현상 *예: 유위법(有爲法, 조건적 현상), 무위법(無爲法, 비조건적 현상) 2. 진리 *예: 일승법(一乘法, 일승인 진리) 3. 특성 *예: 열반법(涅槃法, 열반의 특성) 4. (논증식의 '주장' 명제 속 주체가 지닌) 특성 cf. 유법(有法)

- 법계(法界, dharmadhātu): 진리 영역
- 법공(法空, dharmaśūnyatā): 현상의 공성 cf. 인공(人空) = 생공(生空)
- 법무아(法無我, dharmanairātmya): 현상에 자체적 존재 없음
- 법성(法性, dharmatā): 현상의 본성
- 법신(法身, dharmakāya): 진리의 몸
- 법집(法執, dharmagraha): 현상에 대한 집착 cf. 아집(我執)
- 법체(法體, *dravya, 줄여서 체體): 실체(적 사물)
- 변계소집성(遍計所執性, parikalpitasvabhāvatā): '상상의 대상이 본질인 것' 또는 '상상의 대상이 본질인 현상'. '遍計'는 '실재하지 않는 대상을 상상함'을 뜻하는 '能遍計'의 줄임말이며, '所執'은 그 상상의 '집착 대상'을 의미한다. 여기서 '상상'과 '집착'은 동일한 작용을 지칭하므로 말의 간결함을 위해 이렇게 번역해 보았다. cf. 진제(眞諦) 역의 '소집성(所執性)'
- 변화신(變化身, nirmāṇakāya, 또는 화신化身): 변화의 몸
- 별상(別相): 개별적 특징 = 자상(自相) cf. 공상(共相)
- 보불(報佛, *saṃbhogabuddha): 향유의 붓다
- 보신(報身, *saṃbhogakāya, 또는 수용신受用身): 향유의 몸
- 본각(本覺): 본래적 깨달음
- 본각지(本覺智): 본래적 깨달음인 앎
- 본성(本性): 내재적 본성 cf. 객성(客性)
- 본유(本有): (불성이) 본래 있다 cf. 시유(始有)
- 분별무상성(分別無相性, 또는 분별무상分別無相): 분별 대상인 자체적 특징 없음 cf. 현장(玄奘) 역의 '상무자성(相無自性)'
- 분별성(分別性, *vikalpasvabhāvatā): '분별이 본질인 것' 또는 '분별이 본질인 현상' cf. 현장 역의 '의타기성(依他起性)'
- 불료의(不了義, neyārtha, 또는 미료의未了義): 비명시적 진리 cf. 료의(了義)
- 비량(比量, anumāna): 추론
- 비안립제(非安立諦, 또는 불안립제不安立諦): 말해질 수 없는 진리 ↔ 안립제(安

立諦)

- 비유(非有, asat 또는 abhāva): 1. 비존재 2. '비존재하다' 또는 '비존재함' = 무(無) cf. 유(有). '1'은 목적어나 명사, '2'는 동명사나 주어의 서술어로 사용될 때 선택하였다.
- 비지(比智): 추론적 앎

[ㅅ]

- 사(事, vastu): 사물
- 사견(邪見, mithyādṛṣṭi): 잘못된 견해
- 사구(四句): 1. 네 입장(catuṣkoṭi) 2. 네 문장(caturpāda)
- 사념처(四念處): 네 종류 집중 대상
- 사법(四法): 네 가지 특성
- 사성(事性): 실질의 불성 cf. 리성(理性)
- 사일체선근일천제(捨一切善根一闡提, 또는 단선근일천제斷善根一闡提): (일체의) 선함의 뿌리를 단절한 일천제 cf. 보살일천제(菩薩一闡提)
- 사제(四諦, catursatya): 네 가지 진실
- 삼성(三性, trisvabhāvatā, 또는 삼자성三自性): '세 종류의 본질' 또는 '세 종류가 본질인 현상'
- 삼유(三有): 세 종류 윤회 생존 ≒ 삼계(三界)
- 상(相, lakṣaṇa 또는 nimitta): 1. 특징 *예: 별상(別相), 공상(共相) 2. 언어적 특징 *예: 무상(無相, animitta, 언어적 특징 없음) 3. 개념 = 상(想) 4. 표현. 1은 주로 설명적 맥락에서 2는 부정의 대상으로 언급되므로 나누어 번역해 보았다.
- 상(想, saṃjñā): 1. 개념 *예: 명상(名想=名相) 2. 생각 *예: 전도상(顚倒想=顚倒相)
- 상견(常見, *śaśvatadṛṣṭi): 영속주의
- 상견(相見): 표현 관련 잘못된 견해
- 상무자성성(相無自性性, lakṣaṇaniḥsvabhāvatā, 또는 상무자성相無自性): 특징 관련 자체적 본질 없음 cf. 진제 역의 '분별무상(分別無相)'

- 생(生): 발생시키다 cf. 현(顯)
- 생공(生空, *sattvasūnyatā, 또는 중생공衆生空): 자아의 공성 = 인공(人空) cf. 법공(法空)
- 생무자성성(生無自性性, utpattiniḥsvabhāvatā, 또는 생무자성生無自性): 발생 관련 자체적 본질 없음 cf. 진제 역의 '의타무생(依他無生)'
- 생사(生死, saṃsāra, 또는 생사윤회生死輪迴, 유전流轉): 윤회적 삶 ↔ 열반(涅槃)
- 생인(生因): 발생 원인 cf. 료인(了因)
- 선근(善根, kuśalamūla): 선함의 뿌리 *예: 단선근일천제(斷善根一闡提)
- 선취공(善取空): 잘 이해된 공성 cf. 악취공(惡取空)
- 성언량(聖言量, āpta-āgama): 성자의 말이라는 인식 수단
- 세간전의(世間轉依): 세상적 차원의 의지처의 변화
- 세속제(世俗諦, (loka)saṃvṛtisatya, 또는 속제俗諦, 세제世諦): 세상의 진리. cf. 승의제(勝義諦). 현대 한국어에서 '세속적'은 도덕적으로 부정적 어감이 강한 말이어서 부적절한 듯하며, 또 '세상'은 '언어 관습'(산스끄리뜨어 'saṃvṛti'의 의미)이 통용되는 곳이기 때문에 이렇게 번역해 보았다.
- 소연(所緣, ālambana, 또는 소연경所緣境): 인식 대상 cf. 능연(能緣), 능연식(能緣識)
- 소위(所爲): 1. (설법) 대상 2. (설법) 목적
- 소의(所依, āśraya, 또는 소의지所依止, 의依): 의지처
- 소전(所詮, *abhidheya): '지칭 대상' 또는 '지칭 내용' cf. 능전(能詮)
- 소지(所知, jñeya): 앎의 대상
- 소지장(所知障, jñeyāvaraṇa, 또는 소지장애所知障礙): 앎의 대상의 장애
- 소집성(所執性, *parikalpitasvabhāvatā): '집착 대상이 본질인 것' 또는 '집착 대상이 본질인 현상' cf. 현장 역의 '변계소집성(遍計所執性)'
- 소취(所取, grāhya): 인식 대상
- 소행(所行, gocara, 또는 소행경所行境): 작용 대상
- 손감(損減, apavāda): ('존재'를 '비존재'라고) 애써 부정함. ↔ 증익(增益)

- 손감견(損減見): ('존재'를 '비존재'라고) 애써 부정하는 견해 ↔ 증익견(增益見)
- 손감분별견(損減分別見): ('의타적 발생이 본질인 현상'의 본질적 특징인) '(비존재의) 분별'을 애써 부정하는 견해
- 손감시설견(損減施設見): ('상상의 대상이 본질인 현상'의 본질적 특징인) '말해진 것'을 애써 부정하는 견해
- 손감진실견(損減眞實見): ('완성된 실재'의 본질적 특징인) '실재'를 애써 부정하는 견해
- 수기(授記): 성불의 약속을 주다
- 수용신(受用身, saṃbhogakāya, 또는 보신報身): 향유의 몸
- 승의무자성성(勝義無自性性, paramārthaniḥsvabhāvatā, 또는 승의무자성勝義無自性): 궁극적 진리인 자체적 본질 없음 cf. 진제 역의 '진실무성(眞實無性)'
- 승의제(勝義諦, paramārthasatya, 또는 승의勝義, 진제眞諦, 제일의제第一義諦): 궁극적 진리 cf. 세속제(世俗諦)
- 시유(始有): (불성이) 비로소 있다 cf. 본유(本有)
- 신(信, śrāddha): (붓다 진리에 대한) 확신
- 실법(實法, *dravya): 실체적 현상
- 실상(實相): 진실
- 실상반야(實相般若): 진실인 완전한 앎 cf. 리성반야(理性般若)
- 실유(實有, dravyasat): 실체적 존재 cf. 가유(假有)

[ㅇ]

- 아(我, ātman): 1. 자체적 존재 *예: 인무아(人無我) 2. 자아 *예: 아집(我執)
- 아집(我執, ātmagraha): 1. 자체적 존재에 대한 집착 2. 자아에 대한 집착 cf. 법집(法執)
- 악취공(惡取空): 잘못 이해된 공성 cf. 선취공(善取空)
- 안립제(安立諦): 말해질 수 있는 진리 ↔ 비안립제(非安立諦)
- 업(業, karman): 1. (윤회적 삶의 원인인) 행위 2. 작용 = 용(用) cf. '성(性)', '체

(體)’, ‘성체(性體)’

- 여여(如如, *tathatā, 줄여서 여如): 1. 진여 *예: 여여지(如如智, 또는 여지如智) 2. 진실 *예: 여여문자(如如文字, 진실의 언어) 3. 본모습 *예: 법여여(法如如, 현상의 본모습)
- 여여지(如如智, *tathatājñāna, 줄여서 여지如智): 진여인 앎
- 연인(緣因, 또는 의인依因): 조건적 원인 cf. 정인(正因)
- 온(蘊, skandha): 더미
- 원성실성(圓成實性, pariniṣpannasvabhāva): 완성된 실재 cf. 진제 역의 ‘진실성(眞實性)’
- 유(喩, dṛṣṭānta): 예
- 유(有) 1. ‘존재(sat 또는 bhāva)’ 또는 ‘존재함’ 2. ‘존재하다(asti)’ 또는 ‘있다’ cf. 무(無) ‘1’은 목적어나 명사, ‘2’는 동명사나 주어의 서술어로 사용될 때 선택하였다.
- 유견(有見): 존재한다는 (잘못된) 견해 cf. 무견(無見) = 공견(空見)
- 유법(有法, dharmin): (논증식의 ‘주장’ 명제 속) 특성의 주체 cf. 법(法)
- 유변(有邊): 존재 관련 극단주의 cf. 무변(無邊)
- 유여열반(有餘涅槃): 남김 있는 열반 = 유여의열반(有餘依涅槃) cf. 무여열반(無餘涅槃)
- 유여의열반(有餘依涅槃): 의지처 존속의 열반 = 유여열반(有餘涅槃) cf. 무여의열반(無餘依涅槃)
- 유위법(有爲法, saṃskṛtadharma, 줄여서 유위有爲): 조건적 현상 cf. 무위법(無爲法)
- 유집(有執): 존재에 대한 집착 cf. 공집(空執)
- 응득인(應得因): 미래에 얻을 것의 원인
- 의(義, artha): 1. 의미 = 소전(所詮) cf. 문(文) 2. 지향 *예: 有成佛義
- 의타기성(依他起性, paratantrasvabhāvatā): ‘의타적 발생이 본질인 것’ 또는 ‘의타적 발생이 본질인 현상’ cf. 진제 역의 ‘분별성(分別性)’

- 의타무생성(依他無生性, 또는 의타무생依他無生): 의타성이 본질인 것의 발생 없음 cf. 현장 역의 '생무자성(生無自性)'
- 이법유(異法喩, vaidharmya-dṛṣṭānta, 줄여서 이유異喩): 주장에 반하는 특성의 예
- 이제(二諦, satyadvaya): 두 차원의 진리
- 이품(異品): 주장에 반하는 특성 cf. 동품(同品)
- 인(人): 1. 사람 *예: 인천(人天, 사람과 천신) 2. 자아(pudgala) *예: 인무아(人無我)
- 인(因, hetu) 1. 원인 *예: 인연(因緣) 2. 이유 (명제) cf. 종(宗), 유(喩)
- 인공(人空, pudgalaśūnyatā): 자아의 공성 = 생공(生空) cf. 법공(法空)
- 인무아(人無我, pudgalanairātmya): 자아에 자체적 존재 없음
- 인연생(因緣生): 조건적 발생 cf. 자연생(自然生)
- 인출불성(引出佛性): 이끌어내는 불성
- 일무성리(一無性理): 하나의 자체적 본질 없음의 진리
- 일체지(一切智, sarvākārajñāna): 일체에 대한 앎

[ㅈ]

- 자상(自相, svalakṣaṇa): 1. 개별적 특징 = 별상(別相) cf. 공상(共相) 2. 자체적 특징. 2는 부정의 대상으로 언급되는 경우의 번역어이다.
- 자성(自性, 줄여서 성性) 1. 자체적 본질(svabhāva) *예: 무자성(無自性) 2. 본질(svabhāva = 체體, 성체性體) *예: 의타기성(依他起性) 3. 본성(prakṛti) *예: 자성열반(自性涅槃). 1과 2는 동일한 'svabhāva'에 대한 번역어이지만 전자는 주로 부정의 대상으로 언급되는 반면 후자는 설명적 맥락에서 사용되므로 양자를 구별하여 번역해 보았다.
- 자성상(自性相, *svabhāvalakṣaṇa): 본질인 특징 cf. 차별상(差別相)
- 자성주불성(自性住佛性): 본질로서 확립된 불성
- 자성청정열반(自性清淨涅槃 또는 본래자성청정열반本來自性清淨涅槃): 본성적으로 번뇌 초월적으로 청정함의 열반

- 자연생(自然生): 자체적 발생 cf. 인연생(因緣生)
- 잡염(雜染, kliṣṭa, 또는 염오染汚, 염染): 번뇌 영향하의 cf. 청정(淸淨), 정(淨)
- 전(詮, 또는 전표詮表, 표表): '지칭하다' 또는 '지칭 (작용)' *예: 표전(表詮), 차전(遮詮)
- 전도(顚倒, viparyāsa): 진실과 정반대의
- 전의(轉依, āśrayaparivṛtta): 의지처의 변화
- 정(定, *dhyāna): 선정
- 정(情, 또는 망정妄情): 잘못된 생각(의 관점)에서 보면 *예: 情有理無 cf. 리(理)
- 정인(正因): 본질적 원인 cf. 연인(緣因), 의인(依因)
- 종(宗): 1. '주제' 또는 '설법 주제' = 소전종(所詮宗) 2. (핵심) 주장(pakṣa) *예: 護法宗如『成唯識』不遣依他 3. 학파 *예: 內宗 4. (논증식의) '주장(pratijñā)' 또는 '주장 내용' cf. 인(因), 유(喩)
- 종성(種性 또는 種姓, gotra, 줄여서 성性 또는 성姓): 1. 부류 *예: 오성(五性 또는 五姓, 다섯 부류), 부정성(不定性 또는 不定姓, 미정인 부류, anityagotra) 2. 가능성 *예: 열반성(涅槃性, nirvāṇagotra, 열반 가능성) 3. 불성 *예: 무성유정(無性有情, agotrasattva, 불성 없는 중생)
- 증상만성문(增上慢聲聞): 지독히 교만한 성문
- 증익(增益, samāropa): ('비존재'를 '존재' 부류에) 쓸데없이 더함. ↔ 손감(損減)
- 증익견(增益見): ('비존재'를 '존재' 부류에) 쓸데없이 더하는 견해 ↔ 손감견(損減見)
- 지(智, jñāna): (완전한) 앎
- 지득과불성(至得果佛性): 결과 성취에 이르는 불성
- 지람(止濫): 군더더기의 배제
- 진성(眞性): 1. 실재(*tattva) = 진실(眞實) 2. 실재의 관점에서 (보면)(*tattvataḥ)
- 진실(眞實, tattva, 줄여서 진眞, 실實): 실재. '진여'의 동의어. 필자는 '眞實'을 '궁극적으로 존재하는 것'으로 이해하였다. 현대 한국어 '진실'은 가치론적 함축이 두드러지는 말(반의어 '거짓')이어서 이 문맥에서는 적절하지 않은 듯하

여 서구 철학의 'reality'(Realität, réalité)에 대한 번역어 '실재'를 염두에 두고 이렇게 번역해 보았다.

- 진실무성성(眞實無性性, 또는 진실무성眞實無性): 실재인 자체적 본질 없음 cf. 현장 역의 '승의무자성(勝義無自性)'
- 진실성(眞實性, *tattvasvabhava): 실재인 본질 cf. 현장 역의 '원성실성(圓成實性)'

[ㅊ]

- 차(遮, pratiṣedha, 또는 차지遮止, 지止, 견차遣遮, 견遣): '부정하다' 또는 '배제하다' cf. 표(表)
- 차별(差別) 1. 차이(bheda) *예: 三乘非無差別 2. 특수한(viśeṣa) *예: 소차차별(所遮差別, 특수한 배제 대상) 3. 특성(viśeṣa) *예: 차별상(差別相) cf. 자성(自性)
- 차별상(差別相, viśeṣalakṣaṇa): 특성인 특징 cf. 자성상(自性相)
- 차전(遮詮): 배제적 지칭
- 처(處, āyatana): 인식 영역 *예: 12처(處)
- 천(天, deva): 천신
- 청정(淸淨, śuddha, 줄여서 정淨): 번뇌 초월적으로 청정한 cf. 잡염(雜染), 염오(染汚), 염(染)
- 체상(體相, 또는 자체상自體相): 본질적 특징
- 출세간전의(出世間轉依): 세상 초월적 차원의 의지처의 변화

[ㅍ]

- 표(表, 또는 표창表彰): 설명(하다) cf. 차(遮)
- 표전(表詮): 설명적 지칭 cf. 차전(遮詮)

[ㅎ]

- 함식(含識): 중생 = 유정(有情)
- 합(合, anvaya): 연관
- 해탈신(解脫身, vimoktikāya): 해탈의 몸
- 행(行): 1. 수행(cārya) *예: 能為諸行根本, 引出萬行 2. 행위 지향(saṃskāra) *예:

眞如豈有作用? 若有作用, 同諸行故.

- 행성(行性, 또는 행불성行佛性, 수성修性): 수행의 불성 cf. 리성(理性)
- 허망(虛妄, abhūta, 또는 허망유虛妄有, 줄여서 망妄): 비존재 ↔ 진실(眞實)
- 허망분별(虛妄分別, abhūtaparikalpa): 비존재의 분별
- 현(顯): 구현하다 cf. 생(生)
- 현량(現量, pratyakṣa): 직접 지각
- 화불(化佛, nirmāṇabuddha): 변화의 붓다
- 희론(戱論, prapañca): 말장난

찾아보기

ㅅ

ㅊ

ㅌ

한문 구 또는 문장

티벳어 단어 또는 문구

Appendices

Appendices

– Preface for Non-Korean Readers*

The appendices 1–3 included in the present publication aim to provide international colleagues in the discipline with more reliable materials for the study of Woncheuk (alternatively spelled Wonch'uk, 원측 圓測 613-696; Ch. Yuance) and the East Asian Yogācāra tradition. Additionally, they are intended to serve as a resource for international scholars to reconsider potential interpretative biases regarding Woncheuk and his Buddhist philosophy that may have developed due to various factors.

Appendix 1 presents a revised critical edition of the *Chapter on Characteristics of Non-intrinsic Natures* (*Mujaseong sang pum* 無自性相品; Ch. *Wuzixing xiang pin*) of Woncheuk's *Commentary on Saṃdhinirmocana-sūtra* (*Haesimmil gyeong so* 解深密經疏; Ch. *Jieshenmi jing shu*; henceforth WChS). An initial version of this revision (in Korean, titled *Woncheuk haesimmil gyeong so mujaseong sang pum gyojeong bon* 圓測『解深密經疏』「無自性相品」校訂本) was initially submitted to the Academy of Korean Studies (韓國學中央研究院) in July 2012, included as an ap-

---

* I wish to express my sincere appreciation to Filippo Brambilla at the University of Vienna for revising the unidiomatic sentences in this preface and making it accessible to English readers despite his busy schedule.

pendix to the author's doctoral dissertation, *A Study of "Mujaseong sang pum" of Haesimmil gyeong so by Woncheuk* (*Woncheuk haesimmil gyeong so mujaseong sang pum yeongu* 圓測『解深密經疏』「無自性相品」研究). The subsequent months were devoted to transforming the dissertation into a monograph for publication. During this process, numerous errors and issues in the previous version were identified and subsequently revised comprehensively. Furthermore, Appendix 1 incorporates my English translation based on the newly revised edition of the Korean text ('부록 1' of this book).

The aimed philological value of the edition is twofold. Firstly, it aims to provide international colleagues with a more reliable source material for understanding Woncheuk and East Asian Yogācāra tradition. I have been studying Woncheuk since 2005. Over the years, I have been gradually collating *WChS* against its Tibetan version, *Ḥphags pa dgoṅ pa zab mo ṅes par ḥgrel paḥi mdo rgya cher ḥgrel pa* (Skt. *Ārya-gambhīra-saṃdhinirmocana-sūtra-ṭīkā*; henceforth SNST), which was translated by Chos grub (法成; Ch. Facheng) during Tibet's occupation of Dunhuang (circa 786-848). Thereby, I noticed that the entire *WChS* contains many textual problems, some of which were briefly discussed by Shōju Inaba (Inaba 1977). Among these issues are erroneous, omitted, superfluous, and inserted characters or phrases, which are marked in Appendix 1 as 〈A〉, (A), ~~A~~, and 【A】, respectively. Based on personal experience in textual analysis of *WChS*, the meaning of the text often remains obscure because corrupted readings have remained uncorrected. However, despite its textual limitations, SNST has proven invaluable for its literal translation, which accurately reflects the syntax of *WChS*, thus facilitating the resolution of certain interpretative challenges.

The second aim of the edition is to demonstrate to researchers who have solely based their studies on SNST the critical necessity for a thorough revision of the

Tibetan translation, facilitated by *WChS*. It is imperative to highlight that one of the significant textual issues in SNST stems from Chos grub's misinterpretation of sentences or entire paragraphs of *WChS*, a point previously noted by Inaba. This misinterpretation primarily arises from Chos grub's limited proficiency in classical Chinese grammar and Buddhist scriptures in classical Chinese at the time of his SNST translation, as evidenced by the annotations in my revision. This underscores the importance for researchers to consider the possibility of mistranslations by Chos grub and, when necessary, to compare SNST with *WChS* so as not to misinterpret the latter by simply relying on Chos grub's translation.

However, SNST promises to be an important reference for researchers interested in exploring the lost works of Paramārtha (眞諦, 499-569) through the fragments preserved within the *WChS*. For instance, I was able to identify and revise a quotation from Paramārtha's *Jiushi zhang* (九識章, Treatise on Nine *Vijñānas*) based on SNST (Appendix 1, ft.127-129). Additionally, SNST may unexpectedly provide researchers with an opportunity to assess the authenticity of extant *Tripiṭaka* texts, albeit in limited cases. A notable example is a quotation from the *Foxing lun* (佛性論) in *Mujaseong sang pum*. Upon critical examination of this quotation, I identified textual errors and, subsequently, revised the extant *Tripiṭaka* version of the *Foxing lun* that basically align with quotations in *WChS*, based on SNST (Appendix 1, ft.218). I anticipate that my critical edition, notwithstanding a few unresolved issues, will serve as a reliable source and allow for a more accurate understanding of Woncheuk's philosophy and East Asian Yogācāra.

Appendix 2 comprises my collected papers in Chinese and Japanese. It is regrettable that the Korean language has not attained equal status even among Chinese and Japanese scholars, despite sharing numerous terms based on classical Chinese, including Buddhist technical terms. One possible explanation for this is that for decades, most Korean publications have not incorporated Chinese characters, thus being less accessible as publications in other foreign languages. Consequently, in recent years, I endeavored to share my opinions on Woncheuk and his Buddhist thought with Chinese and Japanese scholars through various means: composing a paper in Chinese with the assistance of a Chinese graduate student (Appendix 2-1), requesting a Japanese colleague to translate a paper into Japanese (Appendix 2-2), and personally producing some condensed material in Chinese for an online class (Appendix 2-3).

Appendix 2-1: "*Yuance de fashen guan: yi dui fahuajing yisheng de renshi wei zhongxin*" (圓測之法身觀: 以對《法華經》"一乘"的認識爲中心, Woncheuk's View on *Dharmakāya*: Focusing on Understanding of *Ekayāna* in Lotus Sūtra). The initial draft, entitled "*Yuance dui fahuajing yisheng de renshi ji qi jiaopan yiyi: jicheng zhendi siwei de mouyifangmian*" (圓測對《法華經》一乘的認識及其教判意義: 繼承眞諦思惟的某一方面, Woncheuk's View on *Ekayāna* in Lotus Sūtra and Its Significance: An Aspect of Succeeding Paramārtha's thought), was composed for the "Young Scholars' Forum" of the "2015 International Program on Buddhism and East Asian Cultures" (2015年佛教與東亞文化國際暑期研修班, August 3-13, 2015, Shanghai). Subsequently, it underwent partial revision and editing, and was presented under its current title at the "2nd Conference of Chinese Huayan Thoughts: Huayan Buddhists' Views on *Buddhakāya*" (第二屆中國華嚴學術研討會: 華嚴佛身論, October 23-24, Shaanxi Normal University 陝西師範大學, Xi'an). The work was ultimately incorporated into *Huayan foshenlun yanjiu* (華嚴佛身論研究, A Study of Huayan Buddhists' Views on *Buddhakāya*, edited by Jianfu Lü 呂建福, Beijing: China Social Sciences Press, 2019, pp.135-166). During the preparation of this book, several flaws were corrected and a table ('表1') was added to elucidate the author's critical argument that, in the context of reconciling the conflict of interpretations between Paramārtha and Xuanzang (玄奘, 600 or 602-664), concerning how to interpret "One Vehicle" in the Lotus Sūtra presented as one of canonical evidences by One Vehicle lineage thinkers like Paramārtha etc. from the standpoint of Xuanzang, Woncheuk clearly supports Paramārtha's interpretation of it and indirectly criticises that of Kuiji (窺基, 632-682) on the same topic. This implies that the complete identification of Xuanzang's interpretations with Kuiji's, which was established in later Japanese *Yuishiki shū* (唯識宗, *Vijñaptimātratāsiddhi* Order) and unconsciously perpetuated by many modern scholars in Japan and Korea, is a hermeneutical prejudice that could present an epistemological obstacle to understanding Woncheuk and East Asian Yogācāra Buddhist thought. Furthermore, this paper significantly evidenced the value of SNST. The author's argument was substantiated by correcting the Chinese character "*san*" (三) of "*suiyousanshi*" (雖有三釋) to "*er*" (二) with the assistance of the corresponding Tibetan translation "*de ltar rnam pa gñis su bśad pa yod kyaṅ*" in SNST ('Appendix 1' ft.123; 'Appendix 2-1)' ft.14). This could be considered a rare instance where philological work provides researchers with a decisive opportunity for interpreting thought and also aligns with the Chinese proverb "*cha zhi haoli miu yi qianli*" (差之毫釐, 謬之千里. A little error may lead to a large discrepancy).

Appendix 2-2: "*Enjiki mushōujōron no aimaisei to kaishakugaku teki kukyō*" (円測無性有情論の曖昧性と解釈学的苦境, Woncheuk's View on *Agotrasattva*, Its Ambiguity, and His Hermeneutical Predicament). The initial draft was composed in Korean as a paper for the "6th International Conference: Chinese Buddhist Thought in the Period of Sectarian Buddhism" (제6회 국제학술대회: 종파불교 성립기의 중국불교 사상, July 24, 2013, Geumgang University 金剛大學校, Nonsan).

Subsequently, it was translated into Japanese by a Japanese colleague, further developed, and ultimately published in *Higashi Ajia bukkyō kenkyū* (東アジア仏教研究, The Journal of East Asian Buddhist Studies) vol. 12 (Tokyo: Japanese Association of East Asian Buddhist Studies, 2014, pp.105-130). In preparation for this book, minor corrections were made and select expressions pertaining to Woncheuk's hermeneutical position on *Gotra* Theory were revised. This paper posits the proposition that Woncheuk faced a hermeneutical predicament wherein he neither definitively affirmed nor categorically negated the potential for *agotrasattva*'s attainment of Buddhahood. This interpretation was informed by an appendix ('付録') at the conclusion of the paper, titled "Discourse on Awakening of Sentient Beings without Buddha-Nature (*agotrasattva*)" (無性有情の成仏に対する問答). During the process of collating *WChS* against SNST in preparation for a doctoral dissertation in 2010, this material was identified in the section "Discourse on For Whom Buddha's Teachings Were Taught" (顯教所為) of "*Seo pum*" (序品; Ch. *Xu pin*, Introductory Chapter) in SNST, which is absent in *WChS*. It is posited that this newly discovered material merits scholarly attention as it reflects Woncheuk's aforementioned hermeneutical predicament. Consequently, this opportunity is taken to introduce it herein.

Appendix 2-3: "*Qiantan yuance yu xuanzang de guanxi: yige yuance yanjiuzhe de shijiao*" (淺談圓測與玄奘的關系: 一個圓測研究者的視角, Brief Remarks on the Relationship between Woncheuk and Xuanzang: An Opinion from a Researcher of Woncheuk). This material was prepared for a special lecture presented within the course "The Interactive History between Chinese and Korean Buddhism" by Dr. Taesoo Kim (김태수, 金泰洙) at the Department of Religion, National Chengchi University (國立政治大學) on 7 April 2021. The purpose of this material was to elucidate two primary obstacles to the understanding of Woncheuk. The first is the infamous "eavesdropping incident" tradition in *Songgaoseng zhuan* (宋高僧傳). It is posited that this apocryphal account was most likely fabricated by the successors of Huizhao (慧沼, 650-714), who sought to exclude Woncheuk as heterodox from the Xuanzang School and establish his master Kuiji as its orthodox representative. This intention is evident in his critique of Woncheuk's attitude toward Xuanzang, namely, "*zongshiziwen duoyidingzhi*" (縱時諮問, 多意定之. at any time consulted Xuanzang on Buddhist topics, but generally interpreted them only by his own opinion, not by Xuanzang). His emphasis clearly lay on the latter phrase (多意定之), which implies Woncheuk's hermeneutical distance from Xuanzang. However, this analysis contends that the former phrase (縱時諮問) should be recognised as an incontrovertible historical fact that paradoxically attests to their close relationship as master and disciple. The second obstacle is the category of "*Saimyōha*" (西明派) or "*Saimyōgakuha*" (西明學派, Woncheuk School of *Vijñaptimātratāsiddhi* Order) constructed by the Japanese scholar Lyōtai Hadani (羽溪了諦) in 1916, which has subsequently been accepted and developed by numerous scholars in Japan and Korea throughout the 20th century. It is argued that this categorisation is unfortunately not free from the influence of the "eavesdropping incident" tradition, as it still contains two main hermeneutical premises that appear to have been unconsciously accepted among Japanese *Yuishiki shū*. The first premise is that Xuanzang was opposed to Woncheuk in terms of both personal relationship and Buddhist thought. The second is that, conversely, Xuanzang supported Kuiji, who was opposing Woncheuk, and therefore his views on Buddhist topics completely accord with Kuiji's. Consequently, this analysis critiques Hadani's perspective on Woncheuk as a form of modern academic iteration of the "eavesdropping incident" tradition and characterises his category of "*Saimyōha*" as a hypothetical construct based on the apocryphal account of the "eavesdropping incident."

ACKNOWLEDGEMENTS

I take this opportunity to express my heartfelt gratitude to my teachers and colleagues. Foremost, I would like to thank my advisor Professor Jongcheol Lee (이종철, 李鍾徹) at the Academy of Korean Studies for opening my eyes to the significance of *WChS* in the Mind-Only tradition and encouraging me to work on this critical revision based on SNST. Additionally, I would like to thank Professor Saerji (薩爾吉, gSar brje) from Institute of Sanskrit Manuscripts and Buddhist Literature (梵文貝葉經與佛教文獻研究所) at the Department of South Asian Studies, Peking University (北京大學) for allowing me to attend his literary Tibetan classes and intensive seminar as a foreign student during the 2006-2007 and 2011 periods in Beijing. Thanks are also due to the late Professor Yao Wang (王堯, 1928-2015) of Academy of Tibetan Studies (藏學研究院) at Minzu University of China (中央民族大學) for kindly replying to my question about Chos grub and Dunhuang during Tibetan occupation, on 28 December 2011. Furthermore, appreciation is extended to Professor Gangcuo (崗措, Gaṅ tso) of the Academy for her kind assistance in facilitating a meeting with Professor Wang and resolving several issues in the interpretation of SNST.

Several scholars have significantly contributed to broadening my understanding of Chinese Buddhist thought during my sojourn in Beijing. During my first visit, I was granted the privilege of auditing two courses at Peking University: "The History of Chinese Buddhism" and "Reading of Sengzhao's (僧肇) *Zhao lun* (肇論)", both conducted by Professor Xuenong Zhou (周學農). Additionally, I attended a course on "Reading of Kuiji's *Yibu zonglun lun shuji* (異部宗輪論述記)" by Professor Silong Li (李四龍) at Peking University, and "The History of Chinese Buddhist Thoughts" by Professor Fenglei Zhang (張風雷) at Renmin University of China (中國人民大學). During my second visit, I had the opportunity to attend a special lecture entitled "Why Epistemology Consistently Could Not Be Appreciated by Chinese Philosophers" at Peking University, delivered by Professor Chenkuo Lin (林鎭國) of National Chengchi University on 26-27 October 2011.

My acknowledgement extends to several teachers, educators, and colleagues who helped me to complete or publish papers in Chinese and Japanese. Professor Jinhua Chen (陳金華) at the University of British Columbia kindly provided the opportunity to present initial concepts of Appendix 2-1 to Chinese colleagues. Dr Lei Guo (郭磊) at Dongguk University (東國大學校) facilitated the translation of the Korean draft of Appendix 2-1 into Chinese. The late Professor Seishi Karashima (辛嶋靜志, 1957-2019) of Soka University (創價大學) reviewed the Chinese draft for the Forum in advance and shared his expertise in Sanskrit philology, particularly regarding a notable *śloka* on "One Vehicle" in the Lotus Sūtra. Professor Jianfu Lü at Shaanxi Normal University provided an opportunity to share opinions with international scholars in the field. Professor Wenliang Zhang (張文良) at Renmin University of China, in his capacity as a reviewer, offered valuable commentary on the conference paper. Subsequently, Dr. Aoying (敖英) at Peking University and Roujia Zeng (曾柔佳), a graduate student at the University of Tokyo (東京大學) at the time, revised certain unidiomatic Chinese sentences in the paper. Dr Kana Mizutani (水谷香奈), a former colleague at Geumgang University, invested considerable time and effort in accurately translating the Korean draft of Appendix 2-2 into Japanese and meticulously contributing it to a Japanese journal.

Finally, I extend my gratitude to the attendees of the online lecture based on Appendix 2-3, who lent their ears to my presentation in Chinese. In particular, I thank Professor Qing Keng (耿晴) at National Taiwan University (國立臺灣大學) and Dr. Deyu Yang (楊得煜) at National Chengchi University at the time, for their valuable comments, which subsequently broadened my perspective on Buddhist thought during the Zhou (周) period.

Any remaining oversights or errors in the appendices are solely my responsibility.

Gyu-Eon JANG (장규언, 張圭彦)

Seongnam, Korea.

Appendix 1

A Revised Critical Edition of the *Chapter on Characteristics of Non-intrinsic Natures* of Woncheuk's *Commentary on Saṃdhinirmocana-sūtra*

- Based on Its Tibetan Translation

General Remarks

1. Abbreviations for the *Tripitaka*

T: *Taishō* edition of the Chinese Buddhist canon (electronic text from CBETA)

ZZ: *Dai-nihon Zokuzōkyō* edition of the Chinese Buddhist canon (electronic text from CBETA)

WX: *Man Zokuzōkyō* edition of the Chinese Buddhist canon (reproduced in Taipei, 1977)

ZhT: *Zhonghua dazangjing* edition of the Tibetan Buddhist canon (collated edition published by China Tibetology Research Center in 2001, comparing the *Peking, Narthaṅ*, and *Cone* editions against the *sDe dge* edition)

P: *Peking* edtion of the Tibetan Buddhist canon (reprinted under the supervision of the Otani University, Kyoto, 1957)

2. Textual Marks Used in This Critical Revision

A. Textual Marks in *Haesim milgyeong so*

a. 〈 〉: A〈B〉 - Chinese character 'A' in the *Haesim milgyeong so* has been revised to B.

b. ( ): (A) - Chinese character or phrase 'A' that has been omitted in the *Haesim milgyeong so* has been added.

c. —: ~~A~~ - Chinese character or phrase 'A' which is considered superfluous in *Haesim mil gyeong so* has been deleted.

d. ': A'BC〈DE〉 - More than two Chinese characters 'BC' in *Haesim milgyeong so* has been revised to 'DE'.

e. 【 】: 【A】 - Corresponding Tibetan translation of Chinese character or phrase

'A' is missing.

f. [ ]: AB[cd] - Chinese phrase or sentence 'cd' is an intratextual note of 'AB'.

B. Textual Marks for *Hphags pa dgoṅs pa zab mo ṅes par ḥgrel paḥi mdo rgya cher ḥgrel pa* (ZhT edition)

P.: *Peking* edition of the Tibetan Buddhist canon

N.: *Narthaṅ* edition of the Tibetan Buddhist canon

C.: *Cone* edition of the Tibetan Buddhist canon

-: "P.N. -ni" indicates *ni* is in the *sDe dge* edition but missing in the *Peking* and *Narthaṅ* editions

+: "C. +la" indicates *la* is not included in the *sDe dge* edition but included in the *Cone* edition

Other textual marks such as 〈 〉, [ ], —, ' , etc., in the Tibetan manuscript follow the same rules as those of *Haesim milgyeong so* as mentioned above.

Explanatory Remarks

1. After identifying doubtful sentences in *Haesim milgyeong so* by comparing it with SNST and extant *Tripiṭaka* manuscripts (in the case of quoted sentences) and comprehensively taking into consideration consistency of words, context, Chinese grammar, and writing style, I made corrections to Chinese characters or phrases that are determined to be in error.
2. Quotations in *Haesim milgyeong so* are compared with extant *Tripiṭaka* in CBETA first, followed by comparison with Tibetan translation.
3. Quotations that do not fully accord with, or are summarized quotations of,

phrases or sentences in the *Tripiṭaka* are revised based on SNST.

4. Quotations from nonextant manuscripts and non-quotations are revised based on SNST.
5. *Haesim milgyeong so* is preserved as much as possible if there is no problem understanding the meaning of sentences despite discord between the writing styles of *Haesim milgyeong so* and its Tibetan counterpart; only parts clearly necessitating revision are supplemented or revised to accord with its Tibetan edition.
6. When a clear error is spotted but without any means of verifying the original Chinese characters or wordings, I have provided my opinion briefly in a footnote rather than correcting the error.
7. When the original Chinese sentences or phrases seem to contain errors but without any means of assuming them, I have marked them with a sign of '(?)'.
8. A brief note is made of any errors found in the Tibetan translation that corresponds to *Haesim milgyeong so*.
9. To provide a roadmap of Woncheuk's understanding of "*Mujaseong sang pum*" in its entirety, I have restructured the manuscript as follows to make it more readable. Each part of Woncheuk's table of contents (Tib. *sa bcas*) is clearly mentioned at the start of each paragraph of the *Sūtra* as divided by him (identified by a numbering system such as '(1)' and '(1)-1'), and I have arbitrarily divided his commentaries into paragraphs where deemed appropriate after careful consideration of the manuscript (identified by a numbering system such as 'A' and 'B' and '1' and '2' below). Furthermore, in accordance with Woncheuk's division of the chapter, I have inserted informative titles—italicized and written in capital letters (e.g. *A. Bodhisattva Paramārthasamudgata's Questions to Buddha*)—between the paragraphs of the Sūtra to clarify its structural outline.

解深密經疏卷四(經本第二) 解深密經無自性相品第五

0. Division of "Wúzìxìngxiàng pǐn" (無自性相品, Chapter on Characteristics of Non-intrisic Natures) into Two Main Parts

ZZ21 259b8; WX34 757b14:

將釋此「品」, 有其二義, 一解「品」名, 二釋文義.

1. Explication of Name "Wúzìxìngxiàng pǐn" [解品名]

ZZ21 259b9-14; WX34 757b14-758a2:

題云'無自性相品'者, 謂無自性略有三種, 一相無自性性, 二生無自性性, 三勝義無自性性. '無自性'言顯三無性, 故言'無自性'也. '相'即體相, 或謂相狀, 此三無性, 如其次第, 即用三性以為體相. 此「品」廣明三無自性體相 · 相狀, 故言'無自性相品'. [『深密經』云'成就第一義菩薩問品'者, ['人從〈從人〉[1])]立名. 譯家別故.]

2. Explication of the Meaning of Sentences in "Wúzìxìngxiàng pǐn" [釋文義]

A. Bodhisattva Paramārthasamudgata's Questions to Buddha

(1): Bodhisattva Paramārthasamudgata's Questions to Buddha [菩薩請問]

(1)-1: Manifestation of Questioner (Bodhisattva Paramārthasamudgata) and Answerer (Buddha) [標問 · 答者]

ZZ21 259b15; WX34 758a4:

---

1) Taking into consideration SNST (ZhT68.642.8: gaṅ zag las miṅ du btags pa yin te/) and classical Chinese grammar, Chinese phrase '人從' must be a writing error for '從人' as the collation record of ZZ states.

爾時勝義生菩薩摩訶薩白佛言, “世尊!

A. Essential Topic of “Wúzìxìngxiàng pǐn”: Explication of the Meaning of Three Non-intrinsic Natures (*triniḥsvabhāva*) [釋三無性]

ZZ21 259b16-17; WX34 758a4-5:

釋曰. 自下正釋文義, 就釋有情〈性〉2) · 無性境中, 上來已釋三性境訖, 自下第二釋三無性.

B. Five Main Parts of “Wúzìxìngxiàng pǐn”

ZZ21 259b16-20; WX34 758a5-8:

於此「品」內, 有其五分, 一菩薩請問分, 二‘爾時世尊’下如來正說分, 三‘爾時勝義生’下領解受持分, 四‘爾時勝義生菩薩’下校量歎勝分, 五‘爾時勝義生’下依教奉行分.

C. Sub-topics Related to ‘(1)’, and Topic of the Sentence Above from *JShMJ*

ZZ21 259b21-22; WX34 758a9-10:

就請問中文別有三, 初標問 · 答者, 次‘我曾’下申所問事, 後‘未審’下依教發問, 此即第一標問 · 答者.

D. Explaining the Meaning of Chinese Translation “Shèngyìshēng” (勝義生, *Paramārthasamudgata*)

ZZ21 259b23-c2; WX34 758a11-14:

【言‘勝義生’者,】‘勝義’, 即是所證之境, 勝智之境(故)名‘勝義’, ‘生’者, 能證之智緣勝義生'名之〈故名〉為‘生’3). 故(無性)4)『攝論』云, “於此證會, 故名為生, 於此所緣, 勝智生

---

2) Taking into consideration the context and SNST (ZhT68.642.13: ṅo bo ñid yod pa daṅ/), Chinese character ‘情’ must be a writing error for ‘性’.

3) Taking into consideration classical Chinese grammar and SNST (ZhT68.643. 8-12: de la don dam ṣes bya ba ni thob par bya baḥi yul te/ ye śes dam paḥi yul yin paḥi phyir don dam ṣes byaḥo/ /yaṅ dag ḥphags ṣes bya ba ni thob par byed paḥi ye śes don dam pa dmigs pa las skyes paḥi phyir yaṅ dag ḥphags ṣes byaḥo/), Chinese character ‘故’ should be added in front of ‘名勝義’ and Chinese phrase ‘名之’ replaced by ‘故名’.

故."5) 就能·所證以立其號, 名'勝義生'.

(1)-2: Unfolding of His Questions to Buddha [申所問事]

(1)-2-1: Telling of His Doubts and Opinions about Buddha's Previous Teachings [陳己疑思]

ZZ21 259c3; WX34 758a15:

我曾獨在靜處, 心生如是尋思.

A. Sub-topics Related to '(1)-2', and Topic of the Sentence Above from *JShMJ*

ZZ21 259c4-5; WX34 758a16-17:

釋曰. 自下第二申所問事. 於中有二, 初陳己疑思, 後舉所問教, 此即初也.

B. Meaning of the Sentence Above from *JShMJ*, and Comparison of Its Translations in *JShMJ* and *ShMJTJ*

ZZ21 259c6-7; WX34 758a18-b1:

謂昔我曾獨在山林閑'房靜〈靜處〉6), 如是尋思, 世尊如何先說有性後說無性?『深密經』云'空閑之處生覺觀心'者, 如前分別. 譯家別故.

---

4) The quotation that follows does not appear in *X-ShL*, but rather appears in *WXSh* (vol. 6,「入所知相分」, T31 416a29-b6: 論曰. 如是菩薩悟入唯識性故, 悟入所知相, 悟入此故, 入極喜地, 善達法界, 生如來家, 得一切有情平等心性, 得一切菩薩平等心性, 得一切佛平等心性, 此即名爲菩薩見道. 釋曰. 善達法界者, 於此法界深作證故. <u>生如來家者, 謂佛法界名如來家, 於此證會, 故名爲生. 於此所緣, 勝智生故</u>.). Therefore, it is appropriate to add Chinese phrase '無性' before '攝論' because Woncheuk generally indicates *WXSh* by Chinese phrase '無性攝論' while '攝論' refers to *X-ShL* in *WChS*.

5) Unexpectedly, SNST not only does not contain the translation for '無性', but also considers the quotation to include Chinese phrase '故名爲生' (ZhT68. 68.643.12-15: /<u>bstan bcos theg pa chen po bsdus pa las</u>/ ḥdi rtogs śiṅ khoṅ du chud paḥi phyir yaṅ dag ḥphags ṣes byaḥo <u>ṣes bśad de</u>/ dmigs pa ḥdi las ye śes dam pa skyes paḥi phyir/ rtogs pa daṅ rtogs par bya baḥi dbaṅ du mdsad nas don dam pa yaṅ dag ḥphags ṣes btags pa yin no/). Based on these two facts, it seems that Chos grub was not familiar with *WXSh*.

6) Taking into consideration SNST (ZhT68.643.21-644.1: ḥdi ltar bdag sṅon gcig pu ri daṅ nags tshal <u>bden pa na</u> gnas pa tshe/), Chinese character '房' seems to be a writing error for '處' and Chinese phrase '處靜' an inversion of '靜處'.

C. Presentation of and Commentary on Four Interpretations of the Technical Term "*xúnsī*" (尋思, **tarka*)

ZZ21 259c8-13; WX34 758b2-7:

汎論尋思, 有其四種. 一者三界有漏分別心 · 心所法. 二者尋 · 伺. 故『深密』云, "空閑之處生覺觀心." 三者唯尋. 故『集論』第六云, "尋思行者, 緣入出息念境."『俱舍論』第二十二云, "尋多亂心名尋行者, 彼依息念能正入修." 或可, 通說尋 · 伺名尋思行者. 四者慧數, 如四尋思. 處處說故.

今於此中第四為勝.

(1)-2-2: Presentation of His Questions to Buddha [舉所問教]

(1)-2-2-1: Presentation of Buddha's Teachings about Intrinsic Nature (*svabhāva*) in Phenomena [舉有性教]

(1)-2-2-1-1: Presentation of Buddha's Teachings about Five Heaps (*skandha*) [辨蘊教門]

(1)-2-2-1-1-1: Presentation of Buddha's Teachings about Five Heaps with Their Five Characteristics (*lakṣaṇa*) [五相辨蘊聖教]

ZZ21 259c14-15; WX34 758b8-9:

世尊以無量門曾說諸蘊所有自相 · 生相 · 滅相 · 永斷 · 遍知.

A. Sub-topics Related to '(1)-2-2', '(1)-2-2-1', '(1)-2-2-1-1', and Topic of the Sentence Above from *JShMJ*

ZZ21 259c16-20; WX34 758b10-14:

釋曰. 自下第二申〈舉〉[7]所問教. 於中有二, 初舉有性教, 後'世尊復說'下顯無性教. 就前文中, 有十三門, 攝為五段, 一明蘊教, 二明諦教, 三明諸界, 四明念住, 五八聖道, 此即

---

7) Taking into consideration the conformity with topic previously presented (ZZ21 259c16 ff.: 自下第二申所問事. 於中有二, 初陳己疑思, 後舉所問教) and SNST (ZhT68.645.2: ... ṣes bya ba la sogs pas ni gñis pa ṣu baḥi bstan pa ñid smos pa ston to/), Chinese character '申' should be corrected as '舉'.

第一辨蘊教門. 於中有二, 初正明蘊教, 後類顯三教, 此即五相辨蘊聖教.

B. Presentation of Twofold Interpretations of Phrase '無量門' in the Sentence Abvoe from *JShMJ*

ZZ21 259c20-23; WX34 758b14-17:

'無量門'者, 此有兩釋. 一云, 蘊中所有自 · 共相等諸門非一, 故名'無量'. 一云, 可見 · 不可見 · 有色 · 無色等諸門非一, 故名'無量'.

C. Explaining Twofold Interpretations of Five Characteristics

ZZ21 259c23-260a4; WX34 758b17-759a4:

'所有自相', 即是別相, 如說色是質礙, 如是〈說〉[8]識是了別. '生相 · 滅相', 即是通相. 色等皆有生 · 滅相故. '永斷 · 遍知', 即苦 · 集相. 永斷集諦苦煩惱故, 遍知苦諦生死果故.

或可, '所有自相'者, 即是自相〈性〉[9] · 差別相, 如是二相, 遍於生滅 · 永斷 · 遍知, 如下'領解'中說.

(1)-2-2-1-1-2: Presentation of Buddha's Three Other Teachings on Spheres of Knowledge (*āyatana*), Dependent Arising (*pratītyasamutpāda*), and Sustenances According to That of Heaps [類顯三教]

ZZ21 260a5; WX34 759a5:

如說諸蘊, 諸處 · 緣起 · 諸食亦爾.

---

8) Taking into consideration correspondence to the previous phrase '如說色是質礙' and SNST (ZhT68.645.19-20: ji skad du gzugs ni thogs pa daṅ bcas paḥi ṣes bya ba nas/ rnam par śes pa ni rnam par rig paḥo ṣes bya baḥi bar du bśad pa lta buḥo), Chinese character '是' should be corrected as '說'.

9) Taking into consideration the context and SNST (ZhT68.646.5-10: raṅ gi ṅo bo daṅ bye brag gi mtshan ñid), Chinese character '相' should be corrected as '性'.

A. Topic and Meaning of the Sentence Above from *JShMJ*

ZZ21 260a6-13; WX34 759a6-13:

釋曰. 此即第二類釋二〈三〉[10]門. 謂如蘊中所說五相, 十二處教 · 緣起 · 諸食應知亦爾, 謂處自相, 能見色(故)[11], 名之為眼. 眼所見故, 名之為色, 乃至能知法故, 名之為意. 意所知故, 名之為法. 緣起自相, 智所對法〈治〉[12]別有心所覆弊為性, 名為無明, 如『瑜伽論』五十六說. 乃至漸衰頓滅, 名為老死. 諸食自相, 分段而呑, 各為段食, 乃至了別執持, 名為識食. 生滅二相 · 永斷 · 遍知准上應知.

B. Explaining the Reason Why There Is a Difference between This "Wúzìxìngxiàng pǐn" that Analyzes Phenomena with Five Characteristics and Previous "Shèngyìdìxiàng pǐn" (勝義諦相品, Chapter on Characteristics of *Paramārthasatya*) that does with Six Characteristics

ZZ21 260a13-17; WX34 759a13-17:

問. 如何「勝義諦品」以六相分別蘊等, 具說四諦, 於此「品」中但說苦 · 集, 而非滅 · 道?

解云, 前「品」欲辨現觀有差別故, 具說四諦, 今此「品」中(為明)有性 · 無性二教(有)差

---

10) Taking into consideration conformity with the topic name '類顯三教', context and SNST (ZhT68.646.10-11: gñis pa bzlas bstan pa gsum smos paḥo/), Chinese character '二' must be a writing error for '三'.

11) Taking into consideration SNST (ZhT68.646.14-15: gzugs mthoṅ bar nus paḥi phyir mig ces byaḥo/) and classical Chinese grammar, Chinese character '故' should be added, as the collation record of ZZ states.

12) Taking into consideration SNST (ZhT68.646.17-19: /rten ciṅ ḥbrel par ḥbyuṅ baḥi raṅ gi mtshan ñid ni/ **bstan bcos rnal ḥbyor spyod paḥi sa las**/ śes pa〈paḥi mi〉* mthun paḥi phyogs sems las byuṅ baḥi chos sgrib par byed paḥi bdag ñid yin pas ma rig pa ṣes byaḥo **ṣes bya ba nas**/ khad kyis ñams śiṅ cig car ḥjig pas **rgya śi ṣes byaḥo ṣes bśad paḥi bar** dag go/ **pa* should be corrected as *paḥi mi* according to P. N..) and *YJL* (vol. 56, 「攝決擇分 · 五識身相應地意地」, T30 611c20-21: 復次當知! 無明智所對治別有心所覆蔽爲性.), Chinese character '法' must be a writing error for '治'.
Unexpectedly, SNST regards all up to Chinese phrase '名為老死' as an indirect quotation of *YJL* because '如瑜伽論五十六說' appears immediately after '緣起自相'. But we cannot find Chinese sentential phrase '漸衰頓滅, 名為老死.' in vol. 56 of *YJL*, so it seems to be Chos grub's misreading.

別(故)[13], 是故此中略而不說. 由得蘊故, 滅'及依證〈作證故〉[14].

(1)-2-2-1-2: Presentation of Buddha's Teachings about Four Truths for the Nobles [辨四諦教]

ZZ21 260a18; WX34 759a18:

以無量門曾說諸諦所有自相 · 遍知 · 永斷 · 作證 · 修習.

A. Topic and Meaning of the Sentence Above from *JShMJ*

ZZ21 260a19-22; WX34 759b1-4:

釋曰. 第二辨四諦教, 有其五句. '所有自相' 自有兩說, 准上應知. 謂逼迫名(苦)[15], 召集名集, 滅盡名滅, 能通名道. '遍知' 等四別顯四諦, 遍知苦諦, 永斷集諦, 作證滅諦, 修習道諦.

(1)-2-2-1-3: Presentation of Buddha's Teachings about Foundations (*dhātu*) [辨諸界門]

ZZ21 260a23-24; WX34 759b5-6:

以無量門曾說諸界所有自相 · 種種界性 · 非一界性 · 永斷 · 遍知.

A. Topic and Meaning of the Sentence Above from *JShMJ*

ZZ21 260b1-4; WX34 759b7-10:

---

13) Taking into consideration correspondence to the previous phrase '前「品」欲辨現觀有差別故' and SNST (ZhT68.647.8-12: leḥu sṅa ma las mṅon par rtogs paḥi bye brag rab tu dbye bar bṣed paḥi phyir ni bden pa bṣi tshaṅ par gsuṅs la(/) leḥu ḥdi las ni ṅo bo ñid yod pa daṅ ṅo bo ñid med paḥi bstan pa rnam pa gñis kyi bye brag ston par mdsad pas deḥi phyir ḥdir ni mdor bsdus nas ma gsuṅs te/), Woncheuk's preference for phrases with even number of characters, Chinese characters '為明', '有', and '故' should be added.

14) Taking into consideration correspondence to the previous phrase '由得蘊故' and SNST (ZhT68.647.12: phuṅ po thob paḥi phyir ḥgod pa mṅon sum du byed pas so/), Chinese phrase '及依證' should be corrected as '作證故'.

15) Taking into consideration the context and SNST (ZhT68.647.17: gnod ciṅ ñam ṅa bas na sdug bsṅal lo/), Chinese character '苦' should be added.

釋曰. 第三辨諸界門. '所有自相'准上應知. 次之二句, 謂十八界展轉異相, 名'種種界', 即十八界無量有情所依差別, 名'非一界', 如『瑜伽論』五十六說. 【若依八十三, 與上相反, 如初卷『記』. '永斷' · '遍知'准上】應知.

(1)-2-2-1-4: Presentation of Buddha's Teachings about Mindful Establishment (*smṛti*) and Others [辨念住等教]

(1)-2-2-1-4-1: Presentation of Buddha's Teachings about Mindful Establishment [釋念住]

ZZ21 260b5-6; WX34 759b11-12:

以無量門曾說念住所有自相 · 能治所治及以修習未生令生 · 生已堅住 · 不忘信〈倍〉[16]修增長廣大.

A. Sub-topics Related to '(1)-2-2-1-4', and Topic of the Sentence Above from *JShMJ*

ZZ21 260b7-8; WX34 759b13-14:

釋曰. 第四辨念住(等)[17]教. 於中有二, 初釋念住, 後類(釋)[18]五門.

B. Meaning of the Sentence Above from *JShMJ*

ZZ21 260b8-12; WX34 759b14-18:

前中五句. '所有自相'自有二釋, 准蘊應知. 此四念住, 以慧為體, 住身等境, 應言'慧住', 而言'念住', 與念相應住身等境, 故名'念住', 此六釋中, 鄰近釋也. 後四句者, 一能治

---

16) Taking into consideration the context and *JShMJ* (T16 693c24), Chinese character '信' must be a writing error for '倍'.

17) Taking into consideration the context (including five other topics that follow) and SNST (ZhT68.646.16: bṣi pa dran pa ñe bar gṣag pa la sogs pa bstan pa rnam par ḥbyed paḥo/), Chinese character '等' should be added.

18) Taking into consideration correspondence to topic name for the sentence below from *JShMJ* (此即第二類釋五門) and SNST (ZhT68.646.17-18: zlas sgo gṣan lṅa po dag bstan paḥo/), Chinese character '釋' should be added.

四倒, 二未生令生, 三生已堅住, 四不忘倍修增長廣大, 如初卷說.

(1)-2-2-1-4-2: Presentation of Buddha's Five Other Teachings, viz. Correct Abandonings, Bases of Magical Abilities, Powers, Forces, Elements of Awakening According to That of Mindful Establishment [二類釋五門]

ZZ21 260b13; WX34 760a1:

如說念住, 正斷 · 神足 · 根 · 力 · 覺支亦復如是.

A. Meaning of the Sentence Above from *JShMJ*

ZZ21 260b14-16; WX34 760a2-4:

釋曰. 此即第二類釋五門, 謂如念住有其五句, 四正斷門 · 四種神足 · 五根 · 五力 · 七等覺支皆有五句, 准上應知.

(1)-2-2-1-5: Presentation of Buddha's Teachings about Eight Elements of Ways for the Nobles [八支聖道]

ZZ21 260b17-18; WX34 760a5-6:

以無量門曾說八支聖道所有自相 · 能治所治及以修習未生令生 · 生已堅住 · 不忘倍修增長廣大.

A. Meaning of the Sentence from *JShMJ*

ZZ21 260b19-20; WX34 760a7-8:

釋曰. 第五八'聖道支〈支聖道〉[19]有其五句, 准上應知. 此後七門, 即是三十七品觀, 義如『別章』.

(1)-2-2-2: Presentation of Buddha's Teachings about Non-intrinsic Nature (*niḥsvabhāva*) in Phenomena [顯無性教]

19) Taking into consideration the paragraph above from *JShMJ* (八支聖道) and SNST (ZhT68.649.18: lṅa pa <u>hphags pahi lam</u> <u>yan lag</u> <u>brgyad</u> pa* bstan pa ste/ **pa* must be superfluous in view of the context.), Chinese phrase '聖道支' should be corrected as '支聖道'.

ZZ21 260b21-22; WX34 760a9-10:

世尊復說, “一切諸法皆無自性 · 無生無滅 · 本來寂靜 · 自性涅槃.”

A. Topic and Meaning of the Sentence Above from *JShMJ*

ZZ21 260b23-c4; WX34 760a11-16:

釋曰. 第二顯無性教. 謂依下『經』三時法輪, 於第一時, 說四諦教, 於第二時, 說無相教, 第三時中, 說了義教, (謂)說一切法皆無自性 · 無生(無)滅 · 本來寂靜 · 自性涅槃(故), 無自性性,[20] 而今此中, 約第二時對第一時, 以為發問所依, 前說有相, 後說無相, 此‘無相’言, 違前有相, 故以無相為問所依.

B. Explaining the Reason Why the Mentions about Theme of Each Wheel of Teaching between *JShMJ* and *WLYJ* Are Different

ZZ21 260c4-12; WX34 760a16-b6:

問. 若准此『經』, 初唯說有, 後但說無, 『無量義經』前 · 後兩時皆說空 · 有, 故彼『經』云, “善男子! 我起樹王, 詣波羅奈鹿野園中, 為阿若拘鄰等五人轉四諦法輪時, 亦說諸法本來寂靜, 中間於此及以處處, 為諸比丘并眾菩薩辨演宣說十二因緣 · 六波羅蜜, 亦說諸法本來空寂.” 具說如彼, 即此二『經』如何會釋?

解云, 如『智度論』, 諸佛說法有其二事, 一者秘密, 二者顯示, 『無量義經』依秘密門; 今依此『經』是顯示門, 各據一邊, 互不相違.

(1)-3: Starting to Question Buddha's Teachings [依教發問]

(1)-3-1: Telling His Doubts about Buddha's Teachings [陳己疑情]

ZZ21 260c13-14; WX34 760b7-8:

未審, 世尊依何密意作如是說, “一切諸法皆無自性 · 無生無滅 · 本來寂靜 · 自

20) Taking into consideration classical Chinese grammar and SNST (ZhT68.650.8-10: hdi ltar chos thams cad ni ṅo bo ñid med pa daṅ/ skye ba med pa daṅ/ ḥgag pa med da daṅ/ gzod ma nas ṣi ba (daṅ)*/ ran bṣin gyis yoṅs su mya ṅan las ḥdas pa ṣes gsuṅs pas ṅo bo ñid med pa yin no/ **daṅ* should be added in view of the context.), Chinese characters ‘謂’, ‘無’, and ‘故’ should be added.

性涅槃"?

A. Sub-topics Related to '(1)-3', and Topic of the Sentence Above from *JShMJ*

ZZ21 260c15-16; WX34 760b9-10:

釋曰. 第三依教發問. 於中有三, 初陳己疑情, 次請願解釋, 後申所釋『經』, 此即初也.

B. Meaning of the Sentence Above from *JShMJ*

ZZ21 260c17-21; WX34 760b10-15:

謂佛先說, '蘊 · 處 · 界等十三法門皆無〈有〉[21]自性', 後復說言, '一切諸法皆無自性 · 無生滅等', 前說有性, 後說無性, 二教相違, 未審, 世尊依何密意作如是說無自性等?[若依(『深)密』經,[22] 有其五節, 一一切法本來無證〈體〉, 二一切法本來不生, 三一切法本來無〈不〉[23]滅, 四一切法本來寂靜, 五一切法本來自性涅槃.]

(1)-3-2: Request for Buddha to Explicate the Apparent Discordance between His Earlier Teachings [請願解釋]

ZZ21 260c22; WX34 760b16:

我今請問如來斯義, 唯願如來哀愍解釋

A. Topic of the Sentence Above from *JShMJ*

ZZ21 260c23; WX34 760b17:

---

21) Taking into consideration the context and SNST (ZhT68.651.21-652.1: ṅo bo ñid <u>yod par</u>), Chinese character '無' should be corrected as '有'.

22) Taking into consideration SNST (ZhT68.652.5-6: dgoṅs pa zab mo rnam par dgrol baḥi mdo las ni), "Shemi Jing" (深密經) usually indicates *ShMJTJ* in *WChS*, and Woncheuk's preference for phrase with even number characters, Chinese characters '密經' should be corrected as '深密'.

23) Taking into consideration *ShMJTJ* (vol. 2, 「聖者成就第一義菩薩問品」 T16 670b25- 28: 世尊復說, 一切法本來無<u>體</u>, 一切法本來不生, 一切法本來<u>不</u>滅, 一切法本來寂靜, 一切法本來自性涅槃. 世尊! 是故我問如來此義, 如來何意作如是說?) and SNST (ZhT68.652. 6-8: chos thams cad gzod ma nas <u>ṅo bo ñid</u> med pa daṅ/ chos thams cad gzod ma nas ma skye ba daṅ/ chos thams cad gzod ma nas <u>ma</u> ḥgags pa daṅ/), Chinese characters '證' and '無' should be corrected as '體' and '不', respectively.

釋曰. 此即第二諸〈請〉[24]願解釋.

(1)-3-3: Informing in Detail the Teachings to Be Explicated by Buddha [申所釋教]

ZZ21 260c24-261a1; WX34 760b18-761a1:

說'一切法皆無自性 · 無生無滅 · 本來寂靜 · 自性涅槃'所有密意."

A. Topic of the Sentence Above from *JShMJ*

ZZ21 260c2; WX34 761a2:

釋曰. 第三申所釋教.

(2): Tathāgata's Preaching [如來正說]

(2)-1: Praising Paramārthasamudgata's Question and Accepting His Request for Tathāgata to Preach [讚問許說]

(2)-1-1: Praising the Benefits of Asking Questions [讚問有益]

(2)-1-1-1: Identifying Who Is Preacher [辨能說者]

ZZ21 260c3; WX34 761a3:

爾時世尊告勝義生菩薩曰.

A. Sub-topics Related to '(2)', '(2)-1', '(2)-1-1', and Topic of the Sentence Above from *JShMJ*

ZZ21 260c4-7; WX34 761a4-7:

釋曰. 自下第二如來正說. 於中有二, 初讚問許說, 後'勝義生當知'下依問正說. 前中有二, 初讚問有益, 後敕聽許說. 前中有四, 一辨能說者, 二讚問應理, 三讚問深義, 四讚問有益, 此即初也.

(2)-1-1-2: Praising that Paramārthasamudgata's Question Corresponds to the Truth (*yukti*) [讚問應理]

---

24) Taking into consideration the content previously presented (ZZ21 260c15 ff.: 釋曰. 第三依教發問. 於中有三, 初…, 次請願解釋, 後…), Chinese character '諸' must be a writing error for '請'.

ZZ21 260c8; WX34 761a8:

"善哉善哉! 勝義生! 汝所尋思甚為如理.

A. Topic of the Sentence Above from *JShMJ*

ZZ21 261a9; WX34 761a9:

釋曰. 此即第二讚問應理.

(2)-1-1-3: Praising His Questioning of Abstruse Meaning [讚問深義]

ZZ21 261a10; WX34 761a10:

善哉! 善哉! 善男子! 汝今乃能請問如來如是深義.

A. Topic of the Sentence Above from JShMJ, and Meaning of Phrase '善哉善哉' in the Sentence Above from *JShMJ*

ZZ21 261a11-12; WX34 761a11-12:

釋曰. 此即第三讚問深義. 此上二種文 · 義俱善, 是故重言'善哉善哉'.

(2)-1-1-4: Praising the Benefits of Asking Questions [讚問有益]

ZZ21 261a13-14; WX34 761a13-14:

汝今為欲利益安樂無量眾生, 哀愍世間及諸天 · 人 · 阿素洛等, 為令獲得義利安樂, 故發斯問.

A. Topic of the Sentence Above from *JShMJ*

ZZ21 261a15; WX34 761a15:

釋曰. 此即第四讚問有益. 准(上)[25]應知.

25) Taking into consideration the context and SNST (ZhT68.653: goṅ ma bṣin du rig par byaḥo/), Chinese character '上' should be added.

(2)-1-2: Buddha's Ordering Paramārthasamudgata to Listen to His Preaching and Accepting Paramārthasamudgata's Request for His Preaching [勅聽許說]

ZZ21 261a16-17; WX34 761a16-17:

汝應諦聽, 吾當為汝解釋所說'一切諸法皆無自性 · 無生無滅 · 本來寂靜 · 自性涅槃'所有密意."

A. Topic of the Sentence Above from *JShMJ*

ZZ21 261a18; WX34 761a18:

釋曰. 此即第二勅聽許說.

B. Buddha's Answer

B-1. Prose (bhāṣya)

B-1-1. Buddha's First Answer

(2)-2: Buddha's Preaching Concerning Paramārthasamudgata's Questions [依問正說]

(2)-2-1: Detailed Explication with Prose [長行廣釋]

(2)-2-1-1: Explication of the Meaning of Sūtras' Sentences in Relation to Three Non-intrinsic Natures (*triniḥsvabhāvatā*) [約三無性釋經諸句]

(2)-2-1-1-1: Explicating the Meaning of the Sentence "All Phenomena Do Not Have Their Intrinsic Natures" in Sūtras in Relation to Three Non-intrinsic Natures [約三無性釋諸經中說一切法皆無自性]

(2)-2-1-1-1-1: Summarizing His Previous Preachings by Proposing His Teachings [標章略說][26]

(2)-2-1-1-1-1-1: Explicating the Hidden Intent of Sūtra's Teachings in

---

26) I regard Chinese character "zhang" (章) as a gate (tib. *sgo*; skt. *pariyāyā*) of Buddha's teachings according to SNST (ZhT68.655.8: sgo bstan nas mdor bśad pa daṅ/).

Relation to Three Non-intrinsic Natures [依三無性顯經密意]

ZZ21 261a19-20; WX34 761b1-2:

勝義生! 當知, 我依三種無自性性密意說言'一切諸法皆無自性'.

A. Sub-topics Related to '(2)-2', '(2)-2-1', '(2)-2-1-1', '(2)-2-1-1-1' '(2)-2-1-1-1-1', and Topic of the Sentence Above from *JShMJ*

ZZ21 261a21-b7; WX34 761b3-13:

釋曰. 此下第二依問正說. 於中有二, 初長行廣釋, 後擧頌重說. 前中有五, 一約三無性釋『經』諸句, 二'復次勝義生'下約三性觀辨立三無性意, 三'復次勝義生'下約位辨立三無性意, 四'復次勝義生'下約三無性觀辨一乘義, 五'復次勝義生'下約無性教辨取解不同, 此即第一約三無性釋『經』諸句. 於中有二, 初約三無性釋諸『經』中說'一切法皆無自性', 後'勝義生當知'下約初·後無性釋'一切法無生滅等'. 前中有三, 初標章略說, 次'善男子'下問答廣釋, 後'善男子'下釋已總結. 前中有二, 初依三無性顯『經』密意, 後依數列三無性名, 此即初也.

B. Meaning of the Sentence Above from *JShMJ* and Complementary Explanation of the Sentence "All Phenomena Do Not Have Their Intrinsic Natures" in Scriptures

ZZ21 261b8-12; WX34 761b13-18:

謂世尊言'一切諸法無自性'者, 我【今具】依三無自性說'一切法皆無自性', 一切諸法即是三性, 即(依)[27]三性立三無性, 故諸『經』言'一切諸法皆無自性'. 是故『成唯識』'三十頌'云: 即依此三性 立彼三無性/ 故佛密意說 一切法無性//

(2)-2-1-1-1-1-2: Naming One by One According to Numbers [依數列名]

ZZ21 261b13; WX34 762a1:

27) Taking into consideration SNST (ZhT68.655.15: la brten nas), the consistency with a *kārikā* '即**依**此三性 立彼三無性/ 故佛密意說 一切法無性//' of *SShS* in *WShL*, and Woncheuk's preference for phrases with even number characters, Chinese character '依' should be added after '即'.

所謂相無自性性, 生無自性性, 勝義無自性性.

A. Topic and Meaning of the Sentence Above from *JShMJ*

ZZ21 261b14; WX34 762a2:

釋曰. 此即第二依數列名, 謂即三種相無自性等.

(2)-2-1-1-1-2: Detailed Explication of His Previous Teachings through Questions and Answers [問答廣釋]

(2)-2-1-1-1-2-1: Explication of the Truth [依法正說]

(2)-2-1-1-1-2-1-1: Explication of Non-intrinsic Nature with Regard to Characteristics (*lakṣaṇa-niḥsvabhāvatā*) [*釋相無性[28]]

(2)-2-1-1-1-2-1-1-1: Question [問]

ZZ21 261b15; WX34 762a3:

善男子! 云何諸法相無自性性?

A. Sub-topics Related to '(2)-2-1-1-1-2', '(2)-2-1-1-1-2-1', and '(2)-2-1-1-1-2-1-1'; Topic of the Sentence Above from *JShMJ*

ZZ21 261b16-19; WX34 762a4-7:

釋曰. 此下第二問答廣釋. 於中有二, 初依法正說, 後擧喻重釋. 前(依)法(正)[29]說中, 三種無性即分為三, 此即初也. 於中有五, 一問, 二答, 三徵, 四釋, 五結, 此即問也.

(2)-2-1-1-1-2-1-1-2: Reply to Question [依問正答]

ZZ21 261b20; WX34 762a8:

謂諸遍計所執相.

---

28) The content for the sentence below from *JShMJ* (... 三種無性即分為三, 此即初也) does not explicitly present the topic, but I added this topic in consideration of related topic namings (ZZ21 261c13 ff. ... ZZ21 262a8 ff.: 自下第二釋生無性 ... 此下第三釋勝義無性).

29) Since Chinese phrase '法說' does not make sense in view of classical Chinese grammar, Chinese characters '依' and '正' should be added according to SNST (ZhT68.656.9-10: /chos bṣin du yaṅ dag par bśad pa yaṅ) and the preceding phrase (於中有二, 初依法正說, 後擧喻重釋).

A. Topic and Meaning of the Sentence Above from *JShMJ*

ZZ21 261b21-22; WX34 762a9-10:

釋曰. 此即第二依問正答. 謂三性中遍計所執以為自性.

(2)-2-1-1-1-2-1-1-3: *Counter*-question [徵]

ZZ21 261b23; WX34 762a11:

<u>何以故</u>?

A. Topic and Meaning of the Sentence Above from *JShMJ*

ZZ21 261b24; WX34 762a12:

釋曰. 第三徵也. 以何義故說所執相名相無性?

(2)-2-1-1-1-2-1-1-4: Specific Explication of Non-intrinsic Nature with Regard to Characteristics as Reply to Counter-question [依徵別釋]

ZZ21 261c1; WX34 762a13:

此由假名安立為相, 非由自相安立為相.

A. Topic and Meaning of the Sentence Above from *JShMJ*

ZZ21 261c2-9; WX34 762a14-b3:

釋曰. 第四依徵別釋. '此由假名安立為相'者, 此釋'相'言, 謂依名言所立相故. '非由自相安立為相'者, 釋'無性'言. 總解意云, 遍計所執情有之相以理無故, 說為'無性', 由此即說彼所執相以為自〈無〉[30]性. 故『顯揚』云, "謂所執性體相無, 故名無自性性." 又『三無性』云, "如所顯現是相實無, 故分別性無相為性."『瑜伽』七十三云, "云何相無自性性? 謂一切法世俗言說自性."

(2)-2-1-1-1-2-1-1-5: Conclusion [結文]

---

30) Taking into consideration the context and SNST (ZhT68.657.7-8: des na kun brtags paḥi mtshan ñid de la ṅo bo ñid **<u>med pa</u>**ḥo ṣes byaḥo), Chinese character '自' must be a writing error for '無'.

ZZ21 261c10; WX34 762b4:

是故說名相無自性性.

A. Topic of the Sentence Above from *JShMJ*

ZZ21 261c11; WX34 762b5:

釋曰. 此即第五結文. 可知.

(2)-2-1-1-1-2-1-2: Explication of Non-intrinsic Nature with Regard to Arising (*utpatti-niḥsvabhāvatā*) [釋生無性]

(2)-2-1-1-1-2-1-2-1: Question [問]

ZZ21 261c12; WX34 762b6:

云何諸法生無自性性?

A. Topic of the Sentence Above from *JShMJ*

ZZ21 261c13-14; WX34 762b7-8:

釋曰. 自下第二釋生無性. 文有五段, 准上可知, 此即問也.

(2)-2-1-1-1-2-1-2-2: Reply to Question [依問正答]

ZZ21 261c15; WX34 762b9:

謂諸依他起相.

A. Topic and Meaning of the Sentence Above from *JShMJ*

ZZ21 261c16-17; WX34 762b10-11:

釋曰. 此即第二依問正答. 謂三性中依他起性以為自性.

(2)-2-1-1-1-2-1-2-3: Counter-question [徵]

ZZ21 261c18; WX34 762b12:

何以故?

A. Topic and Meaning of the Sentence Above from *JShMJ*

ZZ21 261c19; WX34 762b13:

釋曰. 第三徵也. 以何義故說依他起名生無性?

(2)-2-1-1-1-2-1-2-4: Specific Explication of Non-intrinsic Nature with Regard to Arising as Reply to Counter-question [依徵別釋]

ZZ21 261c20; WX34 762b14:

此由依他緣力故有, 非自然有.

A. Topic and Meaning of the Sentence Above from *JShMJ*

ZZ21 261c21-262a4; WX34 762b15-763a4:

釋曰. 此即第四依徵別釋. 此'由依他緣力故有'者, 此釋'生'言. 謂由依他緣力故有, 故說為生. '非自然有'者, 釋'無性'也. 總解意云, 依他諸法依〈之〉[31]因緣故, 說之為生, 而非【自然】自在天等【邪因】所生, 說名無生. 故『顯揚』云, "依他起性緣力所生, 非自然生故無生." 又『三無性』云, "依他性者, 由緣力生, 不由自生, 是故依他無生為性." 依『瑜伽』七十三云, "云何生無自性性? 謂一切行衆緣所生緣力故有, 非自然有."

(2)-2-1-1-1-2-1-2-5: Conclusion [結文]

ZZ21 262a5; WX34 763a5:

是故說名生無自性性.

A. Topic of the Sentence Above from *JShMJ*

ZZ21 262a6; WX34 763a6:

釋曰. 第五結文. 可知.

---

31) Taking into consideration the context and SNST (ZhT68.658.9-10: de ni ḥdi skad du chos gṣan rnams la rten pahi rgyu daṅ rkyen gyi phyir skye ba ṣes bśad kyi), Chinese character '依' should be corrected as '之'. Although Chos grub misread 'verb 依 + objective 他諸法之因緣' as 'determiner (verb 依 + objective 他諸法) + 之 + sustantive 因緣', we could also restore the sentential phrase '依他諸法之因緣故' from his translation.

(2)-2-1-1-1-2-1-3: Explicating Non-intrinsic Nature of the Ultimate (*paramārtha-niḥsvabhāvatā*) [釋勝義無性]

(2)-2-1-1-1-2-1-3-1: Explicating Non-intrinsic Nature of the Ultimate in Relation to the Phenomena of Other-dependent Nature (*paratantrasvabhāvad-harma*) [約依他起解勝義無性]

(2)-2-1-1-1-2-1-3-1-1: Question [問]

ZZ21 262a7; WX34 763a7:

云何諸法勝義無自性性?

A. Sub-topics Related to '(2)-2-1-1-1-2-1-3', '(2)-2-1-1-1-2-1-3-1', and Topic of the Sentence Above from *JShMJ*

ZZ21 262a8-10; WX34 763a8-10:

釋曰. 此下第三釋勝義無性. 於中有二, 初約依他起解勝義無性, 後'復有'下約圓成實解勝義無性. 前中有五, 准上應知, 此即問也.

(2)-2-1-1-1-2-1-3-1-2: Reply to Question [依問正答]

ZZ21 262a11-12; WX34 763a11-12:

謂諸法由生無自性性故, 說名無自性性, 即緣生法亦名勝義無自性性.

A. Topic and Meaning of the Sentence Above from *JShMJ*

ZZ21 262a13-18; WX34 763a13-18:

釋曰. 第二依問正答. 文有兩節, 初將釋第三牒前第二, 釋義如前, 後'即緣生法等'者, 依第二性立第三無性, 謂依他起上無圓成實, 故緣生法非但說名生無自性性, 亦名勝義無自性性. 故『顯揚』云, "依他起性由異相故亦得建立為勝義無性. 何以故? 由無勝義性故."

(2)-2-1-1-1-2-1-3-1-3: Counter-question [徵]

ZZ21 262a19; WX34 763b1:

何以故?

A. Topic and Meaning of the Sentence Above from *JShMJ*

ZZ21 262a20; WX34 763b2:

釋曰. 第三徵也. 何故緣生亦名勝義無自性性?

(2)-2-1-1-1-2-1-3-1-4: Specific Explication of Non-intrinsic Nature of the Ultimate in Relation to the Phenomena of Other-dependent Nature as Reply to Counter-question [依徵別釋]

ZZ21 262a21-22; WX34 763b3-4:

於諸法中, 若是清淨所緣境界, 我顯示彼以為勝義無自性性, 依他起相非是清淨所緣境界.

A. Topic and Meaning of the Sentence Above from *JShMJ*

ZZ21 262a23-b2; WX34 763b5-8:

釋曰. 第四依徵別釋. 文有二節, 初釋所(緣)[32]無清淨勝義, 後明依他無彼清淨勝義. 此釋真如淨智所緣名為清淨勝義. 故『顯揚』云, "當知! 勝義即是清淨之所緣性. 何以故? 由緣此境得心清淨故."

(2)-2-1-1-1-2-1-3-1-5: Conclusion [結文]

ZZ21 262b3; WX34 763b9:

是故亦說名為勝義無自性性.

A. Topic and Meaning of the Sentence Above from *JShMJ*

ZZ21 262b4; WX34 763b10:

釋曰. 第五結文. 可知.

(2)-2-1-1-1-2-1-3-2: Explicating Non-intrinsic Nature of the Ultimate in

32) Taking into consideration the context and SNST (ZhT68.660.2-3: yul la don dam pa rnam par dag pa med par bstan pa daṅ), Chinese character '緣' should be added to '所'.

Relation to Perfectly Established Nature (*parinispannasvabhāva*) [約圓成實釋勝義無性]

(2)-2-1-1-1-2-1-3-2-1: Proposition of Teachings [標]

ZZ21 262b5; WX34 763b11:

復有諸法圓成(實)[33]相, 亦名勝義無自性性.

A. Sub-topics Related to '(2)-2-1-1-1-2-1-3-2', Topic and Meaning of the Sentence Above from *JShMJ*

ZZ21 262b6-8; WX34 763b12-14:

釋曰. 此下第二約圓成實釋三〈勝義〉[34]無性. 於中有四, 一標, 二徵, 三釋, 四結, 此即標也. 謂三性中圓成實性以為自性.

(2)-2-1-1-1-2-1-3-2-2: Counter-question [徵所由]

ZZ21 262b9; WX34 763b15:

何以故?

A. Topic and Meaning of the Sentence Above from *JShMJ*

ZZ21 262b10-11; WX34 763b16-17:

釋曰. 第二徵所由也. 何以復說圓成實性名為勝義, 亦名無性?

(2)-2-1-1-1-2-1-3-2-3: Specific Explication of Non-intrinsic Nature of the Ultimate in Relation to Perfectly Established Nature as Reply to Counter-question [依徵正釋]

ZZ21 262b12-13; WX34 763b18-764a1:

---

33) Chinese character '實' should be added according to *JShMJ* (T16 694a26)

34) Taking into consideration the context and SNST (ZhT68.660.12-13: gñis pa yoṅs su grub pa las brtsams nas don dam pa ṅo bo ñid med pa bstan paḥo/), Chinese character '三' should be corrected as '勝義'.

一切諸法法無我性名為勝義, 亦得名為無自性性. 是一切法勝義諦故, 無自性性之所顯故.

A. Topic and Division of the Sentence Above from *JShMJ*

ZZ21 262b14; WX34 764a2:

釋曰. 第三依徵正釋. 文有二節, 初標, 後釋.

B. Explicating Twofold Meanings of "Selflessness in Phenomena" (法無我, *dharma-nairātmya*) Based on *XYL*

ZZ21 262b15-19; WX34 764a2-7:

謂法無我性有其二義, 一名勝義, 二名無自性性. 是諸法中勝義諦故, 諸法無性所顯理故. 故『顯揚』云, "謂圓成實勝義無性. 由此自性體是勝義, 又是諸法無性性故." 又復彼云, "由此自性即是勝義, 亦是無性. 由無戲論我 · 法性故."

C. Explaining Differences in the Ontological Status between "zhēnshíxìng" (眞實性) of *SWXL* and Perfectly Established Nature of *XYL*.

ZZ21 262b19-c2; WX34 764a7-14:

依『三無性論』, 與此不同. 故彼云, "約真實性由真實無性故說無性者, 此真實性, 更無別性, 還即前兩性之無, 是真實性. 真實是無相 · 無生故, 一切有為法, 不出此分別 · 依他兩性. 此三〈二〉[35]性既真實無相 · 無生, 由此理故一切諸法同一無性. 此一無性, 真實是無, 真實是有, 【真實無,】 此分別 · 依他二有, 【真實有,】 此分別 · 依他二無, 故不可說無, 不可說有, 乃至廣說." 解云, 通遣[36]依他, 故不同此.

---

35) Taking into consideration the context and *SWXL* (vol. 1, T31 867c13ff.: 釋曰. 約真實性由真實無性故說無性者, 此真實性更無別法, 還即前兩性之無, 是真實性. 真實是無相無生故. 一切有為法, 不出此分別依他兩性. 此二性既真實無相無生, 由此理故, 一切諸法同一無性. 此一無性, 真實是無, 真實是有, 真實無, 此分別依他二有, 真實有, 此分別依他二無, 故不可說有, 亦不可說無.), Chinese character '三' should be corrected as '二'.

36) Taking into consideration SNST that corresponds to Chinese sentence '通遣依他, 故不同此' (ZhT68.662.4: gṣan gyi dbaṅ yaṅ bsdus paḥi phyir ḥdi daṅ mi mthun no), there is a high likelihood that Chinese character '遣' was written as '攝' in the manuscript Chos grub used.

(2)-2-1-1-1-2-1-3-2-4: Conclusion [結文]

ZZ21 262c3; WX34 764a15:

由此因緣名為勝義無自性性

A. Topic of the Sentence Above from *JShMJ*

ZZ21 262c4; WX34 764a16:

釋曰. 此即第四結文. 可知.

B. Explaining Twofold Dimensions of Non-intrinsic Nature of the Ultimate

ZZ21 262c4-9; WX34 764a16-b3:

問. 若依此『經』, 勝義無性自有二種, 一依他起, 二圓成實, 如何『三十唯識』說後非前?

解云, 據實, 具有二義. 故此『經』文及『顯揚論』皆作是說, '依他起性無勝義故, 亦得說為勝義無性.' 而諸『論』中不明前者, 『成唯識』第九卷中護法釋云, "而濫第二, 故此不說."

C. Presenting Two Opposing (= Paramārtha vs Xunzang) Views on Relationship between the Phenomena of Three Intrinsic Natures and Three Non-intrinsic Natures and Pointing Out that the Text in *SWXL* the Former View Based on Is Translator's (= Paramārtha's) Error

ZZ21 262c9-263a3; WX34 764b3-765a3:

問. 此『經』意, 即依三性立三無性, 體即三性, 何故『三無性論』於一真如立三無性? 故『三無性論』第一卷云, "約此三性說三無性, 由三無性應知是一無性理. 約分別者, 由相無性說名無性, 依他起者, 由生無性說名無性, 真實性者, 由真實無性故說無性." 具如彼說.

解云, 此有兩釋.

一真諦三藏云, "於一真如遣三性故, 說為三種無自性性, 於中圓成實性安立諦攝; 三無性者皆非安立." 如『三(無)[37]性論』.

But I decided not to correct this because this sentence could be understood as follows: *SWXL* (彼) is not like *XYL* (此) since the former negates (遣) even (通) the Phenomena of Other-dependent Nature while the latter affirms it.

37) Taking into consideration the context (of presenting the interpretation of *SWXL* translated

二大唐三藏云, "如『顯揚』等, 即依三性立三無性." 以此為正. 所以者何? 世親菩薩『三十唯識』作此頌言, "即依此三性 立彼三無性/ 故佛密意說 一切法無性//" 護法釋云, "於有及無總說無性, 故名密意." 又『顯揚論』無著所造, 與『攝大乘』等同顯一義. 又『瑜伽論』廣引此『經』及〈明〉[38]三無〈自〉性通有及無.

故知, 『三無性論』譯家謬也. 所以者何? 『三十唯識』·『三無性論』世親所造, 如何二『論』有此差別? 又彼世親依彌勒宗及無著等. 故知, 同一無性者, 真諦謬耳. 或可, 今勘真諦『三無性論』, 即無著所造『顯揚論』「無自性品」, 然彼真諦譯為別本. 【[須勘「目錄」及『顯揚』未了(?)]】

(2)-2-1-1-1-2-2: Repetitive Explication with Metaphor [舉喻重釋]

(2)-2-1-1-1-2-2-1: Explicating Non-intrinsic Nature with Regard to Characteristics [釋相無自性性]

ZZ21 263a4; WX34 765a4:

善男子! 譬如空華, 相無自性性當知亦爾.

A. Sub-topics Related to '(2)-2-1-1-1-2-2', Topic and Meaning of the Sentence Above from *JShMJ*

ZZ21 263a5-9; WX34 765a5-9:

釋曰. 自下第二舉喻重釋. 釋三無性, 即分為三, 此即第一釋相無自性性. '譬如空華', 由眩翳故, 於虛空中似華相現, 據實, 空中本來無華, 遍計所執亦復如是, 即用所執為初無性, 故言'相無自性性當知亦爾'.

(2)-2-1-1-1-2-2-2: Explicating Both Non-intrinsic Nature with Regard to Arising and One Aspect of Non-intrinsic Nature of the Ultimate in Relation to the Phenomena of Other-dependent Nature [釋生無性及一分勝義無性]

---

by Paramārtha) and SNST (ZhT68.663.5 ff.: bstan bcos ṅo bo ñid med pa gsum bstan pa las ḥbyuṅ ba bṣin no), Chinese character '無' should be added.

38) Taking into consideration the context and SNST (ZhT68.664.1-2: mdo ḥdi ñid rgya cher khoṅs su ston ciṅ ṅo bo ñid gsum gyis yod pa daṅ med pa ñid du yaṅ ston pas), Chinese characters '及' and '無' should be corrected as '明' (or '顯') and '自', respectively.

ZZ21 263a10-11; WX34 765a10-11:

譬如幻像, 生無自性性當知亦爾, 一分勝義無自性性當知亦爾.

A. Topic and Meaning of the Sentence Above from *JShMJ*

ZZ21 263a12-15; WX34 765a12-15:

釋曰. 第二釋生無性及一分勝義無性. 如『阿毗達摩經』說, '幻等八喻顯依他起', 今此第二生無自性性及一分勝義無自性性皆用依他以為自性, 故如幻像當知亦爾.

B. Explaining the Reason Why There Are Different Views on Metaphor of Magic (*māyā*) between *DBRJ* and This Sūtra (= *JShMJ*)

ZZ21 263a15-18; WX34 765a15-18:

問. 『大般若』等即用幻等喻其空義, 如何此『經』喻依他起? 解云, 幻等自有二義, 一非有似有, 二無實像等. 是故二『經』各據一義, 故不相違.

(2)-2-1-1-1-2-2-3: Explicating Other Aspect of Non-intrinsic Nature of the Ultimate in Relation to Perfectly Established Nature [釋一分勝義無自性]

ZZ21 263a19-20; WX34 765b1-2:

譬如虛空, 唯是眾色無性所顯, 遍一切處, 一分勝義無自性性當知亦爾. 法無我性之所顯故, 遍一切故.

A. Topic and Meaning of the Sentence Above from *JShMJ*

ZZ21 263a21;-24 WX34 765b3-6:

釋曰. 此即第三釋一分勝義無自性. 譬如虛空, 有其二義, 一無色所顯, 二遍一切處, 真如勝義無自性性當知亦爾. 一法無我性之所顯故, 二遍一切法故. 故『佛地經』十虛空喻喻淨法界, 此亦如是.

B. Explaining the Reason Why There Are Different Views on Metaphor of Space (*ākāśa*) among Śāstras

ZZ21 263a24-b4; WX34 765b6-10:

問. 『對法』·『瑜伽』喻〈唯〉[39]色無處說為虛空; 依『佛地論』及『成唯識』五蘊無處說為虛空, 如何會釋? 解云, 『瑜伽』及『對法』等隨轉理門, 同薩婆多; 『唯識』等『論』真實理門, 各據一義, 故不相違.

(2)-2-1-1-1-2-3: Conclusion [釋已總結]

ZZ21 263b5-6; WX34 765b11-12:

善男子! 我依如是三種無自性性密意說言'一切諸法皆無自性'.

A. Topic of the Sentence Above from *JShMJ*

ZZ21 263b7; WX34 765b13:

釋曰. 此即第三釋已總結.

(2)-2-1-1-2: Explicating the Sentence "All Phenomena Do Not Arise, ..." in Relation to Both Non-intrinsic Nature with Regard to Characteristics and Non-intrinsic Nature of the Ultimate [約初後無性釋一切法無生等句]

(2)-2-1-1-2-1: Explicating the Sentence "All Phenomena Do Not Arise, ..." in Relation to Non-intrinsic Nature with Regard to Characteristics [約相無自性性釋無生等句]

(2)-2-1-1-2-1-1: Proclaiming the Proposition from the Viewpoint of Truth [以理標宗]

ZZ21 263b8-9; WX34 765b14-15:

---

39) Taking into consideration the context and SNST (ZhT68.666.7-11: /chos mṅon paḥi mdo daṅ/ bstan bcos rnal ḥbyor spyod paḥi sa las ni gzugs ~~med pa tsam daṅ/~~* gnas med pa **tsam** la nam mkhaḥ ṣes bstan la(/) saṅs rgyas kyi saḥi ḥgrel pa daṅ/ bstan bcos rnam par rig par tsam du grub pa las ni ***phuṅ po*** **gnas med pa** la nam mkhaḥ ṣes bstan pa ste(/) ji tlar śes par bya ṣe na/ **med pa tsam daṅ* seems to be superfluous in view of the fact that the next phrase '五蘊無處' were translated as *phuṅ po gnas med pa*.), Chinese character '喻' must be a writing error for '唯'.

<u>勝義生</u>! 當知, 我依相無自性性密意說言'一切諸法無性[40]無生 · 無滅 · 本來寂靜 · 自性涅槃'.

A. Sub-topics Related to '(2)-2-1-1-2', '(2)-2-1-1-2-1', Topic and Meaning of the Sentence Above from *JShMJ*

ZZ21 263b10-15; WX34 765b16-766a3:

釋曰. 自下第二約初後無性釋'一切法無生等'句. 於中有二, 初約相無自性性釋'無生等'句, 後'善男子'下約勝義無自性性釋'無生等'句. 前中有四, 一標, 二徵, 三釋, 四結, 此即第一以理標宗. 謂諸『經』說'一切諸法無生等'言, 【三無性中,】約相無性說'無生等'.

(2)-2-1-1-2-1-2: Counter-question from a Non-Buddhist Thinker [外人反徵]

ZZ21 263b16; WX34 766a4:

何以故?

A. Topic of the Sentence Above from *JShMJ*

ZZ21 263b17; WX34 766a5:

釋曰. 此即第二外人反徵.

(2)-2-1-1-2-1-3: Explication [釋]

ZZ21 263b18-20; WX34 766a6-8:

若諸自相都無所有, 則無有生, 若無有生, 則無有滅, 若無生無滅, 則本來寂靜, 若本來寂靜, 則自性涅槃. 於中都無少分所有更可令其般涅槃故.

A. Topic and Division of the Sentence Above from *JShMJ*

ZZ21 263b21-22; WX34 766a9-10:

釋曰. 此第三釋. 文有四節, 一釋無生, 二釋無滅, 三釋本來寂靜, 四釋自性涅槃, 如『經』

40) Taking into consideration the context and *JShMJ* (T16 694b8-9), Chinese phrase '無性' should be deleted.

可知, 故不繁釋.

(2)-2-1-1-2-1-3: Conclusion [結文]

ZZ21 263b23-24; WX34 766a11-12:

是故我依相無自性性密意說言'一切諸法無生 · 無滅 · 本來寂靜 · 自性涅槃'.

A. Topic of the Sentence Above from *JShMJ*

ZZ21 263c1; WX34 766a13:

釋曰. 此即第四結文. 可知.

(2)-2-1-1-2-2: Explicating the Sentence "All Phenomena Do Not Arise, ..." in Relation to Non-intrinsic Nature of the Ultimate [約勝義無自性性釋無生等句]

(2)-2-1-1-2-2-1: Proclamation [標]

ZZ21 263c2-3; WX34 766a14-15:

善男子! 我亦依法無我性所顯勝義無自性性密意說言'一切諸法無生 · 無滅 · 本來寂靜 · 自性涅槃'.

A. Sub-topics Related to '(2)-2-1-1-2-2', Topic and Meaning of the Sentence Above from *JShMJ*

ZZ21 263c4-8; WX34 766a16-b2:

釋曰. 自下第二約勝義無自性性釋'無生等'句. 於中有四, 一標, 二徵, 三釋, 四結, 此即初也. 謂圓成實實[41]勝義諦中有其四義, 一者無生, 二者無滅, 三本來寂靜, 四自性涅槃. 故諸『經』中亦依圓成勝義無性說'無生等'.

(2)-2-1-1-2-2-2: Counter-question from a Non-Buddhist Thinker [外人反徵]

ZZ21 263c9; WX34 766b3:

---

41) Taking into consideration the context and SNST (ZhT68.668.16: yoṅs su grub pa don dam paḥi bden pa), Chinese character '實' (second one) must be superfluous.

何以故?

A. Topic and Meaning of the Sentence Above from *JShMJ*

ZZ21 263c10-11; WX34 766b4-5:

釋曰. 第二外人反徵. 謂外反徵, "雖說四義, 未辨其因, 依何因故名'無生等'?"

(2)-2-1-1-2-2-3: Reply to Counter-question [依徵正釋]

(2)-2-1-1-2-2-3-1: Reply to Counter-question by Proposing Threefold Reasons of His Previous Statement "All Phenomena Do Not Arise, ..." [總標三因以答徵詰]

ZZ21 263c12-13; WX34 766b6-7:

法無我性所顯勝義無自性性於常常時於恒恒時諸法法性安住 · 無為 · 一切雜染不相應故.

A. Sub-topics Related to '(2)-2-1-1-2-2-3', and Topic of the Sentence Above from *JShMJ* above

ZZ21 263c14-15; WX34 766b8-9:

釋曰. 自下第三依徵正釋. 文別有二, 初總標三因以答徵詰, 後舉三因釋'無生等', 此即初也.

B. Division and Meaning of the Sentence Above from *JShMJ*

ZZ21 263c16-22; WX34 766b9-16:

文有二節. 初出勝義無性體有其二種, 一者依他, 二圓成實, 今於此中取後非前. 後'於常常時等'者正明三因. 一於常常時於恒恒時諸法法性安住故無為, 二無為故無生 · 無滅, 此即安住故, 及無為故, 二因成立無生 · 無滅二義也. '一切雜染不相應故'者以第三因成立『經』中'本來寂靜'及'自性涅槃'二義也.【以一'故'字含有三義故, 成三因也.】

(2)-2-1-1-2-2-3-2: By Repetitive Presentation of Threefold Reasons Explicating the Meaning of the Statement "All Phenomena Do Not Arise, ..." [重釋

三因釋無生等]

(2)-2-1-1-2-2-3-2-1: By Repetitive Presentation of Twofold Reasons, viz. "Abiding in Permenent, Permenent Time and Everlasting, Everlasting Time Due to Being Very Reality of All Phenomena" and "Being Unconditioned" Explicating the Meaning of the Statement "All Phenomena Do Not Arise and Cease" [以二因釋無生等]

ZZ21 263c23-24; WX34 766b17-18:

於常常時於恒恒時諸法法性安住故無為, 由無為故無生無滅

A. Sub-topics Related to '(2)-2-1-1-2-2-3-2', Topic and Meaning of the Sentence Above from *JShMJ*

ZZ21 264a1-5; WX34 767a1-5:

釋曰. 自下第二重釋三因釋'無生等'. 於中有二, 初以二因釋'無生等', 後一切雜染不相應因釋成'本來寂靜'及'自性涅槃', 此即初也. 謂法無我勝義諦理於常常時於恒恒時諸法法性安住故, 得成無為也, 由無為故, 無生 · 無滅二義得成也.

(2)-2-1-1-2-2-3-2-2: By Repetitive Presentation of Third Reason, viz. "Not Accompanied by Any Affliction (*kliṣṭa*)" Explication of the Meaning of the Statement "All Phenomena are Quiet from the Start and in the State of Nirvāna in Themselves" [一切雜染不相應因成立二義]

ZZ21 264a6; WX34 767a6:

一切雜染不相應故, 本來寂靜, 自性涅槃.

A. Topic and Meaning of the Sentence Above from *JShMJ*

ZZ21 264a7-8; WX34 767a7-8:

釋曰. 此即第二一切雜染不相應因成立二義, 一者本來寂靜, 二者自性涅槃.

B. Elucidation of Two Meanings of "All Phenomena Do Not Have Their Intrinsic Natures" among Scriptures and Specification that the Sentence in *JShMJ* Carries the Second Meaning (i.e., the Exclusive *Mahāyāna* Interpretation Not Shared with *Hīnayāna* Scriptures)

ZZ21 264a8-20; WX34 767a8-b2:

問. 『經』所說'不生'等言如何唯依初 · 後無性?

答. 汎論無性, 自有二種, 一者大 · 小二藏共說無性, 二唯菩薩藏所說無性.

言共說者, 如『世親攝論』第五卷說, "說'一切法無自性'意今當顯示. '自然無'者, 由一切法無離衆緣自然有性, 是名一種無自性意. '自體無'者, 由法滅已不復更生故無自性, 此復一種無自性意. '自性不堅住'者, 由法纔生一刹那後無力能住故無自性, 如是諸法無自性理與聲聞共."

言不共者, 卽彼『論』云, "'如執取不有故許無自性'者, 此無自性不共聲聞, 以如愚夫所取遍計所執自性不如是有, 由此意故, 依大乘理說'一切法皆無自性'." 『集論』 · 『雜集』及『(無)[42]性論』意亦同此.

雖有二說, 今此『經』中依不共門說'無性'等.

C. Presenting Different Views on in Relation to Which of Three Non-intrinsic Natures the Statement "All Phenomena Do Not Arise, ..." Was Preached

ZZ21 264a21-c2; WX34 767b3-768a13:

然不共門說無性等, 依三無性諸經〈說〉[43]不同.

---

42) Taking into consideration SNST (ZhT68.671.21: ṅo bo ñid med par bstan pa las), Chinese character '無' should be added. In view of context, Chinese phrase '無性論' seems to refers to *WXSh* ('無性『攝大乘論釋』', or a shorter name '無性『攝論』'), Chos grub seemed not to noticed the fact. Otherwise, he must have translated Chinese phrase '無性論' as '(slob dpon) ṅo bo ñid med kyis theg pa chen po bsdus paḥi ḥgrel pa byas pa las'.

43) Taking into consideration the context and SNST (ZhT68.672.3-5: /thun moṅ ma yin paḥi sgo nas ṅo bo ñid med pa la sogs pa bstan pa de yaṅ bstan pa rnams las ṅo bo ñid med par ston pa so so nas mi mthun pas), Chinese character '經' must be a writing error for '說'.

1) First View: *GBL*

自有聖教依初無性說一切法皆無自性 · 無生滅等. 如『廣百論』第十卷云, “佛自決判, “我依遍計所執自性, 於餘『經』中說‘一切法皆無自性 · 無生無滅 · 本來寂靜 · 自(性)44)涅槃.’”” 又『瑜伽論』第七十四 · 『莊嚴』第五 · 無性 · 世親『攝論』第五並同此說. 梁本『攝論』通依三種無自性性說‘無自性’等, 與此不同.

2) Second View: *YJL*

Section of SNST lost in WChS: Part 1 (ZhT68.672.18-673.7)

/gsuṅ rab kha cig las45) ṅo bo ñid med pa rnam pa gsum las brtsams nas chos thams cad ṅo bo ñid med pa ñid du ston la/ ṅo bo ñid med pa daṅ po las brtsams nas ni skye ba med pa la sogs pa ñid du ston pa yaṅ yod de/ *bstan bcos rnal ḥbyor spyod paḥi sa* las ji skad du/ bcom ldan ḥdas kyis ci las46) dgoṅs nas chos thams cad ṅo bo ñid med pa ṣes gsuṅs śe na smras pa/ gdul47) baḥi dbaṅ gis de daṅ der ṅo bo ñid med pa rnam pa gsum las dgoṅs nas gsuṅs so/ /gṣan yaṅ *de ñid* las48) bcom ldan ḥdas kyis ci las dgoṅs nas chos thams cad skye ba med pa daṅ/ ḥgag pa med pa daṅ/ gzod49) ma nas ṣi ba daṅ/ raṅ bṣin gyis yoṅs su mya ṅan las ḥdas pa ṣes gsuṅs(/) smras pa/ mtshan ñid ṅo bo ñid med pa las dgoṅs nas gsuṅs so bstan pa lta buḥo/

* Restoration of Classical Chinese Text Based on the Tibetan Text Above

(自有聖教依三無性說一切法皆無自性, 依初無性說無生等. 如『瑜伽』第七十三云, “問. 世尊依何密意說一切法皆無自性? 答. 由依彼彼所化勢力故, 說三種無自性性” 又即彼云, “問. 世尊依何密意說一切法無生無滅 · 本來寂靜 · 自性涅槃? 答. 依相無自性性說如是言.”)

---

44) Taking into consideration the context, Chinese character ‘性’ should be added as the collation record of ZZ states.

45) P. N. +ṅo bo ñid

46) P. N. la

47) P. N. ḥdul

48) P. N. la

49) P. N. gdod

3) Third View: *JShMJ* and ShMJTJ

Section of SNST lost in WChS: Part 2 (ZhT68.673.7-11)

/gsuṅ rab kha cig las ni ṅo bo ñid med pa rnam pa gsum las brtsams nas ni/ chos thams cad ṅo bo ñid med par ston la(/) daṅ po daṅ[50] tha ma gñis la brten nas ni skye ba med pa la sogs par ston pa yaṅ yod de/ /*mdo ḥdi ñid* daṅ *dgoṅs pa zab mo rnam par dgrol baḥi mdo* las bstan pa lta buḥo/

* Restoration of Classical Chinese Text Based on the Tibetan Text Above

(自有聖教依三無性說一切法皆無自性, 依初·後二無性說無生等. 如此『經』及『深密經』說)

4) Fourth View: *ZJL*

自有聖教依三無性說一切法皆無自性·無生滅等, 如『雜集論』第十二說. 彼云, "'一切法'者卽三自性, 謂遍計所執自性, 依他起自性, 圓成實自性. 遍計所執自性定無自相, 自相無故名相無性, 相無性故名爲無性. 依他起自性待衆緣故非自然生, 無自然生性故名生無性, 生無性故名爲無性. 圓成實自性淸淨所緣故, 於依他起中無遍計所執相所顯自體故, 勝義爲自體. 又無性所顯故, 名勝義無性. 勝義無性, 故名爲無性. 由此道理, 是故如來說'一切法皆無自性,' 非一切種性·相俱無說爲無性. 又彼說言, '一切諸法無生無滅·本來寂靜·自性涅槃,' 此依何密意說? 如無自性, 無性〈生〉[51]亦爾, 如無生, 無滅亦爾, (如)[52]無生無滅, 本來寂靜亦爾, 如本來寂靜, 自性涅槃亦爾." 又卽彼云, "相秘密者, 謂於三自性說一切法皆無自性·無生無滅等."『梁論』第六亦同『雜集』.

---

50) P. N. -daṅ

51) Taking into consideration the context and *ZJL* (vol. 12, 「決擇分·法品」 T31 752a8-22: 復次一切法者卽三自性, 謂遍計所執自性, 依他起自性, 圓成實自性. 遍計所執自性定無自相, 自相無故名相無性, 相無性故名爲無性. 依他起自性待衆緣故非自然生, 無自然生性故名生無性, 生無性故名爲無性. 圓成實自性淸淨所緣故, 於依他起中無遍計所執相所顯自體故, 勝義爲自體故, 無性所顯故, 名勝義無性. 勝義無性, 故名爲無性. 由此道理, 是故如來說一切法皆無自性, 非一切種性·相俱無說爲無性. 又彼說言, 一切諸法無生無滅·本來寂靜·自性涅槃, 此依何密意說? 如無自性, 無**生**亦爾, 如無生, 無滅亦爾, **如**無生無滅, 本來寂靜亦爾, 如本來寂靜, 自性涅槃亦爾.), Chinese character '性' should be corrected as '生'.

52) Taking into consideration the context and *ZJL* (ft.51, bold letter), Chinese character '如' should be added as the collation record of ZZ states.

D. Explaining the Reason Why There Are Different Views Presented Above

ZZ21 264c2-8; WX34 768a13-b2:

所以如是諸教異者, 此所遣〈謂能作〉(?)性唯所執性,53) 故『廣百論』等唯約遍計所執說'一切法皆無自性 · 無生滅等'.

欲顯因緣生義不〈非〉54)無, 是故此『經』通依三無性說'一切法皆無自性', 但約初 · 後二種無性說'無生等'句.

然依他起, 雖依他起, 而無自然 · 無因生義, 故『雜集55)』等具約三性說'一切法皆無自性 · 無生滅等'. 三無性義具如『別章』.

(2)-2-1-1-2-2-4: Conclusion [結文]

ZZ21 264c9-10; WX34 768b3-4:

是故我依法無我性所顯勝義無自性性密意說言'一切諸法無生無滅 · 本來寂

---

53) There is a discrepancy between Chinese phrase '此所遣性' and its SNST counterpart (ZhT68.674.21-675.1: bstan pa 'rnam pa〈rnams〉* de ltar thad dad par gyur pa yaṅ byed pa ñid ces bya ba ni kun brtags paḥi ṅo bo ñid deḥi phyir ... *Taking into consideration Chinese character '諸', *rnam pa* should be corrected as *rnams* according to P. N.).

54) Taking into consideration the fact that Chinese phrase '不無' of double negation is rarely found in *WChS* and SNST (ZhT68.675.4-5: rten ciṅ ḥbrel par ḥbyuṅ baḥi don med pa ma yin par rab tu bstan pa yin te/), Chinese character '不' should be corrected as '非'. Unexpectedly, Chos grub misread the pharase '欲顯因緣生義不〈非〉無' as the predicate of the previous sentential phrase '『廣百論』等 ~ 無生滅等' (ZhT68 674.21 ff.: deḥi phyir **bstan bcos śin tu rgyas pa brgya pa la sogs pa las**/ kun brtags paḥi ṅo bo ñid la brten nas chos thams cad ṅo bo ñid med pa daṅ skye ba med pa daṅ/ ḥgag pa med pa ṣes bya ba la sogs par **bstan pa ni〈yin no/〉*** rten ciṅ ḥbrel bar ḥbyuṅ baḥi don dam〈med〉** pa ma yin par rab tu bstan pa **yin** te/ *Taking into consideration the context *ni* should be corrected as *yin no*. **Taking into consideration the context *dam* shou ld be corrected as *med* according to P. N.).

55) Taking into consideration SNST (ZhT68.675.9-10: deḥi phyir bstan bcos chos mṅon pa kun las btus pa la sogs pa las), there is a high likelihood that '雜集' should be read as '集論' in the manuscript Chos grub used. It is probable that Chos grub, taking into consideration the former is a commentary on the latter, did not consider this change as a problem although he had already identified the citation from *ZJL* in the previous paragraph (ZZ21 264a21 ff.: 如『雜集論』第十二說. 彼云, ...; ZhT68.673.13-14: /bstan bcos chos mṅon pa **sna tshogs** kun las btus pa las ji skad du …).

靜 · 自性涅槃.

A. Topic of the Sentence Above from *JShMJ*

ZZ21 264c11; WX34 768b5:

釋曰. 第四結文. 可知.

B. Explicating "miyi" (密意, Hidden Intent, *abhiprāya*) of the Sentence Above from *JShMJ* in Terms of Fourfold Profound Meanings (*abhisaṃdhi*) in *ZJL*

ZZ21 264c11-265a21; WX34 768b5-769b3:

問. 如上所說諸'密意'言, 四秘密中依何密意?

解云, 依『雜集』說, 有四秘密, 故彼『論』云, "一令入祕密, 二相祕密, 三對治祕密, 四轉變祕密, 如是四種於大乘中略攝如來一切所說祕密道理. 令入祕密者, 謂於聲聞乘說色等諸法皆有自性. 爲令無怖畏漸入聖教故. 相祕密者, 謂於三自性說'一切法皆無自性 · 無生無滅'等. 對治祕密者, 謂爲調伏諸過失者, 如來宣說種種密教, 如爲對治八種障故說最上乘. 一者輕佛, 二者輕法, 三(者)[56]懈怠, 四者少善生喜足故[57], 五者貪行, 六者慢行, 七者惡作, 八者不定性. [58]為對治輕佛障故, 說'往昔毗婆尸佛即我身是'. 為對治輕法障故, 說

---

56) Taking into consideration the fluency of sentence, Chinese character '者' should be added as the collation record of ZZ states.

57) Taking into consideration the fluency of sentence and *ZJL* (T31 752b10-c1: 復次有四種祕密, 由此祕密故, 於方廣分中一切如來所有祕密應隨決了. 何等爲四? 謂令入祕密, 相祕密, 對治祕密, 轉變祕密, 如是四種於大乘中略攝如來一切所說祕密道理. 令入祕密者, 謂於聲聞乘說色等諸法皆有自性. 爲令無怖畏漸入聖教故. 相祕密者, 謂於三自性, 說一切法皆無自性無生無滅等. 對治祕密者, 謂爲調伏諸過失者, 如來宣說種種密教, 如爲對治八種障故說最上乘. 何等爲八? 謂輕佛法 · 懈怠 · 少善生喜足 · 貪 · 慢行 · 惡作 · 不定性差別. **廣說指事隨其所應如四意趣說**. 轉變祕密者, 謂經所說隱密名言, 如說於不堅堅覺深住於顚倒, 極煩惱所惱, 得最上菩提. 此中密意者, 謂於不散動, 起堅固勝覺. 所以者何? 堅有二義, 一貞實, 二散動, 由此散動, 令心剛逸, 故亦名堅. 深住於顚倒者, 謂翻常樂我淨四倒爲無常等, 故名顚倒. 於此不退, 故名深住. 極煩惱所惱者, 謂於長時精勤苦行, 極爲勞倦所逼惱故. 得最上菩提者, 若具如上所說三事, 定速當證無上菩提.), Chinese character '故' seems to be superfluous.

58) Since *ZJL* just recommanded readers to see the preceding explanation about fourfold intentions of Buddha's Preaching where presented the eight obstacles in detail (Chinese phrase '廣說指事隨其所應如四意趣說', ft.57, bold letter), Woncheuk recomposed and edited

‘於無量恒沙佛所修行大乘乃得生解’. 為對治懈怠障故, 說‘有衆生願生安樂國, 一切得往生, 稱念無垢月光佛名, 決定當得無上菩提’. 為對治少善喜足障故, 於施等行, 或時稱讚, 或時毀呰. 為對治貪行障故, 稱讚佛土富 · 樂 · 莊嚴. 為對治慢行障故, 稱讚諸佛或有增勝. 為對治悔行障故, 或有衆生於佛 · 菩薩起不饒益, 說彼有情, “雖行輕毀, 亦得生天.” 為對治不定種性故, 令捨聲聞下劣意樂, 記‘大聲聞當得作佛’, 又說‘一乘更無第二’. 轉變祕密者, 謂『經』所說隱密名言, 如說‘於覺不堅〈於不堅堅覺〉59), 善〈深〉60)住於顚倒, 極煩惱所惱, 得最上菩提.’ 此中密意者, 謂於不散動, 起堅固勝覺. 所以者何? 堅有二義, 一眞〈貞〉61)實, 二散動, 由此散動, 令心剛逸, 故亦名堅. 深住於顚倒者, 謂翻常樂我淨四倒爲無常等, 故名顚倒. 於此不退, 故名深住. 極煩惱所惱者, 謂於長時精勤苦行, 極爲勞倦所逼惱故. 得最上菩提者, 若具如上所說三事, 定速當證無上菩提.” 今此『經』中明密意者, 如世尊說‘以無量門曾說蘊等十三法門皆有自相’, 即當四中令入秘密, 世尊復‘說一切諸法皆無自性無生滅等’, 即是四中相秘密也. 無性 · 世親『攝論』第五約三自性說相秘密, 『雜集』十二 · 『莊嚴』第六依三無性說‘無生等’, 名相秘密, 即彼『雜集』及『莊嚴論』順此『經』文.

---

the paragraph of ‘為對治輕佛障故’ to ‘一乘更無第二’ based on the related section in *ZJL* (vol. 12, 「決擇分 · 法品」 T31 752a23-b10: 復次有四種意趣. 由此意趣故「方廣分」中一切如來所有意趣應隨決了. 何等爲四? 謂平等意趣, 別時意趣, 別義意趣, 衆生意樂意趣. (1)平等意趣者, 如說, “我於爾時曾名勝觀如來應正等覺.” 與彼法身無差別故. (3)別時意趣者, 如說, “若有願生極樂世界, 皆得往生, 若暫得聞無垢月光如來名者, 卽於阿耨多羅三藐三菩提決不退轉.” 如是等言意在別時故. (2)別義意趣者, 如說, “一切諸法皆無自性.” 如是等言不可如文便取義故. 衆生意樂意趣者, 謂於一善根或時稱讚, 爲令歡喜勇猛修故, 或時毀呰, (4)**爲遮得少善生喜足故**. (5)**爲貪行者**稱讚佛土富樂莊嚴. (6)**爲慢行者**稱讚諸佛或有增勝. (7)**爲恒悔惱障修善者**, 說如是言, “於佛 · 菩薩雖行輕毀, 然彼衆生亦生天趣.” (8)為**對治不定種性故**, 令捨聲聞下劣意樂, 記‘大聲聞當得作佛’, 又說‘一乘更無第二’.) You can identify the correlation between the text in *ZJL* and his edition of it through my numbering on the related sentences.

59) Taking into consideration *ZJL* (ft.57, underlined part) and SNST (ZhT68.677.18: sñiṅ po med pa la sñiṅ por śes), Chinese phrase ‘於覺不堅’ should be corrected as ‘於不堅堅覺’.

60) Taking into consideration *ZJL* (ft.57, underlined part) and SNST (ZhT68.677.19: śin tu gnas), Chinese character ‘善’ must be a writing error for ‘深’.

61) Taking into consideration *ZJL* (ft.57, underlined part) and SNST (ZhT68.678.1: phra ba), Chinese character ‘眞’ must be a writing error for ‘貞’.

B-1-2. Buddha's Second Answer

(2)-2-1-2: Buddha Presents that with What Intention He Propose the Teaching of Three Non-intrinsic Natures in Regard to His Previous Teaching of Three Intrinsic Natures [約三性門辨立三無性意]

(2)-2-1-2-1: Presenting the Misunderstanding about His Teaching of Three Non-intrinsic Natures [反釋]

ZZ21 265a22-24; WX34 769b4-6:

復次勝義生! 非由有情界中諸有情類別觀遍計所執為自性故, 亦非由彼別觀依他起自性及圓成實自性為自性故, 我立三種無自性性.

A. Sub-topics Related to '(2)-2-1-2', and Topic of the Sentence Above from *JShMJ*

ZZ21 265b1-2; WX34 769b7-8:

釋曰. 自下第三約三性門(辨)[62]立三無性意. 於中有二, 初反釋, 後'然由'下順解, 此即初也.

B. Meaning of "*guān*" (觀) in the Sentence Above from *JShMJ*, Presenting Twofold Interpretations about the Meaning of Sentence Above and Recognizing the Latter as Superior

ZZ21 265b2-11; WX34 769b8-17:

'觀' 謂觀待, 或觀察義.

此中意云, 謂諸有情, 非由別觀三種自性, 如其次第遣三性故, 立三無性. 所以者何? 非唯相無自性性遣遍計所執, 餘二亦遣所執性故. 不遣依他及圓成實, 立後二種無自性

62) Taking into consideration the conformity with topic previously presented (ZZ21 261a21 ff.: 釋曰. 此下第二依問正說. 於中有二, 初長行廣釋, ... 前中有五, 一約三無性釋『經』諸句, 二'復次勝義生'下約三性觀辨立三無性意, ...), SNST (ZhT68.679.10-12: ṅo bo ñid rnam pa gsum gyi rnal ḥbyor las btsams nas ṅo bo ñid med pa rnam pa gsum rnam par bṣag paḥi dgoṅs pa bstan pa), and Woncheuk's preference for phrases with even number characters, Chinese character '辨' should be added.

性. 依他·圓成不可遣故.

又解, 此中立三意者, 為除有情所執過患立三無性, 非彼有情於三性中一一別執有三自性, 為除彼故立三無性, 但諸有情不了依他及圓成實, 於二性上起增益執, 由此建立三種三[63]無性.

於二說中後說為勝. 順文相故. 依『深密經』, 不違此『經』.

(2)-2-1-2-2: Presenting the Correct Understanding about Three Non-intrinsic Natures [順解]

(2)-2-1-2-2-1: Proclamation [標]

ZZ21 265b12-13; WX34 769b21-770a1:

然由有情, 於依他起自性及圓成實自性上, 增益遍計所執自性故, 我立三種無自性性.

A. Sub-topics Related to '(2)-2-1-2-2', and Topic of the Sentence Above from *JShMJ*

ZZ21 265b14-15; WX34 770a2-3:

釋曰. 此下第二順解. 於中有二, 先標, 後釋, 此即標也.

B. Meaning of the Sentence Above from *JShMJ*

ZZ21 265b15-19; WX34 770a3-7:

此意說云, 於二性上遍計所執相非由自相安立為相故, 立相無自性性, 於依他起上無自然生增益故, 立生無自性性. 於圓成實上無此所執性故, 立勝義無自性性, 非謂別觀三種自性為自性故, 故說三種無自性性.

(2)-2-1-2-2-2: Explication [釋]

(2)-2-1-2-2-2-1: Explicating that Attachments Arise from Characteristics of

63) Taking into consideration the context, Chinese character '三' must be superfluous.

Imagined Nature (*parikalpitanimitta*) [由所執相能生執著]

(2)-2-1-2-2-2-1-1: Explicating that Words Arise from Characteristics of Imagined Nature [由所執相能起言說]

ZZ21 265b20-21; WX34 770a8-9:

由遍計所執自性相故, 彼諸有情於依他起自性及圓成實自性中隨起言說.

A. Topic and Meaning of the Sentence Above from *JShMJ*

ZZ21 265b22-c1; WX34 770a10-13:

釋曰. 此即釋也. 總說意云, 由所執相能起言說, 由言說故成三種因, 由三因故起諸執著, 由執著故生依他起三種雜染流轉六趣生死過失. 是故此中約所執相立三無性.

B. Sub-topics Related to '(2)-2-1-2-2-2', '(2)-2-1-2-2-2-1', and Topic of the Sentence Above from *JShMJ*

ZZ21 265c1-4; WX34 770a13-16:

於中有二, 初由所執相能生執著, 後'如如'下由執著故生流轉法. 前中有二, 初由所執相能起言說, 後'如如'(下)[64]由言說故能生執著, 此即初也.

C. Twofold Dimensions of both Other-dependent Nature and Perfectly Established Nature: the Ineffable and the Expressible

ZZ21 265c4-5; WX34 770a16-17:

理實, 二性皆離名言, 而由遍計所執相故於二相中有言說起.

(2)-2-1-2-2-2-1-2: Explicating that Attachments Arise from Words [由言說故能生執著]

(2)-2-1-2-2-2-1-2-1: Explicating that Threefold Causes of Transmigration Arise from Words [由言說故成三種因]

64) Taking into consideration the context and SNST (ZhT68.681.20: ji lta ji ltar ṣes bya ba man chad kyis), Chinese character '下' should be added.

ZZ21 265c6-7; WX34 770a18-b1:

如如隨起言說如是如是. 由言說熏習心故, 由言說隨覺故, 由言說隨眠故.

A. Sub-topics Related to '(2)-2-1-2-2-2-1-2', and Topic of the Sentence Above from *JShMJ*

ZZ21 265c8-10; WX34 770b2-4:

釋曰. 此即第二由言說故能生執著. 於中有二, 初由言說故成三種因, 後由三因故能生執著, 此即初也.

B. Meaning of the Sentence Above from *JShMJ*

ZZ21 265c10-16; WX34 770b4-10:

言'如如'者, 顯所說法, 所說非一, 故曰'如如'. 隨彼如如, 起諸言說, 是故重言'如是如是'. 由諸言說成三種因. 一'由言說熏習心故'此明三熏習中名言熏習. 二'由言說隨覺故'此解名言隨覺分別, 如人·天等解言說者. 三'由言說隨眠故'此不解名言隨眠分別, 如牛·羊等不解言說, 但由隨眠而起分別. 此即顯由起言說故成三種因.

(2)-2-1-2-2-2-1-2-2: Explicating that Attachments Arise from Threefold Causes of Transmigration [明由三因故能執著]

ZZ21 265c17-18; WX34 770b11-12:

於依他起自性及圓成實自性中執著遍計所執自性相.

A. Topic and Meaning of the Sentence Above from *JShMJ*

ZZ21 265c19-21; WX34 770b13-15:

釋曰. 此(第二)明由三因故能(生)[65]執著. 於三因中前之一因顯執因緣; 後之二因顯增上緣, 由此三因, 於二性中執著遍計所執自性.

---

65) Taking into consideration the conformity with topic previously presented (ZZ21 265c8 ff.: 釋曰. 此即第二由言說故能生執著. 於中有二, 初 ... 後由三因故能生執著, ...) and SNST (ZhT68.683.7-8: gñis pa rgyu rnam pa gsum gyi dbaṅ gis mṅon par ṣen pa skye bar bstan pa ste/), Chinese phrase '第二' and Chinese character '生' should be added.

(2)-2-1-2-2-2-2: Explicating that the Phenomena in Regard to Transmigration (*saṃsāra*) Arise from Attachments [由執著故生流轉法]

(2)-2-1-2-2-2-2-1: Proclaiming that the Attachments Mentioned in Previous Sentence are Causes of Transmigration [牒前能執顯流轉因]

ZZ21 265c22-23; WX34 770b16-17:

如如執著如是如是, 於依他起自性及圓成實自性上執著遍計所執自性.

A. Sub-topics Related to '(2)-2-1-2-2-2-2', and Topic of the Sentence Above from *JShMJ*

ZZ21 265c24-266a2; WX34 770b18-771a2:

釋曰. 此下第二由執著故生流轉法. 於中有二, 初牒前能執顯流轉因, 後正明能執生流轉果, 此即初也.

B. Meaning of the Sentence Above from *JShMJ*

ZZ21 266a2-5; WX34 771a2-5:

言'如如'者, 顯所執境, 所執非一, 故曰'如如'. 隨彼如如, 起諸執著, 是故重言'如如是是〈'如是如是'〉66). 由此執著, 於二性中執著遍計所執自性, 以此執著為流轉因.

(2)-2-1-2-2-2-2-2: Explicating that Attachment Would Result in Transmigration [顯流轉果]

(2)-2-1-2-2-2-2-2-1: Explicating that the Phenomena of Other-dependent Nature Arise from Causes of Transmigration [生依他起]

ZZ21 266a6; WX34 771a6:

由此因緣生當來世依他起自性.

---

66) Taking into consideration the sentence above from *JShMJ* (如如執著如是如是 ...) and SNST (ZhT68.683.21-684.1: /ji lta ji ltar gyur pa de dag gi rjes su mṅon par ṣen pa rnam skye bas deḥi phyir tshig zlos bur de lta de ltar ṣes bya ba gsuṅs te/), Chinese phrase '如如是是' should be corrected as '如是如是'.

A. Sub-topics Related to '(2)-2-1-2-2-2-2-2', and Topic of the Sentence Above from *JShMJ*

ZZ21 266a7-8; WX34 771a7-8:

釋曰. 此下第二顯流轉果. 於中有二, 初生依他起, 後生三雜染, 此即初也.

B. Presentation of Differences between the Phenomena of Other- dependent Nature and Afflictive Phenomena

ZZ21 266a9-10; WX34 771a8-10:

問. 依他 · 雜染有何差別? 答. 總 · 別有異, 或可, 寬 · 狹不同. 依他是寬. 從緣生者皆依他故, 三雜染中不攝長養五根等故.

(2)-2-1-2-2-2-2-2: Explicating that Threefold Afflictive Phenomena Arise from Causes of Transmigration [生三雜染]

(2)-2-1-2-2-2-2-2-1: Explicating that Transmigration by Birth and Death Arises from Threefold Afflictive Phenomena [由三雜染流轉生死]

ZZ21 266a11-13; WX34 771a11-13:

由此因緣, 或為煩惱雜染所染, 或為業(雜)[67]染所染, 或為生雜染所染, 於生死中, 長時馳騁, 長時流轉, 無有休息.

A. Sub-topics Related to '(2)-2-1-2-2-2-2-2', and Topic of the Sentence Above from *JShMJ*

ZZ21 266a14-15; WX34 771a14-15:

釋曰. 此下第二生三雜染. 於中有二, 初由三雜染流轉生死, 後由三雜染流轉六趣, 此即初也.

B. Meaning of the Sentence Above from *JShMJ*

ZZ21 266a16-18; WX34 771a15-18:

---

67) Chinese character '雜' should be added according to *JShMJ* (T16 694c10).

謂由此執為因緣故, 生三雜染. 三雜染者, 謂或〈惑〉[68]・業・生, 所緣・相應・二縛所縛, 故名雜深〈染〉[69]. 由此雜染, 分段變易二生死中, 馳騁流轉, 無有休息.[二種生死義如『別章』.]

(2)-2-1-2-2-2-2-2-2-2: Explicating that Transmigration around Six Destinations Arises from Threefold Afflictive Phenomena [由三雜染流轉六趣]

ZZ21 266a19-20; WX34 771b1-2:

或在那落迦, 或在傍生, 或在餓鬼, 或在天上, 或在阿素洛, 或在人中, 受諸苦惱.

A. Topic of the Sentence Above from *JShMJ*

ZZ21 266a21; WX34 771b3:

釋曰. 此即第二由三雜染流轉六趣.

B. Presenting Definitions of Six Destinations among *Abhidharma* Literatures Belonging to Sarvāstivādins

ZZ21 266a21-b19; WX34 771b3-772a7:

言'那落迦', 依『順正理』二十一云, "'迦'是樂名, '那'者言無, '落'是與義, 無樂相與, 名'那落迦'. 或復, '落迦'是救濟義, '那'名不可, 不可救濟, 名'那落迦'." 依『大婆沙』百七十二云, "'捺落'名人, '迦'名為惡, 惡人生處, 名'捺落迦'." 依『毗曇論』第八卷云, "不可樂故名'地獄'."

言'傍生'者, 【『毗曇論』云】, "身橫行故名'畜生'." 『順正理』云, "彼趣多分身橫住故, 或彼趣中容有少分傍行者(故)[70]." 『婆沙論』云, "其形傍故行亦傍, 以行傍故形亦傍, 故名'傍生'. 有說, 遍諸處故名'傍生', 謂此遍於五趣有故."

言'餓鬼'者, 『毗曇論』云, "從他悕求故名'餓鬼'." 『順正理』云, "多懷法〈怯〉[71]劣, 其形

---

68) Taking into consideration the context, Chinese character '或' must be a writing error for '惑'.

69) Taking into consideration the context, Chinese character '深' must be a writing error for '染'.

70) Taking into consideration *ZhLL* (vol. 21, 「辯緣起品」 T29 461a19-20: 言'傍生'者, 彼趣多分身橫住故, 或彼趣中容有少分傍行者故.) and SNST (ZhT68.686.4-5: yaṅ na ḥgro ba der dud de ḥgro ba kha cig kyaṅ yod paḥi phyir ro), Chinese character '故' should be added.

71) Taking into consideration *ZhLL* (vol. 21, 「辯緣起品」 T29 461a23-24: 又多怯劣, 其形瘦悴, 身

瘦悴, 身心輕躁, 故名'餓鬼'." 『婆沙論』云, "飢渴增故, 名為'餓鬼'. 有說, 被驅役故名'鬼'. 恒為諸天處處驅役常馳走故."

所言'天'者, 『毗曇論』云, "光明故名'天'." 『順正理』云, "天謂尊高, 神用自在, 眾所祈告, 故名為'天'." 『婆沙論』云, "光明增故名'天'. 以彼自然身光恒照晝夜等故."

'阿素洛'者, 『(順)[72]正理』云, "'素洛'名天, 是自在義, '阿'是非義, 顯彼非天, 自在減天, 名'阿素洛'." 『婆沙論』云, "'素洛'是天, 彼非天故, 名'阿素洛'. 復次, '素洛'名端政, 彼非端政, 名'阿素洛'."

所言'人'者, 『毗曇論』云, "意寂靜故名'人'." 『順正理』云, "多思慮故名'人'." 『婆沙論』云, "能寂靜故名'人'. 以五趣中能寂靜意無如人者." 廣釋如彼『正理』·『婆沙』, 具如『別章』.

B-1-3. Buddha's Third Answer

(2)-2-1-3: Buddha Explicates that with What Intent He Proposes the Teaching of Three Non-intrinsic Natures in Regard to Stages of Cultivation [約位辨立三無性意]

(2)-2-1-3-1: Presenting that He Preaches the Teaching of Non-intrinsic Nature with Regard to Arising in Relation to Five Stages of Cultivation [約五位說生無自性性]

(2)-2-1-3-1-1: Presenting that for Whom He Would Preach the Teaching of Non-intrinsic Nature with Regard to Arising [明說教所為]

ZZ21 266b20-22; WX34 772a8-10:

復次<u>勝義生</u>! 若諸有情, 從本已來, 未種善根, 未清淨障, 未成熟相續, 未多修勝解, 未能積集福德·智慧二種資糧.

心輕躁, 故名'餓鬼'.) and SNST (ZhT68.686.12-13: <u>hjigs śiṅ skrag pa</u> daṅ/ maṅ du ldan pa daṅ/), Chinese character '故' should be added.

72) Taking into consideration Woncheuk's preference for phrases with even number characters, it is more natural for Chinese character '順' to be added.

A. Sub-topics Related to '(2)-2-1-3', Explaining Stages of Cultivation in *JShMJ* in Relation to Five Stages of Cultivation in *WShL*, Sub-topics Related to '(2)-2-1-3-1', and Topic of the Sentence Above from *JShMJ*

ZZ21 266b23-c12; WX34 772a11-b6:

釋曰. 自下第三約位辨立三無性意. 於中有二, 初約五位說生無自性性, 後'彼雖如是'下約加行等位說後二種無自性性.

夫論觀門, 有其五位, 如『成唯識』第九卷說, "何謂悟入唯識五位? 一資糧位, 謂修大乘順解脫分." 解云, 始從十信至十迴向. "二加行位, 謂修大乘順決擇分." 解云, 在十迴向第十終〈淨〉[73]心. "三通達位, 謂諸菩薩所住見道. 四修習位, 謂諸菩薩所住修道. 五究竟位, 謂住無上正等菩提." 今依此『經』, 分為兩段. 初約五位辨生無自性性, 即當『唯識』初資糧位及十信前種解脫分善根位也. 後約加行等位辨立後二無性, 即當『唯識』中間三位. 除無學位. 非所為故. 此即初也.

於中有三, 初明說教所為, 次'我為彼'下對機正說, 後'彼聞'下辨教勝利, 此即初也.

B. Correlations between Five Stages of Cultivation in *JShMJ* and the Fourty Minds in Other Scriptures

ZZ21 266c12-c20; WX34 772b6-14:

然彼所為有其五位, 一種善根位, 謂十信前種解脫分善根位也. 種解脫分善根之法如『優婆塞戒經』中說. 二清淨位, 謂即十信, 謂能隨分淨罪業故. 故『深密經』第二卷云, "未清淨罪業者, 清淨罪業." 『緣起經』云, "內法異生不共無明已永斷故, 不造罪業也." 三成熟相續位, 謂即十解能令信等'相續成就〈成熟相續〉[74]. 故『深密』云, "依彼成熟善根力故." 四多修勝解位, 謂即十行, 決定勝解多現前故. 五積集福 · 智資糧位, 即十迴向, 具足福 · 智二資糧故.

---

73) Taking into consideration the context and SNST (ZhT68.730.7-8: sems yoṅs su sbyoṅ ba), Chinese character '終' must be a writing error for '淨'.

74) Taking into consideration the classical Chinese grammar and SNST (ZhT68.731.17-19: śes pa bcuḥi gaṅ zag mṅon par yid ches pa la sogs pa rgyud yoṅs su smin par byed pa gaṅ yin paḥo), Chinese phrase '相續成就' should be corrected as '成熟相續'.

C. Meaning of the Sentence Above from *JShMJ*

ZZ21 266c21-23; WX34 772a14-b17:

此中意說, 未種善根令種善根, 乃至未具資糧令得具足故, 為此等故說生無性. 又解, 此文辨資糧位五事差別, 非立五位配四十心. 五事差別如前分別.

(2)-2-1-3-1-2: Explaining that Buddha's Teachings Were Preached According to Spiritual Abilities of Practioners [對機正說]

ZZ21 266c24; WX34 772a18:

我為彼故依生無自性性宣說諸法.

A. Topic and Meaning of the Sentence Above from *JShMJ*

ZZ21 267a1-3; WX34 773a1-3:

釋曰. 此即第二對機正說. 謂諸有情從本已來未悟諸法緣生道理, 妄執無因 · 自然而生. 是故世尊依生無自性性說'一切法皆從因生, 不由自然'.

(2)-2-1-3-1-3: Presenting the Supreme Benefits of Hearing Buddha's Teachings [聞教勝利]

(2)-2-1-3-1-3-1: Presenting the Benefit of Understanding Impermanency of All Conditioned Phenomena [解了無常利]

ZZ21 267a4-5; WX34 773a4-5:

彼聞是已, 能於一切緣生行中隨分解了, 無常無恒, 是不安隱, 變壞法已.

A. Sub-topics Related to '(2)-2-1-3-1-3', and Topic of the Sentence Above from *JShMJ*

ZZ21 267a6-8; WX34 773a6-8:

釋曰. 此即第三聞教勝利, 四種勝利即分為四, 一解了無常利, 二怖畏 · 厭患利, 三止惡 · 修善利, 四五事具足利, 此即初也.

B. Meaning of the Sentence Above from *JShMJ*

ZZ21 267a8-12; WX34 773a8-12:

謂世尊說, '從無明緣行, 乃至老死, 不從自在天等所生', 由斯有情隨分解了, 一切諸法無常 · 無恒, 是無常故即不安穩, 非如涅槃離生 · 滅故即是安住; 又諸有為前滅後生 · 漸次衰壞變壞之法.

(2)-2-1-3-1-3-2: Presenting the Benefit of Arising of Fear and Lamentation [怖畏 · 厭患利]

ZZ21 267a13; WX34 773a13:

於一切行, 心生怖畏, 深起厭患.

A. Topic of the Sentence Above from *JShMJ*

ZZ21 267a14; WX34 773a14:

釋曰. 此即第二怖畏 · 厭患利. 如文可知.

(2)-2-1-3-1-3-3: Presenting the Benefit of Not Doing Bad Things and Cultivating Good Ones [止惡 · 修善利]

ZZ21 267a15-16; WX34 773a15-16:

心生怖畏, 深厭患已, 遮止諸惡, 於諸惡法能不造作; 於諸善法能勤修習.

A. Topic of the Sentence Above from *JShMJ*

ZZ21 267a17; WX34 773a17:

釋曰. 此即第三止惡 · 修善利. 如文可知.

(2)-2-1-3-1-3-4: Presenting the Benefit of Completely Possessing All of Five Things [五事具足利]

ZZ21 267a18-20; WX34 773a18-b2:

修習善因故, 未種善根能種善根, 未清淨障能令清淨, 未熟相續令成熟, 由此因

緣, 多修勝解, 亦多積集福德 · 智慧二種資糧.

A. Topic of the Sentence Above from *JShMJ*

ZZ21 267a21; WX34 773b3:

釋曰. 此即第四五事具足利. 釋五事相, 准上應知.

(2)-2-1-3-2: Presenting that Buddha Preaches Two Teachings of Non-intrinsic Nature with Regard to Arising and Non-intrinsic Nature of the Ultimate in Relation to the Stages of Intensified Effort (*prayogāvastha*) etc. [約加行等位說後二種無自性性]

(2)-2-1-3-2-1: Presenting that for Whom He Would Preach Two Teachings of Non-intrinsic Nature with Regard to Arising and Non-intrinsic Natures of the Ultimate [明說教所為]

(2)-2-1-3-2-1-1: Presenting that Hearers Could Not Understand Two Teachings of Non-intrinsic Nature with Regard to Arising and Non-intrinsic Nature of the Ultimate [明未了二種無性]

ZZ21 267a22-24; WX34 773b4-6:

彼雖如是種諸善根, 乃至積集福德 · 智慧二種資糧, 然於生無自性性中未能如實了知相無自性性及二種勝義無自性性.

A. Sub-topics Related to '(2)-2-1-3-2', '(2)-2-1-3-2-1', Topic and Division of the Sentence Above from *JShMJ*

ZZ21 267b1-4; WX34 773b7-10:

釋曰. 此下第二約加行等位說後二種無自性性. 於中有三, 初明說教所為, 次'如來為彼'下對機正說, 後'彼聞已'下辨教勝利, 此即初也.75) 於中有二, 初明未了二種無性, 後

75) Chinese phrase '此即初也' seems to be superfluous in view of Woncheuk's usual style of presenting topics, but taking into consideration SNST (ZhT68.734.17-18: ... ḥdi ni daṅ poḥo/) there is a high likelihood that the manuscript Chos grub used contained it.

辨不了無性之性〈失〉[76], (此即初也)[77].

B. Meaning of the Sentence Above from *JShMJ*

ZZ21 267b4-9; WX34 773b10-15:

謂諸有情聞說'諸法從緣而生, 不從自在天等所生', 由斯解了無常等義, 積集福·智二資糧等, 而未能了諸有為行皆如幻等非實有性, 便執諸法定有實性, 此多不了相無性性, 或復不了如上所說二種勝義無自性性.

(2)-2-1-3-2-1-2: Presenting the Faults Resulted from Misunderstanding about the Teaching of Non-intrinsic Natures [辨不了無性之失]

ZZ21 267b10-12; WX34 773b16-18:

於一切行, 未能正厭, 未正離欲, 未正解脫, 未遍解脫煩惱雜染, 未遍解脫諸業雜染, 未遍解脫諸生雜染.

A. Topic and Meaning of the Sentence Above from *JShMJ*

ZZ21 267b13-16; WX34 774a1-4:

釋曰. 此即第二明不了(無性)[78]失. 謂未能了相無自性業〈等〉[79]故, 於一切行未能正厭等. 言'正厭', 是加行道. '正離欲'者, 是無間道. '正解脫'等, 是解脫道及勝進道. 煩惱·業·生三種雜染如『攝大乘』及『唯識』等.

(2)-2-1-3-2-2: Explaining that Buddha's Teachings Were Preached According

---

76) Taking into consideration the context, the conformity with next sentences' topic (ZZ21 267b13 ff.: 第二明不了(無性)失), and SNST (ZhT68.734.19-20: ṅo bo ñid med pa mi śes paḥi ñes dmigs bstan pa), Chinese character '性' must be a writing error for '失'.

77) Taking into consideration Woncheuk's usual style of presenting topics and SNST (ZhT68.734.20: ... ḥdi ni daṅ poḥo/), Chinese phrase '此即初也' should be added.

78) Taking into consideration the context, the conformity with topic previously presented (ZZ21 267b1 ff.: 辨不了無性之性〈失〉), and SNST (ZhT68.735.13: ṅo bo ñid med pa mi śes paḥi ñes dmigs bstan paḥo), Chinese phrase '無性' should be added.

79) Taking into consideration the context and SNST (ZhT68.735.13-14: mtshan ñid ṅo bo ñid med pa la sogs pa), Chinese character '業' must be a writing error for '等'.

to Spiritual Abilities of Practioners [對機正說]

(2)-2-1-3-2-2-1: Explaining that for Those Prationers Buddha Preaches Two Teachings of Non-intrinsic Nature with Regard to Arising and Non-intrinsic Nature of the Ultimate [正說教]

ZZ21 267b17-18; WX34 774a5-6:

如來為彼更說法要, 謂相無自性性及勝義無自性性.

A. Sub-topics Related to '(2)-2-1-3-2-2', Topic and Meaning of the Sentence Above from *JShMJ*

ZZ21 267b19-21; WX34 774a7-9:

釋曰. 此下第二對機正說. 於中有二, 初正說教, 後明說教之意, 此即初也. 謂十迴向終〈修〉80)加行位等, 宜聞此教, 故為說之.

(2)-2-1-3-2-2-2: Explaining the Intent of Buddha's Preaching of Twofold Non-intrinsic Natures Mentioned Above [明說教之意]

ZZ21 267b22-24; WX34 774a10-12:

為欲令其於一切行能正厭故, 正離欲故, 正解脫故, 超過一切煩惱雜染故, 超過一切業雜染故, 超過一切生雜染故.

A. Topic and Meaning of the Sentence Above from *JShMJ*

ZZ21 267c1-3; WX34 774a13-15:

釋曰. 此第二明說教之意, 為欲令其加行等位速能成辦加行等道, 及令超過三種雜染, 是故更說二種無性.

(2)-2-1-3-2-3: Explaining the Supreme Benefits Acquired from Buddha's

80) Taking into consideration the context and SNST (ZhT68.736.6-7: ḥdi ltar yoṅs su bsṅo ba bcu la gnas pa dag sbyor ba la sogs pa bsgom pa rnams bstan pa), Chinese character '終' must be a writing error for '修'.

Teaching of Twofold Non-intrinsic Natures Mentioned Above [辨教勝利]

(2)-2-1-3-2-3-1: Explaining the Supreme Benefits of Practioners in the Stage of Intensified Effort Acquired from Buddha's Teaching of Twofold Non-intrinsic Natures Mentioned Above [加行位中所得勝利]

ZZ21 267c4-5; WX34 774a16-17:

彼聞如是所說法已, 於生無自性性中, 能正信解相無自性性及勝義無自性性, 簡擇思惟, 如實通達.

A. Sub-topics Related to '(2)-2-1-3-2-3', and Topic of the Sentence Above from *JShMJ*

ZZ21 267c6-8; WX34 774a18-b2:

釋曰. 此下第三辨教勝利. 於中有二, 初明加行位中所得勝利, 後'於依他起'下辨地上二地所得勝利, 此即初也, 此中正明於加行位所得勝利.81)

B. Presenting and Commenting Two Different Views on the Stage of Intensified Effort, Meaning of the Sentence Above from *JShMJ*, and Explicating the Phrases of '簡擇思惟' and '如實通達' in the Sentence According to *WShL*

ZZ21 267c9-18; WX34 774b2-12:

然加行位諸說不同. 有說, 即屬第二僧祇, 極歡喜地近方便故, 如未至定, 即屬初禪. 有說, 正在第十迴向, (故屬)82)第一僧祇. 未入地故. 雖有兩說, 護法菩薩存第二解, 如『成唯識』第九卷說, "近見道故, 立加行名."

81) Chinese phrase '此中正明於加行位所得勝利' seems to be superfluous in view of its repetition of the preceding phrase '初明加行位中所得勝利', but unexpectedly SNST (ZhT68.737.4: sbyor ba la gnas pas ḥthob paḥi phan yon bstan paḥo/) also most contains the corresponding translation of sentence.

82) Taking into consideration SNST (ZhT68.737.5-10: kha cig na re ... /kha cig na re yoṅs su bsṅo ba bcu (pa)* la gnas pa yin pas bskal pa graṅs med pa daṅ por gtogs te/ da duṅ sa la ma ṣugs paḥi phyir ro ṣeḥo/ *pa should be added for conforming to Chinese Characters '第十'.), Woncheuk's preference for phrases with even number characters, and context, Chinese characters '故屬' should be added.

於此位中聞後二種無性教故, 作四尋思 · 四如實觀, 存能緣識, 遣所取空, 即是相自性性, 即彼無性所顯勝義名為勝義無自性性. 若廣分別, 如『成唯識』第九卷說.

故今說云, 於二無性, 簡擇思惟, 即四尋思; 如實通達, 即四如實智也. 又解, '簡擇思惟'者, 四尋思位, '如實通達'者, 初地已上通達位也.

(2)-2-1-3-2-3-2: Explaining the Supreme Benefits of Practioners in Two Stages of Unimpeded Penetrating Understanding (*prativedhāvastha*) and Exercising Cultivation (*bhāvanāvastha*) Acquired from Buddha's Teaching of Twofold Non-intrinsic Natures Mentioned Above [辨地上二位所得勝利]

(2)-2-1-3-2-3-2-1: Explaining the Supreme Benefit of Eliminating Characteristics of Imagined Nature [遣所執相]

ZZ21 267c19; WX34 774b13:

於依他起自性能不執著遍計所執自性相.

A. Sub-topics Related to '(2)-2-1-3-2-3-2', Topic and Meaning of the Sentence Above from *JShMJ*

ZZ21 267c20-24; WX34 774b14-18:

釋曰. 此下第二辨地上二位所得勝利. 有六勝利, 即分為六, 一遣所執相, 二不起三因, 三滅依他起, 四斷當苦因, 五能引三道, 六離三雜染, 此即初也. 謂地上二位聞前所說二無性故, 能不執著遍計所執.

(2)-2-1-3-2-3-2-2: Explaining the Supreme Benefit of Not Arising of Threefold Causes of Transmigration [不起三因]

ZZ21 268a1-2; WX34 775a1-2:

由言說不熏習智故, 由言說不隨覺智故, 由言說離隨眠智故.

A. Topic and Meaning of the Sentence Above from *JShMJ*, Presentation of Twofold Definitiones of Threefold Perfect Knowledge (*jñāna*)

ZZ21 268a3-8; WX34 775a3-8:

釋曰. 此即第二不起三因, 謂不執故, 三因不成, 因不成故, 生三種智. 言三智者, 一言說不熏習智, 二言說不隨覺智, 三言說離隨眠智. 然此三智自有二說. 一(云),[83] 從境得名, 謂後所得智緣三境生, 立三智名. 一云, 從因得名, 謂即二種無自性智從三種因之所生故, 立三種名.

(2)-2-1-3-2-3-2-3: Explaining the Supreme Benefit of Eliminating Characteristics of Other-dependent Nature (*paratantralakṣaṇa*) [滅依他起]

ZZ21 268a9; WX34 775a9:

能滅依他起相.

A. Topic and Meaning of the Sentence Above from *JShMJ*

ZZ21 268a10-11; WX34 775a10-11:

釋曰. 此即第三滅依他起. 謂不起三因, 成三種智, 由三智故能滅依他也.

(2)-2-1-3-2-3-2-4: Explaining the Supreme Benefit of Eliminating Causes of Future Unsatisfactoriness (*duḥkha*) [斷當苦因]

ZZ21 268a12; WX34 775a12:

於現法中, 智力所持, 能永斷滅當來世因.

A. Topic and Meaning of the Sentence Above from *JShMJ*

ZZ21 268a13-15; WX34 775a13-15:

釋曰. 此即第四斷當苦因. 由前三智滅依他故, 於現身〈法〉[84]中有方便智, 以方便智所

---

83) Taking into consideration the classical Chinese grammar and SNST (ZhT68.739.3: kha cig na re), Chinese character '云' should be added.

84) Taking into consideration the agreement to the sentence above from *JShMJ* (於現法中) and SNST (ZhT68.739.14: mthoṅ baḥi chos), Chinese character '身' should be corrected as '法'.

攝持故, 彼根本智能永斷除當來世因.

(2)-2-1-3-2-3-2-5: Explaining the Supreme Benefit of Leading Practioners to Threefold Ways of Cultivation to *Nirvāṇa* [引三道]

ZZ21 268a16; WX34 775a16:

由此因緣, 於一切行, 能正厭患, 能正離欲, 能正解脫.

A. Topic and Meaning of the Sentence Above from *JShMJ*

ZZ21 268a17; WX34 775a17:

釋曰. 此即第五引三道, 所謂加行 · 無間 · 解脫也.

(2)-2-1-3-2-3-2-6: Explaining the Supreme Benefit of Liberation from Threefold Afflictions [離三雜染]

ZZ21 268a18; WX34 775a18:

能遍解脫煩惱 · 業 · 生三種雜染.

A. Topic of the Sentence Above from *JShMJ*

ZZ21 268a19; WX34 775b1:

釋曰. 此即第六離三雜染. 如文可知.

B-1-4. Buddha's Fourth Answer

(2)-2-1-4: Buddha Explicates the Meaning of "One Vehicle" (*ekayāna*) in Relation to "Contemplation on Three Non-intrinsic Natures" (*triniḥsvabhāva-yoga*) [約三無性觀辨一乘義]

(2)-2-1-4-1: Explicating the Meaning of "One Vehicle" in Relation to the "Way of Buddhist Sage" (*ārya-mārga*) [約聖道辨一乘義]

(2)-2-1-4-1-1: Proclaiming that Each of the "Three Vehicle Practitioners" Acquires His Own *Nirvāṇa* without Residual Conditioning (*nirupadhiśeṣa-nirvāna*)

[明三乘各證自乘無餘涅槃]

ZZ21 268a20-23; WX34 775b2-5:

復次勝義生! 諸聲聞乘種姓有情, 亦由此道此行跡故, 證得無上安隱涅槃, 諸獨覺乘種姓有情, 諸如來乘種姓有情, 亦由此道此行跡故, 證得無上安隱涅槃.

A. Sub-topics Related to '(2)-2-1-4'

ZZ21 268a24-b2; WX34 775b6-8:

釋曰. 此下第四約三無性(觀)[85]辨一乘義義[86]. 於中有三, 初約聖道辨一乘義, 次'善男子'下明趣寂聲聞定不成佛, 後'若迴向'下明迴向聲聞定得成佛.

B. Explanations of Sub-topics Related to '(2)-2-1-4'

ZZ21 268b3-12; WX34 775b8-18:

總釋意云, 第一段中, 約三種姓如來方便說為一乘, 就實正理, 具有三乘, 各證無餘究竟涅槃. 『勝鬘經』意亦同此說. 第二段意, 定性二乘唯證二乘無餘涅槃, 必無後時得成佛義. 故『瑜伽』云, "二乘所證無餘涅槃唯有真如清淨法界." 第三段意, 不定種姓迴向聲聞必當成佛. 是故『法華』「方便品」說, "為二乘種姓理實決定得成佛果." 若依此說, 方便說三, 就實為一. 故『法華』云, "十方佛土中 唯有一乘法/ 無二亦無三 除佛方便說//" 『法華』·『勝鬘』各據一義, 今此一部(二)[87]義俱有, 故『解深密』是最了義.【[義如『別章』.]】

C. Sub-topics Related to '(2)-2-1-4-1', and Topic of the Sentence Above from *JShMJ*

ZZ21 268b12-14; WX34 775b18-776a2:

---

85) Taking into consideration the conformity with topic previously presented (ZZ21 261a22 ff.: 前中有五, 一 … 二 … 三 … 四'復次勝義生'下約三無性觀辨一乘義, 五 …) and SNST (ZhT68.740.10-11: ṅo bo ñid med pa rnam pa gsum gyi rnal ḥbyor), Chinese character '觀' should be added.

86) Taking into consideration the classical Chinese grammar, Chinese character '義' (one of two) must be superfluous as the collation record of ZZ states.

87) Taking into consideration the context and SNST (ZhT68.741.18-19: don gñis daṅ ldan paḥi phyir), Chinese character '二' should be added.

就初段中復分為三, 初明三乘各證自乘無餘涅槃, 次約聖道(明)88)方便說一, 後明理實三乘差別, 此即第一.

D. Meaning of the Sentence Above from *JShMJ*

ZZ21 268b15-18; WX34 776a2-6:

謂三乘種姓各以無性妙清淨道證無餘依妙涅槃界. 然彼聖道【能通】義故, 名之為'道',89) 即彼聖道諸聖遊履, 亦名'行跡'. 由此道 · 跡離諸煩惱 · 有漏苦身, 證得常住 · 寂滅之樂, 是故說為'安隱涅槃'.

(2)-2-1-4-1-2: Buddha Preaches "One" as an Efficacious Means (*upāya*) [方便說一]

ZZ21 268b19-20; WX34 776a7-8:

一切聲聞 · 獨覺 · 菩薩皆共此一妙清淨道, 皆同此究竟清淨, 更無第二乘, 依此故密意說言'唯有一乘'.

A. Topic and Meaning of the Sentence Above from *JShMJ*

ZZ21 268b21-c8; WX34 776a9-b2:

釋曰. 此即第二方便說一. 言'聲聞'者, 諸佛聖教, 聲為上首, 從師 · 友所, 聞此教聲, 展轉修證, 永出世間, 小行小果, 故名'聲聞'. 言'獨覺'者, 常樂寂靜, 不欲雜居, 修加行滿, 無師 · 友教, 自然獨悟, 永出世間, 中行中果, 故名'獨覺'. 或'觀待〈待觀〉90)緣而悟聖果, 亦名緣覺. 言菩薩者, 悕求大覺, 悲愍有情, 或求菩提, 志願堅猛, 長時修證, 永出世間, 大行大果, 故名菩薩. 具如『瑜伽釋論』廣解. 總說意云, 謂彼三乘皆其〈共〉91)此一妙(清淨)92)

---

88) Taking into consideration the context and SNST (ZhT68.742.2-3: ḥphags paḥi lam las brtsams nas thabs kyis gcig tu gsuṅs par bstan pa), Chinese character '明' should be added.

89) SNST that corresponds to this sentence (ZhT68.742.6-7: de yaṅ hphags paḥi lam gyi don yin paḥi phyir lam ṣes byaḥo) does not contain the counterpart of Chinese phrase '能通'. It is probable that Chos grub consciously did not translate this phrase since he regarded the exegetical note of the word '道' as useless to Tibetan readers.

90) Taking into consideration the context and SNST (ZhT68.743.5: rten ciṅ ḥbrel par ḥbyuṅ baḥi rtog pa la ltos nas), Chinese phrase '觀待' must be a writing error for '待觀'.

91) Taking into consideration the sentence above from *JShMJ* (一切聲聞 · 獨覺 · 菩薩皆共此一妙清

無性道, 即說此道名'究竟淨', 唯有此道, 更無第二, 故約一道說為'一乘'. 故『深密』云, "唯有一清淨道, 更無第二." 而不別說'究竟清淨'. 故知, '究竟清淨'即是('一')93)妙清淨道'也.

B. Meaning of "One" in the Sentence Above from *JShMJ*: "Way-Sameness" (道一) and "Attainment-Sameness" (果一)

ZZ21 268c8-12; WX34 776b2-6:

又云, '一'言自有三種, 一道一故名'一', 二果一故名'一', 三理一故名'一'. 今依此文, 有其二種, '妙清淨道'即是道一, '究竟清淨'即是果一. 依此二一, 更無第二, 故深密意說'唯有一乘',94) 而不同下第四卷中約理無別故說一乘.

C. Meaning and Essence of "One Vehicle"

ZZ21 268c12-19; WX34 776b6-13:

然一乘者, 唯一佛乘. 故『勝鬘經』云, "聲聞 · 緣覺皆入大乘, 大乘即佛乘也." 又『法華經』云, "十方佛土中 唯有一乘法/ 無二亦無三" 或可, 法身以明一乘. 故『法華論』云, "以如來法身與聲聞法身法身95)無異故與授記." 後當分別. 此即六中帶數釋也.

淨道, ...) and SNST (ft.92, bold letter), Chinese character '其' must be a writing error for '共'.

92) Taking into consideration the correspondence to next phrase '即說此道名究竟淨' and SNST (ZhT68.743.11-14:/de ni ḥdi skad du ḥdi ltar theg pa gsum po de dag śin tu rnam par dag pa ṅo bo ñid med paḥi lam ḥdir gcig **thun moṅ du gyur pa**s lam ḥdi ñid la mthar phyin paḥi rnam par dag pa ṣes bya ste/), Chinese phrase '清淨' should be added.

93) Taking into consideration the sentence above from *JShMJ* (一切聲聞 · 獨覺 · 菩薩皆共此一妙清淨道, ...) and SNST (ZhT68.743.20-21: śin tu rnam par dag paḥi lam gcig la bya bar mṅon no), Chinese character '一' should be added.

94) There is a slight difference between Chinese sentential phrase "依此 ~ 一乘" and its SNST counterpart (ZhT68.744.5-7: gcig pa ñid rnam pa gñis po de las gsan gñis pa gaṅ yaṅ med paḥi phyir de las dgoṅs nas theg pa gcig kho naḥo ṣes gsuṅs pa yin gyis⟨gyi⟩* **gyis* is corrected as *gyi* according to P. N.). If we restore the sentence in classical Chinese from SNST, it would be '離此二一更無第二, 故依此密意說唯有一乘'. Tibetan translation seems to be more natural than extant ZZ text.

95) Taking into consideration the context and *FHL* (vol. 2, 「方便品」 T26 8c25-9a3: 問曰. 彼聲聞等, 爲實成佛故與授記, 爲不成佛與授記耶? 若實成佛, 菩薩何故於無量劫修集無量種種功德? 若不成佛云何與之虛妄授記? 答曰. 彼聲聞等得授記者, 得決定心, 非謂聲聞成就法性如來, 依彼三種平等說一乘法. 以佛法身聲聞**法身**平等無異故與授記, 非卽具足修行功德. 是故菩薩功德具足, 諸聲聞論體性者, 若受用身, 四智心品所攝蘊等以為體性; 若就法身, 真如為體. 【總相出體.】 於一乘門, 教 · 理 · 行 · 果以為一乘.

D. Presentation and Comment of Controversy on "One Vehicle" between Paramārtha and Xuanzang Lineage Thinkers

1) Causes of Controversy: Variety of Buddha's Teachings, Discord among Translators, and Profundity of Buddha-dharma

ZZ21 268c20; WX34 776b13-14:

然此一乘, 聖教甚多, 譯者非一, 意趣深遠, 是故新 · 舊競興諍論.

2) Presentation of Arguments in Both Paramārtha and Xuanzang Lineage Thinkers and Resolution of the Conflict between Them

(1) Presentation of Arguments by Paramārtha Lineage Thinkers

A) Main Argument: All Sentient Beings Have Buddha-Nature (*buddhadhātu* or [*buddha*-]*gotra*).

ZZ21 268c21-22; WX34 776b14-16:

一真諦等一類諸師依『法華』等諸『經』及『論』皆作此說, "一切衆生皆有佛性".

B) Canonical Evidences (1): *NPJ*, *FHJ*, *ShMJ*, *RLJJ*

ZZ21 268c22-269a17; WX34 776b16-777a17:

故『涅槃經』第七卷云, ""二十五有有我不耶?" 佛言, "善男子! 我者即是如來藏義, 一切衆生悉有佛性, 即是我義."" 又第二十五〈九〉[96]云, "衆生 · 佛性不一不異, 諸佛平等, 猶如虛空, 一切衆生同共有之."【[此說理性.]】 又第二十七云, "'師子吼'者, 名決定說'一切

人功德未足.), Chinese phrase '法身' (one of two) must be superfluous.

96) Taking into consideration that this sentence appears in vol. 29 rather than vol. 25 of *NPJ* (vol. **29**, 「師子吼菩薩品」 T12 539a9-13: 佛言, "善男子! 衆生 · 佛性不一不二, 諸佛平等, 猶如虛空, 一切衆生同共有之. 若有能修八聖道者, 當知是人則得明見. 善男子! 雪山有草名曰忍辱, 牛若食之則成醍醐. 衆生佛性亦復如是."), Chinese character '五' must be a writing error for '九'.

衆生悉有佛性'." 又云, "譬如有人家有乳 · 酪, 有人問言, '汝有蘇耶?' 答言, '我有酪, 實非蘇, 以巧方便定當得故, 故言'有蘇'.' 衆生亦爾, 悉皆有心, 凡有心者定當得成阿耨多羅三藐三菩提. 以是義故, 我常宣說'一切衆生悉有佛性'."【[此說行性.]】 又三十三〈二〉[97]云, "一切衆生同有佛性, 皆同一乘, 同一解脫, 一因一果, 同一甘露, 一切當得常 · 樂 · 我 · 淨, 是名一味."【[通說理 · 行.]】

又『法華經』云, "十方佛土中 唯有一乘法/ 無二亦無三 除佛方便說//" 又云, "唯此一事實 餘二則非真/"

又『勝鬘經』(云)[98], "聲聞 · 緣覺皆入大乘." 又『須真天子所問經』云, "文殊師利言, "一切皆得審當作佛, 卿莫疑也. 所以者何? 一切當得如來覺故."" 廣說如彼.

又『入楞伽』第二明五乘性云, "闡提二種, 一者焚燒一切善根, 二者憐愍一切衆生作盡願, 二中從〈後〉[99]一定不成佛." 具說如彼. 『四卷楞伽』第一卷說, 言雖有異, 意同前本.

C) Sub-Argument (1): Even Sentient Beings without Buddha-Nature (*agotra-sattva*) Can Attain Buddhahood.

ZZ21 269a18; WX34 777a17-18:

准此等『經』, 無姓有情亦得成佛.

D) Canonical Evidences (2): *P-ShL*, *ZhDL*, *FHL*

ZZ21 269a18-b11; WX34 777a18-b17:

又梁『攝論』第十五云, "五救濟乘為業." 乃至彼云, "未定根 · 性聲聞, 能安立彼為修行大乘故. 釋曰. 乃至若得信等五根, 不名定根. 以未得聖故. 若得未知欲知等三根, 則名定

97) Taking into consideration that this sentence appears in vol. 32 rather than vol. 33 of *NPJ* (vol. 32, 「師子吼菩薩品」 T12 559a21-23: 三者一味, 一切衆生同有佛性, 皆同一乘, 同一解脫, 一因一果, 同一甘露, 一切當得常 · 樂 · 我 · 淨, 是名一味.), Chinese character '三' must be a writing error for '二'.

98) Taking into consideration the classical Chinese grammar, Chinese character '云' that indicates a quotation should be added.

99) Taking into consideration the context and SNST (ZhT68.747.4-5: rnam pa gñis las phyi ma gcig ṅes par mṅon par rdsogs par ḥtshaṅ mi rgya ste/), Chinese character '從' must be a writing error for '後'.

根. 以得聖故. 若至頂位, 不名定性. 以不勉[100]四惡道故. 若至忍位, 名為定性. 以免四惡道故. 【若依小乘解,】未得定根 · 性, 則可轉小為大, 若得定根 · 性, 則不可轉. 如此聲聞無有改小為大義, 云何得說一乘? 今依大乘解, 未專修菩薩道, 悉名未定根 · 性故, 一切聲聞皆有可轉為大義. 安立如此大 · 小乘人令修行大乘."

『智度論』八十四云, "有四種道, 人 · 天道並三乘道為四. 菩薩法應引導眾生著大道中, 若爾〈不〉[101]任入大道者, 著三〈二〉乘中, 若不任入涅槃者, 著人 · 天福樂中, 作涅槃因緣."

又『法華論』云, "聲聞有四種, 一者決定, 二者增上慢, 三者退菩提, 四者應化聲聞. 二種聲聞如來與授記, 謂應化聲聞 · 退已還發菩提心者. 決定 · 增上二種聲聞, 根未熟故, 如來不與授記. 菩薩與授記者, 方便令發心故."

E) Sub-Argument (2): There Is No Sentient Being without Buddha-Nature, and There Are No *Śrāvaka* and *Pratyekabuddha* Belonging to Definite Categories (*niyata-gotra*) Who Can Never Attain Buddhahood.

---

100) In *P-ShLSh* (vol. 15, 「釋智差別勝相」 T31 264b7 … 264c22-265a16: 論曰. 復次諸佛法界, 恒時應見有五業, … 論曰. 五救濟乘爲業, 諸菩薩欲偏行別乘, 及未定根 · 性聲聞, 能安立彼爲修行大乘故. 釋曰. 此明眞實教力. 乘有人 · 法, 人有大乘, 人有小乘人, 法有方便乘, 法有正乘法, 轉方便乘修治正乘故, 名救濟乘. 摩訶般若經說, 乘有三義, 一性義, 二行義, 三果義, 二空所顯三無性眞如名性, 由此性修十度十地名行, 由修此行究竟證得常樂我淨四德名果. 又中邊論說乘有五義. 一出離爲體, 謂眞如. 二福慧爲因, 能引出故. 三衆生爲攝, 如根 · 性攝令至果故. 四無上菩提爲果, 行究竟至此果故. 五三惑爲障, 除此三惑前四義成故. 諸菩薩在十信位中, 修大行未堅固, 多厭怖生死, 慈悲衆生心猶劣薄, 喜欲捨大乘本願修小乘道, 故言欲偏行別乘. 小乘說聲聞, 若得信等五根, 不名定根. 以未得聖故. 若得未知欲知等三根, 則名定根. 以得聖故. 若至頂位, 不名定性. 以不**免**四惡道故. 若至忍位, 名爲定性. 以**免**四惡道故. 若依小乘解, 未得定根 · 性, 則可轉小爲大, 若得定根 · 性, 則不可轉. 如此聲聞無有改小爲大義, 云何得說一乘? 今依大乘解, 未專修菩薩道, 悉名未定根 · 性故, 一切聲聞皆有可轉爲大義, 安立如此大 · 小乘人令修行大乘.) Chinese character '勉' is written as '免'. But I decided not to correct this because '勉' and '免' are interchangeable same-sounding characters in classical Chinese as the collation record of ZZ states.

101) Taking into consideration *ZhDL* (vol. 48, 「釋三慧品」 T25 649a6-12: 道有四種, 一者人 · 天中受福樂道, 所謂種福德, 幷三乘道爲四. 菩薩法應引導衆生著大道中, 若不任入大道者, 著二乘中, 若不任入涅槃者著人 · 天福樂中, 作涅槃因緣. 世間福樂道, 是十善布施諸福德, 三十七品是二乘道, 三十七品及六波羅蜜是菩薩道.) and SNST (ZhT68.748.11-13: yaṅ gaṅ theg pa chen poḥi lam la ḥjug paḥi ḥos su mi ruṅ ba de dag ni theg pa ḥog ma gñis la ḥjug par byed do), Chinese characters '爾' and '三' must be a writing error for '不' and '二', respectively.

ZZ21 269b11-12; WX34 777b17-18:

准此等文, 決定無有無性有情, 亦無定性聲聞 · 獨覺必不成佛.

(2) Resolution of Outward Contradictions between Canonical Evidences in Paramārtha Lineage Thinkers Mentioned Above and Phrases of Newly-translated Scriptures by Xuanzang

A) Resolution (1): Buddha's Statement, "Can Never Attain Buddhahood," in *JShMJ*, *YJL*, etc., Is Only for Some Sentient Beings Whose Spiritual Ability (*indriya*) Has Not Yet Matured to Achieve Awakening.

ZZ21 269b13-17; WX34 777b18-778a5:

而『深密經』及『瑜伽』等'定不成'者, 約根未熟時分而說, 非謂決定不成佛也. 故『寶性論』第二〈三〉[102]卷云, "向說'一闡提常不入涅槃, 無涅槃性'者, 此義云何? 為欲示現謗大乘因故, 乃至依無量時故, 如是說. 以彼實有清淨性故, 不得說言'彼常畢竟無清淨心[103]'."

B) Resolution (2): "*Nirvāṇa* without Residual Conditioning" is a Phrase in *YJL*, Which Does Not Indicate Real Ultimate *Nirvāṇa* But a Metaphor (*dṛṣṭānta*) of the State of Abiding in the Pleasure of *Samādhi*.

ZZ21 269b17-c22; WX34 778a5-b16:

a. Question

問. 依『瑜伽』第八十云, "於無餘依涅槃界中, 遠離一切發趣事業, 一切功用皆悉止息." 若如上說, 決定聲聞亦得成佛, 彼『瑜伽』文如何會釋?

---

102) Taking into consideration that this sentence appears in vol. 3 rather than vol. 2 of *BXL* (vol. **3**, 「一切衆生有如來藏品」 T31 831b5-9: 向說'一闡提常不入涅槃, 無涅槃性'者, 此義云何? 爲欲示現謗大乘因故. 此明何義? 爲欲迴轉誹謗大乘心 · 不求大乘心故, 依無量時故, 如是說. 以彼實有清淨性故, 不得說言彼常畢竟無清淨**性**.), Chinese character '二' must be a writing error for '三'.

103) Taking into consideration SNST (ZhT68.749.15: rnam par dag paḥi ṅo bo ñid) and *BXL* (ft.102, bold letter), there is a high likelihood that this should read as '清淨性' in the manuscript Chos grub used.

b. Answer 1: A Phrase of "*Nirvāṇa* without Residual Conditioning" (無餘依涅槃) in *YJL* Just Indicates the State that Two Vehicle Practitioners of *Śrāvaka* and *Pratyekabuddha* Abide in the Pleasure of *Samādhi*.

答. 依『法華』第三卷云, "我滅度後, 復有弟子, 不聞是經, 不知不覺菩薩所行, 自於所得功德生滅度想, 入於涅槃. 我於餘國作佛, 更有異名, 是人雖生滅度之想, 入於涅槃, 而於彼土求佛智慧." 『大智(度)[104]論』第九十三亦同此說.

又『涅槃經』二十三云, "聲聞 · 獨覺八萬 · 六萬 · 四萬 · 二萬 · 一萬住處, 名為'涅槃', 無上法主聖王住處, 乃得名為'大般涅槃'."

又『楞伽』第四頌云, "譬如海浮木 當隨波浪轉/ 諸聲聞亦爾 相風所漂蕩// 離諸隨煩惱 薰習煩惱縛/ 味著三昧樂 安住無漏界// 無有究竟趣 亦復不退還/ 得諸三昧身 無量劫不覺// 譬如昏醉人 酒消然後寤/ 得佛無上體 是我真法身//"【第二第三[105]亦同此意.】

又『法華論』云, "實無而〈謂〉[106]有增上慢人, 以有世間三摩跋提實無涅槃, 而生涅槃想, 對治此故說'化城譬喻'應知." 又云, "第四人者, 方便令入涅槃城故. '涅槃城'者, 諸禪 · 三昧城, 過彼城已, 令入大般涅槃城故."

准此等文, 『瑜伽』所說'無餘涅槃'即彼『楞伽』所說'三昧樂【定】'.

c. Answer 2: A Phrase of "without Residual Conditioning" (無餘依) in *YJL* Does

---

104) Chinese character '度' should be added.

105) Chinese phrase '第二' (one of two) must be superfluous as the collation record of ZZ states.

106) Taking into consideration the context and *FHL* (vol. 2, 「譬喻品」 T26 8b5-17 … 8c3-5: 何等七種增上慢心? 云何七種譬喻對治? 一者顚倒求諸功德增上慢心, 謂世間中諸煩惱染熾然增上, 而求天人勝妙境界有漏果報, 對治此故爲說火宅譬喻應知. 二者聲聞一向決定增上慢心, 自言我乘與如來乘等無差別, 如是倒取, 對治此故爲說窮子譬喻應知. 三者大乘一向決定增上慢心, 起如是意無別聲聞辟支佛乘, 如是倒取, 對治此故爲說雲雨譬喻應知. 四者實無謂有增上慢心, 以有世間三昧三摩跋提實無涅槃, 生涅槃想, 如是倒取, 對治此故爲說'化城譬喻'應知. … 第四人者, 方便令入涅槃城故. '涅槃城'者, 所謂諸禪三昧城故, 過彼城已, 然後令入大涅槃城故.), Chinese character '而' should be corrected as '謂'. The equivalent sentential phrases in SNST of "實無 ~ 涅槃想" (ZhT68.751.1-3: yaṅ dag par mṅon paḥi ṅa rgyal can gyi gaṅ zag med kyaṅ ḥdi ltar ḥjig rten paḥi tiṅ ṅe ḥdsin yod pa daṅ/ yaṅ dag par mya ṅan las ḥdas paḥi ḥdu śes bkyed pas) have not been correctly translated. They are misinterpreted and may be omitted in the original.

Not Indicate Real Ultimate *Nirvāṇa* But a Metaphor of the Unlimted Time-span of Abiding in the Pleasure of *Samādhi*.

離分段故, 名為'無餘', 非實無餘, 有變易故, 『勝鬘經』【說'無無餘'. 故彼『經』】云, "是故阿羅漢 · 辟支佛, 有餘生法不盡故有生; 有餘梵行(不)107)成故不純; 事不究竟故當有所作; 不度彼故當有所斷, 以不斷故去涅槃界遠.108) 乃至言'得涅槃'者, 是佛方便, 唯有如來得般涅槃."

准此應知, 八萬劫等入三昧樂假名'無餘', 無實身 · 智俱滅無餘涅槃.【[然'須陀洹'等者, 從本為名, 實是無學.]】

C) Conclusion after Resolution (1), (2): Two Vehicle Practitioners of *Śrāvaka* and *Pratyekabuddha* Can Necessarily Attain Buddhahood.

ZZ21 269c22; WX34 778b16:

是故二乘定得成佛.

D) Meaningful Argument of Paramārtha Lineage Thinkers after Resolutions

107) Taking into consideration the context, *ShMJ*(「一乘章」 T12 219c1-8: 世尊! 阿羅漢 · 辟支佛有怖畏, 是故阿羅漢 · 辟支佛, 有餘生法不盡故有生, 有餘梵行不成故不純, 事不究竟故當有所作, 不度彼故當有所斷, 以不斷故去涅槃界遠. 何以故? 唯有如來應正等覺得般涅槃. 成就一切功德故. 阿羅漢 · 辟支佛不成就一切功德. 言得涅槃者, 是佛方便, 唯有如來得般涅槃.), and SNST (ZhT68.751.16-17: tshaṅs par spyod pa lhag ma ma bsgrubs paḥi phyir), Chinese character '不' should be added.

108) SNST (ZhT68.751.17-18: dṅos po ma ḥdres pa ma yin paḥo/ /mthar phyin pa ma yin paḥi phyir bya ba daṅ bcas paḥo), which read '事' as attached to '不純', is a misreading of original text. This can be verified based on the textual as well as contextual evidence in the Tibetan *Śrīmālādevī-siṃhanāda* (P24. 268b8-269a3: /bcom ldan ḥdas de lta lags pas dgra bcom pa daṅ/ /raṅ saṅs rgyas rnams kyaṅ skye baḥi chos kyi lhag ma daṅ bcas pa lags te/ bcom ldan ḥdas de dag gi skye ba ma bas pa yaṅ mchis so/ /bcom ldan ḥdas de dag ni/ bsten par bgyi baḥi lhag ma daṅ bcas pa lags te/ des na de dag ni dag pa ma lags/ las mthar phyin pa ma lags te/ de dag gi bgyi ba maṅ lags so/ de dag gi spaṅ bar bgyi baḥi chos gṣan yaṅ maṅ ṅu mchis te/ de dag ma spaṅs pas dgra bcom pa rnams daṅ/ raṅ saṅs rgyas rnams kyaṅ mya ṅan las ḥdas paḥi dbyiṅs daṅ riṅ ba lags so/).

Accepted by Woncheuk: *Sūtras* in Actuality Preach "One Vehicle", But Metaphorically Preach "Two Vehicles."

ZZ21 269c23; WX34 778b16-17:

由此, 諸『經』實說一乘, 假說二乘.

(3) Presentation of Arguments by Xuanzang Lineage Thinkers

A) Main Argument: There are Five Categories of Sentient Beings. Among Them, Sentient Beings without Buddha-Nature Have No Potentiality of *Nirvāṇa* (*nirvāṇa-gotra*), and Both *Śrāvaka* and *Pratyekabuddha* Belonging to Definite Categories Can Never Attain Buddhahood.

ZZ21 269c23-270a1; WX34 778b17-779a1:

二者大唐三藏依諸『經』·『論』立, "有五姓, 無姓有情無涅槃性, 定性二乘必不成佛."

B) Canonical Evidences: *ShJJ, DChJ, JShMJ, Dapusazang jing of BJJ, YJMLJ, ShMJ, DBRJ, YJL, ZhYL, P-ShLSh, X-ShLSh, WXSh, FDL, ShDL*

ZZ21 270a1-c11; WX34 779a1-780b5:

故『善戒經』第一卷云, "若無菩薩性, 雖復發心勤修精進, 終不能得阿耨多羅三藐三菩提."

又『地持論』第一卷云, "非種姓人, 無種性故, 雖復發心勤修精進, 必不究竟阿耨菩提." 『瑜伽』第三十五亦同『地持』.

又此『經』云, "一向趣寂靜聲聞種姓補特伽羅, 雖蒙諸佛施設種種勇猛加行方便化導, 終不能令當坐道場證得阿耨多羅三藐三菩提." 又『深密解脫經』第二云, "成就第一義![109] 寂滅聲聞性人, 一切諸佛盡力教化, 不能令其坐於道場得無上菩提, 我說名為'寂滅聲聞'."

---

109) SNST (ZhT68.753.5: don mchog mṅon par grub paḥi ñan thos ṣi baḥi rigs can kyi gaṅ zag ni …), which corresponds to this phrase "成就 ~ 聲聞性人", is misreading. He was not aware of the context of *ShMJTJ* (vol. 2, 「聖者成就第一義菩薩問品」 T16 671c20-28: 成就第一義! 寂滅聲聞性人, 一切諸佛盡力教化, 不能令其坐於道場得阿耨多羅三藐三菩提. 何以故成就第一義? 以彼自性本來狹劣, 一向少於慈悲之心, 一向怖畏一切諸苦, 以少慈悲一向捨於利益眾生. 成就第一義! 若一向畏苦, 一向離諸有為之行, 彼人遠離利益眾生, 遠離能度諸眾生業, 是故我說彼人不能證阿耨多羅三藐三菩提, 我說名為寂滅聲聞.)

又『大菩薩藏經』第五卷云, "正定眾生是正法器, 如來說法若不說法, 皆得解脫. 邪定眾生非正法器, 若使如來為彼說法若不說法, 終不堪任證於解脫. 如來如實知彼有情非法器已而便棄捨."

『央堀摩羅經』第三卷云, "三聚眾生別, 即是聲聞乘, 大乘唯二聚可治 · 不可治. 所言邪定者, 謂彼一闡提, 正定, 謂如來 · 菩薩及二乘."110)

又『善戒經』第三卷云, "眾生調伏, 有其四種. 一者有聲聞性得聲聞道, 二緣覺性得緣覺道, 三有佛性即得佛道, 四者有人 · 天性得人 · 天樂, 是名為四."

『勝鬘經』云, "又如大地, 持四重擔, 何等為四? 一者大海, 二者諸山, 三者草木, 四者眾生. 如是攝受正法善男子 · 善女人, 建立大地, 堪能荷負四種重任. 喻彼大地, 何等為四? 謂離善知識無聞非法眾生, 以人 · 天善根而成就111)之. 求聲聞者, 授聲聞乘. 求緣覺者,

---

110) Above quotation is a reconstruction of the following underlined parts in *YJMLJ* (vol. 2, T2 529b29-c12: 爾時大目連以偈問言: 云何世間病　分別說三種/ 或有醫治差　或不得醫差// 或復有病人　雖得醫不差/ 是故諸病人　分別有三種// 爾時央掘魔羅以偈答言: 是義則不然　不應說三種/ 可治不可治　唯二無有三// 若作三分別　亦是聲聞乘/ 若諸聲聞乘　佛說蚊蚋乘// 以彼無知故　分別有三種/ 所言邪定者　謂彼一闡提// 正定謂如來　菩薩及二乘/)

But the Tibetan translation (ZhT68.753.17-754.1: gṣan yaṅ ḥphags pa sor moḥi phreṅ baḥi mdo las/ sem can rnams kyi tshogs rnam pa gsum las ñan thos kyi theg pa daṅ/ theg pa chen poḥi tshogs gñis kho na ni gsor ruṅ ba daṅ gsor mi ruṅḥo/ de la log pa la ṅes pa ni ḥdi lta ste/ ḥdod chen pa dag go/ /yaṅ dag pa la ṅes pa ni ḥdi lta ste/ de bṣin gśegs pa daṅ byaṅ chub sems dpaḥ daṅ theg pa gñis so ṣes gsuṅs pa daṅ/ (As well, it is said in *YJMLJ*, "only the Śrāvakayāna and Mahāyāna among the three categories of living things can and cannot be [respectively] cured. Those who will follow an evil path are *icchantikas,* and those who are certain of following the correct path are *Tathāgata, bodhisattva,* and Two Vehicles")) for the term '唯二' corresponds to '聲聞乘' and '大乘'.

Chos grub's Tibetan translation, however, contains error, which can be verified by comparing it to the context of the text in *YJMLJ*. This is due to the fact that *Śrāvakayāna* was formerly classified as the "category that cannot be cured," as opposed to *Mahāyāna*, but later classified as "those who are certain of following the correct path," which is contradictory.

111) This term appears as '成熟' in the text in *ShMJ* (「攝受章」 T12 218b7-15: 又如大地持四重擔, 何等爲四? 一者大海, 二者諸山, 三者草木, 四者衆生. 如是攝受正法善男子善女人, 建立大地, 堪能荷負四種重任. 喩彼大地, 何等爲四? 謂離善知識無聞非法衆生, 以人 · 天善根而成熟之, 求聲聞者, 授聲聞乘, 求緣覺者, 授緣覺乘, 求大乘者, 授以大乘, 是名攝受正法善男子善女人, 建立大地, 堪能荷負四種重任.) but it is read as '成就' in view of its corresponding SNST (ZhT68.754.14: sgrub

授緣覺乘. 求大乘者, 授以大乘."

又『大般若』五百九十三云, "若有情類, 於聲聞乘性決定者, 聞此法已, 速能證得自無漏地, 於獨覺乘性決定者, 聞此法已, 速依自乘而得出離, 於無上乘性決定者, 聞此法已, 速證無上正等菩提. 若有情類, 雖未證入正性離生而於三乘不定者, 聞此法已, 皆發無上正等覺心." 『十輪〈地〉經〈論〉112)』第九意同『大般若』.

依『菩薩地持』第二〈三〉113)卷云, "人成就〈熟〉114)者, 略記〈說〉115)四種, 有聲聞種性, 以聲聞乘而成就〈熟〉之; 有緣覺種性, 以緣覺乘而成就〈熟〉之; 有佛種性, 以無上大乘而成就〈熟〉之; 無種性者, 則以善趣而成就〈熟〉之."【『瑜伽』三十七亦同『地持』.】

又『瑜伽論』第二卷云, "無涅槃法者, 便闕三乘菩提種子." 又『瑜伽』六十七云, "住無種性人, 是名畢竟無般涅槃法, 乃至廣說." 又五十二云, "若於通達真如所緣緣中有畢竟障種子(者)116), 建立不般涅槃種性補特伽羅, 若不爾者, 建立為般涅槃法種性補特伽羅."

---

tu gṣug pa). I have decided not to correct this term because reading it as such does not distort the meaning of the term.

112) Taking into consideration the context and SNST (ZhT68.755.6: ḥphags pa sa bcuḥi mdoḥi hgrel pa las kyaṅ phal cher ḥdi daṅ mthun par bśad do), Chinese characters '輪' and '經' should be corrected as '地' and '論', respectively.

113) Taking into consideration that this sentence appears in vol. 3 rather than vol. 2 of *DChJ* (vol. 3, 「方便處成熟品」 T30 900a7-8, … a16-21: 云何成熟? 略說有六種, 一者自性成熟, 二者人成熟, … 人成熟者, **略說**四種, 有聲聞種性, 以聲聞乘而成熟之, 有緣覺種性, 以緣覺乘而成熟之, 有佛種性, 以無上大乘而成熟之, 無種性者, 則以善趣而成熟之, 如是四種人諸佛菩薩, 以此四事而成熟之.), Chinese character '二' must be a writing error for '三'.

114) Taking into consideration *DChJ* (ft.113, underlined part) and SNST that corresponds to '成就' (ZhT68.755.8, 10, 11, 12, 13: yoṅs su smin par bya ba), Chinese character '就' must be a writing error for '熟'.

115) Taking into consideration *DChJ* (ft.113, bold letter) and SNST (ZhT68.755.8-9: gaṅ zag de dag yoṅs su smin par bya ba ni mdor bsdu na rnam pa bṣi yod de/), Chinese character '記' must be a writing error for '說'.

116) Taking into consideration *YJL* (vol. 52, 「攝決擇分 · 五識身相應地意地」 T30 589a17-28: 問. 若非習氣積集種子所生者, 何因緣故, 建立三種般涅槃法種性差別補特伽羅, 及建立不般涅槃法種性補特伽羅? 所以者何? 一切皆有眞如所緣緣故. 答. 由有障 · 無障差別故. 若於通達眞如所緣緣中有畢竟障種子**者**, 建立爲不般涅槃法種性補特伽羅, 若不爾者, 建立爲般涅槃法種性補特伽羅. 若有畢竟所知障種子布在所依, 非煩惱障種子者, 於彼一分建立聲聞種性補特伽羅, 一分建立獨覺種性補特伽羅, 若不爾者, 建立如來種性補特伽羅. 是故無過.) and SNST (ZhT68.755.18-19: gaṅ dag la de bṣin ñid la dmigs paḥi rkyen rtogs par bya ba la btan du sgrib paḥi sa bon yod pa de dag

又『莊嚴論』第一卷云, "無性有二, 一時邊無般涅槃, 二畢竟無般涅槃. 時邊無般涅槃法有四, 一者一向行惡行, 二者普斷諸善法, 三者無解脫分善根, 四者善因少不具足. 畢竟無涅槃法者, (謂)[117]以無因故無般涅槃性, 但求生死, 不求涅槃人."

又梁朝『攝論』第十四云, "彼〈被〉[118]障因不具 一切衆生界/ 住二種定中 諸佛無自在//" 天親釋曰, "衆生無涅槃性, 名'因不具'. 諸佛於此位中不能令般涅槃, 神通[119]亦無自在, 諸〈謂〉貪著生死, 不信樂大乘."

又大唐『攝論』云, "有情界周遍 具障而闕因/ 二種決定轉【[造業·受果二種決定.][120]】諸佛無自在//" 世親『釋論』第十卷云, "若諸有情界[121]無涅槃法, 名為'闕因'. 此意說, 彼無

---

ni), Chinese character '者' should be added.

117) Taking into consideration the classical Chinese grammar (lack in verb), *ZhYL* (vol. 1, 「種性品」 T31 595a21-29: 次分別無性位, 偈曰: 一向行惡行 普斷諸白法/ 無有解脫分 善少亦無因// 釋曰. 無般涅槃法者, 是無性位, 此略有二種, 一者時邊般涅槃法, 二者畢竟無涅槃法. 時邊般涅槃法者有四種人, 一者一向行惡行, 二者普斷諸善法, 三者無解脫分善根, 四者善根不具足. 畢竟無涅槃法者, 無因故彼無般涅槃性. **此謂**但求生死不樂涅槃人.), and SNST (ZhT68.756.7-10: /gtan du mya ṅan las mi ḥdas baḥi chos can ni ḥdi ltar rgyu med paḥi phyir mya ṅan las ḥdas paḥi rigs med pa ste/ ḥkhor ba yoṅs su gñer ṣiṅ mya ṅan las ḥdas pa mi tshal baḥi gaṅ zag go ṣes bśad do/), Chinese character '謂' should be added.

118) Taking into consideration *P-ShLSh* (vol. 14, 「釋智差別勝相」 T31 261c12-20: 論曰: 被障因不具 一切衆生界/ 住二種定中 諸佛無自在// 論曰. **被**障因不具. 釋曰. 一切衆生若有業等諸障, 諸佛於此位中不能令彼般涅槃, 通慧由被障故不得自在. 若衆生無涅槃性, 名'因不具'. 諸佛於此位中不能令彼般涅槃, **通慧**亦無自在. 無涅槃性, **謂**貪著生死, 不信樂大乘.) and SNST that corresponds to '彼障' and '謂' (ZhT68.756.11, 17: sgrib daṅ bcas, ḥdi ltar), Chinese characters '彼' and '諸' must be a writing error for '被' and '謂', respectively.

119) In *P-ShLSh* (ft.118, bold letter) phrase '神通' is written as '通慧', but SNST (ZhT68.756.17: rdsu ḥphrul gyis mṅaḥ dbaṅ mdsad par mi spyod) corresponds to extant ZZ.

120) This intratextual note is likely to be added based on Chinese sentence ('二種決定轉者' onward) of *X-ShLSh* (vol. 10, 「彼果智分」 T31 376a15-18 ··· 376b2-18: 有情界周遍 具障而闕因/ 二種決定轉 諸佛無自在// ··· 釋曰. 今當顯示若諸菩薩念佛法身由七種念應修其念. 於一切法得自在轉者, 由得神通於一切法自在而轉, 以諸如來於一切世界得無礙神通, 非如聲聞等猶有障礙故. 若諸如來於一切法自在而轉, 何故一切有情之類不得涅槃? 故今一頌顯由此因諸有情類不能證得究竟涅槃. 有情界周遍具障而闕因者, 謂諸有情有業等障, 名爲具障. 由具障故, 雖無量佛出現於世, 不能令彼得般涅槃, 諸佛於彼無有自在. **若諸有情**無涅槃法, 名爲'闕因'. 此意說, 彼無涅槃因無種性故, 諸佛於彼無有自在. 二種決定轉者, 決定有二種, 一作業決定, 二受異熟決定, 當知此中說名決定, 諸佛於此二決定中無有自在, 頑愚等身, 名異熟障決定, 當墮那落迦等, 名受異熟決定.)

121) *X-ShLSh* (ft.120, bold letter) does not contain the Chinese character '界', but SNST

涅槃因無種姓故, 諸佛於彼無有自在." 又『大業論』亦同此意.

又無性云, "謂具煩惱 · 業 · 異熟障, 故名'具障'. 無涅槃因無種姓故, 名為'闕因'. 諸佛於上所說有情皆無自在令得涅槃." 廣說如彼.

依『佛地論』, 有五種姓, 義如常說, 乃至彼云, "第五種姓無有【出世】功德因故, 畢竟無有滅度之期."

又『十地論』第十一云, "邪定聚名無般涅槃性."

C) Certification of Their Arguments after Canonical Evidence

ZZ21 270c12; WX34 780b5-6:

准此等文, 無性有情無涅槃因, 定性二乘必不成佛.

(4) Resolution of Canonical Evidence Given by Paramārtha Lineage Thinkers from the Standpoint of Xuanzang Lineage Thinkers as Re-interpreted through Woncheuk's Eyes.

A) Resolution (1): Re-interpretation of "One Vehicle" in Phrases of Scriptures Used by Paramārtha Lineage Thinkers to Support Their Argument as Mentioned Above from a Hermeneutical Framework of "Buddha-Nature as Truth" (理性) and "Buddha-Nature for Practice" (行性)

a. Question: What Does "One Vehicle" Mean? How Can We Understand Buddha's Teachings Supported by Paramārtha Lineage Thinkers as Mentioned Above If Sentient Beings without Buddha-Nature Have No Potentiality of *Nirvāṇa*, and Both *Śrāvaka* and *Pratyekabuddha* Belonging to Definite Categories Can Never Attain Buddhahood?

ZZ21 270c13; WX34 780b6-7:

若爾, 如何說為一乘? 前所引教如何會釋?

(ZhT68.757.1-2: sems can gyi khams na) does.

b. Re-interpretation of Phrases in *NPJ* and *BXL* Mentioned Above

ZZ21 270c13-20; WX34 780b7-14:

解云, 如『涅槃』云, "善男子! 我者即是如來藏義. 又一切衆生悉有佛性, 常住無有變易." 又『寶性論』第一卷云, "問. 云何得知一切衆生有如來藏? 答. 依一切諸佛平等法性身知一切衆生皆有如來藏." 如此等文皆是真如法身佛性, 此即五性皆有佛性.

又『涅槃』云'譬如有人, 乃至定當得故'者, 如此等教皆是行性. 定當得故, 約不定姓少分而說.

c. Re-interpretation of a Phrase from *FHJ* Mentioned Above

ZZ21 270c20-271a16; WX34 780b14-781a16:

c.-1: Proposing a Phrase

又『法華經』云'十方佛土中 唯有一乘法/ 無二亦無三 除佛方便說//'者, 釋此『經』文, 諸說不同.

c.-2: Presentation of Three Traditional Interpretations

羅什等云 "言'無二'者, 無聲聞 · 緣覺, '無三'者, 無聲聞 · 緣覺及大乘中偏行六度【獨善】菩薩"

復有人云, "言'無二'者, 謂無第二, 即是緣覺, 言'無三'者, 謂無第三, 聲聞乘也."

一云, "此前兩解唯(立)[122]因乘, 仍見佛乘有極果性, '不故〈故不〉破焉."

c.-3: Presentation of Two Interpretations of the Times

今者正判'無二' · '無三', 約佛三身以顯此義.

所言'無二', 唯有如來報佛一乘, 無彼聲聞 · 緣覺二乘. 『勝鬘經』云, "聲聞 · 緣覺乘皆入大乘者, 即是佛乘." 『法華經』云, "唯此一事實, 餘二則非真."

---

122) Taking into consideration the context and SNST (ZhT68.759.3-6: /kha cig na re sṅa maḥi bśad pa ḥdi gñis ni rgyuḥi theg pa rnam par gsag pa yin gyi/ saṅs rgyas kyi theg pa la ni mthar phyin paḥi ḥbras buḥi ṅo bo ñid du ma* mthoṅ bas gṣig paḥi thugs ma thub po〈pa〉** ṣeḥo/ **ma* should be deleted according to P. N., and ***po* should be changed to *pa* as it is a predicate of *ma*), the sentence should be revised as above.

所言'無三', 唯有如來法身一乘, 而無聲聞 · 緣覺及佛三乘. 『攝大乘』云, "菩薩未入二地, 生如是想, 謂三乘人三行差別, 迷一乘理." 『法華經』云, "尚無二乘, 何況有三?" 『涅槃』云, "如來 · 聲聞 · 緣覺同一佛性, 同一無漏."

c.-4: Woncheuk's Comment on the Two Interpretations of His Time

前破二皈一, 是破小入大, 後破三皈一, 是泯事歸理. 雖有三〈二〉[123)]釋, 第二為正. 故『法華論』末云, "第二「方便品」示現破二明一."【[或有本云'破三明一', 然諸本中多云'破二明一'.]】 又『華嚴經』第十二 · 十八 · 第六十等皆云, "無二乘之名." 又『法華經』第三卷云, "世間無有二乘而得滅度, 唯一佛乘得滅度耳." 又云, "唯有一佛乘, 息處故說二."

B) Textual Criticism of *P-ShLSh*

ZZ21 271a16-17; WX34 781a16-17:

梁『攝論』云'信等五根不名定根等' 者, 大業 · 大唐二本『攝論』皆無此言, 故不可依.

C) Resolution (2): Re-interpretation of *Nirvāṇa* in the Phrases of Scriptures Used by Paramārtha Lineage Thinkers to Support Their Argument as Mentioned Above from a Hermeneutical Framework of Preaching "as Efficacious Means" (方便) vs. "in Actuality" (實), and Lacking the Potentiality of *Nirvāṇa* "at the Present Time" (暫時, *tat-kāla*) vs. "Absolutely" (畢竟, *atyantam*): *Nirvaṇa* Preached by Buddha as Efficacious Means for Leading *Hīnayāna* practitioners to *Mahāyāna* Is Not the Real Ultimate *Nirvāṇa* of Buddha.

ZZ21 271a17-271c16; WX34 781a17-782b10:

a. Re-interpretation of Phrases in *ZhDL* Mentioned Above

『智度論』云'若不任入涅槃者, 著人 · 天福樂中, 作涅槃因緣' 者, 人 · 天樂〈乘〉[124)]中,

---

123) Taking into consideration the context and SNST (ZhT68.760.8: de ltar rnam pa gñis su bśad pa yod kyaṅ), Chinese character '三' must be a writing error for '二'.

124) Taking into consideration the context, the classical Chinese grammar, and SNST

自有二種, 一者畢竟無涅槃性, 但以人 · 天(乘)而成就〈熟〉之, 二者暫時無涅槃性, (以)人 · 天(乘而)成就〈熟〉(之), 作涅槃因. 雖有二種, 彼『論』且依暫時無性一邊而說. 或可, 彼顯菩薩悲 · 願欲令盡無餘涅槃, 非悉一切皆入涅槃.

b. Re-interpretation of Phrases in *FHL* Mentioned Above

『法華論』云'決定增上二種聲聞, 根未熟故, 如(來)125)不與授記, 菩薩與授記者, 方便令發心故'者, 菩薩與授成佛之記, 為欲令彼於大乘中發信心故, 此即方便, 非實成佛.

c. Re-interpretation of Phrases in *FHJ* Mentioned Above

『法華經』云'是人雖生滅度之想, 入於涅槃, 而於餘國求佛智慧'者, 依『正法華』第四卷云, "一切志在無為之想, 謂當滅度, 甫當往至他佛世界." 又第三云, "臨欲滅度, 佛在前住, 誨以要法, 發菩薩意, 不在生死, 不住滅度, 解三界空" 【第四卷文意同此也. 此文既云'臨欲滅度,】 准此應知, 住無〈有〉126)餘依, 臨入無餘, 發菩提心, 非是已入而能發心. 釋通『智度』准此應知.

d. Re-interpretation of Phrases in *NPJ* Mentioned Above

又『涅槃』云'八萬劫住處'等者, 三藏釋云, "預流等位, 迴心向大, 受變易生, 行菩薩行, 至十信位, 住於八萬 · 六萬劫等, 名為'住處'." 真諦三藏『九識章』云, "問. 『大本』云'緣覺

(ZhT68.761.3-8: lha daṅ miḥi theg pa yaṅ rnam pa gñis ste/ daṅ po gtan du mya ṅan las ḥdas par mi ḥgyur ba gaṅ yin pa de dag ni lha daṅ miḥi **theg pa**s yoṅs su smin par mdsad do/ /gñis pa re ṣig tsam du mya ṅan las ḥdas paḥi rigs med pa gaṅ yin pa de dag ni lha daṅ miḥi **theg pas** yoṅs su smin par **mdsad nas**/ mya ṅan las ḥdas paḥi gyu sgrub tu gṣug par mdsad do ṣes zer te/), the sentence should be revised as above.

125) Taking into consideration *FHL* (vol. 2, 「方便品」 T26 9a15-20: 言聲聞人得授記者, 聲聞有四種, 一者決定, 二者增上慢, 三者退菩提, 四者應化聲聞. 二種聲聞如來與授記, 謂應化聲聞 · 退已還發菩提心者. 決定 · 增上二種聲聞, 根未熟故, 如來不與授記. 菩薩與授記者, 方便令發心故.), Chinese character '來' should be added.

126) Taking into consideration the context and SNST (ZhT68.762.10-11: lhag ma daṅ bcas paḥi mya ṅan las ḥdas pa la gnas nas/ lhag ma med paḥi mya ṅan las ḥdas par ḥjug paḥi tshe), Chinese character '無' must be a writing error for '有'.

十千劫到.' 到何位? 是何宗? 答. 此是客〈究〉[127]宗, 意除三界〈乘〉(人執)[128], 或迴心學大乘, 入十信信[129]法如如." 准知, 真諦亦說十信為所到處.

e. The Real Meaning of *Nirvāṇa* in Scriptures Mentioned Above: Buddha's Teachings as an Efficacious Means for Leading *Hīnayāna* Practitioners to *Mahāyāna*

問. 若爾, 如何說為'涅槃'?

答. 佛依迴心向大聲聞以火燒身示現涅槃說為'涅槃', 非實涅槃. 此如『瑜伽論』第八十云, "彼既如是增壽行已, 留有根身, 別作化身, 同法者前方便示現於無餘涅槃界而(般)[130]涅槃. 由此因緣皆作是念, '其[131]名尊者於無餘依涅槃界已般涅槃.' 彼以所留有根實身, 即於此界贍部洲中, 隨其所樂, 遠離而住, 一切諸天尚不能睹, 何況其餘衆生能見?" 此意說云, 為除疑情, 同法者前示現入於無餘涅槃, 故名'涅槃', 非彼實任〈住〉[132]無餘涅槃.

---

127) Taking into consideration the context and SNST (ZhT68.763.2-3: ḥdi ni mthar phyin paḥi grub paḥi mthaḥ ste), Chinese character '客' seems to be a writing error for '究'.

128) Taking into consideration the context, SNST (ZhT68.763.3: theg pa pa gsum du ḥdsin pa gsal bar dgoṅs paḥo/), and Chinese writers' preference for phrases with even number characters, the sentence should be revised as above.

129) Taking into consideration the context and SNST (ZhT68.763.4-5: dad pa bcuḥi chos de bṣin ñid la ḥjug par ḥgyur ro), Chinese character '信' must be superfluous.

130) Taking into consideration *YJL* (vol. 80, 「攝決擇分 · 有餘依及無餘依二地」 T30 749a10-28: 問. 若唯住有餘依涅槃界中能發趣阿耨多羅三藐三菩提者, 云何但由一生便能證得阿耨多羅三藐三菩提耶? 所以者何? 阿羅漢等尙當無有所餘一生, 何況當有多生相續? 答. 由彼要當增諸壽行, 方能成辦. 世尊多分依此迴向菩提聲聞, 密意說言, '物類善男子! 若有善修四神足已, 能住一劫或餘一劫.' 餘一劫者, 此中意說, 過於一劫. 彼雖如是增益壽行, 能發趣阿耨多羅三藐三菩提, 而所修行極成遲鈍, 樂涅槃故, 不如初心始業菩薩, 彼既如是增壽行已, 留有根身, 別作化身, 同法者前方便示現, 於無餘依般涅槃界, 而般涅槃. 由此因緣皆作是念, '**某**名尊者, 於無餘依般涅槃界已般涅槃.' 彼以所留有根實身, 卽於此界贍部洲中, 隨其所樂遠離而住, 一切諸天尙不能睹, 何況其餘衆生能見? 彼於涅槃多樂住故, 於遍遊行彼彼世界, 親近供養佛菩薩中, 及於修習菩提資糧諸聖道中.) and SNST (ZhT68.763.14: yoṅs su mya ṅan las ḥdas pa), Chinese character '般' should be added.

131) In *YJL* (ft.130, bold letter), Chinese character '其' is written as '某', but SNST (ZhT68.763.15: btsun pa miṅ ḥdi ṣes bya ba de ni) corresponds to extant ZZ.

132) Taking into consideration the context and SNST (ZhT68.764.1-2: de yaṅ dag paḥi lhag ma med paḥi mya ṅan las ḥdas pa la gnas pa ni ma yin no ṣes bstan par ḥgyur ro), Chinese

或可, 諸佛 · 菩薩化入無餘, 為引攝一類, 及任持所餘, 顯彼二果非究竟. 如『首楞嚴三昧經』云, “舍利弗! 菩薩[133]如是以辟支佛乘入於涅槃, 而不永滅, 乃至廣說.”

f. Re-interpretation of the Pleasure of *Samādhi* (三昧樂) in *RLJJ* Mentioned Above

『楞伽』第二 · 第四所說‘三昧樂’門者, 謂預流等迴心向大, 令身久住, 依邊際定, 資有漏業, 受變易生, 經八萬劫, 或六萬等, 至十信位, 即說彼定名‘三昧樂’, 而非已住無餘涅槃名為‘三昧’. 由此理 · 教言‘八萬劫乃至十千劫’.

g. Re-interpretation of the Abiding (住處, *pratiṣṭhita*) in *NPJ* Mentioned Above

‘住處’者, 即非已入無餘涅槃而沒〈始〉[134]癈〈發〉趣. 故『瑜伽』第八十云, “問. 回向菩提聲聞為住無餘依涅槃界中能發趣阿耨多羅三藐三菩提耶? 為住有餘依涅槃界耶? 答. 唯住有餘依涅槃界中可有此事. 所以者何? 以無餘依涅槃界中, 遠離一切發趣事業, 一切功用皆悉止息.” 又云, “問. 於無餘依涅槃界中所得轉依, 當言何相? 答. 無戲論相, 又善清淨法界為相.” 又『解深密經』第四〈三〉[135]及『深密解脫』皆云, “於無餘依涅槃界中, 一切諸受無餘永滅.” 廣說如『經』.

---

character ‘任’ must be a writing error for ‘住’.

133) Taking into consideration *LYJ* (vol. 2, T15 642c10-14: “如是舍利弗! 我於爾時, 滿一小劫三百六十億世, 作辟支佛身, 示入涅槃, 於諸大城一一皆以辟支佛乘度脫三十六億衆生. 舍利弗! 菩薩如是以辟支佛乘入於涅槃, 而不永滅.” 文殊師利說是語時, …), SNST (ZhT68.764. 6-9: dpaḥ bar ḥgro baḥi riṅ ṅe ḥdsin gyi mdo las ji skad du/ byaṅ chub sems dpaḥ śā riḥi bu (raṅ)* saṅs rgyas kyi theg pa ltar yoṅs su mya ṅan las ḥdas pa gaṅ yin pa de ni gtan du mya ṅan las ḥdas pa ma yin no ṣes gsuṅs pa lta bu ste/ rgya cher de ñid las bstan pa bṣin no/ **raṅ* should be added to correspond to ‘辟支佛乘’.) misreads ‘舍利弗! 菩薩如是’ as ‘舍利弗菩薩如是’.

134) Taking into consideration the context and SNST (ZhT68.764.19-20: /gnas pa ṣes bya ba yaṅ lhag ma med paḥi mya ṅan las ḥdas par ṣugs nas gdod rtsol ba yaṅ ma yin te/), Chinese characters ‘沒’ and ‘癈’ must be a writing error for ‘始’ and ‘發’, respectively.

135) Taking into consideration that this sentence appears in vol. 3 rather than vol. 4 of *JShMJTJ* (vol. 3, 「分別瑜伽品」 T16 702c24-25 … 703a7-9: 世尊, “如世尊說, 於無餘依涅槃界中, 一切諸受無餘永滅.” … 又二種受一切已滅, 唯現領受明觸生受, 於無餘依涅槃界中, 般涅槃時此亦永滅. 是故說言, 於無餘依涅槃界中, 一切諸受無餘永滅.), Chinese character ‘四’ must be a writing error for ‘三’.

D) Meaningful Argument of Xuanzang Lineage Thinkers after Resolution (1),

(2) Accepted by Woncheuk: It Is Not True to Say that There Is No Difference Among "Three Vehicle Practitioners."

ZZ21 271c16; WX34 782b10:

是故三乘非無差別.

5) Presentation of Two Opposing Views on the Relationship between "One Vehicle" and "Three Vehicle" Teachings in Scriptures in Terms of Metaphor vs. True Intention

ZZ21 271c16-272a5; WX34 782b10-783a5:

辨假 · 實者, 諸教不同.

有處, 實說一乘, 假說三乘. 如『法華經』云, "十方佛土中 唯有一乘法/ 無二亦無三 除佛方便說//" 又云, "唯此一事實, 餘二則非真." 又『勝鬘』云, "聲聞 · 緣覺皆入大乘." 又『涅槃經』第二十五云, "一切衆生皆歸一道, 一道者謂大乘也. 諸佛菩薩為衆生故分之為三等."

有處, 實說三乘, 假說一乘. 如即此『經』第二卷云, "一切聲聞 · 獨覺 · 菩薩皆共此一妙清淨道等". 又第四卷云, "如世尊說, 若聲聞乘, 若復大乘, 唯是一乘, 此何密意等?". 又『出生菩薩〈提〉[136]心經』(云)[137], "爾時迦葉波羅門白佛言, "世尊! 解脫解脫有差別不?" 佛言, "解脫於解脫無有差別, 道於道無有差別, 乘於乘而有差別. 譬如王路, 有象轝者, 有馬轝者, 有驢轝者等, 次第行於彼路, 同至一城."" 如是等教誠證非一.

---

136) Taking into consideration the context and *PTXJ*(『佛說出生菩提心經』 T17 893c1-9: <u>爾時迦葉婆羅門白佛言, "世尊! 解脫解脫有差別不?" 佛言, "婆羅門! 解脫於解脫無有差別, 道於道無有差別, 乘於乘而有差別, 譬如王路有象輿者, 有馬輿者, 有驢輿者, 彼等次第行於彼路, 同至一城</u>. 婆羅門! 於汝意云何? 如是等乘有差別不?" 婆羅門言, "大德世尊! 然彼諸乘實有差別." 佛言, "如是如是婆羅門! 聲聞乘, 辟支佛乘, 阿耨多羅三藐三菩提乘有差別, 道與解脫無有差別. …"), Chinese character '薩' must be a writing error for '提'.

137) Taking into consideration the classical Chinese grammar and SNST (ZhT68.767.5: <u>ses gsuṅs pa</u> lta buḥo), Chinese character '云' should be added.

(6) Presenting Various Intentions of "One Vehicle" as Preached by Buddha

ZZ21 272a6; WX34 783a5-6:

然說一乘, 意趣不同, 故諸聖教種種有異.

A) Sixfold Causes of "One Vehicle" Preaching Presented in *XYL*

ZZ21 272a7-17; WX34 783a6-16:

若依『顯揚』第二十卷, 以六因釋說一乘意. 故彼『論』云, "問. 何以故如來宣說一乘? 答. 由六因故. 一即彼諸法約無差別相故.【[故〈此〉[138]約所證一味真如無差別故.]】二約無分別行相故.【[此約能證平等智說, 意同此『經』'道一故說一乘', 此上一義『攝論』所無.]】三眾生無我及法無我平等故.【[此依二種無我故說一乘, 此即『攝論』'法等'·'無我等'合為第三.]】四解脫平等故, 謂差別求者, 有事·虛妄分別煩惱對治·所緣法性不相違故[139].【[此當『攝論』'解脫平等'. '差別求'者, 舉能證人, 三乘不同, 名'差別求'. '有事煩惱'者, 即修所斷, '虛妄分別煩惱'者, 即見所斷, 能斷二惑見·修二道名為'對治', 所證解脫名'所緣法性'. 此意說云, 能求三乘雖有差別, 而見·修所證涅槃無差別故, 名不相違也.]】五善能變化主〈住〉[140]故.【[此即『攝論』'依變化故說為一乘'.]】六行究竟故.【[此同『攝

---

138) Taking into consideration the classical Chinese grammar (lack in subjective) and the conformity with next intratextual notes ('此 …'), Chinese character '故' should be corrected as '此'.

139) Taking into consideration *X-JShL* (vol. 25, 「分別賢聖品」 T29 129c27-130a9: 見所斷惑, 計有我等非諸諦境, 有我等相. 以無事故, 與修斷別, 謂於色等所緣境中, 我見妄增, 作者受者自在而轉, 非實我性, 邊執見等隨此而生, 故並說為依無事惑. 若修所斷貪瞋慢癡, 色等境中, 唯起染著, 增背高舉, 不了行轉故, 並說為依<u>**有事惑**</u>. 又見斷惑, 於諦理中, 執我我所斷常見等非諦中有少我等事, 見斷貪等緣此而生, 是故皆名依<u>無事惑</u>. 修所斷惑, 於色等中, 謂好醜等, 然色等境非無少分好醜等別, 是故可名依有事惑. 又見斷惑迷諦理起, 名依無事, 修所斷惑迷麤事生, 名依有事.) and intratextual note that follows ('**有事煩惱**'者, 即修所斷, '虛妄分別煩惱'者, 即見所斷, …), the equivalent sentential phrases in SNST of "謂差別求者 ~ 不相違故" (ZhT68.767.15-17: ḥdi ltar sgrub pa tha dad pa dag la <u>**dṅos po** daṅ yaṅ dag pa ma yin pa rnam par rtog paḥ**i ñon moṅs pa**</u> <u>**yod**</u> kyaṅ gñen po daṅ dmigs par bya baḥi chos ñid mi mthun pa med pa ñid kyi phyir daṅ/) must be misreading. Chos grub interprets '有' as a verb taking both '事煩惱' and '虛妄分別煩惱' as its objects.

140) Taking into consideration *XYL* (vol. 20, 「攝勝決擇品」 T31 581b20-25: 問. 何故如來宣說一乘? 答. 由六因故, 一即彼諸法約無差別相說*故, 二約無分別行相說*故, 三眾生無我及法無我平等故, 四解脫平等故, 謂差別求者, 有事·虛妄分別煩惱對治·所緣法性不相違故, 五善能變化<u>住</u>故, 六行究竟故. *'說' is omitted in *WChS*.) and SNST (ZhT68.767.17-18: śin tu legs par sprul nas <u>gnas</u>

論』'究竟(故)[141]說一乘'.]】"

B) Tenfold Meaning of "One Vehicle" Preaching Presented in *X-ShL*

ZZ21 272a17-272c24; WX34 783a16-784b18:

a. Proposing a Stanza in *ZhYL* of Asaṅga

依『莊嚴論』, 以十種義以釋(說)[142]一乘.【其『莊嚴論』, 頌是慈氏, 釋即世親, 共成一部.[143][舊相傳云'無著菩薩造'者, 謬也.]】然彼『論』中, 先以八義釋諸『經』中佛說一乘, 後以引攝·任持二義釋諸如來說一乘意. 故彼『論』云, "如是處處『經』中, 以此八意佛說一乘, 而亦不無三乘. 問. 若爾, 復有何義, 以彼(彼)[144]意而說一乘? 偈曰: 引接諸聲聞 攝住諸菩

---

paḥi phyir daṅ), Chinese character '主' must be a writing error for '住'.

141) Taking into consideration the classical Chinese grammar ('adverb phrase that indicates the cause 究竟故' + 'verb 說') and the consistency with a phrase '究竟故' in *X-ShLSh*, Chinese character '故' should be added.

142) Taking into consideration the classical Chinese grammar (repetitive '以') and SNST (ZhT68.767.18-20: /bstan bcos mdo sdeḥi rgyan daṅ (sbyar na)*/ rnam pa bcuḥi phyir theg pa gcig tu gsuṅs par ston te/ **sbyar* na should be added in order to correspond with '依'.), the sentence should be revised as above.

143) This phrase maybe have originally been an intratextual note which has been added after Chos grub but in later generations became part of the main sentence in consideration of the fact that its counterpart does not appear in SNST.

144) Taking into consideration *ZhYL* (vol. 5, 「述求品」 T31 615b3-615c1: 次說求一乘, 偈曰: 法無我解脫　同故性別故/ 得二意變化　究竟說一乘// 釋曰. 此中八意佛說一乘. 一者法同故, 謂聲聞等人無別法界, 由所趣同故, 故說一乘. 二者無我同故, 謂聲聞等人同無我體, 由趣者同故, 故說一乘. 三者解脫同故, 謂聲聞等人同滅惑障, 由出離同故, 故說一乘. 四者性別故, 謂不定三乘性人引入大乘, 故說一乘. 五者諸佛得同自意故, 謂諸佛得如此意如我所得, 一切衆生亦同我得, 由此意故, 故說一乘. 六者聲聞得作佛意故, 謂諸聲聞昔行大菩提聚時有定作佛性, 彼時佛加故勝攝故, 得自知作佛意, 由此人前後相續無別, 故說一乘. 七者變化故, 謂佛示現聲聞而般涅槃爲教化故, 如佛自說, 我無量無數以聲聞乘示現涅槃, 由離此方便更無方便化小根人入大乘故, 理實唯一故說一乘. 八者究竟故, 謂至佛體無復去處, 故說一乘. 如是處處經中, 以此八意佛說一乘, 而亦不無三乘. 問. 若爾, 復有何義, 以彼彼意而說一乘? 偈曰: 引接諸聲聞　攝住諸菩薩/ 於此二不定　諸佛說一乘// 釋曰. 彼彼意有二義, 一爲引接諸聲聞故, 二爲攝住諸菩薩故, 若諸聲聞於自乘性不定, 佛爲引接彼人令入大乘, 故說一乘, 若諸菩薩於自乘性不定, 佛爲攝住彼人令不退大乘故說一乘.) and its Sanskrit counterpart (Lévi 1907. Tome I, 69: kiṃ arthaṃ punar tena tena abhiprāyeṇa ekayānatā buddhaiḥ deśitā), Chinese character '彼' should be added.

薩/ 於此二不定 諸佛說一乘//" 廣說如彼.

b. Asaṅga's Interpretation of the Above Verse in *ZhYL* through Two Verses in *X-ShL*

後無著菩薩造『攝大乘論』, 引『莊嚴』頌, 以明十義, 後世親 · 無性各造『釋論』, 以釋十義. 故無著菩薩『攝大乘論』云, "論曰. 若此功德圓滿相應諸佛法身, 不與聲聞 · 獨覺乘共, 以何意趣佛說一乘? 此中有二頌: 為引攝一類 及任持所餘/ 由不定種姓 諸佛說一乘// 法無我解脫 等故姓不同/ 得二意樂化 究竟說一乘//"

c. Vasubandhu's Interpretation of Asaṅga's Two Verses Above in *X-ShLSh*

c-1. Final Intention of Preaching "One Vehicle": Leading Indefinite Category of Practitioners (不定種性, *aniyata-gotra*) to *Mahāyāna*

『世親說云[145]釋』曰, "此中二頌辨諸佛說一乘意趣. '為引攝一類' 者, 謂為引攝不定種姓聲聞等令趣大乘, 云何當令不定種姓諸聲聞等皆由大乘而般涅槃. '及任持所餘' 者, 謂為任持不定種姓諸菩薩眾令住大乘, 云何當令不定種姓諸菩薩眾不捨大乘, 勿聲聞乘而般涅槃. 為此義故佛說一乘. '由不定等' 句義已說, '法' · '無我' · '解脫', 乃至廣說.[146]

c-1-1. Textual Criticism of *P-ShL* and *P-ShLSh*

[已上二義, 【『大業』及】『無性』 · 『莊嚴論』亦同, 『梁論』意別. 故彼『論』本頌云, "未定姓聲聞 及諸餘菩薩/ 於大乘引攝 定姓說一乘//" 釋曰, "有諸聲聞等, 於大[147]乘根 · 姓未定, 攝〈欲〉[148]引令信受大乘, 攝

145) Taking into consideration the classical Chinese grammar and SNST SNST(ZhT68.769.1-3 … 16: **slob dpon dbyig gñen gyis mdsad paḥi ḥgrel pa** las/ ḥdir tshigs su bcad pa gñis kyis saṅs rgyas rnams theg pa gcig tu gsuṅs paḥi dgoṅs pa rnam par ḥbyed de/ … ṣes ḥbyuṅ ste/), Chinese phrase '說云' must be superfluous.

146) The equivalent sentential phrases in SNST of "由不定 ~ 廣說" (ZhT68.769.13-14: /ma ṅes pa la sogs paḥi tshig daṅ/ don gyi dbaṅ gis chos daṅ bdag med pa daṅ/ rnam par grol baḥi bar du rgya cher gsuṅs pa yin no ṣes ḥbyuṅ ste/) seems to be misreading and does not make sense.

147) Chinese character '大' is written as '小' in the text in *P-ShLSh* (vol. 15, 「釋智差別勝相」 T31

令修行大乘, 乃至佛說一乘, 引攝令入住大乘. 有諸菩薩, 於大乘根·姓未定, 云何安立彼於大乘, 令不捨於大乘, 乃至佛說一乘, 引攝令入住大乘. 有諸菩薩, 於大乘根·性已定, 無退·異意, 為此菩薩故說一乘." 解云, 『本論』及『釋』(皆說)149), "佛為三人說為一乘, 前二未定, 第三已定." 諸『論』皆無, 故不可依也.]

c-2. Specific Intentions of Preaching "One Vehicle"

c-2-1. : The Identity of Dharma (法等)

此中復由別意趣力唯說一乘. 何別意趣? 謂'法等故'等.【[『梁論』(云)150), "為顯論〈說〉151)一乘意, 是故說「偈」, 前「偈」以了義說一乘, 後「偈」以秘密義說一乘."]】**'法等故'者, 法謂真如, 諸聲聞等同所歸趣, 所趣平等, 故說一乘.**

c-2-2. Identity of Selflessness in Person (無我等)

'無我等故'者, 謂聲聞等補特伽羅我皆無有, 由無我故, 此是聲聞, 此是菩薩, 不應道理. 由此無我平等意趣故說一乘.

265b22-c5: 論曰: 未定性聲聞 及諸餘菩薩/ 於大乘引攝 定性說一乘// 釋曰. 有諸聲聞等, 於小乘根·性未定, 欲引令信受大乘, 攝令修行大乘, *(謂未得令得, 已得令不退, 云何彼捨小乘道, 於大乘般涅槃. 佛爲此意故,) 佛說一乘, 引攝令入住大乘. 論曰. 及諸餘菩薩於大乘引攝. 釋曰. 有諸菩薩於大乘根·性未定, 云何安立彼於大乘, 令不捨大乘, *(於小乘般涅槃. 爲此意故,) 佛說一乘, 引攝令入住大乘. 論曰. 定性說一乘, 釋曰. 有諸菩薩, 於大乘根·性已定, 無退異意, 爲此菩薩故說一乘. *This part is omitted in *WChS.*), whereas its Tibetan translation would correspond to '大乘' (ZhT68.769.21-770.2: ñan thos la sogs pa gaṅ dag theg pa chen po la dbaṅ po daṅ/ rigs ṅes par ma gyur pa de dag). Both words are possible here in terms of meaning.

148) Taking into consideration *P-ShLSh* (ft.147, bold letter) and SNST (ZhT68. 769.21-770.2: ñan thos la sogs pa gaṅ dag theg pa chen po la dbaṅ po daṅ/ rigs ṅes par ma gyur pa de dag theg pa chen po la mos pa bskyed nas/ theg pa chen po sgrub tu gṣug pahi ched du), Chinese character '攝' should be corrected as '欲'.

149) Taking into consideration the classical Chinese grammar (lack in verb) and SNST (ZhT68.770.11-13: bstan bcos tshig leḥur byas pa daṅ/ ḥgrel pa gñis ka las kyaṅ de bṣin gśegs pa rnams gaṅ zag gsum gyi ched du theg pa gcig gsuṅs pa yin par ston to/), Chinese phrase '皆說' should be added.

150) It would be better to add Chinese character '云' because this is a direct quote from *P-ShLSh*.

151) Taking into consideration the context and *P-ShLSh* (T31 265b20-21: 論曰. 此中說偈. 釋曰. 爲顯說一乘意, 是故說偈, 前偈以了義說一乘, 後偈以密義說一乘.), Chinese character '論' must be a writing error for '說'.

c-2-3. Identity of Liberation (解脫等)

'解脫等故'者, 謂聲聞等於煩惱障同得解脫, 故說一乘, 如世尊言, "解脫解脫無有差別."【[已上三義諸『論』皆同.]】

c-2-4. The Differences in Category (姓不同)

'姓不同故'者, 種姓差別故, 以不定姓諸聲聞等亦當成佛, 由此意趣, 故說一乘.【[『大業』·『無性』意同此『論』, 『梁論』云, "有二乘人, 於自乘位根·性未同, 此人雖求二乘道, 未得二乘. 根·性未定故, 可轉作大乘根·性. 為化此人故說一乘." 若『莊嚴論』'引入大乘故說一乘'者, 意同『梁論』. 解云, 此意引攝不定, 即同第一'引攝一類', 與諸『論』異, 故不可依也.]】

c-2-5. Acquisition of the Twofold Aspirations (得二意樂)

'得二意樂故'者, 得二種意樂故. 一攝取平等意樂, 由此攝取一切有情言, '彼即是我, 我即是彼, 如是取已, 此既成佛, 彼亦成佛.' 由此意趣故說一乘.【[諸本大同, 然『梁論』云, "聲聞等人於一切眾生得平等意." 『無性』·『莊嚴』(云)[152], "諸佛於一切眾生得自體平等意." 『大業』·『唐本』不云'諸佛及聲聞等'也.]】 二法性平等意樂, 謂諸聲聞法華會上蒙佛授記, 得法性平等意樂. 未得法身, 由得如是平等意樂, 作如是思惟, '諸佛法性, 即我法性.'【[諸『論』皆同, 唯『莊嚴論』云, "聲聞得作佛意(故)[153], 謂諸聲聞昔行大菩提聚時, 有定作佛性, 彼時佛加故, 勝攝故, 得自知作佛意. 由此人前後相續無別, 故說一乘." 解云, 譯家不同, 不可會也.]】 復有別義, 謂彼眾中, 有諸菩薩, 與彼名同, 蒙佛授記, 由此法如平等意樂, 故說一乘.【[諸『論』皆同, 唯『莊嚴論』似無此段.]】

c-2-6.; Transformation (化)

言'化故'者, 謂佛化作聲聞乘等, 如世尊言, "我憶, 往昔無量百返依聲聞乘而般涅槃." 由此意趣故說一乘. 以聲聞乘所化有情由見此故得般涅槃, 故現此化.【[諸『論』皆同, 『梁論』

---

152) This sentence would be better off with the addition of '云', a verb that indicates quotation.

153) Taking into consideration the context and *ZhYL* (T31 615b14-17: 六者聲聞得作佛意故, 謂諸聲聞, 昔行大菩提聚時, 有定作佛性, 彼時佛加故, 勝攝故, 得自知作佛意, 由此人前後相續無別, 故說一乘.), Chinese character '故' should be added.

云, "復次佛化舍利弗等聲聞, 為其受記, 欲令已定根 · 性聲聞更練根性[154]為菩薩, 未得定根 · 性聲聞, 令直修佛道, 由佛道般涅槃." 餘本無也.]】

c-2-7.; Ultimacy (究竟)

'究竟故'者, 唯此一乘最為究竟, 過此更無餘勝乘故. 聲聞乘等有餘勝乘, 所謂佛乘, 由此意趣諸佛世尊宣說一乘.【[諸『本』皆同, 『大業本』云, "此即是一乘. 以究竟無有別趣故. 然有差別, 以聲聞乘等異於佛乘." 解云, 譯家不同.]】

(2)-2-1-4-1-3: Presenting that There Are Differences in "Three Vehicle Practitioners" [辨三乘差別]

(2)-2-1-4-1-3-1: Proclaiming that Sentient Beings Are Not the Same [標非一]

ZZ21 273a1-2; WX34 785a1-2:

非於一切有情界中無有種種有情性, 或鈍根性, 或中根性, 或利根性有情差別.

A. Topic and Division of the Sentence Above from *JShMJ*

ZZ21 273a3-4; WX34 785a3-4:

釋曰. 此即第三辨三乘差別. 文有二節, 初標非一, 後約根分三.

B. Meaning of "Not the Same" (1): Five Categories of Sentient Beings Are Different from Each Other.

ZZ21 273a4-10; WX34 785a4-10:

言非一者, 謂於一切有情數中非無五種種性差別. 言五姓者, 所謂三乘 · 不定 · 無性. 言無性者, 謂於身中無有三乘涅槃種性. 就有性中, 有其四種, 一聲聞種性, 謂於身中唯有聲聞涅槃種性, 二獨覺種性, 三菩薩種姓, 此二種姓唯同聲聞, 四不定種姓, 謂於身中具有三乘涅槃種姓, 而彼迴心定趣佛果. 由佛 · 菩薩大悲方便所攝受故.

---

154) Taking into consideration the context and *P-ShLSh* (T31 266a3-9: 復次佛化作舍利弗等聲聞, 爲其授記, 欲令已定根 · 性聲聞更練根爲菩薩, 未定根 · 性聲聞, 令直修佛道, 由佛道般涅槃, 如佛言曰, "我今覺了, 過去世中已經無量無數劫依聲聞乘般涅槃." 欲顯小乘非究竟處, 令其捨小求大故, 現爲此事, 由如此義故說一乘.), Chinese character '性' seems to be superfluous.

C. Presenting Threefold Views on Twofold *Gotras*, viz. Innate *Gotra* (性種性, *prakṛtistha-gotra*) and Cultivated *Gotra* (習種性, *samudānīta-gotra*) among Indian Yogacāra Masters

ZZ21 273a11-17; WX34 785a11-17:

然彼種姓自有二種, 一性種姓, 二習種姓. 釋此種姓, 西方諸師諸說不同.

一唯本非新, 如護月菩薩,【亦名月藏,】155) 彼立唯有法爾種子, 而無新熏.

【156)二唯新非本, 如難陀及勝軍等, 彼立唯有新熏種子, 而無法爾.

三亦本亦新, 如護法菩薩, 具立新熏 · 法爾二種, (法爾種)157)子為性種姓, 新所熏種為習種性. 若廣分別, 如『成唯識』第二卷. 如是五姓具如『別章』.

D. Meaning of "Not the Same" (2): Four Categories of Three Vehicles and Indefinite Practitioners Are Different from Each Other

ZZ21 273a18; WX34 785a17-18:

或可, 此云非一種姓者, 三乘 · 不定四性非一, 故言'種種'.

E. Identification of Different Gotras in Abilities ('鈍根性', '中根性', '利根性') of the Sentence Above from *JShMJ* as Three Vehicle Practitioners among Other Scriptures

ZZ21 273a19-21; WX34 785a18-b3:

約根分三者, 謂諸聖者, 隨根利 · 鈍, 有上 · 中 · 下, 故立三乘. 由此道理密意說一, 非無三乘故說一乘. [『深密解脫』意亦同此.]】

(2)-2-1-4-2: Presenting that *Śrāvaka* Practitioner Who Proceeds Solely Towards Peacefulness Never Attains Buddhahood [明趣寂聲聞定不成佛]

155) This phrase maybe have originally been an intratextual note which has been added after Chos grub but in later generations became part of the main sentence in consideration of the fact that its counterpart does not appear in SNST.

156) SNST, which correspond '二唯新非本' to '意亦同此', has been lost.

157) Taking into consideration the context and *WShL* (vol. 2, T31 48b7-11: 何謂大乘二種種姓? 一本性住種姓, 謂無始來依附本識法爾所得無漏法因, 二習所成種姓, 謂聞法界等流法已聞所成等熏習所成. 要具大乘此二種姓, 方能漸次悟入唯識.), Chinese phrase '法爾種' should be added.

(2)-2-1-4-2-1: Proclamation [標]

ZZ21 273a22-24; WX34 785b4-6:

善男子! 若有一向趣寂聲聞種性補特伽羅, 雖蒙諸佛施設種種勇猛加行方便化導, 終不能令當坐道場證得阿耨多羅三藐三菩提.

A. Sub-topics Related to '(2)-2-1-4-2', Topic and Meaning of the Sentence Above from *JShMJ*

ZZ21 273b1-3; WX34 785b7-9:

釋曰. 此下第二明趣寂聲聞定不成佛. 於中有四, 一標, 二徵, 三釋, 四結, 此即標也. 謂彼趣寂是定性故, 雖諸佛化, 定不成佛.

(2)-2-1-4-2-2: Counter-question [徵]

ZZ21 273b4; WX34 785b10:

何以故?

A. Topic of the Sentence Above from *JShMJ*

ZZ21 273b5; WX34 785b11:

釋曰. 此第二徵.

(2)-2-1-4-2-3: Explication [釋]

(2)-2-1-4-2-3-1: Proposing the Threefold Causes [總標三因]

ZZ21 273b6-7; WX34 785b12-13:

由彼本來唯有下劣種性故, 一向慈悲薄弱故, 一向怖畏眾苦故.

A. Sub-topics Related to '(2)-2-1-4-2-3', Topic and Meaning of the Sentence Above from *JShMJ*

ZZ21 273b8-16; WX34 785b14-786a4:

釋曰. 此第三釋. 於中有三, 初總標三因, 次牒前二因顯二過失, 後舉前二失釋不成佛,此即初也. 謂彼定性二乘種性皆是本來劣種性故, 此即總因, '一向慈悲薄弱故'者, 是獨覺障, '一向怖畏衆苦故'者, 此[158]是聲聞障. 故『無上依經』第一卷云, "有四種障, 一棄背大乘, 是闡提障; 執著我見, 是外道障; 厭畏疲極, 是聲聞障; 背利益他, 是緣覺障." 故知後二是二乘障. 理實, 二乘皆具二障, 『無上依經』具〈且〉[159]依相顯各說一障.

(2)-2-1-4-2-3-2: Presenting Twofold Defects [顯二過失]

ZZ21 273b17-18; WX34 786a5-6:

由彼一向慈悲薄弱, 是故一向棄背利益諸衆生事, 由彼一向怖畏衆苦, 是故一向棄背發起諸行所作.

A. Topic of the Sentence Above from *JShMJ*

ZZ21 273b19; WX34 786a7:

釋曰. 此即第二顯二過失. 如經可知.

(2)-2-1-4-2-3-3: Proclaiming that *Śrāvaka* Practitioner Who Proceeds Solely towards Peacefulness Never Attains Buddhahood [顯不成佛]

ZZ21 273b20-21; WX34 786a8-9:

我終不說, 一切〈向〉[160]棄背利益衆生事者, 一向棄背發起諸行所作(者)[161], 當坐道場能得阿耨多羅三藐三菩提

---

158) Taking into consideration the classical Chinese grammar, the correspondence to previous phrase '是獨覺障', Woncheuk's preference for phrases with even number characters, and SNST (ZhT68.774/19-20: /sdug bsṅal sna tshogs kyis śin tu ḥjigs paḥi phyir ses bya ba ni ñan thos kyi sgrib pa ste/), Chinese character '此' must be superfluous.

159) Taking into consideration the context and SNST (ZhT68.775.7-8: re ṣig mtshan ñid kyi dbaṅ du mdsad nas so soḥi sgib pa re re ṣig bstan pa yin no/), Chinese character '具' must be a writing error for '且'.

160) Chinese character '切' should be corrected as '向' according to *JShMJ* (T16 695a29) and SNST (ZhT68.775.13-14: ṅa ni nams kyaṅ sems can la phan ḥdogs paḥi bya ba la śin tu mi phyogs pa).

161) Chinese character '者' should be added according to *JShMJ* (T16 695b1).

A. Topic and Meaning of the Sentence Above from *JShMJ*

ZZ21 273b22-23; WX34 786a10-11:

釋曰. 第二〈三〉[162]顯不成佛. 由二過故, 終不說言'得成正覺'.

(2)-2-1-4-2-3-4: Conclusion [總結]

ZZ21 273b24; WX34 786a12:

是故說彼名為一向趣寂聲聞.

A. Topic of the Sentence Above from *JShMJ*

ZZ21 273c1; WX34 786a13:

釋曰. 第四總結. 可知.

(2)-2-1-4-3: Proclaiming that *Śrāvaka* Practitioner Who Evolves with Respect to Awakening Necessarily Attains Buddhahood [明回向聲聞定得成佛]

(2)-2-1-4-3-1: Proclamation [標]

ZZ21 273c2-3; WX34 786a14-15:

若回向菩提聲聞種性補特伽羅, 我亦異門說為菩薩.

A. Sub-topics Related to '(2)-2-1-4-3', Topic and Meaning of the Sentence Above from *JShMJ*

ZZ21 273c4-10; WX34 786a16-b4:

釋曰. 此下第三(明)[163]回向聲聞定得成佛. 於中有四, 一標, 二徵, 三釋, 四結, 此即標

---

162) Taking into consideration the conformity with topic previously presented (ZZ21 273b8 ff.: 釋曰. 此第三釋. 於中有三, 初 ... 次 ... 後舉前二失釋不成佛, ...), Chinese character '二' must be a writing error for '三'.

163) Taking into consideration the conformity with topic previously presented (ZZ21 268a24 ff.: 釋曰. 此下第四約三無性(觀)辨一乘義義. 於中有三, 初 ... 次 ... 後'若迴向'下明迴向聲聞定得成佛.) and (ZhT68.776.3-4: ṣes bya ba ḥdi man chad ni gsum pa yoṅs su ḥgyur baḥi ñan thos ṅes par saṅs rgyas su ḥgrub par ston to/), Chinese character '明' should be added. But it may be hypothesized that '明' that was included in the manuscript Chos grub read was later deleted

也. 謂回向聲聞即是『瑜伽』'五種姓'中'不定性'者, 或是漸·鈍〈頓〉[164]二菩薩中漸悟所攝. 彼定成佛故, 『法華』云'汝等所行是菩薩道', 皆依此中不定者說. 又『莊嚴論』第六卷云, "為對治不定障故, 大乘經說, '諸佛授記聲聞當得作佛', 及說'一乘更無第二.'"[165] 『雜集』十二亦同.

(2)-2-1-4-3-2: Counter-question [徵]

ZZ21 273c11; WX34 786b5:

何以故?

A. Topic of the Sentence Above from *JShMJ*

ZZ21 273c12; WX34 786b6:

釋曰. 此第二徵.

(2)-2-1-4-3-3: Explicating in Detail [廣釋]

ZZ21 273c13-14; WX34 786b7-8:

彼既解脫煩惱障已, 若蒙諸佛等覺悟時, 於所知障, 其心亦可當得解脫.

A. Topic and Meaning of the Sentence Above from *JShMJ*

ZZ21 273c15-16; WX34 786b9-10:

---

for the sake of convenient recitation because of the fact that the number of Chinese characters in the sentence of the extant edition are even.

164) Taking into consideration the context and SNST (ZhT68.776.9-10: /yaṅ na rim gyis ḥjug pa daṅ cig car ḥjug paḥi byaṅ chub sems dpaḥ rnam pa gñis), Chinese character '鈍' must be a writing error for '頓'.

165) Woncheuk quotes the sentence from *ZhYL* (vol. 6, 「弘法品」 T31 621a18-19: 爲對治不定障故, 大乘經說'諸佛授記聲聞當得作佛'及說一乘) and adds Chinese phrase '更無第二' after '一乘'. A similar phrase appears in another part of "Mujaseong sang pum" (ZZ21 265a6-7: 為對治不定種性故, 令捨聲聞下劣意樂, 記大聲聞當得作佛, 又說'一乘更無第二.'). And based on Tibetan translation (ZhT68.776. 16-18: theg pa chen poḥi mdo las/ saṅs rgyas rnams kyi ñan thos saṅs rgyas su ḥgyur ro ṣes luṅ bstan pa daṅ/ theg pa gcig kho na ste/ gñis pa gsan med do ṣes gsuṅs pa yin no) that corresponds to this sentence, it is plausible to imagine that '唯有' used to be in front of '一乘' in the manuscript read by Chos grub.

釋曰. 第三廣釋. 謂佛化導斷所知障, 漸次證得無住涅槃, 由斯理故決定成佛.

(2)-2-1-4-3-4: Concluding that Original Name of the *Śrāvaka* Practitioner Who Evolves with Respect to Awakening Is *Śrāvaka* because He Has Liberated Himself from the Bondage of Afflictions [結其本名]

ZZ21 273c17-18; WX34 786b11-12:

由彼最初為自利益修行加行脫煩惱障, 是故如來施設彼為聲聞種性.

A. Topic of the Sentence Above from *JShMJ*

ZZ21 273c19; WX34 786b13:

釋曰. 此即第四結其本名.

B. Presentation of Various Classifications of *Śrāvaka* Practitioners

ZZ21 273c19-274b5; WX34 786b13-787b11:

然說聲聞諸教不同.

1) Twofold Categories of *Śrāvaka* Practitioners

有處說二, 所謂趣寂 · 回向聲聞, 如即此『經』·『深密解脫』.

2) Threefold Categories of *Śrāvaka* Practitioners (1): *RLJJ*

有處說三, 謂退菩提 · 寂滅聲聞及增上慢, 如『入楞伽』第七但列其名, 而不解釋.

3) Threefold Categories of *Śrāvaka* Practitioners (2): vol. 73 of *YJL*

或有三種, 所謂變化 · 誓願 · 法性, 如『瑜伽論』第七十三. 故彼『論』云, "復次云何立聲聞乘? 謂三因緣故, 一變化故, 二誓願故, 三法性故. 變化故者, 謂隨彼彼所化勢力, 如來化作變化聲聞. 誓願故者, 謂有補特伽羅, 於聲聞乘已發誓願, 即建立彼以為聲聞. 法性故者, 謂有補特伽羅, 本性已來慈悲薄弱, 於諸苦事深生怖畏, 由此二因, 於利他事不深愛樂, 非為是事樂處生死, 彼由安住此法性故, 立為聲聞. 又覺法性故, 謂於一切安立諦中多分修習怖畏行縛〈轉〉166), 由此因緣證得圓滿. 如聲聞乘獨覺亦爾, 出無佛世, 而證正覺,與此差別. 即上相違三因緣故應知菩薩."

4) Fourfold Categories of *Śrāvaka* Practitioners (1): *FHL*

有處說四, 一者決定, 二增上慢, 三退菩提, 四者應化, 如『法華論』列名不釋[167].

5) Fourfold Categories of *Śrāvaka* Practitioners (2): vol. 80 of *YJL*

或說四種, 一者變化, 二增上慢, 三迴向菩提, 四一向趣寂, 如『瑜伽』八十. 彼云, "云何名為四種聲聞? 一者變化聲聞,【[『法華論』'應化', 『寶積論』'應聲聞'.]】 二者增上慢聲聞,【[『寶積論』云'我慢聲聞'.]】 三者迴向菩提聲聞,【[『法華』'退菩提', 『寶積』'作菩提(願)[168]'.]】 四者一向趣寂聲聞【[『法華』'決定聲聞', 『寶積』'寂滅性〈定〉'[169].]】. 變化聲聞者, 為欲化度由彼所化諸有情故, 或諸菩薩, 或諸如來化作聲聞.【[七十三但云'諸如來', 不言'菩薩'也.]】 增上慢聲聞者, 謂但由補特伽羅無我智及執著耶法無我智, 計為清淨. 迴向菩提聲聞者, 謂從本來是極微劣慈悲種性, 由親近如來住故, 於廣大佛法中起大功德想, 熏修相續, 雖到究竟住無漏界, 而蒙諸佛覺悟引入方便開導, 由此因故, 便(能)發趣廣大菩提. (彼於如是廣大菩提雖能發趣,)[170]

---

166) Taking into consideration the context and *YJL* (vol. 73, 「攝決擇分 · 菩薩地」 T30 702a8-19: 復次云何立聲聞乘? 謂三因緣故, 一變化故, 二誓願故, 三法性故. 變化故者, 謂隨彼彼所化勢力, 如來化作變化聲聞. 誓願故者, 謂有補特伽羅, 於聲聞乘, 已發誓願, 即建立彼以爲聲聞. 法性故者, 謂有補特伽羅, 本性已來, 慈悲薄弱, 於諸苦事, 深生怖畏, 由此二因, 於利他事, 不深愛樂, 非爲是事樂處生死, 彼由安住此法性故, 立爲聲聞. 又覺法性故, 謂於一切安立諦中, 多分修習怖畏行轉, 由此因緣, 證得圓滿. 如聲聞乘獨覺亦爾, 出無佛世, 而證正覺, 與此差別. 即上相違三因緣故, 應知菩薩.), Chinese character '縛' must be a writing error for '轉'.

167) See 'Canonical Evidence (2)' mentioned above (ZZ21 269a18-b11).

168) Taking into consideration the context and the section mentioning the four categories ('或說四種, 謂應聲聞, 我慢聲聞, 作菩提願聲聞, 及'定滅性〈寂滅定〉聲聞, 如『寶積論』第三.') in *BJL* below ('Fourfold Categories of *Śrāvaka* Practitioners (3)'), Chinese character '願' should be added.

169) Taking into consideration the context and SNST that corresponds to "定滅性〈寂滅定〉聲聞' of the section mentioning the four categories (ZhT68.780.2: ḥgog paḥi tiṅ ṅe ḥdsin gyi ñan thos), Chinese character '性' must be a writing error for '定'.

170) Taking into consideration *YJL* (vol. 80, 「攝決擇分 · 菩薩地」 T30 744a28-b2: 由此因故, 便能發趣廣大菩提. 彼於如是廣大菩提雖能發趣, 由樂寂故, 於此加行極成遲鈍, 不如初始發心有佛種性者.) and SNST (ZhT68.779.11-13: /de rgyu des na byaṅ chub chen po la mṅon par gṣol bar byed pa gaṅ yin paḥo/ de de* ltar byaṅ chub chen po la mṅon par gṣon bar byed mod kyi/

由樂寂故, 於此加行極成遲鈍, 不如初始發心有佛種姓者. 一向趣寂聲聞者, 謂從本來是最極微劣慈悲種姓故, 一向棄背利益眾生事故, 於生死苦極怖畏故, 唯有安住涅槃意樂, 究〈畢〉[171]竟不能趣大菩提."

6) Fourfold Categories of *Śrāvaka* Practitioners (3): *BJL*

或說四種, 謂應聲聞, 我慢聲聞, 作菩提願聲聞, 及'定滅性〈寂滅定〉[172] 聲聞, 如『寶積論』第三. 解云, 如次即當『瑜伽』四種聲聞, 名雖有異, 義同『瑜伽』, 故不繁述.

C. Explaining the Reason Why There Are Various Classifications of *Śrāvaka* Practitioners

ZZ21 274b6-16; WX34 787b12-788a4:

如何諸教多少異? 據實具四, 如『瑜伽』等, 而差別者, 『瑜伽』等四攝聲聞盡, 『法華論』說'退菩薩〈提〉[173]'者, 便不攝本不退者, 故今『寶積』·『瑜伽』為勝. 或可, 『法華』'退菩提'者, 舉別顯總, 以'迴向'中是一分故, 如說思數以攝行蘊.

『楞伽』三中除'變化'者, 非實聲聞, 故略不說. 然七十三'變化'即是諸『論』'變化聲聞', '法性'即是'決定聲聞', '誓願'即當'迴向聲聞'. 於聲聞乘已誓願後, 未發大願, 名為'誓願', 亦名'迴向'. 若已發大菩提者, 即是菩薩誓願所攝, 不名'聲聞'.

'增上慢'者, 即'誓願'攝, 或可'誓願'·'法性'二攝, 故此不說.

此『經』不說'變化'·'增上', 義同前說解.

---

de should be deleted according to P. N..), Chinese character '能' and phrase '彼於如是廣大菩提雖能發趣' should be added.

171) Taking into consideration *YJL* (T30 744b2-5: 一向趣寂聲聞者, 謂從本來是最極微劣慈悲種性故, 一向棄背利益衆生事故, 於生死苦極怖畏故, 唯有安住涅槃意樂, <u>畢</u>竟不能趣大菩提.), Chinese character '究' must be a writing error for '畢'.

172) Taking into consideration the intratextual note of 'Fourfold Categories of *Śrāvaka* Practitioners (2)' previously presented (『寶積』'<u>寂</u>滅性〈定〉') and SNST (ZhT68.780.2: ḥgog <u>paḥi tiṅ ṅe ḥdsin</u> gyi ñan thos), Chinese characters '定' and '性' seem to be a writing error for '寂' and '定', respectively.

173) Taking into consideration the context and SNST (ZhT68.780.9-11: /dam paḥi chos padma dkar poḥi ḥgrel pa las/ <u>byaṅ chub</u> las phyir ldog pa ṣes ḥbyuṅ ba ni), Chinese character '薩' must be a writing error for '提'.

解深密經疏第五(經本第二) 無自性相品第五之餘

B-1-5. Buddha's Fifth Answer

(2)-2-1-5: Explication of Different Understandings on Buddha's Abstruse Teachings [釋密意教意解差別]

(2)-2-1-5-1: Brief Proposal of Different Understandings on Buddha's Teachings [略標依教意解差別]

ZZ21 274c1-3; WX34 789a4-6:

復次勝義生! 如是於我善說·善制法·毗奈耶最極清淨意樂所說善教法中諸有情類意解種種差別可得.

A. Sub-topics Related to '(2)-2-1-5', and Topic of the Sentence Above from *JShMJ*

ZZ21 274c4-7; WX34 789a7-10:

釋曰. 自下第五釋密意教意解差別. 於中有三, 初略標依教意解差別, 次'善男子'下廣辨依教意解不同, 後'善男子如是'已下總結依教意解差別, 此即初也.

B. Presenting Threefold Interpretations of Phrase '善說善制法毗奈耶' of the Sentence Above from *JShMJ*

ZZ21 274c7-18; WX34 789a10-b3:

釋此『經』文, 自有(三)[174]釋.

一云, '善說'即三藏中素怛纜藏, '善制法'者, 是(阿毗)[175]達摩藏, '毗奈耶'者, 即毗奈耶.

一云, '善說'即是三中素怛纜藏·阿毗達摩, '善制法毗奈耶'者, 即毗奈耶.

一云, '善說善制法'者, 通舉三藏. 如來善說·善制法故. '毗奈耶'者,【此云調伏,】三藏

---

174) Taking into consideration the context and SNST (ZhT68.781.20: bśad pa gsum yod de), Chinese character '三' should be added as the collation record of ZZ states.

175) Taking into consideration the context and SNST (ZhT68.782.1: chos mṅon paḥi sde snod do), Chinese phrase '阿毗' should be added.

皆有調惡之用, 名'毗奈耶'. 又亦名'滅'. 三藏皆有滅惡之義故. 無性『攝論』云, "或一切善能滅衆惡, 名毗奈耶." 言'善說 · 善制'多〈者〉176), 『瑜伽』八十三云, "道理所攝故, 任持勝德故, 文義巧妙故, 謂177)文句善圓滿故, 故名'善說'. 制立一切所應學處, 故名'善制'." '法 · 毗奈耶'者, 『瑜伽』九十八云, "八聖道支會正理故, 說名為'法', 能滅一切諸煩惱故, 名'毗奈耶'."

C. Presenting Three Different Views on the Intent of Buddha's Preaching among Indian Buddhist Thinkers and Explicating the Meaning of Phrase '最極清淨意樂所說' of the Sentence Above from *JShMJ* According to Each of Three

ZZ21 274c19-275a20; WX34 789b3-790a11:

'最極清淨意樂所說'者, 辨能說者說法意樂. 然說法意樂諸說不同.

1) Nāgārjuna: *ZhDL*

若依龍猛, 說法有二, 一生死(人)178)之說法, 必依尋 · 伺, 二法身菩薩說法, 不依尋 · 伺. 故『智度論』第十七云, "復次爾時菩薩常入禪定, 攝心不動, 不生覺觀, 亦能爲十方一切衆生以無量音聲說法而度脫之, 是名'禪波羅蜜'. 問曰. 如『經』中說, '先有覺觀 · 思惟然後能說法', 入禪定中無語 · 覺觀, 不應得說法, 汝今云何言'禪定中不生覺觀而爲衆生說法'? 答曰. 生死人入禪定, 先以語 · 覺觀然後說法, 法身菩薩離生死身, 知一切諸法常住如禪定相, 不見有亂, 法身菩薩變化無量身, 爲衆生說法, 而菩薩心無所分別, 如阿'羅漢〈修羅〉179)琴常自出聲隨意而作無人彈者, 此亦無散心, 亦無攝心, 是福德報生故, 隨人

---

176) Taking into consideration the context and SNST (ZhT68.782.13-14: legs par bcas pa ses bya ba ni), Chinese character '多' must be a writing error for '者'.

177) Taking into consideration the fluency of sentence and SNST (ZhT68.782.16: tshig daṅ don zur phyin pa ste/ tshig ḥbru yoṅs su rdsogs paḥi phyir), Chinese character '謂' must be superfluous.

178) Taking into consideration the correspondence to a phrase from *ZhDL* (生死人法入禪定) followed as canonical evidence for this classification and SNST (ZhT68.783.4: ḥkhor ba daṅ bcas paḥi gaṅ zag gyis chos ston par byed pa gaṅ yin pa de ni), Chinese character '人' should be added.

179) Taking into consideration *ZhDL* (T25 188c19-20: 如何*修羅琴常自出聲隨意而作無人彈者

意出聲, 法身菩薩亦如是, 無所分別, 亦無散心, 亦無說法相, 是無量福德 · 禪定 · 智慧因緣故, 是法身菩薩種種法音隨應而出." 廣說如彼. 無有尋 · 伺說法衆中如來最勝, 故言'最極清淨意樂所說'.

2) *Bandhuprabhā or Prabhamitra

若依親光, 八地已上皆無尋 · 伺而能說法. 彼說尋 · 伺唯有漏故. 無有尋 · 伺說法衆中如來最勝, 故言'最極清淨意樂所說'.

3) Dharmapāla: *WShL*

依護法宗, 金剛已還諸菩薩衆為他說法必假尋 · 伺. 於藥 · 病等未遍知故. 由此道理, 八地已上無漏尋 · 伺亦能說法. 於佛果位已究竟故, 無功用說, 不假尋 · 伺而能說法. 故『成唯識』第七卷云, "未究竟位於藥 · 病等未遍知故, 後得智中為他說法必假尋 · 伺, 非如佛地無功用說." 是故說言'最極清淨意樂所說'.

D. Complementary Explanation of Three Different Views Mentioned Above 1

ZZ21 275a20-22; WX34 790a11-13:

問. 十地菩薩依尋 · 伺說, 『智度』所說如何會釋?

答. 論者意異, 不可會釋. 如『智度』說尋 · 伺俱起; 彌勒等宗必不俱起, 如是等異, 其例非一, 故不須會.

E. Complementary Explanation of Three Different Views Mentioned Above 2

ZZ21 275a22-b2; WX34 790a13-17:

問. 依護法宗, 十地已還皆依尋 · 伺, 金剛喻定是第四定, 既無尋 · 伺, 應不說法?

答. '雖無第四靜慮尋伺〈第四靜慮雖無尋 · 伺〉[180], 而由元起下地尋 · 伺, 於等覺位亦

---

*The collation record of T states the character '何' is written as '阿' in four other editions of classical Chinese Tripitakas.) and SNST (ZhT68.784.3: lha ma yin gyi pi waṅ), Chinese phrase '阿羅漢' must be a writing error for '阿修羅'.

180) Taking into consideration the context and SNST (ZhT68.785.21-786.1: smras pa/ bsam gtan bṣi pa ni rtog pa daṅ dpyod pa med kyaṅ), Chinese phrase '雖無第四靜慮尋伺' should be

得說法, 不起滅定, 現諸威儀. '亦唯〈若依〉181)此釋,

F. Explicating Phrase '善教法中' of the Sentence Above from *JShMJ*

ZZ21 275b2-8; WX34 790a17-b5:

言'善教法中'者, 是所說教. 『瑜伽』九十四云, "由四種相應知世尊所說聖教名'善說法'. 一能趣寂靜. 能(令)182)證得有餘依涅槃界故. 二能般涅槃. 能令證得無餘依涅槃界故. 三能趣菩提. 能令證得聲聞 · 獨覺 · 無上正等三菩提故. 四善遊〈逝〉183)分別. 最極究竟現量所顯無上大師所開示故." 具上諸義, 故言'善教法中'.

G. Explicating Phrase '諸有情類意解種種差別可得' of the Sentence Above from *JShMJ*

ZZ21 275b9-11; WX34 790b5-8:

言'諸有情類意解種種差別可得'者, 此即正明意解不同. 有其四種, 一信解教 · 義, 二唯信(不解)184)教 · 義, 三信教不信義, 四教 · 義俱不信, 故言'種種', 如後當釋.

(2)-2-1-5-2: Detailed Explication of Different Understandings on Buddha's Teachings [廣釋依教意解不同]

(2)-2-1-5-2-1: Proposal of the Teachings Practioners Would Take Refuge in [擧所依教]

---

corrected as '第四靜慮雖無尋伺'.

181) Taking into consideration (ZhT68.786.4: bśad pa ḥdi (daṅ)* sbyar na *daṅ should be added.), Chinese phrase '亦唯' should be corrected as '若依'. But after this phrase both some sentential phrases in the classical Chinese and its Tibetan counterparts seem to be lost.

182) Taking into consideration the context and *YJL* (vol. 94, 「攝事分 · 契經事緣起食諦界擇攝」 T30 836b28-c4: 由四種相應知世尊所說聖教名善說法. 一能趣寂靜. 能令證得有餘依涅槃界故. 二能般涅槃. 能令證得無餘依涅槃界故, 三能趣菩提. 能令證得聲聞獨覺無上正等三菩提故. 四善**逝**分別. 最極究竟現量所顯無上大師所開示故.), Chinese character '令' should be added.

183) Taking into consideration the context and *YJL* (ft.182, bold letter), Chinese character '遊' must be a writing error for '逝'.

184) Taking into consideration the context and SNST (ZhT68.786.20-21: bstan pa kho na la mṅon par yid ches śiṅ don mi śes pa), Chinese phrase '不解' should be added.

(2)-2-1-5-2-1-1: Presentation of Truth Which Is the Basis of Teachings [明教所依理]

ZZ21 275b12; WX34 790b9:

善男子! 如來但依如是三種無自性性.

A. Sub-topics Related to '(2)-2-1-5-2', '(2)-2-1-5-2-1', Topic and Meaning of the Sentence Above from *JShMJ*

ZZ21 275b13-17; WX34 790b10-14:

釋曰. 自下第二廣釋依教意解不同. 於中有二, 初舉所依'後教〈教, 後〉[185]'於是『經』'下正釋有情意解不同. 前中有二, 初明教所依理, 後'由深密意'下明依理說教, 此即初也. 謂依[186]所說三無自性於不了義隱密相教為所依止.

(2)-2-1-5-2-1-2: Preaching of Teachings Based on Truth [依理說教]

ZZ21 275b18-19; WX34 790b15-16:

由深密意, 於所宣說不了義經, 以隱密相說諸法要, 謂一切法皆無自性 · 無生無滅 · 本來寂靜 · 自性涅槃.

A. Topic, Division, and Meaning of the Sentence Above from *JShMJ*

ZZ21 275b20-275c4; WX34 790b17-791a7:

釋曰. 此即第二依理說教. 文有三節, 初說教之意, 次辨教隱密, 後正示密教. 言'由深密意'者, **【說教之意.】** 謂能證知三種無性甚深密意. 言'於所宣說不了義經以隱密相說諸法要'者, 辨教隱密, '諸謂〈謂諸〉[187]聖教隱顯不同, 今於此中隱有說無, 故言'隱密'. 言

---

185) Taking into consideration the context, Chinese phrase '後教' must be a writing error for '教後'.

186) Taking into consideration the classical Chinese grammar (sub. '所說三無自性' + pred. '爲所依止') and SNST (ZhT68.787.12-13: ḥdi ltar <u>ṅo bo ñid med pa rnam pa gsum ston pa</u> draṅ baḥi don gsaṅ baḥi mtshan ñid kyi bstan pa ñid bstan pa<u>ḥi gnas su gyur pa</u>s so/), Chinese character '依' must be superfluous.

187) Taking into consideration the classical Chinese grammar and SNST(ZhT68. 788.3-4: <u>ḥdi ltar</u> ḥphags pa <u>rnams</u> kyi gsuṅ rab), Chinese phrase '諸謂' must be a writing error for '謂諸'.

'法要'者, 要謂要略. 此中意者, 由深密意, 於不了經, 依三(無)[188]性以隱密相說'一切法無自性等'諸法要言. 言'謂一切法皆無自性等'者, 此即第三正示密教, 如前廣說.

(2)-2-1-5-2-2: Presentation of Sentient Beings' Different Understandings on Buddha's Teachings (*buddhadharma*) [有情意解不同]

(2)-2-1-5-2-2-1: Presentation of Sentient Beings Who Completely All Possess Five Things and Have Confidence in Buddha's Teachings (Group 1) [五事具足信解人]

(2)-2-1-5-2-2-1-1: Presenting that They Completely Possess All Five Things [成就五事]

ZZ21 275c5-7; WX34 791a8-10:

於是『經』中, 若諸有情已種上品善根, 已清淨諸鄣, 已成熟相續, 已多脩勝解, 已能積集上品福德 · 智慧資糧.

A. Sub-topics Related to '(2)-2-1-5-2-2', '(2)-2-1-5-2-2-1', and Topic of the Sentence Above from *JShMJ*

ZZ21 275c8-14; WX34 791a10-17:

釋曰. 自下第二正明有情意解不同. 於中有四, 一五事具足信解人, 二五事不具能信人, 三生信隨言執著人, 四五事全無不信人. 然此四人種善根等五事多少, 分成六人, 一五事具足, 二有四闕一, 三有三闕二, 四有二闕三, 五有一闕四, 六五事全無, 此即初也. 於中有二, 初明成就五事, 後'彼若'下聞教解悟, 此即初也.

(2)-2-1-5-2-2-1-2: Presenting that Those Sentient Beings Could Understand Buddha's Teachings after Hearing Them [聞教解了]

(2)-2-1-5-2-2-1-2-1: Presenting that They Could Understand Buddha's Teachings after Hearing Them [聞教解了]

ZZ21 275c15; WX34 791a18:

188) Taking into consideration the context and SNST (ZhT68.788.8: ṅo bo ñid med pa gsum gyi gsaṅ baḥi mtshan ñid las brtsam nas), Chinese character '無' should be added.

彼若聽聞如是法已, 於我甚深密意言說如實解了.

A. Sub-topics Related to '(2)-2-1-5-2-2-1-2', Topic and Meaning of the Sentence Above from *JShMJ*

ZZ21 275c16-18; WX34 791b1-3:

釋曰. 自下第二聞教解了. 於中有二, 初明聞教解了, 後'於如是'下解了勝利, 此即初也. 謂聞法已, 於佛所說密意言說所顯法 · 義如實解了.

(2)-2-1-5-2-2-1-2-1: Presenting the Supreme Benefits Acquired from Their Understanding of Buddha's Teachings [解了勝利]

(2)-2-1-5-2-2-1-2-1-1: Presenting the Supreme Benefits Acquired from Their Understanding of Both Buddha's Words and Their Meanings [解了法義勝利]

ZZ21 275c19-20; WX34 791b4-5:

於如是法深生信解, 於如是義以無倒慧如實通達, 依此通達善脩習故, 速疾能證最極究竟.

A. Sub-topics Related to '(2)-2-1-5-2-2-1-2-1', and Topic, Division, and Meaning of the Sentence Above from *JShMJ*

ZZ21 275c21-276a1; WX34 791b6-10:

釋曰. 自下第二解了勝利. 於中有二, 初明解了法 · 義勝利, 後'亦於'下信佛勝利, 此即初也. 文有兩節, 初於法信解, 後於義信解. 就信義中, 文復三節, 初於見道如實通達, 次脩習位依此通達能善脩習, 後於究竟速疾能證菩提 · 涅槃.

(2)-2-1-5-2-2-1-2-1-2: Presenting the Supreme Benefits Acquired from Their Having Confidence in Buddha [信佛勝利]

ZZ21 276a2-3; WX34 791b11-12:

亦於我所深生淨信知是如來應正等覺於一切法現正等覺.

A. Topic of the Sentence Above from *JShMJ*

ZZ21 276a4; WX34 791b13:

釋曰. 自下第二信佛勝利.

(2)-2-1-5-2-2-2: Presentation of Sentient Beings Who Do Not Completely Possess All of Five Things But Have Confidence in Buddha's Teachings (Group 2) [五事不具能信人]

(2)-2-1-5-2-2-2-1: Presenting that They Do Not Completely Possess All of Five Things [五事不具]

ZZ21 276a5-6; WX34 791b14-15:

若諸有情已種上品善根, 已清淨諸鄣, 已成熟相續, 已多脩習勝解, 未能積集上品福德 · 智慧資糧.

A. Sub-topics Related to '(2)-2-1-5-2-2-2', Topic and Meaning of the Sentence Above from *JShMJ*

ZZ21 276a7-9; WX34 791b16-18:

釋曰. 自下第二五事不具能信人. 於中有二, 初明不具五事, 後能生信心, 此即初也. 此明行人雖不具五, 由成四事而能生信. 四事差別如前已說.

(2)-2-1-5-2-2-2-2: Presentating that They Have Confidence in Buddha's Teachings [能生信心]

(2)-2-1-5-2-2-2-2-1: Presentating that They Do Not Reside in Their Own Opinions and Have Confidence in Buddha's Teachings [不住自見能生信心]

(2)-2-1-5-2-2-2-2-1-1: Presentating that They Do Not Reside in Their Own Opinions [不住自見]

ZZ21 276a10-11; WX34 792a1-2:

其性質直, 是質直類, 雖無力能思擇廢立, 而不安住自見取中.

A. Sub-topics Related to '(2)-2-1-5-2-2-2-2', '(2)-2-1-5-2-2-2-2-1', and Topic of the Sentence Above from *JShMJ*

ZZ21 276a12-16; WX34 792a3-7:

釋曰. 自下第二明能生信心. 於中有三, 初明不住自見能生信心, 次'於此『經』'下由生信心故自輕而住, 後'於此『經』'下由自輕故能修福 · 智. 前中有三, 初明不住自見, 次辨聞教生信, 後顯其信相, 此即初也.

B. Explication of the Meaning of Phrase '性質直' of the Sentence Above from *JShMJ*

ZZ21 276a16-18; WX34 792a7-9:

'性質直'者, 謂即是信. 故『維摩』云, "直心是道場." 言'直心'者, 即是信心. 『智度論』云, "佛法海中信能入."故[189] 故知質直即是信心.

C. Meaning of the Sentence Above from *JShMJ*

ZZ21 276a18-21; WX34 792a9-12:

此意說云, 性質直故, 雖無慧力簡擇聖教 · 是非道理, 而不安住自見所〈取〉[190]中, 更復進求了義經故, 如是於餘不了義經, 不如真文而生執著.

(2)-2-1-5-2-2-2-2-1-2: Presenting that They Could Have Confidence in Buddha's Teachings after Hearing Them [聞教生信]

ZZ21 276a22-23; WX34 792a13-14:

彼若聽聞如是法已, 於我甚深秘密言說, 雖無力能如實解了, 然於此法, 能生勝

---

189) Taking into consideration *ZhDL* (vol. 1, 「序品 · 緣起義釋論」 T25 62c17-63a4: [經]如是我聞一時. [論]問曰. 諸佛經何以故初稱如是語? 答曰. <u>佛法大海信爲能入</u>, 智爲能度, 如是義者即是信, 若人心中有信淸淨, 是人能入佛法, 若無信, 是人不能入佛法.) and SNST (ZhT68.791.19-21: saṅs rgyas kyi chos kyi rgya mtshor ni dad pas <u>hjug par nus so</u> ṣes bstan paḥi phyir draṅ po ṣes bya ni mṅon par yid ches pa la bya bar mṅon no/), Chinese character '故' seems to be superfluous.

190) Taking into consideration the sentence above from *JShMJ* (不安住自見<u>取</u>中) and SNST (ZhT68.792.3: raṅ gi lta ba <u>mchog tu ḥdsin pa</u> la mi gnas śiṅ/), Chinese character '所' must be a writing error for '取'.

解, 發淸淨信.

A. Topic and Meaning of the Sentence Above from *JShMJ*

ZZ21 276a24-b2; WX34 792a15-17:

釋曰. 自下第二明聞教生信. 由彼不住自見取故, 彼聞法已, 雖無力能解了言說, 然於此教而〈能〉191)發信心.

(2)-2-1-5-2-2-2-2-1-3: Presenting the Characteristics Related to Their Having Confidence in Buddha's Teachings [顯其信相]

ZZ21 276b3-5; WX34 792a18-b2:

信此經典是如來說, 是其甚深, 顯現甚深, 空性相應, 難見難悟, 不可尋思, 非諸尋思所行境界, 微細詳審聰明智者之所解了.

A. Topic and Meaning of the Sentence Above from *JShMJ*

ZZ21 276b6-16; WX34 792b3-13:

釋曰. 自下第三顯其信相. 謂信此『經』具六義故, 是其甚深. 一'信此經典等'者, 謂信此~~經典等者~~192), 謂信此『經』是佛說故, 是其甚深. 二'顯現甚深'者, 謂此經典分明顯現甚深義, 故名顯現甚深. 三'空性相應'者, 謂此聖教詮空性故, 與空相稱, 故名空性相應. 四'難見難悟'者, 謂此經典凡夫不能見, 二乘不能悟, 又解, 凡夫 · 二乘皆不見 · 悟, 故名難見難悟. 五'不可尋思等'者, 謂此聖教超尋思境故, 不可尋思也. 尋思即是三界有漏心 · 心所法, 或可, 尋思即不定中尋 · 伺二法. 六'微細等'者, 謂此聖教他〈地〉193)上菩薩微細詳審

---

191) Taking into consideration the context and SNST (ZhT68.792.11-12: ḥon kyaṅ bstan pa de la mṅon par yid ches paḥi sems skyed par byed paḥo/), Chinese character '而' must be a writing error for '能'.

192) Taking into consideration the context and SNST (ZhT68.792.19-20: daṅ po mdo sde ḥdi dag ni ṣes bya ba la sogs pas ni mdo sde de bṣin gśegs pas gsuṅs pa yin par yid ches paḥi phyir zab pa yin no/), Chinese phrase '謂信此經典等者' must be superfluous as the collation record of ZZ states.

193) Taking into consideration the context and SNST (ZhT68.793.14: byaṅ chub sems dpaḥ sa la

聰明智者所解了也.

(2)-2-1-5-2-2-2-2-2: Presenting that They Are Humble Because They Have Confidence in Buddha's Teachings [由生信故自輕而住]

(2)-2-1-5-2-2-2-2-2-1: Presenting that They Have Humble Attitude of Understanding toward Meaning of Buddha's Teachings [於所說義自輕而住]

ZZ21 276b17-19; WX34 792ab14-15:

於此經典所說義中自輕而住, 作如是言, "諸佛菩提為最甚深, 諸法法性亦最甚深, 唯佛如來能善了達, 非是我等所能解了.

A. Sub-topics Related to '(2)-2-1-5-2-2-2-2-2', and Topic of the Sentence Above from *JShMJ*

ZZ21 276b20-22; WX34 792b16-793a1:

釋曰. 自下第二由生信故自輕而住. 於中有二, 初於所說義自輕而住, 後於能說教自輕而住, 此即初也.

B. Meaning of the Sentence Above from *JShMJ*

ZZ21 276b22-c4; WX34 793a1-7:

於此『經』所說義中, 自輕己智不能解了, 便作是言, "諸佛所有能證菩提真 · 俗二智為最甚深, 所證諸法真 · 俗二性亦最甚深, 遠離所取 · 能取性故, 唯佛如來而能了達, 非我少智之所能知." 如『婆沙』說, "諸法性 · 相甚深 · 微妙, 唯一切智乃可窮盡." 又『勝鬘』云, "若善男子於諸深法不自了知, 仰推〈惟〉[194]世尊, '非我境界, 唯佛所知.'" 有如是等諸教非一.

(2)-2-1-5-2-2-2-2-2-2: Presenting that They Have Humble Attitude of

---

gnas), Chinese character '他' must be a writing error for '地'.

194) Taking into consideration the context and *ShMJ*(「眞子章」 T12 222c23-25: 若善男子 · 善女人於諸深法不自了知, 仰惟世尊, '非我境界, 唯佛所知.' 是名善男子 · 善女人仰惟如來.), Chinese character '推' must be a writing error for '惟'.

Understanding toward Buddha's Words [約能說教自輕而住]

ZZ21 276c5-6; WX34 793a8-9:

諸佛如來為彼種種勝解有情轉正法教, 諸佛如來無邊智見, 我等智見猶如牛跡."

A. Topic and Meaning of the Sentence Above from *JShMJ*

ZZ21 276c7-10; WX34 793a10-13:

釋曰. 此即第二約能說教自輕而住. 然諸如來隨所攝受有情意樂轉法教, 而能說智無量無邊, 我等智見比佛智見猶如牛跡等于大海. [『深密經』云, "以諸如來無邊智慧所知如海, 而我知見如牛跡水."]

(2)-2-1-5-2-2-2-2-3: Presenting that They Acquire Merits (*pūnya*) and Perfect Knowledges (*jñāna*) Owing to Their Humble Attitude of Understanding toward Buddha's Teachings [由自輕故能生福智]

(2)-2-1-5-2-2-2-2-3-1: Presenting that They Do Not Penetrate Truth Due to Their Humble Attitude of Understanding toward Buddha's Teachings [由自輕故未能通達]

(2)-2-1-5-2-2-2-2-3-1-1: Explication [釋]

ZZ21 276c11-12; WX34 793a14-15:

如此經典, 雖能恭敬, 為他宣說, 書寫護持, 披閱流布, 殷重供養, 受誦溫習, 然由未能以其脩相發起加行.

A. Sub-topics Related to '(2)-2-1-5-2-2-2-2-3', '(2)-2-1-5-2-2-2-2-3-1', and Topic of the Sentence Above from *JShMJ*

ZZ21 276c13-15; WX34 793a16-18:

釋曰. 此即第三由自輕故能生福 · 智. 於中有二, 初由自輕故未能通達, 後未通達故更脩福 · 智. 前中有二, 先釋, 後結, 此即初也.

B. Meaning of the Sentence Above from *JShMJ*

ZZ21 276c16-17; WX34 793a18-b2:

謂彼菩薩以自輕故於此經典起恭敬等十種法行, 然由未能以其脩相發起福·智二種加行.

C. Presenting Different Explanations on Ten Practices for Transmitting Buddha's Teachings (*dharmacarita*) among Scriptures

ZZ21 276c17-277b7; WX34 793b2-794b4:

十法行者, 諸教不同.

1) *DBRJ*

依『大般若』五百七十三, 但列其名, 而不解釋. 故彼『經』云, "佛告阿難, "受持此經, 有十法行. 一者書寫, 二者供養, 三者施他, 四者諦聽, 五者披讀, 六者受持, 七者廣說, 八者諷誦, 九者思惟, 十者脩習."" 『大般若』第四百及四百二十七·『莊嚴論』第十三·『勝天王』第七·『無上依經』第二亦但列名.

2) *JXYL, ZhYL,* and Explaining the Reason Why There Is a Difference of Explanation between *JXYL* and *ZhYL*

『瑜伽』七十四·『辨中邊論』第三·『顯揚』第二'如是等教廣釋〈廣釋如是等教〉[195], 雖有前後次第不同, 而義無異. 故『顯揚』云, "一於菩薩藏法, 若多若少, 尊重恭敬, 書持法行. 二若劣若勝, 諸供養具, 供養法行. 三若自書已, 由矜愍心施他法行. 四若他發意恭敬尊重, 以微妙聲宣揚闡讚, 由宗仰故諦聽法行. 五發淨信解恭敬重心披讀法行. 六為欲脩習法隨法行, 從師受已, 諷誦法行. 七現諷誦已, 為堅持故以廣妙音溫習法行. 八悲愍他故, 傳授與彼, 隨其廣·略開演法行. 九獨處閑靜, 極善研尋, 稱理觀察, 思惟法行. 十如所思惟修行奢摩他·毗鉢舍那, 為欲起入, 乃至為令諸所求義成就法行."

195) Taking into consideration the classical Chinese grammar (verb '廣釋' + obj. '如是等教') and SNST (ZhT68.796.16: ḥdi dag gyi don rgya cher ston to), Chinese phrase '如是等教廣釋' should be corrected as '廣釋如是等教'.

『莊嚴』十三與此稍異. 故彼『論』云, "一書寫, 二供養, 三流傳, 四聽受, 五轉讀, 六教他, 七習誦, 八解說, 九思擇, 十脩習."

解云, 彼『論』與『顯揚』義不同者, 於『顯揚』等第六諷誦 · 第七溫習合為習誦, 以為第七, 更加教他即為第六, 於餘教中皆無此義. 然彼『論』意, 為他略說, 名為教他; 名他廣說, 名為解說, 餘教意者, 若略若廣皆為他說, 即合為一, 故不相違.

3) *JShMJ*

今依此『經』, 亦同『般若』俱十法行. 然此文中有其七種, 一為他宣說, 即是廣說, 二書寫護持, 即是書寫, 或可, 護持即是一行, 三者披聞, 即是披讀, 四者流布, 即是施他, 五殷重供養, 此即供養, 六者受誦, 即是諷誦, 或是受持, 七者溫習, 是即受持, 或是諷誦, 而無聽聞 · 思惟 · 脩習. 此「品」下文具有其八種, 一聞已信解, 二書寫護持, 三供養, 四流布, 五受誦, 六溫習, 七如理思惟, 八以其脩相發起加行, 而無廣說 · 披讀二種. 如下第七「地波羅蜜多品」中但云十種法行, 而不引名.

4) *ZhDL*

『智度論』五十六雖不具足, 略釋其相.

5) *YJL*

依『瑜伽論』, 此十法行能生三道. 故七十四云, "問. 如是十種法行, 幾是能生廣大福德道? 答. 一切. 問. 幾是加行道? 答. 一, 謂第九. 問. 幾是淨障道? 答. 一, 謂第十."

若廣分別, 如梁『攝論』第十 · 舊『中邊』第二 · 新『中邊』第三 · 『瑜伽』七十四.

(2)-2-1-5-2-2-2-2-3-1-2: Conclusion [結]

ZZ21 277b8; WX34 794b5:

是故於我甚深密意所說言辭不能通達.

A. Topic and Meaning of the Sentence Above from *JShMJ*

ZZ21 277b9-10; WX34 794b6-7:

釋曰. 此第二結. 由彼未能起加行故, 於我甚深所說言辭不能通達.

(2)-2-1-5-2-2-2-2-3-2: Presenting that They Cultivate Again Merits and Perfect Knowledges Due to Their State of Not Penetrating Truth [未通達故更修福智]

ZZ21 277b11-12; WX34 794b8-9:

由此因緣, 彼諸有情亦能增長福德 · 智慧二種資糧, 於後相續未成熟者亦能成熟.

A. Topic and Meaning of the Sentence Above from *JShMJ*, Another Classification of the Sentence's Topic

ZZ21 277b13-20; WX34 794b10-17:

釋曰. 此即第二未通達故更修福 · 智. 謂此菩薩未能修習二加行故, 不能通達密意言辭, 由此十行因緣力故便能修習福德 · 智慧二種資糧, 於後身中所未成熟皆能成熟. 今言'成熟', 於一一位所修具足, 名為成熟, 非五事相續成熟. 或可, 利他令他成熟.

又云'由此因緣等'者, 熟〈就〉[196]生信中, 文別有二, 初廣釋生信, 後總結信用, 上來廣釋生信, 此即第二總結, 可知.

(2)-2-1-5-2-2-3: Presentation of Sentient Beings Who Have Confidence in Buddha's Teachings But Attach to Buddha's Words (Group 3) [生信隨言執著人]

(2)-2-1-5-2-2-3-1: Presentation of Masters' Imagination [師計]

(2)-2-1-5-2-2-3-1-1: Presentation of Their Differences from Former Two Groups of Sentient Beings [對前辨異]

ZZ21 277b21-23; WX34 794b18-795a2:

若諸有情, 廣說乃至未能積集上品福德 · 智慧資糧, 性非質直, 非質直類, 雖有力能思擇廢立, 而復安住自見取中.

196) Taking into consideration the context and SNST (ZhT68.799.9-11: /gṣan yaṅ gṣi des na ṣes bya ba la sogs pa ni mṅon par yid ches pa bstan pa la rnam pa gñis (yod)* te/ **yod* should be added for corresponding to the *la*.), Chinese character '熟' must be a writing error for '就'.

A. Sub-topics Related to '(2)-2-1-5-2-2-3', '(2)-2-1-5-2-2-3-1', Topic and Division of the Sentence Above from *JShMJ*

ZZ21 277b24-c3; WX34 795a3-6:

釋曰. 自下第三生信隨言執著人. 於中有二, 初明師計, 後辨弟子(計)[197]. 前中有二, 初對前辨異, 後明如言起執, 此即初也. 文有四即〈節〉[198], 一五事有 · 無, 二質 · 非質直, 三有力 · 無力, 四安立〈住〉 · 不安立〈住〉[199]自見取中.

B. Presenting Four Classifications of Sentient Beings in Terms of Five Things and Recognizing the Fourth as Correct

ZZ21 277c4-12; WX34 795a7-14:

言'廣說〈'若諸有情〉[200]等'者, 然釋此文自有四說.

一云, 此中唯取總闕五事. 故『深密』云, "不種善根, 乃至不能成就福 · 智." 然與第四有差別云〈者〉[201], 此中信法不信義; 第四法 · 義俱不信也.

一云, 此中總有三人, 一有初一闕四, 二有初二闕三, 三有初三闕二.

一云, 此中總有四人, 於前三中更加有初四闕一. 而與第二異者, 彼第二人其性質直; 此第三人性非質直.

一云, 此中總有五人, 於前四中更加五事俱闕. 而與第二 · 第四人異, 准前應釋.

---

197) Taking into consideration the context and SNST (ZhT68.800.1: slob mas brtags pa rnam par ḥbyed paḥo/), Chinese character '計' should be added.

198) Taking into consideration the context and SNST (ZhT68.800.3-4: /mdoḥi tshig ḥdi yaṅ rnam pa bṣir phye nas bstan pa ste/), Chinese character '即' must be a writing error for '節'.

199) Taking into consideration the sentence above from *JShMJ* (復安住自見取中) and SNST (ZhT68.800.6-7: raṅ gi lta ba la gnas pa daṅ mi gnas pa bstan paḥo/), two Chinese characters of '立' in this phrase must be a writing error for '住'.

200) Taking into consideration the context and SNST (ZhT68.800.7-8: de la ji〈ci〉* ste sems can gaṅ dag ces bya ba la sogs pas ni mdoḥi tshigs ḥdi dag la bśad pa rnam pa bṣi yod de *Taking into consideration the conformity with translation in SNST corresponding to '若' of '若諸有情' in the sentence above from *JShMJ* (ZhT68.799.16: ci ste), *ji* seems to be a writing error for *ci*.), Chinese phrase '廣說' should be corrected as '若諸有情'.

201) Taking into consideration Woncheuk's usual writing style, Chinese character '者' seems to be more natural than '云'.

雖有四釋, 第四為正. 順文相故.

C. Explicating Phrase '安住自見取中' of the Sentence Above from *JShMJ*

ZZ21 277c13-21; WX34 795a15-b6:

言'而復安住自見取中'者, 更不進求了義大乘, 恒執如言不了教故. 故『雜集論』第十二云, "復次何緣一分眾生於方廣分廣大甚深雖生信解, 而不得出離耶? 答. 由深安住自見取故, 常堅執著如言義故. ~~由~~[202]深安住自見取者, 更不進求了義經故, 常堅執著如言義者, 恒堅封執不了義經故, 如聞'一切法畢竟無自性'言故, 便撥一切諸法性 · 相皆無所有, 如是於餘不了義經, 堅執如言 · 義亦爾. 是故雖信大乘, 而不得出離. 以大乘經由種種意說故."

(2)-2-1-5-2-2-3-1-2: Presenting that They Attach to Buddha's Words [如言起執]

(2)-2-1-5-2-2-3-1-2-1: Presenting that They Attach to Buddha's Words [如言起執]

(2)-2-1-5-2-2-3-1-2-1-1: Presenting that They Misunderstand Buddha's Words in Spite of Hearing Them [聞而不了]

ZZ21 277c22-23; WX34 795b7-8:

彼若聽聞如是法已, 於我甚深密意言說不能如實解了.

A. Sub-topics Related to '(2)-2-1-5-2-2-3-1-2', '(2)-2-1-5-2-2-3-1-2-1', Topic and Meaning of the Sentence Above from *JShMJ*

ZZ21 277c24-278a3; WX34 795b9-12:

釋曰. 自下第二如言起執. 於中有二, 初明如言(起)[203]執, 後'由此'已下顯執過失. 前中有二, 初聞而不了, 後信而執著, 此即初也. 謂彼菩薩聞此教已, 性非質直, 住自見故, 於

---

202) Taking into consideration context and *ZJL* (vol. 12,「決擇分 · 法品」T31 751a7-14: 復次何緣一分衆生, 於方廣分廣大甚深, 雖生勝解, 而不得出離耶? 由深安住自見取故, 常堅執著如言義故. <u>深安住自見取者</u>, 更不進求了義經故, 常堅執著如言義者, 恒堅封執不了義經故, 如聞一切法畢竟無自性言故, 便撥一切諸法性相皆無所有. 如是於餘不了義經, 堅執如言義亦爾. 是故雖信大乘而不得出離. 以大乘經由種種意說故.), Chinese character '由' must be superfluous.

203) Taking into consideration the perfection of sentence and SNST (ZhT68.802.3: sgra ji bṣin du mṅon par ṣen pa <u>skye ba</u> ñid bstan pa), Chinese character '起' should be added.

我甚深密意教中不能如實解了密言.

(2)-2-1-5-2-2-3-1-2-1-2: Presenting that They Attach to Buddha's Words in Spite of Having Confidence in Buddha's Teachings [信而執著]

(2)-2-1-5-2-2-3-1-2-1-2-1: Presenting that They Attach to Buddha's Words [正明執著]

ZZ21 278a4; WX34 795ab13:

於如是法雖生信解, 然於其義隨言執著.

A. Sub-topics Related to '(2)-2-1-5-2-2-3-1-2-1-2', Topic and Meaning of the Sentence Above from *JShMJ*

ZZ21 278a5-7; WX34 795ab14-16:

釋曰. 第二信而執著. 於中有二, 初正明執著, 後顯執著相, 此即初也. 於密意教雖生信解, 由不了故如言執著.

(2)-2-1-5-2-2-3-1-2-1-2-2: Presenting the Characteristics Related to Their Attachment to Buddha's Words [顯執著相]

ZZ21 278a8-9; WX34 795b17-18:

謂'一切法決定皆無自性 · 決定不生不滅 · 決定本來寂靜 · 決定自性涅槃'.

A. Topic and Meaning of the Sentence Above from *JShMJ*

ZZ21 278a10-19; WX34 796a1-10:

釋曰. 此即第二顯執著相. 據實道理, 於此『經』中有其四句. 一'一(切)[204]諸法皆無自性', 准上『經』文通約三種無自性說, 即用三性以為自性. 二'無生無滅', 三'本來寂靜', 四'自性涅槃', 此之三句准上『經』文唯約二種無自性性, 謂相自性性 · 勝義無自性性. 依『廣

---

204) Taking into consideration the sentence above from *JShMJ* (謂一切法決定皆無自性) and SNST (ZhT68.802.21: daṅ po ni chos thams cad ṅo bo ñid med pa ste/), Chinese character '切' should be added as the collation record of ZZ states.

百論』等, 四句總依初無性說, 『集論』·『雜集』, 四句皆通三無性說, 如前分別. 然佛密意不了教中但言'諸法皆無自性', 乃至復云'自性涅槃', 然彼安住自見取人不解如來密意趣故, 雖生信解, 如言起執, 謂'一切法決定無性', 乃至'決定自性涅槃'.

B. Presenting Threefold Different Views on This Group of Sentient Beings among Scriptures and Regarding *JShMJ* as Similiar to the Third View

ZZ21 278a20-b3; WX34 796a10-18:

然彼執人諸教不同.

依『智度論』第十八卷, "有三邪見, 一破果不破因, 二因·果俱破不破一切法, 三破一切法皆無所有, 即依第三是惡取人." 廣如彼說.

依『勝鬘經』, 即說名為習諸外道.

若依【『集論』第六·】『雜集』十二皆言, "若諸菩薩隨言取義, 不如正理思擇法故." 廣如彼釋.

今依此『經』, 但言有情, 亦不說名菩薩·外道, 准義即同『集論』等說. 雖闕第五福·智資糧, 而具前四善根等故.

(2)-2-1-5-2-2-3-1-2-2: Presenting Their Faults Resulted from Attachment to Buddha's Words [顯執過失]

(2)-2-1-5-2-2-3-1-2-2-1: Presenting Their Faults Resulted from Attachment to Buddha's Words [正顯執失]

(2)-2-1-5-2-2-3-1-2-2-1-1: Brief Proposal of Twofold Errors [略標二失]

ZZ21 278b4; WX34 796b1:

由此因緣於一切法獲得無見及無相見.

A. Sub-topics Related to '(2)-2-1-5-2-2-3-1-2-2', '(2)-2-1-5-2-2-3- 1-2-2-1', and Topic of the Sentence Above from *JShMJ*

ZZ21 278b5-8; WX34 796b2-5:

釋曰. 自下第二顯執過失. 於中有二, 初正顯執失, 後'雖於'下釋通伏難. 前中有五, 一略標二失, 二'由得'下辨二失相, 三外人徵詰, 四依徵廣釋, 五釋已總結, 此即初也.

B. Meaning of the Sentence Above from *JShMJ*

ZZ21 278b8-9; WX34 796b5-6:

由此執著為因緣故, 於一切法, 獲得二見, 一者無見, 二無相見.

C. Presenting Twofold Views on Twofold Wrong Opinions, viz. "wújiàn" (無見, tib. *med par lta ba*, *skt. *abhāvadṛṣṭi*) and "wúxiàngjiàn" (無相見, tib. *mtshan ñid med par lta ba*, *skt. *alakṣaṇadṛṣṭi*), and Explaining the Difference in Meaning in between the Second View and the Sentence Above from *JShMJ*

ZZ21 278b9-23; WX34 796b6-797a2:

然此二見自有兩釋.

一云, 無見者, 撥無依他及圓成實, 無相見者, 撥無所執【如名言相】.

一云, 無見者, 即『大法鏡經』二十八不[205]不正見中第一相見, 無相見者, 即次三見, 謂損減施設見 · 損減分別見 · 損減真實見. 故『雜集論』第十二卷釋彼『經』云, "言'相見'者, 謂聞大乘經中所說'一切諸法皆無自性 · 無生無滅 · 本來寂靜 · 自性涅槃等'言, 不善密意, 但隨此言義, 便生勝解, 謂佛所說'一切諸法定無自性 · 定無生等', 執著如是無性等相, 是名相見. 執著如是無性相時, 便謗三性, 於此三性起誹謗行, 即次三見, 謂損減施設見 · 損減分別見 · 損減真實見." 廣如彼釋.

彼與此『經』名差別者, 彼據執著無性等相, 名為相見; 此就行解執有為無, 名為無見. 彼據損減三性理故, 名損減見; 此據撥無三性相故, 名無相見.

(2)-2-1-5-2-2-3-1-2-2-1-2: Presenting the Characteristics of Twofold Errors [釋二失相]

ZZ21 278b24-c1; WX34 797a3-4:

---

205) Taking into consideration the context and *ZJL* (T31 751a14-18: 依此密意薄伽梵於『大法鏡經』中說如是言, "若諸菩薩隨言取義, 不如正理思擇法故, 便生二十八不正見. 何等名爲二十八不正見耶? 謂相見, 損減施設見, 損減分別見, 損減眞實見."), Chinese character '不' must be superfluous.

由得無見 · 無相見故, 撥一切相皆是無相, 誹撥諸法遍計所執相 · 依他起相 · 圓成實相.

A. Topic of the Sentence Above from *JShMJ*

ZZ21 278c2; WX34 797a5:

釋曰. 此即第二釋二失相.

B. Presenting Twofold Interpretations of the Sentence Above from *JShMJ*

ZZ21 278c2-7; WX34 797a5-10:

然釋此文亦有兩解.

一云, '由得無見 · 無相見故' 者, 雙牒二見. '撥一切相皆是無相' 者, 總顯二見所成過失, 謂撥一切三種性相皆是無相. '誹撥諸法' 者, 別顯撥三相失.

一云, '由得無見 · 無相見故' 者, 雙牒二見. '撥一切相皆是無相' 者, 別顯無見. '誹撥諸法等' 者, 別釋無相見.

(2)-2-1-5-2-2-3-1-2-2-1-3: Counter-question [徵]

ZZ21 278c8; WX34 797a11:

何以故?

A. Topic and Meaning of the Sentence Above from *JShMJ*

ZZ21 278c9-11; WX34 797a12-14:

釋曰. 此第三徵. 徵[206]【有二意, 一云, 何以先無依他 · 圓成, 後無所執? 一云, 前二性有, 可說撥無, 後所執無, 撥無何失?

(2)-2-1-5-2-2-3-1-2-2-1-4: Detailed Reply to Counter-question [依徵廣釋]

(2)-2-1-5-2-2-3-1-2-2-1-4-1: Preliminarily Presenting that in What Order

---

206) SNST (68.807.5-6: gsum pa brtag paḥo/ /brtag pa las/) just preserves the text corresponding to Chinese sentence '此第三徵. 徵' and lost a rest long section corresponding to Chinese sentences from '有二意' to '又如偈曰' (ZZ21 279b3; WX34 798b7).

Buddha Preaches the Teaching of Three Intrinsic Natures [先明三性施設次第]

ZZ21 278c12-13; WX34 797a15-16:

由有依他起相及圓成實相故, 遍計所執相方可施設.

A. Sub-topics Related to '(2)-2-1-5-2-2-3-1-2-2-1-4', Topic and Meaning of the Sentence Above from *JShMJ*

ZZ21 278c14-17; WX34 797a17-b2:

釋曰. 自下第四依徵廣釋. 於中有二, 初先信〈明〉[207]三性施設次第, 後依次第以答外徵, 此即初也. 如上所說, 由諸有情於二性上增益所執故, 立三種無自性, 此亦同彼所說次第.

(2)-2-1-5-2-2-3-1-2-2-1-4-2: Reply to Counter-questions in Order of Buddha's Preachings in the Previous Sentence [依前次第以答外徵]

ZZ21 278c18-19; WX34 797b3-4:

若於依他起相 · 圓成實相見為無相, 彼亦誹撥遍計所執相.

A. Topic, Division, and Meaning of the Sentence Above from *JShMJ*

ZZ21 278c20-279a2; WX34 797b5-11:

釋曰. 此即第二依前次第以答外徵. 若依'後徵〈徵釋〉[208], 文有二節, 初明依二性故, 雖無實性, 而隨執情假施設有, 後明隨情施設有故, 執彼為無, 亦成誹撥. 由斯理故『瑜伽』七十四云, "問. 若無遍計所執自性, 當有何過? 答. 於依他起自性中應無名言 · 無名言執, 此若無者, 應不可知雜染 · 清淨." 依『佛性論』, 三自性中皆有損減 · 增益二謗.

(2)-2-1-5-2-2-3-1-2-2-1-5: Conclusion [總結]

ZZ21 279a3; WX34 797b12:

是故說彼誹撥三相.

---

207) Taking into consideration the context, Chinese character '信' seems to be a writing error for '明'.

208) Taking into consideration the context and the conformity with topic previously presented (ZZ21 278c14 ff.: 釋曰. 自下第四依徵廣釋.), Chinese phrase '後徵' should be corrected as '徵釋'.

A. Topic of the Sentence Above from *JShMJ*

ZZ21 279a4-5; WX34 797b13-14:

釋曰. 第五總結. 可知. 此『經』所說‘誹撥三相’即諸『經』等‘惡取空’也.

B. Presentation of Different Views on Falsely Understood Emptiness (*durgṛhītā-śūnyatā*) among Scriptures

ZZ21 279a5-16; WX34 797b14-798a7:

說惡取(空)[209], 聖教非一.

1) *BJJ*

『寶積經』云, ““如是迦葉! 寧~~山了~~[210]起我見積若須彌, 非以空見起增上慢. 所以者何? 一切諸見以空得解脫, 若起空見, 則不可除. 迦葉! 譬如醫師授藥令病擾動, 是藥在內而不出者, 於意云何, 如是病人寧得差不?” “不也. 世尊!” “是藥不出, 其病轉增, 如是迦葉! 一切諸見唯空能滅, 若起空見, 則不可除.””

2) *WShYJ*

『無上依經』第一卷云, “復有增上慢人, 在正法中觀空, 生於有 · 無二見, 是真空者直向無上菩提一道淨解脫門, 如來顯了開示正說, 於中生空見, 我說不可治. 阿難! 若有人執我如須彌山大, 我不驚怪, 亦不毀呰. 增上慢人執著空見, 如一氂髮作十六分, 我不許可.”

C. Presentation and Comment of Mādhyamikas and Yogacāras Thinkers' Views on Falsely Understood Emptiness Presented in *JShMJ* etc.

1) Proposal of Topic: There Are Twofold Views on Falsely Understood Emptiness

---

209) Taking into consideration the context, Chinese character ‘空’ should be added.

210) Taking into consideration the context and *BJJ* (vol. 112, 「普明菩薩會」 T11 634a13-19: “如是迦葉! 寧起我見積若須彌, 非以空見起增上慢. 所以者何? 一切諸見以空得脫, 若起空見則不可除. 迦葉! 譬如醫師授藥令病擾動, 是藥在內而不出者, 於意云何, 如是病人寧得差不?” “不也. 世尊!” “是藥不出, 其病轉增, 如是迦葉! 一切諸見, 唯空能滅, 若起空見, 則不可除.”), Chinese phrase ‘山了’ must be superfluous.

Presented in *JShMJ* etc.

ZZ21 279a17; WX34 798a7-8:

依此等『經』, 曰〈自〉[211]有兩說.

2) Presentation of Bhāviveka and Others' View on Falsely Understood Emptiness

(1) Their Definition of Falsely Understood Emptiness

ZZ21 279a17-19; WX34 798a8-10:

若清辨等依龍猛宗說空 · 有者, 依世俗諦有空 · 不空; 依勝義無法不空, 若執著空, 名惡趣空.

(2) Canonical Evidence: *BRDL*

ZZ21 279a19-b10; WX34 798b7:

故『般若燈論』第八卷云, "論者言, "若第一義中有陰等者, 除此有物立於空法, 而第一義中實無一法是不空者, 如偈曰: 若一法不空　觀此故有空/　無一法不空 何處空可得// 釋曰. 空 · 不空者, 於世諦中依止法體如是分別. 此義云何? 如有舍宅有人住故, 名舍不空, 人不住故, 則名舍空. 今第一義中無一法不空, 何處得有空法可得?"" [已說善取空, 當說惡取空] 又""如偈曰:】如來說空法　為出離諸見/　諸有見空者 說彼不可治// 釋曰. 云何名見空者? 謂執著於空, 言有此空. 此執著空有何過失, 如來說彼空見衆生不可療治, 此義云何? 如服下藥, 動作諸病, 而復不泄, 反成重病, 如是說空法, 為捨諸惡見, 若還執空者, 說彼不可治. 以此義故, 捨空無過.""

(3) Complementary Explanation about Bhāviveka's View on Falsely Understood Emptiness

ZZ21 279b10-16; WX34 798a21-b12:

解云, 所取空者, 如『瑜伽』師所立空理以為真理, 名惡取空. 故『般若燈』云, "復次『十

211) Taking into consideration the context, Chinese character '曰' must be a writing error for '自' as the collation record of ZZ states.

七地論』者言, “如所分別體無故, 分別體空, 此諸法空, 真實是有. 云何真實? 不觀作者.” 論者意〈言〉[212], “汝此見者, 名著空見.” 外人言, “何故名我以為著空?” 論者言, “由一切法無體故空, 空非實法, 不應執著.”” 廣說如彼.

3) Presentation of Dharmapāla and Others’ View on Correctly Under- stood Emptiness (*sugṛhītā-śūnyatā*) and Falsely Understood Emptiness

(1) Their Definition of Correctly Understood Emptiness and Falsely Understood Emptiness

ZZ21 279b16-20; WX34 798b13-17:

若護法等依彌勒宗說空 · 有者, 善取空者, 謂於依他所執性無, 即於此無我性有, 如是有 · 無, 總說為空. 惡取空者, 於依他上所執性無及於依他 · 圓成性有俱不信受, 而作此執, ‘一切諸法都無所有’, 是惡取空.

(2) Canonical Evidences

A) Canonical Evidences for Correctly Understood Emptiness: *ShJJ*, vol. 36 of *YJL*, *ZJL*, *XYL*, vol. 1 of *FXL*

ZZ21 279b20-280a4; WX34 798b17-799b13:

故『善戒經』第二卷云, “有二種人, 遠離佛法, 非佛弟子, 永失佛法. 一者說色乃至涅槃有眞實性【[所執性也]】, 二者不信世流布性【[依他性也]】, 如是二人不任受持菩薩禁戒, 如其受者, (受者)[213]不得, 戒師則有罪也. 何故不得? 誹謗實法, 著非法故. 菩薩戒者, 非口所

212) Taking into consideration *BRDL* (vol. 8, 「觀行品」 T14 91b16-20: 復次『十七地論』者言, “如所分別體無故, 分別體空, 此諸法空, 真實是有, 云何真實? 不觀作者.” 論者言, “汝此見者, 名著空見.” 外人言, “何故名我以為著空?” 論者言, “由一切法無體故空, 空非實法, 不應執著....”) and SNST (ZhT68.808.6: bstan bcos mdsad pas smras pa), Chinese character ‘意’ must be a writing error for ‘言’.

213) Taking into consideration *ShJJ* (vol. 2, 「菩薩地 · 眞實義品」 T30 969c5-14: 是故法性不可宣說, 如色受想行識乃至涅槃亦復如是. 有二種人, 遠離佛法, 非佛弟子, 永失佛法. 一者說色乃至涅槃有眞實性, 二者不信世流布性, 如是二人, 不任受持菩薩禁戒, 如其受者, **受者不得**, 師則有罪. 何故不得? 誹謗實法著非法故, 是故雖受終不得戒. 若不得戒, 云何得名? 在此法中爲佛弟子, 是故名爲遠離佛法. 菩薩戒者, 非口所得, 心口和合然後乃獲.) and SNST (ZhT68.809.2-5: /gaṅ zag ḥdi lta bu

得, 心·口和合然後乃獲." 復言, "若有說言'大乘經中一切法空', 亦得大罪. 不能善解大乘經義, 生憍慢心, 言'我善解', 隨其自心妄想思惟, 為人廣說, 亦得大罪. 若言'一切諸法性無, 云何得有流布於世?', 亦得大罪. 何以故? 謗一切法者, 即是外道富蘭那等眞弟子也. 富蘭那謂諸法性無, 而佛法中亦有亦無. 若有人說一切法空, 當知是人不中共住·共語·論議·布薩·說戒. 若與共住, 乃至說戒, 則得大罪. 何以故? 不解空義故." 乃至彼云, "云何正解? 如色, 說色乃至涅槃分別無有種種相·性, 是名色空, 以色眞實流布於世, 是名不空. 以是義故, 說色一法亦有亦無. 解(是)214)二故, 亦法亦空, 終不於中妄生計著, 是名眞解空義." 具說如彼.

又『瑜伽』三十六云, "云何復名善取空者? 謂由於此彼無所有, 即由彼故正觀為空, 復由於此餘實是有, 即由餘故如實知有, 如是名為悟入空性如實無倒." 『地持』第二亦同此說.

『雜集』第六云, "空相者, 謂若於是處此非有, 由此理正觀為空, 若於是處餘是有, 由此理如實知有, 是名善入空性如實者不顚倒."

『顯揚』十五云, "空自相者, 非定有·無. 非定有者, 謂於諸行中眾生自性及法自性畢竟無所有故, 非定無者, 謂於此中眾生無我及法無我有實性故."

『佛性論』第一云, "二諦不可說有, 不可說無. 非有非無故. 真諦不可說有·不可說無者, 無人·法故不可說有, 顯二空故不可說無. 俗諦亦爾, 分別性故不可說有, 依他性故不可說無. 復次真諦不定有·無, 人·法無不無, 二空有不有. 俗諦亦爾, 分別性故非決定無, 依他性故非決定有."【[已說善取空, 當說惡取空.]】

B) Canonical Evidences for Falsely Understood Emptiness: vol. 36 and 75 of *YJL*, vol. 2 of *FXL*, vol. 6 of *GBL*

ZZ21 280a4-c7; WX34 799b13-801a10:

---

rnam pa gñis ni byaṅ chub sems dpaḥi tshul khrims yaṅ dag par len paḥi ḥos su yaṅ mi ruṅ bas gal te sbyin par byed na tshul khrims kyaṅ ḥthob par mi ḥgyur la/ slob dpon yaṅ ñes pa daṅ bcas par ḥgyur ro/), Chinese phrase '受者' should be added.

214) Taking into consideration *ShJJ* (T30 970a21-25: 云何正解? 如色, 說色乃至涅槃, 分別無有種種相性, 是名色空, 以色眞實流布於世, 是名不空. 以是義故, 說色一法亦有亦無. 解是二故, 亦法亦空, 終不於中妄生計著, 是名眞解空義.) and SNST (ZhT68.810.10: de gñis śes pa ñid kyi phyir), Chinese character '是' should be added.

『瑜伽』三十六云, “云何名為惡取空者? 謂有沙門惑〈或〉[215]婆羅門, 由彼故空亦不信受, 於此而空亦不信受, 如是名為惡取空者. 何以故? 由彼故空, 彼實是無, 於此而空, 此實是有, 由此道理可說為空. 若說一切都無所有, 何處'者何〈何者〉[216]何故名空? 亦不應言由此於此即說為空. 是故名為惡取空者.”

又『瑜伽』七十五云, “復次於大乘中, 或有一類, 惡取空故, 作如是言, “由世俗故, 一切皆有, 由勝義故, 一切皆無.” 應告彼言, “長老! 何者世俗? 何者勝義?” 如是問已, 彼若答言, “若一切法皆無自性, 是名勝義, 若於諸法無自性中自性可得, 是名世俗. 何以故? 無所有中建立世俗 · 假設 · 名言而起說故.” 應告彼曰, “【汝何所欲?】 名言 · 世俗為從因有自性可得, 為唯名言 · 世俗說有? 若名言 · 世俗從因有者, 名言 · 世俗從因而生而非是有, 不應道理. 若唯名言 · 世俗說有, 名言 · 世俗無事而有, 不應道理.” 又應'言彼〈告〉[217]言, “長老! 何緣諸可得者此無自性?” 如是問已, 彼若答言, “顛倒事故.” 復應告言, “【汝何所欲?】 此顛倒事為有為無? 若言有者, 說一切法由勝義故皆無自性, 不應道理, 若言無者, 顛倒事故諸可得者此無自性, 不應道理.”

『佛性』第一亦同『瑜伽』, 又彼『論』第二云, “復次增上慢人, 取空為見, 是真空解脫門,

---

215) Taking into consideration the context, Chinese character ‘惑’ must be a writing error for ‘或’.

216) Taking into consideration *YJL* (vol. 36, 「本地分 · 菩薩地 · 初持瑜伽處眞實義品」 T30 488c22-28: 云何名爲惡取空者? 謂有沙門或婆羅門, 由彼故空亦不信受, 於此而空亦不信受, 如是名爲惡取空者. 何以故? 由彼故空, 彼實是無, 於此而空, 此實是有, 由此道理可說爲空. 若說一切都無所有, 何處何者何故名空? 亦不應言由此於此卽說爲空, 是故名爲惡取空者.) and SNST(ZhT68. 812.8: gaṅ du ci ṣig gaṅ gis stoṅ par ḥgyur te), Chinese phrase ‘者何’ must be a writing error for ‘何者’.

217) Taking into consideration the correspondence to the previous phrase (‘應告彼曰’) and Woncheuk’s preference for phrases with even number characters, Chinese phrase ‘又應言彼言’ should be corrected as ‘又應告言’ according to *YJL* (vol. 75, 「攝決擇分 · 菩薩地」 T30 713b2-713b18: 復次於大乘中, 或有一類惡取空故, 作如是言, “由世俗故, 一切皆有, 由勝義故, 一切皆無.” 應告彼言, “長老! 何者世俗? 何者勝義?” 如是問已, 彼若答言, “若一切法皆無自性, 是名勝義, 若於諸法無自性中自性可得, 是名世俗. 何以故? 無所有中建立世俗假設名言而起說故.” 應告彼曰, “汝何所欲? 名言世俗為從因有自性可得, 為唯名言世俗說有? 若名言世俗從因有者, 名言世俗從因而生, 而非是有, 不應道理. 若唯名言世俗說有, 名言世俗無事而有, 不應道理.” 又應告言, “長老! 何緣諸可得者此無自性?” 如是問已, 彼若答言, “顛倒事故.” 復應告言, “汝何所欲? 此顛倒事, 為有為無? 若言有者, 說一切法由勝義故皆無自性, 不應道理, 若言無者, 顛倒事故, 諸可得者此無自性, 不應道理.”).

約此空解脫門, 起於空執, 謂一切有 · 無並皆是空. 此空執者, 即無所有, 無所有故, 因 · 果 · 二諦道理並失. 執此空過故即墮邪無, 是等執者, 由空而起, 故成(此執, 非由)邪執.[218] 一切邪執, 莫不由空故能滅除, 此執既依空起, 故不可治. 因此人故佛語, "迦葉! 若人起我見, 執如須須〈彌〉[219]山大, 我亦許之. 何以故? 以可滅故. 若此增上慢人所起空執, 猶如髮端四分之一, 我急呵責決定不許.""

又『廣百』第六卷云, "復次諸法真理何者是耶? 謂一切法空 · 無我理. 若爾, 此理亦有過失. 所以者何? 如有一類, 聞空 · 無我, 謂法皆無, 誹撥一切因果正理, 乃至斷滅一切善根. 此自見有過, 非空 · 無我咎. 由惡取空妄起邪見, 行諸惡行, 空 · 無我理心言不倒〈測〉[220], 非彼所證. 愚夫聞說'諸法皆空', 不知聖意, 便撥世俗因果亦無, 滅諸善法, 此豈是空 · 無我過失? 聖說空教有何意耶? 為遣一切虛妄有執. 若爾, 亦應說'諸法有'. 為遣妄執諸法空

---

218) Taking into consideration the context and SNST (ZhT68.814.2-3: <u>ḥdi lta buḥi mṅon par ṣen pa dag ni stoṅ pa ñid las byuṅ baḥi phyir</u> **<u>de la mṅon par</u>** <u>(ṣen pa)* grub pa yin gyi/ logs par ṣen pa</u> **<u>las ma yin no</u>**/ **ṣen pa* should be added.), two phrases of '此執' and '非由' should be added.

219) Taking into consideration the context and *FXL* (vol. 2, 「辯相分 · 明因品」 T31 797b14-23: 復次有增上慢人, 取空為見, 是真空實解脫門, 約此空解脫門, 起於空執, 謂一切有無, 並皆是空, 此空執者, 即無所有, 無所有故, 因果二諦道理並失, 執此空過故即墮邪無, 是等執者, 由空而起, 故成, 非由邪執. 一切邪執莫不由空故能滅除, 此執既依空起故不可治, 因此人故, 故佛語, "<u>迦葉</u>! 若人起我見, 執如須<u>彌</u>山大, 我亦許之. 何以故? 以可滅故. 若此增上慢人所起空執, 猶如髮端四分之一, 我急呵責決定不許."), Chinese character '須' must be a writing error for '彌'.

220) Taking into consideration *GBL* (vol. 6, 「破見品」 T30 219b10-c5: 復次諸法真理何者是邪? 謂一切法空 · 無我理. 若爾, 此理亦有過失. 所以者何? 如有一類, 聞空無我, 謂法皆無, 誹撥一切因果正理, 乃至斷滅一切善根. 此自見有過, 非空 · 無我咎, 由惡取空妄起邪見, 行諸惡行. 空 · 無我理心言不<u>測</u>, 非彼所證, 愚夫聞說'諸法皆空', 不知聖意, 便撥世俗因果亦無, 滅諸善法, 此豈是空 · 無我過失? 聖說空教有何意耶? 為遣一切虛妄有執. 若爾, 亦應說'諸法有'. 為遣妄執諸法空故. 實爾, 若有執諸法空, 如來亦說'諸法是有'. 既為遣執說有說空, 諸法真理為空為有? 諸法真理非有非空, 分別戲論皆不能及. 何緣聖說非虛妄耶? 為除邪執故非虛妄. 空 · 有二教俱能除執, 何故如來多說空教? <u>以諸有情多分執有</u>, 生死多分從有生執, 是故如來為除有執, 滅生死苦, 多說空教. 若空若有皆是教門, 何故前說空為真理? 方便假說, 亦不相違. 又此空言, 是遮非表, 非唯空有, 亦復空空, <u>遍</u>遣執心, 令契諸法非有非空究竟真理. 諸法真理實非空性. 空為門故, 假說為空, 真理非空. 空為門者, 真理非有, 應有為門? 隨機說門, 有亦無過 然其門義順在於空, 有有有等皆順執心, 空空空等皆違妄執. 故有智者, <u>聞</u>說空言, 應離一切有 · 無等執, 悟法真理非有非無, 勿起有 · 無分別戲論.) and SNST (ZhT68.814.21-815.1: stoṅ pa ñid daṅ/ bdag med paḥi don ni sems daṅ tshig gis <u>dpag par</u> mi nus te), Chinese character '倒' must be a writing error for '測'.

故. 實爾若有執諸法空, 如來亦說'諸法是有'. 既為遣執說有說空, 諸法真理為空為有? 諸法真理非有非空, 分別 · 戲論皆不能及. 何緣聖說非虛妄耶? 為除邪執故非虛妄. 空 · 有二教俱能除執, 何故如來多說空教? 以諸有情多分執有空說空[221], 生死多分從有生執, 是故如來為除有執, 滅生死苦, 多說空教. 若空若有皆是教門, 何故前說空為真理? 方便假說, 亦不相違. 又此空言, 是遮非表, 非唯空有, 亦復空空, 遮〈遍〉[222]遣執心, 令契諸法非有非空究竟真理, 諸法真理實非空性. 空為門故, 假說為空, 真理非空. 空為門者, 真理非有, 應有為門? 隨機說門, 有亦無過. 然其門義順在於空, 有有有等皆順執心, 空空空等皆違妄執. 故有智者, 開〈聞〉[223]說空言, 應離一切有 · 無等執, 悟法真理非有非無, 勿起有 · 無分別 · 戲論."

(3) Characteristics of Falsely Understood Emptiness [惡取過失相]: vol. 36 of *YJL*, vol. 6 of *GBL*

ZZ21 280c8-281a21; WX34 801a10-802a12:

辨惡趣〈取〉過失相者, 如『瑜伽論』三十六說. 故彼『論』云, "如有一類, 聞說難解大乘相應未極顯了密意趣義甚深經典, 不能如實解所說義, 起不如理虛妄分別, 由不巧便所引尋伺, 起如是見, 立如是論, 一切唯假, 是為真實, 若作是觀, 名為正觀. 彼於虛假所依處所實有唯事, 撥為非有, 是則一切虛假皆無, 何當得有一切唯假是為真實? 由此道理, 彼(於)[224]

---

221) Taking into consideration the context and *GBL* (ft.220), Chinese phrase '空說空' must be superfluous as the collation record of ZZ states.

222) Taking into consideration *GBL* (ft.220) and SNST (ZhT68.816.7: ḥdsin paḥi sems ~~can~~* <u>thams cad</u> sel ciṅ ... **can* should be deleted.), Chinese character '遮' must be a writing error for '遍'.

223) Taking into consideration *GBL* (ft.220) and SNST (ZhT68.816.18: de lta bas na blo daṅ ldan pa dag ni stoṅ pa ṣes bya baḥi tshig <u>thos</u> nas yaṅ), Chinese character '開' must be a writing error for '聞'.

224) Taking into consideration the context and SNST (ZhT68.817.1: stoṅ pa ñid la log par <u>bzuṅ ba</u>ḥi ṅes dmigs kyi mtshan ñdi ni/), Chinese character '趣' of the first phrase '辨惡趣過失相者' in this paragraph must be a writing error for '取'. As for this phrase, taking into consideration the context and *YJL* (vol. 36, 「本地分 · 菩薩地 · 初持瑜伽處眞實義品」 T30 488b28-488c21: 如有一類, 聞說難解大乘相應, 未極顯了密意趣義甚深經典, 不能如實解所說義, 起不如理虛妄分別, 由不巧便所引尋思, 起如是見, 立如是論, "一切唯假, 是為真實, 若作是觀, 名為正觀." 彼於虛假所依處所實有唯事, 撥為非有, 是則一切虛假皆無, 何當得有一切唯假是為真實? 由

真實及以虛假二種俱謗都無所有, 由謗真實及虛假故, 當知是名最極無者. 如是無者, 一切有智同梵行者, 不應共語, 不應共語, 不應共住. 如是無者, 能自敗壞, 亦壞世間隨彼見者. 世尊依彼密意說言, "寧如一類起我見者, 不如一類惡取空者. 何以故? 起我見者, 唯於所知境界迷惑, 不謗一切所知境界, 不由此因墮諸惡趣, 於他求法, 求苦解脫, 不為虛誑, 不作稽留, 於法於諦, 亦能建立, 於諸學處, 不生慢緩. 惡取空者, 亦於所知境界迷惑, 亦謗一切所知境界, 由此因故, 墮諸惡趣, 於他求法, (求)[225]苦解脫, 能為虛誑, 亦作稽留, 於法於諦, 不能建立, 於諸學處, 極生慢緩. 如是損減實有事者, 於佛所說法 · 毗奈耶, 甚為失壞.""

『廣百論』第六卷亦同『瑜伽』. 故『論』云, "復次劣慧者前, 不應輒說空 · 無我理, 增其惡見. 所以者何? 故次頌曰: 寧彼起我執　非空無我見/　後兼向惡趣 初唯背涅槃// 論曰. 彼謂世間諸劣慧者. 我執即是薩迦耶見, 其我所見, 亦帶我執故, 我執言亦攝彼見. 我執雖復不稱正理, 而寧起彼. 過失輕故. 實無我見, 雖稱正理, 然彼不能如實了達, 因斯誹撥諸法皆無, 過失重故, 寧彼不起? 云何此二過失輕重? 謂'一切〈初〉[226]我執唯背涅槃, 後惡取

此道理, 彼於真實及以虛假二種俱謗都無所有, 由謗真實及虛假故, 當知是名最極無者. 如是無者, 一切有智同梵行者, 不應共語, 不應共語, 不應共住. 如是無者, 能自敗壞, 亦壞世間隨彼見者. 世尊依彼密意說言, "寧如一類起我見者, 不如一類惡取空者. 何以故? 起我見者, 唯於所知境界迷惑, 不謗一切所知境界, 不由此因墮諸惡趣, 於他求法, 求苦解脫, 不為虛誑, 不作稽留, 於法於諦, 亦能建立, 於諸學處, 不生慢緩. 惡取空者, 亦於所知境界迷惑, 亦謗一切所知境界, 由此因故, 墮諸惡趣, 於他求法, **求**苦解脫, 能為虛誑, 亦作稽留, 於法於諦, 不能建立, 於諸學處, 極生慢緩. 如是損減實有事者, 於佛所說法 · 毗奈耶, 甚為失壞."), Chinese character '於' should be added.

225) Taking into consideration the context and *YJL* (ft.224, bold letter), Chinese character '求' should be added.

226) Taking into consideration the context and SNST (ZhT68.819.6-7: dań po dbag tu ḥdsin pa ni), Chinese phrase '一切' seems to be a writing error for '初', which Woncheuk consciouly added between sentences from *GBL* based on Chinese phrases of '初唯背涅槃' and '後惡取空' (Chinese phrases in bold) in *GBL* (vol. 6, 「破見品」 T30 219c6-25: 復次劣慧者前, 不應輒說空 · 無我理, 增其惡見. 所以者何? 故次頌曰: 寧彼起我執　非空無我見/　後兼向惡趣 **初唯背涅槃**// 論曰. 彼謂世間諸劣慧者. 我執即是薩迦耶見, 其我所見, 亦帶我執故, 我執言亦攝彼見. 我執雖復不稱正理, 而寧起彼. 過失輕故. 實無我見, 雖稱正理, 然彼不能如實了達, 因斯誹撥諸法皆無, 過失重故, 寧彼不起? 云何此二過失輕重? 謂我執唯背涅槃, **後惡取空**兼向惡趣, 彼劣慧者, 惡取空時, 尚厭善根, 況諸含識? 彼由厭背善及世間, 斷滅善根, 損害含識, 非唯棄背清涼涅槃, 亦持自身足地獄火. 起我見者, 無如是事. 所以者何? 彼貪我樂, 欲我離苦, 不造眾罪, 廣脩諸福, 脫諸惡趣, 不失人 · 天, 但怖涅槃, 不證解脫. 故『契經』說, "寧起我見如妙高山, 非惡取空增上慢者." 若爾, 諸法空 · 無我理

空兼向惡趣, 彼劣慧者, 惡取空時, 尚厭善根, 況諸含識? 彼由厭背善及世間, 斷滅善根, 損害含識, 非唯棄背清涼涅槃, 亦持自身之地獄火. 起我見者, 無如是事. 所以者何? 彼貪我樂, 欲我離苦, 不造眾罪, 廣脩諸福, 脫諸惡趣, 不失人 · 天, 但怖涅槃, 不證解脫. 故『契經』說, "寧起我見如妙高山, 非惡取空增上慢者." 若爾, 諸法空 · 無我理鄰近險趣, 聖不應說, 劣慧者前實不應說, 而勝慧者隨此脩行, 獲大義利, 故須為說."

(2)-2-1-5-2-2-3-1-2-2-2: Silencing Opponents' Criticism through Explication and Resolution [釋通伏難]

(2)-2-1-5-2-2-3-1-2-2-2-1: Resolution of Their Criticism that Confidence in Buddha's Teachings Is Not a Fault [通信法不應成過難]

(2)-2-1-5-2-2-3-1-2-2-2-1-1: Silencing Their Criticism through Resolution [正通伏難]

ZZ21 281a22; WX34 802a13:

雖於我法起於法想, 而非義中起於義想.

A. Sub-topics Related to '(2)-2-1-5-2-2-3-1-2-2-2', '(2)-2-1-5-2- 2-3-1-2-2-2-1', Topic and Meaning of the Sentence Above from *JShMJ*

ZZ21 281a23-b3; WX34 802a14-18:

釋曰. 自下第二釋通伏難. 通二伏難, 即分為二, 初通信法不應成過難, 後通信法應具福 · 智難. 前中有二, 初正通伏難, 後釋所由, 此即初也. 謂彼菩薩雖依我教起於教想, 非正義中起正義想, 雖能信教, 而成過失.

(2)-2-1-5-2-2-3-1-2-2-2-1-2: Explicating the Reason Why Confidence in Buddha's Teachings Is a Fault [釋其所由]

ZZ21 281b4-5; WX34 802b1-2:

由於我法起法想故, 及非義中起義想故, 於是法中持為是法, 於非義中持為是義

鄰近險趣, 聖不應說, 劣慧者前實不應說, 而勝慧者隨此脩行, 獲大義利, 故須為說.)

A. Topic and Meaning of the Sentence Above from *JShMJ*

ZZ21 281b6-8; WX34 802b3-5:

釋曰. 此即第二釋其所由. 由於我法起法想故, 於是法中信為正法, 而於非義起義想故, 非正義中執為正義.

(2)-2-1-5-2-2-3-1-2-2-2-2: Resolving Opponents' Criticism of Some Sentient Beings' Wrong Opinion that Their Confidence in Buddha's Teachings Could Necessarily Make Themselves Acuqire Merits and Perfect Knowledge [通信法應具福智難]

ZZ21 281b9-10; WX34 802b6-7:

彼雖於法起信解故, 福德增長, 然於非義起執著故, 退失智慧, 智慧退故, 退失廣大無量善法.

A. Topic and Meaning of the Sentence Above from *JShMJ*

ZZ21 281b11-14; WX34 802b8-11:

釋曰. 此第二通信法應具福 · 智難. 謂外難云, "此位菩薩四事具足, 聞教能信, 如何不具福 · 智資量?" 故作此通, "彼雖於法起淨信故, 福德增長, 於非義中起執著故, 退失智慧, 由退智故, 失無量善."

B. Presenting Different Views on Whether Category-firmed Bodhisattvas (*gotranityabodhisattva*) Regress or Not

ZZ21 281b14-c19; WX34 802b11-803b4:

1) Question

問. 種姓菩薩有退以不? 設爾何失?

若言退者, 『樂廣莊嚴經』如何會釋? 『經』云, "性地菩薩若一時煞閻浮提衆生, 雖有此罪, 不墮地獄. 若煞四天下乃至三千大千衆生, 亦不墮地獄. 何以故? 此人曠劫修行, 多供養諸佛, 功德 · 智慧善根純熟, 雖造重罪, 以福德大故, 罪即消滅, 不墮地獄." 又無性『攝大乘釋』第七卷(說)初無數劫(時)[227]云, "堅固心勝進(者)[228], 雖遇惡友, 方便破壞, 終不棄捨大菩提心, 現世當來所脩善法運運增長, 終不退減." 世親第七亦同無性.

若不退者, 『地持經』說'性地菩薩墮地獄等'如何會釋?

2) Presentation

解云. 於此義中自有兩說.

(1) *BML of* Nāgārjuna: Not Regress

一龍樹宗種姓不退. 是故『寶鬘論』中有人問龍樹云, "『地持經』說'種姓菩薩墮阿毗地獄', 此義云何?" 龍樹答云, "雖有此言, 我不敢作如是說. 何以故? 『不增不減經』中明性地菩薩畢竟不墮地獄, 同『樂莊嚴經』, 而『地持』等說言入者, 催恐地前菩薩令其生怖速證初地, 非謂實入阿毗地獄."【[此段引『經』如『金剛仙』說.]】

(2) *QXL* of Aśvaghoṣa: Not Regress

馬鳴菩薩『起信論』亦同上釋. 故彼『論』云, "如『修多羅』中或說有退墮惡趣者, 非其實退, 但為初學菩薩未入正信而懈怠者恐怖(令使)[229]勇猛故."

---

227) Taking into consideration the classical Chinese grammar and SNST (ZhT68.822.5-11: gṣan yaṅ slob dpon ṅo bo ñid med kyis byas paḥi theg pa chen po bsdus paḥi ḥgrel pa las/ bskal pa graṅs med pa daṅ po bstan paḥi skabs nas/ ... ṣes bśad de/), Chinese characters '說' and '時' should be added.

228) Taking into consideration *WXSh* (vol. 7, 「釋彼修差別分」 T31 425c21-29 ... 426a17- 19: 論曰. 復次凡經幾時修行諸地可得圓滿? 有五補特伽羅, 經三無數大劫. 謂勝解行補特伽羅, 經**初無數大劫**修行圓滿. 清淨增上意樂行補特伽羅及有相行 · 無相行補特伽羅, 於前六地及第七地經第二無數大劫修行圓滿. 即此無功用行補特伽羅, 從此已上至第十地經第三無數大劫修行圓滿. 此中有頌: 清淨增上力 **堅固心昇進/ 名菩薩初修　無數三大劫**// 釋曰 ... 堅固心昇進者, 雖遇惡友, 方便破壞, 終不棄捨大菩提心, 現世當來所修善法運運增長, 終無退減.) and SNST (ZhT68.822.7-8: sems brtan kyad par ḥgro ba yi/ /ṣes bya ba ni), Chinese character '者' should be added.

229) Taking into consideration *QXL* (vol. 1, T32 581a11-13: 如『修多羅』或說有退墮惡趣者, 非其實退, 但為初學菩薩未入正位而懈怠者恐怖令使勇猛故.) and SNST (ZhT68.823.13-14: ḥjigs pa daṅ/ nan tan brtson ḥgrus bskyed paḥi phyir ro), Chinese phrase '令使' should be added.

(3) Maitreya School

二彌勒宗自有兩說.

A) Some Scriptures or Thinkers: Not Regress

一云, 同龍樹宗.

B) vol. 47 and 37 of *YJL*: Regress

一云, 依『本業經』, 十住已上, 名種姓位, 於十住中, 前六名退, 第七不退, 故知種姓亦有退義. 又『瑜伽論』四十七云, "又諸菩薩勝解行位, 於菩薩修, 所作狹小, 所作有缺, 所作不定, 所得有退." 又云, "解行菩薩, 或於一時, 於大菩提, 雖以發心, 而復退捨." 『善戒經』第八 · 『地持』第九亦同此說. 又『瑜伽』三十七云, "若諸菩薩住勝解行地,【乃至】猶往惡起〈趣〉[230], 【此盡第一無數劫邊際.】" 『善戒經』第三 · 『地持』第二亦同此說. 然『樂廣莊嚴經』及『攝大乘論』言'不退'者, 從多分說, 而非盡理.

(2)-2-1-5-2-2-3-2: Presentation of Disciple's Imagination [弟子計]

(2)-2-1-5-2-2-3-2-1: Explication of Twofold Imaginations [別釋二計]

(2)-2-1-5-2-2-3-2-1-1: Presentation of Sentient Beings Who Take Buddha at His Words [依聞隨言執著人]

(2)-2-1-5-2-2-3-2-1-1-1: Presenting that They Attach to Buddha's Words [如言起執]

---

230) Taking into consideration the context and *YJL* (vol. 37, 「本地分 · 菩薩地 · 初持瑜伽處 · 成熟品」 T30 498a11-13 ... 498b5-9: 云何能成熟補特伽羅? 謂略有六種菩薩, 住菩薩六地, 能成熟有情. 一切勝解行菩薩住勝解行地, 二者 ... 若諸菩薩住勝解行地, 名下品成熟, 住淨勝意樂地, 名中品成熟, 住墮決定到究竟地, 名上品成熟. 若時菩薩住下品成熟, 爾時便有下品欲樂下品加行, 猶往惡趣, 此盡第一無數劫邊際. 熾然, 無動, 極善清淨, 覺品善法, 當知一切皆未相應. 若時菩薩住中品成熟, 爾時便有中品欲樂中品加行, 不往惡趣, 此盡第二無數劫邊際. 熾然, 無動, 覺品善法, 已得相應, 極善清淨, 覺品善法, 未得相應. 若時菩薩住上品成熟, 爾時便有上品欲樂上品加行, 不往惡趣, 此盡第三無數劫邊際. 熾然, 無動, 極善清淨, 覺品善法, 當知一切皆悉成就. 今於此中性淳厚故, 極猛盛故, 能有上品廣大果故, 大勝利故, 名爲熾然, 不轉還故, 不退墮故, 常勝進故, 名爲無動, 菩薩地中最無上故, 當知說名極善清淨.), Chinese character '起' must be a writing error for '趣'.

ZZ21 281c20-22; WX34 803b5-7:

復有有情, 從他聽聞, 謂法為法, 非義為義, 若隨其見, 彼即於法起於法想, 於非義中起於義想, 執法為法, 非義為義.

A. Sub-topics Related to '(2)-2-1-5-2-2-3-2', '(2)-2-1-5-2-2-3-2-1', '(2)-2-1-5-2-2-3-2-1-1', and Topic of the Sentence Above from *JShMJ*

ZZ21 281c23-282a2; WX34 803b8-11:

釋曰. 自下第二明弟子計. 於中有二, 初別釋二計, 後'由是'緣下總結二計. 前中二計, 即分為二, 初依聞隨言執著人, 後不隨其見不信人. 前中有二, 初明如言起執, 後顯執過失, 此即初也.

B. Meaning of the Sentence Above from *JShMJ*

ZZ21 282a3-7; WX34 803b11-16:

謂此有情從第三師聽聞所說, 隨其師見, 於法為法, 非義為義, 彼與本師無別異見. 而差別者, 其第三師聽聞佛教, 此第四人從他傳聞, 與師同計. 若准『對法』, 如前分別, 說第三師以為菩薩. 依『深密經』, 說第三師名邪見人. 故『深密』云, "復有眾生, 於彼耶見人邊聞法也."

(2)-2-1-5-2-2-3-2-1-1-2: Presenting that Their Faults Result from Attachment to Buddha's Words [執過失]

ZZ21 282a8; WX34 803b17:

由此因緣當知同彼退失善法.

A. Topic and Meaning of the Sentence Above from *JShMJ*

ZZ21 282a9; WX34 803b18:

釋曰. 此即第二顯執過失, 同前第三失無量善.

(2)-2-1-5-2-2-3-2-1-2: Presentation of Sentient Beings Who Not Have Confidence in Buddha's Teachings in Spite of Not Adhering to Their Masters'

Opinions [不隨其見不信人]

(2)-2-1-5-2-2-3-2-1-2-1: Presenting that They Do Not Have Confidence in Buddha's Teachings in Spite of Hearing Them [聞教不信]

(2)-2-1-5-2-2-3-2-1-2-1-1: Presenting that They Do Not Have Fear of Buddha's Teachings after Hearing Them [聞教生怖]

ZZ21 282a10-11; WX34 804a1-2:

若有有情不隨其見, 從彼欻聞'一切諸法皆無自性·無生無滅·本來寂靜·自性涅槃', 便生恐怖.

A. Sub-topics Related to '(2)-2-1-5-2-2-3-2-1-2', '(2)-2-1-5-2- 2-3-2-1-2-1', Topic of the Sentence Above from *JShMJ*

ZZ21 282a12-14; WX34 804a3-5:

釋曰. 自下第二不隨其見不信人. 於中有二, 初明聞教不信, 後'由此'下顯不信失. 前中有三, 初聞教生怖, 次(因)生耶解231), 後因解起謗, 此即初也.

B. Meaning of the Sentence Above from *JShMJ*

ZZ21 282a14-18; WX34 804a5-9:

謂此有情從第三師聞彼所說, 而不隨其前師所見, 言'一切法決定皆無自性等'見(?), 從彼欻聞'一切諸法無性等'言, 心生怖畏(而云)232), "如何諸法無自性等?", 因此於教亦生恐怖.

---

231) Taking into consideration SNST (ZhT68.826.11-12: <u>phyin ci log gi śes paḥ</u>i dbaṅ gis <u>skrag pa</u> skye bar bstan pa daṅ/), there is a high likelihood that this phrase should read as '因<u>耶解</u>生<u>怖畏</u>' in the manuscript Chos grub used. But it should be corrected as '因<u>怖畏</u>生<u>耶解</u>' in view of the context, so its Tibetan counterpart should be corrected as *<u>skrag paḥ</u>i dbaṅ gis <u>phyin ci log gi śes pa</u> skye bar bstan pa*. Furthermore, the topic name '因怖畏生耶解' appears to have been abbreviated to '因生耶解' in later manuscripts after Chos grub, as evidenced by the topic name for the sentence below in *JShMJ* (ZZ21 284b4 ff.: 釋曰. 此即第二因生耶解. ...).

232) Taking into consideration the classical Chinese grammar, SNST (ZhT68.826.17-18: sems la skrag pa sbyes nas/ ji ltar na chos rnams ṅo bo ñid med pa la sogs pa yin <u>ṡes bstan pa</u> deḥi dbaṅ gis skrab ciṅ dṅaṅ bar gyur paḥo/), and Woncheuk's preference for phrases with even number characters, Chinese phrase '而云' should be added.

C. Explaining Threefold Persons Who Have Fear of Buddha's Teaching of Emptiness

ZZ21 282a18-b2; WX34 804a9-17:

有三種人於教生怖, 如『雜集論』第十二云, "復次何緣一分眾生於方廣分廣大甚深不生勝解, 反生怖畏耶? 由遠離法性故, 未種善根故, 惡友所攝故. 法性者, 謂菩薩種性, 是彼自體故, 由一分眾生無菩薩種姓故, 心性下劣, 於廣大甚深教不能勝解, 是故怖畏. 又一分眾生雖有菩薩種性, 而於大菩提未種正願等諸善根故, 於此不能勝解, 是故怖畏, 又一分眾生, 雖已種善根, 而為誹謗大乘眾生惡友所攝故, 於此不能勝解, 是故怖畏."

(2)-2-1-5-2-2-3-2-1-2-1-2: Presenting that Their Misunderstanding of Buddha's Teachings Arises from Fear of Them [因生耶解]

ZZ21 282b3; WX34 804a18:

恐怖已, 作如是言, "此非佛語, 是魔所說."

A. Topic and Meaning of the Sentence Above from *JShMJ*

ZZ21 282b4-6; WX34 804b1-3:

釋曰. 此即第二因生耶解. 謂因其怖畏, 便生耶解, ~~言是佛教定非佛說~~, 即作是言, "(定非佛說,) 此非佛語, 是魔所說."[233]

(2)-2-1-5-2-2-3-2-1-2-1-3: Presenting that Their Slander on Buddha's Teachings Arises from Misunderstanding of Them [因解起謗]

ZZ21 282b7; WX34 804b4:

作此解已, 於是經典, 誹謗毀罵.

A. Topic and Meaning of the Sentence Above from *JShMJ*, Explaining the Reason

233) Taking into consideration the context and SNST (ZhT68.827.15-18: gñis pa ... /ḥdi ltar skrag paḥi dbaṅ gis phyin ci log gi śes pas ḥdi skad du saṅs rgyas kyi bstan pa ṅes par ma yin pas ḥdi ni saṅs rgyas kyi bkaḥ ma yin gyi/ bdud kyis smras pa yin no ṣes zer baḥo/), the sentence should be revised as above.

Why Their Slander on Buddha's Teachings Arises

ZZ21 282b8-17; WX34 804b5-14:

釋曰. 此即第三因解起謗. 然慢〈謗〉[234]法緣有其二種, 或有四種. 故『大般若』五百五十九云, "具壽<u>善現</u>復白佛言, "彼愚癡人幾因緣故毀謗深法?" 佛言, "<u>善現</u>! 由二因緣, 一為耶魔之所扇惑, 二於深法不能信解. 復次<u>善現</u>! 由四因緣毀謗深法, 一為惡友之所誘誑, 二為不能勸修善法, 三為懷惡喜求他過, 四為嫉妒自讚毀他, 由具如是法因緣故, 彼愚癡人毀謗深法, 發起無邊極重惡業."" 又『大般若』三百七十 · 四百三十五 · 『大品經』十八 · 『智度論』六十三諦〈謗〉[235]法四緣大同前說.

(2)-2-1-5-2-2-3-2-1-2-2: Presenting that Their Faults Result from Distrust in Buddha's Teachings [顯不信失]

ZZ21 282b18; WX34 804b15:

由此因緣獲大衰損, 觸大業障.

A. Topic and Meaning of the Sentence Above from *JShMJ*

ZZ21 282b19-20; WX34 804b16-17:

釋曰. 此即第二顯不信失. 謂由前說謗法因緣獲大衰損, 證〈觸〉[236]大業障.

(2)-2-1-5-2-2-3-2-2: Summary of Twofold (=Master's and His Disciple's) Imaginations Mentioned above [總結二計]

(2)-2-1-5-2-2-3-2-2-1: Summary of Former (=Master's) Imagination [結前計]

ZZ21 282b21-22; WX34 804b18-805a1:

---

234) Taking into consideration the context and SNST (ZhT68.827.21: chos la <u>skur pa ḥdebs</u> paḥi rkyen), Chinese character '慢' must be a writing error for '謗'.

235) Taking into consideration the context and SNST (ZhT68.828.14: chos la <u>skur pa ḥdebs</u> paḥi rkyen gṣi〈bṣi〉* ḥdi ... *gṣi* should be corrected as *bṣi* according to P. N.), Chinese character 諦 must be a writing error for '謗'.

236) Taking into consideration the sentence above from *JShMJ* (<u>觸</u>大業障) and SNST (ZhT68.828.19: las kyi sgrib pa chen pos kyaṅ <u>reg par</u> ḥgyur baḥo/), Chinese character '證' must be a writing error for '觸'.

由是緣故我說, "若有於一切相起無相見, 於非義中宣說為義."

A. Sub-topics Related to '(2)-2-1-5-2-2-3-2-2', Topic and Meaning of the Sentence Above from *JShMJ*

ZZ21 282b23-c2; WX34 805a2-5:

釋曰. 自下第二總結二計. 於中有二, 初結前計, 後結後計, 此即初也. 由是從他聞法起執以為緣故, 世尊自說, "於三性相起無相見, 非義之中宣說為義, 便成耶見."

(2)-2-1-5-2-2-3-2-2-2: Summary of Latter (= Disciple's) Imagination [結後計]

ZZ21 282c3-4; WX34 805a6-7:

是起廣大業障方便, 由彼陷墜無量眾生, 令其獲得大業障故.

A. Topic of the Sentence Above from *JShMJ*

ZZ21 282c5; WX34 805a8:

釋曰. 此即第二結後計也, 如文可知.

B. Presenting Another Classification of '(2)-2-1-5-2-2-3-1-2' and Recognizing Latter as Superior

ZZ21 282c5-7; WX34 805a8-10:

或如言起執, 文別有二, 初廣釋如言起執, 後'由是緣故'下總結. 雖有兩釋, 後解為勝.

(2)-2-1-5-2-2-4: Presentation of Sentient Beings Who Do Not Have Confidence in Buddha's Teachings Due to Residing in Their Own Opinions (Group 4) [安住自見不信人]

(2)-2-1-5-2-2-4-1: Presenting that They Do Not Possess Any of Five Things [不具五事]

ZZ21 282c8-10; WX34 805a11-13:

善男子! 若諸有情, 未種善根, 未清淨障, 未熟相續, 【無多勝解,】未集福德智慧資糧, 性非質直, 非質直(類, 雖)[237]有力能思擇廢立, 而常安住自見取中.

A. Sub-topics Related to '(2)-2-1-5-2-2-4', Topic and Division of the Sentence Above from *JShMJ*

ZZ21 282c11-13; WX34 805a14-16:

釋曰. 自下第(四)238)安住自見不信人. 於中有二〈三〉, 初明不具五事, 後〈次〉顯其不信, (後辨謗過失,)239) 此即初也. 文有二節, 初明五事不具, 後辨三類差別. 准前可知.

(2)-2-1-5-2-2-4-2: Presenting that They Do Not Have Confidence in Buddha's Teachings [其不信]

(2)-2-1-5-2-2-4-2-1: Presenting that They Do Not Have Confidence in Buddha's Teachings in Spite of Hearing Sūtras [聞經不信]

ZZ21 282c14-15; WX34 805a17-18:

彼若聽聞如是法已, 不能如實解我甚深密意言說, 亦於此法不生信解.

A. Sub-topics Related to '(2)-2-1-5-2-2-4-2', Topic and Meaning of the Sentence Above from *JShMJ*

ZZ21 282c16-19; WX34 805b1-4:

釋曰. 自下第二顯其不信. 於中有五, 一聞經不信, 二起二種想, 三生二種執, 四因生耶解, 五正明起謗, 此即初也. 謂由安住自見取故, 聞此密教, 不生信解.

(2)-2-1-5-2-2-4-2-2: Presenting that They Have Twofold Misconceptions (*saṃjñā*) of Both Buddha's Teachings and Their Meanings [起二種想]

ZZ21 282c20; WX34 805b5:

---

237) Taking into consideration *JShMJ* (T16 696a15-16), Chinese characters '類' and '雖' should be added as the collation record of ZZ states.

238) Chinese character '四' should be added.

239) Taking into consideration the conformity with topic for next sentence (ZZ21 282c16 ff.: 釋曰. 自下第二顯其不信.; 283a15 ff.: 釋曰. 此即 ... 顯謗過失.) and SNST (ZhT68.829.20-830.2: /ḥdi yaṅ rnam pa gsum ste/ dṅos po lṅa daṅ mi ldan par bstan pa daṅ/ mṅon par yid mi ches pa ñid rab tu bstan pa daṅ/ skur ba ḥdebs paḥi ñes dmigs bstan pa ste/), the sentence should be revised as above.

於是法中起非法想; 於是義中起非義想.

A. Topic and Meaning of the Sentence Above from *JShMJ*

ZZ21 282c21-22; WX34 805b6-7:

釋曰. 此第二釋起二種想. 由前聞教不信解故, 於法義中起二耶想.

(2)-2-1-5-2-2-4-2-3: Presenting that They Have Attachments to Both Buddha's Words and Meaning of Buddha's Teachings [生二種執]

ZZ21 282c23; WX34 805b8:

於是法中執為非法; 於是義中執為非義.

A. Topic and Meaning of the Sentence Above from *JShMJ*

ZZ21 282c24; WX34 805b9:

釋曰. 此第三釋生二種執. 由前二想起二執故也.

(2)-2-1-5-2-2-4-2-4: Presenting that Their Misunderstanding Results from Attachments to Both Buddha's Words and Their Meanings [因生耶解]

ZZ21 283a1; WX34 805b10:

唱如是言, "此非佛語, 是魔所說."

A. Topic and Meaning of the Sentence Above from *JShMJ*

ZZ21 283a2-3; WX34 805b11-12:

釋曰. 此第四釋因生耶解. 由於法 · 義起二執故, 以因此緣起斯耶解.

(2)-2-1-5-2-2-4-2-5: Presentation of Arising of Their Slander on Buddha's Teachings [起謗]

(2)-2-1-5-2-2-4-2-5-1: Presentation of Their Slander on Sūtras [謗經]

ZZ21 283a4-5; WX34 805b13-14:

作此解已, 於是經典, 誹謗毀罵, 撥為虛偽, 以無量門毀滅 · 摧伏如是經典.

A. Sub-topics Related to '(2)-2-1-5-2-2-4-2-5', and Topic of the Sentence Above from *JShMJ*

ZZ21 283a6-7; WX34 805b15-16:

釋曰. 此第五釋正明起謗. 於中有三, 初正明謗經, 次憎信經者, 後辨謗法緣, 此即初也.

(2)-2-1-5-2-2-4-2-5-2: Presentation of Their Hatred against Persons Who Have Confidence in Sūtras [憎信經人]

ZZ21 283a8; WX34 805b17:

於諸信解此經典者起怨家想.

A. Topic of the Sentence Above from *JShMJ*

ZZ21 283a9; WX34 805b18:

釋曰. 此第二釋憎信經人也.

(2)-2-1-5-2-2-4-2-5-3: Presentation of Their Slander on Buddha's Teachings [謗法緣]

ZZ21 283a10; WX34 806a1:

彼先為諸業障所障.

A. Topic and Meaning of the Sentence Above from *JShMJ*

ZZ21 283a11-12; WX34 806a2-3:

釋曰. 此即第三辨謗法緣. 謂三障中, 為業障故, 所以謗法.

(2)-2-1-5-2-2-4-3: Presentating the Faults Resulted from Their Slander on Buddha's Teachings [謗過失]

ZZ21 283a13-14; WX34 806a4-5:

由此因緣, 復為如是業障所障, 如是業障, 初易施設, 乃至齊於百千俱胝**那庾多劫無有出期.**

A. Topic and Meaning of the Sentence Above from *JShMJ*

ZZ21 283a15-18; WX34 806a6-9:

釋曰. 此即第二〈三〉240)顯謗過失. 謂由先世業障所障, 復為現在謗法業障之所覆障, 如是業障初造時, 雖易施設, 當受苦果, 逕於百千俱胝那庾多劫, 無有出期.

B. Explaining Technical Term "jùzhīnàyǔduō" (俱胝那庾多, *koṭī-nayuta*) of the Sentence Above from *JShMJ*

ZZ21 283a18-23; WX34 806a9-14:

言'俱胝那庾多'者, 如『俱舍論』第十二卷引『經』說云, "有一無餘數始為一, 十一為十, 十十為百, 十百為千, 十千為萬, 十萬為洛叉, 十洛叉為度洛叉, 十度洛叉為俱胝, 十俱胝為末陀, 十末陀為阿庾多, 十阿庾多為大阿庾多, 十大阿庾多為那庾多, 如是展轉, 滿六十數." 具如彼說.

C. Presenting the Alternative Interpretaion of Meaning of the Sentence Above from *JShMJ*

ZZ21 283a23-b2; WX34 806a14-17:

或可, 初易施設者, 過去業障初所造故, 易可施設輕 · 重之相, 今謗法業, 受苦無窮, 難可分別其謗法失. 具如『大般若』一百八十一 · 『法華』第二等.

D. Re-classifying Five Groups of Sentient Beings Mentioned Above and Explaining the Reason Why There Are Different Namings on Third Group among Scriptures

ZZ21 283b2-8; WX34 806a17-b5:

然上諸說有差別者, 初之二人, 教 · 義俱信. 第三人中及二弟子, 合有三人, 初之二人, 信教失義, 後之一人, 修〈信〉241)義失教. 第四一人, 教 · 義俱失. 又四人中前之二人並是

---

240) Taking into consideration the conformity with topic previously presented (ZZ21 282c11 ff.: 釋曰. 自下第(四)安住自見不信人. 於中有二〈三〉, 初明不具五事, 後〈次〉顯其不信, (<u>後</u>辨謗過失.) ...) and SNST (ZhT68.831.20: <u>gsum pa</u> skur pa ḥdebs paḥi ñes dmigs bstan paḥo/), Chinese character '二' must be a writing error for '三'.

241) Taking into consideration the context and SNST (ZhT68.833.3: don la <u>mṅon par yid ches</u>

菩薩, 而差別者, 初具五事, 後具四事.

第三一人, 【依『深密經』, 五義俱無, 名為'耶見',】 若依此『經』, 具有四事, 但言'有情', 依『對法論』及『大品』名為'菩薩'. 所以如是諸教不同.

(2)-2-1-5-3: Concluding that Sentient Beings Have Different Understandings on Buddha's Teachings [總結意解不同]

ZZ21 283b9-11; WX34 806b6-8:

善男子! 如是於我善說善制法毗奈耶最極清淨意樂所說善教法中有如是等諸有情類意解種種差別可得."

A. Topic of the Sentence Above from *JShMJ*

ZZ21 283b12-13; WX34 806b9-10:

釋曰. 就意解不同, 文別有三, 初總標, 次別釋, 後總結. 上來已釋二段文訖, 此即第三總結應知.

B-2. Poem (kārikā)

(2)-2-2: Repetitive Preaching with Poem [以頌重說]

(2)-2-2-1: Proclamation of Intent of Poem [總標頌意]

ZZ21 283b14; WX34 806b11:

爾時世尊, 欲重宣此義, 而說頌曰:

A. Sub-topics Related to '(2)-2-2', and Topic of the Sentence Above from *JShMJ*

ZZ21 283b15-16; WX34 806b12-13:

釋曰. 此下第二以頌重說. 於中有二, 初總標頌意, 後舉頌正釋, 此即初也.

(2)-2-2-2: With Poem Explicating Buddha's Own Previous Preachings [舉頌正釋]

(2)-2-2-2-1: With Poem Explicating the Meaning of Previous Statement "All

---

śiṅ/), Chinese character '修' must be a writing error for '信'.

Phenomena Do Not Have Their Intrinsic Natures ...” [頌上一切諸法皆無性等]

(2)-2-2-2-1-1: Explicating Meanings of the Sūtra's Four Sentences (一切諸法皆無自性 · 無生無滅 · 本來寂靜 · 自性涅槃) and Elucidating that the Statement Has an Hidden Intent [釋經四句兼顯有密意趣]

ZZ21 283b17-18; WX34 806b14-15:

一切諸法皆無性 無生無滅本來寂/

諸法自性恒涅槃 誰有智言無密意//

A. Sub-topics Related to '(2)-2-2-2', '(2)-2-2-2-1', and Topic of the Sentence Above from *JShMJ*

ZZ21 283b19-c1; WX34 806b16-807a4:

釋曰. 此下第二舉頌正釋. 於中有二, 初之兩頌頌上'一切諸法皆無性等', 【反頌後】說依密意教迷 · 悟不同. 後'依諸淨道'下有其三頌頌依密教說一乘義. 或可, 分為二, 初有二頌頌上'一切諸無性等'意, 後有三頌頌上'一乘'已下二'復次'文. 前中有二, 初有一頌釋『經』四句, (兼顯有)[242]密意趣, 後有一頌約三無性正顯密意.

B. Meaning of the Sentence Above from *JShMJ*

ZZ21 283c1-3; WX34 807a4-6:

謂『經』所說'無性等'言, 非決定無自性等故, 名為無性, 但依三種無自性義, 說名無性, 若具分別, 如上廣說, 故言'誰有智言無密意'也.

(2)-2-2-2-1-2: Buddha Recalls that He Has Already Elucidated the Hidden Intent of the State “All Phenomena Do Not Have Their Intrinsic Natures ...” in Relation to Three Non-intrinsic Natures [約三無性正顯密意]

---

242) Taking into consideration the context, SNST (ZhT68.834.18-19: tshigs su bcad pa daṅ po gcig gis ni mdoḥi tshig bṣi rnam par bśad ciṅ dgoṅs pa daṅ ldan par bstan la/), and Woncheuk's preference for phrases with even number characters, Chinese phrase '兼顯有' should be added.

ZZ21 283c4-5; WX34 807a7-8:

相生勝義無自性 如是我皆已顯示/

若不知佛此密意 失壞正道不能往//

A. Topic and Meaning of the Sentence Above from *JShMJ*

ZZ21 283c6-12; WX34 807a9-15:

釋曰, 此即第二約三無性正顯密意. 謂'前所說無性等言不了言辭〈不了前所說'無性等'言故〉[243], 我以相 · 生 · 勝義無性顯示所說'無性等'意, 若不了知此密意者, 失正道故, 不能趣往無上菩提, 如是失壞. 如<u>無性</u>『攝論』第一卷云, "於無無因強立為有, 故名增益; 於有無因強撥為無, 故名損減, 如是增益及與損減俱說為邊, 是墜墮義, 此二轉時失壞中道."

(2)-2-2-2-2: Buddha Recalls that He Has Elucidated the Meaning of "One Vehicle" in Relation to Insight into Non-intrinsic Natures [約無性觀釋一乘義]

(2)-2-2-2-2-1: Buddha Recalls that He Has Implicitly Preached the Teaching of "One Vehicle" in Relation to Differences between Three Vehicles of Practioners [約三乘人密說一乘]

ZZ21 283c13-14; WX34 807a16-17:

依諸淨道清淨者 唯依此一無第二/

故於其中立一乘 非有情性無差別//

A. Sub-topics Related to '(2)-2-2-2-2', and Topic of the Sentence Above from *JShMJ*

ZZ21 283c15-c19; WX34 807a18-b4:

釋曰. 自下第二【有三行頌】約無性觀釋一乘義. 於中有四, 初之一頌約三乘人密說一

---

243) Taking into consideration the classical Chinese grammar and SNST (ZhT68.835.10-11: /ḥdi ltar ṅo bo ñid med pa ṣes bya ba la sogs pa <u>gsuṅs paḥi tshig khoṅ du mi chud pas</u>//), the sentence should be revised as above.

乘, 二有半頌頌定姓人唯度自身, 三有半頌頌不定姓證大涅槃, 四有一頌釋涅槃相, 此即第一.

B. Meaning of the Sentence Above from *JShMJ*

ZZ21 283c19-20; WX34 807b4-5:

謂三乘人皆依無性無漏聖道各證涅槃, 無第二道, 故說'一乘', 非彼三乘無有差別.

(2)-2-2-2-2-2: With Poem Explicating that Definite Category of Practitioners Could Solely Save Themselves [頌定性人唯度自身]

ZZ21 283c21; WX34 807b6:

眾生界中無量生 唯度一身趣寂滅/

A. Topic and Meaning of the Sentence Above from *JShMJ*

ZZ21 283c22-23; WX34 807b7-8:

釋曰. 此即第二頌定性人唯度自身. 謂依身中定無如來慈悲種故, 畢竟不成無上菩提, 廣說如前.

(2)-2-2-2-2-3: With Poem Explicating that Indefinite Category of Practitioners Could Attain Great *Nirvāṇa* [頌不定性證大涅槃]

ZZ21 283c24; WX34 807b9:

大悲勇猛證涅槃 不捨眾生甚難得//

A. Topic and Meaning of the Sentence Above from *JShMJ*

ZZ21 284a1-4; WX34 807b10-13:

釋曰. 此即第三頌不定性證大涅槃. 彼不定人身中具有佛種姓故, 勇猛精進, 證佛涅槃, 不捨眾生利益之事, 具四種智, 便能證得究竟涅槃, 比定性人甚難得也.

(2)-2-2-2-2-4: Explicating the Characteristics of *Nirvāṇa* [釋涅槃相]

ZZ21 284a5-6; WX34 807b14-15:

微妙難思無漏界 於中解脫等無差/

一切義成離惑苦 二種異說謂常樂//

A. Topic of the Sentence Above from *JShMJ*

ZZ21 284a7; WX34 807b16:

釋曰. 此即第四釋涅槃相.

B. Explaining Phrase '**微妙難思無漏界**' of the Sentence Above from *JShMJ*

ZZ21 284a7-8; WX34 807b16-17:

'微妙難思無漏界'者, 【謂涅槃體, 界者體也.】 謂涅槃體離諸相故, 微妙難思.

C. Explaining Phrase '**於中解脫等無差**' of the Sentence Above from *JShMJ*

ZZ21 284a9-19; WX34 807b18-808a10:

'於中解脫等無差'者, 顯涅槃果等無差別. 於一真如有二身義, 一解脫身, 謂依真如斷煩惱障, 證得解脫, 名解脫身, 二者法身, 謂佛法身力 · 無畏等功德所依, 故名法身. 於中法身唯如來有, 解脫身者三乘無別, 故言'解脫等無差'. 故下第五卷中說云, "善男子! 由解脫身故說一切聲聞 · 獨覺與諸如來平等平等; 由法身故說有差別. 如來法身有差別故, 無量功德最勝差別." 若依『瑜伽』, 三乘無餘涅槃無有上 · 中 · 下品差別. 故『瑜伽論』第八十云, "非此無餘涅槃界中可得安立上中下品 · 高下 · 勝劣, '此是如來, 是聲聞等'." 廣說如彼.

D. Explaining Phrase '**一切義成離惑苦二種異說謂常樂**' of the Sentence Above from *JShMJ*

ZZ21 284a19-b5; WX34 808a10-b2:

'一切義成等'者, 義謂義利, 謂於無餘涅槃真如體上, 一切無為功德義成, 遠離煩惱所依苦身, 不同有餘唯離煩惱. 依此涅槃二種異說, 所謂常 · 樂. 以離惑故說之為常; 離苦故說之為樂. 若依『瑜伽』, 有三義故說之為常; 有二義故名之為樂. 故八十云, "問. 何因緣故當言是常? 答. 清淨真如之所顯故, 非緣生故, 無生滅故. 問. 當言是樂, 當言非樂? 答. 由勝義樂, 當言是樂, 非由受樂說名為樂. 何以故? 一切煩惱及所生苦皆超越故." 准此『瑜伽』,

依三常義 · 二種樂義, 由此常 · 樂二種義別, 故作此言'二種異說'.

C. Paramārthasamudgata's Presentation of His Own Understanding on Buddha's Teachings

(3): Bodhisattva Paramārthasamudgata Presents His Own Understanding on Buddha's Teachings and Cherishes Them as Truth [菩薩領解受持]

(3)-1: His Presentation of His Own Understanding on Buddha's Teachings [菩薩領解]

(3)-1-1: He Appraises the Abstruseness of Buddha's Teachings [讚教甚深]

ZZ21 284b6-8; WX34 808b3-5:

爾時勝義生菩薩復白佛言, "世尊! 諸佛如來密意語言甚奇希有, 乃至微妙最微妙, 甚深最甚深, 難通達最難通達.

A. Sub-topics Related to '(3)', '(3)-1', Topic and Division of the Sentence Above from *JShMJ*

ZZ21 284b9-13; WX34 808b6-10:

釋曰. 自下第三菩薩領解受持分. 於中有二, 初菩薩領解, 後'爾時世尊'下如來勸持. 前中有三, 初讚教甚深, 次'如是'下申自領解, 後'世尊譬如'下擧喻重顯, 此即第一讚教甚深. 文有二節, 初總讚歎功能希有, 後'乃至'下別讚歎也.

B. Explaining Phrase '微妙甚深難通達' of the Sentence Above from *JShMJ*

ZZ21 284b14-16; WX34 808b10-13:

言'微妙甚深難通達'者, 如其次第, 超過凡夫 · 二乘 · 菩薩三位別故, 或可超過聲聞 · 緣覺 · 菩薩位故, 或可超過三僧祇位菩薩境故, 說此三名.

(3)-1-2: Bodhisattva's Presentation of His Own Understanding on Buddha's Teachings [自領解]

(3)-1-2-1: He Presents His Understanding that Buddha Presented Three Non-intrinsic Natures in Relation to Five Teachings of Heaps etc. [領蘊等五門說三無性]

(3)-1-2-1-1: He Presents His Understanding that Buddha Presented Three Non-intrinsic Natures in Relation to Material Heap (*rūpaskandha*) [約色蘊說三無性]

(3)-1-2-1-1-1: He Presents His Understanding that Buddha Presented Both Non-intrinsic Natures with Regard to Characteristics and Non-intrinsic Natures with Regard to Arising in Relation to Material Heap [領前二性]

(3)-1-2-1-1-1-1: He Proclaims that He Would Understand Buddha's Teachings as Follows [總標領解]

ZZ21 284b17; WX34 808b14:

如是我今領解世尊所說義者.

A. Sub-topics Related to '(3)-1-2', '(3)-1-2-1', '(3)-1-2-1-1', '(3)-1-2- 1-1-1', and Topic of the Sentence Above from *JShMJ*

ZZ21 284b18-22; WX34 808b15-809a1:

釋曰. 自下第二自領解. 於中有二. 初領蘊等五門說三無性, 後領諦等二門說三無性. 前中有二, 初約色蘊說三無性, 後類餘蘊等. 就色蘊中復分為二, 初領前二性, 後領第三性. 前中有二, 初總標領解, 後別釋領解, 此即初也.

(3)-1-2-1-1-1-2: Bodhisattva's Presentation of His Own Understanding on Buddha's Specific Teachings [別釋領解]

(3)-1-2-1-1-1-2-1: He Presents His Own Understanding on Characteristics of Imagined Nature [明所執相]

(3)-1-2-1-1-1-2-1-1: He Presents His Understanding that Buddha Presented the Phenomena of Imagined Nature in Relation to the Phenomena of Other-dependent Nature [依依他立所執性]

ZZ21 284b23-c2; WX34 809a2-5:

若於分別所行遍計所執相所依行相中, 假名安立以為色蘊, 或自性相, 或差別相, 假名安立為色蘊生, 為色蘊滅, 及為色蘊永斷・遍知, 或自性(相)[244], 或差別相, 是名遍計所執相.

A. Sub-topics Related to '(3)-1-2-1-1-1-2', '(3)-1-2-1-1-1-2-1', and Topic of the Sentence Above from *JShMJ*

ZZ21 284c3-6; WX34 809a6-9:

釋曰. 自下第二別釋領解. 於中有二, 初明所執相, 後明依他性. 就所就〈執〉[245]中, 文別有二, 初依依他立所執性, 後'世尊依此'下依所執性說相無性, 此即初也.

B. Division of the Sentence Above from *JShMJ*

ZZ21 284c6-7; WX34 809a9-10:

文有三節, 一明分別所行所依行相, 二明色蘊自性・差別, 三辨色蘊生滅・永斷・遍知.

C. Explaining Phrase '分別所行' of the Sentence Above from *JShMJ*

ZZ21 284c7-11; WX34 809a10-14:

'分別所行'者, '分別'即是能遍計度心及心所, '所行'言顯, 彼所執性實色蘊等是彼分別所行境故, 名為所行. 又解, 所行是依他假色蘊等, 即彼分別所緣緣故, 名為所行.

D. Presenting Twofold Views on the Meaning of Technical Term "xíngxiàng" (行相, *ākāra*) in the Phrase '遍計所執相所依行相中' of the Sentence Above from *JShMJ* and Regarding the Latter View as Superior

ZZ21 284c11-15; WX34 809a14-18:

言'遍計所執相所依行相中'者, 所說'行相'自有兩說.

一云, 行謂見分, 能緣行解, 相即相分, 是所緣相.

---

244) Chinese character '相' should be added according to *JShMJ* (T16 696b18).

245) Taking into consideration the context and SNST (ZhT68.841.19-20: /brtags paḥi mtshan ñid bstan pa yaṅ rnam pa gñis su dbye ste/), Chinese character '就' must be a writing error for '執'.

一云, 行相即是有為行相, 總說依他以為行相.[246]

兩說之中後說為勝. 若依前說, 不攝〈成〉[247]依他. 見等分故.

E. Explaining Characteristics of Imagined Nature in Relation to the Sentence Above from *JShMJ*

ZZ21 284c15-23; WX34 809a18-b8:

'安立色蘊自性 · 差別'者, 總相出體, 名為自性; 即自性上有漏 · 無漏 · 可見 · 不可見等, 名為差別. '安立色蘊生滅'等者, 未有而有, 名之為生, 已有還無, 稱之為滅, 總辨生 · 滅, 名為自性, 剎那生滅及一期等, 名為差別. 染汙色蘊, 名為永斷; 不染色蘊, 名曰遍知. 或集義邊, 名為永斷, 苦諦義邊, 名曰遍知. 如是永斷 · 遍知, 若總辨永斷, 名永斷自性; 若見脩等斷, 名永斷差別, 總者〈知〉[248]色蘊自性, 名遍知自性; 別知色蘊差別, 名遍知差別. 如是安立, 名為遍計所執相.

F. Explaining the Reason of the Discrepancy in the Presentation of Characteristics of Imagined Nature between the Sentence Above from *JShMJ* and Other Sections of It

ZZ21 284c24-285a14; WX34 809b9-810a5:

問. 「勝義諦品」總有六相, 謂得蘊故, 得蘊相故, 得蘊起故, 得蘊盡故, 得蘊滅故, 得蘊滅作證故, 依此「品」初但說五相, 此'領解'中說有六句, 如何前 · 後有此差別?

解曰. 前後通論, 總有十相. 「勝義諦品」說有六相, 「無性品」初更加二相, 謂永斷 · 遍

---

246) SNST (ZhT68.842.18-19: ḥdu byed kyi mtshan ma ṣes bya ba ni ḥdu byas kyi rnam pa ste/ thams cad kyaṅ gṣan gyi dbaṅ gi rnam paḥi mtshan ñid do ṣeḥo) shows the possibility that Chinese phrase '總說依他以為行相' was written as '皆依他行相以為相' in the manuscript Chos grub used.

247) Taking into consideration the context and SNST (ZhT68.842.20-21: /bśad pa sṅa ma daṅ sbyar na ni gṣan gyi dbaṅ mi ruṅ* ste(/) lta ba la sogs paḥi rnam pa yin paḥi phyir ro/), Chinese character '攝' should be corrected as '成'.

*There is an example that Chinese phrase '不成' in *WChS*(ZZ21 174b19 ff.: 解云. 護法不依彼『論』以爲定量, 故不成難) is translated as *mi ruṅ* in SNST (ZhT68.23.5 ff.: slob dpon chos skyoṅ ni bstan bcos de tshad mar mi byed pas klan kar mi ruṅ ṅo/).

248) Taking into consideration the context and SNST (ZhT68.843.19: spyir śes pa), Chinese character '者' must be a writing error for '知'.

知, 此'領解中復加二相, 謂自性 · 差別. 此十相中, 自性'差別及以〈及以差別〉[249]相故, 其數不定. 癈別論總, 唯有一相, 癈總論別, 唯有二相, 總別通論, 即有三相, 所以前後增 · 減不同. 今'領解'中領「品」初故, 說此六句. 或可, 「品」初亦有六相. 曾說諸蘊, 即「勝義諦品」'由得蘊故'也. 此'領解'中即有七相. 以為[250]色蘊即(是)初相故.

問. 何故第二「品」於蘊等法說滅 · 滅作證, 無永(斷)[251] · 遍知, 此「品」即說永斷 · 遍知, 而不說滅及滅作證?

解云, 永斷是集, 遍知即苦, 滅是滅諦, 作證是道, 據實, 蘊等通有四諦, 各舉一邊, 影 · 略互顯.

(3)-1-2-1-1-1-2-1-2: Bodhisattva Presents His Understanding that Buddha Presented Non-intrinsic Nature with Regard to Characteristics in Relation to the Phenomena of Imagined Nature [依所執性說相無性]

ZZ21 285a15; WX34 810a6:

世尊依此施設諸法相無自性性.

A. Topic of the Sentence Above from *JShMJ*

ZZ21 285a16; WX34 810a7:

釋曰. 此即第三〈二〉[252]依所執性說相無性. 如文可知.

(3)-1-2-1-1-1-2-2: Bodhisattva Specifically Presents His Own Understand-ing of the Phenomena of Other-dependent Nature [別顯依他]

---

249) Taking into consideration the context and SNST (ZhT68.844.14-15: raṅ gi ṅo bo ñid daṅ bye brag gi mtshan ñid kyi phyir), Chinese phrase '差別及以' should be corrected as '及以差別'.

250) Taking into consideration the context, SNST (ZhT68.845.3: gzugs kyi phuṅ po ni mtshan ñid daṅ po yin paḥi phyir ro/), and Woncheuk's preference for phrases with even number characters, Chinese character '爲' must be deleted and '是' added after '即'.

251) Taking into consideration the context, Chinese character '斷' should be added.

252) Taking into consideration the conformity with topic previously presented (ZZ21 284c3 ff.: 釋曰. 自下第二別釋領解. 於中有二, 初明所執相, ... 文別有二, 初依依他立所執性, **後**'世尊依此'下依所執性說相無性, ...), Chinese character '三' must be a writing error for '二'.

(3)-1-2-1-1-1-2-2-1: He Presents His Understanding that the Bases of Characteristics of Imagined Nature Are the Phenomena of Other-dependent Nature [明所執所依是依他起]

ZZ21 285a17-18; WX34 810a8-9:

若即分別所行遍計所執相所依行相, 是名依他起相.

A. Sub-topics Related to '(3)-1-2-1-1-1-2-2', and Topic of the Sentence Above from *JShMJ*

ZZ21 285a19-20; WX34 810a10-11:

釋曰. 自下第二別顯依他. 於中有二, 初明所執所依是依他起, 後依依他起辨二無性, 此即初也.

(3)-1-2-1-1-1-2-2-2: Bodhisattva Presents His Understanding that Buddha Presented Both Non-intrinsic Nature with Regard to Arising and One Aspect of Non-intrinsic Nature of the Ultimate in Relation to the Phenomena of Other-dependent Nature [依依他起辨二無性]

ZZ21 285a21-22; WX34 810a12-13:

世尊依此施設諸法生無自性性及一分勝義無自性性.

A. Topic of the Sentence Above from *JShMJ*

ZZ21 285a23; WX34 810a14:

釋曰. 此即第二依依他起辨(二)[253]無性.

(3)-1-2-1-1-2: Bodhisattva's Presentation of His Own Understanding on Non-intrinsic Nature of the Ultimate [領第三性]

---

253) Taking into consideration the conformity with topic previously presented (ZZ21 285a19 ff.: 釋曰. 自下第二別顯依他. 於中有二, 初明所執所依是依他起, 後依依他起辨二無性, ...) and SNST (ZhT68.846.5: ṅo bo ñid med pa gñis bstan paḥo), Chinese character '二' should be added.

(3)-1-2-1-1-2-1: He Proclaims that He Would Understand Buddha's Teaching as Follows [總標領解]

ZZ21 285a24; WX34 810a15:

如是我今領解世尊所說義者.

A. Sub-topics Related to '(3)-1-2-1-1-2', and Topic of the Sentence Above from *JShMJ*

ZZ21 285b1-2; WX34 810a16-17:

釋曰. 自下第二領第三性. 於中有二, 初總標領解, 後別釋領解, 此即初也.

(3)-1-2-1-1-2-2: Bodhisattva's Presentation of His Own Understanding on Buddha's Specific Teachings [別釋領解]

(3)-1-2-1-1-2-2-1: He Presents His Understanding that Buddha Presented Characteristics of Perfectly Established Nature in Relation to Characteristics of Other-dependent Nature [依依他辨圓成實]

ZZ21 285b3-5; WX34 810a18-b2:

若即於此分別所行遍計所執相依行相中, 由遍計所執相不成實故, 即此自性無自性性法無我真如清淨所緣, 是名圓成實相.

A. Sub-topics Related to '(3)-1-2-1-1-2-2', Topic and Meaning of the Sentence Above from *JShMJ*

ZZ21 285b6-9; WX34 810b3-6:

釋曰. 自下第二別釋領解. 於中有二, 初依依他辨圓成實, 後依圓成說一分勝義無性, 此即初也. 謂所執相所依依他起性上, 遣所執故, 無性所顯法無我性, 名圓成實.

(3)-1-2-1-1-2-2-2: Bodhisattva Presents His Understanding that Buddha Presented One Aspect of Non-intrinsic Nature of the Ultimate in Relation to Characteristics of Perfectly Established Nature [依圓成實說一分勝義無性]

ZZ21 285b10; WX34 810b7:

世尊依此施設一分勝義無自性性.

A. Topic of the Sentence Above from *JShMJ*

ZZ21 285b11; WX34 810b8:

釋曰. 此即第二依圓成實說一分勝義無性.

(3)-1-2-1-2: Bodhisattva Says that He Would Understand Buddha's Teachings of Four Other Heaps etc. According to His Understanding on Material Heap. [類餘蘊等]

(3)-1-2-1-2-1: He Says that He Would Understand Buddha's Teachings of Four Other Heaps According to His Understanding on Material Heap. [類餘蘊]

ZZ21 285b12; WX34 810b9:

如於色蘊, 如是於餘蘊皆應廣說.

A. Sub-topics Related to '(3)-1-2-1-2', and Topic of the Sentence Above from *JShMJ*

ZZ21 285b13-15; WX34 810b10-12:

釋曰. 自下第二類餘蘊等. 於中有五, 一類餘蘊, 二類十二處, 三類十二緣〈支〉[254], 四類四食, 五類六界 · 十八界, 此即初也.

(3)-1-2-1-2-2: Bodhisattva Says that He Would Understand Buddha's Teaching of Twelve Spheres of Knowledge According to His Understanding on Material Heap [類十二處]

ZZ21 285b16; WX34 810b13:

如於諸蘊, 如是於十二處一一處中皆應廣說.

---

254) Taking into consideration the sentence from *JShMJ* below (於十二支一一支中皆應廣說) and SNST (ZhT68.847.10: zlas srid paḥi yan lag bcu gñis bstan pa daṅ/), Chinese character '緣' should be corrected as '支'.

A. Topic of the Sentence Above from *JShMJ*

ZZ21 285b17; WX34 810b14:

釋曰. 此即第二類十二處. 領解無性, 准上應知.

(3)-1-2-1-2-3: Bodhisattva Says that He Would Understand Buddha's Teaching of Twelve Dependent-Arisings According to His Understanding on Material Heap [類十二支]

ZZ21 285b18; WX34 810b15:

於十二支一一支中皆應廣說.

A. Topic of the Sentence Above from *JShMJ*

ZZ21 285b19; WX34 810b16:

釋曰. 此即第三類十二支. 領解無性, 准上應知.

(3)-1-2-1-2-4: Bodhisattva Says that He Would Understand Buddha's Teaching of Four Sustenances According to His Understanding on Material Heap [類四種食]

ZZ21 285b20; WX34 810b17:

於四種食一一食中皆應廣說.

A. Topic of the Sentence Above from *JShMJ*

ZZ21 285b21; WX34 810b18:

釋曰. 此即第四類四種食. 領解無性, 准上應知.

(3)-1-2-1-2-5: Bodhisattva Says that He Would Understand Buddha's Teachings of Six Foundations and Eighteen Foundations According to His Understanding on Material Heap [類六界及十八界]

ZZ21 285b22; WX34 811a1:

於六界 · 十八界一一界中皆應廣說.

A. Topic of the Sentence Above from *JShMJ*

ZZ21 285b23-c1; WX34 811a2-4:

釋曰. 此即第五類六界及十八界. 領解無性, (准上應知.)255) 六界即是地 · 水 · 火 · 風及以空 · 識. 准此'領解', 「品」初所說'種種界等'通說六界.

(3)-1-2-2: Bodhisattva Presents His Understanding that Buddha Presented Three Non-intrinsic Natures in Relation to His Two Teachings of Four Truths for Nobles etc. [領諦等二門說三無性]

(3)-1-2-2-1: He Presents that He Understands Three Non-intrinsic Natures in Relation to Truth of Unsatisfactoriness for Nobles [約苦諦領解無性]

(3)-1-2-2-1-1: He Presents that He Understands Two Non-intrinsic Natures in Relation to the Phenomena of Two Intrinsic Natures [依二性領二無性]

(3)-1-2-2-1-1-1: He Proclaims that He Would Understand Buddha's Teachings as Follows [總標領解]

ZZ21 285c2; WX34 811a5:

(如是)256)我今領解世尊所說義者.

A. Sub-topics Related to '(3)-1-2-2', '(3)-1-2-2-1', '(3)-1-2-2-1-1', and Topic of the Sentence Above from *JShMJ*

ZZ21 285c3-6; WX34 811a6-9:

釋曰. 自下(第)257)二領諦等二門說三無性. 於中有二, 初約苦諦領解無性, 後類餘諦

---

255) Taking into consideration the context and SNST (ZhT68.848.3-4: ṅo bo ñid med pa ñid du khoṅ du chud par gyur pa yaṅ goṅ ma bṣin du rig par byaḥo/), Chinese phrase '准上應知' should be added.

256) Chinese phrase '如是' should be added according to *JShMJ* (T16 696c2) as the collation record of ZZ states.

257) Taking into consideration the conformity with topic previously presented (ZZ21 284b18 ff.: 釋曰. 自下第二自領解. 於中有二. 初領蘊等五門說三無性, 後領諦等二門說三無性), Chinese character '第' should be added.

等領解無性. 前中有二, 初依二性領二無性, 後依圓成實領勝義無性. 前中有二, 初總標領解, 後別釋領解, 此即初也.

(3)-1-2-2-1-1-2: Bodhisattva's Presentation of His Own Understanding on Buddha's Specific Teachings [別釋領解]

(3)-1-2-2-1-1-2-1: He Presents that He Understands Non-intrinsic Nature with Regard to Characteristics in Relation to the Phenomena of Imagined Nature [約所執性領相無自性性]

(3)-1-2-2-1-1-2-1-1: He Presents His Understanding that Buddha Presented the Characteristics of Imagined Nature in Relation to the Phenomena of Other-dependent Nature [依依他起安立所執]

ZZ21 285c7-9; WX34 811a10-12:

若於分別所行遍計所執相所依行相中, 假名安立以為苦諦, 苦諦遍知, 或自性相, 或差別相, 是名遍計所執相.

A. Sub-topics Related to '(3)-1-2-2-1-1-2', '(3)-1-2-2-1-1-2-1', and Topic of the Sentence Above from *JShMJ*

ZZ21 285c10-12; WX34 811a13-16:

釋曰. 自下第二別釋領解. 於中有二, 初約所執性領相無自性性, 後依依他起領生無自性性及一分勝義無自性性. 前中有二, 初依依他起安立所執, 後依所執施設無性, 此即初也.

B. Meaning of the Sentence Above from *JShMJ*

ZZ21 285c14-17; WX34 811a16-b2:

謂於所執所依行相依他起上, 假名安立以為苦諦, 或立苦諦遍知, 是名遍計所執相. 如是二種皆有自性, 或差別相, 謂逼迫名苦, 名苦諦自性; 三 · 八苦等, 名苦差別. 知苦諦自相, 名遍知自性; 知苦差別, 遍知差別.

(3)-1-2-2-1-1-2-1-2: Bodhisattva Presents His Understanding that Buddha

Presented Non-intrinsic Nature with Regard to Characteristics in Relation to the Characteristics of Imagined Nature [依所執性施設無性]

ZZ21 285c18; WX34 811b3:

世尊依此施設諸法相無自性性.

A. Topic and Meaning of the Sentence Above from *JShMJ*

ZZ21 285c19-20; WX34 811b4-5:

釋曰. 此即第二依所執性施設無性. 謂所執相故立相無性, 准上應知.

(3)-1-2-2-1-1-2-2: Bodhisattva Presents that He Understands Both Non-intrinsic Nature with Regard to Arising and One Aspect of Non-intrinsic Nature of the Ultimate in Relation to the Phenomena of Other-dependent Nature [依依他起領生無性及一分勝義無性]

(3)-1-2-2-1-1-2-2-1: He Presents His Own Understanding on Characteristics of Other-dependent Nature [辨依他起]

ZZ21 285c21-22; WX34 811b6-7:

若即分別所行遍計所執相所依行相, 是名依他起相.

A. Sub-topics Related to '(3)-1-2-2-1-1-2-2', and Topic of the Sentence Above from *JShMJ*

ZZ21 285c23-286a1; WX34 811b8-10:

釋曰. 自下第二依依他起領生無性及一分勝義無性. 於中有二, 初辨依他起, 後依依他說無性, 此即初也.

(3)-1-2-2-1-1-2-2-2: Bodhisattva Presents His Understanding that Buddha Presented Both Non-intrinsic Nature with Regard to Arising and One Aspect of Non-intrinsic Nature of the Ultimate in Relation to Chracteristics of Other-dependent Nature [依依他起說二無性]

ZZ21 286a3; WX34 811b11-12:

世尊依此施設諸法生無自性性及一分勝義無自性性.

A. Topic of the Sentence Above from *JShMJ*

ZZ21 286a4; WX34 811b13:

釋曰. 此即第二依依他起說二無性.

(3)-1-2-2-1-2: Bodhisattva Presents His Understanding that Buddha Presented One Aspect of Non-intrinsic Nature of the Ultimate in Relation to Chracteristics of Perfectly Established Nature [依圓成實施設一分勝義無性]

(3)-1-2-2-1-2-1: He Proclaims that He Would Understand Buddha's Teachings as Follows [總標領解]

ZZ21 286a5; WX34 811b14:

如是我今領解世尊所說義者.

A. Sub-topics Related to '(3)-1-2-2-1-2', and Topic of the Sentence Above from *JShMJ*

ZZ21 286a6-7; WX34 811b15-16:

釋曰. 自下第二依圓成實施說〈設〉258)一分勝義無性. 於中有二, 初總標領解, 後別釋領解, 此即初也.

(3)-1-2-2-1-2-2: Bodhisattva Presents His Own Understanding on Buddha's Specific Teachings [別釋領解]

(3)-1-2-2-1-2-2-1: He Presents His Own Understanding on Chracteristics of Perfectly Established Nature [辨圓成實相]

---

258) Taking into consideration topic presented for the sentence from *JShMJ* below (ZZ21 286a11 ff.: 釋曰. 自下第二'正明〈別釋〉領解. 於中有二, 初辨圓成實相, 後施設一分勝義無性, ...), Chinese character '說' must be a writing error for '設'.

ZZ21 286a8-10; WX34 811b17-812a1:

若即於此分別所行遍計所執相所行中相, 由遍計所執相不實故, 即此自性無自性性 · 法無我 · 真如清淨所緣, 是名圓成實相.

A. Sub-topics Related to '(3)-1-2-2-1-2-2', and Topic of the Sentence Above from *JShMJ*

ZZ21 286a11-12; WX34 812a2-3:

釋曰. 自下第二'正明〈別釋〉[259]領解. 於中有二, 初辨圓成實相, 後施設一分勝義無性, 此即初也. 准上應知.

(3)-1-2-2-1-2-2-2: Bodhisattva Presents His Understanding that Buddha Presented One Aspect of Non-intrinsic Nature of the Ultimate in Relation to Chracteristics of Perfectly Established Nature [施設無性]

ZZ21 286a13; WX34 812a4:

世尊依此施設一分勝義無自性性.

A. Topic of the Sentence Above from *JShMJ*

ZZ21 286a14; WX34 812a5:

釋曰. 此即第二施設無性. 如文可知.

(3)-1-2-2-2: Bodhisattva Says that He Would Understand Buddha's Teachings of Three Other Truths for the Nobles etc. According to His Understanding on Truth of Unsatisfactoriness for the Nobles. [類釋餘諦等]

(3)-1-2-2-2-1: He Says that He Would Understand Buddha's Teachings of Three Other Truths for the Nobles According to His Understanding on Truth of

---

259) Taking into consideration the conformity with topic previously presented (ZZ21 286a6 ff.: 釋曰. 自下第二依圓成實施說〈設〉一分勝義無性. 於中有二, 初總標領解, 後<u>別釋</u>領解, ...) and SNST(ZhT68.851: khoṅ du chud pa ñid <u>rnam par phye nas bstan pa</u>ḥo/), Chinese phrase '正明' should be corrected as '別釋'.

Unsatisfactoriness for the Nobles. [類餘諦]

ZZ21 286a15; WX34 812a6:

如於苦諦, 如是於餘諦皆應廣說.

A. Sub-topics Related to '(3)-1-2-2-2', and Topic of the Sentence Above from *JShMJ*

ZZ21 286a16-17; WX34 812a7-8:

釋曰. 此即第二類釋餘諦等. 於中有二, 初類餘諦, 後類道品, 此即初也.

B. Meaning of the Sentence Above from *JShMJ*

ZZ21 286a17-22; WX34 812a8-13:

謂如苦諦具有三性, 依彼三性立三無性, 類此, 三諦皆具三性, 依彼三性立三無性, 是故總言'如於苦諦'. 於一一諦皆具三性, 廣如『中邊』及『成唯識』第八說. 然於此『經』有差別者, 依於苦諦說名遍知; 依於集諦名為永斷; 依於滅諦說名作證; 依於道諦名為修習, 如前卷說.

(3)-1-2-2-2-2: Bodhisattva Says that He Would Understand Three Non-intrinsic Natures in Relation to Elements (*aṅga*) of Way to *Nirvāṇa* [依諸道品領解無性]

(3)-1-2-2-2-2-1: He Says that He Would Understand Buddha's Seven Other Teachings According to His Understanding on Four Truths for the Nobles [約七門總明領解]

ZZ21 286a23-24; WX34 812a14-15:

如於聖諦, 如是於諸念住 · 正斷 · 神足 · 根 · 力 · 覺支中一一皆應廣說.

A. Sub-topics Related to '(3)-1-2-2-2-2', and Topic of the Sentence Above from *JShMJ*

ZZ21 286b1-4; WX34 812a16-b1:

釋曰. 自下第二依諸道品領解無性. 於中有二, 初約七門總明領解, 後'如是我今'下別約八道支明其領解, 此即第一總約七門道品(領解)260). 類四聖諦約三性義辨三無性, 准上應知(此亦如是)261).

(3)-1-2-2-2-2-2: Bodhisattva Presents that He Understands Three Non-intrinsic Natures Specifically with Regard to Right Meditation among Eight Elements of Way to *Nirvāṇa* [別約道支中第八正定明其領解]

(3)-1-2-2-2-2-2-1: Bodhisattva Presents that He Understands the Phenomena of Two Intrinsic Natures in Relation to Two Non-intrinsic Natures [依二性領二無性]

(3)-1-2-2-2-2-2-1-1: He Proclaims that He Would Understand Buddha's Teachings as Follows [總標領解]

ZZ21 286b5; WX34 812b2:

如是我今領解世尊所說義者.

A. Sub-topics Related to '(3)-1-2-2-2-2-2', '(3)-1-2-2-2-2-2-1', and Topic of the Sentence Above from *JShMJ*

ZZ21 286b6-9; WX34 812b3-6:

釋曰. 自下第二別約道支中第八正定明其領解. 於中有二, 初依二性領二無性, 後依圓成領勝義無性. 前中有二, 初總標領解, 後別釋領解, 此即初也.

(3)-1-2-2-2-2-2-1-2: Bodhisattva Presents His Own Understanding on Buddha's Specific Teachings [別釋領解]

(3)-1-2-2-2-2-2-1-2-1: He Presents that He Understands Non-intrinsic

---

260) Taking into consideration the context and SNST (ZhT68.852.19-20: /ḥdi ni daṅ po sgo bdun po byaṅ chub kyi phyogs las brtsam nas khoṅ du chud par bstan pa ste/), Chinese phrase '領解' should be added.

261) Taking into consideration the context and SNST (ZhT68.852.21-853.2: ji ltar ḥphags paḥi bden pa bṣi ṅo bo ñid rnam pa gsum gyi don la brten nas ṅo bo ñid med pa rnma pa gsum bstan pa bṣin du ḥdi yaṅ de bṣin du rig par byaḥo ṣes bya baḥi tha tshig go/), the sentence should be revised as above.

Nature with Regard to Characteristics in Relation to Chracteristics of Imagined Nature [約所執領相無性]

(3)-1-2-2-2-2-2-1-2-1-1: He Explains Chracteristics of Imagined Nature with Example of Right Meditation [立所執相]

ZZ21 286b10-13; WX34 812b7-10:

若於分別所行遍計所執相所依行相中, 假名安立以為正定, 及為正定能治·所治, 若正脩未生令生, 生已堅住, 不忘倍脩, 增長廣大, 或自性相, 或差別相, 是名遍計所執相.

A. Sub-topics Related to '(3)-1-2-2-2-2-2-1-2', '(3)-1-2-2-2-2-2 -1-2-1', and Topic of the Sentence Above from *JShMJ*

ZZ21 286b14-16; WX34 812b11-13:

釋曰. 自下第二別釋領解. 於中有二, 初約所執領相無性, 後依依他領生無性及一分勝義無性. 前中有二, 初立所執相, 後施設(相)262)無性, 此即初也.

B. Division and Meaning of the Sentence Above from *JShMJ*

ZZ21 286b17-c2; WX34 812b14-813a5:

(依)八道支中第八正定(明領解故), 分別正定, 餘准(上)可知.263) 故今分別第八正定, 文有二節, '若於分別等'者, 辨所執性所依依他, 後'假名安立等'者, 依依他起安立所執. 就所執中, 安立五事. 一安立正定自性·差別, 謂總出定體, 名定自性, 未至中間及四靜慮, 名定差別. 二安立正定能治·所治自性·差別, 謂八道支中第八正定, 名為能治, 八耶之中第八耶定, 名為所治. 自性·差別准上應思〈知〉264). 三安立正修未生令生. 四生已堅

262) Taking into consideration the context and SNST (ZhT68.854.1: mtshan ñid ṅo bo ñid med pa ñid ḥdogs paḥo/), Chinese character '相' should be added.

263) Taking into consideration the context and the classical Chinese grammar, this sentence should be revised as above according to SNST (ZhT68.854.2-4: ḥphags paḥi lam gyi yan lag brgyad pa yaṅ dag paḥi tiṅ ṅe ḥdsin la brten nas khoṅ du chud pa bstan pa yin pas khoṅ ma bṣin du rig par byaḥo/).

264) Taking into consideration Woncheuk's writing style and SNST (ZhT68.854.17-18: raṅ gi ṅo

住. 五不忘位〈倍〉[265]脩, 增長廣大. 此上三〈五〉[266]門皆有自性 · 差別, 尋即可知. 如是五相安立正定, 名所執相.

(3)-1-2-2-2-2-2-1-2-1-2: Bodhisattva Presents His Understanding that Buddha Presented Non-intrinsic Nature with Regard to Chracteristics in Relation to Chracteristics of Imagined Nature [立相無性]

ZZ21 286c3; WX34 813a6:

世尊依此施設諸法相無自性性.

A. Topic of the Sentence Above from *JShMJ*

ZZ21 286c4; WX34 813a7:

釋曰. 此即第二辨〈立〉[267]相無性. 准上應知.

(3)-1-2-2-2-2-2-1-2-2: He Presents that He Understands Non-intrinsic Natures in Relation to Chracteristics of Other-dependent [依依他起領解無性]

(3)-1-2-2-2-2-2-1-2-2-1: He Explains Chracteristics of Other-dependent Nature [辨依他起]

ZZ21 286c5-6; WX34 813a8-9:

若即分別所行遍計所執相所依行相, 是名依他起相.

---

bo ñid daṅ bye brag gi mtshan ñid ni goṅ ma bṣin du rig par byaḥo/), Chinese character '思' seems to be a writing error for '知'.

265) Taking into consideration the sentence above from *JShMJ* (不忘倍脩), Chinese character '位' must be a writing error for '倍' as the collation record of ZZ states.

266) Taking into consideration the context and SNST (ZhT68.854.20-21: sgo lṅa po de dag), Chinese character '三' must be a writing error for '五'.

267) Taking into consideration the conformity with topic previously presented (ZZ21 286b14 ff.: 釋曰. 自下第二別釋領解. 於中有二, 初約所執領相無性, ... 前中有二, 初立所執相, 後施設(相)無性, ...) and SNST (ZhT68.855.4-5: gñis pa mtshan ñid ṅo bo ñid med pa ñid hdogs pa ste/), Chinese character '辨' seems to be a writing error for '立', which is a synonym for the word '施設'.

A. Sub-topics Related to '(3)-1-2-2-2-2-2-1-2-2', and Topic of the Sentence Above from *JShMJ*

ZZ21 286c7-8; WX34 813a10-11:

釋曰. 自下第二依依他起領解無性. 於中有二, 初辨依他起, 後依依他辨二無性, 此即初也.

(3)-1-2-2-2-2-2-1-2-2-2: Bodhisattva Presents His Understanding that Buddha Presented Both Non-intrinsic Nature with Regard to Arising and One Aspect of Non-intrinsic Nature of the Ultimate in Relation to Chracteristics of Imagined Nature [依依他起辨二無性]

ZZ21 286c10; WX34 813a12-13:

世尊依此施設諸法生無自性性及一分勝義無自性性.

A. Topic of the Sentence Above from *JShMJ*

ZZ21 286c11; WX34 813a14:

釋曰. 此即第二依依他起辨二無性. 准上可知.

(3)-1-2-2-2-2-2-2: Bodhisattva Presents that He Understands One Aspect of Non-intrinsic Nature of the Ultimate in Relation to Chracteristics of Perfectly Established Nature [依圓成實領解無性]

(3)-1-2-2-2-2-2-2-1: He Proclaims that He Would Understand Buddha's Teachings as Follows [總標領解]

ZZ21 286c12; WX34 813a15:

如是我今領解世尊所說義者.

A. Sub-topics Related to '(3)-1-2-2-2-2-2-2', and Topic of the Sentence Above from *JShMJ*

ZZ21 286c13-14; WX34 813a16-17:

釋曰. 自下第二依圓成實領解無性. 於中有二, 初總標領解, 後別釋領解, 此即初也.

(3)-1-2-2-2-2-2-2-2-2: Bodhisattva Presents His Own Understanding on Buddha's Specific Teachings [別釋領解]

(3)-1-2-2-2-2-2-2-2-2-1: He Explains Characteristics of Perfectly Established Nature [辨圓成實]

ZZ21 286c15-17; WX34 813a18-b2:

若即於此分別所行遍計所執相所依行相中, 由遍計所執相不成實故, 即此自性法無我真如清淨所緣, 是名圓成實相.

A. Sub-topics Related to '(3)-1-2-2-2-2-2-2-2', and Topic of the Sentence Above from *JShMJ*

ZZ21 286c18-19; WX34 813b3-4:

釋曰. 自下第二別釋領解. 於中有二, 初辨圓成實, 後辨無性, 此即初也. 准上應知.

(3)-1-2-2-2-2-2-2-2-2: Bodhisattva Presents His Understanding that Buddha Presented One Aspect of Non-intrinsic Nature of the Ultimate in Relation to Characteristics of Perfectly Established Nature [施設無性]

ZZ21 286c20; WX34 813b5:

世尊依此施設諸法一分勝義無自性性.

A. Topic of the Sentence Above from *JShMJ*

ZZ21 286c21; WX34 813b6:

釋曰. 此即第二施設無性. 准上應知,

(3)-1-3: With Metaphors Bodhisattva Repeatedly Presents His Own Understanding on Buddha's Teachings [舉喻重顯]

(3)-1-3-1: Metaphor of Dried Ginger (*śūṇṭhī*) [毗濕縛藥喻]

(3)-1-3-1-1: Presentation of Metaphor [舉喻]

ZZ21 286c22; WX34 813b7:

世尊! 譬如毗濕縛藥, 一切散藥仙藥方中皆應安處.

A. Sub-topics Related to '(3)-1-3', '(3)-1-3-1', and Topic of the Sentence Above from *JShMJ*, Explanation of Dried Ginger

ZZ21 286c23-c2; WX34 813b8-12:

釋曰. 自下第三舉喻重顯. 於中四喻, 即為四段, 此即第一毗濕縛藥喻. 於中有二, 先喻, 後合, 此即舉喻. '毗濕縛藥'者, 但知此藥有多功能.【此方無名, 故不翻之. 若以此藥置諸藥中, 合諸藥草, 皆有神驗.[『深密經』云'毗舒婆藥草'者, 譯家別也.]】

(3)-1-3-1-2: Presenting that the Proposition Corresponds to the Metaphor [舉法同喻]

ZZ21 287a4-6; WX34 813b13-15:

如是世尊依此諸法皆無自性 · 無生無滅 · 本來寂靜 · 自性涅槃無自性性了義言教, 遍於一切不了義經皆應安置268).

A. Topic and Meaning of the Sentence Above from *JShMJ*

ZZ21 287a7-8; WX34 813b16-17:

釋曰. 第二舉法同喻. 謂'無性等'言安置一切不了義中, 應皆了知彼『經』密意.

(3)-1-3-2: Metaphor of the Background of a Painting (*citrādhāra*) [彩畫地喻]

(3)-1-3-2-1: Presentation of Metaphor [喻]

ZZ21 287a9-10; WX34 813b18-814a1:

世尊! 如彩畫地, 遍於一切彩畫事業皆同一味, 或青或黃, 或赤或白, 復能顯發彩畫事業.

---

268) Chinese character '置' is written as '處' in *JShMJ* (T16 697a1) as the collation record of ZZ states.

A. Sub-topics Related to '(3)-1-3-2', Topic and Meaning of the Sentence Above from *JShMJ*

ZZ21 287a11-14; WX34 814a2-5:

釋曰. 自下第二如彩畫地喻. 於中有二, 先喻, 後法, 此即初也. 謂如彩畫青 · 黃等地, 遍於一切衆像事業, 能令事業皆同青等一味地故, 復能顯發一切彩畫像事業.

(3)-1-3-2-2: Presenting that the Proposition Corresponds to the Metaphor [舉法同喻]

ZZ21 287a15-17; WX34 814a6-8:

如是世尊, 依此諸法皆無自性廣說乃至自性涅槃無自性性了義言教, 遍於一切不了義經, 皆同一味, 復能顯發彼諸經中所不了義.

A. Topic of the Sentence Above from *JShMJ*

ZZ21 287a18; WX34 814a9:

釋曰. 第二舉法同喻. 如文可知.

(3)-1-3-3: Metaphor that Clarified Butter (*ghṛta*) Adds Supreme Taste to All Dishes [熟蘇勝味喻]

(3)-1-3-3-1: Presentation of Metaphor [喻]

ZZ21 287a19-20; WX34 814a10-11:

世尊, 譬如一切成熟珍羞諸餅果內, 投之熟蘇, 更生勝味.

A. Sub-topics Related to '(3)-1-3-3', Topic and Meaning of the Sentence Above from *JShMJ*

ZZ21 287a21-22; WX34 814a12-13:

釋曰. 自下第三熟蘇勝味喻. 於中有二, 先喻, 後法, 此即喻也.

(3)-1-3-3-2: Presenting that the Proposition Corresponds to the Metaphor [舉

法同喩]

ZZ21 287a23-24; WX34 814a14-15:

如是世尊, 依此諸法皆無自性廣說乃至自性涅槃無自性性了義言教, 置於一切不了義經, 生勝歡喜.

A. Topic of the Sentence Above from *JShMJ*

ZZ21 287b1; WX34 814a16:

釋曰. 此即擧法同喩. 尋文可知.

(3)-1-3-4: Metaphor that Space (*ākāśa*) Is All of One Taste [虛空一味喩]

(3)-1-3-4-1: Presentation of Metaphor [喩]

ZZ21 287b2-3; WX34 814a17-18:

世尊! 譬如虛空, 遍一切處皆同一味, 不障一切所作事業.

A. Sub-topics Related to '(3)-1-3-4', and Topic of the Sentence Above from *JShMJ*

ZZ21 287b4-5; WX34 814b1-2:

釋曰. 自下第四虛空一味喩. 於中有二, 先喩, 後法, 此即喩也.

(3)-1-3-4-2: Presenting that the Proposition Corresponds to the Metaphor [擧法同喩]

ZZ21 287b6-8; WX34 814b3-5:

如是世尊! 依此諸法皆無自性廣說乃至自性涅槃無自性性了義言教, 遍於一切不了義經, 皆同一味, 不障一切聲聞 · 獨覺及諸大乘所脩事業." 說是語已.

A. Topic and Meaning of the Sentence Above from *JShMJ*

ZZ21 287b9-11; WX34 814b6-8:

釋曰, 此即擧法同喩. 謂無性性了義言教, 遍於一切不了義經, 皆悉同此一無性味, 不障一切三乘事業.

(3)-2: Buddha Asks for Bodhisattva Paramārthasamudgata to Cherish His Teachings as Truth [如來勸持]

(3)-2-1: Buddha Appraises Bodhisattva's Understanding of His Teachings as Excellent. [總讚善哉]

ZZ21 287b12; WX34 814b9:

爾時世尊歎勝義生菩薩曰, "善哉! 善哉!

A. Sub-topics Related to '(3)-2', and Topic of the Sentence Above from *JShMJ*

ZZ21 287b13-15; WX34 814b10-12:

釋曰. 自下第二如來勸持. 於中有四, 一總讚善哉, 二讚領深義, 三讚能作喻, 四歎勝勸學, 此即第一總讚善哉.

(3)-2-2: Buddha Appraises Bodhisattva's Understanding of His Teachings as Abstruse [讚領深義]

ZZ21 287b16; WX34 814b13:

善男子! 汝今乃能善解如來所說甚深密意言義.

A. Topic of the Sentence Above from *JShMJ*

ZZ21 287b17; WX34 814b14:

釋曰. 此即第二讚領深義.

(3)-2-3: Buddha Appraises Bodhisattva's Excellence of Creating Metaphors [讚能作喻]

ZZ21 287b18-19; WX34 814b15-16:

復於此義善作譬喻, 所謂世間毗濕縛藥 · 雜彩畫池〈地〉[269] **· 熟蘇 · 虛空.**

269) Taking into consideration the context and SNST (ZhT68.859.11: ri mo bri baḥi gsi), Chinese character '池' must be a writing error for '地' and Chinese character '雜' seems to be superfluous.

A. Topic of the Sentence Above from *JShMJ*

ZZ21 287b20; WX34 814b17:

釋曰. 此即第三讚能作喻.

(3)-2-4: Buddha Recognizes Bodhisattva's Understanding of His Teachings as Right and Asks for Him to Cherish Them as Truth [印可勸持]

ZZ21 287b21; WX34 814b18:

勝義生! 如是如是, 更無有異, 如是如是, 汝應受持."

A. Topic of the Sentence Above from *JShMJ*

ZZ21 287b22; WX34 815a1:

釋曰. 此即第四印可勸持.

D. With Metaphors Bodhisattva Paramārthasamudgata Appraises the Merits of Buddha's Preaching of Three Non-intrinsic Natures

(4): By Comparing Quantity Bodhisattva Paramārthasamudgata Appraises the Superiority of Buddha's Preaching of Three Non-intrinsic Natures [校量嘆勝]

(4)-1: His Questions to Buddha [菩薩請問]

(4)-1-1: He Presents that There Is a Difference of Superiority and Inferiority between Three Wheels of Teaching [三轉勝劣不同]

(4)-1-1-1: His Presentation of Buddha's First Wheel of Teaching, viz. Four Truths for the Nobles [第一四諦法輪]

(4)-1-1-1-1: He Presents Buddha's First Wheel of Teaching [正明法輪]

ZZ21 287b23-c1; WX34 815a2-4:

爾時勝義生菩薩復白佛言, "世尊初於一時在婆羅痆**斯仙人墮處施鹿林中, 唯為發趣聲聞乘者, 以四諦相轉正法輪.**

A. Sub-topics Related to '(4)', '(4)-1', '(4)-1-1', '(4)-1-1-1', and Topic of the Sentence Above from *JShMJ*

ZZ21 287c2-6; WX34 815a5-9:

釋曰. 自下第四校量嘆勝分. 於中有二, 初菩薩請問, 後'爾時'下世尊正說. 前中有二, 初明三轉勝 · 劣不同, 後'世尊若善男子'下正發問辭辨福勝 · 劣. 前中三輪, 即分為三, 此即第一四諦法輪. 於中有二, 初正明法輪, 後'雖是'下顯教是劣, 此即初也.

B. Division of the Sentence Above from *JShMJ*

ZZ21 287c7-8; WX34 815a9-11:

文有五節, 一辨問 · 答者, 二明說時, 三顯說處, 四解所為, 五釋法輪.

C. Explaining Phrases of '爾時 ...', '初於一時' of the Sentence Above from *JShMJ*

ZZ21 287c8-9; WX34 815a11-12:

言'爾時等'者, 辨問 · 答人也.

言'初於一時'者, 說『經』時也, 謂三法輪中, 說初輪時.

D. Explaining Phrase '婆羅痆斯 ...' of the Sentence Above from *JShMJ*

ZZ21 287c10-288b8; WX34 815a12-816b5:

言'在婆羅痆斯等'者, 說『經』處也.

1) *ShMJTJ*

『深密經』云, "於婆羅奈城仙人集處 · 諸禽獸遊處."

2) Paramātha's Commentary on *JJJ*

若依真諦『解節記』云, "第一時, 於婆羅奈鹿園仙人集處, 此處有三德故, 三種人恒集此處. 言三德者, 一謂林德, 樹枝蔭覆, 春則遮雨, 夏能遮熱, 冬復遮風. 二謂水德, 恒具有五, 輕, 冷, 軟, 美, 香. 三謂他德, 林外曠野一切鳥獸皆來集聚, 飲食無畏. 又此地下有大寶藏, 廣四十里, 深四十里, 有時出現, 但人不得取, 若輪王出世, 得用此寶. 而鹿園自有二義, 一謂昔時此地有無量鹿, 國王欲取鹿, 鹿王白, "日日煞一可得無量時羹." 後日煞次一懷胎鹿, 鹿王愍念, 自代就死, 國王見之, 因相顧[270]訪, 鹿王仍為說菩薩道, 國王聞之, 即得解悟, 遂放諸鹿.[廣說鹿王代鹿母死, 如『智度論』[271]第十六說也.] 二謂轉法輪時, 有三鹿恒來佛所聽法. 三種人者, 佛未出世, 世間仙人皆集此地, 脩學仙道, 二佛未出世, 一切緣覺皆集此地, 脩緣覺道, 三佛既出世, 與諸聲聞共集此處."

3) *DYJ*

依『大嚴經』, 名'仙人墮處'及'施鹿林'. 彼第一云, "一生補處菩薩, 將欲下生, 有天子下閻浮提, 告辟支佛言, "仁者應捨此土. 何以故? 十二年後當有菩薩, 降神入胎." 是時波羅奈國五百辟支佛聞天語已, 從座而起, 踊在虛空, 高七多羅樹, '作入〈火化〉[272]燒身, 入於涅槃, 唯有舍利從空而下, 是故此地名'仙人墮處'. 復有過去有仁慈王, 施於群鹿無畏之處, 是故彼地亦名'仙人鹿苑'." 具說如彼.

---

270) Since the editor of ZZ could not decipher the third character in this phrase, CBETA edition represented it like '[(厂@((既-旡)-日+口))*頁]'. But taking into consideration the context ('顧訪' means 'go visting') and the transcripted letter in Kyoto University manuscript of *WChS* (), I read this character as '顧'. But there is a high likelihood that '因相顧訪, 鹿王仍為說菩薩道' was written as '放彼鹿王. 彼仍說菩薩道' in the manuscript Chos grub used in view of corresponding SNST of these two phrases (ZhT68.862.1-2: ... ri dwags kyi rgyal po de gtoṅ〈btaṅ〉* ṅo/ /des kyaṅ byaṅ chub sems dpaḥi lam rnams bstan pas ... ***gtoṅ* should be corrected as *btaṅ* (past tense of *gtoṅ*) according to P. N..) and corresponding SNST of Chinese phrase that follows '遂放諸鹿' (ZhT68.862.2-3: śa ba gṣan rnams kyaṅ btaṅ ste/).

271) Although SNST (ZhT68.862.4-5: bstan bcos bye brag tu bśad pa chen po) mentions *PPShL*, we cannot find any related story there. On the contrary, since more detailed story appears in *ZhDL* (vol. 16, 「釋初品 · 毘梨耶波羅蜜義」 T25 178b9-c20) this part of *WChS* is more authentic than that of the manuscript given to Chos grub.

272) Taking into consideration Woncheuk's *IWGS* (vol. 1, 「序品」 T33 368a29-b6: 問. 佛衆會中有緣覺不? 若言有者, 『大嚴經』說如何會釋? 彼第一云, "一生補處菩薩, 將欲下生, 有天子下閻浮提, 告辟支佛言, "仁者應捨此土. 何以故? 十二年後當有菩薩, 降神入胎." 是時五百辟支佛聞天語已, 從座而起, 踊在虛空, 高七多羅樹, 化火燒身, 入於涅槃."), *DYJ* (vol. 2, 「勝族品」 T3 541b24-c14: 佛告諸比丘, "爾時菩薩 ... 將欲降生. ... 復有天子, 下閻浮提, 告辟支佛作如是言, "仁者! 應捨此土. 何以故? 十二年後當有菩薩降神入胎." 是時王舍城尾盤山中有辟支佛, 名曰摩燈, 聞是語已, 自見其身猶如委土, 從座而起, 踊在虛空高七多羅樹, **化火**焚身, 入於涅槃, 唯餘舍利從空而下, 是故此地名'仙人墮處'. 諸比丘是時波羅奈國五百辟支聞天語已, 亦復如是, **化火**焚身, 入於涅槃, 唯餘舍利從空而下. 復以過去有仁慈王, 施於群鹿無畏之處, 是故彼地亦名'仙人鹿苑'.), and SNST (ZhT68.862.20-21: mes raṅ gi phuṅ po bsreg nas), Chinese phrase '作入' should be corrected as '火化'.

4) *PPShL*

依『大婆沙』百八十三云, “佛於波羅痆斯仙人論處施鹿林中, 為憍陳那等轉正法輪. 問. 何故名‘波羅痆斯’? 答. 此即是河名, 去其不遠, 造立王城, 是故此城亦名‘波羅痆斯’. 問. 何故名‘仙人論處’? 答. 若作是說, 諸佛定於此處轉法輪者, 彼說佛是最勝仙人, 皆於此處初轉法輪, 故名‘仙人論處’. 若作是說, 諸佛非定於此轉法輪者, 彼說應言‘仙人住處’, 謂佛出世時有佛大仙及聖弟子仙眾所住; 佛不(出)273)世時有獨覺仙人所住; 若無獨覺時有世俗五通仙住, 以此處恒有諸仙已住 · 今住 · 當住, 故名‘仙人住處’. 有說, 應言‘仙人墮處’. 昔有五百仙人, 飛行空行, 至此遇退因緣, 一時墮落. 問. 何故名‘施鹿林’? 答. 恒有諸鹿, 遊止此林, 故名‘鹿林’. 昔有國王, 名梵達多, 以此林施與群鹿故, 名‘施鹿林’. 如羯蘭鐸迦長者, 於王舍城竹園中穿一池, 以施羯蘭鐸迦鳥, 令其遊戲, 因名‘施羯蘭鐸迦池’, 此亦如是, 故名‘施鹿林’.”

5) *ZhFLL*

若依世親菩薩『轉法輪論』, 有其四緣故, 依彼林而轉法輪. 故彼云, “以何義故捨於勝處多眾集處, 於波羅奈小〈少〉274)人眾處在波吒離樹影蔭下鹿苑之中而轉法輪? 彼義今釋, 世尊往昔六十千億那由他會廣行施故, 以〈已〉275)曾供養六十千億那由他佛, 又於彼處已有九十一億千佛, 轉於法輪, 又彼處常饒寂靜仙人, 有如是等諸功德故.” 廣說如彼.

---

273) The collation record of ZZ doubtes Chinese character ‘世’ as a writing error for ‘出’. But Taking into consideration the context and *PPShL* (vol. 183, 「定蘊 · 不還納息」 T27 917a25-26: 佛不出世時, 有獨覺仙所住.), on the contrary, Chinese character ‘出’ should be added in front of ‘世’.

274) Taking into consideration the context (contrast of the numbers of hearers, not age or size) and *ZhFLL* (T26 358b7-14: 以何義故捨於彼寬博種種勝妙華樹莊嚴無量勝人多眾集處, 於波羅奈少人眾處在波吒離樹影蔭下鹿苑之中而轉法輪? 彼義今釋, 世尊往昔已於彼處六十千億那由他會廣行施故, 又於彼處**已**曾供養六十千億那由他佛, 又於彼處已有九十一億千佛, 轉於法輪, 又彼處常饒寂靜仙人, 有如是等諸大功德故.), Chinese character ‘小’ must be a writing error for ‘少’.

275) Taking into consideration the classical Chinese grammar, the correspondence to next phrase ‘已有九十一億千佛’, and *ZhFLL* (ft.274, bold letter), Chinese character ‘以’ must be a writing error for ‘已’.

E. Explaining Phrase '唯為發趣聲聞乘' of the Sentence Above from *JShMJ*

ZZ21 288b8-12; WX34 816b5-9:

言'唯為發趣聲聞乘'者, 解所為人, 三乘之中, 唯為聲聞人也. 依『大婆沙』·『俱舍』·『正理』·『轉法輪論』, 為五比丘. [五比丘者, 依『四分律』, 一憍陳如, 二阿濕卑, 三摩訶男, 四婆提, 五婆敷; 『五分律』云, 憍陳如, 跋提, 婆頻, 頞鞞, 摩訶納.] 依『瑜伽論』第九十五, 為憍陳那. 今依此『經』, 通為一切聲聞乘者轉四諦法.

F. Explaining Phrase '以四諦相轉正法輪' of the Sentence Above from *JShMJ*

ZZ21 288b13-14; WX34 816b9-11:

言'以四諦相轉正法輪'者, 正釋法輪, 謂三周正轉十二行相法輪, 如『轉法輪經』.

G. Presentation of Explanations about "Wheels of Teaching" (法輪, *dharmacakra*) among Buddhist Sects in Terms of Four Aspects

1) Proposal of Four Aspects

ZZ21 288b14-15; WX34 816b11-12:

然此法轉〈輪〉[276], 略以四門分別, 一釋名字, 二出體性, 三問答解釋, 四釋十二行.

2) Presenting Different Views on Definitions of "Wheel of Teaching" among Buddhist Sects

ZZ21 288b16-c16; WX34 816b13-817b1:

言釋名者, 如『契經』說, 世尊轉法輪.

(1) Sarvāstivādins: *PPShL*

『毗婆沙』一百八十二云, "問. 何故名法輪? 答. 此輪是法所成, 法為自性, 故名法轉. 如世間輪金等所成, 金等為性, 名金等輪, 此亦如是. 有說, 此輪能淨聖慧法眼, 故名法輪. 有

---

276) Taking into consideration the context and SNST (ZhT68.865.21-866.1: chos kyi hkhor lo de yaṅ mdor bsdu na sgo rnam pa bṣir rnam par phye nas bstan par bya ste/), Chinese character '轉' must be a writing error for '輪'.

說, 此輪能治非法輪, 故名法輪. 非法輪者, 謂布刺拏等六師所轉八耶支輪. 問. 何故名輪? 輪是何義? 答. 動轉不住是轉〈輪〉[277]義, 捨此趣彼是輪義, 能伏怨敵義是輪義, 如是等義故名為輪. 言動轉不住者, 見道是速疾道,不越〈起〉[278]期心道, 於動轉不住, 最為隨順故. 言捨此趣彼者, 見道中, 捨苦現觀, 趣集現觀, 乃至捨滅現觀, 趣道現觀故. 言能伏怨敵義者, 如轉輪王所有輪寶, 降伏四洲所有怨敵, 如是行者, 以見道輪降伏四諦所有煩惱, 故名法輪."

所言輪〈轉〉者, '依轉動〈能動轉〉義.[279] 令他身中聖道起故, 名之為轉, 故『婆沙』(云)[280], "問. 若彼身中聖道生時, 即彼名為轉法輪者, 何故說佛轉法輪耶? 答. 依能轉因, 故作是說, 謂彼身中所有聖道, 世尊若不以言說手為其轉者, 即彼聖道無因得生, 彼聖道生, 皆由佛力, 是故說佛初轉法輪." 薩婆多宗義如上釋.

(2) Sautrāntikas: *X-JShL*

若依經部, 有其二義, 一者聖教, 二者聖道, 由此聖教往他相續, 故名為轉. 故『俱舍』二十四云, "所有法門名法輪, '應可〈可應〉[281]正理. 云何名轉? 由此法門往他相續令解義故. 或諸聖道皆是法輪. 於所化生身中轉故. 於他相續見道生時, 已至轉初, 故名已轉."

---

277) Taking into consideration the context, *PPShL* (vol. 182, 「定蘊 · 不還納息」 T27 911b27-28: 問. 何故名輪? 輪是何義? 答. 動轉不住義是輪義. ...), and SNST (ZhT68.866.16-17: gyo ṣiṅ mi gnas pa gaṅ yin pa de ni ḫkhor loḫi don to/), Chinese character '轉' must be a writing error for '輪'.

278) Taking into consideration *PPShL* (T27 911c29-912a2: 問. 何故唯說見道名法輪非餘耶? 答. 前說動轉不住義是輪義. 見道是速疾道, 不起期心道, 於動轉不住, 最爲隨順故, 獨名法輪.) and SNST (ZhT68.866.21: dus kyi sems mi ḫbyuṅ baḫi lam yin te/), Chinese character '越' must be a writing error for '起'.

279) Taking into consideration the context, the classical Chinese grammar, and SNST (ZhT68.867.10: /de la bskor ba ṣes bya ba ni gyo bar byed paḫi don to/) the sentence should be revised as above.

280) Taking into consideration the classical Chinese grammar, Woncheuk's preference for phrases with even number characters, and SNST (ZhT68.867.12 ... 20: deḫi phyir bstan bcos bye brag tu bśad pa chen po las/ ... ṣes ḫbyuṅ ste/), Chinese character '云' should be added.

281) Taking into consideration the classical Chinese grammar and *X-JShL* (vol. 24, 「分別賢聖品」 T29 128c16: 是故唯應即此三轉十二行相所有法門名為法輪, 可應正理.), Chinese phrase '應可' must be a writing error for '可應'.

(3) Mahāyāna: *YJL*

大乘亦爾, 具有二義, 如『瑜伽』說, 後當分別.

3) Presenting Different Views on Essence of "Wheel of Teaching" among Buddhist Sects

ZZ21 288c17-289c17; WX34 817b2-819b2:

言出體者, 諸說不同.

(1) Sarvāstivādins: *X-JShL*, *ZXL*, *PPShL*, *ZhLL*

一薩婆多宗, 依『俱舍』等, 唯八聖道以為自性. 故『俱舍』二十四云, "頌曰: 所說沙門性 亦名婆羅門/ 亦名為梵輪 (真梵所轉故)[282]// 於中唯見道/ 說名為法輪// 由速等似輪/ 或具輪〈輻〉[283]等故//" 解云, 於中唯見道說名為法輪, 准此故知, 唯在見道八支為體. 『雜心』第十亦同『俱舍』, 故彼頌曰, "牟尼說見道 疾故名法輪/ 或說覺八枝 轉至於他身//" 解云, 上半(頌明)[284]薩婆多義, 下半頌顯尊者瞿沙' 所立宗義,【通於脩位, 大唐三藏翻為妙音】〈【[大唐三藏翻為妙音.]】所立宗義,【[通於脩位.]】〉[285] 廣說如彼. 又『大婆沙』一百八十二云, "云何法輪? 答. 八聖道支. 若兼相應隨轉, 即五蘊性." 乃至彼云, "唯說見道名為法轉." 具說如彼. 然毗婆沙師三轉十二行如次顯示見等三道, 非唯見道, 是故世親約三轉十二行破薩婆多唯說見道名為法輪. 故『俱舍論』第二十四復作是言, "由此三轉如次顯示見道

---

282) Taking into consideration SNST (ZhT68.868.17-18: /yaṅ dag tshaṅs pas bskor phyir ro/) and *ShMJTJ* (T29 128b18-21: 所說沙門性 亦名婆羅門/ 亦名為梵輪 真梵所轉故// 於中唯見道 說名為法輪/ 由速等似輪 或具輻等故//), Chinese phrase '真梵所轉故' should be added.

283) Taking into consideration *ShMJTJ* (ft.282, bold letter) and SNST (ZhT68.868.19-20: rtsibs la sogs daṅ ldan phyir ro/), Chinese character '輪' must be a writing error for '輻'.

284) Taking into consideration the classical Chinese grammar, the correspondence to next phrase '頌顯' and SNST (ZhT68.869.6-7: /tshigs su bcas pa phye daṅ pos ni thams cad yod par smra baḥi don bstan to/), Chinese phrase '頌明' should be added.

285) Based on the assumption that phrases of both '通於脩位' and '大唐三藏翻為妙音' were intratextual notes in the manuscript Chos grub used since we cannot find their Tibetan counterpart, and the fact that in *WChS* intratextual notes generally appear right after a related word or phrase, the sentence should be revised as above.

· 脩道 · 無學道三, 毗婆沙師所說如是.[此敘薩婆多義.] 若爾, 三轉十二行相非唯見道, 如何可說唯於見道立法輪名?【[此是經[部](破)[286]薩婆多, 或可世親自破也.]】是故唯應即此三轉十二行相所有法門名為法輪, 可應正理." 具說如彼.【[解云, 經部申自宗, 或可世親申自宗義也.]】依『順正理』第六十七救薩婆多云, "毗婆沙師本意總說一切聖道皆名法輪. 以說(三轉)[287]三道攝故. 於他相續見道生時, 已至轉初, 故名已轉. 然唯見道是法輪初, 故說法輪唯是見道, 諸天神類即就最初言'轉法輪', 不依二道."

(2) Mahāsāṃghikas: *PPShL*

依摩訶僧祇部, 說法輪體, 語為自性. 故『婆沙』一百八十二云, "彼作是說, 一切佛語皆是法輪."

(3) Sautrāntikas: *X-JShL*

依經部宗, 如『俱舍』第二十四, 體有二種, 一教為體, 二用一切聖道為體, 所引聖教如'名'中說.

(4) Mahāsāṃghikas, Ekavyāvahārikas, Lokottaravādins, Kukkuṭikas, Bahuśrutīyas: *ZLL*

若依『異部宗輪論』, 大眾部 · 一說部 · 說出世部 · 雞胤部四部同說諸如來語皆轉法輪. 依多聞部, 謂佛五音是出世教, 一無常, 二苦, 三空, 四無我, 五涅槃寂靜. 此五能引出離道故. 如來餘音是世間教. 如是等說皆用聖教以為法輪.

(5) Mahāyāna: *JShMJ*, YJL

今依大乘通用聖道及彼聖教, 為法輪體. 故此『經』云, "初二法輪是不了義, 第三法輪

---

286) Taking into consideration the context, Chinese character '破' should be added as the collation record of ZZ states.

287) Taking into consideration the context and *ZhLL* (vol. 67, 「辯聖賢品」 T29 709a27-28: 毘婆沙師本意總說一切聖道皆名法輪. 以說三轉三道攝故.) and SNST(ZhT68.870. 10-11: ḥdi ltar lan gsum du bzlas pa dag ni lam gsum gyis bsdus par bśad paḥi phyir ro/), Chinese phrase '三轉' should be added.

是了義經.” 依『深密經』, 第二不了義修多羅, 第三了義修多羅, 而不說第一不了義者, 譯家略故. 准此『經』等, 皆說聖教名為法輪. 若依『瑜伽』, 通說教 · 行. 故『瑜伽』九十五云, “正見等法所成性故, 說名法輪, 如來應供是梵增語, 彼所轉故, 亦名梵輪.” 然彼『瑜伽』以五種相辨轉法輪, 故今敘之. 彼云, “復次由五種相轉法輪者, 當知名為善轉法輪. 一者世尊為菩薩時, 為(得)所得(所)緣境界[288], 二者為得所得方便, 三者證得自所應得, 四者得已樹他相續, 令於自證深生信解, 五者令他於他所證深生信解. 當知, 此中所緣境者, 謂四聖諦. 得方便者, 謂即依此四聖諦中三周正轉十二相智. 最初轉者, 謂昔菩薩入現觀時, 如實了知是苦聖諦, 廣說乃至是道聖諦, 於中所有現量聖智能斷見道所斷煩惱, 爾時說名生聖慧眼, 即此由依去 · 來 · 今世有差別故, 如其次第眼名智 · 明 · 覺. 第二轉者, 謂是有學以其妙慧如實通達, ‘我當於後猶有所作, 應當遍知未知苦諦, 應當永斷未斷集諦, 應當作證未證滅諦, 應當脩習未脩道諦’, 如是亦有四種行相, 如前應知. 第三轉者, 謂是無學已得盡智 · 無生智故, 言‘所應作我皆已作’, 如是亦有四種行相, 如前應知. 此差別者, 謂前二轉四種行相是其有學真聖慧眼, 最後一轉是其無學真聖慧眼.【[此釋菩薩見等三道三周正轉十二相智, 謂為無上菩提之方便, 准此『瑜伽』, 以眼 · 智 · 明覺為十二行相.]】得所得者, 謂得無上正等菩提.【[此釋第三無學位中自有二義, 一三道差別以為方便, 二菩提義邊, 即無學為證自所得也.]】樹他相續令於自證生信解者, 謂如長老阿若憍陳, 從世尊所聞正法已, 最初悟解四聖諦法, 又答問言, “我已解法”, 從此已後, 如前所說究竟行相, 五皆證得阿羅漢果, 生解脫處.【[此釋如來施鹿林中轉法輪時五人得道.]】最後令他於他所證生信解者, 謂如長老阿若憍陳起世間心, ‘我已解法’, 如來知已起世間心, 斷[289]‘阿若憍陳已解我法’, 地神知已, 舉聲轉告, 逕於剎那, 瞬息' 便實〈須臾〉[290], 其聲展轉, 乃至梵世.【[此釋陳如得道後地神轉告至於梵世也.]】當知, 世尊

---

288) The collation record of ZZ doubtes Chinese character ‘得’ as superfluous. But taking into consideration *YJL* (vol. 95, 「攝事分 · 契經事 · 緣起食諦界擇攝」 T30 843b3-4: 一者世尊爲菩薩時, 爲得所得所緣境界, 二者爲得所得方便, ...) and SNST (ZhT68.872.11-12: bcom ldan ḥdas byaṅ chub sems dpar gyur pa na gaṅ la dmigs nas brñes par bya ba brñes pa daṅ/), on the contrary, Chinese characters ‘得’ and ‘所’ should be added in front of ‘所得’ and ‘緣’, respectively.

289) Chinese character ‘斷’ must be superfluous in that we cannot find it in *YJL* (T30 843c1) and its Tibetan counterpart in SNST (ZhT68.874.5-6).

290) Taking into consideration the context and *YJL* (T30 843c2: 經於剎那, 瞚息須臾), Chinese phrase ‘便實’ should be corrected as ‘須臾’.

轉所轉法, 置於阿若憍陳身中, 次復隨轉置餘身中, 彼復隨轉置餘身中, 以是展轉隨轉義故, 說名為轉. 正見等法所成性故, 說名法輪. 如來應供, 是梵增語, 彼所轉故, 亦名梵輪."[准此, 『瑜伽』五相之義釋『經』宗意應可了知也.]

4) Through Questions and Answers Explaining Topics Related to "Wheel of Teaching" Discussed among Buddhist Sects

ZZ21 288c18-290a24; WX34 819b3-820a15:

第三問答解釋.

問. 依薩婆多, "何故唯說見道名法輪耶? 答. 見道是速疾道, 不越〈起〉291)期心道, 於動轉不住, 最為隨順故, 獨名法輪."292) 解云, 十六剎那各唯〈各〉一念, 故名'速疾'; 無餘心間, 故言'不越〈起〉期心'.293) 『雜心』·『俱舍』及『順正理』大同此釋. "或有說者, 見道猶如輻·穀〈轂〉·輞法, 故說為輪, 猶如車輪, 穀〈轂〉最居中, 輪〈輻〉依穀〈轂〉住, 輞攝於輪〈輻〉, 如是見道, 苦·集忍智如輻, 滅忍·滅智如穀〈轂〉, 道忍·道智如輞. 遍緣道故. 或有說者, 正見·正思惟·正懃如輻, 正語·業·命如穀〈轂〉294), 正念·正定如輞." 應〈廣〉295)

---

291) Taking into consideration *PPShL* previously cited (ft.278, uderlined part) and SNST (ZhT68.874.21: dus kyi sems mi <u>ḥbyuṅ baḥ</u>i lam yin pas/), Chinese character '越' must be a writing error for '起'.

292) Woncheuk employed the sentence in *PPShL* previously cited by himself (ft.278) as is without any utterance of the name of scripture.

293) Taking into consideration the context and SNST that corresponds to Chinese phrase '解云~期心' (ZhT68.875.1-4: ḥdi ltar sems kyi skad cig ma bcu drug po dag so so nas skad cig ma <u>re re</u> yin paḥi phyir ni myur ba ṣes byaḥo/ /sems ~~can~~* gṣan gi bar du ma chod paḥi phyir ni dus kyi sems mi <u>ḥbyuṅ ba</u> ṣes bya ste/ **can* seems to be superfluous.), Chinese characters '唯' and '越' seems to be writing errors for '各' and '起', respectively.

294) Taking into consideration the context and *PPShL* (vol. 182, 「定蘊 · 不還納息」 T27 912a16-20 ...: 有說, 見道猶如輻 · 穀<u>轂</u> · 輞法, 故說為輪, 猶如車輪, 轂最居中, **輻**依<u>轂</u>住, 輞攝於**輻**, 如是見道, 苦 · 集忍智如輻, 滅忍 · 滅智如<u>轂</u>, 道忍 · 道智如輞. 遍緣道故. ... 或有說者, 正見 · 正思惟 · 正勤如輻, 正語 · 業 · 命如<u>轂</u>, 正念 · 正定如輞.), Chinese character '穀' in four places must be a writing error for '轂' (underlined part) as the collation record of ZZ states. Besides, Chinese character '輪' in two places also must be a writing error for '輻' (bold letter).

295) Taking into consideration the context and SNST (ZhT68.875.17-19: <u>rgya cher ni</u> bstan bcos bye brag tu bśad pa chen po las rnam graṅs drug gi bśad pa las ḥbyuṅ ba bṣin du rig par byaḥo/), Chinese character '應' must be a writing error for '廣'.

如『婆沙』六'復次'釋.

問. 若唯見道名法輪者, 如何三周十二行智皆名法輪? 答. 依『俱舍』等不釋此難; 『正理論』師釋通此難, 如'體'中說.

問. "若謂聖道是法輪者, (則菩提樹下已轉法輪, 何故至婆羅痆斯方名轉法輪耶)[296]? 答. 轉法輪有二種, 一自相續中轉, 二令他相續中轉. 菩提樹下是自轉法輪. 波羅痆斯是令他轉法輪, 佛以饒益他為正事故, 依令他轉說初轉法輪." 廣說如彼.

薩婆多師問摩訶僧祇部, "若是佛語名法輪者, 則應菩提樹邊為商人說法, 已名轉法輪, 何故後至波羅痆斯國, 乃名轉法輪耶?" 答. 依『毗婆沙』不釋此難. 若准『異部宗輪論』, 彼說'一切佛語皆轉法輪', 故知, 為賈客說亦是法輪, 而今所說'鹿野苑中方轉法輪'者, 約三轉十二行相故作此說.

問. 經部 · 大乘一切聖道三轉十二行皆名法輪者, 如何不說菩提樹下名轉法輪, 而言鹿苑名轉法輪? 若一切教皆名法輪者, 如何波羅奈國見道生時名'已轉'耶? 釋此難意, 如『俱舍論』, "十二行相所有法門, 名為法輪. 由此法門, 往他相續令解義故. 或諸聖道皆是法輪. 於所化生身中轉故, 於他相續見道生時, 已至轉初, 故名'已轉'." 解云, 經部諸教 · 諸道皆名法輪, 而約轉初故言已轉, 非謂餘道 · 餘教非法輪故而說'已'言. 依大乘宗, 應准此釋, 於理無違.

5) Presenting Different Views on Twelve Aspects of Four Truths for the Nobles among Buddhist Sects

ZZ21 290b1-291b2; WX34 820a16-822a17:

第四釋十二行者, 三轉十二行相, 諸宗不同.

(1) Sarvāstivādins: *PPShL*

296) To make the sentence sense, taking into consideration *PPShL* (T27 912b9-10: 若謂聖道是法輪者, 則菩提樹下已轉法輪, 何故至婆羅痆斯方名轉法輪耶?) and SNST(ZhT68.876. 3-4: /gal te ḥphags paḥi lam la chos kyi ḥkhor lo ṣes bya ba ni byaṅ chub kyi śiṅ druṅ du chos kyi ḥkhor lo bskor ba yin na ciḥi phyir yul bā rā ṇa sī byon pa la chos kyi ḥkhor lo bskor ba ṣes bstan ce na/), Chinese sentential phrases should be added as above.

薩婆多宗, 如『毗婆沙』第七十九, 有三師說.

故彼『論』云, "如『契經』說, "佛告苾芻, "此苦聖諦我曾未聞, 於此法中如理作意, 由此便生眼 · 智 · 明 · 覺. 此苦聖諦慧應遍知我昔未聞, 乃至廣說. 此苦聖諦慧已遍知我昔未聞, 乃至廣說. 集 · 滅 · 道諦, 廣說亦爾." '此苦聖諦我昔未聞等' 顯未知當知根; '此苦聖諦慧應遍知等' 顯已知根; '此苦聖諦慧已遍知等' 顯具知根, 集 · 滅 · 道諦各顯三根, 應知亦爾.

大德法救作如是說, "我思此『經』, 舉身毛豎, 以佛所說必不違義, 定有次第, 今此『契經』越次第說, 具知根後, 復說未知當知根故, 非佛 · 獨覺及諸聲聞得有如是觀行次第, 具知根後如何復起初無漏根? 若捨此『經』, 必不應理. 佛初說故, 以五苾芻而為上首, 八萬諸天聞此所說, 皆證法故. 若欲不捨, 復違次第, 故思此『經』舉身毛豎." 然彼大德雖作是言, 而不捨『經』, 但迴文句, 彼作是說, "此『經』應言, "此苦聖諦我昔未聞, 乃至廣說, 舉〈集〉297) · 滅 · 道諦廣說亦爾. 此苦聖諦慧應遍知, 此集聖諦慧應永斷, 此滅聖諦慧應作證, 此道聖諦慧應脩習, 昔未聞等, 廣說如前. 此苦聖諦慧已遍知, 此集聖諦慧已永斷, 此滅聖諦慧已作證, 此道聖諦慧已脩習, 昔未聞等, 廣說如前." 若作是說, 不失次第, 隨順現觀, 非如『經』說."

阿毗達摩諸論師言, "不應輒迴此『經』文句. 過去無量諸大論師利根多聞, 過於大德, 當〈尙〉298)不敢迴此『經』文句, 況今大德而可輒迴? 但應尋求此『經』意趣. 謂說法者, 依二次第, 一依隨順說法次第如此『經』說, 二依隨順現觀次第, 如大德說." 脅尊者言, "此『經』不說三無漏根, 但說菩薩菩提樹下欲界聞 · 思所成慧力, 脩行四諦." 問. 世尊既說'我由此觀證得無上正等菩提', 豈有聞 · 思證菩提義? 答. 菩薩由此聞 · 思慧力, 伏除一切四聖諦愚, 由此定當證無上覺, 故說'由此證得菩提', 如人先時濕皮覆面後得除去, 以縠覆之, 其障輕微, 可言無障, 故此非說三無漏根, 如『契經』說, "佛告苾芻, "我於四聖諦三轉十二行相生眼 · 智 · 明 · 覺."" 問. 此應有十二轉四十八行相, 何故但說三轉十二行相耶? 答. 雖觀一一諦皆有三轉十二行相, 而不過三轉十二行相, 故作是說, 如預流者, 極七反有及

---

297) Taking into consideration the context and *PPShL* (vol. 79, 「結蘊 · 十門納息」 T27 410c26-27: 此苦聖諦我昔未聞, 乃至廣說, 集 · 滅 · 道諦廣說亦爾.), Chinese character '舉' must be a writing error for '集'.

298) Taking into consideration the classical Chinese grammar (a set phrase of '尙 ... 況 ~') and *PPShL* (T27 411a5-7: 過去無量諸大論師利根多聞, 過於大德, 尙不敢迴此『經』文句, 況今大德而可輒迴?), Chinese character '當' must be a writing error for '尙'.

七處善并二法等. 此中'眼'者, 謂法智忍, '智'者謂諸法智, '明'者謂類智忍, '覺'者謂諸類智. 復次'眼'是觀見義, '智'是決斷義, '明'是照了義, '覺'是警察義."[十二轉者, 四諦中各有三轉, 故成十二轉. 四十八行相者, 如苦諦中有三轉, 一一轉各生眼 · 智 · 明 · 覺, 故成十二, 餘三諦亦爾, 合成四十八行相. 七處善及二法者, 如『婆娑』一百八云, "云何七處善? 謂如實知色, 知色集, 知色滅趣, 知色滅行, 知色味, 知色愚〈患〉[299], 知色出, 如實知受 · 想 · 行 · 識七亦爾." 廣說如彼, 又彼云, "問. 若爾, 應說三十五處善或無量善, 何故說七? 答. 觀一一蘊各各有七, 不過七數, 故說有七, 如餘『經』說, "諸預流者, 極七反有", 彼有別說, "二趣二有, 應二十八, 謂人趣有七, 天趣有七, 人中有有七, 天中有有七", 然不過七, 故說七名. 又如餘『經』說, "有二法, 謂眼色乃至意法", 又如餘『經』說, "三轉法輪有十二行相", 彼不過三〈二〉[300]及十二, 故說三〈二〉 · 十二, 此亦如是." 廣說如彼. 兩'復次'解眼 · 智 · 明 · 覺, 初'復次'唯依見道, 後'復次'依後二道. 或可, 初依見道, 後通三道也.]

(2) Sautrāntikas: *X-JShL*

今依經部, 破薩婆多唯依見道名轉法輪 · 通約聖教及諸聖道俱作三轉及十二行. 故『俱舍』云, "若爾, 三轉十二行相非唯見道, 如何可說唯於見道立法輪名? 是故唯應即此三轉十二行相所有法門名為法輪, 可應正理. 如何三轉? 三周轉故, 如何具足十二行相? 三周楯〈循〉[301]歷四聖諦故. 謂此名〈是〉[302]苦, 此是集, 此是滅, 此是道, 此應遍知, 此應永滅〈斷〉[303], 此應作證, 此應脩習, 此已遍知, 此已永斷, 此已作證, 此已脩習, 乃至廣說." 解

---

299) Taking into consideration *PPShL* (vol. 108, 「智蘊 · 修智納息」 T27 559b3-6: 如說七處善三義觀能於此法毘奈耶中速盡諸漏. 云何爲七? 謂如實知色 · 色集 · 色滅趣 · 色滅行 · 色味 · 色患 · 色出. 如實知受想行識七亦爾.) and SNST (ZhT68.882.14-15: /gzugs kyi mnog śes pa daṅ/ gzugs kyi ñes dmigs śes pa daṅ/ gzugs kyi ṅes par ḥbyuṅ ba śes pa daṅ/), Chinese character '遇' must be a writing error for '患'.

300) Taking into consideration the context, *PPShL* (T27 559c25-26: 彼不過二及十二故說二 · 十二, 此亦如是.) and SNST (ZhT68.883.10-12: de dag gñis daṅ bcu gñis las goṅ na med paḥi phyir gñis daṅ/ bcu gñis ṣes gsuṅs pa ltar ḥdi yaṅ de bṣin no), Chinese character '三' in two instances must be a writing error for '二'.

301) Taking into consideration the context and *X-JShL* (vol. 24, 「分別賢聖品」 T29 128c18: 三周循歷四聖諦故.), Chinese character '楯' must be a writing error for '循'.

302) Taking into consideration *X-JShL* (T29 128c19: 謂此是苦, ...) and SNST (ZhT68.884.8: ḥdi lta ste/ ḥdi ni sdug bsṅal daṅ kun ḥbyuṅ ba daṅ ḥgog pa daṅ lam mo ṣes bya ba daṅ/), Chinese character '名' must be a writing error for '是'.

云, 經部約位辨三, 依諦辨四行[304], 十二行相同大乘釋. 問. 若爾, 如何會釋前所引『經』? 解云, 彼『經』依說次第, 眼 · 智 · 明 · 覺同『瑜伽』釋, 亦不違理.(?)

(3) Mahāyāna: *ZhFLL*

今依大乘, 同經部說. 故『轉法輪論』云, "'又復世尊' 轉幾〈幾轉〉[305]幾行轉法輪' 者, 彼義今說, 法輪三轉有十二行, 此苦聖諦, 此集聖諦, 此滅聖諦, 此苦滅道聖諦, 此第一轉. 此苦聖諦應知, 此苦集應斷, 此苦滅應證, 此苦滅道應脩, 此第二轉. 此苦聖諦已知, 此苦集已斷, 此苦滅已證, 此苦滅道已脩, 此第三轉, 此說三轉. 如是苦智 · 集智 · 滅智 · 道智, 如是苦諦, 有三轉智, 如是集諦, 如是滅諦, 如是道諦, 有三轉智. 彼如是說有十二行." 『瑜伽』九十五大同『轉法輪論』, 而差別者, 『轉法輪論』總不分別眼 · 智 · 明 · 覺; 依『瑜伽論』, 眼 · 智 · 明 · 覺約三世境總 · 別有異, 如'體'中說. 『四分律』(說)[306]由三轉故憍陳如等得法眼淨, 而不說言得羅漢果, 應更尋求已外諸門. 具如『婆沙』一百八十二三 · 『雜心』第十 · 『俱舍』二十四 · 『順正理』第六十七等廣[307]說.

(4)-1-1-1-2: Proclaiming that First Wheel of Teaching Is of Interpretable

---

303) Taking into consideration *X-JShL* (T29 128c19-20: 此應遍知, 此應永斷, ...) and SNST (ZhT68.884.9-10: de ni yoṅs su śes par bya ba daṅ/ gtan du spaṅ bar bya ba daṅ/), Chinese character '滅' must be a writing error for '斷'.

304) Taking into consideration the context, the correspondence to previous phrase '約位辨三', Woncheuk's preference for phrases with even number characters, and SNST (ZhT68.884.14: bden pa las brtsams nas ni bṣir bstan te/), Chinese character '行' must be superfluous.

305) Taking into consideration the classical Chinese grammar ('adverb 幾 + verb 轉') and *ZhFLL* (T26 357c19: '又復世尊幾轉幾行轉法輪' 者, 彼義今說, ...), Chinese phrase '轉幾' must be a writing error for '幾轉'.

306) Taking into consideration the classical Chinese grammar (lack in verb), Woncheuk's preference for phrases with even number characters, SNST corresponding to phrase from '四分律' to '羅漢果' (ZhT68.886.5-7: /ḥdul ba dum bu bṣi pa las ni ... ṣes ḥbyuṅ gi/ ... skad du mi ḥbyuṅ bas ...), and the contrast to next phrase '不說', Chinese character '說' should be added.

307) Taking into consideration the classical Chinese grammar (a set phrase of '具如 ... 說'), lack in Tibetan counterpart (ZhT68.886.8-11: ṣib tu ni ... la sogs pa las bstan pa bṣin du rig par byaḥo/), and Woncheuk's preference for phrases with even number characters, Chinese character '廣' seems to be superfluous.

Meaning (*neyārtha*) [顯不了義]

ZZ21 291b3-5; WX34 822a18-b2:

雖是甚奇, 甚爲希有, 一切世間諸天 · 人等先無有能如法轉者, 而於彼時所轉法輪有上, 有客〈容〉[308], 是未了義, 是諸諍論安足處所.

A. Topic and Meaning of the Sentence Above from *JShMJ*

ZZ21 291b6-9; WX34 822b3-6:

釋曰. 此即第二顯不了義. 謂此法輪, 隱空說有, 是不了義. 具顯生死 · 涅槃因果及說人空, 而未能顯法空道理, 是故此教有上勝教, 有容勝教, 有容他破, 是二十部諍論依處.

B. Presentating Paramārtha's Explication of First Wheel of Teaching's Qualities

ZZ21 291b9-11; WX34 822b6-8:

<u>真諦</u>『記』云, "初說小乘見四諦, 非無相故不了, 更有大乘故有上, 為大乘破故有難, 既與世間義異故, 與彼鬥諍."

(4)-1-1-2: Bodhisattva Presents Buddha's Second Wheel of Teaching, viz. Non-Characteristics (*animitta*) [第二無相法輪]

(4)-1-1-2-1: He Presents Buddha's Second Wheel of Teaching [正明法輪]

ZZ21 291b12-14; WX34 822b9-11:

世尊在昔第二時中, 惟爲發趣脩大乘者, 依一切法皆無自性 · 無生無滅 · 本來寂靜 · 自性涅槃, 以隱密相轉正法輪.

A. Sub-topics Related to '(4)-1-1-2', Topic and Division of the Sentence Above from *JShMJ*

ZZ21 291b15-17; WX34 822b12-14:

釋曰. 自下第二無相法輪. 於中有二, 初正明法輪, 後顯不了, 此即初也. 文有三節, 初

308) Taking into consideration the context and *JShMJ* (T16 697a27), Chinese character '客' must be a writing error for '容'.

明說時, 次辨所為, 後顯法輪.

B. Explaining Sentential Phrase '世尊在昔第二時中, 唯為發趣脩大乘者' of the Sentence Above from *JShMJ*

ZZ21 291b17-22; WX34 822b14-823a1:

言'世尊在昔第二時中'者, 明說時也, 謂三輪中第二時也. '唯為等'者, 說教所為, 謂求三乘中, 唯為發趣大乘者說. 依『深密經』, 亦同此釋. 故彼『經』云, "為住大乘眾生說於諸法無自性等." 是故『金剛般若經』云, "此經為發大乘者說, 為發最上乘者說."

C. Explaining Sentential Phrase '依一切法皆無自性無生無滅本來寂靜自性涅槃, 以隱密相轉正法輪' of the Sentence Above from *JShMJ*

ZZ21 291b22-c3; WX34 823a1-6:

'依一切法皆無自性等'者, 正顯第二無相法輪. 諸部『波若』宗明無相, 說'一切法皆無自性乃至自性涅槃'. 然初法輪隱空說有; 今此第二隱有說空, 故作此言, "以隱密相轉正法輪". 亦名'祕密(之相)[309]'. 故『大般若』五百七十二云, "無生無滅等即是諸佛祕密之教."

D. Explaining Various Kinds of *Prajñāpāramitā* Sūtras

ZZ21 291c4-17; WX34 823a6-b2:

然此第二無相大乘, 即大〈諸〉[310]『般若』, 此即舊說八部『般若』. <u>菩提留支</u>『金剛仙論』第一云, "應世間故, 說八部『般若』. 第一部十萬偈, 第二部二萬五千偈, 第三部一萬八千偈, 此『大品』是, 第四部八千偈, 此『小品』是, 第五部四千偈, 第六部(二千)[311]五百偈, 第七部六百偈, 此『文殊般若』是, 第八部三百偈, 此『金剛般若』. 是前七部, 遣相未盡故, 但稱'般若', 此第八部, 遣相最盡, 故別立'金剛'之名也." <u>真諦三藏</u>大同<u>留支</u>. 又云, "第一 ·

309) Taking into consideration the context and SNST (ZhT68.888.17: gsaṅ ba<u>ḥi rnam pa</u> ṣes kyaṅ bya bas), Chinese phrase '之相' should be added.

310) Taking into consideration the context and SNST (ZhT68.888.20-21: ... ḥdi ñid ni śes rab kyi pha rol tu phyin paḥi mdo <u>rnams</u> la bya ste/), Chinese character '大' should be corrected as '諸'.

311) Taking into consideration the context and *JGXL* (vol. 1, T25 798a7-11: 故說八部『般若』. ... 第六部<u>二千</u>五百偈(天王問是) ...), Chinese phrase '二千' should be added.

第二此之二部, 猶在西國, 此方所無, 第五 · 第六此之二部, 由猶[312]在胡本, 未曾翻譯."

今大唐三藏所譯梵本三[313]十萬頌四處十八會說. 初之六會及第十五會在王舍城鷲峰山說; 第七 · 八 · 九 · 十一 · 十二 · 十三 · 十四此之七會在室羅筏誓多林給孤獨園說; 第十會在他化自在天王宮說; 第十六會在王舍城竹林園白鷺池說.

(4)-1-1-2-2: Proclaiming that Second Wheel of Teaching Is Also of Interpretable Meaning [顯未了義]

ZZ21 291c18-19; WX34 823b3-4:

雖更甚深[314), 甚為希有, 而於彼時所轉法輪亦是有上, 有所容受, 猶未了義, 是諸諍論安足處所.

A. Topic and Meaning of the Sentence Above from *JShMJ*

ZZ21 291c20-292a5; WX34 823b5-14:

釋曰. 第二顯未了義. 謂諸『般若』說無相等, 而不分別三無自性及三自性有 · 無之義, 故『深密經』及此『經』文皆說無為〈相〉[315]為不了義. 又『無量義經』云, "我先道場菩提樹下端坐六年, 得阿耨多羅三藐三菩提, 以佛眼觀一切諸法不可宣說. 所以者何? 知諸眾生

---

312) Taking into consideration Woncheuk's preference for phrases with even number characters and related text in *Jingangbanruo yiji* (『金剛般若義記』 T85 138a11-12: 第五部四千偈 · 第六部二千五百偈此之二部, 由在胡本, 未曾幡譯.), Chinese character '猶' seems to be superfluous because '由' and '猶' are interchangeable same-sounding characters in classical Chinese and in this phrase '由' means 'still' (漢語大詞典編纂委員會 2000. 1897, article '由').

313) Taking into consideration the context and SNST (ZhT68.889.19-20: /slob dpon hyan tsaṅ gis rgya gar gyi dpe las śu log hbum bsgyur ba de yaṅ), Chinese character '二' must be superfluous.

314) Taking into consideration *JShMJ* (T16 697b2: 雖更甚奇, 甚爲希有), Chines character '深' should be corrected as '奇'. But there is a high likelihood that '奇' was written as '深' in the manuscript of *JShMJ* Woncheuk used in view of Woncheuk's commentary of this sentence (ZZ21 291c20 ff.: 對四諦輪, 雖是甚深, 亦是希有, ... ; ZhT68.891.5-6: bden pa bṣiḥi ḥkhor lo la ltos na śin tu zab pa daṅ/ ṅo mtshar rmad du byuṅ ba yin yaṅ), so I decided not to correct this.

315) Taking into consideration the context and SNST (ZhT68.890.16-17: mtshan ñid med pa la sogs par bśad pa gaṅ yin pa de ni ṅes paḥi don ma yin pa ṣes bstan to/), Chinese character '爲' should be corrected as '相'.

性·欲不同, 種種說法以方便力, 四十餘年, 未顯真實, 是故衆生得道差別, 不得疾成無上菩提." 准此等文, 故知『般若』是不了義. 由斯義故, 對四諦輪, 雖是甚深, 亦是希有, 而比第三, 有上, 有容, 是未了義, 由未了故, 猶有諍論.

B. Presenting Paramārtha's Explication of Second Wheel of Teaching's Qualities

ZZ21 292a6-7; WX34 823b14-16:

真諦『記』云, "次說大乘. 異於小乘故不了. 猶有一乘故有上. 與小乘異故, 與小乘一乘[316]鬥諍. 為一乘所破故有難."

(4)-1-1-3: Bodhisattva Presents Buddha's Third Wheel of Teaching, viz. Great Vehicle's Teachings of Definitive Meaning (*nītārtha*) [第三了義大乘]

(4)-1-1-3-1: Bodhisattva Presents Great Vehicle's Teachings of Definitive Meaning [正明了義]

ZZ21 292a8-10; WX34 823b17-824a1:

(世尊於今)[317]第三時中, 普為發趣一切乘者, 依一切法皆無自性·無生無滅·本來寂靜·自性涅槃無自性性, 以顯了相轉正法輪.

A. Sub-topics Related to '(4)-1-1-3', Topic and Division of the Sentence Above from *JShMJ*

ZZ21 292a11-13; WX34 824a2-4:

釋曰. 自下第三了義大乘. 於中有二, 初正明了義, 後顯了義相, 此即初也. 文有三節, 初明說時, 次辨所為, 後顯法輪.

B. Explaining Sentential Phrase '世尊於今第三時, 普為發趣一切乘者' of the Sentence Above from *JShMJ*

---

316) Taking into consideration the context and SNST (ZhT68.891.11-13: /theg pa chuṅ ṅu dag daṅ tha dad paḥi phyir theg pa chuṅ ṅu pa dag daṅ ḥthab ciṅ rtsod par ḥgyur baḥo/), Chinese phrase '一乘' must be superfluous.

317) Chinese phrase '世尊於今' should be added according to *JShMJ* (T16 697b4).

ZZ21 292a13-18; WX34 824a4-9:

言'世尊於今第三時'者, 說教時也, 於三法輪中, 說第三時. '普為發趣一切乘'者, 說教所(爲)318). 今此法輪是了義教, 如是分別二空 · 三性等義, 是故三乘各證自果. 故『顯揚論』第六卷云, "方便者, 謂了知知〈如〉319)是三種自性, 能作一切聲聞 · 獨覺 · 無上正等菩提方便."

C. Explaining Phrase '依一切法皆無自性無生無滅本來寂靜自性涅槃無自性性, 以顯了相轉正法輪' of the Sentence Above from *JShMJ*

ZZ21 292a18-23; WX34 824a9-14:

'依一切法皆無自性等'者, 後顯法輪也. 謂'一切法無自性等'者, 如前所說'以隱密相轉正法輪', 而今第三於上諸句一一皆說無自性性, '無自性性'即是三種無自性性, 如前已說. 如是三種無自性性即是三性, 由斯道理無自性性具足顯示有性 · 無性, 故作此言'以顯了相轉正法輪'.

(4)-1-1-3-2: Bodhisattva Presents Characteristics Related to Lucidity of Buddha's Third Wheel of Teaching [釋顯了之相]

ZZ21 292a24-292b1; WX34 824a15-16:

第一甚奇, 最為希有, 于今世尊所轉法輪無上, 無容, 是真了義, 非諸諍論安足處所.

A. Topic and Meaning of the Sentence Above from *JShMJ*

ZZ21 292b2-4; WX34 824a17-b1:

釋曰. 此第二釋顯了之相. 所轉法輪最上希有, 更無過勝, 故名無上. 無容後勝, 無容後破, 故名無容. 具顯有 · 無, 故是了義, 非諸諍論所依之處.

---

318) Taking into consideration the context and SNST (ZhT68.892.6-8: /theg pa thams cad la yaṅ dag par ṣugs pa rnams la ṣes bya ba ni bstan pa gsum paḥi dgoṅs pa bstan te/), Chinese character '爲' should be added as the collation record of ZZ states.

319) Taking into consideration the classical Chinese grammar and *XYL* (vol. 6, 「攝淨義品」 T31 508c5-6: 方便者, 謂了知如是三種自體, 能作一切聲聞獨覺無上正等菩提方便.), Chinese character '知' must be a writing error for '如'.

B. Presenting Paramārtha's Explication of Third Wheel of Teaching's Qualities

ZZ21 292b5-8; WX34 824b1-5:

真諦『記』云, "次須說一乘. 與小乘 · 大乘同因緣因〈同〉果,[320] 故云'顯說無分別第一了義'. 是法輪最希有, 無更過此理者, 故名無上. 又小同歸故無有諍, 無諍故不可破, 不可破(故)[321]無難."

C. Explaining Three Wheels of Teaching in Terms of Three Aspects

1) Proposal of Three Aspects

ZZ21 292b8-10; WX34 824b5-7:

然上所說三種法輪, 略以三門分別, 一明時 · 處諸說同異, 二辨攝教分齊顯了 · 不了, 三辨所詮宗淺 · 深差別.

2) Aspect 1: Unity and Difference between Paramārtha and Xuanzang's Views on When and Where Three Wheels of Teaching Were Preached

(1) Presentation of Paramārtha's Explications

ZZ21 292b11-292c11; WX34 824b8-825a14:

第一時 · 處諸說同異者, 依真諦三藏『解節經疏』云, "復次如來三轉法輪為三種人. 一者初度聲聞, 於波羅奈鹿園仙人集處, 初轉法輪, 即第一時轉四諦法輪.【是法輪希有, 不可思議,】是法輪不了義, 有上, 有難, 有諍. 次如來得道已第七年, 在舍衛國給孤獨園, 即是第二時. 為度大乘行人, 顯(說)一切法無自性 · 無生無滅 · 本來寂靜 · 自性涅槃'顯說

---

320) Chinese character '須' must be superfluous in view of classical Chinese grammar, and taking into consideration the context and SNST (ZhT68.893.15-17: ḥdis ni theg pa des theg pa chuṅ ṅu pa daṅ/ theg pa chen po pa dag daṅ rgyu rkyen mtshuṅs śiṅ ḥbras bu mtshuṅs pa ston paḥi phyir rnam par mi rtog pa don dam pa bstan pa ṣes byaḥo/), Chinese character '因' must be a writing error for '同'.

321) Taking into consideration the classical Chinese grammar and SNST (ZhT68.893.20-21: gṣig tu med paḥi phyir rgol ba med paḥo ṣes ḥbyuṅ ṅo/), Chinese character '故' should be added as the collation record of ZZ states.

〈之〉相皂[322] 名轉法輪. 轉法輪者, 波羅蜜十地等. 是法輪希有, 不可思議, 一切人·天所不能轉, 是法輪不了義, 亦有上, 有難, 有諍. 去孤獨園五里有江, 人飲·浴去〈焉〉[323], 悉得智慧, 時人號云施智慧所, 故佛於此地說大乘『般若』. 江名沙羅底, 此翻為智慧如河, 此是女天所住處也. 次佛【未涅槃七年】成道後三十八年, 在毗舍離國鬼王法堂, 為真當菩薩說『解節經』等[324]·『維摩』·『法華』等, 此第三時. 世尊為度三乘行人, 為顯一切法無自性·無生無滅·本來寂靜·自性涅槃, 顯〈說〉[325]無分別相輪. 是法輪最清淨, 希有, 不可思議, 是法輪了義, 無上, 無難, 無諍. 為眾生根鈍如來次第說法輪.

問. 如來說法何故有此三種? 答. 為二種諦故, 一者安立諦, 二者不安立諦. 若鹿園說法, 即是安立四諦, 若祇園說法, 即是安立二諦, 若於毗舍離說法, 名不安立諦. 不定真·俗, 謂之不安立諦.[326]"

---

322) Taking into consideration the context, Woncheuk's preference for phrases with even number characters (22 in this phrase), and SNST (ZhT68.894.16-20: dus gñis par theg pa chen po spyod paḥi gaṅ zag rnams kyi ched chos thams cad ṅo bo ñid med pa daṅ/ skye ba med pa daṅ/ ḥgag pa med da daṅ/ gzod ma nas ṣi ba daṅ/ ran bṣin gyis yoṅs su mya ṅan las ḥdas paḥo ṣes mtshan ñid rab tu bstan pa ni chos kyi ḥkhor lo bskor ba ṣes bya ste/), the sentence should be revised as above.

323) Taking into consideration the classical Chinese grammar, Woncheuk's preference for phrases with even number characters, and SNST (ZhT68.895.4: gaṅ gis der chu ḥthuṅs sam khrus byas na), Chinese character '去' should be corrected as '焉', which is regarded as a word meaning 'in (preposition '於') it (demonstrative pronoun '之')'.

324) Taking into consideration the classical Chinese grammar and SNST (ZhT68.895.11-13: tshig ṅes par ḥgrel paḥi mdo daṅ/ dri ma med par grags pas bstan pa daṅ/ dam paḥi chos padma dkar poḥi mdo la sogs pa gsuṅs pa ni), Chinese character '等' must be superfluous.

325) Taking into consideration SNST (ZhT68.895.17: ... ṣes rab tu bstan pa ni rnam par mi rtog paḥi mtshan ñid kyi ḥkhor lo bstan pa yin pas) and Woncheuk's preference for phrases with even number characters (6 in this phrase), Chinese character '顯' should be corrected as '說'.

326) In view of SNST (ZhT68.895.1-896.1: sems can dbaṅ po rtul po rnams kyi ched du de bṣin gśegs pas rim gyis chos kyi ḥkhor lo gsuṅs pa yin no ṣes ḥbyuṅ ṅo/ /de bṣin gśegs pas gsuṅs pa yin na ciḥi phyir rnam pa gsum du gyur ṣe na/ ...), Chos grub did not regard the question and answer after Chinese sentence '為眾生根鈍如來次第說法輪.' as an direct quotation from Paramārtha's *Commentary on Saṃdhinirmocanasūtra* (*Jiejiejing shu*, 解節經疏). But it seems to be his misreading in view of Paramārtha's technical terms of "ānlìdì" (安立諦) and "bùānlìdì" (不安立諦) as we have already identified in the previous section of "Wuzixingxiang pin" (ZZ21 262c9 ff.: 一真諦三藏云, "於一真如遣三性故, 說為三種無自性性, 於中圓成實性安立

相傳說云, "真諦師說, "第一法輪, 二月八日成道, 四月八日於波羅奈初轉法輪. 又第二法輪, 為諸菩薩兼為二乘說『般若經』.""

(2) Explaining Paramārtha's Explications and Pointing out His Error

ZZ21 292c11-13; WX34 825a14-16:

解云, 相傳第一法輪如其日月, 第二法輪兼為二乘, 餘義皆同『解節經疏』. 又『解節疏』云'第三[327]教在毗舍離', 便違『經』說在王舍城耆闍崛山.

(3) Presentation of Xuanzang's Explication

ZZ21 292c14-21; WX34 825a16-b6:

今依大唐三藏, 三種法輪但說處所, 不說時節 · 日月 · 年歲. 初法輪處同真諦說, 如前分別, 第二法輪依四處十六會說, 如『大般若』, 如前所說, 而真諦云'在舍衛國給孤獨'者, 於四處中但說一處. 第三法輪在兩處說, 一者淨土, 二者穢土, 如何[328]第一『記』中已說. 真諦『記』云'毗舍離'者, 便顯穢土, 與『經』不同, 【如前分別.】 通說『法華』及『華嚴』等為第三者, 即鷲峰山及七處八會, 如『經』應知.

(4) Comment of Different Namings on Hearers of Three Wheels of Teaching between *ShMJTJ* and *JShMJ*

ZZ21 292c21-293a3; WX34 825b6-12:

問. 『深密解脫經』云, "第一為聲聞行人, 第二為住大乘人, 第三為住一切大乘", 今依此『經』, 第一唯為發趣聲聞乘者, 第二唯為發趣脩大乘者, 第三普為發趣一切乘者, 如是

諦攝; 三無性者皆非安立.").

327) Taking into consideration *Jiejiejing shu* previously cited by Woncheuk identified the place of the Third Wheel of Teaching as Vaiśālī (ZZ21 292b11 ff.: 次佛 ... 在毗舍離國鬼王法堂, ... 此第三時.), '三' seems to be correct. But, unexpectedly, Chos grub translated it as *gñis pa* that corresponds to '第二' (ZhT68.896.16-18: gṣan yaṅ tshig ṅes pa ḥgrel paḥi mdoḥi ḥgrel pa las/ gal te bstan pa gñis pa waṅs pa can du bṣugs te/ gsuṅs par gyur na ...). It is probable that there was a writing error in the manuscript he used. In any case, it seems that Chos grub was not familiar with Paramārtha's *Jiejiejing shu*.

328) Taking into consideration the classical Chinese grammar and SNST (ZhT68.897.10: sṅar khoṅ du bstan pa bṣin no), Chinese character '何' must be superfluous.

二『經』, 以何為正?

答. 今本為正. 如前所說, 理不違故. 又真諦『記』亦同此說. 故『解節記』云, "第一為聲聞人, 第二為大乘人, 第三為三乘人."

3) Aspect 2: Classifying Buddha's Various Preachings Into Three Wheels of Teaching and Discriminating between Definitive and Interpretable Meanings [顯了不了]

ZZ21 293a4-5; WX34 825b13-14:

第二攝教分齊 · 顯了不了者, 先辨攝教分齊, 後明了 · 不了義.

(1) Presenting Different Views on Classification of Buddha's Various Teachings into Three Wheels of Teaching

ZZ21 293a5-17; WX34 825b14-826a8:

言攝教分齊者, 諸說不同

A) Presenting Paramārtha's Two Opposing Views on Three Wheels of Teaching and Recognizing the Latter View as Being Harmony with Sentences of *JShMJ*

若依真諦『部執論記』第二卷說, 小乘三藏名初法輪, 唯小非大. 『涅槃經』名第二法輪, 通為大 · 小. 『華嚴』 · 『般若』名第三法輪, 唯大非小. 故彼『記』云, "佛教自有三種法輪, 一小乘法輪, 即是三藏教, 二大乘法輪, 說大乘與小乘異, 如『涅槃經』合明大 · 小乘義, 三一乘法輪, 明大 · 小無異, 如『華嚴』等經 · 『般若經』諸明三乘人同觀二空理 · 同脩真實智, 故知大 · 小無異也."

若依『解節疏』, 如前說, 第一說四諦法輪, 第二說大乘『般若』, 第三說謂[329]『解節』經[330] · 『維摩』 · 『法華』等.

---

329) Taking into consideration classical Chinese grammar, Chinese character '謂' seems to be superfluous.

330) Taking into consideration the classical Chinese grammar (a set phrase of 'A · B · C等' for enumerating 'A', 'B', 'C' etc.) and SNST (ZhT68.899.11: tshig ṅes par hgrel pa daṅ/), Chinese character '經' seems to be superfluous.

解云, 真諦二『記』所自說成相違, 雖有兩說, 且依後釋. 順『經』文故. 謂四諦為初教, 諸部『般若』為第二教, 『解深密經』·『維摩』·『法華』及『華嚴』等為第三教. 且依真諦, 判教如上.

B) Presentation of Woncheuk's Own View

ZZ21 293a18-20; WX34 826a8-11:

今解諸說, 四諦者為第一教, 說無相者為第二教, 若約三性·三無性等具顯有·無'盡理〈理盡〉[331]說者為第三教, 不約年月·時節前後辨三時教.

C) Presenting the Reason Why *Prajñāpāramitā* Sūtras Are Classified into Second Wheel of Teaching

ZZ21 293a20-24; WX34 826a11-15:

問. 准何得知諸部『般若』為第三〈二〉[332]教? 解云, 如『般若』二百九十六云, "爾時無量百千天子, 空中散華, 同聲唱言, "我等今者於贍部洲見佛第二轉妙法輪."" 四百三十七·五百七·五百四十五·『大品』十九·『智度論』六十五皆同.

(2) Presentation of Various Interpretations Regarding the Discrimination between Definitive and Interpretable Teachings [顯了不了]

A) Woncheuk's Interpretation of the Definitive and Interpretable Teachings in *JShMJ*

ZZ21 293b1-6; WX34 826a15-b3:

後明了·不了者, 且依此『經』, 於三輪中, 初二不了, 第三為了. 所以者何? 如上所說, 第一法輪隱空說有, 第二法輪隱有說空, 第三法輪具足顯示空·有道理, 故名了義, 非謂

---

331) Taking into consideration SNST (ZhT68.900.3-4: yod pa daṅ med paḥi rigs pa ma lus śiṅ yoṅs su rdsogs par ston pa gaṅ yin pa dag) and the classical Chinese grammar ('adverb 盡' + 'verb 說'), Chinese phrase '盡理' must be a writing error for '理盡'.

332) Taking into consideration the context and SNST (ZhT68.900.7: dus gñis par bstan pa), Chinese character '三' must be a writing error for '二' as the collation record of ZZ states.

所詮有淺·深故名了·不了. 所以者何? 第二·第三所辨無相理無淺·深, 而具分別顯故名了; 不具足說隱故不了.

B) Presenting and Commenting Various Interpretations Regarding the Discrimination between Definitive and Interpretable Teachings among Buddhist Sects or Scriptures

ZZ21 293b6-294a15; WX34 826b3-828a6

由斯道理, 了與不了, 諸說不同.

a. Twenty Sects of Lesser Vehicle

若依小乘二十部中, 自有二說, 一大眾部·一說·說出世·雞胤·說假·制多山·~~小~~[333]西山住·北山住·法密·飲光十部同說, 如來所說皆是了義, 二薩婆多等餘十部說, 如來所說有了·不了, 非皆了義.

b. Paramārtha's Commentary on *BZhL*

依真諦師『部執論記』第一卷云, "若是未熟眾生, 多宜【為說不了義經; 若已成熟眾生, 多宜為說】了義經. 然了·不了凡有四句. 一語了義不了, 如小乘『經』. 二義了語不了, 如「煞王子偈」. [如『雜集論』第十六云, "逆害於父母 王及二多聞/ 誅國及隨行 是人說清淨//" 廣釋如彼.] 三語·義俱不了, 如外道『經』. 四語·義俱了, 如大乘『經』. (非謂)了了易解為淺, 不了難解為深[334]." 又第六云, "一切經不盡是了義者, 若稱理而說, 即是了義. 不了義, 自有兩種. 一語不了而義(實)[335]了, 如「煞於[336]父母王及諸王子偈」, 語雖不了, 義實了也. 二語了而

333) According to the names of twenty sects of Lesser Vehicles, Chinese character '小' must be superfluous.

334) Taking into consideration the conclusion of this presentation (如是諸教了·不了義, 種種不同, 故不可以了·不了言判教淺·深.) and SNST (ZhT68.902.8-10: **khoṅ du chud pa dag gis** go sla bas na zab pa yaṅ ma yin la(/) **mi rtogs pa dag gis** go dkaḥ bas na mi zab pa yaṅ ma yin no/), these two sentential phrases should be revised as above. But there is a high likelihood that they should be read as '**非謂了知人所易解為深, 不了人所難解為淺**' in the manuscript Chos grub used.

335) Taking into consideration SNST (ZhT68.902.13: daṅ po ni tshig ma ṅes la don ni yaṅ dag par

義不了, 如釋迦言, "我精進故法久住世, 餘佛懈怠故法不久住世, 迦葉佛滅後, 法337)住止七日, 柯羅拘孫陀訶佛滅後, 法住世十二年, 柯那牟尼佛滅後, 法(住)338)世六年, 我滅後, (法)339)住世二千年." 此語甚了而義不了. 不了者, 佛意明餘佛不重說法, 故名懈怠, (於)340)一法止作一過說, 釋迦於一切法門作無(量)341)過重說之, 故名精進也." 廣說如彼.

c. *XYL*

若依『顯揚』第六云, "不了義教者, 謂契經 · 應頌 · 記別等中薄伽梵略標其義, 未廣分別, 應更開示教. 了義教者, 謂翻前應知. 隱密教者, 謂多分聲聞藏教; 顯了教者, 謂多分大乘藏教." 『瑜伽』六十四亦同『顯揚』.

ṅes par gyur pa ste/), the correspondence to next phrase '義實了' and Woncheuk's preference for phrases with even number characters, Chinese character '實' should be added.

336) Taking into consideration the classical Chinese grammar and Woncheuk's preference for phrases with even number characters, Chinese character '於' seems to be superfluous.

337) ZZ text in the electrical edition (ZZ21 293b21) omitted Chinese chracter '法' in error unlike WX text (WX34 826b) and its Tibetan counterpart (ZhT68..902.20: ... chos zla ba bdun gnas par ḥgyur to).

338) Taking into consideration the context and SNST (ZhT68.903.2: ḥjig rten na chos lo drug gnas par gyur to/), Chinese character '住' should be added as the collation record of ZZ states..

339) Taking into consideration the context and SNST (ZhT68.903.3: ḥjig rten na chos lo stoṅ gnas par gyur ro), Chinese character '法' should be added.

340) Taking into consideration the classical Chinese grammar (The set phrase of '於 A 作說' means 'preaches ... concerining A'), SNST (ZhT68.903.6-7: de dag ni chos gcig la **ñes dmigs*** gcig tu yaṅ dag par ston par mdsad la/), and Woncheuk's preference for phrases with even number characters, Chinese character '於' should be added. *Chos grub read the meaning of '過' of '一過' as mistake (*ñes dmigs*), but in this context '一過' means 'one time' just as the next phrase '無量過' does 'countless time' (漢語大詞典編纂委員會 2000. 1231, article '過'). This shows that Chos grub, at leat at the stage of completing SNST, was not good at the classical Chinese.

341) Taking into consideration the context and SNST (ZhT68.903.7-9: bcom ldan ḥdas śākya thub pa ni chos kyi rnam graṅs thams cad la ñes dmigs tshad med pa sñed du mdsad nas bzlas te gsuṅs paḥi phyir), Chinese character '量' should be added.

d. *ZhDL*

『大智度論』第九云, “了義經者, 有一切智人佛第一, 一切諸經書中佛法第一, 一切衆生中比丘僧第一, 施得大富, 持戒得生天, 如是等是了義經. 如說法師說法有五種利, 一者大富, 二人所愛, 三者端正, 四者名聲, 五者後得涅槃, 是為未了義. 云何未了? 施得大富, 是了了可解, 說法無財施, 而言得富, 得富者, 說法人種種讚施, 破人慳心, 亦自除慳, 以是因緣得富, 是故言未了.”【[『顯揚』了 · 難了相對, 此與『菩薩藏』第七淺 · 深相返也.]】

e. *Dapusazang jing* of *BJJ*

『大菩薩藏經』第十八卷中以九對辨了 · 不了義. 一所有廣文名不了義經; 所有廣義名了義經.【[初廣文少義, 後少文廣義.]】 二宣說於道, 名不了義; 宣說於果, 名為了義.【[因 · 果相對, 三乘行因名道, 彼所得果名果.]】 三說世俗諦名不了義; 說勝義諦名為了義.【[二諦相對.]】 四說業 · 惑染, 名不了義; 說惑 · 業盡, 名為了義.【[染 · 盡相對.]】 五說可〈訶〉染法, 名不了義; 說清〈證〉342)淨法, 名為了義.【[止惡 · 脩善相對.]】 六說厭背生死欣樂涅槃, 名不了義; 說生死涅槃二無差別, 名為了義.【[生死涅槃有別 · 無別相對門也.]】 七說種種文句差別, 名不了義; 說甚深難見難覺, 是名了義.【[文句淺 · 深相對門.]】 八說文句廣博令心踊躍, 名不了義; 說文句及心皆同灰燼, 是名了義.【[廣 · 略相對.]】 九說有我 · 有情等, 又說立有種種受 · 蘊, 無有主宰, 名不了義; 說空 · 無相等無有我等及三解脫門, 是名了義.【[我 · 法二空相對門也.]】

f. *DJJ*

若依『大集』五十四, 唯有七對, 而無第一 · 第三二對, 餘門大同. 而差別者, 『大集經』云, “不了義經者, 分別隨道; 了義經者, 不分別果.” 此即『菩薩藏經』因 · 果相對, 然云‘不

---

342) Taking into consideration *BJJ* (vol. 52, 「菩薩藏會18 · 般若波羅蜜多品」 T11 304b19-20: 若諸經中宣說<u>訶責染</u>汚<u>之法</u>, 名不了義; 若有宣說<u>修治清淨如是法</u>者, 是名了義.) the context (the correspondence to phrase ‘<u>止</u>惡 · <u>脩</u>善’ of intratextual note) and SNST (ZhT68.905.5-7: kun nas ñon moṅs paḥi chos la <u>smod pa</u> gaṅ yin pa de dag ni draṅ baḥi don ces byaḥo/ /rnam par byaṅ baḥi chos <u>bsgrub par</u> ston pa gaṅ yin pa de dag ni ṅes paḥi don ces byaḥo/), Chinese characters ‘汚’ and ‘清’ should be corrected as ‘訶’ and ‘證’, respectively. Otherwise this fifth category is not distinct from the fourth one of ‘業惑染’ vs. ‘惑業盡’.

分別'者, 譯家謬也. 又『大集』云, "不了義經者, 多為眾生說罪 · 福相, 令聞法者心生欣 · 戚, 了義經者, 凡所演說必令聽者心為〈得〉343)調伏." 此即『菩薩藏』中第八廣 · 略相對, 文雖有異, 其意亦同. 『菩薩藏』云'皆同灰燼', 即調伏義.

g. *NPJ*

依『涅槃經』第六卷中, 聲聞乘 · 無上大乘等七對釋了 · 不了, 廣如彼說.

h. *JShMJ*

此『經』所說了 · 不了者, 隱密 · 顯了釋了 · 不了, 如前分別.

i. conclusion

如是諸教了 · 不了義, 種種不同, 故不可以了 · 不了言判教淺 · 深. 後當分別.

4) Aspect 3: Discrimination between Shallowness and Profundity of Truth (*yukti*) Itself Preached by Buddha in Terms of Three Wheels of Teaching [顯理淺深]

(1) Presenting Different Views on Shallowness and Profundity of Truth Itself Preached by Buddha in Terms of Three Wheels of Teaching among Indian and Chinese Buddhist Thinkers

ZZ21 294a16-24; WX34 828a7-15:

第三顯理淺 · 深者, 西方諸師自有兩說.

一清辨等言, "於三輪中, 四諦為初. 『解深密』等以為第二. 說法相故. 諸部『般若』以為第三. 無所得故." 此地諸師自有兩釋, 一云, 三論〈輪〉344)但遣所執, 一云, 具遣三性, 如『掌

343) Taking into consideration *DJJ* (vol. 29, 「無盡意菩薩品」 T13 205b16-18: 了義經者, 多爲衆生說罪 · 福相, 令聞法者心生欣 · 慼; 了義經者, 凡所演說必令聽者心得調伏.) and SNST (ZhT68.906.13: ñan pa dag gis sems ḥdul ba hthob par ḥgyur ba), Chinese character '爲' should be corrected as '得'.

344) Taking into consideration the context and SNST (ZhT68.907.15: chos kyi hkhor ro rnam pa gsum spo dag ni), Chinese character '論' must be a writing error for '輪' as the collation record of ZZ states.

珍』等.

二<u>護法</u>等宗但遣所執, 不遣二性. 然彼宗中自有兩釋. 一<u>真諦三藏</u>云, "具遣三性, 立三無性, 如次應知安 · 非安立." 二<u>大唐三藏</u>云, "於三性中, 但遣所執, 而非二性." 如前'善取空'中已說.

(2) Woncheuk's Own View on Shallowness and Profundity of Theme (*abhidheya*) of Three Wheels of Teaching

A) Theme of Each of Three Wheels of Teaching

ZZ21 294a24-b3; WX34 828a15-18:

然彼所詮有深 · 淺者,[345] 第一四諦法輪自有二義, 一者有作, 二者無作, 即是分段 · 變易二種四諦, 初轉法輪意在第一. 第二法輪唯遣所執. 第三法輪具顯三種無自性性.

B) Both Second and Third Wheels of Teaching Are of Definitive Meaning Since Their Common Theme Is Non-Characteristics (*animitta*).

ZZ21 294b4-15; WX34 828a18-b12:

於中第二 · 第三法輪所說無相理無淺 · 深, 若依此理, 皆是了義, 而今第三為了義者, 具顯三種自性等故. 據實, 『般若』【亦說三性,】 應是了義, 從多分說, 故言不了. 故<u>無性</u>『攝論』第一卷云, "又如『大般若波羅蜜多經』中說, ""<u>慈氏</u>! 於汝意云何? 諸遍計所執中非實有性爲色非色?" "不也. 世尊!" "諸依他起中唯有名 · 想施設言說性爲色非色?" "不也. 世尊!" "諸圓成實中彼空 · 無我性爲色非色?" "不也. 世尊!" "<u>慈氏</u>! 由此門故應如是知, 諸遍計所執性決定非有, 諸依他起性唯有名 · 想施設言說, 諸圓成實空 · 無我性是眞實有. 我依此故密意說言, '彼無二數, 謂是色等.'"" 又第四卷引『大般若』, "於五蘊中, 乃至佛法具有三性." 廣如彼說.

C) We Could Discriminate between Profundity (of the Teaching of Definitive

345) Unexpectedly in SNST (ZhT68.908.6: /de dag gis <u>brjod pa</u> la zab pa daṅ zab pa ma yin pa yod pa) Chinese phrase '所詮' is translated as *brjod pa*, which is the translation of '能詮' (antonym of '所詮'). It is very likely a writing error (omission of *~r bya ba*) in SNST.

Meaning) and Shallowness (of the Teaching of the Interpretable Meaning) in *Prajñāpāramitā* Literatures.

ZZ21 294b15-c3; WX34 828b12-829a6:

又解, 『般若』自有二種, 一深, 二淺, 深即了義, 淺即不了. 故『智度論』第一百云, "問曰, 更有何法甚深勝『般若』者, 而以『般若』, 囑累阿難, 而餘『經』囑累菩薩? 答曰, 『般若』, 非祕密法, 而『法華』等諸『經』說阿羅漢受決作佛, 大菩薩能受. 又如『佛說不可思議解脫經』, 五百阿羅漢雖在佛邊而不聞, 或時得聞而不能用. 復次『般若』有二種, 一者共聲聞說, 二者但為十方住第十地大菩薩說, 非九地所聞, 何況新發意者? 復有九地, 乃至初地所聞, 各各不同. 『般若』總相是一, 而深淺有異." 具說如彼. 准知『波若』有了 · 不了. 又『智度論』第三十四四十一七十二皆說共 · 不共二種『般若』, 恐繁不述.

(4)-1-2: Through Bodhisattva Paramārthasamudgata's Questions and Buddha's Answers Discriminating between Superiority of Teaching of Definitive Meaning and Inferiority of Teaching of Interpretable Meaning in the Merits Acquired from Ten Practices for Transmitting Buddha's Teachings [正發問辭辨福勝劣]

(4)-1-2-1: Bodhisattva's Questions to Buddha [菩薩請問]

(4)-1-2-1-1: Bodhisattva Proposes the Teachings to Be Questioned about by Himself to Buddha in Relation to Their Hearers [約人舉所問教]

ZZ21 294c4-6; WX34 829a7-9:

世尊! 若善男子, 或善女人, 於此如來依一切法皆無自性無生無滅本來寂靜自性涅槃所說甚深了義言教.

A. Sub-topics Related to '(4)-1-2', '(4)-1-2-1', Topic and Meaning of the Sentence Above from *JShMJ*

ZZ21 294c7-11; WX34 829a10-14:

釋曰. 自下第二正發問辭(辨)[346]福勝 · 劣. 於中有二, 初菩薩請問, 後如來正答. 前中

346) Taking into consideration the conformity with topic previously presented (ZZ21 287c2 ff.:

有二, 初約人舉所問教, 後'聞已信'下正問依教起十法行生福多少, 此即初也. 為顯如上無自性性【顯了】言辭, 故作是言'所說甚深了義言教'.

(4)-1-2-1-2: Bodhisattva Questions about the Quantity of Merits Acquired from Ten Practices for Transmitting Buddha's Teachings [正問依教起十法行生福多少]

ZZ21 294c12-13; WX34 829a15-16:

聞已, 信解, 書寫, 護持, 供養, 流布, 受誦, 溫習, 如理思惟, 以其脩相發起加行, 生幾所福?" 說是語已.

A. Topic of the Sentence Above from *JShMJ*

ZZ21 294c14-15; WX34 829a15-16:

釋曰. 此即第二正問依教起十法行生福多少. 此十法行, 如前已釋.

(4)-1-2-2: Tathāgata's Preaching [如來正說]

(4)-1-2-2-1: He Praises the Superiority of Merits Acquired from Ten Practices for Transmitting Buddha's Teachings and Accepts Bodhisattva's Request of Preaching [歎勝許說]

ZZ21 294c16-18; WX34 829b1-3:

爾時世尊告勝義生菩薩曰, "勝(義)[347]生! 是善男子, 或善女人, 其所生福無量無數, 難聞〈可〉[348]喻知, 吾今為汝略說少分.

A. Sub-topics Related to '(4)-1-2-2', and Topic of the Sentence Above from *JShMJ*

ZZ21 294c19-20; WX34 829b4-5:

釋曰. 自下第二如來正說. 於中有二, 初歎勝許說, 後依問正說, 此即初也. 如文可知.

釋曰. 自下第四校量嘆勝分. 於中有二, 初菩薩請問, 後 ... 前中有二, 初 ..., 後'世尊若善男子'下正發問辭辨福勝 · 劣.) and Woncheuk's preference for phrases with even number characters, Chinese character '辨' should be added as the collation record of ZZ states.

347) Chinese character '義' should be added according to *JShMJ* (T16 697b15).

348) Chinese character '聞' should be corrected as '可' according to *JShMJ* (T16 697b16).

(4)-1-2-2-2: Tathāgata's Preaching [如來正說]

(4)-1-2-2-2-1: With Two Metaphors Discriminating between Superiority of Teaching of Definitive Meaning and Inferiority of Teaching of Interpretable Meaning in the Merits Acquired from Ten Practices for Transmitting Buddha's Teachings [擧二喻辨其勝劣]

(4)-1-2-2-2-1-1: Presenting the Metaphor of Comparing the Particles of Earth on the Tip of a Fingernail to All the Particles of Earth in the Earth [爪上少土喻]

ZZ21 294c21-22; WX34 829b6-7:

如爪上土, 比大地土, 百分不分一, 千分不及一, 百千分不及一, 數 · 算 · 計 · 喻 · 鄔波尼煞[349]曇分亦不及一.

A. Sub-topics Related to '(4)-1-2-2-2', '(4)-1-2-2-2-1', and Topic of the Sentence Above from *JShMJ*

ZZ21 294c23-295a1; WX34 829b8-10:

釋曰. 自下第二如來正說. 於中有二, 初擧二喻辨其勝 · 劣, 後'如是'下擧法同喻辨福勝 · 劣. 就二喻中, 即分為二, 初爪上少土(喻)[350], 後牛跡少水喻, 此即初也.

B. Presenting Unity and Difference in the Classifications of Various Quantifiers among Scriptures

ZZ21 295a2-13; WX34 829b11-830a4:

然依此『經』, 以其八分校量勝 · 劣, 一百分, 二千分, 三百千分, 四數分, 五算分, 六計分, 七喻分, 八鄔波尼煞曇分. 若『最無比經』及『希有經』, 皆說八分, 即同此『經』.

若依『菩薩藏經』第十二卷, 數雖同八, 然後五分皆安〈按〉[351]梵語. 故彼『經』云, "僧佉

---

349) Chinese character '煞' is written as '殺' in *JShMJ* (T16 697b21).

350) Taking into consideration the correspondence to the next phrase '後牛跡少水喻' and SNST (ZhT68.913.4: sen moḥi sahi dpe daṅ ba laṅ gi rjes kyi dpeḥo/), Chinese character '喻' should be added.

351) Taking into consideration the context and SNST (ZhT68.913.11: rgya gar skad du ḥbyuṅ ste/), Chinese character '安' must be a writing error for '按'.

分, 迦羅分, 伽拏那分, 烏波摩分, 鄔波尼煞曇分.” 於中前四, 若准諸教, 如次即配數·算·計·喻如次即配數·算·計·喻; 然准【『直本』·】『金剛般若』, 如次配為數·計·算·喻.

若依『能斷般若經』及【『直本經』·】『十輪經』第五同說十分, 謂百千後更加俱胝·那庾多分.

若依『大般若經』第一百四卷, 說十三分, 謂百千後, 更加五分, 謂俱胝分, 百俱胝分, 千俱胝分, 百千俱胝分, 百千俱胝那庾多分.

C. Presenting Various Explications of “Superiority” (勝, shèng) among Scriptures

ZZ21 295a2-c13; WX34 829b11-830a4:

然釋諸分差別相者,

1) Paramārtha's Commentary on *P-JGJ*

若依真諦『金剛般若經』云, “百分不及一, 千萬億分不及一, (窮於算數不及其一,)352) 乃至威力·品類·相應·譬喻所不能及.” 真諦解云, “凡舉五義, 顯此勝彼劣, 一約數量故勝, 二約威力故勝, 三約品類故勝, 四約相應故勝, 五約譬喻故勝. 數量者, 窮於數量不能及一, 如『經』言, ‘百分不及一, 窮於算數, 不及其一也.’ 二威力者, 謂隨所欲得三乘勝果, 自然(?)成辦勝如意寶, 假設世間如意寶, 如須彌山王, 滿大千界, 無此威力, 不能得三乘果故. 三品類勝者, 品類有五種, 即五藏義, 一如來, 二正法, 三法身, 四出世法, 五自性清淨, 此五藏義即是品類義. 於一真如, 有五藏義, 初顯體性, 次顯因, 三顯果, 四顯功德, 五顯不共. 但是無分別智可〈所〉353)得故. 如此五種是品類義, 彼財施福無此五義品, 故不及也.

---

352) Taking into consideration the Paramārtha's explication followed (數量者, 窮於數量不能及一, 如『經』言, ‘百分不及一, 窮於算數不及其一也’.), SNST (ZhT68.914.3: /bgraṅ ba daṅ graṅs su yaṅ ñe bar mi ḥgro ba), and *P-JGJ* (T8 764b27-c3: 若復有人於後末世五百歲時, 受持讀誦教他修行正說此經, 須菩提! 此人所生福德之聚, 以我往昔承事供養諸佛如來所得功德, 比此功德百分不及一, 千萬億分不及一, 窮於算數不及其一, 乃至威力·品類·相應·譬喻所不能及.), Chinese phrase ‘窮於算數不及其一’ should be added.

353) Taking into consideration the context (a sentence ‘自性清淨 … 無分別智 + 所 + 得’ meaning ‘*prakṛtiviśuddhi* (自性清淨) is achieved by *nirvikalpajñāna* (無分別智)’) and SNST (ZhT68.915.6: rnam par mi rtog paḥi ye śes kho nas brñes par bya ba yin paḥi phyir ro/), Chinese character ‘可’ should be corrected as ‘所’.

四相應者, 明因 · 果相應, 謂信樂大乘能感〈覺〉[354]真如, 布施福德不能應真, 無此相應, 故不及也. 五譬喻者, 即此真如是第一法, 更無別法與此法等, 故無可為喻." 具說如彼.

2) Vasubandhu's *JGJL* on *JGJ*

若依菩提留支『金剛般若經』云, "百分不及一, 千分不及一, 百千分不及一, 歌羅分不及一, 數分不及一, 優波尼沙陀分不及一, 乃至算數 · 譬喻所不能及." 依天親『波若論』, 約四種勝校量勝 · 劣. 故彼「偈」言, "數力無似勝 無似因亦然/ 一切世間法 不可得為喻// 此說何義? 示(於)[355]前福德此福為勝. 云何為勝? 一者數勝, 二者力勝, 三者不相似勝, 四者因勝, 是故「偈」言'一切世間法不可得為喻'. 數勝者, 如『經』'百分不及一, 乃至算數 · 譬喻所不能及'故. 以數無限齊故, 攝得餘數, 應知. 力勝者, 如『經』'不及一歌羅分'故. 無似勝者, 此福德中數不相似, 此福德不可數故, 如『經』'(數)[356](?)不能及'故. 因勝者, 因果不相似, 此因果勝彼因果故, 如『經』'乃至優波尼沙陀分不及一'故. 有此法最勝無有世間法可喻此法故, 「偈」言'一切世間法不可得為喻'故, 如是此福德中彼福微少, 是故無法可喻."

3) Bodhiruci's *JGXL* on *JGJ*

『金剛仙論』云, "'百分不及一等'者, 『論』云'算數[357]勝'. 此明有漏福德是有盡法, 故亦有限; 明無漏善法是無盡之法, 故亦無限, 所以勝也. '歌羅分不及一'者, 『論』云'力勝'. 【歌羅者, 西國正音, 如折一毛以為百分, 一分名'歌羅分', 此義翻為'力勝'.】以無漏善法功

---

354) Taking into consideration the context and SNST (ZhT68.915.10-11: ḥdi ltar theg pa chen po la mos pa gaṅ yin pa des ni de bṣin ñid rtogs par ḥgyur la/), Chinese character '感' must be a writing error for '覺'.

355) Taking into consideration the classical Chinese grammar (In case of comparison the prefix '於' is put in front of the compared object) and *JGJL* (vol. 3, T25 794b1: 此說何等義? 示於前福德此福為勝.), Chinese character '於' should be added.

356) Taking into consideration *JGJL* (T25 794b6-8: 無似勝者, 此福德中數不相似, 以此福德不可數故, 如『經』'數不能及'故.), Chinese character '數' should be added.

357) The word '算數' is written as '算類' in *JGXL* (vol. 9, T25 860b4: '百分不及一等'者, 『論』云'算類勝'.), but read as '數' in SNST (ZhT68.917.5-6: ... grańs khad par du ḥphags pa ste/) and *JGJL* (vol. 3, T25 794b2: 云何為勝, 一者數勝, ...). Since there seems to be no difference in meaning among '算數', '算類', and '數' I would leave it uncorrected.

德勢力勝於有漏善法, 故名'力勝'也. '數分不及一'者, 『論』云'不相似勝'. 由是其數數中轉微轉細, 及至少許, 由不及一, 故名'不相似勝'也. 明此無漏善法, 若有形色者, 虛空法界所不容受, 以(有爲)[358]有盡法, 形無為 · 無盡法故, 假令乃至少許, 不相似, 如分芥子以為萬分, 擬須彌山, 唐失其身, 終不相類也. '優波尼沙陀分不及一'者, 『論』中義翻云'因勝'. 明因 · 果不相似珍寶, 有漏善法但得三界報, 因 · 果俱是不如, 無漏善法乃遠得佛果, 因 · 果俱勝, 故名因 · 果不相似也."

D. Explaining Quantifier "bǎifèn" (百分), "qiānfèn" (千分), "bǎiqiānfèn" (百千分) of the Sentence Above from *JShMJ*

ZZ21 295c13; WX34 831a16

今於此『經』前之三分, 如名可知

E. Explaining Quantifier "shùfèn" (數分) of the Sentence Above from *JShMJ*

ZZ21 295c14-20; WX34 831a17-b5:

言'數分'者, 【梵者'僧佉', 此云'數'也.】 依『十地論』第七〈二〉[359]卷云, "'數'者, 一一為二, 二二為四, 如是等." 依功德施『般若論』云, "'數'者, 謂六十位, 過斯已往, 數不能及." 解云, 依『俱舍論』, 其數漸增有六十轉, 依『華嚴經』, 一百二十轉, 且依『俱舍』故言'六十'. 依『金剛仙論』, 前之五分皆名'數分', 故彼云'百分不及一等'者, 『論』云'算數勝'.

F. Explaining Quantifier "suànfèn" (算分) of the Sentence Above from *JShMJ*

ZZ21 295c21-296a7; WX34 831b6-16:

言'算分'者, 【梵音'伽拏那', 此云'算'也.】『十地論』云, "'算'者, 一縱十橫, 如是等." 若依『毗婆沙』第一百二十六云, "'數'名何法? 答. 如理轉變意業及此所依諸巧便智. 此中'數'者, 非謂所數稻 · 麻等物百千等數, 但是所有能數之法, 此能數法故說為'數'." 乃至彼

---

358) Taking into consideration the context and *JGXL* (T25 860b13: 以有爲有盡法形), Chinese phrase '有爲' should be added. But SNST (ZhT68.917.18: zag pa daṅ bcas pa ni) shows the possibility that it was written as '有漏' in the manuscript Chos grub used.

359) Since the quotation followed appears in the second volume of *ShDL* (vol. 2, 「初歡喜地」 T26 166c15-16), Chinese character '七' must be a writing error for '二'.

云, "如是四蘊為數自性." (又復彼云[360],) "'算'名何法? 答. 如理轉變語業及此所依諸巧便智. 此中'算'者, 非謂所算一十百千萬億等法, 但是所有能算之法, 此能算法, 故說為'算'." 乃至彼云, "如是五蘊為算自性." 解云, 若准此文, 能數 · 能算巧便智等, 以為'算 · 數'. 雖有此義, 且依前說.

G. Explaining Quantifier "jìfèn" (計分) of the Sentence Above from *JShMJ*

ZZ21 296a8-14; WX34 831b17-832a5:

言'計分'者,【梵音'迦羅', 此云'計'也.】<u>功德施</u>云, "'歌羅不及 · 校計不及'者, 此依歌羅微細義說, 謂受持福最微細(性)[361], 功德已多, 非前所及. 窮於校計, 終無與等, 微細尚爾, 況一切耶?"【['歌羅'與'計', 梵音有異, 不合分, 為二種分.(?)]】若依『雜集』, 算 · 計二分, 亦名為'數', 故十一云, "數有二種, 一計算數, 二決定數, 計算數者, 謂六波羅蜜多, 決定數者, 謂波羅蜜多, 數唯有六, 不增 · (不)[362]減."

H. Explaining Quantifier "yùfèn" (喩分) of the Sentence Above from *JShMJ*

ZZ21 296a15-18; WX34 832a6-9:

言'喩分'者,【梵音'烏波摩', 此云'喩'也.】<u>功德施</u>云, "'譬喩不及'者, 如有童女, 稱為月面, 女面豈能合類於月? 以有光潔少分相同, 彼前福喩[363]聚即不如是, 無少相似可為譬喩."

---

360) Taking into consideration *PPShL* (vol. 126,「業蘊 · 自業納息」660b18-c14: 數名何法? ... 如是四蘊爲數自性. 算名何法? ... 如是五蘊爲算自性.), SNST (ZhT68.919.7: <u>gsan yaṅ de ñid las</u> ...), and the correspondence to the next sentence of '乃至彼云, ""如是五蘊為算自性."', Chinese phrase '又復彼云', which introduces the quotation concerning the word '算' from *PPShL*, should be added.

361) Taking into consideration *GDShL* (T25 893c3-5: '歌羅不及 · 校計不及'者, 此依歌羅微細義說, 謂受持福最微細<u>性</u>, 功德已多, 非前所及.) and SNST (ZhT68.919.20: ḥdi ltar ḥchaṅ ba daṅ ḥdsin paḥi bsod nams ni mchog tu phra ba<u>ḥi ṅo bo ñid</u> de/), Chinese character '性' should be added.

362) Taking into consideration *ZJL* (vol. 12,「決擇分 · 法品」T31 746c22-24: 數有二種, 一計算數, 二決定數, 計算數者, 謂六波羅蜜多, 決定數者, 謂波羅蜜多, 數唯有六, 不增 · <u>不</u>減) and Woncheuk's preference for phrases with even number characters, Chinese character '不' should be added.

363) Taking into consideration *GDShL* (T25 893c8-11: '譬喩不及'者, 如有童女, 稱為月面, 女面豈能合類於月? 以有光潔少分相同, **彼前<u>福聚</u>即不如是**, 無少相似可為譬喩.) and SNST (ZhT68.920.11:

I. Explaining Quantifier "wūpōníshātánfèn" (鄔波尼殺曇分) of the Sentence Above from *JShMJ*

ZZ21 296a19-b2; WX34 832a10-17:

言'鄔波尼殺曇分'者, 此云'極'也, 即是'數'·'算'·'計'·'喻'是四中, 云最後(一)[364]極故, 於'數'等後說'鄔波尼殺曇分'也. 又解, '鄔波尼殺曇分'者, 但是數極, 此是西方最極大數之末數名, 似此方'載'名, 非即是'載'. 以此方數法少, 但有十五, 西方乃有六十數名. <u>世親</u>『論』【云'因勝'】[365], <u>功德施</u>云, "優波尼沙者, 因也, 其義云何? 此少分福於最勝果即成因性. 總前福聚亦不成因. 不能得真實果故."

(4)-1-2-2-2-1-2: Presenting the Metaphor of Comparing the Water in a Cow's Hoofprint to the Water of Four Great Oceans [牛跡少水喻]

ZZ21 296b3-4; WX34 832a18-b1:

或如牛跡中水, 比四大海水, 百分不及一, 廣說乃至鄔波尼殺曇分, 亦不及一.

A. Topic of the Sentence Above from *JShMJ*

ZZ21 296b5; WX34 832b2:

釋曰. 此即第二牛跡少水喻. 准前可知.

(4)-1-2-2-2-2: Based on the Logic that the Proposition Corresponds to the Metaphor Comparing the Quantity of Merits Acquired from Teaching of Definitive Meaning to That of Interpretable Meaning [舉法同喻校量勝劣]

ZZ21 296b6-10; WX34 832b3-7:

/sṅa maḥi <u>bsod nams</u> ni de lta ma yin te/), Chinese character '喻' must be superfluous.

364) Taking into consideration SNST (ZhT68.920.14-15: ... daṅ/ dpe ṣes bya ba bṣi po dag gi naṅ na mchog tu tha mar gyur pa <u>gcig</u> gi mthaḥ yin paḥi phyir/), the sentence should be revised as above.

365) In SNST (ZhT68.920.20-921.1: /slob dpon dbyin gñen <u>daṅ</u> yon tan byin gyis ḥphags pa rdo rje gcod paḥi ḥgrel pa las/) the part corresponding to Chinese phrase '云因勝' seems to be lost.

如是於諸不了義經, 聞已, 信解, 廣說乃至以其脩相發起加行所獲功德, 比此所說了義經教, 聞已, 信解所集功德, 廣說乃至以其脩相發起加行所集功德, 百分不及一, 廣說乃至鄔波尼煞曇分亦不及一." 說是語已.

A. Topic of the Sentence Above from *JShMJ*

ZZ21 296b11-12; WX34 832b8-9:

釋曰. 此即第二擧法同喻校量勝劣. 【謂聞二經所獲功德依前二喻校量勝·劣. 分數差別,】 如『經』可知.

E. Buddha Repetitively Asks for Bodhisattva Paramārthasamudgata to Cherish His Teachings as Truth

(5): Hearers' Deference to Buddha's Teachings and Cherishing Them as Truth [依教奉持分]

(5)-1: Bodhisattva Paramārthasamudgata's Questions to Buddha [菩薩請問]

ZZ21 296b13-14; WX34 832b10-11:

爾時勝義生菩薩復白佛言, "世尊! 於是解深(密)[366]法門中, 當何名此教? 我當云何奉持?"

A. Sub-topics Related to '(5)', Topic and Division of the Sentence Above from *JShMJ*

ZZ21 296b15-17; WX34 832b12-14:

釋曰. 自下第五依教奉持分. 於中有二, 初菩薩請問, 後如來正答, 此即初也. 請問二事, 一問教名, 二問奉持.

(5)-2: Tathāgata's Answer [如來正答]

366) Chinese character '密' should be added according to *JShMJ* (T16 697b27-c1: 爾時勝義生菩薩復白佛言, "世尊! 於是解深密法門中, 當何名此教? 我當云何奉持?" 佛告勝義生菩薩曰, "善男子! 此名勝義了義之教, 於此勝義了義之教汝當奉持.).

(5)-2-1: His Direct Answer to Bodhisattva's Question [依問正答]

ZZ21 296b18-19; WX34 832b15-16:

佛告勝義生菩薩曰, "善男子! 此名勝義了義之教, 於此勝義了義之教汝當奉持."

A. Sub-topics Related to '(5)-2', Topic and Meaning of the Sentence Above from *JShMJ*

ZZ21 296b20-22; WX34 832b17-833a1:

釋曰. 自下第二如來正答. 於中有二, 初依問正答, 後說教勝利, 此即初也. 謂說此教名為勝義了義之教, 依如是名汝當奉持.

(5)-2-2: Presenting that the Hearers Acquire Supreme Benefits from Buddha's Preaching of the Ultimate, viz. the Definitive Meaning [說教勝利]

(5)-2-2-1: Presenting that Some Sentient Beings Acquire Supreme Benefit of Generating Aspiration toward Unsurpassed, Complete, and Perfect Awakening from Buddha's Preaching [發心勝益]

ZZ21 296b23-24; WX34 833a2-3:

說此勝義了義教時, 於大會中有六百千衆生, 發阿耨多羅三藐三菩提心.

A. Sub-topics Related to '(5)-2-2', Correlations between Four Supreme Benefits in *JShMJ* and Five Supreme Benefits in *YJL*, and Topic of the Sentence Above from *JShMJ*

ZZ21 296c1-12; WX34 833a4-15:

釋曰. 自下第二說教勝利. 有四勝益, 即分為四, 此即初益.

依『瑜伽論』第四十六, 有五勝利. 彼云, "諸佛菩薩為諸有情宣說正法, 當知有五大果勝利. (何等爲五?)[367] 一者, 一類有情聞正法時, 遠塵離垢, 於諸法中法眼生起. 二者, 一類有情聞正法時, 得盡諸漏. 三者, 一類有情聞正法時, 便於無上正等菩提發正願心. 四

---

367) Taking into consideration *YJL* (vol. 46, 「本地分 · 菩薩地 · 初持瑜伽處 · 菩薩功德品」 T30 548c2-3: 諸佛菩薩為諸有情宣說正法, 當知有五大果勝利. 何等爲五?) and SNST(ZhT68. 923.3-4: lṅa gaṅ ṣe na de dag las sems can kha cig ni …), Chinese phrase '何等爲五' should be added.

者, 一類有情聞正法時, 證得菩薩最勝法忍.【五者, 一類有情聞】正法已, 受持讀誦, 脩習正行, 展轉方便, 令正法眼久往〈住〉[368]不滅. 如是五種, 當知名為諸佛菩薩所說正法大果勝利." 今此『經』中有四勝利, 闕後一種.【易可知故,】諸『經』多不說也.

四種勝利即分為四, 此即第一發心勝利.

B. Presenting Five Stages of *Bodhi*(菩提) of *ZhDL* and Three Different Interpretations Regarding Which of the Five Corresponds to "*anuttarasamyaksaṃbodhi*" (阿耨多羅三藐三菩提) in the Sentence Above from *JShMJ*

ZZ21 296c13-297a6; WX34 833a15-b15:

依『智度論』第五十三「無生品」云, "云何(是)[369]五種菩提? 答曰, 一者柔順忍, 二者無生忍, 及三種菩提.[解云, 地前 · 地上及三乘無學菩提, 以為五種也.] 復有五種菩提. 一發心菩提, 於無量生死中發心, 為阿耨多羅三藐三菩提故名為菩提, 此即因中說果. 二伏心菩提, 折諸煩惱, 降伏其心, 行諸波羅蜜. 三明菩提, 觀三世諸法, 本 · 末總相 · 別相分別籌量, (得)[370]諸法畢竟清淨, 所謂般若波羅蜜相. 四出到菩提, 於般若波羅蜜中得方便力故, 亦不著般若波羅蜜, 滅一切煩惱, 見一切十方諸佛, 得無生法忍, 出三界, 到薩婆若. 五者無上菩提, 坐道場, 斷煩惱習, 得阿耨菩提." <u>長耳三藏</u>釋云, "習種已前名發心位; 次三十心名為伏心位; 始從初地至於七地名為明位; 八 · 九 · 十地名出到位; 妙覺名無上位."

---

368) Taking into consideration the context and *YJL* (T30 548c9-11: 五者, 一類有情聞正法已, 受持讀誦, 脩習正行, 展轉方便, 令正法眼久<u>住</u>不滅), Chinese character '往' must be a writing error for '住'.

369) Taking into consideration *ZhDL* (vol. 53, 「釋無生品」 T25 437c29-438a1: 問曰. 云何<u>是</u>五種菩提?) and SNST (ZhT68.923.19: byaṅ chub rnam pa lṅa <u>gaṅ</u> ṣe na), Chinese character '是' should be added. Otherwise Chinese phrase '云何' might be misread as 'why'.

370) Taking into consideration the context and *ZhDL* (T25 438a6-9: 三者名明菩提, 觀三世諸法, 本末總相別相分別籌量, <u>得</u>諸法實相畢竟清淨, 所謂般若波羅蜜相.), Chinese character '得' should be added. But SNST (ZhT68.924.6-10: /gsum pa ni rig paḥi byaṅ chub ste/ dus gsum gyi chos rnams la **ran bṣin gyis yod paḥ** spyiḥi mtshan ñid daṅ/ bye brag gi mtshan ñid du <u>blta ba</u> daṅ **chos rnams** mthar rnam par dag pa ñid du <u>rnam par ḥbyed ciṅ gṣal ba</u> ḥdi lta ste/ śes rab kyi pha rol tu phyin pa gaṅ yin paḥo/) shows Chos grub misread the structure of this sentence as 'verb **觀** + objective 三世諸法**本末**總相別相別相' and 'verb **分別籌量** + objective **諸法畢竟清淨**'. It is probable that the Character '得' was lost and Chinese phrase '本末' was written as '本有' in the manuscript he used.

今依此五, 釋『經』意者, 此云'阿耨菩提'者, 所求菩提, 言'發心'者, 發能求之心, 故言'發菩提心', 此即五中初二菩提也.

一云, 第三明菩提也. 所以者何? 『金剛仙』云, "初地菩提〈薩〉[371]發心故."

或可, 所〈能〉求其〈者〉, (依)五種能求之心, 唯在因位.[372]【[勘『顯揚』.]】

(5)-2-2-2: Presenting that from Buddha's Preaching Some *Śrāvakas* Acquire Two Supreme Benefits of Liberating Their Mind from Contamination and Attaining the Pure Eye of Truth with Respect to the Phenomena [離塵垢等益]

ZZ21 297a7; WX34 833b16:

三百千聲聞遠塵離垢, 於諸法中得法眼淨.

A. Topic and Meaning of the Sentence Above from *JShMJ*

ZZ21 297a8-9; WX34 833b17-18:

釋曰. 此即第二離塵垢等益. 謂聞此教, 得二種益, 一遠塵離垢益, 二得法眼淨益.

B. Presenting Various Views on Two Supreme Benefits of Liberating Their Mind from Contamination and Attaining the Pure Eye of Truth with Respect to the Phenomena Acquired from Buddha's Preaching among *Śāstras*

ZZ21 297a9-b12; WX34 833b18-834b9:

然此二益諸教不同.

1) *PPShL*

若依『大毗婆沙』百八十二云, "如『契經』說, "佛說此法門時, 具壽憍陳那及八萬諸天

371) Taking into consideration the context and *JGXL* (vol. 2, T25 805a9-21: 發阿耨多羅三藐三菩提心者, ... '菩提'言道, 此是如來果頭無上最勝正遍知, 離斷·常二邊, 知中道正理. 初地菩薩證會此道, 故言'發阿耨三菩提心'也.), Chinese character '提' must be a writing error for '薩'.

372) Taking into consideration the context and SNST (ZhT68.925.12-14: /yaṅ na yoṅs su tshol ba ṣes bya ba ni yoṅs su tshol baḥi sems rnam pa lṅa po dag sbyar te/ rgyuḥi gnas skabs la gnas pa kho naḥo ṣeḥo/), the sentence should be revised as above.

遠塵離垢, 於諸法中生淨法眼." 此中'遠塵'者, 謂遠隨眼〈眠〉[373]. '離垢'者, 謂離纏垢. 於'諸法中'者, 謂於四聖諦中. '生淨法眼'者, 謂見四聖諦, 淨法眼生."

2) *ZJL*

依『雜集論』第九卷云, "如『契經』言'遠塵離垢於諸法中正法眼生'者, 此依見道說. 諸法忍能遠塵; 諸法智能離垢. 由彼最初於諸諦中妙聖慧眼為自性故. 法忍能遠離塵者, 由諸法忍永斷一切煩惱塵故. 法智能離垢者, 由諸法智已斷障垢, 依得生故. 又於此忍 · 智兩位如其次第遍知故, 永斷故, 道得清淨故, 依此而說'遠塵離垢'." 『集論』第五同『雜集』說. 解云, '遍知故永斷故道得清淨'者, 通釋'法眼淨'也.

3) vol. 83 of *YJL*

若依『瑜伽』八十三云, "復次'遠塵離垢'者, 塵謂已生未究竟智, 能障現觀, 有間無間, 我慢現轉. 垢謂彼品及見斷品所有麤重. 令永無故, 名'遠塵離垢'. 又復, 塵者, 所謂我慢及見所斷一切煩惱, 垢謂二品所有麤重. '於諸法中'者, 謂於自相 · 共相所住法中. 言'法眼'者, 謂如實現證, 唯有法慧. 言'見法'者, 謂於苦等如實見故. 言'得法'者, 謂隨證得沙門果故." 廣說如彼.

4) vol. 86 of *YJL*

又『瑜伽論』八十六云, "復次由二種相, 當知聖者慧眼清淨, 謂由遠塵及離垢故. 由是所斷諸煩惱纏得離繫故, 名為'遠塵'; 由彼隨眠得離繫故, 說名'離垢'. 又現觀有麤我慢, 隨入作意, 間無間轉, 若遍了知所取 · 能取所緣平等, 彼即斷滅, 彼即〈斷〉[374]滅故, 說名'遠塵'. 一切見道所斷煩惱隨眠斷故, 說名'離垢'." 見法 · 得法等十種勝利, 具說如彼.[375]

---

373) Taking into consideration the context and *PPShL* (vol. 182, 「定蘊 · 不還納息」 T27 913b7), Chinese character '眼' must be a writing error for '眠'.

374) Taking into consideration *YJL* (vol. 86, 「攝事分 · 契經事 · 行擇攝」 T30 778c10-12: 又現觀有麤我慢, 隨入作意, 間無間轉, 若遍了知所取 · 能取所緣平等, 彼即斷滅, 彼斷滅故, 說名'遠塵'.) and SNST (ZhT68.928.6: de spaṅs paḥi phyir), Chinese character '即' should be corrected as '斷'. Otherwise it might be misread as 'subjective 彼 + adverb 即 + intransitive verb 滅'.

375) Based on *YJL* (T30 778c7-17: 復次由二種相, 當知聖者慧眼清淨, 謂由遠塵及離垢故. ... 一切見道所

(5)-2-2-3: Presenting that Some *Śrāvakas* Acquire Supreme Benefit of Attaining Liberation (*vimokṣa*) from Buddha's Preaching [得解脫益]

ZZ21 297b13; WX34 834b10:

一百五十千聲聞永盡諸漏, 心得解脫.

A. Topic and Meaning of the Sentence Above from *JShMJ*

ZZ21 297b14-22; WX34 834b11-835a1:

釋曰. 此即第三得解脫益. 一[376]永盡諸漏, 得慧解脫; 永離定障, 得心解脫. 或可, 離三漏故, 名永盡諸漏; 永離貪故, 心得解脫. 依『大婆沙』九十四云, "漏盡者, 謂諸漏永盡. 問. 順諸漏法亦得永盡, 何故但說彼漏盡耶? 答. 彼以(漏)[377]盡而為上首, 應知亦說順諸〈漏〉法盡, 復次, 諸漏難斷 · 難破 · 難趣〈越〉[378], 非順漏法, 故偏說之. 復次, 諸漏過失多勝堅牢, 非順漏法, 故偏說之." 廣說如彼. 『大智度論』第三卷云, "三界中三種漏已盡無餘, 故言'諸漏盡'也." 解云, '心得解脫'如前廣說.

B. Explaining the Reason Why Teachings of Great Vehicle Also Make Practioners of Lesser Vehicle Acquire the Benefits

ZZ21 297b23-c5; WX34 835a1-8:

斷煩惱隨眠斷故, 說名'離垢'. 復次遠塵離垢, 於諸法中得法眼時, 當知即得十種勝利. 何等爲十? 一者於四聖諦已善見故, 說名見法, 二者隨獲一種沙門果故, 說名得法. 三者 ...) Woncheuk edited Chinese sentence '見法 · 得法等十種勝利, 具說如彼' after '復次遠塵離垢'. Therefore SNST(ZhT68.928.7-9: dri ma daṅ bral ba ṣes byaḥo/ /chos mthoṅ ba daṅ chos thob pa la phan yon rnam pa bcu yod par rig par byaḥo ṣes ḥbyuṅ ste(/) ṣib tu de ñid las bstan pa bṣin no/) is not appropriate since Chos grub took Chinese phrase '見法 · 得法等十種勝利' as quotation from *YJL*.

376) Chinese character '一' seems to be superfluous.

377) Taking into consideration *PPShL* (vol. 94, 「智蘊 · 學支納息」 T27 487c13-15: 漏盡者, 謂諸漏永盡. 問. 順諸漏法亦得永盡, 何故但說彼漏盡耶? 答. 彼以漏盡而爲上首, 應知亦說順漏法盡.) and SNST (ZhT68.928.19-21: smras pa/ de dag zag pa zad pa gtso bor byed pas/ zag paḥi rjes su ḥbraṅ baḥi chos kyaṅ zad pa ñid brjod par rig par byaḥo/), Chinese character '漏' should be added and '諸' of next phrase '順諸法盡' corrected as '漏'.

378) Taking into consideration *PPShL* (T27 487c15-16: 復次, 諸漏難斷 · 難破 · 難越, 非順漏法, 故偏說之.) and SNST (ZhT68.929.1: bzla bar dkaḥ ba yin la), Chinese character '趣' must be a writing error for '越'.

問. 如何此甚深大乘而能證得二乘利益?

解云, 如『智度論』, 如來說教有其二種, 一者顯了, 二者祕密. 若依顯了, 唯證大果, 而有祕密, 故通大 · 小二種勝利. 故『經』說云, "佛以一音演說法, 衆生隨類各得解." 又『無量義』云, "如來一音說三法輪." 又『大界經』云, "如來一音中演說無量契經海." 又此『經』說, "普為發趣一切乘者說此了義." 故知, 聞此得三乘果, 於理無違.

(5)-2-2-4: Presenting that from Buddha's Preaching Some Bodhisattvas Acquire Supreme Benefit of Attaining the Forbearance of the Doctrine of Non-arising (*anutpattikadharmakṣānti*) [得無生忍益]

ZZ21 297c6; WX34 835a9:

七十五千菩薩得無生法忍.

A. Topic of the Sentence Above from *JShMJ*

ZZ21 297c7; WX34 835a10:

釋曰. 此即第四得無生忍益.

B. Presenting Two Different Views on at Which Stage of Cultivations Practioners Acquire the Forbearance of the Doctrine of Non-arising

ZZ21 297c7-298a15; WX34 835a10-836a6:

然此無生自有二種.

1) First View: *ZhDL*

一者初地菩薩名得無生忍. 故『智度論』云, "有二種忍, 一者柔順忍, 二者無生忍." 解云, 柔順忍在十回向, 無生忍即【初地已上.

2) Second View: *RWJ*

二者】[379]八地已上得諸法無生忍. 故『仁王經』有五種忍, 謂一伏忍, 二信忍, 三順忍,

---

379) In SNST (ZhT68.930.11-13: /mi skye baḥi bzod pa ni sa brgyad pa yan chad de/ chos rnams

四無生忍, 五寂靜(忍)380), 如其次第, 地前三十心是伏忍位, 初 · 二 · 三地是信忍位, 四 · 五 · 六地是順忍位, 七 · 八 · 九地是無生忍, 十地及佛地是寂靜忍. 廣說如彼. 『菩提資糧論』第三云, "得無生法忍, 位菩薩不動地." 『菩薩藏經』第二十云, "舍利子! 當授記時, 我便證得無生法忍. 舍利子! 證何等無生法忍? 所謂證得一切色法無所得忍, 證得受 · 想 · 行 · 識無所得忍, 證得蘊 · 界 · 處法無所得忍. 舍利子! 言得忍者, 是即名為忍受諸法都無所得. 何以故? 非於證得如是忍時, 世間之法而復現行, 非異生法, 非諸學法, 非無學法, 非獨覺法, 非菩薩法, 諸非佛法而復現行. 所以者何? 由一切法不現行故, 說名得忍. 由一切法畢竟無得, 亦無所得, 故名得忍. 又是忍者, 於一剎那盡一切相及諸所緣, 故名得忍. 又是忍者, 不忍於眼, 不壞於眼及諸所緣, 故名得忍. 不忍於耳 · 鼻 · 舌 · 身 · 意, 不壞於意. 如是忍者, 無盡境界, 如是忍者, 非趣境界, 故名得忍." 『瑜伽』七十四云, "問. 如『經』中說無生法忍, 云何建立? 答. 由三自性而得建立, 謂由遍計所執自性故立本性無生忍; 由依他起自性故立自然無生忍, 由圓成實自性故立煩惱 · 苦垢無生忍. 當知此忍無有退轉." 『顯揚』第六亦同『瑜伽』, 又『顯揚』云, "此三種忍在不退轉地." 『大集』十一 · 功德施『金剛論』意同『顯揚』. 『佛地論』第六釋云, "八地已上名不退地." 又『佛地論』有兩'復次<種說>381), 一云初地已上得無生忍, 一云八地已上得無生忍, 廣如彼說.

---

mi skye baḥi bzod pa thob paḥi phyir ro/ /miḥi rgyal pos ṣus paḥi mdo las/) corresponding to Chinese sentential phrase '無生忍即 ~ 故仁王經' there seems to be loss and misreading. Chos grub connected 'subjective 無生忍' to 'predicate 即八地已上' and regarded Chinese phrase '得諸法無生忍故' as the reason of previous sentence '無生忍即八地已上'.

380) Taking into consideration *RWJ* (vol. 1, 「菩薩教化品」 T8 826b22-25: 佛言, "大王! 五忍是菩薩法, 伏忍上中下, 信忍上中下, 順忍上中下, 無生忍上中下, 寂滅忍上下, 名為諸佛菩薩修般若波羅蜜. ...") and SNST (ZhT68.930.15: rab tu ṣi baḥi bzod paḥo/), Chinese character '忍' should be added as the collation record of ZZ states.

381) Taking into consideration *FDL* mentioning two different views on the forbearance of the doctrine of non-arising (vol. 6, T26 321b9-c4: 經曰. 妙生菩薩復白佛言, "何等菩薩受用和合一味事智?" 佛告妙生, "證得無生法忍菩薩, ..." 論曰. 為顯示得大乘無生法忍菩薩, 或住功用有加行道菩薩, 未有受用和合一味事智故, 復問言, "何等菩薩受用和合一味事智?" 證得無生法忍菩薩, (1)謂從初地已上菩薩. ... (2)有義, 初地已上菩薩復有三種. 一初發心, ... 三不退轉, 謂上三地. 修道已滿, 離諸功用無加行道, 任運現前一切煩惱畢竟不起, 念念勝進無退轉故. 此中唯取八地已上觀一切法本來無生今亦不起, 得上品忍一向清淨, 恒起無漏任運而轉, 由得此故說名'證得無生法忍'.) and SNST (ZhT68.932.19-20: /gṣan yaṅ ḥphags pa saṅs rgyas kyi saḥi ḥgrel pa las bśad pa rnam pa gñis ḥbyuṅ ste/), Chinese phrase '復次' should be corrected as '種說'.

3) Presenting Meaning of the Sentence Above from *JShMJ* According to Two Views Mentioned Above

今此所說'無生忍'者, 若依『智度』, 初地已上無生法忍, 若准『仁王』, 七·八·九地得無生忍. 若廣分別, 如『十地論』382)第十卷說.

---

382) In *ShDL* (vol. 10, 「不動地第八」, T26 179b16 ff.: 論曰. 復次彼忍於四種無生中應知, ...) we can see a detailed presentation of the forbearance of the doctrine of non-arising, but SNST (ZhT68.933.6-7: ḥphags pa <u>saṅs rgyas</u> kyi saḥi ḥgrel pa las) shows that Chinese character '十' is written as '佛' in the manuscript Chos grub used. It is possible that either '十' was mistranscribed as '佛' before him or another version written as '佛地論', which is probably related to the previous phrase '又『佛地論』有兩'復次〈種說〉', was transmitted to him.

Abbreviations and Glossary of Buddhist Canons in Classical Chinese

BJJ Dabaoji jing 大寶積經: Skt. *Mahāratnakūṭa-sūtra*, collected and partially translated by Bodhiruci (菩提流支) of Tang dynasty and others (esp. *Dapusazang jing* 大菩薩藏經 of it was translated by Xuanzang 玄奘)

BJL Baoji lun 寶積論: Nonextant Buddhist scripture and not part of the *Tripiṭaka* in Classical Chinese

BML Baoman lun 寶鬘論: Not part of the Tripiṭaka in Classical Chinese

BRDL Banruodeng lunshi 般若燈論釋: Skt. *Prajñāpradīpa-mūlamadhyamaka-vṛtti* of Bhāviveka (清辨 or 清辯), translated by Prabhākaramitra (波羅頗迦羅蜜多羅)

BXL Jiujingyishengbaoxing lun 究竟一乘寶性論 Skt. *Ratnagotravibhāga Mahāyānottara-śāstra*, translated by Ratnamati (勒那摩提)

BZhL Buzhiyi lun 部執異論: Skt. *Samayabheda-uparacana-cakra*, translated by Paramārtha (眞諦)

DBRJ Dabanruoboluomiduo jing 大般若波羅蜜多經: Skt. *Mahāprajñāpāramitā-sūtra*, translated by Xunzang (玄奘)

DChJ Pusadichi jing 菩薩地持經: Skt. *Bodhisattva-bhūmidhara-sūtra*, translated by Dharmakṣema (曇無讖)

DJJ Dafangdengdaji jing 大方等大集經: Skt. *Mahāvaipulya-mahāsaṃnipāta-sūtra*, translated by Dharmakṣema and others (esp. *Wujinyipusa jing* 無盡意菩薩經 of vol. 27~30 of it was translated by Zhiyan 智嚴 and Baoyun 寶雲)

DYJ Fangguangdazhuangyan jing 方廣大莊嚴經: Skt. *Lalitavistara-sūtra*, translated by Divākara (地婆訶羅)

FDL Fodijing lun 佛地經論 Skt. *Buddhabhūmi-śāstra* of *Bandhuprabha or Prabhamitra (親光) and others, translated by Xuanzang

FHJ Miaofalianhua jing 妙法蓮華經: Skt. *Saddharmapuṇḍarīka-sūtra*, translated by Kumārajīva (鳩摩羅什)

FHL Miaofalianhuajing youbotishe 妙法蓮華經憂波提舍: Skt. *Saddharmapuṇḍarīka-sūtroupadeśa* of Vasubandhu (世親), translated by Bodhiruci (菩提流支 or 菩提留支) of Northern Wei, together with Tanlin (曇林) and others

FXL Foxing lun 佛性論: Skt. *Buddhagotra-śāstra* of Vasubandhu, translated by Paramārtha

GBL Dashengguangbailun shilun 大乘廣百論釋論: Skt. *Catuḥśataka-vṛtti* of Dharmapāla (護法), translated by Xuanzang

GDShL Jingangbanruoboluomijing poquzhuobuhuaijiaminglun 金剛般若波羅蜜經破取著不壞假名論, Guṇada's (?) (功德施) commentary on *Vajracchedikā-prajñāpāramitā*, translated by Divākara and others

IWGS Inwanggyeong so 仁王經疏: Ch. *Renwangjing shu*, Commentary on *Kāruṇikarājarāṣṭrapālapāramita-sūtra* of Woncheuk

JGJL Jingangbanruoboluomijing lun 金剛般若波羅蜜經論: Skt. *Vajracchedikā-prajñāpāramitā-upadeśa* of Vasubandhu, translated by Bodhiruci of Northern Wei

JGXL Jingangxian lun 金剛仙論, a commentary on *JGJL*.

JJJ Jiejie jing 解節經: Skt. *Saṃdhinirmocana-sūtra*, translated by Paramātha

JShMJ Jieshenmi jing 解深密經: Skt. *Saṃdhinirmocana-sūtra*, translated by Xuanzang

LYJ Foshuoshoulengyansanmei jing 佛說首楞嚴三昧經: Skt. *Śūraṅgama-samādhi-sūtra*, translated by Kumārajīva

NPJ Dabanniepan jing 大般涅槃經: Skt. *Mahāparinirvāṇa-sūtra*, a revison of Dharmakṣema's translation made by Huiyan (慧嚴), Huiguan (慧觀), and Xie Lingyun (謝靈運)

P-JGJ Jingangbanruoboluomi jing 金剛般若波羅蜜經: Skt. *Vajracchedikāprajñāpāraitā-sūtra*, translated by Paramārtha

PPShL Apidamodapiposha lun 阿毘達磨大毘婆娑論: Skt. *Abhidharmamahāvib-*

hāṣā-śāstra, compiled by the five hundred Arhats, translated by Xuanzang

P-ShL Shedasheng lun 攝大乘論: Skt. *Mahāyānasaṃgraha-śāstra* of Asaṅga (無著), translated by Paramārtha

P-ShLSh Shedashenglun shi 攝大乘論釋: Skt. *Mahāyānasaṃgraha-śāstra-vyākhyā* of Vasubandhu, translated by Paramārtha

PTXJ Foshuochushengputixin jing 佛說出生菩提心經: Skt. *Utpādita-bodhicitta-sūtra*, translated by Jñānagupta (闍那崛多) and others

QXL Dashengqixin lun 大乘起信論: Skt. *Mahāyānaśraddhotpāda-śāstra* of Aśvagoṣa (馬鳴), translated by Paramārtha

RLJJ Rulengjia jing 入楞伽經 (=十卷楞伽): Skt. *Laṅkāvatāra-sūtra*, translated by Bodhiruci of Northern Wei

RWJ Foshorenwangbanruoboluomi jing 佛說仁王護國般若波羅蜜經: Skt. *Kāruṇikarājarāṣṭrapālapāramita-sūtra*, translated by Kumārajīva

SJLJ Lengjiaabaduoluobao jing 楞伽阿跋多羅寶經 (=四卷楞伽): Skt. *Laṅkāvatāra-ratna-sūtra*, translated by Guṇabhadra (求那跋陀羅)

SShS Weishisanshi song 唯識三十頌: Skt. *Triṃśika-vijñaptikārikā* of Vasubandhu, translated by Xuanzang

SWXL Sanwuxing lun 三無性論, translated by Paramārtha

ShDL Shidijing lun 十地經論: Skt. *Daśabhūmika-śāstra* of Vasubandhu, translated by Bodhiruci of Northern Wei

ShJJ Pusashanjie jing 菩薩善戒經: Skt. *Bodhisattva-śila-sūtra*, translated by Guṇavarman (求那跋摩)

ShMJ Shengmanshizihouyishengdafangbianfangguang jing 勝鬘師子吼一乘大方便方廣經: Skt. *Śrīmālādevī-siṃhanāda*, translated by Guṇabhadra

ShMJTJ Shenmijietuo jing 深密解脫經: Skt. *Saṃdhinirmocana-sūtra*, translated by Bodhiruci of Northern Wei

WChS Haesimmilgyeong so 解深密經疏 Ch. *Jieshenmijing shu*, Tb. *Ḥphags pa dgoṅs pa zab mo ṅes par ḥgrel paḥi mdo rgya cher ḥgrel pa*, Skt. *Ārya-gambhīra-saṃdhi-*

nirmocana-sūtra-ṭīkā, completed by Woncheuk after September 684 in Tang dynasty China.

WLYJ Wuliangyi jing 無量義經: Skt. *Amitārtha-sūtra*, translated by Dharmajātayaśas (曇摩伽陀耶舍)

WShL Chengweishi lun 成唯識論: Skt. *Vijñaptimātratāsiddhi-śāstra of Dharmapāla and others*, edited and translated by Xuanzang

WShYJ Foshuowushangyi jing 佛說無上依經: Skt. *Anuttarāśraya-sūtra*, translated by Paramārtha

WXSh Shedashenglun shi 攝大乘論釋: Skt. *Mahāyānasaṃgraha-śāstra-vyākhyā* of Asvabhāva (無性), translated by Xuanzang

X-JShL Apidamojushe lun 阿毘達磨俱舍論 Skt. *Abhidharmakośa-śāstra* of Vasubandhu, translated by Xuanzang

X-ShL Shedasheng lun 攝大乘論: Skt. *Mahāyānasaṃgraha-śāstra* of Asaṅga, translated by Xuanzang

X-ShLSh Shedashenglun shi 攝大乘論釋: Skt. *Mahāyānasaṃgraha-śāstra-vyākhyā* of Vasubandhu, translated by Xuanzang

XYL Xianyangshengjiao lun 顯揚聖教論: Skt. *Prakaraṇāryavāca-śāstra* of Asaṅga, translated by Xuanzang

YJL Yujiashidi lun 瑜伽師地論: Skt. *Yogācāryabhūmi-śāstra*, translated by Xuanzang

YJMLJ Yangjuemoluo jing 央掘魔羅經: Skt. A*ṅgulimālīya-sūtra*, translated by Guṇabhadra

ZJL Dashengapidamozaji lun 大乘阿毘達磨雜集論 Skt. *Abhidharmasaṃyutasaṅgīti-śāstra*, compiled and commented by Sthiramati (安慧), translated by Xuanzang

ZLL Yibuzonglun lun 異部宗輪論: Skt. *Samayabhedavyūhacakra* of Vasumitra (世友), translated by Xuanzang

ZXL Zaapitanxin lun 雜阿毘曇心論: Skt. *Saṃyutābhidharmahṛdaya-śāstra* of Dharmatrāta (法救), translated by Saṅghavarman (僧伽跋摩) and others

ZhDL Dazhidu lun 大智度論: Skt. *Mahāprajñāpāramitā-sūtra-śāstra* of Nāgārjuna (龍樹), translated by Kumārajīva

ZhFHJ Zhengfahua jing 正法華經: Skt. S*addharmapuṇḍarīka-sūtra*, translated by Dharmarakṣa (竺法護)

ZhFLL Zhuanfalunjing youpotisha 轉法輪經憂波提舍: Skt. *Dharmacakra-pravarta-na-sūtra-upadeśa* of Vasubandhu, translated by Vimokṣaprajñā (毘目智仙)

ZhLL Apidamoshunzhengli lun 阿毘達磨順正理論 Skt. *Abhidharma-nyāyā -nusāra-śāstra* of Saṅghabhadra (衆賢), translated by Xunzang

ZhYL Dashengzhuangyanjing lun 大乘莊嚴經論: Skt. *Mahāyānasūtrālaṃkāra-ṭīkā* of Asaṅga, translated by Prabhākaramitra (波羅頗蜜多羅)

Appendix 2

Papers in Chinese and Japanese Languages

Appendix 2-1

圓測之法身觀

-以對《法華經》"一乘"的認識爲中心

略號與符號說明 :

1.大藏經 略號

T : 大正新修大藏經 (CBETA 電子版) .

ZZ : 新纂 大日本續藏經 (CBETA 電子版) .

WX : 卍續藏經 (藏經書院版) , 臺北 : 新文豊出版公司 影印, 民國66 (1977) .

ZhT : 藏文 中華大藏經, 中國藏學研究中心大藏經對勘局 對勘*, 北京 : 中國藏學出版社, 2001. (*以sDe dge版爲底本, 對照Peking · Narthaṅ · Cone版) .

P : 北京版 西藏大藏經, 大谷大學 影印, 1957.

韓佛全 : 《韓國佛教全書》, 首爾 : 東國大學 佛典刊行委員會, 1977-2004.

2.漢文一手資料及《解深密經疏》藏譯校勘、標點相關符號

A.漢文一手資料相關符號

〈 〉: A〈B〉 - 原文是A, 校訂爲B.

( ) : (A) - 补充原文中缺漏的A.

— : ~~A~~ - 刪除原文中的A.

' : A'BC〈DE〉 - 原文是BC, 校訂爲DE.

【 】: 【A】 - 沒有與漢文A對應的藏譯.

[ ] : AB[cd] - cd是原文AB的挾注

B.《解深密經疏》藏譯相關符號

P. : Peking版.

N. : Narthaṅ版.

C. : Cone版.

- : 例如, "P.N. - ni"表示Peking版與Narthaṅ版中沒有ni.

+ : 例如, "C. +la"表示Cone版中有la.

其他〈 〉、[ ]、-、' 等都以漢文一手資料爲準.

序言: 問題所在

本稿要試圖以對《法華經》一乘的認識爲焦點來闡釋圓測(613-696)法身觀的特徵與其修行論的意義。衆所周知, 像衆多古代漢傳佛教思想家一樣, 圓測在理解某經典裏的詞語時, 也常借用另一部經典裏的術語來重新詮釋其概念。在一切經都是佛說的前提下進行的這種"詮釋學上的循環(hermeneutical circulation)", 有時對原來的詞語賦予新的含義, 乃至豐富其內涵。圓測所理解的"法身"與"一乘" 就是如此, 即他在《解深密經疏》裏把《法華經》一乘思想理解爲包括《解深密經》在內的衆經裏的法身, 使這兩個概念同時被賦予了更深刻的意涵。

以一乘思想為核心主題('宗')的《法華經》[1)]中, 「方便品」包含明示一乘的幾個核心語句, 即(A)"聲聞若菩薩, 聞我所說法, 乃至於一偈, 皆成佛無疑. 十方佛土中, 唯有一乘法, 無二亦無三, 除佛方便說."[2)], (B)"唯此一事實, 餘二則非真."[3)], (C)"十方世界中, 尚無二乘, 何況有三?"[4)] 等。《解深密經疏》引用這些句子有兩處。一處是對圍繞著種性主題探討一

1) 圓測 撰《解深密經疏》卷第一「序品」ZZ21 178a16以下; WX34 595a15以下: 二部別顯宗者, 【約時雖三】, 而一一時皆有多部, 隨一一部, 所詮各別. 如《法華》等一乘為宗, 《無垢稱》等不可思議解脫為宗, 《涅槃經》等佛性為宗, 《華嚴經》等四十二賢聖觀行為宗.

圓測 撰《佛說般若波羅蜜多心經贊》T33 543a28-b2: 部別顯宗者, 於一一部, 雖有諸門, 究其意趣, 隨部各別. 如《法華經》一乘為宗, 《無垢》即以不二為宗, 依《涅槃經》佛性為宗, 《華嚴》賢聖因・果為宗, 自餘諸部準上應知.

2) 《妙法蓮華經》(鳩摩羅什 譯) 卷第一「方便品」T9 8a15-18.

3) 《妙法蓮華經》卷第一「方便品」T9 8a21.

乘意義的「無自性相品」相關經文的註釋部份。這是圓測爲闡釋彼此相異的三乘修行者所共有的同一性('一')意義而引用上面的(A)、(B)、(C)等句作為經證。 另一處是現有的研究中還未受到關注的「地波羅蜜多品」解釋部份。有意思的是, 在其「無自性相品」的'三時教判'中把自身判為'第三時了義'的《解深密經》「地波羅蜜多品」中出現了佛陀直接說出了(A)前半頌的略句'若聲聞乘, 若復大乘, 唯是一乘'之說法的"密義的、讓人印象深刻的場面。這是印度唯識思想家們借用佛陀的權威對《法華經》做的教判,[5] 非常尊重《解深密經》之權威的圓測也關注到了這一點, 他在註釋中解釋上句中的"一乘"之意義時, 反過來引用前面「無自性相品」中有關種性的經文來作為經證。

有關圓測的《法華經》認識, 筆者關注的是他對(A)的解釋。在「無自性相品」的註釋中, 圓測對於(A)分別介紹了前代思想家的三種解釋和當代思想家的兩種解釋, 認為當代的第二種解釋為正說。[6]

> 《法華經》中說道: "十方的佛陀國土中只有一乘法, 沒有第二也沒第三。除了佛陀的方便說法之外。", 對此經文的解釋, 各種說法不同。
>
> 鳩摩羅什等說道: "說'無二'者, 是沒有聲聞和緣覺的意思。'無三'者, 沒有聲聞、緣覺、只

4) 《妙法蓮華經》卷第一「方便品」T9 7b22-23.

5) 腳註第20、21的《大乘莊嚴經論》與《大乘阿毗達磨雜集論》中的對《法華經》(=大乘經)的理解也是在相同脈絡之下展開。

6) 關於(A), 羽溪了諦在〈唯識宗の異派〉中(《宗教研究》1-3, 東京: 宗教研究會, 1916, pp. 514-515)說道: "引用了《法華經》中 "十方佛土中, 唯有一乘法, 無二亦無三, 除佛方便說"之後表明, 所謂的'二三'應是'第二第三', '無二亦無三'應解釋為'沒有緣覺、沒有聲聞', 再次引用《法華經》的"世間無有二乘而得滅度, 唯一佛乘得滅度耳."、《勝鬘經》的"聲聞 · 緣覺乘皆入大乘者, 即是佛乘."、《涅槃經》的"如來 · 聲聞 · 緣覺同一佛性, 同一無漏."等來證明二乘種性也可以成佛。"(引用文的標點是筆者所做的。) 羽溪並沒有重視《法華經》中與'無二亦無三'有關的各種解釋之間的差異, 而是把不同主張的諸多經證, 錯誤地解讀為同一個主張(即二乘種性也可成佛)的經證。
橘川智昭(〈圓測における五性各別の肯定について -圓測思想に對する皆成的解釋の再檢討-〉, 《佛教學》40, 東京: 佛教思想學會, 1999, pp.105-106)直接指出了羽溪的錯誤理解。但是他在"圓測的解釋, 即與把'無二亦無三'解釋為'無第二第三'之窺基《大乘法苑義林章》的見解完全相同"之前提下, "爲了理解卍續藏經本中'雖有三釋, 第二爲正'", 把'今者'以前的兩種解釋分別看做第一、第二種解釋, 倒把'今者'以後的'前破二皈一是破小入大'和'後破三皈一是泯事歸理'的兩種解釋合起來一同看作是第三種解釋。可這裡有兩個問題。第一, 對於'今者'以前的第三種解釋並沒給予任何說明。第二, 對於"連被窺基認識為對立的", 前'破二皈一'、'破小入大'和後'破三皈一'、'泯事歸理'(參見腳註16), 沒能給出兩者相異的說明。

實行六波羅蜜的菩薩的意思。" 有人說: "'無二'者, 是指沒有第二, 就是沒有緣覺。'無三'者, 是沒有第三聲聞乘的意思。" 另有人說: "前面兩種解釋只建立了原因之乘, [我]因為仍然注意到佛乘有最上結果, [所以對這兩種解釋都]不想論破。"

堂代('今者')判斷'無二'和'無三'[中的某一個]是否正[乘]確, [思想家們]根據佛陀的三身顯示這一句的意義。

[對於認為'無二'是正說的人來說] '無二'是只有如來報佛(=報身=受用身)的一乘, 沒有聲聞、緣覺之二乘的意義。[所以]《勝鬘經》中說道: "聲聞和緣覺都入大乘的話, [那時的大乘]就是佛乘。"[7] [此外,]《法華經》中說道: "[佛陀的智慧][8] 只有這一個是真實的, 其他兩個不是真實。"

[對於認為'無三'是正說的人來說] '無三'是只有如來法身之一乘, 沒有聲聞、緣覺、佛之三乘的意義。所以[真諦翻譯的世親]《攝大乘論釋》中寫道: "菩薩還沒有進入[菩薩的]第二個階段時, 如果認為'行三乘的人有三種修行的差別'的話, [這是]不瞭解一乘的道理('一乘理')。" [又]在《法華經》中說道: "[十方世界中]連二乘都沒有, 怎麼會有三[乘]呢?" [再者,]《涅槃經》中說道: "如來、聲聞、緣覺同樣是同一個佛性, 同樣沒有煩惱。"

[認為'無二'是正說的]前面[的解釋]將[聲聞與緣覺]二[乘]論破而為一[乘], 是把[聲聞、緣覺]之小[乘]論破而進入到[菩薩]之大[乘]。[認為'無三'是正說的]後面[的解釋]把[聲聞、緣覺、如來]三[乘]論破而歸結爲一[乘], 消除[有差別的]'事'而歸結為[統一的]'理'。雖然有兩種解釋, 但是**第二種解釋是正確的**。所以在《法華論》的結尾寫道: "第二「方便品」表示了"由論['小乘'與'大乘'之]而明說一[乘]('破二明一')"之趣旨。"(其他版本中寫道'破三明一', 但是大部份經文[9]中都給出'破二明一'。)《華嚴經》第12、18、60卷中都提到"沒有['小乘'與'大乘'之]二乘的名字。"[10]《法華經》第3卷中說道: "[佛陀召集菩薩乘和聲聞乘而說道:] "世間沒有衆生能通過['小乘'與'大乘'之]二乘得到涅槃, 只能通過唯一的佛乘來獲得涅槃。""[11] 又說道: "[佛陀雖用方便之力而分別說為聲聞、緣覺、菩薩三乘, 而其

---

7) 《勝鬘師子吼一乘大方便方廣經》(求那跋陀羅 譯)「一乘章」T12 220c19-21: 聲聞 · 緣覺乘皆入大乘, 大乘者即是佛乘, 是故三乘即是一乘. 得一乘者, 得阿耨多羅三藐三菩提.

8) 根據下面的《妙法蓮華經》卷第一「方便品」(T9 8a19-22: 但以假名字 引導於衆生/ 說佛智慧故 諸佛出於世// 唯此一事實 餘二則非眞/ 終不以小乘 濟度於衆生//)補充了主語。

9) 勒那摩提的翻譯也是一樣。《妙法蓮華經優波提舍》(婆藪般豆菩薩 造, 勒那摩提共僧朗等 譯)「譬喻品」T26 19c15: 第二「方便品」有五分示現破二明一.

10) 在現存《六十華嚴》、《八十華嚴》中找不到類似的語句, 很可能是根據意義來引用的。

實]只有一佛乘, 只根據蘇息處(=休息處)而說['大乘'和'小乘'之]二(=異)。"[12]

又《法華經》云'十方佛土中 唯有一乘法/ 無二亦無三 除佛方便說//'者, 釋此《經》文, 諸說不同. **羅什等**云, "言'無二'者, 無聲聞 · 緣覺, '無三'者, 無聲聞 · 緣覺及大乘中偏行六度獨善菩薩." **復有人**云, "言'無二'者, 謂無第二, 即是緣覺, 言'無三'者, 謂無第三, 聲聞乘也."

一云, "此前兩解唯(立)因乘, 仍見佛乘有極果性, '不故〈故不〉[13]破焉."

今者正判'無二' · '無三', 約佛三身以顯此義.

所言'無二', 唯有如來報佛一乘, 無彼聲聞 · 緣覺二乘. 《勝鬘經》云, "聲聞 · 緣覺乘皆入大乘者, 即是佛乘." 《法華經》云, "唯此一事實, 餘二則非真."

所言'無三', 唯有如來法身一乘, 而無聲聞 · 緣覺及佛三乘. 《攝大乘》云, "菩薩未入二地, 生如是想, 謂三乘人三行差別, 迷一乘理." 《法華經》云, "尚無二乘, 何況有三?" 《涅槃》云, "如來 · 聲聞 · 緣覺同一佛性, 同一無漏."

前破二皈一, 是破小入大, 後破三皈一, 是泯事歸理. 雖有三〈二〉[14]釋, 第二為正. 故《法華論》末云, "第二「方便品」示現破二明一." 【[或有本云'破三明一', 然諸本中多云'破二明一'.]】又《華嚴經》第十二 · 十八 · 第六十等皆云, "無二乘之名." 又《法華經》第三卷云, "世間無有二乘而得滅度, 唯一佛乘得滅度耳." 又云, "唯有一佛乘, 息處故說二."[15]

---

11) 《妙法蓮華經》卷第三「化城喩品」T9 25c14-23: 我滅度後, 復有弟子, 不聞是經, 不知不覺菩薩所行, 自於所得功德, 生滅度想, 當入涅槃. 我於餘國作佛, 更有異名, 是人雖生滅度之想入於涅槃, 而於彼土求佛智慧, 得聞是經, 唯以佛乘而得滅度, 更無餘乘, 除諸如來方便說法. 諸比丘! 若如來自知涅槃時到, 衆又清淨信解堅固, 了達空法深入禪定, 便集**諸菩薩**及**聲聞衆**, 爲說是經, 世間無有二乘而得滅度, 唯一佛乘得滅度耳.

12) 括號里的說明根據下文補充。《妙法蓮華經》卷第三「化城喩品」T9 27b1-2: 諸佛方便力 分別說三乘/ 唯有一佛乘 息處故說二// 蘇息處是扶蘇休息之意, 謂小乘所言「灰身滅智」之涅槃。

13) 根據相應藏譯(ZhT68. 759.3-6: /kha cig na re sṅa maḥi bśad pa ḥdi gñis ni rgyuḥi theg pa rnam par gṣag pa yin gyi/ saṅs rgyas kyi theg pa la ni mthar phyin paḥi ḥbras buḥi ṅo bo ñid du ma* mthoṅ bas gṣig paḥi thugs ma thub po〈pa〉** ṣeḥo/), 應補充'立', 并把'不故'改為'故不'。(*根據P. N., 應刪除'ma'。**'po'應改為'pa'。)

14) 根據相應藏譯(ZhT68.760.8: de ltar rnam pa gñis su bśad pa yod kyaṅ)和文脈, 應把'三'改成'二'。如果Chos grub由於把寫本中的'三'解讀成'二'的原因錯誤地翻譯成'gñis'的話, 將會陷入把'今者'前相異的三種解釋都看做是第一說之過。又假設有人提出Chos grub把寫本中的'五'誤解爲'二'之可能, 可因為'第二說'與'第四說'實質上相同的原因, 我們沒有合理的理由認為只有'第四說'是正確的。

15) 《解深密經疏》卷第四「無自性相品」ZZ21 270c20-271a16; WX34 780b14-781a16.

上面的介紹與評價中我們要關注的是以下兩點: 第一, 圓測爲了支持自己的‘破三皈一 · 泯事歸理’的第二種解釋, 引用了眞諦(499-569)《攝大乘論釋》中語句來作爲其經證。相反, 他並不認同的、與第二種解釋相對立的‘破二皈一 · 破小入大’之第一種解釋, 無疑是窺基(632-682)的看法。[16] 第二, 在如何理解《法華經》一乘的問題上, 圓測把法身與受用身看做互相對立的, 而且在這個意義上的法身又被他命名爲‘理’。在這裡我們可以推測, 圓測的法身觀一方面繼承眞諦的某種思惟, 另一方面與窺基完全相反。

〈表1〉 圓測對於《法華經》“一乘”說法的他當代解釋之概括與評價

<table>
<tr><td colspan="2">所要解釋的《法華經》偈頌</td><td colspan="2">十方佛土中, 唯有一乘法, 無二亦無三, 除佛方便說</td></tr>
<tr><td rowspan="4">圓測對於當代解釋的概括</td><td>當代兩種相反的解釋</td><td>第1說: 窺基的解釋</td><td>第2說: 眞諦的解釋</td></tr>
<tr><td>兩種解釋之間的差異</td><td>唯有一乘: 唯有如來報佛一乘
*無二: 無第二獨覺乘
*無三: 無第三聲聞乘 (*脚註61)</td><td>唯有一乘: 唯有如來法身一乘
無三: 無聲聞 · 緣覺及佛三乘
(= 無二: 無大 · 小二乘)</td></tr>
<tr><td>詮釋學上的立場</td><td>破二皈一
= 破小入大</td><td>破三皈一
= 泯事歸理</td></tr>
<tr><td>經證</td><td>1. 《勝鬘經》云, “聲聞 · 緣覺乘皆入大乘者, 即是佛乘.”

2. 《法華經》云, “唯此一事實, 餘二則非真.”</td><td>1. 《攝大乘》云, “菩薩未入二地, 生如是想, 謂三乘人三行差別, 迷一乘理.”
2. 《法華經》云, “尚無二乘, 何況有三?”
3. 《涅槃》云, “如來 · 聲聞 · 緣覺同一佛性, 同一無漏.”</td></tr>
<tr><td colspan="2">旁證兩種解釋互不相容的資料</td><td colspan="2">窺基, 《妙法蓮華經玄贊》 卷4(本), T34 724a1-2:
二乘無故, 既言‘餘二則非是真.’ 故知不是破三會三以歸於一.</td></tr>
</table>

16) 窺基 撰《妙法蓮華經玄贊》 卷第四(本) T34 724a1-2: 二乘無故, 既言‘餘二則非是真.’ 故知**不是破三會三以歸於一**.
從把‘洛陽’稱爲‘神都’來看(《解深密經疏》 卷第一 「序品」 ZZ21 184c12: 神都翻者皆‘安薄伽梵’, 西京所翻皆云‘佛’也.), 《解深密經疏》無疑是在窺基圓寂(682年)之後‘684年9月以後’編撰而成的 (參見 조경철(趙景徹), 〈원측의 승의제에 대한 이해와 동아시아 여왕시대의 성불론(圓測對於勝義諦的理解與東亞女王時代的成佛論)〉, 이종철(李鍾徹)、후나야마 토오루(船山 徹)、조윤호(曺潤鎬)、조경철、김양순(金亮淳), 《원측 《해심밀경소》의 승의제상품 연구(圓測《解深密經疏》「勝義諦相品」的研究)》, 성남(城南): 한국학중앙연구원출판부(韓國學中央研究院出版部), 2013, pp.175-177) 。所以這一部份也可以理解為圓測對於窺基的批判。

圓測對於當代解釋的評價	間接的批判	明確的支持： 雖有二釋, 第二為正

下面筆者將闡釋圓測法身觀的具體內容與其修行論的意義。對此, 筆者首先通過考察圓測是在怎樣的脈絡下把(A)作為經證來引用或者解釋的, 以說明他對《法華經》一乘的解釋及其 相關的法身觀。其次, 確認引用真諦《攝大乘論釋》的前後脈絡, 并考察與之有密切聯繫的、貫穿真諦修行論的'眞如'(=上面第二種解釋中作為一乘意義而給出的'法身')的意義, 以尋找圓測所繼承的真諦思惟的一方面。再次, 考察窺基在《法華玄贊》和《義林章》「諸乘義林」中對"一乘"和"廣義的法身"如何進行解釋并發明其比圓測明顯的傾向性, 即他把(A)與上面的第一種解釋中的"一乘"解釋為'報身'(=受用身), 相反把"廣義的法身"解釋為'解脫身'。最後, 要總結圓測法身觀的特徵, 并對其修行論的意義進行探討。

本論

1. 圓測對於《法華經》一乘的認識與其相關的法身觀

1) 《法華經》語句的引用脈絡

首先要考察的是圓測爲了自己的論述需要而引用(A)的情況。圓測首先在'把一乘義與三無性觀連起來說明('約三無性觀明一乘義')'的大主題之下、在對「無自性相品」中所屬的一系列經文[17]的分科中, 把'向從小乘指向大乘的不定性回向聲聞們說他們一定成佛'之經文的趣旨理解為'方便的說為三乘, 實際上是一乘('方便說三, 就實爲一')', 并給出(A)作為其經證。[18] 爲了了解圓測的這種引用意圖, 我們需要對相關經文及其註釋做仔細的

17) 《解深密經疏》卷四「無自性相品」ZZ21 261a22-b2; WX34 761b4-8: 前中有五, 一約三無性釋《經》諸句, 二'復次勝義生'下約三性觀辨立三無性意, 三'復次勝義生'下約位辨立三無性意, 四'復次勝義生'下約三無性觀辨一乘義, 五'復次勝義生'下約無性教辨取解不同.

18) ZZ21 268b7以下; WX34 775b13以下: 第三段意, 不定種性迴向聲聞必當成佛. 是故《法華》「方便品」說, "為二乘種性, 理實決定得成佛果."* 若依此說, **方便說三, 就實**為一. 故《法華》云, "十方佛土中, 唯有一乘法, 無二亦無三, 除佛方便說."

*這是簡取(A)的前半部份(聲聞若菩薩 聞我所說法 乃至於一偈 皆成佛無疑)的意義之所謂「取義引用」。

考察。經文是"從另一種角度來看, 回向聲聞之所以被稱作爲菩薩, 是因爲他已經斷除了煩惱的障礙('煩惱障'), 如果能得到佛陀的幫助, 以此可斷除對於認識對象的障礙('所知障'), 將會獲得解脫。"19) 對此, 圓測的說明如下。

> 解釋如下: 下面的第三[是闡釋]回向聲聞一定能成佛[的部份] ... 即回向聲聞就是《瑜伽師地論》中五種種性中不定性者, 或者是漸悟、頓悟兩種菩薩中的漸悟[菩薩]。他一定成佛, 所以《法華經》中說'汝等所行是菩薩道', 都是向其中的[種性]不定人說的。《大乘莊嚴經論》第六卷中說道: "爲了去除不定[種性的]障礙, **大乘經中說**'諸佛授記聲聞當成佛。'又說'**[只有]一乘[而已], 再沒有第二[乘]。**'" 《大乘阿毘達磨雜集論》第十二卷中也是一樣。20)

在上面圓測利用《大乘莊嚴經論》的權威, 說明《法華經》的(A) 暗示了大乘經典的一乘說法的對象是不定種性('不定性')以及漸悟菩薩, 說法的目的是為了去除他們所帶有的某種障礙, 以確保他們能成佛。那麼不定種性的障礙是什麼呢? 另外一處, 圓測引用了在上文最後提到的《雜集論》, 明確指出他們的障礙是'像聲聞那樣低的目標('聲聞下劣意樂')'。21) 總之, 圓測認爲, (A)之一乘說法的目的針對的是出發點不同的三乘修行者('方便說三')中去除了煩惱的障礙、接近菩薩道的回向聲聞(或者漸悟菩薩), 去除他們具有的

---

19) ZZ21 273c2-14; WX34 786a14-b8: 若回向菩提聲聞種性補特伽羅, 我亦異門說為菩薩. 何以故? 彼既解脫煩惱障已, 若蒙諸佛等覺悟時, 於所知障, 其心亦可當得解脫.
所知障與煩惱障, 前者爲「格限定複合詞」(依主釋), 卽所知非障, 對於所知的障碍; 後者爲「同格限定複合詞」(持業釋), 煩惱卽障。

20) ZZ21 273c4-10; WX34 786a16-b4: 釋曰. 此下第三回向聲聞定得成佛。... 謂回向聲聞, 即是《瑜伽》五種性中不定性者, 或是漸 · 鈍〈頓〉*二菩薩中漸悟所攝. 彼定成佛, 故《法華》云'汝等所行是菩薩 道', 皆依此中不定者說. 又《莊嚴論》第六卷云, "為對治不定障故, **大乘經**說, '諸佛授記聲聞當得作佛'及說'**一乘更無第**二'."** 《雜集》十二亦同.
*根據文脈和相應藏譯(ZhT68.776.9-10: yaṅ na rim gyis ḥjug pa daṅ cig car ḥjug paḥi byaṅ chub sems dpaḥ rnam pa gñis), 應把'鈍'改為'頓'。**圓測引用《大乘莊嚴經論》卷第六「弘法品」中句(T31 621a18-19: 爲對治不定障故, 大乘經說'諸佛授記聲聞當得作佛'及說'一乘'.)後, 在'一乘'的後面添加了'更無第二'。

21) 《解深密經疏》卷第四「無自性相品」ZZ21 264c11-265a21; WX34 768b5-769b3: 問. 如上所說諸密意言, 四秘密中, 依何密意? 解云, 依《**雜集**》說, 有四秘密, 故彼《論》云, "一令入祕密, ... 八者不定性. ... 為對治不定種性故, 令捨**聲聞下劣意樂**, 記大聲聞當得作佛, 又說**一乘更無第**二. ..."

“不能確定是否成佛, 而轉向聲聞等低階位的退行想法”, 讓他們通過‘對無性的洞察(‘無性觀’)’來獲得‘唯一的佛乘’(‘就實爲一’)。

以下是與特定的經文並無直接關係的、概括性講述一乘的意義及其本質的部份。在此, 圓測指出一乘是‘唯一佛乘’, 把 (A) 與上文中作為經證的《勝鬘經》的“聲聞 · 緣覺皆入大乘, 大乘即佛乘也”一起引為經證。然而有意思的是, 下面他又根據《法華論》指出, 通過‘法身’也可以闡明一乘的意義。[22] 從圓測所引《法華論》前後的脈絡來看, 此時的‘法身’是‘三乘修行者所共有的平等佛性’[23], 這種情況的一乘說法的對象是具有認為仍有‘乘’的差異之顛倒妄想(‘顚倒信’)或者是被煩惱沾染的驕慢(‘染慢’)的聲聞, 向他們指出各乘之間的沒有差異、互相平等, 以此給予其對成佛的確信(‘決定心’)。[24] 圓測認識到了以上一乘的兩種意義之間的“微妙而重要的差異”, 即從一起引用的《勝鬘經》文句來看, 前者強調二乘修行者的歸宿之佛乘的“唯一性”, 相反後者則強調相異的三乘修行者共有的成佛可能性之“同一性”。

其次, 從觀察者的角度來介紹(A)的情況。據圓測說, 真諦等思想家們把 (A) 、上文中作為第一種解釋的經證之(B)、之前《勝鬘經》的文句一起引為‘一切眾生皆有佛性’之主張的經證。[25] 之後, 圓測把真諦等人的觀點簡化為‘實際上說一乘, 隱喻(=方便)的說三乘‘

---

22) ZZ21 268c12-19; WX34 776b6-13: 然一乘者, 唯一佛乘. 故《勝鬘經》云, “聲聞 · 緣覺皆入大乘, 大乘即佛乘也.” 又《法華經》云, “十方佛土中, 唯有一乘法, 無二亦無三.” 或可, 法身以明一乘. 故《法華論》云, “以如來法身與聲聞法身法身*無異故與授記.”
*根據《法華論》的原文(參見‘脚註第66’), 應刪除重複的‘法身’。藏譯(ZhT68.744.16-17)與此相同。

23) 《妙法蓮華經憂波提舍》(婆藪槃豆 釋, 菩提留支共沙門曇林等 譯) 卷下「方便品」 T26 7a20-27: 一大事者, 依四種義應當善知. 何等爲四? ... 二者同義, 謂**諸聲聞 · 辟支佛 · 佛**法身平等, 如經欲示衆生佛知見故出現於世故. 法身平等者, **佛性法身**無差別故.

24) 《妙法蓮華經憂波提舍》 卷下「方便品」 T26 8c10-9a3: 何者三種**無煩惱人三種染慢**? 所謂三種顚倒信故. 何等爲三? 一者信種種乘異, 二者信世間涅槃異, 三者信彼此身異. 爲對治此三種染慢故, 說三種平等 應知. 何者名爲三種平等? 云何對治? 一者乘平等, 謂**與聲聞授菩提記. 唯一大乘**無二乘故, 是**乘平等無差別**故. 二者世間涅槃平等 ... 問曰. 彼聲聞等, 爲實成佛故與授記, 爲不成佛與授記耶? 若實成佛, 菩薩何故於無量劫修集無量種種功德? 若不成佛, 云何與之虛妄授記? 答曰. 彼聲聞等得授記者, 得**決**定心, 非謂聲聞成就法性如來, **依彼三種平等說一乘法**. 以佛法身聲聞法身平等無故與授記, **非**即具足修行功德. 是故菩薩功德具足, 諸聲聞人功德未足.

25) ZZ21 268c21以下; WX34 776b14以下: 一真諦等一類諸師, 依《法華》等諸《經》及《論》, 皆作此說, 一切眾生皆有佛性. 故《涅槃經》第七卷云, ... 又《**法華經**》云, “**十方佛土中, 唯有一乘法, 無二亦無三, 除佛方便說.**” 又云, “**唯此一事實, 餘二則非真.**” 又《**勝鬘經**》 (云)*, “**聲聞 · 緣覺皆入大乘.**”
*添加標示引用的敍述語‘云’更自然。

('實說一乘, 假說三乘')', 後面又同時再次引用了(A)和前面的兩處引文。[26] 由此, 在圓測看來, 真諦把(A)理解為是為了強調相異的三乘修行者擁有同樣的基礎或者成佛可能性而說的法。根據圓測的思路, 真諦更傾向於把(A) 理解為"一乘"而非"唯一性"。

最後, 有意思的是, 在"介紹玄奘所翻譯的強調三乘修行者之間差異的經典中句子後"試圖會通其與真諦等人爲了證明三乘修行者間的"同一性"而引用的經文之間的表面矛盾時, 圓測再次引用(A) 來對此做新的解釋(即'序言' 的引文)。[27] 所以應該自然地理解爲, 這裏的(A) 承認在真諦等所引經證(脚注第25)裏沒能凸顯出來的 '三乘修行者的差異' 的前提下指出了他們之間的同一性。

2) 圓測對《法華經》一乘的解釋: 眞如的平等

(1) 解脫身的平等

那麼彼此相異的三乘修行者所共通的'一乘' 是什麼呢？雖然圓測只是給出'唯一的佛乘' 或者'法身' 的說明, 不過可以在「無自性相品」中說明經文意義的結頌部分中找到具體的內容。 經文首先指出那是三乘修行者通過'各種清淨的修行道('諸淨道')' 而獲得的'解脫的平等('解脫等無差')',[28] 圓測將此解釋為三乘修行在各自保持自身的本質的狀態下都通過'對無性的洞察('無性觀')' 而獲得涅槃。[29] 接著, 圓測對'涅槃' 做了如下說明。

---

26) ZZ21 271c16 以下; WX34 782b10 以下: 辨假 · 實者, 諸教不同. 有處, 實說一乘, 假說三乘. 如《**法華經**》云, "**十方佛土中, 唯有一乘法, 無二亦無三, 除佛方便說.**" 又云, "**唯此一事實, 餘二則非真.**" 又《**勝鬘**》云, "**聲聞 · 緣覺皆入大乘.**" ...

27) 關於筆者對「無自性相品」種性論之整體結構的理解, 可參考本書的"Appendix 1" ZZ21 268c20-272c24。

28) ZZ21 283c13-284a6; WX34 807a16-b15: 依諸淨道清淨者唯 依此一無第二故/ 於其中立一乘 非有情性無差別// 眾生界中無量生 唯度一身趣寂滅/ 大悲勇猛證涅槃 不捨眾生甚// 微妙難思無漏界 於中解脫等無差/ 一切義成離惑苦 二種異說謂常樂//

29) ZZ21 283c15-20; WX34 807a18-b5: 釋曰. 自下第二, 有三行頌, 約無性觀釋一乘義. 於中有四, 初之一頌約三乘人密說一乘, ... 謂三乘人皆**依無性無漏聖道各證涅槃, 無第二道,** 故說一乘, 非彼三乘無有差別.

'從其['超越煩惱的缺陷('無漏')'之涅槃的本質]來看, 解脫是平等沒有差異'這句話是指涅槃之果平等沒有差異。關於一個'眞如', 有了兩種身的意義。其一是解脫的身('解脫身'), [其身是]"依靠真如"而斷除煩惱的障礙('煩惱障'), 從而獲得解脫, 所以稱作是解脫的身。其二是真理的身('法身'), [其身]就是佛陀的真理之身所具有的[十種]'特別的力量('力')', [四種]'沒有畏懼('無畏')'等能力的所依處, 所以稱為真理的身。其中真理的身只為如來所有, 解脫的身則是三乘修行者沒有差異, 所以說'解脫是平等沒有差異'。所以後面[《解深密經》] **第五卷中**說道: "善男子! 由解脫之身而說一切聲聞和獨覺與諸如來平等, 由真理之身而說其有差異。因為如來的真理之身有差異, [他所具有的]無限的力量最顯著。" [另外,] 據《瑜伽師地論》說, **三乘修行者的無餘涅槃**之間沒有上、中、下的差異。所以《瑜伽師地論》第八十卷中說道: "不能在這種無餘涅槃的境界中樹立上中下、上下、愚劣的差異, 以此說道: '這是如來, [這是]聲聞'等。" 詳細說明如同那裏。30)

上文中說明了'一個真如('一眞如')'的兩個方面中"依靠真如"斷除煩惱的障礙而獲得的是'解脫身', 以此闡釋「無自性相品」經文的一乘是三乘修行者所將獲得的'解脫身之平等'的意義。作為經證而被引用的《解深密經》「如來成所作事品」的經文"由解脫身故, 說一切聲聞・獨覺與諸如來平等平等", 對此圓測又明確指出, 此時的'解脫'是三乘修行者之間平等的'擇滅',31) 與此同時引用的《瑜伽師地論》中明確指出三乘修行者之間平等的'無餘涅槃'。

圓測在上文中暗示'無餘涅槃'在以一個'真如'為基礎而成就的意義上是平等的, 這一點他在對《般若心經贊》的'涅槃'的解釋時更加明確。圓測引用《成唯識論》把涅槃分為自性清淨涅槃、有餘涅槃、無餘涅槃、無住處涅槃, 指出前面三種是三乘修行者所共有的, 其中有餘涅槃(=這裡的'無餘涅槃')32)"**就是依真如**而斷煩惱的障礙, 因為這一障礙永遠的

---

30) ZZ21 284a9-19; WX34 807b18-808a10: '於中解脫等無差'者, **顯涅槃果等無差別**. 於一真如, 有二身義. 一解脫身, 謂**依真如**斷煩惱障, 證得解脫, 名解脫身. 二者法身, 謂佛**法身**力・無畏等**功德所依**, 故名法身. 於中法身唯如來有. 解脫身者三乘無別, 故言'解脫等無差'. 故**下第五卷中**說云, "善男子! 由解脫身故, 說一切聲聞・獨覺與諸如來平等平等, 由法身故, 說有差別. 如來法身有差別故, 無量功德最勝差別." 若依《瑜伽》, **三乘無餘涅槃**無有上・中・下品差別. 故《瑜伽論》第八十云, "非此無餘涅槃界中可得安立上中下品・高下・勝劣, 此是如來, 是聲聞等." 廣說如彼.

31) 《解深密經疏》卷第九「如來成所作事品」ZZ21 402a12-13; WX35 92b16-93a1: 謂彼二乘, 與諸如來, 所斷煩惱無差別故, 所得擇滅亦無差別, 故作此言'與諸如來平等平等'.

沉寂，所以稱作是涅槃"。[33] 然後通過引用《成唯識論》來說明聲聞們的'有餘涅槃'也是涅槃，并給出如下的說明。

問. 如果聲聞等有無餘涅槃，爲什麼在一些地方說他們沒有？(如《勝鬘經》等。)

答. [其實,] 在有些地方說道："[聲聞等]他們都沒有涅槃，更別說有餘涅槃了？那個是沒有。"(這也是《勝鬘經》中的[話])，但是聲聞等身體和智慧在的時候還持有對於認識對象的障礙，[所以]苦的所依處還沒有消失，完全的幽靜[圓寂]之意還沒有顯現，所以說沒有涅槃。但這並不是他們**沒有以消除煩惱的障礙而獲得了眞理之有餘涅槃**。那個時候並沒有獲得無餘涅槃的寂靜，所以說他們無餘涅槃，而不是說他們沒有後來身體和智慧不存在以後消除了苦的依託而獲得無餘涅槃[的事情]。具體如那裏說的。[34]

這裡，圓測明確指出，雖然沒能解脫了對於認識對象的障礙，以此實現完全的涅槃，但是消除了煩惱障的二乘修行者的解脫身也體現了真如。在前面「如來成所作事品」有關經文的註釋部份中，圓測通過藉助玄奘(600(或602)-664)的權威而明確說明了這一點。

問. 如果兩種解脫沒有差異的話，怎麼解釋《入大乘論》[的語句]？其中說道："如來的解脫

32) 從內容來看，相當於這裡的「無餘涅槃」。如下注明示的那樣，《成唯識論》的「無餘涅槃」只指著在有餘涅槃的狀態下進入死亡時肉體之所依處完全消失之狀態而已，所以在這意義上连兩者之間沒有根本的差異。

33) 《般若心經贊》T33 549b14-25: 開為四者，自性清淨 · 有餘 · 無餘及無住處. 如《成唯識》第十卷說，"涅槃義別略有四種. 一本來自性清淨涅槃，雖有客染，而本性淨具無數量微妙功德，唯真聖者自內所證. 其性本寂，故名涅槃. 二有餘依涅槃，謂即真**如**出煩惱障，雖有微苦所依未滅，而障永寂，故名涅槃. 三無餘涅槃，謂即真如出生死苦，煩惱既盡，餘依亦滅，眾苦永寂，故名涅槃. 四無住處涅槃，謂即真如出所知障，大悲 · 般若常所輔翼，由斯不住生死 · 涅槃，利樂有情，窮未來際，用而常寂，故名涅槃. 一切有情皆有初一，二乘無學容有前三，唯我世尊可言具四."

34) T33 549c1-5: 問. 若聲聞等有無餘依，如何有處說彼非有. [如《勝鬘》等.] 答. 有處說，"彼都無涅槃，豈有餘依？彼亦非有."*[此亦《勝(鬘)》**等.] 然聲聞等身 · 智在時，有所知障，苦依未盡，圓寂義隱，說無涅槃，**非彼實無煩惱障盡所顯真理有餘涅槃**. 爾時未證無餘圓寂，故亦說彼無無餘依，**非**彼後時滅身智已無苦依盡無餘涅槃. 廣說如彼.

*《勝鬘師子吼一乘大方便方廣經》「一乘章」T12 219c1-7: 世尊! 阿羅漢 · 辟支佛有怖畏，是故阿羅漢辟支佛，有餘生法不盡故，有生有餘梵行不成故，不純事不究竟故，當有所作，不度彼故，當有所斷，以不斷故，去涅槃界遠. 何以故？唯有如來，應正等覺，得般涅槃，成就一切功德故. 阿羅漢 · 辟支佛不成就一切功德. 言得涅槃者，是佛方便. **加上'鬘'更為自然。

勝於二乘修行者[的解脫]。因為斷除了習氣。”

大唐三藏(=玄奘)在解釋經(=《解深密經》)和論(=《入大乘論》)的時候說道: “實際上, 如來和二乘修行者的解脫在本質上沒有差異。[兩者]都是通過斷除煩惱而證得寂滅的。[但是二乘修行者]雖然斷除了各種習氣, 但是還沒有證得寂滅, 所以[兩者間的]差異是二乘修行者的解脫是未完全斷除習氣, 而如來的解脫是以[完全]消除習氣而得以顯現的。因此, 經(=《解深密經》)和論(=《入大乘論》)分別[就兩者的異、同兩個意義中]只說出一個意義(=方面), 所以並不相矛盾。”35)

圓測也承認二乘修行者的解脫身沒有完全斷除煩惱習氣、與佛乘的解脫不同, 但是還要強調兩者在‘通過解脫煩惱而獲得真如’之本質上沒有不同。 根據圓測所理解的修行體系, 八地以上菩薩們的煩惱種子(=習氣)因為依託‘與末那識同時作用的對於認識對象的障礙’還仍然在作用,36) 直到第十一佛地才能完全消失。37) 所以此時的二乘修行者實際上可稱作是已經進入菩薩地、‘通過‘對無性的洞察’’逐漸消除煩惱的障礙的菩薩修行者。總的來說, 圓測雖明知道二乘修行者不能完全顯現真如, 可仍強調說他們“在顯現真如中”, 看重他們與佛的連續性和同一性。

---

35) ZZ21 402b23-c5; WX35 93b17-94a5: 問. 二種解脫若無別者,《入大乘論》如何會釋? 彼云, “如來解脫(勝)*於二乘. 斷習氣故.”** 大唐三藏會釋《經》·《論》云, “據實, 如來二乘解脫, 體無差別. 同斷煩惱所〈能〉***證滅故. 斷諸習氣, 不證滅故, 而差別者, 二乘解脫, 習氣未盡, 如來解脫, 斷習氣之所顯示. 由斯,《經》·《論》各舉一義, 互不相違.”
*根據後面腳註第77的慧沼之引用和相應藏譯(ZhT69.255.16: de las de bṣin gśegs paḥi rnam par grol ba ni theg pa gñis pa las khyad par du ḥphags pa yin te), 應在‘於二乘’前面加上‘勝’。 **《入大乘論》(堅意菩薩 造, 道泰等 譯) 卷上 T32 37b17-20: 汝言解脫無異, 如是觀察, 解脫不同. 聲聞解脫, 名愛盡解脫, 非一切解脫, 但爲鈍根少智衆生, 假分別說, 大乘解脫, 斷煩惱習, 一切都盡, 爲利根菩薩, 廣分別說. ***根據文脈和相應藏譯(ZhT69.255.20-21: ñon moṅs pa spaṅs par mtshuṅs kyaṅ ḥgog pa mṅon du byed paḥi phyir daṅ), 應 把‘所’改为‘能’。

36) 《解深密經疏》卷第九「地波羅蜜多品」 ZZ21 394b23-c6; WZZ35 77b17-78a6: 釋微細名義, 有其二因. … 二者唯有所知障為依止故. 謂以八地已上無煩惱故, 唯有(與)***末那識俱所知障**與有漏法為**所依止**. 又解, 雖無能依現行煩惱, 而有所依現行所知障故. 由此二因, 雖有種子, 其相難知, 故言微細.
*從‘與’和‘俱’常對應之古漢語慣例、相應藏譯(ZhT68.200.4-5: ñon moṅs pa can gyi yid ḥbaḥ gṣig daṅ lhan cig paḥi śes byaḥi sgrib pa)、奇數句(17字)來看, 應補充‘與’更為自然。

37) ZZ21 366a6-8; WX35 20b6-8: 釋曰. 第十一別解**佛地**. 謂一剎那金剛三摩地為無間道, **雙斷微細二障種子**, 斷煩惱障, 故名為無差, 斷所知障, 故說名無礙.

(2) 理趣與理趣道的同一性

下面考察的部份是對(A)一乘說法'隱藏的意圖'而佛陀採取直接說明的方式的「地波羅蜜多品」的經文。首先, 觀自在菩薩詢問佛陀之(A)說法中隱藏的意圖。對此場面圓測就具體說明: 《阿含經》中說聲聞乘, 大乘經典中說菩薩乘, 為何《法華經》中突然稱兩者是一乘, 其出於什麼意圖?。[38] 對此疑問, 佛陀說'各乘雖然有差異, 但是'法界'和'理趣'相同, 所以稱作一乘。' 圓測把此處的'法界'解讀為'真如', 把'理趣'解讀爲暗示著「無自性相品」經文'此道'的'通向理趣的路('理趣道')'。[39]

接著, 佛陀對因錯誤地理解(A)而墮入增益、損減兩種極端的情況予以警告。圓測認為, 所謂增益, 指的是在(A)說法以前, 執著於佛陀所說三乘, 以爲三乘一向不同('**三乘一向各異**'), 因此也否定不定性三乘修行者的成佛可能性,[40] 而(A)之說法就是爲了去除"這種陷入增益極端者"的執著。

最後, 佛陀還警告說, 區分三乘之間差異的意識相關的增益和損減等極端見解最終將會引發衝突。對此, 圓測提出一種和諍理論, 即三乘是方便說, 而且三乘修行者之間雖然有差異, 但因'真如'相同, 所以三乘與一乘的說法互相並不矛盾。有意思的是, 他爲了這一主張再次引用了前面「無自性相品」經文來作爲其經證。[41] 這裡, 圓測把「無自性相品」

---

38) 《解深密經疏》卷第九「地波羅蜜多品」ZZ21 399b2-7; WX35 87a14-b1: 觀自在菩薩復白佛言, "世尊! 如世尊說, "若聲聞乘, 若復大乘, 唯是一乘." 此何密意?" 釋曰. 自下第四分別說一乘意. … 謂佛世尊, 【諸阿含中】說聲聞乘, 大乘經中說菩薩乘, 即說彼二說為一乘, 如《法華》等, 此何密意?

39) ZZ21 399b8-17; WX35 87b2-11: 佛告觀自在菩薩曰, "善男子! 如我於彼聲聞乘中, 言宣說種種諸法自性, 所謂五蘊, 或內六處, 或外六處, 如是等類, 於大乘中, 即說彼法同一法界同一理趣, 故我不說乘差別性." 釋曰. … 佛告觀自在曰, "如我於彼聲聞乘中說宣蘊等, 由此理趣, 諸乘差別, 而我於此大乘教中, 說同一性真如同故, **【或前第二卷】**說同一理趣'同道〈道同〉*故, 說為一乘, 非無諸乘有差別."
*從與前面的'同一性真如同'對句和相應藏譯(ZhT69.234.3-4: tshul gcig paḥi lam mtshuṅs pa (同一個理趣之路相同))來看, '同一理趣道同'更爲自然。

40) ZZ21 399b18 以下; WX35 87b12 以下: 於中或有如言於義妄起分別, 一類增益, 一類損減. 釋曰. 自下第二謬執. … 謂如來說三乘教門, 如文執義, 聞說三乘, 定執義***三乘一向各異**, 說名**增益**. 不許**不定'佛成〈成佛〉**義**故.
*如卍續藏經本的校勘記, '義'應是衍字。**根據古漢語語法和藏譯(ZhT69.234.15-16: saṅs rgyas su grub par ma ṅes paḥi don ni mi ḥdod paḥi phyir ro), 應把'佛成'改為'成佛'。

41) ZZ21 399b24 以下; WX35 87b18 以下: 又於諸乘差別道理, 謂互相違, 如是展轉, 遞興諍論. 釋曰. 第二共興諍論. **謂說一乘, 定知三者是方便說**, 聞說三乘, 定執三乘, 違於一乘. 論其實義, 說有三乘, 不違一乘, **三乘雖異, 而同一如**, 故三或一, 互不相違. 故**前第二卷**云, "復次勝義生! 諸聲聞種性有情,經文中的‘一乘’與(A)中“一乘”的意義認為是“同一”。在總結這部份內容的偈頌中，圓測確認了‘理趣’和‘真如’是同義語。[42] 另外，‘向一個真如之路(‘理趣道’)’可說是‘對無性的洞察(‘無性觀’)’。總之，圓測聯繫起「無自性相品」經文的一乘說法的隱藏意圖，指出(A)一乘說法的意圖是針對執著於三乘修行者之間差別的修行者們，使他們應覺悟即使不同的三乘修行者也共有‘同一真如之平等的修行基礎(‘法界’)或者終極的理想(‘理趣’)’，并且他們也正在“向著其理想的‘對無性的洞察’之一條菩薩道(‘理趣道’)’而前進。

3) 圓測‘法身’概念的兩個方面：同一性與唯一性

以上，筆者關於引用(A)的脈絡探討了圓測對《法華經》一乘的認識。總之，圓測把(A)之‘一乘’理解為(1)三乘修行者的‘解脫身的平等’(**過程**之同一性)、(2)三乘修行者的‘理趣之平等’((a)**修行的基礎**或者(b)**修行的終極理想**之同一性)、(3)三乘修行者的‘向理趣之路的平等’(向著終極理想的**修行**之同一性)。在這裏我們不難發現，‘一乘’或‘眞如’意味著三個層次的同一性，即修行的基礎(2-a)、向著終極理想的修行(1與3)與終極理想(2-b)。這正是真如平等的意義。在這個義意上看，作爲《法華經》一乘的‘法身’就是‘三乘平等的真如’而已。

可是，這只是‘法身’的一面而已，還有重要的另一面，即只有佛具有的優越性。正如上面圓測爲了主張解脫身的平等而引用的《解深密經》「如來成所作事品」的 (參見脚註第30)，“由法身故，說有差別. 如來法身有差別故，無量功德最勝差別，算數譬喻所不能及.”就强調與‘二乘之解脫身’不同的‘如來之法身’的差異性(‘差別’)與優越性(‘最勝’)。有趣的是，圓測把在這個意義上的‘法身’也看做‘受用身’的特徵之一。[43]

亦由**此道**此行跡故，證得無上安隱涅槃，緣覺 · 菩薩，皆共**此道**，更無第二. … 善男子! 若一向趣聲聞，雖蒙諸佛施設種種導，終不能令當坐道場證大菩提.” 具說如彼. 故如〈知〉*<u>一乘約**理 · 行**說</u>. *根據相應藏譯(ZhT69.236.2-3: /deḥi phyir gcig tu gsuṅs pa ni don daṅ spyod paḥi dbaṅ du mdsad nas gsuṅs pa yin par <u>rig par byaho</u>/ / 由此應知，[佛]說一乘就根據**理性與行性**[之同一性])，應把‘如’改為‘知’。

42) ZZ21 400a8-12; WX35 88b14-18: 宣說諸法種種性 復說皆<u>同一理趣</u>/ 謂於下乘或上乘 故我說乘無異性// 釋曰. … 謂<u>於下聲聞及上如來，同一**理趣**，故我不說有其異性. **真如**同故</u>.

43) 下面是對於「如來成所作事品」整個經文的科段。X21 400c17-401a3; WX35 90a17-b9: 就正說中，十二問答，即分十二，一問答分別法身之相，二明如來化身生起相，三明如來化身善巧，四明如來言音差別，**五‘爾時曼殊室利’下**明諸如來心生起相，六明化身有心無心，七明如來所行境界差別之相，八明如來於相性為緣差別，十明如來法身三〈二〉*乘解說身差別相，十一明如來菩薩威德住持總的來說, 圓測所理解的'法身'概念有兩個方面, 即'眞如(=自性身)的同一性'與'法身的唯一性'。前者可以說是廣義的法身, 後者可以說是狹義的法身, 也可以說是受用身。[44]

2. 與對《法華經》一乘的認識相關的眞諦思惟之特徵

1) 眞諦的一乘理: 眞如的普遍性

下面根據圓測在《解深密經疏》中不經批判而引用真諦的資料,[45] 對於被推測為圓測解釋之淵源的真諦之思維要進行考察。首先看他自己支持的第二種解釋的經證, 即《攝大乘論釋》引用文的前後脈絡。那裏說, 因為阻礙能使菩薩去修行之真如力量('功德')的十種無明障礙存在, 所以十地分別設定, 還羅列出各地需要去除的障礙。[46] 對其中初地和第二地的無明, 真諦的解釋如下。[47]

> 凡夫種性無明就是初地障礙, 此無明就是身見(=有身見), 身見有兩種, 一是作爲原因的身見, 二是作爲結果的身見。法我執(=法執)是作爲原因的身見, 人我執是作爲結果的身見。作爲原因的身見就是凡夫種性不知道法無我, 所以稱作無明。二乘修行者雖能斷除作爲結果的身見, 可作爲原因的身見不能斷除。如果不斷除這種無明, 就不能進入初地, 所以這種無明是初地障礙。 基於身體、行為等對衆生持有不正確的見解的修行('邪行')

有情相, 十二明淨穢二土差別相, 此即第一問答分別法身之相. **或可**, 十二即分為三, 初明法身相, 次曼殊室利至云何應知如來生起明化身相, '**爾時曼殊室利'下明受用身相**. 雖有兩解, 且依**後釋**.(*根據相應藏譯(ZhT69. 244.12: theg pa gñis), 應把'三'改爲'二'。

44) 《般若心經贊》T33 550c13 以下: 第一釋名, 先總後別. 言三身者, ... 後別名者, 一自性法身, 謂即**眞如體**常不變故名**自性身**, 力無畏等諸功德法所依止, 故亦名**法身**.

45) 此處筆者所介紹的真諦只局限在圓測自己不經批判而引用的材料以及與之有密切關連的真諦著作中一部分資料中。

46) 《攝大乘論釋》(世親菩薩 釋, 眞諦 譯) 卷第十「釋入因果修差別勝相 · 對治章」T31 221a21-b10: 論曰. 云何應知以此義成立諸地爲十? 釋曰. ... 論曰. 爲對治地障十種無明故. 釋曰. 眞如實無一二分數, 若**眞如體**, 不可立有十種差別. 眞如有十種功德, 能生十種正行, 由無明覆故不見此功德, 由不見功德故正行不成, 爲**所障功德 · 正行**有十種故, 分別**能障無明**亦有十種. 論曰. 於十相所顯法界. 釋曰. 十相, 謂十種功德及十種正行, 此相皆能顯法界. 論曰. 有十種無明猶在爲障. 釋曰. 此十種相雖復實有, 由無明所覆不得顯現. 故知菩薩**初入眞如觀**, 障見道無明即滅, **所餘無明**猶在未滅, 故十無明覆十功德障十正行. 何者爲十種無明? 一凡夫性無明, 二依身業等於諸衆生起邪行無明. ...

47) 與下文相應的玄奘譯世親《攝大乘論釋》中只是列舉了十種障礙的名字(T31 358a23以下), 沒有對其進行說明。根據這一點, 我們可以肯定這是眞諦自己的註釋部分。

是第二地障礙。菩薩在進入第二地之前，如果有三乘修行者有"三乘[各自]特有的修行"之想法的話，[這是]不知道'一乘'的道理，所以稱作無明。另一種的解釋如下。一切衆生所行的善不過是**菩薩之大乘清淨修行**的方便。什麼原因呢? 清淨本來是一，還沒到達大乘清淨的階段，沒有確定的原因。如果明白[以前的善行]應當回歸到**菩薩的大道**的話，怎麼能只行方便[修行]而不修[菩薩的]正道呢？沒有進入第二地的話，就沒有這種認識，因此不知道這一意義，所以稱作無明。如果不斷除這一無明，就無法進入第二地，所以這種無明是第二地障礙。[48]

由上可知，二乘修行者覺悟'法無我'而進入初地菩薩的境界，但是自身所行的二乘修行以及新開始的菩薩修行不同的錯誤想法仍然存在。但實際上，現在的二乘修行是進入佛乘的菩薩的唯一的清淨大道之方便，在這種意義上二乘修行者應該在很久以前就已經向著一乘的唯一菩薩修行而努力著。對此，真諦認為，一乘說法的目的是針對由於有著分別大乘與小乘之差異的意識、對於成佛沒有確信之未定分類之聲聞(或者未定分類之菩薩)，使他們覺悟"二乘和菩薩乘(=佛乘=如來乘)的連續性或者同一性"。接著，真諦說道，第二地的障礙是可以通過自覺二空'真如'是'包含三乘間差異的所有現像'之最上眞理而去除的。[49]

由上可知，貫穿真諦修行體系的概念是'真如'。被稱作是'將來得到的原因('應得因')之佛性'的'真如'是修行的根源，也就是修行的開始的菩提心、持續修行的加行、修行最終具現的法身等一切的原因，[50] 同時被認為是貫穿這整個過程的不變之'理'。[51]

---

48) T31 221b17-29: 凡夫性無明，是初地障. 此無明卽是身見，身見有二種，一因二果，**法我執**是因，人我執是果. 因卽凡夫性迷法無我，故稱無明. 二乘但能除果，不**能斷因**. 若不斷此無明，則不得入初地，故此無明爲初地障. 依身·業等於諸衆生起邪行無明，是二地障. **菩薩**未入二地，生如此想謂三乘人有三行差別，迷一乘理，故稱無明. 又釋，一切衆生所行之善無非**菩薩大清淨**方便. 何以故? 清淨旣一，未至大清淨位，無住義故. 若悉應同歸**菩薩大道**，云何修方便，不修正道? 未入二地，則無此智，由迷此義，故稱無明. 若不斷此無明，則不得入二地，故此無明爲二地障.

49) T31 222a20-b6: 論曰. 何者能顯法界十相? 釋曰. ... 論曰. 於二地由最勝義. 釋曰. **人·法**二空攝一切法盡，是遍滿義. 此義於一切法中最勝清淨，由觀此義得入二地. 論曰. 於三地由勝流義. 釋曰. **眞如**於一切法中最勝，由緣**眞如**起無分別智，無分別智是眞如所流.

50) 《佛性論》卷第二「顯體分·三因品」T31 794a11 以下: 復次佛性體有三種，三性所攝義應知. 三種者，所謂三因三種佛性，三因者，一應得因，二加行因，三圓滿因. 應得因者，**二空**所**現眞如**，由此空總之, 真諦站在一切現象平等之'真如', 即'一乘理'的立場, 認爲一乘說法的目的是針對那些多少因為分別意識而對成佛沒有確信的、向著大乘的聲聞(或者菩薩)們, 使他們自覺二乘和菩薩乘(=佛乘=如來乘)的連續性或者同一性。

2) 眞諦的三時教判理解: 對一乘與大乘的辨别

筆者認爲, 以'真如'為中心的真諦的'一乘'的理解可能與其教判論有著密切的聯繫。在《解深密經》的一部份異譯《解節經》的註釋中, 真諦將《解深密經》的三時法輪分别命名爲小乘、大乘、一乘, 並對'大乘'和'一乘'做了明顯的區分。具體說明如下。

> 真諦在《記》中說道: "下面是談論大乘的。和小乘不同, 所以是不了義。仍有一乘, 所以在上。與小乘有異, 因此與小乘爭論。被一乘所論破, 所以有非難。"[52]
>
> 真諦在《記》中說道: "下面是談論一乘的。與小乘和大乘原因和條件相同, 結果也相同。因此明說無分别的最高了意('無分别第一了義'), 這個法輪是最珍貴的。沒有再能超過

故, 應得菩提心及加行等, 乃至道後法身, 故稱應得. 加行因者, 謂菩提心, 由此心故, 能得三十七品 · 十地 · 十波羅蜜助道之法, 乃至道後法身, 是名加行因. 圓滿因者, 即是加行, 由加行故, 得因圓滿及果圓滿, 因圓滿者, 謂福 · 慧行, 果圓滿者, 謂智 · 斷 · 恩德.

51) 《佛性論》卷第二「顯體分 · 三因品」T31 794a21-24: 三種佛性者, 應得因中具有三性, 一住自性性, 二引出性, 三至得性. 記曰, 住自性者, 謂道前凡夫位, 引出性者, 從發心以上, 窮有學聖位, 至得性者, 無學聖位.

《解深密經疏》卷第三「勝義諦相品」ZZ21 238b17-24; WX34 715b15-716a4: 依《解節經》, 但說'恒常'乃至'法性 · 法界 · 法住'. * 真諦解曰, "於道前位中, 先來本有, 故名為恒. 非佛出世方始有故. 道中 · 後位, 此理無滅, 故稱為常. 佛出世後, 理無盡故. 法性者, 即自性住佛性. 約道前位, 能為菩提以〈心〉**作根本, 眾生由此得發心故. 法界者, 即引出佛性. 約道中位, 界名〈能〉***為諸行根本, 引出萬行故. 法住者, 即至得果佛性. 約道後位至涅槃, 法體常住故."

*《佛說解節經》(眞諦 譯)「一味品」T16 714b18-19: 此法恒常, 若佛出世, 若不出世, 法性 · 法界 · 法住皆悉常住. **從文脈和相應藏譯(ZhT68.496.15-16: lam gyi mdun rol gyi gnas skabs na byaṅ chub kyi sems kyi gẓi byed pas)來看, '以'應是'心'的筆誤。***從古漢語語法、相應藏譯(ZhT68.496.18-19: lam gyi gans skabs bar ma rnams su dbyiṅs ni spyod pa rnams kyi bẓi byed de/)、'能'被翻譯成'byed pa'之慣例(如與'能為菩提心作根本'的'以'相應藏譯就是'byed pa')等來看, '名'可能是'能'的誤寫。

52) 《解深密經疏》卷第五「無自性相品」第五 ZZ21 292a6-7; WX34 823b14-16: 真諦《記》云, "次說大乘。異於小乘故不了. 猶有一乘故有上. 與小乘異故, 與小乘一乘*鬥諍. 為一乘所破故有難."

*從文脈與相應藏譯(ZhT68.891.11-13: /theg pa chuṅ ṅu dag daṅ tha dad paḥi phyir theg pa chuṅ ṅu pa dag daṅ ḥthab ciṅ rtsod par ḥgyur baḥo/)來看, '一乘'應是衍文。

這個'理'的, 所以稱作無上。再者, 與小乘一同歸結, 沒有爭論。沒有爭論, 所以不能被論破, 不能被論破, 所以沒有非難。"[53]

以上值得注意的是, 第二時'大乘'由於與'小乘'不同的地方被判爲不了義, 正是因為這種差異產生了兩者之間的矛盾。相反, 第三時'一乘'是統合了'小乘'和'大乘'的原因與結果上差異之'無分別了義', 在這種意義上可以此把小乘也歸為其中。真諦認爲第二時'大乘'因為某種分別而不能包含小乘, 而第三時'一乘'是克服了這種分別, 以此把小乘包含其中, 對兩者做了明顯的區分, 并指明兩者之間的優劣。這裡的'一乘'是依靠克服'小乘'和'大乘'之間差異之統一的原因(=修行)而獲得統一的結果(=佛果)之意義。真諦是站在'真如的普遍性角度強調指出小乘的修行會得到佛乘的結果。由於真諦還認為《解節經》和《法華經》一樣也是第三時說法,[54] 我們很自然地推測, 圓測認為, 真諦可能認爲《法華經》一乘說法的根本意圖, 正好與《解節經》一樣, 是爲了平息因為分別'大乘'和'小乘'之意識而產生的矛盾, 強調指出小乘和大乘之間的連續性和同一性。

3. 窺基對《法華經》語句解釋的特徵

1) 窺基的詮釋學上的立場: 破小入大

窺基在《法華玄贊》中給出對《法華經》一乘的解釋方法, 其中最明顯的是對'一'的三種

---

53) ZZ21 292b5-8; WX34 824b1-5: 真諦《記》云, "次須*說一乘. 與小乘 · 大乘同因緣因〈同〉**果, 故云顯說**無分別第一了義**, 是法輪最希有. 無更過此理者, 故名無上. 又小同歸故無有諍. 無諍故不可破, 不可破(故)***無難."(*從古漢語語法來看, '須'應是衍字。**從文脈與相應藏譯(ZhT68.893.15-16: theg pa chuṅ ṅu pa daṅ/ theg pa chen po pa dag daṅ rgyu rkyen mtshuṅs śiṅ ḥbras bu **mtshuṅs pa** ston paḥi phyir)來看, '因'應是'同'的誤寫。***根據相應藏譯(ZhT68. 893.20-21: gṣig tu med paḥi phyir rgol ba med paḥo ṣes ḥbyuṅ ṅo/), 如卍續藏經本的校勘記, '破'後應當加上'故'。)

54) ZZ21 292b11-c4; WX34 824b8-825a7: 第一時處諸說同異者, 依真諦三藏《解節經疏》云, "復次如來三轉法輪, 為三種人. ... 次如來得道已第七年, 在舍衛國給孤獨園, 即是第二時, 為度大乘行人, ... 轉法輪者, 波羅蜜 · 十地等. 是法輪希有, 不可思議, 一切人 · 天所不能轉, 是法輪不了義, 亦有上 · 有難 · 有諍. ... 次佛【未涅槃七年】成道後三十八年, 在毗舍離國鬼王法堂, 為真當菩薩, 說《**解節**》經等* · 《維摩》 · 《**法華**》等, 此第三時, 世尊為度**三乘行人**, 為顯一切法無自性 · 無生無滅 · 本來寂靜 · 自性涅槃, **顯無分別相**輪, 是法輪最清淨希有不可思議, 是法輪了義 · 無上 · 無難 · 無諍. 為眾生根鈍, 如來**次第說**法輪."(*刪除'經等'更為自然。)

意義的區別說明。第一'簡別'。這意味著把'一'、'實'、'理'、'果'從與之相對的'三'、'權'、'教'、'因'區分出來, 他的目的是指出佛果是唯一的終極的目標。[55] 第二'破別'。這意味著他對除了'佛乘'以外另設定的二乘涅槃和菩提、并執著認為這就是終極的觀點予以論破。他的意圖是爲了破除'二乘'修行者的執著而使他們趣向大乘。[56] 第三'會別'。這意味著統合'大乘'、'根本'以及'小乘'、'方便'之間的差別。窺基的意圖是爲了強調小乘的修行是成就大乘佛果的原因。[57] 通過以上窺基對'一乘'的理解可知, 就其把'佛乘'(=大乘)與'二乘'(=小乘)的關係設定為'根本'與'方便'來看, 雖然他也認定其連續性, 但是'簡別'和'破別'的解釋上非常明確地顯現出傾向於強調佛乘的唯一性和根本性。

這種傾向性通過'破二歸一'明顯的體現出來。窺基說道到'破別'的意義, 具體如下。

> 《本論》(=《法華論》)的末尾只寫道, "「方便品」有五個部份說明'破二明一'", 不說'破三'等。或許有人說, '要破除三乘的執著, 因此不是只破二乘之說.' ...[有人]如果[說,] '是因爲[從門出來後]給予白牛而拋棄本來黃牛', 若是這樣, 他將會陷入拋棄頓悟[的大乘]而學習[返回]漸悟[的大乘]的誤謬中。在黃牛和白牛的特徵上作爲原因的修行('因行')有什麼差里呢? ... 即使執著一個終極, 不違背大乘, 有必要去論破嗎? 以執著二乘爲終極則爲大乘所違背, 所以需要去論破它。[58]

首先窺基以《法華論》的"「方便品」是說明'破二明一'('示現'破二明一'')"為根據, 強調一乘沒有'破三'的意義。[59] 接著, 他對「譬喩品」的'火宅喩'從自己的角度出發給出了解

55) 《妙法蓮華經玄贊》卷第四(本) T34 714c14-24: 簡別故名一者, 昔日說三, 今時說一, 故知所詮理極一而為實, 能詮之教二即稱權. 無別二理以為極也. 無我 · 解脫雖悉皆等, 然至佛果方名為極, 故**所詮理佛智**名一, 非別簡三. 唯無二極故. ... 又以果一簡別因三, 即有二簡, 一理簡教, 二果簡因.

56) T34 714c25 以下: 破別故名一者, 二乘不知二為方便, 執二乘果以為真極, 今說二涅槃但為化城, 說二菩提但是羊 · 鹿權教所設, 非是二果所得所證菩提 · 涅槃真勝極也. 破彼情執有二果極. 故說為一.

57) T34 715b14-c8: 會別故名一者. 教 · 理 · 行 · 果皆有根本及以方便, 會漸悟者先二乘中所修成得教 · 理 · 行 · 果為大方便. 依此《本論》, 初地已上離分段死, 見道已前教 · 理 · 行 · 果為不退地之根本因. ...

58) T34 714c25以下: 《本論》末後亦云, "「方便品」有五分示現'破二明一'." 不說'破三'等. 或有說言, '破三執故, 非唯破二.' ... 若言'與白牛棄本黃牛故', 既爾, 即應捨頓學漸. 黃 · 白牛相**因行**何殊? ... 若執一極, 不違趣大, 何須破之? 執二為極, 不趣大故, 可須破也.

59) 同在玄奘門下學習、但是與窺基的觀點不一樣的新羅僧人義寂*對於'破二明一'給出如下三種解釋。《法華經論述記》「方便品」ZZ46 793c1-7: '破二明一'者, 三說不同. 一云, 破二者, 謂破二乘執, 明一者, 即是菩薩乘. 第二說, 破二者, 謂大小之二類, 二乘合為一類, 菩薩乘為一類, 破此二執, 故言

釋: 他的核心主張旨是, 在火宅中, 作為方便承諾給的黃牛車和出後給孩子們的白牛車, 即'大乘'與'一乘'的修行('因行=解行[60]')並無差里, 并以此為根據指出對《法華經》以前的, 以方便所說的三乘中的菩薩乘沒有論破的必要。窺基又附加說明, 對菩薩修行的執著指向大乘, 在這意義上不是否定的對象。

2) 窺基解釋中顯著的傾向性: 通過排除他者而強調唯一性

窺基強調大乘和小乘之間的差異之傾向性在對於(A)的解釋中體現得很明顯。他在把'無二無三'分作'無第二獨覺 · 第三聲聞'後, 說明存在佛乘, 緣覺, 聲聞等順序的層位序列('從勝向劣')[61]。并在對與(A)類似的句子的解釋中指出, 這種序列"不只是修行階段上的差異"。[62]

在對(C)的解釋中這一點體現得更明顯。窺基根據《法華論》把(C)的主題定為是'否定('遮')', 一貫地把經文中的'二'和'三'分別理解為第二獨覺和第三聲聞, 然後藉助《法華論》的權威,[63]

破二也. 明一者, 謂十種無上. 第三說, 二乘合為一類, 二菩薩合為一類, 謂三**乘中菩薩乘**及以**雲雨所對治菩薩**, 合為一類, 破此二故, 言破二. 明一者, 謂十種無上.

第一說無疑是窺基的解釋。可如腳註第37已明示的那樣, 圓測認爲「第十地雲雨地菩薩」也還有所除去的障礙, 由此來看, 第三說好像更接近於圓測的解釋。

*安然 撰《教示諍論》T75 365c2-16: 大唐貞觀, 玄奘法師往天竺國諳正法藏, 一十七年在彼學習, 一十六年於此飜譯, 門人三千, 入室四人, 玄奘相逢十師檀越, 玄感居士得百卷, 釋基糅百卷折得十卷, 十支大論以爲扶疎, 基子惠紹, 紹子智周, 相傳其門, 光揚其道. **三藏門人義寂**法師, 作《義林章》一十二卷, 以破基師《法苑林章》. 遁倫法師作《瑜伽疏》, 所立義理多違基義. 玄隆 · 圓弘 · 補〈神〉昉 · 秦〈泰/太〉賢並作《章疏》, 共稱**稟受三藏之旨**, 而多違背基師之義. 靈潤法師作《章》,略出新譯《經》 · 《論》與舊《經》 · 《論》相違義理一十四門. 補〈神〉秦〈泰〉法師作《章》, 對破靈潤之《章》. 寶法師作《佛性論》, 破新宗義, 崇後法師, 亦作決擇多破周釋. 然而學《唯識》者, 多依基師破之, 諸師以爲舊義, 新 · 舊之諍從此而起.

60) 窺基 撰《大乘法苑義林章》卷第一之末「諸乘義林」T45 267b2-6: 若會破三者, 三中之大, 卽火宅內所許牛車, 出門等給皆亦牛乘, 若破前牛, 後別與牛, 二牛何別? 又三中之大, 卽是頓悟, 會令入一, 豈令頓悟成漸悟耶? 又大乘 · 一乘**解**行何別而言捨三而趣於一?

61) 《妙法蓮華經玄贊》卷第四(本) T34 723c2-5: 經. 十方佛土中(至)引導於衆生.　贊曰. 此第三段一頌半頌**第六遮**. 無二者, 無第二獨覺乘, 無三者, 無第三聲聞乘. 從勝向劣, 佛乘為初. 此據真理無二極乘, 除方便說.

62) 《妙法蓮華經玄贊》卷第四(本) T34 716c11-17: 經. 舍利弗(至)若二若三.　贊曰. 此與記中第四令住一乘. 以此一乘為衆說法, 都無第二獨覺 · 第三聲聞. 從勝至劣為次第故. **不以修習淺深 · 難易**為次第也. 故此《經》中第一周云, "餘二則非真." 第二周云, "密遣二人." 第三周云, "息處故說二." 不說於三. 故知不是總無三乘

63) 《妙法蓮華經憂波提舍》卷下「方便品」T26 7b25下: 遮者, 如《經》'舍利弗十方世界中尙無二乘何

把這一句子的主題理解為“二乘修行者的涅槃是沒有本質(‘體’)”。然後在這一理解的延長線上認為，因未能具有‘大智的作用之法身(‘大智法身’)’(=報身=狹義的法身)，二乘修行者的解脫只是‘假擇滅’而已。[64] 窺基進一步說明自己提出的‘大智法身’的意義。

> ‘何體法’就是第六否定。否定二乘的本質，[肯定]只有一乘的本質[存在，這種一乘的本質]就是諸佛如來平等法身。三乘修行者的原因、結果、洞察修行不同，因此存在差異，[這裡]這一點並未所否定。現在所否定的是[二乘修行者的]兩種法身之本質。因爲三乘修行者的真如法身相同。[所以]否定二乘修行者的本質並不意味著[包括三乘修行者間差異的]一切都沒有。[65]

《法華論》中給出了作爲‘一大事’四種意義之一，即三乘修行者的平等(‘同’)正是前面所說的‘佛性法身的平等’。[66] 需要注意的是，窺基把這一概念當作主張除了“佛乘以外不可能有二乘修行者的本質”的存在論根據。窺基所認為的‘三乘修行者的法身平等’是只有當二乘修行者完全拋棄自身的“本質”而到達佛乘，合二為一時，才能體現。[67]

窺基的這種把法身的平等性只解讀為“佛乘的唯一性”的解釋傾向與他自己常依據的

況有三如是’等故. 無二乘者, 謂無二乘所得涅槃. 唯有如來證大菩提, 究竟滿足一切智慧, 名大涅槃, 非諸聲聞 · 辟支佛等有涅槃法. 唯一佛乘故.

64) 《妙法蓮華經玄贊》卷第四(本) T34 717c10以下: 經. 舍利弗(至)何況有三. 贊曰. **此第六遮** 尚無第二獨覺乘, 何況第三聲聞乘也. 由此《經》云, “羊車 · 鹿車為求牛車, 出於火宅.” 故唯破二. 不說更別破牛車故. 此無二乘涅槃**體**究竟故.《論》云, “無二乘者, 無二乘涅槃. 唯佛如來證大涅槃, 究竟滿足一切智慧名大涅槃.” 三事體義皆具足故. 二乘不然, 唯**假擇滅**, 無**大智法身**, 非諸聲聞 · 緣覺等有大涅槃法. 唯一佛乘故.

65) T34 717c10以下: 何體法者, 謂**第六遮**. 遮無二體, 唯一乘體, 即是**諸佛如來平等法身**也. 三乘因 · 果 · 觀行不同可有差別, 非此所遮. 今所遮者, 遮無二種法身之體. **三乘真如法身**同故. 非謂遮無二乘體故一切皆無.

66) 《妙法蓮華經憂波提舍》卷下「方便品」T26 7a20-27: 一大事者, 依四種義應當善知. 何等爲四? ... 二者同義, 謂**諸聲聞 · 辟支佛 · 佛**法身平等, 如《經》‘欲示衆生佛知見故出現於世故’. 法身平等者, **佛性法身**無差別故.

卷下「譬喩品」T26 9a15下: 依**同義**故, 授諸聲聞大菩提記. 言同義者, 以佛法身聲聞法身彼此平等無差別故.

67) 《妙法蓮華經玄贊》卷第四(本) T34 710c24-711a10: “二示者, 同義. 以聲聞 · 辟支佛 · 佛三乘法身平等. 法身平等者, 佛性法身無差別故.”《涅槃經》云. “譬如乳牛有種種色, 及搆其乳置之一處白色無異, 佛性亦爾, 眾生雖有種種不同, 佛性無別.” 此意說言, **三乘法身本來平等**眾生不知, 不肯修證法身圓滿, 諸佛出世欲示眾生此佛知見之性三乘同有平等無二, **令同證滿以成法身**.

《法華論》對《法華經》的解釋思路不同。《法華論》指出七種'增上慢心'中只有執著於大乘的修行者('大乘一向決定增上慢心=大乘人')持有妄想'除了大乘以外再沒有其他二乘'的增上慢心, 佛陀正是爲了去除這一'增上慢心'而通過「藥草喩品」的雲雨譬喩, 使他覺悟在各個乘都是諸佛如來平等說法('種種乘諸佛如來平等說法'), 并根據眾生的能力而成熟善根種子。[68] 從「藥草喩品」經文本來的脈絡上就可以如此解讀[69], 可相反窺基卻認為, 這個譬喩是說明佛陀的教法雖然是一個, 但"三乘修行者的發心和修行不同", 仍有永遠不能開悟的"種姓固定的二乘修行者", 所以這是強調三乘修行者之間存在著差異的說法。[70]

3) 對解脫身的解釋特徵: 強調二乘與佛解脫間的本質差異

與圓測相對之窺基解釋的傾向性對在前文中圓測所理解的'一乘'意義之一卽'解脫平等'的解釋中很鮮明地體現出來。窺基既反復強調佛果的兩個側面, 即不變的'理'(=狹義的法身)和觀照的'智'(=報身)的統和,[71] 又區分兩者分別是在去除各自煩惱的障礙和對於認識對象的障礙而成就的。[72] 然後窺基對前面提及的《法華論》中'一大事'的四種意義給出了自己的解釋[73], 其中對'法身'和'解脫'做了如下區別。

---

68) 《妙法蓮華經憂波提舍》卷下「譬喩品」T26 8a25-c3: 自此以下, 次爲七種具足煩惱染性衆生說七種喩, 對治七種增上慢心, 此義應知. ... 何者七種具足煩惱染性衆生? ... 三者大乘人 ... 何等七種增上慢心? 云何七種譬喩對治? ... 三者大乘一向決定增上慢心, 起如是意, **無別聲聞 · 辟支佛乘**, 如是倒取. 對治此故, 爲說**雲雨譬喩**應知. ... 第三人者, 令知種種乘諸佛如來平等說法, 隨諸衆生善根種子而生芽故. ...

69) 《妙法蓮華經》卷第三「藥草喩品」T9 19b21-26: 如彼大雲雨於一切卉木叢林及諸藥草, 如其種性, 具足蒙潤, 各得生長. 如來說法一相一味, 所謂解脫相離相滅相, 究竟至於一切種智. 其有衆生聞如來法,若持讀誦如說修行, 所得功德不自覺知.

70) 《妙法蓮華經玄贊》卷第七本 T34 781a12-19: 今此「品」爲對治大乘人一向慢言, 無別二乘, 唯有一乘. 故彼《論》言, "第三人者, 令知種種乘異諸佛如來平等說法, 隨衆生善根種子而生牙故." 意顯, 一雨雖同, 三草二木生長各異, **佛教雖同, 三乘 · 二聖發脩亦別**. 有爲機器各各別故, 亦**有決定二乘者**故. 由機性殊禀潤別故.

71) 《妙法蓮華經玄贊》卷第四(本) T34 713b19-22: 由以佛果理 · 智二種名為一乘. 理凝本有, 離纏而號涅槃; 智照新生, 果圓而稱正覺, 乃四德之鴻源 · 三明之妙本. 故揚為彼智見出現於世. 以理 · 智二為一乘體, 智性 · 智相合名為智.

72) 《妙法蓮華經玄贊》卷第三(末) T34 710c15-20: 大位而言, **所知障斷, 證佛報身菩提**圓滿; **煩惱障斷, 證佛法身涅槃**圓滿. 諸佛出世, 欲令眾生斷所知障及所發業并所得果一切俱盡, 圓證菩提, 開知見相, 使得清淨. 障盡**智**圓名清淨故. 欲令眾生斷煩惱障及所發業并所得果一切俱盡, 圓證涅槃, 開知見性, 使得清淨. 障盡**理**顯名清淨故.

法身就是[佛陀向眾生們]所要明示的佛知見。所以在《論》(=《法華論》)中說, "三乘修行者的平等佛性法身沒有差異。" 解脫就是[眾生]所要覺悟的佛知見。[煩惱的障礙和對於認識對象的障礙]這兩種障礙都被去除, [分段生死和變易生死]也都消除的境界, [這就是]眞解脫, 二乘修行者只得到一個障礙(=煩惱的障礙)和一個生死(=分段生死)全部消除, 而不知此(=眞解脫)。所以在《論》(=《法華論》)中說, "因爲二乘修行者不知道真實的境界, [所以]使得他們來覺悟。"74)

從上文中可知, 窺基認為《法華論》中被理解為'同'的'示佛知見'的佛知見指稱為三性平等的佛性'法身'(=狹義的法身), 明確指出世親所理解為'不知'的'悟佛知見'的'佛知見'就是'解脫'。值得注意的是, 他認爲, 兩種障礙和兩種生死完全被去除而成就的'眞解脫'是只有通過消除煩惱的障礙才能體驗'無餘涅槃'的二乘修行者們所不瞭解的境界, 并明確區分了兩者。此處, 與圓測不同, 窺基強調了佛之'解脫'和二乘修行者之'解脫'的本質上的差異。這種解釋傾向被慧沼(650~714)繼承, 他從正面反駁了圓測'解脫平等'之理解。

西明(=圓測)[對於《成唯識論》的二勝果75)]說道: "《本業經》說'金剛三昧'是'等覺', 既然說了'等覺', 應當與如來平等, 怎麼又說佛果智更優越呢? 另外《解深密經》說道: "因為解脫身的原因, 二乘修行者與諸如來平等平等, [只是]由於真理之身, 有差異而已。" 據這些經文, ['解脫'和'菩提']這兩種都不是優越的, 為怎麼總說這兩種優越呢? 解釋如下: [二乘修行者和如來的]'解脫'實際是沒有差異, 都是斷除煩惱所獲得的, 只是[如來的解脫]優越是從體驗[解脫]的之'智'角度來說的。所以[前面的兩段經文和《成唯識論》的'二勝果']並不相矛盾。"76)

---

73) T34 712b2 以下: 今作此解, 善順彼《經》, 審讀《經》文, 當自悉知. **摩訶般若**即**開**佛知見. 故《論》說言, "除一切智智, 更無餘事." 一切智者, 證二空智. 重言智者, 證諸有智. 此最勝妙, 故名**無上**. 更無過故.

74) 與上同處: **法身**即是**示**佛知見. 故《論》說言, "三乘平等佛性法身無差別故." **解脫**即是**悟**佛知見. 二障俱亡, 二死皆盡, 是**真解脫**, 二乘唯得一障一死盡滅無餘, 不知於此. 故《論》說言, "二乘不知真實處故, 令其悟也."

75) 《成唯識論》(護法等菩薩 撰, 玄奘 譯) 卷第一 T31 1a8-12: 今造此《論》爲於二空有迷謬者生正解故. 生解爲斷二重障故. 由我 · 法執二障具生, 若證二空, 彼障隨斷. 斷障爲得二勝果故. 由斷續生煩惱障故, 證**眞解脫**: 由斷礙解所知障故, 得**大菩提**.

76) 惠沼 述《成唯識論了義燈》卷第一(末) T43 673a14-20: 西明云, "《本業經》說'金剛三昧'名爲'等這個解釋不對。…。另外, 那個(=優越)意味著'眞解脫'要排除以二乘修行者所得'擇滅'得不到因障礙消除而顯現的'眞如眞實涅'槃之情況。所以《涅槃經》說 … 由此而知, [二乘修行者]沒有得到'眞實涅槃'。此刻就把'實涅槃'稱作是'解脫', 稱作是'優越的結果'。另外, 說到'解脫', 二乘修行者雖從煩惱的障礙而得到解脫, 但是因為還未斷除習氣而[他們的解脫]不是優越的結果。大乘修行者則能把習氣和對於認識對象的障礙斷除, 所以說[他們的解脫]是優越的結果。所以《入大乘論》說道: "如來的解脫比二乘修行者更優越, 因為斷除習氣的緣故。"…[前面]《解深密經》說'解脫平等'是根據斷除煩惱的'假解脫'而所說。所以[《成唯識論》的'二勝果'和《解深密經》的'解脫等']並不相矛盾。77)

慧沼與他的老師窺基一樣, 認為只斷除煩惱的障礙的二乘修行者的涅槃對通過兩種障礙都被斷除而具現的'真如'(=狹義的'法身')之'眞實涅槃'來說是'假涅槃', 《解深密經》的'解脫平等'只是這種'假涅槃'的平等, 要區分兩者的高低, 強調兩者的根本上的差異。總之, 窺基-慧沼所理解的'解脫身平等'是只有當二乘修行者完全體現佛果的時候才能成就的。

結論: 圓測法身論的特徵及其修行論的意義

以上笔者以對《法華經》一乘的解釋爲中心探討了圓測的法身觀, 與之有著密切關連的真諦之真如觀, 與之相反的窺基解釋的傾向性。圓測認為, '一乘'是相異的三乘修行者所共有的'**真如**理趣的平等'和 '去除煩惱的障礙所實現的**真如**解脫身平等', 這可以說是繼承了真諦把'一乘'理解為'真如'的普遍性, 又在這基礎上主張小乘和大乘修行間的"連續性"和"同一性", 并且把以分別大乘與小乘之差異的意識為基礎引起對立的'三乘中的大

覺', 此意既云'等覺', 與如來等, 如何得云'佛果智勝'?《解深密經》第五說, "由解說身故, 彼二乘與諸如來平等平等; 由法身故, 說有差別." 准此等文, 二皆非勝, 如何總言二勝果耶? 解云, 解脫實無差別, 同斷煩惱所證得, 而說勝者從能證智. 故不相違."

77) T43 673a20-b3: 此解不然. … . 又此意說, **眞解脫**者, 簡二乘人所得擇滅不得**障盡所顯眞如眞實涅槃**. 故《涅槃經》云, "聲聞之人有苦有諦而無眞實."《勝鬘經》云, "言得涅槃者去涅槃界近." 明知不得眞實涅槃. 今者說此**眞實涅槃**名爲解脫, 故名勝果. 又復解脫, 二乘得或〈惑〉*障解脫, 未斷習氣, 故非勝果; 大乘斷習并所知障, 故名勝果. 故《入大乘論》云, "如來解脫**勝**於二乘. 斷習氣故."《法華經》云, "但離虛妄名爲解脫, 其實未得一切解脫."《解深密》云'解脫等'者, **據斷煩惱假解**脫說. 故不相違.(*從上下文看, '或'應是'惑'的誤寫。)

乘’和統和大乘與小乘之差異的‘一乘’區分開來的思惟。相反，窺基的‘破二歸一’解釋則把‘一乘’說法的意圖理解爲排除其他二乘而使其自己覺悟佛乘的唯一性，在這一點上更傾向於强調前面提到的‘一乘’說法的兩種語調中佛乘的“唯一性”。他的思考雖然承認了‘會別’中突出體現的佛乘和二乘間的連續性，但與繼承了真諦的圓測不同，始終有力地強調兩者之間存在根本上的差異。圓測或許認爲，因為担心強調差異會倒向增益的極端，或許對轉向大乘的小乘修行者產生負面影響，爲了激勵他們能覺悟朝著佛乘這個唯一的目標而前進而提出了佛陀說了一乘說法?

由上可知，圓測站在‘真如的平等’之觀點上，把《法華經》的‘一乘’理解爲相異的三乘修行者所共有的‘窮極的理想(‘理趣’)(=將會完全被體現的‘法身’)或者修行的基礎(‘法界’)(=廣義的‘法身’=可能性層面的‘法身’)的平等’，‘向著窮極理想的修行之路(‘理趣道’)的平等’(=在體現中的‘法身’)，和‘解脫身的平等’(=在體現中的‘法身’)。總之，圓測的法身觀正如上面說的狹義的‘法身’那樣，雖然沒有忽略其“唯一性”的一面，但其重點語調無疑在强調‘法身’的兩個方面中的“同一性”上。這裏我們不難發現圓測作爲‘一乘家’盡量包容小乘的面貌。

Appendix 2-2

円測無性有情論の曖昧性と解釈学的苦境*

水谷 香奈 訳

凡例

1. 大蔵経略号

T : 大正新脩大蔵経 (CBETA電子版)

ZZ : 新纂大日本続蔵経 (CBETA電子版)

WX : 卍続蔵経(蔵経書院版)、台北 : 新文豊出版公司影印、民国66(1977)。

ZhT : 蔵文中華大蔵経、中国蔵学研究中心大蔵経対勘局対勘*、北京 : 中国蔵学出版社、2001。(*sDe dge版底本, Peking · Narthaṅ · Cone版対照)

P : 北京版西蔵大蔵経、大谷大学影印、1957。

韓仏全 : 『韓国仏教全書』、ソウル : 東国大学校仏典刊行委員会、1977-2004。

2. 漢文一次テキストおよび『解深密経疏』チベット語訳校勘・標点関連符号

A. 漢文一次テキスト関連符号

〈 〉 : A〈B〉 - 原文のAをBにより校訂する

---

* 本論文は2013年7年24日、金剛大学校仏教文化研究所HK研究センターが主催した第6回国際学術大会"宗派仏教成立期の中国仏教思想"で発表した同名の発表原稿を若干修正して『東アジア仏教研究』12号 (2014年5月發行) で掲載されたことであるが、今度本書の付録の一つとしての発行がきっかけとなり、原論文のいくつかの誤謬と円測の種性論の根本立場についての表現 (脚註1) を修正したことを明らかにする。原論文を読み、愛情深いご批判と建設的提案をしてくださったお二人の審査員の先生方と、論文の日本語訳と投稿手続きの煩わしい仕事をご快諾いただきご苦労いただいた、金剛大学校仏教文化研究所の前同僚であった水谷香奈先生に、もう一度心より御礼申しあげたい。

( ) : (A) - 原文に脱落したAを補充する

— : ~~A~~ - 原文のAを削除する

' : A'BC〈DE〉 - 原文のBCをDEにより校訂する

【 】: 【A】 - 原文Aに相応するチベット語訳がない

[ ] : AB[cd] - cdは本文ABの割注である

B.『解深密経疏』チベット語訳関連符号

P. : Peking版

N. : Narthaṅ版

C. : Cone版

- : 例えば "P.N. -ni"はPeking版とNarthaṅ版にはniがないことを意味する

+ : 例えば "C. +la"はCone版にはlaがあることを意味する

なお〈〉、( )、—、' 等はすべて漢文一次テキスト符号に準ずる

はじめに

円測 (613-696) を一性皆成論者として見ようが五性各別論者として見ようが、従来の研究者たちはみな彼が無性有情に対してどのような見解を持っていたかに対して、具体的に解明することができていなかった。[1] その重要な理由の中のひとつは現

1) 円測を一性皆成論者として見る代表者は羽溪了諦 (1916) であり、 正反対に彼を五性各別論者として認識する代表的学者は橘川智昭 (1999) と吉村誠 (2000) らが挙げられ、折衷主義者として見る人物としては代表的に정영근 (丁永根〔チョン・ヨングン〕、 2002) を挙げることができる。筆者は、彼の種性論が基本的に三乗家と一乗家とを和諍するところにその根本意図があったため、彼を両陣営の中のいずれか一方に帰属させることは妥当ではないと考える。しかし、東アジア仏教思想史の観点から彼の立場を強いて判断すれば、彼を暫定的に「三乗家と一乗家との和諍に基盤を置いた、またはそれを志向する穏健な意味での五性各別論者」として理解することができる (張圭彦〔チャン・ギュオン〕、2013、「解題」) 。この論文は円測の無性有情論が彼自身が理解した三乗家の無性有情理解と多くの部分で重なりながらも、同時に彼らとは一定の距離を維持しているという点で、その「穏健性」の一要素を成しており、と同時にその「穏健性」が実は玄奘や窺基のような思想家からも部分的に発見されているということも明らかにするであろう。

存漢文本『解深密経疏』に見える無性有情に対する円測の言及が、散発的であり明示的ではないためである。しかし筆者は『解深密経疏』をそのチベット語訳(『Ḥphags pa dgoṅs pa zab mo ṅes par ḥgrel paḥi mdo rg-ya cher ḥgrel pa』、梵語で「Ārya-gambhīra-saṃdhi-nirmocana-sūtra-ṭīkā」、以下「SNST」と略称)と対照して研究している間に、偶然「序品」の「諸教所為」中の一文は省略されており、チベット語にのみ保存された部分から「無性有情に対する問答」(「付録」参照) を発見した後、円測の解釈の糸口をつかむことができた。この資料を通じて筆者は、円測の無性有情論はやはり玄奘 (600 (あるいは602-664)[2])と、その門下のいわゆる「法相宗」思想家たちが共有していたものと思われる「解釈学[3])的苦境(hermeneutical predicament)」から自由ではないという結論を導き出した。以下、筆者はこのような観点から新確認資料を包含した『解深密経疏』に散在している無性有情に対する言及などを根拠として、円測の無性有情論の輪郭を素描しながらその特徴を明らかにしようと思う。このために最初、円測自身によって紹介された真諦陣営と玄奘の間の無性有情論の争点を簡単に整理することとし、続いて両陣営の争点に対する円測自身の解釈を考察することとする。

本文

1. 一乗家と三乗家の間の無性有情論の争点

よく知られるとおり『解深密経疏』「無自性相品」には真諦 (Paramārtha、499-569) に代表される一乗家と玄奘に代表される三乗家の間の一乗の意味をめぐる論争が紹介されているが[4])、そこから我々は両陣営間の無性有情理解の要点と差異を確認すこ

---

2) 玄奘の出生年については史料ごとに記録が一致しないが、筆者は楊廷福にならって600年説を最も常識に符合するものと見る。彼は玄奘の没年を664年として記録した『続高僧伝』の著者道宣が玄奘と同時代人であり、玄奘の訳場に参与する程度に玄奘と非常に親しい人物であるため、常識的に最も信頼しうると述べる。(楊廷福, 2011。5ページ)

3) 筆者はここで「解釈学 (hermeneutics)」という言葉を生み出したカッツにしたがい、「何らかの伝統により神聖だと感じられるテキストに対する体系的解釈 (the systematic interpretation of texts considered sacred by a given tradition)」という意味で使用する。(Katz、1984。188ページ)

とができる。はじめに今後の論議で何が争点であるのか明確にするために、円測に従いながら両陣営の無性有情論を調べてみよう。

1) 一乗家の無性有情論

円測ははじめに「すべての衆生に仏性がある（一切衆生皆有仏性）」との真諦陣営の全体主張を紹介した後、引き続きその経証として『涅槃経』、『法華経』、『勝鬘経』、『須真天子所問経』、『入楞伽経』の一節などに従い、結論的に「無性有情も成仏することができる（無姓有情亦得成仏）」との部分主張を導き出す[5]。続いて、再度真諦訳『摂大乗論釈』、『大智度論』、『法華論』などを経証として引用した後、「無性有情というものは決してなく、確定した部類の声聞と独覚が決して成仏することはできないということもない（決定無有無性有情、亦無定性声聞・独覚必不成仏）」とする二通りの部分主張を導き出す。[6]

上の真諦陣営の経証の中、最初に注目するのは『楞伽経』の一節である。『涅槃経』をはじめとするほかの経証は「すべての衆生に仏性がある」との全体主張を裏付けている反面、『楞伽経』の引用は無性有情の代名詞として理解される一闡提（icchantika）に対して次のように具体的に言及しているからである。

また、『入楞伽経』第2巻に五乗の部類（「性」=「種性」）[7]を明らかにしながら、「一闡

---

4) 論争の全体構造に対する筆者の理解は、種性論部分に対する筆者の訳註の中「(1)-1-2」の中の「4. 일승에 관한 신구의 논쟁 소개 및 정리（一乗に関する新旧の論争紹介および整理）」部分（張圭彦、2013。58-158ページ）および本書の中「Appendix 1」の中の「D. Presentation and Comment of Controversy on "One Vehicle" between Paramārtha and Xuanzang Lineage Thinkers」（ZZ21 268c20以下）を参照。

5) ZZ21 268c21-269a18；WX34 776b14-777a18：一真諦等一類諸師、依『法華』等諸『経』及『論』、皆作此説、"一切衆生皆有仏性。" 故『涅槃経』第七巻云、…。准此等『経』、無姓有情亦得成仏。

6) ZZ21 269a18-b12；WX34 777a18-b18：又梁『摂論』第十五云、…。准此等文、決定無有無性有情、亦無定性声聞・独覚必不成仏。

7) サンスクリット原語「gotra」には「家門」、「集団」などの意味と同時にその構成員に共通する「本性」という意味があるが、これに相応する漢字の翻訳語である「性」または「姓」もその重義的な感じをよく表している。ルエック（Ruegg、1976。342ページ）もやはり「gotra」の重層的意味と関連して二通りの脈絡の譬喩を紹介しているが、一つは社会生物学的譬喩（socio-biological metaphor）として、この場合の「gotra」は「kula」、「vamśa」（=「種姓」）

提には二種類があるが第一はすべての善なるものの根を焼き尽くしてしまった者であり、第二はすべての衆生を憐憫し［すべての衆生の輪廻世界が］終わることを願う者であるが、二種の後者（＝菩薩一闡提）は決して成仏することはできない」という。具体的な説はそこと同様である8)。

上の引用文では明示されていないが、『入楞伽経』引用文前後の文章は二つの部類の一闡提の特徴をよく見せてくれる。すなわち、「すべての善なるものの根を焼き尽くしてしまった（焚焼一切善根）」一闡提は、仏陀か善知識に会うならば善なるものの根（「善根」）が再び生じて究極的に涅槃に入ることができるが、「すべての衆生を憐憫し［すべての衆生の輪廻世界が］終わることを願う（憐愍一切衆生作尽願）」いわゆる「菩薩一闡提」は、すべての現象が本来涅槃であると知る智慧と衆生に対する大悲心から永遠に涅槃しない存在として理解されている9)。『楞伽経』の論理によれば救済を受

などの意味であり、第二は生物学または植物学的譬喩として、この時の「gotra」は「bīja」（=「種子」）と同義語である。この点を意識しながら大部分の「部類」について翻訳したが、動詞の「無」と「有」の目的語として用いられる場合には「bīja」の意味を念頭に置きながら翻訳してみた。例えば、「(般)涅槃性」（サンスクリット原語は「(pari)nirvāṇa-gotra」*）は「完全な）涅槃の可能性」として、広い意味の仏性を意味する「種性」または「性」は「仏性」（例えば「無性」のサンスクリット原語は「agotra」*である）として、特定部類の仏性を意味する「種性」や「性」（例：「声聞種性」、「菩薩性」）はそのまま「種性」として翻訳してみた。*『大乗荘厳経論』のサンスクリット語本（Lévi、1907。Tome I、3.11）参照。

8) ZZ21 269a14-16；WX34 777a14-16：又『入楞伽』第二明五乗性云、"闡提二種、一者焚燃一切善根、二者憐愍一切衆生作尽願、二中従<後>*一定不成仏。" 具説如彼。（*相応するチベット語訳（ZhT68.747.4-5: rnam pa gñis las phyi ma gcig ṅes par mṅon par rdsogs par ḥtshaṅ mi rgya ste/）に照らして見る時、「従」は「後」の誤記であることが明白である。）

9) 『入楞伽経』（菩提留支 訳）巻第二「集一切仏法品」T16 527a29-b20："大慧！何者無性乗？謂一闡提。大慧！一闡提者、無涅槃性。何以故？於解脱中不生信心不入涅槃。大慧！一闡提者有二種、何等為二？一者焚燃一切善根、二者憐愍一切衆生作尽一切衆生界願。大慧！云何焚燃一切善根？謂謗菩薩蔵作如是言、'彼非随順修多羅毘尼解脱説。' 捨諸善根、是故不得涅槃。大慧！憐愍衆生作尽衆生界願者、是為菩薩。大慧！菩薩方便作願、'若諸衆生不入涅槃者、我亦不入涅槃。' 是故菩薩摩訶薩不入涅槃。大慧！是名二種一闡提無涅槃性、以是義故、決定取一闡提行。" 大慧菩薩白仏言、"世尊！此二種一闡提、何等一闡提常不入涅槃？"仏告大慧、"菩薩摩訶薩一闡提常不入涅槃。何以故？以能善知一切諸法本来涅槃、是故不入涅槃、非捨一切善根闡提。何以故？大慧！彼捨一切善根闡提、若値諸仏善知識等、発菩提心生諸善根便証涅槃。何以故？大慧！諸仏如来不捨一切諸衆生故。是故大慧！菩薩一闡提常不入涅槃。"

ける衆生が存在する限り菩薩一闡提は永遠に涅槃に入らず、その点で前者は後者の存在理由と見ることができ、したがって二つの部類の一闡提は不可分の関係にあると見ることができる。

次に注目するのは「無性有情というものは決してない」という主張に対する経証として見られる『大智度論』の一節である。真諦訳『摂大乗論釈』と『法華論』の一節は定性二乗の成仏主張に対する経証に限定されるのに対して、次の『大智度論』引用文は無性有情成仏の経証も包含しているからである。

> 『大智度論』第84巻に「四つの道があるが、人と天神の道および三乗が四つである。菩薩の真理は［衆生たちの根機に］合わせて衆生たちを［大乗の］大きな道にとどまるように引導するが、大乗に入ることに耐えられない者は［声聞や独覚の］二乗に無事に到着するようにし、涅槃に入ることに耐えられない者は人と天神の福と楽しみに無事に到着しながら涅槃の原因を作るようにする」という。[10)]

上の引用を通じて見るとき真諦陣営は『大智度論』の人と天神（「人天」）がたとえ二乗、菩薩との道と異なろうが、菩薩（=仏陀）が彼らを世の中の福楽（「世間福楽」）を受け涅槃の原因を積むように誘導するため「いつかは」涅槃することができ、その点で「実質的意味の」無性有情すなわち永遠に救済を受けることができない衆生は存在しないと理解するものと見られる。

以上、真諦陣営の無性有情論の特徴は無性有情に対する救済の希望を最後まで捨

---

10) ZZ21 269b4-7；WX34 777b10-13：『智度論』八十四云、“有四種道、人・天道並三乗道為四。菩薩法応引導衆生著大道中、若爾<不>*任入大道者、著三<二>*乗中、若不任入涅槃者、著人・天福楽中、作涅槃因縁。”（*『大智度論』原文と相応するチベット語訳（ZhT68.748.11-13：yaṅ gaṅ theg pa chen poḥi lam la ḥjug paḥi ḥos su mi ruṅ ba de dag ni theg pa ḥog ma gñis la ḥjug par byed do）に照らして見る時、「爾」と「三」はそれぞれ「不」と「二」に修正されてこそ正しい。）
『大智度論』（龍樹菩薩 造、鳩摩羅什 訳）巻八十四「釈三慧品」T25 649a6-12：道有四種、一者人・天中受福楽道、所謂種福徳、并三乗道為四。菩薩法応引導衆生著大道中、若不任入大道者、著二乗中、若不任入涅槃者、著人・天福楽中、作涅槃因縁。世間福楽道是十善布施諸福徳、三十七品是二乗道、三十七品及六波羅蜜是菩薩道。

てない仏陀の大悲心に注目していたという点である。

2) 三乗家の無性有情論

これに対して玄奘（「大唐三蔵」）は、衆生は「五つの部類があるが無性有情には涅槃の可能性がなく定性二乗は決して成仏することがない（有五姓、無姓有情無涅槃性、定性二乗必不成仏）」という主張を掲げた後、引き続きその経証として『菩薩善戒経』、『菩薩地持経』、『解深密経』、『深密解脱経』、『大菩薩蔵経』、『央掘魔羅経』、『勝鬘経』、『大般若経』、『瑜伽師地論』、『大乗荘厳経論』、真諦および玄奘訳『摂大乗論』、真諦および玄奘訳世親『摂大乗論釈』、無性『摂大乗論釈』、『仏地経論』、『十地経論』の一節などを引用した後、結論的に先だっての主張を再度確認している[11]。

上記より我々は玄奘が無性有情を「涅槃の可能性（「涅槃性」）もしくは「涅槃の原因（「涅槃因」）」がない存在として認識しているということを確認することができるが、問題はそのないという状態が一時的なのか永遠なのかである。これと関連して先の経証中で我々が注目しなければならないことは『大乗荘厳経論』と『仏地経論』の一節である。大部分の経証は、三乗と区別される涅槃の可能性を欠如している部類（「非種姓人」、「邪定衆生」、「無種性者」、「無涅槃法者」など）が厳格に存在するのだということを強調する脈絡で引用されるのみで、彼らの状態が一時的であるか永遠なのかに対して「明示的」言及はないが、下記の『大乗荘厳経論』と『仏地経論』の一節はそうではない。

> また『大乗荘厳経論』第1巻に「仏性のない者にも二種類があるが、第一は完全な涅槃［の特性］が一時的に（「時辺」）ない者であり、第二は完全な涅槃［の特性］が全く（「畢竟」）ない者である。完全な涅槃の特性が一時的にない者にも四種類があるが、第一はもっぱら悪行のみを行う者であり、第二は多くの善いものをあまねく断ってしまった者であり、第三は解脱の構成要素である善なるものの根がない者であり、第四は善なるものの原因が少なく完全ではない

---

11) ZZ21 269c23-270c12；WX34 778b17-780b6：二者大唐三蔵依諸『経』・『論』立、"有五姓、無姓有情無涅槃性、定性二乗必不成仏。" 故『善戒経』第一巻云…。准此等文、無性有情無涅槃因、定性二乗必不成仏。

者である。完全な涅槃の特性が全くない者は［涅槃の］原因がないため完全な涅槃の可能性がなく、ただ輪廻のみに従い涅槃を追求しない人である」という[12]。

『仏地経論』によれば五つの部類があり、意味は一般的な説と同様である。ここで「… 第5の部類には世の中を抜け出す力［出世功徳［が生じる］原因[13]がないため涅槃する時が決してない」という[14]。

『大乗荘厳経論』の「完全な涅槃の特性[15]が全くない者（「畢竟無涅槃法者」）」と『仏地経論』の「涅槃する時が決してない（「畢竟無涅槃法者」）」の二つの一節は「畢竟」という副詞を通じて永遠に救済を受けることができない存在を明示している[16]。

---

12) ZZ21 270b17-21；WX34 780a4-9：又『荘厳論』第一巻云、"無性有二、一時辺無般涅槃、二畢竟無般涅槃。時辺無般涅槃法有四、一者一向行悪行、二者普断諸善法、三者無解脱分善根、四者善因少不具足。畢竟無涅槃法者、以無因故、無般涅槃性、但求生死不求涅槃人。"

13) 相応するチベット語訳（ZhT68.757.14：yon tan skye baḥi rgyu med paḥi phyir）に基づき［ ］内を補充した。ただしチベット語訳では「出世」に相応する部分が欠落したものと見られる。

14) ZZ21 270c9-10；WX34 780b3-4：依『仏地論』、有五種姓、義如常説、乃至彼云、"第五種姓無有【出世】功徳因故、畢竟無有滅度之期。"

15) シルヴァン・レヴィ校訂本（Lévi、1907。Tome I、3.11、13ページ）によれば「無涅槃法者」に相応するサンスクリット語は「aparinirvāṇa-dharmaḥ」であるが、この場合の「dharma」は「如来十八不共法」の「法」として翻訳される時のような「特性」を意味する。「畢竟無涅槃法者」をマリオ・ダマート（d'Amato、2003。125ページ）は「those who for ever (or "absolutely") lack the qualities associated with parinirvāṇa」として、佐久間秀範は「he who does not have the quality for *parinirvāṇa* in perpetuity」として翻訳している（Sakuma、2007。90ページ）。

16) 残りの玄奘の経証の中の無性有情に対する言及などは、その経論の元来の文脈として見た時、明示的に永遠に救済を受けることができない存在を述べるものとして確定することは難しい。 ただし『大乗荘厳経論』の「畢竟無涅槃法者」と『仏地経論』の「畢竟無有滅度之期」*とともに紹介されるため、 玄奘によりその一節などがその枠組みの中で理解されていることを推測することができる。
*もちろん「畢竟無有滅度之期」が登場する『仏地経論』で後続の叙述を見れば、仏陀が衆生を完全に見捨ててはいないという点（下記の後半部分の太文字）も強調されている。 ただし円測は三乗家がこの一節を引用するときは、仏陀の絶望の側に重きを置くもの（前半部分の太文字）として理解している。『仏地経論』（親光菩薩等 造 玄奘 訳）巻第二 T26 298a11-b2：爾時諸仏有為功徳何不断滅？諸有情界無有一切尽滅度時故、仏功徳無有断滅。所以者何？由法爾故、無始時来一切有情有五種性、一声聞種性、二独覚種性、三如来種性、四不定種性、五無有

それならばこのように救済を受けることができない衆生に対して仏陀は救済論的にどのような態度を取ったのか？これと関連して注目すべきことは『大菩薩蔵経』の一節とこれと相反する『勝鬘経』と『菩薩地持経』の一節である。 はじめに次の『大菩薩蔵経』の一節から我々は先ほどの『入楞伽経』の菩薩一闡提と相反した姿を備える仏陀に出会うことができる。

> また『大菩薩蔵経』第5巻に「正しいものとして確定した衆生たちは正しい真理の器であり、如来が真理を説かれようと真理を説かれまいとすべて解脱を得る。悪いものとして確定した衆生たちは真理の器になれず、如来が彼らのために真理を説かれようと説かれまいとついに解脱を得ることに耐えられない。 如来はかの衆生が真理の器になれないことを如実に知られた後にお見捨てになる」という。[17]

出世功徳種性、如餘経論広説其相。分別建立前四種性、雖無時限、然有畢竟得滅度期。諸仏慈悲巧方便故。第五種性無有出世功徳因故、**畢竟無有得滅度期**。諸仏但可為彼方便示現神通、説離悪趣生善趣法、彼雖依教勤修善因得生人趣、乃至非想非非想処、必還退下墮諸悪趣。諸仏方便復為現通説法教化、彼復修善得生善趣、後還退墮受諸苦悩、諸仏方便復更抜済、如是展転窮未来際、**不能令其畢竟滅度**。雖餘経中宣説一切有情之類皆有仏性皆当作仏、然就真如法身仏性、或就少分一切有情方便而説、為令不定種性有情、決定速趣無上正等菩提果故。由此道理、諸仏利楽有情功徳無有断尽、此利他徳依自利徳乃得無断、是故如来有為功徳従因生故、雖念念滅而無断尽、由仏功徳無尽究竟、是故成就最清浄覚。

法相教学の涅槃の可能性がない衆生についての肯定的解釈については、橘川の最近の論議(橘川智昭、2005；2002)が参照に値する。

17) ZZ21 270a10-14；WX34 779a10-14：又『大菩薩蔵経』第五巻云、“正定衆生、是正法器、如来説法、若不説法、皆得解脱。邪定衆生、非正法器、若使如来為彼説法若不説法、終不堪任証於解脱。如来如実知彼有情非法器已而便棄捨。”

『大宝積経』(玄奘 訳) 第三十八「菩薩蔵会・如来不思議性品」T11 219c8-21：舎利子！云何名為正定之性？謂由因力先世方便、開智利根之所生故、若諸如来為彼説法、若不説法。如来如実知彼有情前世因果堪任法器、随応説法令速解脱。舎利子！云何名為不定之性？由外縁力而成熟相、若得如法教授教誡、可得解脱、不得如法教授教誡、不得解脱。如来為説随順縁因相応之法、彼諸有情聞正法已、如理修行証解脱果、為如是等得義利故、諸仏世尊出興于世。舎利子！云何名為邪定之性？謂有情性煩悩所蔽、不修浄業、識性薄弱愚癡深厚、住邪見網非正法器。若使如来為彼説法、若不説法、終不堪任証於解脱。如来如実知彼有情非法器已而便捨置。下線の部分を中心に要約して引用した。

ここで我々は意外にも「悪いものとして本性が確定した衆生（「邪定衆生」）」に対して絶望して放棄する仏陀に出会うことができる。しかし『勝鬘経』と『菩薩地持経』の一節は次のように相反した仏陀の姿を伝える。

> 『勝鬘経』に「また例えば大地は四つの重荷を負っているが、何が四つなのか？第一は大海、第二は多くの山、第三は草木、第四は衆生たちである。これと同じように正しい真理を受け入れる良い家門の息子と娘たちは大地を立て四つの重荷をよく背負うことができる。あの大地にたとえた時何が四つなのか？すなわち、善知識を遠ざけ［真理を］聞くことがない真理［の器では］ない衆生たちは人と天神の善なるものの根［善根］をもって成就させてやり、声聞を追求する者には声聞の車（「乗」）を与え、縁覚を追求する者には縁覚の車を与え、大乗を追求する者には［菩薩の］大きな車を与える」という[18]。
>
> 『菩薩地持経』第3巻に「人の成熟はおおよそ四種類として語ることができるが、声聞種性を持った人は声聞乗で成熟させ、縁覚種性を持った人は縁覚乗で成熟させ、仏種性を持った人はこの上ない大乗で成熟させ、種性がない者は善いところ［（「善趣」）を通して成熟させる」と言う[19]。

---

18) ZZ21 270a19-b1；WX34 779b1-7：『勝鬘経』云、"又如大地、持四重担、何等為四？一者大海、二者諸山、三者草木、四者衆生。如是摂受正法善男子善女人、建立大地、堪能荷負四種重任。喩彼大地、何等為四？謂離善知識無聞非法衆生、以人・天善根而成就之。求声聞者、授声聞乗。求縁覚者、授縁覚乗。求大乗者、授以大乗。"
『勝鬘師子吼一乗大方便方広経』（求那跋陀羅 訳）「摂受章」T12 218b7-15：又如大地持四重担、何等為四？一者大海、二者諸山、三者草木、四者衆生。如是摂受正法善男子善女人、建立大地、堪能荷負四種重任。喩彼大地、何等為四？謂離善知識無聞非法衆生、以人・天善根而成熟之、求声聞者、授声聞乗、求縁覚者、授縁覚乗、求大乗者、授以大乗、是名摂受正法善男子善女人、建立大地。堪能荷負四種重任。

19) ZZ21 270b7-11；WX34 779b13-17：依『菩薩地持』第二<三>*巻云、"人成就<熟>者、略記<説>**四種、有声聞種性、以声聞乗而成就<熟>之、有縁覚種性、以縁覚乗而成就<熟>之、有仏種性、以無上大乗而成就<熟>之、無種性者、則以善趣而成就<熟>***之。" *大正蔵本の場合第3巻に登場するので、「二」は「三」に校正するのが自然である。**『菩薩地持経』原文に照らして見る時、「記」は「説」に校正するのが自然である。***『菩薩地持経』原文と「成就」に相応するチベット語訳（ZZ.68.755.8：yoṅs su smin pa）に照らして見る時、「就」は「熟」に校正されてこそ正しい。
『菩薩地持経』（曇無讖 訳）巻第三「菩薩地持方便処・成熟品」T30 900a7-8, …a16-21：云何

上の経証を通して我々は玄奘が無性有情の別名のように見える「真理の器ではない衆生たち（「非法衆生」）」と「種性がない者（「無種性者」）」を見捨てず、どのような方式であれ彼らの潜在力を成熟させようと努力する仏陀のさらに別の一面にも注目していることを知ることができる。

以上、玄奘の無性有情論には無性有情の救済の可能性に対して仏陀の希望と絶望が交差していることをたやすく確認できるが、その絶望が希望に潜在するのか、でなければ希望の後に続くものなのか、言い換えればその希望が絶望を秘めた限定的なものなのか、でなければ大悲心を汲むことは無限なのかに対して、明確な答えを発見することは難しい。

2. 円測の無性有情論

1) 仏陀の救済論的態度に対する円測の理解

以上、円測の観察から両陣営間で争点になったことは永遠に救済を受けることができない衆生の実質的存在の有無であり、玄奘が明確に述べていない問題は無性有情に対する仏陀の内面世界である。それならば円測はこのような問題に対していかなる返答を出したのか？これを確認するために筆者ははじめに円測が両陣営の核心経証間の表面的矛盾をどのように解釈して会通させたかを調査し、続いて上記の問題などに対する彼の立場をもう少し明瞭に認識するために、彼が『解深密経』の説法対象として無性有情をどのように理解したかを調べてみようと思う。

a. 両陣営の核心経証間の会通

前述の真諦陣営の立場をすべて紹介した後、円測はただちに真諦陣営の立場に立ち、上の経証と外面上矛盾するように見える玄奘の新訳『解深密経』と『瑜伽師地論』の決して成仏することができないという言葉をどのように会通することができるか、次

成熟？略説有六種、一者自性成熟、二者人成熟、… 人成熟者、略説四種、有声聞種性、以声聞乗而成熟之、有縁覚種性、以縁覚乗而成熟之、有仏種性、以無上大乗而成熟之、無種性者、則以善趣而成熟之、如是四種人諸仏菩薩、以此四事而成熟之。

のように自身の見解を明らかにしている。

> ところで『解深密経』、『瑜伽師地論』などに決して成仏することができないとするのは能力が成熟しなかった時に限定して語ったことであって、決して成仏することができないというのではない。よって『宝性論』第3巻に「今まで一闡提はいつも涅槃に入ることができず涅槃の可能性がないと言われてきたがこの意味は何か？大乗を批判することが［成仏することができないことの］原因であるということを表そうとするためである[20]。… ［成仏に］定まった時間がないことに基づくためこのように説明したのである。［一闡提である］彼には実は清浄な本性があるため彼がいつも清浄な心が全くないと語ることはできない」という[21]。

『宝性論』という経証を通じて、円測は一闡提にやはり成仏の可能性が残っているという前提のもとで、新訳経論の決して成仏することができないという言葉がやはり実質的成仏の不可能の断言というよりは、仏陀が説法対象である無性有情を涅槃に引導するために使用する「方便的」ショック療法として理解している。

一方玄奘の主張を再確認後に玄奘の立場に立って真諦陣営の経証を再解釈するところで、円測は先の『大智度論』の一節を再度引用した後、次のような再解釈をしている。

> 『智度論』の「［菩薩の真理は］涅槃に入ることに耐えられない者は人と天神の

---

20) すなわち、大乗を誹謗しなければ成仏できることを悟らせるために「そのようにずっと大乗を誹謗するならば成仏できない」と警告するという言葉である。以下『宝性論』原文の「為欲迴転誹謗大乗心・不求大乗心故」からこの意味を確認することができる。

21) ZZ21 269b13-17；WX34 777b18-778a5：而『深密経』及『瑜伽』等‘定不成’者、約根未熟時分而説、非謂決定不成仏也。故『宝性論』第二<三>*巻云、“向説一闡提常不入涅槃、無涅槃性者、此義云何？為欲示現謗大乗因故、乃至依無量時故、如是説。以彼実有清浄性故、不得説言彼常畢竟無清浄心**。”（*大正蔵本には巻第二にこの一節が見えず下の註に見るように巻第三に登場するので「二」は「三」に校訂するのが自然である。**現存の『宝性論』原文には「清浄性」となっている。『究竟一乗宝性論』（勒那摩提 訳）巻第三「一切衆生有如来蔵品」T31 831b5-9：向説一闡提常不入涅槃、無涅槃性者、此義云何？為欲示現謗大乗因故。此明何義？為欲迴転誹謗大乗心・不求大乗心故、依無量時故、如是説。以彼実有清浄性故、不得説言彼常畢竟無清浄性。）

福と楽しみに到達しながら涅槃の因縁を作る［ように導く］」という一節に対して言うならば、人と天神の乗には二種類があるが第一は涅槃の可能性が決してない［部類］で、［その場合仏陀は］ただ人と天神の乗で［彼らを］成熟させ、第二は涅槃の可能性がしばらくない［部類］で、［その場合仏陀は］人と天神の乗で成熟させ涅槃の原因を作るようにする。たとえ二種類があるとしてもこの論（=『智度論』）にはまず［涅槃の］可能性がしばらくない方に対して［人と天神の乗として］説いたのである。またはそれ（=『智度論』の引用文）は菩薩の慈悲と願力で［彼ら］すべて残すことなく涅槃［に入ら］せようと思うという点を表したものに過ぎず、皆が［実際］涅槃に入ること［を表したもので］はない22)。

ここで円測は無性有情として理解された人と天神をおなじみの暫時（=『大乗荘厳経論』の時辺）と畢竟を基準として二種類に分けた後、『大智度論』の仏陀が涅槃の原因を作るよう導く無性有情をその中の前者にのみ帰属させることにより、永遠に涅槃することができない（「畢竟無涅槃性」）無性有情の存在を間接的に黙認する。しかし同時に留意しなければならないことは「或可」で始まるまた別の解釈の可能性である。その解釈に従うならば、仏陀は慈悲と願力により「成否と関係なく」、一時的に涅槃の可能性がない存在でも永遠に救済を受けることができない存在でも「すべての種類の無性種姓」を涅槃へ導こうと努力している存在である。

---

22) ZZ21 271a17-23；WX34 781a17-b5：『智度論』云'若不任入涅槃者、著人・天福楽中、作涅槃因縁'者、人・天楽<乗>中、自有二種、一者畢竟無涅槃性、但以人・天（乗）而成就<熟>之、二者暫時無涅槃性、（以）人・天（乗而）成就<熟>（之）、作涅槃因。*雖有二種、彼論且依暫時無性一辺而説。或可彼顕菩薩悲願欲令尽無余涅槃、非悉一切皆入涅槃。
*相応するチベット語訳（ZhT68.761.3-8：lha daṅ miḥi theg pa yaṅ rnam pa gñis ste/ daṅ po gtan du mya ṅan las ḥdas par mi ḥgyur ba gaṅ yin pa de dag ni lha daṅ miḥi **theg pas** yoṅs su smin par mdsad do/ /gñis pa re ṣig tsam du mya ṅan las ḥdas paḥi rigs med pa gaṅ yin pa de dag ni lha daṅ miḥi **theg pas** yoṅs su smin pa**r mdsad nas**/ mya ṅan las ḥdas paḥi gyu sgrub tu gṣug par mdsad do ṣes zer te/）に照らして見ても文脈で見ても、「楽」と「就」はそれぞれ「乗」と「熟」に校訂されてこそ正しく（下線部分参照）、一番目の「人天」の後に「乗」が、二番目の「人天」の前後に「以」と「乗而」が、二番目の「熟」の次に「之」がそれぞれ補充されてこそ自然である（太文字参照）。

以上、両陣営間の交差会通を通じて、円測は無性有情を救済しようと「決して成仏することができない」という断言的ショック療法までも厭わないほどに最善を尽くす仏陀の慈悲と願力に注目しながらも同時にそれに添うことができない衆生も厳存するという現実も否認していないことを知ることができる。

b.『解深密経』の説法対象である無性有情

このように無性有情に対して仏陀の絶望と希望が交差すると見る円測の多面的観点は『解深密経』の説法対象を論ずる部分でも再確認することができる。まず「序品」教所被から『解深密経』の教えの助けを受ける衆生の根機に対して次のような三つの解釈を紹介する。

> この教えによって［助けを］受ける機根［の部類］を個別的に明らかにしようとするならば、[一つの解釈によれば、] 五部類の中の菩薩と未定である部類だけのためにこの契経を説いた。それゆえ経の後半部分（=「心意識相品」）に「阿陀那識はあまりにも深く微細ですべての種子［識］は暴流のようであるから/ 私が愚かな者にはっきりと説かないのはあの者たちが［それを］分別してアートマンと思うかと恐れたからなのだよ//」と説いた。また別の解釈によるならば、この経は仏性がない部類を除外した四部類すべてに[説かれた]。それゆえ経の後半部分に「[定性三乗と不定乗を含む]23)すべての乗を追求しようと思う者のために第三の了義大乗を説いた」と説いたのである。なぜそのようなのか？さまざまな種類の『般若経』はただ菩薩のみのために多くの空の意味を説明したが、この経の宗旨はすべての有と無の理致を明かすことであるため三乗すべて[この経を通して]多大な利益を得ることができる。

23) 「此経通為」~「了義大乗」に相応するチベット語訳（ZhT68.82.14-18）は次のようである：mdo sde ḥdi ni rigs rnam pa bṣiḥi ched du gsuṅs pas rigs med pa ma gtogs te/ hog nas mdo las rigs ṅes paḥi theg pa pa gsum daṅ/ rigs ma ṅes paḥi theg pa pa ḥbaḥ ṣig bstan paḥi phyir ro/ gṣan yaṅ theg pa thams cad la gṣol ba dag gi phyir/ gsum pa ṅes paḥi don gyi mdo ḥdi gsuṅs pa ḥam/
これを漢文に還元してみるならば、「下経唯説定性三乗及不定性乗故。又云、“為欲発…”」ほどになりうるが、一切乗を定性三乗と不定性乗として具体的に明示している。

または(「可」)この経は五つの部類すべてに［説かれた］とすることもできる(「可」)。人と天神のすべての乗まで合わせて説くからである[24]。五つの部類（「五性」）の意味［を明かしたところ］で再度分析するであろう[25]。〔たとえ三つの説があっても二番目の説が定説である。〕[26]

『解深密経』自体が多様な求道的関心を持つ菩薩の質問者に対して仏陀が答える形式で構成されているため各品ごとにその主題が違い、したがって説法対象も違うが、円測は『解深密経』が人と天神の現実を論じているため「或可」という接続詞を使用し、無性有情にも説かれたものとしてみることもできると多少用心深く意見を述べる。しかし「心意識相品」では『解深密経』はやはり無性有情にも説かれたという点を次の問答を通して明確に述べる。

問う。どうして［「心意識相品」の最後でのように］偈頌で「私は凡夫と愚夫にはありのままに語らないのだよ」と言わず、なぜここでは「世の中、天神、人間などを哀れに思う」と言うのか？答える。教えを説く目的（「所為」）[27]には多く

---

24)　この句に相応する以下のチベット語訳（ZhT68.82.20：theg pa pa thams cad la rnam par phye ba myoṅ baḥi phyir ro/（すべての乗に対する分析を味わうことができるためである））は漢文と表現が若干異なる。

25)　『解深密経疏』巻第一「序品」ZZ21 179a1 以下；WX34 596b18 以下：別明此教所被機者、於五種性、但為菩薩及不定性説此契経。故下経云、“阿陀邪<那>*識甚深細 一切種子如暴流/ 我於凡愚不開演 恐彼分別執為我//” 又解、此経通為四性、唯除無性。故下経云、“為欲発趣一切乗者故、説第三了義大乗。”【所以者何？諸部波若、但為菩薩、説諸空義、此経宗明一切諸法有・無道理、故三乗者皆得勝利。】**或可**此経通為五性。通説人・天一切乗故。【五性義中、当更分別。】（*京都大写本（25b10）には「那」で正しくなっている。）

26)　現在漢文本にはないが相応するチベット語訳（ZhT68.82.20-21：/de ltar rnam pa gsum du bśad pa yod kyaṅ gñis pa ni yaṅ dag pa yin no// //）に基づき翻訳してみた。一般的に「或可」という表現で最後に解釈を紹介してからは先に紹介した解釈などに対して優劣を論じないが、この部分は多少例外的である。ただ第2説（「又解」以下）、すなわち『解深密経』が無性を除外した四性を対象として説かれたものと見る見解は、同じ所詮宗の「個別の経典の宗旨（部別顕宗）」の部分（ZZ21 178a16-b1；WX34 595a15-b6）で『解深密経』の宗旨を解釈したのとおおまかには一脈相通じる。チベット語訳の選択を受容するならば第2説が原則で、「或可」以下は解釈の余地を残しておくものとして理解できる。

27)　相応するチベット語訳（ZhT68.508.17 以下：smras pa/ bstan pa gsuṅs paḥi dgoṅs pa ni

> の意味があるためである。もし悪を離れて善を修めさせようとの目的であるならば仏性がある［衆生］とない［衆生］にすべて［教えを］説き、もしこの上なく正しい平等な悟りに入らせようとの目的であるならば、ただ菩薩の部類と［部類が］未定である者にのみ［教えを］説く[28]。

仏陀は説法の対象により説法の目的を異にするが『解深密経』もやはり仏陀が悪の沼に落ちている人を善へ導くために無性有情にも説いたということである。すなわち、仏陀は「心意識相品」の最後では「智慧により」阿陀那識をアートマン(「我」)と誤解する「凡夫と愚夫」の機根をあらかじめ知り彼らの前で沈黙したが、「心意識相品」のこの部分では「慈悲心から」悪の沼に落ちた「天神と人間」に対して救済の希望を抱き彼らに説法したということである。

c. 要約

以上の論議を通して我々は円測が永遠に救済を受けることができない衆生の存在を暗黙的に認定しながらも、また別に一方では仏陀の慈悲と願力の観点から無性有情を救済の可能性に対して開かれている存在と見る多面的観点を持っていたことを確認することができる。

しかし円測もやはり無性有情に対する仏陀の内面世界の実状に対して明確に語っていない。円測の解釈に先立ち『大菩薩蔵経』の一節で描写された無性有情に対してあきらめ絶望する仏陀の一面に対して「明示的言及」がない点で、仏陀の絶望は結果論的なものに過ぎず彼の大悲心に根を下ろした希望は無限であると読むこともできるが、反面「愚夫と凡夫」の機根をあらかじめ知り沈黙する仏陀の智慧には絶望が敷かれてお

don maṅ ste/）に照らして見る時、ここでの「所為」は「目的」、「意図」を指す。

28) 『解深密経疏』巻第三「心意識相品」ZZ21 240a21-24；WX34 719a13-16：問。豈不頌言'我於凡愚不開演'、如何此云'哀愍世間及天・人等'？答。説教所為、有其多義。若為令離悪修善、通為有性・無性故説、若為（令）*趣無上正等菩提、但為菩薩種姓・不定者説。*前の一節「若為令離悪修善」との対句と相応するチベット語訳（ZhT68.508.20-21：gal te bla na med pa yaṅ dag par rdsogs paḥi byaṅ chub la gzud par mdsad na ni）に照らして見る時、使役動詞の「令」を補充するのが自然である。)

り、したがって彼の希望は最初から限定的であると読むこともできる。これは『解深密経』の説法対象である無性有情が一時的に涅槃の特性がない者（「時辺無涅槃法者」）にのみ限定されるのか、でなければ永遠に涅槃の特性がない者（「畢竟無涅槃法者」）

まで含むのかという問題とも関わる。大悲心の観点から見れば畢竟無涅槃法者まで含むと見るべきだが、智慧の観点から見れば時辺無涅槃法者にのみ限定されるとも見ることができるだろう。

2) 円測の無性有情論の解釈学的苦境

先に述べたとおり和諍家として円測は真諦陣営の立場に立ち無性有情の救済の可能性に対して十分に肯定しながらも、同時に玄奘にしたがい永遠に救済を受けることができない衆生の存在を暗黙的に認定する、曖昧で一見矛盾するように見えることまでする観点を持っていると見ることができるだろう。それならば、このような曖昧で多面的観点はどこから始まったのだろうか？

a.『解深密経疏』チベット語訳中の新確認資料に見える無性有情理解

ここで我々は先に真諦陣営において無性有情の成仏可能主張の核心経証として掲げた『入楞伽経』の二つの部類の一闡提を思い出す必要がある。常識的に二つの部類の一闡提に関する説に対してこれと対立する立場にある玄奘陣営から当然会通をするべきだが、「無自性相品」には奇妙にもそれを探すことができない。しかし意外にも「序品」後半部の漢文本は簡略に、チベット語訳は詳細な部分[29]にそれと関連した次のような意味のある問答が見える。

もし［先の『瑜伽師地論』のように］三乗［が追求する悟り］の種子を欠けるこ

29) 稲葉正就はこの部分に対して次のように述べている。「チベット語訳にのみ見える第1巻の文章は信頼するに値する。しかし現存漢文本の文章はチベット語訳と比較した時、ただ断片的なだけに見える。これはおそらく第1巻のこの部分のテキストは失われたテキストを復元しようという後代の編集者の試みを反映することによるものだろう。もしそうならば第1巻は実状完全ではなく、一部が伝承過程で欠落したということもある。」（Inaba、1977。110ページ）筆者もこの稲葉の指摘に同意する。

となく具備していない者を仏性がない者と言うならば『楞伽経』で説いた仏性がない者はどのように解釈するのか？すなわち『四巻楞伽』に「大慧が仏陀に『世尊よ！ここでなぜ決して涅槃に入らないのですか？』と尋ねると仏陀は『大慧よ！一闡提には二種類があるが、すなわち菩薩一闡提とすべての善なるものの根を燃やし尽くした一闡提である。菩薩一闡提はあらゆる現象が本来涅槃であると知り決して涅槃に入らないが、すべての善なるものの根を燃やし尽くした一闡提はそうではない。大慧よ！すべての善なるものの根を燃やし尽くした者は再び如来の神通力によりいつの時か善なるものの根が生じる。なぜそうなのか？言うならば如来はいかなる衆生も見捨てないからである。このため菩薩一闡提は涅槃に入らないのだよ』とおっしゃった」と説く。

仏性がない者にも二種類があるが、すなわち一時的な者（「時辺」）と絶対的である者（「畢竟」）である。ゆえに『大乗荘厳経論』に「涅槃の特性がない者に二つがあるが、すなわち一時的［にない者］と全く［ない者］である」と言う。『楞伽経』は第一の意味（＝時辺）を念頭に置いて説いたものであり、［先の］『瑜伽師地論』は第二の意味（＝畢竟）を念頭に置いて説いたものであるから意味上相互矛盾はない。また『楞伽経』には「仏性がない者も二種類に分けられるが、第一はすべての善なるものの根を燃やし尽くした者で、彼がすなわち一時期的である者であり、第二は絶対的である者で、菩薩の慈悲を持っている」と説く。ゆえに［彼はたとえ絶対涅槃に入らないとしても智慧と慈悲により自発的に涅槃に入らない者であるため］『大乗荘厳経論』に説いたところの絶対的に仏性がな［く根源的に涅槃に入ることができな］い者とは同じではない[30]。

「無自性相品」注釈で当然成り立たねばならない『入楞伽経』の一節に対する会通がここで成り立っていると見ることができるが、円測が見る時無性有情には三種類がある。第一は一時的に涅槃の可能性がないという善なるものの根を断絶した一闡提（『楞伽

30）「序品」後半部の説法対象（「諸教所為」）の議論から五種性を紹介する部分（『解深密経疏』巻第一「序品」ZZ21 178c14 以下；WX34 596b7 以下；韓仏全 1 133b17 以下）次（＝「或可摂在苦集教中」直後）に漢文は省略されているが、チベット語訳は種性に関する問答が保存されているがその中の一つである。チベット語テキストと還元漢文などは'付録'参照。

経』の捨一切善根一闡提）で、彼は『荘厳論』の一時的に涅槃の特性がない者（「時辺無涅槃法者」）に該当し、第二は仏性が全くない者（「畢竟無種性者」）で、『荘厳論』の全く涅槃の特性がない者（「畢竟無涅槃法者」）に該当し、第三は慈悲心と智慧により涅槃に入らない菩薩一闡提（『楞伽経』の菩薩摩訶薩一闡提）である。[31]

これを通じて円測も唯識の論書などが語る無性有情の成仏不可能、特に『大乗荘厳経論』の「涅槃の可能性が全くない者」（=永遠に救済を受けることができない者）の存在を積極的に否定せず暗黙的に認定していることを知ることができる。しかし同時に注目すべきことは外見上これと矛盾すると見られ、またその論書などよりも少し高い

---

31) このような分類は基本的に窺基(632-682)のいわゆる三種闡提論と一致する。『成唯識論掌中枢要』巻上本 T43 610c23 以下：然第五性合有三種、一名‘一闡底迦’、二名‘阿闡底迦’、三名‘阿顛底迦’。‘一闡底迦’、是楽欲義。楽生死故。‘阿闡底迦’、是不楽欲義。不楽涅槃故。此二通不断善根人。不信・愚癡所覆蔽故。亦通大悲菩薩。大智・大悲所熏習故。‘阿顛底迦’名為‘畢竟’。畢竟無涅槃性故。此無性人亦得前二名也。前二久久当会成仏、後必不成。『楞伽』但説具前二名‘有性闡提’、『荘厳』通説有性・無性二種闡提。『瑜伽』*・『楞伽』二種断善、果必当成。因現未成断善根故。『楞伽』大悲、因現定成、果必不成。以衆生界無尽時故。無種性者、現・当畢竟二倶不成。合『経』及『論』、闡提有三、一断善根、二大悲、三無性。（ところで五番目の部類には全部で三部類があるが、第一は「一闡底迦」と言い、第二は「阿闡底迦」と言い、第三は「阿顛底迦」と言う。第一の「一闡底迦」は好んで貪るという意味で[彼は]生まれて死ぬ[輪廻を]好むためである。第二の「阿闡底迦」は好んだり貪ったりしないという意味で[彼は]涅槃を好まないためである。この二つはすべて善なるものの根を断たない人に連結されるが[まだ]不信や愚かさによって覆われていないため、また大悲菩薩にも連結されるが大智と大悲によって熏習されているためである。[第二の]「阿顛底迦」は「畢竟」と言うが涅槃の可能性が全くないためである。このように[涅槃の]可能性がない人もやはり前の二つの名（「=一闡底迦と「阿闡底迦）を得る。前の二つ[の部類]は久しい後には当然成仏することになるが、後[の一つの部類]は決して成仏することができない。『楞伽経』にはただ前の二つのみを合わせて[涅槃の]可能性がある一闡提（「有性闡提」）とする一方、『荘厳論』では[涅槃の]可能性がある一闡提と[涅槃の]可能性がない一闡提（「無性闡提」）を合わせて説いた。『瑜伽論』*と『楞伽経』の二つの部類の善なるもの[の根]を断った者は結果的に必ず成仏するだろう。原因が現在まだ完成されていない善なるものの根を断ったからである。『楞伽経』の大悲[の菩薩一闡提]は原因が現在確実に完成されているが結果的に成仏しないだろう。衆生の世界が尽きる時というのはないからである。[涅槃の]可能性が[全く]ない者は現在[の涅槃の原因]であれ未来[の成仏の結果]であれ完全に二つとも完成することができない。[結果的に]経(=『楞伽経』)と論(=『瑜伽論』、『荘厳論』)を合わせて見る時、一闡提には三部類があるが、第一は善なるものの根を断った一闡提であり、第二は大悲の一闡提であり、第三は[涅槃の]可能性が[全く]ない一闡提である。）*ただし窺基は円測とは異なり『瑜伽論』の無性有情を時辺無涅槃法者と見ている。

権威を有していると受け取られる『楞伽経』に説く、善なるものの根を断絶した一闡提の成仏の可能性とその一闡提に対して救済の希望を永遠に捨てない菩薩一闡提の存在を否定していないという点である。円測がたとえ善なるものの根を断絶した一闡提と涅槃の可能性が全くない衆生を区別し、経論間の表面的矛盾を一時的に避けることができるかはわからないが、涅槃の可能性が全くない衆生の存在自体が菩薩一闡提の大悲心と矛盾するという点は依然として解決されていない。もし挫折が救済の後に続く結果だとするならば、仏陀の救済はよく分からないまま無駄骨を折るものとなるわけで彼のすぐれた智慧と食い違い、もし挫折が救済以前にあらかじめ成り立ったものであれば、仏陀の救済は線引きをしておいてふりだけをするものとなるわけで彼の無限の大悲心と食い違うようになる。

ここで我々は彼自身が仏陀の直説と信じている『楞伽経』の二種類の一闡提が前提にしている仏陀の無限の大悲心と、やはり弥勒菩薩を淵源とすると信じている『大乗荘厳経論』の永遠に救済を受けることができない衆生の存在をすべて真理として受け入れなければならない高僧円測の「解釈学的苦境」を発見することができる。このような解釈学的苦境は高僧たちの執筆方式が自身の主張に対する客観的で論理的な証明よりは、経論間の表面的不一致をどうにか一貫して理解してみようという注釈学的補完に重点が置かれているためであろう[32]。

b. 玄奘の解釈学的苦境

筆者は円測の解釈学的苦境は結局その根源が玄奘の悩みと苦境に至るものではないかと推測してみる。『大乗荘厳経論』の畢竟無涅槃法者[33]は『楞伽経』二種類の一闡提

---

32) 窺基の場合も同じである。彼は唯識論書などで披瀝される無性有情の成仏不可能を証明するために三つの一闡提という新たな解釈の枠組みを考案しているが、本来真諦陣営で核心的な経証として提示している『楞伽経』の一闡提成仏論を意味のあるように反駁することはできていない。たとえ涅槃の可能性が全くない部類があるとしても仏陀が彼らを放棄して見捨て、手離しているということを経典を通じて証明することができない以上、彼らの存在自体が救済論的に大きな意味を持つものではない。

33) 『大乗荘厳経論』(無著菩薩 造、波羅頗蜜多羅 訳) 巻第一「種性品」T31 595a21-29：次分別無性位、偈曰：一向行悪行　普断諸白法/ 無有解脱分　善少亦無因// 釈曰。無般涅槃法者、是無性

と矛盾するため唯識仏教の思想家たちによって絶え間なく議論がなされたようであり[34]、玄奘も例外ではなかったと見える。遁倫（または道倫）[35]の『瑜伽論記』にはこれと関連した次のような興味深い記録が見える。

> [大唐] 三蔵は次のようにおっしゃった。「『十巻楞伽』第2巻で五つの部類を分別したが [声聞、縁覚、菩薩などの] 三乗の確定した部類（「三乗定姓」）が前の [順番どおり] 三 [部類の] 人であり、第四は未定である部類（「不定姓」）であり、第五は一闡提である。一闡提には二つあるが第一は菩薩一闡提（「菩薩闡提」）でついに成仏することがなく、第二は善なるもの [の根] を断った一闡提（「断善闡提」）で十分な条件に会えば必ず成仏することができる。私が西方 [インド] にいる時 [そこに] すでに『楞伽経』のサンスクリット語本があったがその本の文も[『十巻楞伽』同じだった。西方 [インド] の大徳たちはこの [『楞伽経』の一節の] 意味に対して次のように評した。「『楞伽経』は五番目に仏性がない衆生を説いておらず、ただ仏陀の種子を持った二種類の一闡提がいると説くのみであり、[その中の] 善なるものの根を断った [一闡提] は条件に会えば再度 [修行を] 続けて究極的に成仏する反面、菩薩 [一闡提] は大悲心

位。此略有二種、一者時辺般涅槃法、二者畢竟無涅槃法。時辺般涅槃法者有四種人、一者一向行悪行、二者普断諸善法、三者無解脱分善根、四者善根不具足。*畢竟無涅槃法者、無因故、彼無般涅槃性、此謂但求生死不楽涅槃人。）

*「畢竟無涅槃法者」以下の一節に相応するサンスクリット文章（Lévi、1907。Tome I、3.11、13ページ）は次の通り: atyantāparinirvāṇa-dharmā tu hetu-hīno yasya parinirvāṇa-gotram eva nāsti.

34) マリオ・ダマート（d'Amato、2003。132-134ページ）は無性有情論が同じ『荘厳論』内の如来蔵思想（9.37、13.19、11.13）と緊張関係にあることを指摘し、その解決策として「畢竟」の原語「atyantam」を"absolutely"ではなく"for ever"と読み、"ある衆生は善根の条件的欠如によりただ常にその部類にとどまっているだけである（some beings simply always remain in this category due to a conditional lack in roots of virtue.）"と理解することを提案する（下線は筆者による）。

35) 遁倫の年代についても異説が存在するが、チェ・ジョンナム（崔鍾南、2004。100ページ）は宋蔵遺真本『瑜伽論記』が700年以前に出版された瑜伽論書と大小乗経典を引用しており710年以降の作品などは全く引用していないという点を挙げ、生没年代をだいたい650-730年頃と推定している。

により衆生のために十分に正しい悟りを得ないことが可能なのでこれが希奇なことを表すために［一闡提の部類の中で］別に説いたのである。」すなわち『大集経』に「菩薩が発心し『衆生を済度することにおいて、衆生が尽きなければ私は成仏しないのであり、衆生が尽きたならば私はその時にこそ初めて涅槃に入るだろう』と誓願する」と言い、また『大智度論』に「ある菩薩たちは［成仏の］原因が完全だが正覚を得ないが、例えば文殊菩薩などの場合がそうである」と言う。［ところで］『大乗荘厳経論』第2巻では「仏性がない人を永遠に仏性がないと言う」というが私が帰国しようとする時、大徳たちが［『荘厳論』のこの］仏性がないという文面に対して論ずるので［私がそれに対して異見を抱いて師匠の戒賢に］「もし故国に到着したら必ず［この話を］信じないでしょうから、願わくは持っていくところの種論（?）の中で『仏性がない』という言葉は省略したいです」［と申しあげたところ］戒賢は「辺境の賤しい人々が何をわかって自分勝手に抜いてしまおうとするのか？」と［叱って］おっしゃった。」[36)]

---

36) 宋蔵遺真本『瑜伽論記』（釈遁倫 集撰）巻第十一（瑜伽師地論 巻第五十二）韓仏全 第14冊 63b17(63c9)-13)：三蔵云、“『十巻楞伽』第二巻、弁五種姓、三乗定姓、為前三人、四不定姓、五闡提。闡提有二、一菩薩闡提、畢竟無成仏義、二断善闡提、若遇勝縁、必得成仏。余在西方時、已有『楞伽』梵本、本文亦同。西方大徳評此義云、“『楞伽』不説第五無姓有情、但説有仏種子二種闡提、一是断善根、遇縁還続究竟作仏、二是菩薩、大悲能為衆生故不取正覚、顕此希奇故偏別説。”即『大集経』云、‘菩薩発心、誓度衆生、衆生未尽、我不作仏、衆生若尽、我用方息須入涅槃。’又『智論』云、‘有諸菩薩因円満、不取正覚、如文殊等。’『大荘厳論』第二巻云、‘無仏性人謂常無性。’余欲来之時、諸大徳論無姓人文、‘若至本国、必不生信、願於所将種論之内略去無仏姓之語。’戒賢乃云、‘弥離車人、解何物而輒為彼損？’”
この段落の記事は少なからず欠落を含んでいる完全ではない文章として文法的にも意味的にも曖昧な部分が少なくないが、筆者は最大限意味が通じる方向で句読点を打ち文章を補充して翻訳してみた。ただし要旨はおおむね明らかな方である。
cf. 大正蔵本の場合、「若至本国」以下が構造上なめらかではない（T42 615a-b）：三蔵云、“『八〈十〉巻楞伽』第二巻弁五種性、三乗定性、為前三人、四不定性、五一闡提。闡提有二、一菩薩闡提、畢竟無成仏義、二断善闡提、若遇勝縁、必得成仏。余在西方時、已者〈有〉『楞伽』梵本、本文亦同。西方大徳許此義云、“『楞伽』不説第五無性有情、但説有仏種中二種闡提、一是断善根、遇縁還続究竟作仏、二是菩薩、大悲純為衆生故不取正覚、顕此希奇故偏別説。”即『大集経』云、‘菩薩発心、誓度衆生、衆生未尽、我法不作仏、衆生若尽、我用方息須入涅槃。’又『智論』云、‘有諸菩薩因円満、不取正覚、如文殊等。’『大荘厳』第二巻云、‘無仏性人謂常無性。’‘若至本国、必不生信、願於所将種論之語。”戒賢人欲来之時、諸大徳論無性人文、呵云、‘弥離車人、解何物而輒為彼損？’”
チェ・ジョンナム（崔鍾南、1994。100ページ）は大正蔵本と宋蔵遺真本（「声聞地」部分）を漢訳およびサンスクリット語写本と対照してみた結果、大正蔵本より宋蔵遺真本が多この回顧を通じて玄奘はやはり『大乗荘厳経論』の「永遠に仏性がない（「常無性」）」存在、すなわち畢竟無涅槃法者が『楞伽経』の永遠に涅槃しない菩薩一闡提の大悲心に違背すると感じ、さらに道生（355-434）以後確立された中国仏教の一闡提成仏論[37]とも正面対峙すると判断し、気持ちとして受け入れがたかったことを容易に推し量ることができる。円測の伝承のとおりならば玄奘は結局師匠戒賢（Śīlabhadra、529-645）の意に従い永遠に救済を受けることができない存在を認定したが、それは『楞伽経』の精神に違背することは経の中の仏陀の言葉を真理として受け入れる学僧に永遠に残る苦境であっただろう。円測が紹介した論争で『楞伽経』の一闡提成仏論に対する玄奘の言及がないという点はこの苦境を端的に見せるものと見ることができる。

結びに

以上、筆者は無性有情に対する仏陀の救済論的態度を中心に、円測の無性有情論の輪郭を素描してみた。はじめに円測自身によって紹介される真諦陣営（=一乗家）と

くの部分で正確である点を指摘している。

佐久間秀範（Sakuma、2007。87ページ）は大正蔵本と『法華秀句』*に基づき、削除を要請した人を西方大徳と見ている。文章上としては十分にそのように読めるが本国が中国人には一般的に一人称代名詞として理解され、願もやはり一人称話者の願望を表す助動詞として使用される点を勘案するならば、筆者の読み方がより自然だろう。呂澂もやはり筆者のような趣旨で読んでいる（呂澂、1980。付録「慈恩宗—唐代仏学六宗学説略述之一—」、344-345ページ）。佐久間はこのような読み方と先に述べた戒賢が『仏地経』注釈で五種姓論に対して全く言及していない点に基づき、この伝承が実状を反映するというよりは、戒賢が永遠に成仏できない存在を再確認した事実が、五種姓論が戒賢やナーランダーの学者たちに瑜伽行派思想の重要部分として認定されていたことを暗示するものであると見た後代中国人たちの観点を反映しているものと推測している。そのため五種姓論がナーランダーの学者たちの間で論議になったが瑜伽行派を代表する思想として考えられなかったと推定するのがより自然だと結論づけている。

*『法華秀句』の伝承については、吉村誠の宋蔵遺珍本および大正蔵本との三本対照を参照（吉村誠、2013。356-358ページ；原稿は「唯識学派における五姓各別説について」、『駒澤大学仏教学部研究紀要』62、2004）。ここで吉村は『法華秀句』の伝承を最も真実に符合すると見ており、佐久間もこれに同意している。

37) 一闡提成仏論を含む中国の仏性論に対して体系的に研究した人として頼永海を挙げることができる。彼の研究（頼永海、1999）は関連する資料を網羅していて有用である。

玄奘（=三乗家）間の無性有情論の争点を簡単に紹介したが、前者は無性有情に対する救済の希望を終わらせてしまわない仏陀の大悲心に注目している反面、後者は無性有情の救済の可能性に対する仏陀の希望と絶望が交差している点で特徴であることを指摘した。続いて、両陣営間の争点に対する円測の解釈を紹介したが、和諍家として円測は、真諦陣営の立場に立ち、無性有情の救済の可能性に対して十分に肯定しながらも、同時に、玄奘陣営に従い、永遠に救済を受けることができない衆生を暗黙的に認定する曖昧で多面的な観点を持っていることを指摘した。最後に、新確認資料を通じて円測の曖昧で多面的な無性有情論は、結局『楞伽経』と『大乗荘厳経論』の説法をすべて真理として受け入れねばならない高僧の「解釈学的苦境」を淵源とすることを指摘した。

筆者は上の結論の延長線上に、玄奘に代表される三乗家の無性有情論が、永遠に救済を受けることができない衆生が厳存することを明示した点で、伝統的な一乗家の強い反発にぶつかったことは事実だが、円測の場合で確認できるように、彼らの無性有情論があたかも救済不能の衆生の存在を力説するのに重点があったと見る一部の見解は、多少行き過ぎた解釈ではないかと考える[38]。

もしそのような意図であったならば、円測や窺基がそのような衆生の存在と非常に矛盾するように見える『楞伽経』の菩薩一闡提をあえて別に一つの範疇として想定し、その意義を認める必要はなかったであろう。

38) 例えば吉村誠（2000）は窺基が無性有情の成仏不可能性を力説し、一切皆成論者と尖鋭に対立したと見て、その点を通じて円測との差を浮かび上がらせている。

付録: 無性有情の成仏に対する問答

1. チベット語テキスト（ZhT68.79.4-80.8; P106.38a4-b4）：

gal te theg pa gsum gyi sa bon ma tshaṅ ba[39] la rigs med pa ṣes bya ba nas⟨n a⟩[40]/ ḥphags pa laṅ kar gśegs paḥi mod las gsuṅs paḥi[41] rigs med pa[42] ste/ ji ltar brda sprod ciṅ rnam par bśad par byas te/ deḥi phyir mdo de ñid bam po bṣir byas pa las/ blo gros chen pos bcom ldan ḥdas la gsol pa/ bcom ldan ḥdas ḥdi la gtan du mya ṅan las mi ḥdaḥ ba gaṅ lags/ bcom ldan ḥdas kyis[43] bkaḥ stsal pa/ blo gros chen po ḥdod chen pa ni rnam pa gñis yod de/ byaṅ chub sems dpaḥ daṅ/ (dge baḥi rtsa ba thams cad spaṅs paḥi)[44] ḥdod chen pa ñid do/ /de la byaṅ chub sems dpaḥi ḥdod chen pa ni chos thams cad gzod ma nas mya ṅan las ḥdas par[45] śes nas gtan du mya ṅan las mi ḥdas ste/ dge baḥi rtsa ba thams cad spaṅs paḥi ḥdod chen pa ni ma yin no/ blo gros chen po dge baḥi rtsa ba thams cad spaṅs paḥi ḥdod chen pa yaṅ de bṣin gśegs paḥi byin gyi rlabs[46] kyis brgya la gal te na dge baḥi rtsa ba bskyed par ḥgyur ro/ /de ciḥi phyir ṣe na/ ḥdi ltar de bṣin gśegs pa rnams sems can thams cad yoṅs su mi gtoṅ baḥi phyir ro/ /de ltar deḥi phyir byaṅ chub sems dpaḥ ḥdod chen pa rnams yoṅs su mya ṅan las mi ḥdaḥo ṣes

39) P. N. tshaṅs pa

40) 「gal te」と相応するためには「nas」を「na」に校訂するのが正しい。

41) P. pas

42) P. N. -pa

43) N. kyi

44) 『四巻楞伽』の原文に基づき、「捨一切善根」に該当する「dge baḥi rtsa ba thams cad spaṅs paḥi」を補充するのが正しい。『楞伽阿跋多羅宝経』（求那跋陀羅 訳）巻第一「一切仏語心品」T16 487b26-c03：大慧白仏言、“世尊！此中云何畢竟不般涅槃？” 仏告大慧、“菩薩一闡提者、知一切法本来般涅槃已、畢竟不般涅槃、而非捨一切善根一闡提也。大慧！**捨一切善根**一闡提者、復以如来神力故、或時善根生。所以者何？謂如来不捨一切衆生故。以是故菩薩一闡提不般涅槃。”

45) P. N. ḥdaḥ bar

46) P. N. gyis brlabs

gsuṅs so[47] ṣe na/

rigs med pa ni rnam pa gñis te/ dus kyi mthaḥ la ltos pa daṅ/ gtaṅ du baḥo/ /deḥi phyir bstan bcos mdo sdeḥi rgyan las mya ṅan las mi ḥdaḥ baḥi chos can ni[48] rnam pa gñis te[49]/ dus kyi mthaḥ la ltos pa daṅ/ gtaṅ du baḥo ṣes ḥbyuṅ ste/ ḥphags pa laṅ kar gśegs pa ni daṅ po las dgoṅs te gsuṅs la/ rnal ḥbyor spyod paḥi sa las[50] phyi ma la bsams te bstan pa ni ḥgal ba med do/ /gṣan yaṅ ḥphags pa laṅ kar gśegs paḥi mod las rigs can⟨med⟩[51] rnam pa gñis su phye ste/ daṅ po ni dge baḥi rtsa ba spaṅs pa ste/ de dus kyi mthaḥ la ltos paḥo/ /gñis pa ni gtan du ba ste/ de ni byaṅ chub sems dpaḥi[52] sñiṅ rje can yin par bstan pas/ mdo sdeḥi rgy-an las gtan du rigs med par bśad pa lta bu ni ma yin no/

2. チベット語テキストに基づく推定漢文原文復元：

若説不具足三乗種子為無種性者[53]、云何会釈楞『楞伽』所説‘無種性’者? 故『四巻楞伽』

47) N. -so

P. -ni

P. N. yod de

P. N. ni

51) 文脈上で見ても『入楞伽経』巻第二「集一切仏法品」の原文（T16 527a29-b4：大慧！何者無性乗？謂一闡提。大慧！一闡提者、無涅槃性。何以故？於解脱中不生信心不入涅槃。大慧！一闡提者有二種、何等為二？一者焚燃一切善根、二者憐愍一切衆生、作尽一切衆生界願。）で見ても「rigs can」は「rigs med」に修正されてこそ正しい。

52) P. N. dpaḥ

53) この問いの前の部分「多くの教えの対象（ZZ21 178c14；WX34 596b6-7：諸教所為、【具有五性、所謂三乗不定無性。】）」中の「諸教所為」と「具有五性」の間にチベット語訳を保存している（ZhT68.77.9-78.2：/de la daṅ po yaṅ rnam pa gñis te/ mya ṅan las ḥdas paḥi chos can ma yin pa daṅ/ mya ṅan las ḥdas paḥi chos can dag go/ /deḥi phyir bstan bcos rnal ḥbyor spyo-d paḥi sa las yoṅs su mya ṅan las ḥdas paḥi chos can dag ni/ sa bon yoṅs su tshaṅ ba yin no/ /yoṅs su mya ṅan las ḥdas paḥi chos can ma yin pa dag ni byaṅ chub 'sems dpaḥ⟨rnam pa⟩* gsum gyi sa bon med pa yin no ṣes bstan to/（その中で最初の［説によれば、教えの対象］やはり二種類であるが、すなわち涅槃の特性がない者と涅槃の特性を持った者である。よって『瑜伽師地論』に「涅槃の特性を持った者は［すべての］種子が備わっているが涅槃の特性がない者はすなわち三種類の［悟りの］種子を欠いている」と

云、“大慧白仏言、‘世尊！此中云何畢竟不般涅槃？’ 仏告、‘大慧！一闡提有二種、謂菩薩一闡提及捨一切善根一闡提。菩薩一闡提者、知一切法本来般涅槃已、畢竟不般涅槃、非捨一切善根一闡提也。大慧！捨一切善根一闡提者、復以如来神力故、或時善根生。所以者何？謂如来不捨一切衆生故。以是故菩薩一闡提不般涅槃。’”

無性者有二種、謂時辺及畢竟。故『荘厳』云、“無涅槃法者有二種、謂時辺及畢竟。”54)『楞伽』依初意説、『瑜伽』依後意説、於理無違55)。又『楞伽』云、“無性分為二種、一者捨善根、此是時辺、二者畢竟、彼有菩薩慈悲。” 故非如『荘厳論』所説‘畢竟無性’。

〈キーワード〉

円測 『解深密経疏』 無性有情論 断善根一闡提 菩薩一闡提 畢竟無涅槃法者 解釈学的苦境 玄奘

言う。）*文脈と『瑜伽師地論』原文（『瑜伽師地論』（弥勒菩薩 説、玄奘 訳）巻第二「本地分・意地」T30 284a29-b2：復次此一切種子識、若般涅槃法者、一切種子皆悉具足、不般涅槃法者、便闕三種菩提種子。）に照らして見る時、「rnam pa」に校訂してこそ正しい。）。その中で仏陀の教えの対象が二つの部類であると主張する人々が『瑜伽師地論』を経証として引用しているが、この部分はその引用文を簡略に要約し、問題を提起したものである。

上のチベット語訳を実験的に漢文に還元するならばおおむね次のようであろう：第一亦有両種、謂不涅槃法者及有涅槃法者。故『瑜伽』云、“若般涅槃法者、種子皆悉具足、不般涅槃法者、便闕三種菩提種子。”

54) 『大乗荘厳経論』巻第一「種性品」T31 595a21-25：次分別無性位、偈曰：一向行悪行　普断諸白法/ 無有解脱分　善少亦無因// 釈曰。無般涅槃法者、是無性位。此略有二種、一者時辺般涅槃法、二者畢竟無涅槃法。

55) 「於理」に該当するチベット語はないが、 チベット語訳に「於理無違」に相応する翻訳として「ḥgal ba med do」が使用された用例（ZhT68.511.4, 930.3 など）があり、文章の流れ上四字が一句を形成するのが自然であるため、元の漢文は「於理無違」であった可能性が非常に高い。

引用文献

一次テキストおよび原典翻訳

円測 撰、『解深密経疏』(ZZ21；WX34-35；韓仏全1)

円測 撰、『解深密経疏』(京都大学写本、1776年筆写)

Ḥphags pa dgoṅs pa zab mo ṅes par ḥgrel paḥi mdo rgya cher ḥgrel pa (ZhT68-69)

遁倫 (道倫) 集撰、『瑜伽論記』(宋蔵遺真本；韓仏全14)

Lévi, Sylvain, 1907. *Mahāyāna-Sūtrālaṃkāra: Exposé de la Doctrine du Grand Véhicule selon le système Yogācāra*, Tome I Texte, Paris: Librairie Honoré Champion (Reproduced by Rinsen Book Co., Kyoto, 1983).

その他円測が引用する仏経と関連漢文仏経 (CBETA 電子版)

장규언 (張圭彦) 、2013。『원측『해심밀경소』「무자성상품」 종성론 부분 역주 - 티벳어역에 의한 텍스트 교정을 겸해』(『円測 『解深密経疏』「無自性相品」 種性論部分訳注 ―チベット語訳に基づくテキスト校訂を兼ねて』) 、シーアイアール。

第二次資料

丁永根、2002。「一切衆生의 成佛에 대한 圓測의 입장 (一切衆生の成仏に対する円測の立場) 、『佛教學研究』 5、pp.157-179。

崔鍾南、2004。「『瑜伽論記』가 수록된 판본 대조 연구 (『瑜伽論記』が収録された版本対照研究」)、『密教学報』 第六輯、pp.67-104.

橘川智昭、2005。「唐初期唯識思想における〈大乗〉の把捉」、『東洋文化研究』 7、pp.253-285。

______、2002。「慈恩教学における法華経観」、『仏教学』 44、pp.23-53。

______、1999。「円測における五性各別の肯定について -円測思想に対する皆成的解釈の再検討-」、『仏教学』 40、pp.95-117。

吉村 誠、2013。『中国唯識思想史研究 -玄奘と唯識学派-』、大蔵出版。

______、2000。「唐初期における五性各別説について -円測と基の議論を中心に-」、『日本仏教学会年報』 65、pp.179-196。

賴永海、1999。『中国仏性論』、中国青年出版社。

楊廷福、2011。『玄奘年譜』、上海古籍出版社。(1980年 中華書局版と同じ版)

羽溪了諦、1916。「唯識宗の異派」、『宗教研究』 1-3、pp.505-547 .

呂 澂、1980。『中国仏学原流略講』、中華書局。

d'Amato, Mario, 2003. "Can All Beings Potentially Attain Awakening? Gotra-Theory in the *Mahāyānasūtrālaṃkāra*," *Journal of the International Association of Buddhist Studies* 26, no.1, pp.115-138.

Inaba, Shoju, 1977. "On Chos-grub's Translation of the Chieh-shen-mi-ching-shu," *Buddhist thought and Asian civilization: essays in honor of Herbert V. Guenther on his sixtieth birthday,* Leslie S. Kawamura and Keith Scott (ed.), Emeryville: Dharma Publishing, pp.105-113.

Katz, Nathan, 1984. "Prasaṅga and deconstruction: Tibetan hermeneutics and the *yāna* controversy," *Philosophy East and West* 34, no.2, pp.185-204.

Ruegg, David Seyfort, 1976. "The Meanings of the term *gotra* and the textual history of the *Ratnagotravibhāga*," *Bulletin of the School of Oriental and African Studies, University of London* 39-2, pp.341-363

Sakuma, Hidenori, 2007. "In Search of the Origin of the Five-Gotra System," 『印度学仏教学研究』 55-3, pp.84-92.

Appendix 2-3

淺談圓測與玄奘的關系

－一個圓測研究者的視角

興教寺塔院(2015年10月, 自攝)

Three Stupas of Xuanzang (center), Woncheuk (right), and Kuiji (left) of Xingjiao Temple (Xi'an, Mainland China, October 2015)

- 塑造當代"圓測形象 (Woncheuk Image)"的兩大記述：也是硏究圓測之路上兩大障礙

1. 傳統的記述：贊寧等《宋高僧傳 · 圓測傳》與《宋高僧傳 · 窺基傳》(987年) 記載的"盜聽說"

-《宋高僧傳》(贊寧等 撰) 卷第四 義解「唐京兆大慈恩寺窺基傳」T50 725c24-726a4:

無何, 西明寺測法師, 亦俊朗之器, 於**《唯識論》**講場, 得計於閽者賂之以金, 潛隱厥形, 聽尋聯綴, 亦疏通《論》旨, 猶數座方畢, 測於西明寺鳴椎集僧稱講此《論》.

基聞之, 慚居其後, 不勝悵怏, 奘勉之曰: "測公雖造疏, 未達**因明**." 遂為講陳那之《論》, 基大善三支, 縱橫立破, 述義命《章》, 前無與比.

又云, 請奘師唯為己講**《瑜伽論》**, 還被測公同前盜聽先講, 奘曰: "五性宗法, 唯汝流通, 他人則否."

(1) 原型："窺基系"思想家們對圓測爲人與其《測疏》解釋不滿。(張圭彥2013a：127-130)

A. 慧沼《了義燈》的記述

-《成唯識論了義燈》(惠沼 撰) 卷第一(本) T43 666b24-c4:

西明云, "然諸釋中所宗各異, 護法 · 難陀等多述宗旨, 會釋違文, 火辨 · 親勝正釋《本頌》, 以標《論》意, 安惠菩薩建立比量, 斥他宗失. 由斯, 諸本別行, 攝義皆不周悉."者, 今意未詳. 撿《論》上下, 未見安惠偏多破斥, 准《本疏》釋, '廣頌上兩句破我法' 已下云多護法文. **親承三藏執筆綴文糅《唯識》人, 傳定不謬, 餘非執筆, 縱時諮問, 多意定之**, 所有判文 · 《論》大綱紀非可爲定. 合譯意者如《樞要》說.

A. 善珠《增明記》的記述

-《唯識義燈增明記》(善珠 述) 卷三 T65 375b2-9:

文'西明云至中邊頌' 等者, '西明云' 等者, 此《西明疏》第一卷文, 彼《疏》中述三藏所傳,不陳自語. 故彼《疏》云, "三藏解云, '佛滅度後至三百年, 有大菩薩, 名曰龍猛.'" '今謂不爾' 等者, 問, 即三藏説, 何今破? **雖云三藏傳, 自加臆**説, 故今破耳. 西明 · 慈恩共我一師, 何決是非偏破西明? 慈恩**入室揉《論》文人**, 西明不然, 故今破耳.

A. "窺基系"的下意識

a. 圓測不是正式譯場工作人員, 可妄自隨時接見玄奘。

b. 《測疏》名義上說傳承玄奘解釋, 可實際上"自加臆說"。恰恰相反, 窺基就是"入室揉《論》文人", 所以《述記》"傳定不謬"。

(2) 後果：被後來的日本唯識宗（即法相宗）接受, 逐漸形成了以《述記》爲標准的正宗意識, 結果《測疏》等圓測主要著作*逸失。(*日本 藏俊 《注進法相宗章疏》(1176年) 是最後記載。)

cf. 在中國影響力不是很大：《宋高僧傳》一百三十多年後建成的興教寺塔院的布置(參見開頭照片)與圓測舍利塔《塔銘》(1115年) 就是確鑿的證據。

在韓國《義天錄》(1090年) 以後情況不詳。

圓測著述目錄 (張圭彥2015：355-356)

	平祚錄 (914, 日)	義天錄 (1090, 高麗)	永超錄 (1094, 日)	塔銘 (1115, 宋)	藏俊錄 (1176, 日)	
『般若心經疏』1卷	○	○	○	○	○	現存/ =『般若心經贊』
『仁王經疏』6卷	○	○	○	○	○	現存
『無量義經疏』3卷	○		○	○		部分現存/ 日本憐昭記『無量義經疏』包含其一部分
『阿彌陀經疏』1卷			○			逸失
『解深密經疏』10卷	○	○	○	○	○	部分現存/ 第8卷開頭與第10卷缺落
『廣百論疏』10卷		○				逸失
『成唯識論疏』10卷	○	○	○	○	○	逸失
『成唯識論別章』3卷		○				逸失

	平祚錄 (914, 日)	義天錄 (1090, 高麗)	永超錄 (1094, 日)	塔銘 (1115, 宋)	藏俊錄 (1176, 日)	
『二十唯識論疏』 2卷	○		○		○	逸失
『六十二見章』 1卷	○		○			逸失
『百法論疏』 1卷	○	○	○			逸失
『觀所緣緣論疏』 2卷	○		○	○		逸失
『因明正理門論疏』 2卷			○		○	逸失
『金剛般若經疏』				○		逸失
『瑜伽論疏』*						逸失/『佛典疏鈔目錄』
『無量壽經疏』 3卷						逸失/文雄『蓮門類聚經籍錄』
『彌勒上生經略贊』 2卷						逸失/『高山寺聖教目錄』
『俱舍論釋頌鈔』 3卷						逸失/『佛典疏鈔目錄』

* 湯用彤由於只有《藏俊錄》後目錄出現的原因, 將這以下4部排出著作之外。(湯用彤2000a : 159)

(3) 給歷史留下的陰影 :

塑造 A. "玄奘-窺基"與圓測之間會有思想對立的印象。尤其是在"種姓"解釋上。

B. 窺基是玄奘之嫡傳的印象。

C. 玄奘與圓測之間會有隔膜的印象 : 對歪曲圓測形象起了決定性的作用。

2. 當代最有影響力的、最宏觀兼開拓性研究 : 羽溪了諦 (Hadani Lyotai) 構建"西明(學)派"概念 (羽溪了諦1916a, 1916b, 1916c)

(1) 主要詮釋學上前提 (張圭彦2015 : 326-334)

A. 玄奘與窺基思想是完全一致的 : 玄奘支持與保護"慈恩派", 導致"慈恩派"與"西明派"

之間的對立。

B. ‘玄奘-窺基’與圓測在“空有諍論”解釋上對立的：‘玄奘-窺基’要維護護法而排出清辨，而圓測卻站中立都包容清辨與護法。在這一解釋上圓測不是“護法系”。

C. ‘《測疏》-《要集》’與《述記》的解釋是“根本上”對立的：《述記》批判《測疏》，《要集》反過來破斥《述記》來維護《測疏》，《了義燈》一同批判《測疏》與《要集》。

D. 法相宗裏面有了“窺基-慧沼-智周”相續的中原“正派”與“圓測-道證-太賢”相續的新羅“異派”的對立。對異派或異說的詮釋上有了排他性很強及包容性較大的相反態度。

(2) **對玄奘與圓測關系認識上特徵：**

A. **玄奘**有意支持窺基來間接**排出圓測**。

B. **玄奘在世時**已存在“慈恩派”與“西明派”之間的**對立**。

C. 將圓測地位升高爲與“玄奘-窺基”對立的思想家，兼對異派或異說包容性較大的新羅“異派”的領袖。

a. 表面上贊揚圓測：擊中被中華主義與殖民史觀壓抑的20世紀韓國人的民族情緒。

b. 實際上深受日本法相宗的宗派性偏見，即“正宗與異系的分別意識”的影響，**將圓測看作“非護法（或玄奘）系”思想家**。

cf. 羽溪還帶有自身矛盾，甚至說自我分裂的一面：竟然認定《塔銘》所說的圓測注疏對幫助玄奘傳播佛法的貢獻（‘秘典之羽翼，時人之耳目，所以贊佐奘公，使佛法東流，大興無窮之教者也.’）。(羽溪了諦1916c：79)

(3) 綜評：**他的研究還脫不掉“盜聽說”的陰影，甚至可以說是《宋高僧傳》“盜聽說”的近代學問版本**。也可以說，“西明(學)派”是憑空（即盜聽說）構建的“空中城堡”。

- 廓清兩大記述裏的幾個障礙

1. 玄奘與圓測之間有隔膜嗎？

(1) 兩人很可能是著名攝論師法常、僧辯門下的師兄師弟關系： 圓測628年到他們門下, 其一兩年前玄奘也拜他們, 或許玄奘去印之前兩人已認識。(陳景福1995：99)

(2) 可以私下求學的親密關系："縱時諮問"。 這個事實可能旁證玄奘去印之前已認識的可能性較大。《宋高僧傳》一百三十多年後纂寫的《塔銘》(1115年) 就要塑造這種印象。

2. 玄奘與窺基思想是一致嗎？或者說, 窺基是玄奘之嫡傳嗎？

(1) 玄奘沒留著作, 沒根據考證是非。

(2) 玄奘譯場的學風是開放的。

A. 譯經時的情況："玄奘 ... 同時還在譯場上隨譯隨講, 聽得人做有筆記並根據所講做了注疏。" (呂澂1979：184)

B. 譯經後做"公開"講義、問答、討論 (張圭彥2013b：19-20)

-《大唐大慈恩寺三藏法師傳》(慧立 本, 彥悰 箋) 卷第七 T50 260a17-b2:

法師還慈恩寺, 自此之後專務翻譯無棄寸陰. 每日自立程課, 若晝日有事不充, 必兼夜以續之, 過乙之後, 方乃停筆攝經已. 復禮佛行道, 至三更暫眠, 五更復起, 讀誦梵本朱點次第, 擬明旦所翻, 每日齋訖, 黃昏二時, 講新《經》·《論》, 及諸州**聽學僧**等, 恒來決疑請義. … 日夕已去, **寺內弟子**百餘人, 咸請教, 誡盈廊溢廡, 皆詶答處分無遺漏者. 雖衆務輻湊, 而神氣綽然無所擁滯, 猶與**諸德**說西方聖賢立義 · 諸部異端及少年在此周遊講肆之事, 高論劇談, 竟無疲怠, 其精敏強力, 過人若斯.

(3) 翻譯《成唯識論》以前親聽譯場講義的人倒不是窺基：《宋高僧傳 · 窺基傳》裏《測疏》盜聽說之後再提《瑜伽師地論》與因明的原因。 很可能"窺基系"也許意識到對這些《論》的窺基注釋之來源或權威可能備受懷疑, 倉促之下又造醜聞。

(4) 玄奘門下學風也是開放的：共存着互相批判與認可。例如, 道證有時不取《測疏》而采納其他解釋；慧沼也有引用《要集》並且積極贊同其解釋。(羽溪了諦1916c：726, 729)

用湯用彤的區分 (湯用彤2000b：398-399), 當時還沒形成"教派"觀念, 還在"學派"階段。

羽溪將在日本唯識宗內已確定的"正宗與異派"觀念溯及到7世紀玄奘門下思想家們學術活動上。(張圭彥2015: 337)

3. '玄奘-窺基'與圓測在"空有諍論"解釋上對立的嗎？

(1) 圓測是根據護法《廣百論》解釋"空有諍論"的。(張圭彥2014)

(2) 圓測雖在破斥"瑜伽學徒"或"十七地論者"的有執上積極肯定清辨起的作用, 可還站在護法的立場仍批判否定依他起性存在的清辨。(張圭彥2014)

4. '圓測-道證'與窺基在《成唯識論》解釋上"根本"不相容嗎？

(1)《測疏》逸失, 沒根據考證《測疏》與《述記》是否到底有根本差異。

a. 到目前還沒發現在《述記》與散逸本《測疏》裏互相批判的言論。

b.《了義燈》傳"圓測說"不是很可考。常出現斷章取義、爲反對而反對的現象。(丁永根2002： 63-64；橘川智昭2000：194)

(2) 在《增明記》引用的《要集序》裏道證竟都贊揚《述記》與《測疏》的各自優點與其比其他家注釋卓越性。(張圭彥2015：344-345)

- 善珠《成唯識論了義燈增明記》卷一 T65 342a22以下：

《要集》六卷總寄六家語, 共演一部之文, 一者**有說(基法師也)**, 二者有釋(測法師也), 三者有抄(光法師也), 四者有解(觀法師也), 五者有云(範法師), 六者未詳決(寂法師也). **《集序》**云, "然以**慈教**當時盛行, 發跡開《章》形言有六, **通途取則, 不逾於二. 且如慈恩良匠石鼓鳴山, 即以**'有說' **標其稱也**, 西明大師雷震啓蟄, 故以'有釋' 著其名也. 若京地法匠, 光也, … "

- 要談玄奘與圓測關系時須考慮的幾個問題

1. 圓測怎麼看玄奘思想的範圍

(1) 廣義：原則上玄奘所翻譯的佛經與唯識論書裏的思想。

有關問題：玄奘譯唯識論書裏的解釋都屬於玄奘的嗎？例如, 圓測主張《般若經》也是了義時引用《無性釋》裏面的說三性的《般若經》句子, 這句裏的思想是否屬於玄奘的？

(2) 狹義：玄奘門下思想家著作裏的"('大唐' 或'慈恩') 三藏云"。

有關問題："三藏說"的具體脈絡不詳, 所以對此會有各自的解釋。不能有唯一的玄奘解釋。

(3) 圓測心目當中會有玄奘思想的範圍, 可到目前我們沒有根據衡量其多大。但從我讀圓測著作的經驗來看, 至少圓測在肯定的脈絡下所引用玄奘譯經論句子或"('大唐' 或'慈恩') 三藏云"裏的思想應當屬於玄奘的。

2. 圓測怎麼看玄奘與真諦的關系

(1) 若玄奘去印之前兩人相識, 圓測很可能非常了解《攝論》學徒“青年玄奘的思想”。

(2) 通過私下求學, 傾聽公開講義、問答、討論了解“新譯”經論以後, 圓測很可能注意到玄奘思想的轉變與其歷程中的“連續性”與“斷絕性”兩個方面。

- 著眼“連續性”的例子 : 對《法華經》“一乘”或“法身”解釋上突出。(本書的‘Appendix 2-1’)
- 著眼“斷絕性”的例子 : 對真諦“阿摩羅識“批判上突出。(張圭彦2019)

引用資料

장규언(張圭彦), 2019.「원측(圓測)의 진제(眞諦)『구식장(九識章)』과 구식설(九識說) 인식의 특징 -'해성리야(解性梨耶)'와 '능연(能緣)의 아마라식(阿摩羅識)' 해석을 중심으로-(圓測對真諦《九識章》與其九識說認識上特徵 : 以對“解性梨耶”與作爲能緣的“阿摩羅識“解釋爲中心)」,『선문화연구(禪文化研究)』26, pp.203-240.

———, 2015.「서명학파(西明學派)라는 창: 마음의 거울 또는 앎의 장애물 –원측 연구의 몇몇 경향들에 대한 비판적 성찰-(西明學派之窗口 : 照當代韓國人內心的一面鏡子或者阻攔面對真相的障碍 -反思過去圓測研究中的幾個傾向)」,『한국사상사학(韓國思想史學)』50, pp.321-365.

———, 2014.「공유(空有) 논쟁에 대한 원측(圓測)의 화쟁 논리 -『대승광백론석론(大乘廣百論釋論)』「교계제자품(教誡弟子品)」을 중심으로-(圓測對空有諍論的和諍邏輯 : 以《大乘廣百論釋論 · 教誡弟子品》爲中心)」,『철학논집(哲學論集)』37, pp.291-325.

———, 2013a.「法相宗 窺基系 圓測像의 형성 과정에 대한 비판적 고찰(反思法相宗窺基系之圓測像的形成過程)」,『한국사상사학(韓國思想史學)』43, pp.117-144.

———, 2013b.『원측『해심밀경소』「무자성상품」종성론 부분 역주 –티벳어역에 의한 텍스트 교정을 겸해-(圓測《解深密經疏 · 無自性相品》‘種性論章’譯注 : 兼根據其藏譯本做的批判校訂本)』, 씨아이알(CIR).

丁永根, 2002.「圓測의 唯識學에 대한 惠沼의 비판(慧沼對圓測唯識學的批判)」,『泰東古典研究』18, pp.55-83.

橘川智昭, 2000.「日本飛鳥 · 奈良時代における法相宗の特質について -新羅唯識學との關わりを探って-」,『불교학연구(佛教學研究)』7호, pp.181-219.

呂 澂, 1979.『中國佛學原流略講』, 中華書局.

羽溪了諦, 1916a.「唯識宗の異派」,『宗教研究』1-1, pp.65-85.

──, 1916b.「唯識宗の異派」,『宗教研究』1-3, pp.505-547.

──, 1916c.「唯識宗の異派」,『宗教研究』1-4, pp.705-744.

陳景富, 1995.「圓測與玄奘 · 窺基關係小考」,『玄奘研究文集』, 黃心川 · 葛黔君 主編, 中州古籍出版社, pp.98-105.

湯用彤, 2000a.『隋唐佛教史稿』(『湯用彤全集』第二卷), 河北人民出版社.

──, 2000b.「中國佛教宗派問題補論」,『隋唐佛教史稿』(『湯用彤全集』第二卷), 河北人民出版社, pp.383-416.

圓測舍利塔 (2015年10月, 自攝)

The Stupa of Woncheuk (Xi'an, Mainland China, October 2015)

인용 문헌 Works Cited

1차 텍스트 및 원전 번역

*대장경 약호

- T: 大正新修大藏經 (CBETA 전자판)
- ZZ: 新纂 大日本續藏經 (CBETA 전자판)
- WX: 卍續藏經(藏經書院版), 臺北: 新文豊出版公司 影印, 民國66(1977).
- N: 日本大藏經, 東京: 日本大藏經編纂會, 1919.
- ZhT: 藏文 中華大藏經, 中國藏學研究中心大藏經對勘局 對勘*, 北京: 中國藏學出版社, 2001.(*sDe dge판 저본, Peking · Narthaṅ · Cone판 대조)
- P: *Peking* edition of the Tibetan Buddhist canon (Reprinted under the Supervision of the Otani University, Kyoto, 1957)
- TD: sDe dge판 티벳어대장경 (ACIP 전자판)
- H: 『韓國佛教全書』, 서울: 동국대학교 불전간행위원회, 1977-2004.

圓測 撰, 『解深密經疏』 (ZZ21; WX34-35; H1)

圓測 撰, 『解深密經疏』 (京都大學 寫本, 1776년 筆寫)

圓測 撰, 『般若心經贊』 (T33)

圓測 撰, 『仁王經疏』 (T33)

Ḥphags pa dgoṅs pa zab mo ṅes par ḥgrel paḥi mdo rgya cher ḥgrel pa (ZhT68-69)

Lha mo dpal phreṅ gi seṅ geḥi sgraḥi mdo (P24)

Rnal ḥbyor spyod paḥi sa rnam par gtan la dbab pa bsdu ba (TD10129)

遁倫(道倫) 集撰, 『瑜伽論記』 (T42 H2-3; 宋藏遺貢本 H14)

信叡, 『成唯識論了義燈抄』 (N29)

慧立 · 彦悰/道宣 著, 孫毓棠 · 謝方/範祥雍 點校, 『大慈恩寺三藏法師傳/釋迦方誌』, 中華書局, 2000.

기타 원측이 인용하는 불경과 관련 한문 불경 (CBETA 전자판)

觀空 譯, 『解深密經疏』, 中國佛教協會, 1991.

稻葉正就, 『圓測解深密經疏散逸部分の研究 漢文譯篇』(『大谷大學研究年報』 第二十四集拔刷), 1972.

歐陽漸, 『解節經眞諦義』, 支那內學院, 1934.

김성철 역주, 『불성론』, 씨아이알, 2013.

——, 「진제역 『불성론』 역주(1)」, 『불교학리뷰』 11, 2012, pp.149-190.

이종철, 「譯註研究: 「니야야쑤뜨라」(Ⅰ) -*Nyāyasūtra*, Chapter1: with vākyādhyāhāra, Korean translations, and commentaries-」, 『회당학보』 4, 1996, pp.239-288.

장규언, 「원측 『해심밀경소』 「심의식상품」 역주(6) -텍스트 교정을 겸해-」, 『불교학리뷰』 34, 2023, pp.99-134.

——, 「원측 『해심밀경소』 「심의식상품」 역주(5) -텍스트 교정을 겸해-」, 『불교학리뷰』 32, 2022, pp.63-99.

——, 「원측 『해심밀경소』 「심의식상품」 역주(1) -텍스트 교정을 겸해-」, 『불교학리뷰』 14, 2013a, pp.125-167.

——, 『원측 『해심밀경소』 「무자성상품」 종성론 부분 역주 -티벳어역에 의한 텍스트 교정을 겸해-』, 씨아이알, 2013b.

高崎直道 譯, 『勝鬘經』, 中央公論社, 1975.

高崎直道 · 柏木弘雄 譯註, 『佛性論 · 大乘起信論(舊 · 新二譯)』, 大藏出版社, 2005.

雲井昭善, 『勝鬘經』, 大藏出版社, 1976.

葉少勇 梵藏漢合校 · 導讀 · 譯注, 『中論頌』, 中西書局, 2011.

片野道雄, 『インド唯識說の研究』, 文榮堂書店, 1998.

長尾雅人, 『攝大乘論: 和譯と注解』 上/下, 講談社, 1982/1987.

Anacker, Stefan, *Seven Works of Vasubandhu: The Buddhist Psychological Doctor*, Delhi: Motilal Banarsidass, 1984.

Conze, Edward, *The Large Sutra on Perfect Wisdom: with the division of the Abhisamayālaṅkāra*, Berkeley, Los Angeles, London: University of California Press, 1975.

de La Vallée Poussin, Louis, "Le Joyau dans le main," *Mélanges chinois et bouddhiques* 2 (1932-1933), Bruxelles: l'Institut Belge des Hautes Études Chinoises, 1933, pp.68-138.

——, *Vijñaptimātratāsiddhi: La Siddhi de Huian-Tsang*, Tome I/II, Paris: Librairie Orientaliste Paul Geuthner, 1928/1929.

Hattori, Masāki, "Dignāga's Theory of Meaning -An Annotated Translation of the *Pramāṇasamuccayavṛtti* Chapter V: *Anyāpoha-parīkṣā* (I).", *Wisdom, compassion, and the search for understanding: the Buddhist studies legacy of Gadjin M. Nagao*, edited by Jonathan A. Silk, Honolulu: University of Hawai'i Press, 2000, pp.137-146.

——, *Dignāga, On Perception: being the Pratyakṣapariccheda of Dignāga's Pramāṇasamuccaya from the Sanskrit fragments and the Tibetan versions*, Cambridge: Harvard University Press, 1968.

Hoornaert, Paul, "The Dharmapāla-Bhāviveka debate as presented in Dharmapāla's Commentary to *Catuḥśataka* XVI.23," *Studies and Essays, Behavioral Sciences and Philosophy, Faculty of Letters, Kanazawa University*, vol. 24, 2004, pp.119-149.

Hopkins, Jeffrey, *Emptiness in the Mind-Only School of Buddhism: Dynamic Responses to Tsoṅ-kha-pa's The Essence of Eloquence: I*, Berkeley, Los Angeles, London: University of California, 1999.

Keenan, J. P., *Dharmapala's Yogacara Critique of Bhavaviveka's Madhyamika Explanation of Emptiness: The Tenth Chapter of Ta-Ch'eng Kuang Pai-Lun Shih* Commenting on Ariyadeva's Catuḥsataka Chapter 16*, Lewiston/Lampeter, 1997. (*원표제에 Shih 다음에 Lun이 누락되어 있음)

Lamotte, Étienne, *La Somme du Grand Véhicule D'Asaṅga (Mahāyānasaṃgraha)*, Tome II: Traduction et Commentaire, Louvain: Université de Louvain, 1973.

——, *Saṃdhinirmocana-sūtra, L'explication des Mystères*, Louvain: Université de Louvain, 1935.

Lévi, Sylvain, *Mahāyāna-Sūtrālaṃkāra: Exposé de la Doctrine du Grand Véhicule selon le système Yogācāra*, Tome I Texte, Paris: Librairie Honoré Champion, 1907. (Reproduced by Rinsen Book Co., Kyoto, 1983)

Nagao, Gadjin M. (ed.), *Madhyāntavibhāga-bhāṣya*, Tokyo: Suzuki Research Foundation, 1964.

Powers, John, *Wisdom of Buddha: The Saṃdhinirmocana Sūtra*, Berkeley: Dharma Publishing, 1995.

Sparham, Gareth in collaboration with Shotaro Iida, *Ocean of Eloquence: Tsong Kha pa's Commentary on the Yogācāra Doctrine of Mind*, Delhi: Sri Satguru Pub., 1993.

Tillemans, Tom J. F., *Materials for the Study of Āryadeva, Dharmapāla and Candrakīrti -The Catuḥśataka of Āryadeva, Chapters XII and XIII, with the commentaries of Dharmapāla and Candrakīrti: Introduction, Translation, Sanskrit, Tibetan and Chinese Texts, Notes-*, Wien, 1990.

Thurman, Robert A. F., *Tsong Khapa's Speech of Gold in the Essence of True Eloquence: Reason and Enlightenment in the Central Philosophy of Tibet*, Princeton: Princeton University Press, 1984.

Tshul khrims skal bzaṅ Khaṅ dkar · 小谷信千代 共譯, 『アーラヤ識とマナ識の研究 -クンシ・カンテル-』, 京都: 文榮堂書店, 1986.

Tucci, Giuseppe, *The Nyāyamukha of Dignāga: The Oldest Buddhist Text on Logic, After Chinese and Tibetan Materials*. Heidelberg, 1930. (Reprinted. San Francisco: Chinese Materials Center, 1978)

Wogihara, U. and Tsuchida, C., *Saddharmapuṇḍrīka-sūtram*, Tokyo: The Sankibo Buddhist Book Store, 1958. (Romanized and Revised text of the Bibliotheca Buddhica Publication)

2차 자료

권오민, 「원효 교학과 아비달마」, 『동아시아 속의 원효』(불교학연구회 2014 추계학술대회 자료집), 2014, pp.113-151.

高榮燮, 「文雅 圓測과 그 教學 研究」, 東國大學校佛教學科 博士學位論文, 1998a.

———, 「西明 文雅(圓測) 傳記類의 재검토」, 『佛教史研究』 2, 1998b, pp.23-59.

高翊晋, 『韓國古代佛教思想史』, 동국대학교출판부, 1989.

기츠카와 토모아키(橘川智昭), 「원측의 『무량의경소』(완본)에 대해서 -憐昭記 『無量義經疏』에 관한 平了照설에 대한 보강 시론-」, 『古代 동아시아 불교 문헌의 새로운 발견』, 금강대학교 불교문화연구소 편, 씨아이알, 2010, pp.69-109.

———, 「圓測思想의 재검토와 과제 -一乘解釋의 논의를 중심으로-」, 『보조사상』 제16집, 2001a, pp.169-207.

———, 「일본의 신라유식 연구동향」, 『일본의 한국불교 연구동향 -1900년에서 2000년까지,

그 역사와 전망-』, 한국유학생인도학불교학연구회 엮음, 장경각, 2001b, pp.95-162.

김상현, 「新羅 法相宗의 成立과 順憬」, 『伽山學報』 2, 1993, pp.74-101.

김성철, 「현륭의 유식사상」, 『불교학연구』 39, 2014, pp.251-292.

김양순, 「憬興의 『無量壽經連義述文贊』 연구」, 韓國學中央硏究院韓國學大學院 博士學位論文, 2008.

金煐泰, 「海外文獻史料의 補抄」, 『불교학보』 17, 1980, pp.183-196.

김천학, 「원홍은 신라승려인가? -『법화경론자주』의 인용문헌을 중심으로-」, 『동아시아불교문화』 17, 2014, pp.185-208.

———, 「일본불교의 원측에 대한 인식 -나라시대를 중심으로-」, 『한국사상사학』 36, 2010, pp.79-109.

남동신, 「고려 전기 금석문과 法相宗」, 『불교연구』 30, 2009, pp.152-185.

———, 「玄奘의 印度 求法과 玄奘像의 추이 -西域記, 玄奘傳, 慈恩傳의 비교 검토를 중심으로」, 『불교학연구』 20, 2008, pp.191-239.

남무희, 『신라 원측의 유식사상 연구』, 민족사, 2009.

唐阿美, 「圓測의 解深密經疏 硏究」, 東國大學校佛敎學科 博士學位論文, 1999.

東國大學校 佛敎文化硏究所 編, 『韓國佛敎撰述文獻總錄』, 東國大學校出判部, 1972.

B. K. 마티랄, 박태섭 역주, 『고전인도 논리철학』, 고려원, 1993.

박광연, 『신라법화사상사연구』, (재)한국연구원, 2013.

朴鍾鴻, 1962. 「韓國哲學史(第三回): 圓測의 唯識哲學」, 『韓國思想』 5, pp.159-181. (동 저자의 『韓國思想史(佛敎思想篇)』(瑞文堂, 1972), pp.54-84에 재수록)

方 仁, 「太賢의 唯識哲學 硏究」, 서울大學校哲學科 博士學位論文, 1995.

안성두, 「眞諦(Paramārtha)의 삼성설 해석과 阿摩羅識(amala-vijñāna)」, 『불교연구』 42, 2015, pp.101-150.

———, 「원측의 『해심밀경소』에 나타난 알라야식의 해석과 그 특색」, 『불교연구』 제35집, 2011, pp.43-75.

———, 「圓測 『해심밀경소』 티벳어역의 성격과 의의」, 『인도철학』 제27집, 2009, pp.207-246.

요시무라 마코토(吉村 誠), 「중국 唯識에 있어서 圓測의 위상 -三性說을 중심으로-」, 『원측사상과 동아시아 유식학의지형』(원측 탄신 1400주년 기념 국제 콜로키움 자료집), 동국대인문한국(HK)연구단 편, 2014, pp.19-27.

이종철, 「『해심밀경소』 심의식상품의 새로운 한문 교정본」, 이종철 · 후나야마 토오루 · 조윤호 · 조경철 · 김백희, 『원측 『해심밀경소』의 심의식상품 연구』, 한국학중앙연구원출판부, 2015, pp.15-74.

———, 「해심밀경소 텍스트와 '승의제'」, 이종철 · 후나야마 토오루 · 조윤호 · 조경철 · 김양순, 『원측 『해심밀경소』의 승의제상품 연구』, 한국학중앙연구원출판부, 2013, pp.17-77.

———, 「원측과 티베트 불교 -쫑카빠의 『꾼쉬깐델』을 중심으로-」, 『정신문화연구』 33-3, 2010, pp.143-170.

———, 「論疏의 전통에서 본 불교철학의 자기이해」, 『철학사와 철학: 한국철학의 패러다임 형성을 위하여』, 철학과 현실사, 1999, pp.79-110.

장규언, 「무성유정론(無性有情論)의 쟁점과 그 철학적 함축 -원측(圓測)의 이해에 근거하여-」, 『철학논집』 48, 2017

———, 「원측 『법화경』 일승 인식의 특징과 그 교판적 의미 -진제 사유 계승의 한 측면」, 『불교학연구』 44, 2015, pp.35-71.

丁永根, 「한국유식과 중국유식 -그 연속과 불연속」, 『한국사상과 문화』 26, 2004, pp.265-287.

———, 「圓測의 唯識學에 대한 惠沼의 비판」, 『泰東古典硏究』 18, 2002a, pp.55-83.

———, 「一切衆生의 成佛에 대한 圓測의 입장」, 『불교학연구』 5, 2002b, pp.157-179.

———, 「圓測의 唯識哲學 -新 · 舊 唯識의 批判的 綜合-」, 서울大學校哲學科 博士學位論文, 1994.

———, 「圓測의 敎判態度」, 『李箕永博士古稀紀念論叢 佛敎와 歷史』, 한국불교연구원, 1991, pp.464-476.

조경철, 「원측의 승의제에 대한 이해와 동아시아 여왕시대의 성불론」, 이종철 · 후나야마 토오루 · 조윤호 · 조경철 · 김양순, 『원측 『해심밀경소』의 승의제상품 연구』, 한국학중앙연구원출판부, 2013, pp.160-184.

趙明基, 1962. 「圓測의 唯識」, 『新羅佛敎의 理念과 歷史』, 新太陽社, pp.158-180. (1982년 經書院 영인본)

조윤호, 「원측 敎體論의 사상적 지반」, 『한국불교학』 56, 2010, pp.169-194.

차상엽, 「이당뀐시까델(Yid dang kun gzhi'i dka' 'grel)의 심식설에 나타난 원측의 영향」, 『한국불교학』 제56집, 2010a, pp.301-332.

———, 「쫑카빠의 알라야식(Kun gzhi) 이해와 원측」, 『불교학연구』 제26호, 2010b, pp.209-243.

최병헌, 「근대 한국불교사학의 전통과 불교사 인식」, 최병헌 외, 『한국불교사 연구 입문(상)』, 지식산업사, 2013, pp.19-84.

최연식, 「신라 유식학 연구의 현황과 과제」, 최병헌 외, 『한국불교사 연구 입문(상)』, 지식산업사, 2013, pp.311-359.

———, 「義寂의 思想動向과 海東法相宗에서의 위상」, 『불교학연구』 6, 2003, pp.33-66.

崔鍾南, 「『瑜伽論記』가 수록된 판본 대조 연구」, 『密教學報』 第六輯, 2004, pp.67-104.

平川 彰, 『인도불교의 역사』 (상)/(하), 이호근 옮김, 민족사, 1989/1991.

함형석, 「짠드라끼르띠의 추론식」, 『불교학연구』 61, 2019, pp.133-154.

———, 「성언량의 비량귀속 담론 발전 양상 연구 -『땃뜨와상그라하』(Tattvasaṃgraha) 1488-1524를 통한 고찰」, 『동아시아불교문화』 14, 2013, pp.121-151.

허일범, 「티베트譯 圓測 〈解深密經疏〉에 관한 기초 연구」, 『동국사상』 24, 1991, pp.21-28.

후나야마 토오루, 「『해심밀경소』 심의식상품에 인용된 진제삼장설 -「구식장」과 「결정장론구식품」에 관한 선행연구 정리」, 이종철 · 후나야마 토오루 · 조윤호 · 조경철 · 김백희, 『원측 『해심밀경소』의 심의식상품 연구』, 한국학중앙연구원출판부, 2015, pp.77-98.

———, 「『해심밀경소』 승의제상품에서 선행 문헌인용의 신뢰성」, 이종철 · 후나야마 토오루 · 조윤호 · 조경철 · 김양순, 『원측 『해심밀경소』의 승의제상품 연구』, 한국학중앙연구원출판부, 2013, pp.78-114.

加納和雄, 「チベト撰述文書に傳わる眞諦の九識說 -ツォンカパ著『クンシカンテル』とその周邊」, 『眞諦三藏研究論集』, 船山 徹 編, 京都大學人文科學研究所, 2012, pp.345-400.

江島惠教, 「『大乘掌珍論』の瑜伽行學說批判」, 『空と中觀』, 春秋社, 2003, pp.493-508.

———, 『中觀思想の展開 -Bhāvaviveka 研究-』, 春秋社, 1980.

岡本一平, 「『大乘義章』「佛性義」における '行性' について」, 『印度學佛教學研究』 55-1, 2006, pp.73-76.

江田俊雄, 「新羅の遁倫と'倫記'所引の唐代諸家」, 『朝鮮佛教史の研究』, 國書刊行會, 1977, pp.187-205. (원고는 『宗教研究』 新11-3(1934)에 수록됨)

耿晴, 「真諦三藏「解性」概念新探」, 2009. (제4회 대만 인도학 학술대회(第四屆印度學學術研討會, 2009.11.27) 발표 자료. 저자 스스로 박사학위논문 "Yogâcāra Buddhism Transmitted or Transformed? Paramârtha (499-569) and His Chinese Interpreters"(2009, Harvard University)의 압축본이라 밝혔으며, 정식 출판되지는 않았고 2019년 5월 23일 서울대 철학사상연구소 학술대회 자료로 재차 배포되었음)

桂 紹隆, 「因明正理門論研究(四)」, 『廣島大學文學部紀要』 41, 1981, pp.62-82.

橘川智昭, 「圓測の無自性觀」, 『印度學佛教學研究』 55-2, 2006, pp.559-563.

———, 「日本飛鳥 · 奈良時代における法相宗の特質について -新羅唯識學との關わりを

探って-」, 『불교학연구』 7호, 2000, pp.181-219.

——, 「圓測における五性各別の肯定について -圓測思想に對する皆成的解釋の再檢討-」, 『佛教學』 40, 1999, pp.95-117.

吉村 誠, 『中國唯識思想史研究: 玄奘と唯識學派』, 大藏出判社, 2013.

——, 「唐初期における五性各別論について -圓測と基の議論を中心に-」, 『日本佛教學會年報』 65, 2000, pp.179-196.

稻葉正就, 「朝鮮出身僧 '圓測法師' について」, 『朝鮮學報』 第二輯, 1951, pp.41-51.

大竹 晋, 「眞諦 『九識章』をめぐって」, 『眞諦三藏研究論集』, 船山 徹 編, 京都大學人文科學研究所, 2012, pp.121-154.

賴永海, 『中國佛性論』, 中國青年出版社, 1999.

廖明活, 『中國佛性思想的形成和開展』, 文津出版社, 2008.

蒙文通, 「唯識新羅學」, 『古學甄微』(『蒙文通文集』 卷一), 巴蜀書社, 1987, pp.401-407. (원고는 『微妙聲』 第七期(1937, 北京)에 실림)

方廣錩, "關於敦煌遺書北新八七六號", 『九州學刊』 6卷 4期, 1995, pp.71-87.

師 茂樹, 「清辨比量の東アジアにおける受容」, 『불교학연구』 8, 2004, pp.297-324.

上山大峻, 『敦煌佛教の研究』, 法藏館, 1990.

——, 「大蕃國大德三藏法師沙門法成の研究(下)」, 『東方學報』 39, 京都大學人文大學, 1968, pp.119-222.

聖 凱, 『攝論學派研究』 上 · 下, 宗教文化出版社, 2006.

小川一乘, 『如來藏·佛性の研究 -ダルマリンッチェン造寶性論釋疏の解讀-』, 文榮堂書店, 1974 (改訂二刷).

勝又俊敎, 『佛教における心識說の研究』, 山喜房佛書林, 1961.

辛嶋靜志, 「法華經における乘(yāna)と智慧(jñāna) -大乘佛教におけるyānaの概念の起源について-」, 『法華經の受用と展開』(法華經研究VII), 田賀龍彦 編, 平樂寺書店, 1993, pp.137-179.

沈劍英 主編, 『中國佛教邏輯史』, 華東師範大學出版社, 2001.

深浦正文, 『唯識學研究』 上 · 下卷, 永田文昌堂, 1954

岩田諦靜, 『眞諦の唯識說の研究』, 山喜房佛書林, 2004.

楊白衣, 「圓測之研究 -傳記及其思想特色-」, 『華岡佛學學報』 6, 1983, pp.105-156.

呂 澂, 「種姓義」(1946년 8월 1일 支那內學院 院友會 강의), 『呂澂佛學論著選集』 卷一, 齊魯書舍, 1991a, pp.425-434.

———, 『印度佛學原流略講』(『呂澂佛學論著選集』 卷四), 齊魯書舍, 1991b.

———, 『中國佛學原流略講』, 中華書局, 1980.

吳其昱, 「大蕃國大德三藏法師法成傳考」, 『敦煌と中國佛教』, 福井文雅 · 樋口 勝 共譯, 大東出版社, 1982, pp.383-413.

王 堯, 「藏族翻譯家管 · 法成對民族文化交換的貢獻」, 『文物』 1980-7, 文物出版社, 1980, pp.50-57.

羽溪了諦, 「唯識宗の異派」, 『宗教研究』 1-1, 1916a, pp.65-85.

———, 「唯識宗の異派」, 『宗教研究』 1-3, 1916b, pp.505-547.

———, 「唯識宗の異派」, 『宗教研究』 1-4, 1916c, pp.705-744.

印順, 「眞諦三藏所傳的阿摩羅識」, 『印順集』, 黃夏年 主編, 中國社會科學出版社, 1995, pp.59-78.

李鍾徹, 『世親思想の研究 -『釋軌論』を中心として-』, The Sankibo Press, 2001.

林鎭國, 『空性與方法』, 政大出版社, 2012.

張怡孫 編, 『藏漢大辭典』, 民族出版社, 1999.

張志强, 「圓測唯識思想研究 -以『成唯識論疏』與『成唯識論』參糅問題爲中心-」, 『哲學門』 2003年 第四卷, pp.1-22.

齋藤 明, 「二諦と三性 -インド中觀 · 瑜伽行兩學派の論爭とその背景-」, 『印度哲學佛教學』 第25號, 2010, pp.348-335.

鄭炳朝, 「新羅唯識における種姓論について」, 『印度學佛教學研究』 47-2, 1998, pp.220-222.

周叔迦, 「窺基大師著述引經目」, 『周叔迦佛學論著集』, 上·下集, 中華書局, 1991, pp.756-779.

竹村牧男, 『唯識三性説の研究』, 春秋社, 1995.

中國佛教協會 編, 『中國佛教』 第二輯, 知識出版社, 1982.

陳景富, 「圓測與玄奘 · 窺基關係小考」, 『玄奘研究文集』, 黃心川 · 葛黔君 主編, 中州古籍出版社, 1995, pp.98-105.

陳寅恪, 「大乘稻芉經隨聽疏跋」, 『陳寅恪集 · 金明館叢稿二編』, 三聯書店, 2001, pp.287-289. (원고는 1927년 9월 『清華大學校研究院國學論叢』 제1권 제2호에 수록됨)

湯用彤, 『隋唐佛教史稿』(『湯用彤全集』 第二卷), 河北人民出版社, 2000a. (원고는 1920년대 말에서 1930년대 초의 강의본. 사후인 1982년 그의 아들 湯一介에 의해 정리 · 보완되어 北京中華書局에서 초판됨)

———, 「論中國佛教無“十宗”」, 『隋唐佛教史稿』 (『湯用彤全集』 第二卷), 河北人民出版社, 2000b, pp.367-382. (원고는 『哲學研究』 第13期(1962)에 수록)

——, 「中國佛教宗派問題補論」, 『隋唐佛教史稿』(『湯用彤全集』 第二卷), 河北人民出版社, 2000c, pp.383-416. (원고는 1963년의 개인 노트)

——, 「讀書札記」(『湯用彤全集』 第七卷), 河北人民出版社, 2000d. (원고는 1959-60년의 개인 노트)

漢語大詞典編纂委員會 編纂, 『漢語大詞典(普及本)』, 上海: 漢語大詞典出版社, 2000.

Cho, Eunsu, "Wŏnch'ŭk's Place in the East Asian Buddhist Tradition," *Currents and Countercurrents: Korean Influences on the Buddhist Traditions of East Asia*, Robert E. Buswell, Jr. (ed.), Honolulu: University of Hawai'i Press, 2005, pp.173-216.

Conze, Edward and Iida Shotaro, ""Maitreya's Questions" in the *Prajñāpāramitā*," *Mélanges d'Indianisme à la memoire de Louis Renou*, Paris Publications de l'institut de Civilisation Indienne de l'Université de Paris, 1968, pp.229-242.

d'Amato, Mario, "Can All Beings Potentially Attain Awakening? Gotra-Theory in the *Mahāyānasūtrālaṃkāra*," *Journal of the International Association of Buddhist Studies* 26-1, 2003, pp.115-138.

Demiéville, Paul, "Sur l'authenticité du Ta tch'eng k'i sin louen," *Bulletin de la Maison Franco-Japonaise* II-2, Tokyo, 1929, pp.1-78; *Choix d'études bouddhiques* (1929-1970), Leiden: E. J. Brill, 1973, pp.1-79.

Eckel, Malcolm David, "The Satisfaction of No Analysis: On Tsong kha pa's Approach to Svātantrika-Madhyamaka," *The Svātantrika-Prāsaṅgika Distinction: what difference does a difference make?* Georges B. J. Dreyfus and Sara L. McClintock (ed.), Boston: Wisdom Publications, 2003, pp.173-203.

——, "Bhāvaviveka and the Early Mādhyamika Theories of Language," *Philosophy East and West* 28-3, 1978, pp.323-337.

Gillon, Brendan S., "An Early Buddhist Text on Logic: Fang Bian Xin Lun," *Argumentation*, vol.22, 2008, pp.15-25.

Hirabayashi, Jay and Shotaro Iida, "Another Look at the Mādhyamika vs. Yogācāra Controversy Concerning Existence and Non-existence," *Prajñāpāramitā and Related Systems: Studies in honor of Edward Conze*, Lewis Lancaster and Luis O. Gómez (ed.), Berkeley: Berkeley Buddhist Studies Series, 1977, pp.341-360.

Hopkins, Jeffrey, *Absorption in No External World: 170 Issues in Mind-Only Buddhism (Dynamic Responses to Tsoṅ-kha-pa's The Essence of Eloquence: III)*, Ithaca, Boulder: Snow Lion Pub., 2005.

——, *Reflections on Reality: The Three Natures and Non-Natures in the Mind-Only School (Dynamic Responses to Tsoṅ-kha-pa's The Essence of Eloquence: Volume 2)*, Berkeley, Los Angeles, London: University of California, 2002.

Iida, Shotaro, "Who best can re-turn the Dharma-cakra? -a Controversy between Wŏnch'uk (632*-696) and K'uei-ch'i (632-682)-," *Journal of Indian and Buddhist Studies* 34-2, 1986, pp.11-18. (*632는 613의 오기임)

——, *Reason and Emptiness: A Study in Logic and Mysticism*, Tokyo: The Hokuseido Press, 1980.

——, "The Nature of *Saṃvṛti* and the Relationship of *Paramārtha* to It in *Svātantrika-Mādhyamika*," *The Problem of Two Truths in Buddhism and Vedānta*, edited and introduced by Mervyn Sprung, Dordrecht, Boston: D. Reidel Publishing Company, 1973, pp.64-77.

Inaba, Shoju, "On Chos-grub's Translation of the Chieh-shen-mi-ching-shu," *Buddhist thought and Asian civilization: essays in honor of Herbert V. Guenther on his sixtieth birthday*, Leslie S. Kawamura and Keith Scott (ed.), Emeryville: Dharma Pub., 1977, pp.105-113.

Kajiyama, Yuichi, "Three Kinds of Affirmation and Two Kinds of Negation in Buddhist Philosophy," *Wiener Zeitschrift für die Kunde Südasiens* 17, 1973, pp.161-175; *Studies in Buddhist Philosophy (Selected Papers)*, Katsumi Mimaki et al. (ed.), Kyoto: Rinsen Book, 1989, pp.155-169.

——, "Bhāvaviveka, Sthiramati and Dharmapāla," *Weiner Zeitschrift für Indische Philosophie* 12-13, Beiträge zur Geistesgeschichite Indiens, Festschift für Erich Frauwallner, 1968/69, pp.193-203; *ibid.*, pp.171-176.

Katz, Nathan, "Prasaṅga and deconstruction: Tibetan hermeneutics and the *yāna* controversy," *Philosophy East and West* 34-2, Honolulu, 1984, pp.185-204.

Kapstein, Matthew T., *The Tibetan Assimilation of Buddhism: Conversion, Contestation, and Memory*, Oxford, New York: Oxford University Press, 2000.

Lopez, Donald S. (ed.), *Buddhist Hermeneutics*, Honolulu: University of Hawai'i Press, 1988.

Lusthaus, Dan, *Buddhist Phenomenology: A Philosophical Investigation of Yogācāra Buddhism and the Ch'eng Wei-shih lun*, London: RoutledgeCurzon, 2002.

Matilal, Bimal Krishna, *Epistemology, Logic, and Grammar in Indian Philosophical Analysis (new edition)*, edited by Jonardon Ganeri, New Delhi: Oxford University Press, 2005.

Monier-Williams, Monier, *A Sanskrit-English Dictionary*, Oxford: The Clarendon Press, 1899.

Moro, Shigeki, "Criticism of the Hossō Theory in *Girin* Quoted by Saichō: Especially with Relation to Wŏnhyo and Ŭijŏk," *Journal of Indian and Buddhist Studies* 51-2, 2003, pp.1026-1032.

Powers, John, *Hermeneutics and Tradition in the Saṃdhinirmocana-sūtra*, Leiden: E. J. Brill, 1993.

Radich, Michael, "The Doctrine of *Amalavijñāna in Paramārtha (499-569), and Later Authors to Approximately 800 C.E.," *ZINBUN* 41, 2009, pp.45-174.

Ruegg, David Seyfort, "The Uses of the Four Positions of the *Catuṣkoṭi* and the Problem of the Description of Reality in Mahāyāna Buddhism," *The Buddhist philosophy of the middle: essays on Indian and Tibetan Madhyamaka*, Somerville: Wisdom Publications, 2010, pp.37-112.

———, "The Meanings of the term *gotra* and the textual history of the *Ratnagotravibhāga*," *Bulletin of the School of Oriental and African Studies, University of London* 39-2, 1976, pp.341-363.

———, *La théorie du Tathāgatagarbha et du Gotra: Études sur la Sotériologie et la Gnoséologie du Bouddhisme*, Paris: École Française d'Extrême-Orient, 1969.

Sakuma, Hidenori, "In Search of the Origin of the Five-Gotra System," *Journal of Indian and Buddhist Studies* 55-3, 2007, pp.84-92.

Tillemans, Tom J. F., "Apoha Semantics: What Bhāviveka Have to Do with It," *How do Mādhyamikas think?: and other essays on the Buddhist philosophy of the middle*, Somerville: Wisdom Publications, 2016, pp.111-124.

———, "Metaphysics for Mādhyamikas," *The Svātantrika-Prāsaṅgika Distinction: what difference does a difference make?*, Georges B. J. Dreyfus and Sara L, McClintock (ed.), Boston: Wisdom Publications, 2003, pp.93-123.

———, "What is the *Svadharmin* In Buddhist Logic," *Scripture, Logic, Language: essays on Dharmakīrti and his Tibetan successors*, Somerville: Wisdom Publications, 1999, pp.171-185.

Weinstein, Stanley, "A Biographical Study of Tz'u-en," *Monumenta Nipponica* 14, 1959/60, pp.119-149.

Yao, Zhihua "Empty Subject Terms in Buddhist Logic: Dignāga and his Chinese Commentators," *Journal of Indian Philosophy* 37, 2009, pp.383-398.

A Hermeneutical Study of Woncheuk's Buddhist Thought (*Woncheuk sasang eui haeseok hak jeok yeongu* 원측 사상의 해석학적 연구) in Korean

- With a Revised Critical Edition of the *Chapter on Characteristics of Non-intrinsic Natures* of Woncheuk's *Commentary on Saṃdhinirmocana-sūtra*

by

Gyu-Eon JANG (장규언 張圭彦)

Senior Researcher,

Research Institute for Philosophy (哲學研究所),

Sogang University (西江大學校), Korea

December 2025, CIR Co., Ltd., Seoul

원측 사상의 해석학적 연구

초판 발행 2025년 12월 20일

지은이 장규언
펴낸이 김성배

책임편집 심재경
디자인 문정민, 엄해정
제작 김문갑

발행처 도서출판 씨아이알
출판등록 제2-3285호(2001년 3월 19일)
주소 (04626) 서울특별시 중구 필동로8길 43(예장동 1-151)
전화 (02) 2275-8603(대표) | 팩스 (02) 2265-9394
홈페이지 www.circom.co.kr

ISBN 979-11-6856-306-3 (93220)